DU MÊME AUTEUR

*Aux Éditions Gallimard*

FEMMES, roman (Folio n° 1620)
PORTRAIT DU JOUEUR, roman (Folio n° 1786)
THÉORIE DES EXCEPTIONS (Folio Essais n° 28)
PARADIS 2, roman (Folio n° 2759)
LE CŒUR ABSOLU, roman (Folio n° 2013)
LES SURPRISES DE FRAGONARD
RODIN. DESSINS ÉROTIQUES
LES FOLIES FRANÇAISES, roman (Folio n° 2201)
LE LYS D'OR, roman (Folio n° 2279)
LA FÊTE À VENISE, roman (Folio n° 2463)
IMPROVISATIONS (Folio Essais n° 165)
LE RIRE DE ROME, entretiens
LE SECRET, roman (Folio n° 2687)
LA GUERRE DU GOÛT (Folio n° 2880)
LE PARADIS DE CÉZANNE
LES PASSIONS DE FRANCIS BACON
SADE CONTRE L'ÊTRE SUPRÊME *précédé de* SADE DANS LE TEMPS
STUDIO, roman (Folio n° 3168)
PASSION FIXE, roman

*Dans la collection « À voix haute » (CD audio)*

PAROLE DE RIMBAUD

*Aux Éditions Cercle d'Art*

PICASSO LE HÉROS

*Aux Éditions Plon*

CARNET DE NUIT
LE CAVALIER DU LOUVRE, VIVANT DENON (Folio n° 2938)
CASANOVA L'ADMIRABLE (Folio n° 3318)

*Suite de la bibliographie en fin de volume.*

# ÉLOGE DE L'INFINI

PHILIPPE SOLLERS

# ÉLOGE
# DE L'INFINI

*nrf*

GALLIMARD

© *Éditions Gallimard, 2001.*

## *Avertissement*

Le premier tome de *La Guerre du Goût* a paru en 1994. Voici le deuxième composé d'un choix d'essais écrits depuis cette date. Je répète aujourd'hui qu'il ne s'agit pas ici d'un recueil mais d'un véritable inédit, chaque texte ayant toujours été prévu pour jouer avec d'autres dans un ensemble ouvert ultérieur. Dans un tel projet, encyclopédique et stratégique, les circonstances doivent se plier aux principes. D'où le titre : *Éloge de l'infini*.

Ce livre s'adresse aux musiciens de la vie. Ignorants, mondains, populistes, politiciens véreux, employés d'édition gâteux, journalistes mafieux, clergé intellectuel haineux, universitaires fumeux, avant-gardistes foireux, académiciens vitreux, médiatiques pressés graveleux, apocalyptiques bilieux, moralistes rancuneux, sexualisés piteux, sociologues plâtreux, militants abrutis et joyeux de la laideur publicitaire générale, nihilistes, déprimés, affairistes, familialistes, fanatiques de l'autodestruction programmée ou maniaques en tout genre : s'abstenir.

— Vous en faites trop, me dit soudain l'Adversaire. Quand dormez-vous ?

Bonne question. Mais ce serait trop lui demander de lire, dans la période récente et *par-dessus le marché* (magnifique expression), *Le Cavalier du Louvre*, *Studio*, *Casanova l'admirable*, *L'Année du Tigre*, *Passion fixe*, *La Divine Comédie*, voire le premier volume de ce nouveau genre (en attendant la suite). Et puis quoi encore ! Comme si l'Adversaire était là pour lire ! Il est même convaincu qu'il peut s'en passer. C'est sa force, qui paraît invincible. Il ne faut pourtant pas la surestimer.

Car l'Adversaire est inquiet. Ses réseaux de renseignements sont mauvais, sa police débordée, ses agents corrompus, ses amis peu sûrs, ses espions souvent retournés, ses femmes infidèles, sa toute-puissance ébranlée par la première guérilla venue. Il dépense des sommes considérables en contrôle, parle sans cesse en termes de calendrier ou d'images, achète tout, investit tout, vend tout, perd tout. Le temps lui file entre les doigts, l'espace est pour lui de moins en moins un refuge. Les mots «siècle» ou «millénaire» perdent leur sens dans sa propagande. Il voudrait bien avoir pour lui cinq ou dix ans, l'Adversaire, alors qu'il ne voit pas plus loin que le mois suivant. On pourrait dire ici, comme dans la Chine des Royaumes combattants, que «même les comédiens de Ts'in servent d'observateurs à Houei Ngan». Le Maître est énorme et nu, sa carapace est sensible au plus petit coup d'épingle, c'est un Goliath à la merci du moindre frondeur, un Cyclope qui ne sait toujours pas qui s'appelle Personne, un Big Brother dont les caméras n'enregistrent que ses propres fantasmes, un Pavlov dont le chien n'obéit plus qu'une fois sur deux. Il calcule et communique beaucoup pour ne rien dire, l'Adversaire, il tourne en rond, il s'énerve, il ne comprend pas comment le langage a pu le déserter à ce point, il multiplie les informations, oublie ses rêves, fabrique des livres barbants à la chaîne, s'endort devant ses films, croit toujours dur comme fer que l'argent, le sexe et la drogue mènent le monde, sent pourtant le sol se dérober sous ses pieds, est pris de vertige, en vient secrètement à préférer mourir.

Encourageons-le à disparaître, puisque tel est son désir. Et méditons simplement cette pensée érotique de Lichtenberg : « Il y a très peu de choses que nous pouvons goûter avec les cinq sens à la fois. »

*Londres, janvier 2001*

« Tout l'art de la guerre consiste à manifester de la mollesse pour accueillir avec fermeté ; à montrer de la faiblesse pour faire valoir sa force ; à se replier pour mieux se déployer au contact de l'ennemi. Vous vous dirigez vers l'ouest ? faites semblant d'aller vers l'est ; montrez-vous désunis avant de manifester votre solidarité ; présentez une image brouillée avant de vous produire en pleine lumière. Soyez comme les démons qui ne laissent pas de traces, soyez comme l'eau que rien ne peut blesser. Là où vous vous dirigez n'est jamais là où vous allez ; ce que vous dévoilez n'est pas ce que vous projetez, de sorte que nul ne peut connaître vos faits et gestes. Frappant avec la rapidité de la foudre, vous prenez toujours à l'improviste. En ne rééditant jamais le même plan, vous remportez la victoire à tout coup. Faisant corps avec l'obscurité et la lumière, vous ne décelez à personne l'ouverture. C'est là ce qu'on appelle la divine perfection. »

*Houai-nan-tse*
(II<sup>e</sup> siècle av. J.-C.)

# *Le paradis de Cézanne*

> « *Les sensations formant le fond de mon affaire, je crois être impénétrable.* »

La solitude de Cézanne, nous n'en avons sans doute pas encore mesuré l'ardeur et la profondeur. Ainsi, le 28 septembre 1906, peu de temps avant sa mort, dans une lettre à son fils : « Quant à moi, je dois rester seul, la roublardise des gens est telle que jamais je ne pourrai m'en sortir ; c'est le vol, la suffisance, l'infatuation, le viol, la mainmise sur votre production, et pourtant la nature est très belle. » Ou encore, un peu plus tôt : « Je suis très énervé de l'aplomb qu'ont eu mes compatriotes de vouloir s'assimiler à moi en tant qu'artiste, et de vouloir mettre la main sur mes études. Il faut voir les saloperies qu'ils font. » Et encore : « Décidément on ferait une curieuse ménagerie avec tous les professionnels de l'art et leurs congénères. » Et encore : « La prétention des intellectuels de mon pays, tas d'enculés, de crétins et de drôles. »

Ce sont là les mots du vieux Cézanne, et on peut s'amuser aujourd'hui en apprenant que la pruderie des éditeurs de sa correspondance a préféré imprimer « ignares » à la place d'« enculés ». Pourquoi pas, d'ailleurs ? Traiter ses contemporains d'« ignares » est une constatation froide qui annonce, moins romantiquement, l'état social où nous nous trouvons un siècle après cette colère. Mais ce qui m'intéresse ici est le fragment de phrase risquant de passer inaperçu dans sa banalité apparente : « Et pourtant la nature est très belle. » Pourquoi ce *pourtant* digne de Galilée ? Qu'est-ce qu'il veut dire ? Que la nature est stable, permanente, hors d'atteinte des calculs et de la perversion humaine ? Que, finalement, donc, elle ne tourne pas ? Qu'elle a lieu dans une proximité dont nous sommes à chaque instant séparés par une négation, une falsification, une « saloperie », relayées par le vol, la suffisance, l'infatuation, le viol, la prétention des artistes, des professionnels de l'art, des intellectuels ? Quelque chose serait là, tout de suite, dans une complexité s'ouvrant comme simplicité souveraine, et on voudrait mettre la main dessus pour l'empêcher d'être vu ?

« Tous mes compatriotes sont des culs à côté de moi. » Oui, peut-être, mais que s'est-il passé pour qu'un tel homme se retrouve aussi isolé ? Qu'est-ce que la « nature » pour lui ? Pourquoi se sent-il unique en même temps qu'elle, entouré de trahisons ou de tentatives d'appropriation ? Pourquoi cette « nature », si différente de la multiplicité floue que nous engouffrons dans ce mot, si nouvelle par rapport à sa représentation géométrique et classique, lui paraît-elle, de plus en plus, une sensation inouïe, vécue, pour la première fois, depuis l'intérieur de son extérieur ?

« Je travaille opiniâtrement, j'entrevois la Terre promise. Serai-je comme le grand chef des Hébreux ou bien pourrai-je y pénétrer ? » Aucun doute : Cézanne pense réellement, à travers mille fatigues et découragements, qu'il approche, tel Moïse, d'un lieu d'élection. La peinture est la nature au paradis. Ceux qui prétendent aimer la nature naturelle, idylle pastorale, panthéisme mystique, rousseauisme transfusé en écologie, sont, le plus souvent, ses pires ennemis intimes, jumeaux puritains et plaintifs de ceux qui l'exploitent et la dévastent sans nécessité. Interrogez-les : les uns et les autres sont incapables de considérer la peinture *comme* nature (d'où, sans doute, l'absurdité butée de l'expression « nature morte »). Ils croient que la peinture est une affaire de culture ou d'art (et, désormais, de profit), ou bien que l'art imite la nature (thèse ancienne), ou encore que la nature, finalement, devrait imiter l'art (thèse moderniste et décorative). Fleur bleue et sentimentalisme académique d'un côté, rendement cynique de l'autre. Que la nature *soit* toujours déjà de la peinture en train d'être ; que la peinture (mais pas n'importe laquelle) *soit* une proposition singulière de la nature, cela ne leur viendrait pas à l'esprit. Inutile, par conséquent, d'essayer de leur faire reconnaître ce que Cézanne, obstinément, entend par « motif », catégorie à laquelle il a donné un sens de subversion métaphysique.

De la même manière, vous ne parviendrez pas à faire admettre à des subjectivités de plus en plus façonnées par le modèle de la communication répétitive et instantanée, que la langue qu'ils habitent vient de plus loin qu'eux et les traverse physiquement pour les dévoiler sans qu'ils s'en doutent. C'est ainsi que, logiquement, *concept* a pu devenir un terme de publicité.

Novalis écrit : « Précisément, ce que la parole a de propre, à savoir qu'elle ne se soucie que d'elle-même, personne ne le sait. » Heidegger commente ainsi cette formule révolutionnaire constamment refoulée : « La parole est Monologue : la parole *seule* est cela qui, à proprement parler, parle. Et elle parle solitairement. Pourtant, ne peut être solitaire que ce qui n'est pas seul ; pas séparé, isolé, sans aucun rapport. » Mais Cézanne : « Travailler sans le souci de personne, et devenir fort, tel est le but de l'artiste ; le reste ne vaut pas le mot de Cambronne. » Et aussi : « Le tout est de mettre le plus de rapport possible. » Voilà, nous sommes au cœur de la liberté.

J'étais seul, un matin, au musée Picasso. Il faisait très beau. L'hôtel du XVIIe siècle a été, on ne s'en rend pas assez compte, complètement retourné et réaffirmé par la présence des peintures et des sculptures de l'auteur des *Demoiselles d'Avignon*. Mais il y a là, aussi, des tableaux de Cézanne, jalousement conservés par Picasso lui-même. Des bleus profonds, intérieurs, lointains, maritimes ; des bleus de voyant calme en pleine méditation. Autant l'architecture royale du lieu est rendue réversible, coulissante, tournante, par la vision omniprésente de Picasso, autant les Cézanne sont *là* comme ils ne peuvent pas l'être ailleurs. L'action des Picasso les exalte en silence, les enfonce au-delà des murs, les rend catégoriques, les confirme dans un haut maintien sans passion.

J'aime de nombreux peintres (et beaucoup Picasso), mais aucun ne m'émeut autant, sans raison, que Cézanne. J'essaie chaque fois de comprendre cette émotion détachée, violente. Il me semble qu'il s'agit de l'émotion même de la pensée au-delà de toute représentation. La dévotion religieuse de Picasso et de Matisse à l'égard de Cézanne me paraît normale. « Cézanne, c'est Dieu. » Oui, mais lequel ? Pas un Dieu caché, en tout cas. « Proche et difficile à saisir, le dieu », dit Hölderlin. Très proche. Infiniment proche. Et d'autant plus difficile à saisir.

Les Cézanne ayant appartenu à Picasso sont donc là, chez lui, une source reconnue, une fondation avouée, et aussi un reproche. Comme si Picasso avait voulu manifester, par cette inclusion, que quelque chose chez ce réinventeur « divin » de la peinture avait été négligé, recouvert, oublié, pendant qu'on croyait se presser fiévreusement à sa suite. C'est une expérience étrange de voir tout à coup Cézanne non pas conduisant nécessairement à Picasso, mais arrivant de nouveau après lui. Un autre « avant » ? Un autre « après » ? Une désorientation de l'histoire d'art, si acharnée dans ses classements, ses enchaînements, ses causalités mécaniques ? Une autre demande d'histoire ? Cézanne en tant que question de fond adressée à l'art dit moderne, lequel, avant de se décomposer sous nos yeux, aurait prétendu l'avoir assimilé ou dépassé ? Cézanne en tant que récusation du mythe de la modernité, sans qu'il puisse aucunement s'agir d'un retour au passé ? Cézanne ne *passant* pas, mais devenant sans cesse ce qu'il a été ?

Quel est le Temps de Cézanne ?

Oui, quel est son Temps ? Pas le sien, en tout cas, tel que l'imaginait, par exemple, son ami de jeunesse, devenu, à son sujet, odieusement méprisant : Zola.

Pas le nôtre, qui est persuadé que la peinture n'est qu'une question d'affairement, de mise en scène ou d'images.

Mais peut-être, si la langue ne ment pas, celui d'un de ses contemporains qu'il n'a pas connu, quelqu'un qui affirme s'être évadé de l'Enfer, « posséder la vérité dans une âme et un corps », et traverser les paysages comme personne. « La mêlée des arbres et de l'air léger. » « Le clair déluge qui sort des prés. » « Le front de l'allée touche le ciel. »

Il faut écouter Rimbaud dans la Nature de Cézanne.

Par exemple, *Le Jeune Homme à la tête de mort*, de 1895-1898. Cette puissante méditation du peintre, dans les dernières années de sa vie, égare la plupart des commentateurs. L'un est étonné par la solide attitude indifférente du jeune homme assis face à ce crâne, et la couleur générale du tableau évoque pour lui, immédiatement, « la mort et le désespoir ». L'autre est surpris de ne percevoir aucun message moral dans cette toile, « d'où les difficultés d'interprétation ». Un autre encore se demande pourquoi Cézanne avait toujours sous la main, parmi des fruits renouvelables, quelques têtes de mort, sans que cela semble évoquer chez lui la moindre passion morbide. Faut-il rapprocher cette peinture intense des « vanités » d'autrefois ? Mais non, rien à voir. Alors, de quoi s'agit-il ? Tout de même pas d'un saint au désert appuyé sur la Bible et contemplant la brièveté de l'existence en comparaison de l'éternité divine ? Non plus.

Que le modèle soit le propre fils de Cézanne ou un jeune ouvrier posant pour lui, peu importe. C'est bel et bien un autoportrait transposé. La peinture *elle-même* est, pour Cézanne, une question métaphysique, et il tient à le rappeler face aux superficialités impressionnistes ou à l'humanisme messianique bavard en cours. Une table nous repousse, nous, voyeurs, dans l'angle, nous sommes du mauvais côté, blessés. Des livres et du papier blanc. Un penseur qui ne pense peut-être à rien de précis (et sûrement pas à partir d'un texte préalable), mais dont le corps tout entier est pris dans la pensée. Une tenture à motifs fleuris derrière lui, une compression dramatique, où, comme par hasard, une branche paraît sortir du crâne vivant du jeune homme (il devient un cerf). Une tête de mort, enfin, comme une fleur d'os issue des livres. Le bleu, le marron, le bleu de plus en plus profond. L'attention extrême, le silence. Difficile d'imaginer un tableau plus silencieux, nous forçant à détourner le regard pour voir où nous sommes, à entendre l'espace et le temps comme nous n'osons pas le tenter. Pas de pathos, pas d'ascèse ou de mortification, pas de religion, pas de sentiments, pas de contenu « filmique » : la présence, la si mystérieuse nouvelle présence qu'incarne Cézanne.

Je pense avant de commencer à être celui qui pense : « Je suis. »

Sinon, moi serait un autre, et Je suis précisément, non pas moi, mais cet autre.

« Cela m'est évident : j'assiste à l'éclosion de ma pensée : je la regarde, je l'écoute... Si les vieux imbéciles n'avaient pas trouvé du moi que la signification fausse, nous n'aurions pas à balayer ces millions de squelettes qui, depuis un temps infini, ont accumulé les produits de leur intelligence borgnesse, en s'en clamant les auteurs ! » (Rimbaud).

Autrement dit : il faut plus qu'un œil d'intelligence pour dépasser le squelette, et ce n'est pas le *cogito* qui peut nous ouvrir les yeux sur la nature de l'étendue et du temps. Au même moment, là encore, Lautréamont peut écrire, à propos des « absurdes tirades philanthropiques » : « La grande famille universelle des humains est une utopie digne de la logique la plus médiocre. » Difficile d'être, pour toute époque, plus à contre-courant.

Nous ne sommes plus ici dans la Métaphysique, au sens classique : pas de Dieu, d'au-delà, de certitude représentative garantie par la subjectivité, d'Esprit Absolu, de

Volonté de Puissance. En français, cela veut dire : ni Descartes ni Pascal, mais pas sans eux (ce qui est le mouvement même de Lautréamont et Rimbaud). Nous n'entrons pas non plus, par substitution, dans une prédication sur l'avenir de l'Humanité ou de la Science. Pas d'espoir, pas de désespoir. Pas de mélancolie, d'emphase apocalyptique, d'exténuation, de moribonderie ou de lendemains qui chantent. Pas de sacrifice, de frustration, de calcul, ni, par conséquent, de crimes ou de déclaration implicite justifiant la mort. L'être-pour-la-mort qu'est l'homme se trouve là en position de destin. Si nous abandonnons la manie psychologique d'identification, nous pouvons commencer à entendre ce que pense la toile (et non pas le modèle). Par exemple : « Je suis le saint, en prière sur la terrasse — comme les bêtes pacifiques paissent jusqu'à la mer de Palestine. » Ou bien : « Je suis le savant au fauteuil sombre. Les branches et la pluie se jettent à la croisée de la bibliothèque. »

Encore une fois, Cézanne n'a pas lu ces phrases ou plutôt ce *phrasé* des *Illuminations* (il ne pouvait pas les connaître, et encore moins les *Poésies* de Ducasse). Mais cette façon de dire est contemporaine de sa peinture, en un sens que ne comprendront jamais ceux qui croient à la peinture « littéraire », à la poésie visuelle, ou simplement à une peinture qui ne serait pas épreuve de vérité de pensée. Nous ne voyons pas ici un « portrait de Rimbaud » (encore qu'il soit, comme tel, plus exact que celui de l'imagerie romantique, mystique ou surréaliste — sans parler des photographies), mais la dimension même où peut prendre place ce qu'il a écrit.

La tête de mort à la Cézanne est donc un événement qui récuse tout naturalisme. Oui, dit Cézanne, il s'agit de métaphysique *au point d'en sortir*. La peinture plus forte que la vie et la mort ? Ça se pense. Un des souhaits de Cézanne, on le sait, était de « mourir en peignant » : il a été exaucé, ce qui n'a aucun rapport avec le suicide (Zola, en écrivant *L'Œuvre*, voulait, au fond, que Cézanne se tue). L'autre vie invisible que suppose la peinture peut, à ce moment-là, triompher de la mort qu'elle *est*. D'ailleurs, question jamais posée, et pour cause, de quel sexe est cette tête de mort ? À quel prix cette question n'aurait-elle plus d'importance ? Le prix d'un Cézanne ? C'est cher.

De cette méditation à tête ouverte, Picasso sera le seul à se souvenir. Mais en espagnol, pas en français. Or, ici, le français doit parler. Si Claudel écrit, par exemple : « Le paradis est autour de nous à cette heure même avec toutes ses forêts attentives comme un grand orchestre invisiblement qui adore et qui supplie » (ce qui est déjà une manière de *traduire* Rimbaud, comme le feront Breton, Aragon et tant d'autres), nous y sommes un peu et pas du tout, car les « forêts attentives » n'adorent pas, ne supplient pas, elles ont autre chose à faire. Les grands bois ne sont pas davantage des cathédrales (Baudelaire) hurlant comme l'orgue dans nos cœurs maudits. Ils ont, eux aussi, autre chose à faire. Quoi ? Rien. Mais pas rien, justement, et de cela Cézanne est décidé à nous convaincre. En réalité, tous les arbres sont des Cézanne, on devrait les appeler ainsi. Les pins, surtout ? Oui, mais aussi les autres. Leur façon d'éclairer l'espace où, la plupart du temps, nous n'entrons pas, que nous n'éprouvons pas. Si Proust, dans le Carnet de 1908 qui coagule en lui toute la *Recherche du temps perdu*, écrit : « Un clocher, s'il est insaisissable pendant des jours, a plus de valeur qu'une théorie complète du monde », je l'approuve, je sens ce qu'il dit, mais je préfère me passer du mot « valeur » et remplacer, là encore, *clocher* par *arbre*, et me voici dans Cézanne, ce que va me confirmer une autre note : « Maman me donne la force de ne pas voir que par elle, car je sais que la mort n'est pas une absence et que la nature n'est pas anthropomorphique. » La mère de Cézanne, on doit s'en souvenir, l'a encouragé à peindre. Ce n'est pas rien.

Très peu d'individus *voient*. C'est plus qu'étrange, mais c'est ainsi. Il ne faut donc pas s'étonner si le moindre spectacle a, sur la majorité, tant d'effets. Les vociférations, les programmes, l'argent, le cirque, la télévision, le pouvoir, c'est cela qui est normal dans ce qu'on pourrait appeler la psychose narcissique endémique du genre humain. Quelqu'un, à qui je fais remarquer un parterre de pensées, me dit : « Je ne vois pas les fleurs. » Aveu courageux, du moins ne fait-il pas semblant. Et pourtant, cette foule de pensées jaunes, blanches et mauves tournées ensemble vers le soleil, avec leurs griffures sombres de masques chinois, comment ne pas les ressentir dans l'air en train de boire la lumière ? Comment ne pas déchiffrer cette flottille de papillons à l'arrêt ? Et, à l'improviste, cette rose couleur thé, venue droit de la campagne, fermée, perdue, comment ne pas suivre son épanouissement interminable, une fois ranimée par l'eau, sa transformation en poing chiffonné cherchant, compact, le maximum d'ouverture ? « La rose est sans pourquoi, dit Angelus Silésius, elle fleurit parce qu'elle fleurit, elle ne fait pas attention à elle-même, ne demande pas si on la voit. » Fleurs du mal ? Jeunes filles en fleurs ? Miracle de la rose ? Même pas : simple imbrication de pétales, mousse fleurissant sur fond de néant (il faut les voir comme Manet les voyait, les roses, en s'approchant, lui aussi, du noir absolu de la peinture). « Le

Néant, dit encore le Pèlerin Chérubinique, est la meilleure consolation. Si Dieu te retire sa clarté, le Néant nu doit être ta consolation dans la désolation.» Sans doute, mais le «Néant nu» n'est pas à la portée de tout le monde, et «l'absente de tout bouquet» que Mallarmé voit soudain surgir dans le mot *fleur* ne se présente pas d'elle-même aux yeux du négatif.

«Je ne vois pas les fleurs» est une réaction de défense contre le néant. Doter la rose du moindre *pourquoi*, aussi. Pourquoi quelque chose plutôt que rien? Mais Cézanne: «Je vous dois la vérité en peinture, et je vous la dirai.» Vous verrez alors que vous ne voyez pas. Vous pourrez apprendre que vous passez votre temps à ne vouloir ni voir ni savoir.

Il est finalement surprenant que Freud ait cru devoir introduire une symétrie entre le désir érotique et la mort, Éros et Thanatos, en ayant recours à la fable platonicienne d'une unité sexuelle divisée à la recherche d'elle-même. Deux jumeaux éternels en lutte l'un contre l'autre? *Jumeaux*, vraiment? Contraires? Poursuivre dans cette voie en diagnostiquant un malaise dans la civilisation ou l'avenir d'une illusion était, en effet, la moindre des choses. Nous n'en sommes d'ailleurs plus au malaise, n'est-ce pas, la catastrophe a eu lieu, elle a pris, depuis, ce qu'on pourrait appeler sa vitesse de croisière. Nous continuons à penser mythiquement par complémentarité, mais la mort et sa pulsion n'occupent pas la «moitié» de la scène humaine. Quatre-vingt-dix-neuf pour cent? Voilà qui est déjà plus exact. Ce «un pour cent» d'Éros, tenez, vous pouvez le contempler aussitôt dans l'une des dernières toiles de Cézanne, *Nature morte avec l'amour en plâtre* («nature morte»!), où les oignons se passent de tout commentaire en fonction de la peinture d'un moulage — une statue de Puget — en pleine énergie. Comment introduire la sculpture *dans* la peinture, un espace dans un autre espace, un temps dans un autre temps ?

Il y a là une affirmation discrète et monumentale, enfantine et divine, simple, et pourtant extraordinairement complexe. Un défi. Une victoire. Quelque chose, dans le bleu, le rouge et le blanc, le relief enlevé plus vivant que le corps vivant, qui fait pleurer les yeux d'alacrité, de saveur, de bonheur. Une résurrection en acte. Une reprise christique, si l'on veut, mais complètement détachée de son enveloppement féminin maternel. Cet *amour* ne sort pas d'une vierge, il ne reviendra pas, sous forme d'homme mort, à l'éternel féminin (dont Cézanne nous a dit, par ailleurs, ce qu'il en pensait : une idole, femme nue avachie, animale, autour de laquelle se pressent — évêque compris — toutes les institutions et tous les pouvoirs). L'amour triomphe, sans contrepartie, sans envers. Il fait le poids tout seul, il s'arrache de tout contexte ; amour de cuisine, amour de tableaux et de fruits, prologue vert, frais, rond, torsadé pour un nouveau monde. Il est « présocratique » si l'on veut, aussi peu platonicien que possible. Un amour soudain parménidien ? Oui : l'être est, le non-être n'est pas.

Présocratique et également (à travers Puget) dix-septiémiste, puisque la peinture de Cézanne est aussi, bien entendu, polémique et politique. Comment ne le serait-elle pas quand elle a tout le XIX$^e$ siècle ligué contre elle ? Comment ne prendrait-elle pas le parti d'une déclaration *par défaut* ? De deux choses l'une : ou bien nous voulons perpétuer la religion dix-neuviémiste (et, à travers elle, une conception « moderne », c'est-à-dire postchrétienne de l'histoire), ou bien nous sommes capables de la dépasser.

## Le paradis de Cézanne

C'est déjà l'enjeu que Rodin, en 1908, définit pour Rilke : « Nous sommes arrivés à un point d'où nous sommes invincibles et sortis des atteintes et de la mode du XIX$^e$ siècle qui remplaçait le travail par un mot magique et heureusement trouvé pour les faibles et les paresseux : idéal ; mot de passe pour tous les précieux ridicules... La nature a besoin d'être vue et respirée simplement et continuellement. » 1908 : deux ans après la mort de Cézanne, qui aimait Rodin. « Invincibles », dit Rodin. « Impénétrable », vient de dire Cézanne. Qu'entendent-ils par là ?

XVII$^e$ siècle français ? Il suffit d'observer la propriété du Jas de Bouffan, dans la campagne aixoise, où Louis-Auguste Cézanne, le père du peintre, exhibe sa fortune de descendant d'émigrés italiens en France au XVIII$^e$ siècle, passant de la fabrication de chapeaux à la banque. Le siècle de Louis XIV et du maréchal de Villars parle à travers ces murs comme à travers ceux du musée Picasso. Paul Cézanne, jeune homme, a peint là. Il ne faudrait pas croire pour autant que Cézanne, à cause de la fâcheuse affaire Zola, va se retrouver le moins du monde dans une position « réactionnaire ». En réalité, le vrai révolutionnaire, c'est lui. Dresser, deux siècles après, un Puget, le « Bernin français », dans une de ses peintures *à lui*, n'a rien d'académique, *au contraire*. Il s'agit, au fond, du même geste que celui qu'accomplit Ducasse dans ses *Poésies* lorsqu'il cite à comparaître, sans le dire, et dans une autre perspective (ou absence de perspective), Pascal, La Rochefoucauld, Vauvenargues. Non pas seulement détournement, renversement ou retournement, comme on l'a sans doute trop dit ; pas exclusivement négation d'une affirmation incomplète ; mais bien négation de la négation de la négation, élévation au carré, au cube. Les mathématiques sévères se réapproprient une perte intérieure. Cézanne pourrait réciter pour son compte : « Les phénomènes passent, je cherche les lois, etc. » Et c'est la raison même pour laquelle il est si invisible pour son temps, si instinctivement rejeté ; ou encore, de nos jours, si faussement interprété comme « père de l'art moderne ». Cézanne n'est ni classique, ni romantique, ni moderne. Il salue la beauté sans âge, il sort de l'enfer, il est *projeté*, instinctivement immémorial, dans un autre rapport à l'être, unique, inhabituel. Qu'il s'agisse d'une femme dans un fauteuil, d'un tournant de route, d'une montagne, d'un rocher, d'une table, de peupliers, d'un pont, d'oranges, de nus énigmatiques pour une non moins énigmatique baignade, les phénomènes passent, les lois, enfin, apparaissent, elles se voient.

Pendant ce temps, les grandes manœuvres du nihilisme suivent leur cours : Humanité et Devenir, Guerres mondiales, Hurlements divers. Jusqu'au nouvel Évangile : non plus tout est dans tout, et réciproquement, mais rien est dans rien, qu'il en soit ainsi dans l'absence et l'oubli des siècles. Tu haïras ton prochain comme toi-même, tu travailleras pour une humanité idéale qui n'existe pas. Surtout : tu penseras tout en *valeurs* (ce qui est, comme le dit Heidegger, l'« assassinat radical »).

La plupart des critiques d'art (Cézanne : « Ne soyez pas critique d'art ! Faites de la peinture ! Là est le salut ! ») sont ici gênés par le « catholicisme » de l'auteur des *Grandes Baigneuses*, lequel, sur la fin, confesse qu'il ne peut plus aller, comme d'habitude, écouter la messe à la cathédrale d'Aix parce qu'un « crétin d'abbé tient les orgues et joue faux », en ajoutant : « Je crois que pour être catholique, il faut être privé de tout sentiment de justesse, mais avoir l'œil ouvert sur les intérêts. » N'empêche : on ne plaisante

## Le paradis de Cézanne

pas, en 1905-1906, avec ces choses, pas plus qu'aujourd'hui. Le clergé anticlérical veille. Ce Cézanne a peur de la mort, disent-ils. Il a besoin de protection, il est un peu dérangé, on expliquera ça un jour par ses relations d'amour-haine avec son père, la psychanalyse n'est pas encore là mais il n'y en a pas pour longtemps. De toute façon, son diabète s'est aggravé. Il est de plus en plus susceptible, nerveux, irritable. Phobique ? Paranoïaque ? J'allais le dire. Il admet lui-même, dans sa correspondance, avoir des « troubles cérébraux », vous voyez bien. Finalement, c'est un conservateur, pas un tableau sur la Commune de Paris, pas un mot, mais des réticences facilement amplifiables, sur l'Affaire Dreyfus, une amitié douteuse pour des régionalistes qui vont devenir, c'est forcé, plus ou moins fascistes, tout cela est suspect, et s'il « s'appuie sur Rome », comme il le dit, c'est bien la preuve de sa faiblesse de caractère. Ainsi va le psychologisme courant, véritable plaie d'époque, taie immédiate sur l'œil. Cézanne ne manifeste aucun intérêt pour la radieuse expérience humaine qui s'annonce, millions de morts en vue, camps d'extermination ? En effet. Il veut du *temps*, le plus de temps possible. Cent séances de pose pour le portrait de Vollard (et encore faut-il que le ciel, ce matin-là, soit gris clair), c'est juste suffisant. Des journées entières dans la nature, sur les collines, dans les bois, au bord d'une rivière ou d'un lac (même si, après dix heures, la lumière « baisse », puisqu'il ne s'agit pas d'un problème de lumière), ce n'est jamais assez. Cézanne est un satyre chaste des « sensations colorantes », il jouit avec son cerveau, et là est le scandale instinctivement deviné par ses contemporains : « La couleur est le point où notre cerveau et l'univers se rencontrent, c'est pourquoi elle apparaît toute dramatique au vrai peintre. » Les fleurs réelles, devenues « motif » à partir de fleurs artificielles (comme ça elles ne se fanent pas), seront celles du tableau ? Bien sûr. Quant au physique humain, il est d'une profondeur temporelle qui terrorise, n'est-ce pas, raison pour laquelle on le martyrise avec négligence ou passion (à commencer par Celui qui aura mis l'accent sur son Corps). Seul le singulier le plus singulier est universel ? Oui, sans quoi, bavardage, « littérature », ou ce qui est le plus opposé à la pensée : l'abstraction. Personne n'est plus « théoricien » que Cézanne, mais, immédiatement, il flaire le contresens possible et sa rengaine reprend : la nature d'abord, toujours, sans cesse, rien que la nature. De quoi désespérer tous les amateurs qui croient que cône, cylindre, sphère, sans parler de cercles, carrés, rectangles et le reste, pourraient, à la limite (c'est plus commode), se passer de l'épreuve vivante de ce qui est là, tout de suite, en situation. Pas de « spirituel dans l'art », donc, même si le but de l'art est l'« élévation de pensée » (ce qui est très différent). Et pas non plus de symboles, d'archétypes, de méli-mélo psychique, de pseudo-abîme inconscient ou autre. Si « la nature, pour nous hommes, est plus en profondeur qu'en surface », nous ne sommes jamais assez « profonds » pour elle. Mais cette profondeur n'est pas le calcul de la science (qui a sa légitimité), et encore moins le rêve, le merveilleux, la folie et ses grimaces, les révélations occultes ; tout cela serait humain, trop humain, pas assez profond, c'est-à-dire *pas assez digne de la surface*.

L'abri pour se recharger en temps, avant d'aller sur le « motif », est donc là, en passant, dans la cathédrale Saint-Sauveur. On y est tranquille (à condition que l'organiste ne joue pas faux, ou qu'un curé local « ensoutané » ne vous tourne pas autour dans le genre « poisseux »). Des imbéciles sont là aussi, sans doute, mais d'abord on n'est pas obligé de leur parler, et puis ils sont moins fatigants que ceux qui, depuis au moins un siècle, s'agitent au-dehors pour accélérer la durée, la mobiliser, la militariser, la motoriser, l'empiler, l'aligner pour la faire circuler. Claudel disait : « Zola n'écrit pas une phrase mais une page. » Rimbaud, en somme, venait de lui montrer qu'une phrase, par sa couleur, pouvait être sans fin. Après quoi, Claudel n'en écrit pas moins des pièces de théâtre interminables, ce qui revient à faire du Zola à l'envers. André Breton, par la suite, va traiter Cézanne de « fruitier »? Allons, bon : clergé, clergé. La phrase, la simple phrase, est donc ce qu'il y a de plus difficile tout en paraissant évident? Mais oui, et d'ailleurs Rimbaud ne se prive pas de l'écrire : « C'est aussi simple qu'une phrase musicale. » On ne modèle pas, dit Cézanne, on *module*. Un tableau, comme de la musique (ces fruits sont des notes), ce sont des touches qui, une par une, vont toutes *vers* un tableau. La peinture est insoumise, comme la poésie. Vous la voyez devenir propagande, affiche, réaliste socialiste, populiste, spiritualiste, décor d'animation culturelle? Hélas. On ne pourra pas dire que c'est la faute de *La Montagne Sainte-Victoire*.

Cézanne, il faut y insister, ne parle jamais de *valeur*.

Heidegger : « La valeur, c'est l'objectivation de buts assignés par les besoins de l'auto-installation représentative dans le monde devenu image conçue. »

En effet : le monde ne devrait pas nous apparaître « seulement » comme image conçue. Et d'ailleurs (ce que presque personne ne comprend) la peinture *n'est pas* une image.

Heidegger encore : « L'auto-imposition de l'objectivation technique est la constante négation de la mort. Par cette négation, la mort devient elle-même quelque chose de négatif ; elle devient le nul et le non-constant par excellence. »

En effet : Cézanne *n'est pas* dans la négation de la mort. Il faut ici regarder, une fois de plus, *Le Jeune Homme à la tête de mort*. Mais chaque autre tableau de Cézanne dit la même chose.

Là où la touche ne vient pas d'elle-même, on laisse un blanc. « Et ces blancs, sur mes mains, dans mon portrait ? » demande naïvement Vollard. « J'irai voir cet après-midi au Louvre », répond Cézanne. On ne met pas une couleur « comme ça ». Sinon, on serait vite obligé de tout reprendre, vous comprenez, Vollard ? Non, Vollard ne comprend pas, sauf que c'est épuisant de poser pour Cézanne, puisqu'il faut rester assis là comme une pomme. Et puis, il y a toujours trop de bruit, des chiens aboient, des ascenseurs grincent. Et ce ciel, dehors, qui n'est pas assez gris. Et, en plus, il faut faire attention à ce qu'on dit, sans quoi fureur immédiate de l'artiste. « Vous osez prétendre que Delacroix peignait au hasard ? » Non, non, je me suis mal exprimé. « Soyez une pomme, Vollard ! »

Le faux « fini », voilà l'ennemi. Et *finir*, telle est bien l'obsession humaine. Conclure, capter, évaluer, échanger : tout plutôt qu'être là, n'allant nulle part. « Le fini fait l'admiration des imbéciles », écrit Cézanne à sa mère, dès 1874. « Je ne dois chercher à compléter que pour le plaisir de faire plus vrai et plus savant. » Cette non-précipitation énerve au plus haut point l'hystérie familiale, collective, historisante. Hortense Fiquet, la femme de Cézanne (combien d'heures de pose ! quel emmerdeur !), dira plus tard au jeune Matisse ahuri : « Vous savez, Cézanne ne savait pas ce qu'il faisait. Il ne savait pas comment finir ses tableaux. Renoir et Monet, eux, savaient leur métier de peintres. »

*Le paradis de Cézanne*

Hortense avait très bien compris son mari. Avec lui, quelle histoire, on n'en avait jamais fini. Je suppose que cette réflexion n'a pas besoin de commentaire. Il est naturel qu'une femme préfère être en surface qu'en profondeur, et c'est là, précisément, une ruse de la profondeur de la nature. Vollard rapporte que Cézanne tenait les femmes pour des «veaux et des calculatrices». Vous voyez bien qu'on ne devrait pas s'intéresser à lui.

Oui, trois dimensions en deux, et une quatrième pour en juger, tel est le problème, et il est *érotique* à un pour cent dans un monde impulsé à quatre-vingt-dix-neuf pour cent par la volonté d'aplatissement, d'égalisation et de mort. On a honte pour les contemporains, mais c'est ainsi. Que Picasso, très tard, ait refusé de se séparer d'une de ses «guitares préparées», sauf si on lui donnait en échange un Cézanne, signe l'enjeu. Pas d'argent, troc, donnant, donnant. La présence du corps, du bloc temporel, de la forme-couleur, de l'incroyable unanimité en relief des tableaux de Cézanne me paraît peinte par cette anecdote. Picasso connaissait la musique. Lui, masqué, est descendu dans l'arène. Au nom de Manet, de Cézanne, mais aussi, et pour cause, au nom de tous les peintres du passé en cours d'expropriation. Vélasquez, Titien, Tintoret, Greco, les autres. «Les Vénitiens et les Espagnols».

La confusion, ou l'hésitation, à propos d'Éros et de Thanatos implique ce que nous avons désormais sous les yeux : une représentation de l'éros uniquement rongé par la mort. D'où le spectacle du très peu d'éros dans la mort généralisée, au point que l'éros subsistant (à peine) se présente, déjà depuis longtemps, comme exclusivement parodique ou moribond, parodique parce que moribond. La conséquence, ou plutôt la cause cachée, en est une crise aggravée du langage nous jetant dans une laideur obligatoire, c'est-à-dire le contraire de ce que Cézanne appelle le « sens d'art » (« et c'est l'horreur du bourgeois, ce sens-là »). Entre sexe et langage, Éros et Logos, un lien a été brisé, et ce lien n'est autre que l'éthique elle-même. L'éthique, pas la morale qui, au contraire, déferle à cette occasion.

Éros, Logos, Éthos. De « l'autre côté », si on peut dire, mais sans aucune symétrie possible, le flux de Thanatos, Mythos, Pathos. Il peut ainsi y avoir un déluge de bons sentiments, une volonté démagogique constante, une « démôlatrie » (comme disait Nietzsche), sur fond d'exploitation et de destruction mécaniques. La morale falsifie l'éthique, comme l'image ou la reproduction falsifient la peinture. Le mythe déraisonne ce qui, par la raison, s'atteint, comme pensée, au-delà de la raison. Le pathétique, enfin, tient lieu d'esthétique, comme l'historicisme d'Histoire. Regarder un Cézanne, n'importe lequel, c'est ainsi être à la recherche du réel perdu. On peut accumuler dix mille films, un million d'heures de télévision, cent millions de photographies et de journalisme, rien ne *tient*, bien entendu, devant cette cour de ferme, ce rocher rouge, cette maison du pendu, ces joueurs de cartes, ce baigneur aux bras écartés, cette femme dans un fauteuil rouge ou bien accoudée, verte et jaune et rose et de nouveau verte, à une table (ne pas oublier la chaise à droite, dans le fond). Hortense ? Non : son nez, ses yeux, son chignon, ses bras pinces, sa bouche boudeuse, le tout se montrant en même temps que douze fonds différents venant et se repoussant dans leurs variations d'ensemble.

Dans quelle langue dire cela ? Pas celle de Zola, bien sûr. Mais pas non plus celle de Balzac, même si Cézanne était obligé de s'identifier plus ou moins au Frenhofer du *Chef-*

*d'œuvre inconnu*. Pas non plus celle de Baudelaire, même si certains vers de jeunesse du peintre se rapprochent des *Fleurs du Mal*, ce livre lu et relu, et souvent su par cœur. Et pas non plus Stendhal, bien que Cézanne ait lu avec passion («trois fois», dit-il) *Histoire de la peinture en Italie*. Hugo ? Pas davantage : *La Légende des siècles* n'est pas ce qu'il faut pour penser une autre dimension de ce qui s'agite ou se fige, désormais, sous le nom de siècle. Flaubert ? Mais *La Tentation de saint Antoine* est un souvenir de jeunesse, et quant à peindre l'existence dans la «basse province», il n'en est pas question (c'est étrange, disent les commentateurs, les maisons de Cézanne n'ont l'air habitées par personne). Mallarmé ? Mais c'est encore trop la négativité qui habite Manet, c'est-à-dire, malgré la subversion de l'*Olympia*, une certaine glaciation découlant de la Terreur (il y a encore du David chez Manet). Se sentir Faune, loin de tout tombeau, être prêt à une orgie permanente, devrait amener à pénétrer l'Olympe d'une façon très différente. Que faire, donc, puisque Lautréamont et Rimbaud — Lautréamont *puis* Rimbaud — viennent d'avoir lieu mais restent invisibles ? Eh bien, se confier entièrement à la peinture, à sa nature, aux «sensations colorantes», et voir, peu à peu, à quel continent nouveau, oublié, enfoui, elle conduit.

Il y a les peintres. Delacroix, pour l'énergie. Ingres ? «Très fort, mais bien emmerdant.» On n'oublie pas qu'il a eu pour les baigneuses une prédilection spéciale, mais il n'y a aucune raison de couvrir le nu d'un alibi turc. Les baigneuses de Courbet ? Le scandale qu'elles ont provoqué ? Certainement, mais Courbet, grand peintre, «manque d'élévation». Il doit y avoir un moyen d'aller plus loin vers la Terre promise et la nudité paradisiaque. Les *Baigneurs*, les *Baigneuses*, sont le grand secret de Cézanne. Il se tait là-dessus, et d'ailleurs, vérifiez, tout le monde est embarrassé pour en parler. Ces figures sont trop « autre part », ni dans le passé ni dans le futur. L'expérience est-elle entièrement absorbée par *Les Demoiselles d'Avignon* ? La précipitation de l'évangile moderne veut le faire croire, mais rien de moins sûr. Rusé Cézanne : il égare son monde, il se faufile, rompt, se retire, veille à ce qu'on ne lui mette pas le « grappin » dessus ; il repart, poursuit ses « études », revient sur le motif. Le grappin (social, financier, sexuel, psychologique) est l'exact contraire, l'ennemi acharné, du *motif*. Mais sur ce motif-là, baigneurs, baigneuses, motus. Les *Grandes Baigneuses*, finalement, sont les déesses énigmatiques de Cézanne. On ne les a jamais vues. Elles n'ont aucun trait d'identité d'époque, impossible de les identifier par la toilette, le caractère, l'anecdote biographique. Leur visage sans visage n'est marqué d'aucun souci d'être soi. On ne peut pas non plus les réduire à une mythologie connue : Aphrodite, Vénus, Diane, Nymphes. Celles-là (celles de Bâle, de Londres, de Philadelphie) ne se révèlent, comme dans le poème de Parménide, qu'à celui qui se tient hors de l'égarement des mortels incapables de se décider à propos de la question cruciale de l'être et du non-être. Elles sont sur le chemin très parlant de la vraie sphère, ni cosmologique ni géométrique, celle de l'Un. Elle est « bellement circulaire », « exempte de tremblement », cette sphère, et en voici une coupe. Vous voulez dire l'Un sans l'Autre ? Chut, nous allons avoir tous les pouvoirs sur le dos, c'est-à-dire l'Éternel Féminin lui-même, l'Éternel Retour. Mieux vaut se dissimuler pour l'instant dans la gueule du loup, dans la cathédrale. Ils ne se doutent de rien, là, ils ont depuis longtemps fait le plein.

Les commentateurs sont amusants : ils croient, eux, à la « polarité » d'Éros et de Thanatos. Ils sont, bien entendu,

*Le paradis de Cézanne* 37

fascinés par l'androgynat primordial. Que Cézanne se soit fait beaucoup baigneur (au pluriel) avant d'en arriver à ses buissons ardents et détachés de baigneuses, leur paraît une preuve d'inquiétude homosexuelle ou bisexuelle. Ils vous rappellent, non sans raison, l'histoire de *L'Hermaphrodite endormi*. Ils vous balancent tantôt *animus*, tantôt *anima*. Ils insistent, et c'est leur problème, sur le fait que Cézanne est porteur d'un traumatisme, d'une peur; d'une répulsion ou d'un dégoût pour le corps féminin. En général, ils trouvent ces baigneuses *laides*. Elles ne correspondent à aucun canon de beauté, classique ou cinématographique. Puisqu'elles ne sont tirées d'aucun modèle existant, elles doivent être forcément le résultat de fantasmes ou d'hallucinations de Cézanne. Il est très frustré, très inhibé, ce Cézanne : ne nous dites pas le contraire, sinon vous allez nous angoisser. Cézanne est un symptôme, c'est clair. Quelque part, dans le marais entre Freud et Jung (morne plaine), les symboles et les archétypes règnent. Cézanne est déjà américain, pour ne pas dire planétaire. Mais, comme d'habitude, c'est-à-dire comme Picasso et Matisse, un peintre garde pour lui son Cézanne. Ainsi de Jasper Johns, chez qui se trouve *Le Baigneur aux bras écartés*.

La devise de Cézanne ? *Pictor semper virens*.

Matisse, plus prudent, et probablement sans aucune illusion d'être compris : « Je ne peins pas une femme, je peins un tableau. »

Max Weber, à propos de Matisse : « Avec beaucoup de modestie et une profonde fierté, il nous montrait ses *Baigneuses* de Cézanne. Son silence en présence de cette toile en disait beaucoup plus que des mots. À ce moment-là, l'atelier était pénétré d'une atmosphère d'enthousiasme et de respect. »

Ah, cette histoire de « bain » ! S'agit-il d'une fontaine de jouvence, d'une cérémonie purificatrice, d'un baptême ? Mais oui, mais oui, et de bien d'autres choses encore. La peinture est un bain, *elle se nage*. Quel délassement vous est le plus agréable ? demande-t-on à Cézanne. Réponse : la natation. Il faut être dans la peinture comme un poisson dans l'eau. On voit bien l'aspect « sacré » de toute cette affaire, mais, étrangement, personne n'ose évoquer ce qui, pourtant, crève les yeux : la résurrection des corps. Référence trop « catholique » ? Il faut croire. Mais comment un peintre pourrait-il rester indifférent à cette possibilité inouïe, inobservable sauf, peut-être, par la profondeur de la touche donnée en couleurs ? Les *Baigneuses* de Cézanne, ce sont ses Victoires, au sens grec. Victoire, comme Victoire de Samothrace. La montagne Sainte-Victoire est une « élévation » de cet ordre. Ce n'est pas une sainte chrétienne (c'est saint Ambroise qui s'est occupé, à la fin du IV$^e$ siècle, du remplacement des Victoires romaines reprises de Grèce par le culte de martyres de la nouvelle religion), mais ce n'est pas non plus une projection « pré-chrétienne » néoclassique. Une vraie montagne, du roc, une masse ailée. De vraies baigneuses, mais sans âge. Mort, où est ta victoire ? Bien sûr, bien sûr.

Il n'est pas interdit de regarder tour à tour le *Baptême du Christ* de Piero della Francesca et le *Grand Baigneur* de Cézanne. Si vous ne voyez pas ce que je veux dire, je ne peux pas faire grand-chose pour vous.

Non, Cézanne ne se tuera pas, et Picasso non plus, que ses proches (ah, les proches !) s'attendaient à retrouver un matin pendu au chevalet de ses *Demoiselles*. Pas de suicide, pas d'incinération, pas de cendres théâtralement dispersées dans l'eau ou dans l'atmosphère, pas d'iconoclasme *contre soi*, pas de haine de son propre corps, pas de défiguration ni de désincarnation rageuses. On entre dans un autre temps, on traverse, on va au-delà du fleuve et sous les arbres, on ressuscite non pas « après la mort », mais là, tout de suite, en acte.

Cézanne n'est pas le fils mais le père de ses *Baigneuses,* lesquelles, à tout prendre, sont plus proches d'Athéna, donc de Zeus, que d'Aphrodite ou de Vénus. Cela choque la hantise sexuelle humaine ? Tant pis.

Plus profondément, le néant est l'abri de l'être, et cela peut être *montré* puisque le tableau est une germination. S'il y a un Dieu, il ne peut être que celui qui réjouit ma jeunesse : « *Ad Deum qui laetificat juventutem meam.* » Mais Rimbaud : « Oh ! nos os sont revêtus d'un nouveau corps amoureux. » Zola et Verlaine, on le sait, vont en rester inconsolables.

Dans le paradis réel des *Illuminations* et de Cézanne, eau, linge, nu, rocher, arbre, ciel, horizon, montagne, proximité, femme, table, fruit, crâne : même chose.

Cézanne s'est sorti d'Enfer. Il lui est « loisible » (quel mot, celui-là, l'un des derniers d'*Une saison en enfer*) de « posséder la vérité dans une âme et un corps ».

Cependant, plus l'expérience paradisiaque s'approfondit, plus les suppôts de l'Enfer social vous guettent. Cézanne les voit venir de loin, avant même qu'ils aient conscience de leurs propres calculs. Ces gens préparent un mauvais coup, ils appartiennent tous au syndicat du *grappin,* celui de l'éternelle grappe voulant ramener à soi le grain qui pourrait échapper à leur sac à rapine. Ne me touchez pas ! répète Cézanne. *Noli!* La gouvernante à un mètre ! Que Marie-Madeleine prenne d'abord le Christ ressuscité pour un jardinier, cela, Cézanne le savait forcément, et, comme par hasard, ses derniers tableaux vont tourner autour du jardinier Vallier, le sien, celui de son jardin. *Noli me tangere* : pas touche ! La seule vraie touche, c'est moi ! Pas de familiarités ou de frôlements se disant innocents ! Le jardinier amène en visite ses jeunes filles en fleurs ? À d'autres ! La veuve, à l'église, près du bénitier, vous regarde intensément, accompagnée, tiens donc, par ses deux enfants ? *Vade retro !* Cézanne n'est pas pauvre, grâce à son père. Mais n'a-t-il besoin de rien ? Son foyer ne pourrait-il pas être mieux tenu en l'absence bizarre de sa femme qui vit à Paris ? Voyez cette veste et ce pantalon tachés de peinture... Toqué, cinglé, maniaque, peut-être, mais c'est quand même un beau parti, ce peintre, il ne boit pas, il n'ira pas, comme ce Hollandais, se couper une oreille chez les filles, c'est quand même le fils du banquier Cézanne, dommage qu'il ait si mal tourné. La situation de Cézanne à Paris, cerné de partout, aurait évidemment été pire. Repartons donc sur le motif.

Oui, en quelle langue parler de Cézanne ? On est quand même en Provence, pays des troubadours. Sans ces poètes-là, pas d'amour courtois, de «doux style nouveau», de Divine Comédie. Oublier la *cause* de Dante, c'est-à-dire le provençal (et les femmes qui s'y *trouvent*), c'est ne rien vouloir savoir du long temps des langues, de leur violence érotique rentrée. C'est s'en tenir, au fond, à la vision dix-neuviémiste, celle qui consiste, toujours par fanatisme religieux laïque, à rhabiller l'histoire en mauvaise sculpture ou en peinture kitsch. Dis-moi ce que tu sais voir dans un tableau de Cézanne, je te dirai si tu connais vraiment la poésie, toute la poésie. À commencer par Rimbaud, justement, qui n'a pas besoin d'être né dans la région pour la porter à sa science extrême : «Je suis un inventeur bien autrement méritant que tous ceux qui m'ont précédé ; un musicien même, qui ai trouvé quelque chose comme la clé de l'amour. »

Cézanne n'est pas fou. Le jeune Joachim Gasquet parle de « renouveau provençal », il s'agite, il fonde une revue, il écoute respectueusement ce que dit ce vieux peintre méprisé, il est enthousiaste ? Eh bien, soit : alliance tactique (qui finira mal, bien entendu). Il faut se défendre contre le tank Zola qui vient de réaffirmer, dans *Le Figaro*, son hostilité à la nouvelle peinture, suivez mon regard. À la mort de Zola, en 1902, Cézanne éclatera en sanglots et restera enfermé toute la journée dans son atelier. Ils avaient, pendant leur jeunesse à Aix, beaucoup nagé ensemble. Zola a été un *baigneur*. Ce n'est pas ce qu'il a fait de plus mal.

Vollard, dans une conversation avec Cézanne :

« Il me semble que cela devait être d'un intérêt passionnant, les rencontres que l'on faisait chez Zola : Edmond de Goncourt, les Daudet, Flaubert, Guy de Maupassant, et tant d'autres.

Cézanne : Il venait beaucoup de monde, en effet, mais c'était bien emmerdant, ce qu'on y entendait dire. J'ai voulu un jour parler de Baudelaire : ce nom n'a intéressé personne.

Vollard : Mais de quoi s'entretenait-on ?

Cézanne : Chacun parlait du nombre d'exemplaires auquel on avait tiré son dernier livre, en mentant un peu, bien entendu. Il fallait surtout entendre les dames. Mme X... disait avec fierté et en défiant du regard Mme Z... "Nous avons calculé, mon mari et moi, qu'avec les éditions illustrées et la *Petite Bibliothèque*, le dernier roman avait été tiré à trente-cinq mille exemplaires" — "Et nous, disait Mme Z... en relevant le gant, nous sommes assurés pour notre prochain livre d'un tirage à cinquante mille exemplaires, sans compter l'édition de grand luxe..." Voyez-vous, monsieur Vollard, Zola n'était pas un méchant homme, mais il vivait sous l'influence des événements[1] ! »

Sommes-nous bien à la fin du XIX$^e$ siècle ou du XX$^e$ ? Honnêtement ?

On comprend que Rimbaud, ayant saisi, à l'époque, la situation, se soit désintéressé de toute publication, jusqu'à abandonner, avant de partir au loin, les exemplaires imprimés d'*Une saison en enfer* chez son libraire belge. D'où la légende des « poètes maudits ». Cézanne, lui, a tenu dans l'arrière-pays, le sien. La malédiction et le silence ne sont pas fatals. Vous vous sentez très singulier, asocial ? Soyez maudit, recommande aujourd'hui la société du spectacle. Ceux qui aimaient avant-hier Bouguereau réalisent aujourd'hui n'importe quel film sur la vie passionnée de Van Gogh, Rimbaud, Nietzsche, Hölderlin. Conformisme et cynisme : même trame. Vous ne pouvez pas prétendre aimer Rimbaud ou Artaud et vivre normalement, vous répètent les policiers institutionnels ou les salariés de la communication. Vous prétendez que les événements passent et que vous cherchez les lois ? Mais les lois, c'est nous. La Société est bonne dans son essence. Elle a pu se tromper autrefois, mais plus de nos jours.

Cézanne le *refusé*. Il faut imaginer cette époque incroyable (mais c'est la nôtre, hypocrite lecteur) où on ne pouvait voir aucun Cézanne, sauf dans la boutique d'un marchand de couleurs, le père Tanguy. On se sentirait, à la longue, persécuté pour bien moins, mais passons. Il paraît que tout est arrangé, que les pouvoirs ont fait leur *mea culpa*, que, désormais, la cause est entendue : tout le monde

---

1. Ambroise Vollard, *En écoutant Cézanne, Degas, Renoir,* Les Cahiers rouges, Grasset, 1994.

## Le paradis de Cézanne

aime Manet, Monet, Renoir, Gauguin, Van Gogh, Degas, Cézanne. Et Picasso et Matisse, donc ! Et l'« art moderne » ! Et l'art postmoderne ou néo-postmoderne ! Nous aimons tout, nous reconnaissons tout, nous savons tout, pas d'erreur possible. La peinture dégénérée vue par l'aquarelliste Hitler ? Un accident de parcours. Le réalisme socialiste ? Une bavure. L'iconoclasme montant ? Une crise de nerfs passagère. Le désastre des avant-gardes ? Elles l'ont bien mérité. La noyade de la sensation dans la marchandise à images tous azimuts ? Ce n'est rien, les musées tiennent bon, les spécialistes sont là. Le public préfère Caillebotte à Poussin ? Tiens, oui, c'est curieux, mais il est vrai que les Sabines, Phocion, Apollon, Daphné, tout ça, ces Bacchanales... Vous êtes sûr pour Cézanne ? Il ne peut rien lui arriver ? Mais non, on l'a analysé dans tous les sens ! Le père de l'art moderne ! Pré-cubiste ! Ses cylindres, ses cônes, ses sphères ! Sa théorie des couleurs ! Son virtuel carré noir sur fond blanc ! Sans doute, sans doute, mais si l'art moderne s'effondrait ? Si, tout à coup, on s'en prenait à son père ?

Vollard à Zola :

« — Vous avez des tableaux de M. Cézanne ?

Zola : Je les avais cachés à la campagne. Sur les instances de Mirbeau, qui voulait les voir, je les ai fait rapporter ici. Mais je ne les mettrai jamais au mur. Ma maison, vous ne l'ignorez pas, est la maison des artistes. Vous savez combien ils sont justes, mais sévères entre eux. Je ne veux pas abandonner au jugement de ses pairs le plus cher compagnon de ma jeunesse. Les tableaux de Cézanne sont enfermés là, dans cette armoire, à l'abri des regards malveillants. Ne me demandez pas de les sortir, cela me fait trop de peine, quand je pense à ce que mon ami aurait pu être, s'il avait voulu diriger son imagination et aussi travailler sa forme, car, si on naît poète, on devient ouvrier...

C'est à son intention que j'ai produit *L'Œuvre*. Le public s'est passionné pour ce livre, mais Cézanne lui est resté fermé. Rien ne pourra plus le sortir de ses rêveries : de plus en plus, il s'éloignera du monde réel....

Vollard : Mais s'il n'a pu réaliser son œuvre, M. Cézanne, du moins dans ses lettres, disait-il des choses intéressantes sur la peinture ?

Zola (baisant tendrement son petit chien) : Tout ce qu'écrivait Cézanne était imprévu et original : mais je n'ai pas conservé ses lettres... Je n'aurais voulu pour rien au monde qu'elles soient lues par d'autres, à cause de leur forme un peu lâchée[1]... »

En 1866, Cézanne décrivait dans une lettre à Zola un tableau qu'il était en train de peindre : « Ma sœur Rose est au milieu, assise, tenant un petit livre qu'elle lit, sa poupée est sur une chaise, elle sur un fauteuil. Fond noir, tête claire, résille bleue, tablier d'enfant bleu, robe foncée jaune, un peu de nature morte à gauche : un bol, des jouets d'enfant... »

Et alors ? Alors rien, c'est tout. Vous n'avez pas quelque chose d'autre à déclarer ? Si, mais il faut d'abord commencer par là, se tenir d'abord là pour tenter d'embrasser une autre sphère, une autre histoire.

Zola, ex-baigneur vu nu par Cézanne, sent si bien le danger physique (ou, plus exactement, métaphysique) qu'il aggrave donc son jugement en 1896 : « Il faut bien le dire, aucun grand peintre nouveau ne s'est révélé, ni un Ingres, ni un Delacroix, ni un Courbet. » Nous, XIX$^e$ siècle, décidons d'arrêter le temps de la représentation : pas de Manet, pas de Cézanne.

---

1. *Ibid.*

## Le paradis de Cézanne

On a peine à croire Vollard quand il raconte qu'à Aix on lui vendait pour presque rien des Cézanne entreposés dans des greniers, et que même, une fois, on lui en a jeté un par la fenêtre. La culpabilité des Français, à ce sujet, est sans fin. Il ne fallait pas mentir sur Dreyfus, mais il ne fallait pas non plus se tromper à ce point sur Cézanne. Peu de sexe, peu de langage, peu d'éthique, peu d'histoire. Plus globalement, le monde est devenu, comme le dit Heidegger, « image conçue ». Nous en sommes à l'époque où l'homme se sépare de la pure perception, ou plus exactement se sépare *contre* elle. Simultanément, la mort est niée. Qu'on l'appelle comme on voudra, spectacle ou médiosphère (il y aura même des « médiologues », nous apprend-on en haut lieu universitaire), le risque consistant à se « tourner vers l'ouvert » (c'est-à-dire le « renoncement à lire négativement ce qui est ») sera rendu de plus en plus impossible. « Se tourner vers l'ouvert » ? Oui, il s'agit bien ici de Rilke, poète en temps de détresse, comme Hölderlin ou Rimbaud. Cézanne est un peintre en temps de détresse. Il peint en même temps que la passion métaphysique anti-métaphysique de Nietzsche s'accomplit. C'est, lui aussi, un homme du tréfonds, du sans-fond, un aventurier, plan par plan, du plus intérieur du cœur, là où Pensée et Mémoire, Pensée et Reconnaissance, Pensée et Sensation méditent ensemble.

Pourquoi ce peintre plus que les autres ? Mais c'est précisément Rilke qui nous répond, en octobre 1907, à Paris. Lui, il *voit*, Cézanne. « La grande harmonie de couleurs de la femme dans le fauteuil rouge est, dans mon souvenir, aussi difficile à retrouver qu'un nombre à très nombreux chiffres. Et pourtant, je me suis bien mis dans la tête un chiffre après l'autre. Dans mon sentiment, la conscience que cette harmonie existe s'est changée en une sorte d'exaltation que j'éprouve même dans le sommeil ; mon sang la décrit en moi, mais les mots passent quelque part à côté, sans être admis au-dedans de moi-même. » Mieux qu'un Français de l'époque, Rilke, revenant de Venise, ressent intensément la beauté de Paris (« Il était merveilleux, aujourd'hui, d'arriver sur les quais vastes, frais, battus par les vents ») ; il sait qu'avec Rodin et Cézanne, il touche à une nouvelle présentation du monde. Sur Cézanne : « Même quand on ne regarde aucun de ses tableaux en particulier, rien qu'en restant debout entre les deux salles, on sent leur présence se reformer avec une colossale réalité. » Cézanne opère pendant le sommeil et même sans qu'on le regarde : *présence*. Les « choses » de Cézanne sont des « saints » et « il les force à signifier le monde entier ». La « chose », ainsi, « inaugure, par-delà la couleur, une existence nouvelle entièrement oublieuse de son passé ». Quant aux couleurs, « chacune se concentre, s'affirme en face de l'autre, médite sur elle-même, leur intensité a une action *glandulaire* ». (C'est moi qui souligne.) Dans le tableau, « tout se passe comme si chaque point était au courant de chacun des autres », ce qui fait que le tableau « tout entier, finalement, *fait équilibre* au réel » (je souligne).

Tel est donc ce peintre moqué ou insulté par la Droite ; ignoré ou méprisé par la Gauche ; traité de raté par Zola et d'imbécile par Breton ; considéré comme un dieu par Picasso et Matisse, avant d'être, de nouveau, traité de dégénéré, de bourgeois décadent, d'esthète impuissant, de petit-bourgeois réactionnaire, de traître aux valeurs, par la folie du temps. Il ne reste plus à l'affairement décoratif qu'à le faire passer pour précurseur inhibé, sorte de futuriste encore englué dans des figurations inutiles. La Nature ? Quelle Nature ? Il y a longtemps que cette question est réglée.

Quant à nous, pourraient dire ensemble Zola, Aragon, Sartre, Camus et les autres, nous nous occupons du « monde réel ». Ou bien, d'autres : l'absurdité de l'existence est radicale, à quoi bon vivre, à quoi bon, même, penser. Ou encore : soyons pragmatiques, avançons prudemment, guidés par la raison raisonnable. Une table est une table. Une montagne une montagne. Une baigneuse une baigneuse. Sans quoi, où irions-nous ?

Toute vision photographique ou filmique de Cézanne est, d'avance, comme pour toute peinture, mais plus fondamentalement, condamnée au contresens, à la sottise suffisante de la saisie annulante. La hantise, chez le peintre, qu'« on lui mette le grappin dessus », était, en somme, prophétique. Le grappin, c'est l'œil de la valeur anti-couleur, de l'utilisation immédiate, de l'« aversion contre l'ouvert ». Je ne peux pas m'imaginer voir d'*un coup* un Cézanne. Je sens que je suis obligé, pour le rendre à la vision, de le penser presque point par point, touche par touche, plan par plan, lentement, vite, comme si je n'allais jamais parvenir à le terminer en tant qu'ensemble. Il faut que cet ensemble « monte » avec moi, comme il a été peint. Dans le *Petit Pont* qui n'a l'air de rien, un « paysage », je ne verrai pas avant un certain *temps* (et ce temps est l'espace même) la façon dont les deux troncs minces du premier plan se nouent à la hauteur de la passerelle qui se trouve « derrière », ni le jet fluide des branches, en haut, à gauche. Je vais, peu à peu, faire l'apprentissage inverse, autocritique, de ma manière incessante de me débarrasser de la profondeur de la « nature », c'est-à-dire du visible pensé, c'est-à-dire de moi au profit d'un faux moi. *On ne veut pas voir*, voilà ce dont convainc Cézanne. La volonté, en soi, ne veut pas que ça voie. La volonté de volonté ne veut pas perdre son temps, elle est dans son calcul, son aveuglement d'usage ou d'échange. C'est précisément parce que *Les Joueurs de cartes* pourraient être simplifiés qu'ils ne peuvent pas l'être. Cette *poche* du joueur de droite, trop basse, je la corrige mentalement sans y penser. Ces jambes, sous la table, je vais en faire des jambes en représentation alors que ce sont des sensations de jambes. Le bras du joueur de gauche, je vais le remonter vers son épaule, et j'aurai tort, car ce bras comme extérieur au corps, surajouté à lui, vit par lui-même un long parcours avant d'arriver à ces mains tenant des cartes blanches (elles sont blanches pour dire notamment que le tableau tout entier est une partie de cartes : les toiles de Cézanne ne découlent pas de Descartes, elles *sont* des cartes, mais ni celles d'un jeu de café ni celles de la géographie). Et voici : la table des joueurs prend soudain son autonomie fabuleuse, le dossier de la chaise du joueur de gauche aussi, le chapeau, la pipe, le fond, tout se met à exister à la fois dans le temps de cette peinture et nul autre. Je renonce donc au grappin optique, à la vulgarité meurtrière du « j'ai vu », en réalité je ne vois déjà plus rien, *je pense à voir*, ce qui est tout autre chose.

Portrait du Joueur : je m'entretiens avec un tableau du fait que je suis là en train d'être en même temps que lui. J'éprouve aussi que « le voir ne se détermine pas à partir de l'œil mais à partir de l'éclaircie de l'être » (Heidegger). Je change de monde sans quitter pourtant celui-ci, le plus familier, le plus simple, devenu ainsi non pas étrangement inquiétant, mais inhabituel, unique. Chaque tableau de Cézanne, étant donné la somme temporelle de méditation qui le constitue, mériterait de la sorte des *stations*, des regards sans cesse renouvelés parallèles à l'expérience d'être là, *le là*.

Penser « avec » un Cézanne pendant au moins cent quinze heures (le nombre de poses pour un portrait) : voilà.

Une nouvelle rapidité se déploie *dans* la lenteur. Les touchent viennent en éclair (souvent de droite à gauche) dans un ralentissement continu. La localité colorée s'adresse à l'érection d'ensemble (le cylindre phallique, oui, bien sûr, mais cet arbre ne doit pas cacher la forêt qu'il contient *en plus*). Ce sont ces dimensions contradictoires qui donnent à l'art de Cézanne sa monumentalité surgissante. Comme s'il fallait éviter simultanément la pétrification oratoire (David, Ingres), le miroitement rétinien (Monet, « seulement un œil, mais quel œil »; Renoir, « il peint cotonneux »), sans parler de la frénésie irradiée (Van Gogh), de la tapisserie mise à plat (Gauguin), du trop de dessin comprimant la peinture (Degas). À chaque instant le dérapage est possible : on tomberait alors dans l'anecdote, la vue d'époque et, finalement, le préjugé, comme ces idéologues pressés d'aujourd'hui qui, lorsqu'on prononce le nom du seul penseur à la mesure de notre temps, Heidegger, répondent pavloviennement « nazi », sans se rendre compte qu'ils nourrissent ainsi la racine même de ce qui a produit le nazisme.

Le tableau est une intégrale renouvelée par une vision infinitiste, où chaque partie dépasse le tout, ne se réduit jamais à en faire partie mais va de tout en tout, si on peut dire, dans une logique de l'apparaître comme tel. Horizon, carrière, sous-bois, relief, tournants, maisons, têtes, bustes, fenêtres : tout est là en saillie, en rebord, en arête, en vivacité solide d'anti-pesanteur. Le *Jeune Homme au gilet rouge* est un des penseurs du lieu. Il perpétue, pour Cézanne, l'engagement romantique (et « italien »), il est en scène sur le théâtre du monde repensé à partir de sa profondeur. Ni abstraction ni « impression ». On célèbre, dans la construction synthétique, une effraction érotique. Il faut prendre au sérieux les vers baudelairiens que Cézanne a écrits, comme un Mémorial pascalien, au dos de son *Apothéose de Delacroix* :

> *Voici la jeune femme aux fesses rebondies !*
> *Comme elle étale bien au milieu des prairies*
> *Son corps souple, splendide épanouissement !*
> *La couleuvre n'a pas de souplesse plus grande,*
> *Et le soleil qui luit darde complaisamment*
> *Quelques rayons dorés sur cette belle viande.*

Nous savons que Cézanne aimait Baudelaire, quels poèmes exactement, et qu'il pouvait réciter par cœur *Une charogne*. Pas moyen, chez Zola, de parler de Baudelaire, ce « vrai Dieu » (Rimbaud) ? Non. Pourtant, *en peinture*, il ne s'agit pas d'en rester à cette forme, « les inventions d'inconnu réclament des formes nouvelles ». Rimbaud, encore : « Cette langue sera de l'âme pour l'âme, résumant tout, parfums, sons, couleurs, de la pensée accrochant la pensée et tirant. »

Regardons *Une moderne Olympia* (1873-1874). Cézanne relève le défi de Manet : il outrepasse la situation extérieure du regardeur de tableaux, il refuse la contemplation fascinée ou terrorisée, il tire le rideau, il intervient dans la scène, il fait irruption dans sa propre vision mouvementée et solitaire. L'*Olympia* ? Elle est à moi et pour moi, et, d'ailleurs, *un chien n'est pas un chat*. Je ne la partage avec personne. Plus de public ; plus de société, retournée ou pas ; aucune communauté des désirs. L'*Olympia* est absolument moderne si chacun a la sienne (ou les siennes). C'est pour moi, pour moi seul que le féminin cesse d'être « éternel », donc de faire retour dans l'illusion du pareil. Révélation en cascade, vivement enlevée, en complicité avec la négresse (la

## Le paradis de Cézanne

mère de Cézanne n'avait-elle pas de lointaines origines créoles ? Vous voyez comme tout est simple). Chapeau noir, ombre bleue. Canapé à grande vitesse. Explosion des fleurs. Fouillis de la tenture à grands glands. Table rouge animale à carafe tête de mort. Chien, déjà, des *Baigneuses* (là il restera «inachevé»). Il est amusant de constater qu'on a pu parler, à propos de ce tableau sublime, de «lourdeur», d'«incohérence», d'«extravagance malhabile». Mais c'est logique : il s'agissait, il s'agit toujours, de ne pas ajouter le scandale au scandale, d'éviter un scandale au carré. Premier temps : l'*Olympia* nous révulse, elle détruit l'éternel féminin de l'idéalisation sacralisante. Deuxième temps : l'*Olympia* est un monstre sacré, on ne saurait la toucher. Le geste de Cézanne n'a rien d'une contestation dérisoire renforçant le culte (les moustaches mises à *La Joconde*). C'est une aggravation positive. L'*Olympia* est réchauffée, déchaînée. Elle se recroqueville à contre-courant de toute frontalité. Dès ce moment, un tableau n'est plus ni une image ni un objet. Il n'est pas non plus une communication subjective : c'est un acte de corps, une liberté individuelle physique. Cézanne poussera l'inconvenance jusqu'à dire : «Le goût est le meilleur juge. Il est rare. L'art ne s'adresse qu'à un nombre excessivement restreint d'individus.» Ce qui ne veut nullement dire «élite», «happy few», amateurs ou spécialistes, petits milieux supposés du «bon goût», fonctionnaires de l'affairement culturel. Non : chaque fois, il y a, peut-être, quelqu'un dans le nombre. Un, ici, un jour. Un autre, là, un autre jour. Un par un, une par une. On n'entre pas en groupe au Paradis, alors qu'il en est ainsi pour l'Enfer (l'Enfer, c'est les autres), entonnoir, grappin, «millions de squelettes», mauvaise définition du moi donnée par les «vieux imbéciles». Ils ne connaissent pas, ceux-là, le nom des vraies déesses de l'être que décline Parménide : Dikè, la Justice ; Thémis, le Droit ; Moira, le Destin ; Alethéia, la Vérité ; Peithô, la Persuasion ; sans oublier les Héliades, les filles du soleil, participant au recueillement sphérique (sféerique).

De beaux noms pour une assemblée de Baigneuses. On s'approprie le Sinaï de la Sainte-Victoire, on y reçoit les nouvelles tables de la Loi, on redescend vers la Terre promise, l'Hébreu, le Grec : l'idéal du bonheur terrestre est d'avoir une «belle formule». Votre couleur préférée ? «L'harmonie générale». Parfait.

On peut aligner les noms de lieux : le Jas de Bouffan, le Château Noir, Beauregard, Vauvenargues, Saint-Marc, la carrière de Bibémus, le Gour de Martelly, le Tholonet, le cabanon de Jourdan, le pont des Trois-Sautets, la colline des Lauves... On peut aller sur place, prendre des photos, installer des circuits touristiques, comme d'autres croient entrer personnellement dans des cavernes préhistorique : on peut se montrer à Solutré, ou encore à Venise. Peine perdue. Le pays de Cézanne n'est pas ici ni là-bas, il est *là*. Le même sans doute, mais pas du tout le même. Allez dans votre cuisine, froissez une nappe ou une serviette sur une table, disposez des fruits comme sur une portée musicale, ajoutez un vase, un sucrier, un compotier — et alors ? Essayez ensuite de réintégrer de force (grappin) Cézanne dans la peinture de son époque, voyez-le au milieu des Bouguereau au musée d'Orsay — et alors ? Vendez-le en cartes postales, multipliez les films, démontez sa peinture, expliquez-la, exposez-la, surexposez-la — et alors ? Cézanne, à la fin d'une de ses lettres, se définit soudain comme un «entêté macrobite». Macrobite ? Comme cénobite ? Avec cette belle rime à la clé ? Mais *macrobite* se dit des êtres dont la vie dépasse notablement, en durée, la moyenne propre à l'espèce et aux circonstances ; ou des espèces dont la vie ordinaire ou moyenne est très longue. « L'entêté macrobite » (dont la femme, Hortense, « n'aimait que la Suisse et la limonade ») a tout le temps devant lui. Rendons hommage à Georges Rivière pour avoir écrit ceci, dès 1877, dans *L'Impressionniste* : « M. Cézanne est, dans ses œuvres, un Grec de la belle époque ; ses toiles ont le calme, la sérénité héroïque des peintures et des terres cuites antiques, et les ignorants qui rient devant les *Baigneuses*, par exemple, me font l'effet de barbares critiquant le Parthénon. » Il faudrait réécrire ce jugement aujourd'hui, puisqu'on ne voit pas qui pourrait critiquer sérieusement le Parthénon ou les *Baigneuses*. C'est que le Barbare est devenu rusé. Il fait semblant d'admirer, mais il n'en pense pas moins. Il est pressé, le cocktail l'attend, les journaux, la politique, la télévision, les programmes. Comment avoir le temps d'entendre la leçon d'un monsieur qui vous dit : « Ce que j'essaie de vous traduire est plus mystérieux que tout. C'est l'enchevêtrement aux racines mêmes de l'être, à la source de l'impalpable sensation » ? Ou encore : « Le paysage se pense en moi, et je suis sa conscience » ? Ou encore : « J'ai voulu nouer les mains errantes de la nature » ? N'est-il pas dérangé, mégalomane ? Modestie de Cézanne : « Des hommes politiques, il y en a deux mille à chaque législature, mais un Cézanne, il n'y en a que tous les deux siècles. » Il aurait pu se tromper. Ce n'est pas le cas.

J'aime ce témoignage de Karl Ernst Osthaus qui, avec sa femme, est allé voir Cézanne en 1906. « À la fin de la visite dans l'atelier, le maître porta des chaises sur la terrasse devant la maison, d'où l'on a une vue splendide sur la ville entourée de montagnes. Nous parlions longuement de la beauté du paysage et des racines qui relient son art à ce pays plein de soleil. Cézanne était d'une amabilité extrême et d'une excellente humeur... L'express du soir nous arracha de ce paradis pour nous conduire au bateau de Marseille... Lorsque nous racontions plus tard, à Paris, notre visite à Aix, on nous regardait comme si nous avions échappé à l'enfer. Là seulement, nous apprîmes que Cézanne était considéré par ses admirateurs comme absolument intraitable et qu'ils estimaient avisé d'éviter sa rencontre autant qu'un champ de chardons. »

Cézanne à Joachim Gasquet, au Louvre : « Devant le *Paradis* de Tintoret, quelque chose, chez les modernes, flanche... Ce paradis. Allez, pour peindre cette rose de joie tourbillonnante, il faut avoir beaucoup souffert... beaucoup souffert, je vous en fiche mon billet... Ils (les Vénitiens) n'ont pas le paradis calme... C'est une tempête, ce repos. »

Cézanne dit souvent que la « réalisation » lui manque par rapport aux grands peintres du passé ; qu'il est juste possible, de son temps, de faire le « morceau ». La civilisation des ensembles créateurs ne reviendra plus. Mais les *morceaux* n'ont plus à s'organiser visiblement. Ils vont vers autre chose qui n'a pas à se remplir, à se finir, à conclure. Le sujet est devenu le *motif*. L'objet, lui, est la sensation. On sort de la relation sujet-objet, on se surmonte comme sujet, ce qui veut dire qu'on ne considère plus ce qui est comme objet. On ne se traite plus, ni rien de ce qui existe, comme *valeur*. Nouveau monde : couleur, volume, plan, forme, contraste, ton, demi-ton, gamme de teintes, modulation. L'œil, devenu « concentrique », implique un devenir-sphérique du corps entier (c'est ce qu'on appellera, aussi, l'« omnispection » de Picasso). On vise une *section* de la nature ou « du spectacle que le Pater Omnipotens Aeterne Deus étale devant nos yeux ». Le point culminant,

## Le paradis de Cézanne

par exemple, de chaque forme sphérique (tête comprise) est « le plus rapproché de notre œil », tandis que « les bords des objets fuient vers un centre placé à notre horizon ».

Tout cela est très clair, à condition de ne rien y entendre de géométrique. La sphère, ici, n'a rien de présentable en soi. La peinture en donne une « section ». La sphère de l'être, on ne peut pas mettre le *grappin* dessus. Certes, on peut s'acharner à essayer, et c'est toute l'histoire de la Métaphysique. En quoi Heidegger est on ne peut plus « cézannien » lorsqu'il écrit (dans *Le mot de Nietzsche « Dieu est mort »*) :

« Peut-être reconnaîtrons-nous un jour que ni les perspectives politiques, ni les perspectives économiques, ni les perspectives sociologiques, techniques ou scientifiques, pas même les perspectives religieuses ou métaphysiques ne suffisent pour penser ce qui advient à ce siècle du monde. Car ce que celui-ci donne à penser à la pensée, n'est pas quelque sens ultime et très caché, mais quelque chose de proche : à savoir le plus proche, que nous outrepassons constamment parce qu'il n'est précisément que le plus proche. Par un tel passer-outre, nous accomplissons constamment, sans y prêter attention, le meurtre de l'être de l'étant. »

Le proche nous apparaît comme reproche. Nous ne voulons pas voir cette table, cette main, ce fruit.

« *Pater Omnipotens* », etc., c'est, de la part de Cézanne, une façon de calmer les cogitations spiritualistes d'Émile Bernard (et, à travers lui, de tant d'autres). D'autre part, à ceux qui se prétendent « athées », il est bon, de temps en temps, de rappeler l'hypothèse de Dieu. Ceux-là, en effet, comme le dit encore Heidegger, ont « renoncé à toute possibilité de croyance dans la mesure où ils sont devenus incapables de chercher. Ils ne sont plus capables de chercher, parce qu'ils ne sont plus capables de penser ». La pensée de Cézanne, au contraire, « vissé à la peinture », est simultanément théorique et pratique. « Si je réussis ce bonhomme (il s'agit du jardinier Vallier), c'est que la théorie est vraie. » Entendons-nous bien : *si*, et seulement *si*. C'est même pourquoi la vie est un risque énorme (« c'est effrayant la vie ! ») et pourquoi, aussi, il vaut mieux se jurer de « mourir en peignant, plutôt que de sombrer dans le gâtisme avilissant qui menace les vieillards se laissant dominer par des passions abrutissantes pour leurs sens ».

Tous ces propos de Cézanne, dans ses dernières années, sont de la plus grande importance. Souvent (surtout dans le cas de ceux que rapporte Joachim Gasquet), ils semblent gêner les surveillants de l'art. Et pour cause. Que serait-il arrivé, en effet, si Cézanne avait obéi à l'injonction sociale de se supprimer (venant non seulement de Zola, mais de la nébuleuse humaine presque tout entière) ? S'il s'était suicidé à la fin des années 1880, pratiquement inconnu, il serait considéré comme un impressionniste de second ordre, un peu bizarre, difforme. Une fois classé dans la catégorie « Van Gogh », Cézanne paraîtrait même plus timide, moins pathétique. Le suicide ou l'auto-marginalisation sombre des écrivains et des artistes est une aubaine pour la réaction comme pour le progrès.

Si vous acceptez Cézanne, dit, par exemple, l'extrémiste de droite Rochefort, alors il faut brûler le Louvre. Cézanne ? Un raté infréquentable, disent les zolastes. On retrouve, à propos de Cézanne, de la part des républicains dreyfusards, la même condescendance paternaliste, apitoyée, rigolarde, un peu canaille, qui s'exprime dans la correspondance des verlainiens à propos de Rimbaud. Au fond, c'est pareil : il nous a quittés ! Avec le talent qu'il avait ! Il ne partage pas nos valeurs ! Et pourquoi nous

## Le paradis de Cézanne

a-t-il abandonnés ? Par peur ! Au lieu de grandir avec nous ! Sa vraie famille !

Heureusement, le temps a fait son œuvre, et nous avons ces témoins plus jeunes : Vollard, Émile Bernard, Maurice Denis, Aurenche, Camoin, Joachim Gasquet. « C'est vivifiant, écrit Cézanne, de trouver autour de soi une jeunesse qui consente à ne pas vous enterrer immédiatement. » Les jeunes peintres qui viennent le voir, il va les trouver plus « intelligents » que ceux d'autrefois, d'ailleurs les peintres de son âge ne peuvent voir en lui qu'un « rival désastreux ». En effet.

Les surveillants commentent, en général, de façon pincée le récit de Gasquet. Je crois que c'est par jalousie. Que Cézanne l'aime, et beaucoup, ses lettres et son portrait le prouvent. Il y a aussi ces *Baigneuses* offertes à la femme de Gasquet, avec, de la main de Cézanne, ces mots écrits au revers sur le châssis : « Hommage respectueux de l'auteur à la Reine des Félibriges, 5 mai 1896. » Gasquet était royaliste ? Provençaliste ? Oui — et alors ? Le scénario comme quoi Cézanne aurait dû s'enflammer (pas longtemps, puisque toujours « grappin » possible, mais très vivement) pour quelqu'un d'autre de plus correct en politique ; ce scénario accablant de scolarité ruminée est risible. C'est Gasquet qui a le mieux écouté Cézanne ? Qui le rend, malgré des inexactitudes ou des outrances, vivant, pénétrant, présent ? Eh oui, c'est ainsi. Il n'y avait donc personne d'autre ? Eh non. Est-ce que nous, universitaires, conservateurs, historiens d'art, critiques, philosophes, psychanalystes, aurions fait mieux à l'époque, si nous avions été là ? Ne nous aurait-il pas gêné *physiquement*, ce Cézanne ? Angoisse. D'où, d'après moi, la mauvaise humeur, la volonté périodique de rabaisser ou de disqualifier ce document capital.

C'est devant Gasquet, sur le «motif», que Cézanne fait ce geste extraordinaire pour montrer ce qu'est pour lui un tableau : les doigts ouverts de la main droite rejoignent, de loin, les doigts ouverts de la main gauche. Allons-nous conclure qu'il joint les mains dans une attitude de prière? Pourquoi pas, si nous ne sommes pas dévots? L'œil se concentre, englobe; le cerveau formule; les deux mains (oui, les deux mains) sont les «mains errantes de la nature». On les rapproche, ces mains, l'une de l'autre (on joint les mains et la toile elle-même joint les mains), *et le motif, c'est ça.* «Si je passe trop haut ou trop bas, dit Cézanne, tout est flambé.» Trop haut ou trop bas de la montagne qui ne devient ce qu'elle est que sur ce rectangle peint : toujours la modestie de Cézanne.

Je fais ce geste. Par là même, comme le mouvement se prouve en marchant, j'abolis les «spéculations intangibles», je rends inutiles les «causeries sur l'art». Qui a des mains, qui n'en a pas? Telle est la question de la peinture.

Un autre exemple illuminant. Cézanne, devant Gasquet, prend dans sa bibliothèque son vieux Balzac, il feuillette *La Peau de chagrin* et lit la description d'une nappe : «[...] blanche comme une couche de neige fraîchement tombée et sur laquelle s'élevaient symétriquement les couverts couronnés de petits pains blonds». Commentaire de Cézanne : «Toute ma jeunesse, j'ai voulu peindre ça, cette nappe de neige fraîche... Je sais maintenant qu'il ne faut vouloir peindre que "s'élevaient symétriquement les couverts" et "les petits pains blonds". Si je peins "couronnés", je suis foutu... Et si vraiment j'équilibre et je nuance mes couverts et mes pains comme sur nature, soyez sûr que les couronnes, la neige et tout le tremblement y seront.»

*Le paradis de Cézanne*

Cézanne dit encore : « Constamment multiplier les "comme" (quand on écrit), c'est comme nous (peintres) quand le dessin se voit trop. »

Nous voyons trop avec des *comme*. Nous *commons* (communons, communisons) la singularité du réel. Nous ramenons, nous rétrécissons, nous comparons, nous obligeons à comparaître, nous symbolons, nous égalisons, nous psychologisons, nous sexualisons, nous évaluons, nous socialisons. Plus de nappe, plus de plis, plus de pains, plus rien. Nous influons, nous tentons d'induire, nous déstabilisons, nous détestons, nous bavardons.

Dans la vraie peinture, en revanche (dans la vraie vie, dans la vraie peinture), le *comme* est contraste, ombre, voisinage, partie prise incessamment pour le tout. C'est un *il y a* permanent. Les *Illuminations* de Rimbaud naissent de ce principe. « Les faux peintres, ajoute Cézanne, ne voient pas cet arbre, votre visage, un chien, mais l'arbre, le visage, le chien. Ils ne voient rien. » Les faux peintres sont platoniciens, ils voient des idées à la place des gestes ; des questions morales à la place des réponses physiques. On comprend, par ailleurs, que Cézanne en vienne à des formulations de ce genre : « Il y a de quoi étudier et faire des tableaux en masse », ou encore, dans une des dernières lettres à son fils (quelle étrange histoire, aussi, cette façon de placer entièrement sa confiance dans son fils !) : « Ici, au bord de la rivière, les motifs se multiplient, le même sujet vu sous un angle différent offre un sujet d'étude du plus puissant intérêt, et si varié que je crois que je pourrais m'occuper pendant des mois sans changer de place en m'inclinant tantôt plus à droite, tantôt plus à gauche. »

Le spectacle de la surface n'est pas humain, et c'est pourquoi on peut s'attendre que le règne de l'inhumain (ou de l'économie politique) fasse de la surface pour la surface un impératif majeur. L'avenir de la Société ne peut être *que* le Spectacle. « Pour nous, les hommes, dit Cézanne, la nature est plus en profondeur qu'en surface. » Eh bien, cette profondeur, dont les couleurs donnent le chiffre puisqu'elles « montent des racines du monde », sera de plus en plus fermée. L'image colorisée accomplit le devenir-aveugle de la servitude. « Pour aimer un tableau, dit Cézanne, il faut l'avoir bu. » Et encore : « On a perdu la science des préparations, cette vigueur fluide qui donne les dessous. » Les grands peintres « parlaient en couleurs ». Pour les voir vraiment, il faut les regarder en paroles de couleur. Il faut les *boire*. D'où l'intérêt de suivre Cézanne au Louvre et de l'entendre s'exalter sur Véronèse ou sur Tintoret (c'est bien là que la pruderie « moderne » est choquée) : « *Les Noces de Cana* ? Vous pouvez détailler, tout le reste du tableau vous suivra toujours, sera toujours là présent. *Vous sentirez sa rumeur autour de la tête* » (je souligne).

Ce que « voit » un portrait de Cézanne ? On ne sait pas. Ou plutôt si : son impossibilité de voir son propre surgissement dans le temps et l'espace, son blocage (chapelet, cafetière, fauteuil), sa magnifique ignorance de lui-même. Les autoportraits, eux, envoient le noir du regard, un noir comme il n'y en a pas en psychologie, un noir de néant, bien sûr, car comment l'œil du peintre serait-il devenu (presque en « saignant ») à ce point réceptacle des couleurs s'il avait une autre couleur ? Noir transperçant. Mais, dans *Cézanne à la palette*, là, nous sommes indubitablement en pleine intention mystique. On peut tant qu'on veut essayer de minimiser les propos de Cézanne, pourtant explicites (et pas seulement dans le récit de Gasquet), sur « l'art comme sacerdoce » ou « élévation de pensée ». Y a-t-il, en ce point, contradiction avec l'érotisme direct des *Baigneuses* ? Nullement. L'érotisme de Cézanne est à la fois connaissance et dessaisissement. Et cet autoportrait à la palette, avec sa tête dans un ciel qui n'est qu'à lui, son pouce très déclaratif, son envers de tableau dans le tableau, a l'attitude du prêtre à l'autel (au moment de l'Élévation, précisément), ou, si l'on préfère, d'un Moïse au Sinaï. Voilà, en tout cas, un illuminé serein, extatique. On sait qu'il n'avait pas besoin d'excitants : « Je me remonte moi-même. » Le rabbin Cézanne au chapeau noir, ou saint Cézanne tête nue. Cézanne et le Pater Omnipotens Aecterne Deus. Cézanne-Orphée s'enlève au ciel de la peinture. C'est l'un de ces Cézanne-là qui écrit : « Je continue à chercher l'expression de ces sensations que nous apportons en naissant. Si je meurs, tout sera fini, mais n'importe. » Ou bien : « Si l'isolement trempe les forts, il est la pierre d'achoppement des incertains. » Ou encore : « Je vous avouerai qu'il est toujours triste de renoncer à vivre tant que nous sommes sur cette terre. Restant moralement avec vous, je résisterai jusqu'au bout. » La terre « où j'ai ressenti *même à mon insu* » (je souligne), « l'atmosphère qu'on a respirée *sans s'en douter* » (je souligne), voilà les éléments de Cézanne. La Terre promise, elle, appartient à ceux qui suivront « la force initiale, c'est-à-dire le tempérament ». Tempérament, Cézanne aime l'écrire *tempéremment*. Le clavier énergique bien tempéré ? Temps, Père, Amant ? Ou simplement le temps qu'il fait ? « Le soleil brille et l'espoir rit au cœur... J'irai bientôt à l'étude. »

Humilité de Cézanne : « J'ai beaucoup à travailler. C'est ce qui arrive quand on est quelqu'un. » Et ceci, sans illusions, à un jeune peintre : « N'oubliez jamais votre art, *sic itur ad astra.* » Mais oui, on est en route, comme Dante, vers les étoiles, et on le dit en latin parmi des injures bien françaises : « Les galvaudeux à médailles et décorations que c'est à faire suer. »

La palette de Cézanne : jaune brillant, jaune de Naples, jaune de chrome, ocre jaune ; terre de Sienne, ocre rouge, vermillon, terre de Sienne brûlée, laque de garance, laque carminée fine, laque brûlée ; vert Véronèse, vert émeraude, terre verte ; bleu de cobalt, bleu outremer, bleu de Prusse ; noir de pêche.

Sa dernière lettre (le 17 octobre 1906, il est déjà mourant) s'adresse à un fournisseur :

« Monsieur,
Voici huit jours passés que je vous ai demandé dix laques brûlées 7, et je n'ai pas de réponse, que se passe-t-il donc ?
Une réponse, et vivement je vous prie.
Agréez, Monsieur, mes salutations distinguées.

Paul Cézanne. »

Cette épître comminatoire, cette *laque brûlée 7* fait penser à la dernière lettre fiévreuse de Rimbaud agonisant à Marseille (nous sommes le 9 novembre 1891) adressée au directeur des Messageries Maritimes :

« UN LOT : UNE DENT SEULE.
UN LOT : DEUX DENTS.
UN LOT : TROIS DENTS.
UN LOT : QUATRE DENTS.
UN LOT : DEUX DENTS.

## Le paradis de Cézanne

Monsieur le Directeur,
Je viens vous demander si je n'ai rien laissé à votre compte. Je désire changer aujourd'hui de ce service-ci, dont je ne connais même pas le nom, mais en tout cas que ce soit le service d'Aphinar. Tous ces services sont là partout, et moi, impotent, malheureux, je ne peux rien trouver, le premier chien dans la rue vous dira cela.
Envoyez-moi donc le prix des services d'Aphinar à Suez. Je suis complètement paralysé : donc je désire me trouver de bonne heure à bord. Dites-moi à quelle heure je dois être transporté à bord... »

Lettre « délirante », dit-on, mais en tout cas « anti-grappin » en diable. Douze dents. Le compte. Service. Le premier chien dans la rue. *Être à bord.*

Heidegger (*Qu'appelle-t-on penser ?*) :
« Ce qui est saisi d'un regard ne se laisse jamais démontrer par des arguments qu'on allègue, et des contre-arguments. Un tel procédé oublie ce qui est décisif, c'est-à-dire le jet du regard. Il est, dans le meilleur des cas, le présage d'un don, encore est-ce le don d'une chose telle que seul un regard sans cesse renouvelé pourrait le faire mieux apparaître. »
Et aussi : « L'âme, le cœur, le fond du cœur, le plus intérieur de l'homme, qui s'étend le plus loin dans le plus extérieur, et cela si nettement qu'il empêche, si on le pense bien, la représentation d'un extérieur et d'un intérieur. »

Cézanne : « Pénétrer ce qu'on a devant soi, et persévérer à s'exprimer le plus logiquement possible. »
« L'art est une harmonie parallèle à la nature — que penser des imbéciles qui vous disent que l'artiste est toujours inférieur à la nature ? »

La Peinture *est*. Le Spectacle *n'est pas*.
Cézanne *est*. La Société de son temps *n'est pas*.
La Société a fait savoir à Cézanne son désaccord radical avec ce jugement ? Il ne l'a pas atténué, au contraire.
Cézanne n'est pas plus un «précurseur» que Parménide n'est «présocratique».
L'Être de Parménide : «Non-né, indestructible, tout d'une seule masse, inébranlable, non-à-terminer, tout entier tout à la fois présent, un et d'un seul tenant.»
On dirait l'exacte description d'un tableau de Cézanne. Une des dernières *Sainte-Victoire,* par exemple, avec son parfum de «marbre lointain».
«La couleur est le lieu où notre cerveau et l'univers se rencontrent. C'est pourquoi elle apparaît toute dramatique au vrai peintre.» «Les lignes tiennent les tons prisonniers, il faut les libérer.»

La montagne Sainte-Victoire ? «Ces blocs étaient du feu. Il y a du feu encore en eux. L'ombre, le jour ont l'air de reculer en frissonnant, d'avoir peur...»
«Un beau matin, lentement, les bases géologiques m'apparaissent, des couches s'établissent, les grands plans de ma toile, j'en dessine mentalement le squelette pierreux. Je vois affleurer les roches sous l'eau, peser le ciel. Tout tombe d'aplomb... L'assise géologique, le monde du dessin, s'enfonce, s'est écroulé comme dans une catastrophe ; un cataclysme l'a emporté, régénéré.»
La peinture plus forte que la sculpture géologique ? *Victoire.*

«Ces verres, ces assiettes, ça se parle entre eux, des confidences interminables... Les fruits sont plus faciles que les fleurs, ils aiment qu'on fasse leur portrait. Ils sont là comme à vous demander pardon de se décolorer... Ils viennent à vous dans toutes leurs odeurs, vous parlent des champs qu'ils ont quittés, de la pluie qui les a nourris, des aurores qu'ils épiaient... Pourquoi divisons-nous le monde ? Est-ce notre égoïsme qui se reflète ? Nous voulons tout à notre usage... Les objets se pénètrent entre eux, ils ne cessent pas de vivre... Ils se répandent insensiblement autour d'eux par d'intimes reflets comme nous par nos regards et par nos paroles... »

Mais les sentiments ?

« Si on sent juste, on pensera juste. »

Mais la morale ?

« L'honnête homme a son code dans le sang. Le génie se fait en vivant son propre code. »

Mais l'avenir de l'humanité ?

« La nature est toujours la même, mais rien ne demeure d'elle dans ce qui nous apparaît... Si on la respecte, elle se débrouille toujours pour dire ce qu'elle signifie. »

Mais la poésie ?

« Elle vient toute seule. »

« J'entrevois la Terre promise. Serai-je comme le grand chef des Hébreux, ou bien pourrai-je y pénétrer ? »

Cézanne, quoique affaibli (et c'est dommage, dit-il, car il est de plus en plus sûr de son expérience, de son chemin, de cette voie qui est la Voie parce qu'elle est autre qu'une voie constante), est curieux d'arriver enfin à la certitude. Il a répondu « la certitude » à la question : « Quelle est votre principale espérance ? » Étrange réponse.

Il faut voir, côte à côte, une des dernières photographies de Cézanne assis devant ses *Grandes Baigneuses*, son pantalon taché de peinture, et les tableaux qu'il peint au même moment de son jardinier, Vallier.

Vallier est son ultime réponse, en énigme.

Là encore, bien entendu, il s'agit d'un autoportrait « délégué », mais cette fois entièrement compris dans le paysage, un testament frontal. La pose naturelle du vieux jardinier assis, jambes croisées, sur sa chaise de bois dans le jardin, est monumentale. Il sort du fond des temps, il découpe l'espace et le concentre, il se présente là à ne rien faire, enfin, pour toujours. On peut le contempler sur fond de la Sainte-Victoire de Zurich, et voir Vallier à la fois dans un coin de la montagne et aussi grand qu'elle, tel le sage taoïste dans le paysage chinois. C'est aussi un cercueil à ciel ouvert parmi les feuillages et les rocs, une silhouette intégrée à pic au bord de l'abîme. Il flotte, il médite, il est là et pas du tout là. Le jardinier est Moïse, si l'on veut, ou Adam, ou Freud, en tout cas une sorte d'Ancien des Jours, très vieux mais redoutablement jeune. Il est préhistorique, il s'occupe pourtant, ces jours-ci, de tâches très simples. C'est le Père Vallier, et ce n'est personne, c'est quelqu'un avec un chapeau de paille à ruban bleu, une barbe blanche, mais c'est aussi une apparition qui n'a rien de spectral, au contraire. Présence massive, sans aucune arrogance. Question de gravité détachée. Il apparaît, il transparaît, il se confond avec son fond cylindrique ou cubique, il tourne sur lui-même, il vient, il rentre, il revient. Lazare ? Peut-être. Dans l'aquarelle de la National Gallery il est sans regard, enveloppé d'un bloc respiratoire veineux, on dirait un nouveau-né livré par les siècles. C'est Dieu, à l'improviste, sous la forme la plus inattendue qui soit. Eh oui, c'était tout simple. Cette chaise est un trône. Ce travailleur royal rend la justice sous son arbre, il n'en sait d'ailleurs rien, et tant mieux. N'est-il pas mort, après tout, ne l'a-t-on pas déposé là comme un Sphinx ? Ou bien est-ce le ressuscité lui-même ? Un mélange de Père et de Fils, avec chapeau Saint-

*Le paradis de Cézanne*

Esprit ? Allons, du calme, il s'agit seulement du pauvre jardinier Vallier, on le connaît, nous avons sa date de naissance et de décès, il a, en effet, souvent posé pour Cézanne.

Je reste devant ce *Vallier*. Il est aussi inépuisable que le bref nuage vert au-dessus du sommet de la Sainte-Victoire bleue, planante et dégagée par la vive fugue de la vallée libérée où subsistent les blancs de la toile. Aussi inépuisable que les *Grandes Baigneuses*. Il peut rassembler en lui tous les autres portraits de Cézanne, ses aventures dans le grand dehors intérieur, ses natures vivantes, l'hymne de sa vie.

C'est le lundi 15 octobre 1906 que Paul Cézanne père écrit à Paul Cézanne fils : « Les sensations faisant le fond de mon affaire, je crois être impénétrable. »

Et c'est le 20 octobre que Marie Cézanne, la sœur du peintre, écrit à son neveu :

« Mon cher Paul,
Ton père est malade depuis lundi... Il est resté exposé à la pluie plusieurs heures ; on l'a ramené sur une charrette de blanchisseur et deux hommes ont dû le monter dans son lit. Le lendemain, dès le grand matin, il est allé dans le jardin travailler à un portrait de Vallier sous le tilleul ; il est revenu mourant. Tu connais ton père ; il faudrait en dire long... Madame Brémond me recommande expressément de te dire que ton père a fait son atelier dans le cabinet de toilette de ta mère et qu'il ne compte pas en déloger sitôt ; elle tient à ce que ta mère connaisse ce détail. Et puisque vous ne deviez revenir que dans un mois, ta mère pourrait prolonger son séjour à Paris pendant quelque temps encore ; ton père aurait alors peut-être changé d'atelier. »

La femme de Cézanne et son fils arriveront après sa mort. Une rumeur veut qu'Hortense soit partie trop tard pour Aix, n'ayant pas voulu annuler, à Paris, un rendez-vous chez sa modiste. Cézanne, en tout cas, venait de changer définitivement d'atelier.

Cézanne ? Il est où, Cézanne ?

Partout, nulle part.

Dans le fond du jardin du Temps, sous le tilleul.

*Juin 1995.*

## Les passions de Francis Bacon

> « *C'est une question très serrée et difficile de savoir pourquoi une peinture touche directement le système nerveux.* »

Aucun doute, il s'est produit quelque chose d'épouvantable, d'innommable, d'irreprésentable. Nous le savons, nous en parlons mécaniquement *à côté*; les familles, les religions, les philosophies, les marchés financiers sont là pour nous détourner de cette présence noire. Partout, à chaque instant, des images défilent, des calculs ont lieu, des informations circulent et s'annulent. La Bourse, ayant remplacé la vie, fonce à tombeau ouvert dans sa spirale froide. Jamais il n'y a eu autant de représentations simultanées, de confusion, de bruit. Perception virtuelle, agitation simulée, manie négative, cynisme, ressentiment, explosions pour rien, morts pour rien : les humains, dirait-on, aussi bien en public qu'en privé, se sont mis à habiter définitivement dans un film. Et pourtant, comme c'est étrange, un nouveau silence est né, il a ses dimensions contraires, son immobilité, sa rapidité, sa positivité, sa clarté.

Je me souviens d'une exposition Bacon, à Venise. C'était pendant la Biennale, au musée Correr. Déjà, dans les ruelles, les affiches, sur les palissades ou les murs, faisaient un drôle d'accroc, interruption, retournement, trou, au milieu des reproductions de tableaux, des annonces de concerts, des proclamations politiques, des photos d'exaspération publicitaire. Une seule figure de Bacon, c'est ainsi, crève l'écran de l'exhibition programmée. Comme s'il débarquait d'une autre galaxie, ce peintre : mutant, Martien, messager d'antimatière. J'arrive dans ma chambre, je téléphone au musée pour savoir à quelle heure il vaut mieux venir pour éviter d'être bousculé, un type me répond que je peux visiter quand je veux. Vraiment ? Il rit. Je vais voir.

Personne, ou presque. La foule d'animation culturelle, la nébuleuse somnambule d'art décoratif, était ailleurs. Derrière leurs vitres, distance infligée au regardeur souvent reflété par elles, les toiles de Bacon, le long des vieilles salles désertes et mal éclairées, se montraient et se dérobaient, comme venues du fond des eaux, d'une autre fonction de l'œil. Tout autour, la ville, renversée, semblait paradoxalement monter vers elle-même, avec ses monuments, ses quais, ses passions, ses crimes, son *principe d'autorité*. Bacon *prenait* Venise, à la façon d'un Doge de jadis. Ces têtes, là, devant moi, *étaient* des Doges. De l'autre côté des fenêtres, la place Saint-Marc rompait brusquement avec la carte postale kitsch à laquelle on l'oblige à se limiter. Une masse de temps magnétique s'enlevait en retrait ; un orage sec, une transmission de pouvoir.

L'énergie, donc. Et, immédiatement, les questions se pressent. D'où tombent ces blocs de gestes en couleurs ? Que signifient ces personnages en alerte ? À quelle catastrophe leur auteur a-t-il échappé ? De quoi parle-t-il et qu'annonce-t-il ? De quelle expérience ce surgissement hiératique et spasmé rend-il compte ? De quel état des corps jamais dévoilé ?

Automatiquement, pour juger Bacon, tout le monde s'accorde sur des clichés : sa peinture accumulerait des images de violence, d'angoisse, de torture, d'enfermement, d'agonie ; elle serait, comme on dit, à la limite du supportable. Les mots le plus souvent répétés sont : horreur, douleur, acharnement, répulsion, boucherie, dépeçage, malaise, nausée, enfer, désespoir. Voilà, n'est-ce pas, où mènent la misère de l'homme sans Dieu, le nihilisme achevé, l'absurde, le refus du sens de la vie, l'exclusion de l'idéal féminin, la perte du respect de soi et de l'Autre. On ne note jamais, dans ces réactions, la moindre trace d'humour. On trouve inquiétant qu'un artiste ait pu dire : « Nous sommes de la viande, nous sommes des carcasses en puissance. » Ou bien : « Si je vais chez le boucher, je trouve toujours surprenant de ne pas être là, à la place de l'animal. » Ou bien : « Il se peut que j'éprouve tout le temps le sentiment d'être mortel... Je suis toujours surpris de me réveiller le matin. » Et encore : « Nous devrions tous être conscients du désastre qui peut s'abattre sur nous à n'importe quel moment du jour. » Plus grave : « Quand je serai mort, mettez-moi dans un sac en plastique et jetez-moi dans le caniveau. » Et encore (ton ironique, vérité profonde) : « Je suis contre l'incinération, parce que je pense que, dans des milliers d'années, si le monde existe toujours, ce sera ennuyeux s'il n'y a personne à déterrer. »

Je souligne *ennui* et *milliers d'années*. Bacon a-t-il voulu indiquer, en passant, qu'il s'était très peu ennuyé dans l'existence ? Qu'il était, dans son atelier-caverne, une sorte d'artiste préhistorique ? Qu'il aimerait un jour, dans une autre temporalité, être daté au carbone 14 ? Oui, je crois que c'est sa pensée.

De telles déclarations, on s'en doute, ne peuvent que provoquer un réflexe clérical. Ainsi ce propos condescendant de Balthus, dans lequel se traduit l'inquiétude de la fin d'un monde : « Il y avait ce pauvre Bacon. C'était un grand peintre, mais je n'aime pas son œuvre. En peinture, il faut savoir dominer ses émotions, se maîtriser[1]. »
Symptôme intéressant, puisque, si quelqu'un s'est précisément « maîtrisé », c'est bien Bacon, prouvant par là, une fois de plus, qu'un créateur de génie n'en aura jamais l'air, le reste n'étant que pose et photographie de cette pose. Il s'exprime d'ailleurs constamment sans mélancolie, ce peintre sans aigreur, avec une mobilité et une gaieté incompréhensibles. Il est, dit-il, « optimiste à propos de rien ». Il insiste sur *rien*, il semble sûr de son corps comme *rien*. Pas de but, ce qui compte, là, tout de suite, c'est la « volupté ». Quelle qu'en soit la forme, il déteste le « mysticisme moderne ». Le sens de la vie ? Attention, vous allez fausser la roulette. Dieu ? Ne plaisantons pas. L'Homme ? Non pas une « passion inutile » (la passion est très utile, au contraire), mais un jeu sans conséquence. Laisser une œuvre derrière soi ? Pourquoi pas, et pourtant c'est pure vanité. Mais alors, demande le bon sens esclave, pourquoi continuez-vous à vivre et ne vous suicidez-vous pas ? Réponse désarmante : par *avidité*. « Je suis avide quant à la vie et je suis avide comme artiste. Je suis avide de ce que le hasard peut, je l'espère, me donner qui dépasse de loin quoi que ce soit que je puisse calculer logiquement. »
Une autre logique s'ouvre : elle s'atteint par des moyens

---

1. *Le Figaro*, juillet 1995.

illogiques. Une autre identité s'affirme : je suis à la fois moi et non-moi, je me représente, multiplement et autrement, comme moi et non-moi. Aucun narcissisme : des scènes, des rencontres d'un autre ordre ont lieu et voilà.

Le hasard, le jeu. Dans son livre sur Francis Bacon, John Russell a choisi, en exergue, une phrase de Balzac : « Le hasard est le plus grand artiste. » Mais Bacon aurait pu ajouter, je crois, que l'artiste est, au fond, le plus hasardeux des hasards. Pour la représentation métaphysique, ce cas singulier est né, il doit mourir, il meurt. Mais une telle volonté de réduction collective égalitaire, sans cesse à l'œuvre, n'entend rien à l'urgence de l'enjeu physique. Toute interprétation psychologique ou morale de la peinture de Bacon est donc refoulante, et il est à chaque fois amusant de le vérifier. « Peut-être, dit-il, que je n'ai pas de sens social. » Ici, murmure de réprobation dans la salle de contrôle. « Je sais qu'on peut dire que la vie entière est complètement artificielle, mais je crois que ce qu'on appelle justice sociale la rend encore plus artificielle. » Là, le murmure s'enfle, la réprobation s'accroît. « Après tout, l'existence étant si banale en un sens, on peut essayer d'en faire une manière de grande chose, plutôt que se laisser soigner jusqu'à l'oubli. » Quoi, vous la trouvez banale, cette vie dont on nous assure, en la réprimant sans arrêt, qu'elle est si mystérieuse, si intense ? Que vont devenir alors nos intérêts, nos ruminations, nos amours, nos déplacements surveillés, nos extases, nos pleurs truqués, notre roman-photo, notre *film* ? Quel individu prétentieux ose dire cela ?

Je pense ici à une lettre de Hannah Arendt écrite depuis New York, le 23 juin 1964 (elle se plaint de « ces gens qui ont oublié ce que c'est que *rire* ; que les choses puissent être drôles ne leur traverse jamais l'esprit : des animaux sérieux ») : « Le vice principal de toute société égalisatrice est l'Envie... Et la grande vertu de toutes les aristocraties, me semble-t-il, on la trouve dans le fait que les gens savent toujours qui ils sont et donc ne se comparent pas aux autres. Cette permanente comparaison est vraiment la quintessence de la vulgarité. Qui ne possède pas cette hideuse habitude se voit immédiatement accusé d'arrogance, comme si, en ne se comparant pas, on se plaçait d'autorité au sommet. »

Bacon sait qui il est, il ne se compare pas, il continue de vivre toute sa vie *à la base* (atelier-foutoir, alcool, drague, casinos). Ce qui ne l'empêche pas de se mesurer à Vélasquez, à Rembrandt, à Michel-Ange. Il peut aussi évaluer froidement l'abstraction américaine et la surestimation spiritualiste dont elle est l'objet (on va lui en vouloir beaucoup aux États-Unis, à cause de cette insolence). Pollock ? De la vieille dentelle. Rothko ? Un lugubre magasin de tissus marron. Quant à la peinture hyperréaliste, par exemple celle de son ex-ami Lucian Freud : « Elle est réaliste, mais elle n'est pas réelle. » Sur ce point, l'ironie de l'histoire veut que le marché ait intérêt, maintenant, à rapprocher l'œuvre de Bacon de celle de Freud (alors qu'un abîme de technique et d'inspiration les sépare), et que le plus « freudien » des deux ne soit pas le petit-fils de l'auteur de l'*Interprétation des rêves*, mais cet Anglais né en Irlande, amoureux de Paris et mort à Madrid. En réalité, Bacon affiche ses goûts (y compris ses préférences sexuelles) avec une désinvolture insouciante. Il n'aime pas l'expressionnisme, ce « gâchis de la peinture d'Europe centrale ». Ce qu'il préfère chez Picasso (sans l'audace de qui il ne se serait pas décidé à peindre) : la période du plus haut risque, 1926-1932 (Picasso, cet autre trou dans le mur). Tout cela jeté légèrement, de façon « aristocratique » en effet, avec un

*Les passions de Francis Bacon*

rejet instinctif de toute forme de puritanisme et d'hypocrisie : « Si une chose est transmise directement, les gens sentent cela comme horrifiant... Ils ont tendance à s'offenser des faits, de ce qu'on a l'habitude d'appeler vérité. »

Des animaux sérieux, oui, ou lourdement frivoles.

Traduisons : ma peinture est souvent jugée horrible parce qu'elle est *directe*. Elle prouve un sommeil de la raison chez ceux qui la trouvent monstrueuse, alors que je montre comment le réveil des monstres a métamorphosé la raison. Vous ne voulez pas de cette autre raison. Pourquoi Hitler a-t-il pu devenir, dans la passivité quasi générale, un tel délirant du meurtre ? Comment se fait-il que Staline ait été un professionnel, si applaudi, du faux témoignage ? Vous pourriez le savoir *vraiment* si vous n'étiez pas, désormais, des intoxiqués bien-pensants, ving-quatre heures sur vingt-quatre, de l'imagerie planétaire. Cependant, moi, le peintre, je dois exposer la vérité nue du théâtre en cours.

Il va s'agir de peinture, et uniquement de peinture, langage universel dans le tourbillon des images. Bacon « voit » des salles remplies de tableaux, ils « tombent » devant lui, « comme des diapositives ». C'est une sorte de prolifération qu'il tente de rejoindre, aux antipodes de toute idée illustrative (l'« illustration », sa bête noire). Il faudrait employer ici le mot de « voyant », en le débarrassant de son sens occulte. Rimbaud, qui envisageait le poète comme « chargé de l'humanité, des *animaux* même », écrivait de cette aventure qu'elle s'accomplissait à travers « un long, immense et raisonné *dérèglement* de *tous les sens* ». Changeons l'accent, soulignons maintenant *raisonné*. « Il devra faire sentir, palper, écouter ses inventions. » Le tableau est là : on le sent plus qu'on ne le voit ; on le palpe ; on l'écoute. Il ne raconte pas d'histoire, il va droit au système nerveux. Et pourtant, nous percevons bien un événement figuré, un drame en éclair, un cri, une méditation, une crucifixion, une copulation, un vomissement, une agression, une brisure. Être ou ne pas être, c'est-à-dire se représenter ou ne pas se représenter, telle est la question. Voici donc le nouveau penseur, là, ramassé sur sa chaise, montre au poignet, accoudé, on n'en revient pas, à un lavabo. La figure empoigne le fond au lieu de s'y dissoudre ; elle n'existe pas non plus sans ce fond qui la laisse être en lui mesurant son temps. La pièce est ronde, et de nulle part. Le lavabo tient tout seul et s'enfonce dans le mur qui est, pourtant, le sol même. Une goutte va tomber du robinet, une seconde vient de s'écouler, l'ampoule électrique pend, avec son cordon d'allumage, d'un plafond qui, peut-être, n'existe pas. Le penseur, d'ailleurs, n'est pas seul : quelqu'un d'autre (lui-même ?) se profile dans un faux miroir, embrasure, terrasse ou fenêtre, fond bleu. Ce dedans ne semble avoir aucun dehors. Tout ce qui se présente comme dedans a l'air complètement dehors. L'être-là n'a pas d'autre sens. Bacon peint l'héroïsme, parfaitement gratuit et insolite, de l'être-là. Tragédie ? Oui, sans doute, mais sans pathétique, la violence pour elle-même, en toute sérénité, comme une loi.

Leiris écrit des œuvres de Francis Bacon « qu'elles aident puissamment à sentir ce que pour un homme sans illusions est le fait d'exister ». Ce *désillusionnement* est, en effet, la question centrale : elle est absolument singulière, mais elle est aussi historique, comme si l'individu qui la pose revenait de très loin dans le temps. Pour décrire la personnalité de son ami, Leiris doit d'ailleurs recourir à des identités multiples : Oreste, Don Juan, Hamlet, Falstaff, Maldoror, un « flambeur » à une table de jeu (dés, cartes, roulette), un empiriste anglais du XVIIIe siècle « philosophant devant un verre de brandy ou de jerez ». Beaucoup de libertés, donc.

J'ai vu souvent, autrefois, au fond du bar du Pont-Royal, à Paris, Leiris et Bacon ensemble, penchés l'un vers l'autre pour une conversation complice. J'aimais les regarder, Leiris sérieux, Bacon s'appliquant à l'être. Je ne pouvais m'empêcher, chaque fois, d'évoquer la silhouette disparue d'un troisième convive, l'ombre transparente, calme, détachée, brûlée de Georges Bataille à qui les tableaux de Bacon me font si souvent penser. Bataille a écrit une *Orestie*, c'est un chapitre d'un petit livre fulgurant d'abord intitulé *Haine de la poésie* (mais personne n'a compris ce premier titre). On y lit, par exemple :

> *Chance ô blême divinité*
> *rire de l'éclair*
> *soleil invisible*
> *tonnant dans le cœur*
> *chance nue.*

Et aussi : « Je suis le résultat d'un jeu, ce qui, si je n'étais pas, ne serait pas, qui pouvait ne pas être. »

Et aussi : « Je suis, dans le sein d'une immensité, un *plus* excédant cette immensité. Mon bonheur et mon être même découlent de ce caractère excédant. »

Ou encore : « Dans le jeu excédant la nature, il est indifférent que *je* l'excède ou qu'*elle-même* s'excède en moi (elle est peut-être tout entière excès d'elle-même). »

Et encore : « Le relâchement retire du jeu — et de même l'excès d'attention. L'emportement riant, le saut déraisonnable et la calme lucidité sont exigés du joueur, jusqu'au jour où la chance le lâche — ou la vie. »

Et ceci, comme une description d'un portrait de Bacon : « Le vent de la vérité a répondu comme une gifle à la joue tendue de la piété. »

Hasard, jeu, chance, accident, saut, rire, excès ; de nouveau une nouvelle expérience de la poésie entraîne, non sans humour, celle de la peinture. C'est un risque, un acte, un pari :

> *Orestie*
> *rosée du ciel*
> *cornemuse de la vie.*

Certes, l'Orestie à laquelle pense Bataille est davantage celle de Racine, dans *Andromaque,* que celle dont parle souvent Bacon, la grande trilogie d'Eschyle. Le latin ou le grec ? Un des seuls regrets de Bacon, on le sait, est de ne pas avoir étudié le grec ancien auquel, rythmiquement, ouvre Shakespeare. Mais écoutons Racine :

> *Eh bien, filles d'enfer, vos mains sont-elles prêtes ?*
> *Pour qui sont ces serpents qui sifflent sur vos têtes ?*
> *À qui destinez-vous l'appareil qui vous suit ?*
> *Venez-vous m'enlever dans l'éternelle nuit ?*
> *Venez, à vos fureurs Oreste s'abandonne.*
> *Mais non, retirez-vous, laissez faire Hermione :*
> *L'ingrate, mieux que vous saura me déchirer,*
> *Et je lui porte enfin mon cœur à déchirer.*

Où l'on voit que les « filles d'enfer », les Érinyes, laissent vite la place, avec leurs serpents sifflants, à une personnification féminine à laquelle Oreste jouit de se donner en pâture. Or c'est Oreste *meurtrier de sa mère* que nous devons ici réveiller. Non pas Œdipe, donc (Eschyle est antérieur à Sophocle), ni Euripide dont s'inspire Racine, mais le héros dont le Coryphée, lancé à sa poursuite, dit (et Bacon aime citer ce vers jusque dans un entretien de la BBC) : « Cette fois, il est ici tapi quelque part : l'odeur du sang humain me sourit. »

Pour les amateurs de biographies, il n'est pas inutile de rappeler que Bacon a été chassé de chez lui par son père, éleveur de chevaux, lorsque celui-ci l'a découvert, adolescent, en train d'essayer les dessous féminins de sa mère.
Bacon appelle son père le « vieux con » ou « le salaud ». Mais Farson, l'un de ses biographes, fait remarquer que « rien dans ses propos ne laissait entendre qu'il ait éprouvé de la tendresse pour sa mère ou qu'elle l'eût aimé ». À Sylvester, Bacon déclare : « Je ne me suis jamais entendu ni avec ma mère ni avec mon père. Ils ne voulaient pas que je sois peintre ; ils pensaient que j'étais seulement quelqu'un qui va à la dérive, *surtout ma mère* » (c'est moi qui souligne). Toujours avec la même désinvolture, et sans émoi apparent, Bacon raconte qu'il a d'abord été attiré sexuellement par son père ; qu'il a eu ses premières expériences physiques avec les palefreniers employés chez lui ; qu'il n'a revu sa mère, remariée deux fois, que très tard, peu avant sa mort, quand elle a compris qu'il gagnait de l'argent avec sa peinture.

Un grand artiste vient toujours d'une sauvagerie d'enfance : la voici. Irlande en guerre, sacs de sable aux fenêtres de la maison de sa grand-mère, embuscades, exécutions, ouvriers agricoles, chevaux. Et, planant sur tout cela, un nom, et pas n'importe lequel : Sir Francis Bacon lui-même, 1561-1626, l'auteur du *Novum Organum*, l'ancêtre de la famille, à qui une légende tenace attribue les pièces de Shakespeare. De quoi nourrir, n'est-ce pas, l'imagination d'un garçon éveillé précoce. Ce qu'on peut appeler le « fantastique » de la peinture de Bacon est ainsi enraciné dans la théâtralité anglaise. *Hamlet*, évidemment, mais aussi *De l'assassinat considéré comme un des beaux-arts*, *La Sphinge Thébaine* et *Du heurt à la porte dans Macbeth*, de Thomas de Quincey. Toujours le saisissement, le sang, la limite, l'extrême, la mort perceptible dans le grain des heures, la mort *excitante* puisqu'elle ramène à un ordre vide, cubique, l'existence humaine n'étant qu'une « pièce de monnaie qui tournoie entre la vie et la mort » (pile, face, duel, banque, jetons, cercle, boule roulant en ellipse, cases, chiffres).

« Je reviens toujours à Shakespeare », dit Bacon. « Prenez la grande dernière tirade de *Macbeth*, ces vers si célèbres sur la mort et la fugacité de la vie, le temps qui passe et qui n'a plus de sens. » Aucune déploration, cependant, aucun effroi, il comprend de l'intérieur le criminel qui, par excitation excessive, est « allé trop loin », de même que l'horreur absolue, folle, qui consisterait à défoncer une tête à coups de marteau « juste pour passer le temps ». Son intention, d'ailleurs, est de ne pas résider plus d'une saison en enfer : « En enfer, j'aurais encore l'impression d'avoir une chance de m'échapper. » Impossible, là encore, de ne pas penser à Rimbaud : « l'heure nouvelle est au moins très sévère », « tenir le pas gagné », « l'enfer des femmes là-bas », « les couples menteurs ». Les sorcières de *Macbeth* continuent une œuvre très ancienne qui « n'a pas de nom ». Rimbaud, lui aussi, est une figure de l'errance d'Oreste : il finira même par électriser sa sœur.

Ces Érinyes, donc, issues de la nuit des temps, «femmes vêtues de noir, enlacées de serpents sans nombre», pourchassent implacablement le matricide comme des «chiennes irritées». «Les voilà qui fourmillent! De leurs yeux, goutte à goutte, coule un sang répugnant.» Eschyle insiste sur elles dans *Les Euménides* : voici «les vierges maudites, les vieilles filles d'un antique passé, que jamais n'approche dieu, ni homme, ni bête. Nées pour le mal, elles ont en partage l'Ombre où se plaît le mal... Fuis, pourtant, ne te relâche pas. Elles vont te poursuivre à travers tout un continent, te chassant tour à tour de chaque terre ouverte à tes pas vagabonds, puis par-delà la mer et les cités des îles». Oreste, à la différence d'Œdipe, connaît son crime : il a tué sa mère qui avait tué son père, lequel avait tué sa fille, etc., mais, stupeur, Apollon lui a ordonné le plus horrible des assassinats, il est innocent.

L'innocent, devenant criminel sur ordre du dieu, révèle et sanctionne un crime auquel il n'a pas pris part. Comme disait Hitchcock : «Je filme un innocent dans un monde coupable» (c'est particulièrement vrai dans *La Mort aux trousses* ou dans *La Loi du silence*). Freud, on s'en souvient, pensait à juste titre que la société était fondée sur un crime commis en commun, ce qui signifie, malgré toutes les propagandes, que la vérité n'est jamais ni familiale ni sociale. Amusez-vous à la dire, cette vérité (en rappelant au passage le vers de Baudelaire : «Les bûchers consacrés aux crimes maternels»), et vous verrez que personne n'écoute.

Quand on l'apercevait quelque part, l'innocence de Bacon sautait aux yeux. Elle illumine ses toiles.
Qu'il ait été aussi, sans aucune adhésion nationale, un corps *anglais*, commençant réellement son œuvre à partir

de 1945, ne devrait pas nous étonner. Il y a une magie d'Irlande au XX$^e$ siècle : Joyce, Beckett, Bacon... L'Angleterre, dès 1940, gagne seule la guerre, elle est innocente du grand crime continental. La profondeur grecque, à cette date, vomit sa falsification dix-neuviémiste (devenue par la suite fasciste, nazie, stalinienne) et élit son peintre. Cet événement, imprévisible et unique, comme toujours, a lieu à l'écart, à Londres. Pas de dérobade, après les massacres, dans l'abstraction, la décoration, l'illustration, la commémoration, le cinéma. L'acte physique de Bacon, son mouvement, est une figure arrachée au négatif, une reprise tranchante de l'affirmation érotique. Le Mur va bientôt tomber, il se fissure. « Nous vivons presque toujours derrière des écrans », dit Bacon. « Une existence voilée d'écrans. » À la limite, il s'agit seulement de *lever l'écran*. « Je ne dis rien du tout », seulement « des figures surgissant de leur propre chair ». Partout, l'image, directe ou différée, est fausse. Il faut donc faire le tour de la représentation, s'emparer de l'espace entier bourré d'écrans, se rendre irréductible par des contre-images immédiates, du tac au tac, « sans que le cerveau intervienne ». « Cela semble venir tout droit de ce que nous avons décidé d'appeler l'inconscient, *avec l'écume de l'inconscient enroulée autour, ce qui fait sa fraîcheur* » (je souligne). Surréalisme ? Mais non, puisque la « fraîcheur » et la force de l'écume « voluptueuse » viennent de Michel-Ange. L'inconscient, pour Bacon, n'a rien d'étroitement psychique, il n'annonce aucun « merveilleux » : il est musculaire — direct comme une vague, « une volonté subjuguée par l'instinct ».

Pas d'esprit de vengeance non plus, lequel est, selon le mot de Nietzsche, « le ressentiment de la volonté contre le temps et son "il était" ». Bacon n'est nullement un « halluciné de l'arrière-monde». Il sait que «le corps est une grande raison». «Instrument de ton corps, telle est aussi ta petite raison que tu appelles "esprit", mon frère, petit instrument et petit jouet de ta grande raison.» Comme Nietzsche, Bacon est en guerre contre les idoles, son gai savoir s'en déduit. «*À l'école de guerre de la vie*. Ce qui ne me fait pas mourir me rend plus fort.» Précisément parce qu'il n'y a rien derrière elle, il faut rejoindre l'apparence par-delà la déformation ou la destruction. «Plus vous travaillez, plus s'approfondit le mystère de ce qu'est l'apparence.» Et encore : «Ce que je veux faire, c'est déformer la chose et l'écarter de l'apparence, mais dans cette déformation la ramener à un enregistrement de l'apparence.» Vous n'avez pas peur de blesser et de défigurer les humains dont vous faites le portrait? Réponse : «Je ne pense pas que ce soit un dommage.»

Nous ne sommes pas à New York. Encore moins, et pour cause, à Paris, Vienne, Prague, Rome, Madrid, Berlin ou Moscou. Un événement capital s'est pourtant produit, il y a longtemps, entre Rome et Madrid : la rencontre d'un Pape et d'un Peintre, le face-à-face perçant d'Innocent X et de Vélasquez. Toute sa vie, Bacon sera obsédé par ce prodigieux portrait. C'est sur lui, souvent, qu'il médite.

Ici Londres. Après des déluges de feu, le pinceau d'un marginal déréglé *exprès* se dégage. «Je veux une image très ordonnée, mais je veux qu'elle se produise par chance.»

C'est comme si l'Histoire avait envie de se démontrer.

Galien : «La nature est un feu artiste marchant sur une route vers la genèse, et tirant de lui-même l'énergie de son mouvement.»

Galien était un excellent médecin grec, mort à Rome au

début de notre ère. Sa faiblesse scientifique, dit-on, est de n'avoir pu disséquer que des animaux.
La leçon d'anatomie de Francis Bacon est un feu artiste.

Gilles Deleuze, dans *Logique de la sensation*, souligne que Bacon touche l'œil comme enveloppe d'une marque en relief, de telle façon que le regard passe, par avance, au-delà de l'aveuglement qui le guette. *Touché!* C'est ce qu'on devrait dire, chaque fois, devant ces tableaux. Les flèches rouges ou blanches, introduites tardivement par le peintre pour accentuer telle ou telle région ultrasensible de la toile, n'ont pas d'autre sens. Énigme «égyptienne», en somme. «Capter des forces», «rendre visibles des forces invisibles», peindre «la sensation contre le spectacle» (Deleuze)? Oui. Mais il s'agit aussi d'un spectacle *contre* le spectacle, d'un ensemble d'images façonnées *contre* les images. Le maniement rapide des forces, dans la peinture à l'huile, doit, sans fin, contrecarrer le poids de la retombée «réaliste» (c'est-à-dire sociale ou psychologique). Comme une fusée, le tableau raconte l'arrachement de la force de raconter elle-même : ces brefs romans deviennent des démonstrations de nécessité poétique. Ils fondent, au cœur du mouvement, un vide dont, en général, nous ne voulons pas, par peur de la pression mortelle qu'il va exercer sur nous.

Bacon, cosmonaute de la nouvelle phase historique de la représentation, lance un satellite anti-récepteur-transmetteur, un analyseur-broyeur de la nébuleuse spectaculaire, un contre-Internet de pointe. L'information, compressée, se dissout. La passion ressort.

En effet, si, dans «l'immense accumulation de spectacles..., tout ce qui était directement vécu s'est éloigné dans une représentation » (Debord) ; si « les images qui se sont détachées de chaque aspect de la vie fusionnent dans un cours commun où l'unité de cette vie ne peut plus être rétablie » (*id.*), le *rétablissement* acrobatique opéré par Bacon sonne comme le défi et la déchirure d'un cri dans l'étouffement général. Vous voulez peindre l'horreur ? Non, dit Bacon, pas l'horreur, le *cri*. Deleuze, certes, a raison d'avancer que le pari, ici, consiste à « rendre visible le Temps, la force du temps, le temps sensible en lui-même ». Mais, en vérité, ces toiles « crient au temps », comme on dit d'un animal qu'il « crie à la mort ». Le cri, la clé, la torsion, l'étreinte sexuelle, autant de manifestations d'un langage retourné direct. *Le temps crie*, et il n'y a personne, sauf exception, pour le faire entendre : voilà ce que dit Bacon de façon silencieuse, voilà ce que la Société a pour fonction de faire oublier, de noyer.

D'autre part, comparer, comme le fait Deleuze, l'héroïsme de Bacon à celui de Kafka ou de Beckett n'est pas faux, mais pas vrai non plus. Il y a évidemment, chez Bacon, un règlement de comptes agressif avec l'esprit de passivité, aggravé par son érotisme plus sadique que masochiste. Rien n'est plus viril, en définitive, que la ruse féminine de ce joueur fluide en action. On évoquera donc, au XX$^e$ siècle, non seulement Kafka ou Beckett, mais aussi (ou plutôt) Proust, Joyce, Artaud, Bataille, Genet, Céline, Burroughs, sans oublier Picasso (même si ses goûts sexuels étaient différents de ceux de Bacon, peu importe).

À un jeune, blond et charmant barman du Pont-Royal, Francis Bacon a dit une fois, il y a dix ans, à propos de mon petit livre sur Fragonard : « C'est bien, parce qu'il écrit sur Fragonard comme Fragonard peint. »

Il faut écrire comme la musique joue, comme la peinture peint, comme la sculpture sculpte, comme la danse danse. Ce qui veut dire : comme la parole parle, et comme l'écriture, si elle est libre, écrit.

Question de Temps.

« Où en sommes-nous avec le temps ? » demandait, de façon faussement naïve, Arthur Cravan à Gide au début du siècle. Ce dernier, sans comprendre la malice de cette interrogation, a répondu prosaïquement en regardant sa montre. Gide, on s'en souvient, était embarrassé par *À la recherche du temps perdu* (et par les activités spéciales de Charlus en chambre). Il n'avait pas non plus, semble-t-il, de dispositions particulières pour évaluer une journée de Dublin dans *Ulysse*. Le temps, dans les caves du Vatican, est filtré, tortueux, lent. Il ne crie pas, il temporise.

Ainsi de l'humanisme abstrait : il parle toujours du futur en fonction du passé, jamais du présent comme abîme.

Comme par hasard, le grand livre de pensée au $XX^e$ siècle s'appelle *Être et Temps*. Son développement ultime aura été un retournement, *Temps et Être*.

« L'ampleur embrassante de l'être, écrit Heidegger, n'est qu'une seule et même chose avec l'isolement offensif du temps. »

L'art, effet sans cause, est la liberté même, puisqu'il est, en soi, origine. « L'initial détient toujours la plénitude de l'énormité, c'est-à-dire du combat avec le familier. » Sinon « il reste une défroque que nous traînons derrière nous, phénomène culturel devenu courant, comme les autres ».

Bacon est l'artiste de l'énormité. Il est peu probable qu'il devienne bientôt une défroque familière, car son œuvre évoque trop précisément l'envers de la dévastation que nous subissons. Cependant, l'« optimiste à propos de rien », singulier dans son paradoxe, passe à l'offensive. Acte désespéré, mais qui va marcher.

Voyez, par exemple, l'*Étude pour un portrait de Van Gogh*, de 1957. Le peintre (si c'en est un) est, depuis longtemps (ou une fois de plus), sur le chemin du motif. Drôle de paysage calciné, drôle d'allure démantibulée. On dirait que ce suicidé de la société a été carbonisé en route, c'est Van Gogh si vous voulez, ou plutôt Cézanne vu en photo avec son chapeau, ou encore Bacon lui-même. Ils ont passé un sale quart d'heure dans on ne sait quel Camp ou Enfer goudronnés. Ça ne ressemble pas du tout à l'industrie du spectacle, rush pour les expositions internationales, rétrospectives sur le dos des morts méconnus en leur temps. Eh bien, malgré ces ponts d'or qu'on leur fait plus tard, ils continuent à vouloir y aller. Où ? Nulle part. Ici même. Ah, ce n'est pas un touriste des paysages peints par Van Gogh ou Cézanne que vous avez devant vous, vous ne le prendriez pas à votre bord, il bousillerait les sièges de votre voiture ! La peinture, risquerait-il de dire, est un feu artiste marchant sur une route vers la genèse, et tirant d'elle-même l'énergie de son mouvement. Mais pourquoi cette obstination de clochard difforme ? Tout le monde sait qu'on ne peint plus en risquant sa vie ! C'est fini, cette folie ! On a rangé et arrangé tout ça, on visite, on jette un coup d'œil culturel, on n'est pas là pour avoir l'impression d'être jugé comme si *on ne sentait rien* !

Et puis ce chemin n'en est pas un, c'est clair, on dirait un fleuve de chair à l'envers qui va avaler la silhouette têtue, là, sans aucune justification sociale. La question de l'habitation est quand même posée par la présence fragile d'un cube transparent. Le chemin est une courbe, une jante, un tapis roulant de pastels, une proposition de sphère chauffée à vif. Moi, ce tableau, j'ai envie de l'appeler *Courage*. Mais c'est juste pour aller droit à la bonne nouvelle du rouge, des roses, du bleu, du noir. Du feu. Je n'y vois, et c'est heureux, que du feu. En tout cas, malgré tous les efforts pour enterrer la chose, voilà, elle est repartie, la solution de refoulement final a échoué. Désormais, ça passe ou ça casse.

On va s'étonner ici et là. Quoi ? Vous reprenez le thème de la Crucifixion, cette vieille histoire discréditée ? Ce truc éculé ? Mais oui, figurez-vous, les grands sujets ne nous font pas peur. Depuis des siècles, ils mobilisent une quantité considérable d'émotions humaines, sauf qu'on ne peut plus les présenter de la même façon. Cela fait d'ailleurs longtemps que personne n'est plus capable de voir l'ancienne image, et les exercices spirituels à son sujet n'ont plus cours. Le passage au massacre technique de masse a fait table rase de l'unicité du drame, oubliez donc ce sujet absurde, ces niaiseries perverses, ces diapositives d'église, ce bazar.

Seulement, voilà : Bacon, soudain, *voit* un Christ de Cimabue comme un gros ver blanc coulant vers le bas. Ça ne tient plus, ça s'effondre, ça dégouline, quelque chose d'inouï tremble au pied de la Croix. Plus de soldats romains jouant aux dés sous le supplicié ; plus de tête de mort sagement disposée rappelant Adam ; plus de Vierge, d'apôtres, de saintes femmes s'évanouissant ou s'extasiant devant le spectacle ; plus de lumière salvatrice ni d'anges complices vers le haut. Le *stabat mater* est déstabilisé, le rideau est déchiré, le film millénaire, et désormais hollywoodien, coince.

Puissance de la peinture : elle peut faire la nuit, c'est-à-dire ouvrir le rouge vif du dedans des yeux.

En réalité, la terre ou l'histoire, longtemps refermées

comme des cicatrices, viennent de s'ouvrir pour laisser repasser les Furies, les divinités de l'Enfer.

« Voici le chant de délire, dit Eschyle, le vertige où se perd la raison : voici l'hymne des Érinyes, enchaîneur d'âmes, chant sans lyre, qui sèche les mortels d'effroi ! »

Picasso nous avait prévenus. Bacon enfonce le clou, mais d'une tout autre manière. Il a autre chose à révéler, au cœur du combat.

Bref, la scène est sens dessus dessous, et il faut la traiter comme telle au lieu de multiplier les fausses images pour s'étourdir.

Voir les Érinyes n'est pas donné à tout le monde. Mais comment ont-elles pu être redéchaînées, celles-là ?

Regardez-les donc, ces grosses poules hurlantes à long cou, ces bestioles dégoûtantes à bouches dentées nourries de sang. Bizarrement, elles sont en équilibre mal assuré, sur des tables, des tabourets, des trépieds. Elles sont malades, visqueuses, pythies à bout, n'ayant repris force, semble-t-il, que pour crever. Elles sont terribles, elles sont ridicules. Elles gueulent, mais elles sont prisonnières, inoffensives. Nous allons nous épargner, ici, le vocabulaire réflexe moderne, langue de caoutchouc immédiate : angoisse de castration, symptôme, retour du refoulé, patati, patata. L'expérience de Bacon ne tient pas seulement à sa particularité subjective, elle touche l'Histoire entière, et c'est bien ce qu'elle a de gênant. Ce que vous voyez est une très ancienne tentative d'intimidation organique et biologique, elle vient, à nouveau, de fonctionner *à plein tube*, mais en vain. C'était donc ça. « Tourbillon d'hilarité et d'horreur », comme a dit un navigateur célèbre. Et Bacon, une fois : « Je pense que je suis de ces gens qui ont un don pour toujours s'en sortir d'une manière ou d'une autre. »

Il y a un cri, une crise. Crise de l'homme, crise de Dieu, crise de l'Homme-Dieu. Commotion et électrochoc. Il y aura beaucoup de suicides. Un autre joueur passionné, autrefois, a eu une attaque d'épilepsie après avoir vu le *Christ mort* de Holbein. Mais Bacon, s'il ne peut éviter de se convulser sous le choc, n'est pas Dostoïevski, il n'a rien d'orthodoxe. Il ne s'évanouit pas, ne se pétrifie pas, il est loin des icônes comme des cadavres. Il ne croit pas non plus, comme Sartre, qu'Oreste a affaire à un «dieu des mouches», à «une bonne piété à l'ancienne, solidement assise sur la terreur». Sartre, pendant la guerre, fait parler Jupiter, mais pas Zeus, encore moins Apollon ou Athéna, c'est curieux. Toujours le fantasme latin recouvrant le grec, le ralentissement passif du rythme grec (qu'on retrouve aussi dans le *Pylade* plutôt bavard de Pasolini, pourtant traducteur d'Eschyle). Allons, il faut y aller plus fort.

Dégénéré, à coup sûr, pour les fascistes ou les nazis; vipère lubrique, bourgeois décadent pour les staliniens; pornographe pour les puritains; inhumain pour les humanistes; bourreau diabolique pour les âmes sensibles; trop violent pour les publicitaires, les journalistes, les poètes sentimentaux ou les professeurs, Bacon peint la crise de plein fouet. Sa viande vit, jouit, rutile. On peut même, comble de l'insolence, s'asseoir et trôner sous elle, à l'abri, sous un parapluie.

Notez bien la date de ce formidable tableau, aujourd'hui au Musée d'Art moderne de New York : 1946.

Il pourrait s'intituler : «Le nouveau maître du monde». C'est un résumé, à l'humour noir, des épisodes précédents. Il annonce ceux qui vont suivre. La Boucherie et la Banque se trouvent réunies sur la toile de dissection des apparences.

Vous entendez presque le râle ou le grognement d'intense satisfaction du gros businessman, veuf ou croque-mort, montrant ses dents sous le bœuf équarri pendant. Bonjour, Rembrandt : s'il pleut, ce sera du sang.

Le sens de la peinture est désormais d'interroger à fond le Pouvoir, et, si possible, pour mieux le dévoiler, de se mettre à sa place.

Ainsi en a décidé, en son temps, à Rome, le remarquablement masqué Vélasquez devant Innocent X : duel mémorable, inquisition pour inquisition, couleur pour couleur, regard pour regard.

Dans sa main gauche, le pape tient une lettre qui lui a été adressée par le peintre, on lit la signature de ce dernier. Il n'a rien de pieux, ce pontife d'action : il est ramassé, prêt à bondir ; il radiographie de toute sa lucidité l'artiste qui le représente : il le vrille. Son commentaire, à propos de son portrait, a été, on le sait : « Trop vrai ».

Bacon n'a jamais pu faire autrement que *trop vrai*.

Le *trop vrai* change avec les époques. Celle de Bacon, la nôtre, est soumise à une accélération de dévastation et d'inanité, déluge anesthésique d'images réprimant la possibilité de penser. Il s'agira par conséquent de faire cracher la vérité à cette force d'occupation, de la frapper à la tête. Peindre la mise en étau d'une tête, son cri, son trouage, lorsqu'elle éprouve la manière dictatoriale dont elle est enfermée et broyée, voilà ce que Bacon tente. Il y va de sa liberté. Sobrement, il dit : « Je voudrais créer un espace intérieur si présent que la forme s'articule de façon plus probante. »

La présence de l'espace est intérieure. Contre les faux dehors virtuels, ou synthétiques, contre la bouillie incessante et clignotante des ordinateurs, la peinture doit s'imposer comme une nouvelle force d'énigme. On s'occupe, partout, à faire taire les corps, à les truquer, à leur dicter leurs discours avant qu'ils aient pu réfléchir et se concentrer ? L'acte plastique va intervenir entre verbe et chair. Les bons sentiments pullulent sur fond de massacres ? On va montrer ce qu'il en est vraiment, en couleurs.

Pas de modèle en présence du peintre, ce vieux truc ne fonctionne plus. La réalité n'est pas là. La photographie peut intervenir comme un excitant, mais impossible d'y croire, désormais, et pour cause. L'usage qu'a fait Bacon de ses stocks de photos est célèbre. On aura, donc, dans son atelier, un désordre voulu, des animaux, des radiographies, des planches de maladies de la bouche, les merveilleuses études de corps humains en mouvement de Muybridge. La nourrice hurlante, en mouvement arrêté, du *Cuirassé « Potemkine »* d'Eisenstein, peut très bien ouvrir, à l'improviste, sur *Le Massacre des innocents* de Poussin (encore le mot *innocent*, comme par hasard). Le réel est une série de rencontres et de croisements, une composition instantanée *numérique*, une intégrale de données intériorisées éparses, un rassemblement de chutes, d'intensités, de soubresauts, de sursauts. Explosion, vibration, tuméfaction, parole de fond. Mettre Innocent X dans la situation d'un condamné à mort sur son saint-siège transformé en chaise électrique ne va pas de soi. Surtout si on strie la toile d'une pluie de plis bruns et jaunes, tout en fonçant dans sa bouche ouverte en trou noir (ici, Bacon constate calmement son échec : il aurait fallu, dit-il, traiter cette béance comme un soleil couchant de Monet). On ne se contente pas de mettre des moustaches à la Joconde en insinuant, sous forme de rébus plaisant, qu'elle a chaud au cul, on électrocute une image de pape pour lui faire prendre la mesure du temps écoulé depuis le XVII$^e$ siècle. Depuis le *Cogito*, en somme, qui a cru pouvoir mettre l'être sous la coupe de la représentation. Justement : ça ne marche plus, on décroche, il faut aller voir ailleurs.

Le plus inattendu est que les « papes » de Bacon ne sont nullement caricaturaux ou ridicules, au contraire, pas plus que ses crucifixions ne sont des blasphèmes ou des parodies. On peut même dire que ces vieilles figures de la tradition reçoivent, à travers cette profanation ou ce saisissement érotique, un coup de fouet inquiétant. Après tout, un pape, s'il savait (et il ne peut pas ne pas se douter de quelque chose), crierait peut-être à mort, de la sorte, dans un studio d'enregistrement mondial.

La Joconde était un travesti, soit, et son fondement une idéalisation illusoire de l'éternelle et trompeuse Maman. Le pape, lui, est assis sur un drôle de volcan. L'essentiel est de démontrer qu'aucune *pose* n'est plus envisageable. Ni pose ni pause. Le portrait officiel n'a plus cours comme indice de vérité. C'est même la raison qui va fonder non pas un tabou du portrait mais sa réinvention nécessaire.

Bacon, d'ailleurs, est très clair : « Le pape est unique », dit-il. « Être le pape le met dans une position unique et ainsi, *comme dans certaines grandes tragédies* (je souligne), c'est comme s'il était hissé sur un dais et que la grandeur d'une telle image pouvait, de là, se déployer sur le monde. »

Ce propos, bien entendu, est très antérieur à l'événement qu'a constitué une tentative presque réussie d'assassinat d'un pape retransmise par toutes les télévisions de la planète. Il est logique que l'art, traité dans sa profondeur originaire, soit anticipation ou pressentiment.

Par contamination implicite, on obtient, si l'on veut, Pie XII et son silence sur la solution finale pendant la guerre, Eichmann pendant son procès à Jérusalem dans sa cage de verre, mais aussi un Sphinx à l'état pur, réveillé en catastrophe, en plein désert vertical. Dieu et le Diable, s'ils existent, reconnaîtront les leurs. « Dieu, s'il savait, serait un porc », a écrit Bataille, façon comme une autre de souligner que la fonction « Dieu » n'a rien de commun avec le savoir. « Dieu est inconscient », a dit, de son côté, Lacan. Variantes de la formule nietzschéenne « Dieu est mort » ? Pas seulement. Ce qui compte, c'est l'interrogation sur la puissance et l'isolement de l'Unique et la virulence du Temps. Pour marquer la gravité et la hauteur de son intervention, Bacon précise bien que le tableau, surface à deux dimensions, est élevé au cube ; qu'on met ainsi en boîte, ou en box observable, une expérience dans une quatrième dimension. Passé, présent, avenir sont, maintenant, en orbite par rapport à ce quatrième terme qui les précède et les suit. Les passions sont isolables, on peut les montrer comme au laboratoire. Elles sont à la fois mémoire violente, actualité sténographiée, futur révélé. « Pas d'illustration de réalité », dit-il, mais créer des images qui sont concentration de réalité et sténographie de réalité. L'art « abstrait », cependant, n'a-t-il pas envahi les écrans et les murs ? Peut-être, mais, vous savez, les modes passent, il faut attendre au moins soixante-quinze ou cent ans pour savoir si une peinture tient le coup. Il est normal que l'escroquerie générale essaie de vous vendre une absence de futur, un pseudo-présent vide, un oubli organisé du passé. Or « le temps est le seul grand critique ». Comme on voit, Bacon, dans son désespoir joyeux, est très sûr de lui. Il peut l'être. Il a assez de négativité et de destruction dans son jeu pour affirmer sa « volonté de se faire complètement libre ».

« Sylvester : Si on ne venait pas vous prendre les tableaux, rien ne quitterait jamais l'atelier, je suppose ? Vous continueriez jusqu'à ce que vous les ayez détruits tous ?
Bacon : Je crois, oui. »

L'abattage ou le découpage du bétail appliqués monstrueusement à la forme humaine, nous les avons « vus » dans des documents, mais jamais *comme ça*, opération rouge et noir, en chambre ou en salle de bains. Être un corps vivant, c'est sentir intensément ces choses. Sinon, l'être humain (le plus souvent, hélas) est une image pieuse en train de s'effaroucher devant des films ou des photos d'horreur. Le conformisme perçoit toujours une photo à la place d'un tableau, c'est le côté par où il est immanquablement et inconsciemment complice des bourreaux. Les criminels institutionnels se portent très bien, le coupable est chaque fois l'artiste. Plus la bien-pensance augmente, et plus des films de terreur sont programmés : preuve par les vases communicants. À l'inverse, Bacon poursuit ses expériences pour « ouvrir les valves de la sensation ». « Il s'agit d'une tentative pour que la figuration atteigne le système nerveux de manière plus violente et plus poignante », dit-il. Et encore : « Il y a une partie du système nerveux avec laquelle la texture de la peinture peut communiquer plus violemment qu'avec n'importe quelle autre. » En effet, la peinture « n'a rien à voir avec un coloriage de surface ». Et encore : « Peindre comme Vélasquez, mais avec une texture de peau d'hippopotame. »

Mais oui ! Vélasquez était un hippopotame. Et Innocent X un rhinocéros.

*Poignant* est un mot que Bacon répète souvent. Il peint des espaces poignés par le temps.

L'acte sexuel, en soi, par exemple, de quelque nature qu'il soit, est « poignant ». « C'est un sujet sans fin, n'est-ce pas ? » dit Bacon, qui sait de quoi il parle. On s'étonnera sans fin, en effet, que les humains n'aient pas l'air de se rendre compte de ce qu'ils font exactement dans cette situation. On n'obtient d'eux, sur le sujet, que des renseignements minimaux. Leur animalité ne parle pas, ils se dérobent, ils ont honte. Ou bien, au contraire, ils bavardent, ils en font trop. Normaux (paraît-il), ou pervers, le cliché est leur langage spontané. Tics, tics et tics. Photos, vidéos, photos. Sentimentalisme et obscénité font ici d'excellents mariages. On sait, par ailleurs, que la plupart des individus accordent une grande importance à leur particularité sexuelle, lorsqu'ils en ont une, du moins le croient-ils.

Bacon homosexuel ? Oui, et alors ? Nous ne sommes pas à la NRF au début du siècle. En tout cas, il n'est pas pédophile, ce qui serait une erreur néoclassique de *dimensions*. Son idéal masculin, il l'a résumé dans une bizarre formule : « Le Nietzsche de l'équipe de football ». Autant dire l'impossible en personne. Enfin, il y aura toujours un joueur de football pour venir visiter, sur le terrain plastique, un Nietzsche devenu peintre à travers Dionysos. Voilà une équation à la Lautréamont : la rencontre dans l'arène anatomique, tracée au pinceau, d'un truand sportif de la Renaissance et du dernier penseur de la Métaphysique. Ça va dégager. Action.

L'Unique, le Double : c'est dans ces coordonnées que Bacon travaille. L'Unique est le héros tragique. Le Double, l'épreuve du Même en duel.

Qu'on fasse de toute façon l'amour avec soi-même échappe aux faux innocents qui ne franchissent pas la barre de l'Un et du Double. Des magistrats ou des écrivains pédophiles avouent ainsi que, dans leur représentation mentale, ils sont restés des petits garçons. D'où, constamment, un pénible effort de justification, de même que dans toutes les attitudes groupées revendicatrices. À quoi répond, dans le même style, la prétendue normalité du roman social, du roman-photo. Les vrais innocents, eux, se savent seuls et coupables, ils l'affirment tranquillement, ils ne plaident pas. La chose sexuelle est pour eux *d'abord* expérimentale (ce qui, évidemment, ne va pas sans conséquences pour leurs partenaires). Il y a pas mal de morts étranges autour de la monumentale impassibilité en éveil de Francis Bacon, la principale étant celle de George Dyer, amant et modèle inspirateur, suicidé à Paris, à l'hôtel des Saints-Pères, la veille de l'inauguration d'une exposition de son ami. L'assassinat est un des beaux-arts, la peinture aussi. Picasso, de son côté, a échappé à plusieurs attentats identiques venant de la nébuleuse féminine. Ce sont les risques du métier ; on vise l'artiste, on lui jette un sort, on s'atteint soi-même (folie ou mort). La morale esthétique est aussi un roman policier strict.

« Je savais », dit Bacon, « que je voulais mettre deux figures sur un lit et je voulais en un sens qu'elles soient en train de copuler ou de s'enculer — quelque nom que vous donniez à cela —, mais je ne savais pas comment faire pour que ça ait la force de la sensation que j'éprouvais à ce sujet. Je n'ai pu que m'en remettre à la chance pour essayer d'en faire une image. »
Autrement dit : *cela, quelque nom que vous lui donniez, n'est pas le cela de la représentation mais le cela de la sensation*. On sait très bien comment s'y prendre dans la réalité, mais pour imager la sensation, c'est une autre affaire.

On s'en remet à la chance, aux « marques hasardeuses ». Et si ça ne fonctionne pas, on détruit.

« Quelque nom que vous donniez à cela » : y a-t-il jamais eu une formulation plus distante ? Plus *choquante* ? Plus innocente ? Plus vraie ?

Une autre fois, Bacon précise : « Je pense très souvent aux corps de gens que j'ai connus, je pense aux contours de ces corps qui m'ont particulièrement touché, mais alors ils se greffent très souvent sur des corps de Muybridge (des lutteurs). Je manipule les corps de Muybridge en leur donnant la forme de corps que j'ai connus. »

Scène primitive, comme on dit ? Sans doute. Mais quelle que soit la mise en scène, il s'agit toujours, au fond, de scène primitive. L'agression, la prédation, l'appropriation, le meurtre sont sans cesse à la base de la sexualité, « ce sujet qui n'a pas de fin ». Manifester qu'on en est distinct conduit automatiquement au martyre (crucifixion). Restent les dénégations, refoulements, inhibitions ou névroses, dont la consistance renforce l'effet de ce qui est censuré. Ainsi va la machine à viande. John Russell a raison, à propos de Bacon, d'évoquer le cri de Thersite dans *Troïlus et Cressida* de Shakespeare : « Libertinage, libertinage ; restent les guerres et le libertinage : rien n'est aussi durable. » Et Bacon, un jour de langage cru : « L'amour ? Il n'y a que l'obsession sexuelle. » Ce qui signifie que pour se détacher et analyser l'obsession, on doit la montrer, la prendre et la peindre, sans savoir à l'avance (sinon elle se fige, elle se fétichise) ni comment la prendre ni comment la peindre.

Le moment est sans doute venu de dire que Bacon est un très grand virtuose du dessin direct dans la couleur, un dramaturge de premier ordre. Il est comique de constater que ses premiers tableaux, avant la guerre, n'ont pas été retenus pour une exposition surréaliste, sous prétexte qu'ils n'étaient pas assez « surréalistes ». Mais le réel, c'est-à-dire la limite qui se refuse au calcul comme à la représentation préconçue, ne se détermine pas par le réalisme, « infra » ou « sur ». On peut être réaliste ou surréaliste sans être réel.

De même, un peintre peut être « abstrait » pour dissimuler une inaptitude foncière à la figure. On fera bien, devant toute œuvre dite abstraite, de se demander ce qu'elle serait si elle était figurative. Le résultat, le plus souvent, est aussi accablant que celui de la très mauvaise figuration. Ne vous laissez pas impressionner, questionnez.

Puritanisme, maladresse, idéalisation refoulante, merveilleux de bazar, mystère étriqué, au-delà truqué, pornographie stéréotypée, autant d'évitements du sujet. Pour l'approcher et s'en emparer, il est nécessaire de posséder, comme dit Rimbaud, l'élégance, la science, la violence.

Je dois être, sans même en avoir conscience, un assez bon analyseur. C'est Borges, par exemple, rencontré pour la première fois dans sa petite chambre de l'hôtel des Beaux-Arts, à Paris, qui se met à me parler, au bout de trois minutes, à l'aveugle, des putains françaises d'autrefois, à Buenos Aires, « les meilleures, les plus recherchées ». C'est Bacon, autour d'un whisky, au bar du Pont-Royal, évoquant presque immédiatement, dans une conversation décousue, les crises d'eczéma qui couvraient son corps (voilà peut-être une des sources de la « peau d'hippopotame ») lorsque son père, dans son enfance, en Irlande, l'emmenait à travers les prairies voir ses chevaux. « L'eczéma, aucun rapport avec la psychanalyse, n'est-ce pas ? » dit-il avec un petit rire. Et moi : « Aucun, évidemment. » On s'amuse.

Les photos, comme on peut s'en douter, ne disent pas grand-chose de sa présence. Certaines, pourtant, sont intéressantes. Celles de 1984 (il a soixante-quinze ans), très voulues sous une apparente improvisation, ont été prises par John Edwards, un des derniers amis, et l'héritier, de Bacon (Edwards, dans les tableaux, est étonnamment détendu, il est, par exemple, l'« homme à la chaise-longue »). Dans la première photo, le peintre est accoudé à un lavabo, un peu affaissé, calme. Au-dessus de lui, des cartes postales de ses dernières toiles, celles du « dépouillement » et de la plus grande maîtrise, sont punaisées au mur. Encore au-dessus de sa tête, sur une étagère, un téléphone vieux modèle, noir. Lavabo, cartes postales, téléphone : message précis. Sur la deuxième photo, il est debout et concentré dans l'atelier, mains dans les poches, taches de couleurs éclatées sur les parois, vieux livres entassés en masse, chiffons et papiers. On a le choix entre : étudiant à peine vieilli et resté résolument subversif, chouette, hibou, oiseau rare ou de proie. Pour l'objectif (son ennemi), son corps se fait complètement vide, intraitable, regard vitreux, caillou, rien, volonté du rien. Le film de la BBC le restitue mieux, vif, rieur, dandy rond, acerbe, merveilleusement gentil, disponible, passons, on verra plus tard. Plus britannique que Bacon, tendance anarchiste, tu meurs. Lawrence, à côté, a l'air d'une jeune fille timide, Wilde, d'une jeune fille endimanchée. Lui, définitivement débarrassé de la reine Victoria (comme seul Joyce a su l'être avant lui, sans doute), chemise bleue à col ouvert, blouson clair, distinction de la voix, vin de Bordeaux dans le verre, ponctue l'entretien de quelques certitudes chèrement acquises, mais, désormais, au-delà de l'effort : « Non, non, pas de fantasmes, la réalité, là, tout de suite », « ce que nous voulons, n'est-ce pas, c'est la volupté ».

Plus tard, dans la nuit, alcool ou autres substances. Mais n'allez pas conclure bêtement en voyant une seringue hypodermique fichée dans le bras d'une figure rose chair, demoiselle d'Avignon de jadis, couchée à l'envers sur un lit ovale à rayures, dans une chambre où tout valse, et tourne comme dans un disque (sol, mur, halo jaune de la lampe électrique) : « Je ne mets pas la seringue à cause de la drogue qu'elle injecte, mais parce que c'est moins stupide que de mettre un clou à travers le bras. » Élémentaire, il s'agit simplement de fixer la forme en train de s'échapper d'elle-même, sinon elle aurait l'air flasque. Une bonne piqûre, et voilà. Ce tableau date de 1969, il s'appelle *Personnage couché*. C'est l'un des plus réussis de Bacon. Regardez-le : à proprement parler, *il vous tire la langue*.

« La peinture a été libérée, dit-il encore, mais personne ne sait que faire de cette liberté. » Autrement dit : moi, je sais.

À propos d'habitations : « Je préférerais habiter un hangar à avions qu'un immonde pavillon. Un espace immense, avec salle de bains et cabinets dans un coin, ça pourrait être grandiose. Même les tuyaux pourraient être beaux. J'imagine un paysage plat et dénudé — dans l'Essex ou le Norfolk ; les campagnes vallonnées et douillettes ne sont pas pour moi. J'ai passé une grande partie de ma jeunesse au bord de marais très plats, remplis de bécasses et de pluviers. C'est le genre de campagne qui me plaît. »

(J'écris, en ce moment, ces lignes sur Bacon dans un paysage semblable, océan, marais salants, mouettes, hérons, tout est silencieux, nu, miroitant, plat.)

Et aussi : « Je voudrais avoir une énorme pièce couverte de miroirs déformants, du sol au plafond. De temps en temps, il y aurait un miroir normal, intercalé entre les miroirs déformants : les gens seraient si beaux lorsqu'ils s'y refléteraient. »

Les individus sont constamment déformés par la broyeuse sociale et par eux-mêmes. On les oblige (ils s'obligent) à être absurdes, idiots, grimaçants, appliqués, menteurs, intéressés, pourris, boursouflés. *Et, tout à coup, ils sont beaux.* Terriblement beaux, comme ils le méritent. Voilà ce que le portrait, repensé, doit dire en une seule fois. L'apparence au-delà de l'apparence. Énergie, déformation, beauté. D'où vient, en effet, que les portraits de Bacon soient à ce point criants de ressemblance ? D'une telle force de beauté enfin vraie ?

C'est qu'ils affirment leur existence malgré tout.

Ils subissent une usure acide dans la dure réalité quotidienne et nocturne, mais on dirait qu'ils se dégagent d'un bond de cette malédiction. Bacon est à l'affût : il voit ses personnages sauter de la fatalité dans le défi. Muriel Belcher, la copine et complice de bar, à Soho, est ainsi saisie, de profil, en plein mouvement d'argile, elle est à la fois ciselée et massive, un fond vert sombre la porte, son visage s'inscrit, plein de remous colorés, sur la couverture d'un grand livre qui pourrait être aussi une pierre tombale verticale. Le tableau est d'une confiance et d'une vitalité prodigieuses : John Russell évoque l'image du requin, et, en effet, la tête fend l'espace avec une certitude magnétique de squale. Les portraits de Bacon sont ainsi peints à l'arraché, comme pour sauver l'essentiel d'un être humain avant sa disparition biologique ou son engloutissement dans le mensonge photographique (où les morts sont-ils plus morts que dans les enregistrements que l'on a faits d'eux ?).

Il y a trois femmes, sorcières ou grâces, dans le théâtre de Bacon : Muriel Belcher, donc (qu'on retrouve en sphinge irréductible dans un autre tableau) ; Henrietta Moraes (qui a droit au nu prostitutionnel et insolent sur des lits) ; Isabel Rawsthorne, enfin, la plus dégagée, la plus libre, promeneuse hautaine et détentrice des clés, des portes, des serrures («Vous savez que j'ai aussi couché avec Isabel Rawsthorne», a confié une fois Bacon à un journaliste, pour montrer, je suppose, son ouverture d'esprit).

Les hommes, eux, sont George Dyer (au nom, semble-t-il, prédestiné : impossible de ne pas entendre dans ces deux syllabes, en anglais, quelque chose comme l'œil de la mort, l'être-pour-la-mort, le Moureur) : Lucian Freud (autre nom qui ne passe pas inaperçu), John Edwards, vers la fin, et bien entendu Bacon lui-même se traitant en cobaye de référence. Mention spéciale pour l'ami écrivain Michel Leiris, qui a eu droit à son portrait (où l'on s'aperçoit, ce qui n'était pas évident dans la réalité, qu'il était très beau).

L'acteur le plus important est George Dyer. On peut avancer, sans exagérer, qu'il est mort *dans* la peinture de Bacon. À propos du fameux triptyque qui «raconte» la tragédie de ce suicide, Bacon s'est exprimé ainsi dans le *Times*, en 1985 :

«Le tableau représente un grand ami à moi. Au moment où j'ai eu une exposition à Paris en 1971, il s'est suicidé. Il a été découvert sur une cuvette de w.-c. comme celle-ci et il avait vomi dans le lavabo. Si mes tableaux peuvent être considérés comme illustratifs, celui-ci se rapproche le plus d'une forme narrative.»

Distance, réticence : oui, ce tableau a trait à un événement précis, donc on peut dire qu'il est «illustratif» (mot toujours négatif chez Bacon). Non, je ne dirai rien d'autre. Ce que j'avais à dire, le tableau le dit.

Quoi donc? Lisons ce que Walter P. Otto écrit de Dionysos, dans *Dionysos, le mythe et le culte* : «Cet esprit de démence dans lequel la merveille de la présence immédiate devient événement, c'est lui qui a insufflé au mythe tragique une nouvelle vie, et l'a fait apparaître en une forme qui faisait voir sa gravité et sa hauteur d'une façon encore plus convaincante que toutes les formes antérieures. Ainsi Dionysos, en son temps, est-il également apparu au cœur du monde spirituel grec ; son irruption y fut si puissante qu'elle nous émeut aujourd'hui encore. »

Bacon dit souvent de lui-même que sa principale qualité est d'être « réceptif ». Il est fidèle à la puissance de l'irruption. Tous ses tableaux pourraient d'ailleurs s'appeler *Irruptions*.

Au fond, mais personne n'est disposé à l'admettre, la peinture *n'arrête pas d'avoir lieu*. Sa pénétration, qui interrompt la perception courante, est constante, même si elle ne se manifeste qu'à travers des tableaux datés, répertoriés, signés. « Je vois des salles pleines de tableaux », dit Bacon. « Chacun tombe à sa place comme une diapositive. Je peux rêver éveillé pendant des heures et voir des salles pleines de tableaux. » Il ajoute même qu'il s'agit de « tableaux extraordinairement beaux ».

Voilà qui n'est pas rassurant quand on pense à ce que *coûte* la peinture. En argent, mais aussi (d'après le catéchisme sacrificiel dix-neuviémiste) en travail de la part de l'artiste, toujours plus ou moins incompris, persécuté, exploité, maudit. L'art, on le sait, doit exiger de grands efforts, beaucoup de souffrances. Qu'arriverait-il, en effet, si des chefs-d'œuvre se mettaient à tomber les uns sur les autres « comme des diapositives » ? Que deviendrait notre société planétaire d'affairement culturel ?

Bacon, pourtant, évoque cette possibilité. C'est un multimédium, il fonctionne nerveusement de la sorte. Le scandale qu'il représente n'a pas d'autre sens.

Il en va de même si vous commencez à expliquer que tout le monde fait à chaque instant de la poésie sans le savoir, ne serait-ce qu'en rêve. Des poèmes, des romans s'écrivent par milliers dans la trame des nuits ; des poèmes, des romans « extraordinairement beaux ». Mais voilà : il n'y a personne pour les lire, celui qui voudrait les écrire ne sait pas *se* lire. À leur place, viennent de mauvais poèmes, de fades romans. Un grand écrivain, au contraire, est d'abord quelqu'un qui sait lire et se lire en direct dans l'espace et le temps ; comme un grand peintre est d'abord quelqu'un qui visionne, de la même manière, une multiplicité incessante d'œuvres d'art possibles.

« Je n'ai jamais entendu dire que quelqu'un avait des tableaux de moi parce qu'il les aimait », plaisante Bacon. Bien vu, tout est dans le rapport de forces. Ceux qui possèdent des tableaux (individus, fondations, États) se croient pourtant de taille à les transformer en illustrations, en décorations. C'est leur passion, leur hantise. Écoutez-les : ils n'aiment pas ça. Un de plus, un de moins, peu importe, l'essentiel est qu'il y ait des galeries, des listes. On doit, d'après moi, avoir une considération presque attendrie pour les maniaques ou les fous qui s'en prennent à certaines sculptures, à certains tableaux. Ceux qui volent des livres, de même, les font vivre. « Que diriez-vous, monsieur Genet, si, pour suivre votre exemple, on volait l'un de vos livres ? — Je considérerais cela comme un honneur », répond Genet au magistrat.

Comme celle de Picasso, donc, l'œuvre de Bacon dérange les murs. Vous entrez dans un appartement où il y a des peintures : un bon Picasso, immédiatement, vous fait signe, repousse les autres cadrages, oblige la pièce entière, l'immeuble et jusqu'à la rue à surgir dans leur relativité et leur fragile durée. Un bon Bacon, pareil. Il a besoin de tout l'espace pour lui seul, les lieux qui le contiennent sont trop petits, mesquins ; trop confinés, trop sages. Pas étonnant si, dans ces endroits propriétaires, même si des crimes ou des orgies s'y préparent (si peu), il se passe tant d'inutilités domestiques, de fadaises, de bavardages, de minauderies. Bacon avait fini par s'installer de façon confortable, à Londres, mais il a vite renoncé : « J'étais castré dans ce lieu parce que je l'avais trop bien aménagé et que je n'avais pas mon chaos. » Les déménagements et les habitations successifs de Picasso (y compris ses changements de femmes) sont un poème ou un roman style Renaissance, avec châteaux, capes, épées, cruautés, scènes de ménage, corrida privée. Dans le cas de Bacon, on sent bien cette volonté de contester à l'avance tout espace où existera le tableau. Un hangar à avions ? Pourquoi pas. Et encore. On n'arrivera pas à l'attacher, à le localiser, à le décliner. Il n'est pas accroché *au* mur, c'est le mur, tout à coup, qui s'accroche désespérément à lui, s'efface, coulisse ou s'écroule ; le cube respirable qui s'inquiète de la présence de cette chambre à glace rouge vif. Le porteur de viande (vous, moi) se sent renvoyé là où, en principe, il ne saurait y avoir d'œuvre d'art, aux toilettes. Il ne s'agit pas seulement de l'introduction de la tragédie grecque dans le roman policier (selon le mot de Malraux sur Faulkner), mais de l'effraction produite par la tragédie grecque et le roman policier dans les greniers, les caves, les salles de bains ou les chiottes. Sans parler des chambres à coucher.

À coucher ? Étrange expression. En réalité, même réveillés, nous dormons toujours trop pour la peinture, c'est-

## Les passions de Francis Bacon

à-dire pour nos possibilités de perception et de sensation. Les Grecs, eux, vivaient profondément cette oscillation. La vue avait bien lieu dans les yeux pendant la veille, mais dans le sommeil, pensaient-ils, on voyait aussi par le cœur. « Dans le sommeil, l'âme mortelle est toute éclairée d'yeux à qui le don de voir est refusé quand vient le jour. »

La clé des songes ? Non, celle de la lumière globale, jour et nuit, si nous cessons de croire à un au-delà du mur, si nous savons ouvrir son *ici*, du bout de la jambe tendue.

Ainsi, dans le merveilleux tableau clair de 1978.

Mais que signifie « ouvrir l'ici » ?

Dans un premier temps, Bacon avait pensé associer à ce tableau le nom de T.S. Eliot (comme il l'a fait deux ou trois fois, en s'intéressant surtout à la collaboration d'Eliot et de Pound dans les corrections de *La Terre vaine*, poème où Eschyle, précisément, se trouve cité). Le passage d'Eliot est le suivant :

> Dayadhwam : *J'ai entendu la clé*
> *Tourner une fois, une seule fois, dans la serrure*
> *Nous pensons à la clé, chacun dans sa prison*
> *Pense à la clé, par là confirmant sa prison*
> *Pourtant quand vient le soir, les rumeurs de l'éther*
> *Raniment pour un temps un Coriolan défait*

Dans son commentaire, Eliot cite un vers du chant 33 de l'*Enfer* de Dante :

> *J'entends clouer la porte du bas de l'horrible tour.*

Mais, finalement, Bacon choisit de rayer cette référence dans *Peinture 1978*.

John Russell se demande pourtant ce que signifie « cette jambe étendue, michel-angélesque ». Influencé par le poème plus que par le tableau, il pense à notre siècle « où tant d'hommes ont vécu et continuent à vivre avec la peur d'entendre tourner la clé de l'extérieur ». Pourtant, il sent qu'il y a autre chose. Si Bacon, d'ailleurs, a supprimé la référence à Eliot, n'y a-t-il pas là une intention ?

Mais si, évidemment. Le tableau montre le contraire d'un enfermement, d'une prison, d'un Coriolan défait dans des rumeurs d'éther, ou encore d'une horrible tour. Nous ne sommes pas en Enfer, il s'agit plutôt d'une joyeuse évasion. La scène est vive, affirmative. Les bleus, les blancs, les rouges sonnent comme une partie de plaisir. Le corps qui tourne la clé en tendant la jambe est parfaitement à l'aise, avec sa tête décollée ramenée en avant par l'intention d'atteindre son but (ouvrir une porte avec ses orteils prend soudain l'apparence d'un acte parfaitement naturel).

L'homme de gauche, lui, qui a l'air de s'en aller dans le fond (en descendant un escalier) ou de regarder ailleurs — mais peut-être est-ce la même figure, à deux moments différents ? —, ne semble pas préoccupé par le moindre drame. Une flèche rouge insiste sur son autonomie, une autre flèche rouge pointe (élément important dans les toiles des années soixante-dix, les plus belles à mon sens) du papier imprimé froissé et jeté sur le sol, journal à la typographie incompréhensible, taches d'écritures dépourvues de sens dans toutes les langues, sorte de braille à l'usage de voyants aveugles qui, de toute façon, n'y comprendront rien. Voilà, nous sommes dedans, nous sommes dehors, c'est sans au-delà, en tout cas, il n'y a pas d'autre côté, on est ici à jamais, on joue librement au cube d'ici, à la sphère d'ici, avec un entrain jazzé. Le tableau est élégant, fort, on dirait un pastel. Il rayonne, il tourne sous la plante des pieds, on l'ouvre, jambe tendue, du bout du pied, on ouvre enfin l'œil du bout du pied alors qu'on devrait tomber.

Rien à voir, donc, avec Dante ni avec Eliot. Ce qui ne veut pas dire qu'ils ne sont pas utiles en vue d'un retournement possible. Le voici. Au fond, c'est tout simple : le monde n'en finit pas de marcher sur la tête (angoisse, terreur, mélancolie, crimes), il suffit de le remettre, de temps en temps, sur ses pieds. Nous voyons tout à l'envers. La Métaphysique, erreur d'optique, inverse tout. Inversons cette inversion, au lieu de nous y conformer, et, dans ce cas-là, l'inverti doué est celui qui voit juste. Mais attention : une telle prouesse solitaire est rare, elle n'est rapportée par aucune information livresque, par aucun journal. L'action n'a pas lieu dans l'actualité, vous ne la verrez jamais, sauf ici, présentée comme telle. D'ailleurs, pourquoi dire que la figure *ouvre* la porte (qui peut-être n'en est pas une) ? Elle pourrait aussi bien s'amuser à la refermer sur soi, version inattendue du *Verrou*, hommage au XVIIIe siècle.

Pas d'Enfer, donc. Le Paradis, si l'on veut, est ici, nu, et accentué deux fois plutôt qu'une. Il n'a pas encore été écrit, mais peut-être que quelqu'un, un jour, saura l'écrire ? Ça changerait tout. Le mieux, en attendant, est de le peindre comme on le ressent, simple et net. Après tout, Giotto a précédé Dante. C'est lui, alors, qui, comme dit le poète, avait « le cri ».

Il est difficile d'imaginer ce tableau présent quelque part. On ne le voit pas dans une église, mais pas non plus dans un appartement ou un musée (il les nie). J'ai envie de penser à lui porté par un bateau, loin, sur l'Océan, au large. En croisière : frugalité, éveil, sport, plaisance. Intelligence.

On ne cherche pas le lieu et la formule, on les trouve. On ne recherche pas le temps perdu : on dépense le temps retrouvé. Enfin, ce n'est pas trop tôt, le joueur, cette fois, a gagné. Bonne chance.

Dans *Les Euménides* d'Eschyle, Apollon, qui sait que Zeus lui-même a enchaîné Chronos, parle ainsi de son dieu de père : « Lorsque la poussière a bu le sang d'un homme, s'il est mort, il n'est plus pour lui de résurrection. Mon père contre ce mal n'a pas créé de charmes, lui qui bouleverse le monde sans s'essouffler. »

Et Athéna, sa sœur, un peu plus loin : « Moi, je m'assure en Zeus et — faut-il le dire ? — seule entre les dieux, je sais ouvrir la chambre où la foudre dort scellée. »

À vrai dire, pour l'éclair des tableaux de Bacon (qui va, d'instinct, droit au grec), on a envie de reprendre les indications scéniques données pour le Chœur antique : tantôt fiévreux, agité, décidé, soutenu, vigoureux, animé ; tantôt retenu, médité, franc, libre, accentué, bien marqué.

Apollon, on s'en souvient peut-être, « habite l'édifice splendide bâti autour de la bouche terrible ».

Le Chœur : « Le trône ensanglanté, au pied, oui, à la cime, oui, je le vois l'Ombilic, chargé de la souillure terrifiante d'un meurtre. »

Et Apollon, à la masse compacte des Érinyes : « Dehors ! si tu ne veux pas que t'atteigne le serpent à l'aile blanche qui, bondissant de l'arc d'or, te fera cracher douloureusement la noire écume que tu dois aux humains et rendre en lourds caillots tout le sang que tu as tiré d'eux. »

Bacon n'« illustre » pas Eschyle, bien sûr. Il peint le rythme oublié qui gronde à travers lui.

À travers lui, et d'autres. Ne dit-on pas d'Empédocle, par exemple, qu'il était d'une illustre maison et que son grand-père avait une écurie de chevaux de course ? Qu'il a été lui-même vainqueur de la course de chevaux à Olympie ? Aristote affirme que cet élève de Parménide a inventé la rhétorique. Oui, Empédocle, l'Etna, le manteau de pourpre et les sandales de bronze : l'homme qui voyait partout à l'œuvre la guerre entre l'Amitié et la Haine. Celui qui pensait que les formes sont *imagées* et *imprimées* dans le mélange produit par la Haine.

*De la terre poussaient de nombreuses têtes, mais sans cou,*
*Et erraient des bras nus et dépourvus d'épaules,*
*Et des yeux flottaient, non amarrés aux fronts.*

Le semblable, dit-il, est connu par le semblable. Les couleurs fondamentales sont le blanc, l'ocre, le rouge, le noir. Il est beaucoup question, avec lui, d'odeurs, d'effluves, d'accidents, de changements de direction, et la pensée, finalement, est la même chose que le sang qui baigne le cœur. De lui-même, il dit :

*Je suis un exilé du dieu, un errant,*
*Je suis voué à la Haine au furieux délire.*

Et aussi, on s'en souvient sans doute :

*Autrefois, je fus jeune homme et jeune fille,*
*Et arbuste, oiseau, muet poisson de la mer.*

Pour Empédocle, nous vivons dans « le deuil imposé par la haine ». Beauté et laideur, vitesse et lenteur, « certitude adorable et noire obscurité » alternent, et se partagent le monde. Pourtant :

> *Enfermé dans les liens de l'harmonie secrète,*
> *Sphairos est là, tout rond, joyeux, immobile.*

Ainsi de la peinture de Francis Bacon : fureur et pensée, tourbillon et sérénité, torsion et construction impeccable de cercles, cubes, cylindres, sphères. Violence du choc corporel vécu, distance de la contemplation. Jamais un côté sans l'autre. Haine le plus souvent humaine, trop humaine ; amitié de l'art.
« Ouvrir les valves de la sensation. »
« L'or du ruisseau. »

Les *Poésies* de Lautréamont, lequel devrait être plus connu sous le nom d'Isidore Ducasse, commencent ainsi, en 1870 :

« Les gémissements poétiques de ce siècle ne sont que des sophismes.
Les premiers principes doivent être hors de discussion.
J'accepte Euripide et Sophocle ; mais je n'accepte pas Eschyle. »

Ainsi, la première fois où il dit *je* en son propre nom, Lautréamont affirme qu'il « n'accepte pas » Eschyle, montrant par là que c'est bien à cette profondeur qu'il entend faire porter son opération de libération.
« En son nom personnel, malgré elle, il le faut, je viens renier, avec une volonté indomptable, et une ténacité de fer, le passé hideux de l'humanité pleurarde. » Soit. Travail en cours.

Amitié de l'art, donc, dans toutes les situations et leurs expériences limites. Aussi bien dans le sommeil aplati, ou le coma, de la *Figure endormie* (1974), personnage laminé sur une couchette de clinique dont il devrait en principe tomber comme une enveloppe qu'on glisse dans une boîte aux lettres, que dans la *Figure assise* de la même année, guettée (toujours en pseudo-miroir bleu, depuis l'extérieur-intérieur) par la nouvelle Érinye, sorte de petit éléphant, chauve-souris ou insecte arrivant d'une autre planète. Si un voyeur humain, à chapeau, regarde une femme nue présentée sur une planche posée sur un circuit tubé circulaire dans une chambre rose mangée par un entonnoir noir, l'Érinye, elle, fonce sur l'homme à la chaise. Chacun ses attaquants ou ses prédateurs, tout corps a son exploiteur, son parasite, son vampire, auxquels, bouclé en lui-même par sa propre chair, il est forcé de s'offrir. Regardez, chaque fois, la présence d'un commutateur électrique. On tourne, et ça a lieu. On tourne, et ça disparaît. On est en même temps en plein réel, en plein rêve. Être *ou* ne pas être, dit Bacon, n'est plus la bonne question. Maintenant il s'agit d'être *et* de ne pas être. Tantôt je suis, et tantôt je ne suis pas. Je suis pensé et je pense. Je me représente et je suis représenté. Le miroir ne reflète qu'une dissociation, le portrait est une sculpture en train de se pétrir, trous, protubérances, souffles. Le tableau n'est jamais qu'un élément dans une série (« Je vois par séries ») et les triptyques sont là pour en donner le chiffrage de base. Un et Trois, jamais Deux. Le Deux est une illusion illustrative (reflet usurpé). L'Un ne se suffit pas ; le Trois ne s'unifie pas. Une face et deux profils : on en fait le tour, on est bien ce quatrième terme qui s'est rendu capable d'en faire le tour. Avalanches d'identités, tri,

Ampoules, cordons, stores, commutateurs, chaises, tabourets, tubulures, lits, miroirs, hiéroglyphes illisibles, flèches, visages témoins déformés, copulations précipitées — autant de pièges tendus pour sortir des pièges. Les tableaux de Bacon sont des pièges antipièges. « Il s'agit vraiment pour moi d'être capable de dresser un piège au moyen duquel on pourra saisir le fait à son point le plus vivant. »

Il y a donc, sans cesse, un trafic de faits morts ? Mais oui, et c'est cela la « légende douloureuse » pesant sur l'« humanité pleurarde ».

Mystérieuse peinture à l'huile : diriger, en elle, le pinceau dans un sens ou dans l'autre change complètement les implications de l'image. On part avec l'idée d'un oiseau au-dessus d'un champ, et on se retrouve avec un gorille à parapluie sous un bœuf sanglant. C'est une « lutte continuelle entre accident et critique ». Les phénomènes surgissent, indiquent telle ou telle direction, on les suit dans leurs métamorphoses, on les détruit, ou on établit la loi qui les forme. Le penseur, à un moment donné, ne fait qu'un avec sa chaise ? Ils tiennent ensemble comme collés et suspendus au-dessus du parquet ? La cogitation est serrée, avouons-le, c'est un nœud. On a décidé d'y voir mieux, on s'empoigne, une fois de plus, soi-même, bras et cuisses. Tiens, la montre, au poignet gauche, indique quatre heures moins vingt. De jour ou de nuit ? Peu importe. « L'apparence, dit Bacon, est quelque chose qui n'arrête pas de flotter. » Raison de plus pour tenir le négatif, ne pas céder, garder le cap droit au pire. « Il est possible qu'à partir du désespoir on fasse l'image plus radicale, en prenant des risques plus grands. » Voilà, sans doute, ce qui permet d'éviter « les images ennuyeuses de l'art moderne ».

La peinture nous donne plus ou moins de liberté : on ne devrait la juger que dans cette optique. Or, la liberté que dégage l'œuvre de Bacon est pour moi intense, elle influence ma vie.

Ainsi de la peinture de Cézanne sur laquelle Bacon pense que le cubisme a voulu appliquer un motif décoratif. On oublie alors l'entrechoquement des volumes incompatibles, la puissance profonde des conflits. Pour « lever l'écran », il faut décoincer, coûte que coûte, la représentation du faux face-à-face. « Une forme non illustrative agit d'abord sur la sensibilité et ensuite vous ramène lentement, goutte à goutte, au fait. »

Les triptyques s'emploient, de toutes les façons possibles, à ce décoinçage. Les panneaux se contredisent, se multiplient l'un l'autre, s'annulent, finissent par dire l'unité d'une histoire qui ne peut pas être racontée, mais qui, pourtant, est là. Les corps y participent avec leurs pulsions, ce sont vraiment des corps qui « corporent », verbes plutôt que noms. Leurs orifices sont en jeu, leurs entrailles, leur chevauchement d'animalité : ce sont des centaures, leurs ombres mêmes sont des substances liquides. Le corps humain n'a à perdre que sa répétition butée, ses entraves, ses chaînes. Cette logique existe pour la peinture. Ce n'est pas la même que celle de la philosophie. Les peintres renferment le penseur.

Bacon, au fond, pourrait dire : lorsque je peins ma pensée, elle ne m'échappe pas. Cette action me fait souvenir de ma force que j'oublie à toute heure. Je ne tends qu'à connaître la contradiction de mon esprit avec le néant.

Cet homme qui rentre chez lui ou dans sa chambre d'hôtel, qui allume la lumière, baisse un store, titube sous l'emprise de l'alcool, pisse, s'affole, déclenche ou éteint la télévision, s'assoit, essaie de réfléchir, prend un bain, vomit, chie ou baise, c'est le peintre, c'est n'importe qui, en train d'exister un jour de plus pour mourir. Il a lieu pour rien, il est le lieutenant du rien. Nous voyons ses identités rapprochées multiples. George Dyer monte un escalier, il va arriver à sa propre évacuation ultime : « Mais le sang noir d'un être humain une fois répandu à terre, nul enchanteur ne le rappellera dans les veines d'où il est sorti. » Ou, encore une fois, Lautréamont : « Toute l'eau de la mer ne suffirait pas à laver une tache de sang intellectuelle. »

Nous sommes dans l'arène où on poursuit sa vie sur plusieurs plans. C'est un socle en mouvement, une roue, une rotative. Une corrida, si vous voulez, bien que l'image (Bacon ne l'a peinte qu'une fois) soit trop folklorique. Les écrans, là, sont tous trompeurs, les murs, les sols, les portes ou les lits aussi. Vous avez droit à l'hallucination permanente, au vertige constant latéral, et pourtant rien ne tourne, la pensée n'est pas moins claire que le cristal. Pas de solution ? Non, ou alors la disparition.

« Vous ne les voyez pas », dit Oreste des Érinyes, dans l'*Orestie* d'Eschyle, « mais moi je les vois, elles me pourchassent, je ne peux pas rester ».

Oreste est le héros d'une rupture avec la plus essentielle des causalités, la plus ancienne, la plus exigeante, celle que l'on pourrait même appeler la Cause en soi : la loi reproductive, la puissance du temps biologique, le culte maternel des générations. Il suffit qu'un individu s'avance tranquillement sur la scène et dise : « Oui, j'ai tué ma mère », pour que les soubassements et les coulisses, les fondations du théâtre et de la cité tremblent, et qu'un long hurlement se fasse entendre. Pour les Grecs, il s'agissait d'expliquer l'introduction d'un nouveau droit, soustrait à la terreur de cette dictature maternelle et nocturne. Oreste sait parfaitement ce qu'il accomplit. Apollon et Athéna le protègent au nom de Zeus, «dieu sauveur», «dieu de la parole». Clytemnestre, la mère menteuse et criminelle, aurait d'ailleurs eu des circonstances atténuantes, pour le meurtre de son mari, si elle avait agi franchement, «de loin», comme une Amazone. Mais non, elle a accueilli Agamemnon, le «chef de l'armée navale», avec des mots d'amour, avant de le tuer elle-même, à l'épée, dans le bain qu'elle lui avait préparé. Elle l'entrave dans un filet, elle le frappe à mort. Et, pour finir, le mutile.

Mais que vivons-nous aujourd'hui, sinon cette ruse de la Technique, qui se déploie à partir de l'expérience totalitaire et hyper-marchande, pour enchaîner l'espèce dans le filet matriciel des reproductions ? La génétique s'empare des corps, des substances, elle pousse la loi prétendue naturelle dans le fabricable, court-circuitant ainsi l'antique pouvoir de naissance et de mise au monde.

La manipulation du temps est là.

Clytemnestre, qui appelle les Érinyes à la venger de son fils, est définie ainsi : «Un être capable d'infecter sans morsure, au simple contact, par le seul effet de son orgueil naturel.»

Ses servantes, les chiennes d'enfer, les enfants de la «sombre nuit» (les «enfants infécondes de la féconde nuit»), n'ont qu'un seul mot à la bouche : «Attrape! Attrape! Attrape! Attrape!»

Rien n'est plus sacré que le sang d'une mère : le matricide est donc le coupable absolu. Surtout s'il nie sa dette, sa provenance embryologique. Oreste : «Eh quoi? Serais-je donc, moi, du sang de ma mère ?»

Il n'a qu'un seul complice humain possible, ce meurtrier des meurtriers ; une sœur, Électre. Comme par hasard, elle identifie son frère à partir de l'empreinte de ses pieds :

« Talons, contour des muscles du pied, quand on les compare, sont pareils à mes propres empreintes. »

Et voici le discours d'Apollon :

« Ce n'est pas la mère qui enfante celui qu'on nomme son enfant, elle n'est que la nourrice du germe en elle semé. Celui qui enfante, c'est l'homme qui la féconde : elle, comme une étrangère, sauvegarde la jeune pousse, quand du moins les dieux n'y portent pas atteinte. Et de cela je te donnerai pour preuve qu'on peut être père sans l'aide d'une mère. »

C'est l'incroyable preuve par Athéna, qui n'a pas été nourrie « dans la nuit du sein maternel ». Athéna (qui aura une attitude constante de protection à l'égard d'Ulysse, dans l'*Odyssée*) se prononce donc, sans équivoque, pour l'absolution d'Oreste : « Sans réserve, dit-elle, je suis pour le père. »

Les Érinyes vont être renvoyées sous terre. Il s'agit, à leurs yeux, d'un blasphème inouï, d'autant plus qu'il favorise de jeunes dieux au détriment des anciens. Cette transgression s'accompagne, pour le Chœur infernal, d'une intense souffrance : « Je sens en moi, comme sous le fouet d'un bourreau féroce, passer un cruel, trop cruel frisson. »

Clytemnestre, au moment d'être frappée mortellement par son fils, lui montre son sein qui, en principe, devrait pétrifier le geste agressif. Mais non, il la tue.

Eschyle est le très grand poète de ce drame toujours dénié et voilé. Œdipe, sans cesse, vient couvrir la voix plus profonde d'Oreste. Nous l'entendons, pourtant, cette voix révolutionnaire, et il suffit ici de deux noms : Sade, Mozart. La Reine de la Nuit n'est pas leur loi en ce monde. J'insiste, ici, parce que Bacon lui-même insiste. On peut écouter encore, d'une autre manière que les commentaires convenus, ces phrases de Rimbaud dans *Une saison en enfer* :

« L'ennui n'est plus mon amour. Les rages, les débauches, la folie, dont je sais tous les élans et les désastres, — tout mon fardeau est déposé. Apprécions sans vertige l'étendue de mon innocence. »

Ou bien :

« J'ai eu raison de mépriser ces bonshommes qui ne perdraient pas l'occasion d'une caresse, parasites de la santé de nos femmes, aujourd'hui qu'elles sont si peu d'accord avec nous.
J'ai eu raison dans tous mes dédains : puisque je m'évade ! »

Ou encore :

« Oui, l'heure nouvelle est au moins très sévère.
Car je puis dire que la victoire m'est acquise : les grincements de dents, les sifflements de feu, les soupirs empestés se modèrent. Tous les souvenirs immondes s'effacent. Mes derniers regrets détalent, — des jalousies pour les mendiants, les brigands, les amis de la mort, les arriérés de toutes sortes. — Damnés, si je me vengeais !
Il faut être absolument moderne. »

On est heureux d'apprendre que, lors d'un discours récent prononcé à l'occasion de la rénovation de la chapelle Sixtine, le pape actuel, Jean-Paul II, a parlé de Michel-Ange comme d'un peintre ayant su célébrer la « Théologie du corps humain ». Chaque chose arrive en son temps. Giotto, Raphaël, Vélasquez, entre autres, ont dû être satisfaits ou jaloux. On n'arrête pas le progrès. Dans quelques siècles, alors, un discours au Vatican pour Francis Bacon ? Il faudra qu'il y ait encore un pape. Enfin, pourquoi pas, rêvons.

Il est vrai qu'on devra ne pas trop exhiber certains tableaux (mais Jules II laissait bien Michel-Ange dessiner des obscénités en marge de son grand œuvre), et fermer les yeux sur des propos de ce genre : «L'homme sait maintenant qu'il n'est qu'un accident, qu'il est un être complètement vain, qu'il doit jouer le jeu sans autre but ni justification que ses propres choix.» Ou encore : «Je ne savais plus que faire sur cette terre, alors j'ai pensé : pourquoi ne pas essayer de me faire moi-même?» Mais, après tout, Michel-Ange parlait peut-être de la sorte en très petit comité? Qui sait?

Certes, on ne trouve pas trace de matricide dans la Bible, et pour cause. Dans le Coran non plus. Il y a bien, dans les *Évangiles*, ce propos du Christ à sa mère : «Femme, qu'y a-t-il de commun entre toi et moi?», mais chut, passons, pas d'inconvenances. Le temps dira si les gesticulations ou les explosions intégristes ont pu faire quelque chose contre la Technique. Bien sûr que non, *au contraire*. Qui vivra verra.

Il ne sera pas difficile, pourtant, de faire le panégyrique d'un Bacon humain, émouvant, dramatique, à partir, par exemple, de l'*Autoportrait à l'œil blessé* (1972), ou de *Trois études pour un autoportrait*, de 1983. Cet œil exagérément disparu, ellipse rouge, ou ces yeux fermés sur une méditation sans fond, ce côté suaire de Turin, pourront convaincre. On soulignera l'impression de grandeur farouche que dégagent ces figures. On citera encore ce propos de l'artiste : «J'aimerais, dans un portrait, faire de l'apparence un Sahara, le faire ressemblant, bien qu'il semble contenir les distances du Sahara.» On répétera, avec pertinence, que ce peintre direct a su, comme aucun autre, exprimer la condition humaine, si précaire, de la fin du XX$^e$ siècle, au lieu de se réfugier dans des commémorations kitsch. On le donnera en exemple contre la brutalité programmée du cinéma, l'iconoclasme absurde du monothéisme fanatique, les bassesses de la publicité, l'inconséquence, la niaiserie et l'hypocrisie des prédications morales.

On lui donnera une dernière fois la parole : « La peinture ne saisira le mystère de la réalité que si le peintre ne sait pas comment s'y prendre. Il est entraîné par sa passion et il ne sait peut-être même pas ce que ces marques vont produire. Et pourtant, d'une drôle de façon... »

Allons, le tour est joué. Saint Bacon, joueur et poète, peut être présent non loin du *Laocoon*, ou même à côté de l'*Innocent X* de Vélasquez. On n'expose pas là son pape en train de crier, non, restons calmes. Mais pourquoi pas *Œdipe et le Sphinx*, d'après Ingres, de 1983 ? Ingres s'en retourne encore dans sa tombe. Cet Œdipe en maillot de corps, footballeur râleur, le pied bandé et sanglant appuyé à une barre de tribunal, affrontant la Sphinge aux seins pointés, pendant que l'Érinye (attirée par le sang humain) se profile dans le fond de la pièce, voilà qui décoiffe le néoclassique néogrec du XIX$^e$ siècle s'obstinant à nous cacher la vérité de la Tragédie. Il n'a pas l'air du tout égaré ni désemparé, cet Œdipe (il a peut-être bavardé avec Oreste), bien qu'on lui ait, de toute évidence, cloué le pied droit. Faisons-lui réciter du Sophocle :

*Et pourtant, s'il est une chose que je sais, c'est que ni la*
*maladie,*
*Ni rien d'autre ne me détruiront. Jamais je n'aurais*
*Été sauvé au moment de mourir, si ce n'est pour un mal*
*effroyable !*
*Que mon destin aille où il veut aller !*

Pour faire bonne mesure, on ajoutera le *Triptyque inspiré par l'Orestie d'Eschyle*, de 1981. Avec le commentaire un peu solennel suivant :

« Hadès, sous la terre, exige des humains de terribles comptes, et son âme, qui voit tout, garde de tout une fidèle empreinte. »

Ou simplement :

« Accord de la Parque avec Zeus dont l'œil voit tout. »

« Je me considère, dit Bacon, comme une espèce de machine pulvérisatrice. »

Comment ça ?

« Je jette à la main. Je presse simplement la peinture dans ma main et je la jette. »

David Sylvester, qui enregistre cette confidence, n'en revient pas. Vraiment ? À la main ? Plaf, d'un coup, sur la toile ? Au hasard ? Mais oui.

Donc, n'importe qui pourrait entrer dans votre atelier et le faire à votre place ?

Oui, oui. Bacon persiste et signe. Aucune objection. Mais, évidemment, c'est ensuite que les problèmes commencent (on imagine son sourire en disant cela). Il faut se débrouiller avec ce qui s'est produit.

Si je comprends bien, dit Sylvester qui suit son idée, votre femme de ménage arrive, elle pourrait jeter la peinture sur la toile ?

Certainement, répond Bacon, pince-sans-rire. Sauf qu'elle ne le ferait pas.

Et pourquoi ? demande Sylvester.

Là, réponse géniale : « Parce qu'elle trouverait ça immoral. »

« Mon idéal serait de prendre juste une poignée de peinture et de la jeter sur la toile, avec l'espoir que le portrait serait là. »

Ce serait alors « le tableau unique qui annulerait tous les autres ».

Beau fantasme démiurgique. Il en a besoin, donc c'est bien.

« J'ai essayé assez souvent. »

Sacré Bacon.

« Ah oui, au dernier moment, j'ai ajouté un coup de fouet de peinture blanche. »

Mais vous vous servez de quoi ? Pinceaux, chiffons, éponges, brosses ? Un peu de tout ça. « Je suis sûr que Rembrandt s'est servi d'un nombre énorme de choses. »

(Toujours modeste.)

Attention : « Je ne cherche pas à employer des techniques d'avant-garde. »

(On s'en serait douté.)

L'immédiateté, le flash, le hasard, parapluie-photo en peinture : après, *on voit*. La peinture est un accident, l'homme est un accident. Encore une fois, si on sait où on va, c'est qu'on s'est laissé enfermer dans l'illustration. Le vrai chemin ne va nulle part. Simplement, de temps en temps, ça travaille en votre faveur. « Si vous pouviez expliquer votre peinture, vous pourriez expliquer vos instincts. »

Mais je peux vous expliquer vos instincts, Bacon !

Peut-être, mais vous ne pouvez pas faire ma peinture. Ce qui prouve que votre explication est encore une illustration.

Mais alors, tout ce qui « explique » est décoratif ? Il n'y aura jamais que manie du décor dans le monde humain ?

En somme.

John Russell, qui l'a bien connu, a noté cette particula-

rité lumineuse : « Bacon réagissait au passé passionnément ou pas du tout. »
Cela s'appelle être absolument moderne.

Il n'a pourtant pas fait la même chose jusqu'à la fin, Bacon ? Oui et non. Il y a, je crois, une rupture évolutive (et probablement biographique) vers la fin des années soixante-dix et pendant les années quatre-vingt. La mort tragique de George Dyer ? La présence plus calme de John Edwards ? « L'Espagnol » des derniers temps, selon Farson ? Sans doute. On ne peut pas ne pas trouver hautement symbolique cet arrêt du cœur, après une crise d'asthme, à Madrid, en 1992. Bacon a alors quatre-vingt-trois ans. Il a toujours été asthmatique, c'est-à-dire doté d'un système nerveux multiple et instantané. Trop de possibilités à la fois. Trop de vérités en cascade. Dix claviers, là où une imagination normale en a deux ou trois.

Quoi qu'il en soit, sa palette s'éclaircit, s'allège. On entre dans la grande simplicité violente des dernières œuvres. Paysages, et présentations synthétiques de l'épopée physique. Biographie, thanatographie.

Les paysages interviennent brusquement sans crier gare. On dirait que Bacon veut signifier qu'il a changé d'air. Les vieux amis sont morts ou s'éloignent, les nouveaux se manifestent de manière plus calme. Rien que de normal : c'est l'histoire des tableaux qui détermine le temps passionné, non l'inverse. L'existence est prouvée par la peinture. La peinture est comme la poésie. Le roman de l'existence, strictement pensé, doit avoir pour but la poésie pratique.

Il refait même, plus de vingt ans après, comme pour mieux marquer ses distances, certaines de ses compositions les plus « chargées ». La brutale figure assise avec parapluie et viande, la Crucifixion avec Érinyes. On ne s'étonnera pas que George Dyer vienne s'y profiler, comme dans la plupart des tableaux d'action érotique. La puissance corporelle de Dyer (façon de s'asseoir, exhibition musculaire de dos, tête-à-tête forcené avec un lavabo) a été, on le voit, un sujet d'appropriation constante.

Mais, maintenant, Bacon travaille dans un détachement accentué, confrontant au vide sa hantise de la monumentalité. Non seulement il reprend de plus haut, mais sa vision se décale, se surplombe elle-même. Après avoir anticipé sur les images de synthèse qui vont bientôt devenir courantes (identités éclatées, masques), il précise son intention de gravitation. Voyez *Paysage*, 1978 ; *Un coin de terre vaine*, 1982 ; *Dune de sable*, 1983. Où est-on ? Dans quel satellite autour de la terre ? Couleur pour la couleur, en tout cas : bleu, vert sombre, jaune, noir, flèches rouges très en évidence (elles concentrent la vitesse du tableau). La « terre » est un continent lointain qu'on peut encore observer : jungle, savane, broussailles, avec, dans un coin, pour indiquer, sans doute, ce qui reste de l'existence humaine, des feuilles de papier journal froissées aux caractères-pochoir indéchiffrables. C'est de l'hébreu, du chinois, ou quoi ? On dirait que l'Amérique fuit. Oui, c'est cela, il doit y avoir une fuite dans l'habitation cosmique.

Ces tableaux insolites, on sait qu'ils sont de Bacon (le cube est toujours là, en situation d'inclure la sphère, il s'agit encore et toujours de trouver la quadrature de la sphère), mais leur geste est tout autre, grande respiration dramatique et indifférente, étoffe voluptueuse d'un coin de la boule qui aura porté les vivants.

Pour que tout soit clair (rien de «mystérieux», jamais, chez Bacon), voyez ce qui arrive dans la salle des machines, là où étaient autrefois les toilettes et les salles de bains, là où on pouvait situer les vraies coulisses du palais grec (Agamemnon tué, comme Marat, dans sa baignoire). Ça coule vivement, ça explose, la tubulure a craqué : *Jet d'eau*, 1979 ; *Robinet ouvert*, 1982. Il s'en passe des choses, à bord ! C'est vous, et pas moi, qui parlez d'éjaculation, chacun ses exagérations, et il est évident que Bacon exagère, il a envie de signer la géométrie des Cubes Sphères et Cie de façon encore plus insolente que d'habitude. Noir, bleu pâle, blanc crémeux, jet. Ce noir profond, infranchissable, vous le retrouvez logiquement dans la belle et grave *Étude pour un portrait de John Edwards* de 1988, un des plus beaux tableaux, où John Edwards, futur héritier, s'inscrit en juge de la frontière du néant, gardien de la Loi visible et invisible.

Une fois de plus, la volonté a été subjuguée par l'instinct. Le deuil ne mène pas à la mélancolie mais à l'érection fondée. On retrouve ici la hauteur de Bacon, sa détermination sans phrases.

Et ce sont les splendides toiles rouges de la fin. Le noir ? Le rouge ? Le rouge *quand même*. Nous entrons dans une affirmation encore plus énigmatique et silencieuse, forte et légère. Le visage s'efface, la décision de sculpture s'accentue. Regardez cette étude, encore d'après un dessin d'Ingres, buste de femme dressé, Sphinge sans tête bien montrée de face. Un socle, une table de pierre de biais qui devrait tomber, un équilibre instable, donc, compensé par un grand rectangle épais, vertical, sorte de livre debout sur sa tranche. Présence et absence, défi, choc frontal. La

Sphinge s'exhibe, charmée, comme un serpent à sonnette. Œdipe, devenu Oreste, fait danser la Chose en soi.

Le tableau intitulé *Statue et figures dans une rue*, de 1983, est une composition musicale, un oratorio, un chef-d'œuvre d'orchestration. On est dans une ville, peut-être à New York, mais la capitale de la mécanique est devenue un grand musée uniquement consacré à Bacon. De petites silhouettes, brunes et floues, presque au ras du sol, marchent sur un large trottoir jaune, formant un angle qui s'arrête net à l'intérieur du cube transparent intégrateur. Cube plus restreint dans le cube, cabine d'exposition publique, une sculpture de chair vivante règne sur les ombres larvaires des passants. Petit cercle rouge pour marquer l'évidement de la tête du héros exposé, petite flèche rouge pour insister sur cette absence, deux flèches, l'une blanche, l'autre rouge, pour faire vibrer l'inclusion en cours, hauts panneaux de fond, ocre, noirs, pour accroître la tension de l'ensemble, et voilà. On est dehors et complètement dedans, on défile, sans l'apercevoir, devant une proposition très ancienne de chair triomphale, un rappel de Michel-Ange vainement proposé aux Lilliputiens du lieu. Cette chair, pourtant, torsadée, souple, épaisse, continue à penser, là, seule, en dépit des dimensions écrasantes de Metropolis. Elle est libre bien que prisonnière, méditant sur elle-même, sans cerveau.

Dans l'*Étude d'après le corps humain* de 1991 (une des dernières toiles, donc), c'est l'impossibilité de la figure qui est soulignée. Voici un Occidental réduit à l'exercice d'un yogi indien, ramassant son anatomie pour l'introduire dans un volume sans commune mesure avec sa taille. Jambe droite verticale et déboîtée, torse comprimé laissant passer, de façon particulièrement incongrue, le pied de l'autre jambe venant toucher le menton, ce personnage d'homme a quand même une tête pensante dans un bocal, à moins qu'il ne s'agisse d'un poste de télévision. Une flèche rouge lui traverse la fesse et la hanche, ce qui fait de ce saint Sébastien de tour urbaine un être pourtant parfaitement indifférent à ce qui lui arrive. Un homme, coulé dans un mur, n'y voit pas d'inconvénient. Il semble maîtriser son incarcération, sa douleur. Que se passe-t-il ? Rien. *Ça.*

Mais, maintenant, je pense surtout aux deux tableaux que je préfère. La *Figure en mouvement* de 1982, et *Du sang sur le sol*, 1986.

La *Figure en mouvement* est une des plus magnifiques représentations de la liberté que je connaisse. Je voudrais qu'elle soit reproduite sur tous les billets de banque de la monnaie unique mondiale. Il s'agit d'un passage en force, d'une résurrection, si on veut.

Le joueur fondamental (base-ball, jambières) est là en plein démarrage, en plein sprint. Pas de tête, mais, pour la première fois chez Bacon, un sexe bien apparent participe à la scène. Peu importe qu'une flèche rouge indique une pression contraire. La table de présentation, le cube, le cordon d'électricité, le rectangle de mur faux miroir ne peuvent qu'enregistrer cet envol. Rien ne va l'arrêter dans sa course, ce buste acéphale sans pieds. Victoire.

Si vous regardez bien le tableau, votre tête est dedans, et votre corps en ressort sans elle. Oui ou non ?

On arrive au sommet de l'expérience.
*Du sang sur le sol.*
Tableau inouï.
Fond rouge, ampoule et cordon, commutateur électrique.

Deux gestes de lumière possibles, donc. Et voici une rampe de lancement débouchant sur rien, ou bien une autoroute tronquée, ou encore un plongeoir, à moins qu'il ne s'agisse d'une table de dissection. Si nous acceptons l'hypothèse de la perspective, il en est bien ainsi. Mais il s'agit peut-être, au contraire, d'une stèle dressée, d'un autel sacrificiel sur le flanc duquel on observe cette tache de sang. Est-elle tombée, cette éclaboussure ? Est-elle la trace accusatrice d'un cadavre enlevé ? A-t-elle été projetée par un élève insoumis giclant un « pâté » à l'encre rouge ? Sommes-nous en hauteur ou en profondeur ? Tout cela, sans doute.

Bacon signe avec son sang. Il peint avec son sang, ce qui veut dire qu'il ne veut pas être vu, avec recul, comme un auteur de peintures, mais bien *regardé par cœur*. Il n'y a plus personne, ici, le drame est à son comble. Le flot incessant des images ne pourra pas laver cette tache de sang intellectuel.

Je comprends mieux pourquoi Bacon, pour ses expositions, livrait toujours ses tableaux au dernier moment, «*dead line*», peinture encore fraîche.

Il a dit une fois : « Aujourd'hui, il n'y a plus personne avec qui parler. »

C'est bien mon avis, mais quelle importance ?

Il a dit aussi (avis aux correspondants étrangers) : « J'adore Paris, je crois que c'est la ville la plus belle, la plus merveilleuse du monde. »

J'ai écrit ces lignes pour lui dire merci.

*Avril 1996.*

## Picasso, le héros

« *La peinture n'est pas une question de sensibilité. Il faut usurper le pouvoir. On doit prendre la place de la nature, et ne pas dépendre des informations qu'elle vous offre.* »

Eh bien, nous ne connaissons pas assez Picasso. De mieux en mieux, oui, mais de loin. Notre temps accéléré est, en réalité, trop lent pour sa rotation, nous ne l'avons pas rejoint dans sa course. Un portrait de lui ? Mais ce « lui » est déjà un autre, et encore un autre, et encore un autre. Le même pourtant. Tous ses tableaux sont des portraits, les plus abstraits comme les plus figuratifs, les plus abstraits étant souvent, de l'intérieur, les plus figuratifs.

Hommes, femmes, enfants ; arlequins, mousquetaires, musiciens, prostituées, baigneuses ; violons, bouteilles, verres, guitares, chapeaux et journaux ; jeunesse, vieillesse, et de nouveau jeunesse : pleurs, cris, fixité, soleil de nuit ou de jour ; enjouement voluptueux, cruel ou danseur ; comment faire le tour d'un tourbillon ? Pour chaque Picasso, ou presque, il y a un roman à vivre, une intrigue amoureuse à démêler, un choc ou une révélation historiques à déchiffrer. Le XXᵉ siècle est un théâtre aux enregistrements trompeurs. En vérité, sa substance se joue là. Le monde n'est ni une photographie ni un film, mais plutôt une peinture ou une sculpture animée, et Shakespeare, par exemple, lorsqu'il veut non plus parler mais seulement *montrer,* peut s'appeler tour à tour Rembrandt, Vélasquez, Goya, Cézanne ou Manet. Sans parler des surgissements néolithiques, cycladiques, ibériques, africains, océaniens, égyptiens ou autres. Et les Grecs, ah, les Grecs.

Le jeune Picasso, à Málaga, a seulement quatre ans, lorsque Nietzsche écrit (en 1885 donc) :

« Qu'est-ce qu'un grand homme — un homme qui a été grandiosement construit et imaginé par la nature ? *En premier lieu,* il a dans l'ensemble de ses actes une logique continue, difficile à apercevoir dans son entier, à cause de sa longueur, donc trompeuse, une capacité de tendre sa volonté par-dessus de longs espaces de sa vie et de mépriser et de rejeter tous les détails, y eût-il parmi eux les plus belles, les plus "divines" choses du monde. *En second lieu,* il est plus froid que les autres, *plus dur, plus hardi, il ne craint pas l'"opinion".* [...] En troisième lieu, il ne veut pas de cœurs "compatissants" [...]. Il se sait impénétrable ; il trouve de mauvais goût de faire des confidences, et généralement il n'en fait pas, même quand on s'imagine le contraire. Quand il parle à d'autres qu'à lui-même, il porte son masque. Il aime mieux mentir que dire la vérité ; il en coûte plus d'esprit et de volonté. Il porte en lui une solitude inaccessible à la louange et au blâme, une juridiction qui lui est propre et ne reconnaît aucune instance au-dessus d'elle. »

Maintenant la scène a lieu à Paris en 1905 et 1906. Un peintre inconnu fait le portrait d'un modèle inconnu. Elle a trente et un ans, lui vingt-quatre. Elle est américaine, lui espagnol. Le tableau, qui se trouve aujourd'hui au Metropolitan Museum de New York, est célèbre.

Gertrude Stein décrit ainsi Picasso en action : « Picasso, assis sur le rebord de sa chaise, le nez contre sa toile, tenant à la main une très petite palette couverte d'un gris-brun uniforme auquel il ne cessait d'ajouter du gris-brun, se mit au travail. »

Quatre-vingt-dix séances de pose. Pendant les séances, l'amie de Picasso à l'époque, Fernande Olivier, lit au modèle les *Contes* de La Fontaine. Essayons d'entendre cette bande-son en filigrane de la toile : anglais, espagnol, français. À un moment, Picasso dit à Gertrude Stein : « Je ne vous vois plus quand je vous regarde. » Et il efface d'un coup le visage. Il ne reverra pas son modèle avant d'avoir terminé, de retour d'un voyage plein d'enseignements préhistoriques en Espagne. Le passé « primitif » sort de terre comme pour pousser Picasso à mieux occuper la surface. Il faut aller chercher très loin en arrière, dans le temps, ce qui peut éclairer la chose qui est là, devant vous.

Coup de poker : la tête de Gertrude, à l'opposé de toute normalité ou élégance classique, est devenue un masque, un bloc d'intensité sans âge.

C'est une sculpture. Les yeux bizarrement asymétriques, en amande, donnent au visage une fixité d'os, on dirait une sortie d'Égypte. La position du corps est ramassée, tendue, propriétaire, et ce n'est pas pour rien que Picasso, dans le sillage de l'émotion qu'il a ressentie en voyant *Le Bain turc* d'Ingres, a donné à Gertrude Stein l'attitude d'un autre tableau de ce dernier : *Portrait de Monsieur Bertin*. Le fond circulaire du grand fauteuil évoque une arène debout, tout

*Picasso, le héros*

est gris-brun, en effet, ou marron tacheté de rouge, comme une robe de jument, une peau de caverne. Gertrude est entièrement enveloppée en elle-même, elle ne sera jamais une femme nue, c'est le moins que l'on puisse dire. Que lit-on dans son expression ? Méfiance, amertume, ténacité, impassibilité, courage. La volonté, la fatalité, l'attention extrême, et en même temps, le vide.

Le tableau est un hommage. C'est aussi, on l'a compris, un duel.

Gertrude Stein voulait révolutionner l'écriture, et Picasso la peinture. Elle est en train de découvrir sa vocation, pas seulement littéraire, mais aussi homosexuelle. C'est une date : Picasso la libère en se libérant. On a pu dire, avec raison, que l'attitude de Stein à l'égard de Picasso était celle d'une sœur aînée vis-à-vis d'un jeune frère plein de charme et d'audace. Alice Toklas pourra même écrire : « S'il fallait croire les rumeurs qui les prétendaient amants, alors l'inceste avait sa part de scandale. »

Quel est le scandale de Picasso ? Sa solitude. Tout le monde s'est efforcé, et s'efforce encore, de la nier, de la minimiser. Le spectacle fait son travail de dénégation, mais Picasso a su s'en servir. « C'est le succès, dans ma jeunesse, qui est devenu mon mur de protection », dit-il à Brassaï. Brassaï, alors, lui cite Nietzsche : « La meilleure cachette est une gloire précoce. » Et Picasso : « Tout à fait juste. C'est à l'abri de mon succès que j'ai pu faire ce que je voulais. »

Il veut parler, bien entendu, des époques d'autrefois, bleue ou rose, celles qui ont précédé le saut dans l'inconnu dont on ne dira jamais à quel point il était risqué. Mais il faut aussi entendre, n'en doutons pas, une déclaration de désinformation constante par rapport à la société. C'est une stratégie, elle mériterait une étude à part.

Quoi qu'il en soit, Gertrude Stein a senti l'essentiel : «Il renouvela sa vision qui était celle des choses comme il les voyait. On ne doit jamais oublier que la réalité du XX$^e$ siècle n'est pas celle du XIX$^e$. Pas du tout. Et Picasso était le seul à le sentir en peinture. Absolument le seul. De plus en plus, sa lutte pour l'exprimer s'intensifia. Matisse et tous les autres voyaient le XX$^e$ siècle avec leurs yeux, mais ils voyaient la réalité du XIX$^e$ siècle. Picasso était le seul qui voyait le XX$^e$ siècle avec ses yeux et voyait sa réalité, et en conséquence sa lutte était terrifiante, terrifiante pour lui-même et pour les autres, parce qu'il n'avait rien pour l'aider, le passé ne l'aidait pas, le présent non plus, et il devait faire cela tout seul.»

Gertrude Stein écrit ces phrases en 1934. Six ans plus tard, elle admire Pétain au point même de vouloir traduire ses discours. Le malentendu était donc total. Gertrude trouvait que Picasso avait un défaut très grave : sa sexualité. Une sexualité «*dirty*», pensait-elle. De son point de vue, elle n'avait pas tort. C'est d'ailleurs ce qui l'a empêché de prendre Joyce au sérieux.

On revient donc, pour la suite du récit, aux *Demoiselles d'Avignon*, tableau dont le titre est le plus menteur de l'histoire de la peinture. On sait qu'il faut dire simplement : *Le Bordel*. On le sait, mais on ne veut pas le savoir. «Ce que ces *Demoiselles* peuvent m'agacer», disait souvent Picasso. En pure perte, le *kitsch* 1900 impose alors sa légende, maniérisme, préciosité, hypocrisie sociale, répres-

*Picasso, le héros*

sion. Quelle différence avec aujourd'hui ? Peu de chose. Il faut donc parler de ce *portrait*, qui est aussi une insurrection politique :

« Elles sont là... Formidables, catégoriques, flambantes... Les femmes... Les vraies... Les enfin vraies... Les enfin prises à bras-le-corps dans la vérité d'une déclaration d'évidence et de guerre... Les destructrices grandioses de l'éternel féminin... Les terribles... Les merveilleusement inexpressives... Les gardiennes de l'énigme qui est bien entendu : RIEN... Les portes du néant nouveau... De la mort vivante, supervivante, indéfiniment vivante, c'est son masque, c'est sa nature, dans la toile sans figure cachée du tissu... Pas derrière, ni ailleurs ni au-delà... Simplement là, en apparence... Jouies, traversées, accrochées, écorchées, saluantes et saluées, posantes, saisies par un professionnel de la chose... Un des rares qui ait eu les moyens d'oser... Le seul au XX$^e$ siècle à ce point ? Il me semble... À pic sur le sujet... Exorcisme majeur. »

CETTE MAIN !
1907
*Les Demoiselles d'Avignon.*

« Quel tableau... Comme c'est risqué, frappé ; comme c'est beau... Comme il fallait en vouloir pour faire ça, avoir envie de tout défoncer, de passer une bonne fois à travers le miroir et le grand mensonge... À travers tous les « il était une fois »... Comme il fallait être seul, séparé de tout, et en même temps sûr de sa force, de l'explosion imminente du fatras, de la croûte antérieure, précieuse, accumulée... Surface idéalisée, falsifiée, frivole, couche épaisse de projections molles, de sperme cent fois moisi, de psychismes usés, de clichés... Toute la cocotterie et la pruderie du XIX$^e$, les ombrelles, les robes à volants, les intérieurs protégés...

Comme il fallait parier sur son expérience de jeunesse (il a vingt-six ans), sur la joie de la prostitution gratuite pour soi seul, pour celui-là seul, l'élu, le protégé de ces dames... Sur la nudité fouillée, sans appel... L'*Olympia*, veuve horizontale sur son divan; les *Demoiselles*, célibataires verticales... Du cercueil blanc-rose à la mort debout... L'*Olympia* : la négresse nous rappelle que nous sommes nés dans cette graisse maigre de caissière avec ses pieds dans les mules, son chat noir en train de faire le gros dos, son fil crêpe-ruban autour du cou... La servante du marché vient fleurir cette tombe tombeuse, insolente, cette compteuse des petites olympiades de l'intimité... Les *Demoiselles*, encore mieux : grandes bringues montées en épingles, en hélices, en agrafes, en contre-nourrices, ouvrant leur déformation extatiquement idiote à tout vent, au masque africain du vent... Quelle bombe, quelle grenade. Quelle pastèque dans la mare, quel tam-tam... Picasso comme Manet, comme Goya, comme tous les grands peintres, est une pute... La pute des putes... C'est une déclaration autobiographique... Voyez les yeux... Voyez son autoportrait de la même époque... Mme Bovary, c'est moi... Les demoiselles de la rue d'Avinyo, du bordel situé dans cette petite rue de Barcelone, c'est moi... Bien sûr... Les femmes n'ont jamais existé davantage que dans ce regard noir qui se met avec leur complicité à leur place, en elles, à la place de rien, les déloge de l'endroit où elles sont visibles et vendables pour les retourner avec leur accord tacite dans l'envers hérissé du geste qui les fait vraiment déborder... Trahison radicale, inavouable... Tous les clients de tous les âges, de toutes les conditions, de toutes les confessions, viennent mourir là, s'humilier là, se coincer là; tous, y compris ceux qui n'y toucheront jamais, les simples garçons de course de la grande iode... La voilà repeinte... Réinterprétée... Démultipliée... En cinq, comme les cinq doigts de cette main volante au-dessus d'elles... Préhistoire. Égypte. Señoras... Emballage, carcan, lune rouge, menstrue rouge, sortie du sac... Croissant renversé d'Hécate... Furies, harpies, Érinyes à plat, 243,9 × 233,7 cm, salon-caverne, chambre à grotte ouverte en plein ciel faux, pris dans l'ocre... Elles n'ont ni passé ni futur... De tout temps... Lunes du temps...[1] »

Le Bordel, ou la main du temps.

Quand je vivais à New York, dans les années soixante-dix, j'allais tous les jours voir les *Demoiselles* au musée d'Art moderne. *Guernica* était encore là. Comme par hasard, les deux tableaux européens les plus importants de la première moitié du XX$^e$ siècle se trouvaient ensemble en attente, en exil. Il fallait comprendre pourquoi. C'était, et ce n'était pas seulement une question formelle. Picasso venait de mourir, comme Cézanne au moment des *Demoiselles*. J'ignorais tout des formidables toiles montrées à l'époque au Palais des Papes d'Avignon. New York et les papes ? Par un peintre andalou vivant en France ? Républicain, communiste, Minotaure, sorcier, satyre, torero, ouvrier torse nu, châtelain en short ?

Je regardais *L'Atelier*, je me disais : comment, avec un cadre, des lignes, des couleurs, peut-on faire apparaître le temps réel de l'Histoire ? Uniquement en traitant l'espace jusqu'à l'os ? *Qui* fallait-il être pour tenter ça, ces cinq femmes-doigts plaquées contre la paroi ?

« 1907... Deux Guerres mondiales... La troisième en cours... En soubresauts... Elles sont là... On n'a pas compris ce qu'a été réellement le cubisme... Celui de Picasso,

---

1. *Femmes*, Gallimard, 1983.

s'entend... Il n'y en a pas d'autre... Une façon énergique, droite, superposée, de révéler et de chasser les incubes et les succubes de la peinture, *c'est-à-dire* de la réalité... Une manière de faire jouer le vertébral oublié... Alangui... Confus... Désexualisé... Allant droit à la broyeuse inévitable... Si tout le monde avait été cubiste, il n'y aurait pas eu de guerres... Les dés... Il n'y aurait plus de crime si les *Demoiselles* étaient vues, absolument vues pour ce qu'elles sont... Le moteur hurlant et joyeux, indifférent, de l'illusion... On ira chercher dans le sang, les charniers, ce qui est une simple question de montage... De collage... De décollage... Elles ne sont pas *là*... Personne n'est *là*... Ce n'est pas la peine d'essayer d'attendre l'absence dans sa toute-puissante présence. Il n'y a que le bordel — et l'absence. Érection et disparition...

« Picasso et les femmes, me voilà d'ailleurs dans mon sujet... Gertrude Stein, Fernande, Eva, Olga, Marie-Thérèse, Dora, Françoise, Jacqueline... Et les autres... On n'a pas dit grand-chose de l'intérieur sur tout ça... Anarchisme, cubisme, surréalisme, communisme... Tous ces "ismes" ont finalement l'air d'avoir été fabriqués pour cacher la naissance de nouveaux noms... On ne sait où les mettre, ces noms... Au musée ? Dans les coffres ? Dans la vraie banque invariable ? Peinture ? Si vous voulez. Mais vous savez bien qu'il ne s'agit pas seulement de peinture. [...]

« Tous ces corps, tous ces visages de femmes, surgis en relief dans le mouvement... Le mouvement de quoi ? D'une pénétration, bien sûr. Vrille à regarder jusqu'à l'extrême limite. Qui ne ferme pas les yeux en chemin. Si vous gardez les yeux ouverts dans l'amour, dans la mort, alors apparaissent les déformations fondamentales... Un œil... Trois yeux... Treize doigts... Le front et le menton sans rapport... Le viol de l'image... La langue dardée comme un couteau...

Le tourbillon sur place de la figure en souffrance ; cris, larmes, agonie, décomposition tenue... C'est dans cette torsion que l'explorateur qui n'a pas froid aux yeux doit agir... Comme s'il séparait, en devenant pinceau, les eaux du dessous et celles du dessus... Firmament... *Firmar,* en espagnol, c'est signer... Personne ne paraphe comme Picasso... Signé !... Le crime... C'est un monstre... Vous devez le détester, vous toutes et vous tous qui voulez préserver l'image maternelle idéale... Il ne déforme pas, d'ailleurs, il tord de fond en comble... Pas de petite perversité locale... Pas non plus de refuge dans la couleur... Ni dans la simplification abstraite... Non, non, il a très bien compris tout cela, et en même temps, la fascination que l'exhibition de l'acte exerçait... La Peinture n'est d'ailleurs que cette rengaine [...].

« Telle situation érotique, déterminée, unique : telle femme à tel moment précis, différente d'elle-même, d'ailleurs, dans telle ou telle attitude, elle aussi unique, par rapport au pinceau-laser... Deux femmes différentes dans la même position allongée, au cours du même après-midi, le temps de sauter de l'appartement de l'une à celui de l'autre... Sens de l'organisation de Picasso : maisons et ménages parallèles ; déménagements ; aventures transversales ; accélérations des points de vue ; variations techniques ; tenir à la fois le dessin, la peinture, la sculpture, tous les phénomènes en train d'arriver, de se former, de s'évanouir en fumée... Le feu de cette fumée : cette bizarre découverte dite en "cube", au-delà de la sphère, en tout cas, de l'enfer grossissant à la sphère, et qui est en réalité un travail vertical en train de se décaler... Phallus plaqué, contre-plaqué, déphasé... Le tuyau-guitare... Le violon-bréchet... On appelle Picasso la force que le destin a choisie pour redresser, d'un coup sec et fin, la mélasse du méli-mélo visionnable[1]. »

Il y a cinq « demoiselles », et il est cinq heures de l'après-midi, l'heure des taureaux et de l'évaluation, sous peine de mort, des poids et des volumes en mouvement. C'est l'heure des séductions, des aveuglements, de la virtuosité à l'épée ou du foudroiement noir. Hemingway l'a bien vu : une corrida est une grande sculpture mobile de disparition. *Las cinco de la tarde*? La messe, le matin ; la course, l'après-midi ; le bordel, le soir.

C'est le dimanche de la vie, vu depuis un autre calendrier. Picasso invente une nouvelle division du temps, un retour du temps jusque-là dissimulé dans sa trame. À New York, en allant voir et revoir les *Demoiselles*, j'étais en train d'écrire *Paradis* qui m'apprenait davantage à voir les tableaux que le livre de Malraux, *La Tête d'obsidienne* (1974). Il me semblait que Malraux cherchait surtout à noyer le poisson. Pas une seule précision sexuelle. Le « musée imaginaire », oui, peut-être, mais pourquoi *musée* ? Il y avait aussi cette façon insidieuse de ramener sur le même plan Braque, Chagall, Balthus... Question politique, question française. Malraux et Picasso, ce n'est pas la même guerre d'Espagne ni la même guerre tout court. Le « sacré » de Malraux est une fantasmagorie dissolvante, psychique, spiritualiste. Cette tête d'obsidienne a une couleur noire, obsidionale, elle évoque l'angoisse et la fièvre frappant la population d'une ville assiégée. Malraux assiégé par Picasso ? Il essaie de l'intégrer à la magie primitive, il le renvoie aux Scythes pour mieux éviter les corps vivants d'aujourd'hui, le tout après la mort du peintre et en pré-

---

1. *Ibid.*

sence de sa veuve. On dirait des passes d'envoûtement. Panthéon et chamanisme. Quelques fulgurances, n'exagérons rien, mais perdues dans le discours à prononcer dans l'emphase, style pompeux inauguré cléricalement par Valéry : « Nous autres civilisations, nous savons désormais que nous sommes mortelles... » Une obsolescence larvée, donc, comme si la machine à fabriquer de l'au-delà ne fonctionnait plus.

En effet.

Malraux est là pour faire l'inventaire. Cela a aussi son bon côté. Soustraire Picasso à l'imagerie et aux stéréotypes de l'« art moderne », le rapprocher d'un art anonyme des Cyclades, deux mille ans avant notre ère, a sa justesse évidente. On a envie d'oublier, d'un autre côté, la sinistre aventure de l'art réaliste socialiste et, notamment, la piteuse aventure du portrait de Staline. Avec le temps, un rire homérique envahit la scène où cet épisode a eu lieu. Aragon n'aimait pas vraiment Picasso, la chose est facile à comprendre. Mais Breton non plus, tout compte fait, qui lui reprochait de rester trop attaché au monde extérieur. Bref, personne n'est jamais content. On reste rêveur, par exemple, devant cette lettre de Paulhan à André Suarès, du 21 octobre 1943 : « Si les derniers Picasso déçoivent, Braque ni Rouault n'ont jamais été aussi grands. » Les corps humains ont leurs identifications, leurs inhibitions, leurs interdits ignorés d'eux-mêmes, leurs miroirs truqués, leurs résistances. Or, Picasso agit physiquement. Breton et Aragon prennent pour un couple d'amants l'étreinte de deux femmes offertes en 1905 par Picasso à Apollinaire... Malraux reste coi devant le débordement érotique des dernières toiles, Paulhan préfère Braque. Sartre n'a rien à dire. Camus non plus. Que faire ? Ce que Picasso a fait une fois : convoquer les amis et leur faire interpréter une pièce de théâtre bouffonne. Pour mettre les points sur les *i* on l'appellera même *Le Désir attrapé par la queue*. Il y aura une photo de famille. Presque tout le monde est là. C'est pour rire. Picasso, ce jour-là, est Ubu. Leiris interprète le rôle de Gros-Pied qui dit à son amante, la Tarte : « Voilà la chance qui m'arrive ce matin, à l'heure des biscottes et des figues mi-figue, mi-raisin si fraîches. Encore un jour de passé et c'est la gloire noire. » Voilà, bavardez, on verra la peinture une autre fois.

Picasso dit à Malraux : « Les peintres se réincarnent en peintres. C'est une race, comme les chats. » Il n'y aurait donc qu'un peintre ou un sculpteur à travers les âges ? Soit. Mais cela ne nous dispense pas, *au contraire*, de savoir pourquoi le sculpteur des Cyclades a trouvé cette solution-là pour ce siècle, le nôtre. Une « demoiselle » n'est pas une idole. Elle est chargée d'autre chose. De quoi ? D'inconnu, dit Malraux, en nommant bizarrement « tarots » les toiles dites de la « période finale », celles qui ont fait scandale, justement au Palais des Papes, celles dont Douglas Cooper écrit en 1973 : « J'ai les titres, je crois, pour pouvoir me compter parmi les admirateurs sérieux de l'œuvre de Picasso et de pouvoir la juger. Aussi ai-je longtemps regardé les tableaux. Or ceux-ci sont des gribouillages incohérents exécutés par un vieillard frénétique dans l'antichambre de la mort. » Oh, oh, quelle passion ! Mais pourquoi *tarots* ? À cause de leur aspect parfois trompeur de cartes à jouer pouvant évoquer la divination ? Ou bien parce qu'il faut à tout prix trouver une limite et un symbolisme ordonné et cyclique aux figures ? Ne faut-il pas éviter ainsi qu'elles débordent et soient dépensées pour rien, de façon non cumulative ? On se souvient que Picasso, enfermé à la fin de sa vie dans son atelier, descendait parfois pour dire à Jacqueline : « Il en arrive encore ! Il en arrive encore ! »

Cet *encore* nous renseigne mieux sur ce qui est en train d'arriver alors à Picasso que l'économie hiératique des tarots. Malraux sent bien la difficulté puisqu'il note que chaque « tarot » « répond à une impulsion comme les prises de drogue répondent à un appel de morphinomane ». Plutôt que *comme*, il aurait fallu dire : *au contraire*. Le spasme orgastique n'est pas la transe. Le « vieillard frénétique » est en réalité en pleine jeunesse dionysiaque de déferlement.

Le puritanisme à travers les âges, tel est le sujet, et Picasso l'a toujours su, lui qui, un jour, s'est contenté de dire : « L'art n'est jamais chaste. » Ces « graffiti corrosifs », comme dit Malraux, sont plus près des suggestions de vases grecs que de l'art des steppes. Pourquoi voir là « un peuple ne voulant rien dire parce qu'il est fait de cris » ? Pourquoi Cooper est-il obligé d'imaginer qu'il s'agit là de l'« antichambre de la mort » ? Nous sommes simplement devant une multitude de portraits jouissant de surplomber l'étreinte amoureuse, son feu, son mélange distinct, sa crudité animale et végétale, sa verdeur. Le peintre vit dans un bordel positif, le monde est un bordel négatif. C'est l'un ou l'autre. Ou les deux. En passant, d'ailleurs, Picasso célèbre Degas et son obstination de visiteur de maison close. Picasso ne cède pas sur son désir : « Chaque jour, je fais pire. » On n'arrive pas à le brider, à l'intimider, à le canaliser. Il va mourir, c'est entendu, mais presque par distraction, sans y prendre garde. C'est ici le contraire de l'Évangile de Staline, repris religieusement un peu partout : « À la fin, c'est toujours la mort qui gagne », phrase à peu près aussi stupide que : « Le pape ? Combien de divisions ? » Picasso, lui, jette : « À la fin, c'est encore Éros qui gagne. » Enfin, la mort a ses partisans convaincus, on ne les convaincra pas.

Quand Malraux s'interroge sur Picasso, dans les années

soixante-dix, on sent qu'il est tard, très tard, et que Mai 1968 est passé par là. Des cérémonies officielles pour l'enterrement de Braque à l'après-1968 subversif, il y a un monde, exactement comme il y en a un entre *avant* et *après Les Demoiselles d'Avignon* ; entre *avant* et *après Guernica*. Tous les trente ans, Picasso fait une révolution, c'est son rythme. Malraux s'en inquiète et il a raison. Or, la grande liberté sexuelle n'est pas son genre, pas plus, d'ailleurs, et pour les mêmes raisons, que l'humour. Tout juste remarque-t-il qu'il y a là des couples dont on se demande à quoi ils s'occupent. Cependant, et c'est déjà beaucoup, il perçoit «l'omniprésence ironique du ∞, signe grec de l'infini».

Picasso, en effet, est infinitiste. Mathématiquement. Charnellement. Picturalement. Ses figures sont coiffées d'infini. C'est leur pli.

Rien ne s'est passé comme prévu. Picasso était révolutionnaire en 1907, il l'était encore en 1937, il l'est mille fois plus en 1970 et 1972. Bordel, Hurlement, Bacchanale : toute la pulsion de mort crépusculaire du $XX^e$ siècle est ainsi mise en échec. Propagande, massification, camps, exterminations, terreurs, tortures, mensonges, refoulements se retrouvent soudain démasqués. Sur le moment, personne n'y comprend rien. Les dirigeants républicains espagnols trouvaient que *Guernica* était une «œuvre antisociale, ridicule, et tout à fait inadéquate à la saine mentalité du prolétariat». Il n'est pas un petit-bourgeois qui ne ressente encore les *Demoiselles* comme une offense personnelle. Quant à la période finale, elle ne peut que révulser une époque qui conjugue régression sentimentale et publicité sexologique anémiée.

Si on ajoute l'effroi qu'inspire Picasso à tout croyant qui, soudain, ne se retrouve pas portraituré à l'image de Dieu, on obtient une crise globale qui n'est autre que celle de la représentation métaphysique. Elle est en cours, elle s'aggrave, elle n'aura pas de fin.

Bien entendu, Malraux a noté avec avidité ce que Picasso lui a raconté de sa rencontre avec les sculptures et fétiches nègres. À la différence de Matisse, ou de Braque qui les ont *vus*, lui les a aussi *entendus*. Il ne s'agissait pas seulement d'une singularité formelle, mais d'une action magique, vivante, efficace, d'une intercession protectrice entre présence personnelle et forces menaçantes. « Moi aussi, dit Picasso, je pense que tout c'est inconnu, c'est ennemi... Les fétiches étaient des armes pour aider les gens à ne plus être des sujets des esprits, à être indépendants... Si nous donnons une forme aux esprits, nous devenons indépendants. » Je souligne cette volonté d'indépendance. Il s'agit d'exorcismes. Matisse et Braque, eux, se sentaient chez eux, ils n'éprouvaient pas l'agression incessante dont nous sommes l'objet, l'hostilité fantastique qui se développe naturellement autour d'un désir d'autonomie individuelle. Braque, par exemple, « n'aimait pas la bagarre » (ce qu'indique bien le titre choisi par Paulhan : *Braque le patron*). Et pourtant, la bagarre est là, à la fois dedans et dehors, incessante. Le calme n'existe que dans le conflit, la contemplation même est un résultat de la violence. Mieux vaut se souvenir ici de ce que Nietzsche entend par « la grande synthèse du créateur, de l'amoureux et du destructeur » lorsqu'il parle du « grand homme comme rival de la grande nature ». Voici, à mon sens, qui convient à Picasso : « Concevoir l'homme supérieur à l'image de la nature : immense profusion, immense raison dans le détail ; prodigalité dans l'ensemble et *indifférence* à cette prodigalité. »

Cocteau a raconté sa première visite à Picasso, en 1915, à l'atelier de la rue Schoelcher. Il est étonné de voir, dans l'escalier, un moulage de la frise du Parthénon. «Je n'aimais guère mieux, écrit-il, les statues nègres, mais bien l'emploi de leur bizarrerie par le moins bizarre des civilisés. » Les «statues nègres » et le Parthénon : nous y sommes.

«Ce contraste du dionysisme et de l'apollinisme à l'intérieur de l'âme grecque, écrit encore Nietzsche, est une des grandes énigmes qui m'ont séduit dans la nature hellénique. Au fond, je ne me suis efforcé que de deviner pourquoi l'apollinisme grec a dû surgir d'un sous-sol dionysiaque ; pourquoi le Grec dionysiaque a dû nécessairement devenir apollinien, c'est-à-dire briser son goût du démesuré, du complexe, de l'incertain, de l'horrible, contre une volonté qui lui imposait la mesure, la simplicité, la soumission à la règle et au concept. Ce qu'il produisait de son fond, c'étaient les tendances extrêmes, désordonnées, asiatiques ; la bravoure du Grec s'affirme dans sa lutte contre son asiatisme propre ; la beauté ne lui a pas été donnée, pas plus que la logique, pas plus que le naturel des mœurs ; tout est conquis, voulu, enlevé de haute lutte ; c'est sa *"victoire"*. »

Ces lignes sont datées de 1888. Impossible de ne pas penser ici à Cézanne qui, à ce moment-là, peint sur le motif la montagne Sainte-Victoire. Picasso, un jour qu'on lui signale l'existence d'un petit-fils de Cézanne, interrompt la conversation : «Le petit-fils de Cézanne, c'est moi. »

Le *calendrier*, le vrai, tel est le but. On n'a pas pris assez au sérieux l'obsession et la précision des dates dans l'œuvre de Picasso. Sabartès, son secrétaire, haussait les épaules, à quoi bon cette manie ? « En quoi cela peut-il intéresser quelqu'un si Picasso a exécuté tel ou tel dessin à dix heures ou à onze heures du soir ? » Pour Sabartès, les choses sont simples : les femmes passent, le temps coule, les tableaux restent. Et pourtant, Picasso insiste. Il dit par exemple à Brassaï : « La manière dont un artiste dispose les objets autour de lui est aussi révélatrice que ses œuvres... Pourquoi croyez-vous que je date tout ce que je fais ? C'est qu'il ne suffit pas de connaître les œuvres d'un artiste. Il faut aussi savoir quand il les faisait, pourquoi, comment, dans quelle circonstance. Sans doute existera-t-il un jour une science qui cherchera à pénétrer plus avant l'homme à travers l'homme créateur... Je pense souvent à cette science, et je tiens à laisser à la postérité une documentation aussi complète que possible. Voilà pourquoi je date tout ce que je fais. »

L'art est une vaste histoire de chaque instant. La prétendue histoire de l'art est faite, le plus souvent, pour oblitérer cette science possible des moments. Elle parle du spectateur, pas du créateur, elle travaille à la mise en spectacle de l'acte, à sa consommation passive. Elle évacue l'histoire hors de l'art, elle fait de celui-ci une activité prévisible rejoignant sans fin le ciel des idées, c'est-à-dire sa mise à prix.

Picasso a une conscience aiguë et dramatique de l'irréversibilité du temps. Or « la classe des possesseurs de l'économie, qui ne peut pas rompre avec *l'histoire économique*, doit aussi refouler comme une menace immédiate tout autre emploi irréversible du temps » (Debord). Il en résulte que « le spectacle a la fonction *de faire oublier l'histoire dans la culture* » (*id.*). Le spectacle procédera donc par rituels de commémoration, sur fond de programmation amnésique. Mais voici qui, selon moi, s'applique à la politique singulière de Picasso sous ses masques. « Sous les *modes* apparentes qui s'annulent et se recomposent à la surface futile du temps pseudo-cyclique contemplé, le *grand style* de l'époque est toujours dans ce qui est orienté par la nécessité évidente et secrète de la Révolution » (*La Société du spectacle*, thèse 162).

Picasso *est* ce grand style.

On peut aussi le dire autrement, car la question du temps ne se laisse pas seulement penser dans sa détermination économique et sociale. L'Être *est* Temps. Le dieu *est* Temps. « Est-ce que nous *tenons debout* dans l'histoire, dit Heidegger, ou est-ce que nous titubons ? Du point de vue de la métaphysique, *nous titubons.* » Pour comprendre Picasso, il nous faut tenter de rejoindre l'« inépuisable, au-delà de tout effort ». De ce point de vue, l'interprétation des *dates* ne se limite pas, comme on pourrait le penser, à une question chronologique, et on peut le vérifier en rapprochant tout à coup une figure de 1972 d'une autre de 1937, ou même de 1915.

La chronologie n'est qu'un des éléments de ce qu'on devrait appeler la *chronosphère*. Picasso ne date pas, jour après jour, pour faire suivre en direct l'évolution de sa création, dans *Les Ménines* ou les *Déjeuners sur l'herbe*. Il le fait pour éclairer ses fugues et ses variations, certes, mais aussi pour montrer son identité dans ses différences. C'est le même Picasso qui peut être « cubiste » et « classique », *Yo Picasso* : Je, pas moi. Je est un autre, une série d'autres, mais c'est toujours le même je dans le jeu. L'histoire vient ainsi, biographique et chronologique, s'inscrire dans une expansion d'une autre nature, dans laquelle les témoins s'appellent Manet, Rembrandt, Vélasquez. *Pas forcément dans l'ordre* : il s'agit d'un autre ordre.

Picasso « tient debout ».

L'exorcisme est présent dans cette formule de Nietzsche : « Il faut émietter l'univers, perdre le respect du Tout ; reprendre comme proche et comme nôtre ce que nous avons donné à l'inconnu et au tout. »

Et encore : « L'unité (monisme), signe d'inertie ; la pluralité des interprétations signe de vigueur. *Ne pas contester* au monde son caractère inquiétant et énigmatique. »

D'une photo plus *vraie* que les autres, que Brassaï a prise rue La Boétie (frontispice), Picasso dit : « C'est bien, c'est une prise de sang. » La photographie (ou l'enregistrement filmé, l'image plus ou moins contrôlée et *dépensée*) est nécessaire pour *défendre* la peinture et surtout la sculpture (la sculpture, qui « est le meilleur commentaire qu'un peintre puisse faire de sa peinture »). Picasso admirait Stieglitz, il se souvenait des travaux de Steichen « sauvant », à un moment difficile, le *Balzac* de Rodin. Brassaï a raconté son expédition de nuit à Boisgeloup au milieu des têtes sculptées de Picasso, apparitions fantomatiques et massives. « Les gens, dit Picasso, n'aiment pas la peinture. Ce qu'ils voudraient, c'est savoir ce qui sera bien dans cent ans. Ils croient que si on saute par-dessus, on a gagné. Ils devraient être tous marchands de tableaux. »

Et encore : « Les gens commencent *toujours* par ne pas comprendre. Après, c'est seulement comme s'ils comprenaient. »

Le problème est plus *verbal* qu'on ne pense. Picasso dit un jour à quelqu'un : « Tu vois, ce tableau, je l'ai peint avec des gros mots. » Il tenait beaucoup à ses propres écrits « automatiques », furieux et non ponctués, dont Gertrude Stein, à tort, ne voyait pas l'intérêt. Ce n'est pas ce qu'on peut appeler de la « bonne littérature », mais c'est un document passionnant.

Au commencement de l'aventure, Apollinaire est là. Il

transmet quelque chose d'essentiel dans une très basse époque (la nôtre n'est pas plus haute) : Sade, Rimbaud (mais aussi Pascal). On doit se souvenir que Picasso lisait *Une saison en enfer* en peignant les *Demoiselles*, et qu'un de ses premiers conseils de lecture à Françoise Gilot est l'œuvre de Sade. Picasso est un rendez-vous de poésie. Et si la poésie, après Rimbaud, ne tient pas le coup, s'affadit, devient sentimentale, prêchi-prêcha, religieuse ou niaisement politique, il ne l'admet pas. De temps en temps, donc, Picasso *écrit* pour manifester (surtout à lui-même) qu'il ne faudrait quand même pas prendre sa peinture pour une vessie éclairée de lanternes. Il faut entendre ces textes crus en espagnol (de même qu'il vaut mieux, pour voir ses tableaux, avoir l'oreille ouverte au *Sacre du printemps* et au flamenco). « *Cuando tengas ganas de joder, jode* » : « Quand tu auras envie de baiser, baise. » La formule a été écrite par lui, très tôt, à Barcelone. Au fait, les poètes baisent-ils ? C'est probable, mais on ne s'en douterait pas le plus souvent quand on les lit.

Picasso écrit des choses de ce genre : « Le portrait se dessine en hautes langues de feu sur la paille tressée du jeu de cartes » (mars 1940).

Ou bien : « Corollaire c'est ton rire coquille mer giroflée ardoise le vent nègre silence vitre amande » (avril 1936).

Ou encore : « La frange du tapis boit toute l'eau de la cruche imbibée de musique. »

Ou encore : « La nécessité faite cible et ordre de départ et juge détaché de toute chose et nue descend silencieusement rose à rose les marches grimpantes. »

Il y en a comme ça des pages, comme il y a des pages et des pages de dessins, croquis et esquisses dans ses carnets. La parenté avec les *Illuminations* est évidente. Sabartès, dans ses souvenirs, la décrit ainsi : « Picasso était dans l'état d'esprit voulu pour entendre le message de Rimbaud : Nous arracherons la peinture à ses vieilles habitudes de copie pour lui donner la souveraineté. Le monde matériel ne sera plus qu'un moyen pour évoquer les expressions esthétiques. On ne reproduira plus les objets, on disposera des sentiments grâce à des lignes, des couleurs et des schémas pris au monde extérieur simplifiés et domptés, une véritable magie. »

Le plus drôle est que cette graphomanie a poussé quelqu'un comme Eluard à interroger un graphologue au sujet de Picasso. Nous sommes en 1942. Le graphologue conclut qu'on a là affaire à un exalté « d'un autre temps, d'un autre monde : chevaleresque, enfantin, fou ». La sensualité du patient est, paraît-il, « instantanée » (le contraire, en somme, de la sensualité d'un graphologue). Enfin « il aime intensément et tue ce qu'il aime ». Eluard est très impressionné : on est en plein vaudeville. Qu'est-ce qu'on ne ferait pas pour ne pas voir la peinture ou ne pas lire certains livres : la psychologie sert à tout.

Il faut dire que Picasso choque beaucoup ses amis et ses connaissances par les embardées de sa vie privée. Les femmes vont et viennent dans son existence, et il exige à ce sujet le secret (il arrive ainsi à dissimuler sa liaison avec Marie-Thérèse Walter à ses proches les plus intimes). Pas de « transparence » dans les questions physiques, c'est clair. On est loin de Sartre qui écrivait encore en 1976 dans *Situation X* : « La transparence doit se substituer de tout temps au secret, et j'imagine assez bien le jour où deux hommes n'auront plus de secret l'un pour l'autre parce qu'ils n'en auront plus pour personne, parce que la vie subjective, aussi bien que la vie objective, sera totalement offerte, donnée... »

Voilà qui serait, en effet, une belle solution finale pour l'art. On aura beaucoup tenté de le supprimer au xx<sup>e</sup> siècle : d'abord les camps, ensuite l'argent.

Or, la peinture est un art du secret. D'autant plus qu'elle semble s'offrir en pleine évidence.

« *Je cherche*, dit Picasso, *à saisir le mouvement de la chair et du sang à travers le temps.* »

Qui cela gêne-t-il ? Tout le monde.

J'aime imaginer Picasso, en 1907, lisant le début d'*Alchimie du verbe* : « Depuis longtemps, je me vantais de posséder tous les paysages possibles, et trouvais dérisoires les célébrités de la peinture et de la poésie moderne. [...] Ce fut d'abord une étude. J'écrivais des silences, des nuits, je notais l'inexprimable. Je fixais des vertiges... »

Soixante ans plus tard, Picasso saura toujours « saluer la beauté » sans avoir renoncé au vertige. Il dit : « Je peins, comme d'autres écrivent leur autobiographie... Le mouvement de ma pensée m'intéresse plus que ma pensée elle-même. » Et aussi : « La réalité doit être transpercée, dans tous les sens du mot. » Et encore : « L'acte plastique n'est que secondaire... Ce qui compte, c'est le drame de l'acte lui-même, le moment où l'univers s'échappe pour rencontrer sa propre destruction. »

« Dora a toujours été pour moi une femme qui pleure. Un jour, j'ai pu la faire. C'est tout. Les femmes sont des machines à souffrir. »

Il fallait oser cette déclaration très sadienne d'accent, et qui renvoie non seulement au célèbre portrait cruel de Dora Maar (ainsi qu'à ses extraordinaires *préparations*), mais aussi à *Guernica*. La souffrance, pour Picasso, est une machinerie, une machination, elle a tendance à passer par les femmes, c'est une malédiction sans cesse à exorciser. La légende douloureuse de la société humaine se faufile biologiquement, à travers l'élément féminin. Le peintre est donc confronté à ce cri de décomposition et d'horreur, à cette haine de soi pathétique, toutes dents dehors, langue-harpon des harpies. La peinture vient s'écraser comme un maquillage outrancier sur ce bloc de rage, de peur, d'angoisse. C'est vissé et glacé, vert, jaune et blanc, auto-supplice, maxillaires broyeurs, larmes d'acier. La grande pleureuse antique, médiévale, moderne est de tous les temps. Je pense ici à ce si étrange propos, émouvant, de Gilles Deleuze, dans l'un de ses entretiens à la télévision : «Finalement, j'aurais voulu être pleureuse... C'est trop grand pour moi ! Trop grand pour moi ! » La femme qui pleure, toutes vannes dehors, se disloque et se durcit devant le trop grand pour elle. Il s'agit d'une torture menée sur soi-même, d'un crash de l'espace à vif. On a l'impression que Picasso (surtout en 1937) veut prévenir le fait que les forces de barbarie maléfiques *profitent* de cet écrabouillage pétrifié. *Guernica*, en fresque, est l'irruption de cet enfer animal. Et c'est Dora Maar, précisément, qui en accompagne la réalisation et qui a l'idée de photographier ses étapes.

La folie est peinte comme chez elle. Accord violent, grinçant, répétitif, mortel.

«Un jour, j'ai pu la faire. C'est tout.» Autrement dit : j'ai pu enfin l'intégrer, la faire tenir en elle-même, l'endiguer, la fixer, mesurer sa force de désintégration, de terreur. *Guernica* est la preuve qu'on peut gagner une guerre perdue avec un tableau. *La Femme qui pleure* aussi. «Tout peut crier, dit Picasso, même une casserole.» Le corps humain est un lieu de lutte, un champ de bataille. Je crois qu'il faut rapprocher *La Femme qui pleure* ou *La Femme au miroir* (cette mangeuse de tête) du dernier autoportrait dramatique de Picasso : il regarde son sujet (ou sa mort, si l'on veut) en face. La mort peut se regarder en face : mais il faut un soleil, en soi, pour y parvenir.

En 1932, Picasso dit : « Au fond, tout ne tient qu'à soi. C'est un soleil dans le ventre aux mille rayons. Le reste n'est rien. C'est uniquement pour cela, par exemple, que Matisse est Matisse. C'est qu'il porte ce soleil dans le ventre. C'est aussi pour cela qu'il y a, de temps en temps, quelque chose. »

Ce qui n'empêche pas ce coup de patte : « Matisse fait un dessin, puis il le recopie... Il le recopie cinq fois, dix fois, toujours en épurant son trait... Il est persuadé que le dernier, le plus dépouillé, est le meilleur, le plus pur, le plus définitif ; or, le plus souvent, c'était le premier... En matière de dessin, rien n'est meilleur que le premier jet. »

Picasso et Matisse ont été amis pendant les deux grandes guerres du siècle. En 1940, lors du désastre français, Picasso, qui refuse à ce moment-là de partir pour l'Amérique (ce qu'au fond cette dernière aura du mal à lui pardonner), dit à Matisse : « Nos généraux, c'est l'École des beaux-arts. » Matisse, de son côté, écrit à son fils à New York : « Si tout le monde avait fait son métier comme Picasso et moi faisons le nôtre, ça ne serait pas arrivé. » Voilà une façon comme une autre d'avertir que la guerre a lieu à chaque instant partout, dans la vie publique ou privée, et aussi en peinture. On pense à la réflexion laconique de Joyce, à la même date, lorsqu'il apprend l'ouverture du nouveau massacre : « Ils feraient mieux de lire *Finnegans Wake*. » Message non reçu.

La peinture subit une épreuve de fond : c'est comme si elle devait franchir un *mur du voir*. On se tue en deçà du mur, on vient s'écraser sur lui. Dire des papiers collés qu'ils ont été des « machines à voir » est juste, mais il faudrait plutôt parler de machines permettant de voir plus loin que le voir, de l'entendre en s'enfonçant dans un acte. Il y a une nature musicale de l'espace conçu comme un clavier de forces, un jeu de cordes sensibles, un volume de résonances fuguées. Les tableaux cubistes de Picasso devraient tous s'appeler : *fugues*.

Ils sont en train de faire le mur. Là est le paradis, là la jouissance, comme le montre *Violon* (*Jolie Eva*) du printemps 1912. Mais oui, c'est un autoportrait, et en même temps un portrait d'Eva. De « machine à souffrir », une femme devient, à cet instant, une muse amusante, une musique pour qui sait la dessiner vivement. Marcelle Humbert, de son vrai nom Eva Gouel, est cette femme du bonheur de Picasso (c'est sans doute pourquoi on n'a pratiquement aucune représentation figurative d'elle, sauf une photo lointaine, en kimono). Eva c'est *Ma jolie*, titre d'une chanson populaire de l'époque. En juin 1912, Picasso écrit à Kahnweiler : « Marcelle est très gentille et je l'aime beaucoup et je l'écrirai sur mes tableaux. » Il vient de partir avec elle.

Fernande n'a rien compris. Elle n'aime pas le virage « primitiviste » de son amant, elle ne parle jamais des *Demoiselles*, elle est préoccupée par son désir de maternité ou d'adoption, elle croit être « madame Picasso », elle veut s'installer avec son peintre et avoir en somme une *bonne image* (ce qui la conduit à se laisser tirer le portrait par Van Dongen, erreur impardonnable aux yeux de son partenaire). Fernande est sympathique, elle aime les chapeaux et les parfums, mais elle trouve que son peintre n'est pas assez sérieux. Au cirque, par exemple, « il s'amuse comme un enfant, oubliant que ce qui l'amuse n'est pas d'une qualité très profonde ». Une autre fois, elle lui dit : « Tu crois que tu as de l'esprit, mais tu n'es qu'une bête. » Encore mieux : « Toi, ta seule qualité, c'est que tu es un enfant précoce. » Ton supérieur angoissé, commisération simulée, paternalisme, maternalisme, on connaît ces symptômes.

Les souvenirs de Fernande Olivier sont pourtant précieux. Nous apprenons, grâce à elle, que 1905 est aussi une période d'opium : « Ce fut pendant quelques mois, deux ou trois fois par semaine, l'oubli admirable du temps et de soi-même [...]. On buvait du thé froid avec du citron. On parlait, on était heureux, dans la lumière savamment atténuée de la grosse lampe à pétrole. » En 1907, voici une séance de haschisch : « Apollinaire criait éperdument sa joie d'être au bordel où il se croyait. Max Jacob, dans un coin, était béatement heureux, plus habitué que les autres à ces sortes de sensations. Quant à Picasso, pris d'un accès nerveux, il criait qu'il avait découvert la photographie, qu'il pouvait se tuer, qu'il n'avait plus rien à apprendre. »

Cette dernière phrase à propos de la photographie n'a l'air de rien. Elle est pourtant capitale. Pour le moment notons que lorsqu'il est question d'homme à la pipe ou de tabac, les substances dont il s'agit ne sont pas forcément celles qu'on croit.

Les crises féminines ? Il y aura celles d'Olga, de Dora, de Françoise : ballets russes, guerre d'Espagne, guerre mondiale, portrait de Staline, congrès de Wrocław. Dans ce dernier épisode, en plein jdanovisme réaliste et socialiste, Picasso étouffe : aussi, le soir du banquet donné en l'honneur des participants, il déclare qu'il fait trop chaud. Il se met torse nu. La police politique s'en souvient encore. Les scènes de jalousie qui lui sont infligées chaque jour par la mauvaise humeur délirante et les pleurs de ses compagnes hystériques vont finir par faire de lui un professionnel de la joie. La santé et l'endurance de cette aventure nous étonnent. Pour survivre dans sa traversée du siècle, et mieux que survivre, *gagner*, Picasso aura dû surmonter, y compris dans la gloire, ce que Heidegger appelle la «suspicion haineuse envers tout ce qui est créateur et libre», autrement dit une permanente «malveillance de dévastation».

De sorte que sa peinture, dans ses variations et sa cohérence monumentale, pourrait aussi s'intituler : *Quand même!* Contre le bruit, la fureur, l'idiotie, la débilitisation, la sénilité, la propagande, le ressentiment, la mélancolie, la dépression, le désespoir, l'absurde, l'exécration, l'abjection, le refus, la défense, l'interdiction, la privation, l'ennui, l'angoisse et, finalement, contre le massacre ouvert ou insidieux des innocents ; contre le trafic de la pesanteur frigide, de la plainte intéressée, du gémissement organisé, de la culpabilité imposée : *quand même!*
Contre la folie, surtout.

La négativité, en effet, se traite réellement à travers les images et non pas par leur annulation. Il ne s'agit pas d'abolir le spectacle, mais de le tordre en beauté insoupçonnée pour lui faire cracher ses secrets. Ils sont honteux, misérables et terribles, ces secrets, mais ce sont aussi des trésors volés. Picasso est dans la représentation comme un oiseau dans l'air. Pas de position iconoclaste : ce serait une erreur sur le négatif, une surestimation de ses pouvoirs. La destruction s'exerce en pleine matière, elle opère une refonte des puissances de construction antérieures en reprenant ce qu'elles n'ont pas pu pousser jusqu'au bout (*Les Ménines, Le Déjeuner sur l'herbe*). Picasso, l'irréligieux, poursuit la percée de la Contre-Réforme par d'autres moyens. On ne sort pas d'une décadence par une rétention pincée, hypocrite ou décorative, mais par une ascèse de débordement. Évidemment, pour cela, il faut montrer que le monde a changé de base, et que ce qui jusque-là était considéré comme rien peut devenir tout.

Le «cubisme» de Picasso n'a donc jamais été «abstrait» : il est l'axe coloré et mélodique d'une autre physique, une provocation phallique constante. Il faudrait repartir de là pour écrire ce dont Nietzsche rêvait : une physiologie de l'art, une physiologie tout court. Sauf à abandonner le corps humain à la science, au sport, à la fabrication spectaculaire, c'est-à-dire à la grimace mortelle et puritaine généralisée, ce qui est d'ailleurs notre lot.

Mme Arianna Stassinopoulos Huffington, la milliardaire américaine bien connue pour son soutien à la politique réactionnaire du Parti républicain, a déjà manifesté, on le sait, sa détestation de Picasso, qu'elle considère comme un monstre sadique. Picasso, a-t-elle encore déclaré récemment, est une sorte de délinquant particulièrement dangereux dont l'œuvre est susceptible d'engendrer la violence. Il a passé sa vie à persécuter son entourage, il fait encore pleurer les femmes du monde entier. Comme cette robuste Américaine est liée, en Amérique, avec Françoise Gilot, on peut conclure que cette dernière n'a toujours pas tiré profit de sa lecture du marquis de Sade, malgré les recommandations du père de ses enfants. Sa peinture non plus, d'ailleurs, si j'en juge par le souvenir confus que je garde d'une visite guidée à son atelier de New York. Je revois vaguement des draps pendants et rougeâtres, le sujet était, je crois, astrologique... Quoi qu'il en soit, sachons-le : le puritanisme est une croisade permanente, le spiritualisme aussi. Picasso en sera toujours la cible.

*La femme qui pleure* pourrait être, en effet, une carte des tarots. On se souvient que Dora Maar, comme Olga, s'est montrée plutôt dérangée au point de susciter l'intervention de Lacan qui apparaît à cette occasion dans le paysage. Lacan, par la suite, tentera de parler des *Ménines* de Vélasquez, comme Foucault, mais, étrangement, ni l'un ni l'autre n'ont tenu compte de la magnifique leçon de peinture *dans ses vrais dessous* que Picasso a tirée de ce tableau révolutionnaire. De manière générale, on peut dire que les philosophes n'aiment pas Picasso. Cela se comprend. Cela se corrige. Le Puritanisme est furieux, l'Occulte se rebiffe, la Métaphysique s'inquiète, la Mystique s'enfuit. Les bons sentiments et la faribole d'amour se décomposent, pendant que la Poésie fait la tête. Nous voilà bien. Picasso était-il vraiment surréaliste ? Non. Réaliste ? Pas davantage. Mais alors ? D'où vient-il ? À quelle *épreuve* se soumet-il ?

Il suffit d'ouvrir *Qu'est-ce que la métaphysique ?*
« Le néant n'attire pas à soi, au contraire, il est essentiellement *répulsion*. Mais en repoussant, sa répulsion est, comme telle, l'*expulsion* qui déclenche le glissement, celle qui renvoie à l'existant qui, dans son ensemble, *s'engloutit*. »
C'est à cette répulsion, à cette expulsion, que Picasso répond. D'où la force de son acte, sa détermination, son audace. Il n'est pas nihiliste dans la mesure où, justement, il prend au sérieux le néant. Et cela se voit : regardez ses autoportraits, celui de 1907, par exemple, sorti du noir, revenant au noir dans l'affirmation. « Le Néant, dit encore Heidegger, est l'origine de la négation et non l'inverse. » Formulation aussi rarement comprise que : « Sans la manifestation originelle du néant, il n'y aurait ni être personnel ni liberté. »

La liberté de Picasso est dans cette expérience même, celle qui n'oppose pas la persistance de l'angoisse et la joie : « L'angoisse de l'audacieux ne souffre pas qu'on l'*oppose* à la joie, ni même à la jouissance facile d'une activité paisible. *En deçà* de telles antinomies, elle entretient une secrète *alliance* avec la sérénité et la douceur du désir créant et agissant. »

Dans l'audace, il s'agit de « sauver l'ultime grandeur de la réalité humaine ». Son irréductible être-là.

Et tout Picasso est là, en effet, avec ses attaques, ses replis, ses contre-attaques, ses ruptures, sa cruauté, sa violence, mais aussi son humour, sa tendresse, sa sérénité, sa douceur. On peut suivre à la trace, selon les dates, ses mouvements tournants, ses changements de cap, ses écarts, son insistance, sa cohérence. Le point fixe est, bien entendu, toujours, le duel sexuel : floraisons, destructions, retours de flamme, combustions.

Grâce à Heidegger, un passage de la *Physique* d'Aristote nous apparaît ici de façon nouvelle : « L'installation qui se compose dans le visage est cependant interpellée doublement : car la "dépossession" aussi est quelque chose comme un visage. »

Possession, dépossession, événement appropriant : modulations de l'être.

Picasso le dit à sa façon : « Il s'agit de mettre un peu d'absolu dans la mare aux grenouilles. » Les grenouilles sont rarement d'accord avec ce type d'intervention, cela se conçoit.

Modulations, modelages. Picasso dit une autre fois à Brassaï : « J'ai une véritable passion pour les os. |...| Avez-vous remarqué que les os sont toujours modelés et non taillés, qu'on a toujours l'impression qu'ils sortent d'un moule après avoir été modelés dans la glaise ? Quel que soit l'os que vous regardez, vous y retrouvez toujours la trace des doigts... Doigts parfois énormes, parfois lilliputiens, comme ceux qui ont dû modeler les minuscules et délicats osselets de cette chauve-souris... L'empreinte des doigts de ce dieu qui s'est amusé à les façonner, je les vois toujours sur n'importe quel os... Et avez-vous remarqué comment, avec leurs formes convexes et concaves, les os s'emboîtent les uns dans les autres ? Avec quel art sont "ajustées" les vertèbres ? »

Brassaï répond à Picasso : « Pour mieux comprendre votre œuvre, les gens devraient fréquenter non pas les musées, mais le Muséum national d'histoire naturelle. » Mais non : *les deux*.

Le 24 janvier 1932, dans *Le Rêve*, Marie-Thérèse, la tête renversée en arrière selon deux profils différents, dort dans un fauteuil rouge, épanouie, mélodieuse, s'embrassant elle-même dans ses courbes vert pâle et rose. Elle est, quoique en train de rêver, complètement livrée au dehors. Mais le 27 janvier, dans le même fauteuil, la voici radiographiée : il ne reste d'elle que des os monumentaux moulés dans la glaise, trois boules, comme des planètes, la situant sur un fond intersidéral. Est-ce le même sujet ? Oui. Et ainsi de suite, pour Olga, ou Dora ou d'autres. Toutes d'ailleurs n'ont pas droit aux os. Elles peuvent devenir pinces ou grues, ou encore pelotes de ficelle. C'est selon l'humeur.

En poussant à bout une crucifixion, Picasso était arrivé à la présentation d'une symphonie rapide et désarticulée d'un squelette mi-humain, mi-animal, ou plutôt intensément minéral. La peinture n'est pas une image, et encore moins une image pieuse. C'est de la sculpture qui tient toute seule en l'air, visible de partout *et surtout de l'intérieur.*

L'Espace devient ainsi vivant, vibrant, agissant, modulé, modulable, modelable. Il a ses trous noirs, ses zones de dispersion et de réversion, ses arêtes, ses plaques sensibles, ses faces, ses interfaces, ses profils contradictoires, une densité plus forte que prévue, une vitesse propre. Surgissement, éloignement, silence. L'Espace n'est pas accroché au principe de représentation, il n'est pas ancré en lui, *il ne tient à rien.* On peut en disposer, le ressentir et l'aimer comme jamais, c'est cela la bonne nouvelle. Dans le monde humain, les femmes signalent ses variations, ses blocages ou ses échappées, ses déformations ou ses lignes de fuite. Forces d'opposition, obstacles, barrages, ou, au contraire, accélération, repos, complicité, soutien. Telle est l'Odyssée de Picasso : on peut disposer les femmes de sa vie, comme des couleurs, selon ces deux registres, l'un négatif, l'autre positif. Il se faufile, il se débrouille, il note, il navigue.

L'Espace est du temps déployé ou hyper-condensé, une dimension particulière et trompeuse du Temps. Tantôt graffiti, et tantôt poussière. Instants, éclairs, masses de durée ; monuments ou cendres. Beaucoup de grimaces, tout passe. On est dans les grottes d'Altamira, mais on est aussi chez Vélasquez et Manet, et *déjà* en plein troisième millénaire.

Picasso dit : « On confronte tout ce qui existe à tout ce qui pourrait exister. » Et aussi : « On ne délimite pas la nature, on ne la copie pas davantage, on laisse les objets imaginés revêtir des apparences réelles. »

Breton, en 1961, déplorait « l'indéfectible attachement de Picasso au monde extérieur ("à l'objet") et la cécité que cette disposition entretient sur le plan onirique et imaginatif ».

Entendre parler de la « cécité » de Picasso est comique. On pourrait, de la même façon, regretter la paralysie de Giacometti, la surdité de Stravinsky ou de Webern, l'aphasie de Joyce ou de Céline. Le subjectivisme (et ses variantes : psychologisme, puritanisme, moralisme) renvoie toujours à une forme universelle d'aveuglement : la cécité ontologique. Il y aurait lieu d'écrire aujourd'hui une *Lettre sur les aveugles en matière de métaphysique*. En exergue : « Je ne cherche pas, je trouve. »

Céline : « Vous me prenez pour une femme ? avec des opinions ?... Je n'ai pas d'opinions — l'eau n'a pas d'opinion. »

L'art n'a pas d'opinions, alors que la société veut absolument qu'il en ait. Il peut faire semblant. Pas longtemps.

Malraux, souvent spécialiste des questions absurdes, demande à Braque s'il continuerait à peindre s'il était sûr qu'on brûlerait ses tableaux. Braque lui répond que oui. Il poursuit donc une idée en dehors des formes, et Malraux l'approuve. Je suppose qu'à la même question Picasso aurait répondu qu'il prendrait d'abord les armes pour empêcher qu'on brûle ses tableaux, et qu'ensuite il se remettrait à peindre.

Breton, en 1946, refuse de serrer la main de Picasso à cause de son adhésion au parti stalinien de l'époque. Picasso essaie de lui expliquer qu'il place l'amitié au-dessus des opinions politiques. Peine perdue, Breton a ses principes. Encore un bon exemple de malentendu.

Imaginons aujourd'hui un débat télévisé autour de Picasso. Un des portraits les plus agressifs de Dora Maar, *Femme se peignant* (1940), est sur le plateau.

Mme Arianna Stassinopoulos Huffington, qui sort de chez le coiffeur, se déchaîne contre Picasso « délinquant ». Elle est soutenue par le délégué du Front national. La représentante féministe, un peu gênée, se réfugie dans Simone de Beauvoir, mais est obligée de constater le machisme et la misogynie fondamentale du peintre. Le représentant de la droite modérée préfère parler de Chagall ou de Balthus. Le socialiste présent, qui dit avoir un faible pour Matisse, reconnaît l'humanisme de Picasso pendant la guerre d'Espagne, mais critique l'érotomanie de sa période finale. Un militant trotskyste attaque Picasso à cause de ses compromissions staliniennes. Le représentant homosexuel ironise sur l'hétérosexualité bornée et maniaque de ce peintre d'ailleurs dépassé. Un correspondant de Moscou, flanqué d'un pope, condamne fermement Picasso pour son soutien à l'ancienne dictature soviétique. Enfin, les représentants des différentes religions monothéistes font part de leur rejet radical. Ils sont suivis par l'union des sectes, les délégués du Dalaï-Lama, trois galeristes abstraits, et un membre des associations pour une peinture populaire. Supposons que je sois là. Que faire ? S'éclipser.

Avec le tableau, bien sûr.

Moralité (si c'en est une) : heureusement que les toiles de Picasso valent très cher.

Moralité supplémentaire : on n'encouragera jamais assez, quel que puisse être, parfois, leur ennui, les analyses formelles et historiques universitaires.

Collectionneurs, conservateurs, spécialistes, merci de protéger Picasso, ce héros révolutionnaire. Qui voit là un paradoxe est encore naïf.

Mais revenons dans l'atelier d'un certain Pablo Picasso, rue Schoelcher, au début du XX$^e$ siècle. C'est le moment de sa passion pour Eva (« j'aime Eva »), laquelle va bientôt mourir, à trente ans. C'est aussi le moment, pour lui, du plus grand risque plastique.

Là, donc, entre 1915 et 1916, Picasso fait quelque chose de très étrange : une série d'autoportraits photographiques qui sont autant de bouteilles à la mer ou de documents chiffrés.

1914 ; rien n'est sûr, tout est hostile, l'amour se meurt, les amis sont dispersés, la peinture, poussée dans ses retranchements, est peut-être une impasse insensée, la propagande conformiste a repris de toutes parts.

Eh bien, c'est le moment de se tuer ou de persister. Mais sur quoi s'appuyer ? Sur quel témoignage ? *Photo*.

Picasso va se portraiturer dans l'objectif, comme s'il habitait une autre planète, comme s'il débarquait d'un autre monde. Leo Stein s'est moqué des *Demoiselles d'Avignon* en lui disant qu'il cherchait sans doute la « quatrième dimension » ? Qu'à cela ne tienne, rira bien qui rira le dernier.

Un explorateur, dans une contrée explorée pour la première fois, ne se comporterait pas autrement, sauf qu'ici nous sommes à deux pas de Montparnasse. Il n'empêche : ces photos de Picasso sont pour moi aussi émouvantes que celles, prises par lui-même, de Rimbaud au Harar.

Ces images suscitent d'étranges commentaires : ne font-elles pas la preuve d'une « complaisance » et d'une « arrogance » dans « l'auto-érotisme » ? N'y a-t-il pas là une marque de « narcissisme » ? Ah, ce « narcissisme » des artistes ! Comme il est irritant, gênant, obscène ! Comme il contrevient à l'humilité dévote ! Quel mauvais effet il produit sur le clergé intellectuel et social !

Il ne s'agit pourtant pas de cela, mais d'un outil de travail dans une expérience sans précédent. Picasso a besoin d'une planche d'identité « objective », avec ses dimensions corporelles propres, pour se prouver qu'il ne rêve pas, qu'il a bien atteint une façon d'être physiquement dans l'espace :

c'est l'épreuve que manifestent les toiles. Elles sont les négatifs de ces négatifs, négation de la négation.

Quels sont les tableaux devant lesquels Picasso se *mesure* ?

Il y a là *L'Homme accoudé sur une table, Instruments de musique sur un guéridon, L'Homme à la pipe, Homme assis au verre, Guitare, clarinette, bouteille sur un guéridon.*

Remarquons que tous les sens sont convoqués : la vue, l'ouïe, l'odorat, le goût, le toucher.

Un homme existant dans le temps, datable et photographiable, Pablo Picasso, trente-trois ans (un âge qui nous rappelle quelqu'un ou quelque chose), a peint ces surfaces dont la photographie ne nous apprendra jamais rien. Ce n'est pas seulement une question de couleurs, mais de volume multiplié, tournant, érectile, d'un feuilletage d'identité qui ne peut plus se définir par la photo d'identité. Du point de vue de l'état civil, Picasso est au fond un sans-papiers, un immigré, un saltimbanque, un contrebandier, un Gitan suspect, un ouvrier au noir et, probablement, un anarchiste ou un terroriste. Voulez-vous me dire ce que *représente L'Homme à la pipe* ? En pleine guerre ? N'y a-t-il pas là, au milieu de la mobilisation générale des énergies, de la subversion *boche* ? Ce type est espagnol, bon, mais est-il marié ? Père de famille ? Sa vie n'est-elle pas désordonnée ? Sa réputation de demi-fou n'est-elle pas déjà établie dans le quartier ?

Picasso est seul. Il se regarde. Il fait le point. C'est le moment de la décision pour maintenant, pour toujours. On y va ou on n'y va pas ? *On y va.*

Chacun sa guerre.

Il est tantôt bien habillé, Picasso (n'allez pas croire à la légende bohème), tantôt gangster à casquette, mains dans les poches, jambes bien plantées sur le sol de son atelier, regardant droit dans l'appareil (c'est-à-dire en vous, lointain habitant d'une autre région du temps). L'atelier a l'air d'un foutoir, mais c'est une fausse impression. Un ordre secret y règne, d'autant plus puissant qu'il est plus inapparent. Cet individu se place consciemment devant l'objectif pour montrer qu'il a derrière lui non pas son ombre mais son double (à moins que l'image photographique ne soit le double, et le tableau l'original). Oui, c'est cela : le vrai corps métamorphosé, ressuscité dans la peinture, n'est pas enregistrable. On l'évoque, pourtant, on fait sentir son poids très réel.

Pablo Cristo est là au pied de sa croix, dans l'œil du cyclone, il vous défie du regard. Vous, c'est-à-dire la mort, l'autre, la volonté de négation et de mort, la dénégation des tableaux. Il vous dit que vous n'entrerez pas dans la peinture avec cet œil-là. Trop de préjugés, votre vue est mauvaise. Et, pour plus de précision, le voilà, l'homme (*Ecce homo*), qui se déshabille. En caleçon, ou torse nu, les mains sur les hanches ou le long des cuisses, toiles et châssis derrière lui (endroit et envers), il insiste. *Yo Picasso*. Pablo Cristo peut disparaître : « J'ai découvert la photographie, je peux me tuer, je n'ai plus rien à apprendre. » Cette formule peut se transformer en : « Vous pouvez tout photographier et tuer, je ne suis pas là. »

L'image la plus saisissante de cet auto-reportage est sans doute celle, mangée par la lumière, où on peut voir le peintre fumant la pipe sur une chaise longue, vu d'en haut, devant son *Homme à la pipe*. Pablo Cristo s'est ici déposé lui-même au pied de son joyeux calvaire. C'est le Golgotha d'Arlequin. L'effet est malicieux et très grave. *Particulièrement grave*.

Mêmes dates : Stephen le héros (Joyce) ; Pablo le héros. L'Irlandais et l'Espagnol de Paris. Proust est là, lui aussi, avec son télescope braqué sur le temps. Ulysse, dans sa navigation solitaire, a bien des identités insoupçonnables. Regardez. En réalité, ces documents ont une seule légende : « Allez-y voir vous-même si vous ne voulez pas me croire. » La scène ne se déroule pas au sommet du dôme du Panthéon, mais dans un appartement de Paris, sur une autre planète.

C'est le 19 août 1913 que Picasso écrit à Gertrude Stein : « Nous avons trouvé (Eva et moi) un atelier dans un appartement très grand et plein de soleil. » Mais, bientôt, c'est un autre ton, contemporain du splendide et héroïque *Arlequin* de 1915 : « Ma vie est un enfer. Eva a toujours été malade et chaque jour plus. [...] Je ne travaille presque plus, je cours à la maison de santé, et je passe la moitié du temps dans le métropolitain. [...] J'ai fait pourtant un tableau d'un Arlequin que je crois à mon avis et de l'avis de plusieurs personnes être le mieux que j'ai fait [...]. Enfin, ma vie est bien remplie et, comme toujours, je n'arrête pas. »
*Je n'arrête pas.*
Qui a connu l'enfer s'en tient au paradis, c'est fatal.
Avis aux autres passagers, et passagères, du voyage.

Picasso s'est rencontré, il s'est vu. Il fait un jour cette réflexion à Brassaï : « Plusieurs fois, dans ma vie, il m'est arrivé de surprendre une expression de mon visage que je n'ai jamais pu retrouver dans aucun de mes portraits. Et c'était peut-être mon expression la plus véridique. On devrait faire un trou dans une glace afin que l'objectif puisse saisir votre visage le plus intime à l'improviste. »
Il n'y aura pas de trou dans la glace. Peinture ou photo,

il faut choisir. Le Spectacle veut la photo. Il doit donc chercher, par tous les moyens, à rendre la peinture impossible. La photo vise la mort. La peinture sonde le vif. Picasso, dans son dernier autoportrait qu'on nous présente comme pathétique, ne regarde pas sa mort, mais la mise en orbite (et quelle différence des deux yeux dans leurs orbites!) de son corps ultime. *Ça n'a rien à voir.*

Il ne s'agit pas de peinture «en soi». La sévérité des jugements de Picasso est connue. Bonnard? «Un pot-pourri d'indécisions.» Chagall? «Pauvre Chagall.» Dubuffet? «De la peinture belge.» Pollock et Cie? On ne doit pas se laisser aller au geste ni à l'inconscient: «Il faut usurper le pouvoir.»

Théorème de base: «Je n'essaie pas d'exprimer la nature, mais de travailler comme elle.»

La nature travaille en même temps du dedans et du dehors, sans cesse, partout à la fois. Elle n'arrête pas. Elle a mille styles différents, elle ne s'en tient à aucun, elle transpose, ronge, brûle, recrée; elle noue, elle dénoue, elle enterre, elle accouche, elle efface. On peut regarder comme on veut, à l'endroit, à l'envers, de droite à gauche ou de gauche à droite, d'en haut ou d'en bas, en surface ou en profondeur. Elle procède par omnispection et transpection: Picasso, idem.

Pas de mort pour la nature. Le peintre qui travaille comme elle (mais travaille-t-elle ou s'amuse-t-elle à être seulement la même?) trompe la mort. Du coup, il détrompe à propos des apparences humaines. Séductions, inductions, dominations: c'est la roue des reproductions. Mais voyez l'Histoire, avec Franco, Hitler, Mussolini et les autres: *ce sont des folles*. Staline, lui, est un bon boucher borné moustachu (que d'histoires débiles à propos de son portrait dessiné d'un coup par Picasso au moment de sa mort !). Brassaï a raconté les séances de rire ubuesque entre Picasso et Prévert à propos de Pétain (encore un maréchal). Picasso dit du livre de René Benjamin *Le Grand Homme seul* : « C'est mon livre de chevet... D'une incroyable cocasserie ! Aussi beau que du Jarry ! Mais on ne sait pas au juste si l'humour en est conscient, voulu, ou tout à fait involontaire... » Il demande alors à Prévert de lire à haute voix :

> *Le Maréchal est viril et calme.*
> *L'Opinion féminine est nerveuse.*
> *Le Maréchal pense.*
> *L'Opinion sent.*

Nous sommes le 12 octobre 1943. On aimerait savoir *qui*, à l'époque, avait la même justesse de perception.

Picasso : « J'ai relu ce livre je ne sais combien de fois... Je le sais par cœur. Et le dîner avec Maurras, sourd comme un pot, habillé d'une peau de léopard — vous lirez, je ne plaisante pas ! — auquel assiste aussi une admiratrice du poète, surnommée "Espérance". C'est du haut comique ! Et l'audience des six artisanes ! Le Maréchal qui fait son discours sur la "Charte du Travail" ; les jeunes gens qui lui demandent de chanter *La Marseillaise* ; et Pétain qui leur répond : "Le quatrième couplet seulement !". »

Le peintre est un spécialiste de la comédie et de la bouffonnerie humaines. C'est aussi un pirate : il aborde, examine, ravage et repart.

Un Ulysse avisé, en même temps, et, de toute façon, par le rire ou l'agressivité, un guerrier. Pinceau ou épée, Picasso, pour finir, a voulu marquer l'équivalence. Musique, poésie, peinture : bataille, arène, duel. J'avais déjà, pour lui, inventé ce titre : *De la virilité considérée comme un des beaux-arts*[1]. Il convient, je crois.

Il y a en effet une erreur endémique à propos de la virilité, c'est un point clé qui détermine les autres. Dessiner, peindre ou sculpter le corps masculin révèle le fond des choses (on l'a vu jusqu'à la nausée dans l'art totalitaire). Matisse sait faire les femmes, mais pas les hommes (dans la *Conversation*, par exemple, l'homme en pyjama est une planche debout). Un autre peintre sera obligé de se limiter à l'éphèbe, à la petite fille ou au chat. Un autre (Braque, si on veut) ne pourra jamais aborder la structure physique. *L'Homme au mouton* de Picasso est une œuvre de protestation, c'est aussi une sculpture érotique. Il n'y a que Giacometti qui relève le défi, et c'est un drame. En effet, c'en est un, et il exige des dons de dramaturge intenses. Il ne faut s'en mêler ni trop ni trop peu. Ni emphase ni pathologie. Manet, Cézanne. Les goûts de Picasso sont connus, ce qui lui a permis de dire très tranquillement un jour : « Je n'ai pas d'amis, je n'ai que des amants. » Et, à propos de Braque : « C'est ma femme. » Breton ne pouvait pas devenir l'« amant » de Picasso. Aragon non plus, pour des raisons symétriques inverses. Eluard, davantage, comme le prouvent les portraits par Picasso de Nusch, parmi les plus émouvants qui soient.

Nous ne devons pas oublier, cependant, ce qu'est devenu le monde au fur et à mesure que Picasso existait : une autre substance livrée à la Technique. Le jeune Picasso s'éclairait à la lampe à pétrole. Il a vu, pour finir, des films à la télévision (notamment des cavalcades de mousquetaires).

---

1. *Théorie des Exceptions*, Folio, 1986.

Téléphone, cinéma, armements, avions, fusées, bombes, destructions de villes entières, exodes de populations, exterminations programmées, atome, médicaments, greffes, rock, dislocation du cosmos, premier pas sur la Lune, libération sexuelle (comme on dit), planétarisation des images. L'art, dans cet intervalle, est mort cent fois et a resurgi de même. Personne, ou presque, ne voulait savoir ce que faisait vraiment Picasso après 1945, son compte était bon, il n'avait plus qu'à gribouiller dans son coin, l'avenir *all over* venait des États-Unis, qu'on le laisse piétiner, ce vieux singe, avec ses torsions et ses obsessions sexuelles. Et puis peu à peu, stupeur : le vieux singe rajeunit à vue d'œil, la « modernité » devient poussiéreuse, le temps, comme d'habitude, a ses ruses d'Indien. « La poussière est mon alliée, disait Picasso, je l'ai toujours laissée se déposer à sa guise. »

Un coup de chiffon, et voilà : les tableaux sont là, flagrants de lucidité, d'actualité, d'acuité. On s'était trompé.

Voyez le *Personnage à l'oiseau* du 13 janvier 1972 au Palais des Papes d'Avignon. C'est un mousquetaire ou un cavalier, un nouveau Don Quichotte qui aurait avalé son moulin à vent, mais c'est aussi un cosmonaute à tête d'hélice. Il peut tourner sur place, s'éloigner et se rapprocher en même temps, s'envoler si le cœur lui en dit. Il tient de l'oiseau et de la paix, mais, de la main droite, c'est quand même toujours un guerrier d'autrefois, bandit de grands chemins, corsaire, loup intraitable, forban. Il apparaît, il est masqué, il se révèle, il se voile, il marque son territoire, allez-y voir vous-même si vous ne savez pas où il est. Du rose, du gris : sobriété, élégance, endurance.

Voilà un tableau qui vrombit, pointe, pique et allège. Qui dit mieux ? Il a tous les âges. Il est simple, immédiat, et d'une grande complexité. Picasso a trouvé les signes fondamentaux, les marqueurs génétiques de la peinture. Il s'en sert pour jouer aux dés. Phallus, nez, bouche, trait, fente : art des cavernes et des rues, grand style de musée. On est à l'aise partout et dans tous les costumes, on peut se mouvoir librement dans la représentation.

Loi ? Transgression ? Le problème n'est plus là. Pour les uns, Picasso a procédé à des déformations insupportables, il est dégénéré et grossier. Pour les autres, il est resté trop traditionnel et figuratif. Aucun des deux camps ne se doute qu'il est en complicité avec son contraire. Conformisme et avant-gardisme finissent d'ailleurs très bien par s'entendre, de même que conservatisme et autodestruction, pseudo-normalité répressive et hystérie, perversion et psychose. Le violeur pédophile travaille pour les mères abusives et réciproquement. Le pervers clinique est un défenseur de la loi, voilà un secret de Polichinelle. En revanche, la subversion de fond redistribue l'ensemble des cartes et non pas telle ou telle localité. C'est pourquoi la subversion révolutionnaire (et il faut parler d'une *révolution de Picasso*) agit en même temps partout et ne laisse rien en dehors d'elle. Elle est tragique, elle est ironique : « Le héros tragique est gai » (Nietzsche). Il y a une pataphysique de Picasso, et Ubu est aussi un héros (Picasso savait des passages entiers de Jarry par cœur).

Le personnage à l'oiseau, qui en représente bien d'autres (c'est l'héritier des Arlequins), dit en somme : « Voilà, je suis venu jusqu'ici, je plante mon épée sur un continent inconnu, comme l'ont fait les conquistadores. Je suis pourtant un indigène de tous les pays, aristocratique et universel. "Homme" si vous voulez, mais avec une drôle de gueule, reconnaissable et méconnaissable. Le point de l'horizon où je suis s'étend à l'infini. Vous avez le bonjour de tout le passé. Si vous voulez la paix, ce sera la paix, sinon ce sera la guerre. Les phénomènes passent, je trouve les lois. Il n'est pas vrai que ni le soleil ni la mort ne se peuvent regarder fixement. Voyez ça. »

Pour finir, Picasso parle la langue des oiseaux, comme l'auteur de *La Bataille de San Romano*, tableau auquel il aurait voulu, au Louvre, comparer une de ses toiles cubistes. « Paul les oiseaux », a dit Artaud d'Uccello. Au Louvre, Picasso fait disposer ses œuvres à côté de Delacroix, de Courbet. Mais la première toile qu'il choisit pour s'y mesurer est de Zurbarán : *Saint Bonaventure sur sa civière*. Un saint ? Mais oui, tout se tient.

Les rapports métaphysiques anciens entre sujet et objet, présence et absence, ne sont plus de mise. Inutile de préciser que Dieu a disparu, de même que toute fantasmagorie d'au-delà plus ou moins occulte. Ce que Breton prenait pour un attachement encore naturaliste à l'« objet » n'est, au contraire, que la dissolution de celui-ci, le signe que le peintre s'est *surmonté* comme sujet. Un tableau de Picasso est *là* comme aucun autre, il est à la fois là et pas là, il faut apprendre sa langue, son récit, et nulle analyse seulement « formelle » ne rendra compte de son *instance*. Qu'y a-t-il dans cette *Lecture* bleue ? Une tête sculptée peinte, brisée, qui se lit elle-même. Que dit cet enfant bleu à l'oiseau, les yeux fermés ? Que le rêve est dehors. Cette tête d'Arlequin ou de femme, en 1927 ou en 1935, nous montre l'enclume ou le socle à partir desquels peut se poser la question *tête*. *La Femme au miroir* de 1929, avec ses mâchoires à dents de touches de piano et sa langue-couteau, mange une tête d'homme de profil, ombre peinte : c'est son plan, son plat préféré. Mais regardez aussi, dans beaucoup d'autres toiles, ces pieds monumentaux qui sortent violemment de la surface : Picasso, en peinture, est celui qui aura mis, pour la première fois, les pieds dans le plat. C'est son droit.

Pourquoi aller déjeuner chez Manet ? S'attarder au bordel avec Degas ? S'immiscer dans l'intimité de la famille royale, sous Vélasquez, à l'Escurial ? S'inviter dans le ménage de Rembrandt ? *Pour voir.* La nature se répète, la peinture jamais. Elle n'en finit pas de vouloir être autre chose.

Si je vais déjeuner chez Manet, sur l'herbe, c'est pour reprendre un bain de couleurs et de nus, mais, attention, en gardant mes distances. Plonger dans le blanc, le vert, la fraîcheur, oui, mais comprendre du même coup ce que fait cette grosse femme penchée dans le fond, là, en train de ramasser une fleur. Baignoire, baignade, modification des dimensions féminines, mimiques des corps, conversation impossible. Les voilà qui grandissent et s'effilent, les femmes, elles, défient l'observateur qui devient un sorcier, la situation l'y oblige. Manet a inventé un paradis avec de drôles de houris. Avec Picasso, le revoici, au carré, au cube.

Brassaï compare un manuscrit de commande de couleurs de Picasso aux *Voyelles* de Rimbaud.
Pourquoi pas ?

> *Blanc permanent*
> *d'argent*
> *Bleu céruléum*
> *cobalt*
> *Prusse*
> *Jaune cadmium citron (clair)*
> *de strontium*
> *Laque de garance bitume*
> *bleue et brume*
> *violet-bleu*

*Noir d'ivoire*
*Ocre jaune et rouge*
*Outremer clair et foncé*
*Terre d'ombre naturelle et brumée*
*Rouge persan*
*Terre de Sienne naturelle et brumée*
*Vert de cadmium clair et foncé*
*Vert émeraude*
*Japon clair et foncé*
*Véronèse*
*Violet de cobalt clair et foncé*

Finalement, la seule trame de l'action s'appelle le peintre et son modèle. Qui est la cause, qui est l'effet ? Est-ce lui ? Est-ce elle ? Les paris sont ouverts. De quel côté la fascination va-t-elle jouer ? La contorsion se nouer ? Déjeuners, étreintes, affrontements directs ou distanciés, la question reste la même, perpétuel retour différent dans l'écoulement du temps. Nous ne sommes pas dans l'éternité et le peintre suscite, avec un glaive nu, son siècle épouvanté de n'avoir pas connu qu'Éros triomphait dans cette main étrange. Les coups de pinceau abolissent le hasard : la vie des dieux brille.

On était parti du bordel d'Avignon traité à Paris, au début du siècle, dans la clandestinité : faux titre, fausse adresse. Interdiction de révéler qu'on est dans une ruelle de prostitution à Barcelone. Mais on réalise malgré tout la prophétie puisqu'on revient, en pleine gloire, faire scandale à Avignon en foutant un bordel mémorable dans la peinture : Alpha, Oméga.

De même qu'il fallait oser l'équation : « Ça pleure, et il y a une femme dedans », de même, ici, on peut entendre : « Ça baise, et il y a un couple dedans. » La relativité restreinte ouvre sur la relativité généralisée. La physique emprunte ses nouvelles lois gravitationnelles. Qui trop embrasse bien étreint. Rien ne sert de partir, il faut courir à point. On a envie, contre la levée de boucliers des dévotes et des dévots et, devant l'incroyable *tollé* indigné ou gêné des cléricaux de tous bords ayant accueilli ces tableaux, de parler comme Eschyle du «rire ensoleillé des dieux». Ils sont là, en effet, dieux et déesses, copulant ou se reposant, s'embrasant et s'embrassant, mousquetaires et danseuses, sous la tonnelle ou sur un banc.

Comme Picasso prouve qu'il est parvenu à un paradis avec soufre, on dira qu'il est en enfer et qu'il souffre. Comme c'est un été radieux, on prétendra que c'est l'hiver. Or, avec Picasso, maintenant, c'est sans fin l'été. Pourtant, devant le prodigieux *Joueur de flûte* du 30 juillet 1971, qui montre que le grand Pan n'est pas mort, qu'il est un perpétuel et monstrueux enfant désinvolte et bondissant, on évoquera l'impuissance sexuelle du peintre, sa sénilité, sa frénésie enfermée. Bien sûr, *puisque c'est le contraire*. Les figurants infantiles sont incorrigibles : ils croient toujours avoir Noé ivre sous les yeux, ils ne lui pardonnent pas de les avoir sauvés du déluge. Le vieux Père est indigne, cachez ce sexe que nous ne saurions voir.

Comment ne pas comprendre que ce joueur de flûte envahit et quitte à la fois la scène en *jouant de ses os*? Il est immobile, et il danse. Il se boucle, et il se défile en musique. Il *dératise*, en bleu et rose, la cité infestée de fantasmes morbides, nouvelle Thèbes, nouvelle peste. Si personne n'a envie de respirer ce tableau, je veux bien le prendre avec moi, le contempler rapidement tous les matins avant de descendre dans la mare aux grenouilles. C'est un exorcisme, oui, un énorme porte-bonheur.

Il y a, dans l'œil humain, une puissance qui évalue et conclut trop vite, s'approprie indûment, *aplatit*. Picasso, lui, n'arrête pas de rappeler que la peinture et la sculpture méditent sur les possibilités cachées de la jouissance corporelle. On la dénie, il la glorifie. Jamais, à quatre-vingt-neuf ans, il n'a été plus libre. L'homme du XXI$^e$ siècle saura jouer de cette flûte, ou bien il ne sera pas. Il pourra encore s'occuper, sans doute, mais comme esclave.

Car, au fond, la question se pose ainsi : que vont devenir, au XXI$^e$ siècle, c'est-à-dire demain, ceux qui ne sont pas encore arrivés au XX$^e$ ? Le passage par le XIX$^e$ est-il obligatoire ? Si oui, quel ennui ! Je vois bien que le monde occidental (ou américain) domine le monde de sa puissance technique, mais je vois aussi, à chaque instant (il me suffit d'ouvrir un journal ou de regarder la télévision), qu'il instrumentalise une subjectivité bien décidée à *rester* au XIX$^e$, à empêcher que le XX$^e$ siècle, en pensée, en peinture, en musique, en littérature, *ait eu lieu*. Or *il a eu lieu*, et Picasso, justement, en est la preuve la plus éclatante.

Prenons-le donc comme pierre de touche. On peut mentir sur presque tout, faire semblant d'écouter, de lire ou d'avoir lu (vérifiez), mais il est très difficile de se cacher devant un tableau. Il est *dans* l'espace, alors que vous n'y êtes peut-être pas. Il représente le temps que nous perdons dans une volonté stérile d'hypnose ou de bavardage.

Le 28 novembre 1969, Picasso peint un emboîtage homme-femme de toute beauté. L'homme a un chapeau jaune soleil, la femme, mangeuse ou mangée, apporte avec elle une floraison flottante de feuillage. Des mains éclatent ici et là. Il y a deux figures antagonistes et séparées, mais une seule en rotation. Quatre yeux, et un seul regard. Le reste de la toile se distribue en noir terre, blanc ciel, bleu mer. Cette année-là, ce jour-là, comment pourrais-je ne pas y penser, je fête mon anniversaire : trente-trois ans. L'année précédente, comme par hasard, il y a eu un *grand printemps*.

Le 14 avril 1971, à quatre-vingt-dix ans, donc, Picasso peint ce chef-d'œuvre d'éveil, rieur et délicat : *Le Jeune Peintre*. Le peintre a désormais tous les âges, il le dit. Le jeune artiste, lui, est gaucher, il a traversé le miroir. Voilà donc, dans un ton pastel dix-huitiémiste, une nouvelle naissance, grise, blanche, bleue. L'expression du visage est aiguë, un peu intimidée, curieuse. Il y a de quoi être surpris, après avoir fait le tour de l'univers, de se retrouver de nouveau ici. Enfin, il va falloir s'y remettre, en regardant bien.

Picasso n'a accepté ni dieu ni maître, et aucune des cyclaisons admises. Pas de pause, pas de négociations avec le syndicat des ménopauses et des andropauses, vieilles petites filles énervées rancies, vieillards pubertaires aigris, exploitation de l'éternelle jeunesse ahurie, échanges ragoteurs, police des mœurs, torpeurs, terreurs et rancœurs. Son *caballero*, là, le pinceau à la main (ce pinceau vaut mieux que tout sexe), a en lui, on le sent, une confiance aussi innocente qu'irréductible. Le chapeau qu'il porte montre que sa tête, car il n'en fera jamais qu'à sa tête, est mise une fois de plus sous la protection discrète d'un signe mathématique grec : l'infini.

Qu'on l'admette ou non, la peinture vit de poésie.

*Août 1996.*

## L'œil de Proust

Proust n'est pas doué pour le dessin ni la peinture. Il en souffre. Il n'est pas doué non plus pour la musique. C'est un de ses tourments. Il se verrait bien en sculpteur et en architecte, mais les grandes cathédrales sont déjà construites, le passé est le passé, impossible de faire mieux, il faudrait trouver autre chose. Par moments, il se résignerait, dit-il (mais nous ne sommes pas obligés de le croire), à n'être que couturier dans le tourbillon des apparences. Écrivain ? Vous n'y pensez pas, il n'y arrivera jamais, et d'ailleurs toute la *Recherche* nous raconte comment le narrateur pense, presque jusqu'à la fin, qu'il ne pourra pas commencer son œuvre. Ruse géniale pour une œuvre géniale qui est à la fois architecture, sculpture, dessin, peinture, théâtre et musique. Le Temps perdu, c'est la séparation artificielle des formes. Le Temps retrouvé, leur accord ressuscité.

La main de Proust écrit sans cesse. Son cerveau extralucide utilise un corps de plus en plus fatigué qui est devenu une graphie vivante. Ce corps s'est beaucoup renseigné, senti, éprouvé. Il s'est observé en train de dormir, de se réveiller, de rêver, de respirer (et pour cause), de lire, de regarder, d'écouter, d'aimer. De la mondanité la plus stricte au bordel, de la guerre des sexes à l'enfer de la jalousie, des salons au voyeurisme embusqué, ce voyageur sur la terre est un espion qui travaille pour son propre compte, ce compte étant en définitive celui de la vérité. Il faut aller vite, les jours sont comptés, l'expérimentateur a fait une découverte capitale, elle touche à l'essence du temps et de la mémoire qui n'est pas du tout ce qu'on croit ni ce qu'on dit. La découverte, d'ailleurs, ne peut être exposée qu'en racontant la situation où elle a pu se produire, l'incroyable récit des circonstances et des rencontres qui ont conduit à sa manifestation imprévue. La vérité n'est jamais là, elle se faufile, elle fait signe. Elle nous attend, mais nous manquons sans arrêt ses rendez-vous. Nous sommes à côté de la plaque sensible. La main court sur le papier (belle écriture ferme et flexible, sismographique), les scènes et les portraits s'organisent, et de temps en temps, une figure passe à travers les lignes, résiste, habite la feuille, se détache, vient faire tache comme un insecte qui refuserait de se laisser épingler et tuer. C'est un fantôme qui n'a pas encore été réduit, une apparition comme dans une séance de spiritisme, une grimace, une silhouette, un clin d'œil. Qui visite les Enfers doit s'attendre à la levée des spectres. Quand Proust, étonné de sa propre audace, lève la tête de ses « paperoles », de son rouleau biblique en cours de rotation continue, il dessine parfois dans la marge ou en plein dans la rédaction. Dessin ? Non, griffonnage, gribouillage, esquisse de mots contradictoires à trouver, plutôt. Le style de Proust, en cela plus cubiste qu'impressionniste, consiste à coller et couler ensemble des éléments hétérogènes, des angles de perception distincts. Exemple : « Le tintement rebondissant, ferrugineux, intarissable, criard et frais de la petite sonnette. » Voilà, c'était Combray. Pendant qu'il s'interrompt ainsi un moment pour laisser glisser sur le mur de sa page, telle une projection de lanterne magique, un « personnage », il pense à autre chose, à la formule verbale qui va absorber cette émanation, la replonger dans le flux de son énorme roman. Il s'agit d'un appel, d'un graffiti, d'une caricature, comme s'il voulait à ce moment-là *ancrer* sa vision. Vision perçante et cruelle. Les illusions d'optique sont là pour être analysées, scannées, de la même façon que les voix, au lieu, comme au cinéma, d'être synchronisées sur l'image, doivent être décomposées en accents, hauteurs, intonations, mélodies génétiques, aveux détournées, non-dits. Mon œuvre, dit Proust, est une offensive, une fatigue, une règle, une église, un régime, un obstacle, une amitié, un enfant, un monde. Tout doit lui être soumis.

Collage verbal à partir d'un œil intérieur externe qui voit de partout à la fois ? Charlus : « La houppette de ses cheveux gris, son œil dont le sourcil était relevé par le monocle et qui souriait, sa boutonnière en fleurs rouges, formaient comme les trois sommets mobiles d'un triangle convulsif et frappant. »

Gilberte : « Ce regard qui n'est pas que le porte-parole des yeux mais à la fenêtre duquel se penchent tous les sens anxieux et pétrifiés, le regard qui voudrait toucher, capturer, emmener le corps qu'il regarde et l'âme avec lui. »

La duchesse de Guermantes : « Une dame blonde avec un grand nez, des yeux bleus et perçants, une cravate bouffante de soie mauve, lisse et brillante, et un petit bouton au coin du nez. »

Charlus, encore : « Il cambrait sa taille d'un air de bravade, pinçait les lèvres, relevait ses moustaches et dans son regard ajustait quelque chose d'indifférent, de dur, de presque insultant. » Mais presque tout de suite après : « Le regard qui exprime seulement la satisfaction de sentir autour de soi les cils qu'il écarte de sa rondeur béate, le regard dévot et confit qu'ont certains hypocrites, le regard fat qu'ont certains sots. »

Les sœurs Bloch : « À la fois trop habillées et à demi nues, l'air languissant, hardi, fastueux et souillon. »

Rachel : « Sur ce visage si vrai tout à l'heure, je ne distinguais plus que des protubérances, des taches, des fondrières » (Proust précise : comme si, en se rapprochant du visage, on arrivait sur la lune : de loin déesse poétique, de près cratères et poussière).

Charlus, plus tard : « On eût dit Apollon vieilli ; mais un jus olivâtre, hépatique, semblait prêt à sortir de sa bouche mauvaise. »

Les joues d'Albertine : « Blêmes, chaudes et rouges aux pommettes, avec quelque chose d'ardent et de fané comme en ont les filles des faubourgs. » Mais aussi : « Ce petit bout de museau, ce signe où se résume la personnalité permanente d'une femme, cet extrait algébrique... »

La Berma vers la fin : « Ses artères durcies étant déjà à demi pétrifiées, on voyait de longs rubans sculpturaux parcourir les joues avec une régularité minérale. Les yeux mourants vivaient relativement, par contraste avec ce terrible masque ossifié, et brillaient faiblement comme un serpent endormi au milieu des pierres. »

Et ainsi de suite. «Le visage humain, dit Proust, est vraiment comme celui du Dieu d'une théogonie orientale, toute une grappe de visages juxtaposés dans des plans différents et qu'on ne voit pas à la fois.»
Les «plans différents» sont aussi bien les localisations selon les circonstances spatiales et sociales, que les changements apportés par les révélations du temps : corrosions, fissures, exposition des vices et de la bêtise, glissements vers l'animalité, emprise de la mort au travail. En réalité, l'écrivain est un corps de dessin, de peinture, il obéit, sans en être conscient, à un crayon et à un pinceau intérieurs. Sa mémoire est une machine à trier et à composer :

«Les comparaisons qui sont fausses si on part d'elles, peuvent être vraies si on y aboutit. Le littérateur envie le peintre, il aimerait prendre des croquis, des notes, il est perdu s'il le fait. Mais quand il écrit, il n'est pas un geste de ses personnages, un tic, un accent, qui n'ait été apporté à son inspiration par sa mémoire, il n'est pas un nom de personnage inventé sous lequel il ne puisse mettre soixante noms de personnages vus, dont l'un a posé pour la grimace, l'autre pour le monocle, tel pour la colère, tel pour le mouvement avantageux du bras, etc. Et alors l'écrivain se rend compte que si son rêve d'être un peintre n'était pas réalisable d'une manière consciente et volontaire, il se trouve pourtant avoir été réalisé et que lui aussi a fait son carnet de croquis sans le savoir.»

Rien n'est plus faux, donc, que de replacer Proust dans son époque, celle du déferlement de la photographie ou, déjà, du cinéma. La *Recherche* est le contraire de l'enregistrement plane, c'est un surgissement hiéroglyphique qui vient de beaucoup plus loin, des origines biologiques de l'humanité, des ruines parlantes bibliques (Sodome et Gomorrhe), du message pétrifié du XIII$^e$ siècle chrétien. Tout est là, pour qui sait lire, dans le corps et les visages des vivants, lesquels, sous leurs habits temporels, continuent de jouer de très anciens rôles. Nous sommes dans une apocalypse, c'est-à-dire une révélation. Les « croquis » sont pris dans l'écriture, ils n'en sont pas séparables. Les gribouillages en marge (ou dans la correspondance avec Reynaldo Hahn) sont des déchets, des larves, des « facilités ». Un œil habitué à l'image filmique ou télévisée les jugera décevants ou sans intérêt. Proust n'est même pas un « écrivain-dessinateur » au sens de Goethe, Hugo, Blake, Baudelaire, Artaud ou Michaux. Son projet est tout autre. Il n'a rien de « poétique », bien qu'il aboutisse à la plus violente poésie. Il est critique, acide, destructeur, éminemment moral dans son amoralité même. Surtout, il vise à désenchevêtrer les racines humaines prises dans les règnes minéral, végétal, animal. Leçon faite à la prétention et à la mégalomanie humaines : tel pourrait être le sous-titre de ce rouleau prophétique. Quelque chose, bien sûr, de l'encre noire et pointue de Kafka. *Le Château*, *Le Procès* : titres proustiens. Ou encore : *La Ferme des animaux*, d'Orwell. Voici une femme embrochée par une tige de fleur, le visage enfermé dans une petite cage, faite comme un rat, dirait-on, et voici des chapeaux qui sont comme des intestins renversés sur les têtes. Rats, aiguilles à chapeau, on sait comment le sadisme de Proust s'exerçait dans ses mises en scène perverses de bordel. Les personnages sont souvent plusieurs en un seul qui n'en est plus un, c'est une nébuleuse. Cette flore de robes et de croupes ressemble à une volière vénéneuse. Tenez, voici Saint-Loup :

« Il avait des redressements de tête si soyeusement et si fièrement huppée sous l'aigrette d'or de ses cheveux un peu déplumés, des mouvements de cou tellement plus souples plus fiers et plus coquets que n'en ont les humains, que devant la curiosité et l'admiration moitié mondaine, moitié zoologique, qu'il vous inspirait, on se demandait si c'était dans le faubourg Saint-Germain qu'on se trouvait ou au Jardin des Plantes et si on regardait un grand seigneur traverser un salon ou se promener dans sa cage un oiseau. »

*Les oiseaux* : autre titre possible de la vision. Il s'agit, là encore, de « l'élégance volatile des Guermantes au bec pointu, aux yeux acérés ». Grandeur et déchéance. Et humour. Saint-Loup, qui a basculé dans Sodome, répond à la demande d'information sur l'inversion : « Autant ces choses-là m'indiffèrent, autant je suis avec passion la guerre balkanique. » Il ne ment pas, il est, comme la plupart des humains, à côté de lui-même. Tout naturellement, pourrait-on dire, les humanoïdes vivent sur plusieurs registres à la fois. Le factice mondain, l'intelligence relative, l'intérêt, l'envie, la jalousie, la cruauté, et même, parfois, le sublime. Charlus est fou, mais grandiose. Albertine menteuse professionnelle, mais aussi douce et gentille. La duchesse de Guermantes est un aigle, mais devient perroquet. Odette a tout le charme du luxe du Bois de Boulogne, ce qui ne l'empêche pas, si ça l'arrange, d'être prostituée à cinq francs. Françoise, la servante au grand cœur, est d'un sadisme spontané et irrépressible. Gilberte, l'adorable petite Gilberte des Champs-Élysées, a droit, pour finir, à ce jugement de l'implacable Oriane : « C'est une cochonne... Elle n'a jamais aimé son mari (Saint-Loup). Elle a aimé la situation, le nom, être ma nièce, sortir de sa fange, après quoi elle n'a pas eu d'autre idée que d'y rentrer. » La *Recherche*, avant de déboucher sur le temps pur retrouvé, va de surprise en surprise, de rectification en rectification.

L'œil y voit de plus en plus clair à mesure que la nuit tombe. Au bout de la nuit est la lumière. Un ange se lève sur un charnier. Proust est le hibou (le mot est de lui) de cette aventure.

Duplicité, le mot est faible. Les humains sont des *grappes*, ils débordent d'eux-mêmes, en étant, pourtant, étroitement corsetés. Ils sont *rattrapés* par des lois génétiques ou historiques. Swann est rejoint par son nez ; après l'avoir été par l'eczéma Proust nage entre deux mondes, près d'une frontière membraneuse, corps étranger parmi des corps qui se croient chez eux ou ne se conçoivent pas comme étrangers. D'où la métaphore, souvent reprise, de l'expérience spirite (et les « dessins » gardent l'empreinte d'une visite d'incubes ou de succubes). Par exemple, Bloch :

« Si j'avais pris des clichés d'après Bloch, ils eussent donné d'Israël cette même image, si troublante parce qu'elle ne paraît pas émaner de l'humanité, et en même temps si décevante parce que tout de même elle ressemble trop à l'humanité, que nous montrent les photographies spirites. »

Les photos, en réalité, sont des opérations de spiritisme et l'industrialisation du spectacle s'annonce comme une ère nouvelle de virtualisation généralisée. On trafiquera du vivant, des morts, du passé, du présent, des identités, des naissances. On mettra en perspective une sorte de nouvelle religion de l'instantané. Proust est un des premiers témoins de cette mutation qui n'est pas seulement technique mais organique. À système nouveau, corps nouveaux. Hybridations, greffes, mixages, mélange des semences. Ce qui se passe « en haut » (dans la société dont les cloisons sautent), se passe aussi « en bas » (dans la profondeur et l'émergence des instincts refoulés ou brimés). L'affaire Dreyfus est un tremblement de terre au même titre que le coup de projecteur donné sur la société homosexuelle (c'est-à-dire, au fond, sur la Société). L'aristocratie tombant dans la bourgeoisie, les Juifs accusés, les homosexuels (hommes et femmes) en hausse, voilà le théâtre. Une rupture de digues s'est produite, qui permet de remonter très en deçà du cours des fleuves et des croyances, en deçà des glaciations et des moraines connues, vers des « états initiaux ». Le narrateur de la *Recherche* est élu pour cette régression inventive. Il sait dormir comme personne, c'est son atout. Le sommeil, grand personnage du Livre. « Je passais en une seconde par-dessus des siècles de civilisation. »

Le sommeil ? « La race qui l'habite, comme celle des premiers humains, est androgyne. Un homme y apparaît au bout d'un instant sous l'aspect d'une femme. Les choses ont une aptitude à devenir des hommes, les hommes des amis et des ennemis. »

Le milieu où se déploie la narration de Proust est une mer d'indécision sexuelle, un continent de métamorphoses dont la drogue du sommeil nous prévient. J'y verrais d'autant mieux dans les phénomènes ambigus et ambivalents de la veille que j'aurais mieux et plus intensément dormi. Au commencement est l'hermaphrodisme. Fleurs, insectes, oiseaux, bourdons, fécondations et autofécondations. Les oiseaux se reproduisent par eux-mêmes, le clonage est général, j'observe cette soupe effervescente, cette forêt enchantée. Il y a des survivants de cette époque. Des survivants et des survivantes tenaces, dispersés, présents, dans la clandestinité, dans tous les pays. La diaspora juive et la diaspora homosexuelle sont là parallèles, en compétition archaïque, depuis le début de ce qu'on appelle l'ère chrétienne, celle de notre calendrier. L'espion supposé Dreyfus, bouc émissaire innocent, révèle la hantise des populations propriétaires des châteaux, des églises. Mais Albertine, lesbienne, est infiltrée chez le narrateur comme une espionne en « pays ennemi ». « Elle n'appartenait pas à l'humanité commune, mais à une race étrange qui s'y mêle, s'y cache et ne s'y fond jamais. » L'espion qu'est le narrateur est lui-même espionné, c'est un comble. Quant à la franc-maçonnerie homosexuelle, beaucoup plus informée et puissante que l'autre, Proust la voit unifiée par « une identité de goûts, de besoins, d'habitudes, de dangers, d'apprentissage, de savoir, de trafic, de glossaire », comme une « colonie orientale, cultivée, musicienne, médisante, qui a des qualités charmantes et d'insupportables défauts ». Qui sait, d'ailleurs, si ce clergé d'une religion longtemps tenue à l'écart n'est pas appelé, à la faveur d'une insurrection de l'histoire, à retrouver les prérogatives qui ont été les siennes ? La Première Guerre mondiale en serait l'occasion, d'où la force de la description de Paris sous « le feu du ciel », où les sodomites de l'hôtel de passe de Jupien « célèbrent, aux grondements volcaniques des bombes, au pied d'un mauvais lieu pompéien, des rites secrets dans les ténèbres des catacombes ».

Proust est ici divisé à l'extrême : il participe aux rites du nouveau culte, et en même temps il se résigne très mal à la disparition de l'ancien. D'où les deux versants de son livre : le côté médiéval ou vénitien avec Émile Mâle et Ruskin ; le côté snob ou vicieux avec Charlus, Albertine. Les cathédrales et les bordels, le baptistère maternel de Saint-Marc et les maisons de passe, les lieux saints et les mauvais lieux.

À égale distance du divin pressenti et de la prostitution dissimulée, il y a le salon, celui des Guermantes, celui de Mme Verdurin. Le salon est un Jardin des Plantes, un musée d'histoire naturelle en mouvement, un zoo, une basse-cour. On vient s'y faire voir, y parader, s'y vanter, s'y décomposer. Il y a des coqs et des poules, on y *picore* beaucoup. La pécore y règne, tout y est piquant, de profil, vrillant, asexué, destructeur. Les paons font la roue, les mots d'esprit occupent la scène, la grande vedette étant, bien sûr, la duchesse de Guermantes, dont la « méchanceté lapidaire » est célèbre. La généalogie est souveraine d'un côté (la tenir, la retenir, est un travail à plein temps); le contrôle des fréquentations et des amours, de l'autre, est une boutique féroce. Mme Verdurin, à la fin, ne « trouve plus à ses chagrins qu'une seule consolation qui est de défaire le bonheur des autres ». Le bonheur est interdit, intolérable, il mettrait en question, par son asocialité même, la comédie des familles et des clans. C'est une école de soumission, de reptation, où même un grand écrivain comme Bergotte doit se montrer plat et servile. Les hommes y sont des enfants. La société est un matriarcat déguisé qui, peu à peu, féminise les mâles et les rive à une « patronne » (c'est le surnom de Mme Verdurin) qui fait et défait les couples, les réputations. Tout est hypocrite, mais tout est d'une violence constante. Sous les fleurs, les poignards. Sous les visages, les becs. On s'attife, on plastronne, on domine, on tremble. Tous les personnages jouent une pièce qui leur échappe, mais récitent très bien leur rôle, celui de la hiérarchie durcie (mais rongée par le temps) et de l'obéissance. Comme toute société, celle-ci se croit parvenue à la fin de l'Histoire :

« Chaque fois que la société est momentanément immobile, ceux qui y vivent s'imaginent qu'aucun changement n'aura plus lieu, de même qu'ayant vu commencer le téléphone, ils ne veulent pas croire à l'aéroplane. »

Le salon, boutique des réputations, abattoir potentiel (ainsi pour la mise à mort de Charlus), permet de voir les choses de près. C'est le terrain de l'ethnologue. Comme « l'égocentrisme permet à chaque humain de voir l'univers étagé au-dessous de soi qui est roi », la cristallisation des passions basses ouvre sur un jugement général. Proust décrit l'idéalisation et la déception qui s'ensuit. Il ne privilégie rien : les Juifs, en pleine affaire Dreyfus, sont aussi ridicules que les autres, les homosexuels rejoignent, en grotesque, les soi-disant hétéros (démonstration de Proust qui choquait beaucoup Gide), les domestiques sont aussi snobs et durs que leurs maîtres, il s'agit simplement de « pratiquer dans les choses un *sectionnement* qui nous débarrasse de leur apparence coutumière et nous permet d'apercevoir des analogies » (c'est moi qui souligne).
Savoir sectionner, couper, découper, coller, recomposer, tout est là. La vérité se travaille au ciseau, comme la sculpture. La vision mondaine est projetée pour tromper. L'œil de Proust, lui, est tournant, voit le relief, traduit, décrypte :

« Les noms sont des dessinateurs fantaisistes, nous donnant des gens et des pays des croquis si peu ressemblants que nous éprouvons souvent une sorte de stupeur quand nous avons devant nous, au lieu du monde imaginé, le monde visible (qui d'ailleurs n'est pas le monde vrai, nos sens ne possédant pas beaucoup plus le don de la ressemblance que l'imagination), si bien que les dessins enfin approximatifs qu'on peut obtenir de la réalité sont au moins aussi différents du monde vu que celui-ci l'était du monde imaginé. »

Exemple, voici l'admirable Bergotte : « Un homme jeune, rude, petit, râblé et myope, à nez rouge en forme de coquille de colimaçon et à barbiche noire. » C'est donc ça un grand écrivain ? Un « corps trapu, empli de vaisseaux, d'os, de ganglions » ? Mais voilà, il y a la voix :

« La qualité toujours rare et neuve de ce qu'il écrivait se traduisait dans sa conversation par une façon si subtile d'aborder une question, en négligeant tous ses aspects déjà connus, qu'il avait l'air de la prendre par un petit côté, d'être dans le faux, de faire du paradoxe, et qu'ainsi ses idées semblaient le plus souvent confuses, chacun appelant idées claires celles qui sont au même degré de confusion que les siennes propres. »

Bergotte dit des choses qu'on ne voit pas. Les habitants du monde, au contraire, grossissent le trait de ce qu'on perçoit, font de l'esprit avec des agrandissements ou des exagérations, tournent en rond dans l'enregistrable. Ce sont tous des artistes ratés, les plus émouvants étant ceux qui en ont le pressentiment (Swann) ou qui sont obligés de faire de leur vie une œuvre d'art catastrophique (Charlus). L'écrivain, lui, est *imprévisible*, parce qu'il part d'une autre réalité, traversant les apparences ou les opinions de manière inattendue. D'où le malaise qu'il provoque :

« Toute nouveauté ayant pour condition l'élimination préalable du poncif auquel nous étions habitué et qui nous semblait la réalité même, toute conversation neuve, aussi bien que toute peinture, toute musique originale, paraîtra toujours alambiquée et fatigante. »

Proust, ici, pense à lui, bien sûr; mais les noms de Picasso, de Joyce, de Stravinsky, résonnent aussi dans cette phrase. Cela ne veut pas dire, bien au contraire, que la nouveauté pour la nouveauté est intéressante en soi. Une telle croyance, symptôme d'ignorance à propos de la force d'invention d'autres époques, serait pathologique. Ainsi de la duchesse de Guermantes qui finit par avoir un «besoin maladif» de nouveautés arbitraires à la Verdurin, et qui, déboussolée, en devient «bête». D'oiseau, elle se changera en poisson : «Corps saumoné émergeant à peine de ses ailerons de dentelle noire, et étranglé de joyaux.» La sanction d'une déficience spirituelle se traduit toujours, chez Proust, par une métaphore animale. L'humain qui méconnaît le temps revient à son support physiologique, il se durcit ou s'effondre dans un moule plus ancien que lui, il n'est plus, comme le montrent bien les dessins marginaux de la *Recherche*, qu'un débris, une épave. En un mot : une *démonstration*.

La vraie nouveauté, donc, est un renouvellement en profondeur du corps dans l'Histoire. Autre rétine, autre tympan, autre odorat, autre goût, autre toucher, autre souffle. Contre Sainte-Beuve, c'est-à-dire, au fond, contre tout le monde, il s'agit d'affirmer que notre personnalité n'a rien à voir avec l'image sociale que les autres en ont. On nous *veut* social, nous nous conformons à cette volonté d'une manière ou d'une autre, des voix qui ne sont pas nous parlent en nous, on nous donne des conseils, des ordres, on nous prévient de notre cotation dans la Bourse des bavardages. Le temps de cette rumeur continue et usante, et hop, c'est fini. La vie a eu lieu sans avoir été vécue autrement que par procuration, répétition, convention, abandon. L'artiste, en revanche, est le Temps lui-même. Un artiste n'est que le secrétaire du Temps. D'où le fait qu'il apparaisse toujours comme un anticipateur, un précurseur, un préparateur, mais aussi comme un rassembleur du passé le plus classique ou le plus lointain. Le présent de l'actualité s'oppose à lui ? C'est fatal, puisque ce présent est celui du poncif, du faux futur et du passé trafiqué en commémoration artificielle. Proust a bien vu qu'il apportait, dans cette dimension de la pensée du temps, une nouveauté considérable. Le poncif social est celui de la publicité, de la propagande, du « réalisme » sous toutes ses formes. La société du spectacle est en gestation dans la *Recherche*, et c'est pourquoi aucune œuvre du XX$^e$ siècle n'est plus présente, aujourd'hui, que celle-là. Le XX$^e$ siècle est celui de Proust, comme il est celui de Picasso, de Stravinsky, de Joyce. La société, en ce moment même ? La voici, dessinée d'un trait par Debord :

« La construction d'un présent où la mode elle-même, de l'habillement aux chanteurs, s'est immobilisée, qui veut oublier le passé et qui ne donne plus l'impression de croire à un avenir, est obtenue par l'incessant passage circulaire de l'information, revenant à tout instant sur une liste très succincte des mêmes vétilles, annoncées passionnément comme d'importantes nouvelles ; alors que ne passent que rarement, et par brèves saccades, les nouvelles véritablement importantes, sur ce qui change effectivement. Elles concernent toujours la condamnation que ce monde semble avoir prononcée contre son existence, les étapes de son auto-destruction programmée. »

Et aussi :

« L'effacement de la personnalité accompagne fatalement les conditions de l'existence concrètement soumise aux normes spectaculaires, et ainsi toujours plus séparée des possibilités de connaître des expériences qui soient authentiques, et par là de découvrir ses préférences individuelles. L'individu, paradoxalement, devra se renier en permanence, s'il tient à être un peu considéré dans une telle société. Cette existence postule en effet une fidélité toujours changeante, une suite d'adhésions constamment décevantes à des produits fallacieux. Il s'agit de courir vite derrière l'inflation des signes dépréciés de la vie. La drogue aide à se conformer à cette organisation des choses ; la folie aide à la fuir. »

 La société de Proust est, là, singulièrement *aggravée*, et c'est pourquoi il est éclairant de relire la *Recherche* dans cette perspective dramatique. Proust a d'ailleurs prévu l'objection qui consisterait à le « replacer » dans son époque (par exemple dans un cinéma à costumes). Vous me lisez, dit-il, pour me délayer et éviter de me relire d'un seul coup. Mon livre ne finit pas, il persiste, il recommence. Le passage du temps ne fait rien à l'affaire, vos trois dimensions passé-présent-avenir ne peuvent pas en venir à bout. « Le temps véritable est quadri-dimensionnel », dira bientôt Heidegger. Et ceci, qui semble s'appliquer directement au narrateur de la *Recherche* : « L'homme est celui qui entend l'être durant qu'il insiste au cœur du temps véritable. » Le rouleau du livre proustien, avec sa population décrite en détail et *avalée*, est un avènement qui ne cesse pas d'arriver, un appropriement hors normes. Nous ne sommes plus dans la chronologie. « Un écrivain du XVII$^e$ siècle qui n'a connu ni la Révolution française, ni les découvertes scientifiques, ni la guerre, peut être supérieur à un écrivain d'aujourd'hui. » Et aussi : « Ceux-là mêmes qui sont le plus incapables de juger les mérites sont ceux qui, pour les classer, adoptent le plus l'ordre de la mode. Ils n'ont pas épuisé, pas même effleuré, les hommes de mérite qu'il y avait dans une génération, et maintenant il faut les condamner tous en bloc, car voici l'étiquette d'une génération nouvelle, qu'on ne comprendra pas davantage. »

La grande question de la littérature, on s'en apercevra de plus en plus au fur et à mesure qu'elle aura tendance à disparaître, n'est pas de savoir « de quoi ça parle » ou « ce que ça raconte » mais : *qui raconte qui ?* Autrement dit : qui détient la maîtrise du récit ? Qui n'est pas raconté par un autre ? Il ne s'agit pas seulement de puissance d'information, sans quoi le journalisme ou la biographie fouillée suffiraient à régler le problème (et c'est d'ailleurs ce que nous pensons aujourd'hui : les « révélations » se succèdent, les œuvres s'éclipsent, le « vécu » direct envahit les publications comme une grande marée grise de souffrance ou de dépression). Il ne s'agit pas non plus d'un conflit ou d'une compétition d'interprétations (dites-moi quelle est votre origine ou votre position sociale, allongez-vous chez nos psys). Non : le *qui-raconte-qui* de la littérature est bien plus ambitieux, risqué et terrible, c'est bel et bien une lutte intense de pouvoir (et non pas telle ou telle conception du « roman »). Il s'attaque à une époque dans toutes ses dimensions, et au temps lui-même dont cette époque est un angle. Ce n'est pas par hasard si Proust multiplie les références à des dates très éloignées de celle où il écrit (l'aristocratie et son effondrement le servent dans ce cadrage), s'il *enchaîne* par rapport aux grandes synthèses récentes (Balzac), s'il n'écrit pas non plus des Mémoires mais invente une machine à tisser des temps différents en pleine actualité. Or, ce temps est le sien, pas celui du chroniqueur ou de l'historien. De ce point de vue, parfaitement scandaleux et maintenu avec une finesse acharnée, la scène de Montjouvain entre Mlle Vinteuil et son amie ; celle de la danse, seins contre seins, d'Andrée et d'Albertine ; celle, encore, de la danse de fascination réciproque entre Charlus et Jupien dans la cour de l'hôtel de Guermantes (suivi du bruit de leur accouplement porcin), ont autant d'importance que l'affaire Dreyfus ou la Première Guerre mondiale, pourtant analysées dans leurs ramifications cachées et leurs conséquences. Les acteurs de l'Histoire croient vivre, ils sont vécus. Ils pensent dire, ils sont dits. Ce corps frais, insolent, sportif, désirant, va vieillir et pourrir sur place. Ce duc si sûr de lui, si fier, se résume soudain dans une caricature de vieux lion riche mais en cage :

« Il se leva poliment de son siège et je sentis la masse inerte de trente millions que la vieille éducation française faisait mouvoir, soulevait, et qui se tenait debout devant moi. »

L'œil est là, brillant, plein de vie, de vice, de malice, mais c'est déjà « l'heure du déclin des regards, où le visage, passé tout entier au-dessous de l'horizon, ne reçoit plus de lumière ». Chacun est connu, mais est devenu méconnaissable :

« Sa nature (Morel) était comme un papier sur lequel on a fait tant de plis dans tous les sens qu'il est impossible de s'y retrouver. »

Ou encore ce Charlus inattendu (mais quel *dessin* !) :

« Le baron était non seulement chrétien, mais pieux à la façon du Moyen Âge. Pour lui, comme pour les sculpteurs du XIII$^e$ siècle, l'Église chrétienne était au sens vivant du mot, peuplée d'une foule d'êtres crus parfaitement réels : prophètes, apôtres, anges, saints personnages de toutes sortes entourant le Verbe incarné, sa mère et son époux, le Père éternel, tous les martyrs et docteurs, tel que leur peuple, en plein relief, se presse au porche ou remplit le vaisseau des cathédrales. Entre eux tous, M. de Charlus avait choisi comme patrons intercesseurs les archanges Michel, Gabriel et Raphaël avec lesquels il avait de fréquents entretiens pour qu'ils communiquassent ses prières au Père éternel, devant le trône de qui ils se tiennent. »

Qui raconte qui ? Celui qui, « comme un plongeur qui sonde », est capable de déchiffrer des signes « en relief » a une chance, dans la solitude et le silence, de s'emparer du vrai récit. La plupart des humains, en effet, « croient que la littérature est un jeu de l'esprit destiné à être éliminé de plus en plus dans l'avenir ». Ils ne se doutent pas qu'elle est au contraire le vrai corps, la vraie vie, ou peut-être le pressentent-ils, et préfèrent-ils la mort et l'oubli. Peut-être ? Non, sûrement. Quand Freud, au moment même où Proust va mourir en achevant la *Recherche*, introduit la pulsion de mort comme « la plus pulsionnelle des pulsions », il rencontre l'incompréhension majeure de sa vie, une résistance bien plus acharnée que celle déclenchée par sa révélation sexuelle. De même, la littérature, au sens de Proust, a peu de choses à voir avec ce que l'on débite esthétiquement ou industriellement sous ce nom. C'est une expérience en profondeur, anti-sociale, dont tout veut nous détourner, à commencer par nous-même. Qu'est la littérature à côté d'un enfant qui meurt de faim ? Rien, et cela nous sera répété tous les jours. Face aux immenses souffrances d'une planète en folie ? Rien encore. Face aux grands problèmes financiers et diplomatiques de l'heure (comme dirait M. de Norpois) ? Rien, rien, trois fois rien. Ou encore : qu'est-ce que la littérature comparée au cinéma, à la télévision, à Internet, à la presse ? Moins que rien, un rêve narcissique, une buée, une illusion archaïque, à moins de ressembler à un script en vue de l'image (et encore). Regardez ce maniaque enfermé chez lui, essoufflé et vivant la nuit, ne sortant que pour quelques séances perverses, écrivant sans cesse, et gribouillant, de temps en temps, des petits dessins dans la marge ? N'est-il pas ringard, tocard, has been, toqué, *décalé* ? On le lui fait sentir, il n'écoute rien, il s'obstine. Ce David à plume d'encre croit qu'il possède une fronde capable de tuer Goliath. Pauvre type, il va se faire écraser, c'est fini tout ça, on ferme.

Elstir, le peintre de la *Recherche*, n'a pas pu, comme son inventeur, se masquer militairement en «écrivain mondain» (selon ce que pensaient de Proust les imbéciles de son époque) :
« Tout ce qu'il possédait, idées, œuvres, et le reste qu'il comptait pour rien, il l'eût donné avec joie à quelqu'un qui l'eût compris. Mais faute d'une société supportable, il vivait dans l'isolement, avec une sauvagerie que les gens du monde appelaient de la pose et de la mauvaise éducation, les pouvoirs publics un mauvais esprit, ses voisins de la folie, sa famille de l'égoïsme et de l'orgueil. »

Emmanuel Berl, dans sa préface aux lettres de Proust à Reynaldo Hahn (à l'intention duquel Proust a beaucoup dessiné), a raison d'écrire : « Le Proust qui écrit la *Mort de Bergotte*, le Rimbaud qui écrit *Une saison en enfer*, certains les ont approchés, aucun ne les a connus. »
Peut-être parce qu'ils sont parmi les rares qui, là où c'était, sont *advenus* ?
(On oublie toujours que la *Recherche*, comme *Une saison*, est un communiqué de victoire.)

Mais enfin *de quoi* parle Proust ? De son époque, qui ne saurait être la nôtre, pense le poncif. Mais non, c'est toujours la même chose. Le monde, la mondanité, le snobisme ? Le spectacle est permanent. Les Juifs, l'antisémitisme, l'homosexualité ? Il n'est question que de ça (on peut imaginer le sourire de Proust devant les embarras posthumes d'un président de la République française à ce sujet, ou devant les paquets qui lui arrivent chaque jour d'Amérique contenant des dizaines de livres de *Gay and Lesbian Studies*). Nous entendons bien des revendications, des indignations, des protestations, des insinuations, mais, en général, l'interprétation manque. Or elle est là, sous nos yeux, dans la *Recherche*, et nulle part ailleurs au xx$^e$ siècle. Où pourrions-nous lire la vérité ? Dans *Le Figaro* du temps (celui où le narrateur, encore jeune, est si content de publier son premier article) ? Il est multiplié, sous d'autres titres, par un milliard d'écrans. La pornographie ? Le petit hôtel de passe de Jupien est devenu une entreprise multinationale, mais personne n'est là pour nous en montrer le malentendu pathétique. Les « apaches » du début du siècle ? En quoi sont-ils différents de la Mafia désormais mondiale ? Albertine ? Le récit tendancieux de sa liaison avec Proust est depuis longtemps un best-seller copié partout. Le ragotisme universel ? Son bruit est plus fort que jamais dans toutes les têtes, *cogito, ragot sum*. L'Histoire continue, donc ? Eh oui, de plus belle, et exactement sur les rails décrits par Proust dans son diagnostic.

Adopter l'œil de Proust, c'est, par exemple, voir tout ce qui nous est présenté sans cesse comme « nouveauté » vieillir sur place, les « nouvelles générations » s'emboîtant à toute allure dans les anciennes en toute ignorance de cause. Œil biblique, bien sûr, par rapport auquel frénésies, érotisme appliqué, vomissements, hystéries, romans familiaux en folie, incestes ratés (il est vrai que c'est ce qu'il y a de plus difficile à réussir), mensonges, ivresses, drogues, désirs de meurtre et de mort, sont juste une accélération *pour rien*. L'humour sur tous ces sujets reste superficiel, de bon ton, ne va pas au cœur noir du système. Or, être ému en lisant Proust est aussi fréquent que de rire aux larmes. Devons-nous croire un des amants amis de Proust, Lucien Daudet, disant un jour à Cocteau : «Marcel est génial, mais c'est un insecte atroce, vous vous en rendrez compte un jour»? Sans doute, et alors?

On n'arrête pas le temps, tout au plus peut-on en dessiner la courbure. Il n'y a pas d'événement indépassable ou d'horizon incontournable, pas plus positif que négatif. L'Histoire est interminable. «L'idée de la mort me tenait une compagnie aussi incessante que l'idée du moi», écrit Proust, et ce n'est pas une formule en l'air. Il prétend aussi être mort plusieurs fois, et rien n'indique qu'il s'agisse d'une plaisanterie. Le *temps incorporé* comporte ses révélations propres. L'«insecte atroce», la «guêpe fouisseuse» l'est aussi par rapport à soi-même. Intraitable Proust, qui semble nous dire : vous ne pouvez pas me voir d'où je vous vois, allez-y, montrez-vous, parlez, gesticulez, prenez la pose, faites comme si je n'étais pas là, comme si je n'avais jamais été là. Après tout, Dieu, s'il existait, pourrait dire ce genre de choses.

Bien entendu, il est impossible de dessiner ou de représenter les événements capitaux : inégalité des pavés, goût de la madeleine, tintement d'un couvert, montée de l'ivresse douce au porto au restaurant de Rivebelle, sensation du linge, etc. Mais c'est de là que *sort* l'œil, un *autre œil*, d'une précision exorbitée :

« Si, par exemple, un Guermantes mâle allait saluer une dame, il obtenait une silhouette de lui-même faite de l'équilibre instable de mouvements asymétriques et nerveusement compensés, une jambe traînant un peu, soit exprès, soit parce qu'ayant été souvent cassée à la chasse elle imprimait au torse pour rattraper l'autre jambe, une déviation à laquelle la remontée d'une épaule faisait contrepoids, pendant que le monocle s'installait dans l'œil, haussait un sourcil au même moment où le toupet des cheveux s'abaissait pour le salut. »

Ou bien :
« Le nez busqué... sous les yeux à fleur de tête, au-dessus des lèvres trop minces, d'où sortait, chez les femmes, une voix rauque, rappelait l'origine fabuleuse assignée, au xviie siècle, par le bon vouloir de généalogistes parasites et hellénisants à cette race, ancienne sans doute, mais pas au point qu'ils le prétendaient quand ils lui donnaient pour origine la fécondation mythologique d'une nymphe par un divin oiseau. »

Ce qu'on peut rapprocher de la rencontre Charlus-Jupien (sur fond de fécondation de fleur par un bourdon improbable) :
« On eût dit deux oiseaux, le mâle et la femelle, le mâle cherchant à s'avancer, la femelle — Jupien — en ne répondant plus par aucun signe à ce manège. »

Ou encore :
« Les tantes ! Rien que dans le mot, on voit leur solennité et toute leur toilette ; rien que dans ce mot qui porte jupes, on voit dans une réunion mondaine leur aigrette et leur ramage d'un genre différent. »

Histoires d'oiseaux : on se croit pondu par l'opération du Saint-Esprit, du «divin pigeon», dira Joyce : on caquette, on croit voler quand on se gonfle, on pépie, on roucoule (Albertine : «Son rire, indécent à la façon d'un roucoulement ou de certains cris»), on ne sait jamais ce qui est premier, l'œuf ou la poule, on se donne des coups de bec sur le crâne, on s'observe du coin de l'œil comme du pain dur, on peut même devenir un cygne :

«Me souvenant de ce qu'elle était sur mon lit, je croyais voir sa cuisse recourbée, je la voyais, c'était un col de cygne, il cherchait la bouche de l'autre jeune fille. Alors, je ne voyais même plus une cuisse, mais le col hardi d'un cygne, comme celui qui, dans une étude frémissante, cherche la bouche d'une Léda qu'on voit dans toute la palpitation spécifique du plaisir féminin, parce qu'il n'y a qu'un cygne, *qu'elle semble plus seule*, de même qu'on découvre au téléphone les inflexions d'une voix qu'on ne distingue pas tant qu'elle n'est pas dissociée d'un visage où on objective son expression» (c'est moi qui souligne).

Est-ce un hasard si le personnage qu'on ne voit jamais dans la *Recherche*, mais dont l'influence délétère est partout présente, l'actrice Léa, porte un prénom si proche de Léda ? Un signe en moins, un cygne en plus. De toute façon, Proust, du fond du sommeil, et «par simple division, comme certains organismes inférieurs», peut s'autoféconder en femme :

«Quelquefois, comme Ève naquit d'une côte d'Adam, une femme naissait pendant mon sommeil d'une fausse position de ma cuisse. Formée du plaisir que j'étais sur le point de goûter, je m'imaginais que c'était elle qui me l'offrait. Mon corps qui sentait dans le sien ma propre chaleur voulait s'y rejoindre, je m'éveillais.»

Swann endormi devient cygne. Mais Léda est peut-être sensible à d'autres signes ? C'est le tourment du narrateur, on le sait. Une femme peut-elle se métamorphoser en cygne, et ainsi se substituer à Zeus ? Qu'est-ce, exactement, qu'un homme-femme ? Ou une femme-homme ? Que ferait le narrateur avec une femme s'il en était une ? À la recherche d'un secret perdu, Proust, dans ses moments de jalousie violente et de doute, se demande s'il reste maître de son récit. Qui raconte qui ? De toute façon, les mythes relèvent du délire, il suffit de consulter un dictionnaire de mythologie pour s'en convaincre :

«Le plus souvent, et surtout à partir d'Euripide, on admettait que c'était Léda elle-même qui, de ses amours avec Zeus, avait pondu un œuf (ou encore deux œufs), d'où étaient sortis les deux couples : Pollux et Clytemnestre, Hélène et Castor. À Sparte, dans le temple des Leucippides, on montrait les coquilles d'un œuf géant qui passait pour être l'œuf pondu par Léda.»

Un délire, pourtant, dit toujours une vérité. Oui, mais laquelle ?
Qui raconte qui ? Zeus ou Léda ? Proust ou Léa ? Sodome ou Gomorrhe ? Où se situe le point d'où on pourrait voir toutes ces folies à la fois ?

On repart dans le sommeil, on rejoint l'enfance. Le musicien de cette région de rêve, c'est Reynaldo Hahn, le grand complice et ami jusqu'à la fin de la vie du Voyageur. Proust ne croit pas à l'amitié, il l'a dit. Il pense que c'est une folie aussi grotesque que de prendre un meuble pour quelqu'un de vivant et de converser avec lui. Temps perdu, approximations, bavardages, forces dépensées pour rien et ainsi retirées à l'œuvre. Mais Reynaldo, c'est autre chose, un témoin d'apprentissage, une vraie boîte aux lettres, un appui, un partenaire de jeux et d'attendrissements sur soi-même, un personnage de la famille mystique et des cultes secrets. Il sera là dans les derniers moments de Proust, comme un double fidèle de la passion de la *Recherche*, comme Robert, le frère médecin. Il est célèbre, Reynaldo, tout le monde l'aime, lui et sa musique facile, appelée à s'évaporer sous le soleil de Debussy et de Stravinsky. En un sens, il est ce que Proust aurait pu rester s'il s'était contenté, presque comme un «célibataire de l'art», d'être le Marcel des *Plaisirs et les Jours*, ce garçon si sensible, si fin, si cultivé, si gentil (tu parles!), celui dont le rouleau magique et acide a stupéfié tout le monde, une fois son auteur monté au ciel, par son étendue, sa lucidité et sa profondeur. Mauriac avait une façon inimitable de raconter son ahurissement d'entendre Barrès, suivant le corbillard de Proust, lui dire de ce dernier : «Au fond, c'était notre jeune homme!» *Notre jeune homme* : il n'a jamais grandi, il n'a pas écrit ces milliers de pages, déchirantes et drôles, nous pouvons respirer tranquilles à la surface, le temps nous appartient, il ne s'est rien passé de capital dans une chambre tapissée de liège, Arthur Cravan peut demander à Gide : «Monsieur Gide, où en sommes-nous avec le temps?», et s'entendre répondre par l'heure que marque la montre *Corydon*, Valéry écrira encore des vers, Claudel s'enfermera à l'église, les surréalistes se tromperont beaucoup en amour, Sartre n'aura pas d'extases, Malraux inaugurera des musées imaginaires, Aragon feindra d'habiter le

Kremlin, Camus incarnera un Romain d'Alger, tout le monde s'arrangera plus ou moins pour éviter de trop parler de la *Recherche*, le mot de passe, non prononcé mais ferme, sera «d'oublier» Proust. Seul Céline comprendra que le vrai défi est là : question biblique.

Marcel et Reynaldo, c'est l'enfance retrouvée à volonté, celle de la perversité innocente et joueuse, un paradis de confiance et de confidences, de découvertes et de nouvelles partagées. Nous n'avons pas toutes les lettres de Proust à Reynaldo Hahn, et c'est dommage. Mais celles que nous lisons, avec les dessins qui les accompagnent souvent, montrent bien la croissance des intérêts de Proust, la lente et tortueuse montée de son génie. Le langage codé, d'abord, le «langasge». On est en pleine régression assumée, fluide, surnoms, petits noms, animalisations, scènes intimes. Proust est «Binibuls», «Bunchi», mais Hahn aussi. Lui c'est moi, moi c'est lui. Reynaldo est une figure en miroir, mais quand même surplombante, protectrice. Proust est son «poney». Qu'est-ce qu'on fait d'un poney ? On le flatte, on le bouchonne, on le pomponne, on lui fait faire le beau, mais on peut aussi l'éperonner, l'étriller, le cravacher, le chevaucher, le *monter*. Inutile de faire un dessin plus précis, la coulisse se comprend sans peine. Cela dit, on le console aussi, le poney, on ne fait pas que se «fascher» contre lui (même si c'est un ingrédient nécessaire de ce qui va suivre). On le dorlote, on le berce, on remplace maman, on le soigne, on l'endort. On lui joue du piano, on lui chante des romances. Reynaldo est un maître de musique que Marcel séduit par ses lettres et ses connaissances en peinture. Comme il est curieux, frémissant, ce Marcel ; comme il apprend à ruser et à raisonner ; comme il se *prépare*. Il observe, enquête, pastiche, parodie, calque, copie. Les déformations de langage froissent les mots vers le bas, comme pour les faire venir de plus loin, d'une langue étrangère et obscène. Beaucoup de *ch* en plus, comme par hasard («letterch», «chevalch»), etc. Petit poney deviendra grand, et on se souvient qu'Albertine fera une chute de cheval mortelle. Quant à être étrillé ou cravaché, M. de Charlus n'y renoncera jamais, c'est son expiation préférée. Cela n'empêche pas les sentiments, au contraire : attendrissement et cruauté font très bon ménage dans les aventures d'oiseaux. Ainsi cette lettre de Cabourg, pendant l'été 1909 :

«Ce soir j'ai demandé aux tziganes s'ils savaient quelque chose de Buncht et quand ils ont commencé *Rêverie* je me suis mis à pleurer en pensant à mon Binibuls dans la grande salle à manger vide entouré de vingt garçons consternés qui ont pris un air de circonstance ! Le maître d'hôtel ne sachant comment me témoigner sa commisération est allé me chercher un rince-bouche.»

Proust anarchiste ? Mais oui. On n'aime pas ce qui se prend trop au sérieux, l'obscurité de Mallarmé, les pontes du Collège de France, Sainte-Beuve, la prose répétitive de Péguy recommandée par Halévy, et pas trop les socialistes : «Tous vos amis les socialistes unifiés sont nommés et vous devez être aussi constent que je suis fasché... Pourtant je voterai pour vous si vous vous présentez comme un petit socialiste hunifié. Mais ne vous unifiez pas. Mieux vaut être loubéral. Je vous ai fait trente si jolis dessins que je suis on ne peut plus fasché de les avoir perdus. Je veux, "d'un trait de plume", vous donner une idée autant que je m'en souviens, car ils constituaient une critique hardie de diverses écoles de peinture.»

Les socialistes, après tout, pourquoi pas, mais la peinture, c'est mieux. Pour Mallarmé, ceci :

« Ses images *obscures* et *brillantes* sont sans doute encore les images des choses, puisque nous ne saurions rien imaginer d'autre, mais reflétées pour ainsi dire dans le miroir sombre et poli du marbre noir. Ainsi dans un grand enterrement par un beau jour les fleurs et le soleil brillent à l'envers et en noir au miroitement du noir. C'est pourtant toujours le "même" printemps qui "s'allume" mais c'est un printemps de catafalque » (cette lettre de 1896 est d'autant plus intéressante que Reynaldo Hahn a été le légataire universel de Méry Laurent).

Les socialistes, en 1906, ont l'air de détester les cathédrales. Ce n'est pas l'avis de Proust, on s'en doute. D'autant plus que, bizarrement, il se passionne de plus en plus pour l'art médiéval chrétien. Il s'amuse, Marcel, mais il est aussi très studieux. Il lit à fond Émile Mâle et Ruskin, ce qui ne l'empêche pas de trouver Mayol « sublime » (« viens poupoule, viens poupoule, viens »). Toujours le grand écart, le mélange naturel du haut et du bas, le désir de clarification globale. Il veut écrire une cathédrale ? Il commence par la dessiner (Monet, à la même époque, a l'intuition du temps coloré des porches et des tours, comme de la flottaison ignorée de Venise). Le Temps se met à parler à travers les pierres, la musique, la peinture, le grand tournant s'annonce, le $XX^e$ siècle est là.

C'est donc avec Reynaldo qu'on s'introduit dans cette drôle d'histoire chrétienne, à laquelle il n'est pas difficile — délicieuse souffrance — de s'identifier. Les cathédrales, Amiens, Chartres, Notre-Dame de Paris, Lyon, Bourges, sont pleines d'animaux, de serpents, de gargouilles, de vertus et de vices, de prophètes et de malédictions qui n'attendent qu'une nouvelle interprétation :

« L'Église et la Synagogue (aux yeux bandés). Vitrail de Bourges. Symbolise la vie se détournant avec tous ses espoirs de Marcel et Reynaldo plein de pitié recueillant le sang de sa plaie et Konsolant. »

Esther est bien intrigante (on doit y ajouter Racine et la musique de Reynaldo écoutée religieusement par papa et maman). Mais que signifie donc cette histoire de Vierge ?

« À remarquer combien dans les 2 vitraux la Vierge a l'air faschée de la nouvelle que lui apporte l'ange avec des gestes dénués de simplicité. »

D'où viennent les enfants ? L'enfant Jésus ? L'enfant prédestiné Marcel ? Proust éduque son regard, il s'applique, avec ironie, sans doute, mais fascination. Les personnages qu'on rencontre dans les dîners, les soirées, mais aussi dans la rue, les magasins, les usines, les hôtels, les trains, ne sont peut-être que des « tirages », des photocopies, dont les originaux, en vrai relief, sont ailleurs. Il faudrait retrouver leurs « plombs », leurs originaux, leurs moules. La cathédrale propose cette quatrième dimension créatrice, celle du Temps. Et comme « il y a une géométrie dans l'espace, il y a une psychologie dans le temps ». Psychologie n'est d'ailleurs pas le mot qui convient, c'est une nouvelle géométrie dans le temps que Marcel pressent, un espacement du temps, un *Zeit-Raum*, dira Heidegger, un « espace libre du temps ». Il est comme un Martien débarquant sur une planète étrange où les habitants ne sauraient plus regarder les lieux des cultes anciens. Les dons du Saint-Esprit. Voici :

« Jésus-Christ et les Dons du St Esprit. Vitrail de la Cathédrale du Mans. Jésus-Christ symbolise le pauvre Marcel maladch et les dons du St Esprit les trésors de génie et de bonté que ne cesse de lui insuffler Reynaldo. (Sous les bras de Jésus-Christ est qq joli livre, toujours oublié par Reynaldo). »

Gentillesse, dévotion, perversion. Le christianisme, dans ses sculptures et ses peintures (catholiques), est en réalité une merveilleuse école d'élaboration des pulsions. Le sadomasochisme y éclate pour qui sait le voir de l'intérieur, les églises sont des bordels. Proust, les yeux débandés, est ici très proche de Baudelaire. Si les oiseaux ont des becs, c'est bien pour se bécoter. Deux pigeons s'aiment d'amour cruel et tendre. Des colombes roucoulent d'une drôle de façon. À Padoue (Giotto), voici des anges :

« Dans le vol des anges, je retrouvais la même impression d'action effective, *littéralement réelle*, que m'avaient donnée les gestes de la Charité et de l'Envie » (c'est moi qui souligne).

Anges, becs, Balbec. On peut ici convoquer rapidement *Un souvenir d'enfance de Léonard de Vinci*, de Freud, avec sa queue de vautour, ses lèvres enfantines, son horizon voilé de mère phallique. Mais d'où viennent les oiseaux, les anges ? Attention à l'Envie :

« Le serpent qui siffle aux lèvres de l'envie est si gros, il lui remplit si complètement sa bouche grande ouverte, que les muscles de sa figure sont distendus pour pouvoir le contenir, comme ceux d'un enfant qui gonfle un ballon avec son souffle. »

Là encore, pas besoin d'ajouter au dessin. Fellation, bien sûr, mais d'abord sein et souffle. Le narrateur de la *Recherche*, qui fait visiter des églises à Albertine, nous avoue qu'il se sentait successivement « jaloux, indifférent, voluptueux, mélancolique, furieux ». Il fait le tour de la question. N'oublions pas que, dans un premier temps, Albertine *peint*. Par exemple devant une église « toute en clochetons » :

« Le tympan seul était vrai ; et à la surface de la pierre affluaient des anges qui continuaient devant notre couple du XX$^e$ siècle, à célébrer, cierges en main, les cérémonies du XIII$^e$. »

Les anges renverront bientôt aux avions (ce sera la mort d'Agostinelli), mais, pour l'instant, nous remontons dans la voiture en sortant de l'église, et là, Albertine, « comme une chienne commençait à me caresser sans fin ». Blasphème ? Sacrilège à faire hurler Claudel ? Bien sûr, c'est-à-dire recharge érotique par le hiératisme, percée dans ce qu'on pourrait appeler l'*hiérotisme*. Charlus, par la suite, dans ses tirades antisémites furibondes, évoquera cette passion qu'il suppose aux Juifs pour la Passion christique. C'est qu'il connaît très bien les jeux de Marcel et de Reynaldo se mettant en scène dans les porches des cathédrales et jusque dans les descentes de croix, propices aux alanguissements efféminés et douteux. On peut sans peine imaginer avec quelle avidité amusée Proust a lu, dans Émile Mâle (dont le nom lui-même semble prédestiné à entrer dans les fondations de la *Recherche*), la description de l'oiseau charadrius :

« Il y a un oiseau appelé charadrius, dit Honorius d'Autun, qui permet de deviner si un malade échappera ou non à la mort. On le place auprès du malade : si le malade doit mourir, l'oiseau détourne la tête ; s'il doit vivre, l'oiseau fixe son regard sur lui, et de son bec ouvert absorbe la maladie. Il s'envole ensuite dans les rayons du soleil et le mal qu'il a absorbé sort de lui comme une sueur. Quant au malade, il guérit. — Le charadrius blanc, c'est le Christ né d'une Vierge. Il s'est approché du malade quand son Père l'a envoyé sauver l'humanité. Il a détourné son visage des Juifs et les a laissés dans la mort, mais il a regardé de notre côté, et il a porté notre infirmité sur la croix. Une sueur de sang a coulé de lui, puis il est remonté près de son Père avec notre chair et nous a apporté le salut à tous. »

Binibuls est aussi Mintchiduls ou Gudinuls. Il écrit à Reynaldo des *bafouilles*. Des autos, des bicyclettes, des chevaux, des caricatures à la Caran d'Ache sont aussi bienvenus que des scènes bibliques détournées à usage intime : tout cela rentrera un jour dans la narration. C'est du charabia, du sabir, du volapük, de l'histrionisme voulu, du crincrin amoureux, mais Hahn (âne bienfaiteur) connaît la musique. Reynaldo est le même, on l'aime, on s'aime à travers lui. Si Proust était mort en 1908 ou 1909, à trente-sept ans, nous n'y verrions que du feu ou du badinage. Mais voilà : une illumination a eu lieu. Ou plutôt : l'auto-engendrement a réussi, contre toute attente. Comme le monde était moite, pourtant, étouffant, bloqué, durci, étranglé ; comme tout semblait fini, décadent, sans issue, répétitif, médiocre. Proust va *sortir*, comme le petit oiseau-prophète porteur d'une loi, phénix invisible, de l'objectif photographique et de la caméra censés enregistrer la réalité alors qu'ils n'en captent que le faux temps mort. Le temps magnifiquement perdu est retrouvé. Marcel est resté longtemps un peu demeuré. Mais *demeurer* était sa demeure. Il s'est longtemps couché de bonne heure pour se réveiller de très bonne heure, avant tout le monde, comme un aérolithe surgi d'un sommeil très ancien dans ce qu'il appelle « le disque tournant du réveil ». Il est devenu une nouvelle planète.

C'est cela, la révolution proustienne : ne pas se laisser « rattraper par la vie », autrement dit par la mort, comme tant d'écrivains et d'artistes qui, par « idolâtrie », n'ont pas su aller assez loin. Bergotte, Elstir, Vinteuil, malgré des réussites admirables, ont été limités par le snobisme, le trop grand amour des « modèles », leurs amis, leur femme, leur maîtresse, leurs enfants. On pourra rajouter plus tard à ces freins sociaux qui, d'emblée, empêchent la plupart de connaître la « vraie vie », les croyances religieuses ou politiques, l'engagement sous toutes ses formes, la paresse, l'alcool, le sexe, la drogue, l'argent, bref, toutes les propositions visant à retarder l'œuvre, à l'ajourner, à l'émousser, à la dévier, pour la faire servir à autre chose qu'à la vérité qu'elle comporte. Proust a été un virtuose du temps dépensé en pure perte (du moins apparemment car tout s'orchestrait dans l'ombre), il sait de quoi il parle. Il faut non seulement échapper à la contrainte génétique ou névrotique (M. de Charlus est « une femme emprisonnée dans un corps d'homme » ; Albertine endormie laisse apparaître sur son visage « des races, des atavismes, des vices », Bloch est possédé par « la volupté hystérique de mentir ») mais aussi à la glu sociale, avec ses engouements, ses miroirs, ses excitants décevants, son projet de destruction générale, ses fatigues, son usure, ses préjugés, ses haines et même ses admirations stériles. Beaucoup d'appelés, peu d'élus. Beaucoup de « vocations factices », encouragées par l'utilitarisme collectif, l'opinion, finissent par trouver certains écrivains « plus profonds » que d'autres, simplement « parce qu'ils écrivent moins bien ». Les modes se succèdent comme des agitations de surface, cependant :

« Il y a plus d'analogie entre la vie instinctive du public et le talent d'un grand écrivain, qui n'est qu'un instinct religieusement écouté au milieu du silence imposé à tout le reste, un instinct perfectionné et compris, qu'avec le verbiage superficiel et les critères changeants des juges attitrés. »

« Le génie », insiste Proust, « c'est-à-dire l'instinct ». « Religieusement écouté ».

Et encore :

« À partir d'un certain âge, nos souvenirs sont tellement entrecroisés les uns dans les autres, que la chose à laquelle on pense, le livre qu'on lit, n'a presque plus d'importance. On a mis de soi-même partout, tout est fécond, tout est dangereux, et on peut faire d'aussi précieuses découvertes que dans les *Pensées* de Pascal dans une réclame de savon. »

« Tout est fécond, tout est dangereux » : on croirait lire une formule de Picasso. Proust est là en éclaireur des audaces les plus fortes du XXe siècle, ce siècle qui aura été aussi le plus violent dans ses régressions. Nous sommes étonnés, par exemple, de lire aujourd'hui ces propos de Daniel Wildenstein, quatre-vingt-deux ans, « empereur et patriarche des marchands d'art » :

« Fragonard, Watteau, Chardin... Quand mon grand-père s'est lancé, ces noms ne valaient rien. Ils n'existaient pas.

À l'exception des frères Goncourt, ce siècle, ces peintres n'intéressaient personne. En tant que marchand, c'est lui qui les a sortis de l'anonymat. Qui les a révélés. C'est lui seul et personne d'autre. Dans le dernier quart du XIX$^e$ siècle, l'art officiel vivait sous le joug de l'école de Barbizon. Bouguereau. Cabanel. Carolus-Duran. Que des emmerdeurs. »

À la même époque (et cela aussi nous paraît ahurissant, même si des emmerdeurs d'aujourd'hui continuent, sur la lancée du XIX$^e$ siècle, à mépriser Fragonard), Mozart est, lui aussi, « oublié ». Cela rend plus touchants encore ces petits dessins « à la Drouet », envoyés par Proust à Reynaldo Hahn, en 1906, avec un pastiche de la comtesse Greffulhe, née comtesse Marie-Anatole-Louise-*Élisabeth* de Caraman-Chimay (1860-1952), présidente de la Société des Grandes Auditions musicales de France, et l'un des modèles de Proust pour la duchesse de Guermantes :

« Monsieur,
On me dit que vous allez jouer divinement à Salzbourg ce chef-d'œuvre très beau de Mozart, le *Don Juan* du Maître délicat entre tous. Ne pensez-vous pas qu'il pourrait être désirable que la salle reproduisît la salle d'alors ? Je serais par exemple en Dauphine Marie-Antoinette d'Autriche promise au martyre, la Princesse Metternich en Abbé Dubois ou en Chardin le grand peintre des intimités, le Landgrave de Hesse en Beethoven à cause de ses infirmités... »

Le plus « mozartien » des dessins de Proust ? Sans doute celui qu'il intitule carrément *Portrait de Réjane, par Manet*. Il s'est inspiré du portrait d'Irma Brunner ou de celui de Méry Laurent (un des modèles d'Odette de Crécy) que Manet a peints il y a plus d'un siècle. Un siècle ? Mais non, ils sont là, vibrants et définitifs, aujourd'hui même, ces tableaux, à jamais irrattrapables par le musée d'Orsay, splendides d'insolence et de vie, subversifs en diable. Comme la *Recherche*, en somme, qu'il faudrait plutôt appeler la *Trouvaille*.

C'est embêtant d'avoir un corps à traîner, plus ou moins bien, parmi tous les autres promis à la mort : grand-mère, maman, papa, Montesquiou, Haas, Straus, Greffulhe... On va le « laisser se désagréger », ce corps, pour voir ce qu'il enseigne si on l'écrit jusqu'au bout. On tuera ainsi la mort qui voudrait vivre à sa place : « Les données de la vie ne comptent pas pour l'artiste, elles ne sont que l'occasion de mettre à nu son génie. » On a des alliés, le rêve, qui « compense la durée par la puissance », y compris dans les cauchemars :

« Ces cauchemars, dont les médecins prétendent stupidement qu'ils fatiguent plus que l'insomnie, alors qu'ils permettent au contraire au penseur de s'évader de l'attention ; les cauchemars avec leurs albums fantaisistes, où nos parents qui sont morts viennent de subir un grave accident qui n'exclut pas une guérison prochaine. En attendant, nous les tenons dans une petite cage à rats où ils sont plus petits que des souris blanches et couverts de gros boutons rouges, plantés chacun d'une plume, nous tenant des discours cicéroniens... »

Le rêve, donc, et l'observation de la vérité sexuelle, même si elle tourne, comme dans la maison de femmes de Coulinville, à la « folie criminelle ». De toute façon, l'Artiste, qui travaille « très lentement », est le Temps lui-même. Une fois « retrouvé », on peut descendre avec lui aux Enfers. Voici l'œuvre de révélation évangélique des sépulcres blanchis : le marquis d'Argencourt devenu un « gaga sublime », la « blonde valseuse » transformée en « lourde dame à cheveux blancs », « une jeune femme que j'avais connue autrefois, maintenant blanche et tassée comme une petite vieille maléfique... ».

Voici la loi : « C'est avec des adolescents qui durent un assez grand nombre d'année que la vie fait des vieillards. »

Des adolescents s'abusent, et vieillissent d'un coup. Où est leur erreur ? Pourquoi cette sanction ? Quand Proust parle du « génie », de « l'artiste », il ne faut pas penser que c'est lui-même qu'il désigne ainsi. Il y a un seul Artiste, c'est le Temps. Il « travaille très lentement », et c'est pourquoi, pour son traducteur qu'est l'écrivain, il est si « long à écrire ». La faute existentielle consiste à ne pas s'apercevoir de son existence, de son *art*. « Dieu n'est pas un artiste », dit Sartre. Sans doute, mais « Dieu », c'est le Temps. Et quel artiste, puisqu'il nous fait croire, éveillés, à l'existence d'une société qui n'est qu'hallucination pure, *intervalle*, laps, entre un avant impensable et un après inimaginable. S'il en est ainsi :

« L'être que je serai après la mort n'a pas plus de raisons de se souvenir de l'homme que je suis depuis ma naissance que ce dernier ne se souvient de ce que j'ai été avant elle. »

En laissant tomber la mémoire volontaire, Proust abandonne la volonté de volonté. La mémoire « involontaire » prouve que nous sommes hors de nous au plus intime de nous. Être *dans* le Temps (et non pas à *côté*) provoque cette expérience. Les adolescents attardés ne la font pas en général, pris comme ils (ou elles) le sont dans l'impasse sexuelle : rejet d'un côté, adhérence de l'autre. Pas assez. Ou trop. Il s'agit d'une « cécité profonde, obstinée et déconcertante ». Dieu, la Société ou l'Obsession sexuelle, du point de vue du détachement *dans* le temps, c'est pareil. Claudel rêve d'emporter sa « semence » dans la tombe (la sienne ou celle de Rimbaud qui a eu sur lui, dit-il, une « influence séminale » ?). Gide s'effraie qu'on puisse donner à l'homosexualité le visage fou de Charlus. Sartre se replie sur Flaubert, non sans avoir tenté de réduire Genet (ce fils floral de Proust) et permis à Beauvoir de se demander finalement ce qu'est en réalité une femme. Aragon se cache pendant un demi-siècle dans une hétérosexualité poético-politique de façade. Mauriac est inquiet : il admire Proust, il en parle avec émotion, mais quand même, les *Pensées* de Pascal mises sur un plan d'égalité avec une réclame de savon, c'est exagéré. Chaque fois, l'immense *drôlerie* de Proust semble échapper à notre époque. Malraux s'enfonce dans des discours funèbres. Céline, on l'a dit, est plus lucide : ce sera lui ou moi ; la Bible, les Juifs, ou moi. Seul, sans doute, Artaud est à la hauteur du tragique proustien, mais l'identification christique est ravageante. Le détachement dans le temps ? L'ultime disparition de l'être et du temps ? On l'entend de nouveau, dans ce grand livre enfantin encore à lire, *Finnegans Wake*.

Il y a donc beaucoup de poésie et de romans inutiles, et pour cause. *Pas dans le temps*, comme on dit « pas dans le coup ». Sans doute, l'apparence est là : réalisme, actualité, vécu, histoire, aveux, cris, profusion cinématographique et le reste, mais la « formule » n'est pas là. Ce n'est pas le Temps lui-même qui parle. D'où des flots de longueurs, de bavardages, d'approximations. Des subjectivités, pas de Subjectif. Des corps agités, pas de pouls, pendant que, dehors, le vacarme technique s'étend. Et pourtant l'essentiel est là, tout proche, extrêmement simple : un tintement, un souffle, un goût, presque rien. Nous évitons la proximité, le très simple. C'est pourtant là que se tient le plus vaste, le plus riche, ce nous-même dont nous ne voulons pas, ignoré de nous-même. Plutôt des tonnes de bruit que ce presque rien. Plutôt vouloir le rien que ne rien vouloir (suicide). Proust, lui, est très calme.

En 1943, il faut souligner la date, Georges Bataille médite intensément sur Nietzsche, la poésie et Rimbaud. Il s'interrompt et parle de Proust dans une digression. Il s'agit de *L'Expérience intérieure* :

« Si j'ai voulu parler longuement de Marcel Proust, c'est qu'il eut une expérience intérieure limitée peut-être (combien attachante, cependant, par tant de frivolité mêlée, tant d'heureuse nonchalance), mais dégagée d'entraves dogmatiques. J'ajouterai l'amitié pour sa façon d'oublier, de souffrir, un sentiment de complicité souveraine. Encore ceci : le mouvement poétique de son œuvre et quelle qu'en soit l'infirmité, prend le chemin par où la poésie touche à l'extrême. »

Et encore :

« Les phrases de Proust sont un ruisseau, elles s'écoulent, elles annoncent avec douceur l'écoulement du temps allant à la mort. »

Bataille se trompe : Proust n'a jamais été frivole ni nonchalant. L'aimer pour sa souffrance est encore une manifestation chrétienne de romantisme nihiliste. On ne voit pas où serait l'«infirmité» du mouvement poétique de son œuvre, et quant aux phrases qui iraient dans le sens de l'écoulement du temps vers la mort, c'est ne pas tenir compte qu'elles vont précisément à contre-courant de cet écoulement même. Bataille est gêné (il n'est pas le seul) par le «triomphe» que dégage la *Recherche*. Il pense sincèrement que ce qui est plus «profond», c'est la perte, l'inconnu, la décomposition, l'absence ultime d'œuvre ou de sens, la mort. Mais c'est au contraire parce qu'il était *muni* de sa découverte «triomphale» que Proust (comme Homère, Dante ou Rimbaud) a pu descendre aux Enfers et en remonter. Et surtout *raconter*. En détail. En nous disant, touche finale, qu'il va enfin pouvoir nous raconter tout ce qu'il vient de nous raconter.

Qui raconte qui ?

La *Recherche* n'est pas la même œuvre que l'*Odyssée*, *La Divine Comédie*, ou *Une saison en enfer*, et pourtant, c'est la même. Un long communiqué d'évasion. Un récit biblique, comme sa ténacité et sa vérité, à chaque instant, l'indiquent.

Difficile à percevoir, même avec des affinités très fortes, en 1943, en plein déchaînement de la culture de mort. Mais tout aussi difficile à comprendre aujourd'hui, sous des travestissements multiples, dans la mort programmée de la culture.

1900 : Proust éprouve le choc vivant d'une ville qui semble condamnée, Venise. Il lit et traduit Ruskin, le Baptistère de Saint-Marc le reçoit dans un secret connu de lui seul. Il dessine beaucoup.

2000 : il serait temps de relire Proust.

*Août 1999.*

## *L'autre Venise*

Trop, trop peu : voilà ce que Venise pourrait dire de tout ce qui a été écrit, montré, rêvé ou imaginé à son sujet, avant de poursuivre son cours et non de s'enfoncer dans les flots, comme on nous le prédit périodiquement avec une inquiétude qui ressemble à un désir de vengeance. Le XIX$^e$ siècle avait décidé que Venise était un vestige, une ruine lente, peut-être même le symbole de la Mort. L'histoire, la vraie, se déroulait ailleurs, à grande vitesse, pour un avenir programmé d'avance. Cependant, à mesure que Venise *revenait*, le doute commençait : et si cette ville, ou plutôt ce double unique de ville, n'était pas au passé mais au futur ? Si notre présent s'y éclairait, comme le passé, d'une façon aussi inattendue qu'inquiétante ? Que faire, alors, des tonnes de clichés romantico-poétiques dont on l'a affublée, voyages de noces, romans sentimentaux, chansons déprimées, films ? Que c'est triste Venise au temps des amours mortes, la mort à Venise, Venise paradis perdu... Comment recycler cette rumination mélancolique, base ancienne d'une industrie touristique ? Venise-musée ? Bien sûr, mais il faut autre chose. Des colloques, des congrès, des sommets, des biennales, de l'animation culturelle, des cocktails, des stars, des soirées, et surtout des photos, encore des photos, toujours des photos. Quant à penser la réalité et la profondeur de ce lieu magique, non, c'est trop difficile, nous savons trop peu qui nous sommes, d'où nous venons, vers quoi nous allons. Si la Mort se dérobe, le Spectacle, lui, continue. Depuis longtemps, chacun l'a compris, la Mort et le Spectacle sont une même chose.

L'énigme, ici, comme la plupart du temps, est la fin du XVIII$^e$ siècle. Quand Napoléon («Je serai un Attila pour Venise») vend, pour presque rien, en 1797, la ville aux Autrichiens, il règle un vieux compte, une vieille haine (comme, plus tard, Hitler avec Vienne ou Staline avec la Pologne). Les dictateurs se ressemblent : ils veulent que l'histoire débute avec eux. La mémoire les gêne. Venise occupée va donc se traîner en captivité dégradée pendant des années; sa décadence paraît irréversible. Qui connaît alors Monteverdi, Vivaldi? Qui se souvient de Giorgione, Titien, Tintoret, Véronèse, Tiepolo, Guardi? Qui a lu Casanova? Personne, ou presque[1]. Paradoxalement, les catastrophes du XX$^e$ siècle vont être, pour Venise, une résurrection lente, le retour d'un calendrier oublié. On comprend les peintres (Turner, Manet, Monet) : eux ont *su*, avant tout le monde. Un écrivain français, lui aussi, anticipe : Proust

---

1. «Personne, en 1938, ne sait rien au sujet de Vivaldi. Quelques spécialistes (cinq ou six, pas plus) ont une vague idée de ses compositions. Aucun parmi eux n'a lu la totalité de son œuvre. La plupart des partitions se trouvent sans doute à Turin et à Dresde. Pour Boccherini, le travail est encore plus difficile. J'ignore même où se trouve son œuvre. Et je me demande si quelqu'un le sait.» (Ezra Pound.) Toute l'œuvre de Pound ne cesse d'évoquer Venise. Il a aussi écrit ceci, que nous pouvons méditer : «Nous devrions lire pour accroître notre pouvoir. Tout lecteur devrait être un homme intensément vivant. Et le livre, une sphère de lumière entre ses mains.»
Pound, comme Stravinsky, est enterré à Venise.

## L'autre Venise

lit Ruskin, va à Venise, saisit que là se trouve la réponse, le pôle, le message caché, le temps retrouvé. Nous sommes en 1900 ; les grandes peintures de Monet sont, sur place, de 1908. Venise, ou une nouvelle expérience : l'instant enfin vécu comme tel, multiplication de la vision, couleurs sur couleurs, jouissance d'être. Le mouvement est lancé, on ne l'arrêtera plus.

La photographie, avant de devenir, comme toute marchandise, un département de la publicité générale, n'a pas été seulement un art, mais un acte de résistance. Venise s'est signalée de nouveau par ces images d'un autre monde que des étrangers se procuraient peu à peu avec une incrédulité ravie. En 1841, par exemple, Ruskin voit à Venise les premiers daguerréotypes. C'est « un artiste français qui crée de petites plaques extraordinairement lumineuses, qui, regardées à travers une lentille, font voir le Grand Canal et la place Saint-Marc comme si un magicien avait contraint la réalité à se laisser transporter dans un pays enchanté ». Ces plaques, note Ruskin, « coûtent un napoléon chacun(e) et sont de petits joyaux ». Ruskin se méfie de la photographie, il a raison, mais il a tort. C'est grâce à tous ces photographes, souvent anonymes, que Venise impose sa redoutable présence fantomatique. Les livres illustrés de l'éditeur Ferdinando Ongania (*Détails des autels, monuments, sculptures, etc., de la basilique Saint-Marc*, entre 1878 et 1896 ; *Rues et Canaux à Venise*, 1890-1892) sont autant de marques insistantes de cette époque de purgatoire. Retenons une date symbolique : le 14 juillet 1902, quand le grand Campanile s'effondre, ses débris et sa reconstruction étant comme le signal de la Venise qui vient, l'entrée en scène de son autre existence, irréfutable et puissante.

« Le soir, écrit Proust, je sortais seul au milieu de la ville enchantée où je me trouvais au milieu de quartiers nouveaux comme un personnage des *Mille et Une Nuits*. Il était bien rare que je ne découvrisse pas au hasard de mes promenades quelque place inconnue et spacieuse dont aucun guide, aucun voyageur ne m'avait parlé. Je m'étais engagé dans un réseau de petites ruelles, de *calli*... » Proust a vu l'ancien Campanile et son ange d'or : « Rutilant d'un soleil qui le rendait presqu'impossible à fixer, il me faisait avec ses bras grands ouverts, pour quand je serais une demi-heure plus tard sur la Piazzetta, une promesse de joie plus certaine que celle qu'il pût être jadis chargé d'annoncer aux hommes de bonne volonté... »

Proust a raison : Venise est un ange, c'est la bonne nouvelle de toute son œuvre, l'endroit où elle se dévoile, s'accomplit, se noue ; là où elle est *baptisée*, en somme (le baptistère de Saint-Marc est pour lui un centre spirituel). « Ma gondole suivait les petits canaux ; comme la main mystérieuse d'un génie qui m'aurait conduit dans les détours de cette ville d'Orient, ils semblaient, au fur et à mesure que j'avançais, me pratiquer un chemin en plein cœur d'un quartier qu'ils divisaient en écartant à peine, d'un mince sillon arbitrairement tracé, les hautes maisons aux petites fenêtres mauresques ; et comme si le guide magique eût tenu une bougie entre ses doigts et m'avait éclairé au passage, ils faisaient briller devant eux un rayon de soleil à qui ils frayaient sa route. On sentait qu'entre les pauvres demeures que le canal venait de séparer, et qui auraient sans cela formé un tout compact, aucune place n'avait été réservée. De sorte que le campanile de l'église ou les treilles des jardins surplombaient à pic le rio, comme dans une ville inondée... » À Venise, ville des mille et une nuits de la catholicité (mais c'est encore un Vénitien, Da Ponte, qui trouvera pour Don Juan la formule de mille et trois femmes), Proust vérifie les souvenirs les plus aigus de son enfance (Combray, etc.); son détachement par rapport aux tourments de l'amour jaloux (Albertine a disparu, mais on en guérit); épouse en quelque sorte sa mère morte mais indestructible; s'ancre dans sa conception salvatrice de la mémoire et de l'art. Tout le reste est confusion, chaos, destruction organisée, illusion mondaine, enfer trompeur qui retient loin de Venise, c'est-à-dire de l'œuvre à accomplir. Venise n'est pas un « là-bas » mais un « là-haut » comme le dit un soir, à Paris, à l'Opéra, Casanova, à Mme de Pompadour médusée (« Vous venez de là-bas ? — Venise n'est pas là-bas, madame, mais là-haut »). L'espace et le temps ont un *plafond* : Venise.

L'espace, en effet, revient ici indéfiniment sur lui-même, et ne peut guère être soupçonné que d'avion. Sinon, à terre, en mer, c'est un huit, une bande de Moebius où dedans et dehors, sans arrêt, s'échangent. La désorientation est constante, ponctuelle, courbée, systématique, mais n'engendre aucun désordre, au contraire. L'espace est simplement doublé et organisé en reflet, comme un échiquier. Les canaux, les piquets, les ruelles, les quais, les bateaux, les places, les ponts, les puits, le dallage même, orchestrent cette mise en jeu géométrique. Le temps, lui, ne peut être, à chaque instant, que vertical, étagé, feuilleté, poudroyant, ouvert. Venise est un entrelacement de chemins qui ne mènent nulle part et qui se suffisent à eux-mêmes; une horloge où toutes les heures sont égales. Le projet s'y dissout, l'horizon est renvoyé, la psychologie y serait abusive, le masque et le visage coïncident, et, pour cela, nul besoin de carnaval. Bref, si l'on y consent, le corps s'y trouve déjà ressuscité, sauf pour les aveugles et les sourds volontaires, les agités du bouillon social, c'est-à-dire ceux qui ne savent pas ou ne veulent pas être là, ici, maintenant, à jamais, tout de suite. Être là est un art, et Venise exige un pari sur soi : sinon, exclusion, décor.

Approchons-nous, passons par les îles. Ce sont elles qui, de loin, préparent l'événement fleurissant, quelque part, au milieu d'elles. La force rayonnante de Venise est dans cette dispersion, cet essaim de parcelles mangées d'eau, ces stèles plates, ces sentinelles. Nous sommes dans une Grèce déplacée, tournée autrement. On garde ce qu'il faut de Byzance, mais on évolue à l'intérieur de l'aventure romaine, on reste dans la perspective, foyer d'une ellipse dont Rome est l'autre foyer. Rome, c'est le pouvoir central, l'autorité, éventuellement la censure, la massivité, le roc. On y traduit en termes universels les affaires du monde, on y temporise, on s'y compromet (il le faut), on y attend. Les navigateurs et les marchands de Venise, eux, sont dix mille fois partis et dix mille fois revenus, ils ont fait de leur port veineux l'image de l'univers qui a, nous le découvrons peu à peu, la structure d'une éponge. Venise a été conçue comme en fonction de cette masse manquante, de cette matière noire, qui occupe quatre-vingt-dix pour cent du visible. Elle n'est que lagunes, lacunes, pleins absolument pleins, vides aussi pleins que ces pleins. Elle respire, elle bat, elle s'annule, elle est modelée sur un souffle. Au fond, c'est la ville du Saint-Esprit. Tout y parle de corps glorieux, d'allégements, d'ascensions, d'envols, d'assomptions, de piqués, de glissades, de lévitations, de suspens. Son emblème, avec le lion ailé de Saint-Marc, pourrait être cependant une mouette plutôt qu'une colombe, une de ces mouettes inlassables de la Giudecca, au cri aigre, cruel, fonceur et précis. Comment une telle évidence de splendeur a-t-elle pu échapper à la main du diable ? Il lui fallait bien une protection spéciale, une bénédiction cardiaque, un signe secret d'élection.

J'ai vu, une nuit, à la Salute, quelques dizaines de personnes prier, des bougies à la main, contre la peste. Le bubon menaçant était alors le projet para-mafieux (entre autres) d'Exposition universelle, ici, pour l'an 2000 : grands travaux, bouleversements souterrains, construction d'un métro et d'un funiculaire passant au-dessus de la place Saint-Marc, développement rentable, alibi de la création d'emplois, chants d'avenir, imagerie néofasciste ou néostalinienne, pressions politiques, marionnettes bavardes. C'était *l'Expo*, entendez par là des milliards et des milliards déjà attribués, dépensés, réattribués et redépensés, effervescence occulte, commissions, sous-commissions, délégués, bureaux d'études, commissaires, pots-de-vin, l'Italie, quoi, ou encore le Japon, c'est-à-dire, de plus en plus, la planète entière. *L'Expo! L'Expo!* Finalement, *l'expo* a été repoussée, mais son idée resurgira un jour ou l'autre, il faut que tout devienne *expo*, vous ne pouvez pas vivre sans *expo*, votre vie mentale doit être une *expo*. Cette fois encore, du temps de Lépante, victoire célébrée partout sur ses murs, Venise a sécrété son contrepoison ; elle est une contre-expo permanente. Le Spectacle, à savoir la Mort surexposée pour tous, n'est pas arrivé à faire mieux.

Venise, ville fermée. Elle se laisse clicher, visiter, traverser, mais elle se refuse. Rien de plus émouvant, dans les vieilles photos de la fin du siècle dernier ou du début du nôtre (qui s'achève, à son tour, en queue de poisson), que les moments où la foule est dehors, soudain, noire, passionnée, sans âge, pour les vrais événements collectifs (ils sont rares. Venise est une ville où l'on est seul comme nulle part ailleurs) : marchés, processions, régates, visite annuelle rendue aux morts. Ils sont au large, les morts, dans l'île Saint-Michel, on y allait autrefois par un pont de bateaux sur l'eau, cette île est un négatif de la ville. Les morts soutiennent Venise de loin, ils sont en transit, comme les vivants, ils flottent, comme eux, dans une parenthèse de surface. Cercueil couché, barques, rameurs debout... La *rame*, mieux encore que la gondole, est un autre emblème de Venise, elle appelle tout de suite avec elle des réminiscences enfouies d'*Odyssée*. Ulysse est vénitien, aucun doute. Je n'ai jamais mieux lu qu'à Venise Homère ou la Bible. Les mots, ici, veulent vivre, résonner, se recharger, parler d'eux-mêmes comme s'ils étaient prononcés par l'air, comme s'ils émanaient directement de lui, sens, rythme, musique. Du bon usage de Venise : choisir son quartier, son pont, son ponton, son quai, son jardin, ne plus en bouger, lire ou écrire. On circule les premières fois que l'on vient, on court partout, on veut tout voir. Ensuite, à quoi bon ? La partie est aussi grande et profonde que le tout, l'ensemble est présent dans chaque fragment, comme dans un bon livre, un bon tableau, un bon madrigal, un bon concerto. Matin, matinée, midi, début d'après-midi, fin d'après-midi, soirée, nuit, autant de théâtres indépendants dans le théâtre, aucune progression, cercles, sphères. La pointe de la Douane de Mer, avec son globe d'or, résume cette stabilité de compas.

Les philosophes ne sont pas heureux à Venise, ce n'est pas une ville pour eux. Ils ont tendance à la trouver superficielle, versatile, légère, dissipée, dissolue, insaisissable, irrévérencieuse, pas assez allemande, trop grecque. Sartre s'agace. Il trouve Venise étouffante, visqueuse, maléfique, trop maternelle, dissimulant un grouillement malsain dans ses canaux ; elle lui évoque ni plus ni moins que la castration. Heidegger, qui s'embarque ici pour la Grèce au milieu des années soixante, trouve Venise sans intérêt, pourrie par le tourisme, juste bonne à retenir l'attention d'un artiste en mal d'inspiration. Le premier se trouve mieux à Rome, où peut-être, un jour, un parti communiste enfin éclairé remplacera la papauté ; le second préfère de beaucoup le surgissement de Delos où se fait entendre pour lui, sans hasard, un contact direct avec l'Être. Peut-être Wittgenstein, lui, aurait-il aimé Venise ? J'y pense en lisant ces propositions du *Tractacus* : « Le monde de l'homme heureux est un autre monde que celui de l'homme malheureux. » Ou encore : « Si l'on entend par éternité non la durée infinie mais l'intemporalité, alors il a la vie éternelle celui qui vit dans le présent. » Ou encore : « La solution du problème de la vie on la perçoit à la disparition de ce problème. » Ou encore : « Il y a assurément de l'indicible. Il se montre, c'est le Mystique. » Venise, en réalité, est faite pour les îliens, les marins, les aventuriers, les logiciens, les mathématiciens, les artistes, les écrivains, les mystiques. De l'autre côté, n'entrant pas mais répandus partout, le clergé philosophique, journalistique, politique ; les touristes ; les trafiquants de la culture, de la mode et du show-business. Pourtant, le masque de frivolité est nécessaire. Il n'a rien de choquant, d'insincère ou d'inauthentique. C'est une protection inévitable dans notre temps pelliculaire, écume que chasse le vent. Il n'y a aucune contradiction, à Venise, entre le fait d'être sérieux et ascétique pendant le jour, et déguisé ou ivre durant la nuit. Cette double identité est même souhaitable. On sourit en pensant que le jeune Aragon a brûlé ici le manuscrit de sa *Défense de l'infini* par chagrin d'amour pour Nancy Cunard, la fille des lignes maritimes : le voilà, au retour, mûr pour la grande illusion du couple et l'Oural orthodoxe. À l'époque de la Révolution culturelle chinoise, j'ai accompagné ici des Chinois. Ils descendaient de leur cargo tapissé de drapeaux rouges et muni de haut-parleurs appelant le problématique prolétariat local au soulèvement contre les capitalistes et leurs alliés pseudo-communistes. C'est un de mes plus beaux souvenirs. Les Chinois étaient doux, rieurs, ils marchaient sur les quais en regardant surtout les pigeons. D'autres Chinois viendront, ils prendront la place des Japonais maniaques de l'objectif (j'en revois un concentré, tendu, photographiant, avant d'oser y toucher, son énorme plat de langoustes).

Venise, dites-vous, et c'est horrible, a inventé le ghetto. C'est vrai. Pourtant, je n'ai jamais ressenti mieux qu'ici l'abîme et la merveille du judaïsme, dans ses belles synagogues à l'écart. Quoi, mieux qu'à Jérusalem? Oui. Les prophètes s'y écoutent plus nettement qu'ailleurs, Isaïe, Amos, Zacharie. D'autre part, à Paris, j'entre rarement, voire jamais, dans une église; je ne vais pas à la messe. À Venise, deux fois par jour, matin et soir, parfois seulement cinq minutes, c'est un geste normal d'approbation pour l'édifice aérien et liquide qui abrite votre séjour. Regardez maintenant l'une de ces fenêtres donnant sur les quais, avec ce store blanc : derrière elle, peut-être que quelqu'un est là, pendant des heures, penché sur un cahier, en train d'écrire. Ou bien quelqu'un d'autre, absorbé et inaccessible, plus loin, dans un coin de ponton, radeau immobile calmement battu par l'eau. Comme le dit Ezra Pound, dans l'un de ses *Cantos* : « Étudier, pendant que passent les blanches ailes du temps, n'est-ce pas là notre joie ? » Et aussi : « L'amour garde son pouvoir, même si la mémoire le perd. » Non, ce ne sont pas les avions, les paquebots, les téléphones, les télévisions, les cours de la Bourse, les ordinateurs ou les fax qui vont y changer quelque chose. Nietzsche parle de « l'heure sainte où Richard Wagner mourait à Venise ». En gardant ce ton lyrique, on peut affirmer qu'il y a eu bien d'autres heures saintes en ce lieu, et pas forcément des derniers soupirs. Monteverdi est mort ici, et Titien, et l'Arétin, et Véronèse. Pauvre Casanova, obligé d'expirer loin de chez lui, en Bohême... Peu importe, le Souffle est sur eux, comme sur Proust et tous les inconnus de cette île aux morts qu'est le monde. Je pense à cette remarque, si belle, du philosophe tchèque Jean Pàtocka (il y a quand même beaucoup de philosophes à sauver), dans une de ses lettres à Robert Campbell : « Tout penseur qui veut embrasser l'univers doit consentir à se sentir et à devenir un univers de penseurs. » Et pour reprendre, une fois encore. Ezra Pound, que je revois marcher ici, sous un ciel gris, lent et perdu comme une ombre. Venise, telle Éleusis, est un mystère multiple qui se défend tout seul : « Les mystères qui se défendent d'eux-mêmes, les mystères qui ne *peuvent* pas être révélés. Les insensés ne peuvent que les profaner. Les cerveaux obtus ne peuvent ni pénétrer le *secretum*, ni le divulguer à autrui. »

Éloge de Venise, de Luigi Grotto Cieco d'Hadria, prononcé pour la consécration du Doge Sérénissime de Venise Luigi Mocenigo, le 23 août 1570 : « Voici la ville qui, à tous, inspire la stupeur. Et j'ajouterai que toutes les vertus en Italie dispersées en fuyant la fureur des barbares ici se rassemblèrent, et, ayant reçu du ciel le privilège des alcyons, firent, sur ces eaux, de cette cité, leur nid. Et je conclurai ainsi : qui ne la loue est indigne de sa langue, qui ne la contemple est indigne de la lumière, qui ne l'admire est indigne de l'esprit, qui ne l'honore est indigne de l'honneur. Qui ne l'a vue ne croit point ce qu'on lui en dit et qui la voit croit à peine ce qu'il voit. Qui entend sa gloire n'a de cesse de la voir, et qui la voit n'a de cesse de la revoir. Qui la voit une fois s'en énamoure pour la vie et ne la quitte jamais plus, ou s'il la quitte c'est pour bientôt la retrouver, et s'il ne la retrouve il se désole de ne point la revoir. De ce désir d'y retourner qui pèse sur tous ceux qui la quittèrent elle prit le nom de *venetia*, comme pour dire à ceux qui la quittent, dans une douce prière : *Veni etiam*, reviens encore. »

Voici quelques exemples de vie à Venise tirés de romans contemporains. Je les choisis et les distribue ici en hommage aux photographes du passé (l'admirable Carlo Naya, par exemple) qui ont su dire, de l'intérieur, la vérité de la ville :

« Je lève les yeux, je regarde la Giudecca... Je suis chez des amis, sur le Zattere al Spirito Santo, pas loin de la Salute... Par-dessus la terrasse de roses, je vois le vent se dessiner légèrement sur l'eau... Les bateaux passent, venant des quatre coins du monde... Verts, jaunes, gris, marron, noirs... Bois, pétrole... Le *Norwegian Challenger*, d'Oslo... Le *Royal Eagle*, de Monrovia... Le *Suavity*, de Londres... Le *Pacific Arrow*, de Tokyo... Le petit *Luki*, de Palerme... Le *Romanza*, de Panamá... Le *Kaptan Necdet Or*, d'Istanbul... L'*Evangeli*, de Limassol... Le *Corona Australe*, de Gênes... Le *Jasmine*, de Haïfa... Le *Vispy*, de Trieste... Le *Ziemia Kielecka*, de Stettin... Le *Ras El Khaima*, d'Alexandrie... L'*Orpheus*, d'Athènes... L'*Ikan Bilis*, de Singapour... Et puis Odessa, Shanghai, Barcelone... Le transbordeur-navette *Ammiana*, avec ses voitures... Et les remorqueurs, noirs et blancs, sans cesse, de gauche à droite et de droite à gauche, avec leurs noms latins, écrivant leur litanie : *Maximus, Novus, Pardus, Geminus, Strenuus, Titanus,*

*Validus, Cetus, Ausus, Squalus...* Ça n'arrête pas, le port est en fièvre fraîche... »

« Tiepolo ! Giambattista ! Le méconnu ! Le grand dernier de Venise ! Celui qui ferme la porte du paradis pour deux siècles et demi !... Juste après lui, le tunnel... Vivaldi et lui, les cris du couchant... On n'a jamais si bien senti la fin... On ne l'a jamais si bien défiée dans un sursaut éblouissant de toute l'énergie nerveuse... Ils ont fait exploser ça comme il faut... À coups de pinceaux et d'archets, d'archets tordus en pinceaux, paquet concentré de cordes, soleil énervé, éclatement virulent sombre... La couleur à bout... Le rythme à bout... C'est vraiment la fin, difficile d'aller plus loin dans l'extrême plaisir des limites, ils le savent, ils vous troussent le rideau, ils vous jettent par-dessus bord pour plus tard... Pour quelqu'un d'autre, un jour... Peut-être... Ou jamais... Aucun espoir dans les ensembles ou les groupes... Un pour un... Vers un... Toujours un... »

« Le motoscafo bondissant, clappant, longe le cimetière San Michele... Ifs, cyprès, murs roses, mouettes sur les corniches, ange blanc... Torrent du sillage... Cataracte horizontale... plissure Niagara... On rentre dans les veines de la ville... Petits ponts... On remonte au cœur... Éventail liquide, vapeur fraîche sur le visage... Bleu éclatant, clair... San Marco... 829... Marc... Un des quatre... Corps venus d'Alexandrie... À dos de chameau... Enveloppé d'une peau de cochon... Pour décourager une fouille éventuelle des trop fidèles... Islam... L'Évangéliste relié pur porc ! ça vaut la coquille Saint-Jacques ! Nous y voici... At home !... Marbre, mosaïques, lumière sortant des murs... 500 colonnes !...

Saint Marc est né à Jérusalem... Il est mort martyrisé en 67 en Égypte... Converti par saint Pierre lui-même, qui

l'appelle son "fils" à la fin de sa première Épître... Doué pour les langues, dit-on... Interprète... Traducteur-né... Parlant syriaque, grec, latin... Depuis l'hébreu, bien sûr, ce que tout le monde s'est acharné à oublier, négation des négations... "Pax tibi. Marce, Evangelista meus"... Lion ailé... Désastre antique...
Voilà donc le lieu. On peut tomber plus mal...»

« Le beau temps, à Venise, sur la Giudecca, est indescriptible. C'est la flambée des miroirs. Mais je suis distrait par le trafic du canal, par le vol disputé des mouettes, par le glissement des bateaux, des canaux, par la reptation et le bruit de l'eau sur elle-même et contre la pierre, par les façades déployées à vif. Plus rien n'a lieu, aucun souvenir ne compte. Chaque reflet est suffisant. Chaque détour parfait. Chaque puits, sur les places, hermétiquement scellé pour des siècles.

Je suis là, simplement, sur un banc. Moineaux, pigeons, air soyeux, silence.

Les lauriers sont encore fleuris.

Je ferme les yeux pour voir ma longueur d'onde de vie : nappe rouge orangé, molécule-cerveau de soleil.

Les anges du Redentore montrent bien leurs ailes, presque noires, enlevées dans le bleu-blanc éclatant. Il est toujours là, le Redentore, debout sur sa coupole, le bras droit un peu levé, bonjour, le gauche tenant son fanion. C'est le champion de l'humour, le tireur d'élite, imbattable, amour et humour, compassion, ironie.

Les bateaux n'arrêtent pas de passer. Passer, c'est tout ce qu'ils veulent dire.

Il y a des hurlements de chats, par moments.

Tous les rouages fonctionnent, la transformation de la terre devenue partout liquide en air, de l'air en lumière, avec la mousse humaine accrochée là, par plaisir. Dissolution, évaporation, absolution.

Hier, après la pluie, il y a eu un grand arc-en-ciel, à l'est. Tout est sec, aujourd'hui. Mouillé, sec, le battement est d'une rapidité enchantée. On dort, tout est humide. On se réveille, tout est essoré, repassé, net. »

« Il fait gris, tout le monde est dehors... C'est le *Corpus Domini*, l'eucharistie en sortie de gala... Chaque année, la succession des grandes solennités des dimanches obéit à une logique impeccable : Ascension, Pentecôte, Trinité, Fête-Dieu, Sacré-Cœur, saint Pierre et saint Paul... Chaque opération a sa cause antérieure, machine pneumatique huilée, sans erreur... Pour envoyer le Saint-Esprit à la Pentecôte, par exemple, il faut qu'il y ait eu l'Ascension (la deuxième personne monte vers la première, la troisième descend tout en restant en haut, ce sont les mystères des ascenseurs célestes)... Après quoi, en effet, la Trinité peut être considérée comme complète... La fois suivante, on dira d'une autre façon que Dieu en Trois n'en est pas moins Un, et que ce Un, mangeable, peut passer à la répétition indéfinie... On laisse ensuite le corps, on insiste sur le cœur... Et puis les deux apôtres colonnes... Bon, bon. Plus tard, en août, au comble de la chaleur et des vapeurs, dans le brouillard des mirages et l'accablement des baigneurs, on pourra glisser l'Assomption... Elle monte, elle aussi... Avec son vrai corps... Pendant la sieste... Toutes voiles dehors... Et puis, pas d'inquiétude, ça recommencera : l'Annonciation a déjà eu lieu, l'événement est pour bientôt, paf, Noël, et en avant pour la Semaine Sainte, Crucifixion, Passion et Résurrection... Pour l'instant, donc, chacun ayant reçu sa langue de feu, on va célébrer le banquet suprême... »

« Ah oui, voilà ce que j'aimerais que vous fassiez pour moi lors de votre prochain voyage : il y a un endroit fabuleux de présence, d'évidence. Ayez la gentillesse de vous y arrêter cinq minutes. Vous voyez le palais-musée de Peggy Guggenheim ? Poursuivez dans les ruelles, vous arrivez presque tout de suite sur le Campiello Barbaro. C'est là. Une petite place avec trois acacias et une fontaine basse, en bronze. Vous ne pouvez pas vous tromper, je le répète : Campiello Barbaro. Ponte San Cristofolo. Allez-y après le dîner, vers onze heures. Vous êtes derrière l'antique Ca Dario, rouge, avec une terrasse de bois fermée par des rideaux de toile blanche. J'espère que le magnolia et les lauriers sont en fleurs. Un rossignol ne peut pas éviter de chanter. Avec le bruit dégoulinant de la fontaine (et peut-être, malheureusement, celui d'une télévision par la fenêtre ouverte d'un des appartements), c'est le son le plus net. Vous pouvez compter si vous voulez les marches arrondies du petit pont : il y en a neuf. Vous vous penchez, vous plongez les yeux dans le canal d'eau ridée vert-noir. C'est tout. Bon, d'accord, vous allez voir, à droite, le magasin noir d'antiquités avec des gravures du XVIIIe et des "incisions" originales de Turner. Vous ne pouvez pas vous empêcher de lire — marbre blanc dans le mur de briques — la plaque dédiée à Henri de Régnier, *"poeta di Francia"*, lequel *"in questa casa antica, veneziamente visse e scrisse"*. On est en 1901 :

> *Car sinueuse et délicate*
> *Comme l'œuvre de ses fuseaux*
> *Venise ressemble à l'agathe*
> *Avec ses veines de canaux...*

Pourquoi pas... Ils ont gravé agathe, le prénom, au lieu d'agate, la pierre. Mais la surprise est plus loin : vous continuez vers la Salute et là, juste au tournant, encastré dans la brique, à peine dissimulé par le lierre, vous voyez quoi ? Votre visage. Il y a en effet un miroir, peu de gens le remarquent, un miroir dans le mur contre toute attente, pour rien, piège d'instant... Je ne vous interdis pas de revenir encore cinq minutes sur le Campiello. Écoutez-moi cet espace, écoutez comme il est de l'autre côté, davantage ici que tout le reste. Oui, oui, quelque chose s'est passé là, et pas du tout dans le registre d'Henri de Régnier, le pauvre. Comment ? Quoi ? Je veux être partout à votre place, je prétends tout saisir avant vous, je vous empêche de vivre ? Quoi encore ? Vous voulez savoir de quoi je parle exactement ? L'événement du Campiello Barbaro ? Vous me soupçonnez d'avoir baisé, là, sur le pont, de nuit, une sinueuse et délicate amie vénitienne ? Eh, eh... Jambes fuselées, cul d'agate, veine mordue au creux du genou ?... Voyez comme la trouée du canal, presque entièrement recouverte de feuillages, se prête à une perspective enfoncée, discrète... Ah non, je ne dirai rien. »

« Je la suis en pensée sur les places et dans les ruelles, sur les ponts et au bord de l'eau, le cliché est juste, la cité idéale a été conçue et construite au moins une fois. Comment retourner la honte de la viande humaine, comment assurer une dictature de l'esprit dans une république des corps ? Solution esthétique et mathématique. Compartimentation, écoulement, zones étanches, angles, invisibilités, profils, retenues, bassins, ouvertures sur ouvertures, passages couverts, coupures, coins, suspensions reflets. On peut rêver là d'une population éveillée poursuivant ses calculs, société de Chinois discrets. Pas de bruit, sauf les sirènes des bateaux, les cloches, ou bien parfois, multipliant les creux, des coups de marteau contre les coques, on répare pour naviguer, chaque percussion est encourageante, favorable commerce, glissement, silence, évaporation d'atomes, temps lent, rapide, aéré. Amsterdam a dû avoir ce charme pour la philosophie, mais maintenant, si nous le voulons vraiment, plus rien ne nous gêne.

J'attends l'ombre, la dérobée, je connais le passage, à gauche... On se retrouve près du puits blanc (datant de 1550), les hirondelles crient encore un peu dans le bleu du noir, on se voit de moins en moins, on se fait des pieds de nez, pourquoi inventerais-je des histoires pareilles... Reposez-vous dit le crissement constant, reposez-vous à l'amarre, tous les canaux sont de votre côté, les canaux, les couchants... Ta main, ton bras, changement de main et de bras — vite. Voir-sentir-écouter-toucher partout de partout. »

« Claude Monet et sa femme, Alice, arrivent à Venise pour la première et la dernière fois, le jeudi 1$^{er}$ octobre 1908. Ils habitent d'abord le Palazzo Barbaro, chez Mary Hunter, puis à l'hôtel Britannia, celui de Turner (aujourd'hui Europa) en face de la Salute. Le 7 décembre, la veille de son retour en France, Monet écrit à Gustave Geffroy : "Mon enthousiasme n'a fait que croître... Quel malheur de n'être pas venu ici quand j'étais plus jeune, quand j'avais toutes les audaces ! Enfin... J'ai passé ici des moments délicieux, oubliant presque que je n'étais pas le vieux que je suis."»

Phrase étonnante. En principe, il aurait dû écrire : « (...) oubliant presque que j'étais le vieux que je suis. » Il a soixante-huit ans à ce moment-là. Il mourra à quatre-vingt-six ans, en 1926.

L'explication est dans la série de toiles qu'il expose en 1912 chez Bernheim. Un esprit curieux se reportera à celle qui est intitulée *La Maison rouge*.

## L'autre Venise

Les lettres d'Alice Monet à sa fille, Germaine Salerou, nous renseignent presque heure par heure sur ce séjour. « Je vis dans un rêve, cette arrivée à Venise, si merveilleuse, le calme qui vous gagne, les attentions multiples de Mary Hunter, ce palais admirable, un vrai conte de fées... Ici, comme je m'y attendais, c'est le grand luxe, mais calme et facile... Trop beau pour être peint, dit Monet, j'espère bien qu'il changera d'avis... Monet dit que c'est "inrendable" et que personne n'a jamais donné l'idée de Venise... Monet désire sortir de si grand matin que je ne peux te griffonner que cette page... Les jours filent, filent, toujours dans le rêve et le ravissement... Ici, c'est toujours le même émerveillement, et Monet bien au travail, notre vie absolument réglée... Il veut revenir l'an prochain... Chaque jour, il commence de nouvelles toiles, tant que le beau temps durera, il ne pensera pas à partir... Aujourd'hui pas l'ombre d'une brume, un soleil radieux, aussi travaille-t-il bien fort. À 8 heures, chaque jour, nous sommes installés au premier motif jusqu'à 10 heures : il nous faut donc nous lever à 6 heures ; puis autre motif de 10 heures à midi. De 2 à 4, dans le canal, de 4 à 6, par notre fenêtre — tu vois que les heures sont remplies et, vraiment, je ne sais comment à son âge, il fait cela sans fatigue... Monet a maintenant 12 toiles en train et se passionne de plus en plus... Pendant que j'y pense, le matin, dans le thé, Monet prend en ce moment de la confiture d'oranges anglaise... Vraiment nous avons passé de cruelles heures avec la pluie torrentielle, Monet ne voulant pas bouger de cette chambre d'hôtel et ne pouvant même pas y travailler par la fenêtre... Hier, nous avons eu une journée merveilleuse et même si étouffante que j'avais mis une robe de toile, et j'avais chaud comme en plein été. Ce matin, c'est le brouillard. En ce moment, pendant que je te griffonne ces lignes et que Monet, tout en ronchonnant, s'est mis à peindre, je vois passer un vrai défilé de bateaux de pêche avec ces voiles si admirables rouges ou bleues avec des images de saints ou des chevaux ou même la lune. Voici un grand trois-mâts, puis de vrais navires, un qui fait escale ici pour l'Égypte et prend des voyageurs, quel spectacle et les reflets de tout cela dans l'eau nacrée... Tu sais la peine qu'il vous fait quand on le voit ainsi douter de lui-même... Nous avons été ravis des nouvelles de Renoir et espérons bien le trouver tout à fait valide, Monet se fait une fête de le revoir... Tu me demandes, ma Germaine, ce que je fais pendant les heures de travail de Monet. Tu vas être bien étonnée car, à part le courrier, qui me prend la matinée, pendant les séances à San Giorgio où je peux être assise près de Monet sur la terre ferme, je passe le reste du temps à côté de lui en gondole, nous laissant bercer par les flots de bateaux qui passent, vapeurs pétrole, etc., et ne peux rien faire ni bouger pendant que Monet peint. Les heures passent dans cette contemplation, depuis le déjeuner, c'est-à-dire 2 heures, jusqu'à 6 heures 30 ; alors nous faisons un tour à pied chez le marchand de couleurs ou de tabac ou aux cartes postales... Hier soir, nous avons eu un coucher de soleil merveilleux, comme j'aimerais te le faire admirer : le ciel tout rouge et bleu, mais si doux, les flots de feu et de nacre, le croissant de lune apparaissant dans les lagunes silencieuses et nous deux bercés dans la gondole... Notre vie est réglée comme du papier à musique... Il me faut, je t'assure, un grand courage pour supporter de pareils moments d'emballements ou de désespoirs, n'en voyant pas la fin... Ma foi, avec Monet, vraiment, c'est à ne jamais savoir ce qu'on fera. Combien souvent m'a-t-il dit de faire les malles, qu'il ne toucherait plus à un pinceau et une heure après il travaillait et quelquefois même commençait une autre toile... Je suis bien de ton avis pour ne rien dire à Mme Renoir, si potin et bavarde... Je suis heureuse ici de voir Monet si plein d'ardeur, et faisant de si belles choses et, entre nous, autres que les éternels nymphéas, et je crois que ce sera un bien grand triomphe pour lui... Le soir, nous avons été aux marionnettes, quelle chose curieuse ! Il y avait des ballets où vraiment ces marionnettes font des pointes comme de vraies danseuses. Monet a trouvé cela merveilleux... 28 novembre, deux mois de notre départ de Giverny : vraiment nous faisons de grandes noces, je crois que cela aussi annonce le départ... Hier, nous avons voulu faire une petite noce... Monet travaille, il travaillait encore à 8 toiles hier... C'est trop, car c'est sans arrêt depuis 8 heures du matin jusqu'à 5 heures, sauf une heure pour le déjeuner. Hier soir, il était si fatigué que cela me tourmentait, mais il est si heureux... »

Et enfin :
« Comme toujours, ici, vers le dix juin, la cause est entendue, le ciel tourne, l'horizon a sa brume permanente et chaude, on entre dans le vrai théâtre des soirs. Il y a des orages, mais ils sont retenus, comprimés, cernés par la force. On marche et on dort autrement, les yeux sont d'autres yeux, la respiration s'enfonce, les bruits trouvent leur profondeur nette. Cette petite planète, par plaques, a son intérêt. »

Ces fragments sont tirés des romans suivants : *Femmes, Portrait du Joueur, Le Cœur Absolu, Le Lys d'or, La Fête à Venise*. Notons que la critique, en général très attentive à l'identité sociale de l'auteur, à ses opinions apparemment changeantes, à ses faits et gestes, à ses moindres apparitions médiatiques (acceptées et utilisées comme telles par l'intéressé), n'a jamais, sauf exception, jugé nécessaire de s'intéresser au contenu de ses romans, à leurs thèmes, à leur construction, à leurs paysages, à leurs personnages et, finalement, à leur style. C'est ainsi qu'on peut écrire sans fin sur Venise sans être soupçonné. Voilà qui est très bon signe. L'auteur se rend à Venise depuis trente ans, au moins deux fois par an, et il y travaille sans cesse. Or pas une seule fois on ne l'a interrogé à ce sujet, ni en France ni en Italie, ce qui, on en conviendra, est comique. Venise, une certaine Venise constamment euphorique, est pourtant au cœur de ces livres. Elle modèle les différents narrateurs, les délègue en son nom sur la scène, les reprend en elle, les cache, les berce, imprègne leurs sommeils, corrige leurs perceptions, affine leur vision et leur audition, leurs réflexes. La ville n'est plus en marge, à la périphérie, mais constamment ici, ici même, comme rythme, glissement, repos, mélodie. Elle dit le temps retrouvé : on part de lui, désormais, pour montrer que rien ne se perd, que tout est, depuis toujours, sauvé et parlé. Venise est un acte qui se confond avec celui d'écrire ; elle devient un instrument planant de musique à raconter l'horreur, le mensonge, l'ironie et la jouissance des temps.

D'où la répétition, nécessaire, comme dans la liturgie. Monteverdi a compris et déployé, comme personne, cette force immanente. Il *est* Venise, à son plus haut niveau d'incarnation (il suffit d'écouter ses *Selva morale e spirituale*, son insistance sur les *gloria*, ses variations inépuisables sur les *alleluia*, et les *et in saecula saeculorum, amen*).

Voici un autre passage de roman. *Le Secret* :

« Sur terre, le narrateur n'a qu'une seule chose à redouter : les efforts venant de tous côtés pour l'obliger à vivre sous le regard du mauvais œil, en enfer, c'est-à-dire en promiscuité. Promiscuité : du latin *promiscuus*, commun. Le dictionnaire précise à juste titre : "Situation d'une personne placée dans un voisinage jugé désagréable ou choquant." On lui conseillera donc de garder son sang-froid, et de se mettre le plus souvent possible, fût-ce en imagination, dans la situation du *Marchand de Venise*, acte V, scène 1 : *"How sweet the moonlight sleeps on this bank!"* — "Comme le clair de lune dort doucement sur ce banc ! Venons nous y asseoir, et que les sons de la musique glissent jusqu'à nos oreilles. Le calme, le silence de la nuit, conviennent aux accents de la suave harmonie. Assieds-toi, Jessica... Vois comme le parquet du ciel est partout incrusté de disques d'or lumineux. De tous ces globules, il n'est pas jusqu'au plus petit qui, dans ses mouvements, ne chante comme un ange, en perpétuel accord avec les chérubins aux jeunes yeux ! Une harmonie pareille existe dans les âmes immortelles, mais tant que cette argile périssable la couvre de son vêtement grossier, nous ne pouvons l'entendre."

Ou tout autre morceau de ce style.

Espérons. Imaginons. Prions. »

Titien, Monteverdi, Palladio, Shakespeare, Tiepolo, Casanova, Vivaldi. Peu à peu, la terreur romantique se fissure, se décompose, s'estompe. Oui, c'était bien le règne de la Mort, de la dépression obligatoire, du suicide organisé, des massacres mécaniques, de l'image pour rien, de la réduction occulte des corps à une simple bouillie prêcheuse éphémère. Hystérie, laideur, débilitation, emphase, méchanceté, *pathos* : tel était le Programme. Il persiste, mais *nous le savons*.

Prenons Flaubert à la fin de sa vie, lorsque avant de s'enfoncer et de mourir sur *Bouvard et Pécuchet*, condamnation sans reste de son siècle et du Siècle, il écrit ses *Trois*

*Contes*. Nous sommes en 1876, Proust a cinq ans ; Baudelaire, Rimbaud et Lautréamont ont déjà eu lieu mais personne ne veut le savoir : Joyce, Kafka, Pound, Hemingway vont venir, et Sartre, Artaud, Céline, Genet, d'autres. Ouvrons *Un cœur simple, La Légende de saint Julien l'Hospitalier, Hérodias*. Qu'est-ce qui nous intrigue aujourd'hui, en dehors de la perfection massive et inquiétante du style de Flaubert ? Voici deux exemples : « Les herbages envoyaient l'odeur de l'été ; des mouches bourdonnaient ; le soleil faisait luire la rivière, chauffait les ardoises. » « Il se fit un grand silence. Et les encensoirs, allant à pleine volée, glissaient sur leurs chaînettes. » (On dirait du Rimbaud.) Oui, qu'est-ce qui, ici, *finalement* nous frappe, sinon cette étrange obsession pour un christianisme qu'on dirait bloqué de partout par le mal, la bêtise, la chute dans une médiocrité sans issue, la cruauté, la superstition, l'aveuglement lourd ? Que le Saint-Esprit soit forcé de prendre comme figure celle, inoubliable, du perroquet Loulou pour la pauvre servante Félicité ; que le Christ soit obligé de se révéler sous la forme d'un lépreux qu'il faut réchauffer de son corps pour Julien, le meurtrier d'animaux ; que la tête coupée de saint Jean-Baptiste soit l'enjeu d'un événement obscur et capital dans la Palestine du début de notre ère ; tout cela n'est-il pas hautement bizarre, ahurissant, fabuleux ? Flaubert est allé en Orient, comme Chateaubriand, Nerval, Melville. Que s'est-il passé là-bas ? Où en sommes-nous ? L'Égypte ? Jérusalem ? Venise ? Rien. L'étiage. L'oubli. Le désert. Le passé est mort, le présent se traîne, Mme Bovary est partout, la bonne nouvelle millénaire est une vieillerie happée par l'ombre. C'est la force inouïe de Flaubert de nous faire sentir, à travers la folie fétichiste humaine, l'impasse où en sont arrivées, dans les consciences, l'histoire de son temps et, dans cette histoire, la religion qui s'y étouffe en rituels privés de signification. Mais ne vous y trompez pas, prévient-il, cette invention de perroquet empaillé, avatar dérisoire et sublime de la colombe du Saint-Esprit, « n'est nullement ironique, comme vous le supposez, mais au contraire très sérieuse et très triste ». Et aussi : « Si je continue, j'aurai ma place parmi les lumières de l'Église. Après saint Antoine, saint Julien ; et ensuite saint Jean-Baptiste. Je ne sors pas des saints. »

Or, Flaubert, on le sait, n'est nullement « catholique », du moins à la française. Il n'arrête pas, au contraire, de dire que nous sommes « pourris » de catholicisme, son raisonnement étant le suivant : la Grâce a fini par nier la Justice, la Révolution a reconduit un archaïsme médiéval, la Terreur a eu beau fermer les églises, elle a voulu élever des temples, bref Rousseau, contre Voltaire, a ramené le pire des obscurantismes où « socialistes » et « catholiques » sont à mettre dans le même sac, et d'ailleurs *L'Assommoir* de Zola (qui, à l'époque, se vend beaucoup plus que les *Trois Contes*) est assommant. Tout cela date de 1868, donc avant la Commune, la répression, la fin de l'Empire. Il n'empêche que, huit ans plus tard, ruiné, épuisé, Flaubert écrit ses trois hallucinations chrétiennes dans un état d'« effrayante exaltation », ne dormant plus, ne se soutenant plus « qu'à force de café et d'eau froide », et finissant par avoir besoin « de contempler une tête humaine fraîchement coupée ». De l'écriture d'*Un cœur simple*, il tire la conviction que « la prose française peut arriver à une *beauté* dont on n'a pas l'idée ». Pour *Hérodias*, il a repris des pans entiers de la Bible. Que se passe-t-il donc ? Proust, vingt-cinq ans après, en route pour Venise, se souviendra de cette passion concentrée. Flaubert sera son saint Jean-Baptiste. Il entrera, lui, triomphalement dans la révélation du baptistère de

Saint-Marc. Mais, d'une certaine façon, la ville elle-même, dès ce moment en plein mouvement de résurrection, ne répond-elle pas, point par point, à ce jugement de l'auteur de *La Tentation de saint Antoine* : « Dans la précision des assemblages, la rareté des éléments, le poli de la surface, l'harmonie de l'ensemble, n'y a-t-il pas une vertu intrinsèque, une espèce de force divine, quelque chose d'éternel comme un principe ? »

Je me revois, à l'automne 1963, arrivant pour la première fois, de nuit, à Venise. Je viens de Florence, me voici tout à coup sur la place Saint-Marc. La précision de la scène est étonnante : debout, sous les arcades, regardant la basilique à peine éclairée, je laisse tomber mon sac de voyage, ou plutôt il me tombe de la main droite, tant je suis pétrifié et pris. J'entends encore le bruit sourd qu'il fait sur les dalles. Je sais, d'emblée, que je vais passer ma vie à tenter de coïncider avec cet espace ouvert, là, devant moi. J'ai ressenti une émotion du même genre, mais moins forte, en pénétrant, à Pékin, dans la Cité Interdite et, surtout, en allant aux environs visiter le temple du Ciel au toit bleu. C'est un mouvement bref de tout le corps violemment rejeté en arrière, comme s'il venait de mourir sur place et, en vérité, de rentrer chez soi. Être dehors est peut-être une illusion permanente : il n'y aurait que du dedans et nous nous acharnerions à ne pas le savoir. La nuit (il était très tard, il n'y avait personne ni sur la place ni dans les ruelles) favorisait ce choc semblable à celui qu'on ressent dans l'épaule en tirant un coup de fusil. Détonation silencieuse, vide, plein, vide : évidence intime.

Florence, la capitale de Dante, est une ville séraphique, violente, brûlante, sacrificielle, empourprée. Elle est comme ces anges rouges de Mantegna qui entourent, comme un scaphandre de feu, le Christ sortant du tombeau. Venise, elle, est la ville chérubinique par excellence : contemplation et compréhension du lointain, regard sans fin ramené sur soi après avoir bouclé la boucle, récollection et concentration des randonnées de la connaissance. C'est le visage dans la pierre voyant le temps dans ses fibres. Les franciscains séraphiques sont là aussi, bien sûr, mais Venise, comme Tiepolo en célèbre la montée au plafond de l'église des Gesuati, est une ville dominicaine. « Les chérubins aux jeunes yeux », dit, justement, Shakespeare. Enfance et recomposition de la vue : si l'on n'a pas compris quelque chose dans le tissu de sa propre existence, Venise est la dernière chance pour le saisir et se ressaisir.

C'est ici, je m'en souviens, que j'ai lu, assis sur un quai, au soleil, *Le Pèlerin chérubinique*, d'Angelus Silesius. « Rien ne dure sans jouissance. Dieu doit jouir de lui-même, ou son essence devrait sécher comme l'herbe. » Et aussi : « L'éclat de la splendeur brille au cœur de la nuit. Qui peut le voir : celui qui a des yeux et veille. » Et aussi : « On dit que le temps passe vite : qui l'a vu voler ? Il reste immobile dans le concept du monde. » Et encore, et peut-être surtout : « Dieu sort le matin, il dort à midi, il veille la nuit, et voyage le soir sans peine. »

Les villes dans lesquelles j'ai le plus marché dans ma vie sont Bordeaux, Paris, New York, Venise. Bordeaux, vers le port, encore vers le port. Paris, pour, d'une façon ou d'une autre, et combien de fois la nuit, me retrouver sur la place de la Concorde, la plus belle place du monde. New York, du côté de l'Hudson et, le plus souvent pour, venant de très loin, aboutir à Washington Square, trouver enfin un vrai café à boire au *Reggio* ou dîner tard au *Sweet Basil* où il y a toujours un bon contrebassiste de jazz à écouter.

Mais, à Venise, pas de lieu privilégié : toutes les cases de l'échiquier sont blanches, vous n'avez aucun adversaire, sauf vous. Il y a quand même Saint-Marc (très tôt le matin, pour échapper aux touristes), la pointe de la Douane, la Salute, San Giorgio, les Zattere, où l'on revient toujours. Et, derrière eux, un quadrilatère sacré : San Trovaso, son petit chantier de réparation de gondoles, ses maisons de bois noir qui auraient dû, selon moi, abriter Hölderlin. Un peu plus loin, le palais du consulat de France (où il est scandaleux que l'on ne m'ait pas encore proposé un appartement de fonction pour développer, à loisir, une beauté de la prose française dont on n'a pas encore l'idée). Personne ne veut me croire quand je dis que l'un des bateaux qui servent à transporter la valise diplomatique et les fonds du consulat s'appelle *La Nouvelle Héloïse*. C'est pourtant vrai (mais je propose, pour l'avenir, *La Philosophie dans le boudoir*, *Les Liaisons dangereuses* ou, plus calmement, *La Chartreuse de Parme* ou *Du côté de chez Swann*). Je veux bien séjourner aussi dans le palais Dario, dont personne ne soupçonne le jardin, derrière, en passant sur le Grand Canal. C'est dans l'un de ces jardins que le narrateur de *La Fête à Venise* découvre un sarcophage antique sur lequel une inscription abrégée, en latin, signifie : « Je n'ai pas été, j'ai été, je ne suis pas, je ne m'en soucie pas. » Les personnages des autres romans, il est vrai, marchent souvent légèrement, dans les églises, sur des tombeaux aux noms presque effacés : les morts sont là, sous la plante des pieds, mais en quelque sorte intégrés, *lavés*. De temps à autre, une main anonyme dépose, à Santa Maria dei Frari, sur la dalle de la chapelle latérale, à gauche du grand autel au-dessus duquel s'envole l'*Assomption* de Titien, une rose blanche à l'endroit du sol où l'on peut lire : Claudio Monteverdi.

Tous ces vivants ont disparu, et on ne peut pas le croire. Passants, passantes, femmes, surtout, comme cette marchande de fruits du début du siècle qui fixe l'objectif (qu'est-ce qu'une photographie?) devant ses beaux paniers pleins de pommes et de poires (elle tient une pomme dans sa main gauche). Le regard défendu, intense, tranquille de ces images d'autrefois, c'est elle qui l'exprime le mieux, brune et compacte, avec son châle gris. Et cette autre, hiératique, sur le Campo della Maddalena. Et cette autre encore, au fond d'une cour classique, puits et glycines. Voyez ces volets vert foncé de Venise, ces fenêtres ouvertes, entrouvertes, où, parfois, une autre femme, encore, se penche. Le linge est tendu et sèche. Les enfants jouent dans la rue. Les chats rôdent ou dorment. Sur la Giudecca, un bateau de pêche avec ses filets, une petite foule sur un pont de bois. Ils n'étaient pas là, ils ont été là, ils ne sont plus là, ils ne s'en soucient pas. Peuple? Oui. Pauvreté, misère? Pas vraiment. Quelque chose, depuis toujours, échappe ici à l'avilissement de l'exploitation : une indépendance nerveuse, une fierté de marins provisoirement consignés à terre. Depuis longtemps? Oh oui. Pour longtemps? C'est à craindre. Deux guerres mondiales, fascisme, stalinisme local, mafia généralisée... À l'époque, on les trouvait pittoresques, comme leur Cité. On leur mettait sous le nez de drôles d'appareils qui copient la réalité, on leur demandait de poser. On sent pourtant que leurs maisons, leurs barques, leurs voiliers sont solidaires des palais, des églises. Tout continuait et tout continue à former un seul bloc lancé sur l'eau, très loin, dirait-on, des autres régions de l'univers. Chevaux, voitures, usines, chemins de fer? On laisse cela hors de nous. Bruit et fureur de l'histoire? Nous les avons portés chez d'autres, mais ils ne sont pas venus jusqu'à nous. Musée ? Mais non, c'est un masque pour les étrangers : ils y croient, ils débarquent, ils filment, ils bavardent, ils s'agitent entre eux, ils s'en vont. Le lion ailé nous protège. Ici, l'île vivante est une présence dressée de trésors.

Un poète français des époques sombres, un jour, a rêvé d'elle :

> *Vois sur ces canaux*
> *Dormir ces vaisseaux*
> *Dont l'humeur est vagabonde ;*
> *C'est pour assouvir*
> *Ton moindre désir*
> *Qu'ils viennent du bout du monde.*
> *— Les soleils couchants*
> *Revêtent les champs*
> *Les canaux, la ville entière*
> *D'hyacinthe et d'or ;*
> *Le monde s'endort*
> *Dans une chaude lumière.*

Hyacinthe : pierre fine, variété de zircon brun orangé à rouge. Zircon : silicate de zirconium, donnant des gemmes naturelles transparentes, jaunes, vertes, brunes, rouge orangé (variété dite *hyacinthe*, très recherchée).

La parole, pour finir, à deux Vénitiens :

Goldoni (*Mémoires*) : « L'humanité est la même partout, la jalousie est la même partout, mais partout l'homme tranquille et de sang-froid vient à bout de se faire aimer du public et de lasser la perfidie de ses ennemis. »

Casanova (*Mémoires*) : « Je me suis déterminé à solliciter ma grâce auprès des inquisiteurs d'État vénitiens. Par cette raison je suis allé m'installer à Trieste où, deux ans après, je l'ai obtenue. Ce fut le 14 septembre 1774. Mon entrée à Venise, au bout de dix-neuf ans, me fit jouir du plus beau moment de ma vie. »

*1995.*

# *L'aventure jésuite*

Je regarde ces sculptures, leurs formes torsadées, recueillies ; leurs couleurs. Un enfant blanc, châtain, bouclé, vêtu d'une légère tunique bleu et jaune, s'avance dans le vide, le bras gauche tendu le long du corps, le bras droit replié sur la poitrine, mais esquissant déjà un geste énergique de départ. Ses yeux sont grands ouverts, et pourtant ils semblent voir quelque chose que nous ne percevons pas, comme s'ils regardaient à l'intérieur d'eux-mêmes. Son sourire, surtout, est énigmatique : détermination ? confiance amusée ? certitude ? joie ? ironie ? On ne sait pas. L'affirmation qui l'anime, en revanche, est indubitable. On a l'impression qu'il pourrait dire : «Je ne connais pas d'autre grâce que celle d'être né. Un esprit impartial la trouve complète.»

Où sommes-nous ? À Rome, Vienne, Naples, Prague ? Dans l'une des capitales du baroque et de la Contre-Réforme ? Non : cette fraîche merveille enfantine nous vient du Paraguay, au XVIII$^e$ siècle, quand les Jésuites y poursuivaient leur expérience spirituelle et formelle, divine et humaine, politique et mystique. Une très étrange histoire, qui a fait beaucoup parler et rêver, depuis les philosophes jusqu'à nos jours ; une aventure qu'on peut suivre d'un bout à l'autre de la planète. L'époque héroïque est sans doute passée, mais sa mémoire demeure. L'Europe, le Japon, l'Inde, la Chine, l'Amérique ? Autant d'épopées, souvent martyrologiques, celle des « réductions » du Paraguay restant la plus singulière. En tout cas, l'enfant dont je viens de parler a été anonymement façonné là-bas. Il est âgé de deux siècles et demi, mais il est en réalité millénaire puisqu'il s'agit de l'Enfant Jésus. Si nous ne le savions pas, nous aurions du mal à l'identifier. Tel est l'étrange message que les Indiens Guaranis et la Compagnie de Jésus nous envoient par-delà le temps et l'espace.

On se souvient que Claudel, au début du *Soulier de satin*, fait parler un père jésuite attaché à un mât, sur le pont d'un bateau dévasté par un abordage, et qui est en train de sombrer dans l'océan Atlantique :

*Et c'est vrai que je suis attaché à la croix, mais la croix où je suis n'est plus attachée à rien. Elle flotte sur la mer.*
*La mer libre à ce point où la limite du ciel connu s'efface*
*Et qui est à égale distance de ce monde ancien que j'ai quitté*
*Et de l'autre nouveau.*

Claudel prend soin d'ajouter, un peu plus loin, que l'action de son drame se déroule dans une dimension du temps où le passé et l'avenir sont faits « d'une seule étoffe indéchirable ». Le projet jésuite, à travers le monde, était, n'en doutons pas, celui-là.

Il faut, bien entendu, traverser beaucoup d'ignorance et de préjugés pour considérer calmement ces aventuriers italiens, portugais, espagnols. Ils sont jésuites, franciscains, dominicains. Ce sont des prêtres, mais également des savants : théologiens, mathématiciens, astronomes, géographes, linguistes, juristes. Nous apprenons avec surprise qu'ils étaient, aussi, des artistes : architectes, musiciens, dessinateurs, sculpteurs. Ils ne se contentent pas de propager leur foi et de convertir, ils enseignent. Les continents qu'ils abordent sont inconnus, dangereux, et ils posent vite (surtout en Amérique du Sud) une question neuve : ces hommes qu'on n'a jamais vus dans l'univers « civilisé », ces Indiens, ces « Hurons », sont-ils des hommes comme vous et moi, c'est-à-dire des créatures divines avec une âme, ou bien des mécaniques animales, proches du démon et, par conséquent, vouées à l'exploitation et à l'esclavage ?

On sait quels effets comiques Voltaire a tirés de cette situation. *L'Ingénu* en est la preuve. Mais c'est oublier que la tentative jésuite, au-delà des sarcasmes dont elle a été l'objet, a eu ses partisans jusque dans le camp des Lumières. Montesquieu, d'Alembert, Buffon s'y sont intéressés, et Voltaire (qui est, après tout, un ancien élève de la Compagnie) y a même vu un « triomphe de l'humanité ». Les missionnaires, en effet, se sont vite opposés (et parfois par les armes, soutenus par les populations locales) au pouvoir économique et administratif, comme aux avidités meurtrières qu'il légitimait. Les « réductions » du Paraguay, l'autonomie qu'elles ont peu à peu acquise sont ici l'exemple le plus célèbre et, en un sens, le plus mystérieux.

Ce système social inédit est mis en place dès le début du XVII$^e$ siècle. En 1627, il compte déjà trente mille Indiens « protégés ». L'organisation agricole soustrait ces derniers à l'esclavage, et assure également la pérennité de leur langue et de leur culture (musique, chants, danse). Les

Jésuites doivent à la fois se battre contre la brutalité des colons, plaider leur propre cause en Espagne et maintenir ainsi un équilibre fragile qui finira par s'effondrer. Nous ne sommes pas encore entrés dans la longue histoire des Droits de l'Homme : c'est pourtant ici qu'elle a été, la première fois, tentée.

Le *Libro de ordenes*, de 1649, nous décrit le Code civil et pénal mis en place. Ainsi, la peine la plus lourde est celle de la réclusion pour dix ans. Fait unique à cette époque, la peine de mort n'existe pas. Les réductions (terres cultivées, villages) disposent d'une milice armée. Une forme de vie communautaire s'installe, au grand scandale des propriétaires terriens et, bientôt, de leurs alliés créoles. Les Indiens se sédentarisent, et la propriété (très relative) dont ils disposent est fondée, christianisme oblige, sur la monogamie. Chaque nouveau ménage reçoit, au moment du mariage (en général précoce), une maison et un terrain à cultiver.

Les Jésuites dirigent tout. Mais ce qui nous intéresse particulièrement est le développement de l'artisanat, donc de l'art. Telle est l'origine de nos sculptures.

Édouard Pommier, dans *Les Missions jésuites du Paraguay* (texte qui accompagne l'étonnant enregistrement des *Vêpres solennelles de saint Ignace*, du musicien jésuite Domenico Zipoli, 1688-1726), donne quelques exemples frappants de la vie des réductions.

La vie est rythmée par la pratique religieuse. L'assistance à la messe dominicale est obligatoire. Les fêtes religieuses sont accompagnées de danses et de représentations théâtrales dans la langue locale. On a ainsi recueilli des fragments transmis oralement d'un opéra, *Le Drame d'Adam*.

L'important est que la culture soit fondée sur le maintien

et le respect de la langue guarani dont les Franciscains ont été les défenseurs dès 1575, les Jésuites continuant leur œuvre. En 1640, le père Ruiz Montoya, pendant son séjour à Madrid, publie deux livres sur ce sujet. Cette politique amène la formation, parmi les Indiens, d'une classe cultivée. En 1724 et 1727 le cacique Nicolas Yapuguay publie, en guarani, un commentaire du catéchisme et un recueil de sermons.

Le développement de cette culture s'appuie sur l'introduction, dès 1695, de l'imprimerie sur le territoire des réductions (alors que Buenos Aires attendra jusqu'en 1780). Ces Jésuites sont décidément dangereux : ils vont transformer les esclaves en hommes, et même en hommes sachant lire et écrire. Pourquoi pas, aussi, en artistes ? On peut imaginer l'énorme *jalousie* qui se développera, à cette occasion, chez les Blancs, ou les demi-Blancs, puisqu'on oublie toujours trop facilement que la propagande anti-jésuite a été *aussi* une propagande «capitaliste».

Les églises dont on voit aujourd'hui les ruines ont été construites au début du XVIIIe siècle en succédant à des constructions provisoires. Les architectes jésuites ? Ils sont italiens : Angel Petragrassa (1656-1729), José Brasanelli (1659-1728), Giovanni Primoli (1673-1747). Mais il y a aussi l'Espagnol Ribera, fils du grand architecte madrilène Pedro de Ribera, et le père autrichien Anton Sepp (1635-1733), qui écrit un manuel pratique de construction. Il est bon de citer ces noms méconnus, pour contrebalancer une censure séculaire.

Édouard Pommier écrit : «Les statues qui ont survécu à la destruction des églises se réfèrent en grande majorité à l'iconographie du Nouveau Testament et des saints de la Compagnie. Bien que les textes manquent à cet égard, on peut supposer qu'elles sont l'œuvre des Guaranis, guidés par l'enseignement des pères et inspirés par les gravures d'œuvre européennes, qui ont circulé un peu partout dans l'Amérique coloniale. La sensibilité profonde, l'émotion contenue, la spiritualité sincère dont elles sont imprégnées sont peut-être le meilleur témoignage de la valeur de l'œuvre religieuse et civilisatrice accomplie par les Jésuites. »

Par ailleurs un voyageur, José de Escandon, note ceci (nous sommes donc au XVIII$^e$ siècle) : « Il y a des chants tous les jours de fête, ainsi que le samedi. La musique est de grande qualité, à tel point que même ici, en Espagne, elle serait considérée d'un niveau supérieur. [...] Chaque village possède sa chapelle de musique, qui compte tant d'instruments et de voix qu'il n'en est pas une, petite ou grande, qui ait moins de vingt à vingt-quatre musiciens. Ceux-ci sont très habiles à la lecture, et ils jouent de tous les types d'instruments dont on se sert ici, en Europe, dans les églises. Les voix [...] savent très bien écouter d'oreille ou lire les partitions qu'on leur envoie d'Espagne ou qu'on leur fabrique là-bas, car il y a de tout, et les deux méthodes sont utiles. De même qu'ils connaissent bien la musique et peuvent la déchiffrer sur les partitions, afin de la chanter et de la jouer, ils savent fabriquer, et construisent tous types d'instruments, même des orgues... »

L'iconographie du Nouveau Testament et les saints de la Compagnie seraient les seuls sujets sculptés ? Cette description ne nous dit pas grand-chose et, de plus, elle est erronée, puisque beaucoup de statues représentent des saints de toutes les époques. Mieux vaudrait parler d'un théâtre du temps, avec ses points de répétition.

Voyez cette jeune femme radieuse, emportée vers le

large comme une belle frégate. Tout, en elle, est mouvement, plis, replis, bonté éblouie du visage, le jaune et le rouge exaltant son triomphe. Mais pourquoi tient-elle, sous son bras gauche, comme un rouleau biblique, cette tour à deux étages ? Il s'agit de sainte Barbe, mais qui est sainte Barbe ? Et, plus généralement, pourquoi savons-nous désormais si peu de chose des saintes et des saints ?

Voici une vierge et martyre du IIIe siècle, en Égypte. La légende veut que son père l'ait fait enfermer dans une tour à cause de sa beauté. Puis, apprenant qu'elle est devenue chrétienne et qu'elle se refuse au mariage, il la traîne devant des tribunaux, la fait condamner à mort et la décapite de sa propre main. À ce moment précis la foudre le frappe. Conséquence : sainte Barbe se retrouve patronne des canonniers et de tous les métiers qui manient la poudre, carriers et mineurs. Van Eyck lui a consacré un tableau en 1437.

Ce genre d'histoire ne se raconte pas par hasard, et touche au plus près l'imaginaire universel (suivons Freud dans sa certitude). Un père incestueux, une fille qui ne le sait que trop et préfère épouser Dieu : une Indienne guarani peut être aussi sensible à ce récit que n'importe quelle Européenne du temps. Et voilà le beau navire de sainte Barbe lancé à travers les mers. Tonnez, canons ! Pour la plus grande gloire de Dieu ! Célébrez une fille libre à la barbe de tous les pères !

Ou encore saint Érasme : c'est un jeune gentilhomme bleu, portant, sans effort apparent, une lourde croix. Il a une attitude militaire concentrée, il appartient sans aucun doute à un corps d'élite dirigé par un grand général. Mais attention : c'est le même saint Érasme que nous voyons, dans une autre sculpture, crucifié et atrocement supplicié par deux soldats (romains ? espagnols ?). Le ventre ouvert, le corps taillardé, il est, espérons-le, soutenu dans son martyre par un angelot qui le coiffe, en douce, d'une couronne de fleurs.

Oui, mais qui est saint Érasme ? Rien à voir, bien entendu, avec le grand humaniste du même nom, si bien peint par Holbein, et dont la vie a été une habile navigation entre catholiques et protestants. Non : saint Érasme (appelé aussi saint Elme) était un évêque de Formie, près de Gaète, au v$^e$ siècle. Les Lombards ariens (l'arianisme est une hérésie tenace) l'ont affreusement torturé et mis à mort. Est-ce parce qu'il a été soumis à une douleur insupportable qu'il est vite devenu saint patron des femmes en couches ? Étrange rapprochement, qui nous paraît aujourd'hui sans objet, mais c'est vouloir oublier le long cri de souffrances de la naissance ayant traversé notre espèce, l'« ardent sanglot » dont parle Baudelaire. Regardez, côte à côte, le gentilhomme bleu acier, lumineux et inaccessible dans sa défense de la foi, et ce pauvre condamné démantibulé sur lequel des brutes grotesques s'acharnent. Le contraste est saisissant : c'est toute une pièce de théâtre qui parle aux yeux et au cœur.

Nous sommes encore dans la marine : les navigateurs du temps (et les Jésuites avec eux) connaissaient bien les feux Saint-Elme, phénomène d'étincelles électriques enflammant les mâts des bateaux pendant les orages en mer (et revoici notre père jésuite du *Soulier de satin*). Saint Érasme : la chair retournée et sanglante, l'impassibilité divine, le feu du ciel. Voilà ce qui se racontait aussi dans les réductions du Paraguay, voilà qui ne manquait pas d'embraser l'imagination des artistes populaires entrés non seulement dans la communion catholique mais dans le goût européen.

Des reliques de saint Érasme sont conservées à Bologne, Naples, Vérone, Cologne et Mayence. Mais, là encore, les artistes imposent leur loi : *Le Martyre de saint Érasme* est un tableau important de Poussin exécuté pour Saint-Pierre de Rome. Razzié par les Français en 1797, il a été restitué au Vatican en 1815. Poussin, peintre philosophe allié des Jésuites ? Mais oui : il suffit de contempler son *Saint François Xavier rappelant à la vie la fille d'un habitant de Cangoxima (Kagoshima) au Japon* dit, aussi, *Le Miracle de saint François Xavier*. Ce dernier tableau, on le sait, a été victime d'une cabale du camp Simon Vouet, et c'est à la suite de ces désagréments que le grand Poussin a choisi de s'expatrier à Rome. Les deux saints jésuites les plus fameux, Ignace de Loyola et François Xavier, eux, ont été canonisés ensemble, en 1622.

Et saint Roch, ce saint bondissant ? Qui pense à le rapprocher de San Rocco ? Pourtant, c'est lui à Venise, là où l'on va admirer l'impressionnante série du Tintoret. C'est un saint français du Moyen Âge, né à Montpellier en 1293, et mort dans la même ville en 1324 (à trente et un ans, donc). Il veille sur les malades, les pestiférés : on l'invoque pendant les épidémies. Ses reliques ont d'abord été en Arles, puis ont été transférées dans la Sérénissime. On le fête le 16 août. La légende veut qu'au désert son chien lui rapportait, chaque jour, un morceau de pain donné par une main inconnue.

Avoir de son côté, pour combattre la peste, Tintoret, Rubens et des sculptures en bois, ce n'est pas rien ! Protégez-nous donc dans les forêts américaines, saint Roch, sainte Barbe, saint Érasme, mais aussi saint Sébastien, sainte Catherine, saint François d'Assise, saint François Xavier (avec, dans la main droite, un drôle de violon) ! Et puis encore saint Jean-Baptiste, saint Joseph ! Quoi ? Vous dites qu'il n'y a pas de sculptures de saintes ou de saints guaranis ? Patience, cela viendra. Il suffit d'attendre trois ou quatre siècles.

À tout seigneur, tout honneur. Mais aussi toute horreur. Les représentations du Christ souffrant sont une épreuve. Elle est inévitable. Le corps humain est à *franchir*, ce que ne comprendront jamais ceux qui croient naïvement, ou par calcul, à sa nécessité animale ou biologique. La leçon est dure : des blessures, du sang. Le *Christ à la colonne* n'est pas le même au XVII$^e$ et au XVIII$^e$ siècle. Mais les deux sont sublimes. S'ils éveillent en vous des pulsions cruelles et sadiques, ou, au contraire, de dépression masochiste, ce sera votre faute, pas la leur, puisqu'ils sont visiblement ailleurs, immergés dans une sagesse ou une sérénité incompréhensibles. On tient, là, la clé de la puissance de suggestion catholique : elle ne peut pas laisser indifférent. Soit elle déclenche la perversion, et elle la traverse et l'annule ; soit c'est la répulsion troublée, le dégoût, et la preuve est faite par le refoulement. De toute manière, le regardeur est révélé, il ne dit d'ailleurs pas forcément ce qu'il ressent ou pense.

Ce dos flagellé, ces taches de sang font encore rêver ou délirer de nos jours. Une vierge en plâtre est censée pleurer des globules rouges ? Non, bien sûr, mais l'événement supposé signale l'impasse de l'art saint-sulpicien, l'affadissement et le déclin de l'art sacré depuis le XIX$^e$ siècle. Ici, au Paraguay, à l'époque héroïque, les choses sont infiniment sérieuses, directes, vraies. Les Jésuites et leurs fidèles sont dans leur moment de splendeur. Pas de mièvrerie, de bigoterie, de pruderie : l'essentiel, la force.

Le Christ du xviie siècle est basané, il pourrait être indien. Celui du xviiie siècle, stigmatisé, est au contraire très blanc. Mais tous les deux sont liés à la même colonne qui est une sorte de temple à elle seule. La signification est claire : le martyr guarani et le martyr jésuite se situent du même côté. On dirait qu'ils déposent ensemble au tribunal de la Justice et de la Vérité. Les mains liées, le corps violé, le visage déjà dans la mort, ou plutôt dans une vision qui la surplombe, l'effet de grandeur est imparable : *Ecce homo*.

Pour comprendre de tels chefs-d'œuvre sculptés, il faut aller à la source, c'est-à-dire non seulement au Nouveau Testament, mais aux textes du fondateur de l'Ordre, Ignace de Loyola lui-même.

Car le voici, lui. On dirait un moine ascétique, absorbé par on ne sait quelle scène (la sculpture est là pour faire voir l'invisible). Il a l'air étonné d'être en vie. Il contemple, avec respect et compassion, quelque chose. Quoi ?

« Voir Notre Dame, Joseph, la servante, et l'Enfant Jésus après qu'il est né, me faisant, moi, comme un petit pauvre et un petit esclave indigne qui les regarde, les contemple et les sert dans leurs besoins, comme si je me trouvais présent, avec tout le respect et la révérence possibles. Et réfléchir ensuite en moi-même afin de tirer quelque profit.

Regarder, observer et contempler ce qu'ils disent et, réfléchissant en moi-même, tirer quelque profit.

Regarder et considérer ce qu'ils font comme, par exemple, voyager et peiner pour que le Seigneur vienne à naître dans la plus grande pauvreté et qu'au terme de tant

de peines, après la faim, la soif, la chaleur et le froid, les outrages et les affronts, il meure en croix : et tout cela pour moi. Puis, réfléchissant, tirer quelque profit spirituel.
Terminer avec un colloque, et par un *Pater Noster*. »

Nous venons de lire une séquence des fameux *Exercices spirituels*. Mais dans son *Journal spirituel*, Ignace de Loyola nous raconte de drôles d'expériences. Par exemple :
« Allant à la messe. Avant elle, non sans larmes ; pendant, nombreuses et très apaisées. Très nombreuses intelligences de la très Sainte-Trinité, qui illuminait l'esprit, au point qu'il me semblait qu'à force d'étudier je ne saurais pas autant ; et ensuite, réfléchissant encore à ce que je ne comprenais en sentant et voyant, j'avais toujours cette impression, quand bien même j'étudierais toute ma vie. »

On voit que les exercices sont représentatifs, alors que les extases sont extrêmement abstraites : la combinaison des deux définit la spiritualité jésuite. Pas de mystique sans considération des formes ; pas de formes sans plongée dans l'essence divine. Telle est, en somme, la définition du baroque.

Tout cela a lieu, ne l'oublions pas, près de la ville d'Asunción : Assomption. C'est ainsi que s'appelle la capitale du Paraguay. Cela doit faire un curieux effet de répondre à la question : « Où habitez-vous ? » par : « Assomption. » Étrange histoire.
La noblesse de ces vierges est impressionnante. Leur recueillement dégage une lumière bouddhiste. L'*Immaculée Conception* règne sur la Terre. *La Vierge au chapelet* (c'est-à-dire au rosaire) partage son royaume avec son fils enfant. La Vierge Marie est une femme fleur qui prie sans

cesse, elle est pleine de grâce, elle est bénie entre toutes les femmes, elle se penche sur nous. Son drapé flottant rouge, ses mains jointes la retournent entièrement sur elle-même. *La Vierge de pitié*, elle, avec son barbu adulte, grand comme un enfant, sur les genoux, n'est pas indigne du sommet du genre, la *Pietà* de Michel-Ange. C'est du même génie qu'il s'agit.

Victoire, donc, à travers la torture et la mort. Affirmation sans mélange au cœur du chaos. Ici, la figure de l'Archange guerrier : saint Michel. Son nom, en hébreu, signifie, on le sait : «Qui est comme Dieu». Il est là pour anéantir Celui qui veut être «comme» Dieu : Satan en personne. Prince de la milice céleste, protecteur d'Israël, il était logique de le rencontrer dans l'armée jésuite. Le voici donc, dans deux apparitions fulgurantes.

Il danse, l'Archange, il est une des stars du ballet divin. Il tombe du ciel sur la scène, comme s'il était animé par la vive musique de Vivaldi, de Haendel. Il vole de biais, étoffes rouges et jaunes, en foulant aux pieds, en passant, une masse informe qui n'est autre que le Démon. Regardez cette espèce de gros cerveau sanglant, ce tas de mou de veau d'où émerge à peine une tête stupide. Telle est la lutte incessante contre la maladie *psychique* de l'univers. On lui répond par l'élégance physique instantanée. Même désinvolture de fouet ailé dans la façon dont, l'épée à la main, dans une autre sculpture, saint Michel triomphe de la Bête qui lui sert de piédestal. La tragédie est terminée, l'horreur surmontée, le négatif nié.

Il y a le château Saint-Ange dédié à saint Michel à Rome. Et qui ne connaît, en France, le mont Saint-Michel ? On retrouve l'Archange militaire à Bruxelles, à Munich. Il a pour lui Raphaël, Rubens (encore lui !), Delacroix.

C'est la guerre.

« Alors, il y eut une bataille dans le ciel : Michel et ses Anges combattirent le Dragon. Et le Dragon riposta, avec ses Anges, mais ils eurent le dessous et furent chassés du ciel. On le jeta donc, l'énorme Dragon, l'antique Serpent, le Diable ou le Satan, comme on l'appelle, le séducteur du monde entier, on le jeta sur la terre et ses Anges furent jetés avec lui. Et j'entendis une voix clamer dans le ciel : "Désormais, la victoire, la puissance et la royauté sont acquises à notre Dieu, et la dénomination à son Christ, puisqu'on a jeté bas l'accusateur de nos frères, celui qui les accusait nuit et jour devant notre Dieu. Mais eux l'ont vaincu avec le sang de l'Agneau et par la parole dont ils ont témoigné, car ils ont méprisé leur vie jusqu'à mourir. Soyez donc dans la joie, vous, les cieux et leurs habitants. Malheur à vous, la terre et la mer, car le Diable est descendu chez vous, frémissant de colère et sachant que ses jours sont comptés" » (saint Jean, *Apocalypse*, XII, 7-11).

Pauvre terre, pauvre mer ! Beaucoup de dévastations leur sont promises ! Et nous n'avons pas la chance d'être les « habitants des cieux ». Prions donc saint Michel, comme l'ont fait les artistes guaranis, qui avaient de bonnes raisons de douter de la paix terrestre. Les massacres se multipliaient. La bestialité quotidienne était invivable (et qui dira que notre siècle ne s'est pas surpassé dans la diablerie ?). Pourtant l'opéra jésuite était là. On pouvait parfois danser, faire sonner les instruments, s'émerveiller des sculptures. La joie, après tout, se situe par définition hors du temps.

Dans quel but cet orchestre ? Ce grand théâtre ?

*Ad majorem Dei gloriam.* Pour la plus grande gloire de Dieu. Une gloire qui brille secrètement, toujours, à travers ces figures.

## *Femmes et femmes*

Au début de 1983[1], paraissait en France un étrange roman dont voici les premières lignes :
« Depuis le temps... Il me semble que quelqu'un aurait pu oser... Je cherche, j'observe, j'écoute, j'ouvre des livres, je lis, je relis... Mais non... Pas vraiment... Personne n'en parle... Pas ouvertement en tout cas... Mots couverts, brumes, nuages, allusions... Depuis tout ce temps... Combien ? Deux mille ans ? Six mille ans ? Depuis qu'il y a des documents... Quelqu'un aurait pu la dire, quand même, la vérité, la crue, la tuante... Mais non, rien, presque rien... Des mythes, des religions, des poèmes, des romans, des opéras, des philosophies, des contrats... Bon, c'est vrai, quelques audaces... Mais l'ensemble en général verse vite dans l'emphase, l'agrandissement, le crime énervé, l'effet... Rien, ou presque rien, sur la cause... LA CAUSE.
Le monde appartient aux femmes.
C'est-à-dire à la mort.
Là-dessus, tout le monde ment.
Lecteur, accroche-toi, ce livre est abrupt. Tu ne devrais

---

1. Préface au livre illustré de Erich Lessing et Philippe Sollers, *Femmes*, Imprimerie nationale, 1994.

pas t'ennuyer en chemin, remarque. Il y aura des détails, des couleurs, des scènes rapprochées, du méli-mélo, de l'hypnose, de la psychologie, des orgies. J'écris les Mémoires d'un navigateur sans précédent, le révélateur des époques... L'origine dévoilée ! Le secret sondé ! Le destin radiographié ! La prétendue nature démasquée ! Le temple des erreurs, des illusions, des tensions, le meurtre enfoui, le fin fond des choses... Je me suis assez amusé et follement ennuyé dans ce cirque, depuis que j'y ai été fabriqué...

Le monde appartient aux femmes, il n'y a que des femmes, et depuis toujours elles le savent et elles ne le savent pas, elles ne peuvent pas le savoir vraiment, elles le sentent, elles le pressentent, ça s'organise comme ça. Les hommes ? Écume, faux dirigeants, faux prêtres, penseurs approximatifs, insectes... Gestionnaires abusés... Muscles trompeurs, énergie substituée, déléguée... Je vais tenter de raconter comment et pourquoi. Si ma main me suit, si mon bras ne tombe pas de lui-même, si je ne meurs pas d'accablement en cours de route, si j'arrive surtout à me persuader que cette révélation s'adresse à quelqu'un alors que je suis presque sûr qu'elle ne peut atteindre personne... [1] »

Devant ce genre de déclaration, on pourrait d'abord croire à un jeu ou à une plaisanterie, mais il n'en est rien. Le narrateur, apparemment nerveux, mais au fond très calme, commence à raconter ses aventures. À le lire, on a assez vite l'impression qu'il tente, à travers des portraits de femmes et d'hommes contemporains, une sorte de grande récapitulation de la question à travers les siècles, depuis la Préhistoire, donc, jusqu'à nos jours. Entreprise folle, en un sens, puisqu'elle suppose que nous serions arrivés à une

---

1. *Femmes*, Gallimard, 1983.

limite, une saturation, une fin ou un recommencement, sous une autre forme, de la question elle-même. Fin de l'histoire ? Non, mais fin d'une histoire, plutôt, monumentale, qui avait comme obsession métaphysique l'origine des corps que l'auteur appelle drôlement *origyne*. Comme si l'aventurier d'aujourd'hui, à la différence d'Ulysse ou de Casanova, avait soudain la possibilité de vivre toutes les époques en une seule. Des femmes présentes, oui, beaucoup, et dans tous leurs états, mais en même temps rappelant en elles, du fond des âges, toutes les figurations, tous les récits, les mythes, les enjeux auxquels elles ont donné lieu. Il s'agit d'une narration vive et méditante, «historiale», où le mystère «femmes» se trouve éclairé de tous les côtés à la fois. Quelqu'un expérimente sur le terrain, et une remémoration a lieu, d'elle-même, convoquée à sa propre densité de pensée. Il s'agit d'une traversée des représentations dans un présent devenu sans mesures. Le passé ne s'embarrasse plus de ses épisodes contradictoires. On le ressent dans une proximité ouverte, autrement scandée.

Ce livre-ci, lui, accompagné des belles photographies d'Erich Lessing et du savoir des spécialistes, était donc une occasion inespérée de donner à *voir* le projet.

De la Préhistoire à nos jours ? En voici la marque saisissante : d'une idole phénicienne ou mésopotamienne à une femme-vase de Picasso. Picasso est cet artiste du XX$^e$ siècle, encore si méconnu malgré sa gloire, qui a eu précisément l'ambition de «boucler la boucle» de la figuration. Il pouvait, nageur expérimenté, se glisser dans les espaces des temps, prendre ici ou là son inspiration, remonter aux sources, dévaler le courant, s'arrêter un moment en Afrique, en Égypte, en Grèce, sauter jusqu'à Tintoret ou Vélasquez, s'approprier Manet ou Cézanne, repartir où bon lui semblait, tout en restant lui-même, là, sans cesse. Histoires de femmes ? Absolument. Et c'est le regard si libre, si mobile et intérieur, de Picasso qu'il nous faut pour pénétrer vraiment ce monde de métamorphoses. Magie, terreur, grandeur, extases, charmes, délicatesse, ironie, rien ne devrait, ici, nous demeurer étranger.

Dans son livre *Un amour secret de Picasso*, Geneviève Laporte, son amie clandestine pendant vingt ans à partir de 1951, rapporte cette bizarre conversation avec l'inventeur des *Demoiselles d'Avignon* : « Ce fut un grand étonnement pour moi de découvrir qu'il tenait une sorte de journal. Dans celui qu'il me montra, il y avait une mèche de cheveux de Dora Maar. En même temps, il tentait d'expliquer : "Je n'aimais pas Dora Maar". Je l'aimais comme un homme et je lui répétais : "Tu ne me plais pas, je ne t'aime pas. Tu imagines les pleurs, les crises !" Il réfléchit un instant. Timidement, je commente : "Ce n'est pas étonnant qu'elle soit devenue folle." Son regard se fait perçant. Il revient au présent. "Cela a été horrible. On l'a soignée... Tu sais, quand elle a été guérie, elle ne faisait plus de la bonne peinture." Entraîné par son idée, avec ce goût des propos qui peuvent sembler paradoxaux, il généralise : "Je suis une femme. Tout artiste est une femme et doit être gouine. Les pédérastes artistes ne peuvent pas être de vrais artistes car ils aiment les hommes. Comme ils sont des femmes, ils retombent dans le normal." Il est heureux, il rit et me surveille du coin de l'œil. Les années aidant, je ne rougis plus. Tant pis [1]. »

Des exemples, et parfois célèbres, viennent aussitôt à l'esprit pour contredire ce mot de Picasso ? Je crois pourtant qu'il ne faut pas se hâter de le comprendre. Ce n'est

---

1. Geneviève Laporte, *Un amour secret de Picasso*, Éditions du Rocher, 1989.

pas un simple « Madame Bovary, c'est moi ». Il recèle en lui quelque chose de beaucoup plus vertigineux et complexe. Mot de découvreur étonné d'être si peu compris : « Et pourtant, elle tourne ! » Mot qui révèle, plutôt, un tournant, une saisie nouvelle et consciente à l'intérieur d'un continent vieux comme le monde. Ce n'est pas par hasard si Picasso attire automatiquement l'hostilité du féminisme, sans parler des idéologies bien-pensantes ou totalitaires. Les femmes ont toujours été représentées par des hommes, *certains* hommes ? Oui ? Et alors ? Est-il possible de faire mieux ? Ou faut-il renoncer à toute représentation claire, profonde, critique ? Serait-ce, à ce moment-là, une avancée ? Une régression ? En ce point, on commence peut-être à discerner les enjeux.

Au commencement était la Mère, la Terre-Mère, et la fascination humaine pour sa force dispensatrice, souterraine et énigmatique. On ne comprend rien à la suite du roman qu'est l'Histoire, si on n'éprouve pas le lourd temps, le caverneux et répétitif long temps des cultes féminins maternels. Voici l'Idole, elle s'appelle X.X. de base, elle est phénicienne, sumérienne, mésopotamienne, aurignacienne, peu importe. Elle surgit, seule ; elle règne ; elle se tient souverainement devant vous ; elle vous a pondu ; elle vous juge. Vous venez d'elle, vous devez revenir à elle. On ne lui parle pas, elle n'écoute rien, elle s'impose. C'est un principe hallucinatoire de votre éphémère réalité. Qu'est-ce qu'un corps ? Qui sommes-nous ? Qui suis-je ? Ces interrogations n'ont pas encore de sens. Peut-être, d'ailleurs, n'en auront-elles jamais. Voici ma cause, et Dieu, par conséquent, a été, est ou sera notre Mère à tous. Qu'on le nomme Terre ou Nature, Dieu a été une femme, et il le reste la plupart du temps en sous-main, dans les rêves, les fantasmes, les illusions tragiques ou comiques. Dieu a des fesses énormes et un ventre indéfiniment enceint, c'est une boule d'énergie féconde, un phallus renflé envasé, une tête compacte torsadée sans bouche, un nez d'os, des petits bras repliés sur les seins, un œil massif et aveugle. X.X. est enfantée par la nuit puissante, avec sa pente de pesanteur et de majesté, son bassin-méditerranée, son *assise*. La Vénus de Willendorf, par exemple, vous ne l'apprivoiserez pas, elle ne viendra pas minauder sur vos écrans, elle est définitivement en réserve, elle produit, pétrifie, détruit. Elle est toujours là, puisqu'elle incarne le là. Elle a été et sera toujours veuve, elle garde son tranchant. Le plus étonnant (génie des modeleurs de l'ombre), c'est qu'elle puisse vous apparaître aussi comme légère, désinvolte, presque humoristique. Inamovible, effrayante, soit. Mais simultanément inoffensive, presque gentille, comme une grosse poule prise à son propre jeu. Nous devinons que les cultes qui lui étaient rendus devaient être à la fois cruels et méprisants, fascinés et conjuratoires. Il sera déraisonnable de la prendre trop au sérieux, sauf à vouloir, bien plus tard, intimider ou terroriser les enfants, les naïfs, les crédules, ou encore, comme dira Rimbaud, « les amis de la mort, les arriérés de toutes sortes ». Ces hanches énormes, ces mains minuscules, ces pieds joints, cet ensemble de trous menaçants, ont pourtant un magnétisme de danse dont vous ignorez les règles. Rien, encore, ne s'écrit. C'est le face-à-face. Coupés du sens, nous n'existons que dans l'orbe de cette déesse primaire, dans son prolongement ou ses environs. La Méduse en retiendra le pouvoir, et aussi tous les effets de masque. Nous sommes à l'âge de fer. Cette Mère n'aura jamais de Fille, ou le comprend, et quant à imaginer un Père quelque part, impossible. Un père est beaucoup plus compliqué ; c'est tout le problème. La grande Déesse, elle, avec son enfant indéterminé, sa progéniture à l'emporte-pièce collée à elle comme une prothèse, est simplement un avertissement. Un pas au-delà d'elle, et c'est le chaos. Sorcières, vous invoquerez cette Macbeth. Chamans ou chamanes, c'est votre maîtresse. Un esprit éveillé n'a d'ailleurs aucun mal à en surprendre la persistance aujourd'hui, furtive ou hurlante, dans les mégapoles modernes, au creux de l'hystérie. Ce n'est pas pour rien que le bureau de Freud, à Vienne puis à Londres, s'encombrait de statuettes en tout genre lui rappelant, sans doute, une superposition archéologique jointe au sommeil de la raison engendrant des monstres. Que de divinités disparues sur un divan ! Mais alors Moïse ? Et le monothéisme ? Ah, voilà.

La Bible est pleine de ce règlement de comptes difficile avec X.X., c'est-à-dire avec un principe biologique, anthropomorphique et idolâtrique, ne convenant pas à un Dieu qui parle et se définit par son extension dans le Temps. Fécondité, accouchements légitimes ou déviants, tel est l'éternel retour que Iahvé veut dominer, incliner, guider, relancer. La grande ennemie de l'Ancien des jours, du Très-Haut, de l'Éternel, est donc « la reine des cieux », Astarté, L'Istar babylonienne et assyrienne associée, comme par hasard, à la planète Vénus. Dur combat. Astarté séduit sans arrêt le peuple que Iahvé s'est choisi. Elle a pour elle l'aimantation cosmique, la preuve par l'espace et, l'espèce, la place, l'endroit, le poteau, le pieu. La Femme est liée au lieu. Dieu, au féminin, est un lieu. On comprend que les Hébreux, sans cesse appelés par l'Invisible vers une Terre promise, se laissent constamment immobiliser par cette assignation, ce repos rassurant et mortifère, ce cercle. Il n'en va pas autrement dans les vies privées, quelle que soit l'époque. Entre les deux Principes, la guerre est totale : les Philistins coupent la tête de Saül, déposent ses armes dans le temple d'Astarté, clouent son corps contre la muraille. Et pourtant, les fils d'Israël recommencent à chaque fois la même erreur. Ils font de nouveau «ce qui est mal aux yeux de Iahvé», lequel, tout de suite, s'enflamme, et les «vend» à leurs ennemis. Bruit et fureur de la Bible : la voluptueuse Vénus est une méchante ruse cyclique, un piège à consommer des corps, une poigne sanglante dans une main trompeuse. Voici ce que dit Iahvé, abandonné, à travers son prophète Jérémie (la scène se passe dans les rues de Jérusalem) :

*Les fils recueillent des bois*
*et les pères allument le feu,*
*les femmes pétrissent de la pâte*
*pour faire des gâteaux à la Reine des Cieux*
*et pour répandre des libations à des dieux étrangers*
*afin de m'irriter.*
*Mais est-ce bien moi qu'ils irritent —*
*oracle de Iahvé —*
*n'est-ce pas eux-mêmes pour la honte de leur visage ?*

Donc : châtiment, colère, feu qui «brûle et ne s'éteindra pas», enfer. Elle est extraordinaire à entendre, face à toutes ces idoles à gâteaux, la rumination rageuse de Iahvé. Lui, c'est le Dieu de la voix, de l'écoute. L'Idole est d'abord prise d'optique, hypnose, assoupissement, somnolence et, bientôt, cruauté pour cause de peur. Il s'ensuit une opération indistincte sur la génération qui exige des sacrifices humains, souillure abominable puisque le peuple infidèle en arrive à brûler ses fils et ses filles. C'est la «vallée de la tuerie», et les prophètes bibliques en sont les dénonciateurs. Ils parlent, mais le plus souvent en pure perte : «Tu leur diras toutes ces paroles et ils ne t'écouteront pas ; tu les appelleras et ils ne te répondront pas. » Pas de compromis possible, donc, entre les deux divinités en lutte. « Si vous me méconnaissez, dit Iahvé, je ferai taire la voix du plaisir et la voix de la joie. » Que dit Astarté ? Rien, elle happe, elle avale, elle oublie. Il faut prêter l'oreille à cette bataille pour la possession des sanctuaires quand on contemple, à distance, photographiées, ces figures que nous croyons être, désormais, de simples personnages de musées. Non : elles vivent, elles sont chargées à bloc et radioactives, elles ont une puissance de dinosaures, déformations, limites du pré-humain angoissant. Ce sont les piles négatives, d'ailleurs magnifiques, d'un culte toujours en vigueur sous le couvert de la Technique. Pourquoi ne les disposerait-on pas dans les salles des cliniques ou des hôpitaux, lors de certaines expérimentations gynécologiques ? Elles présideraient aux manipulations du génome. Elles seraient à leur place, éternelles et réelles, en retrait des images de publicité défilant sur les écrans télévisés.

Iahvé a vaincu ? Oui, à l'époque. Mais Astarté évolue. Et Iahvé aussi. Leurs chemins sont-ils parallèles ? Affaire à suivre.

Pour voir vraiment, il faut savoir entendre et lire. L'écriture : mutation essentielle dans la représentation de la question des origines, donc des femmes. La Bible est Écriture, son Dieu parleur l'a voulue ainsi. Un texte, un tissu, et, à partir de là, toutes les visions sont jugeables. La force, dont Astarté est un des noms, devrait combattre la lecture : elle n'est pas dans son intérêt. En revanche, un monde de spectateurs passifs affalés devant des images lui serait comme un encouragement à resurgir. La biologisation intensive de l'humain, sa fabrication programmable (figures du nihilisme de notre temps) en serait alors le retour, sur un autre plan. Voilà sur quoi insiste ce roman de la fin du XX$^e$ siècle, *Femmes*. Un autre roman ouvrait ce même siècle par un monologue qui, déjà, aurait dû nous faire réfléchir : celui de «la chair qui toujours dit oui», sans doute pour mieux dissimuler un «non» radical, le «non» de «l'esprit qui toujours nie». Il s'agit, bien entendu, de la révélation explosive de la Molly Bloom de Joyce, dans *Ulysse*.

Maintenant, allons au miracle : l'Égypte, la Grèce. Il y a deux façons de sortir des cultes maternels archaïques : l'une, invisible, biblique ; l'autre, par la splendeur de la forme et sa vérité. «Le phénomène, écrit Hegel dans un passage fameux de sa préface à la *Phénoménologie de l'esprit*, est le surgir et disparaître qui lui-même ne surgit ni ne disparaît, mais est en soi et constitue l'effectivité et le mouvement de la vie de la vérité. Le vrai est ainsi le délire bachique en lequel il n'est aucun membre qui ne soit ivre, et parce que chacun, en tant qu'il s'isole, se dissout tout aussi immédiatement, le délire est pareillement le repos transparent et simple.» Les membres, le mouvement ivre, le repos transparent : nous y voici. Côté femmes, c'est enfin l'apparition *personnelle*. Force, majesté, grâce, intériorité épanouie : aucun «progrès» par la suite. Voyez ce torse de Nefertiti — femme de l'énigmatique monothéiste solaire Akhenaton, le grand hérétique de la dix-huitième dynastie — ou bien cette tête de la princesse d'Amarna : démarche souveraine, détachement des bras et des seins, bouche, nez, crâne, asymétrie vibrante des yeux, mélodie puissante et mathématique des plis — tout est dit. Le corps féminin sort enfin au soleil ; la Mère peut devenir Fille (donc une *autre femme*) ; on dirait qu'un principe surtemporel s'affirme dans son unité, son autonomie. Il va être toujours midi pour ces affranchies de l'ombre. L'espace leur appartient en propre, comme la lumière. La Mère laisse échapper des Filles ; le Père, un jour ou l'autre, sera bien contraint d'avouer des Fils. Les déesses ont des noms, une masse, des dimensions, des modes de déplacement, des visages, des intentions, des passions. Elles se mêlent aux mortels, mais ne sont nullement leur cause. Certaines viendront même copuler avec eux, ce sera un événement. De telles femmes, donc, Athéna, Artémis, Aphrodite, vont inspirer des poètes, des penseurs. Encore une question de texte : nous devons regarder ces Égyptiennes ou ces Grecques en nous rappelant les mots tressés à leur intention dans les incantations ou les hymnes. Non, elles ne sont pas inanimées, elles n'existent pas pour les historiens d'art ou les conservateurs de musées : elles parlent, elles sont parlées ; elles ont leurs fidèles ; elles guident leurs voyants ou leurs protégés (ainsi Athéna avec son «grand cœur» d'Ulysse). Elles ont leurs sculpteurs : Praxitèle, Phidias ; plus tard Michel-Ange, Rodin. Elles auront leurs peintres : Giorgione, Titien, Manet. Le moment est venu de s'émerveiller, c'est-à-dire, par exemple, d'ouvrir les hymnes homériques : «Chante, ma muse, les œuvres glorieuses d'Aphrodite d'or, de Cypris qui éveille le tendre désir amoureux dans le sein des Immortels et fait ployer sous ses charmes vainqueurs la race des mortels, ainsi que les oiseaux de l'éther, rapides messagers de Zeus dont la voix gronde... [1]. » Aphrodite, oui, l'Aphrodite de Cnide, celle-là même que vous regardez en passant, celle de Praxitèle copiée par les Romains (les Romains sont de remarquables copieurs), a donc pour fonction d'*éveiller* le désir des immortels, et de *faire ployer* sous

---

1. Homère, *Des héros et des dieux* (Hymnes), traduit du grec et présenté par François Rosso, Arléa, 1993.

ses charmes les mortels et les animaux terrestres. Son île est Chypre. Un autre de ses noms se décline ainsi : « Cythérée couronnée d'or et de violettes. » Elle traverse la matière animée et le temps. Le latin la réduit déjà à n'être plus que Vénus, « Mère des Énéades, plaisir des hommes et des dieux, Vénus nourricière... » (Lucrèce). N'empêche, elle poursuit clandestinement sa route, se montre avec plénitude et insolence chez Giorgione et Titien, habite *Le Jugement de Pâris*, de Watteau, l'un des plus beaux tableaux du monde. Mais nous sommes encore dans ce pays incroyable, la Grèce, où des jeunes filles, au printemps, s'élancent « dans les chemins creux en retenant les plis de leurs robes gracieuses... On voit, sur leurs épaules, flotter leur chevelure safran. Sous la touffe d'olivier où elles l'ont laissée, elles rejoignent l'auguste déesse... ». Ici, nous avons affaire à Déméter qui a bien des soucis avec sa fille bien-aimée, Perséphone, enlevée par le dieu de la mort, Hadès. Irons-nous chercher Eurydice aux Enfers ? La musique de Monteverdi y suffira-t-elle ? Mais voici maintenant Artémis, l'arc en main, « formant avec les femmes des chœurs dansants, car elle aime la lyre et le chant de ses compagnes aux voix claires, le séjour des cités des justes et l'ombre des bois ». Les formes s'animent. Les statues échangent, la nuit, dans des salles étrangères où on les a parquées en vue d'une contemplation improbable, des silences spéciaux. Les touristes une fois partis, l'air résonne. Cette vierge d'Éleusis, datant de cinq cents ans avant notre ère, continue, sur place, à s'enfuir. Qui ne tient-elle pas à rencontrer ? N'en doutons pas : c'est nous. La Gorgone aux serpents ne nous fait pas peur ? Nous avons tort. Les trois Grâces nous paraissent naturelles ? Quelle erreur. Savons-nous vraiment ce qu'est une danse de Ménades, une bataille d'Amazones ? Le cinéma se charge de nous aveugler sur leur mouvement. Voyons enfin ce Sphinx ailé : pouvons-nous lui répondre ? Nos psychanalystes ont-ils surmonté leur complexe d'Œdipe ? Ne sont-ils pas troublés, au contraire, malgré leurs dénégations, par cet Hermaphrodite endormi ?

D'où vient donc, face aux Grecs, cette sensation d'oubli, de faute, de détresse ? Ce malaise quant à la « copie » dont ils ont fait l'objet ? Cet appel à dire de plus loin ce qui se tient ici en pleine lumière ? Comme elle est rare, l'inspiration directe dans une telle dimension des figures ! Et, à la place, que d'aplatissements néoclassiques, que de propagandes de mauvais goût ! Heidegger prévoit sa propre mort, son enterrement, et demande à son fils de réciter un jour, devant sa tombe ouverte, des vers de Hölderlin ? Oui, et on ne peut qu'y penser avec émotion. La scène a lieu en mai 1976 :

*Bienheureux pays grec ! Toi demeure de tous les dieux !*
*Était-ce donc vrai ce qu'un jour en notre jeunesse nous*
*   avons entendu ?*
*Ô salle de fête ! Ton sol est la mer ! Tes tables, les mon-*
*   tagnes*
*Jadis à cet unique usage bâties, en vérité.*
*Mais les trônes où sont-ils ? Où sont les temples et les*
*   coupes*
*De nectar, où est le chant qui réjouira les dieux ?*
*Où, mais où brillent-ils donc les oracles frappant au loin ?*
*Delphes sommeille, et où retentit la voix du grand Destin*[1] *?*

Je regarde encore une fois ce Sphinx ailé, sculpté par Lycien en 400 avant notre ère, et qui se trouve au musée archéologique d'Istanbul. Sa splendeur ferme, verte, rayon-

---

1. Hölderlin, *Le Pain et le Vin*, quatrième strophe (ce poème a été écrit en 1800).

nante est, en effet, digne d'un grand destin. Qui peut le penser, cependant, non pas comme un mythe ou une idée abstraite, mais *comme il se montre*?

Tout à coup, le théâtre change. Le Dieu biblique ne s'est pas contenté d'affirmer, contre la Mère primordiale, qu'il avait créé le monde et aussi l'homme, mâle et femelle, à son image ; voilà qu'il s'avise de s'incarner carrément dans un Fils unique. Pour une surprise, c'en est une. Et même un tremblement de terre. Les acteurs de la représentation sont maintenant Adam, Ève, le Serpent ; le nouvel Adam, le Christ ; la nouvelle Ève réparatrice : Marie. La Vierge est-elle une femme ? Oui et non. Oui, puisqu'elle est mère. Pas seulement, puisque cette maternité unique lui vient de l'Esprit, faisant d'elle, à la fois, la mère de Dieu et sa fille. Difficile à concevoir ? Ô combien. Mais justement. En contemplant ces cascades de Madones dans tous leurs états, nous ne devons pas oublier que, là encore, une masse de textes accompagnent des peintures qui nous paraissent familières. Les Évangiles, les vies de saints et de saintes, les Conciles, les Pères de l'Église, les prédicateurs, les théologiens, les poètes. Marie est la star des stars. Il y a, bien sûr, des vedettes secondaires : sa propre mère Anne (celle de l'Immaculée Conception) ; Marie-Madeleine ; des flots de martyres ; et, beaucoup plus tard, grâce à l'audace du cavalier Bernin, l'extatique sainte Thérèse. Les thèmes n'en sont pas moins musicalement réglés, canon, fugues, variation. Nativité, Annonciation, Naissance de l'Enfant Sauveur, Fuite en Égypte, Stabat Mater, Assomption, Couronnement céleste. La question-femme se spiritualise à l'extrême par une opération dont le génie simplificateur et multiplicateur nous retient toujours. La Trinité elle-même, en effet, *dépend* de cette Vierge résumant en elle toutes les interrogations généalogiques et les portant à leur solution géométrique. Éclatant théorème, dont Dante, dans son *Paradis*, donne la formulation la plus élégante, sur laquelle, d'ailleurs, on peut méditer indéfiniment :

> *Vierge mère, fille de ton Fils,*
> *Humble et haute plus que nulle créature,*
> *Terme fixe d'un éternel dessein ;*
> *C'est toi qui ennoblis notre nature humaine*
> *À un point tel que n'a pas dédaigné*
> *Son Ouvrier de se faire son œuvre*[1].

Ce passage à la limite de ce qu'on pourrait appeler la reproduction-une-fois-pour-toutes est, Pascal a trouvé la formule, un scandale et une folie. Scandale si on parie sur un messianisme projeté dans la perpétuation biologique ; folie si on pense que l'humanité, au lieu de s'en séparer radicalement, est un élément du cosmos. Les résultats de ce coup de force ne se font pas attendre. C'est *à cause* de cette élaboration, et non pas *malgré elle*, qu'Aphrodite et Vénus vont elles-mêmes se laïciser, s'incarner dans le monde profane et devenir, peu à peu, cette femme-là, n'importe laquelle, et puis cette autre, et encore cette autre. Des femmes, désormais, il y en aura *des*. C'est un coup de dés. Marie (et c'est aujourd'hui que nous pouvons mieux la comprendre) absorbe les élans, les aspirations, l'hystérie de base de l'éternel féminin ; elle rafle l'énorme mise de fécondité dont elle est, Dante a raison, le « terme fixe ». Autant dire qu'on en reviendra toujours là, qu'on n'ira pas plus loin dans la spéculation forcenée qui consiste à ajouter des

---

1. Dante, *Paradis*, début du chant 33. C'est saint Bernard, chantre du culte marial, qui parle.

*Femmes et femmes*

vivants aux vivants et, en somme, des morts aux morts. Bien entendu, puisque cette Raison supérieure apparaît comme scandale ou comme folie, personne n'écoute, la chose paraît impraticable, insupportable, absurde. Et pourtant, dirait un nouveau Galilée, elle ne tourne pas, elle marque sans cesse la même heure, annonciation, incarnation, crucifixion, ascension, assomption. L'Occident a trouvé son horloge (cela ne va pas sans contestations), son calendrier dont les opérations boursières du monde entier tiennent compte. Nos dates sont les siennes. Nous sommes bien à la fin du XX$^e$ siècle «de notre ère», comme on dit pudiquement, en oubliant pourquoi, à cause de qui, et comment.

Le plus souvent, on feint hypocritement de s'étonner d'un paradoxe irritant : Vierge Marie d'un côté; prolifération voluptueuse de l'autre. Remarque de bon sens, donc de très courte vue. C'est *précisément* à cause de l'Une qu'on obtient les autres. Titien ou Rubens auraient trouvé dépourvu de sens qu'on leur demande de choisir, de se limiter, de s'en tenir à la Vierge *ou* à Vénus. Les deux, chers puritains, les deux! Ou plutôt : une et mille! La Réforme, en voulant ravaler l'Une, n'a fait qu'aller dans le sens d'une normalisation des mille : plus de Vierge, plus de flots de Vénus. Au bout du compte viendra le temps de la mélancolie, du romantisme, de l'angoisse, de la frustration, du bovarysme de plus en plus confiné, de la dépréciation malheureuse, du délire pseudo-poétique, du féminisme vite enrôlé dans le biologisme, de l'érotisme rabaissé en pornographie, le cinéma, quoi. Pour Titien, pour Rubens, pour Vélasquez, pour tant d'autres, il n'y a aucune contradiction entre peindre une Annonciation ou une Assomption et représenter (avec quelle ivresse matérielle) Vénus à sa toilette ou en train de se faire donner un concert. La Vierge

Marie et Vénus ont indifféremment comme modèles la princesse ou la boulangère du coin. Vénus et l'organiste ? Elle est quand même plus convaincante que Madame Luther. Et Danaé ! Sous sa pluie d'or ! Et les nymphes ! Certes, on maintient un principe d'horreur (des sorcières, Judith châtrant Holopherne, une tête de Méduse pétrifiante aux serpents), mais pour mieux faire sentir le faste de la vie privée, les étoffes, les instruments de l'intimité, les couleurs, les parfums, les sons, la peau de l'instant visible. Ici surgit le miroir. *Une femme se voit.* Elle ne demande pas mieux, semble-t-il, à condition qu'un artiste (c'est-à-dire, rappelons-nous le mot de Picasso, « une femme ») organise une telle vision favorable. Sans quoi, eh bien, elle ne s'aimerait peut-être pas. Voilà un fait d'expérience. On peut le vérifier tous les jours. Les couturiers, par exemple, le savent. Ils veillent sur cette question ; ils sont chargés de l'agrémenter, d'en atténuer les contours. Le peintre, lui, va directement sur le motif : habiller la Vierge de ciel, singulariser son Enfant, dénuder Vénus relèvent de la même technique. Les vraies femmes sont celles des peintres. Le peintre et ses modèles sont une seule nébuleuse d'énergie. « À quelque fête de nuit dans une cité du Nord, écrit Rimbaud dans les *Illuminations*, j'ai rencontré toutes les femmes des anciens peintres. » Nous devrions faire comme lui. Tiens, voici Hélène Fourment en 1638 ! Bonjour. Elle est aujourd'hui à Vienne. La Contre-Réforme, donc, toujours si mal jugée par la propagande scolaire, et pour cause, a eu son orgie savante. Décidément, les catholiques sont impossibles, tordus, pervers, accablants, odieux. Mais que saurions-nous de la beauté sans eux ? De la beauté féminine ? Qui s'est chargé, sinon eux, de transmettre la grande leçon grecque au lieu, comme la païennerie romaine stagnante, de la démarquer ? Giorgione et Titien sont plus proches d'Homère que de Virgile. Leur Vénus est bien l'Aphrodite d'or. Sa ville ? Venise.

Et puis Paris. Ils ont rendez-vous là, les derniers, et quel feu d'artifice ! On emmène Goya que sa *Maja desnuda* ne pouvait que conduire à l'exil (il meurt à Bordeaux). Mais enfin : Watteau, Fragonard, Manet, Ingres, Delacroix, Courbet, Cézanne, Rodin, Picasso, Matisse — qui dit mieux ? La démonstration n'est-elle pas fulgurante ? Peut-on encore l'ignorer ? L'*Olympia, Le Bain turc, La Mort de Sardanapale, Les Deux Amies, Iris messagère des dieux* : on dirait des noms de batailles, mais ce sont des victoires plus importantes que celles d'Alexandre ou de Napoléon. Des prostituées, des baigneuses, des femmes du monde, des danseuses, il y en a pour tous les goûts et de toutes les couleurs. Cela ne plaît pas à la métaphysique ou, comme dit Baudelaire, au « vieux Platon » ? C'est probable. Mais l'acte vient de plus loin, écoutons sa musique :

*Lesbos, où les baisers sont comme les cascades*
*Qui se jettent sans peur dans les gouffres sans fonds,*
*Et courent, sanglotant et gloussant par saccades*
*Orageux et secrets, fourmillants et profonds !*

Ou encore, tout simplement :

*Ta tête, ton geste, ton air*
*Sont beaux comme un beau paysage ;*
*Le rire joue en ton visage*
*Comme un vent frais dans un ciel clair.*

Voilà, nous sommes arrivés, ou presque. C'est Picasso, donc, qui tire le rideau pour l'instant, puisque nous pouvons revoir grâce à lui notre histoire. Par lui, les apparitions préhistoriques, au lieu d'avoir un aspect archaïque et menaçant, prennent une forme enjouée. Après la catastrophe de la Seconde Guerre mondiale, le Vieux Picasso, que tout le monde croyait fini, s'est lancé dans une sarabande effrénée, satyres, ménades, couples, baisers. Il y avait encore des communistes : embarras, gêne. Les Américains ont jugé, eux, symétriquement, qu'il y avait là une preuve de sénilité. Mais non : tout le monde, en réalité, *voulait que ça s'arrête*, mais voilà, pas question, on continue, on insiste, on se cachera s'il le faut. Astarté, Nefertiti, Aphrodite, Ève, Marie, Vénus, l'*Olympia* : soudain, ces figures n'en font plus qu'une. Des déesses, des madones, des reines, des infantes, des nudités, des passantes, des fleurs du mal, des jeunes filles en fleurs, vous n'en avez pas assez ? Non, jamais. Des torsions, des grossesses, des sourires, des malédictions, des promesses ? Des grottes, des crèches, des chambres, des boudoirs, des jardins, des bains, des bénédictions, des caresses ? Oui, encore. Et maintenant ? On ne sait pas. Elles semblent en suspens. Elles sont réquisitionnées par le Calcul, le Programme. On les veut consommatrices, matrices, esclaves des produits de beauté, cyniques, travailleuses, sentimentales, frontales. Elles doivent maigrir, bronzer, débronzer, pointer, réussir, accoucher, éduquer, s'agiter, défendre leur droit à l'égalité, se maquiller, se démaquiller, veiller, surveiller, aimer un peu, courir, vieillir beaucoup — aux suivantes. La religion ne peut plus grand-chose pour elles. Vénus est hors de prix. Se faire entretenir est de plus en plus impossible. L'ignorance s'accroît, le conformisme aussi. La mode fait ce qu'elle peut. Les magazines racontent à peu près n'importe quoi, comme d'habitude. Le cinéma est en crise. La télévision universelle ennuie. La vulgarité augmente. Les mâles sont au plus bas, leur bassesse animale remonte. La misère, ailleurs, est immense. Alors ? Cette fabuleuse aventure aurait eu lieu *pour rien* ? C'est maintenant à chacun, et à chacune, de répondre.

Heidegger, dans *Sérénité*[1] :
« La révolution technique qui monte vers nous depuis le début de l'âge atomique pourrait fasciner l'homme, l'éblouir et lui tourner la tête, l'envoûter, de telle sorte qu'un jour la pensée calculante fût *la seule* à être admise à s'exercer.

Quel grand danger nous menacerait alors ? Alors la plus étonnante et féconde virtuosité du calcul qui invente et planifie s'accompagnerait... d'indifférence envers la pensée méditante, c'est-à-dire d'une totale absence de pensée. Et alors ? Alors l'homme aurait nié et rejeté ce qu'il possède de plus propre, à savoir qu'il est un être pensant. Il s'agit donc de sauver cette essence de l'homme. Il s'agit de maintenir en éveil la pensée. »

Et pourtant :
« L'égalité d'âme devant les choses et l'esprit ouvert au secret nous dévoilent la perspective d'un futur enracinement. Il pourrait même arriver que ce dernier fût un jour assez fort pour rappeler à nous, sous une forme nouvelle, l'ancien enracinement qui pour l'heure disparaît si vite. »

Et encore ceci, dans *L'Expérience de la pensée* :
« Ce caractère de la pensée, qu'elle est œuvre de poète, est encore voilé.

Là où il se laisse voir, il est tenu longtemps pour l'utopie d'un esprit à demi poétique.

Mais la poésie qui pense est en vérité la topologie de l'Être.

À celui-ci elle dit le lieu où il se déploie. »

---

1. Martin Heidegger, *Questions III et IV*, Tel, Gallimard, 1990.

## Le corps amoureux

L'amour a lieu de l'autre côté du sommeil.
On devrait dire dormir d'amour, comme on dit pleurer de joie, trembler d'excitation, mourir de peur ou de honte. Rien de plus éveillé, de plus *en forme* que l'amour, mais justement : parce qu'il a dormi comme il faut, que les visions qui sont les siennes ont été filtrées par l'inconscient absolu du fond. Je n'étais pas là, l'autre non plus, C'était *ça* en dehors de nous, rien d'autre.

L'amour, dit Montaigne quelque part, est une agitation éveillée, vive et gaie. Façon de dire que la haine est une pétrification endormie, morbide, triste. Avoir dormi d'amour, c'est être doublé de réveil : un corps amoureux en vaut deux.

Regardez autour de vous : ils ont mal dormi, ils ont les visages de leurs rêves empêchés ou de leur mauvaise jouissance. Vins ou excitants médiocres, jalousies pour rien, comparaisons maniaques, froissements de déceptions et d'humiliations, enfance réprimée, punie, morsure du minuscule négatif intime. Le corps a ses raisons que le soleil de la raison ne connaît pas, il reste moite, humide, marécageux, fuyant, doutant, encombrant. Il a ses passions que le ciel de la passion ignore, on l'enterrera, c'est bien fait pour lui, on le brûlera, ce qui en dit long sur sa haine de soi réduite en poussière. En réalité, on devrait dire : tiens, aujourd'hui j'ai mon corps numéro 1, 3, 5 ou 7. Ou encore moins 1, moins 3, moins 5, moins 7. Que le corps soit multiple, c'est en effet cela qui fait peur, puisque en définitive on n'*a* pas un corps, on l'*est* au pluriel. Autant de positions, d'humeurs, de déplacements, de gestes, autant de nuits et de jours. Tout ce qui veut calculer le corps, le reproduire et le réduire comme unité supposée ; tout ce qui veut l'ensembliser, le collectiviser, le manipuler, est issu de l'angoisse violente qui anime les directeurs autoproclamés de l'humanité, religions comprises. Le singulier pluriel est leur terreur, leur hantise, un spectre les fait frissonner de temps en temps, ils sont prêts à l'acheter très cher, ou du moins son ombre, dans ce qu'on aura appelé l'art.

Si, comme l'a dit Rimbaud, JE est un autre, le moi des contrôleurs et des contrôleuses s'affole et se perd. Ce n'est pas pour rien que Rimbaud parle d'un nouvel amour, d'un nouveau corps amoureux, et se définit lui-même comme un inventeur bien autrement méritant que tous ceux qui l'ont précédé, un musicien même qui a trouvé quelque chose comme la clé de l'amour. Autres lignes, autres portées, autre temps, autre espace. Et si Lautréamont, un peu plus tôt, a précisé contre l'hypothèse « dieu » : « Si j'existe, je ne suis pas un autre », il n'y a là nulle contradiction, simplement une autre façon de dire « je ». C'est bien vous, là, qui dites « je » ? Sans doute, mais pas comme vous croyez, puisque vous me voyez comme un autre. Donc vous ne m'aimez pas. Vous me haïssez, même, comme vous-même. Vous voulez me ramener à une parcelle du Grand Objet

Extérieur. C'est plus fort que vous, c'est humain, c'est votre programme. Toute cette comédie tragique s'achève donc, comme c'était prévisible, dans la marchandise. Le corps, désormais, se fabrique, poussez-vous de là, au suivant, le spectacle est une fausse exposition de pseudo-vivants.

À la recherche du corps perdu, telle est l'aventure. Ouvrez les livres, allez au cinéma, écoutez des musiques, essayez donc enfin de vivre les sculptures, les peintures, photographiez-vous tant que vous voulez, il n'est question que de ça. Phrases, poèmes, délires, images, tout vient de ce lit, de ce fleuve, cataractes de crimes, chutes de caresses, bouillie de cadavres, frôlements de peaux, tourbillon de mains, de bouches, de langues, de mots. Camps de la mort, temples d'amours. Donnez-moi une chambre, n'importe laquelle, n'importe où, et un corps accordé au mien, le reste s'ensuit nécessairement, la plus grande liberté ne peut pas ne pas être là, c'est automatique. Aimez, ou suicidez-vous : tel sera le choix. Les sectes, un peu partout, s'occupent de la mise en scène, en vous recommandant, moyennant finance, de quitter cette pénible enveloppe charnelle, comme s'il y avait une lettre dans l'enveloppe et quelque chose *dans* le corps. Mais non, rien. Votre enveloppe n'est adressée qu'à vous-même. Ne l'ouvrez pas, laissez-la se développer, elle n'a rien d'autre à vous dire que ce que vous pourrez en dire. Ne soyez pas enfantins, ne croyez pas que le petit oiseau va sortir. Défiez-vous de tout ce qui veut mourir et guérir. Le charlatanisme universel s'appelle au-delà, demain, plus tard, une autre fois, on verra, révolution, restauration, progrès ou apocalypse. À peine êtes-vous un corps, que la danse autour de vous s'organise : famille, société, rien ne vous sera épargné pour vous empêcher de jouir, c'est-à-dire d'être plusieurs en ce monde comme si vous y étiez, enfin, magnifiquement seul. Le temps vous sera sans cesse compté, dépensez-le sans mesure. Quelqu'un qui a tout son temps est un scandale permanent. Cachez-vous, détournez-vous, déconnectez-vous. Laissez-leur le virtuel, l'illusion de la communication générale qui est le contraire de l'infini langage charnel. Soyez impossible : demandez le réel.

En janvier-février 1883, à Rapallo, tout en mettant au net, avec sa rapidité coutumière, la première partie d'*Ainsi parlait Zarathoustra*, Nietzsche, au milieu de «toute une série de beaux jours radieux et parfaits», poursuit sa vérité renversante. Un peu plus tard, le 16 mars 1883, à Gênes (Picasso a deux ans, Joyce et Stravinsky un an), il écrit à Deussen :
«La séparation d'avec mes proches commence à m'apparaître comme un véritable bienfait; ah si tu savais tout ce qu'il m'a fallu surmonter dans ce domaine (depuis ma naissance) ! Je n'aime pas ma mère, et entendre la voix de ma sœur m'est désagréable ; j'ai *toujours* été malade lorsque j'étais en leur compagnie.»
On ne saurait mieux dire. Nietzsche est alors en train de changer de corps, de sortir de celui qui lui a été imposé par le temps biologique linéaire et broyeur, il fait une expérience sans précédent, celle d'un corps qui «traverse l'histoire», celle d'une «histoire monumentale» où le temps est d'une autre substance que celle du calendrier du calcul. Quelle révélation, quelle joie, quelle surprise. Quelques années plus tard, nous le savons, il retombera comme une pierre, aphasique, prostré, «fou», dans la tenaille d'acier que représentent sa mère et sa sœur. Mais pour l'instant,

dans cet instant fulgurant, qui vient de s'ouvrir pour lui, il éprouve que « toute morale au profit de l'individu constitue une *vision* salvatrice », que le but est « de rester au sein de l'individuation, de ne pas se laisser réabsorber par la souffrance originelle ». Il vit la « rédemption de l'homme multiple », celui qui se sent être « la métamorphose animale de Dieu ».

« L'homme abrite autant d'esprits qu'il y a d'animaux dans la mer — ils luttent les uns contre les autres pour l'esprit "moi" ; ils l'aiment, ils souhaitent qu'il s'installe sur leur dos, ils se haïssent au nom de cet amour. »

Voilà.

On peut appeler « art » l'histoire de ces mouvements, de ces remous, de ces apparitions amoureuses. L'artiste peut prendre toutes les figures qu'il veut, ses modèles viennent à sa rencontre, il dessine, il peint, il sculpte, il écrit, il compose, tout cela est fondé dans le temps du Même, ce nouveau temps *plein d'autres* en train de lutter pour avoir un moi, un vrai moi. « Le moi, ce chaton mobile animé de cet esprit animal de vif-argent. » Ou bien : « Et, de nouveau, le chaton moi miaule, et de nouveau quelqu'un est content, et, de nouveau, tous sont envieux. » Tenez, vous avez là, si vous voulez, un baiser plus ou moins violent, une concentration de volumes, une étreinte, ou encore une femme en cours de modulation. Vous dites que ce sont des dieux, des satyres, des nymphes ? Si vous voulez. Mais cela peut arriver aussi avec n'importe qui, aujourd'hui même, pourvu qu'un certain rapt ait lieu, une perte, une extase, un allongement, une torsion imprévue : regardez comme *c'est bien dormi*, ouvrez les yeux sur cette gratuité radieuse.

Heidegger, dans *L'Origine de l'œuvre d'art* :
« Qu'est-ce en effet que le repos, sinon le contraire du

mouvement ? Bien sûr. Mais il n'est pas un contraire qui exclut le mouvement : il l'inclut. Seul ce qui se meut est susceptible de repos. Au mode de mouvement correspond le mode de repos. Si l'on comprend le mouvement comme simple changement de lieu d'un corps, le repos n'est évidemment que le cas limite du mouvement. Si le repos inclut le mouvement, il peut y avoir un repos qui est une condensation intime de mouvement, donc suprême motilité, à supposer que le genre du mouvement donné exige un tel repos. Le repos de l'œuvre reposant en elle-même est précisément de ce genre. »

Ce repos singulier, « condensation intime de mouvement », est ce qu'un artiste (pas un décorateur ou un animateur culturel) trouve d'instinct, sans avoir à le rechercher, comme surgi de son fond même. *Paradis*, par exemple, est un livre d'une grande rapidité qui dort à poings fermés et en plein éveil, comble de mouvement inclus dans un repos étrange. Je l'ai toujours vu comme un ciel sans limites et très clair, immobile, au-dessus d'une mer aussi déchaînée que possible, comme un souffle de lucidité joyeuse planant sur une nuit d'horreur. Il s'agissait, il s'agit toujours, comme le voulait Nietzsche, d'« apprendre à tout ressentir comme des gestes, longueur et brièveté des phrases, ponctuation, choix des mots, pauses, ordre des arguments ». Le vrai corps amoureux, la langue et sa multiplicité de voix et d'accents, se déploie si on franchit sans cesse la terreur qui l'habite, la muette terreur biologique, de même que l'espace mort peut laisser place à la volupté latente des traits, des couleurs, des reliefs, des sons. Le corps amoureux résonne jusque dans son silence. N'espérez pas le trouver ailleurs, puisque les histoires de corps et d'amours ne sont que des tentatives dans ce sens, un effort pour échapper à la destruction anticipée, pensée, imaginée, fatale. Voyez : ces gisants, là, vous préviennent, ces visages, ces bras, ces torses, ces jambes vous font signe à travers les tableaux ou les rares inspirations de photos, cette brusque avidité que vous discernez est un spasme aimanté, toujours nouveau, toujours autre. Les souffrances, les malheurs, les névroses, les inhibitions, les perversions ; leur lourdeur, leur ennui, leur pesanteur, sont des drames d'art, des négations offertes à une négation supérieure. Le splendide, varié et *amusant* Sade a tout dit là-dessus. Et voici la lumière insolite de l'humour, qui ne manque jamais d'apparaître dans l'œuvre la plus sacrée comme dans la plus érotique, cette tranchante lumière de sourire que, la plupart du temps, nous préférons éviter de voir. Et pourtant.

Ouvrez le Chant VI des *Chants de Maldoror* : Lautréamont nous annonce ce que vont devenir désormais, sous sa plume, les trois personnages principaux de son récit : «l'homme, le Créateur et moi-même». Le sujet qui parle n'est donc ni un homme, ni Dieu, ni «soi-même»? C'est un quatrième existant qui décline ainsi son identité? Mais alors de qui s'agit-il? Quels personnages vont devenir les trois autres? Voici :

«La vitalité se répandra magnifiquement dans le torrent de leur appareil circulatoire, et vous verrez comme vous serez étonné vous-même de rencontrer, là où d'abord vous n'aviez cru voir que des entités vagues appartenant au domaine de la spéculation pure, d'une part, l'organisme corporel avec ses ramifications de nerfs et ses membranes muqueuses, de l'autre, le principe spirituel qui préside aux fonctions physiologiques de la chair. Ce sont des êtres doués d'une énergique vie qui, les bras croisés et la poitrine en arrêt, poseront prosaïquement (mais je suis certain

*Le corps amoureux*

que l'effet sera très poétique) devant votre visage, placés seulement à quelques pas de vous, de manière que les rayons solaires, frappant d'abord les tuiles des toits et le couvercle des cheminées, viendront ensuite se refléter visiblement sur leurs cheveux terrestres et matériels. »

Les corps réels seraient donc ceux de la fiction devenue plus réelle que le réel, à la condition que quelqu'un ait surmonté ces figures éternellement abstraites (et qui font marcher, massacrante et massacrée, la machine dite Humanité) ; l'homme, le Créateur, soi-même. Que de discours, de sermons, de proclamations, de manifestations et de contorsions ; que de fumée sans feu, que d'écume sans eau, que d'actes sans traces. En revanche, ici, tout à coup, la « vitalité », la vraie, pas celle des jeux Olympiques ou des rassemblements de masse, se répand magnifiquement comme un torrent. Or, nous le savons, cette création amoureuse est rare, l'Histoire est rare. Éros n'est pas le jumeau, ni l'alter ego de Thanatos, la Mort l'emporte de beaucoup sur la jouissance d'être, seul le sexe de l'art, s'il est traité dans sa juste distance, ne débouche pas sur le cimetière des idéalisations déçues. L'enfer est pavé d'échecs du désir à se connaître, le psychisme s'éternise dans sa rumination, le paradis corporel, lui, est un instant qui dure. Pourquoi les corps qui nous intéressent sont-ils présents à telle époque et pas à telle autre ? Les historiens nous répondent mal, l'économie politique n'a pas tort, la sociologie parle à côté du problème, les philosophes, la plupart du temps, se dérobent, interrogez-les sur l'érotisme, vous verrez bien. On explique mieux la Terreur que la Liberté, beaucoup mieux Hitler que Picasso et encore mieux Staline que Watteau, Fragonard, Casanova ou Mozart. L'austère Platon, comme dit Baudelaire, fronce le sourcil dès qu'il est question de

Lesbos (mais Cartier-Bresson flashe). On cache les fleurs du Mal derrière les couronnes artificielles du Bien, les salariés de la bien-pensance abondent, l'artiste de la révélation physique est seul. L'histoire des historiens évite de toucher la chair, et il faut que ce soit *ce* roman, *cette* peinture, *cette* photo, *ce* film qui, soudain, nous fasse sentir l'inconcevable richesse de l'abîme concret dans lequel nous prenons forme. Des corps de femmes, comme par hasard, viennent ici le mieux préciser les dates. J'ai toujours rêvé de savoir, bien entendu, à *quoi* pensaient exactement Rodin, Picasso, Watteau, pendant qu'ils projetaient ces apparitions féminines dans le temps, à travers leurs mains; par *quoi* ils étaient guidés dans ce dédale de plis, de tensions, d'allégements massifs. Au plaisir sexuel? Sans doute, mais lequel? C'est visiblement un plaisir qui n'aura appartenu qu'à eux, à leur possibilité d'avoir eux-mêmes plusieurs corps en un seul. La vraie réponse, comme d'habitude, revient aux poètes et aux romanciers. Ainsi, de nos jours à Philip Roth :

« La jouissance la submergeait depuis l'extérieur, lui tombait dessus de manière inopinée, un véritable orage de grêle qui explosait étrangement au milieu d'une journée d'août. Tout ce qui s'était passé avant l'orgasme ressemblait pour elle à une attaque qu'elle ne faisait rien pour repousser mais, si difficile que cela soit, qu'elle absorbait, sans fin, et elle lui survivait; pourtant, la frénésie de ses orgasmes, les coups de pied, les gémissements, les grognements sourds, les yeux vitreux qui se révulsaient, les ongles qui lui labouraient le crâne donnaient à penser qu'il s'agissait d'expériences qu'elle avait énormément de mal à supporter et dont elle risquait de ne jamais se remettre. Les orgasmes de Nikki étaient comme des convulsions, le corps cherchait à s'évader de la peau qui le retenait. »

*Le corps amoureux* 295

Ou encore (il s'agit de deux femmes ensemble) :
« Il eut l'impression, pendant un long moment, qu'elles n'en auraient jamais fini et qu'en conséquence, sur cette colline, derrière cette fenêtre, caché dans cette nuit, il resterait à jamais prisonnier de cette absurdité. On aurait dit qu'elles avaient du mal à trouver ce qu'elles cherchaient. Il leur manquait quelque chose, un fragment de quelque chose, et elles faisaient toutes deux de longs discours dont l'objet était cette chose qui leur manquait dans une langue faite de cris étouffés et de gémissements et de longs soupirs et de petits hurlements, un pot-pourri assez musical de cris aigus et de petites explosions. »

L'Art, l'Histoire et l'Amour sont rares, bien qu'on nous dise le contraire tous les jours. Je me revois en train d'écrire *Femmes* à Venise : une fenêtre est ouverte, c'est l'été, la nuit chaude s'enfonce sous les arbres, il y a, là-bas, une bibliothèque allumée, une jeune femme brune lit dans un grand fauteuil. Je me revois en train de me demander si j'oserai, ou pas, publier certaines pages de *Portrait du Joueur* : c'est encore l'été, c'est toujours l'été quand on écrit vraiment ce qu'on doit écrire, même en plein hiver, dans le froid coupant de Paris. Il suffit de le décider : la liberté est là tout de suite, quelle que soit la misère ou la corruption organisées, le déferlement mièvre et pompeux de la propagande spiritualiste ou provinciale, un peu de bouddhisme, un peu de populisme, installation de la courte vue, de la courte vie, bouclage publicitaire de l'ennui. Vous êtes-vous déjà ennuyé ? Moi, non. Est-ce bien vrai ? Vous le jurez ? Vous vous feriez cloner pour revenir à votre heure dans une époque plus dévergondée, plus heureuse ? Oui. Je viens d'écrire *Le Cœur Absolu*, je nage. *Les Folies Fran-*

çaises, c'est le printemps, les lilas sont là. *La Fête à Venise*, le bateau file vers le large. *Le Secret*, le ciel de Rome n'a jamais été plus bleu. *Studio*, les canards de Hyde Park savent quelque chose. Partout, sur place, en voyage, des femmes poursuivent une autre vie que celle des informations, elles sont dans leurs gestes, leurs arrangements, leurs mensonges. Le temps qu'on nous inflige n'est pas celui que je dis.

Les dates, les dates... Comment, par exemple, peut-on avoir écrit *La Défense de l'infini*, une des proses les plus libres de tous les temps, et s'être enfermé ensuite dans l'apologie de l'asservissement général ? C'est le mystère d'Aragon. Voyez ceci, daté de 1926 :
« Je ne revois plus le visage ni le corps de celle que je tenais contre moi, dans le Nord-Sud, vers Saint-Lazare. Je sais seulement que dans cette foule compacte où les balancements du train penchaient d'un coup toute la masse oscillante des voyageurs elle se laissait faire comme privée de raison et de sentiments. Comme si nous avions été dans un désert véritable, où même la présence d'un homme eût été pour elle si surprenante et si terrifiante que l'idée ne lui serait pas venue de bouger ou de résister un instant. J'étais donc contre elle, par-derrière collé, et mon haleine faisait remuer légèrement les cheveux de sa nuque. Mes jambes épousaient la courbe des siennes, mes mains avaient longuement caressé ses cuisses, elle n'avait pas retiré sa main gauche quand je l'avais un instant furtivement serrée. Je sentais contre moi la douce pression de ses fesses à travers une étoffe très mince et glissante, dont les plis occasionnels même m'intéressaient. Je maintenais avec mes genoux un contact étroit. Je les fléchissais un peu, afin que ma queue bridée par le pantalon trouvât, pendant qu'elle gran-

dissait encore, un lit entre ces fesses que la peur contractait, un lit vertical où les secousses du train suffisaient à me branler. Je voyais mal le visage de cette femme, par côté. Je n'y lisais rien que la peur. Mais quelle peur ? Du scandale, ou de ce qui allait arriver ? Elle mordait sa lèvre inférieure. Soudain, j'eus un désir irrépressible de contrôle. Je voulus connaître la pensée de cette femme, je glissai ma main droite entre ses cuisses. Merveille du poil deviné sous l'étoffe, étonnement du cul pressé. Cette femme était donc en pierre ? Je ne connais rien d'aussi beau, rien qui me donne le sentiment à un pareil point, que la vulve quand on l'atteint par-derrière. Mes doigts ne pouvaient s'y méprendre. Je sentais les lèvres gonflées, et soudain la femme comme pour se raffermir sur ses pieds écarta les cuisses. Je sentis les lèvres céder, s'ouvrir. Elle mouillait tant que cela traversait la robe. Les fesses trois ou quatre fois montèrent et descendirent le long de ma pine. Je pensai tout à coup aux gens d'alentour. Personne, non personne dans cette presse ne prêtait attention à nous. Visages gris et ennuyés. Postures d'attente. Mes yeux tombèrent dans deux yeux qui regardaient, qui nous regardaient. Ils allaient d'elle à moi, ces yeux battus par la vie, ces yeux soulignés plus encore par la fatigue des longs jours que par le fard, ces yeux pleins d'histoires inconnues, ces yeux qui aimaient encore pour un peu de temps l'amour. C'étaient les yeux d'une femme assise assez loin, et séparée de nous par un peuple aveugle, d'une femme qui de si bas ne pouvait deviner le manège, ne pouvait que voir nos têtes ballottées par la marche du train et l'incontrôlable du plaisir prochain. Ils ne nous lâchaient pas, ces yeux, et j'éprouvai soudain une sorte de nécessité de leur répondre. C'étaient des yeux immenses, tristes, et comme sans repos. Savent-ils ? Ils battaient un peu pour me répondre. Ils se tournaient vers ma voisine que je sentais profondément frémir. Ils n'interrogeaient pas. Ils savaient sans doute. Les mouvements de la femme devinrent plus rapides, avec ce caractère étrangement limité que leur donne la crainte de se trahir. Je vis brusquement se dilater les prunelles qui me fixaient, comme si un gouffre s'était ouvert sous la banquette. Les yeux venaient de saisir sur la face de la femme que je serrais le premier spasme de la jouissance. Je ne sus qu'après eux ce qui venait de se produire, et c'est en même temps que la femme assise que je partis, et je me demande quel air dut être le mien alors, quand celle-ci cacha brusquement dans ses mains ses yeux déchirés de jouir. Un temps infini s'écoula jusqu'à la station suivante comme un grand silence immobile et je ne pensai plus à rien. Entrée en gare, les lumières extérieures, la courbe du quai, les reflets sur les briques blanches, un remous violent à l'ouverture des portes jeta dehors la femme dont je n'avais pas vu les yeux ; tandis que l'assaut des nouveaux voyageurs étendait un voile entre moi et les yeux que je ne voyais plus. Je restai seul, sans connaître le vrai de cette histoire sans intrigue, où tout est pour moi dramatique comme la fuite inquiétante de l'été.»

Cette scène, n'est-ce pas, devrait faire l'objet d'une exposition spéciale. On peut s'étonner qu'aucun film, jusqu'à maintenant, ne s'en soit inspiré. Il y a des amours heureux : la preuve. Appelons l'une des deux femmes Albertine, l'autre Mademoiselle Vinteuil. Grâce à Lautréamont, au surréalisme, un narrateur intrépide vient de faire l'expérience du temps retrouvé dans sa perte. Il va, hélas, s'en punir bientôt en adhérant à la fable meurtrière des lendemains qui chantent. Mais enfin, aujourd'hui, ouvrons les livres : qui écrit *ça* et *comme ça* ? Misère de la poésie, misère du récit, torpeur et peur des corps, les pavés remplacent la plage. Cette étincelle, pourtant, aurait dû mettre le feu à la plaine. À la place, on a eu une guerre et des camps. Et maintenant ?

Peut-on exclure l'être humain de son corps sensible, vue, toucher, voix, ouïe, odorat, goût, plaisir ? Peut-on le transformer en simple substance reproductive ? Peut-on le pousser à se haïr à tel point qu'il désire sa propre disparition suicidaire ? C'est une hypothèse. Elle est sérieuse. Elle s'organise. Elle pèse. Elle est violente, surinformée, policière, bête. Religieuse, surtout. Elle pue la mort en se présentant comme préservative et hygiénique, le cadavre dans sa colorisation cosmétique, la pourriture dans sa morale obsédée d'hypocrisie mafieuse. Elle est gaffeuse, maniérée, vulgaire, rigolarde et morose, puritaine toujours. Elle vous veut coupable, c'est très important. Honteux et coupable. Courbé sous un péché originel qui n'a jamais existé que dans le mauvais sommeil du clergé de la mort rentable. Seulement voilà : « La société se croit seule, dit Artaud, mais il y a quelqu'un. » Non, non, poussez-vous, je ne veux voir qu'une seule absence de tête, et personne. Échec : il y a eu, il y a, et il y aura toujours, *forcément*, quelqu'un.

*Avril 1997.*

## *Les femmes de Cézanne*

On aimerait, ne fût-ce qu'un moment, interrompre le vacarme artificiel qui va se faire autour de Cézanne, réserver un espace de silence et de méditation autour de ses tableaux, laisser venir à l'air libre la clairière contemplative qu'il s'est ménagée dans le Temps.

On vous « montrera » tout de Cézanne. On vous détaillera sa technique, la bizarrerie de son existence, son caractère difficile, son obstination — et cela ne voudra pas dire grand-chose. Voici ses natures mortes (comme on dit), son obsession de la couleur, ses volumes instables mais d'autant plus solides, ses arbres, ses rochers, ses maisons, sa Montagne. Voici des reproductions de sa peinture, comme si la peinture était une image. Des films sur Cézanne ? Des parcours touristiques en Provence ? Des démonstrations didactiques ? Rien de plus facile, on vous vend tout ça. Mais voilà, je prends le pari : on évitera autant que possible les *Baigneurs*, les *Baigneuses*. Ces corps ne nous conviennent pas, la passion qui les anime nous échappe. Ils ont l'air de s'arracher à la terre, de ressusciter dans une autre vie que la nôtre. Ils se baignent dans un fleuve dont nous ne connaissons pas, ou plus, les rives. Leur paradis secret, enfoncé, vif, vert et bleu, parle une langue proche, mais sans doute trop fondamentale pour nous.

Les *Baigneuses*? Elles sont mal vues, ces femmes-là. On n'en veut pas vraiment, on passe vite sur elles, on les trouve laides, on les expose quand même, mais avec réserve. Il est difficile de les regarder, de les commenter. Elles gênent, elles agacent, elles ne correspondent pas à ce que nous nous attendons à voir. Elles se refusent à notre manie d'anecdotes. Immédiatement, les interprétations de recouvrement affluent. Cézanne, dit-on, avait un embarras particulier avec le corps féminin. Il était inhibé, refoulé, craintif, sourdement homosexuel. La preuve? Il n'a pas pris, pour peindre, ces corps-là, de *modèles*. Un peintre qui n'est pas sous la dépendance imaginaire de ses modèles, cela fait très mauvais effet. L'artiste *doit* avoir une vie amoureuse compliquée, active. Voyez Picasso. On n'imagine pas qu'il pourrait poursuivre des orgies réelles *en pensée*. Or tout l'érotisme de Cézanne est un érotisme de pensée. Non, non, pas une série de «fantasmes», une construction méthodique, vibrante, de la jouissance qu'il y a à peindre la violence et la sérénité de penser.

Les Impressionnistes, et cela nous rassure, ont été moins exigeants. Ils ont eu la délicatesse de nous présenter des femmes agréables. Renoir, par exemple, voilà un amateur de chair! Quant aux autres, ils ont quand même pris la peine de bien situer leurs figures dans leur époque. On les *reconnaît*. On aime voir leurs robes, leurs chapeaux, leurs parapluies, leurs parasols. Elles sont coquettes, insolentes, tranquilles. Elles marchent dans des prairies, il y a des coquelicots. Ou alors, c'est la campagne propriétaire, en famille. Le déjeuner a eu lieu, c'était bon, il fait beau, les enfants jouent. Tandis qu'avec ce Cézanne, voulez-vous me dire où l'on est ? De quoi il s'agit exactement ? Pourquoi d'un côté ces corps d'hommes nus, et, *de l'autre*, ces nudités féminines non identifiables ? Pourquoi tous ces *dos* ? Ces femmes d'ailleurs, sont-elles bien des femmes ? Hum, hum.

Degas a ses lingères et ses petites danseuses en tutu : Toulouse-Lautrec ses prostituées typées : Gauguin ses Tahitiennes. Manet, après le scandale de son *Déjeuner sur l'herbe* et de son *Olympia*, a eu le bon goût de se retenir. Monet est confortable, pas de nus, on peut partir en barque avec lui. Vuillard, Bonnard ne dépassent jamais la mesure. Ingres a failli nous troubler, autrefois, avec son *Odalisque* et son *Bain turc*, mais enfin, on voit bien que la scène se passe à l'étranger, il s'agit donc d'exotisme. Van Gogh nous bouleverse par son puritanisme tragique. Finalement, il n'y a eu qu'un seul type vraiment dangereux, un terroriste : Courbet. Celui-là, il a fallu le surveiller d'assez près. Avec ses *Demoiselles* plus qu'équivoques, son *Sommeil* ouvertement lesbien, il aurait fini par mettre le spectacle en péril. Quoi, vous dites que son épouvantable *Origine du monde* est désormais exhibée dans un musée ? Ce n'est pas grave. La pornographie industrielle a, depuis longtemps, noyé le poisson, les films X passent à la télévision, les cassettes pseudo-lubriques pullulent. Un obsédé, ce Courbet, on peut le ranger dans un coin.

En revanche, le cas de Cézanne n'est toujours pas réglé. Que montre-t-il ? Que veut-il ? N'est-il pas étrangement autonome ? D'une très inquiétante liberté ? Ne porte-t-il pas la responsabilité d'une renaissance de la peinture au moment où nous avions les moyens de la faire taire ? N'anticipe-t-il pas sur toutes les déformations ultérieures de la vision, qui nous ont fait tant de mal ? Voilà comment on est arrivé à ces *Demoiselles d'Avignon* qui sont la négation de toute sensualité normale, une atteinte à la dignité de la femme en soi. Au fond, Cézanne est une sorte d'allié objectif du très méchant Rodin, un maniaque, celui-là, qui a tant fait souffrir la pauvre Camille Claudel. Cézanne, Rodin, Picasso : trinité infernale. Matisse, parfois, nous a aussi inquiétés. Pas trop longtemps, heureusement : il est rentré à la maison, il a même décoré une chapelle. Picasso, d'ailleurs, il faut bien l'avouer, on s'y habitue. Il n'y a qu'à dire qu'il avait un penchant pour la caricature, trois yeux, deux nez, treize doigts, ça surprend un peu au début, et puis on s'y fait.

Vous n'avez pas conscience du danger, mais le vrai problème, croyez-moi, c'est Cézanne. Zola, au fond, avait raison de craindre cette aventure. Quand on est profondément humain, progressiste, et qu'on écrit *Fécondité*, les histoires stériles de Baigneurs, de Baigneuses, ne peuvent être qu'inutiles et même réactionnaires. La solitude de Cézanne ne nous dit rien qui vaille. N'a-t-on pas l'impression qu'il veut retrouver on ne sait quel sacré ? Édifier des cathédrales de corps libres au bord de l'eau, en pleine nature immobile ? Où va-t-on avec ces célébrations gratuites ? Ce désœuvrement ? Cette absence de travail social ?

Ces femmes-là ne ressemblent à rien, elles sont anormales, mais *pas trop*, ce qui est encore plus troublant. On ne sait pas d'où elles sont tombées, vers quoi elles s'élèvent, ce qu'elles peuvent se dire entre elles. Elles n'ont pas de noms, pas de visages. Impossible de savoir de quel « milieu » elles sont. Sont-elles célibataires ? Mères ? Jeunes filles en fleurs, comme chez Proust ? Comment sont-elles *dans le civil* ? On raconte que Cézanne faisait poser des hommes, notamment un vieil invalide, pour les peindre. Voilà qui est absurde, scandaleux, fou. Qu'est-ce qu'elles font là, oui, agglutinées près d'une rivière, jamais deux fois les mêmes, penchées les unes sur les autres, en train de regarder on ne sait quoi ? Elles n'expriment rien, sauf une imperturbable occupation de l'espace. Sont-elles seulement belles ? Même pas, en tout cas, pas comme on *doit l'être* sur les plages, dans les magazines de mode, la publicité. On n'arrive pas à les *rhabiller*. On voit mal dans quel film elles pourraient tourner. Comment leur faire vanter des crèmes, des tissus, des bijoux, de la lingerie, des sentiments, des désirs ? Quelle histoire.

Les *Baigneurs* ont donc pour femmes les *Baigneuses* ? Et ils ne se baignent pas dans la même eau ni à la même heure ? Un poète, Apollinaire, a dit qu'il pensait parfois « aux éternités différentes de l'homme et de la femme ». Vous voyez bien qu'on est en pleine métaphysique, d'autant plus dangereuse, éclatante, qu'elle est plus « naturelle ». C'est toute la question.

La société du Spectacle, s'agissant de la représentation féminine, c'est plus que jamais le triomphe de Bouguereau. La fin du XX$^e$ siècle n'est rien d'autre qu'une fin du XIX$^e$ considérablement aggravée. L'académisme est multiplié par cent mille par la marchandise. Les femmes de Cézanne se refusent à tout usage et à tout échange. Elles n'ont aucune *valeur*. Elles sont donc hautement blasphématoires, transgressives. Ce sont, en réalité, des déesses comme on n'en a jamais vu. Si l'on arrive à sortir de la représentation « platonicienne » de la métaphysique, c'est-à-dire d'une rumination incessante sur « l'Androgyne », on pressent que leur élément naturel est en effet « pré-socratique ». Il faut regarder et entendre Cézanne comme une sorte de contemporain d'Héraclite ou de Parménide. Sans quoi, en vérité, on ne le *voit* pas.

Que nous vivions simultanément l'achèvement de la Métaphysique dans son déploiement nihiliste *et* une époque d'intense restauration effondrée, il faut une singulière mauvaise foi pour ne pas l'admettre. Morale, bons sentiments, clichés, repli sur soi, psychologisme, peur du sexe, irréalisation de la mort — le tout sur fond d'exploitation et de violence, bien sûr, comme toujours, mais pour ainsi dire, à vide.

Un nu de Bouguereau enchantait le bourgeois : le déshabillé de la *Nana* de Manet lui semblait obscène. L'*Olympia* a été une offense intolérable : elle était moche, pas dénudée comme il faut (c'est-à-dire pseudo-mythologique, avec des perles, juchée sur un rocher de corail). Les *Baigneuses* de Courbet, elles, étaient une insulte personnelle à Napoléon III. Mais les *Baigneuses* de Cézanne sont un comble d'incongruité : même plus de quoi s'indigner, on est devant quelque chose d'incompréhensible, comme si on sortait, là, de la condition humaine.

En effet.

Les déesses de Cézanne : les voici, donc, celles de Bâle, de Londres, de Philadelphie. Le Baigneur Cézanne les a approchées patiemment. Il les a vues, il s'est glissé parmi elles, il a assisté à leurs rencontres, à leurs assemblées rituelles. Il nous dit ce qu'est la sphère inouïe où elles se dévoilent. Il s'est organisé toute sa vie pour cette révélation en couleurs. Il est resté à l'écart, il s'est tu, il a tout supporté sans faiblir pour gagner ce paradis de présence.

> *Car il n'est nul non-être à même d'empêcher*
> *Qu'il atteigne partout son parfait équilibre,*
> *Ni être qui en lui soit en plus ou en moins,*
> *Étant donné qu'il est tout entier inviolable.*
> *En toutes directions il s'égale à lui-même,*
> *Et de même façon il touche à ses limites.*
> Parménide.

Une des dernières formulations de Cézanne, dans une lettre à son fils, est la suivante : «Les sensations formant le fond de mon affaire, je crois être impénétrable.» Son siècle était, n'en doutons pas, trop étroit pour lui. Le nôtre aussi.

Hommage au vieux, au *révolutionnaire* Cézanne.

*Emma B.*

Supposons Emma Bovary de retour parmi nous. Elle a cent vingt-cinq ans. Elle aura toujours trente ans. Elle est toujours aussi belle, voluptueuse, mystérieuse. Sa poursuite de l'idéal s'est peut-être assombrie, mais elle reste inébranlable. La province tout entière est montée à Paris. Charles végète comme médecin de quartier, dans un dispensaire. On murmure que la petite Berthe n'est pas de lui. Il n'espère plus aucune satisfaction d'Emma qui, chaque fois qu'il l'approche, fait aussitôt sa migraine. Elle est froide avec lui, maussade au dîner, ne rit d'aucun de ses bons mots, ne manque jamais une occasion de lui répondre par une réflexion pincée à propos de sa mère. L'Apothicaire, lui, a fait fortune. C'est un gynécologue à la mode, il a une clinique dans les beaux quartiers. C'est un membre influent du Parti. Qui ne connaît M. Homais qui a ses entrées au gouvernement ; qui écrit de temps en temps dans les hebdomadaires ; qui défend l'avenir de la science et mène sans désemparer le combat des Lumières ? Certes, ses diatribes dans la presse ne sont plus dirigées contre « ces messieurs de Loyola », encore qu'il ne déteste pas y revenir de temps à autre comme à l'époque de son orageuse jeunesse à Yonville, mais contre les grands monopoles, les multinationales abusives, l'impérialisme américain, la perte de l'identité profonde de son pays. Il reste prudent, cependant. Il n'y a pas lieu de nationaliser sans discernement. Il est plus que jamais pour les expériences nouvelles, la malheureuse affaire de l'opération manquée du pied-bot est oubliée... C'est à la biologie qu'il s'intéresse maintenant. Aux gènes, aux clones, aux greffes, au splendide méli-mélo des substances qui enfin, peut-être, va permettre de créer l'humanité nouvelle. C'est ce qu'il appelle le matérialisme enchanteur de Diderot, son auteur préféré. « N'est-elle pas exaltante, a-t-il écrit dans un article retentissant, cette dernière phase d'un transfert de responsabilités en matière de procréation, de Dieu au prêtre, du prêtre au prince, du législateur au couple, du couple à la femme seule ? » Sa femme, pourtant, bien que féministe convaincue, est un peu réservée sur ce point, comme il sied à un ménage convenable bien qu'audacieux ; mais lui s'enflamme, disserte, s'entoure d'un halo qui sent son alchimie. Il a lu Freud, il est pour (bien sûr), mais savoure en cachette les œuvres de Jung dont on pourra dire ce qu'on voudra, spiritualiste ou pas, c'est quand même un grand visionnaire. Bien entendu, la Papauté est toujours aussi rétrograde, malgré ses efforts poussifs pour revenir dans le sens de l'histoire (« vous vous rendez compte que c'est à la fin du XX$^e$ siècle qu'ils parlent de réhabiliter Galilée ! »), mais sa perte d'influence est totale, du moins dans les nations civilisées, je ne vous dis pas l'Afrique ou l'Amérique latine, ni ces arriérés d'Espagnols, d'Irlandais ou de Polonais... Ce dernier Pape qui vient de l'Est, si vous voulez mon avis, ne peut être, d'ailleurs, qu'un agent soviétique, ou de la CIA, comme disent nos amis de l'Est. Le curé Bournisien, vieil adversaire borné d'autrefois, est battu. Il finit ses jours dans un obscur couvent de banlieue. Quoique de gauche, Homais n'est pas sectaire pour autant. Loin de là. Il réprouve le Totalitarisme sous toutes ses formes, y compris le russe, qui a été longtemps un obstacle à la Science. Il apprécie les positions de son ennemi politique principal, lequel a au moins l'avantage d'être rationaliste et antichrétien convaincu, pétri d'humanités, citant Marc Aurèle à tour de bras, ce qui est voyant mais, tout compte fait, civilisé. Leurs idées sur les manipulations génétiques, d'ailleurs, se rejoignent, bien qu'aboutissant à des applications opposées. Il n'en reste pas moins que, parfois, Homais se surprend à penser des choses horribles dont il repousse fermement en lui-même les possibilités. Par exemple, que les nazis, malgré tout ce qu'on en a dit et qu'il fallait dire, ont eu un certain toupet... Ils se sont peut-être seulement comportés (la chose arrive) en précurseurs fous... Ce sont des petites pensées furtives, des sensations de pensées plus exactement, qui lui viennent quand il est fatigué de l'incroyable timidité humaine alors que l'avenir pourrait être aussi largement ouvert... «Je suis un positiviste heureux», aime-t-il dire. Tous les mois, il donne une consultation gratuite à Emma, l'examine longuement, lui prescrit un cycle de piqûres au cas où elle voudrait disposer librement d'elle-même. Ils parlent de la maladresse de Charles qui, décidément, n'a pas réussi à percer et s'aigrit doucement, surtout depuis la mort de sa mère. «Un cas finalement classique de fixation œdipienne», dit Homais. Emma l'approuve. Elle a depuis longtemps identifié la névrose obsessionnelle de Charles, et elle parle même, après quatre ans d'analyse, de son hystérie en riant... Ce qui n'empêche pas les choses de continuer comme avant. Léon est un jeune député de l'opposition de centre droit, Rodolphe un critique littéraire influent. On ne se donne plus rendez-vous à la cathédrale de Rouen, mais à la Closerie ou chez Lipp. On fait quand même un peu l'amour dans les voitures, le soir. Il y a quelques années, Rodolphe était fou d'échangisme, il emmenait Emma dans des partouzes parfois exagérément populaires. Emma s'y est intéressée pour faire plaisir à Rodolphe, mais s'est vite ennuyée. Les affaires d'argent seront toujours, quoi qu'on dise, les seules affaires. Emma a une vive admiration pour Flaubert, qu'elle préfère nettement aux Diderot ou aux Stendhal d'Homais, cependant ils trouvent tous deux que Sartre, dans *L'Idiot de la famille* (qu'ils n'ont lu ni l'un ni l'autre), a remarquablement éclairé la maladie de ce pauvre Gustave. Ce que Rodolphe pense également. Le cas de Flaubert est typique. Transparent. Un peu pitoyable. Quand ils pensent au procès contre le roman, ils s'esclaffent comme d'un souvenir du Moyen Âge. Comme ces gens étaient ridicules et conventionnels, n'est-ce pas, une telle méprise aujourd'hui est tout simplement impossible. D'ailleurs, il n'y a plus de censure. C'est évident. Le procureur Ernest Pinard a été révoqué depuis longtemps ; il a même été laminé aux élections dans l'Ouest. L'avocat, lui, dont on n'a pas oublié la plaidoirie, Marie-Antoine-Jules Sénard, est devenu proche du garde des Sceaux, ce qui n'est que justice... Avez-vous remarqué, aime dire Rodolphe, qui est toujours imprévisible et fin dans ses jugements, que Flaubert doit son acquittement à ses origines sociales ? À la réputation de son père médecin ? Si c'était aujourd'hui, peut-être serait-il condamné ? Éreinté dans toute la presse ? On sourit devant ce paradoxe... Emma, il est vrai, reproche un peu à Flaubert d'avoir décrit la naissance de son amour pour Rodolphe en parallèle avec la description des comices agricoles et des beuglements d'animaux. Elle trouve ce passage un peu lourd, d'un humour voulu. C'est son côté anarchiste de droite, remarque Rodolphe, ce qu'il faut bien appeler son mauvais goût de vieux garçon impénitent. Mais Emma admire toujours autant le départ en barque avec Léon, si musical ; la promenade de la berline aux rideaux tirés ; les scènes de l'auberge... Autant elle trouve périmée la description de l'église : « L'église, comme un boudoir gigantesque, se disposait autour d'elle ; les voûtes s'inclinaient pour recueillir dans l'ombre la confession de son amour ; les vitraux resplendissaient pour illuminer son visage, et les encensoirs allaient brûler pour qu'elle apparût comme un ange, dans la fumée des parfums » (passage qui, chaque fois, fait se tordre de rire Homais qui y voit une ironie *terrible*, en même temps que le symptôme naïf de Flaubert, son « Œdipe mal liquidé ») ; autant elle frémit encore en lisant des phrases de ce genre : « Elle se déshabillait brutalement, arrachant le lacet mince de son corset qui sifflait autour de ses hanches comme une couleuvre qui glisse. Elle allait sur la pointe de ses pieds nus regarder encore une fois si la porte était fermée, puis elle faisait d'un seul geste tomber tous ses vêtements ; — et, pâle, sans parler, sérieuse, elle s'abattait contre sa poitrine, avec un long frisson. »

Emma trouve qu'on n'écrit plus comme ça aujourd'hui... Qu'il ne faut donc pas s'étonner si le français est en régression dans le monde entier. Qu'aucun écrivain contemporain n'a cette puissance évocatrice. Dites-moi seulement un nom ! Bien sûr, certains éléments ont vieilli (encore qu'elle ait envie, pendant trois secondes, de porter un corset chaque fois qu'elle relit ce passage), mais la scansion, la force tournante de ce point-virgule et de ce tiret... On sent tout, non, dans la suspension savante de ce style... « Quelque chose d'extrême, de vague et de lugubre. »... Et surtout : « Il devenait sa maîtresse plutôt qu'elle n'était la sienne... Où donc avait-elle appris cette corruption, presque immatérielle à force d'être profonde et dissimulée ? »

En réalité, harnachée comme elle est de toute l'émancipation moderne, Emma reste Emma... C'est la même rumination, la même douleur, le même emportement, la même déception devant cette découverte brutale que seule, étrangement, la littérature enregistre : l'absence, en ce monde, d'hommes dignes de ce nom... Pas d'hommes ! Pas un seul ! Tous des fantoches, des lâches, des vantards, des veaux... Sans fin, de nouveau, dans toutes ses réincarnations successives, Emma arrive à cette même et monotone conclusion désespérante... Ils n'ont aucune consistance... Sauf le temps de l'acte, où leur bestialité se révèle ainsi que leur inanité... Leur regard, à ce moment-là, fait peur... Ils sont vraiment tarés à la base... Ce sont tous, au fond, de fausses Emmas... Des imposteurs... Des schémas... Pourquoi faut-il qu'on ait besoin d'eux ? Est-ce si sûr, d'ailleurs ? Finalement, il n'y a qu'Homais de vraiment sérieux, mais il est terne, étriqué, vous ne me direz pas qu'il est baisable, et d'ailleurs son ambition lui suffit... Emma devient sensible à la propagande du FAM... Elle rencontre Bernadette... Elles tombent dans les bras l'une de l'autre... L'épisode lesbien a lieu... Mais ce n'est pas ça... Pas vraiment non plus... Et d'ailleurs Emma soupçonne vite Bernadette de n'en vouloir qu'à ses droits d'auteur... Tout n'est donc qu'illusion sur cette terre ? Les tubes de somnifère sont là, donnés par Homais. Elle les avale, espérant être sauvée à temps et susciter enfin, à son chevet, au-dessus de son visage mourant, la demande en mariage de Rodolphe... Lequel reste de marbre... S'obstine à ne pas vouloir divorcer... Préfère continuer sa mesquine vie conjugale coupée d'adultère plutôt que de se consacrer à elle, rien qu'à elle, qui lui a pourtant tellement donné, sacrifié... Qui sait, il va peut-être même pousser la cruauté, l'inconscience, jusqu'à faire encore un enfant à sa femme... Se faire faire un enfant par

*Emma B.*

elle, entendons-nous... Marie Curie, par exemple, a souffert ces affres... Ce génie limpide... Mais sublimement passionné... Emmarie Curie, victime d'un amant médiocre... Langevin... L'ange vain...

Emma ne meurt pas. Elle élève ses deux filles, Berthe et Marie, dans l'esprit d'une revanche globale qui, un jour, peut-être... Plus tard... Une autre fois...

*Femmes,* Gallimard, 1983.

## *La sorcière*

D'emblée, Francesca Woodman s'installe dans la contre-image. Elle sort du noir, elle traverse le miroir, elle se matérialise un moment dans un monde tordu d'inquiétude. Elle se traite comme une apparition. Elle est seule, ici, parmi des figurants et des ombres en train de vivre dans ce que nous prenons, nous, pour l'espace réel. Que peut-elle faire d'autre sinon photographier l'événement qui la porte ? Cet événement ne saurait se dire autrement. Un récit articulé serait trop compliqué, trop lent, incompréhensible, il ne révélerait pas à quel point l'image fabriquée d'une fausse réalité règne, pourquoi et comment nous habitons de plus en plus un spectacle conformiste et plat. Il faut une mise en scène spéciale pour déstabiliser le théâtre, le rendre à son innocence, à sa sauvagerie, à son comique explosif. Elle n'a pas froid aux yeux, Woodman, elle est déshabillée comme personne. Elle a décidé de déranger le somnambulisme humain.

Regardez comment elle *s'annonce* : assise et nue, à Rome, au coin d'un mur, à peine tournée vers une fleur blanche posée debout. Un lys ? Non, un *arum*. Vous savez comment se présente déclarativement cette fleur, je ne vais pas vous faire un dessin. L'ange qui a déposé ce message en douce doit être reparti sans mot dire, mais c'est elle-même, bien sûr, qui se fait ce cadeau baroque. Elle attend à peine, il ne se passera rien, elle est à ce moment-là une vierge impossible. Ça valait le coup de venir du Colorado jusqu'à la Ville éternelle, là où le Bernin, entre autres, a essayé de sculpter le pli féminin. Ou bien, autre histoire, la voici se plaquant contre un mur, silhouette maléfique sortie des coulisses de la *Légende de la profanation de l'hostie*, de Uccello, visage masqué d'un rond blanc, sol en damier rituel, pendant qu'une tortue, dans un angle, s'avance. Voici encore deux filles attendant on ne sait où, elles viennent d'être arrêtées pour un délit ou un crime, elles seront condamnées, voyez les gants. Et observez-la, elle, Francesca, accrochant ses photographies dans une galerie d'avant-garde qui ne s'appelait pas pour rien *Maldoror*. Elle semble sortir du XII$^e$ siècle, elle est très décidée, elle contrôle parfaitement sa danse et ses exorcismes. Que fait cette femme dans une baignoire ? On ne voit que ses cheveux blonds, il s'agit d'un cercueil ouvert. Je te montre ce que tu ne vois pas, dit Woodman, une force de corps intérieur. Tu ne peux pas me voir d'où je me regarde. Et, ainsi, elle a tous les âges à la fois : petite fille, jeune fille, femme et vieille fille, vieille femme et de nouveau petite fille. Contrairement à l'hallucination commune et à sa propagande normative, *la* femme n'existe pas, et n'allez pas croire qu'il s'agit d'une situation enviable. Sorcière ou possédée ? Il faut se débrouiller avec cette pulsion d'emprise. Sinon, c'est la popote, et elle n'est pas faite pour ça.

Quand on n'existe pas, sauf dans l'impossibilité d'être un ange (du bien ou du mal, peu importe, là n'est pas la question), on a tendance à flotter, on lévite, la pesanteur et le vide inventent d'autres lois. Woodman est un ange du mal-être, bien sûr, mais ironique, non destructeur (c'est elle qui se détruira). Elle ne profère pas, ne vocifère pas, ne joue pas à l'oracle ou à la sibylle, pas d'ostentation ni de mégalomanie, pas de religiosité, aucune exhibition de douleur ou de souffrance mimées, il ne s'agit pas d'intimider l'autre en haussant la voix, ce serait vulgaire, en répétant que tout n'est que folie, passion, mort, horreur. Autrement dit, pas de culpabilité (on n'est pas chez Duras). Elle reste constamment enjouée, légère. Elle se tapit dans les intervalles, elle ne prend pas son aventure au sérieux, même si (photo terrible) elle peut se représenter bouche ouverte, dégorgeant des bulles comme des fils. Une tombe? Elle passe à travers. Elle est avec une copine, et elles ont, sans raison, les seins nus? Et alors? Elle isole une jambe sur un fauteuil? Très bien, il n'y a plus de fauteuil. La réalité est faite pour se morceler, disparaître, et c'est cela qu'il faut photographier en étant aspirée, inspirée par le négatif. La sorcière est-elle une sainte? Oui, en somme, mais son supplice, de nos jours, lui est infligé par elle-même. Pas de visage pour ce buste pincé, comme dans un jeu sadomasochiste, de sept pinces à linge. Woodman éprouve la chair précise, elle n'est pas dans l'insensibilité hystérique, elle y va carrément de front. Quelqu'un qui l'a connue la décrit ainsi : « C'était quelqu'un de très sensuel, très Bataille, très Artaud, très forte, une chose physique. » On le croit volontiers. Pas de complaisance, non plus, dans son œuvre, pour la difformité, la monstruosité ou l'infirmité (comme chez Diane Arbus). Elle est dure, mais élégante ; cruelle, mais sans insister. Je pense soudain que j'aurais très bien pu la rencontrer à Rome ou à New York, à la fin des années soixante-dix, pendant sa grande période créatrice. Mais peu importe, chacun sa magie, et la mienne est blanc et bleu, chinoise, un bleu vers lequel, d'ailleurs, elle évoluait vers la fin.

*La sorcière*

Il faut rappeler ces lignes de Rimbaud dans sa lettre dite du « voyant » (1871), si peu comprise : « Quand sera brisé l'infini servage de la femme, quand elle vivra par elle et pour elle, l'homme — jusqu'ici abominable — lui ayant donné son renvoi, elle sera poète elle aussi. La femme trouvera de l'inconnu ! Ses mondes d'idées différeront-ils des nôtres ? Elle trouvera des choses étranges, insondables, repoussantes, délicieuses ; nous les prendrons, nous les comprendrons. »
Le moment est en effet venu de *comprendre*.

Prenons deux exemples, presque au hasard, dans un roman d'aujourd'hui : « L'escalier se déroulait sous mes pieds sans que défilent les paliers. Il me semblait monter depuis longtemps déjà, et m'engluer pourtant dans un entresol méconnaissable, descendre aussi bien dans les caves, où m'attendait je ne sais quoi de plus déroutant encore. Je m'arrêtai une seconde, essoufflée. Le vide au cœur de l'escalier, pris dans le ruban de la rampe, perdait de sa verticalité. Les murs adoptaient de nouvelles courbes, comme si les marches, en plus de s'enrouler sur elles-mêmes, se lovaient dans le creux d'un axe en spirale ; la cage aussi avait forme de colimaçon, bien que je ne puisse m'en assurer : l'escalier que moi je gravissais semblait se poursuivre régulièrement, mais le grand escalier qui l'incluait devait monter ou descendre en boucles, sans qu'il me soit possible de savoir où j'allais ; ce deuxième escalier étant peut-être déjà soumis au tournoiement d'un troisième grand escalier, et ainsi de suite, jusqu'à je ne sais quel étage ou profondeur, dans je ne sais quel sens [1]. » Ou encore :

---

1. Marie Darrieussecq, *Naissance des fantômes*, POL, Paris, 1998.

« Le lit s'approcha si près de la fenêtre que je crus qu'il allait fendre les vitres et m'emporter, draps flottant au vent, moi cramponnée à l'oreiller. Les boulevards se prolongeaient jusqu'au ciel noir, les guirlandes des lampadaires descendaient de mes fenêtres éclairées, les monuments se découpaient en ronde-bosse sur l'horizon. Je sentais la pression de l'air sous mon oreiller, tanguant sous le lit, et si j'étendais les bras, je m'appuierais sur la vitesse des courants d'air, je tirerais parti des ascendances, à des friselis je saurais deviner l'air chaud qui monte et l'air froid qui descend, et dans le creux de mes paumes, sous mes bras, sous mon ventre, j'éprouverais le sillage de mon vol. Au bout, limpide, il y avait la mer [1]. »

Le risque est là. Le 19 janvier 1981, dans le tournant de ce qui va devenir la grande régression antimoderne, Francesca Woodman se jette par la fenêtre de son loft, dans l'East Village, à New York. Elle avait vingt-deux ans.

La sorcière travaille. Beaucoup. S'agissant de photographie, après Steichen, Stieglitz ou Kertész, la composition de romans instantanés fantastiques reste ouverte. L'Enfer a sa gaieté, son humour de cirque. Dans le roman que je viens de citer, remarquez le vertige en colimaçon et le violent transport vers la fenêtre et la mer. Dans un écrit d'homme, on penserait aussitôt à une expérience de drogue. Mais non, c'est une femme *normale* qui écrit ces lignes, pas besoin de substances hallucinogènes, l'espace est un mouvement qui ne demande qu'à tomber sur lui-même, à gonfler, à se spiraler, à s'exaspérer. Regardez maintenant les photos de la maison « folle » de Woodman à Providence (Providence !). Une cheminée décadrée, des murs qui crient, une

---

1. *Id.*

*La sorcière*

femme à genoux, de dos, les mains contre une cloison, et qui commente. « Il y avait un point où il n'était plus nécessaire de traduire les notes, elles arrivaient directement dans les mains. » La bouche vomissant ses filaments, elle, s'intitule *Parler pour vaincre* (combien d'essais pour réussir ce plan fabuleux ?). Être un ange à la renverse, comme chez le Tintoret, n'est pas facile à photographier, et pourtant Woodman, comme un arbre solide dans la tempête, le fait.

Cela me rappelle une chaude nuit d'été, à New York, dans ces années-là. Je suis au douzième étage avec une jeune artiste de cinéma, brune, très séduisante. La fenêtre est ouverte, on a fumé pas mal de hasch, on s'embrasse, et elle me dit tout à coup les yeux brûlants et vides : « Jette-toi pour voir si je jouis. » Ce n'était pas agressif, plutôt tendre. À sa grande déception, je l'ai ramenée à l'intérieur, elle avait dû comprendre qu'elle ne me plaisait pas vraiment, on ne s'est pas revus, bien sûr, il s'agit là de choses sérieuses et pas sérieuses, sauf lorsqu'elles deviennent tragiques, ce qui peut arriver d'un moment à l'autre. Quelques amis de ma connaissance se sont ainsi *dévoués*. À tort, me semble-t-il, puisqu'il n'y a aucune raison d'être le plongeur d'une jouissance féminine problématique. Pourquoi vouloir, c'est le moins que l'on puisse dire, *faire le poids* ou incarner celui qui vient interrompre une hémorragie d'infini ? Mieux vaut en rire.

Et Woodman rit. Ses chefs-d'œuvre sont probablement ses compositions avec Charlie, le modèle. Charlie, comme Chaplin. C'est un gros type débonnaire à qui elle fait prendre des poses exhibitionnistes devant des miroirs. Elle s'amuse, Francesca. Elle dompte son ours. Ces photos sont d'ailleurs d'une audace inouïe. Quand elle s'approprie ainsi l'autre sexe transformé en phénomène de foire, elle a dix-huit ans. Elle se met en scène, nue, avec lui. Elle pense aussi à Francis Bacon, c'est évident, mises en boîtes et déformation compressée des corps, révélations de bocal, parois cubes. Ah, Charlie ! Quelles séances ! On se demande quels ont bien pu être les rapports entre ce type bedonnant au rire vaguement idiot et cet ange adolescent, cette ange adolescente, plutôt, car on devrait dire aussi *une ange*. Enfin, ça s'est organisé. Il lève la jambe, s'allonge sous une vitre, tient un cylindre, prend la pose, content de lui (c'est son rôle), devant cette cinglée qui veut le photographier (seulement le photographier ?). Les miroirs et les fenêtres n'en croient pas leurs surfaces ; c'est beau, insensé, festif ; c'est la joie. De façon plus veloutée, ombres et caresses, Woodman se représente ensuite comme « femme pour un homme » devant une glace. L'homme veut du reflet ? Voilà. Tu t'exciteras sur une image, mon vieux, mais tu ne sauras jamais ce qu'il y a derrière : rien du tout. J'aime que Francesca ait été une lectrice admirative de Proust, mais aussi une pianiste : « J'ai joué du piano pendant longtemps, surtout des variations, du Scarlatti, etc. » Ses déclarations sont d'une sobriété remarquable : « Je suis intéressée par les rapports que les gens ont avec l'espace. » Un côté Dreyer, un côté *Nadja*. On dirait qu'elle a étudié le livre de Charcot : *Les Démoniaques dans l'art*. Pas de religiosité, je l'ai dit : « Ma seule religion est les spaghettis. » Ceci, enfin, rapporté par quelqu'un qui l'a connue : « Elle n'était pas féministe, elle aimait passionnément les hommes. » Bon, bon, mettons.

Je n'aime pas Francesca Woodman, je l'admire. Elle témoigne d'un temps où l'expérience et le jeu étaient fréquents, dangereux, excitants. Aujourd'hui, quoi ? Sida, chômage, Monicagate, Hillary, Davos, Oscars, Césars,

*La sorcière*

femmes casanières réduites. Les marchés financiers imposent l'image et interdisent la contre-image, c'est-à-dire la voix de la liberté. Le Diable est devenu misérable, Dieu n'est même plus là pour l'aider. Adieu, sorcière raffinée ! On reverra tout ça un jour, dans un autre cycle historique. Après la *crise asiatique*, par exemple. Quand les sabbats reprendront, comme ton nom l'indique, au cœur des forêts.

## Les épiphanies de Twombly

Une épiphanie, au moins depuis Joyce, est un fragment ouvert de réalité restant énigmatique parce qu'il emprunte à plusieurs temps ou à plusieurs espaces à la fois sa puissance d'apparition. L'événement est très fort pour celui qui le vit et le note, mais nous, lecteurs, spectateurs, contemplateurs, tout en ressentant la mise en scène de l'instant inscrit et commémoré, nous savons que nous n'en posséderons jamais toutes les données. Il s'agit d'une expérience intérieure venant de l'extérieur, comme une hallucination. Nous devinons que le lieu, le moment, l'éclatement des sensations ont une référence précise — celle d'un journal intime — mais le récit se dérobe, il ne reste qu'une entaille, un tourbillon, une citation, un nom, une stèle. Une mémoire se dit, une jouissance se célèbre. Le nom, l'image allusive, la dédicace, la date. Le tout sans bords, en mouvement, comme lancé dans la délectation plane. On peut y reconnaître un dieu si l'on veut. Pas n'importe lequel. Pas n'importe quand ni sous n'importe quel masque. « Alors il reconnut le dieu. » Situation homérique classique, théophanie derrière l'épiphanie parfois la plus triviale. L'invitation de Twombly est explicitement de cet ordre. Son héros calme et décidé — lui-même — enregistre ces révélations.

## Les épiphanies de Twombly

Il a choisi de vivre à Rome, mais toutes les épiphanies, aurait dit l'auteur de *Finnegans Wake*, mènent à Rome. Entendons-le même en sanscrit : RAUM !

Voici donc une série d'abréviations. Si on devait tout raconter... Mais non, impossible. Évoquer : pour cela, il faut un théâtre. Chaque détail introduit est un acteur. L'acte est la pièce. Je prends cette description : « Collage — huile, craie grasse et crayon sur papier Fabriano, reproduction rapportée d'un dessin de Poussin : *Renaud et Armide*, pellicule adhésive transparente. Au revers : copie manuscrite d'un texte mythologique rayée par l'auteur. » Je peux être sûr que chacun des mots, ici, a été vécu comme une séquence de roman durable : *collage* (celui-ci, pas un autre), *huile*, c'est vraiment de l'huile et nous sommes tout de suite dans la dimension du baptême, de l'onction — le nom propre est dans le langage comme de l'huile dans de l'eau ; *craie grasse et crayon* : masculin et féminin aux qualités réciproques ; *papier Fabriano* ; l'Italie ; *dessin de Poussin* : l'exil volontaire, le Français comme l'Américain de Rome : *Renaud et Armide* : le poème est là ; *pellicule adhésive transparente* : je colle pour laisser transparaître, j'expédie une lettre fermée mais lisible, je mets mon timbre, j'adresse l'ensemble à la verticale comme une libation. Le contemplateur lit un pli qui ne lui est pas destiné, il doit le renvoyer au peintre qui nous donne son nom de code, son *vrai* nom : Pan, Narcisse, Bacchus, et bien d'autres. Twombly, comme négligemment, vous demande de le considérer comme un dieu.

Il doit avoir ses raisons. Un dieu, c'est de l'espace et du temps rassemblés en une seule vision, pour une occasion unique. Le calendrier de Twombly ouvre sur une liturgie.

Cinq jours en octobre de cette année-là, ce novembre-là, cet hiver-là. Les autres prélèvements dans Poussin ? *La Fête de Pan*, *Vénus à la fontaine* (je suis Pan, je suis Vénus) et *L'Extrême-onction* (on vous l'avait dit). Les cinq jours d'octobre ont été une vraie bacchanale. Quoi ? Comment ? Avec qui ? Peu importe, et la véritable réponse ne peut être qu'entre moi et moi. Il faut donc s'en excuser légèrement par un don. D'où les dédicaces, ou, si l'on préfère, les « adresses » sur l'enveloppe. « Pour Alessandro, de la part de Papa. » Pour Isabella, Betty (à l'occasion de son trentième anniversaire), Flora, Suzanne... La famille est là pour pardonner. C'est un principe de stabilité apparaissant et disparaissant dans la vie sans limites et sans bords. LIFE IS BOUNDLESS. JOY. L'épiphanie, la théophanie plastique sont là pour célébrer avec rapidité cette joie de l'immensité permanente. Et de même que le graffiti écrit une parcelle plus ou moins libre du présent (jamais plus présent que dans l'obscénité), de même la peinture se souvient de la chance du peintre de coïncider avec l'absence de cadre, le tableau qui n'en est plus un que comme *reste*. C'est *tombé*. Par le vide actif qu'elle suggère, l'œuvre de Twombly est en effet la moins enfermée qui soit, elle est à l'opposé de celle de Pollock, par exemple, où l'on sent que le psychisme a gardé ses droits, le mot n'est pas venu, le geste magnifique n'a pas réussi à parler, tout s'enchevêtre, se surajoute et dure, c'est un film sans interruption, Rome est loin. Ou encore : dans les totems d'Artaud, surécrits, mangés, brûlés et troués, la culture indienne vise la réappropriation et l'exorcisme, guerre avec le corps, persécutions romaines, masque efficace. Quelque chose, pourtant, n'a pas été détaché, consumé, abandonné, laissé au silence. Or le silence est une fleur, une feuille, un lotus, une grappe, une dispersion magnétique chargée de semence. Comme il ne faut pas

hésiter à mettre les points sur les i, quand Twombly écrit dans un coin : *Poems + Private ejaculations*, le message est tout entier dans ce + non arithmétique qui est l'œuvre elle-même, ni seulement verbale, ni exclusivement sexuelle, mais les deux à la fois, *en plus*.
*Poems + Private ejaculations.*

Curieuse addition qui, en surface, a l'air d'une soustraction, affirmation que la dissémination est toujours plus forte que la castration latente. Prenons, par exemple, Adonis dans son paysage. Adonis se présente comme un pénis droite-gauche (sens inverse de l'écriture), un doigt tendu à l'envers. Vous pouvez penser qu'il désigne une pénétration, bien sûr, mais c'est d'abord toute une aventure, une chasse à courre, une scène de forêt ou d'appartement, c'est en même temps dehors et dedans, arbres, buissons, cheveux, places, fauteuils, vent dans les feuilles, organes enveloppés, épars — et fenêtre relativisant la scène. Tout se passe comme si Twombly, qui signe bien lisiblement en haut et à droite (alors qu'*Adonis* vient à l'endroit habituel de la signature, en bas), avait *chantonné* sa craie grasse et son crayon de couleur, on entend l'air ou plutôt ses bribes, les ponctuations du rythme, les inflexions vite bouclées de la voix. Le texte lui-même est incertain, enfoncé dans le graphisme tremblé comme dans l'histoire : on ne se le rappelle pas avec certitude, mais on est sûr qu'il est là, entre le latin et le grec, tantôt l'un, tantôt l'autre, entre l'anglais et l'allemand (Shelley, Keats ou Rilke). N'est-ce pas le même tissu ? Le nom divin, lui, à travers toutes ces trames, a tenu jusqu'à l'inscription d'aujourd'hui, poignet tournant, délicat, faussement malhabile, du crayeur et du crayonneur. VÉNUS. APOLLO. Imaginons, pourquoi pas, un cosmonaute érudit traçant dans l'espace, loin de la terre réduite à un halo bleu, les litanies d'Apollon à l'intérieur d'une navette spatiale du même nom. C'était qui Apollon, déjà ? Sous quelles formes apparaissait-il dans le monde humain ? Quels étaient ses surnoms, ses attributs, ses légendes ? Ses appellations secondaires ? Ses thèmes musicaux ? Ses fonctions ? Phœbus ? Musagète ? De Monteverdi à Stravinsky ? Le laurier ? Ou plutôt le serpent ? Et que s'est-il passé le 8 janvier 1978 dans les ombres de la nuit ? Qu'est-ce qui a été marqué, effacé, froissé, mis en boule, en comète ?

Chanson, mémoire, méditation : ce sont bien ces mots que Twombly écrit dans *Muses*, en mai 1979, un de ses montages les plus étranges. Quelque part dans les fourrés, près de Bassano... Grotte... Feuille de vigne... Vous n'en saurez pas plus, sauf que, cette fois la feuille végétale, comme celle de papier, est là pour exhiber — et non pas cacher, bonjour Michel-Ange — la nudité dissimulée dans les collines et dans l'écriture, n'importe où, pourvu que ce n'importe où soit élu, partout[1]. Si vous regardez maintenant la signature de Cy Twombly, ses initiales chiffrées par lui-même, vous voyez que, le plus souvent, il recourbe le T vers le C, lui donnant la forme d'un J, tronquant la barre horizontale supérieure, recourbant la ligne verticale comme un hameçon vers la lettre du prénom (qui se prononce en anglais *aïe*). On lit CJ. CY, le prénom (*saille*), s'approprie le nom. Twombly se pénètre, se parle, se tutoie, il a besoin de crayon pour ça. Or le dernier Y du nom (qui, lui, se prononce i) rentre dans le Y du prénom en changeant de prononciation. Ce n'est pas seulement *I* et *eye* (*Je* et *œil*) qu'il faut entendre, mais aussi *Tomb* et *Womb* (tombeau et

---

1. « La qualité de son geste tient à ce qu'il ne cherche jamais à rien dire de plus qu'il n'a vécu. » Marcelin Pleynet, *Art et Littérature*, Paris, 1977.

matrice, jeu de mots traditionnel). Le nom est à la fois un tombeau et un ventre, mort et naissance, cadavre — le T n'est-il pas une croix dangereuse ? — et aussi résurrection (le J devient presque un angle aigu, souvent, comme un graffiti sexuel). Voilà un dieu qui en sait long sur son embryon et qui a bien l'intention de se rappeler sans fin sa propre conception. Et bien entendu, il faut s'attendre, pour quelqu'un qui passe son temps à décortiquer le panthéon et les syllabes des noms divins, que son propre nom surgisse devant lui de façon littérale. Le O de TWOMBLY ? Il rayonne soudain comme *Orphée*. Le Y ? Il flambe dans *Dionysos*. Le A manque ? En effet : il apparaît de façon plus muette et géométrique comme un triangle. Voyelles, consonnes : on sait que toute une littérature mystique, dans toutes les langues, n'arrête pas de risquer des combinaisons, des permutations, des interprétations à partir de ces éléments. Twombly a sa kabbale à lui. Elle est résolument grecque, mais voici quand même un Rûmi extatique, et puis (mais comment aurait-il pu ne pas la rencontrer ?) la formule sacrée Om Ma Ni Pad Me Hum. TwOMbly ! Je ne pense pas qu'il se mettra jamais à l'hébreu — mais ceci est une autre affaire. L'hébreu n'est pas précisément là pour qu'on y voie quoi que ce soit. Son ambition est ailleurs.

Twombly tient à son printemps, à sa fleur du temps, à ses tiges et à ses pétales, comme le prouvent ses splendides *Tulips from Paterno* (tulipes fraîchement paternelles). Huile, aquarelle, pastel et crayon sur papier du 22 avril 1980. Les paysages sont plus ou moins paniqués et brûlants, griffés et signés ; plus ou moins endeuillés aussi (la mort est une des saisons du Nom) ; le calendrier continue, les lettres des mois, les chiffres des années sont à la fois singuliers (cette expérience-là, tel mois, de telle année) et interchangeables. Il serait sans doute possible de trouver pourquoi, pendant l'été 1980, entre Rome et Bassano, Twombly a eu un si fort sentiment de victoire (*Nike*), au cours de quelle opération aérienne en vrille. Ce sentiment semble durer de juillet à octobre, c'est le grand été. L'année suivante, nous retrouvons notre héros en *Sesostris*, avec barque solaire (le thème et sa réduction plastique est évidemment idéal pour lui). C'est toujours la victoire, mais avec un élément plus obscur, plus sauvage (*Sylvae*). Quelle étrange vie ont les peintres. Quelle idée de faire de l'espace avec du temps, des chansons de geste avec des gribouillages enfantins, paradis vert, fleurs d'huile. Voici le château des saisons, ses cartes. Le narrateur est à l'intérieur. Le soleil est une barque, la sphère est une illusion. Seul compte le point de feu intime, la mine.

Twombly est aussi un derviche tourneur. Comme l'a dit quelqu'un, pour dérider un peu ce vieux Freud : « *Wo es war, Soll derviche werden!* » Sa peinture est la transcription d'un certain nombre d'« états », de clartés et d'évanouissements de plaisirs. Il touche le papier pour s'atteindre, il se rappelle à lui en invoquant des noms de lui-même oubliés. Les résultats peuvent être exposés, on les disposera comme des partitions, des degrés en résonance. En deux parties, en trois, en sept, en neuf. Le nom de Twombly a sept lettres. Son prénom, deux. Sept plus deux, neuf. J'aime les noms de sept lettres, Picasso, Matisse, Pollock, de Kooning, Cy Twombly. Sept notes et neuf muses. Chaque moment plastique est suffisant, mais il est intéressant de disposer les courbures les unes par rapport aux autres. Style : c'était comme ça, un trait rouge. Puis comme ça : deux ailes, deux anges. Puis comme ça : une fin de cercle, une extinction dans le blanc, « *life is boundless* ». La pièce en sept parties (Bassano, été 1981) est à éprouver comme un alphabet de la rentrée en soi. T : fil de ligne bleu. W : cercle bleu, cœur rouge. O : bleu noyé mauve. M : écho du rose au noir passant par le rouge. B : noir et rouge, en contradiction. L : rouge fin volant. Y : fil marron laissant le cercle du nom ouvert. L'air, la terre, le feu et l'eau : silence. Souvenir à travers tout ça. Ciao. Rome, ville éternelle, est une sorte de nouvelle Cinecittà (il vaudrait mieux, pour Fellini, se mettre à la peinture, inutile de s'obséder sur le cirque audiovisuel, la transvision est là : connaissez-vous Twombly ? Non ? Il était là, pourtant, à cent mètres). Vieille Europe, quelques Américains t'ont choisie, leur transmutation te parvient peu à peu, encore un effort de détachement, du calme. Volupté ? Mais oui, voici *Bacchus*. Je revois ces tableaux à Bordeaux, coïncidence, ils éclataient de bonheur, ils étaient attendus là depuis toujours (il y avait, à côté, un Allemand aux paysages dramatiques, baignoire sanglante dans une grande plaine à la Waterloo). (Soit dit en passant, n'oublions pas que les Américains ont gagné la Seconde Guerre mondiale et n'ont pas à recommencer tous les jours leurs comptes avec Pétain, Mussolini et Hitler. Heidegger a-t-il vu un Twombly avant de mourir ? Non ? Quel dommage. Un de ces dieux aurait peut-être pu le sauver. Et le Pape ? Ne va-t-il pas trouver tout cela trop « païen » ? Mais non, mon enfant, continuez, c'est une de nos traditions, après tout...). (C'est la difficulté avec les Européens : ressentiment des vaincus ou des occupés passifs par rapport aux « grandes natures » : Hemingway, par exemple. Allons, lisez *De l'autre côté du fleuve et sous les arbres* plutôt que Thomas Mann, Broch, Musil)...

Où en étais-je ? Ah oui, Bacchus... Vigne et vignette... Caravage ne dit pas non... Hölderlin non plus, enfin débarrassé de ses suiveurs philosophes... « Ah ! qu'on me tende, gorgée de sa sombre lumière, la coupe odorante qui me donnera le repos ! Oh la douceur d'un assoupissement parmi les ombres ! »... En effet, ils ont peur de remonter jusqu'à la source... Vous pouvez supprimer, bien sûr, les *ah* et les *oh*. Et voici, tranquille et naturel, comme il l'a toujours été, Bacchus-Dionysos et son signe... Un verre de Margaux, ici, à la mémoire de Roland Barthes, pour avoir écrit de Twombly : « Ainsi, ce matin, 31 décembre 1978, il fait encore nuit, il pleut, tout est silencieux lorsque je me remets à ma table de travail. Je regarde *Hérodiade* (1960), et je n'ai vraiment rien à en dire, sinon la même platitude : que ça me plaît. » (C'est dans le même texte que Barthes rappelle la dédicace de Webern à Berg : « *Non multa, sed multum* »[1]...) Où en sommes-nous, malgré le temps et la mort ?... Oui, oui, Bacchus... Un peu de Bach, une sonate pour clavecin et violon, pour accompagner sa danse... Qu'est-ce qui peut le mieux se détacher sur une feuille... qu'une feuille ? Le dessous s'ensuit. Notre Père qui est dans le raisin, que ton nom soit illustré, que ton énergie soit incarnée dans les éléments et le verbe... Nous sommes le 18 novembre 1981, maintenant... La feuille devient vite une chair et un cœur terrestre, minéral, céleste, sanguin... Le goût du silex... *Silex scintillans*... Étincelle... C'est dans le « silex » qu'apparaît l'inscription *Poems + Private ejaculations*... Quelle évolution dégagée depuis, par exemple (mais non, je ne choisis pas au hasard), la belle surcharge géométrique et obsessionnelle, à la Vinci, de *Synopsis d'une bataille* (1968)...

L'année 1982 semble avoir été, pour Twombly, particulièrement glorieuse, ce dont témoigne l'épanouissement

---

[1]. Roland Barthes, *Sagesse de l'art*, Whitney Museum, 1979.

*Les épiphanies de Twombly*

floral de *Naxos*. En avril, il est à New York, Naxos et son île imaginaire, grecque ou sicilienne, la conjonction enfin réussie de Rome et de l'Amérique du Nord, Twombly est un Virginien, comme Poe, il revient d'Italie en vainqueur, il aura donc fallu tout ce temps pour libérer le Sud et ensuite, par retour, les libérateurs ? Oui. Ce long temps froid soudain si court et si chaud. On peut commencer à jeter des fleurs (je pense à Manet). Mai 1982 à New York ? J'étais là, dans un coin, je lisais *Paradis* à haute voix, j'écrivais *Femmes*. Lotus et silex. Volcan et pétales. Je demande à un petit garçon de onze ans ce que représente SUMA. « Un vaisseau spatial », dit-il. Ce vaisseau est dans le son, c'est la syllabe sacrée et sa guirlande passant à travers le corps pour se dissoudre dans l'air, dans l'éther, six prolongé, sept au-delà de la perception :

T W O M B L Y ↗
Om Ma Ni Pad Me Hüm

C'est ce qui s'appelle s'envoyer en l'air, à la force du poignet qui tourne. On ramasse le corps dans le nom, on transfuse en vibration, le bras et la main, à plat, enregistrent le phénomène et son expansion... « De la vaporisation et de la centralisation du *Moi*. Tout est là. » Vous, ici, en français, prenez un vers de Baudelaire, essayez, transposez, « Ô Mort, vieux capitaine, il est temps, levons l'ancre », celui-là ou un autre, comme vous voudrez... La syllabe OM ? « Sur elle, les eaux ont leurs assises ; sur les eaux, la terre ; sur la terre, les mondes. Comme les feuilles sont enfilées sur une tige, ainsi les mondes sont enfilés sur cette syllabe. » Et encore : « Quand on a compris cette syllabe, tout ce qu'on désire, on l'a. »

C Y    T O M B    LY
(çïe)    W O M B    (*li* !)

Enfin, débrouillez-vous avec les *Upanishad*... Que Twombly rêve à partir de là, il vous le dit en toutes lettres, c'est visible. Roues... Lotus... ROM !... RHOMBE !... Il va courir la campagne en Bacchus, il rentre chez lui, il crayonne... Les disques, les tridents, les pierres... Il hésite sur les voyelles ? Mi au lieu de Ma ? Pas grave. On n'est pas dans un cours de yoga... HRÎH ou HRÎM ? Seule l'expérience personnelle compte. PRIAPE ! À la grappe !... Mais qu'est-ce qu'il fabrique à présent en Lycie, du côté de l'Asie Mineure ? Avec, toujours, sa soucoupe volante ou plutôt sa boule élastique déformée par la vitesse et le feu interne ? LYCIAN ? Allons-y. Arcs-en-ciel, éruptions, veines figées, graffitis de cavernes, souffles, boréades... Regardez la beauté de ces envolées du 20 décembre, lave, braise, neige, lacets, glace bleue... mur du ciel... fraise, embryon, étoile en formation, utérus galactique... Ce n'est plus l'élégie virgilienne d'autrefois, ça brûle tout seul, bientôt on n'aura plus besoin de noms, ce sera direct. Meurs et deviens. Le Virginien Romain peut porter son nom. Il était fait pour lui, et lui pour lui — ce qu'il y a de plus difficile à découvrir. CT ou CJ est une inscription enfin équivalente à DEC ou à 20, ou à 82, ou à n'importe quel autre chiffre. On est le mois, la saison, l'année, le jour, l'heure, le moment. Le monde est un son qui brûle. Telles sont les aventures de la peinture en son nom.

*Décembre 1987.*

## *Une sagesse électrique*

« Il arrive un moment dans la vie
Où vous décidez de faire une promenade
Et vous vous promenez dans votre Paysage. »

J'aime que Willem De Kooning ne soit pas « mort » (comme on dit), mais se soit éteint, très vieux et comme absent de lui-même. Longtemps, je reverrai cet homme aux cheveux blancs, d'une souplesse et d'une beauté admirables, assis comme un collégien sur le bord de son lit d'hôpital, à Easthampton. Sur la table, à la verticale, devant lui, une encre zen offerte par son médecin japonais, cercle noir sur fond blanc, un seul trait de vide. Il était là en traitement de désintoxication, on avait dû le trouver, une fois de plus, inconscient, dans son atelier isolé de la forêt construit par lui-même comme un grand navire. Il parlait, cependant, survolté, les mains dessinant dans l'air, évoquant Tintoret et ses anges, réglant son compte à la pesanteur des volumes et des corps, comme s'il voulait à la fois nouer, détacher et trancher un obstacle, d'un coup.

Heureuse Long Island dans les années soixante-dix. L'époque dramatique des *Women* est déjà loin, il prend sa bicyclette et part à l'aventure, « le paysage est dans la femme, et la femme dans le paysage », flot de création intense, explosée, libre, *dehors*.

*Peut-être que je peins vite pour retenir cet éclair*
*C'est une façon de m'y prendre*
*C'est comme traverser une rue*
*On veut traverser vite*
*Alors on court*
*Juste l'éclair de quelque chose*
*Et puis à la fin si j'ai un tableau*
*Je veux donner à quelqu'un d'autre une idée de cet éclair.*

La contemplation d'un dessin, d'une toile ou d'une sculpture de De Kooning oblige au flash intérieur, donne la sensation d'avoir traversé un orage précis, c'est un art de la convulsion (en cela très proche de Van Gogh), une affirmation se montre, faisant apparaître les autres comme trop lents ou simplement déprimés. Calme dans la tempête, donc, sérénité ramenée du bruit et de la fureur :

> *Il me semble que beaucoup d'artistes*
> *Deviennent plus simples quand ils vieillissent*
> *Ils ressentent leur propre miracle dans la nature*
> *Le sentiment d'être de l'autre côté de la nature.*

Ou encore :

*Je me réjouis de voir simplement*
*Que le ciel est bleu, que la terre est terre*
*C'est cela le plus difficile : voir un rocher quelque part*
*Et puis faire qu'il soit là, rocher, couleur de la terre*
*J'y arrive progressivement.*

## Une sagesse électrique

C'était un grand poète, on le voit, mais sans aucune des lourdeurs fétichistes ou faussement hermétiques de la poésie, et je n'en vois qu'un d'aussi risqué et imperturbable, prenant sur lui la réprobation et le malentendu qui entourent tout homme d'action : Warhol. De Kooning et Warhol ? Le jour et la nuit ? Même morale de l'immoralité, même désinvolture insaisissable, humour, dandysme et anarchisme supérieurs, rapidité de la nature dépassée d'un côté, impassibilité et démystification de la marchandise d'images, de l'autre. Un Hollandais immigré marqué par l'Espagne et Breughel, un Tchèque de tradition catholique. Deux célibataires intraitables. La vieille Europe *élégante* transposée dans un nouveau monde et vivante malgré l'effondrement du goût. Pas de symbolisme, pas de mystères inutiles, deux actes d'autorité enjouée perçant le panneau sexuel et publicitaire. La femme la plus épouvantable reste désirable et comique (leçon de Picasso), l'« autre côté de la nature » est une signature en couleurs (aisance de Matisse). De Kooning a-t-il appris, dans la nuit mentale où il était plongé depuis quelque temps, qu'il était devenu, par le jeu du marché, le peintre vivant le plus cher ? Se serait-il amusé de ce triomphe monétaire ? Ou bien aurait-il repensé à sa solitude de New York au moment d'en découdre avec la grande Idole, comme Picasso en face de ses *Demoiselles* dont personne ne pouvait soutenir la vision ? Aurait-il pensé comme Warhol (mort avant lui) que l'art est la nervure centrale du business ? Mais que deviendront le laborieux et fixiste Jasper Johns ou, plus vulgairement, ces bavards de Rauschenberg ou de Stella ? Qu'en sera-t-il, après-demain, du romantisme vaporisé de Pollock, de la méditation transcendantale de Newman et Rothko, des bandes dessinées de Liechenstein, des boucheries de Bacon ou du merveilleux maniérisme mystique de Twombly? Laissons l'argent s'agiter autour de la création. Je revois le marchand de De Kooning, Xavier Fourcade (disparu, lui aussi), lever les bras au ciel quand «Bill» lui téléphonait à l'improviste pour lui demander de lui apporter sur-le-champ quelques dizaines de milliers de dollars en liquide. Une autre fois, il ne fallait pas aller à l'atelier parce qu'une femme (encore une) était là. Quelle vie aux antipodes de l'accumulation, de l'économie et du puritanisme Wasp! De plus, ce peintre supprimait souvent ses tableaux, et ceux qu'il gardait étaient désignés par lui d'un dédaigneux : «non à détruire». Tom Hess, qui l'a beaucoup vu agir, a dit de De Kooning : «Sa main bouge aussi rapidement que celle d'un P.-D.G. signant son courrier.» La vraie banque? L'instant vécu pour lui-même, dans sa forme saisie en plein vol.

*Le monde réel, ce monde soi-disant réel*
*C'est simplement quelque chose dont on doit s'accommoder*
*Comme tout le monde*
*La réalité est une corde raide*
*Si je glisse, je me dis tiens, c'est intéressant*
*La plupart du temps, je glisse*
*Dans cette version fugitive, cet éclair.*

## *L'écriture au combat*

Tous les écrivains lucides décrivent un combat, et la formule de Kafka : « Dieu ne veut pas que j'écrive, mais moi je dois », pourrait leur servir de devise. Quel combat ? Avec l'ange, la bête, l'histoire, la famille, les préjugés, la politique, l'argent, la censure, la télévision, les journaux, la morale, les forces obscures, eux-mêmes, leurs prédécesseurs, les hommes, les femmes, les amis, la raison, la folie, l'Inquisition autrefois, plus récemment le politiquement correct ou les tueurs intégristes, l'éternelle bêtise, l'infernale méprise et, bien entendu, d'abord, avec les phrases et les mots. Écrire vraiment, et que cet acte demeure en marquant le réel, est la chose la moins naturelle qui soit. Pour chaque cas, donc, une situation précise, des données géographiques et des durées différentes, des hérédités ou des enfances bizarres, telles ou telles aventures fixes ou errantes, peu importe. Cela donne tous ces livres, là, auxquels on a l'impression qu'on ne pourra rien ajouter. Et pourtant, il le faut. On doit continuer les livres déjà écrits pour qu'ils existent, de même que l'attitude normale de l'ennemi est de tout mettre en œuvre pour rendre cette continuité impossible. Chacun son travail.

Hemingway a eu une conception très aiguë, très physique, de cette situation. Lorsqu'il n'a plus pu l'avoir bien nette en tête, il a préféré se tuer, décision dont la possibilité se lit dans les marges du moindre de ses récits. L'écriture ou la mort : question logique, puisque, pour un écrivain, l'écriture et la liberté sont une seule et même substance (dût-il, pour cela, souffrir l'injustice, la prison, la persécution, l'exil ou la reconnaissance, toujours monnayée et haineuse, de la société). Entendons-nous : l'écrivain, comme l'a su Mallarmé, est une force spéciale de mort en vie, une « voix étrange » en état d'insurrection pas forcément bruyante, une langue, en tout cas, qui est plus un poignard ou un « glaive nu » qu'un organe à paroles. Cette voix juge la vie depuis une conscience de la mort sans cesse présente, ce qui ne conduit à aucune complaisance avec cette dernière, au contraire. Pas de Panthéon pour l'écrivain, sauf par un tour d'escroquerie risible : son tombeau, suffisant et nécessaire, est gravé dans ses poèmes, ses essais, ses romans. Et s'il se supprime parfois sans y être contraint, c'est simplement qu'il a cessé à ses propres yeux d'être mort avec suffisamment d'énergie, qu'il est tombé dans une vie trop lourde, dégradée, aphasique. De là qu'il puisse même envisager de brûler ce qu'il a écrit. Nous ne respectons pas ce désir, bien sûr, nous avons nos raisons superstitieuses et marchandes, le posthume a pour nous tous les charmes, nous lisons calmement ces nouvelles d'un autre temps et d'un autre monde comme si elles appartenaient aux nôtres. Or c'est exactement un temps et un monde dont nous ne voulons pas, une dimension qui est aux antipodes de nos illusions courantes.

Voyez, par exemple, *Intelligence critique* qui se présente comme un poème (mais jamais un poète n'aurait écrit ce texte brutal ; la poésie des poètes, nous ne le savons que trop, est réservée désormais à des suppléments d'âme nostalgiques ou plaintifs). Il s'agit d'une lettre rythmée, adressée à une femme pour lui rappeler que le problème n'est pas là où elle croit. Un plus Une ne font pas Deux, mais au moins Trois, et jamais, de toute façon, Un ou Une. Les deux sexes sont incompatibles, ils ne fusionneront jamais, il y aura de toute façon quelqu'un d'autre, une liaison amoureuse n'est pas destinée à instaurer une communauté ou un lien de parenté entre les partenaires, *et ce n'est pas grave*. Amour, peut-être (à vérifier), silence positif (si possible). Ta mère n'est pas ma mère, mon père n'est pas ton père, je ne suis ni ta mère ni ton père, nous ne sommes pas là pour jouer, comme l'humanité en général, le perpétuel film infantile de papa-maman. Ou encore : le roman familial n'est pas la base ou le but de la littérature, pas plus que le roman social ou politique. Psychologie, croyances, mauvaise imagination collective, crispations économiques : autant d'erreurs. L'avenir de la littérature appartient désormais à « d'affables jeunes gentilshommes dont à cet instant absolument rien n'est connu » (on retrouve par conséquent le noble métier des armes). On signifie ainsi gentiment, à la femme qu'on aime (enfin, qui se trouve là), qu'elle se trompe, comme une part importante de la littérature du passé et de la fausse littérature du présent, sur le *quoi* de l'existence. Le *quoi* existentiel, pour un écrivain qui n'a plus honte de l'être (qu'on n'arrive plus à culpabiliser de l'être), est seulement de continuer à écrire sans tutelle. Voilà qui a fait grincer bien des dents à toutes les époques (et, n'en parlons pas, surtout à l'époque déjà désastreusement grégaire où Hemingway écrit). Sèche nouvelle, bonne nouvelle.

Cela ne veut pas dire que l'épreuve familiale, sociale, historique, n'a pas d'intérêt. Simplement, « familles je vous hais » est une déclaration de guerre un peu courte, une forme de phobie, plutôt, qui arrange finalement les familles, pas de mélange, chacun chez soi. L'écrivain est un révolté, un marginal ? Qu'il aille habiter la grande nébuleuse progressiste, on lui trouvera une place, sa mauvaise humeur négative pourra servir. Mais Hemingway, lui, s'est montré beaucoup plus gênant (d'où sa mauvaise réputation, désormais, dans l'Amérique puritaine de droite ou de gauche). Il a parlé de l'intérieur, il a abordé, comme personne avant lui, un sujet tabou et jamais traité : la relation père-fils. D'où *Un voyage en train, Le Garçon, J'imagine que tout doit te rappeler quelque chose* (une des meilleures nouvelles de toute l'œuvre), *Bonnes nouvelles du continent*. On retrouve là le grand Hemingway, au fond si peu connu, d'*Îles à la dérive* ou du *Jardin d'Éden*. Pas de discours, une leçon de présence. Pas de laïus moralisateur : la simultanéité de deux tissus de mémoire, l'adulte, l'enfantin, de façon immédiate, fraîche. Confiance et tragédie. Confiance muette où la nature est éprouvée en détail sous un principe d'autorité et de lutte solidaire pour la vie (étrange complicité du savoir-faire, gestes, maîtrise, chasse). Tragédie inévitable, parce que c'est la loi. Le résultat ? Une perception directe et massive, une *empreinte* (on a raison de parler de la patte d'un écrivain, c'est un animal) : « Les arbres qui avaient été détruits par les incendies étaient gris et minces et morts dans le brouillard, mais le brouillard n'était pas épais. C'était froid, blanc et matinal. » Ou encore : « C'était une pluie d'automne, et l'air qui arrivait par la porte ouverte était frais et sentait le bois et le fer mouillés, et tout sentait comme l'automne là-bas sur le lac. » Ou encore : « La pluie peut rendre n'importe quel endroit étrange, même les endroits où vous avez vécu. »

Apprendre à observer, tout est là, et Hemingway, comme un Indien, n'arrête pas d'insister là-dessus. L'œil, l'oreille, la respiration, les réflexes, le sens de la cible, ça s'éduque. La violence guette, la lutte, le sang, mais ce n'est pas une raison pour détourner son attention du temps qu'il fait, d'un feuillage qui bouge, d'un reflet. La guerre humaine se joue dans l'impassible nature qui l'absorbe, la relativise, la nie. Il y a des oiseaux à deux pas d'un assassinat possible, tout près de conversations banales mais lourdes de sous-entendus. Un enfant imprime en soi cette réalité brute. Un adulte est écrivain s'il sait retrouver cette inscription. Comme le dit Heidegger, le sujet humain est le *site* du temps et le temps, contrairement à ce que nous pensons, n'a rien d'universel, il est le « principe d'individuation » de l'être-là comme tel. « L'homme, en son isolement, ne touche à chaque fois que le singulier comme singulier. » L'expérience existentielle fondamentale me montre que je suis de *trop* ? Oui, mais si j'écris, je deviens cet un-en-plus qui s'excepte du multiple avalant ce trop, je crée un roman (qui s'appellera *La Nausée*, par exemple). Je suis perdu pour le temps perdu en commun, je ne reviendrai au temps historique que pour défendre le « site » de mon expérience singulière et non pour vanter un temps collectif imaginaire (sans quoi je trahis la littérature, à laquelle, d'ailleurs, j'en voudrai de ma trahison). Au fond, et c'est ce qu'Hemingway nous dit, tout le monde voudrait écrire puisque là se trouve la preuve efficace de la liberté. Le garçon du train (dans *Le Garçon*) s'exerce à couper un cheveu avec un rasoir. Il définit, comme malgré lui, les qualités du style comme arme : « fil aiguisé », « simplicité de l'action » (« deux qualités admirables »), « sûreté de la manipulation », « talent requis pour l'utiliser ». L'écrivain, de même, agit sur le fil du rasoir. Toute ligne, même la plus sinueuse, doit finir comme un cheveu coupé net. Le garçon est noir, « le rasoir, dit-il, est l'arme des nègres ». L'écrivain est un Indien, un Chinois, un Juif rebelle, un Nègre. « Tout ce que tu peux atteindre dans cette vie, c'est un point de vue. »

Il y a donc toujours la guerre, en douce ou à découvert (et ceux qui disent le contraire mentent). La vraie guerre « juste », pour Hemingway, est évidemment celle d'Espagne, guerre civile paradoxalement la plus internationale, celle où l'on a vu vraiment qui était qui. Celle-là, il l'a perdue. La Seconde Guerre mondiale (qu'il a gagnée) est traitée par lui presque avec dédain (comme dans *Cafard au carrefour*). On est en embuscade, on tire sur des Allemands qui fuient sur des bicyclettes, on les abat comme du gibier inoffensif, pas de quoi être fier (les Français, surtout, sont ridicules) : « Il y avait des papillons jaunes et des papillons blancs autour des flaques de sang. » Hemingway n'est pas un romantique de la tuerie héroïque pas plus qu'un amoureux transi ; jamais d'idéologie, pas d'hystérie. Une attaque est une attaque, bon. Des balles et des obus sont tirés, soit. La situation est absurde, ce qui n'empêche pas de faire ce qu'il faut pour s'en sortir et gagner. Des hommes meurent, voilà. Rien d'enthousiasmant, rien d'horrible : *c'est pire*. Comme il n'idéalise rien, après avoir été une star, il sera de plus en plus suspect dans un monde de pathos sentimental et vertueux, exhibition de charniers d'une part, logorrhée humanitaire de l'autre. En réalité, la bonne distance par rapport à l'incurable bestialité humaine est du même ordre que la bonne volonté d'un père averti qui voudrait préserver son fils du drame œdipien. Ce garçon tire très bien à la carabine, presque aussi bien que moi, c'est un as. Mais il vient aussi d'écrire une nouvelle épatante qui a eu un prix. Sa mère me demande de l'aider. Pourquoi, en effet, ne serait-il pas lui aussi écrivain ? Et puis, la chute : le garçon a copié sa nouvelle dans un livre « d'un auteur irlandais » (Joyce ?), il va sombrer dans la névrose, et « c'était triste de savoir que tirer ne signifiait rien ». Fatalité. Hemingway croit-il au péché originel ? Bien sûr : pour ne pas le constater partout, il faut être aveugle.

La fatalité : elle imprègne ce véritable roman, *L'Étrange Contrée*, qui rappelle, par bien des aspects, *Au-delà du fleuve et sous les arbres*, l'avant-dernier livre, si mal reçu, de la vie d'Hemingway. Il est aux États-Unis, « sur la route », avec une fille de vingt-deux ans qu'il appelle « ma fille ». La guerre d'Espagne est en cours, et il se demande s'il doit aller s'engager là-bas ou tenter de recommencer tranquillement sa vie. Hemingway, en général très pudique (tradition puritaine et alcool, effort pour s'en débarrasser dans le Sud européen), donne rarement des précisions sur ses expériences amoureuses. Là, oui. Tout va, semble-t-il, pour le mieux. Il aborde à « l'étrange contrée » qui n'est autre qu'une forme d'accord de jouissance avec sa partenaire, quelque chose « au-delà de toute croyance ». « C'était leur contrée, maintenant, pas la sienne à lui ou la sienne à elle, mais la leur, vraiment, et ils le surent tous les deux. » Le paradis incestueux se déploie (au contraire du voyage forcé et chaotique de Nabokov dans *Lolita*) et, du coup, il y a un plaisir simple et pénétrant à s'attarder sur la nourriture, le paysage, la nage, les boissons. La différence d'âge et d'expérience peut-elle être surmontée ? Lui dit : « Je n'ai jamais beaucoup pensé à la jeunesse. » Et elle : « Je sais. Tu n'y as pas pensé parce que tu ne l'as jamais perdue. Si on n'y pensait jamais, on ne la perdrait pas. » Mais voici un fantôme : Hemingway, ou du moins le narrateur, Roger, a connu la mère de cette fille et a été marié avec elle. La fille qui est là est-elle sa propre fille ou bien uniquement la fille d'un autre mariage de sa mère ? Le doute surgit : sauf exceptions, on peut dire telle mère, telle fille, plus souvent, en tout cas, que tel père, tel fils. Et pour cause. Cette fille est jolie, délicieuse, mais sa mère était une garce. Nous voici donc revenus aux armes à feu : « Je ne lui ai jamais demandé si elle savait tirer. Sa mère tirait pas mal du tout, avec cet incroyable tremblement de la tête. C'était une femme très bien, agréable et gentille et douée au lit et je pense qu'elle croyait vraiment tout ce qu'elle disait aux gens. Je pense vraiment qu'elle y croyait. C'est probablement ce qui était tellement dangereux. En tout cas, elle avait toujours l'air d'y croire. Mais je suppose que ça devient un handicap social d'être incapable de croire qu'un mariage n'a pas été vraiment consommé tant que le mari ne s'est pas suicidé. »

La malédiction (et, encore une fois, sauf exceptions) vient des mères (la mère d'Hemingway était catastrophique, on le sait). Le narrateur, lui, peut faire à ce moment-là trois choses : écrire du mieux qu'il peut et gagner de l'argent (il a des enfants) ; partir par conviction pour la guerre d'Espagne ; se mettre en roue libre dans sa love story et travailler à son œuvre avec Helena, la fille. Mais cette dernière solution, la plus séduisante, n'est-elle pas du cinéma ? « Il y a une histoire », dit Helena qui, comme tout le monde, aime se raconter sans cesse des histoires, « il y a une histoire où je rentre dans ta vie à un moment où tu es dégoûté et déçu de toutes les femmes et tu m'aimes tellement et je m'occupe tellement bien de toi que tu entres dans une période d'écriture merveilleuse ». « Comme dans les films ? » dit Roger. Et la fille reprend : « Tu ne crois pas que ça arrive ? Tu ne crois pas que je pourrais être bien pour toi ? Pas de façon gnangnan et en te donnant un petit enfant mais vraiment bien pour toi, que tu puisses écrire mieux que tu ne l'as jamais fait et être heureux en même temps ? »

Et voilà comment la guerre (ou le serpent du paradis terrestre) intervient. « Je veux que tu sois un grand écrivain », dit-elle, ce qui suppose qu'elle sait comment il peut l'être. Et tout de suite après, fatalité, nous y sommes, elle veut elle-même écrire, elle écrit (il faut aussi noter, ruse d'Hemingway, qu'elle a eu un premier mari vite disparu qui était notoirement homosexuel, ce dont chacun était conscient, et sa mère aussi, mais pas elle : il était si beau). Écrire ? Oui, dit-elle, mais c'est drôle, « plus j'essaie d'être vraie, plus c'est plat. Et quand ce n'est pas vrai, c'est idiot ».

On comprend qu'entre deux verres d'alcool (puisque, fatalement, ils se sont mis tous les deux à boire) le narrateur en vienne à poser cette question : « Qu'est-ce qu'il y a avec l'écriture ? » Oui, qu'est-ce qu'il y a ? Qu'est-ce qu'ils ont tous, et toutes, avec ça dès que ça les touche ? Pourquoi, dans cette affaire, ne peut-on jamais compter sur le calme, la justice ou l'indifférence de personne ? Le problème est-il si profond ? Si inconscient ? Si peu humain, si grave ? Va-t-il plus loin que l'amour, Dieu, la science, le sexe, le pouvoir financier ou politique, la vanité sociale, les valeurs les plus sacrées de la vie ? Il faut croire, et c'est d'ailleurs ce que tous les écrivains ont dit. Raison de plus pour redoubler d'efforts, et faire comme s'ils n'avaient rien dit. La Technique s'y emploiera, aidée, comme d'habitude, par l'obscurantisme, le fanatisme, le conformisme ou le divertissement sans mémoire.

C'est dans *L'Étrange Contrée* qu'Hemingway raconte en détail l'épisode peut-être le plus important de sa vie. La manière dont une de ses femmes, Hadley, a perdu une valise remplie de ses manuscrits (y compris les doubles). En tout : onze histoires, un roman, des poèmes. Elle voulait lui faire une surprise agréable, lui amener tout ça, elle a mis les papiers ensemble dans une valise, elle est descendue un moment, avant de prendre le train, sur le quai de la gare de Lyon (elle devait rejoindre Hemingway à Lausanne), et quand elle est remontée dans son compartiment, la valise avait disparu (du moins c'est ce qu'elle raconte). Tout a été involontaire, bien sûr. Partait d'une bonne intention, bien sûr. N'était pas prévisible, bien sûr. Et elle a beaucoup pleuré, bien sûr. Lui, en visitant plus tard son appartement à Paris, pour voir s'il ne restait pas quand même quelque chose, raconte que, devant ce désastre, il s'est allongé sur le lit avec un oreiller entre les jambes. Mais oui, ne craignons pas les gros symboles. Vous recommencerez, lui dit la concierge. Mais il ne peut pas réinventer ses histoires dans son souvenir, parce que écrire, pour lui, c'est, immédiatement après, oublier. Écrit, perdu, foutu. *Quelle erreur*, dit la concierge en parlant de la femme. Truc de femme. Pas de coupable. Lettre volée. Mais qu'est-ce qu'il y a avec l'écriture ? Qu'est-ce qu'ils ont tous et toutes à vivre comme dans un film, au lieu de sortir, là, dehors, tout de suite, en face d'eux et à côté d'eux, *en eux* ? Pourquoi ce trouble, ce ressentiment, cette violence ? Pourquoi brûler des livres ? Les noyer ? Pourquoi ne plus vouloir qu'ils s'écrivent ? Il n'y a pas de réponse à cette question, sinon un monumental et viscéral *parce que*.

« Quand vous étiez jeune, écrit Hemingway dans *Le Chaud et le Froid*, son commentaire à propos du film *Terre d'Espagne*, vous donniez beaucoup d'importance à la mort. Maintenant, vous ne lui en donnez aucune. Simplement, vous la haïssez à cause des gens qu'elle supprime. » Il parle de sa guerre perdue et de tout ce qu'on ne peut pas vraiment sentir à travers un film montrant la guerre : la faim, la boue, le froid ; ou, au contraire, la sueur, la poussière, la soif. Les voyeurs de films ne seront jamais dans l'action, pas plus que, dans le film, les vrais héros ne sont réellement visibles. Hemingway, encore une fois, insiste : il n'y a pas de distinction à faire, sous aucun prétexte, entre la grande histoire et la petite, et même la toute petite, et c'est pourquoi on écrit. Sinon, c'est la propagande du Spectacle, autrement dit le coup de la valise. Il faut défendre la valise les armes à la main. Au rasoir, au fusil, à la bombe, à la mitrailleuse, ou plus exactement au crayon, à la plume, à la machine à écrire, au souffle. « Plus j'essaie d'être vraie, disait Helena, plus c'est plat. Et quand ce n'est pas vrai, c'est idiot. » Belle lucidité. Le mensonge, même et surtout inconscient ou involontaire, rend plat, et ensuite il est rapidement trop tard pour ne pas être stupide. En revanche, plus j'essaie d'être vrai, plus c'est intelligent, et quand ce n'est pas vrai il faut recommencer jusqu'à ce que ce ne soit plus plat. Un film sur la guerre ? « Nous y étions, dit Hemingway. Mais si vous n'y étiez pas, je crois que vous devriez le voir. » Écoutons-le de plus près : Mes livres ? Je les ai écrits. Mais si vous ne pouvez pas imaginer *qui* les a écrits, je pense que vous devriez les lire.

*Avril 1995.*

## *Naissance de Céline*

On oublie toujours trop vite la vocation médicale de Céline. Il a cru à la médecine («cette merde», dira-t-il pourtant plus tard), il l'a gardée comme angle privilégié de vision, sa raison comme sa déraison d'écrivain en montrent sans cesse les traces. Or voici le fond de l'affaire : il y a une humanité souffrante et qui meurt pour rien. Il faudrait la soigner, la guérir, mais c'est finalement impossible puisqu'elle s'acharne elle-même dans son malheur, et que la seule Vérité est la Mort. *Donc*, le Diable doit exister quelque part (sinon, pourquoi un tel monde de bêtise et de souffrance ?). Le médecin est social, Céline est social, tout le monde croit que la seule réalité humaine est sociale ; voici le règne de la nuit, traversé de brèves lueurs. Céline est buté là-dessus, on le sait. C'est lui qui met des majuscules aux mots Vérité et Mort, puisque nous en mettons une au mot Société. «La liberté ou la mort» : on a entendu ça un jour en français, étrange symétrie, étrange balance.

Le docteur Destouches a trente ans quand il écrit sa thèse sur le Hongrois Philippe-Ignace Semmelweis. Il a déjà une expérience d'hygiéniste, il fera peut-être autorité dans ce domaine. Mais non : plus loin que la boucherie de la guerre, de la maladie et des corps en décomposition, il y a la littérature, c'est-à-dire une tentative désespérée de compréhension de l'Histoire comme pathologie. La pathologie n'a pas de fin, l'Histoire non plus. Comprendre cela est déjà un engagement lyrique et mystique, une illumination nerveuse qui exige que l'on soit « intense, bref et substantiel ». Rien de faussement poétique dans cette position : la vision doit aller sur le terrain, se salir les mains, prendre le risque de la contamination et du délire. « Forcer son rêve à toutes les promiscuités, c'est vivre dans un monde de découvertes, c'est voir dans la nuit, c'est peut-être forcer le monde à entrer dans son rêve. » Nous habitons, dit Pascal, un grand hôpital de fous. Quelqu'un, dans ce carnaval tragique, a-t-il gardé sa tête ? Sera-t-il puni pour cela ? Deviendra-t-il fou à son tour pour avoir fait, seul, une constatation raisonnable qui échappait à l'aveuglement et aux préjugés de son temps ? Quand Céline dit : « Il faut mentir ou mourir. Je n'ai jamais pu me tuer moi », on peut penser qu'il est sincère et logique. Tout de même, il ne doit pas être impossible de dire certaines choses à hauteur de mort.

Voyez cette drôle de « Thèse » dans le style épique. Elle commence comme un coup de tonnerre (tête du jury) : « Mirabeau criait si fort que Versailles eut peur. Depuis la Chute de l'empire romain, jamais semblable tempête ne s'était abattue sur les hommes... » Nous avons ici, tout de suite, l'*horloge* de Céline : les premiers siècles de notre ère, la Révolution et surtout la Terreur, la guerre d'extermination de masse. Ce qui l'intéresse ici, c'est la fièvre, « l'immense royaume de Frénésie ». Voici son diagnostic : la soif de sang, de cruauté, de carnage, se renverse brusquement, le moment venu, en oubli, en paix fallacieuse, en prédications sentimentales, en sensiblerie. Qui sait s'il n'y a pas là une loi ? L'humanité passerait par des phases de manie meurtrière pour déboucher, avant de recommencer, sur des plages de nostalgie, de mélancolie, de fadeur. Tantôt les charniers, tantôt les romances. Tantôt la guillotine égalitaire, tantôt le vague à l'âme et le repli frileux. Les assassins d'hier, devenus les moralistes d'aujourd'hui, jurent leurs grands dieux que jamais ne reviendront les horreurs. On connaît la chanson, mais elle est tenace. C'est comme une énorme broyeuse qui a ses martyrs : Semmelweis en est un, et de taille. C'est lui qui met fin au massacre par ignorance des accouchées dans les hôpitaux de son époque. L'accouchement, dira Céline, est beaucoup plus important que toutes les histoires de sexe. C'est là qu'on surprend la nature à l'œuvre, qu'on peut enfin avoir une « vision aux détroits ».

Semmelweis est un génie bizarre. Il fait une découverte essentielle, l'asepsie, mais il veut l'imposer de façon maladroite. Il a une intuition fulgurante, mais il est caractériel et brutal. « Skoda savait manier les hommes, Semmelweis voulait les briser. On ne brise personne. » À Vienne, il braque ses supérieurs, surtout Klin, un imbécile, mais justement, pour cette raison, « grand auxiliaire de la mort », « à jamais criminel ridicule devant la postérité ». La réalité quotidienne, c'est la routine, l'hypocrisie, l'*omission* (le pire des péchés selon le théologien Céline), l'indifférence, le pacte, dans l'ombre, avec la mort. Des femmes n'arrêtent pas de mourir de fièvre puerpérale ? Bof, c'est le destin, la fatalité, l'expiation, la vengeance de Dieu, peut-être. D'ailleurs, elles sont pauvres. Il suffirait pour les sauver, dites-vous, de se laver les mains après avoir disséqué des cadavres pour aller palper des cols d'utérus ? Vous m'en direz tant, c'est absurde. Vous nous fatiguez. Dégagez.

Impossible de sortir de ce que Céline appelle «l'obsession des ambiances». Personne n'a encore envisagé l'existence des microbes, il faudra la rage pour imposer Pasteur (et Freud aura encore beaucoup de choses à raconter sur Vienne). Pour l'instant, c'est l'inertie. La vérité dérange une alliance secrète de la société avec les tombes. Une force négative écrasante est à l'œuvre : «La durée et la douleur des hommes comptent peu à côté des passions, des frénésies absurdes qui font danser l'Histoire sur les portées du Temps.»

Ces lignes datent de 1924. On sort de l'enfer, mais le nouvel orage est à l'horizon. Ce n'est pas par hasard si Céline republie sa thèse en 1936, en même temps que *Mea culpa*. Entre-temps, le *Voyage*, «roman communiste», l'a conduit à aller vérifier sur place, en Russie, le paradis prolétarien. Nouvel enfer. La suite est fatale : l'écrivain «de gauche» Céline devient «anarchiste de droite» et l'épouvantable pamphlétaire de *Bagatelles*. À l'image de son héros, il vient de s'infecter au passage. Comme l'écrit Guido Ceronetti : «Céline est un destructeur formidable de stupidité, d'inutilité, de vide stylistique, un vengeur furieux du verbe, un authentique et véritable oracle. Il a l'utilité dangereuse d'une Bible, et il est un athlète antibiblique digne de se tordre et de mourir entre les tentacules détestés de son adversaire. [...] Avec un œil voltairien rendu plus sombre par sa paranoïa, il la voyait comme une monstruosité inhumaine, le germe du mal, l'aimant sémitique de toutes les méchancetés possibles, un château sadien où les patriarches hébreux accumulent les massacres... [...] Qui doute de l'homme avec Céline comme avec l'Écriture s'en trouve bien, et quand on veut fuir l'inutile et le sordide, on peut emboucher le cor de Céline comme celui de l'Écriture : aucun d'eux ne cède. »

Céline *montre*. D'emblée, ce qui frappe est son talent dramatique. Voici la fin de Semmelweis : « Vingt fois le soir descendit dans cette chambre avant que la mort n'emportât celui dont elle avait reçu l'affront précis, inoubliable. C'était à peine un homme qu'elle allait reprendre, une forme délirante, corrompue, dont les contours allaient s'effaçant sous une purulence progressive. D'ailleurs, quelle victoire peut-elle attendre, la Mort, dans ce lieu le plus déchu du monde ? Quelqu'un lui dispute-t-il ces larves humaines, ces étrangers sournois, ces torves sourires qui rôdent tout le long du néant, sur les chemins de l'Asile ? »

Il a de bonnes raisons, Céline, pour comprendre intimement la crise de fond, celle de Semmelweis, par exemple, rendu fou par les persécutions, et qui surgit dans un amphithéâtre de l'hôpital de Vienne, se précipite sur un cadavre avec un scalpel, le découpe, le fouille et se coupe ainsi mortellement. Persécution ? Méchanceté infernale ? Mais oui : « il semble même qu'on infecte des accouchées pour l'affreuse satisfaction de lui donner tort ». Grossesses, cadavres : le court-circuit, c'est le moins qu'on puisse dire, est à haute tension. Il y a, dans cette région, insiste Céline, « des puissances biologiques énormes qui se combattent ». La Mort, avec une majuscule, serait-elle *puérile* ? C'est une hypothèse. Elle masquerait alors la pensée du néant dont elle prend la forme, le nihilisme généralisé se fondant sur cette erreur. C'est pourquoi Céline a raison, contre toutes les propagandes bien-pensantes, de nous rappeler ce « désir de néant profondément installé dans l'homme et surtout dans la masse des hommes, cette sorte d'impatience amoureuse à peu près irrésistible, unanime, pour la mort ». Drôle d'amour, on le voit, dont on serait amené à douter en étant plus radicalement négatif. Moins humain, en somme.

*Juillet 1999.*

## *Le temps de Pascal*

Quand Blaise Pascal meurt, le 19 août 1662, à trente-neuf ans, ses proches trouvent dans sa chambre des liasses de papiers en désordre. Ce sont les *Pensées*. Ils sont surpris, désorientés, déçus. Ils attendaient un manuscrit en ordre, une apologie de la religion chrétienne à leurs couleurs, un traité pouvant servir la cause janséniste de Port-Royal. Au lieu de cela, des fragments, des fulgurations en tous sens, des bifurcations, des notes. Que faire ? Silence, d'abord. Et puis Pascal est Pascal, il faut bien publier. Mais sous quelle forme ? Faut-il « achever » ce qui ne l'est pas ? Charger quelqu'un d'autre de « développer », *rewriter* ? Difficile : le style, c'est l'homme, et celui-là semble avoir tellement dépassé la mesure qu'il vaut mieux abandonner la partie. Donc, publication, mais orientée et incomplète. Pascal, comme Lautréamont et Rimbaud, est un moderne absolu.

Le désarroi des contemporains est compréhensible. Ils ont leurs soucis quotidiens, leur horizon tactique, la persécution est sur eux, les Jésuites ne les lâchent pas, ils sont suspects, ils se cachent. Et Pascal, *leur* grand Pascal, ce saint mathématique passé à la polémique et à la foi combattante, semble ici étrangement détaché, surplombant, ailleurs. Immergé dans la Bible, soit, mais prenant les choses par tous les bouts, décomposant et recomposant l'équation humaine. Il pensait tout le temps, Pascal, il écrivait sans arrêt sur des papiers qui lui tombaient sous la main. Il est pressé, il sait qu'il n'en a pas pour longtemps, une passion brûlante l'habite. Tenez, encore un papier, cousu, celui-là, à l'intérieur de son vêtement, comme s'il avait eu peur d'oublier un certain moment capital de son existence. Qu'est-ce qu'on lit, là, tracé dans la fièvre, le 23 novembre 1654, « depuis environ 10 heures et demie du soir jusques environ minuit et demi » ? Une révélation. « Feu. » « Joie, joie, joie, pleurs de joie. » « Éternellement en joie pour un jour d'exercice sur la terre. » Dieu, celui d'Abraham, d'Isaac, de Jacob, se dévoile dans le cœur, et ce cœur est en feu. Deux heures au paradis, avec le Christ comme clé universelle, ça n'arrive pas tous les jours, on risque de s'endormir, il faut l'écrire. D'ailleurs, c'est peut-être parce qu'on écrivait tout le temps que cela est arrivé. Voilà ce qui s'appelle attraper la vérité dans les flammes.

Ce feu d'écriture nous paraît à nous, en 2001, aussi vivant qu'incroyable. Laissons les controverses du XVII$^e$ siècle, voyons ce qui nous touche ici, maintenant. Pascal nous dit qu'en effet nous dormons, que nous sommes des somnambules volontaires. Qu'il y a là quelque chose d'anormal, de surnaturel. L'humanoïde en transit, qui sait pourtant qu'il doit mourir, fait tout pour éviter la question de sa condition. On l'observe, et on ne trouve en lui que contradictions, mélange du haut et du bas, dérobades, divertissement, sophismes. C'est un « monstre incompréhensible » soumis au déguisement, au mensonge, à l'hypocrisie, « un cœur creux et plein d'ordures ». L'orgueil et la paresse se disputent en lui. Il ne sait pas être seul, il « mendie le tumulte », il s'occupe, il s'étourdit, il s'aveugle, pauvre ver de terre, « cloaque d'incertitude et d'erreur ». Mais voilà, il pense, et c'est sublime, ou plutôt il pourrait penser, mais cela l'ennuie, il est incapable de rester seul dans une chambre, il lui faut courir, bavarder, s'abaisser, se détruire, se nier. Bref, il est fou. Même le plus sage est fou. La géométrie, c'est très bien, mais permettez que je demande quand même ce que je fais là, sur ce grain de terre : « Qu'est-ce qu'un homme dans l'infini ? » Les philosophes me répondent comme ils peuvent, mais cela ne me suffit pas, je veux une certitude qui soit à la hauteur de ma *concupiscence*. Pascal adore ce mot, il l'écrit sans cesse, nous ne l'employons plus, dommage, disons par conséquent *libido*. Oui, les hommes sont étranges, ils croient qu'ils peuvent « anéantir l'éternité en en détournant leur pensée ». Ils perdent leur temps. « Ils se cachent dans la presse et appellent le nombre à leur secours. » Rien à faire, Pascal les prend sur son divan, c'est un analyste de premier ordre, vous ne le troublerez pas avec des concepts, encore moins avec des crises d'hystérie. C'est qu'il vient de rouvrir le dossier « religion », ce savant, et qu'il est stupéfait de constater l'ignorance où tout le monde semble être des principes de base. Qui lit réellement la Bible ? Personne. Lui, si. Et pour cause. Il a vite fait de construire son ordinateur personnel, élection du peuple juif, prophéties, évangiles. L'évidence est là, mais le monde humain est sous hypnose. Les moins abrutis sont, non pas les dévots, mais les vrais athées, les joueurs. On va donc leur proposer un pari. Texte éblouissant, dont on ne compte plus les commentaires, et qu'on peut reprendre sans cesse. Texte, c'est le cas de le dire, crucial. Si vous gagnez, vous gagnez tout. Si vous perdez, vous ne perdez rien. Mais je ne veux pas jouer ! Il le faut, vous êtes embarqués. On suppose ici un partenaire de bonne foi, mais il convient de ne pas ignorer qu'il « y a des gens qui mentent simplement pour mentir ». « Gens sans parole, sans foi, sans honneur, sans vérité, doubles de cœur, doubles de langue, et semblables à cet animal amphibie de la fable, qui se tenait dans un état ambigu entre les poissons et les oiseaux. » Là, il est inutile de dire quoi que ce soit, « il n'est plus permis de bien écrire ». La tricherie est à l'œuvre, mais ne prouve rien contre les règles du jeu et du feu. Vous préférez perdre ? C'est votre droit, vous pouvez choisir la démence.

Nous pourrions être heureux si nous étions en état de présence réelle. Mais voilà : « le présent n'est jamais notre fin ». « Le passé et le présent sont nos moyens ; le seul avenir est notre fin. Ainsi nous ne vivons jamais, mais nous espérons de vivre et, nous disposant toujours à être heureux il est inévitable que nous ne le soyons jamais. »

Que serait le présent comme *fin* ? Un réveil. Pour Pascal, le sommeil n'est pas, comme on le répète, une image de la mort, mais c'est la vie elle-même qui est cette image. « Nous ne vivons jamais. » Nous sommes des morts-vivants, des dormeurs agités. Or il y a quelqu'un qui, bien que ressuscité, restera en agonie jusqu'à la fin du monde. Il ne faudrait pas dormir pendant ce temps-là. Pascal, étrangement, fait de la charité le signe « surnaturel » de la vie éveillée, formule qui paraîtra toujours un mystère à la prétention humaine. « La distance infinie des corps aux esprits figure la distance infiniment plus infinie des esprits à la charité, car elle est surnaturelle. » Ici, la démonstration est en deux temps. D'abord : « Tous les corps, les firmaments, les étoiles, la terre et ses royaumes, ne valent pas le moindre des esprits. Car il connaît tout cela, et soi, et les corps rien. » Ensuite : « Tous les corps ensemble et tous les esprits ensemble et toutes leurs productions ne valent pas le moindre mouvement de charité. Cela est d'un ordre infiniment plus élevé. »

On voit à quel point ce jugement peut choquer le fanatisme du calcul, comme le fanatisme tout court. Charité bien ordonnée commence d'ailleurs par soi-même, mais il n'est pas sûr que la haine de soi le permette. Comment l'être humain pourrait-il aimer son semblable s'il ne s'aime pas ?

Il y a les sages et les saints. Ces derniers « sont vus de Dieu et des anges et non des corps ni des esprits curieux. Dieu leur suffit ». La curiosité, grave défaut : la vraie religion échappe à son avidité insatiable. Tout cela est dit d'ailleurs avec un tel naturel, une telle force affirmative qu'on comprend pourquoi le style de Pascal, direct ou retourné, résonne avec une telle ampleur, deux siècles plus tard, dans les *Poésies* de Lautréamont et *Une saison en enfer* de Rimbaud. Le français ne peut guère aller plus loin, preuve mathématique supplémentaire. Pascal sait de quoi il parle : « Les grands génies ont leur empire, leur éclat, leur grandeur, leur victoire et leur lustre, et n'ont nul besoin des grandeurs charnelles où elles n'ont pas de rapport. Ils sont vus, non des yeux, mais des esprits, c'est assez. »

Pascal, ce grand modeste.

## *Génie de Rimbaud*

Il y a de cela quelques années, un groupe de jeunes gens, animé d'une volonté de démonstration radicale et humoristique, a envoyé, sous un nom banal, aux principales maisons d'édition françaises le manuscrit des *Illuminations* tapé sur ordinateur. Un jeune poète inconnu proposait ainsi ses proses poétiques à la publication. Le résultat, prévisible au moins pour un des parieurs, ne se fit pas attendre : refus général, justifié par la formule standard. Curieusement, cette expérience ne fit rire personne. Il fut même parfois recommandé d'en oublier la portée.

Tout le monde, pourtant, connaît Rimbaud, ou du moins sa photographie. Chacun ou chacune peut, en principe, évoquer l'enfant prodige, le voyou, le voyant, le voyageur, l'ange déchu, l'amant de Verlaine, le trafiquant d'armes et peut-être d'esclaves, l'exilé du Hazar, le martyr prématuré, le frère de sa sœur, le saint ou plutôt le révolutionnaire. C'est le Dormeur du val, c'est le Bateau ivre. Arthur Rimbaud ? Mais bien sûr, vous voulez rire. Le spectre qui a converti Claudel, l'éclaireur, au contraire, qui a mis les surréalistes sur la voie. Le « passant considérable », comme l'a dit Mallarmé, l'homme « qui s'est opéré vivant de la poésie ». Le génie adolescent qui soudain s'est tu, et dont on interroge sans fin le silence. Le silence de Rimbaud et sa mort atroce, voilà qui nous touche. Quant à ce qu'il a composé, c'est un peu flou, excusez-moi, *Une saison en enfer*, oui, sans doute... Les *Illuminations* ? Je ne me souviens pas très bien. Des visions colorées, je crois droguées, exotiques... Écrites avant ou après sa renonciation à la poésie et le coup de revolver de Verlaine contre lui à Bruxelles ? Publiées par qui, quand, comment ? Vous dites que c'est un best-seller ? Étrange.

Les choses sont pourtant assez simples : Rimbaud est parti et s'est tu, parce qu'il n'avait rien à dire aux hommes de la fin du siècle dernier qui sont, dans un autre décor, les mêmes que ceux de la fin du $XX^e$ siècle. Rien à dire au « milieu littéraire », bien entendu, mais rien à dire non plus à la Troisième République et à son clergé qui se perpétue jusqu'à nous. Il a traîné d'abord un peu partout en Europe, et puis l'Afrique, on connaît le film, l'argent durement gagné, les lettres où il se plaint surtout de l'ennui (un ennui implacable est son refrain essentiel quand il s'adresse à ses proches). La poésie, il n'en parle jamais, d'ailleurs c'était tout autre chose que ce que vous entendez encore par ce mot, rien à voir avec la littérature ni avec les « poèmes ». Mais quoi alors ? Ah, une autre façon d'être, tout simplement, une autre perception immédiate du temps, du corps, de l'espace, une nouvelle raison, un nouvel amour. Rapprocher les mots *raison* et *amour* est déjà un acte en contradiction complète avec presque toute la bibliothèque. « L'amour, mesure parfaite et réinventée, raison merveilleuse et imprévue » (*Génie*). Et dans *Vies* : « Je suis un inventeur bien autrement méritant que tous ceux qui m'ont précédé ; un musicien même, qui ai trouvé quelque chose comme la clef de l'amour.» Et dans *Conte* : «Il prévoyait d'étonnantes révolutions de l'amour.» Et dans *Being Beauteous* : «Nos os sont revêtus d'un nouveau corps amoureux.» Et dans *Veillées* : «Rêve intense et rapide de groupes sentimentaux avec des êtres de tous les caractères parmi toutes les apparences.» Et dans *Mouvement*, où sont évoqués «les conquérants du monde cherchant la fortune chimique personnelle», ces vivants d'un lointain avenir «chassés dans l'extase harmonique et l'héroïsme de la découverte» :

> *Un couple de jeunesse s'isole sur l'arche*
> *Et chante et se poste.*

Il y a eu un déluge. Une nouvelle ère est en cours, qui rompt les amarres avec l'ancienne vision terrienne limitée et son projet platement social. La Commune de Paris a été écrasée, la grande industrie commence, la Technique va s'emparer du globe, mais une révolution inaperçue a eu lieu, et Rimbaud est là pour la dire dans sa liberté inouïe. Tout est transformé, la nature jaillit de partout, le temps se joue musicalement à chaque instant, des richesses inconnues débordent, mais personne ne s'en rend compte. Il faut remarquer que, dans les *Illuminations*, Rimbaud intitule certains fragments au pluriel : *Vies* ou *Villes*. On a plusieurs vies, on explore des villes aux architectures bouleversées, on est en état de veille continue dans un autre monde qui est cependant ici, tout de suite. C'est ce qu'un penseur, le plus profond du xxe siècle, appellera un «espace libre pour le jeu du temps». Rimbaud multiplie les notations et les verbes : sourdre, rouler, monter, relever, descendre, éclater, éclairer. Il marche, et les fleurs se nomment, les paysages se fondent, une magie orphique recompose en lui et devant lui une « planète emportée ». On pense à la fois à *La Divine Comédie* et à *La Flûte enchantée*. Regardez : « La fille à lèvre d'orange, les genoux croisés dans le clair déluge qui sourd des prés. » Ou bien : « Dans la grande maison de vitres encore ruisselantes, les enfants en deuil regardèrent les merveilleuses images. » Ou bien : « Je suis le savant au fauteuil sombre. Les branches et la pluie se jettent à la croisée de la bibliothèque. » Ou bien : « Je me souviens des heures d'argent et de soleil vers les fleuves. » Ou encore : « Je baisse les feux du lustre, je me jette sur le lit, et tourné du côté de l'ombre, je vous vois, mes filles ! mes reines ! »

Est-on à Paris, à Londres, à Stockholm ? En Italie, en Amérique, en Asie ? Quelque part dans un bois de la campagne française ? En Occident ? En Orient ? Dans les coulisses du haschisch ? Voici « des bouquets de satin blanc et de fines verges de rubis (qui) entourent la rose d'eau ». Nous avons à notre disposition l'or, la soie, la gaze, le velours, le cristal, le bronze, l'argent, l'agate, l'acajou, les émeraudes. Les fleurs sont des pierres précieuses, et réciproquement. L'enfance est retrouvée à volonté, des femmes envahissent les terrasses, « dames, enfantes, géantes, jeunes mères, noires, grandes sœurs, sultanes, princesses, petites étrangères et personnes doucement malheureuses ». Tout se passe comme si Rimbaud voulait nous décrire une apothéose de la valeur d'usage avant qu'elle soit définitivement niée par la valeur d'échange généralisée. Il s'agit de « corps sans prix, hors de toute race, de tout monde, de tout sexe, de toute descendance » — inexploitables, donc. Il nous parle d'une « satisfaction irrépressible pour les amateurs supérieurs », d'une « immense opulence inquestionnable », de « trouvailles et de termes non soupçonnés, possession immédiate ». Il a mis la main sur un trésor, et il ironise, dans *Solde*, sur le fait qu'il pourrait même vendre « ce qu'on ne vendra jamais ». Or là est précisément le scandale : l'humanité s'est engagée sur une autre voie, celle de la machination et du calcul (« nous aurons la philosophie féroce ; ignorants pour la science, roués pour le confort ; la crevaison pour le monde qui va »). Quoi, vous nous proposez une dépense et une gratuité sans limites ? Disparaissez, Rimbaud, vous êtes *trop*. Trop beau, trop désirable, trop doué, trop riche. Vous gagnerez votre pain à la sueur de votre front. Vous vous ennuierez à mourir en menant une existence de chien. On vous coupera la jambe et on vous enterrera à Charleville dont vous avez eu tort de vous moquer autrefois. Pire, peut-être : vous passerez pour un « poète maudit », et des légions d'adolescents se prendront pour vous en balbutiant des hallucinations sans suite. Nous ne voulons ni de votre raison ni de votre amour. La raison est économe, et pas fastueuse. L'amour doit être collectivement encadré. Vous êtes « pressé de trouver le lieu et la formule » ? Vous pensez que « la musique savante manque à notre désir » ? Mais la formule a été trouvée, monsieur, elle est chiffrable, et la musique n'a pas à être « savante » pas plus que le désir. Que signifie ce programme : « l'élégance, la science, la violence » ? Et ça : « le dégagement rêvé, le brisement de la grâce avivée de violence nouvelle » ? Laissez-nous donc faire nos comptes, et allez vous faire pendre ailleurs. Ou alors, soyez poète comme tout le monde. Non ? Vous êtes sérieux ? Vous mettez votre silence dans la balance ? D'accord, on vous commémorera, mais on ne vous lira pas.

Les *Illuminations* n'ont pas de prix, elles ont tout le temps devant elles. « Dans une magnifique demeure cernée par l'Orient entier, j'ai accompli mon immense œuvre et passé mon illustre retraite. J'ai brassé mon sang. Mon devoir m'est remis. Il ne faut même plus songer à cela. Je suis réellement d'outre-tombe, et pas de commissions.» Mais quand même cet avertissement : «Ma sagesse est aussi dédaignée que le chaos. Qu'est mon néant, auprès de la stupeur qui vous attend ?»

## *La lecture et sa voix*

Il n'est pas un écrivain qui, à un moment ou à un autre, ne nous parle de la lecture. Et pour cause : peut-être que le sujet central de tous les vrais livres est là.
C'est Rimbaud inventant la couleur des voyelles et ce qu'il appelle leurs « naissances latentes ». C'est Mallarmé définissant la lecture, comme personne avant lui, comme une pratique, et même une pratique divinatoire ou magique. Un après-midi d'été, à Valvins, tous volets fermés, il ouvre un manuscrit qu'il vient d'achever, et, devant un Valéry stupéfait, commence à lire le *Coup de dés* « à voix basse, égale, sans le moindre "effet", presque à soi-même ».
C'est Claudel ayant cette formule lumineuse : « Le but de la littérature est de nous apprendre à lire. » C'est Proust comparant le travail du romancier à celui d'un traducteur. Ce sont Joyce ou Artaud donnant à leurs écrits une portée physique et vocale insoupçonnée jusqu'à eux. La lecture met en mouvement le corps tout entier. Pour en convaincre quelqu'un, il suffit de lui demander innocemment de réciter un poème. Puis de lui demander pourquoi il dit ça comme ci ou comme ça. L'effet est immédiat, redoutable. Comme par hasard, le moment d'apprendre certains textes par cœur est en train de revenir. Après tout, il n'y a pas que

la Bible et le Coran, et il est capital de s'entendre dire ce qu'on dit. La lecture est d'abord une voix, même silencieuse. L'écriture, on l'oublie trop souvent, est aussi une voix. « Un écrivain sans oreille, disait Hemingway, est comme un boxeur sans main gauche. » Un lecteur sans voix est comme une force de réaction rapide, piétinant sur place à deux pas d'un assassinat. Le surgissement ou la disparition des corps capables de lire est imprévisible. Ce n'est jamais quand, qui, ni où l'on croit. Quand *La Nouvelle Revue française* est fondée, au début du siècle, tout semble anesthésié et perdu, et pourtant tout va renaître. Quand Breton et Aragon lisent d'une certaine façon Rimbaud ou Lautréamont, les conséquences sont très concrètes et difficilement évaluables. Ceux qui parlent de la fin du livre et de la lecture font souvent entendre un désir caché plutôt qu'une crainte. Chacun sent qu'il peut y avoir dans un livre une incitation, une insémination, dont la liberté dérange. « Prends et lis » : c'est ainsi que saint Augustin entre dans une révolution dont on parle encore.

Chaque époque a sa tendance tyrannique qui cherche à réduire le langage, à le canaliser, à l'enrôler, à le surveiller. Tantôt on interdit, ou on brûle; tantôt on noie dans la masse. On peut même imaginer une société (mais c'est la nôtre) qui développerait de façon gigantesque les sources d'information en encourageant, d'autre part, la confusion générale, la publication du n'importe quoi, toutes les variantes de psychoses, de mélancolies, de névroses. Une société hypersophistiquée et pratiquement illettrée. Jean Baudrillard écrit dans *Le Crime parfait* : « La critique idéologique et moraliste, obsédée par le sens et le contenu, obsédée par la finalité politique du discours, ne tient jamais compte de l'écriture, de l'acte d'écriture, de la force poétique, ironique, allusive du langage, du jeu avec le sens. Elle ne voit pas que la résolution du sens est là, dans la forme même, dans la matérialité de l'expression.» Autrement dit, la critique idéologique et moraliste (et Dieu sait si elle a la vie dure) ne lit pas, elle flaire, elle repère. Un écrivain, aujourd'hui, sait bien qu'il sera jugé de plus en plus sur sa «correction» morale et politique, c'est-à-dire comme s'il n'existait pas. Ce qu'on lui demande, en somme, est d'oublier ses livres. Dites vos opinions, récitez avec nous le bref catéchisme des valeurs vides. Soyez collectif. Comme la lecture est, de son côté, l'acte le plus individuel qui soit (bien plus encore que l'acte sexuel), on comprend qu'elle soit un «horrible danger» pour toute inquisition réelle ou virtuelle. Voltaire, encore lui : «Quoiqu'il y ait beaucoup de livres, croyez-moi, peu de gens lisent; et parmi ceux qui lisent, il y en a beaucoup qui ne se servent que de leurs yeux.»

Céline, on pouvait s'y attendre, est plus virulent. Sans cesse, il y revient, il insiste : «vous avez des têtes bien trop minces... des petits fronts trop bas... d'abord y a votre ignoble façon de lire... vous retenez pas un mot sur vingt... vous regardez au loin, fatigués... vous êtes pas artistes...»
Et encore : «Je récapitule... Je condense... c'est le style *Digest*... les gens ont que le temps de lire trente pages... il paraît! au plus!... c'est l'exigence! Ils déconnent seize heures sur vingt-quatre, ils dorment, ils coïtent le reste, comment auraient-ils le temps de lire cent pages? et de faire caca, j'oublie! en plus! et le cancer qu'ils se cherchent au trou, têtes à l'envers, acrobates!» Comme tu vis, tu lis. «Pour savoir écrire, a dit une fois Debord, il faut avoir lu, et pour savoir lire il faut savoir vivre.» Cela n'a

rien à voir, bien entendu, avec le fait d'avoir « beaucoup lu » (c'est-à-dire beaucoup oublié) ; pas plus que savoir vivre ne consiste à s'agiter pour prouver qu'on existe. C'est tout simplement une question de présence à soi, à laquelle la société vous demande à chaque instant de renoncer (lire, c'est rassembler, recueillir ; vous êtes priés de vous disperser après les grandes messes de convivialité hypnotique). Nietzsche, cette oreille de génie, notait déjà que l'art le plus subtil était « gaspillé comme si on s'adressait à des sourds ». « Se tromper sur le tempo d'une phrase, disait-il, c'est se tromper sur son sens. » Tempo, tympan : savoir vivre, savoir écouter, savoir parler, savoir lire. Rien de plus accablant que ce que la machine à détruire la pensée se fait un devoir de populariser comme croyance : tout le monde pourrait écrire. Mais voyons.

Un héros de la lecture ? Oui, Louis Lambert, cet autoportrait à peine déguisé de Balzac : « Souvent, j'ai accompli de délicieux voyages, embarqué sur un mot dans les abîmes du passé, comme l'insecte, qui, posé sur quelque brin d'herbe, flotte au gré d'un fleuve. Parti de la Grèce, j'arrivais à Rome et traversais l'étendue des âges modernes. Quel beau livre ne composerait-on pas en racontant la vie et les aventures d'un mot ? Sans doute il a reçu diverses impressions des événements auxquels il a servi ; selon les lieux, il a réveillé des idées différentes ; mais n'est-il pas plus grand encore à considérer sous le triple aspect de l'âme, du corps et du mouvement ? À le regarder, abstraction faite de ses fonctions, de ses effets et de ses actes, n'y a-t-il pas de quoi tomber dans un océan de réflexions ? La plupart des mots ne sont-ils pas teints de l'idée qu'ils représentent extérieurement ? À quel génie sont-ils dus ! S'il faut une grande intelligence pour créer un mot, quel âge a donc la parole humaine ? L'assemblage des lettres, leurs formes, la figure qu'elles donnent à un mot dessinent exactement, suivant le caractère de chaque peuple, des êtres inconnus dont le souvenir est en nous. » Et ceci : « Quand il employait ainsi toutes ses forces dans une lecture, il perdait en quelque sorte la conscience de sa vie physique, et n'existait plus que par le jeu tout-puissant de ses organes intérieurs dont la portée s'était démesurément étendue : il laissait, suivant son expression, l'espace derrière lui. »

La lecture, question métaphysique parce que entièrement physique ? Mais oui. Au commencement était le Verbe, la voix crie dans le désert, la lumière brille dans les ténèbres. Mais les ténèbres, elles, n'en veulent pas.

*Bordeaux 2936*

1. Les Vénitiens ne connaissent pas leur bonheur. Les Bordelais non plus.

2. Bordeaux n'est pas une région, une ville, une terre, un lieu, une population, un bien à acquérir, une couleur, un vin, un snobisme, un accent, un ciel, un passé, mais un point de l'esprit à définir. Montaigne est bordelais en Italie et à Rome. Montesquieu à Londres et à Paris. Mauriac surtout pas à Malagar, mais plutôt à Stockholm et pendant la guerre d'Algérie. Moi, à Nankin, un soir, fumant un joint près d'un temple taoïste en ruine.

3. André Breton est bordelais lorsqu'il se souvient de Jacques Vaché. Aragon quand il publie *Le Libertinage* et qu'il écrit cette phrase sur moi : « Le destin d'écrire est devant lui comme une admirable prairie. » Picasso était bordelais en séduisant des femmes et en leur faisant lire Sade. Artaud, en écrivant au Dalaï-Lama. Pascal, en notant de nuit : « joye, joye, joye, pleurs de joye ». Joyce, lorsqu'il se mettait à danser, à Trieste, où il composait *Giacomo Joyce*, ensemble de phrases magiques, dont celle-ci : « *Love me,*

*love my umbrella.* » Casanova était bordelais quand il pressentait qu'un savant nommé Vincent écrirait sur lui un jour, à l'étonnement général. Vincent Van Gogh est bordelais par l'iris. Cézanne, par le bleu et le jaune. Manet, par les roses. Shakespeare, par le verre de *claret* qu'il buvait avant de monter en scène. Georges Bataille, au moment où il entrait au Sphinx, bordel des années trente où travaillait Madame Edwarda. Racine est éminemment bordelais par l'intrigue. Et La Fontaine, donc, en traçant ce vers : « Les songes l'entouraient sans troubler son repos. » Sans Bordeaux, Molière n'aurait jamais composé *Dom Juan*. Voltaire est bordelais à chaque instant. Gaston Gallimard, le jour où il rencontre Proust. Marcel Proust, la première fois qu'il voit Venise. Céline, au moment où il découvre la Baltique. Mozart est bordelais à Prague, pas moyen de faire autrement, avis partagé par Kafka. Tchoang-tseu, quand il regrette de n'être pas papillon. Luther, quand il a un doute. Bossuet, quand il n'en a pas. Baudelaire à Bordeaux ? Lautréamont ? Élémentaire. Et Hölderlin, donc, les rares fois où il a pu faire l'amour tranquille ! Nietzsche est bordelais chaque fois qu'il évoque Dionysos. Freud, au moment où il pense à Éros, avant de redevenir germain par Thanatos. Josquin des Prés, enfin, que je suis en train d'écouter, est bordelais dans son nom même. Rimbaud vient se reposer ici d'un malentendu africain. Un coup d'éventail ? Mallarmé, bien sûr, sous un pin.

Vous voyez l'histoire.

4. Quand tout sera recouvert par le règne généralisé du béton et du mauvais goût, Bordeaux existera encore dans des livres que personne ne saura plus lire. Ils seront redécouverts quelques siècles après. Cette affaire a déjà eu lieu. Elle est classique. De tels livres, on les collectionne déjà.

*À la recherche du temps perdu* aura la même fonction que, je ne sais pas, moi, Platon, Aristote, Saint-Simon, Thucydide. Céline sera le nouvel Homère dont on se demandera s'il a vraiment existé. Sade étonnera par sa virulence, pire que celle de Lucrèce. Tout cela circulera sous le manteau, on utilisera le fax pour transmettre les passages les plus significatifs. Un jeune homme, dans un petit château injoignable du Médoc, recevra de mes nouvelles. Une charmante jeune femme les lui choisira de ma part. Il lit, descend à la cave, sort, marche un moment dans la forêt, revient à sa table, se remet à écrire. Titre de son roman : *Bordeaux 2936*. Prose d'une année exceptionnelle, paraît-il.

## Shakespeare en direct

Il faut lire Shakespeare dans sa langue, l'anglais courant n'en étant qu'une ombre endormie. Les traductions, elles, comme pour tous les textes qui vivent à la source même du verbe, font ce qu'elles peuvent, et vieillissent vite, comme pour mieux assurer la jeunesse perpétuelle de l'original. Une bonne édition française de ce monument ne peut donc être que bilingue. La voici, enfin.

Aucun hasard dans le fait que les tentatives les plus audacieuses du XXe siècle se ressourcent très loin du XIXe : Homère, la Bible, Dante, Shakespeare ont soudain retrouvé l'énergie qui n'a jamais cessé d'être la leur. Deux noms, simplement : Joyce, Faulkner. Malheur au naturalisme, au réalisme, au psychologisme antérieurs ; malheur au moralisme contraint, au puritanisme, au familialisme moisi. La grande métaphysique, soudain, est de retour, faisant honte aussi bien à la prédication religieuse qu'au conformisme positiviste. Les seules, les vraies questions ?

La naissance, la mort, la vérité, la folie, le beau, le laid, le crime. Shakespeare est le premier, depuis les Grecs, à rassembler autant de corps pour les basculer dans le néant. La scène, la salle, le monde ne font qu'un. Le spectateur tremble, il sait qu'il n'est qu'une apparition, un rêve. Il est coupable, il mérite l'engloutissement. Ce n'est pas Dieu qui le juge, mais le langage lui-même. Shakespeare auteur du passé ? Mais non, c'est bien aujourd'hui qu'a lieu la tragédie des assassinats, du terrorisme, des envoûtements, des suicides. D'où vient cette sorcellerie endémique de l'humanité ? Toujours du même chaudron, dont il faut oser soulever le couvercle. Le rideau s'écarte. Les esprits de l'air empoisonné chantent : « *Fair is foul, and foul is fair.* » Le beau est laid, le laid est beau. Le vrai est faux, le faux est vrai. « Allons faire le tour du monde, dans la brume et l'air immonde. » Que fait le mal, à chaque instant ? « Une œuvre qui n'a pas de nom. » Shakespeare est cette voix multiple qui a donné un nom au sans-nom.

Tout le monde croit connaître *Othello*, *Hamlet*, *Macbeth*, *Le Roi Lear*. Les spectateurs ou les lecteurs arrivent, ils sont sûrs d'eux, ils savent de quoi il s'agit. Les freudiens ou les lacaniens de service sont déjà prêts à pérorer, à l'entracte, pour ceux qui auraient besoin qu'on leur atténue le choc de l'événement. Taisons-nous, écoutons les acteurs, à commencer par le plus grand d'entre eux qui joue le rôle du Spectre : l'auteur lui-même. Ah, il ne parle pas en alexandrins, il n'en a pas le temps, et la prose, sauf si elle est endiablée, n'est pas non plus son régime. Il y a urgence à révéler, agir, accomplir, méditer. Il vient nous apprendre, ce spectre, comme dans une hallucination réglée, que tout ce que nous voyons et entendons d'habitude n'est que falsification, hypocrisie, faux-semblants rongés par une intention destructrice. L'être humain participe de toutes ses forces à une implacable escroquerie. La passion du pouvoir domine les calculs. La fin justifie les moyens. La servilité est générale, il y a quelque chose de pourri dans l'État, les habitations privées et les lits. Le Diable mène la danse ; le sang innocent crie, et nous nous bouchons les oreilles pour ne pas l'entendre. Nous avons sans doute mangé, comme dit Macbeth, «la folle racine qui tient la raison prisonnière». Lady Macbeth, elle, en demandant aux esprits infernaux et nocturnes de la rendre *unsex*, donne une des définitions radicales de la mécanique meurtrière. L'*unsexualité* est une des fonctions démoniaques de base (et elle peut se nourrir, bien entendu, de toutes les sexualités). Par elle, on devient le fonctionnaire d'une trahison constante, maniaque. Iago, dans *Othello*, n'hésite pas à décliner cette identité anti-humaine et anti-divine. «*I am not what I am*»: «Je ne suis pas qui je suis.»

André Gide avait bien raison de se méfier : «Shakespeare, écrit-il, se soucie fort peu de cette logique, sans le soutien de laquelle trébuchent nos esprits latins. Les images, chez lui, se chevauchent et se culbutent; devant leur surabondance, le malheureux traducteur reste pantois.» Et encore (en plus comique) : «Je ne pense pas que Shakespeare puisse avoir, en tant qu'auteur de classe, les mêmes extraordinaires vertus que présentent nos auteurs classiques [...] Avec Shakespeare, l'enfant peut se passionner, se sentir le cœur tout gonflé d'émotions sublimes; il n'apprendra ni à bien raisonner ni à correctement écrire.»

Gide, on le sait, a traduit *Hamlet*. À un moment donné, Hamlet dit : «*About, my brain.*» Ce qui doit être traduit par : «À l'œuvre, mon cerveau.» Gide, lui, entend : «À moi, ma raison!», et ce n'est pas du tout la même chose. Hamlet : «*Now, I am alone.*» Gide : «Et me voici tout seul!» Mais non, Hamlet dit simplement : «Maintenant, je suis seul.» Il ne s'exclame pas : il parle directement, et parfois, c'est important, de façon obscène. Quand il demande à Ophélie s'il peut mettre sa tête sur ses genoux, pendant la représentation des comédiens qui doit démasquer son oncle, il ajoute : « *Do you think I meant country matters ?* » C'est ici un des nombreux jeux de mots de cet art tourbillonnant : il faut entendre le mot *cunt* («con») dans «*country matters*». Gide : «Me prêtez-vous des manières de rustre?» Yves Bonnefoy : «Des choses vilaines?» La version d'aujourd'hui : «Pensez-vous que j'aie la bagatelle en tête?» Il y a eu aussi : «Vous pensiez que je parlais d'explorer le riant bocage?» Allons, messieurs, courage : *cunt*, c'est *cunt* : un con est un con. Hamlet à Ophélie : «Je pourrais expliquer ce qui se passe entre vous et votre amoureux si je voyais se trémousser les marionnettes.» «Vous êtes dur», lui répond Ophélie. Hamlet, alors, feint de comprendre qu'elle lui dit qu'il bande, et répond : «Cela vous coûterait un grognement de me rendre mou.» On ne s'étonnera pas outre mesure que Gide évite «marionnettes» et parle de «simagrées», ni qu'il fasse dire à Ophélie : «Votre esprit est bien incisif.» Je donne ces exemples pour faire sentir le recouvrement puritain dont Shakespeare est l'objet la plupart du temps. «Tout cela est fort compliqué», nous dit la note de la Pléiade à propos de ce passage. Vraiment ?

Éprouver Shakespeare en direct, c'est donner aux mots, aux accents, aux chantonnements internes, aux brusques envolées lyriques, à la pensée risquée comme une épée, une force qui est celle du monde lorsqu'il sort de ses gonds, lorsqu'il se *disjoint*. Tonnerre, pluie, éclairs, maléfices, fantômes, ébranlement de la nature, secrets honteux découverts, cadavres venant trouer l'horizon, mise au jour des «culpabilités murées». Le français académique craint la répétition : au lieu de «*too too solid flesh*», il traduira donc instinctivement par «chair massive», sans indiquer l'effort pour se libérer de cette «trop trop solide chair» dont Hamlet voudrait qu'elle puisse fondre, se dissoudre, se résoudre en rosée. Si Othello s'écrie : «*O fool, fool, fool!*», il est pour le moins curieux de le faire s'exclamer : «Ô triple buse!» Shakespeare attaque frontalement la fausse perception, les illusions de la crédulité et des usages, il a une tête de mort à la main. Celle d'un politicien «qui se croyait de taille à circonvenir Dieu»? Peut-être. À moins que ce ne soit celle d'un courtisan, toujours prêt à répéter ce que dit son maître. Mais n'est-ce pas plutôt celle d'un juge ou d'un homme d'affaires confit dans ses spéculations? Qu'est-ce que la vie d'un homme sur cette grande scène de fous? «Elle ne laisse même pas compter jusqu'à deux», traduit Gide. Mais Shakespeare : «Un homme ne vit que le temps de dire "un". Être ou ne pas être? Telle est bien la question, et si nous étions sûrs que la mort est un sommeil tranquille, nous répondrions mieux à l'appel de la liberté. Seulement voilà : dormir ou rêver?» «*Ay, there's the rub.*» *Rub* veut dire *friction*, c'est ce qui fait dévier une boule. C'est là que ça coince, que ça frotte, que la pensée, en boule, est détournée de sa trajectoire. Il faut *voir* cette boule. Quand Hamlet aura surmonté cet obstacle, il dira : «Nous défions les augures. Il y a une providence spéciale pour la chute d'un moineau. Si c'est maintenant, ce n'est pas à venir. Si ce n'est pas à venir, ce sera maintenant. Si ce n'est pas maintenant, cela viendra pourtant. Le tout est d'être prêt.» Être prêt, c'est être. Ne pensez pas toujours à la mort, disent les coupables à Hamlet. La mort, voyons, rien de plus naturel, un père chasse l'autre, un homme ou un autre, finalement, quelle importance? C'est la vie, c'est la loi du temps. Quelqu'un a été assassiné? Où est le problème? Passons au film suivant. Eh bien, non. C'est là, comme par hasard, qu'un fils qui veut venger son père doit faire passer sa mère de son côté : « Ô merveilleux fils qui peut stupéfier sa mère ! » L'exercice n'est pas évident.

Shakespeare opère au nom de la vérité. Comme Joyce l'a si bien compris dans *Ulysse*[1], il écrit *Hamlet*, en pensant à la mort de son propre père, John, et à celle de son fils Hamnet, disparu à l'âge de onze ans. « Hamlet, le prince noir, est Hamnet Shakespeare. » Admirable intuition, qui amène le passage fameux : « La paternité, en tant qu'engendrement conscient, n'existe pas pour l'homme. C'est un état mystique, une transmission apostolique, du seul générateur au seul engendré. » Bien au-delà de l'embarras freudien, la question est donc celle-ci : « Est-il père aimé comme tel par son fils, fils comme tel par son père ? » La censure de la représentation œdipienne nous répond que c'est impossible, mais, curieusement, elle vient s'interposer entre le message évangélique et nous. Le mystérieux Shakespeare, lui, dans son grand récit de bruit et de fureur, nous montre ce cataclysme de la fonction paternelle qui entraîne avec lui toute la métaphysique (et que vivons-nous d'autre, aujourd'hui, dans l'énorme maternage biologique qui s'annonce ?). La phrase exacte de Joyce est en réalité plus subtile : « Qui est le père de quelque fils que ce soit pour que quelque fils que ce soit puisse l'aimer, ou qu'il puisse aimer quelque fils que ce soit ? » Ce dialogue, à trois siècles de distance, entre le prodigieux Anglais et l'Irlandais rebelle, a aussi une signification théologique. Shakespeare, au fond, n'était-il pas un « recusant », un papiste masqué ? Certains l'ont pensé, et Joyce, malicieusement, met tout son art parajésuite à le sous-entendre. La paternité, donc : « Sur ce mystère, et non sur la madone que l'astuce italienne jeta en pâture aux foules

---

[1]. James Joyce, *Ulysse*, Pléiade, 1995.

d'Occident, l'église est fondée et fondée inébranlablement parce que fondée, comme le monde, macro et microcosme, sur le vide. Sur l'incertitude, sur l'improbabilité. »

Il est bien étrange, cet adieu d'Horatio à Hamlet mourant, après l'hécatombe qui vient d'avoir lieu sur scène, comme règlement de comptes d'un meurtre et d'une usurpation démasquée :

*Un noble cœur se rompt. Bonne nuit, gentil prince,*
*Et que des vols d'anges chantent pour ton repos.*

On a reconnu bien sûr, l'antienne du service des morts en latin : «*In paradisum deducant te angeli.*» «Que les anges te conduisent au paradis.» Encore un message crypté de Shakespeare.

## *Le diable à Florence*

Supposons que je m'endorme au début du XIV$^e$ siècle, disons avec Dante en 1321. Je me réveille deux cents ans plus tard, je ne reconnais plus rien. L'au-delà vertical a disparu, l'autre monde s'appelle maintenant Amérique, Dieu n'a plus que des prophètes désarmés (Savonarole) et des papes militaires, occupés de bien autre chose que de lui. Florence se débat dans le chaos italien, devenu la proie des grandes puissances. En 1527, c'est le sac de Rome par les armées impériales de Charles Quint : les soudards luthériens vont balafrer de leurs épées les fresques de Raphaël. La Réforme, en réalité, est une négation puritaine de la Renaissance, que la Contre-Réforme tentera, pendant un temps, de freiner. 1527, année terrible : un grand écrivain se retrouve dans l'armée de la ligue pontificale. Ce ne sont pas ses opinions, loin s'en faut, mais les alliances en ont décidé ainsi. Il va mourir cette année-là. Il aura averti en vain, critiqué en vain, tout analysé et compris en vain. Il s'appelle Nicolas Machiavel. Étrange destin d'avoir un nom qui devient un adjectif négatif. Il faut sans doute, pour cela, toucher à fond le refoulement humain : Dante, Kafka, Sade, Machiavel. Être machiavélique est pire que jésuitique (et pourtant !). Il n'est pas jusqu'à Florentin qui ne soit marqué d'un sceau trouble et péjoratif (au point qu'on a vu ce mot appliqué au cours des temps à de très moyens personnages). L'humanité n'aime pas entrer dans les arcanes du Pouvoir, ni trop savoir comment il fonctionne. Machiavel ? Attention, zone dangereuse, là-dessus tous les dévots sont d'accord. N'est-il pas fasciste, nazi ? Mussolini et Hitler l'ont revendiqué. Athée ? C'est plus que probable. Républicain ? Peut-être, mais pas comme on voudrait. Rien ne manque à la confusion et à la désinformation qui l'entoure. Même l'atroce Vychinski, lors des procès de Moscou, s'en prend à lui et le traite de « fripon consommé ». Les Lumières se sont méfiées de ce trop de lumière, Voltaire lui-même a supervisé le très médiocre *Anti-Machiavel* de Frédéric de Prusse. Dès le XVI$^e$ siècle, Machiavel, c'est le diable. Protestants, catholiques, même combat. Le Jésuite Rivadeneira, dans son *Prince* chrétien, le traite d'« homme impie et sans Dieu », de « méchant homme et ministre de Satan ». Qui dit Prince comme Machiavel veut forcément dire Prince de ce monde. Même les hérétiques, ces « étincelles d'enfer », ont une chance de s'en tirer. Machiavel, non.

L'union sacrée, en somme. Il ne faut pas dévoiler les ressorts du diable, cela ne se fait pas : il doit rester incompréhensible. Le décrire, c'est déjà l'acclimater, l'accepter, pervertir l'être humain, dont chacun sait qu'il est bon par nature. Voilà donc la grande loi, toujours agissante, que Machiavel, avec une audace inouïe, transgresse. Il y est, lui, dans le cerveau du diable, et ce n'est pas du tout ce qu'on croit. Il s'agit d'abord de logique, de raisonnement, de calcul, de ruse. Il s'agit de mathématiques. Quelle déception pour l'hystérie, c'est-à-dire pour le fanatisme ! Giono, dans sa belle préface de 1952 pour la Pléiade, parle, à propos de Machiavel, de sa « franchise d'acier ». C'est le moins que l'on puisse dire. Exemple : « On peut dire des hommes généralement ceci : qu'ils sont ingrats, changeants, simulateurs et dissimulateurs, lâches devant les dangers, avides de profit. » L'homme (femme comprise) est méchant, il n'attend que le moment de donner libre cours à sa méchanceté, et si cela ne se voit pas tout de suite, c'est qu'il se cache. Mais le temps, « père de la vérité », vous démontrera l'évidence. L'homme est méchant, et il n'y a aucun sauveur pour y remédier ? Non. Le méchant sera donc celui qui a osé dire cela, à la barbe de tous les tartuffes.

Impossible de lire Machiavel sans un curieux sentiment d'honnêteté. Il faudrait un autre mot, tant celui-ci paraît vertueux, alors qu'il s'agit (comme chez Sade) de tout autre chose, la *virtù* italienne de la grande époque n'ayant rien à voir avec les infortunes de la vertu. La Fortune, de même, à laquelle on doit faire face, n'est pas la nécessité ou la Providence. Simplement, les choses humaines montent et descendent, et il en sera toujours ainsi. L'honnêteté, c'est le style. Nietzsche, lui, ne s'y est pas trompé, qui trouvait Machiavel presque intraduisible en allemand : « Le tempo de Machiavel, dans son *Prince*, nous fait respirer l'air sec et subtil de Florence et ne peut s'empêcher d'exposer les choses les plus sérieuses avec un fol allegrissimo [...]. Une longue suite de pensées lourdes, massives, dangereuses, et un "mouvement" endiablé d'une humeur primesautière et charmante. » Ce que Nietzsche aime par-dessus tout : la « volonté de voir la raison dans la réalité et non dans la "raison", encore moins dans la "morale" ». Cette qualité suprême de réel, il la reconnaît à Thucydide et à Machiavel. S'il fallait ajouter des écrivains français à cette liste, alors ce serait Laclos (un militaire, comme par hasard) et, plus près de nous, Debord. La *virtù* peut vouloir dire talent, énergie, caractère ; elle consiste à être à la mesure des changements du temps. Pas d'idéalisme ni d'angélisme : il s'agit d'une qualité physique qui va plus loin que le corps. On l'exerce, dans la paix, par une continuelle préparation à la guerre et par la connaissance de l'histoire (vouloir oublier l'histoire est le pire des obscurantismes, qui mène infailliblement à l'effondrement). L'ami de Machiavel, Guichardin, lieutenant général des armées et des États pontificaux en 1527, le dit, de la même façon, dans ses merveilleux Ricordi : « Celui qui pourrait changer sa nature au gré des temps, bien que cela soit très difficile et peut-être impossible, serait d'autant moins soumis à la Fortune. » La *virtù* est donc à la fois un opportunisme inflexible (on change pour ne pas changer, axiome que les imbéciles ne comprendront jamais), une question d'honneur et un art consommé de la vengeance.

Du même Guichardin : « À qui accorde assez de prix à l'honneur, tout réussit, car il ne regarde pas à la fatigue, ni au danger, ni à l'argent. Je l'ai montré moi-même dans mes actes, aussi je le puis dire et écrire : les actions des hommes qui n'ont pas cet aiguillon sont vaines et sans vie. » Et Machiavel, en plus serré : « Mieux vaut perdre tout valeureusement, que perdre peu au prix de la honte. » Il y a donc la Fortune et l'énergie : il faut savoir saisir l'une ou s'y opposer ; il faut alimenter l'autre. C'est une question de décision : « Qui reste neutre s'attire forcément la haine du vaincu et le mépris du vainqueur. » Ne pas être aimé n'est pas grave ; ce qu'il faut éviter, c'est d'être haï ou méprisé. D'où la double nature, animale, du Prince : « Renard pour éviter les pièges ; lion pour effrayer les loups. » Machiavel n'aime pas qu'on soit inerte et sans armes. L'expression de Mao « Il faut compter sur ses propres forces » pourrait être de lui («Aide-toi, écrit-il à son fils, et tout le monde t'aidera. »). Mais attention, la force sans la ruse n'est rien, comme le prouve l'exemple d'Alexandre VI, le pape trompeur, que Machiavel, pour cela, admire. Même considération pour les «prophètes armés» (Moïse, David, Cyrus, Romulus), ou les grands politiques, toujours en mouvement et imprévisibles, comme Ferdinand d'Aragon : «Ses actions sont nées de telle manière qu'il n'a jamais, entre l'une et l'autre, donné aux hommes le temps d'agir calmement contre lui. » Le Prince est l'homme des profondeurs, qui sait manipuler l'apparence. De toute façon, «les hommes oublient plus vite la mort de leur père que la perte de leur patrimoine». Il suffit donc de ne pas toucher à leurs biens et, si possible, pas non plus à leurs femmes. Le reste, morale, religion, est question de situation et d'appréciation du spectacle : «Chacun a la capacité de voir, mais peu celle de ressentir; chacun voit ce que vous paraissez, peu ressentent ce que vous êtes.» C'est la loi du nombre, donc celle de la puissance. Qui ne se plaît qu'avec le petit nombre ne doit pas se plaindre de ne pas savoir gouverner. Cela n'empêche pas qu'il y a des cas incompréhensibles, Laurent le Magnifique par exemple. Comment un prince de cette envergure, en même temps que les graves affaires qui l'occupaient, pouvait-il être «porté sur les plaisirs de Vénus», aimer la compagnie d'hommes «facétieux et mordants» et, plus étrange encore, «participer à des jeux d'enfants» avec ses fils et ses filles? «On voyait en lui deux personnes différentes comme unies par une impossible jointure. »

Machiavel est lui-même l'homme de cette «impossible jointure». Il est on ne peut plus moderne, mais, semble-t-il, entièrement tourné vers le passé. Il est grave, et aussi

## Le diable à Florence

sec, théâtral, comique (*La Mandragore*, sa pièce critique sur les mœurs du temps, n'a pas une ride, pas plus que son *Âne d'or*, parodie blasphématoire de *La Divine Comédie*). Il est intraitable dans les affaires, mais sensible, lui aussi, aux «plaisirs de Vénus». Il est sans illusions, mais fidèle en amitié. Comme le prouvent ses lettres familières, il est seul comme personne, mais il prend le temps de rassurer sa femme et de donner des conseils à ses fils, par exemple étudier sans relâche la littérature et la musique. Il s'explique, d'ailleurs : dans les époques de mouvement et d'innovation, faire l'apologie du passé est un tort (c'est ce que nous appellerions être réactionnaire). Mais si les temps sont misérables, barbares et «puants», alors l'éloge du passé est un acte positif et révolutionnaire, ne serait-ce que pour l'édification des jeunes gens, qui, peut-être, bénéficieront de meilleures circonstances. Nul doute que Machiavel pense être dans une basse époque (que dire de la nôtre), où «les hommes exceptionnels rencontrent des oppositions dans les républiques corrompues». Eh bien, peu importe : il écrit ses *Discours sur la première Décade de Tite-Live*, son *Art de la guerre*, son *Histoire de Florence*. L'avenir jugera. Pour quelqu'un qui a occupé les plus hautes fonctions ; qui a été, ensuite, emprisonné et torturé ; qui est forcé de vivre dans sa maison de campagne, une «pouillerie», que faire d'autre ? Les puissants ne veulent pas de lui ? Il les démontera, les disséquera, et ils ne vivront plus, dans l'avenir, que dans sa syntaxe précise. Dans une lettre fameuse, Machiavel raconte comment il a écrit *Le Prince* en quelques mois. Le matin, il va chasser des grives et parler aux bûcherons de son bois. Ensuite, à l'auberge du village, pour ne pas «laisser moisir son cerveau», il bavarde et il boit, il joue aux cartes, il «s'encanaille tout l'après-midi». Le soir, enfin, il rentre dans son cabinet, il enlève ses habits couverts de boue, il s'habille comme pour aller à la cour et, seul, il entre dans la compagnie des grands hommes de l'Antiquité : « Là, aimablement accueilli par eux, je me nourris de l'aliment qui, par excellence, est le mien et pour lequel je suis né. » Il interroge ces témoins invisibles, ils lui répondent. « Durant quatre heures, je ne ressens aucun chagrin, j'oublie tout tourment, je ne crains pas la pauvreté, je n'ai pas peur de la mort. » Ainsi a vécu Machiavel, dans le bruit et la fureur de l'histoire. Il est mort à cinquante-huit ans, dans des circonstances obscures, peut-être empoisonné. J'allais oublier : de temps en temps, pour se détendre, il jouait du luth.

## *Hölderlin et Œdipe*

Dans un de ses plus beaux poèmes, *En bleu adorable*..., Hölderlin fait apparaître brusquement Œdipe comme «ayant un œil en trop, peut-être». Il ajoute aussitôt : «Ces douleurs, et d'un homme tel, ont l'air indescriptibles, inexprimables, indicibles.» À la fin du poème, Œdipe réapparaît comme le «fils de Laïus, pauvre étranger en Grèce». Le dernier vers, inouï, résonne alors longuement : «Vivre est une mort, et la mort aussi est une vie.»

Ce poème, en son temps, a passé pour l'œuvre d'un fou. Schiller, déjà, se moquait des traductions de Sophocle par Hölderlin. La tragédie grecque, brusquement, surgissait d'une tout autre façon que celle qu'imaginaient les contemporains. Au lieu d'être décorative, exotique, passée, habillée à l'antique, elle venait frapper de l'intérieur la scène comme une expérience vécue. Hölderlin était vraiment un «pauvre étranger en Allemagne». Il l'est resté très longtemps, et, au fond, il l'est toujours. Mais que se passerait-il, aujourd'hui même, si Œdipe, au lieu d'aller mendier sa vérité sur le divan analytique, était capable de l'insurrection rythmique de la tragédie ? Nous ne pourrions sans doute pas le supporter, et Antonin Artaud, par exemple, en a fait, près de nous, l'expérience.

Dans ses *Remarques sur les traductions de Sophocle*, texte bouleversant de concentration et de profondeur, Hölderlin dit que ce qui manque aux poètes modernes, comparés aux Grecs, est la «solidité du fond». Déjà, il s'oppose aux romantiques, il cherche et il trouve plus loin, plus essentiel. Il s'agit d'éclairer le rapport entre ce qui est calculable et ce qui ne peut pas l'être. Le «transport tragique» (et qui est plus *tragique* qu'Œdipe?) doit «faire apparaître la représentation elle-même». Non pas le «théâtre» tel que nous le concevons encore, mais l'espace et le temps eux-mêmes montrés dans leur déchirement, dans leur tréfonds. Œdipe, meurtrier aveuglé de son père, époux de sa mère, et par conséquent demi-frère de ses propres enfants, voilà ce qui doit être dit, à la limite du possible. Œdipe représente «la recherche extravagante et fiévreuse d'une conscience». Hölderlin, poète et penseur métaphysique, va ainsi jusqu'à écrire : «À la limite extrême du déchirement, il ne reste en effet plus rien que les conditions du temps ou de l'espace.» Épouser sa mère après avoir tué son père, et surtout être le père des nouveaux enfants de sa mère, met le sujet en mesure de révéler les conditions de l'espace et du temps, et lui donne ce savoir ultime : «Vivre est une mort, et la mort aussi est une vie.»

Qui comprend cela? C'est tout le problème.

Pour nous rassurer, nous rangeons les questions brûlantes dans la catégorie «mythologie». Si nous insistons, on nous conseillera de consulter ou d'embrasser une foi quelconque. Le spectre d'Œdipe me poursuit? J'irai demander de l'aide au Dalaï-Lama qui, lui, n'éprouve pas cette angoisse. Je vais donc me mentir, et, si cela ne réussit pas, j'ai encore la possibilité de ne plus penser *du tout*.

Bureau
Des Passe-Ports.

3.º S. Nº 2897.
Registre N:

Commissariat - Général
De Police de Bordeaux

**SIGNALEMENT**

Agé de trente ans
(allemand)
Taille d'un mètre 75 cent.
Cheveux châtains
Sourcils idem
Visage ovale
Front haut
Yeux bruns
Nez long
Bouche moyenne
Menton rond

Signature du Porteur.
Hœlderlin.

N. B.

Bordeaux, le vingt — du mois de floréal
an dix de la république Française, une et indivisible.

Le Commissaire-Général de Police de Bordeaux, invite les autorités civiles et militaires de la république, à laisser passer et librement circuler de Bordeaux à Strasbourg département du bas Rhin le citoyen Christian Frédéric Hœlderlin, profession d'instituteur, natif de Nurtingen (allemagne) département de _____ demeurant dudit _____ et à lui procurer aide et assistance dans toutes les occasions, d'après les formalités requises.

Délivré sur le certif. du Commis. de _____

Fait au Commissariat - Général de Police de Bordeaux, lesdits jour et an.

Le Chef du Bureau         Pour le Commissaire-Général des Police,
                          Le Secrétaire Général

---

Passeport de Hölderlin délivré à Bordeaux et l'autorisant à circuler librement de Bordeaux à Strasbourg.

Que m'importent, finalement, Sophocle, Shakespeare, Dostoïevski, Artaud ? Ils n'avaient pas toute leur raison, c'est prouvable. Hölderlin, en son temps, sent venir ce grand renfermement, cette étroitesse de vie, cet illusionnisme intéressé, cet *ennui*. Ce n'est pas par hasard s'il était le poète préféré du jeune Nietzsche. Il est voyant, Hölderlin, comme Tirésias, comme Sophocle lui-même. Il ne se plie pas au spectacle de son époque. Il prophétise l'arrivée du grand désert : effondrement de la philosophie et de la poésie, servitude volontaire, irréalité générale où la mort elle-même n'est plus une vie. Ainsi continue la peste.

## *La poésie invisible*

Tout le monde en convient dans l'indifférence quasi générale : la poésie n'en finit pas de disparaître, elle s'éteint, elle se dissout dans le sentimentalisme ou la préciosité moisie, elle ne donne plus lieu qu'à des recueils invendables et mélancoliques, elle contemple sa propre mort avec un narcissisme sombre, c'est sans doute dommage, mais que voulez-vous les temps sont durs, les problèmes s'accumulent, ah voici quand même un sursaut, un dernier cri, une révolte, mais non, plus rien, le bruit est trop fort, il couvre tout, les voix, les souffles, les corps. L'aplatissement verbal règne dans un océan de disques compacts ou de reproductions de tableaux, les commémorations de poètes passés suivent leur cours (quels personnages intéressants ! que d'aventures !), les révolutionnaires ont le choix entre suicide et mutisme, bref l'*exclusion*, la vraie, ne touche pas seulement les vaincus de la productivité fébrile, mais justement la langue qui pourrait penser et parler. Ça ne pense pas, ça opinionne. Ça ne parle pas, ça ordonne. Misère de la poésie, donc, et poétisation publicitaire de la misère : telle est, désormais, la norme rotative de nos sociétés.

Le mot fameux de Hölderlin, à l'aube des temps modernes, « À quoi bon des poètes en temps de détresse ? », nous est devenu incompréhensible puisque la détresse elle-même (ou la folie) ne nous touche plus que comme un thème d'information sociale parmi d'autres. Cette volonté d'élimination de la poésie et de la pensée ne provient pas, d'ailleurs, d'une mauvaise volonté ou d'une méchanceté proprement « humaines ». Elle est conforme à la puissance mondiale de la Technique, au marché, au spectacle, au bruitage incessant d'un présent perpétuel ne faisant qu'empirer. Reste le *rôle poétique*. Il sera tenu, désormais, par le supplément d'âme consenti à travers la chanson, la plainte subjective, la prestation humoristique, l'engagement présenté comme exotique, et, finalement, par l'alibi humaniste et académique. « Poète » veut dire alors : prêtrise tolérée, sagesse de luxe, produit de beauté, souffrance surmontée et noble, profondeur exhibée comme justification intermittente du vacarme. Le silencieux incarné viendra dire, pendant deux minutes, que la poésie est *encore* parmi nous, qu'elle a sa petite place consacrée dans les journaux, son édition charitable dans le commerce implacable du livre, ses prix d'honneur, son Nobel stable, sa convivialité chaleureuse marginalisée. Plus l'écrivain chargé de ce rôle sera âgé, plus il sera convaincant. Il porte le passé essoré avec lui, il en est le garant sévère ou débonnaire. Les forces de l'esprit le maintiennent en vie. Il ne nous quittera pas, c'est promis. La télévision, en déclarant fièrement être en mesure de recenser deux cent soixante écrivains au XX$^e$ siècle (dont quelques poètes) nous montre l'étendue de notre richesse. On fera leur « portrait », mais on se gardera, bien entendu, de commencer par les vivants. D'abord les morts ! « Quoi, un jeune poète » existerait encore parmi nous ? Qu'il attende ! Qu'il vieillisse ! Mieux : qu'il soit vieux tout de

*La poésie invisible*

suite, c'est-à-dire timide, nostalgique, prudent, moral, effrayé, rongé par le doute et la modestie, confronté à l'impossibilité de dire qui prouve bien, par contraste, la force claire et nette des messages économiques. Le poète est pauvre, innocent, malmené ? Oui, comme toujours, et il est bon qu'il le soit, comme n'a pas arrêté de le répéter l'idéologie bourgeoise un instant inquiète mais savourant désormais sa vengeance venue de loin. Le nouveau, pourtant, est que le « poète » *consent* désormais à cette place. Il est le volontaire de l'impossible, souvent ménagé (au lieu d'être interné) dans ce sens. Tout ce qu'on lui demande, au fond, est de ne pas avoir une prétention d'œuvre. « C'est de la poésie » devient l'équivalent de : « C'est très bien, mais ce n'est pas à lire, merci. »

La poésie, la pensée deviennent ainsi des catégories psychologiques. Le cas du poète intéresse, pas ce qu'il dit. La commande est donc : soyez intimiste, déprimé, obscur, ou, si vous ne pouvez pas faire autrement, porte-parole des opprimés. Ne vous affirmez surtout pas *vous-même* en soutenant, par exemple, que « Pensée et Poésie sont, en soi, le parler initial, essentiel et par conséquent du même coup le parler ultime que parle la langue à travers l'homme », a osé le prétendre le suspect Heidegger, ce négateur de la communication utilitaire. Ce que révélerait la lecture réelle de la poésie ? Ah, c'est trop grave : une tout autre expérience du temps, de l'espace, de l'entendre, du voir, du sentir, du jouir. Ce rythme, cette façon de faire avec la physique des mots nous accusent. De quoi ? De ne pas penser, de ne pas vivre, de répéter des clichés d'actualité, des bobards, des lâchetés, des fausses croyances, des malveillances, des insignifiances. Je peux feindre ou rêver de m'intéresser à la vie étrange et dramatique de Hölderlin, Baudelaire, Rimbaud,

Lautréamont, Artaud, mais me mettre devant leurs *mots* est une autre affaire. Ces mots ne se laissent pas faire. Ils persistent à résonner malgré le film ou le roman-photo qu'on plaque sur leurs auteurs. Rien de plus dangereux, oui, que la poésie, *la grande poésie*, laquelle est tout autre chose, bien entendu, que jeu formel, confidence personnelle, ou refrain pathétique. L'énergie qui l'habite est explosive : «La vraie douleur est incompatible avec l'espoir. Pour si grande que soit cette douleur, l'espoir, de cent coudées, s'élève plus haut encore. Donc, laissez-moi tranquille avec les chercheurs. À bas les pattes, à bas chiennes cocasses, faiseurs d'embarras, poseurs. Ce qui souffre, ce qui dissèque les mystères qui nous entourent, n'espère pas. La poésie qui discute les vérités nécessaires est moins belle que celle qui ne les discute pas. Indécisions à outrance, talent mal employé, perte de temps : rien ne sera plus facile à vérifier. »

C'est Lautréamont qui parle, et la «vérification», en effet, a eu lieu. Quel mot étrange devient ici celui d'*espoir* ! Cependant, voici Rimbaud : «Tu en es encore à la tentation d'Antoine. L'ébat du zèle écourté, les tics d'orgueil puéril, l'affaissement et l'effroi.

«Mais tu te mettras à ce travail : toutes les possibilités harmoniques et architecturales s'émouvront autour de ton siège. Des êtres parfaits, imprévus, s'offriront à tes expériences. Dans tes environs affluera rêveusement la curiosité d'anciennes foules et de luxes oisifs. Ta mémoire et tes sens ne seront que la nourriture de ton impulsion créatrice. Quant au monde, quand tu sortiras, que sera-t-il devenu ? En tout cas, rien des apparences actuelles. »

Voilà. Et, du coup, le vieux toujours jeune et violent et frais continent de la poésie se déploie. Au hasard, *L'Iliade* :

*La poésie invisible*

« L'étincelant Hector s'élance à l'intérieur. Son visage est semblable à la rapide nuit. Il brille de l'éclat terrible de l'airain qui lui couvre le corps ; ses mains tiennent deux lances. Personne, sauf un dieu, n'oserait l'affronter quand il franchit la porte. » Ou encore, presque au hasard, *L'Odyssée* : « Le Messager aux rayons clairs se hâte d'obéir : il noue sous ses pieds ses divines sandales, qui, brodées de bel or, le portent sur les ondes et la terre sans bornes, vite comme le vent, et plongeant de l'azur, il tombe sur la mer, puis court sur les flots, pareil au goéland qui chasse les poissons dans les terribles creux de la mer inféconde et va mouillant dans les embruns son lourd plumage. Pareil à cet oiseau, Hermès était porté sur les vagues sans nombre... »

Il n'y a pas de crise de la poésie. Il n'y a qu'un immense et continuel complot social pour nous empêcher de la voir.

## *Violent Apollon*

Heureusement pour les dieux grecs, Marcel Detienne existe. S'il n'était pas là, avec son énergie, son érudition vivante, son enthousiasme, on en resterait à une sorte de mythologie pour musées, Dionysos bloqué en plein vol, Apollon éthéré, bacchantes pour rire, extases en carton-pâte, lyres désaccordées. L'acharnement universitaire à rendre les dieux *inoffensifs* est une vieille tradition d'extinction des feux. Ce qui est beau, en revanche, chez Detienne, c'est la bousculade qu'il provoque, et comme un joyeux massacre de clichés. Prenez Apollon, par exemple [1] : quel dieu a la réputation d'être plus sage, idéal, harmonieux, abstrait ? On a l'impression qu'il est devenu aussi ennuyeux qu'un poète contemporain, c'est tout dire. Il fallait donc le rendre à sa force, à sa complexité, faire de ses contradictions un problème personnel, recharger l'énigme qu'il représente. Il est *Loxias*, Apollon, c'est-à-dire le Tordu, l'Oblique ; mais aussi *Phoibos*, la Terreur, l'Effroi. Qu'il soit aussi, ce musicien essentiel, un grand amateur de lumière, de chants, de jeux et de danses, ne doit pas faire oublier sa part de violence et de nuit. C'est un dieu meur-

---

1. Marcel Detienne, *Apollon le couteau à la main*, Gallimard, 1998.

trier avant d'être éclairé, un dieu « le couteau à la main » parmi ses bouchers.

Après tout, les dieux ne sont pas là pour rassurer, mais pour violer, de temps en temps le train-train de la rentabilité et de la publicité humaines. Ils n'apportent pas la paix mais le glaive, a dit l'un d'eux. C'est pourquoi ils font peur. Vous vous défiez d'eux, vous tentez par tous les moyens de les oublier ? Vous avez raison. « Les mortels, dit *L'Hymne homérique à Apollon*, vivent dans l'égarement, et ne sont même pas capables d'inventer un remède à la mort. » Apollon est beau et illuminant, mais il est aussi ténébreux et sanglant. C'est cette dualité triomphante qu'il s'agit d'opposer à ce qu'on pourrait appeler le *divinement correct*. Le divinement correct est une entreprise de sirop et d'hypocrisie mondiale, par rapport à laquelle il ne faut pas s'étonner de voir resurgir la violence brute et abjecte. Erreur de la fadeur et de la bien-pensance, avec comme résultat le déchaînement prévisible de l'horreur. Les dieux ont soif, a dit un auteur tranquille. Le problème est donc de ne pas oublier de les enivrer par saccades, pour leur bien comme pour le nôtre. Sinon, bonjour l'explosion.

Les dieux ne sont pas les marionnettes commodes que nous croyons. Ils vibrent, ils ont de drôles d'aventures entre eux à l'intérieur d'une mathématique changeante. On se trompe en les séparant, en les alignant, en les panthéonisant. En réalité, ils ont des affaires à régler dans l'ombre, des complots en commun, des luttes fratricides, des alliances de fond. Apollon et Dionysos ont peu de chose à voir avec la bande dessinée qu'on en propose d'habitude (il y aurait, de même, beaucoup d'ombres à apporter au portrait marchand du doux et humaniste Jésus). Les dieux sont une question de langage. Ils sont là, tout de suite, si nous savons les *parler* (pour Apollon, voir Homère, Eschyle, Pindare). Ce «dieu au couteau» tranche, fonde, enjambe : il n'a rien d'une image compassée. Le vieux Titien l'a bien compris dans son dramatique et splendide tableau d'Apollon dépeçant l'imprudent Varsyas. Avant d'être le «pur exilé du ciel» et le montreur de chemin de Delphes, il passe à travers les viandes des sacrifices, il frappe, il tisse, il assemble, il voit toujours plus loin, il survient. Il est «le grésillant», mais quand il se manifeste, «les verrous des portes glissent d'eux-mêmes, les clés du temple tournent, les chants et les danses s'éveillent, la cité entière grandit à la vue de son dieu». Une autre fois, sous ses pas, «l'île entière tressaille, les vagues croulent sur le rivage». Apollon érige, consacre, entrelace, mais, simultanément, il prophétise, il montre, il trace, il signifie. Ce dieu pur et séparé a une inclination vers l'impur, il fait du pur avec de l'impur, et ne voilà-t-il pas qu'il protège les criminels les plus odieux, ceux que les Furies poursuivent sans cesse, les matricides, Alcméon, Oreste. Les poètes savent ces abîmes, les musiciens et les peintres aussi (pensons au triptyque de Francis Bacon, *L'Orestie*, indication claire).

«Les chemins de la parole, écrit Detienne, c'est à Apollon de les ouvrir ou de les fermer, de les cacher pour mieux les montrer... Dieu impur, et toujours jeune, il est parmi les Immortels celui qui marche le plus loin dans la nuit. Dieu pestilentiel, *Oulios*, il est l'éclat sinistre d'un astre resplendissant au milieu d'un ciel de ténèbres. *Phoibos*, pur de l'éclat du soleil, il sait par les sentiers de l'oracle séparer strictement le plus impur de sa souillure intime.» Ce meurtrier est ainsi le meilleur médecin. Pour soigner réellement, mieux vaut savoir de quoi on parle. Apollon, « infini et autonome », intervient au cœur du sujet.

Le style de Detienne est à la mesure de l'énorme littérature qui concerne le personnage : ce doit être la raison pour laquelle le Collège de France, effrayé, a préféré le recaler pour l'envoyer poursuivre son enseignement aux États-Unis. Que faire, en effet, d'un penseur rythmique, immédiat, savant, électrique ? Dans la grisaille d'aujourd'hui pourtant, ouvrez *L'Iliade* et *L'Odyssée*. Voici Apollon lui-même. Mais il est aussi « l'Éblouissant », celui qui fait surgir une île aux yeux des Argonautes abîmés dans la nuit et la tempête. Le nom de cette île ? *L'Apparition*.

## *Toujours Nietzsche*

Loin d'être dépassé, surmonté, déconsidéré par la brutalité des temps, renvoyé à une convulsion historique ou à un effondrement traumatique, Nietzsche, comme tous les penseurs essentiels, vient lentement vers nous, se défait de ses suiveurs bavards comme de ses ennemis répétitifs. Comme l'a dit l'autre grand penseur de notre époque, dont il est devenu presque interdit de citer le nom, Heidegger, « toute pensée essentielle traverse intacte la foule de ses partisans comme de ses adversaires ». Nous sommes donc dans la situation où il est possible de savoir si, sur la décomposition de notre monde, Nietzsche a dit vrai, ou non.

« Dieu est mort, dit-il tout à coup, nous l'avons tous tué. » Écoutons le style de Nietzsche mettant en scène, dans *Le Gai Savoir*, le discours du « forcené » : « Nous l'avons tué vous et moi ! Nous tous, nous sommes ses assassins ! Mais comment avons-nous pu boire d'un trait la mer tout entière ? Qui nous a donné l'éponge pour effacer tout l'horizon ? Que faisons-nous lorsque nous détachions cette terre de son soleil ? Vers où se meut-elle à présent ? N'est-ce pas loin de tous les soleils ? Ne tombons-nous pas sans cesse ? En avant, en arrière, de côté, de tous les côtés ? Y a-t-il encore un en-haut et un en-bas ? N'errons-nous pas comme dans un néant infini ? »

Dieu est mort : ici, immédiatement, à la fin du XX$^e$ siècle, un concert de protestations confuses se fait entendre. Comment ça, Dieu est mort ? Il n'a jamais été, hélas, plus vivant ! Nous le voyons revenir, lui ou son fantôme, sous forme d'intégrisme, de fanatisme, de néocléricalisme, d'obscurantisme, au point que Voltaire, oui le bon vieux et sarcastique Voltaire (ah, nous l'avions trop oublié !) reprend lui aussi ses couleurs. Dieu n'est pas mort, il ne peut pas mourir.

D'ailleurs, s'il le pouvait, tout serait permis, des catastrophes, des horreurs, des massacres. N'est-ce pas ce qui s'est produit ? Sans doute, mais cela ne prouve rien.

Ou encore : Dieu ? Mais quel Dieu ? Il n'y a jamais eu de Dieu, la Raison doit en faire la dure et longue expérience, l'athéisme est le travail de toute une vie. Nous avons mis l'homme à la place de Dieu. Va-t-il tenir le coup, celui-là, sans au-delà, seul et travailleur sous un ciel vide, en route vers des lendemains dont rien ne nous garantit plus qu'ils chantent ? Voilà la question. En un sens, heureusement qu'il y a encore des foules pour croire en Dieu, cela nous permet de leur démontrer patiemment le contraire. Bref, à la limite, si Dieu n'existait pas, il faudrait l'inventer pour le réfuter. Mais mort, non, c'est absurde.

Et pourtant, dit Nietzsche avec une audace incroyable, Dieu est mort, l'homme est un assassin, l'horizon est effacé, la terre se trouve détachée de son soleil. Nous allons réagir par la dénégation, l'oubli, la volonté de néant ou, si cela ne suffit pas, la suppression de toute pensée puisque cette pensée est intolérable pour les croyants comme pour les non-croyants. C'est cela, n'y pensons plus, ne pensons plus. Ou alors, soyons de plus en plus modestes, humbles, microscopiques, ponctuels : « Modeste, zélé, bienveillant, modéré : c'est ainsi que vous voulez l'homme ? l'homme bon ? Mais il me semble que c'est là l'esclave idéal, l'esclave de l'avenir. »

Pour cacher à cet esclave de l'avenir (c'est-à-dire de nos jours) sa servitude, il suffira de lui répéter tous les jours qu'il a des droits, de l'enfoncer dans l'idée du droit. Au point, par exemple, qu'il acceptera de ne plus poser de question sur sa destination ni sur son essence. Réduire de plus en plus son langage serait d'ailleurs la meilleure technique d'asservissement. Qui osera dire que nous n'en sommes pas là ?

La décomposition de la métaphysique, pour Nietzsche, cela signifie celle du monde suprasensible, celui des idées. Avec lui s'évanouissent l'impératif moral, la croyance au progrès, au « bonheur de tous », à la connaissance désintéressée, à la culture et, finalement, à la civilisation elle-même. Ici, nouvelle tempête de protestations : n'est-ce pas là du « nihilisme », et le plus dangereux ? Ne laisse-t-il pas libre cours à toutes les barbaries dont nous n'avons eu que trop d'exemples ? Nietzsche n'est-il pas, au fond, responsable d'un déchaînement sans précédent d'inhumanité (comme Voltaire et Rousseau, jadis, de la Révolution française) ? « Combien faut-il de siècles à un esprit pour être compris ? » Bonne question. D'ailleurs, avons-nous compris Voltaire ? Ce Nietzsche est un prophète de malheur, il rêve d'apocalypse, d'ailleurs il est mort fou. Mais Nietzsche ne parle nullement d'apocalypse. Pour lui, nous n'allons pas vers une fin définitive, bien au contraire, même s'il s'agit de quelque chose de beaucoup plus grave que d'un simple «malaise» dans la civilisation. En réalité, ce qui vient est la mise en place de l'absence de toute fin. Plus de cause, plus de fin. L'homme s'apprête à dominer la planète entière et ses réserves, il se rend maître de sa propre reproduction (d'où, par contrecoup, nouveaux délires racistes), mais il n'est pas en mesure de dominer sa domination.

Pour cela, il faudrait un «surhomme», mais cet événement est hautement improbable, et le risque est donc de voir se propager, au contraire, des guides en sous-humanité. Dieu va mourir, il est mort, et ce n'était, au fond, qu'un pauvre homme. Il s'ensuit ce que nous pouvons aisément constater partout : mécontentement général, désespoir à peine avoué, comédie sans conséquence de l'indignation vertueuse («Personne ne ment plus qu'un homme indigné»), suffisante supériorité des croyants. La métaphysique se change en psychologie, de même que l'évaporation de Dieu s'était transformée, pour qu'il survive, en croyance à l'Histoire. Le nihilisme est donc bien là, partout, et la profondeur de son action n'a rien d'«humain», on n'y remédiera pas par la bonne pensée morale ou le pathos antinihiliste. Oui, le nihilisme va aller encore plus loin, et plus bas. Et les seuls nihilistes sont ceux qui occupent la pensée à dire le contraire.

De là la dérision, que l'on peut écouter d'une oreille distraite, de tout «combat pour les valeurs». Si, dans le nihilisme achevé (celui que Nietzsche nous annonce), «les valeurs les plus hautes se dévalorisent», la notion de valeur elle-même entre dans une crise qu'aucune volonté ne saurait endiguer. Nous entendrons des apologies de la raison positive ou d'une humanité abstraite; des appels au bon sens et au respect de l'autre; les différents pouvoirs iront de plus en plus dans ce sens, et tout cela est bien, et nous approuvons le bien ; l'ennuyeux, pour reprendre une formule célèbre, est que ce bien n'a pas de mains. Ou, plus exactement, le mal ne s'en porte pas plus mal, il s'en trouve même, à notre grande surprise, de mieux en mieux.

Les clergés évolués mettront Dieu en sourdine (et pour cause), mais leurs fidèles s'inventeront des clergés plus durs visant à faire vivre Dieu quand même. D'un côté, on souhaitera de plus en plus de calme, de compréhension, de bienfaisance ; de l'autre, et en même temps, on hurlera sur place en brandissant des textes sacrés, on verra se multiplier des violences gratuites.

Les deux processus n'en font qu'un. Plus on parle de culture, plus il est facile de vérifier l'inculture montante. Plus on crie que Dieu existe, plus on entend que la seule façon de le prouver est de tuer son prochain. Je dis que je suis contre toute exclusion, que je respecte l'autre ? Sans doute, mais ma pratique, au jour le jour, le dément. Je crois fermement à la raison ? C'est faux, je n'arrête pas d'encourager un sommeil sans rêves, une hypnose lourde, sorte de bouddhisme diffus qui augmente avec l'illettrisme généralisé. Je perfectionne l'information, la communication, les technologies de pointe ? Je récolte une paradoxale inondation de crédulités et de sectes. Je prêche l'amour ? La haine s'étend. La libération sexuelle ? L'épidémie redouble. L'émancipation des femmes ? La pente est au conformisme de plus en plus militant.

C'est donc à désespérer ? Mais non, le nihilisme suit sa logique, et il ne s'agit pas d'une péripétie historique, d'une « décadence », mais bien de l'histoire de la métaphysique elle-même, à laquelle Nietzsche n'échappe pas en croyant qu'il suffirait de la renverser (éternel retour, volonté de puissance, transmutation des valeurs). Nietzsche est le dernier des grands métaphysiciens, ce qui fait de nous dès que nous dénions la métaphysique (c'est-à-dire constamment) des humains «d'avant Nietzsche».

«Après le retournement opéré par Nietzsche, écrit Heidegger, il ne reste plus à la métaphysique qu'à se dénaturer en sa propre perversion.» C'est à cette dénaturation que nous sommes conviés, c'est-à-dire au règne de plus en plus évident de l'insensible et de l'insensé. Ressentiment et esprit de vengeance : maladie du temps comme, sans doute, de tous les temps. Pour ne pas s'y noyer, il nous faudrait en effet un tout autre rapport à l'être et au temps.

La morale? «Le jugement et la condamnation morale sont un mode de vengeance favori chez les intelligences bornées à l'égard des intelligences qui le sont moins.» Et aussi : «L'esclave aime comme il hait, sans nuance, profondément, jusqu'à la douleur, jusqu'à la maladie. Sa longue souffrance dissimulée se révolte contre le bon goût qui paraît nier la souffrance.»

Et encore : «L'esclave voudrait se convaincre que, même chez les autres, le bonheur n'est pas véritable.»

Je cite ces trois passages pour faire entendre le *presto* de Nietzsche, ce qu'il a en réalité d'essentiel : son style. Il s'agit d'ailleurs de trois bonnes questions que l'on peut s'adresser à soi-même ainsi qu'aux contemporains.

À Turin, le 6 janvier 1889, au milieu d'une lettre dévorée par le non-sens, Nietzsche écrit ceci d'émouvant, comme une pensée de Hölderlin : «Je remercie le ciel à chaque instant pour ce vieux monde pour lequel les hommes n'ont pas été assez simples ni assez silencieux.» Essayons de l'entendre.

## Le drame de Mallarmé

On se souvient du mot exagéré et drôle de Jean Paulhan, à propos des biographies successives de Mallarmé par le professeur Mondor : « Mallarmé aurait été bien étonné d'apprendre qu'il avait eu une vie. »
Mais non, pas si étonné que ça. Il devait bien se douter que, malgré sa passion, il serait, lui aussi, mis en spectacle. Il se demanderait simplement, un siècle après, à quoi correspond sa longue ascèse, son sacrifice physique, son étranglement voulu jusqu'à la mort. Il relirait avec détachement sa propre aventure sur fond de celle de son temps comme fatalité. Il commenterait ce que les imbéciles appellent son échec, supérieur, bien entendu, à toutes les réussites.
Surtout, il réfléchirait à ce que Sartre a admirablement écrit de son époque. Analyse lucide et terrible, qui n'a qu'un seul défaut : supposer qu'à la bourgeoisie peut succéder, en bon marxisme, le pouvoir d'une classe émancipatrice de toutes les autres, le prolétariat. On a vu la suite, et comment nous en sommes arrivés à l'ère du tout-communication pour classe moyenne universelle, c'est-à-dire à la négation renforcée de la poésie.

## Le drame de Mallarmé

Mallarmé, dans la société de son temps, est une énigme. La bourgeoisie, après 1848 (et ce sera pire après la Commune), a décidé une contre-révolution précieuse et ésotérique. Hugo la gêne, et la gênera toujours. C'est le moment (qui dure encore) où les poètes deviennent des négativistes boudeurs. Sartre : « La bourgeoisie, ne pouvant fonder ses privilèges sur l'Être, prétend se distinguer du populaire par les privations qu'elle s'inflige et les tabous qu'elle dresse, c'est-à-dire par la Négation. » Dans la mondanité ambiante, on a choisi de « parler pour ne rien dire ». En poésie, il ne sera question que d'exil, d'idéal, d'insatisfaction, d'amour impossible, de désespoir, de mélancolie. Sartre, toujours : « Cette absence ou refus généralisé de l'existence n'est pas une présence réelle en quelque lieu éloigné ; c'est une fausse non-présence en ce lieu-ci. »

C'est le temps, qui ne demande qu'à revenir, de « l'organisation scientifique de l'humanité ». Auguste Comte, Sainte-Beuve, Renan, Taine sont les prêtres de la nouvelle religion. On est positiviste : le poète est un malade maniaque (Baudelaire), un dépravé alcoolique (Verlaine). L'autre face de cette austérité pompeuse est, logiquement, l'expansion du réalisme et du naturalisme. La clarté doit guider le peuple : Mallarmé sera donc « l'obscur ». S'il veut survivre, il doit donc constamment se battre sur deux fronts (c'est-à-dire contre deux normalisations complices).

En réalité, ce qui se joue, sur fond de haine de soi et de l'autre, est, comme le dit encore Sartre, « plus encore que l'autodomestication de l'homme, son abolition et son remplacement par un robot ». Cette crise est donc profondément religieuse, et c'est d'ailleurs le moment où « le Dieu sévère du protestantisme plaît dans la mesure où, dans la suppression des intermédiaires, il revient à meilleur marché ».

Personne, ou presque, ne voit alors passer Rimbaud. Il

faudra d'autre part attendre les surréalistes pour que Lautréamont soit enfin un nom. La vraie révolution, pourtant, a lieu dans cette marge de l'Histoire, et elle s'imposera, avec éclat, en peinture (Manet, Monet, Renoir, Van Gogh, Cézanne); en sculpture (Rodin); en musique (Debussy). Or c'est bien Mallarmé (et nul autre) qui, en douce, accompagne et fonde ce changement capital.

Pour être juste avec Mallarmé (plus juste que Sartre), il faut donc le sortir de son existence et de son contexte social, et non pas le réenfermer dans ces coordonnées moisies. La tendance actuelle est en effet de noyer autant que possible le poisson : le Musée d'Orsay en est la preuve. Lautréamont et Rimbaud sont replacés de force dans le XIX$^e$ siècle, dont ils n'auraient jamais dû s'échapper, Mallarmé *idem*. On n'est donc pas très rassuré de lire sous la plume du dernier biographe de Mallarmé la phrase suivante : « Mallarmé ressent, devant cette gouape provinciale (il s'agit de Rimbaud), comme un relent de l'insurrection communarde, dont la révolte lui a paru si incompatible avec l'exercice de la poésie. »

On croirait lire un traumatisé de Mai 68. C'est, en effet, le thème à la mode. Mallarmé, c'est évident, vit un drame mystique très éloigné des préoccupations d'ordre ou de subversion de son temps. Et pourtant, la subversion, c'est lui; la proposition d'un nouvel ordre passé par l'épreuve de la folie, lui encore. Position impossible ? Sans doute, mais il faut affirmer l'impossible. L'ancienne raison ne tient pas, la représentation elle-même a changé de scène, le bavardage et la bêtise s'étendent (« Il y a trop de bêtise dans l'air ici, pour un éclair qui la déchire une fois par an, peut-être »), le faux impose son règne, et « Dieu se retrouve aujourd'hui en Démon, or et ordure ». Nous entrons dans l'océan de l'inauthentique, c'est-à-dire de la haine de l'art. Or « la Poésie est l'expression par le langage humain ramené à son rythme essentiel, du sens mystérieux des aspects de l'existence : elle doue ainsi d'authenticité notre séjour et constitue la seule tâche spirituelle ». Authenticité ? Ouvrez les yeux, voyez ce tableau de Manet que les contemporains ne savent pas voir : « L'air règne là en réalité absolue, comme possédant une existence enchantée. »

Tout le monde se rue sur le faux ? Mallarmé se retranche. Leconte de Lisle le trouve « plus doux, plus poli et plus insensé que jamais avec de la prose et des vers absolument inintelligibles, une femme et deux enfants, dont un non encore venu au monde, et pas un centime ». L'enfant « non encore venu au monde » ne vivra que neuf ans. C'est Anatole, la grande souffrance de la vie de Mallarmé, sur qui a été tirée cette « flèche terrible ». *Le Tombeau d'Anatole* est un texte brisé, hâtif, bouleversant, un des plus importants de Mallarmé comme *Igitur* et *Un coup de dés*. La folie, le vertige, la mort, le tout dans un calme convulsif, voilà la nouvelle écriture : « Qu'une moyenne étendue de mots, sous la compréhension du regard, se range en traits définitifs, avec quoi le silence. » Mallarmé, dans sa recherche musicale fondamentale, a appelé sa façon d'être « l'action restreinte ». Il a, en apparence, les défauts de son temps, mais c'est pour se sauvegarder, « multiple, impersonnel, pourquoi pas anonyme ». Il a ce mot très révélateur : « Une noblesse, désormais, se passera du nom. » Il peut agacer avec ses vers de circonstance, mais voici *Un coup de dés* auquel on revient toujours comme à un grimoire d'une audace inouïe. Le drame se joue à l'intérieur, une chambre et une tête humaine sont devenues le cosmos et les galaxies, une « plume solitaire éperdue » trace un testament de marin perdu dans l'espace. M. Mallarmé, une fois rentré chez lui, après ses cours de professeur d'anglais, devient un personnage shakespearien, un Roi Lear en pleine tempête, pris dans un « tourbillon d'hilarité et d'horreur ». Il s'affronte au temps lui-même : « Rien n'aura eu lieu que le lieu. »

L'effet est aussi extraordinaire qu'une pensée de Pascal brusquement visualisée, le pari sur papier, le *Mémorial* repris dans la glace. La conclusion : « Toute pensée émet un coup de dés », résonne de très loin et dans un futur dont nous n'avons pas le code. Il s'agit de « vaincre le hasard mot par mot », de réveiller toutes les possibilités magiques du langage qui sont en train d'être dilapidées, tant il est vrai que « tout se résume à l'esthétique et à l'économie politique ». L'économie politique, on le vérifiera de plus en plus, c'est la mort. L'esthétique, la vie. Mais il faut maintenant arracher la vie à la mort, la jouer comme si elle était l'objet d'un naufrage. « J'ignore ce que c'est que le public. J'ignore la Comédie-Française. Je n'habite pas Paris, mais une chambre ; elle pourrait être à Londres, à San Francisco, en Chine... »

Vous vivez donc une crise morale ?, demande-t-on à Mallarmé. Il répond : « Une crise est la santé, autant que le mal. » Contre le faux jour du spectacle totalitaire en formation, il a « imploré la grande Nuit, qui [l']a exaucé et étendu ses ténèbres ». Son écriture est ainsi toujours marquée par un « esclaffement sombre », jusque dans cette précision érotique : « Je n'admets qu'une sorte de femmes grasses : certaines courtisanes blondes, au soleil, dans une robe noire principalement qui semblent reluire de toute la vie qu'elles ont prise à l'homme, et, ainsi, sont dans leur vrai jour, une heureuse et calme Destruction. »

À l'un de ses correspondants, Mallarmé écrit un jour :

« J'ai presque perdu la raison et le sens des paroles les plus familières. » Il est là, pourtant, discret, généreux, enjoué ; il ne cède pas. À l'un de ses jeunes auditeurs du mardi, Paul Claudel, alors à Shanghai, il écrit : « Vous me manquez aussi parce que vous auriez une façon de hausser les épaules furieusement, là, sur le petit canapé, laquelle me réconforterait intimement. » D'un autre côté, à Zola, au moment de *J'accuse* : « Le spectacle vient d'être donné, à jamais, de l'intuition limpide opposée par le génie au concours des pouvoirs. »

Contre le « concours des pouvoirs », une nouvelle génération se lève. Le *Coup de dés* est un signal de renaissance imminente (pas de NRF sans Mallarmé, mais pas de surréalisme non plus). Pierre Louÿs a peut-être trouvé, pour le saluer, les mots les plus justes : « Je vous regarde non pas comme un écrivain, mais comme la Littérature même. » En juin 1898, trois mois avant sa mort, Mallarmé reçoit la première édition de Rimbaud : « Le voici, l'incomparable livre, l'aérolithe chu de quels espaces ! »

Le XIX$^e$ siècle, même s'il s'obstine à se prolonger parmi nous, est mort.

## *Le fantôme de Mallarmé*

Mallarmé est un écrivain *métaphysique*, ce qui, par les temps réalistes et naturalistes qui courent, peut apparaître comme plus incongru que jamais. Il est encore plus caché qu'à son époque, où il pouvait apparaître, de son propre aveu, comme «fort étrange». «Métaphysique» veut dire que rien, ni le temps ni l'espace, ni la naissance ni la mort, ni le langage ni la vie, et encore moins sa propre identité, ne lui apparaissent vraiment comme allant de soi. Il habite une fin de siècle féroce et mondaine (comme la nôtre, en somme). Il passe pour légèrement dément, indéchiffrable, illisible, voire ridicule. Il s'en tire avec des politesses outrées, des éventails, des compliments, des sourires. Il a failli se tuer cent fois, mais cela ne regarde que lui et son principal partenaire, le Néant.

«Le Néant, dira un publicitaire d'aujourd'hui, vous plaisantez, ou quoi?» Eh non, c'est très sérieux, cela n'a rien à voir avec la dépression, la mélancolie, la tristesse. Il y a un humour tranchant de Mallarmé, mais aussi une ambition terroriste. La poésie est une bombe à retardement, un poison violent, un attentat au «reportage universel», à la croyance en général (Dieu, la Société, le Monde). Elle a ce pouvoir. On se demande comment, on ne comprend pas, continuons à raconter des histoires, passons au prochain film, suivons les cours de la Bourse. Mais pour Mallarmé (on vous dit qu'il est fou), la poésie relève de la plus haute, antique et magique opération de l'esprit humain (peut-être pas si humain, d'ailleurs). De la triade géniale, souvent évoquée, Lautréamont, Rimbaud, Mallarmé (et en y ajoutant ce témoin capital et mélodieux qu'est Verlaine), Mallarmé est le plus «intégré», le plus dangereux pour l'Institution, peut-être. Comment soupçonner ce parfait honnête homme, discret, professeur d'anglais, qui reçoit chez lui, pour des divagations fumeuses, des jeunes gens sans importance, Gide, Valéry, Claudel ? N'a-t-il pas, cependant, sous ses airs convenables, des sympathies anarchistes, comme Fénéon ? C'est possible. Écrit-il des tracts ? Des brûlots ? Des appels au meurtre ? Il ne semble pas. *L'Après-Midi d'un faune* ? Bon, bon, circulez, ça va.

Mallarmé, subtil, s'est adapté et masqué (c'est pourquoi il devrait nous intéresser aujourd'hui pour peu que nous ayons des doutes sur la machine à broyer). Son corps est un tombeau vivant ; son érotisme est convulsif, spectral. Il tient les comptes d'une société qui a liquidé Baudelaire, c'est-à-dire le génie lui-même. Il va fossoyer cette canaille bestiale et jouisseuse, si bien défiée, avec élégance, par son ami Manet. La mort triomphe dans sa voix étrange. Il lui est arrivé un accident génétique, une éternisation soudaine, un arrêt d'horloge spirituel, une «sortie» de l'espèce humaine. Chut, n'insistons pas : «Je considère l'époque contemporaine comme un interrègne pour le poète qui n'a point à s'y mêler : elle est trop en désuétude et en effervescence préparatoire, pour qu'il ait autre chose à faire qu'à travailler avec mystère en vue de plus tard ou de jamais et de temps en temps à envoyer aux vivants sa carte de visite, stances ou sonnet, pour n'être point lapidés d'eux, s'ils le soupçonnaient de savoir qu'ils n'ont pas lieu. »

On ne se prend pas pour rien, n'est-ce pas ? C'est le privilège d'un professionnel du négatif illuminé. Le prix à payer est lourd, mais Mallarmé se plaint rarement. Il travaille à son Livre, « explication orphique de la Terre » dont tout éditeur, de nos jours, refuserait même d'entendre parler (rappelons que les *Illuminations* de Rimbaud ont été refusées partout, récemment, au plaisantin qui les avait tapées à la machine et envoyées aux différents comités de lecture à titre de test). « À quoi bon des poètes en temps de détresse ? » avait déjà demandé quelqu'un. C'était encore le bon temps, la détresse. Nous sommes maintenant beaucoup plus loin, dans la détresse de l'absence de détresse et la misère poétique généralisée. Mais Mallarmé s'en fout. Il sort la nuit dans son jardin, regarde le ciel, et a la conviction inébranlable qu'il est possible d'élever un texte à la hauteur des constellations et de la lumière sortant des ténèbres. Un jour, à la campagne, il invite le jeune Valéry à déjeuner, puis l'entraîne dans son bureau aux volets presque clos et lui lit, en *chuchotant, Un coup de dés jamais n'abolira le hasard*. Son auditeur ne s'en remettra jamais, essaiera sans fin de retrouver ce secret d'alchimiste. Le solide Claudel, de son côté, n'aura pas trop de toute la Bible pour tenir le choc. De là où il se trouve, Mallarmé, en effet, nous parle de la vie que nous croyons mener comme d'un « inférieur clapotis quelconque ». Oublions donc cet emmerdeur : c'est *trop vrai*.

## Comment méconnaître les génies

Voici deux petits livres fascinants, dont on peut, selon moi, tirer un grand enseignement social et moral (ça tombe bien). Il s'agit de souvenirs intimes, à propos de Courbet et de Baudelaire, écrits, peu après leur mort, par deux de leurs contemporains et amis. L'un est le célèbre photographe Felix Nadar ; l'autre, Gros-Kost, un socialiste persuadé que Courbet a fondé une école. L'un et l'autre ont bien connu les disparus, ils ne font pas partie des bourgeois ignorants et répressifs de leur temps. Ils ont du mérite : Baudelaire et Courbet sont des fréquentations peu recommandables. Le premier a été condamné pour obscénité, et passe pour un excentrique vicieux, fou, halluciné ou drogué. Le second s'est compromis pendant la Commune, a fait de la prison pour avoir démoli la colonne Vendôme, a peint des choses qu'il ne faudrait pas, d'une manière frontale choquante. De plus, Baudelaire et Courbet ont été, pendant un temps, très proches l'un de l'autre (ce qui est curieux, quand on pense que l'un a plutôt fini hyper-réactionnaire et que l'autre est, à juste titre, soupçonné d'extrémisme gauchiste). La société française, sur ce point immuable, déteste les extrémistes. Tout ce qui peut lui rappeler l'Enfer, la Révolution, la gêne.

Aujourd'hui, ce serait tout ce qui peut évoquer 1968, ces intellectuels tordus et stériles, par exemple, qui ont peut-être été la cause de désordres injustifiés. La critique salariée veille : hier, pour protéger le trône, l'autel ou la vertu républicaine. Maintenant, pour garantir les bons sentiments, la publicité et les affaires. Au fond, c'est pareil.

D'où l'intérêt de ces témoignages : ils n'émanent pas d'ennemis acharnés de Courbet ou de Baudelaire, mais bien d'amis, animés, du moins apparemment, des meilleures intentions. La dénégation, plutôt que la négation franche, est intéressante. Il s'agit d'un certain ton familier, paternaliste. D'un côté le style affranchi et « artiste » (Nadar); de l'autre un discours bourru de vrai « camarade » (Gros-Kost). Des types vraiment curieux, ce Courbet, ce Baudelaire. Tenez, Baudelaire et Jeanne Duval, voilà l'essentiel. Eh bien, c'était « une négresse, une négresse pour de vrai, une mulâtresse tout au moins, incontestable ». Du coup, la question se pose : Baudelaire avait-il un vrai goût pour les femmes (sous-entendu : de chez nous) ? N'a-t-il pas été une sorte de « poète vierge » (plusieurs témoignages le confirmeraient) rêvant de débauches par compensation ? S'agissant des femmes, voyez ces propos exagérés : « Vous savez bien que j'ai d'odieux préjugés à l'endroit des femmes. Bref, je n'ai pas la foi. » Ou encore (et, cette fois, c'est franchement inadmissible) : « Toute femme est incapable de comprendre même deux lignes du catéchisme. » On comprend que de tels propos relèvent d'un « nihilisme spécial », dû à un profond traumatisme (évidemment : la mère). Nadar, en bon libre-penseur, croit à la transparence amicale et, déjà, à la psychanalyse sauvage. Asselineau, lui, autre ami de Baudelaire, pensait qu'il était un simple provocateur : « Baudelaire, rentrant le soir, se couche sous son lit pour s'étonner. » Il est trop pudique, ce poète, trop distant, trop réservé. Nadar : « Combien de fois ne l'ai-je pas trouvé dans un café, coudes en table, avec le dernier des imbéciles, développant devant le vide, pendant toute une heure, ses théories les plus abstraites. » Voilà : défaut de convivialité vraie.

Sur Baudelaire, Gros-Kost en rajoute. Courbet avait de l'amitié pour l'auteur des *Fleurs du Mal* ? Il l'avait installé autrefois dans son atelier ? Peut-être, mais ce Baudelaire était bien encombrant, et « quand il avait absorbé son opium, il devenait énervant, il avait des visions, il lançait des phrases ». Il voulait obliger Courbet à noter à la craie sur un tableau noir ce qu'il murmurait pendant ses délires. Baudelaire aurait pu *pervertir* Courbet, qui était un honnête et sain fils du peuple, un garçon faible et crédule, comme le prouve le chantage dont il a été l'objet de la part d'une « rouleuse d'hommes en vogue » à qui il avait envoyé des lettres compromettantes. Baudelaire et sa négresse, Courbet et sa voleuse : vous voyez le tableau.

Courbet, selon son ami ? Il refusait de lire et d'écrire. Il n'arrêtait pas, par « modestie criarde », de faire l'apologie de ses propres œuvres. Certes, il pouvait être éblouissant en vous parlant des couleurs et en vous décrivant un nuage. Mais c'est finalement son père, le père Courbet, qui est émouvant. Voyez-le, ce père paysan, conseillant à son fils de mettre sur sa toile un peu de vert ici plutôt que là, de reprendre telle ou telle partie de sa surface, eau, rocher, ciel. Le fils est exaspéré ? Mais ce vieil homme absurde est une sorte de vérité populaire sacrée. Tel père, tel fils. D'ailleurs, le fils meurt avant le père, lequel, ayant découvert une sacoche pleine d'or dans l'atelier, couche avec elle. « Nous faisons un cercueil en plomb pour votre fils », dit l'employé des Pompes funèbres. « En plomb ? » dit le père Courbet, ça va être bien cher. « Pourquoi pas en zinc ? »

Inutile de dire qu'il n'est question, ni chez Nadar ni chez Gros-Kost, de l'art de Baudelaire ou de Courbet. Cela donne, par exemple, chez Gros-Kost : « Gustave Courbet est mort récemment. Il laisse un gros garçon joufflu, au large poignet, aux reins solides, qui ne demande qu'à lutter. Son nom est Réalisme. » C'est déjà Jdanov, rien de nouveau sous le soleil.

Comment méconnaître les génies ? Premièrement : insister sur le fait qu'ils étaient là parmi d'autres ; la Société est une grande famille. Deuxièmement : montrer leur embarras ou leur supposé problème sexuel (il *doit* y en avoir un). Troisièmement : signaler, avec commisération, leurs naïvetés ou leurs manies, courageuses certes, admirables même, mais sans issue. Quatrièmement : mettre en relief leur fin pathétique.

Sur ce dernier point, la palme revient à Nadar (qui, comme on sait, a fait les plus belles et les plus inquiétantes photos de Baudelaire). Tous les lundis, il va chercher le poète « aphasique et amaigri », dans sa maison de santé. « Il avait toujours eu le culte de son corps ; à peine arrivé chez moi, il me montrait ses mains et il fallait que, manches retroussées, avec le savon, la brosse, la lime, je les fisse plus nettes et plus polies encore que ne les avaient obtenues, une demi-heure auparavant, les soins de l'infirmière. — Oh ! crénom ! crénom ! s'exclamait-il, joyeux, en les faisant jouer dans la lumière. »
Baudelaire ne peut plus dire qu'un seul mot : « crénom ».

Et voici : Nadar raconte qu'ils commencent à se disputer sur l'immortalité de l'âme. Nadar « lit » dans les yeux de Baudelaire. Il lui demande avec insistance comment (sous-entendu : dans l'état où il est) il peut encore croire en Dieu. « Baudelaire s'écarta de la barre d'appui où nous étions accoudés, et me montra le ciel. Devant nous, au-dessus de nous, c'était, embrasant toute la nue, cernant d'or et de feu la silhouette puissante de l'Arc de Triomphe, la pompe splendide du soleil couchant. — Crénom ! oh ! crénom ! protestait-il encore, me reprochait-il, indigné, à grands coups de poing vers le ciel. »

Nadar, après avoir ainsi poussé à bout son ami Baudelaire, conclut que si Dieu existe il ne peut être que d'une effroyable cruauté. Donc, il n'existe pas. C'est, par rapport à la grande poésie, l'opinion d'un homme de progrès. D'un photographe. De quelqu'un qui a pris plaisir, en somme, à voir Baudelaire, privé de la parole extérieure, forcé de gesticuler.

Nadar, *Charles Baudelaire intime*, Ides et Calendes, La Bibliothèque des Arts.
*Courbet*, Souvenirs intimes de Gros-Kost.

## *Le secret de Mme de La Fayette*

*La Princesse de Clèves* doit son succès inébranlable à la description de la passion impossible. C'est le roman des vaincus de la Fronde et du Jansénisme, le chef-d'œuvre brûlant et sombre du sacrifice et de la renonciation. Plus explicite, entre les lignes, sur les émois et les délices du masochisme féminin, tu meurs. On meurt d'ailleurs beaucoup dans la *Princesse* : une mère, un roi, un mari, l'héroïne elle-même. Grandeur et malheur de la vertu : celle-ci doit comporter un plaisir profond, supérieur à tous les autres, une vibration essentielle, une extase qu'on appellera «devoir» et aussi «repos». Il n'y a même pas besoin de Dieu pour être entraîné dans cet abîme, en apparence absurde, de la jouissance la plus intime. Je pourrais connaître le bonheur, je le refuse, je choisis l'abstention et le retrait, non sans avoir goûté toutes les sensations de la faute possible. Le désir demeure désir inaccompli, voilà de l'érotisme autrement satisfaisant que celui des libertins qui, déjà, pullulent (le siècle suivant leur appartient). La marquise de Merteuil sera l'anti-Princesse. Mais que n'aurait pas été la vie de Mme de Clèves si elle avait *basculé*? On n'ose pas l'imaginer, mais en tout cas plutôt Juliette que Justine. Le moment ne s'y prêtait pas, voilà tout.

Dans la France « d'avant », celle de la vraie noblesse frondeuse (celle dont Mme de La Fayette et son ami La Rochefoucauld portent le deuil), tout était jeu, magnificence, galanterie, plaisirs. Tout le monde était beau, et on se mariait pour mieux faire. « Il y avait tant d'intérêts et tant de cabales différentes, et les dames y avaient tant de part, que l'amour était toujours mêlé aux affaires et les affaires à l'amour. » Pas d'ennui, pas d'oisiveté : « On était toujours occupé des plaisirs ou des intrigues. » Dans ce tourbillon, une star masculine : Nemours. Il traîne tous les cœurs après lui, il lui suffit de paraître. La Princesse, elle aussi, est une star, mais son corps, si on peut dire, est en retard sur elle. Elle se marie mais sans être « touchée ». Son mari, en somme, remplace sa mère. Il est irréprochable, mais il ne plaît pas. Nemours, lui, séduit d'emblée : « Les paroles les plus obscures d'un homme qui plaît donnent plus d'agitation que les déclarations ouvertes d'un homme qui ne plaît pas. » Passion, donc, et réciproque. Mais c'est là où Mme de La Fayette invente la violence singulière du sado-masochisme « exquis », qui nous en apprend davantage sur les passions religieuses que bien des traités mystiques. L'impossible, c'est mieux. Le refus de jouir est plus électrisant que l'acte. Sévigné (qui n'est pas sans adopter la même stratégie) a eu un mot cruel sur sa consœur : « Jamais femme sans sortir de sa chambre n'a fait de si bonnes affaires. » Ce sera donc non, et non. Mais comme les aventures du *non* sont plus excitantes que celles du *oui* ! C'est du moins ce que Mme de La Fayette veut nous faire entendre. Il ne faut donc pas s'étonner que son livre soit un hymne au voyeurisme, comme à toutes les subtilités du discours indirect. Que fait Mme de Clèves, seule dans son petit pavillon de campagne, observée par Nemours caché la nuit dans le jardin ? Il fait chaud, « elle n'a rien sur sa tête et sur sa gorge que ses cheveux confusément rattachés ». Eh bien, elle fait des nœuds, avec des rubans, sur une « canne des Indes fort extraordinaire »... Après quoi, elle va contempler, un flambeau à la main, le portrait de son amour mis au mur. Triomphe de l'auto-érotisme et du narcissisme. Proust, c'est évident, s'est souvenu de cette scène dans sa fameuse révélation de Montjouvain. Un pas de plus, donc, et nous en saurions davantage... Des rubans, des nœuds, une canne des Indes... Mais chut, l'instant des vérités plus crues n'est pas encore venu... On se regarde de loin, on s'épie, on tremble, on se dérobe. La mort même est préférable à l'abandon d'un plaisir solitaire si vif qu'il ne saurait que s'amoindrir dans l'action. Les hommes et les femmes doivent être deux espèces inconciliables qui ne sauraient se mélanger qu'à leurs dépens. Le « repos » frigide est le comble de la passion violente non consommable. Faut-il ici insister ? Faire un dessin au lecteur ? « L'amour est une chose incommode », écrit bourgeoisement Mme de La Fayette à son confident Ménage. Au fond, c'est ce que tout le monde pense. On aimerait prouver le contraire, pourtant.

## *Philosophie de La Fontaine*

Paul Valéry, sans aller beaucoup plus loin que le plaidoyer formel et académique, l'a quand même noté : « Il court sur La Fontaine une rumeur de paresse et de rêverie, un murmure ordinaire d'absence et de distraction perpétuelle. » Oui, c'est ça. On croit à une facilité naturelle de l'auteur des *Fables* et des *Contes* ; à une aisance enjouée qui nous permet de prendre, par rapport à lui, un ton condescendant ou paternaliste. Au fond, il aurait mis en vers un certain nombre de lieux communs : on a souvent besoin d'un plus petit que soi ; la raison du plus fort est toujours la meilleure ; petit poisson deviendra grand pourvu que Dieu lui prête vie ; rien ne sert de courir, il faut partir à point ; patience et longueur de temps font plus que force ni que rage ; la discorde a toujours habité l'univers, notre monde en fournit mille exemples divers ; tout flatteur vit aux dépens de celui qui l'écoute. La musique de La Fontaine enveloppe et dissimule sa pensée, qui a l'air simple, enfantine, évidente, alors qu'elle est probablement une des plus étranges et des plus libres de tous les temps. Si je dis, par exemple, qu'il y a plus de rapports entre La Fontaine et Rimbaud, Mallarmé ou Apollinaire qu'entre La Fontaine et Valéry, je peux donner l'impression d'énoncer un paradoxe.

Et pourtant, c'est ainsi : rien de moins néoclassique qu'un classique ; rien de plus classique qu'un moderne non moderniste. Donner à une langue, en son temps, sa base et sa dimension de proverbe est une des choses les plus difficiles qui soient. Rimbaud ? « Oisive jeunesse à tout asservie ; par délicatesse, j'ai perdu ma vie. » Mallarmé ? « Tel qu'en lui-même enfin l'éternité le change. » Apollinaire ? « Incertitude, ô mes délices ; vous et moi nous nous en allons ; comme s'en vont les écrevisses ; à reculons, à reculons. » La Fontaine ? « Les Sages quelquefois, ainsi que l'Écrevisse, marchant à reculons, tournent le dos au port. C'est l'art des matelots. C'est aussi l'artifice de ceux qui, pour couvrir quelque puissant effort, envisagent un point directement contraire, et font vers ce lieu-là courir leur adversaire. » L'art des matelots : bien dit.

La pensée de La Fontaine, donc, philosophique et politique, voilà ce qui devrait nous retenir : « Les fables ne sont pas ce qu'elles semblent être. » Quelle ruse de se déguiser en auteur licencieux, léger, animalier ; quelle stratégie maritime cachant un « puissant effort ». Or, pour deviner cette pensée, il faudrait arrêter de commémorer un La Fontaine restreint, accepter de savoir qu'il est un auteur d'une quantité prodigieuse. Qui lit encore *Adonis*, *Le Poème du quinquina*, *Le Songe de Vaux*, *Les Amours de Psyché et de Cupidon* ? Où vais-je trouver ces chefs-d'œuvre sinon dans le deuxième tome non disponible de la Pléiade (édition de 1958) ? Y aurait-il, ici ou là, une volonté de ne plus rien connaître de la grande affaire de pouvoir du XVII$^e$ siècle, l'affrontement Louis XIV-Fouquet ? Comment apprécier (rien de plus actuel) la guerre sourde, implacable, qui se mène alors entre individus affranchis et collectivistes d'État, entre épicurisme et christianisme dévot, entre perception ouverte et obsession morale, entre refoulement et invention des corps, entre centralisme manipulateur des consciences et liberté esthétique annonçant les Lumières ?

Éternel débat que la misère contemporaine nous fait oublier, mais que la langue porte, ramène, approfondit, protège pour qui veut l'entendre. Pour cela, il suffit d'écouter, de lire entre les lignes, de desserrer la mâchoire romantique et nihiliste qui est devenue notre loi. Laissons donc aller le concert permanent des sens, vue, toucher, oreille, parfums, goût, divination dans les fibres. Cela ne fait pas l'affaire de tout le monde ? Bien sûr. Furetière, déjà, sur La Fontaine : « La force de son génie ne s'étend que sur les saletés et les ordures sur lesquelles il a médité toute sa vie... Toute sa littérature consiste en la lecture de Rabelais, de Pétrone, de l'Arioste, de Boccace et de quelques auteurs semblables. »
Voilà un jugement lucide. La Fontaine, c'est vrai, s'intéresse d'abord au fonctionnement, à la circulation des substances, à la fièvre, au sang, aux coulisses de la sensation. Il défend un atomisme résolu, enchanté, fluide ; et voilà comment l'esprit vient aux filles ; et voilà pourquoi les femmes ne sont pas en bons termes, en général, avec le secret ; et voilà comment la vanité et l'hypocrisie mènent le monde ainsi que l'esprit de contradiction. La nature est plus fine que l'homme : ce dernier s'en aperçoit rarement. Même le savant, rentré chez lui, n'est pas à l'abri de la grossièreté qui le guette.

La nature ? Écoutez ce que La Fontaine dit de l'eau dans *Le Songe de Vaux* : « L'eau se croise, se joint, s'écarte, se rencontre ; se rompt, se précipite au travers des rochers. » S'agit-il d'évoquer le temps du bonheur ? Ceci : « Jours devenus moments, moments filés de soie. » Il nous parle à mi-voix, il sinue, il insinue, il suggère, il insiste ; pas de déclamation, pas de déclaration : autant dire qu'il ne ment pas. D'ailleurs, c'est clair : il « hait les pensers du vulgaire ». La voix du peuple serait la voix de Dieu ? Allons donc : « Le peuple est juge récusable », et la preuve en est que ses compatriotes tenaient Démocrite pour fou. « Son pays le crut fou : petits esprits ! Mais quoi ? Aucun n'est prophète chez soi. » Démocrite (ou Épicure) s'occupe des « labyrinthes du cerveau » au même titre que du mouvement des astres. En réalité, c'est la poésie, plus que la science, qui pénètre la nature : expérience oubliée. Du même geste, les charlatans sont condamnés et la joie de la connaissance prouvée. « Pour nous, fils du savoir, ou, pour en parler mieux ; esclaves de ce don que nous ont fait les dieux ; nous nous sommes prescrit une étude infinie. » Ou encore : « Si j'excellais dans l'art où je m'applique, et que l'on pût tout réduire à nos sons ; j'expliquerais par raison mécanique ; le mouvement convulsif des frissons. » Quoi ? Qu'avez-vous dit ? Il s'agit d'un don ? Eh oui. « Peu de gens que le Ciel chérit et gratifie ont le don d'agréer infus avec la vie. » Il s'ensuit, logiquement, une apologie constante de l'amour : amants, heureux amants, et le reste. « Soyez amant, vous serez inventif. » Chut, pas trop fort, en douce, prudence, vigilance, cadence.

Les plus beaux vers et la plus profonde pensée de La Fontaine ? Je crois qu'on les trouve à la fin des *Amours de Psyché*, quand l'auteur invite la Volupté à venir habiter chez lui pour au moins un siècle :

*J'aime le jeu, l'amour, les livres, la musique,*
*La ville et la campagne, enfin tout ; il n'est rien*
*Qui ne me soit souverain bien,*
*Jusqu'au sombre plaisir d'un cœur mélancolique.*

## Philosophie de La Fontaine

Lisez bien : le jeu et la musique, l'amour et les livres. La musique à la campagne et les livres à la ville, ou le contraire. Pas d'amour sans jeu, et ainsi de suite.

Mais la proposition la plus fabuleuse est là : tout tourne à mon avantage, je vis, quoi qu'il arrive, dans le souverain bien. Même la maladie des siècles, la Mélancolie, peut devenir alors un plaisir ? Sombre ? Mais oui, c'est sa couleur.

## *Sévigné, à la lettre*

Il faut beaucoup de temps, si l'on peut dire, pour entrer dans la marquise de Sévigné. Question de distance : avec son époque, la nôtre, l'université, son prétendu amour pour sa fille, les anecdotes et les délires de l'Histoire, l'utilisation tordue qu'en a faite Proust, la question secondaire, mais importante, de Dieu, l'éternelle nature féminine dont elle serait un exemplaire éclatant, sa transformation moderne en pâtisseries, et j'en passe.

Qui ne l'aime pas ? Pêle-mêle : Chateaubriand, Napoléon, Dostoïevski (« elle écrit beaucoup trop bien »), Renan (« ce n'est pas un penseur »), les romantiques, le clergé intellectuel, la religion progressiste. Bien, on ouvre ses lettres, on les lit. D'abord, on se perd, on croit à ce qui lui arrive et à ce qu'elle dit. On imagine que ce qu'elle raconte l'intéresse. Et puis, peu à peu, le doute s'insinue : si elle était constamment masquée dans un univers fou ? Si elle n'était que bon sens, chose la moins partagée du monde ? Si sa vie et son écriture n'avaient eu lieu, de façon passionnée et précise, que pour marquer la relativité et le rien de tout, la passion du rien à propos de tout ? Et cela, de façon *positive* ? Étrange impression que le temps renforce. Ce n'est pas elle, mais Lautréamont, qui écrit dans les *Poé-*

sies : « Je ne connais pas d'autre grâce que celle d'être né. Un esprit impartial la trouve complète. » Ou encore : « Le goût est la qualité fondamentale qui résume toutes les autres qualités. C'est le *nec plus ultra* de l'intelligence. » Pourtant, on ne serait pas étonné de trouver ces phrases, telles quelles, dans la correspondance de Sévigné. Je veux simplement dire que la subversion ironique de Lautréamont éclaire d'une lumière juste et noire l'insolite liberté de la marquise, de même qu'elle nous oblige à nous demander d'où viennent vraiment La Rochefoucauld, Vauvenargues, Descartes ou Pascal. Génie d'une langue ? Pas seulement. Expérience physique et spirituelle dont nous n'envisageons plus qu'avec peine la nécessité et la force.

Qu'il s'agisse des hommes, des femmes, du mariage, des grossesses, des maladies, de l'au-delà supposé, de la variabilité des sentiments, des intrigues, de la mort, du Pouvoir, Sévigné est d'un goût, c'est-à-dire d'une intelligence, implacable. Son siècle le veut, sans doute, où l'on ramasse l'esprit à la pelle dans les conversations, les oratoires, les duels théologiques, les opéras, le théâtre, les enterrements. La marquise, elle, a pris un parti radical. Il consiste à *être là*, c'est tout. Qu'elle communique cette présence unique le plus souvent à sa fille est logique : il lui fallait, pour se parler à elle-même un double sûr (pas un homme, donc, ni une amie). Elle s'adresse à son sang au féminin, Sévigné, et Mme de Grignan a beau être ailleurs, mariée ou mère elle-même, cela ne change rien au contrat de base, à la loi fondamentale de transmission. Je suis la mère de ma fille, mais je reste la mère supérieure, et ainsi en sera-t-il de mère en fille à l'infini. Pas de futur, cependant, le temps lui-même, là, tout de suite, présence pure. Quand elle s'est laissée aller (apparemment) à une digression, Sévigné, pour reprendre le fil de son récit mitrailleur dit simplement : « Je reviens. » Et elle passe. Tous les sujets se tiennent, son rythme égalise tout, puisque le détail, enfin, est devenu une science. Ah, cet art du détail ! « Quelle romancière elle aurait pu être ! » remarque, de façon plutôt naïve, Virginia Woolf. Mais non, pas besoin d'écrire des romans, elle est elle-même un roman. Il fallait oser se traiter de cette façon à chaque instant. Elle l'a fait. Et c'est incroyable.

« J'ai toujours les échecs dans la tête », écrit la marquise en 1680. Et encore : « Je suis folle de ce jeu, et je donnerais bien de l'argent pour le savoir comme mon fils et vous. C'est le plus beau jeu et le plus raisonnable de tous les jeux. Le hasard n'y a point de part. On se blâme et l'on se remercie : on a son bonheur dans sa tête. »

« On a son bonheur dans sa tête » : la voilà, c'est elle. Les grandes affaires agitent les esprits, le Roi, la guerre, les réputations, l'argent, les controverses religieuses ? « Je ne suis ni à Dieu ni à Diable. Cet état m'ennuie, quoique entre nous je le trouve le plus naturel du monde. » Si Dieu existe, inutile d'aller chercher midi à quatorze heures, il n'y a qu'à se couler dans sa Providence : « Dieu est tout-puissant, et fait tout ce qu'il veut ; j'entends cela. Il veut notre cœur, nous ne voulons pas lui donner : voilà le mystère. » Tel est, en effet, le mystère de la liberté. Un janséniste scrupuleux, l'abbé de la Vergne, lui dit un jour qu'il faudrait, pour son salut, ne plus la quitter d'un pas, ne rien lui laisser lire ni écrire, « ni entendre la moindre chose ». Bien vu. Il faudrait, en effet, détruire l'assise de cette réfractaire, la briser, se mettre définitivement à sa place. Le comique grandit dans la rencontre de la marquise avec Arnauld d'Andilly, décrite dans la lettre du 29 avril 1679 : « Je le trouvai dans une augmentation de sainteté qui m'étonna : plus il approche de la mort, et plus il s'épure. Il me gronda très sérieusement ; et transporté de zèle et d'amitié pour moi il me dit que j'étais folle de ne point songer à me convertir ; que j'étais une jolie païenne ; que je faisais de vous une idole dans mon cœur ; que cette sorte d'idolâtrie était aussi dangereuse qu'une autre, quoiqu'elle me parût moins criminelle [...] Enfin, après six heures de conversation très agréable, quoique très sérieuse, je le quittai et vins ici, où je trouvai tout le triomphe du mois de mai. »

Autrement dit : cause toujours, mon bonhomme, tu ne sauras jamais ce qu'est, à Livry, le triomphe de mai.

Plus tard, au lieu de « jolie païenne », Mme de Sévigné aurait été traitée d'aristocrate, de bourgeoise, de réactionnaire, d'égoïste, de narcissique, et ainsi de suite. L'esprit religieux (et le ressentiment qui l'anime) change d'habits ou de mots, c'est toujours le même procès. Il n'y a rien de nouveau sous le soleil, sauf le soleil. De temps en temps, à propos d'une scène de société, Sévigné lance : « C'était du Molière. » Elle aime La Fontaine, ce qui ne l'empêche pas, si on la prend de haut, de répliquer aussitôt, et avec pertinence, avec saint Paul ou saint Augustin. Elle connaît son Montaigne. Elle est très italienne. Elle préfère Corneille à Racine, mais cède devant *Esther* : « Racine s'est surpassé. Il aime Dieu comme il aimait ses maîtresses. » Pascal, bien entendu, est excellent. Quand on est l'amie de Mme de La Fayette, de La Rochefoucauld et du cardinal de Retz, on peut voir venir. Il y a, certes, les coliques préoccupantes de sa fille, la délicatesse de sa propre peau, cette histoire de jambe qu'il faut traiter « avec des lessives d'herbes fines et de la cendre ». Les morts ? « Il faut passer à M. d'Ormesson. Comme vous ne m'avez parlé que de l'agonie de sa femme, je n'ai osé lui écrire : parlez-moi de son enterrement, et j'entreprendrai de consoler son mari. » On accompagne Saint-Aubin, une sorte de saint : « Enfin, on le jette dans cette fosse profonde où on l'entend descendre, et le voilà pour jamais. Il n'y a plus de temps pour lui, il jouit de l'éternité ; enfin il n'est plus sur terre » (là, c'est tout Sévigné : elle vient d'employer un cliché, elle se reprend, elle sabre).

Oui, soleil, corps, air, jardins, bois, chemins ; la perception est une aventure. Et l'amour, dont nous faisons si grand cas ? On s'en passe, n'est-ce pas, *ma fille* ? « Je voudrais bien que votre poumon fût rafraîchi de l'air que j'ai respiré ce soir : pendant que nous mourions à Paris, il faisait ici un orage, jeudi, qui rend encore l'air tout gracieux [...] Voilà mes chevaux, dont vous pouvez faire ce qui vous plaira. » La nature est un théâtre, l'enchantement continue dans la mise en scène : « Et puis une comédie, mais quelle comédie ! toute chamarrée des beaux endroits de la musique et des bons danseurs de l'opéra ; un théâtre bâti par les fées, des enfoncements, des orangers tout chargés de fleurs et de fruits, des festons, des pilastres. » Sévigné, quand elle s'émerveille, accumule les mots contrastés, les syllabes lui viennent directement dans la voix. Le Français, pour elle, est une fête, et il en va de même lorsqu'elle s'alarme ou feint de s'effrayer. Ainsi, pour sa propre mort : « Comment en sortirai-je ? par où ? Par quelle porte ? Quand sera-ce ? En quelles dispositions ? Souffrirai-je mille et mille douleurs qui me feront mourir désespérée ? Aurai-je un transport au cerveau ? Mourrai-je d'un accident ? » Extrême lucidité, toujours : « L'éternité me frappe un peu plus que vous : c'est que j'en suis plus près ; mais cette pensée n'augmente pas du moindre degré mon amour pour Dieu. » En réalité, Sévigné se fiche de l'éternité, c'est le temps qui l'intéresse, lui seul ; le temps qui écrit, souverain, rapide, lent, microscopique, les «petits événements enchaînés et entraînés les uns dans les autres pour en venir là». Le grand mot est lâché : c'est *là*. Liberté et nécessité. «Parce que nous ne faisons point ce que nous ne faisons pas, on croit qu'on l'aurait pu faire.» Le temps est une broderie, un maillage à feu de mort (Sévigné ici très célinienne) : «Voilà donc M. de Louvois mort, ce grand ministre, cet homme si considérable, qui tenait une si grande place, dont le *moi*, comme dit M. Nicole, était si étendu, qui était le centre de tant de choses ! Que d'affaires, que de desseins, que de projets, que de secrets, que d'intérêts à démêler, que de guerres commencées, que d'intrigues, que de beaux coups d'échecs à faire et à conduire...»

Sévigné, ou l'autorité du verbe mesuré au temps qu'il fait. Il est tout vivant et vibrant, ce verbe, de se savoir mortel : «Ceci est *fuor di proposito*, écrit-elle, mais ma plume le veut.» C'est ainsi : sa plume le veut. Sa correspondante de fille, qu'elle adore, cela va de soi, n'a qu'à bien se tenir : «Toutes vos raisons sont admirables, ma bonne. C'étaient celles qui m'étaient venues : n'en changez point.»

## *L'œil de La Bruyère*

Il n'est pas surprenant que l'industrie commémorative néglige La Bruyère, un des plus grands écrivains français mort il y a trois siècles. Une vie obscure et très informée, un seul grand livre, une galerie des ridicules du temps et de tous les temps, un projet de refonte du style et des mœurs, une profondeur de pensée qui rappelle souvent Pascal, un sens aigu de la relativité, un œil incessant : tout cela est trop fort, gênant, différentiel, on risque de s'y reconnaître. *Les Caractères* est un traité de critique sociale actuel.

Ces écrivains français, tout de même, quels noms ils portent. Molière, Sévigné, La Fontaine, La Rochefoucauld, La Bruyère, Racine, Boileau, Vauvenargues, Voltaire, Sade, et, plus tard, Céline, Genet... On dirait un paysage, avec ses vallons, ses prairies, ses rivières, ses arbres, ses puits d'ombre, ses clairières, ses fleurs. La Bruyère, là, à gauche, est comme un buisson au bruissement inquiétant. Des *caractères* ? Oui, au sens grec de graver, d'imprimer. Le mot a un sens biologique, théologique, psychologique, typographique. L'œil est la partie de la lettre qui paraît à l'impression. Qu'on s'exprime en romain ou en italique, on touche le nerf matériel du discours. Ce n'est pas un hasard si le premier chapitre des *Caractères* s'intitule *Des ouvrages de l'esprit* et le dernier *Des esprits forts*. On commence par des considérations sur l'art d'écrire, et on termine en remontant le ressort de Dieu qui, comme d'habitude, avait tendance à se dérégler (on sait que La Bruyère a mauvaise réputation chez les professeurs à cause de son appartenance au clan Bossuet).

«Avec l'esprit de discernement, ce qu'il y a au monde de plus rare, ce sont les diamants et les perles.» Voilà ce style «rapide, concis, nerveux», cet «usage tout nouveau de la langue» (c'est Voltaire qui parle) en train d'accomplir une révolution dont le mot lumière est l'emblème (Montesquieu, lecteur de La Bruyère). *Les Caractères* ont eu immédiatement une large audience, d'où beaucoup de jalousies. «Les allusions qu'on trouve en foule dans ce livre, dit encore Voltaire, achevèrent le succès.» Des «clefs»? Il y en avait, bien sûr, et tout le monde en prenant pour son grade, mais ces clefs sont des types fixes et s'appliquent aussi bien aux figurants de nos jours. Regardez : «Il y a des âmes sales, pétries de boue et d'ordure, qui ne sont ni parents, ni amis, ni citoyens, ni chrétiens, ni peut-être des hommes : ils ont de l'argent.» Ou bien : «À juger de cette femme par sa beauté, sa jeunesse, sa fierté et ses dédains, il n'y a personne qui doute que ce ne soit un héros qui doive un jour la charmer. Son choix est fait : c'est un petit monstre qui manque d'esprit.» Et ainsi de suite.

Le plus étrange est que La Bruyère est moderne par un retour médité aux auteurs grecs et latins, et que, dans la querelle des Anciens et des Modernes, il est pour les Anciens par subversion, alors que les «modernes», eux, conformistes de leur époque, sont plats, ennuyeux, précieux, hypocrites, pompeux. Paradoxe à méditer ces temps-ci. Il suffit de relire l'étonnante et violente préface que La Bruyère a écrite pour son discours de réception à l'Académie française. Il avait fait scandale en défendant ses amis, La Fontaine, Boileau, Bossuet, Fénelon, Racine (comme on voit, l'Académie, à l'époque, n'abritait pas n'importe qui). Il dénonce donc l'éternelle cabale des dévots : « Je ne doute point que le public ne soit étourdi et fatigué d'entendre, depuis quelques années, de vieux corbeaux croasser autour de ceux qui, d'un vol libre et d'une plume légère, se sont élevés à quelque gloire par leurs écrits [...] Prose, vers, tout est sujet à leur censure, tout est en proie à une haine implacable, qu'ils ont conçue contre ce qui ose paraître dans quelque perfection et avec les signes d'une approbation publique. » Voilà le point central : ce que le clergé littéraire ou intellectuel ne supporte pas, dans sa médiocrité « manquant de force et d'haleine », c'est que la perfection aille directement au public, qu'il y ait, donc, une alliance naturelle entre le génie et le peuple. *Les Provinciales* plaisent trop, et aussi les *Fables*, *Les Caractères*, et aussi *Tartuffe* ou *Phèdre*. Que tel ou tel journaliste ou académicien obscur en écume de rage n'y change rien. *Les Caractères*, surtout, personne ne s'y trompe, sont une machine de guerre contre l'aveuglement de l'opinion et ses fonctionnaires : « Le contraire des bruits qui courent des affaires ou des personnes est souvent la vérité. » Ou bien : « Il faut faire comme les autres : maxime suspecte, qui signifie presque toujours : il faut mal faire. » Ou encore : « Ce n'est que peu à peu, et forcés même par le temps et les occasions, que la vertu parfaite et le vice consommé viennent enfin à se déclarer. »

Attention, dit La Bruyère, il y aura un jugement dernier, et il sera *formel*, rien d'autre. N'espérez pas y échapper, l'art, dans sa fibre secrète, vous juge : « Il y a dans l'art un point de perfection comme de bonté et de maturité dans la nature. Celui qui le sent et qui l'aime a le goût parfait : celui qui ne le sent pas, et qui aime en deçà ou au-delà, a le goût défectueux. Il y a donc un bon et un mauvais goût, et l'on dispute des goûts avec fondement. » L'absence de goût, on le voit, consiste à passer à côté d'un *point*. La bêtise, elle, est une question d'automatisme. « Le sot est automate. » La comédie sociale est un somnambulisme, un spectacle de marionnettes, mieux vaut en rire qu'en pleurer, puisque « l'inquiétude, la crainte, l'abattement n'éloignent pas la mort, au contraire ».

Puissance de la littérature : grâce à une certaine précision d'expression, on s'inscrit au cœur du principe de contradiction. C'est ainsi que La Bruyère n'aurait pas été peu flatté de se voir réécrit par Lautréamont. La Bruyère : « Tout est dit, et l'on vient trop tard depuis plus de sept mille ans qu'il y a des hommes et qui pensent... L'on ne fait que glaner après les anciens et les habiles d'entre les modernes. » Lautréamont (dans *Poésies*) : « Rien n'est dit. L'on vient trop tôt depuis plus de sept mille ans qu'il y a des hommes... Nous avons l'avantage de travailler après les anciens, les habiles d'entre les modernes. » Tout est dit. Rien n'est dit. Le seul fait de *dire* ouvre le temps lui-même.

Jouhandeau, dans une subtile préface aux *Caractères*[1], va jusqu'à comparer La Bruyère à Nietzsche. Il en donne pour preuve le passage suivant : « Il y a des gens qui gagnent à être extraordinaires ; ils voguent, ils cinglent dans une mer où les autres échouent et se brisent ; ils parviennent, en blessant toutes les règles de parvenir ; ils tirent de

---

1. Folio, n° 693.

leur irrégularité et de leur folie tous les fruits d'une sagesse la plus consommée; ils s'élèvent par un continuel enjouement jusqu'au sérieux des dignités; ils finissent enfin et rencontrent un avenir qu'ils n'ont ni vu ni espéré. Ce qui reste d'eux sur la terre, c'est l'exemple de leur fortune, fatal à ceux qui voudraient le suivre. »

On peut relire souvent ce passage. Il n'est pas près de vieillir.

*Liberté du roman*

Ouvrons une caverne aux trésors : Crébillon fils, Duclos, D'Aucour, La Morlière, Voisenon, Boyer d'Argens, Fougeret de Monbron, Dorat, Nerciat, Vivant Denon... Ce ne sont pas seulement des livres mais toute une population qui revient brusquement vers nous, parle, agit, intrigue, jouit, médite. Dirons-nous, comme Calvin en son temps, qu'il s'agit de « la secte fanatique et furieuse des libertins qui se veulent spirituels » ? Ou encore, comme le janséniste Nicole, que ces « faiseurs de romans sont des empoisonneurs publics » ? Au fond, il n'y a peut-être dans toute l'histoire de la littérature qu'un seul vrai débat : refoulement ou franchise. Sous toutes les théories ou visions du monde, il faudrait savoir maintenant retrouver cette contradiction. Et convenir enfin que l'expression « XVIII$^e$ siècle français » est un pléonasme : le XVIII$^e$ siècle est français par définition. Marivaux : « Paris, c'est le monde, le reste de la terre n'en est que les faubourgs. » Retrouver Paris à découvert, c'est retrouver le roman lucide du monde contre tous les pouvoirs et tous les clergés (le clergé d'affaire, laïque et rousseauiste, n'étant pas, avec celui des mollahs, le moins répressif).

Furetière : « Un écolier est libertin quand il ne veut pas obéir à son maître. Une fille est libertine quand elle ne veut pas obéir à sa mère, une femme à son mari. » On ne saurait mieux dire : le maître, la mère, le mari, voilà ce que la liberté d'expression et d'expérimentation physique déstabilisent. Qu'on soit libertin, licencieux, érotique, pornographique, obscène *en sachant le dire*, et la comédie sociale, dans son ensemble, est remise en question. Sade, qui porte ce mouvement de connaissance aux extrêmes, en donne la meilleure définition dans *Juliette* : « Le libertinage est un égarement des sens qui suppose le brisement total de tous les freins, le plus souverain mépris pour tous les préjugés, le renversement total de tout culte, la plus profonde horreur de toute espèce de morale. » Un roman qui ne communiquerait pas cette énergie ne devrait pas être écrit.

Crise du roman ? Mais non : crise profonde de la liberté à vivre. Les textes des différents auteurs que nous lisons dans ce recueil sont inégaux ? Qu'importe. Pour contrecarrer l'incessante propagande romantique et dépressive ou simplement la platitude marchande populiste, il y a urgence. Comment l'esprit peut venir aux débutants et aux débutantes, à condition qu'ils soient doués pour cela, telle est la seule question philosophique sérieuse, et le roman est là pour la faire vibrer. D'où l'importance de la substance *femme* (« l'éternelle ironie de la communauté », dira Hegel), centrale dans ces amoncellements électrisés de discours. Ah, si Mme Bovary, au lieu de se bourrer de romans sentimentaux, avait pu feuilleter *Le Portier des Chartreux* ! Par rapport au tunnel dix-neuviémiste, aggravé au $XX^e$ siècle, le rappel de la Régence fait l'effet d'une grande bouffée d'air. La Terreur a sanctionné le siècle du romanesque précis ?

Sans doute, mais elle finira bien par être sanctionnée à son tour. La Régence, époque inouïe. *Les Égarements du cœur et de l'esprit*, chef-d'œuvre à relire, la décrit ainsi : « On disait trois fois à une femme qu'elle était jolie, car il n'en fallait pas plus ; dès la première, assurément elle vous croyait, vous remerciait à la seconde, et assez communément vous en récompensait à la troisième. » Allons, l'éducation allait vite, la conversation n'était pas sans objet.

Deuxième chef-d'œuvre inconnu, ou presque : *Thérèse philosophe*. Déclaration liminaire : « La volupté et la philosophie sont le bonheur de l'homme sensé. Il embrasse la volupté par goût, il aime la philosophie par raison. » Tel est le roman nécessaire, celui qui fait tourner les pages parce qu'on s'amuse à savoir. Seront donc antiromanesques les embarras insensés et la rumination malheureuse par inaptitude à la volupté. C'est clair, agaçant, insupportable, mais c'est ainsi. L'auteur nous prévient d'ailleurs de son pessimisme : sur cent mille personnes, vingt à peine savent penser, et à peine quatre sont susceptibles de penser par elles-mêmes. La compréhension de la philosophie romanesque n'est donc pas à la portée de tous, pas plus qu'il ne saurait y avoir de démocratie sexuelle : « Ces vérités ne doivent être connues que des gens qui savent penser, et dont les passions sont tellement en équilibre entre elles qu'ils ne sont subjugués par aucune. » La pédagogie libertine ne peut se faire sans secret. D'où l'art des doubles sermons, l'importance accordée à la lecture qui produit des effets d'excitation directe, une science du voyeurisme et de la peinture, une discipline qui dénonce toute passivité. « Les désirs, écrira Denon, se reproduisent par leurs images » : interdire les images ou les stéréotyper manifeste toujours une volonté de tuer les désirs. De ce point de vue, puritanisme et pornographie lourde sont du même ordre.

Encore un chef-d'œuvre ? Mais oui, *Margot la ravaudeuse*, de Fougeret de Monbron. Cette fois, ce sont les coulisses de la prostitution, le Palais-Royal, l'Opéra, les manies, les emportements, les remèdes. Voilà un livre dont la destruction a été ordonnée en 1815, 1822 et 1869 : tout un programme. Vous pourrez y apprendre, par exemple, ce qu'était la pommade astringente, dite Du lac, qui « opère son effet en moins d'un quart d'heure et donne un air de nouveauté aux choses qui ont le plus servi ». Fougeret de Monbron, grand voyageur européen et auteur du *Cosmopolite*, effrayait Diderot et se moquait de Platon. Esprit libre, il ne s'est jamais caché de haïr les hommes. Sa politique est simple : « Les grands ne sont généralement grands que par notre petitesse ; et c'est le respect aveugle et pusillanime, qu'un ridicule préjugé nous inspire pour eux, qui les élève à nos yeux. Osez les envisager ; osez faire abstraction du faux éclat dont ils sont environnés, le prestige s'évanouira. » Conseil à suivre, sagesse financière.

Enfin, un diamant : *Point de lendemain*, de Vivant Denon. Là, en quelques pages, quel art ! Rapidité de la narration (« on va vite avec l'imagination des femmes »), variation des paysages et des décors (la nuit, le moment, les terrasses, les jardins, les bancs de gazon, les corridors, les portes dérobées, les canapés, les coussins), vivacité des dialogues, tromperie et retournement des rôles... Résumé de l'efficacité romanesque : « Chaque mot était en situation. » Là encore, une femme mène le jeu souterrain nerveux. Mais l'ironie sérieuse exigeait que l'exergue vînt d'une Épître aux Corinthiens, véritable adresse aux écrivains conscients du futur : « La lettre tue, l'esprit vivifie. » Ainsi soit-il, dans les plus irrespectueux des romans possibles.

*Romans libertins du XVIII$^e$ siècle*, Textes établis, présentés et annotés par Raymond Trousson, Bouquins, Robert Laffont.

## Les petites femmes de Paris

Supposons : c'est encore le printemps, la guerre est finie, l'utilisation incessante et complaisante des horreurs et des sermons à leur sujet vous ennuie, vous avez une soudaine envie d'air frais, de légèreté, et même d'immoralité, vous vous moquez de la réprobation que ce désir entraîne, on vous glisse un petit livre entre les mains, l'auteur est anonyme, c'est un «calendrier du plaisir» édité en 1791 «à Paphos, imprimerie de l'amour». Faux ? Canular ? Pas du tout. L'auteur est anonyme, mais mériterait de ne plus l'être : «Nous allons soulever contre nous la tourbe immonde des cagots et des hypocrites ; ils crieront au scandale, et les sots feront chorus ; mais nous aurons pour nous les vrais philosophes et les jolies femmes ; et nous nous croirons amplement dédommagés par l'estime des uns et le sourire des autres.»

1791 : la date est importante. La Révolution a eu lieu, et elle n'est pas encore le «bloc» que la religion républicaine, ensuite, voudra faire peser, au nom de la nation, sur les esprits. Inutile de cacher qu'il s'agit ici de prostitution, ce plus vieux métier du monde, dont l'âge d'or, si on peut dire, se situe au XVIII$^e$ siècle. Déjà, les dévots sont choqués, et il n'est pas sûr qu'il y ait encore, de nos jours, de «vrais philosophes». Des jolies femmes, oui, certainement, mais peut-être, elles aussi, gênées par l'évocation de ces coulisses peu convenables, en contradiction avec la publicité permanente pour produits de beauté ou la programmation pornographique dissuasive. On connaît l'évangile du jour : la chair est triste, hélas, il est impossible de lire tous les livres, l'histoire est finie, l'humanité disparaîtra bientôt, fabriquons-la dans le bon sens mécanique et n'en parlons plus. Il y a eu des explosions de désirs, des libertés, des excès, mais on a vu à quoi ils menaient, destruction de la famille, de l'école, de la patrie, de l'amour; cynisme du marché, dévastations en tout genre. Parlez-nous de misère, de massacres, de viols, soit, mais pas du plaisir, ce bourreau sans merci, ce pourvoyeur de mort spirituelle. Ainsi prêche la nouvelle Vertu, la nouvelle Compagnie du Saint-Sacrement, l'éternel clergé toujours prêt à changer de costume mais pas d'idée fixe. Tartuffe se porte très bien, ces jours-ci, et malgré l'exhibitionnisme généralisé, demande encore de cacher ce sein qu'il ne saurait voir. Vieille histoire, en effet, et qui n'est pas près de finir, on s'en doute.

Prostitution? Corruption? Eh oui, les affaires suivent leur cours, et le moins qu'on puisse dire est que leur style récent laisse de marbre. La «putain de la République», comme littérature, c'est franchement moins bien que Rahab dans la Bible, Marie-Madeleine dans le rayon mystique, sans parler de l'immense peuple des filles de joie de tous les temps. On connaît, sur ce sujet, un livre fondamental : celui d'Érica-Marie Benabou, *La Prostitution et la police des mœurs au XVIII$^e$ siècle*[1]. Qui veut connaître une époque

---

1. Perrin, 1987.

et une société doit passer par là, la simple enquête en dit plus long que des bibliothèques sociologiques. Or l'*Almanach des demoiselles de Paris* est une surprise : on pouvait donc, à cette époque, être aussi vif, drôle, critique, aigu, détaché ? Plus ramassé que Mercier, plus amusant que Restif ? On imagine sans peine que ce petit volume était dans la poche de Laclos comme dans celle de Sade. Voilà, en effet, de la « vraie philosophie » et, tout simplement, de l'excellente littérature (coïncidence, au zénith, d'une langue avec son énergie propre). Français, encore un effort : écoutez la parole des mauvais lieux, ceux où on pense en direct, ceux où on *persifle* (mot essentiel de ce temps, dont un excellent livre récent a tracé la généalogie surprenante) [1].

Quand, à la fin de sa vie, à Bruxelles, Baudelaire envisage d'écrire une préface aux *Liaisons dangereuses*, il note ceci : « La Révolution a été faite par des voluptueux. » C'est le fond de la question. Ne jamais confier la Révolution à des ennemis de la volupté devrait être un principe d'expérience, la démonstration ayant été faite, inutile d'insister. Mais n'enseigne-t-on pas encore ici ou là, que l'esprit révolutionnaire est celui de la morale et du sacrifice, qu'il implique une terreur nécessaire, un masochisme purificateur ? Quel sens peut encore avoir pour nous le mot « volupté » ? N'est-il pas immédiatement rejeté, à gauche et à droite, comme le signe d'un affadissement d'Ancien Régime, d'une effémination sucrée ? La volupté serait réactionnaire ? Mais non, révolutionnaire, précisément, Baudelaire a vu juste, et aucune Terreur, d'où qu'elle vienne, ne pourra lui donner tort sur ce point.

Écoutons l'auteur anonyme de l'*Almanach* : « Un autre

---

1. Élisabeth Bourguignat, *Le Siècle du persiflage* (1734-1789), PUF, 1998.

effet de l'influence de la Révolution sur les marchandes de plaisir, c'est leur mise actuelle ; au lieu de ce délabrement que même nos femmes de bon ton avaient eu l'impudeur d'adopter, à la place de ces robes traînantes, vrais balais du Palais-Royal, de ces coiffures énormes, on voit un caraco simple, mais d'une propreté recherchée, et qui laisse soupçonner des formes ravissantes ; une coiffure décente qui donne un vernis de virginité à la beauté la moins vierge ; des cheveux noués avec grâce par un ruban bleu ; partout la nature et le goût, à la place de l'art et de l'exagération. Enfin, les filles ont pris le costume que les femmes soi-disant honnêtes n'auraient jamais dû quitter. »

Suivent les noms, les particularités, les rapides descriptions, les adresses. Toute la ville, soudain, se met à vibrer de ce trafic illégal, toléré, tenace et révélateur. De l'argent, oui, mais aussi des cadeaux, « une robe », « un jupon », « deux paires de souliers ». Voici Mlle Dugazon : « Actrice divine dans tous les genres, et née pour le plaisir des humains. 15 louis. » Voici Carline : « Friponne à croquer, trop connue pour en parler, mais nous ne pouvons nous empêcher d'affirmer qu'elle inocule le plaisir avec une rapidité extrême. 12 louis. » Et Saint-Aubin, rue de Marivaux : « Petite blonde mignarde, mais parfois très vive, et même emportée. Elle s'abandonne tour à tour à son ami et à son amie. 100 écus. » Et Mlle Léger, rue de la Michodière : « Bonne pour les minuties. Un caraco. » Et Laure, rue d'Enfer : « Aussi séduisante au lit qu'au théâtre. Elle bondit sur l'un et sur l'autre avec une grâce merveilleuse. 24 livres. » Et Julie, de l'Ambigu-Comique : « Extrêmement coquine, n'étant jamais neutre dans le plaisir. Les plus beaux yeux du monde. La petite vérole l'a un peu changée, mais elle n'a rien ôté à sa vigueur. 3 louis. » Et Bersi, au

Palais-Royal (bonjour Baudelaire) : « Mulâtresse, taille et démarche voluptueuse, figure riante, petit bijou mignon, et toute la souplesse et la vivacité d'une Américaine. 6 livres. » Et Dupré, rue de Richelieu, près de la Bibliothèque : « Ci-devant ursuline à Grenoble. Vingt-six ans, grande, faite au tour, blanche, ayant de charmantes couleurs, superbes dents. Les charmes les plus fermes et les plus arrondis. Pied mignon, le reste à l'avenant. Faisant l'amour comme une religieuse, c'est-à-dire avec fureur. 10 louis. »

Voilà un catalogue digne du *Don Giovanni* de Mozart inspiré par Casanova, où pourrait figurer l'admirable portrait de Mlle Guimard par Fragonard. Époque révolutionnaire ? Assurément. On le vérifie en lisant, dans le même volume, le guide intitulé *Dictionnaire des nymphes du Palais-Royal*. Ici, nous sommes en 1826. C'est la Restauration. La prostitution existe toujours, mais elle est devenue honteuse, elle est un signe de déclassement social, elle sera *punie*. Hypocrisie, peur, bien-pensance, attrait répulsif, tous les ingrédients bourgeois et petits-bourgeois sont présents. On va droit aux procès futurs, *Bovary*, *Fleurs du Mal*, et les autres. L'esprit d'économie est en route, religion d'un côté, prédication sociale de l'autre. L'ironie et la volupté, désormais, ne sont plus à l'ordre du jour.

*Almanach des demoiselles de Paris*, suivi du *Dictionnaire des nymphes du Palais-Royal*, collection Les Licencieux, Arléa.

*Littérature et politique*

Le 28 juillet 1830, un jeune peintre de trente-deux ans, déjà connu, marche dans Paris soulevée par l'émeute. En août, il écrit : « Nous avons été trois jours au milieu de la mitraille et des coups de fusil, car on se battait partout. Le simple promeneur comme moi avait la chance d'attraper une balle ni plus ni moins que les héros improvisés qui marchaient à l'ennemi avec des morceaux de fer emmanchés dans des manches à balai. » Et en octobre : « Pour le spleen, il s'en va grâce au travail. J'ai entrepris un sujet moderne, *Une barricade*... Cela m'a remis de belle humeur. »

*La Liberté guidant le peuple*, de Delacroix, est cette barricade. C'est probablement, avec le *Guernica* de Picasso, une des plus grandes réussites de la peinture d'Histoire. Une insurrection ou une destruction dans la réalité trouvent leur correspondance en peinture. Le cas est rare, on devrait se demander davantage pourquoi. Nul doute que Hugo, par exemple, *voyait* ce tableau lorsqu'il écrivait plus tard *Les Misérables*. Gavroche, oui, le voici, le pistolet à la main. C'est la faute à Voltaire, c'est la faute à Rousseau. La République descend du Parnasse, les seins nus, comme une fille du peuple. La liberté consiste à savoir vivre et parler en même temps que les événements se déroulent. Une « chose vue » par Hugo sera ainsi beaucoup plus qu'une chose : « On entre plus profondément dans l'âme des peuples et dans l'histoire intérieure des sociétés humaines par la vie littéraire que par la vie politique. » Et aussi : « Le plus excellent symbole du peuple, c'est le pavé. On marche dessus jusqu'à ce qu'il vous tombe sur la tête. » Et encore : « En France, il y a toujours une révolution possible à l'état de calorique latent. »

Extraordinaire XIX$^e$ siècle, qui s'achève sans doute sous nos yeux dans la commémoration grisâtre de Mai 68. Le tableau de Delacroix, comme par hasard, aura été l'avant-dernier billet français de cent francs avant le passage à l'euro *via* l'enterrement colorisé de Cézanne. Nous accumulons les récits réalistes hâtifs, les témoignages bâclés, les photos, les films, et il ne sort de cette mise en scène qu'une pénible impression de noir et blanc, de poussière évacuable sous les pavés publicitaires. En 1830, quelques géants sont là ; ils sont encore là en 1848 ; toujours là après la semaine sanglante de 1871. Grand silence. Et puis le Surréalisme, et puis 68. Ce mois-là, Malraux titube, Sartre s'en tire tout juste (« sois bref »), Aragon découvre qu'il a perdu son temps à Moscou la gâteuse. Des barricades resurgissent, la poésie est dans la rue, l'amour se libère. Et puis silence. On en est là. C'est-à-dire, en somme, pas plus loin que la thèse 162 de *La Société du spectacle*, de Guy Debord, livre qui reste à lire : « Sous les *modes* apparentes qui s'annulent et se recomposent à la surface du temps pseudo-cyclique contemplé, le *grand style* de l'époque est toujours dans ce qui est orienté par la nécessité évidente et secrète de la révolution. » Le grand style ? Il n'est pas obligatoirement «révolutionnaire», comme le prouve, par exemple, l'étrange actualité de Chateaubriand. Vous prononcez son nom, tout s'anime. Pivot ne tient plus en place, Jean d'Ormesson frémit par tous les bouts, Marc Fumaroli devient lyrique et prononce même le nom de Lautréamont devant un Michel Rocard ahuri. Comment? Chateaubriand aurait influencé Lautréamont? Eh oui. Ce qui n'a pas empêché Lautréamont, justement, de classer Chateaubriand dans les Grandes-Têtes-Molles de son époque, en le surnommant «Le Mohican-Mélancolique». On se souvient sans doute que Victor Hugo, lui, est «le Funèbre-Échalas-Vert», George Sand «l'Hermaphrodite circoncis», et Lamartine «La Cigogne-Larmoyante». Voilà des règlements de comptes au sommet, si on peut dire. Et ils sont aussi bien littéraires que politiques. Mitterrand admirait Lamartine? On ne s'en étonne pas quand on lit ses pauvres tentatives poétiques (et le premier roman de sa fille, où figure la très imprudente déclaration comme quoi la jeunesse d'aujourd'hui aurait 68 «derrière elle», ne nous fait pas avancer d'un pas hors de la convention la plus moisie). Il n'empêche que Chateaubriand, Lamartine, Hugo (sans parler des autres) sont de gigantesques barricades à eux seuls contre l'ignorance, la bêtise et la régression en cours. *La Vie de Rancé* et les *Mémoires d'outre-tombe* n'ont pas une ride, l'action politique de Lamartine est toujours aussi surprenante, les notations les plus brèves de Hugo valent de l'or. C'est Baudelaire qui parle de la «verve d'incrédulité» de Delacroix, en ajoutant : «Le ciel lui appartient, comme l'enfer, comme la guerre, comme la volupté.» Meissonier, lui aussi, avait fait une barricade. Mais c'est celle de Delacroix qu'on entendra toujours.

Lamartine, c'est drôle, était franchement mégalomane, il se prenait même pour le Messie : « Il est évident que Dieu a son idée sur moi, car je suis un vrai miracle à mes yeux. Je ne puis pas comprendre, autrement que par un souffle de Dieu, l'inconcevable popularité dont je jouis ici. » Cela dit, voilà un poète qui, en février 1848, a tenu Paris dans sa main. Mauvaise poésie, action efficace. La formule « la France s'ennuie » est même de lui. Sur le journalisme et la liberté de la presse, sur l'enseignement, sur l'abolition nécessaire de la peine de mort, bien des formules heureuses sont à retenir (c'était un excellent orateur). Son *Histoire des Girondins* se lit, elle a bercé mon enfance. Sa défense du drapeau tricolore contre le drapeau rouge vaut le détour. Le 25 février, vous avez cette scène étonnante : Lamartine, fondateur de la République, accueille Hugo à l'Hôtel de Ville, un coup de fusil brise le carreau d'une vitre, la foule, dehors, est comme une mer. Lamartine entraîne Hugo dans une autre pièce, et déjeune rapidement devant lui, sans couverts. Hugo note : « Il rompit le pain, prit une côtelette par l'os et déchira la noix avec les dents. Quand il avait fini, il jetait l'os dans la cheminée. Il expédia ainsi trois côtelettes et but deux verres de vin. » Pour un poète plutôt éthéré, pas mal. Hugo l'observe, il pense qu'avec ses Girondins Lamartine a « élevé l'Histoire à la hauteur du roman ». Chateaubriand, de son côté, a monopolisé le grand style des *Mémoires*, la Révolution et Moi, Napoléon et Moi, les papes et Moi. Difficile de faire autant, ou mieux. Et pourtant ça roule. Près du lit de mort de Chateaubriand, le 4 juillet 1848, Hugo lorgne deux caisses de bois blanc posées l'une sur l'autre : c'est là qu'est le manuscrit fulgurant. Ne pas oublier qu'en décembre, deux agitateurs qui sont aussi d'excellents écrivains vont publier un manifeste appelé à un retentissement mondial. Ils s'appellent Marx et

Engels. Ils viennent d'identifier le spectre qui va désormais hanter l'Europe. Ils ne vont pas aimer du tout Chateaubriand, ces deux-là. Ils pourraient pourtant le relire ces jours-ci, comme deux Mohicans mélancoliques. « Pour les royalistes, j'aimais trop la liberté ; pour les révolutionnaires, je méprisais trop les crimes. » Veut-on une description d'aujourd'hui ? On la trouve dans celle du Paris napoléonien (Chateaubriand a une façon qui n'est qu'à lui d'employer le mot *crime*) : « Le monde ordonné commençait à renaître ; on quittait les cafés et la rue pour rentrer dans sa maison. Les révolutionnaires enrichis commençaient à s'emménager dans les grands hôtels vendus du faubourg Saint-Germain. En train de devenir barons et comtes, les jacobins ne parlaient que des horreurs de 1793, de la nécessité de châtier les prolétaires et de réprimer la populace. Bonaparte, plaçant les Brutus et les Scaevola à sa police, se préparait à les barioler de rubans, à les salir de titres, à les forcer de trahir leurs opinions et de déshonorer leurs crimes. »

Voilà une barricade bien écrite. Proust n'a plus qu'à venir. Quant à Céline, dans sa prison de 1946 à Copenhague, il va tracer, pour tenter de se justifier (fort mal), la liste des écrivains persécutés par les différents pouvoirs : « Tous les écrivains français ont dû s'exiler sous un prétexte ou un autre. Tous les prétextes sont bons pour persécuter en France les écrivains. La liste est innombrable... Villon, Agrippa d'Aubigné, Ronsard, Du Bellay, Chateaubriand, Jules Vallès, Victor Hugo (20 ans), Rimbaud, Verlaine, Lamartine, Proudhon, Léon Daudet... » Énumération confuse, qui s'explique par la souffrance et le désarroi, et où manque bizarrement le nom de Sade, lequel, selon sa propre formule, a été « détenu sous tous les régimes ». Pensons aussi, bien sûr, à Antonin Artaud, et à la tragédie de l'élimination des malades mentaux par la faim pendant la dernière guerre.

En 1958, Jacques de Lacretelle répétait le cliché classique comme quoi les artistes ne doivent pas faire de politique. Mauriac lui réplique aussitôt : « La politique pénètre dans la condition humaine au point que c'est se condamner au néant, et singulièrement pour un romancier, que de prétendre l'ignorer. » Sans doute, mais là encore, comme pour la barricade de Delacroix, le problème essentiel reste celui du style. On voit très bien quand un roman est réactionnaire : cela peut aller de la niaiserie sentimentale bourgeoise au réalisme socialiste de sinistre mémoire. Sartre, à partir d'un certain moment, se trompe, oublie sa belle barricade de *La Nausée*. Aragon écrit presque n'importe quoi sous le nom de *Communistes*. Après quoi tout continue comme avant, c'est-à-dire comme au plus mauvais XIX$^e$ siècle. Le roman familial revient comme chez lui, c'est Maman, Papa, mon Mari ; ou bien ma Misère, ma Banlieue, ma Déprime. La couleur s'est perdue, la perception s'atrophie, la province se réinstalle partout, Paris, le grand Paris révolutionnaire s'endort. Paris, dit Rimbaud, « ville sainte assise à l'Occident ». Rimbaud, en rupture de Troisième République, va se taire, mais ses *Illuminations* sont toujours devant nous, comme les *Poésies* de Lautréamont dans leur évidence. Or, quand Rimbaud écrit : « Je suis réellement d'outre-tombe, et pas de commissions », comment ne pas voir qu'il pense encore à Chateaubriand ? C'est bien de lui qu'est venu le choc initial, la vision d'ensemble. Le voici donc, vieux, assistant à une réception à l'Académie. Le marquis de Custine écrit : « Sa noble tête brillait au milieu des perruques et des grotesques figures qui l'entouraient, et qui toutes étaient plus ou moins mal rongées par le temps, l'envie et l'ambition. Les femmes se haussaient pour voir passer l'auteur d'*Atala* ; on oubliait le récipiendaire, et cette curiosité passionnée était un triomphe improvisé bien plus flatteur que tous les succès préparés. »

# *Gilet rouge*

Le 25 février 1830, à Paris, a lieu un événement extravagant : une pièce de théâtre d'un auteur de vingt-huit ans déchaîne les passions. La salle est en effervescence. On écoute à peine, on crie, on s'insulte, on se méprise du regard, on en vient presque aux mains. Les flamboyants s'en prennent aux grisâtres, autrement dit une jeunesse anarchiste et aristocratique, cheveux longs et vêtements provocants, s'oppose aux bourgeois vindicatifs et apeurés, banquiers, magistrats, journalistes, professeurs, académiciens à perruque, profiteurs et nantis de la Restauration. Les jolies femmes, avec un instinct sûr de la situation, se mettent à applaudir les partisans de la pièce révolutionnaire. Un garçon de dix-neuf ans, surtout, se fait remarquer par son gilet rouge éclatant, véritable déclaration de guerre civile au lâche consensus moral de l'époque, à la démission sociale généralisée. Ce mauvais sujet s'appelle Théophile Gautier. Il est venu avec une bande d'énergumènes recrutés par un certain Gérard Labrunie (plus connu, par la suite, sous le nom de Nerval) soutenir le jeune auteur énergique et génial qu'ils considèrent comme leur meneur : Victor Hugo. Le scan-

## Gilet rouge

dale est celui d'*Hernani*. Février, donc. En juillet, ce sera la rue, et l'émeute.

Gautier écrit ses *Souvenirs du romantisme* en 1872, quarante-deux ans après cette scène. Il a soixante et un ans, il est célèbre, il va mourir, il aura des funérailles nationales. Une autre insurrection, beaucoup plus importante, la Commune, vient d'être écrasée par l'éternel parti gris. Gautier écrit : « Nos poésies, nos livres, nos articles, nos voyages seront oubliés ; mais l'on se souviendra de notre gilet rouge... Il ne nous déplaît pas, d'ailleurs, de laisser de nous cette idée, elle est farouche et hautaine... » Avis aux fusilleurs versaillais. Il écrit aussi : « On ne saurait imaginer à quel degré d'insignifiance et de pâleur en était arrivée la littérature. » Que voulait l'armée romantique ? « La vie, la lumière, le mouvement, l'audace de pensée et d'exécution, le retour aux belles époques de la Renaissance et à la vraie Antiquité. Nous rejetions le coloris effacé, le dessin maigre et sec, la composition pareille à des groupements de mannequins, que l'Empire avait légués à la Restauration. »

La plume de Gautier vibre d'émotion, il met son gilet rouge pour disparaître, il sait d'ailleurs qu'il a eu beau s'habiller autrement, on ne lui a jamais pardonné (pas plus qu'aux autres) son engagement de l'époque. Il fait revivre ses compagnons de jeunesse et de poésie, au moment où « tout germait, tout bourgeonnait, tout éclatait à la fois ». Hugo, en ce temps-là ? Un « parfait gentleman ». Nerval ? Un personnage surnaturel, cheveux blonds, « yeux étoilés de bleu », marchant continuellement, s'arrêtant pour écrire dans un petit cahier, travaillant sans cesse, mais ne voulant pas que cela se voie. Bref, un certain nombre d'individus appelés à reparaître un jour, sous d'autres noms, pour incarner le signe des temps, quand le moment est venu, contre toute attente, de bousculer ceux qui, « de leurs débiles mains tremblotantes, cherchent à tenir fermée la porte de l'avenir ». Ce qu'écrit Gautier ? Un tract pour aujourd'hui, en somme.

## *Balzac et son double*

Un thème de fond a toujours préoccupé Balzac : celui du génie inconnu, méprisé ou ignoré de la foule, poursuivant son œuvre dans les marges de la société, et, le plus souvent, voué à l'échec. Louis Lambert, lui, c'est le génie précoce, un cas sans précédent, un véritable voyant. Dès l'âge de cinq ans, la lecture de la Bible (livre plus ou moins interdit à l'époque) l'illumine (comme il est né en 1797, nous sommes donc en 1802, ces précisions étant évidemment très symptomatiques). Louis ? «La tête du génie tranche sur les masses, comme une belle plante qui, par son éclat, attire dans les champs les yeux du botaniste.» Il a trouvé son témoin, presque son évangéliste : le jeune Balzac lui-même, qui fait sa connaissance éblouie au collège. La révélation qu'a eue Lambert est simple et fulgurante : il s'agit du langage comme vivant de sa propre vie, de la magie opératoire des mots : «Souvent, dit-il, j'ai accompli de délicieux voyages, embarqué sur un mot dans les abîmes du passé, comme l'insecte qui, posé sur quelque brin d'herbe, flotte au gré d'un fleuve. Parti de la Grèce, j'arrivais à Rome et traversais l'étendue des âges modernes. Quel beau livre ne composerait-on pas en racontant la vie et les aventures d'un mot.»

Bien entendu, les professeurs ne l'entendent pas de cette oreille, et les étudiants non plus. On se moque de lui, on le punit, on l'appelle « Pythagore », et Balzac, lui, devient « le poète ». Le génie enfantin est impitoyablement réprimé. Mais Lambert ne cède pas et poursuit son expérience parallèle : « Il embrassait sept à huit lignes d'un coup, et son esprit en appréciait le sens avec une vélocité pareille à celle de son regard. » Sa mémoire, à travers cette passion de lire, devient prodigieuse et débouche sur celle des lieux, des noms, des choses, des figures. Sa pensée se transforme en substance universelle, maîtrisant l'espace et le temps. « Les idées sont en nous un système complet, semblable à l'un des règnes de la nature, une sorte de floraison dont l'iconographie sera retracée par un homme de génie qui passera pour fou peut-être. »

Lambert, en effet, finira fou. L'École est idiote, la Société vouée à l'argent, et l'Amour le plonge dans une catalepsie irréversible. C'est désormais un mort vivant que son ancien condisciple visite avec terreur, le voyant muré dans un silence vitreux. Balzac décrit ici, en 1832, sa hantise fondamentale : tout écrivain a à faire, un jour ou l'autre, l'épreuve de la folie. On sait comment il s'en est tiré : en laissant son double « chez les anges », et en se mettant, avec un acharnement redoublé à sa *Comédie*.

## *La force italienne*

Alexandre Kojève avait raison : le moment était venu, juste après la Seconde Guerre mondiale, d'envisager la constitution d'un «empire latin», du moins sur le plan culturel. Le Nord avait vaincu, le Sud était en retard, l'Asie frappait déjà à la porte. Cinquante ans après cette prophétie, l'équation reste globalement la même. L'un des deux poumons «nordistes» (l'URSS) a éclaté, l'Allemagne s'est vite reconstituée, la France piétine encore dans ses vieux démons (dont l'euro aura raison par la force), et l'Italie, qu'on croyait promise au musée, est plus que jamais là, comme le cœur évident et caché du dispositif. Elle exporte même, à tout bout de champ, un pape polonais aux quatre coins de la planète. Avec l'extension universelle de la mafia, on peut dire que c'est un succès.

Il ne faut donc pas s'étonner des propos récents d'une cinéaste comme Margarethe von Trotta. «J'ai eu l'impression de changer en Italie, dit-elle. Les Italiens ont une force de caractère propre à leur pays mais c'est quand même la sérénité du Sud. Il y a un certain détachement... Et puis, chose très importante, dans le Sud il n'y a pas tellement de nuit ; quand je pense au Nord, c'est lié à la nuit. Le romantisme, c'est aussi la nuit. Tous les Allemands ont toujours dans leur culture cette nostalgie du Sud... C'est ce qui nous manque, de procéder à cette alchimie de l'âme du Nord avec le regard du Sud. » Elle dit aussi, de façon touchante : « Pour les Latins, bien sûr, la référence reste le soleil. On est loin du mystère et de l'angoisse qu'inspire le Nord. »

On conseillera donc à Margarethe von Trotta, ainsi qu'à tout le monde, la lecture du livre de Dominique Fernandez, *Le Voyage d'Italie, Dictionnaire amoureux*. Voilà du travail et de la passion : le contraire du tourisme. Fernandez a du goût, ce qui, faut-il le souligner, est devenu très rare. Le goût consiste à établir des relations secrètes, à être acteur de sa sensation et non pas spectateur, à voir, à chaque instant, la nervure érotique des choses, et surtout, surtout, contrairement au misérable bavardage pseudo-philosophique ambiant, à posséder un sens historique informé et large. C'est d'une vérification personnelle de l'Histoire que nous avons besoin, pas de dépliants ni de guides. Quand Fernandez (et l'excellent photographe qui l'accompagne, Ferrante Ferranti) parle de la Sicile, il est vraiment en Sicile, depuis le mythe de Coré, ou Proserpine, jusqu'au drame sanglant quotidien. Il décrit, mais il n'est pas neutre ; il aime et il prend parti *aujourd'hui* (ce qui permet de mesurer à quel point les clichés du XIXe siècle, Stendhal mis à part, ont été et restent puissants). Comprendre l'Italie, c'est être de plain-pied avec ses contradictions apparentes, ne pas tomber dans le piège qu'elle vous tend, celui d'une vitrine endormie du passé devant laquelle défilent des millions d'appareils photographiques. L'Italie ne se situe pas dans un passé mort, mais dans une force d'être énigmatique qui continue d'être. Fernandez, ne craignant pas d'exagérer, va même jusqu'à écrire : « L'Europe regarde Naples et le Mezzogiorno avec sévérité, avec effroi, avec angoisse, avec envie, avec mélancolie : L'Europe mutilée et châtrée soupire après l'Éden méridional. » Architecture, sculpture, musique, peinture : autant de synonymes d'*Italie*. À quoi bon multiplier les noms ? Michel-Ange, Raphaël, Titien, Bernin, Monteverdi, Vivaldi, Piero, Palladio, Tiepolo ? Et tant d'autres ? L'Italie est *trop*, elle est l'unique objet du ressentiment lui-même. Le mot de Renaissance suffit à dire ici ce qui est en jeu : on doit naître, pas mourir pour renaître. Fernandez se faufile dans les siècles, les villes, les rues, les palais. Il est aussi à l'aise avec Da Ponte qu'avec Malaparte, avec Sade qu'avec Pasolini, avec Caravage qu'avec Visconti. On lui saura gré d'avoir ouvert son dictionnaire par *Amadeo*, pour montrer comment le vrai testament de l'Italien Mozart est plutôt *La Clémence de Titus* que *La Flûte enchantée*. Bref, il n'a pas froid aux yeux, ce qui nous change des prédications morales. Il s'ensuit une conclusion partout présente : c'est que l'Italie n'est pas derrière mais devant nous, ainsi, sans doute, que le XVIII$^e$ siècle où elle semble s'éclipser de la scène mondiale. « Le rêve factice de tendre vers une vérité supérieure au prix d'une ascèse ininterrompue est ce qu'il y a de plus étranger à l'Italien, dont le héros serait plutôt Casanova, le Don Juan de Kierkegaard qui s'arrête au stade esthétique sans accéder au stade éthique, énergie pure jamais obscurcie par l'ombre d'un devoir ou d'une morale. » Et encore : « Indifférent à la loi, imperméable au remords, étranger au ciel, le chevalier de Seingalt ne séduit pas les femmes pour braver la puissance divine mais parce qu'elles lui plaisent. » Et encore : « Jusqu'à sa mort, Casanova aura été le dilettante parfait, l'amateur intrépide qui n'a pas besoin de souffrir pour exceller. De quoi faire enrager tous ceux qui tiennent la sueur, les larmes et le sang pour les ingrédients nécessaires du génie. »

Oui, Fernandez a raison d'insister sur l'*amusement* italien, sur le « plaisir clair » de Casanova : tout indique qu'en définitive le fond de la question est là. Casanova est mort il y a deux siècles en Bohême où il s'est beaucoup ennuyé pendant treize ans dans la réalité, mais magnifiquement amusé en écrivant ses *Mémoires*. Tout semblait lui donner tort, l'Histoire avait pris le long chemin du calcul, de la restriction, de l'accumulation, des guerres de masse. L'Europe allait vers ses boucheries. Il ne semblait plus y avoir de place ni pour Venise ni pour l'Italie. Il écrit pourtant cette formule sublime : « Ma voisine, la postérité... » Voilà ce qui s'appelle être sûr d'avoir eu une vie, c'est-à-dire de l'avoir pour toujours. Il se moque avec élégance des grands mots de la Révolution (*égalité*, par exemple). Il continue à réfléchir (et pour cause) à la passion de crédulité qui agite le genre humain : « Ce que l'homme croit le plus fermement est ce qu'il sait le moins. » Il connaît les coulisses, lui, le dessous des intrigues, le collier de la Reine ne l'éblouit pas. Voyez comme il ironise sur Cagliostro qui a commencé sa carrière en se présentant, avec sa compagne, sous forme de « pèlerin ». « Une jolie pèlerine est une lettre de change acceptée par tous les libertins sur toutes les routes. » Il raconte comment il a été à l'aise en France, en Russie, en Pologne. Partout chez lui comme un Italien. Il joue, il ne révèle sûrement pas tout (et pourtant !), il vit en musique : « Des mets exquis, du bon vin, la compagnie de personnes choisies et, surtout, bien affectueuses, constituent une alimentation qui élève un homme bien portant au plus haut degré de perfection. » Il se bat courageusement en duel, échappe à la mort on ne sait comment, se guérit tout seul, file, se défile, et a ainsi le droit de conclure dans un soupir en parlant de lui-même : « Cet homme, aujourd'hui, est arrivé à ce point qu'il n'y a pas de malheur au monde qui puisse le troubler au-delà de quelques instants. » Cynique ? Égoïste ? Sec ? Bien au contraire. Libre, et cela dit tout.

Dominique Fernandez, *Le Voyage d'Italie, Dictionnaire amoureux*, Photographies de Ferrante Ferranti, Plon.
Giacomo Casanova, *Soliloque d'un penseur* ; *Le Duel* ; *Ma voisine, la postérité*, Éditions Allia.

## L'amour selon Mallarmé

Qui est Méry Laurent ? Tout simplement Anne Rose Suzanne Louviot, née en 1849, à Nancy, d'une mère lingère et d'un père inconnu. À quinze ans, la voilà mariée avec un épicier de douze ans son aîné. Il fait faillite, elle monte à Paris, c'est la fin de Napoléon III, le début d'une Troisième République terrorisée par le souvenir de la Commune. La jeune émancipée végète, s'exhibe plus ou moins nue au Châtelet, tombe sur un riche Américain dentiste, exproche de l'Impératrice Eugénie, s'installe à ses frais, devient un modèle rapproché de Manet, une amie très intime de Mallarmé, tout en usant simultanément d'un certain nombre de figures locales comme Coppée ou, plus tard, Reynaldo Hahn. Elle est charmante, accueillante, habile, discrète, linotte, cocotte, centrale. Elle pourrait s'appeler Odette de Crécy ou Madame Swann. Ces messieurs passent par elle et, de temps en temps, par son lit.

Tout cela, au fond, aurait pu être la banalité même, n'était la présence d'un génie. C'est donc Mallarmé qui s'exalte dans un langage destiné à faire date. Pour lui, elle est le « Paon », le « petit Paon ». Il lui écrit sans cesse des cartons bizarres, condensés, elliptiques, électriques. « Il n'y a sur rien presque de rapports entre nos pensées, et l'attrait seulement qu'en tant que femme tu as pour moi est merveilleux de survivre à cela, ce miracle subi représente assez généralement ce qu'on nomme de l'amour.» L'amour comme «miracle subi», la formule est négative. Il faut dire que Mallarmé est on ne peut plus clair : «Le cœur, je ne sais ce que cela signifie, le cerveau, avec je goûte mon art et aimai quelques amis.» Pas le moindre pathos sentimental, donc : une action restreinte et directe. L'érotisme très singulier et violent de Mallarmé, c'est Méry. Elle devient pour lui, comme Albertine le sera pour le Narrateur de la *Recherche*, une «déesse du Temps». Le corps, le temps : dans une fin de siècle fermée, la pensée invente son rythme nouveau et inouï :

*Ton sourire éblouissant prolonge*
*La même rose avec son bel été qui plonge*
*Dans autrefois et puis dans le futur aussi.*

Il vient de loin, Mallarmé, d'une crise fondamentale, anéantissante, qui nous étonnera toujours. Sartre, on le sait, n'a guère cessé d'être fasciné par Mallarmé, ce virtuose du Néant ouvrant sur une expérience jamais réalisée quant à l'Être. «La Destruction fut ma Béatrice» : qu'est-ce que cela veut dire ? Et comment un tel «triomphe de la mort» peut-il se concilier avec une apparente frivolité, fleurs, canot, promenades, petits cadeaux, billets d'amour ? Tout se passe comme si l'extrême tension de Mallarmé se déchargeait paradoxalement sous forme de traits, d'idéogrammes. «Le soleil se cache un peu ; mais les arbres, tout à coup jaunis et lumineux, le remplacent.» Ou encore : «Bonjour, Toi. J'ouvre les yeux et ta lettre.» Mallarmé ne bavarde pas, ne «communique» pas, il flèche, il cible.

« L'existence, une mise à nu de mes fibres par un rêve littéraire excessif, ne m'accorde d'alternative que cette sensibilité aiguë, ou le vague. » Le plus étrange est que Méry Laurent ait accepté de « résonner » ainsi, car, après tout, elle avait sa petite vie tranquille, ses amants réalistes et naturalistes, Mallarmé, dans son étrangeté invraisemblable, aurait pu lui paraître fou, ou sans intérêt. Un type qui vous écrit : « Ta voix qui me prend à la source de l'être, ta grande présence... », ou bien :

*Heureux pour qui, souriante et farouche*
*Méry Laurent met le doigt sur sa bouche*

est quand même un cas. Méry aime ce cas. Elle sait lire entre les lignes. Mallarmé, par exemple, lui parle de sa chatte, Lilith, on est en avril : « Lilith me préfère les chats pour quelques jours encore ; mais se lassera et me trouvera ensuite du charme. » Le charme poétique adossé à la mort, tout est là :

*Malheur à qui n'est pas charmé*
*Par quatre vers de Mallarmé.*

Méry est un « trésor », un continent, la preuve qu'on peut comprendre sans comprendre, que la chair, en somme, peut dire oui, sans le savoir, à l'esprit. « Je ne fais pas de littérature, dit une fois Mallarmé à sa correspondante, il s'agit de tout autre chose, et le "carton" contient plus de choses, dans son format, que tu ne serais capable d'exprimer avec des feuillets. *Je t'embrasse en appuyant*, voilà. »

Parfois, il est à Honfleur, Mallarmé, avec sa femme et sa fille, il envoie des crabes à Méry. Il appelle sa femme

« Madame Mallarmé ». Il écrit de Valvins : « Paris, vois-tu, c'est toi et la musique. » Ou encore : « Demain, j'ai un visiteur, un jeune poète » (il s'agit de Paul Valéry). Le voilà encore à Oxford, pour une conférence fameuse. Il se traite avec une distance ironique, stricte. S'il a failli mourir en tombant sous un train, il dit simplement : « Ce qui m'embête, est que j'ai crié *Oh! la la!* mais non par peur, je m'en rends compte, pour donner une dernière fois de la voix. » Le dandysme de Mallarmé est sans affectation, terrible, héroïque. Tous ces billets, ces quatrains, ces enveloppes rédigées en vers pour le facteur :

> *Villa des Artas, près l'avenue*
> *De Clichy, peint Monsieur Renoir*
> *Qui devant une épaule nue*
> *Broie autre chose que du noir*

sont des signaux de maîtrise enjouée, victorieuse de l'illusion sociale ; une manière de surplomber le « chahut de la vaste incompréhension humaine ». Huysmans, dans une méchante note de carnet, prétend que Méry Laurent trouvait Mallarmé sale, et qu'elle ne lui a jamais accordé ses faveurs. Voilà qui est peu en rapport avec ce que l'auteur du *Coup de dés* écrit à son « petit Paon » : « Moi qui ne hais que la saleté et le bruit. » Mallarmé, l'anarchiste, touchait Méry d'une façon inimaginable pour ces messieurs du XIXe siècle (ce sont d'ailleurs les mêmes, aujourd'hui). Il est question d'une « frigidité qui se fond en un rire de fleurir ivre ». Ou bien :

> *Si tu veux nous nous aimerons*
> *Avec la bouche sans le dire.*

Méry captait-elle ces messages ? Oui, c'est bien une langue secrète en plein jour.

Mallarmé est un écrivain engagé. Zola, dans l'affaire Dreyfus, a accompli un « acte admirable ». Mais il y a plus essentiel, il s'agit de l'affaire du Balzac de Rodin. « Le Rodin, vu spacieusement et à loisir, me manque beaucoup... Une œuvre grandiose et éternelle, tu sais, en son abrupte sévérité. » Et, le 14 mai 1898, une des dernières lettres à Méry : « La goujaterie des Gens-de-Lettres envers Rodin est parfaite ; je n'en décolère pas ou ressens une honte, encore que je sois si peu un d'entre eux. Ah ! les seigneurs à tant la ligne devant l'évidence du génie qui ne leur doit jamais être qu'une mystification. » Mallarmé montre rarement son indignation par rapport à l'atroce médiocrité de ses contemporains. Ici, c'est le cas. C'était, il est vrai, l'époque où le seul langage de contestation, parfois, était celui de la bombe.

Stéphane Mallarmé, *Lettres à Méry Laurent,* édition établie et présentée par Bertrand Marchal, Gallimard.
Stéphane Mallarmé, *Vers de circonstance,* préface d'Yves Bonnefoy, édition de Bertrand Marchal, Poésie/Gallimard.

## *Le dur destin de Verlaine*

Une biographie de Verlaine à travers celle de son corps volontairement abîmé ? Mais oui, Alain Buisine a raison : plus le Spectacle s'étendra, et plus il faudra s'habituer à parler des écrivains en fonction de leur singularité physique (ce qui n'a rien à voir avec leur image). Un poète, un romancier, à la différence de l'intellectuel, incarne une façon spéciale d'entendre, de voir, de rêver, de sentir, de jouir, de dormir. Pas de généralités : un ton, un rythme, une musique. Une façon d'aller droit au cœur du public inconnu, présent ou futur, sans passer par l'assentiment du clergé du temps. Ce dernier, qu'il soit métaphysique, moral, politique ou seulement formaliste, essaie, en général, de noyer le poisson. Toute société est, par définition, un inlassable effort, plus ou moins répressif, de normalisation. L'intellectuel aime les rassemblements, il signe ensemble. L'écrivain s'écarte, parle à chacun comme s'il était seul. On peut, bien entendu, selon les exigences du marché ou de l'asservissement des consciences, fabriquer de faux romanciers ou des poètes sans conséquences. En effet, rien n'est plus rare, et gratuit, qu'un corps réellement poétique. Mais rien non plus n'est plus vrai pour donner à l'Histoire son relief critique insoupçonné.

Le XIX<sup>e</sup> siècle nous étonnera toujours. Ses mères, surtout. Madame Verlaine, par exemple, gardait précieusement dans une armoire, en suspension dans des bocaux remplis d'esprit de vin, les quatre fœtus de ses grossesses avortées avant l'arrivée de son fils Paul. Celui-ci finira par renverser les bocaux sacrés, tentera plusieurs fois d'étrangler sa génitrice tout en vivant le plus souvent avec elle et à ses crochets, sera un alcoolique obstiné, et défiera sans cesse l'ordre établi en voulant, périodiquement, le rejoindre par Dieu interposé. Poésie, bisexualité, mysticisme, érotisme, progressive déchéance physiologique exhibée avec fierté : tel sera le programme pendant cinquante-deux ans. Madame Rimbaud, on le sait, avec sa rigidité nécrophile, n'était pas mal non plus dans son genre.

Verlaine sera donc un fils dénaturé, un mari odieux, un père indigne, un ami plus que trouble, un comédien, un martyr, et l'un des grands poètes français. Naturellement, il porte les stigmates de la plus grosse tempête qu'ait connue son époque : la Commune, Rimbaud. Verlaine communard ? Comme ça, sans plus. On peut discuter cette proposition de Buisine : « L'irrécupérable anarchisme des conduites privées dérangera toujours plus que les engagements politiques. » Fénéon écrira plus tard : « Verlaine fut marxiste, athée, communard. La vie contemplative l'a transformé : du dernier bien avec les saints les plus en cour, il confit dans le papisme. » Irresponsabilité ? Sans doute, mais c'est vite dit. Verlaine a en réalité une tâche très lourde à accomplir, d'une importance encore aujourd'hui difficilement calculable. Elle consiste à témoigner du « météore » Rimbaud, « l'ange en exil », « l'enfant sublime », « la beauté du diable », « l'archange damné ». Pauvre Verlaine : Rimbaud est très beau, on le trouvera donc, lui, très laid. C'est un faune, un satyre, une tête de mort, un mongoloïde, un dégénéré, un Socrate éthylique, un singe, un orang-outang. Il fascine, il fait peur. Valéry dira qu'il lui inspirait «une horreur sacrée». Gide, au contraire, et pour cause, aura ce mot : «Verlaine ivre était *formidable*.» Fénéon, encore, le compare à un «Tongouse goguenard» qui «a humé l'air de nombreuses patries, geôles, églises, tavernes et paquebots». La fin du XIX$^e$ siècle, pas plus que celle du nôtre, n'encourage guère l'esprit d'aventure : les poètes officiels sont Leconte de Lisle et François Coppée. Tout le monde est plus ou moins bien-pensant. L'effet Rimbaud, radical, ne se fait pas encore sentir, sauf à travers ce vieux marginal bourré d'absinthe dont la jeune génération sait déjà les poèmes par cœur. L'*affaire* (Londres, le coup de revolver de Bruxelles) a été en réalité, pour le très médiocre et provincial milieu littéraire français, un scandale inouï. Verlaine le sait. Ses passions masculines seront toujours une recherche de Rimbaud, et de la lumière où, «filant légers dans l'air subtil», ils étaient deux «spectres joyeux». Hélas, les spectres, désormais, sont tristes, l'Histoire est fermée. Elle se rouvrira bientôt en fanfare avec une guerre, et il suffit de citer les noms de Claudel, de Breton et d'Aragon, pour comprendre que les *Illuminations* d'un jeune homme aux «yeux d'un bleu pâle inquiétant» vont faire des ravages dans tous les sens. Cependant, Verlaine a une sorte de copyright sur le phénomène. Qu'il se trompe en instaurant la légende des «poètes maudits» est une autre question. Il a vu, il a cru, il a suivi comme il a pu, il a décroché, il ne peut pas oublier, et d'ailleurs comment le pourrait-il? Les plus beaux poèmes de *Parallèlement* ont toujours Rimbaud pour horizon. Où est-il? Que devient-il? On le dit mort : c'est impossible. Pour l'instant, c'est lui,

Verlaine, qui tombe peu à peu en enfer. Hôtels minables, prostituées, ivresse, hôpitaux. L'hôpital ? « Au moins c'est la paix loin des gens et la souffrance laissée tranquille. Les idées de mort, mort aux gens, mort à soi-même, s'évaporent dans les odeurs d'éther et de phénol. Le sang bat plus calme, la tête raisonne de nouveau, mes mains se font ce qu'elles furent toujours, bonnes et paisibles. »

Avec ténacité, avec gaieté, Verlaine a décidé de faire honte à son temps. Au fond, il est chargé du testament de Baudelaire. En plus de la prophétie de Rimbaud, cela fait beaucoup. « Parfois, dit-il, en présence de tant d'offenses et de méchancetés, des idées rouges me prennent. » Il rappelle, sans illusions, qu'il est « au fond un homme très digne, réduit à la misère par un excès de délicatesse ». On vient le voir dans son lit comme une bête curieuse. On le retape, on l'emmène faire des conférences en Belgique, en Angleterre, en Hollande. Partout, ou presque, il boit trop. On l'escamote, mais enfin, il fait impression. Son état s'aggrave : ulcère à la jambe, suites de syphilis, diabète, cirrhose. Il tient le coup. Il écrit sa musique, tantôt désinvolte, tantôt pornographique. Jules Renard raconte que Marcel Schwob l'a trouvé tout habillé dans son lit, « ses souliers sales sortaient des draps ». Il n'arrive à lui tirer que des « hou ! hou ! ». Verlaine ne répond plus, ou à peine. Il peint ses meubles de misère avec de la poudre d'or. Schwob, après les « hou ! hou ! », s'en va, mais remarque un livre sur la table de nuit : « C'était un Racine. » Pour pousser le paradoxe jusqu'au bout, le poète Paul Verlaine pose même sa candidature à l'Académie en visant le fauteuil de Taine. Bien entendu, il n'obtient pas une voix. Même son vieux camarade à succès, François Coppée, n'a pas voté pour lui. Déjà, Anatole France, en l'écartant d'une anthologie, avait dit de lui qu'il était « indigne ». La France bourgeoise, décidément, s'est ressaisie : on ne passe pas.

Il finit par mourir, rue Descartes. Son enterrement est une sorte d'événement surtout si on le compare à celui, sinistre, de Baudelaire. Le discours le plus tarabiscoté est de Robert de Montesquiou. Le plus niaisement politique, celui de Barrès. Il y en a d'autres, purs bla-bla. Voici enfin Mallarmé, seul à comprendre qu'il doit assumer la transmission dans un océan d'ignorance. De Verlaine, il dit sobrement : « Il ne se cacha pas du destin. » Pas un mot sur Rimbaud, mort cinq ans auparavant. Au fond, certains absents peuvent décrocher l'avenir sans que les vivants le voient.

Alain Buisine, *Verlaine, Histoire d'un corps,* Éditions Tallandier.

## Le triomphe d'Ubu

Lors de la première représentation d'*Ubu roi*, en 1896, Jarry a vingt-trois ans. C'est un scandale. Un coup de génie adolescent révèle soudain un monstre qui va se transformer en mythe. « Le public a été stupéfait à la vue de son double ignoble qui ne lui avait pas été présenté. » Et aussi : « C'est parce que la foule est une masse inerte et incompréhensive et passive qu'il la faut frapper de temps en temps, pour qu'on connaisse à ses grognements d'ours où elle est — et ce qu'elle est[1]. »

La foule fin-de-siècle, en effet, est furieuse. Elle ne reconnaît ici aucune de ses valeurs habituelles, c'est-à-dire la bien-pensance tassée, la frivolité sur commande, l'humanisme hypocrite, le cléricalisme patriotique ou républicain, les petits soucis et les grosses affaires, la misère et la manie sociale, la comédie de boulevard et les romans fleur bleue. C'est l'époque où les faux-semblants et les clichés pullulent (Proust va venir radiographier tout ça), et voilà qu'un énergumène vient proférer la vérité nue du pouvoir. Dès le fameux *merdre* inaugural, la lumière jaillit des coulisses.

---

1. Alfred Jarry, *Ubu*, préface de Noël Arnaud, Folio classique 980.

Le grand Apollinaire, lui, ne s'y trompe pas, ni les dadaïstes, ni les surréalistes. Il s'agit d'un acte révolutionnaire, et Ubu est « un personnage en passe de devenir proverbial comme Gargantua, Gulliver et Robinson Crusoé ». Mais, de tous ces héros, Ubu est sans doute celui qui a le moins vieilli, et qui s'impose, jour après jour, comme prophète. Guignol ? Oui, mais bien davantage, puisque la guignolade, au fond, reste sentimentalement attendrie. Le rire pataphysique d'Ubu utilise le guignol pour dire autre chose, une catastrophe métaphysique, une énormité *verte* (de langue, de crudité physique et de peur). Dans le même tournant historique, le surhomme nietzschéen et le sous-homme buté paraissent sur la scène mondiale. Comme le dit Daniel Accursi dans un brillant essai récent : « Ubu prophétise la mondialisation de la Phynance, qui elle-même déclenche l'apocalypse encéphalique. La phynance se substitue à la pensée[1]. » Écrire *phynance, merdre, éthernité* ou *oneilles* ne relève donc pas de la plaisanterie ou du canular, mais d'une sorte de science nouvelle, science des « exceptions », qui enregistre froidement la fin de la philosophie et son remplacement par la pure bestialité du calcul. L'idéalisation du genre humain en prend un coup ? La suite des événements va montrer de quoi il retourne.

André Breton, dans un texte magnifique de 1953 insiste, lui aussi, sur la mystérieuse capacité d'anticipation de Jarry qui « prophétise et stigmatise dans *Ubu roi* et *Ubu enchaîné*, les propositions aberrantes et meurtrières auxquelles nous allons avoir affaire après lui ». Il s'agirait d'ailleurs, dit-il encore, de savoir lire Jarry *en entier*, de ne pas se contenter d'une image convenue (l'adjectif

---

1. *La Philosophie d'Ubu*, PUF, 1999.

«ubuesque»), de comprendre de quelle virtuosité imaginaire Jarry jouait en secret (voir, par exemple, *Le Surmâle*)[1]. Même insistance chez Guy Debord : «On admet facilement, depuis plus de soixante ans, et même sans l'avoir lu, que Kafka annonçait une grande part sinistre de l'esprit de ce siècle. De même que l'on s'est depuis plus longtemps refusé à admettre que Jarry en annonçait une part beaucoup plus énorme. Ce sont ceux qui savent ce qui se passe dans le monde qui goûtent ceux qui savent en parler[2].» Procès de Moscou, règlements de comptes, pourriture totalitaire, bêtise brutale, mafia endémique, marionnettisme généralisé, la liste est longue, et elle n'est pas près d'être close. N'oublions pas qu'Ubu roi est d'abord, et par définition, régicide, suivant en cela les conseils de la Mère Ubu. Le roi de Pologne ? «Je tâcherai de lui marcher sur les pieds, il regimbera, alors je lui dirai *merdre*, et à ce signal vous vous jetterez sur lui.» La scène se passe polonaisement. «Nulle Part»? Jarry précise : «Nulle Part est partout, et le pays où l'on se trouve, d'abord. C'est pour cette raison qu'Ubu parle français.»

Ubu, roi par le bas, règne sur la servitude volontaire humaine. Il vient aussi bien du Père Duchesne de Hébert (nom aussi du professeur dont l'élève Jarry se moquait avec ses camarades) que de Fouquier-Tinville, lequel trouvait que les accusés du Tribunal terroriste «complotaient contre son ventre» lorsqu'il était temps d'aller dîner. La Gidouille est née. Ubu : «J'ai l'honneur de vous annoncer que pour enrichir le royaume, je vais faire périr tous les

---

1. «Alfred Jarry, vérificateur et éclaireur», in *La Clé des champs*. Sagittaire, 1953.
2. *Cette mauvaise réputation...*, Folio 3149.

Nobles et prendre leurs biens.» L'argent, la bouffe, voilà l'essentiel. La pensée n'est plus qu'un mince appendice de la panse. Tout est ruse et prédation, tout est anal. Finalement, le mot le plus répété est celui de *trappe*. Ubu est un gros bébé vantard, asexué, cocu et couard qui avoue sans fard son désir de vengeance et de domination par accumulation et exécutions. Ubu-bébé est le grossier père des familles. Mais il ne serait pas aussi probant sans Mère Ubu, vieille sorcière avide, qui n'a rien à envier à la stupidité vorace de son époux. C'est le couple parfait et, en un sens, moderne. Avarice et cruauté sur fond de lâcheté : la Phynance, le Ventre, la Trappe. La démonstration d'Ubu porte sur la *rente* et le désir d'esclavage. On crie à la liberté pour mieux s'écraser. On feint de désobéir pour mieux obéir. Les Palotins, qui forment l'armée d'Ubu (ou plutôt son *armerdre*), procèdent à un décervelage permanent. Ce sont des commissaires du peuple. Quant à Ubu, personne, au XX$^e$ siècle, n'aura été plus inconsciemment imité. On le trouve à Moscou, à Berlin, à Madrid, à Rome, à Pékin, à Cuba, à Belgrade, à Bagdad, à Tripoli, en Afrique. En Amérique, il est en bonne voie. En France ? Restons discret, nous risquerions le supplice : «torsion du nez, arrachement des cheveux, pénétration du petit bout de bois dans les oneilles, extraction de la cervelle par les talons, lacération du postérieur, suppression partielle ou même totale de la moelle épinière, sans oublier l'ouverture de la vessie natatoire et finalement la grande décollation renouvelée de saint Jean-Baptiste, le tout tiré des très Saintes Écritures, tant de l'Ancien que du Nouveau Testament, mis en ordre, corrigé et perfectionné par l'ici présent Maître des Finances». Sans parler du *pal*, pratique courante, qui pourrait être décrétée, après les lendemains qui chantent au Goulag et la fabrication nazie de la race élue par le

Conseil Planétaire de l'Éthique Caricaturée et des Droits de l'Homme Médiatiques.

Frémissements d'horreur dans la salle. Cet Ubu n'est ni un éducateur ni un réformateur, il n'attend aucun Godot et ne croit même pas que le monde est absurde. Il signale le déchaînement de l'arbitraire le plus éhonté. Toute honte bue, c'est Ubu. Pas de conscience, pas de remords, pas de culpabilité, aucune lamentation, aucune imprécation, l'action. L'imposture est énorme ? Il faut être énorme. On doit jouer Ubu avec des masques, dit Jarry, comme dans le théâtre grec antique. Tendre à l'impersonnel de la tragédie bouffonne, comme dans Shakespeare. Un conseil : « Si l'on veut que l'œuvre d'art soit éternelle un jour, autant la faire éternelle tout de suite. » Personne n'y comprend rien dans un premier temps ? C'est fatal. « Si l'on tient absolument à ce que la foule entrevoie quelque chose, il faut préalablement le lui expliquer. » En ces temps d'*éclipse* (qui donnent envie de relire *La Lettre sur les aveugles* de Diderot), méditons, avec Ubu, sur la beauté cachée de son être : « La sphère est la forme parfaite, le soleil est l'astre parfait, en nous rien n'est si parfait que la tête, toujours vers le soleil levée, et tendant vers sa forme, sinon l'œil et semblable à lui. La sphère est la forme des anges. À l'homme n'est donné que d'être ange incomplet. Plus parfait que le cylindre, moins parfait que la sphère, du tonneau radie le corps hyperphysique. Nous, son isomorphe, sommes beau. »

Ses camarades de lycée trouvaient que Jarry, à seize ans, avait un goût prononcé pour les antithèses violentes et le rapprochement des extrêmes. Il n'avait rien non plus à apprendre, semble-t-il, en matière sexuelle. L'un d'eux, réprobateur, trouve que « malgré sa belle intelligence, il fut un érotomane un peu crapuleux » et que « le respect de la femme était un sentiment qui lui était inconnu ». On voit que tout se tient chez ce blasphémateur précoce, qui a raté trois fois son concours d'entrée à l'École normale supérieure. Quand il meurt en 1907, à trente-quatre ans, il vient pourtant d'écrire : « Le père Ubu croit que le cerveau, dans la décomposition, fonctionne au-delà de la mort, et que ce sont les *rêves* qui sont le Paradis. » Et ceci, beaucoup plus étrange : « Il voit l'autre monde, et il lui parle, par courtoisie et par prudence, dans la langue de l'Église. Il n'y a qu'un très vieux moine, très versé dans la théologie, qui puisse apprécier le cas. »

## *L'affaire Artaud*

Le 13 janvier 1947, à 21 heures, un des plus grands poètes français, sur lequel courent bien des rumeurs et légendes, doit prendre la parole à Paris, au théâtre du Vieux-Colombier. Le tout-Paris est là. Il voit apparaître un homme ravagé par des années d'internement psychiatrique, un torturé de cet enfermement qui, pendant l'Occupation nazie et la collaboration vichyssoise, a fait quarante mille morts de faim (ce que personne, encore aujourd'hui, n'a envie de savoir). Ce spectre décharné mais électrique commence à parler, se trouble, se crispe, perd ses papiers, s'énerve et s'en va. Il a compris que ce n'était pas la peine de s'adresser à une assemblée culturelle et littéraire de nantis tranquilles. À quoi bon ? Ils sont sourds par définition. Gide est présent. Il est ému. Le malaise est considérable. Tout le monde est persuadé d'avoir vécu un moment historique, mais lequel ? Il faudra des années et des années, nous ne le savons que trop, pour oser poser la question. Est-elle en cours de résolution ? Rien de sûr.

Antonin Artaud a beaucoup travaillé à sa « conférence »[1]. D'où l'importance de ce tome 26 de ses *Œuvres complètes*

---

1. *Œuvres complètes* d'Antonin Artaud, tome XXVI, Gallimard, 1994.

où l'on peut lire ses notes, ses développements sur le sujet, pour lui capital, de sa biographie. Qu'une polémique d'appropriation ait surgi précisément sur ce texte-là n'est pas un hasard. C'est le *sens* même de toute l'existence d'Artaud qui est ici convoqué, et par conséquent notre mémoire, notre langue. Mais ce *sens*, désormais, qui en parle? Presque personne. Et pour cause : « C'est une histoire de douleurs, et il y a d'autres histoires de douleurs que la mienne, mais celle-ci est trouble, je veux dire qu'elle provient d'une cause que le monde et la société actuelle donneraient tout pour garder cachée et c'est à ce titre que je veux en parler. »

Pour Artaud, il y a eu un mensonge, une falsification, une sale affaire de mort programmée, une hypocrisie gigantesque, un crime nouveau et sans précédent, bien que les siècles en regorgent. Non, ce n'est pas comme d'habitude, car ce crime porte, d'une façon jamais enregistrée auparavant, sur l'existence du corps en tant que tel. En 1947, tout le monde se prépare à parler d'autre chose, de politique, d'économie, d'idéologie, de conflits sociaux, de poésie, de cinéma, de chansons, de guerre froide, de bombe atomique, mais en réalité il s'agit d'oublier, de s'étourdir, de recouvrir une révélation noire, un abîme insupportable et à peine entrevu. Il y aura, de haut en bas et de droite à gauche, unanimité pour éviter de penser la Chose. Or la Chose, pour Artaud, est une conjuration occulte et nécrophagique contre le réel physique, contre le principe même d'individuation. Qu'il s'agisse de manipulations ou de massacres, c'est toujours un corps unique qui est visé, celui-là, oui, celui-là, pas un autre. Artaud n'admettra sur son cas aucun jugement médical ou philosophique ; aucune remarque de bon sens ne pourra le faire changer d'avis. Vous dites qu'il délire? Il a prévu l'objection. « Je suis, pour un psychiatre de la société actuelle, le type parfait de ce persécuté mythomane qui continue à raisonner sur son cas avec la plus désarmante lucidité. » Ou encore : « La société me dit fou parce qu'elle me mange, et elle en mange d'autres d'une manière systématique et concertée. » Ou encore : « C'est le vieux Freud qui a raison, plus raison qu'il n'a jamais cru avoir raison. »

Ce n'est pas telle ou telle forme de société qu'Artaud condamne, mais la Société en tant que telle, sa substance, tous ses modes de fonctionnement. Il l'a vue à l'œuvre dans les hôpitaux, au Havre, à Rouen, à Sainte-Anne, à Rodez. Par quel jugement de l'histoire la violence clinique a-t-elle eu parmi elle un tel observateur ? Les électrochocs : « Je n'oublierai jamais dans aucune vie possible l'horrible passe de ce sphincter de *révulsion* et d'asphyxie par lequel la masse criminelle des êtres impose à l'agonisant de passer avant de lui rendre la liberté. Au chevet d'un mourant il y a plus de 10 000 êtres et je m'en suis rendu compte à ce moment-là. » Ou bien : « Les individus ne sont pas endoctrinés par des idées mais par des actes anatomiques et physiologiques lents. » Ce qu'Artaud appelle « envoûtements » ou « empoisonnements » n'est rien d'autre que la sensation d'être nié dans son corps comme dans son langage. On veut « redresser sa poésie ». Pourquoi ? Parce qu'elle est métaphysique, c'est-à-dire en conflit avec la métaphysique surveillée des religions visibles ou déguisées : « Prêtres, rabbins, brahmanes, imams, lamas, bonzes, popes, pasteurs, flics, médecins, professeurs et savants. » La Société, comme telle, est celle des amis du crime, devenue celle de « tartufes payés ». Inlassablement observé et freiné (voilà une bonne description des régimes totalitaires), « l'homme, dans son ensemble, est réduit à un ordre de facultés extrêmement restreintes ». Les témoins que cite Artaud à son procès ? Villon, Poe, Baudelaire, Nerval, Rimbaud, Lautréamont, Van Gogh, Nietzsche et même Lénine dont la paralysie finale lui paraît suspecte, compte tenu de ce « maréchal des pompiers » qu'a été Staline, lequel avait « quelque chose d'un pope revenu et réintégré ». Ces témoins, Artaud ne craint pas de se dire leur frère et leur égal, et, que voulez-vous, il en a le droit. L'histoire vraie, d'une vérité inconnue et bouleversante, passe par eux, donc par lui. Il aimerait en convaincre son ami André Breton, qui hésite. Oui, la révolution surréaliste avait raison, mais il faut la pousser plus loin, lui donner son abrupt définitif, ne la plier à aucun but moral ou esthétique. « J'ai passé le stade de la protestation », dit Artaud. « Tout ceci n'est pas de la philosophie mais de la guerre. » Il est « en colère de corps ». Le surréalisme n'est pas allé à vif sur le corps. Or « l'esprit sans le corps est de la lavette de foutre mort ». Ah, voilà, les mots sont prononcés, *certains mots*, et très exactement avec leur signification et leur son. Ils deviennent des armes. Enfin, monsieur Artaud, on ne s'exprime pas ainsi, mettez-y les formes, dites-nous ça de loin, soyez poétique. Le mot « foutre » dans une conférence ! Parlez-nous plutôt d'amour, je ne sais pas moi, d'avenir, de liberté, de fraternité. Le corps, le corps, pourquoi toujours le corps ?

Un langage à la mesure du sévice subi ? Tel est le fond de l'affaire. Artaud n'est pas là pour expliquer, justifier, envisager, comprendre, et encore moins pour se plaindre. Il réclame ni plus ni moins que la mort de la mort. Vous souriez ? Vous croyez à la mort ? Ne vous doutez-vous pas, pourtant, de temps en temps, qu'on veut absolument vous y faire croire ? N'êtes-vous pas environnés, en famille, en société, d'une rumination permanente sur le mourir ? Panthéon et pompes funèbres ? Ton grave, ému, glacé, pénétré ? Eh bien Artaud, lui, pense que notre temps est celui où la mort révèle au grand jour, et comme jamais, son programme voulu. Vite, il faut le dire, avant que tout se referme dans l'oubli et les discours lénifiants. De ce point de vue, l'écriture d'Artaud, si forte, si singulière est bien « d'après Auschwitz ». Non pas une prédication vide, désincarnée, mais la splendide insurrection colorée d'un innocent dans un monde coupable (il faut relire son *Van Gogh, suicidé de la société*). Il ne bat pas en retraite, Artaud ; il ne se calmera pas ; il frappe. Toute la poésie ultérieure paraît, à côté de lui, d'une fadeur étrange, « une farce bidonnante d'insipidité ». L'expression « marché noir » prend par exemple chez lui une signification fantastique, très au-delà de ce qu'elle aura été pendant la guerre. C'est un homme qui a connu la faim et le froid qui parle, la promiscuité, la saleté, la grossièreté des gardiens, la lâcheté ambiante, l'arrogance des médecins, la camisole de force, les traitements spéciaux. Un poète des camps, donc, mais ces camps de la mort lente étaient en France. Les fous devaient être éliminés en douceur (les rapports médicaux sont là, mais personne, encore une fois, ne veut les lire). Pendant ce temps, n'est-ce pas, la vie continuait pour d'autres, politiciens et policiers pouvaient, dans l'ombre, s'entendre avec des assassins. « Tous les hauts profiteurs de marché noir sont aussi et par-dessus tout des profiteurs de magie noire. » C'est ce qu'Artaud appelle la « parturition à distance », dont voici, à ses yeux, le but : « L'imbécillisation, l'infantilisation retardée, et le gâtisme précoce sont parmi les plus efficaces moyens d'action dont se servent tous les adeptes de la parturition à distance pour imposer aux hommes leurs volontés. » Oui, finalement, le beau mot trop galvaudé de *résistant* convient à Antonin Artaud : « Si je ne suis pas mort, c'est que j'ai la vie dure. » Ou encore : « La mort, comme le reste, n'est qu'une poudre de perlimpinpin, une attrape pour les gogos. » Ou encore : « On ne meurt que parce qu'on se croit mortel parce que les institutions faites par les hommes ont fait croire aux hommes qu'ils étaient mortels. » Et encore : « Ne vous laissez plus aller au cercueil. » Ne cherchez pas : c'est pour des propositions de ce genre qu'Artaud a tant de mal à se faire entendre, que ses œuvres sont entourées de tant de petites histoires de papier (lui qui voulait justement « dépasser le papier imprimé ») ; c'est à cause de cette folle raison montrant à la raison raisonnante sa folie latente qu'il n'a pas pu s'exprimer, à l'époque, au Vieux-Colombier. Pourra-t-il être mieux perçu aujourd'hui ? Comment ? Jusqu'où ? Par qui ? On le demande.

## *Bataille*

Bataille est, de tous les penseurs modernes, celui qui semble avoir constamment habité son corps. Son existence physique est une expérience, il la met en jeu de façon mobile, de l'angoisse à l'extase, de la fiction à l'essai, de l'abjection au sublime, du rire à l'orgie. Il a la fièvre, il s'ennuie, le ciel s'ouvre brusquement pour lui, il est fou, c'est le plus sage des philosophes. Il peut passer sans transition de Hegel à Sade, de Nietzsche à sainte Angèle de Foligno. Il boit, il va au bordel, il parle avec douceur et distinction, ses yeux bleus sont effacés et calmes, il écrit sur Kafka, conteste Sartre, cite longuement Proust. Son style est reconnaissable entre mille : « Il m'est doux d'entrer dans la nuit sale et de m'y enfermer fièrement. » Ou bien : « L'amour le plus grand, le plus sûr, pourrait s'accorder avec la moquerie infinie. Un tel amour ressemblerait à la plus folle musique, au ravissement d'être lucide. » Ou encore : « Les dieux rient des raisons qui les animent, tant elles sont profondes, inexprimables dans la langue des autres. » Cet homme était réellement divin. Il pensait, comme Nietzsche, que le plus grand péché, en ce monde, était de faire honte à quelqu'un, ou d'attirer le malheur sur ceux qui rient. Le monde est sans but, l'univers n'a aucun projet, l'homme est une passion inutile, on ne doit l'engager à rien, il est une part maudite irrécupérable, comme la dépense d'énergie du soleil, de l'érotisme, de la poésie. À propos de la mort, on peut dire simplement ceci : «Le temps accède à la simplicité qui le supprime.» Ce qui compte donc, c'est l'*émotion méditée*. On l'atteint par certains récits tordus, où surgissent des figures brûlantes de femmes : Simone dans *L'Histoire de l'œil*, Dirty et Lazare dans *Le Bleu du ciel*, Madame Edwarda. La littérature est un mal qui traite le mal par le mal, elle ne doit jamais être un bien, sinon elle ment, alors qu'elle doit, sans cesse, nous montrer l'impossible. Pas de honte, pas de culpabilité, un savoir qui consiste à transformer l'angoisse en délices. Impossible d'enfermer Bataille : il aura été un des esprits les plus libres et les plus insaisissables d'un temps de grande servitude (rien de plus émouvant que de relire *Le Coupable*, commencé en septembre 1939, pendant la guerre, et poursuivi, dans une solitude pauvre et illuminée au milieu de l'effondrement général). «Il faudrait ne jamais cesser de dire ce que les hommes découvrent d'éblouissant quand ils rient : leur ivresse ouvre une fenêtre de lumière donnant sur un monde criant de joie. À vrai dire, ce monde a tant d'éclat qu'ils en détournent vite les yeux. Une grande force est nécessaire à celui qui veut maintenir son attention fixée sur ce point de glissement vertigineux.»

Bataille, au début de 1960, dans le petit bureau de *Tel Quel*, dit brusquement : «Au lycée, quand j'étais jeune, on m'appelait "la brute".» Phrase étrange, prononcée dans un murmure. Il vient nous confier ses *Conférences sur le non-savoir*, un de ses grands textes. Il y distingue le rire majeur du rire mineur. Oui, c'est cela : un *rire majeur*.

## *Le pessimisme de Freud*

Les dates et les lieux sont souvent des signaux éblouissants ou noirs. Où se trouve Freud, par exemple, pendant l'été 1929, lorsqu'il écrit *Malaise dans la culture*? À deux pas de Berchtesgaden, le futur repaire de Hitler. Quand paraît le livre? En novembre de la même année, une semaine après le «mardi noir» de Wall Street. Un an plus tard, en septembre 1930, les nazis entrent en force au Reichstag (qui vient juste, ces jours-ci, de retrouver son lustre démocratique). En 1936, à Berlin, on brûle, parmi d'autres, les livres «impurs» de Freud. En 1939, le vieux lutteur, obligé par les barbares de quitter Vienne, meurt à Londres, «la ville qui n'a jamais été visitée par un ennemi». L'année suivante, Paris tombe.

L'histoire de la psychanalyse, comme celle de son fondateur, est parallèle à la tragédie mondiale, elle dévoile, mieux que toute autre, les tentatives totalitaires du $XX^e$ siècle. Nous faisons aujourd'hui comme si la psychanalyse allait de soi (mis à part quelques irréductibles obscurantistes), mais nous oublions volontiers les violentes résistances dont elle a été l'objet, lesquelles, d'ailleurs, peuvent resurgir d'un moment à l'autre. Quelque chose ne va pas entre l'espèce humaine et la représentation qu'elle se fait d'elle-même. Freud apporte une très mauvaise nouvelle, et il ne faut pas s'étonner si la propagande euphorique, quelle qu'elle soit, trouve cette lumière soudaine trop dure, trop négative, obscène, désespérante, « nihiliste » en un mot. Presque tout le monde s'y oppose : les religions, bien entendu, qui ont vite reconnu en Freud un ennemi irréductible, mais aussi leurs ersatz, délires de masses militarisées, racistes ou « révolutionnaires ». L'illusion a beaucoup d'avenir, dit Freud. Et une illusion chasse l'autre : « Les hommes sont maintenant parvenus si loin dans la domination des forces de la nature qu'avec l'aide de ces dernières il leur est facile de s'exterminer les uns les autres jusqu'au dernier. Ils le savent, de là une bonne part de leur inquiétude présente, de leur malheur, de leur fond d'angoisse. Et maintenant il faut s'attendre à ce que l'autre des deux "puissances célestes", l'Éros éternel, fasse un effort pour s'affirmer dans le combat contre son adversaire tout aussi immortel. Mais qui peut présumer du succès et de l'issue ? » Telle est la conclusion du *Malaise*. La dernière phrase est émouvante : elle date de 1930, pour la seconde édition du livre. Comme on le voit, elle est lourde de prémonition.

Malaise ? Le mot, aujourd'hui, nous paraît faible par rapport à ce qui a eu lieu, et dont Freud n'a pas pu être témoin. L'adversaire « immortel » d'Éros n'est autre que la pulsion de mort, dont Freud, déjà sacrilège avec sa révélation de la sexualité infantile, a le plus grand mal à convaincre jusqu'à ses disciples ou élèves. Elle travaille « silencieusement », cette pulsion, elle vise sans cesse à détruire l'autre et soi-même, dans un besoin comme inextinguible, d'agression et d'auto-punition. Elle est étayée par la mégalomanie du moi narcissique du nourrisson en « désaide », elle garde la trace du meurtre originaire du père par les fils qui est le fondement de toute société humaine. Là-dessus, dénégation générale. La « culture » est certes, à partir de là, une nécessité, un « combat vital », et on ne peut que s'en féliciter, mais elle engendre en même temps, dans son refus de savoir d'où elle vient, une angoisse et une culpabilité sourdes qui, de temps en temps, explosent dans la violence. La culture, visant à l'utilité, à la propreté, à l'ordre, doit procéder par inhibition de l'individualité trop marquée et restriction sexuelle. Dans ces conditions, l'amour, contrairement à ce que disent des torrents de sirop religieux ou militants, ne peut être que très rare, et les préceptes « aime ton prochain comme toi-même », ou « aime tes ennemis » font l'effet de vœux hallucinatoires. L'éducation, dit Freud, non seulement dissimule la question sexuelle, mais ne « prépare pas l'adolescent à l'agression dont il est destiné à devenir l'objet ». Il insiste : « En lâchant la jeunesse dans la vie avec une orientation psychologique aussi inexacte, l'éducation ne se comporte pas autrement que si l'on équipait des gens partant pour une expédition polaire avec des vêtements d'été et des cartes des lacs lombards. » Dieu est une illusion, l'espoir communiste n'a aucune consistance, le « narcissisme des petites différences » propage sans cesse un racisme increvable (on en voit tous les jours les effets), la xénophobie et l'antisémitisme ont de beaux jours devant eux, et quant à la civilisation américaine, elle est malheureusement fondée sur « la misère psychologique de la masse ». Résumons : l'agressivité est inguérissable, l'homme est un loup pour l'homme (comme le prouvent « les atrocités de la migration des peuples »), les socialistes méconnaissent la nature humaine, et tout le monde ment, sauf peut-être les poètes (Schiller, Goethe, Heine) :

> *Qu'il se réjouisse,*
> *Celui qui respire en haut dans la lumière rose !*
> *Car en dessous, c'est l'épouvante.*
> *Et l'homme ne doit pas tenter les dieux*
> *Ni jamais, au grand jamais, désirer voir*
> *Ce qu'ils daignent couvrir de nuit et de terreur.*

Ces vers de Schiller, cités par Freud en 1929, sont extraits d'une ballade de 1797, *Le Plongeur*. Nous savons, nous, que l'épouvante est venue, et que seule la vérité vraie pourrait en protéger. Rien à faire. L'humanité est une névrose. Voilà qui n'est pas gentil de la part du voltairien Freud. « Je m'incline devant leur reproche de ne pas être à même de leur apporter du réconfort, car c'est cela qu'au fond tous réclament, les plus sauvages révolutionnaires pas moins passionnément que les plus braves et pieux croyants. »

## *Photos*

Tout spécialiste, privé ou public, de la représentation érotique connaît cette difficulté : à peine vu, ou utilisé, le document se refroidit, se fige, comme s'il demandait à être détruit. Rien de plus difficile que de faire *durer* visuellement un fantasme. La cause en est simple : consciemment ou non, l'excitation sexuelle se déroule sur fond verbal, elle est immergée dans une coloration des mots, des voix, des accents, des murmures, des gémissements virtuels appelés par l'horizon de l'acte. D'où l'intelligence de la mise-en-scène sadienne : rien ne sera fait qui ne puisse être dit, raconté, détaillé. Le visible doit « sortir » de l'audible. À cette condition, la répétition devient une fête des déformations.

La photographie a aujourd'hui deux limites terribles : la publicité et le sport. La pression emphatique de l'image corporelle imposée par ces deux contraintes pèse plus ou moins sur toute opération de dénudation. Regardez le bazar pornographique : le texte, soigneusement stéréotypé, sert de légende kitsch à un mixte colorié de produit ou de performance. Il faut que ça marche, et ça marche. Pas de marge, pas de ratage ou de reprise, pas de malaise ou de vertige flou suggéré, pas de trouble : une solide croyance imprègne les cadrages et les découpages. L'image pornographique est *tonique*, on sent en elle le dynamisme même de la pruderie simplement inversée, elle a quelque chose de naïvement « nordique », elle est conforme à l'esprit protestant du capitalisme en expansion, cadres moyens, secrétaires, commencement, milieu, fin. Moteur. Action. Le sexe est enrôlé dans l'espace de la consommation. Sa négativité est niée, elle est devenue rentable. Il s'agit de perpétuer le mouvement sur place, de le bloquer dans une cohérence qui doit fonctionner. Hétérosexuelle ou homosexuelle, animalière ou pédophile, un même sentiment du devoir habite chacune de ces scènes de piété profonde. Seuls, parfois, et pour cause, les travestis parviennent à faire passer un message de retrait, de détachement, autrement dit de vice. Que les femmes ne s'intéressent pas à la pornographie, même si elles sont appelées à la consolider, c'est tout dire. Elles savent très bien, sans avoir à le formuler, de quoi et comment elles sont le leurre qui emporte toute la comédie dans ses fibres. Voilà donc un marché réglé.

La photographie efficace, au contraire, donne l'impression que quelque chose *se dit*. Elle essaye d'occuper un lieu de contradiction et de dérapage. Les meilleurs photographes (Mapplethorpe, Glover) s'enfoncent dans une méditation invisible. L'image est là, mais elle est là comme un élément qui n'aurait pas dû être là, comme un moment de méditation transitoire. LE CORPS EST UN LAPSUS, voilà ce qu'elles suggèrent. Une faute. Une erreur. Une chute du temps. Une bévue du système. Un trou dans la gestion des physiologies. Une insulte légère à l'esprit d'entreprise. Un détournement d'énergie. Un rappel, plus ou moins violent, de la gratuité des organes. Un NON. « C'est en crachant sur ses limites, écrivait Bataille, que le plus misérable jouit. » Cette négation, aujourd'hui, est de plus en plus clandestine, risquée, malaisée à atteindre ? Sans doute. C'est en effet la première fois, dans son histoire, que l'humanité dispose d'une « bonne version » officielle de la sexualité, y compris de ses déviances, de ses anomalies, de ses tares. Rien ne l'impressionne plus outre mesure, l'humanité, et c'est probablement la raison pourquoi nous vivons simultanément une époque de conformisme redoublé et de libéralisme bienveillant, médical, formidablement moral. Des nus ? Tant que vous voudrez. Des postures ? Je vous en prie. Des coïts, des sodomisations, des fellations ? Mais comment donc. Du sado-masochisme en cérémonies pour présentations de mode ? Oui, oui. Ce qu'il faut éviter à tout prix, semble-t-il, c'est l'*instant*. Sa dépense pour rien, son spasme intérieur. Une bonne photo, de ce point de vue, c'est rare. On y sent une décision farouche d'exhiber pour mieux cacher, de mettre en avant pour mieux dérober, de souligner l'impossible. Silence profond, donc, ou cri. Fragment de langue inconnue et indéchiffrable. Quelqu'un qui va vers sa jouissance est quelqu'un qui accepte, ou non, de s'entendre lâcher son texte, de s'exprimer brusquement dans un dialecte dont il repousse indéfiniment la clé. Des photos, de simples photos, peuvent alors prendre l'allure et la grandeur de parfaits hiéroglyphes. Au milieu des villes, dans des appartements soudain habités, dans des salles de bains devenues magiques, malgré les postes de télévision et contre eux, en dépit de la vente des corps aux objets qui les dominent, plus loin que la vie, dans une lumière de mort qui détruirait la mort, on voit alors, brièvement, la signature d'une respiration anonyme et pourtant absolument singulière. Celle du désir de nuit, que rien n'a pu empêcher.

## *Le meilleur ami de Picasso*

Quand ils se rencontrent pour la première fois à Paris, en 1905, dans un bar anglais du quartier Saint-Lazare, Picasso a vingt-trois ans et Guillaume Apollinaire vingt-quatre. Max Jacob est le troisième homme de cette amitié, dont tout indique qu'elle a été immédiate et intense. Toute sa vie, Picasso pensera et travaillera autour de la figure légendaire d'Apollinaire qui disparaît, en 1918, à trente-huit ans, des suites de sa blessure de guerre. Paris, on ne le dira jamais assez, a été cette ville incroyable, «cité sainte, assise à l'Occident» (Rimbaud), où l'essentiel de la création du XX$^e$ siècle s'est produit, non sans batailles, défaites, régressions et, parfois, avancées fulgurantes. Le minutieux et magnifique livre de Peter Read nous raconte et nous montre cette épopée de mots, de peintures, de dessins, de sculptures. Où l'on s'aperçoit qu'un art de la liberté, pour s'imposer, doit savoir résister d'abord à toutes les falsifications du conformisme, aux mensonges comme aux lâchetés.

L'atelier de Picasso à cette époque ? Apollinaire le décrit : «Des idoles océaniennes et africaines, des pièces anatomiques, des instruments de musique, des flacons et beaucoup de poussière.» Ce jeune Espagnol, là, en bleu d'ouvrier électricien, fait découvrir ses tableaux à la lumière d'une bougie. C'est la nouvelle caverne de l'Histoire. Il est né à Malaga et arrive de Barcelone, ce destructeur-recompositeur, il pense que si Cézanne avait vécu en Espagne, on l'aurait brûlé. Mais le moment est venu d'aller plus loin, de prendre des risques, de redéfinir les corps, l'espace, le temps. Ça tombe bien : le jeune poète, lui, vient de Rome et de Monaco, il veut poursuivre l'ouverture du rythme inédit noté par Rimbaud. Max Jacob sur Apollinaire : « Il tournait, rôdait, regardait, riait, révélait les détails des siècles passés, les poches pleines de papiers qui lui enflaient les hanches, riait encore, s'effrayait. » Voilà, c'est l'enthousiasme. Soudain, tout est gaieté, humour, trouvaille profonde, désir. « Bonjour, mon cher ami Guillaume, écrit Picasso, je t'embrasse et précisément sur ton nombril. » Non, la poésie, les surfaces, les lignes, les couleurs ne sont pas maudites, elles peuvent maîtriser l'abîme, la mélancolie, la folie. La morbidité est rejetée, l'érotisme s'affirme. Picasso caricature allègrement son ami en duelliste, en marin, en académicien, en pape. Il se représente avec lui en train de trinquer. Ils sont tous deux habités par le continent noir, ses têtes et ses masques qui sont autant de défis au puritanisme ambiant. Apollinaire appelle Picasso « l'oiseau du Bénin ». Ils savent bien, ces deux-là, qu'ils sont les messagers du destin :

> *C'était un temps béni nous étions sur les plages*
> *Va-t'en de bon matin pieds nus et sans chapeau*
> *Et vite comme va la langue d'un crapaud*
> *L'amour blessait au cœur les fous comme les sages.*

Telle est la percée « cubiste », mise en question radicale de la façon de vivre et de percevoir. Apollinaire est en première ligne, il compare Picasso à Michel-Ange. Il écrit : « Et aujourd'hui toute ombre a disparu. Le dernier cri de

## Le meilleur ami de Picasso

Goethe mourant : "Plus de lumière", monte de l'œuvre sublime d'un Picasso comme il monte encore de l'œuvre de Rembrandt.» Et encore : «Tout l'enchante [...], le délicieux et l'horrible, l'abject et le délicat.» On conçoit que cette apologie de la «quatrième dimension» venue de «l'infini» ne soit pas du goût de tout le monde. Au fond, la guerre n'a lieu que pour l'étouffer. Première guerre : Apollinaire va y laisser la vie, et Picasso devra, seul, continuer cette vision grandiose d'une Renaissance dont l'auteur d'*Alcools* et de *Calligrammes* avait énoncé la trame : «Qu'y a-t-il encore aujourd'hui de plus moderne, de plus dépouillé, de plus lourd de richesses que Pascal? Tu le goûtes, je crois, et avec raison.» Picasso en amateur de Pascal? On n'a pas l'habitude de l'imaginer ainsi. Cela aurait bien étonné les fantômes décomposés des années vingt (le monde dont Proust décrit le naufrage) qui ne voyaient dans cette tentative qu'un mélange de «métèques, cubistes, bolchevistes, dadaïstes et autre sortes de Boches» (Rachilde). Il est vrai que *Les Mamelles de Tirésias* ou *Les Onze Mille Verges* ne sont pas précisément des lectures de réconciliation nationale. Picasso exagère avec ses déformations érigées. Son ami poète, heureusement, est mort. Cela lui apprendra, malgré son patriotisme, à avoir osé dire que «tout ce qui touche à la sexualité a une importance de premier ordre».

Et voici le Surréalisme. Le mot, en 1917, a été inventé par Apollinaire : «J'ai pensé qu'il fallait revenir à la nature même, mais sans l'imiter à la manière des photographes. Quand l'homme a voulu imiter la marche, il a créé la roue qui ne ressemble pas à une jambe. Il a fait ainsi du surréalisme sans le savoir.» Picasso, lui, développe de plus en plus, tout en restant, quand il le veut, impeccablement «classique», ses sphères, ses figures enchevêtrées, ses cascades de plans, ses sculptures en fil de fer. On n'avait jamais pensé que les choses pourraient être ainsi, d'un seul coup, ensemble. Aussi est-il passionnant de suivre Peter Read dans son récit de l'affaire du monument funéraire à Apollinaire. Un Picasso au Père-Lachaise ? Pourquoi pas ? Mais voilà, le « Comité » qui se charge de la commande ne digère pas les audaces de Picasso. Ce dernier n'est pas bien vu dans les cimetières. Contrairement aux « amis » d'Apollinaire, donc, qui ne demanderaient pas mieux que de l'enterrer à l'ancienne, Picasso va faire vivre la mort de son ami dans une création continuée. Apollinaire, qui avait rêvé, dans *Le Poète assassiné*, d'une « profonde statue en rien, comme la poésie et comme la gloire », va se profiler dans les inventions les plus aiguës de son camarade de jeunesse. Picasso dira avec humour : « Il semble qu'aujourd'hui on craigne la représentation des grands hommes dans nos villes. » Et c'est ainsi, après mille péripéties qu'une tête sculptée de Dora Maar, en 1959, prendra place, en hommage à Apollinaire, dans le square Saint-Germain-des-Prés. Il y a eu une deuxième guerre, encore plus dévastatrice. Cocteau inaugure le monument. Breton proteste. La politique s'en mêle, comme toujours en France. En retrait, Picasso est toujours là, obstiné, fidèle. Le 8 avril 1973, il a plus de quatre-vingt-onze ans, il est, à la stupeur générale, en pleine activité. Cette fois, pourtant, c'est la fin. L'un de ses biographes raconte : « Il ne soupçonnait nullement qu'il allait mourir ; parfois il se laissait aller, se parlait calmement à lui-même, et le médecin l'entendit souvent parler d'Apollinaire. » C'est ce qui s'appelle avoir de la suite dans les idées.

Peter Read, *Picasso et Apollinaire, Les Métamorphoses de la mémoire, 1905/1973,* Jean-Michel Place.

## *Céline, bouc émissaire*

La cause est entendue : il y a eu un grand écrivain français, Céline, qui, tout à coup, est devenu l'antisémite le plus virulent que le monde ait jamais connu. Un délire s'est emparé de lui, une fulguration négative, une révélation biologique tombée du ciel, une effroyable tumeur. Ses pamphlets (toujours introuvables en librairie) sont le symptôme de cette folie soudaine. Du coup, mécanisme classique, il devient la victime sacrificielle rêvée, le bouc émissaire de la monstruosité du siècle. Céline est l'homme qui a commis le péché mortel. L'antisémitisme, c'est lui, à un moment particulièrement horrible. Passons sur l'antisémitisme véniel. Le diable, c'est lui.

Bouc idéal : il a du génie, il vocifère, il rutile, personne n'ose crier sur les toits *à ce point*. Vous dites « antisémite », donc « Céline ». À côté de lui, il ne peut y avoir que des fièvres passagères, des dérapages sans importance, des phrases malheureuses, des mouvements d'humeur. D'ailleurs, tout cela est dépassé, il s'agit d'une vieille histoire. A-t-elle même existé ? On peut en douter.

Replaçons donc, comme le fait Philippe Alméras, Céline dans l'Histoire. La France est ce curieux pays où on s'agite beaucoup dès qu'on lui rafraîchit la mémoire. Vous ouvrez des placards, et c'est aussitôt des visages fermés, des grincements de voix, des silences lourds, des poissons noyés à n'en plus finir. Pourtant, la question est simple. Il suffit de rappeler que la République est née d'une guerre religieuse sans merci, dont l'Affaire Dreyfus n'est que le moment culminant. D'un côté : «le cléricalisme voilà l'ennemi», de l'autre : «la France juive». D'un côté, le petit père Combes, de l'autre «le complot judéo-maçon». La Révolution est un bloc, l'Argent aussi. On oublie toujours que le best-seller de Drumont (114 rééditions en un an chez Flammarion) a été lu et propagé dans toutes les chaumières. On ne comprend rien à l'enfance de Céline si on fait l'économie de l'énorme masse de discours violents qui, d'un côté comme de l'autre, occupe tous les esprits. Il n'y a pas que les plaisanteries de Léo Taxil sur «la vie secrète de Pie IX». L'expulsion des Jésuites, la dissolution des Congrégations, la persécution objective des catholiques (la France prenant le relais du Kulturkampf de Bismarck), déclenchent une marée noire sans précédent. Les uns voient partout des Juifs aux commandes, les autres s'alarment sans cesse du complot obscurantiste militaro-clérical. Les dénonciations pleuvent, les insultes grouillent, les journaux se déchaînent. Les vrais Français «de souche» se sentent expropriés, les «juifs allemands» les dépossèdent de leur civilisation et de leurs croyances, tandis que le Vatican, dans l'ombre, trame une restauration détestée. L'obsession règne, et on la retrouve sans mal à travers les noms de Gobineau, Léautaud, Gide, Jules Renard, Daudet, Maurras, en attendant Chardonne, Giraudoux, Drieu,

Jouhandeau, Morand. La guerre de 14-18 exaspère le mal, la défaite de 40 en sera la révélation globale. Mais enfin, le grand possédé de cette tragédie est Céline, nul doute. *Bagatelles pour un massacre* (1937) dépasse toutes les bornes dans le genre explosif.

Céline est sans doute un voyant halluciné, mais c'est d'abord un puriste. Alméras a raison de montrer son admiration pour la campagne de purification menée aux États-Unis par Ford. Voici ce que dit la propagande : « La musique populaire est un monopole juif. Le jazz est une création juive. La molle, la poisseuse, l'insidieuse suggestion, la sensualité débridée des glissandos sont d'origine juive. » Ford imaginait, par rapport à ce poison, une « solidarité blanche ». Mais, dès *Voyage au bout de la nuit*, si admiré à l'époque par l'intelligentsia (le spectre est large : de Bernanos à Sartre et Simone de Beauvoir, sans parler d'Aragon et Elsa Triolet), que voit Céline, à Paris, dans la « caverne de l'Olympia » ? « En bas, dans la longue cave-dancing louchante aux cent glaces, [la paix] trépignait dans la poussière et le grand désespoir en musique négro-judéo-saxonne. » Céline a publié *L'Église*, dont une phrase se retrouve en exergue de *La Nausée*. Il va être très mortifié des attaques dont il est l'objet lors de la parution de *Mort à crédit*. Peu importe que *Le Figaro* ne comprenne rien au *Voyage*, et parle de « scatologie ». Ce qui intéresse Céline c'est que Stavisky, l'homme de tous les scandales, soit choqué par son livre et parle de créer un prix de littérature « propre ». De quoi rire noir, en effet.

Dès lors, la machine est lancée. Le retour d'URSS de Céline (traduit là-bas par Elsa Triolet) donne lieu à *Mea*

*Culpa* : toute cette histoire de communisme est une faribole juive. Les Américains ? « Une nation de garagistes ivres, hurleurs, et bientôt complètement juifs. » Le Russe ne vaut pas mieux : « geôlier-né, Chinois raté, tortionnaire ». Finalement, tout le monde y passe : Staline, Roosevelt, Clemenceau, Freud, Montaigne, Racine, Stendhal, Cézanne, Maupassant, Picasso. La maladie vient des « latins », le salut ne peut venir que du Nord, la France devrait être coupée en deux à partir de la Loire. Le racisme torrentiel de Céline n'épargne personne : « Quel est l'animal, de nos jours, plus sot, plus épais qu'un Aryen ? » Ce dernier est « con, buté, ivrogne, jobard, cocu, esclave-né, ahuri dès l'école, obscène de muflerie fanfaronne, lécheur de culs, torrent de viande à buter ». Quant aux juifs, virtuoses de la publicité au tam-tam, ils sont « illusionnistes, paranoïaques voraces, vampires intelligents, messianiques crépus et myopes, frénétiques de rédemption, réglisses, crucifiés tétaniques, jésuites du monde moderne, toucans, négrites oniriques », etc. etc. Passion religieuse ? Mais oui, et on en trouve la preuve synthétique dans une lettre du 17 mars 1942 à Lucien Combelle : « L'Église, notre grande métisseuse, la maquerelle criminelle en chef, l'antiraciste par excellence... » Cent autres exemples seraient à citer. L'important, au-delà de la thèse défensive des « deux Céline » (un bon, un méchant ; un génie écrivain, un monstre), est en définitive de considérer ce « bouc » comme révélateur radical. Alméras conclut finalement qu'il participe à chaque péripétie du siècle dont il partage les émois, les combats, les préjugés. Céline moins menteur que tous les autres ? C'est probable. « Bon et méchant, écrit Alméras, il donne au siècle sa voix. C'est bien pourquoi de *Voyage* à *Rigodon* il est le seul à le citer de bout en bout : patrie, guerre, massacres, santé, race, génétique, eugénisme, musique, danse, mort, tout y passe et tout est payé comptant. C'est bien le contemporain incontournable. » On peut le regretter, mais c'est ainsi.

Philippe Alméras, *Je suis le bouc, Céline et l'antisémitisme*, Denoël.

## La société de Bataille

Un jour, il faut l'espérer, on se rendra compte que le vrai centre explosif de la pensée du XX$^e$ siècle aura été Georges Bataille, et non pas les noms qui le cachent ou lui sont automatiquement associés. Il est « terriblement suivi », comme Hamlet, Bataille. Il ne peut pas sortir seul, il est sans cesse accompagné, surveillé, freiné, commenté, glosé, cerné, encerclé. Brûlant et dangereux Bataille, malaise pour ses contemporains, gêne pour nous. Pourquoi ? Des documents passionnants viennent, de nouveau, nous rapprocher du problème.

Au commencement de la modernité, rompant avec l'increvable XIX$^e$ siècle, il y a, c'est entendu, le surréalisme, et d'abord Breton, dont tout laisse penser, dans la régression générale en cours, qu'il est lui-même trop oublié. Les deux grands dissidents du surréalisme, Artaud et Bataille, sont peu à peu rejetés dans les marges de l'Histoire par les figures « politiques » du temps (Aragon, Céline, Sartre, Malraux, Camus et les autres). L'Histoire ? C'est celle du grand basculement des années trente, stalinisme, fascisme, nazisme. Le décor est planté : totalitarismes d'un côté, démocraties de l'autre ; le noir-rouge, le blanc. Pas d'identité si l'on est ailleurs, dans le spectre entier des couleurs, par exemple. On sera taxé de délire, d'érotisme malsain, d'irresponsabilité enfantine, de nouveau mystique, d'immoraliste (Artaud est fou, Genet un saint retourné, Bataille un débauché extatique). Voilà des génies, soit, mais qui ont le défaut définitif d'être trop complexes, trop singuliers, donc inutilisables. Des poètes, dites-vous ? Drôles de poètes. L'un se prend pour le Christ, l'autre traîne dans les bordels, le troisième est un traître voleur homosexuel. Elle est belle, votre poésie, des agités, croyez-moi, des cinglés.

Après *Documents*, où il s'oppose à l'«idéalisme» de Breton, Bataille collabore à la *Critique sociale* de Souvarine, l'un des premiers opposants à la contre-révolution stalinienne (c'est là qu'il rencontre Simone Weil, laquelle apparaît dans ce chef-d'œuvre qu'est *Le Bleu du ciel*). Très vite, ensuite, c'est *Contre-Attaque*, où il retrouve Breton, dans la perspective d'une radicalisation de la lutte antifasciste (il ne s'agit pas d'être simplement «contre», mais de savoir sur quels mécanismes psychologiques le fascisme agit). C'est enfin l'aventure du *Collège de sociologie* et d'*Acéphale* (revue et société secrète). Les grands mouvements de masse modernes, dit Bataille, sont des phénomènes religieux. Pour les comprendre, il faut une sociologie nouvelle, une sociologie *sacrée*, impliquant la connaissance des mythes et des sociétés primitives, mais obligeant aussi à un engagement existentiel personnel. Deux noms sans cesse rappelés : Sade et Nietzsche (et aussi Kierkegaard : «Ce qui avait visage de politique et s'imaginait être politique, se démasquera un jour comme mouvement religieux»). Il ne s'agit pas simplement de littérature ou de philosophie, mais d'expérience de tout l'être (l'extraordinaire passion entre Bataille et Colette Peignot — Laure — en témoigne ici), et de « conjuration ». Le monde est en train de devenir une banlieue de grande ville. « L'humanité entière est menacée d'une réduction à un immense système d'esclavage pour tous. » « La dénivellation à prévoir devrait être la plus grande que l'histoire humaine ait enregistrée » (1937). La négation de la violence et de l'agressivité dans le discours bien-pensant dominant va entraîner un redoublement de la violence et de l'agressivité (position très proche du Freud de la même époque). Rien ne tient devant ce déferlement brutal : ni le christianisme (et son « avarice »), ni le socialisme qui en est le prolongement laïque. Tout se passe comme si l'être humain était devenu incapable de résister à la terreur, de regarder la mort en face, de se révolter contre la servilité qu'on lui inflige et à laquelle il s'abandonne par dépression et angoisse. Comble de falsification, une pensée comme celle de Nietzsche est détournée par l'adversaire : « Il semble que seuls ont pu se réclamer de Nietzsche des hommes qui le trahissaient misérablement. Il semble que l'une des voix humaines les plus bouleversantes se soit fait entendre en vain. » Staline tue Marx, Hitler tue Sade et Nietzsche, et leur sinistre travail se continuera dans « la platitude universelle ». C'est là que surgit *Acéphale*, « communauté élective contre toute communauté de sang, de sol ou d'intérêts ». On connaît la figure provocante, dessinée par André Masson, qui la représente : un homme sans tête à la poitrine étoilée, au ventre spiralé en labyrinthe, à la tête de mort à la place du sexe, aux bras écartés, avec dans la main gauche un poignard et dans la main droite un cœur enflammé comme une bombe. Masson, Leiris, Caillois ou Klossowski, ne participeront pas réellement aux « rencontres » devant un arbre foudroyé de la forêt de Marly, autour des ruines de la Montjoie, non loin de Saint-Germain-en-Laye. Sérieux ? Oui. Plaisanterie ? Aussi. « N'importe quelle plaisanterie possède une vertu que les représentations habituelles ne possèdent pas : elle brise le cercle des notions consciencieuses. » Cela n'empêche pas que « lorsque nous lions une joie extrême à la considération affreuse de la mort, lorsque nous lions l'ironie à l'angoisse, nous accomplissons une libération plus grande que toute autre ». Surmonter la mort et l'angoisse en gardant le souci de la lucidité scientifique, tel est l'enjeu (pas de « trappisme » ni de « bouddhisme », aucun refuge transcendantal). Curieuse société dont les mots de passe sont « la chance », « le rire », « l'amour de la destinée », « l'absence de sol et de tout fondement », « la joie devant la mort contre toute immortalité », « l'avenir mouvant et destructeur des limites contre la volonté d'immobilité du passé », « l'excitation érotique », « la liberté des enfants ». Le plus difficile à accepter, dans les propositions de Bataille, est bien ce maintien de la contradiction entre rigueur et dépense, ivresse et connaissance, « éclat tragique de l'existence » et « moquerie immense ». Cela se lit dans son écriture de l'époque, souvent non signée : « Toute la profondeur du ciel comme une orgie de lumière glacée, se perdant, fuyant... » Une écriture qui sait la profondeur méditée du silence, d'une honnêteté simple et fulgurante, calcinée par l'abandon des amis et l'échec triomphant (« J'ai gardé une confiance inébranlée, ou accrue, dans le mouvement auquel j'ai consacré mes efforts... »). Il est clair que la fréquentation de Bataille devait être, c'est le moins qu'on puisse dire, éprouvante. Il écrit, en 1938, à Leiris : « Je suppose que mon amitié a quelque chose de pesant pour ceux que j'aime le plus. J'ai un accès plus facile — surtout plus humain — auprès de gens que j'aime moins. » En octobre 1939, il constate l'impasse, la guerre est sur le point de tout ravager, il va bientôt écrire un de ses plus beaux livres, *Le Coupable* : «Je resterai seul... Un aussi grand accord à l'intérieur d'un groupe contre celui qui se trouve à son origine doit être rare.» En effet.

Georges Bataille, *L'Apprenti Sorcier*, textes, lettres et documents (1932-1939) rassemblés, présentés et annotés par Marina Galletti, Éditions de la Différence.

## *Aragon secret*

Comme il est seul, Aragon, en 1926, dans la province française[1] ! L'aventure surréaliste est lancée, il en est le virtuose associé à Breton, le langage de la liberté vient d'être retrouvé à travers le libertinage et le rêve. Il écrit sans cesse ce gros livre qu'il voudra nier, détruire, oublier, et dont le titre dit tout : *Défense de l'infini*. *Le Con d'Irène* n'en est qu'un chapitre, publié anonymement en 1928. Que d'histoires à propos de ce petit volume, que de rumeurs, de remous policiers, montrant à quel point la société est toujours sur la défensive si elle pressent en elle une fuite vers le non-fini ! « J'écrivais donc. Le temps devait être brûlé par quelque pierre infernale. La seule que je connaisse est la pensée, et j'ai dit qu'écrire est ma seule méthode de pensée. J'écrivais. J'ai toujours envié les érotiques, ces gens libres. Ils n'écrivent pas. »

Mais si, mais si, les érotiques écrivent parfois, et c'est bien ce qu'on leur reproche. Dans ces années vingt, décidément révolutionnaires (elles seront sévèrement punies par la suite), tout ce qui a été refoulé resurgit : Sade, Lau-

---

1. Préface à Aragon, *Le Con d'Irène*, Mercure de France, 2000.

tréamont, Rimbaud, l'explosion des frontières. *Ulysse*, de Joyce, vient de faire scandale, Georges Bataille est déjà là. Pourtant, la province règne, la « Grande Guerre » a multiplié les veuves, les rages, les soupçons. La IIIe République et ses hypocrisies de notables semble increvable. On ne s'amuse guère dans un bordel de campagne. « La province française. La laideur des Françaises. La stupidité de leur corps, leurs cheveux. Petites rinçures. Bon. »

Livre érotique, *Le Con d'Irène* ? Pas vraiment. Regardez : « Quelle tristesse dans toutes les réalisations de l'érotisme ! Je pense à la lourdeur des chiens dans la rue, s'attroupant, et tâchant de s'enfiler à qui mieux mieux. Les chiens d'à côté avaient des bottes, voilà tout. » Ce sont des soldats, ils font ce qu'ils peuvent. Et maintenant, on est à la ferme, c'est un vieux paralytique qui parle : « J'ai perdu le compte des années. » Aragon nous introduit dans le vrai sujet de la conscience nationale : un matriarcat de fer. Au commencement est une femme pieuse, la Mère, et puis vient la fille, Victoire, et la petite-fille, Irène. Le paralytique muet assiste à la débauche progressive de ses enfants : « L'inceste unissait sa grande voix tonnante à la tourmente de blasphèmes qui me traversaient. » Les femmes instrumentalisent les hommes présents, Gaston, Pierre, Joseph, Prudent. Cloué dans son fauteuil, le vieux jouit de la haine qu'il provoque, comme de la sienne propre. Il faut ici, comme par anticipation, entendre la voix de quelqu'un qui sera le vieil Aragon : « Imbéciles spectateurs, vous ne comprendrez jamais rien... Si vous saviez seulement, jeunes gens qui riez de l'infirme, quelle espèce de joie sourde, quel frémissement éveille au fond de ma chair engourdie, le bruit léger de vos dérisions. Ah, riez, riez encore, beaux abrutis de vingt ans. Je vous *tiens* par le plaisir même que j'éprouve à vous écouter. Encore, encore riez de moi, je vous en prie, à en devenir rouges, à en étrangler, à en suffoquer. Là, là. » C'est la grande joie terrible du masochisme. Un vieillard pétrifié devant sa fille tribade et sa petite-fille nymphomane : quel *raccourci d'histoire* annonçant l'orage, le stalinisme, le fascisme, les années 40-44, bref les dessous de l'Hexagone en folie. Aragon va devenir stalinien ? Oui, par terreur.

Soudain, le ton change, des poissons apparaissent. Ce sont de « souples masturbateurs », de « promptes images du plaisir, purs symboles de pollutions involontaires ». Nous allons vers une révélation sacrée, celle du con d'Irène, scène aussi incongrue que le fameux tableau de Courbet caché pendant tant d'années : *L'Origine du monde*. Ce qui frappe d'emblée, c'est le ton religieux d'Aragon devant ce dévoilement, son ivresse sacrée. Il s'agit bien d'une « église », d'une « ogive sainte ». Un palais, un écrin, une alcôve, une bouche de communion qui est en même temps un abîme. Le mot BONHEUR apparaît en capitales vers ces « lèvres adorables qui ont su donner aux baisers un sens nouveau et terrible, un sens à jamais perverti ». Éloge des *nymphes*. « Sous le satin griffé de l'aurore, la couleur de l'été quand on ferme les yeux. » Irène, avec son bouton « avertisseur d'incendie », part, avec ses partenaires, dans les « caravanes du spasme ». Une femme prend son plaisir : « Irène est comme une arche au-dessus de la mer. » Le jeune Louis Aragon devient de plus en plus Irène, Louireine. C'est qu'elle « pense beaucoup aux hommes », celle-là, qu'elle « s'empare d'un homme comme l'eau des marais, par infiltration sourde ». Contrairement à sa mère, Victoire, qui préfère les femmes, Irène trouve que « le corps de l'homme a quelque chose de très fort, qui l'appelle ». Nous sommes décidément dans une drôle de famille, « où depuis deux générations les mâles ont été réduits par leurs compagnes ». Analyse fine et prophétie : il s'agit du « triomphe des femmes et de leur orgueilleuse santé ». On comprend mieux pourquoi Aragon s'obstinera, plus tard, à répéter que la femme est l'avenir de l'homme. La terreur communiste, sur ce long chemin, n'aura été qu'une étape, une ruse de l'Histoire, un intermède mortel. Bien entendu, l'homosexualité masculine sera inscrite au programme : Irène est déjà une reine des abeilles mâles, « elle pense sans grand détour que l'amour n'est pas différent de son objet, qu'il n'y a rien à chercher ailleurs ». Les hommes sont simples : ils *fonctionnent*. Irène peut donc s'en servir en usant d'un « vocabulaire brûlant et ignoble ». Mieux : « Elle se roule dans les mots comme dans une sueur. »

Qui pouvait lire vraiment *Le Con d'Irène* jusqu'à une époque récente ? Qui aurait osé penser que Sade serait un jour imprimé sur papier bible ? Il n'y a plus de livre sous le manteau, plus d'Enfer, Aragon, dans les années vingt du XX$^e$ siècle, brûle ses vaisseaux. Pas de retour possible en bourgeoisie, pas de compréhension de la part de ses amis surréalistes. Il va entrer dans l'ordre « prolétarien », c'est-à-dire *là où on ne se doute de rien*. Le camarade Aragon serait l'auteur du *Con d'Irène* ? Vous voulez rire, c'est une provocation. Et pourtant, la planète de la censure tourne, la *Défense de l'infini* nous montre que rien n'était fatal dans la régression « poétique » ou « réaliste » qui a suivi. Cela gêne encore beaucoup de monde ? Trop. Pour l'instant, restons avec Irène : « Il flotte autour d'elle un grand parfum de brune, de brune heureuse, où l'idée d'autrui se dissout. »

## *Le dossier Aragon*

Contre la légende pieuse des dévots communistes ou académiques ; contre, aussi, le dépit amoureux d'un certain gauchisme et l'agressivité programmée des réactionnaires de tout poil (cela fait beaucoup de monde), le cas Aragon devrait être réexaminé comme l'un des plus singuliers du XX$^e$ siècle. Pour cela, il faut non pas endormir les textes dans une perspective historique prédéterminée mais bel et bien examiner l'histoire à travers ce que révèlent ou cachent les textes eux-mêmes. Ainsi de ce dossier capital : *La Défense de l'infini*.

Nous sommes en 1926. Aragon va avoir trente ans. Il est, avec André Breton, l'étoile hyper-active du mouvement surréaliste. *Le Libertinage*, *Le Paysan de Paris*, *Le Traité du style* comptent déjà parmi les chefs-d'œuvre de cette splendide tentative de subversion. En 1928, un bref petit livre, *Le Con d'Irène*, paraît sans nom d'auteur ni d'éditeur. Il sera republié régulièrement, sans que son auteur, Aragon en personne, veuille jamais en assumer la paternité à découvert. C'est seulement en 1986 que commencent à s'assembler les pièces du puzzle. Que faisait exactement Aragon entre 1926 et 1930 ? Quelles femmes ont de l'importance à ses yeux ?

Quel rôle exact joue Nancy Cunard dans toute cette affaire ? Que signifie l'autodafé auquel se livre Aragon, en automne 1927, à Madrid ? Que reste-t-il des milliers de pages (des milliers ? allez savoir) de cette *Défense de l'infini* qui nous arrivent maintenant par pans entiers, ruisselants d'énergie et de génie ? Pourquoi l'auteur tente-t-il de se suicider, à la fin de 1928 à Venise ? Et la politique dans tout ça ? Et la brusque mainmise de « Moscou la gâteuse » sur celui qui lui avait adressé ce compliment prophétique ? Nous avons des réponses, elles sont incomplètes. Des archives nous manquent. Aragon, bien entendu, a multiplié les allusions truquées, les dérobades, les fausses fenêtres, comme s'il ne pouvait pas rendre compte froidement d'une explosion noire, c'est-à-dire, en réalité, de sa propre aventure. Ce qu'il a plaidé par la suite, le « retour au roman », au réalisme, n'est guère convaincant. L'affaire est autrement sérieuse, et implique le drame d'une époque, d'un pays, d'une langue. Qu'est-ce que *l'infini*, en effet ? Et pourquoi fallait-il le « défendre » ? Pourquoi sommes-nous entrés, depuis les années trente, dans le déchaînement et la fureur du *fini* ? Supposons Aragon mort en 1928 : tout change. Et le secret est là.

On parle toujours des dons et de la virtuosité d'Aragon, surtout à cette époque, comme pour mieux éviter de considérer en face ce qu'il dit. Or, dès 1924, voici : « Le marquis de Sade en butte aux persécutions depuis cent quarante années n'a pas quitté la Bastille ; et comme lui presque tous ceux qui ne connurent aucune borne et que l'on devrait comme lui appeler des *divins* sont prisonniers aux mains des ignorantins. » Ou bien : « Écrire rappelle les détournements de mineurs ; il n'y a pas une idée qui soit à maturité au moment qu'on la fixe. » Ou encore : « La *Nouvelle Revue française*, pauvre patronage de banlieue, où l'on joue dans des maillots qui font des plis aux poignets et aux chevilles une Passion sans couronnes d'épines à l'usage des enfants de Marie. » Voilà, c'est parti. Le Travail ? « Le travail m'a toujours ennuyé. » La famille ? « Ce sont ses couilles que le père adore dans ses enfants », et aussi : « Allons, imbécile, sacrifie-toi, il n'y a pas d'autre issue si tu veux être un bon fils. Mais voilà : pourquoi diable est-il indispensable de rester un bon fils ? » La patrie ? Il faut appeler la jeunesse à « déserter en masse ». Et ainsi de suite. Sous le signe de Lautréamont, de Rimbaud, il s'agit immédiatement d'une insurrection globale. Aragon écrit tout le temps, il ne pense, dit-il, que lorsqu'il écrit ; avec lui, l'automatisme *devient* écriture. Breton, fasciné et jaloux, en témoigne : « Les quelque dix pages manuscrites qu'il s'imposait journellement ne lui coûtaient guère plus d'une demi-heure de travail, si même on peut parler de travail à propos de ces prouesses gymnastiques accomplies en se jouant. » Et de quoi parle-t-il, Aragon ? De son enfance révoltée, de Paris la nuit, des rues, des bars, du métro, des femmes et encore des femmes : « Je crois que j'ai eu besoin des femmes comme pas un. D'autres les ont sans doute aimées davantage. J'en ai eu besoin. Et non pas d'une. De toutes les femmes. De la foule des femmes. Du tableau indéfiniment mobile de leurs possibilités. » Tiens donc, et si le vrai scandale, le secret fondamental étaient là ? Si la réponse à cette proposition d'infini ne pouvait être qu'une réprobation majeure ? Voyez, par exemple, cette scène dans le métro : « Le geste de leurs doigts chercheurs le long des corps vers les braguettes dit tranquillement non à tout ce qui les a toujours entourées, dit non à tout un monde de mensonges et de sottises, dit non à la pureté prétendue, non au mariage, non au faux amour, non au dieu qui punit, non à la police, non à qui leur parlera tantôt dans des appartements à draperies, non à la vieillesse qui vient, non à ce qu'elles ont pu croire, non aux espoirs anciens et aux désirs futurs, non à ce qui est bleu bébé, tendre rêve, cher sourire. » Ces mots, et leur modulation, n'ont-ils pas toute leur efficacité *aujourd'hui même* ? Il faut l'arrêter, cet Aragon. Il faut le convaincre de s'arrêter lui-même, de rebrousser chemin, de se suicider ou d'apprendre à *servir*. Une telle gratuité heureuse est insupportable. « La magie du plaisir est peut-être la plus extraordinaire, avec ce qu'elle comporte de matériel, de merveilleusement matériel. Et sa sanction confondante, le foutre pareil aux neiges des sommets. » Arrêtez, arrêtez. D'autant plus qu'il n'hésite pas, l'animal, à vous faire la description détaillée, d'une inspiration poétiquement perverse, d'un sexe de femme, à la Courbet, comme si cette ouverture dans les apparences régnait sur la condition humaine. Dans ces choses, n'est-ce pas, seul le silence ou la gauloiserie sont de mise. « Il y aurait beaucoup à dire d'un certain langage déluré, de l'attitude qu'il légitime ; cette habitude des Français, par exemple, de parler du con en l'appelant cul, comme si c'était plus correct et plus méprisant à la fois. »

On sait que Breton a accueilli avec un silence glacial la lecture de passages de *Défense de l'infini*. Comportaient-ils celui-ci : « L'amitié, la plus hypocrite des passions humaines qui m'a appris combien j'étais différent des hommes, combien j'étais seul parmi eux » ? Non, il suffisait sans doute de pousser le libertinage jusqu'à ses plus extrêmes conséquences. On imagine par ailleurs sans peine les surenchères hystériques de Nancy Cunard ou, assez vite, la dissuasion séductrice et amère d'Elsa Triolet. La bourgeoisie poursuivait sa mise en scène moisie. Le jugement

« prolétarien » de l'appareil stalinien, lui, n'était pas moins prude et sévère. Que pouvait faire Aragon ? Brûler ses papiers ? Se tuer ? Il n'a réussi ni l'un ni l'autre. L'histoire est une substance étrange. « L'humanité est une hypothèse qui a fait son temps », écrivait cet enragé de trente ans avant de se rendre. Trente ans plus tard, en 1958, s'enthousiasmant pour le premier roman d'un jeune écrivain, il dit : « Je n'ai jamais rien demandé à ce que je lis que le vertige... Aucune règle ne préside à ce chancellement pour quoi je donnerais tout l'or du monde. » Encore quarante ans, maintenant, donc, et vous avez toujours le choix : évitez la dissolution et l'ennui, votez infini.

## *Connaissance de Claudel*

Vous dites *Claudel*, et, immédiatement, les clichés déferlent : dogmatique, épais, pétrifié, pétainiste, papiste, couvert d'honneurs, imposteur, poète reconnu donc maudit, cul béni, homophobe, sexophobe, tank de la réaction — l'horreur. La *haine* que suscite Claudel est, à la limite, presque plus intéressante que lui. Mais être ainsi constamment attaqué de partout depuis un siècle veut sans doute dire qu'on occupe une place centrale, surtout si le siècle en question s'est surpassé dans le mensonge, l'abjection, la terreur. Le problème est donc le suivant : que ne veut-on pas savoir de Claudel ? Pourquoi cette rapidité à se laisser piéger par ses masques ? Et d'ailleurs qu'a-t-il voulu lui-même cacher ou protéger ? Tout se passe en effet comme s'il n'avait pas hésité à en *remettre* dans le malentendu, la provocation, l'outrance. Il est invisible du dehors, Claudel. Il veut dissimuler un trésor.

Au commencement était Rimbaud, qui, d'ailleurs, continue à n'être pas lu comme il devrait l'être. Cette révélation (beaucoup plus importante que toutes les autres) a lieu dans le jardin du Luxembourg pendant l'été 1886. Un jeune homme très doué pour les études classiques (le grec, le latin) lit dans une revue *Une saison en enfer* et les *Illuminations*. C'est le choc foudroyant, la possession «séminale». On connaît la suite : le pilier de Notre-Dame, la «conversion», la vocation religieuse avortée, la passion amoureuse, l'exil en Chine et ailleurs, les polémiques avec Gide et les surréalistes, la carrière d'ambassadeur, l'invention du verset lyrique, le théâtre, etc. De nos jours, tout cela est plus ou moins oublié, seuls les clichés demeurent. Claudel tient surtout le coup grâce à ses pièces que les acteurs aiment jouer, mais précisément c'est ce qui, chez lui, a le plus vieilli. À tous les clichés, il faut d'ailleurs ajouter celui de «bourreau de sa sœur», Camille. Bref, il a tous les défauts, ce Claudel, c'est connu. Mais, au fait, que disait Rimbaud, que s'est-il passé dans ce coup de foudre ?

Le mystère de Notre-Dame de Paris est finalement assez simple : le grand rythme grec est perdu, la Bible pas du tout lue, Dante imaginé de travers, Pascal enterré quelque part dans les oubliettes. Il ne s'agit pas d'idéologie : le Verbe lui-même est tombé à plat, il n'y a plus qu'une faible braise sous la cendre. Claudel, c'est sa folie tenace, se sent missionné pour ressusciter la métaphysique, souffler sur le feu, refonder, si on peut dire, le système nerveux de Dieu. En pleine III$^e$ République, un tel projet est carrément du délire. Rimbaud a tout compris, il est parti, ce qui a beaucoup fâché le milieu littéraire qui préfère ruminer ses petites affaires (il s'obstine). Rien à attendre de la société, voilà ce que pense Rimbaud, mais on va lui faire dire le contraire, l'enrôler dans le messianisme révolutionnaire, en faire un prophète, un mage, un voyant, un «ange en exil» (Verlaine), un «opéré vivant de la poésie» (Mallarmé). Claudel réagit de la même façon ? Évidemment. Pour lui, Rimbaud sera «un mystique à l'état sauvage», il le civilisera coûte que coûte. Erreur? Pas pire que les autres, et tout aussi passionnelle. Rimbaud catholicisé, Rimbaud homosexualisé, Rimbaud marxisé, Rimbaud ésotérisé, vous avez le choix, et les injures fusent d'un camp à l'autre. Ce qui est frappant, c'est que, dans son camp, Claudel est seul. Les catholiques n'ont pas grand-chose à faire de Rimbaud, ni d'ailleurs de la Bible. Ne parlons pas du chinois dont, malgré les Jésuites, ils ne veulent rien savoir. Les surréalistes et la Bible? Personne. Le chinois? Aragon ira à Moscou, quand Claudel est passé par Shangaï... Seul Artaud peut être défini comme répondant vraiment à l'interrogation claudélienne : cela se sent dans la percussion de son écriture, mais la sanction sociale tombera sur lui (et Claudel, sans doute, a eu très peur de cette possibilité d'enfermement pour lui-même).

Claudel n'est pas bien dans son corps. Il a un appareil de perception merveilleux mais une enveloppe fâcheuse. Son histoire comique avec Gide vient de cet embarras. Gide est plutôt beau, Claudel voudrait le convertir à l'ascèse qui est la sienne, il est amoureux de Gide, disons les choses, puisqu'est amoureux tout individu qui veut intervenir dans la vie privée d'un (ou d'une) autre. En réalité, le problème n'est pas là, il est avant tout verbal. Relisez *Partage de midi* ou *Connaissance de l'est* en même temps que *Les Caves du Vatican*, par exemple. Gide, mis à part son *Journal* et ses prises de position courageuses, est un homme du XIX$^e$ siècle; Claudel un énergumène qui met la notion de siècle en bouillie. Le malentendu porte sur le temps et la façon de le vivre. Peu de gens connaissent le *Journal* de Claudel (deux volumes en Pléiade) qui est peut-être son chef-d'œuvre : acuité de la notation visuelle et auditive, précisions politiques, portraits, lectures vibrantes, on peut vérifier là, comme dans *L'Œil écoute*, l'éveil et l'ouverture que donnent des dons de langage inouïs. La *prose* de Claudel, voilà sa vraie force (plus que l'éloquence lourde de ses poèmes, ou de ses tirades théâtrales). C'est du grand art au pinceau chinois, ramassé, vertical (pas étonnant que Mallarmé ait perçu et deviné ce débutant qui venait se taire « furieusement » chez lui). Il faut aller le chercher *en retrait*, Claudel, comme s'il avait fait volontairement le vide autour de lui pour mieux avoir la paix et méditer en silence. L'Église ? Un bunker. La famille ? Idem. La diplomatie ? Un lieu d'observation sans pareil, où, d'ailleurs, qu'il soit au Brésil, aux États-Unis ou au Japon, il fait merveille. À Prague, en 1910, quelqu'un le décrit ainsi : « Le consul Claudel, éclat de ses yeux que son large visage recueille et réfléchit. » Il s'agit de Kafka qui se trouvait là. La tragédie européenne va bientôt commencer, et Claudel *préviendra*, messages dans le désert. Sur Hitler, des jugements lucides et violents. Sur Staline, bien entendu, rejet total (voilà, pour lui, les « deux bêtes de l'Apocalypse »). Le bref épisode « maréchaliste » ? Il s'en veut, il s'excuse, il détestait trop la IIIe, il parlera très vite de « l'immonde Pétain » et de la « lâcheté » de l'Église de France. Il est horrifié par les persécutions antisémites (la Bible, bien sûr). Contre lui, avec une malveillance systématique et persistante : l'Action française (personne n'a été plus hostile à Maurras que Claudel). Les autres auteurs catholiques ? Bernanos le déteste, Mauriac, seul, le respecte avec résignation : c'est lui qui aura le Nobel, pas Claudel (« je suis barré de fondation »). Le courant issu de Péguy ne l'aime pas, et pour cause : il n'y a pas de conciliation possible entre la poésie appliquée de Péguy et celle, toujours sensuelle, de l'auteur de *Positions et propositions*. Au fond, Claudel est un voluptueux, à la fois très ancien et très moderne.

Il prend les choses de plus loin et à la racine, pas de psychologie, une vie des mots en formation : « Il est impossible de donner une image exacte des allures de la pensée si l'on ne tient pas compte du blanc et de l'intermittence. Tel est le vers essentiel et primordial, l'élément premier du langage, antérieur aux mots eux-mêmes : une idée isolée par du blanc. Avant le mot une certaine intensité, qualité et proportion de tension spirituelle. » La poésie est un art, et Homère, Virgile, Dante sont contemporains de Baudelaire ou Rimbaud, comme Watteau de Picasso. Peu de textes de Claudel sont aussi émouvants que celui qu'il consacre à *L'Indifférent* de Watteau, le 18 décembre 1939, alors que la guerre est déclarée. Texte bref, d'une grande virtuosité, où le personnage du peintre est appelé un « messager de nacre ». On a l'impression qu'il veut dire que la guerre sera gagnée, au bout d'un tunnel d'enfer, par ce seul tableau.

Claudel, papillon chinois enfermé dans un ours : étonnante plaisanterie de la nature. Mais l'ours danse comme personne, il a surtout une oreille très fine. Il est délicat et sûr dans ses goûts, même s'il n'aime pas particulièrement faire le beau devant les dames ou les éphèbes qui, les imbéciles, se moquent de son apparence. Ses fréquentations à lui, dans la montagne, ont pour nom Lao-tseu ou Isaïe, saint Jean ou Eschyle. Drôle de type, vraiment, qui a su que l'ignorance et la surdité, l'oppression et la vulgarité, allaient durer longtemps, très longtemps, dans une obscurité brutale, mais qu'il y avait *aussi* des paroles qui ne passeraient jamais, des peintures, comme celles de Rembrandt, définitives. Il écoute, il scrute, il lit, il voit dans le noir. Il meurt en disant « laissez-moi, je n'ai pas peur ». Il a grogné, mais c'était aussi pour rire, puisqu'à chaque détour un humour énorme est en lui. Dans une photo saisissante, Cartier-Bresson l'a surpris un jour en train de regarder passer un corbillard. C'est quelqu'un d'autre qui s'en va en terre, pas lui. « Ce qui n'est pour vous que mots et cendres, est pour moi chair, pain, vin, eau, lait, miel, huile, pulpe de fruit. »

## *Révélation de Sartre*

C'est en 1938 que paraît *La Nausée*. Sartre a trente-trois ans. Il vient d'écrire, en plein Front populaire, un des livres les plus anarchistes de tous les temps. Il s'agit d'une révélation extatique, d'un roman d'illumination métaphysique, d'un constat social et historique sous forme de prophétie très précise. La guerre va en démontrer la force : elle est parfaitement intacte aujourd'hui.

L'exergue, beaucoup ont envie de l'oublier, est de Louis-Ferdinand Céline : « C'est un garçon sans importance collective, c'est tout juste un individu. » On aurait pu en dire autant de Candide, mais il arrive à ce Candide-là un surcroît de conscience de l'absurdité humaine, comme si on atteignait une convulsion de fond (« J'ai fait l'expérience de l'absolu : l'absolu ou l'absurde »). Sartre, comme titre, avait pensé à *Melancholia* (d'où, en livre de poche, la reproduction de l'ange de Dürer, là où un Francis Bacon aurait sans doute été préférable). C'est, paraît-il, Gaston Gallimard qui a trouvé *La Nausée*. Bien joué. Inutile de dire que les occasions de nausée, ces temps-ci, peuvent être multipliées par cent mille. Cependant, le modèle déposé par Sartre a quelque chose de définitif.

## Révélation de Sartre

Sous leurs airs innocents et neutres, les dictionnaires ont ceci d'intéressant qu'ils sont bourrés d'idéologie. C'est ainsi que, dans le petit Larousse illustré, on peut lire cette définition de *La Nausée* : « Le journal intime d'Antoine Roquentin révèle le drame d'un être incapable de conquérir sa liberté. » Voilà un excellent exemple de cliché d'« importance collective », pour ne pas dire collectiviste, auquel Sartre, malheureusement, aura mis la main par la suite. A-t-il eu peur de son propre livre? S'est-il senti coupable de l'avoir écrit? A-t-il jugé qu'il fallait l'expier? L'autocritique des *Mots* peut le laisser supposer et, de toute façon, il ne serait pas le premier écrivain dans ce cas. Quoi qu'il en soit, il faut, bien entendu, renverser la définition du petit Larousse, et lire : dans son journal intime, Antoine Roquentin accomplit, comme personne avant lui, la découverte d'une liberté contraire à tous les mensonges humanistes, liberté que le XXe siècle nous oblige à penser. Attendons (sans illusions) de voir si cette juste définition s'impose.

C'est un livre magnifique et terrible, où chaque scène porte, où chaque phrase atteint sa cible. Il y a, par exemple, l'extraordinaire figure de l'Autodidacte, ce socialiste amoureux de la communion humaine. Les humanistes? Sartre a un compte à régler : « J'en ai tant connu! L'humaniste radical est tout particulièrement l'ami des fonctionnaires. L'humaniste dit "de gauche" a pour souci principal de garder les valeurs humaines : il n'est d'aucun parti, parce qu'il ne veut pas trahir l'humain, mais ses sympathies vont aux humbles; c'est aux humbles qu'il consacre sa belle culture classique [...]. Il aime aussi le chat, le chien, tous les mammifères supérieurs. L'écrivain communiste aime les hommes depuis le deuxième plan quinquennal; il châtie parce qu'il aime [...]. L'humaniste catholique [...] a choisi l'humanisme des anges ; il écrit, pour l'édification des anges, de longs romans tristes et beaux, qui obtiennent fréquemment le prix Femina. » D'ailleurs, la liste ne s'arrête pas là, à tel point que le monde, dirait-on, se retrouve plein d'humanistes. « Ils se haïssent entre eux, mais l'Autodidacte l'ignore. » L'humanisme, écrit Sartre, « digère tout ». Et de conclure : « Je ne veux pas qu'on m'intègre [...]. Je ne commettrai pas la sottise de me dire "antihumaniste". Je ne suis pas humaniste, voilà tout. » Cette négation affirmative est la grande vérité de Sartre, de même que son extase négative dans le Jardin public. L'existence, que les hommes passent leur temps à ignorer dans « leur petit entêtement personnel », se révèle dans sa profusion inépuisable, sans explication, sans raison, sans but. L'homme est de trop dans un trop qui n'en finit pas d'être plein. « Les imbéciles. Ça me répugne de penser que je vais revoir leurs faces épaisses et rassurées. Ils légifèrent, ils écrivent des romans populistes, ils se marient, ils ont l'extrême sottise de faire des enfants. » Anny, l'amie d'Antoine, ne lui sera d'aucun secours : elle ne croit plus à la comédie, pas plus à celle du théâtre qu'à la sienne propre. Son existence était truquée à partir des dessins de l'*Histoire de France* de Michelet. L'ennui est partout, et si l'on baise la patronne du café, c'est bien « par politesse ». Une catastrophe ne peut que s'abattre sur un univers aussi bouché, buté, inconscient du néant dans lequel il grouille. Là où un mystique ferait état de sensations d'allègement, de détachement, Sartre, lui, au contraire, souligne le surgissement d'une énorme présence poisseuse, confiture, marmelade, gélatine, qui remplit tout, fausse tout. Les hommes collaborent avec « cette grosse bête immobile ». Le musée est plein de portraits de salauds, comme Parrotin ; des croûtes de peinture célèbrent des « chefs ».

*Révélation de Sartre*

Une seule lueur, dans la nuit qui va tomber, en 1940, sur la France et l'Europe : la chanteuse noire qu'on entend parfois, dans un disque qui passe au café. La chanson, on le sait, s'appelle *Some of These Days*. Elle a été écrite par un Juif de New York. Ces deux-là, « le Juif et la Négresse », vont être « sauvés », « lavés du péché d'exister ». Sartre insiste : « Comme des morts, comme des héros de romans. » Comme des personnages de *La Nausée*, en somme.

## *Politique de Mauriac*

Je réentends souvent, en face de moi, la voix rauque et déchirée de Mauriac. C'est tout de suite un concert : drôlerie sérieuse, cruauté sèche, envolées lyriques interrompues par un fou rire, chuchotements indignés, méditations, anecdotes, portraits féroces en douceur. Cette voix est là dans ses romans (bien meilleurs qu'on le dit), dans son Bloc-Notes et ses Chroniques (plus brillants qu'on ne croit). Une étrange liberté, un feu, une foi, une malice : « Je prendrai la politique, je la baptiserai littérature et elle le deviendra aussitôt. »

Le secret de Mauriac ? Sa religion, bien sûr, mais aussi ses passions littéraires. Les noms qui reviennent le plus souvent chez lui, sur fond d'Évangiles : Pascal, Rimbaud, Proust. Et puis la musique, à commencer par Mozart. Mauriac est, de loin, la meilleure *oreille* de son temps. Un soir de 1948, il écoute *Idoménée* à la radio, l'opéra est joué à Cambridge : « Je sentais battre le cœur de l'Europe suspendue au chef-d'œuvre comme l'essaim à la branche. » L'Europe : elle sort d'une catastrophe, elle est ruinée, le fou furieux de Berlin laisse place au bourreau méthodique de Moscou, mais la musique est plus forte que l'horreur systématiquement programmée et son cortège sinistre. À Aix, un peu plus tard : « Parfois les feuillages profonds des platanes s'émeuvent et le souffle frais qui caresse nos visages soulève dangereusement les partitions sur les pupitres. Et puis tout s'apaise et la lune elle-même écoute derrière les branches. »

Le Mauriac « gaullien » des années soixante nous cache celui qui, auparavant, a été un des adversaires les plus constants et les plus efficaces de la mécanique totalitaire. Sur de Gaulle, ce fragment de 1962 dit l'essentiel : « Voilà un homme contre lequel sont ameutés tous les vieux partis, de la gauche révolutionnaire à la droite la plus extrême et la plus criminelle, en passant par le centre le plus modéré, et presque tous les grands journaux de la province et les hebdomadaires à la mode. Sans compter les généraux mutinés, les tueurs à gages et les tueurs mystiques... Pour les gens du monde, ils grincent des dents et de la fourchette au seul nom de De Gaulle. La haine leur monte au nez dès le premier whisky. » Eh oui, c'était ainsi.

Mais revenons au début des années cinquante. Qu'écrit Mauriac, aussitôt ? Il célèbre le *J'accuse* de Zola, rend hommage à Gandhi en regrettant qu'un pape n'ait pas fait une grève de la faim en temps voulu, se préoccupe surtout de la machine à décerveler stalinienne. Ce qui le scandalise est moins le mal en soi (« le mal est le mal ») que les contorsions hypocrites pour le faire apparaître comme naturel, nécessaire. De ce point de vue, Sade le choque moins que Gide. Sartre est un « athée providentiel » qui, comme disait Pascal, « blasphème ce qu'il ignore ». Alors que Gide, lui, « renie ce qu'il connaît ». Camus (« notre penseur n° 2 ») reproche à Mauriac de ne pas vouloir reconnaître la mort «heureuse» de Gide? Réplique cinglante : «Il n'y a de mort heureuse pour personne, Monsieur Camus...» La mort n'est pas à comptabiliser : «Soyons du petit nombre de ceux qui croient "en esprit et en vérité" qu'un seul homme, quelle que soit sa race, a une valeur infinie.»

Les staliniens, eux, sont à l'époque en plein délire religieux inversé. C'est le moment des «convulsionnaires de *L'Humanité*». Mauriac, là, se déchaîne : «Pour vous la démocratie n'est qu'un faux nez, un faux nez qui ne trompe plus personne et que vous rajustez sans cesse, d'une main hésitante, sur votre figure de petit-bourgeois fanatisé.» La colombe de la paix de Picasso? «Les peuples béats sont tombés à genoux devant cette merveille : Picasso a dessiné une vraie colombe qui ressemble à une photographie de colombe primée à un concours de colombes.» Il faut s'entendre : soit vous reconnaissez vos crimes comme tels, en poussant la provocation, comme Aragon, jusqu'à justifier après coup le pacte germano-soviétique (et, par conséquent, le martyre de la Pologne), soit vous vous taisez. Exemple du grand Mauriac de 1949, s'adressant à une journaliste communiste qui prétendait qu'il n'y avait pas de victimes en Russie, sauf des traîtres : «Croyez-vous donc que Staline s'émeuve d'être considéré par nous comme un homme couvert de sang? C'est un bon laboureur appliqué à sa tâche, dont le soc déchire la glèbe humaine et la fouille jusqu'aux entrailles. Consentez à être comme lui ce que vous êtes : l'ouvrière d'une cité où seul compte dans l'homme son rendement, et qui a perdu le droit et l'envie de s'attendrir — fût-ce sur les victimes des autres. Remettez ce mouchoir dans votre petit sac, et osez regarder en face votre épouvantable vérité.»

Ce *petit sac*, n'est-ce pas, mérite la postérité.

Questions de *goût* : Drieu a été séduit par Doriot. Il le trouvait fort, beau, exemplaire. Mauriac, lui, ne l'a vu qu'une fois, et avec répulsion. «La nature m'a pourvu d'une antenne qui décèle d'abord la présence des personnages funestes.» Il peut dire en revanche qu'une bonne interprétation du *Don Juan* de Mozart est une date dans son histoire personnelle. Il s'amuse de la transaction ridicule entre Simenon et un curé local : Simenon acceptera d'envoyer son fils au catéchisme si on ne lui parle jamais du péché et de l'enfer. Le curé est d'accord, minuscule histoire qui conforte l'anticléricalisme instinctif de Mauriac. Pour lui, Pascal est «l'archer terrible aux dix-huit flèches impérissables» (les *Provinciales*). Cela dit, l'anticléricalisme peut être aussi bête que son contraire, et Cocteau en saura quelque chose lors de la représentation de son *Bacchus*. La lettre ouverte que lui envoie Mauriac à cette occasion est une merveille classique. Julien Gracq obtient le prix Goncourt? C'est comme si les Jésuites couronnaient Pascal. Le cinéma? «Ma faculté d'ennui dans les salles obscures est telle que je la communique, même sans parler à la personne qui m'accompagne.» Une exception, cependant : le *Limelight* de Chaplin. Il y a aussi des cas curieux : celui d'Eluard, par exemple, dont tout le monde savait par cœur les poèmes résistants, mais qui s'est converti, pour finir, à la religion sanglante. «Ce qui lui avait été abomination devint tout à coup à ses yeux, sous le régime stalinien, vérité et justice.» Religion, religion... Et découragement, parfois, avec citation de Benjamin Constant : «On se sent l'impatience d'avoir traversé la vie au plus vite pour échapper aux hommes.»

Mauriac reçoit le prix Nobel en 1952. Il n'en fait pas un plat, s'enfonce dans la nature avec Rimbaud « dont chaque mot le brûle depuis la sortie du collège ». Cela ne l'empêche pas d'écrire une hilarante *Histoire politique de l'Académie française* (1955), dans laquelle il décrit ce qu'est la « droite à l'état pur ». Il connaît les choses de l'intérieur, les intrigues de Chaumeix, les vraies raisons des élections de Pétain et de Maurras (en 1938). Quand Mauriac nous dit que sa mystique est à la source de son comportement politique, il faut le croire, et comprendre sa perplexité admirative devant la sérénité et l'indifférence massive de Claudel. Lui, Mauriac, a des amis et des ennemis partout, c'est logique : « Il faut que ceux qui ne portent pas un écrivain dans leur cœur s'y résignent : il est aimé par d'autres plus qu'il n'est détesté par eux — beaucoup plus aimé qu'il ne le mérite. » Il y a une vanité sarcastique à goûter le vide des honneurs, et une humilité vraie à repartir dans les vignes, entre deux messes. La liturgie et la musique sont là. La vieille corneille élégiaque peut faire à nouveau vibrer la chaleur et les incendies des Landes, le mûrissement du raisin, des vers de Hugo, le souvenir d'un dîner avec Proust, couché dans son lit, la nuit, sous des draps tachés d'encre. Le mot de Michelet sur le « supplice de la vieillesse » revient souvent, et il est étonnant sous la plume de ce jeune homme prolongé qui se tient là, au bord de l'abîme, en attente. En réalité, il nous manque. On se demande ce qu'il dirait des grandes misères d'aujourd'hui, des nouvelles impostures, des nouveaux mensonges. De ce pape polonais, par exemple, qui n'était vraiment pas prévu au programme meurtrier des « exploiteurs du matériel humain ». Le jeune Mauriac marche avec ses *Pensées* et sa *Saison en enfer* dans la poche. Il relit aussi Bossuet : « Tout nous sert ou nous nuit infiniment : chaque moment de notre vie, chaque respiration, chaque battement de notre pouls, chaque éclair de notre pensée a des suites éternelles. »

*La Paix des cimes, chroniques 1948-1955*, édition établie par Jean Touzot, Bartillat.

*Portrait d'un rebelle*

Pour l'état civil, il s'appelle Fabian Lloyd, né à Lausanne en 1887, disparu dans le Pacifique en 1918, petit-fils du chancelier de la reine d'Angleterre et neveu d'Oscar Wilde. Pourtant, il s'agit bien d'Arthur Cravan, le « poète aux cheveux les plus courts du monde », le fondateur et seul rédacteur de la revue *Maintenant* (cinq numéros explosifs), boxeur, anarchiste, conférencier, danseur, aventurier, beau, insultant, direct, dissimulé, voyageur, déserteur. Il a hanté l'imagination révoltée d'André Breton et de Guy Debord. Il n'a pas fini de nous faire signe sous son nom de légende.

Son père est donc le frère de Constance Wilde, l'épouse du terrible Oscar (problème familial : comment effacer ce nom après le scandale). Sa mère, Nellie, bientôt remariée avec un médecin suisse, préfère aussitôt son fils aîné, Otho, peintre médiocre et soumis. Fabian, le futur Arthur, est rejeté, réfractaire. On veut exclure l'oncle scandaleux et éliminer sa mémoire pour plaire à tous les hypocrites du monde ? Qu'à cela ne tienne, Fabian va relever le flambeau et continuer le combat. Un conflit avec la mère ? Bien sûr, la poésie commence par là, Baudelaire a su le dire (et Rimbaud, donc). Quant à l'axiome antiréaliste et antinatura-

## Portrait d'un rebelle

liste de Wilde : « La Vie imite l'Art, beaucoup plus que l'Art imite la Vie », les « assis » ne le comprendront jamais, pas plus que les pharisiens de toutes obédiences, écrivains ratés, artistes moisis, journalistes envieux ou notables. Le train-train dix-neuviémiste ne peut plus durer, il faut que quelqu'un se dévoue pour le dire. Cravan sera cet homme de provocation et de ring. « De ma vie, écrit sa mère, je n'ai vu une tête aussi dure, on a beau lui expliquer un million de fois la même chose, il en sait autant après qu'avant. Je plains sa maîtresse d'école. » Un peu plus tard, Cravan aura ce mot merveilleux de profondeur : « Ma mère et moi, nous ne sommes pas nés pour nous comprendre. » Tout est dit. Un demi-siècle après, il suffira d'ajouter : « Soyez réalistes, demandez l'impossible » ou, simplement, « Sous les pavés la plage ». Ou encore : « Ne travaillez jamais. »

La scène se passe à Paris, avenue de l'Observatoire, mais ce garçon qui se veut poète (et vit en concubinage avec une jolie jeune femme du nom de Renée) a beaucoup navigué et roulé : États-Unis, Italie, Allemagne. Il a, sur la vieille Europe d'avant la boucherie de 1914, le regard anticipateur et cruel qu'il faut. Il écrit, par exemple, à son beau-père : « Je me développe tous les jours et j'attends un peu mon avènement à la plénitude des sens. Mon talent est en disproportion avec mon corps très riche, mais il grandira. Pour l'instant, je mène réellement une vie de Dieu ou de Centaure. » Le Futurisme, Dada, et la suite, n'attendent que lui, mais il ne sera jamais, lui, en uniforme moderniste. Il préfère la boxe, la bagarre sans suite, l'éclat de gloire sans lendemain, le *maintenant* ciblé. Un chroniqueur le décrit ainsi, dans une de ses « conférences » publiques : « Il exprime son mépris de l'artiste. À coups de trique assenés sur son guéridon, il exige le silence, bien que celui-ci soit total. » De temps en temps, Cravan tire quelques coups de pistolet avant de parler, ça ponctue mieux le discours. Sa mère, de loin, apprécie au nom de la société tout entière : « J'éprouve une honte et un dégoût d'être la mère d'un tel goujat. Je le compare aux apaches genre Bonnot. » Seul, ou presque, Felix Fénéon trouve qu'il a du génie. Lui, il écrit des vers de ce genre : « On a beau dire et faire agir et puis penser / On est le prisonnier de ce monde insensé. » Ou encore des aphorismes : « Il est plus méritoire de découvrir le mystère dans la lumière que dans l'ombre. » Ou bien : « Tout grand artiste a le sens de la provocation. » Ou : « Les abrutis ne voient le beau que dans les belles choses. »

Le premier numéro de *Maintenant* paraît en avril 1912. Cravan, qui rédige seul sa revue, la vend dans une voiture des quatre-saisons à la sortie de l'hippodrome Gaumont, place Clichy, et dans toutes les rues de Paris. *Cravan*, pourquoi ce pseudonyme ? Il s'agit sans doute d'un rappel du village de Cravans, en Charente-Maritime, où il est allé pour un baptême avec son amie Renée, s'amusant au passage à tirer les cloches de l'église. On peut aussi entendre *caravane* et le mot anglais *cravan*, lâche, abject. Arthur, c'est bien entendu Rimbaud, la Table ronde, et le lord Arthur Savile d'Oscar Wilde. Le morceau d'anthologie du deuxième numéro est le récit d'une visite à André Gide. Bien entendu, il s'agit de venger Wilde, mort dans la misère, en démontrant qu'il peut y avoir une homosexualité officielle, rangée, rentable, nobélisable et que, donc, la question n'est pas là. L'ironie de Cravan, dans ces quelques pages, est dévastatrice. Il souligne la radinerie de Gide, l'absence de goût de sa maison, son manque d'humour, sa parcimonie protestante, son défaut d'oreille métaphysique, son apparence mécanique et chétive. Gide, lui, a dû penser

## Portrait d'un rebelle

qu'il avait affaire à un fou. Que répondre à un grand type de vingt-cinq ans pesant cent kilos qui vous dit tout à coup : « La grande Rigolade est dans l'Absolu » ? Que murmurer, sinon l'heure qu'il est (six heures moins le quart) à un énergumène qui d'une voix très fatiguée vous demande : « M. Gide, où en sommes-nous avec le temps ? » Le malentendu est hilarant et total. « La marche de M. Gide, écrit Cravan, trahit le prosateur *qui ne pourra jamais faire un vers.* » Voilà de l'excellente critique littéraire.

Dans *Maintenant*, Cravan donne quelques descriptions tendues et caustiques de son oncle Wilde, il se moque de lui tendrement. Sa violence éclate surtout contre les peintres du Salon des Indépendants. Il sent venir une époque (la nôtre) où les écrivains et les artistes pulluleront pour mieux annuler la chose dont il devrait être question : « Dans la rue, on ne verra bientôt plus que des artistes et l'on aura toutes les peines du monde à y découvrir un homme. » Les insultes dont il couvre les participants du Salon le feront poursuivre en diffamation. Dans ses réponses, il va signer : « Arthur Cravan, chevalier d'industrie, marin sur le Pacifique, muletier, cueilleur d'oranges en Californie, charmeur de serpents, rat d'hôtel, neveu d'Oscar Wilde, bûcheron dans les forêts géantes, ex-champion de France de boxe, petit-fils du Chancelier de la Reine, chauffeur d'automobile à Berlin, cambrioleur, etc., etc. » On imagine la stupeur du milieu. Décidément, il ne veut pas « se civiliser », il ne joue pas le jeu, il cogne. Un rire salubre l'accompagne, et on l'entend mieux aujourd'hui.

Cependant, la guerre est là, et Cravan, bien entendu, n'est pas volontaire. Il a la nationalité suisse, il s'éclipse, il se déguise en boxeur professionnel. On le retrouve ainsi à Barcelone dans un match fameux (et plus ou moins truqué) contre le champion noir Jack Johnson. On le signale à Budapest, à Belgrade, en Roumanie, en Russie, en Turquie, en Grèce, en Égypte, au Portugal, aux États-Unis, au Canada, et, enfin, au Mexique. Il fait sensation à New York (déshabillages, travestissement), entame une liaison passionnée avec le prototype de la « femme moderne », une poétesse, Mina Loy, mais continue à bouger : « Je ne me sens vraiment bien qu'en voyage ; lorsque je reste longtemps dans le même endroit, la bêtise me gagne. »

Au Mexique en 1918, donc. Là, tout se brouille. Il appelle Mina Loy, qui tarde à venir, mais fait signe aussi à Renée. Les lettres à sa mère (qui s'est un peu calmée entretemps) sont contradictoires. Cravan a trente ans. Certes, il boxe encore en public, mais rien ne va plus : « J'ai une peur effroyable de devenir fou. » Mina Loy finit par le rejoindre, l'épouse, erre un peu avec lui et, enceinte, va l'attendre à Buenos Aires. Il doit, en principe, la rejoindre par mer. On n'entendra plus jamais parler de lui.

Suicide ? Accident ? Assassinat ? Rôle glauque d'une femme enceinte ? L'Océan est muet. Mina Loy, qui accouchera d'une fille, Fabienne, parle de lui comme une veuve indulgente et conséquente : « Il souffrait terriblement de la stupidité humaine. Je ne déplore pas trop sa mort, le grand chagrin est qu'il ne vive plus... Il prenait l'inévitable de bon gré à tout moment, — c'est pourquoi il était si difficile à comprendre. »

Arthur Cravan, on le voit, aurait pu exister beaucoup plus longtemps, l'hypothèse la plus vraisemblable sur sa disparition étant qu'il a dû finir par rencontrer l'ennui sous sa forme définitive. Guy Debord écrit dans *Panégyrique* :

« Les gens que j'estimais plus que personne étaient Arthur Cravan et Lautréamont, et je savais parfaitement que tous leurs amis, si j'avais consenti à poursuivre des études universitaires, m'auraient méprisé autant que si je m'étais résigné à exercer une activité artistique ; et, si je n'avais pas pu avoir ces amis-là, je n'aurais certainement pas admis de m'en consoler avec d'autres. » En 1968, par exemple, l'intervention, à quatre-vingt-un ans, de Cravan, à la Sorbonne, n'aurait pas manqué de faire événement. Personne n'aurait songé à lui demander d'être bref. Il l'aurait été, d'ailleurs, se contentant, pour appeler à la plus grande liberté, de citer sa revue de jeunesse. « Tout noble a du voyou en lui et tout voyou du noble parce qu'ils sont les deux extrêmes. » Ou plutôt : « Le génie n'est qu'une manifestation extravagante du corps. »

*Arthur Cravan, Une stratégie du scandale* de Maria Lluisa Borrás, édition établie par Arlette Albert-Birot, suivi de *Maintenant 1912-1915*, collection complète n° 1 à 5 en fac-similé, Jean-Michel Place.

## *Sartre et Beauvoir*

Dans les mythes et les légendes, la vérité se perd, on finit par ne plus très bien savoir de quoi il s'agit. La célébrité de certains acteurs cache l'Histoire. Les clichés remplacent les textes et les documents. Sartre et Beauvoir sont ainsi victimes, aujourd'hui, de leurs admirateurs comme de leurs adversaires. Imités, suivis, détestés, vomis, on voit surtout en eux des images simplistes. « Existentialisme », « féminisme » sont devenus des mots servant à enterrer leur aventure commune, beaucoup plus obscure et complexe qu'on ne l'aura dit. Ils ont inventé une histoire d'amour sans précédent, on les transforme en militants politiques. C'est entendu : Sartre s'est trompé, il a trop longtemps défendu, contre l'évidence, l'imposture communiste, mais il a eu aussi très souvent raison contre le fascisme rampant, le racisme, le colonialisme. On oublie, en passant, l'admirable *Nausée* (livre étrangement actuel), et toute une existence vouée à une indépendance farouche. Beauvoir, de son côté, qu'on a bien raison de célébrer, ces temps-ci, comme l'auteur du *Deuxième Sexe*, n'est pas seulement la grande prêtresse du mouvement de libération des femmes. Elle aura été un écrivain lucide, courageux, qui aura vécu, et c'est très rare, avec une intelligence de soi très aiguë.

Quand Sartre et Beauvoir se rencontrent comme étudiants dans le Paris de 1929, elle a vingt et un ans, et lui vingt-trois. Il est laid, mais drôle, et déjà génial. Elle est belle, sérieuse, encore très «jeune fille rangée», venant d'un milieu bourgeois hyperconformiste. Tout de suite, elle est attirée par le groupe de jeunes philosophes animé par Sartre. Leur liaison, qui devient vite une passion partagée, est un des romans vécus les plus riches du $XX^e$ siècle.

Déjà, on peut s'étonner. Ces deux jeunes gens étaient donc exceptionnels ? Oui. Ils rejettent la société de leur temps, ses vieilles valeurs, son engourdissement mutilant, ses préjugés, sa bêtise. Sartre est d'emblée la fleur vénéneuse de la pensée française, un virtuose des concepts, un petit homme clair et décidé qui veut s'imposer. Beauvoir (dont le nom fait penser au mot anglais *beaver*) sera presque immédiatement «Castor», c'est-à-dire une fille énergique et travailleuse. Ils parlent, ils lisent, ils marchent beaucoup et, s'aimant, décident de se lier par un pacte qui va durer jusqu'à la mort de Sartre, et au-delà, c'est-à-dire cinquante et un ans. Un demi-siècle d'intimité et de complicité, qui dit mieux ?

Le pacte est celui d'une fidélité à toute épreuve, affirmant la liberté personnelle de chacun. Il y a les amours *nécessaires* (le leur), et les amours *contingentes* (Sartre aura des liaisons multiples, et Beauvoir au moins trois autres hommes importants dans sa vie, dont une passion violente pour le romancier américain Nelson Algren). Ils ne se marieront pas, n'auront pas d'enfants, écriront et voyageront beaucoup, s'engageront dans des combats multiples, fonderont et dirigeront une revue très influente, *Les Temps modernes*, seront très attaqués et insultés, mais aussi très admirés, ne se perdront jamais dans le tourbillon de la guerre et des événements, se parleront toujours avec une bizarre franchise, essaieront sans cesse d'être «transparents» l'un pour l'autre (mais pas toujours). Drôle de continuité *racontée* (surtout par Beauvoir dans ses *Mémoires*) et qui est une création en elle-même, rompant avec des siècles de tragédies plus ou moins inutiles et de romantisme coincé. Sartre est l'élément dominant de leur relation? Beauvoir n'en disconvient jamais, ce qui ne l'empêche pas de vivre et de penser pour elle-même, en étant la première à réfléchir sur la condition féminine à travers le temps. Avant tout, il faut insister, ce sont des écrivains, ils veulent montrer que leur travail peut aider à transformer la société (contre laquelle il faut se défendre). Leur existence est une guerre prolongée. Ils l'ont gagnée.

Le nerf de la guerre consiste à s'aimer envers et contre tout. Rien de plus éloquent sur ce point, que la correspondance qu'échangent nos deux aventuriers. Sartre appelle Beauvoir «mon charmant Castor», «mon cher amour», «mon doux petit». Le mot *petit*, entre eux, revient sans arrêt. «J'ai des tas de fois dans la journée d'humbles petits désirs tout particuliers et sans histoires d'être près de vous et de vous embrasser sur vos petites joues.» On lit Kant, Hegel, Husserl, Heidegger, on pense révolutionner la philosophie mais la chose sûre est là: «Au revoir, mon doux petit, mon amour. Je vous aime tant. Je voudrais tant revoir votre petit visage. Vous savez, ça me bouleverse encore quand je me rappelle comme il était le matin de mon départ.» Qu'ils soient séparés par leurs situations de professeurs en province ou par le fait que Sartre soit prisonnier en Allemagne la communication intense n'est jamais interrompue. « À demain, ma chère petite fleur, je vous embrasse de toutes mes forces. » L'amour est une force positive qui permet de parler de tout en profondeur : de littérature, de vie quotidienne, des autres dont il s'agit de comprendre le fonctionnement (Sartre et Beauvoir sont de merveilleux portraitistes), de politique. Et Beauvoir répond avec le même élan : « Tout cher petit », « petit bien-aimé », « petit pur », « cher petit vous autre », « cher petit absolu ». Sartre lui confie-t-il ce qu'il est en train de cogiter à propos du néant, elle lui écrit gentiment : « Vous seriez donc un bien grand philosophe, petite bonne tête ? » Encore plus gentil, au moment de *La Nausée* : « Je trouve un peu que c'est inutile d'écrire si on ne rend pas un son neuf et inquiétant comme Kafka et vous. » Mais surtout : « Je vous aime. J'embrasse tout votre petit visage — mon amour. » Ou encore : « Je suis tout effondrée de tendresse pour vous. »

Cette correspondance est extraordinaire, parce que Sartre et Beauvoir se disent le plus de choses possible. Le monde est là, neuf, curieux, fou, sous leurs yeux. Une vieille réalité s'écroule, une autre existence, très libre, lui succède. On verra plus tard cette vision à travers le prisme déformant de « Saint-Germain-des-Prés », mais il s'agit de tout autre chose. Sartre et Beauvoir ont cru possible d'inventer une nouvelle façon d'être. Cela ne va pas, souvent, sans naïveté, égoïsme sacré, exploitation des névroses de leurs partenaires. On pourrait même parler d'une forme de cruauté, mais qui, toujours, cherche à comprendre, à écouter, à expliquer. Sartre a un côté dragueur impénitent. Castor est là, le plus souvent, pour recoller les morceaux, arranger les désordres. Elle dira : « Il fallait protéger Sartre contre lui-même. Il n'aurait jamais écrit si je n'avais accepté de faire écran entre lui et le monde.» Les femmes assiègent Sartre ? Castor s'interpose. Il y aura Olga, Wanda, après Camille. Et puis Dolorès, Évelyne, beaucoup d'autres, surtout en voyage (dont une Brésilienne, épisode tragi-comique, à propos duquel Beauvoir dira : «Sartre est devenu fou»). Cette fonction de protection à l'égard de Sartre, Beauvoir ne s'en départira jamais. Avec beaucoup de crudité, elle définira ainsi ses relations avec lui dans une lettre à Nelson Algren : «Sartre n'est pas passionné par la sexualité. C'est un homme chaleureux, vivant, en tout sauf au lit. J'en eus vite l'intuition, malgré mon manque d'expérience, et peu à peu, ça nous parut inutile, voire indécent, de continuer à coucher ensemble. Nous abandonnâmes au bout d'à peu près huit ou dix ans, peu couronnés de succès dans ce domaine.» Avec les femmes, Sartre préfère les préliminaires à l'acte. C'est, il le reconnaît lui-même, un caresseur plus qu'un «coïteur». Il est très lucide : il s'est expliqué sur sa laideur, en précisant qu'elle a fini par ne pas le gêner puisque, selon son mot fameux, il avait «un cerveau en or». Un amour qui survit à la sexualité par l'admiration, la complicité et la tendresse, cela est très peu courant, et le mot qui résume tout est celui de Sartre disant un jour à Beauvoir : «Personne ne pourrait nous comprendre comme nous nous comprenons.» Le pacte a donc tenu. Il s'agit d'une aide mutuelle constante et sans réticences. L'épreuve n'a pas dû aller sans tensions ni déchirements, mais, en définitive, la raison et la liberté triomphent. Rare exemple à réinventer pour chacun.

«Il se suffisait, il me suffisait» : telle est la déclaration d'amour du «charmant Castor» à l'égard de son «petit absolu». Pas de mariage, pas d'enfants, mais une fidélité d'acier à sa propre jeunesse. Cela dit, Castor est aussi devenue, un jour, une Simone très amoureuse : « On ne naît pas femme, on le devient. » Pendant que la presse française se déchaîne contre Sartre et elle (pendant la guerre froide et la guerre d'Algérie), elle vit intensément une révélation physique avec Nelson Algren, aux États-Unis. On la caricature à Paris en « grande Sartreuse » et en « Notre-Dame de Sartre » ? Elle est occupée à se découvrir avec celui qu'elle appelle son « mari bien-aimé ». « Quand je pense que je vais vous voir, vous toucher, la tête me tourne, mon cœur éclate. J'y pense sans cesse et parfois avec une violence insupportable, ma gorge se serre, ma bouche se dessèche. » Algren est pour elle un « doux crocodile », et Castor se retrouve transformée en « petite grenouille aimante ». On se frotte les yeux, mais c'est ainsi : « Je serai fidèle comme une épouse exemplaire et conventionnelle, uniquement parce que je ne pourrais faire autrement. » Et ça continue : « Prenez-moi dans vos bras, embrassez-moi et faites de moi votre femme. » Les lettres de Beauvoir à Nelson Algren ont été publiées récemment : c'est une révélation qui rend Beauvoir encore plus attachante. Elle joue donc sur tous les tableaux, et Sartre aussi ? Certainement, et c'est ce qu'on leur reproche le plus. Bref, *ils ne s'ennuient pas*. L'amour, la tendresse, la fidélité intellectuelle, la passion sexuelle, tout cela finit par se combiner et nous pouvons en lire le résultat. Algren est le « très cher mari-sans-mariage ». Il offre à Simone un anneau d'argent qu'elle portera le restant de sa vie (elle se fera incinérer avec lui). Mais, bientôt, la passion s'effrite, il la voudrait toute à lui, il devient nerveux, amer, et, au fond, jaloux de la relation privilégiée de Beauvoir avec Sartre. Simone l'appelle à plus de fantaisie, mais peine perdue. Ainsi, elle lui écrit en 1961 : « Connaissez-vous Casanova ? Voilà un type qui savait baiser, du moins l'affirme-t-il dans ses *Mémoires*, mais il ne méprisait pas les femmes pour cela. » Beauvoir, on ne l'a pas assez remarqué, aime beaucoup Stendhal et le xviii$^e$ siècle, c'est-à-dire l'époque où les préjugés sont ébranlés et où l'égalité des sexes est la plus grande (*Le Deuxième Sexe*, en définitive, est un réquisitoire contre l'étouffant xix$^e$ siècle bourgeois où nous avons tendance, par puritanisme, à revenir sans cesse, voir, ces temps-ci, l'affaire Clinton-Lewinsky). Algren, malgré sa liberté américaine (coup de vent chaud dans la vie de Simone), a encore des inhibitions. Peu importe : les lettres de Simone, émouvantes, vraies, profondes sont un chef-d'œuvre d'humour et de sincérité rusée.

Dernier pied de nez à la bien-pensance : Sartre adoptera comme fille une jeune femme (Arlette) et Beauvoir aussi (Sylvie). Ils auront décidément tout fait, ces deux-là, et ils méritent bien la détestation des conformistes de tous les âges. Casanova n'a pas vécu comme eux, ni moi non plus. N'empêche : il y a eu, et il y aura toujours, une internationale des esprits libres.

## *Duras, médium*

Est-ce parce que les écrivains ont une vie particulièrement bizarre et souvent invisible qu'on attend leur mort pour s'occuper de leur biographie ? C'est probable. Les arguments sont connus : distance par rapport au sujet, révélations posthumes, déposition des témoins, calme du diagnostic, évaluation de l'œuvre dans la tranquillité des thèses et des dictionnaires. Cette conception, forgée par l'école, suppose une croyance solide à l'histoire, une confiance aveugle dans sa justice. Écrivez, passez, nous ferons le reste.

Mais si ce scénario était perturbé ? Si nous n'avions plus de garantie sur la postérité, la survie, le progrès ? Si l'ignorance s'étendait ? Alors, tout change. Les véritables écrivains (s'il en reste) jouent leur existence au jour le jour, ils ne peuvent faire confiance à personne, l'absence de futur assuré est leur loi. Écrire devient une règle obstinée et dépourvue de sanctification automatique, presque un acte de fanatisme. Le succès ne prouve rien, l'échec non plus, être maudit ou populaire peuvent revenir au même, rien ne dit qu'un classement objectif soit en cours. Le livre passionné de Frédérique Lebelley sur Marguerite Duras pose cette question, et elle est grave : comment être contemporain de ce phénomène nouveau ?

Avenir de plus en plus sans lendemain, passé mis en liquidation accélérée, présent réduit à sa seule apparence marchande et spectaculaire : voilà où nous en sommes. Partout la confusion, le doute, l'oubli. Que peut bien devenir un « écrivain » là-dedans ? Faut-il attendre qu'il ait disparu pour se poser la question ? Ou bien, comme c'est le cas ici, raconter tout de suite son drame, sa détermination, ses ruses ? L'écrivain se change en personnage de fiction, il est doublement fictif. C'est là que l'aventure singulière de Marguerite Duras devient très forte et symptomatique (ses relations étranges avec le Spectacle, surenchère et fascination, n'en sont que la conséquence). N'oublions tout de même pas l'avertissement de Gide : un artiste ne doit pas raconter sa vie telle qu'il l'a vécue, mais la vivre telle qu'il la racontera. Voilà qui le rend déjà suffisamment problématique et gênant pour les autres.

Il y a du destin : le nom qui vous marque d'emblée, les parents comme figurants essentiels, le lieu qui deviendra mythique, les frères ou les sœurs, la richesse ou la misère, les revers de fortune, les rencontres physiques, les déplacements géographiques, et puis, peu à peu, très tôt ou assez tard, cette autre vie dans la vie donnée par ce qu'on écrit. Dans l'affaire Duras, c'est impressionnant, tout se déroule comme une équation, une mise en musique. Elle s'appelle Donnadieu, et c'est parti. Son père, qui disparaît vite, est mathématicien, quelle chance. Sa mère, institutrice, s'appelle Marie. Marie Donnadieu : qui dit mieux ? Comme par hasard, ses frères s'appellent Pierre et Paul. N'en jetez plus, c'est trop beau. Marie et Pierre d'un côté, Marguerite et

Paul, de l'autre. La mort de ce dernier, son souvenir physique obsédant, est l'une des dimensions principales des rhapsodies romanesques de Duras.

Derrière le masque du pseudonyme (combien de pseudonymes dans la littérature française!) se tient donc immédiatement la clé algébrique divine. Duras, on s'en doute, aura de curieux rapports avec Dieu, comme le prouve, en 1986, cette déclaration stupéfiante rappelée par Lebelley : « Ce n'est pas seulement sexuel l'homosexualité, c'est beaucoup plus vaste que ça. Beaucoup plus terrible. Infernal. Du point de vue de Dieu, on peut expliquer la finalité de presque tout. Sauf ici, ici on ne peut pas l'expliquer. C'est exactement de la même façon que la mort. Dieu s'est réservé ces domaines-là. Dieu a décidé que l'inexpliqué de sa création, ce serait ces deux choses-là : la mort et l'homosexualité. Ça ne relève pas de la psychanalyse, ces histoires, mais de Dieu. » Lacan, s'il eût été encore vivant, en serait resté baba comme devant *Le Ravissement de Lol V. Stein*. Comme toujours (et même quand il s'agit de Christine Villemin) Duras met dans le mille : sa quête mystique (sorcellerie, chamanisme) tourne autour de la mort et de l'homosexualité masculine. Quand une femme va jusqu'au bout, elle dit ça. Entre-temps, la procréation s'éclaire d'une drôle de lumière noire.

L'Indochine, autre chance : ce continent n'est-il pas (avec l'Afrique du Nord et l'Islam) un des enjeux fondamentaux et refoulés de la mémoire collective française et occidentale? Lebelley le montre bien : cette Asie recréée et rêvée par Duras est un lieu d'exploitation, de corruption et de répression terribles. Ainsi, en 1930 à Saigon : « Dans les commissariats et les prisons, la torture est systématique... Tenailles appliquées aux tempes pour faire jaillir les yeux, coups de rotin sur la plante des pieds, épingles sous les ongles... À chaque local de la Sûreté sa spécialité : à Cho-Lon, on coupe la peau des jambes en longs sillons avec une lame de rasoir et on comble les plaies avec du coton auquel on met le feu. À Sadec, on viole les femmes et on leur introduit des nids de fourmis dans le vagin. » Il n'est pas mauvais de remettre sous les yeux du lecteur français, devenu si innocent, si bien-pensant, si humanitaire, ce genre de détails. Duras, à ce moment-là, a seize ans. Comment pourra-t-elle donc, neuf ans plus tard, signer avec un ami les extravagants clichés patriotiques de *L'Empire français*? Question sans réponse. Tout juste peut-on dire que Marguerite Donnadieu n'est pas encore Marguerite Duras. Au début de l'Occupation, toujours à Paris, elle est secrétaire de la commission de contrôle du papier du Cercle de la Librairie. Elle a épousé Robert Antelme. Lebelley écrit : « Ils vivent ainsi, jusqu'à l'automne 1943, fondus dans la foule de ceux qui, la conscience en banqueroute, estiment le fascisme viable. Ni coupables ni innocents. » On connaît la suite : l'arrestation d'Antelme, sa déportation, l'émouvant hasard auquel il doit la vie, son grand livre : *L'Espèce humaine*. Cette fois, Duras est pleinement Duras : elle adhère au parti stalinien, elle restera « communiste », mais surtout, lentement, et sans qu'on puisse démêler la part d'une culpabilité intense, elle met son énergie dans la reconstruction blanche et tendue de la catastrophe. L'Asie prend d'abord la forme d'Hiroshima, et il faudra longtemps pour que le « mon amour » d'*Hiroshima mon amour* prenne son vrai visage : l'amant chinois, que toute lectrice française sera forcée de fantasmer à l'avenir (voilà un retournement énorme). Quant à la Shoah, catastrophe des catastrophes, Duras s'en saisit (dans le sillage de Blanchot) d'une très curieuse façon : elle invente un hyperjudaïsme romantique, l'écriture devient en elle-même une sorte de Bible qui transforme l'écrivain en Juif plus Juif qu'un simple Juif. Étrange appropriation-identification qui est comme la conclusion dangereuse des projections collectives antérieures. Le Juif, d'abord agent vicieux de la corruption universelle, envié, jalousé, détesté, se retrouve ainsi, après la tentative d'extermination totale, poétiquement « absorbé ». Je dis qu'il s'agit d'un danger sérieux, dans la mesure où prendre cette place risque de conduire à re-juger, comme indigne de l'occuper, celui ou celle qui l'occupe déjà. Mais Duras aime jouer avec le feu, elle est là pour ça. C'est une nihiliste active, extatique, la correspondante d'un monde devenu non-monde, achèvement de la Métaphysique, tourbillon de l'inauthentique s'effondrant sur soi. Qu'on la traite de folle, d'exhibitionniste, ne change rien. Qu'elle hypnotise ou qu'elle révulse, cela revient au même. On se moque d'elle ? Le sarcasme ou l'insulte sont chargés d'angoisse. On l'adore, on l'imite ? Ce mimétisme ne fait que souligner l'unicité d'une expérience intérieure, ascèse violente, souvent aux limites de l'exténuation physique. Duras est une grande spécialiste du négatif, une professionnelle du pathos ou de sa simulation stricte.

Le Spectacle généralisé n'est rien d'autre que la mort prenant maintenant le déguisement de « la fin de l'Histoire ». Il fallait que quelqu'un se dévoue pour en porter les stigmates. Une femme, donc, c'était fatal. Dans une société où, désormais, les médias décident de ce qui existe, Duras, médium, est venue troubler le jeu. Elle en a rajouté, remis, sans que d'ailleurs personne se demande s'il ne s'agissait pas d'humour noir. On se rencontrait de temps en temps, dans les années soixante-dix, et on riait beaucoup, il me semble. Mais peut-être ai-je rêvé, après tout.

Quoi qu'il en soit, l'expansion médiatique et sa volonté de puissance pavlovienne ont reconnu en elle leur envers. On est là dans une empoignade avec l'occulte dont il serait léger d'ignorer le règne. Les livres de Duras sont des incantations, des litanies, des proférations, des expériences de souffle. Et après, sur la scène, qui envoûte qui ? La télévision ? Marguerite Duras ? Où est la vérité ? Où est le pouvoir ?

Oui, il était nécessaire d'écrire cette saga de l'auteur d'*Un barrage contre le Pacifique* et de *La Vie matérielle*. Au fond, si on la prend au sérieux, Duras, à la fin du xx$^e$ siècle, occupe la position de Hugo à la fin du xix$^e$ : table de la loi tournante, visions, vaticinations d'au-delà. Hugo désespéré, mais Hugo quand même. Qu'importe alors qu'un nouveau Gide murmure : «le plus grand écrivain français d'aujourd'hui ? Marguerite Duras, hélas ! ». C'est ainsi, et l'on ne devient pas un écrivain appris par cœur par hasard. Ce n'est pas Duras qui délire, mais notre société tout entière. Duras, souffrante et voyante (mais peut-être aussi secrètement clownesque) a relevé le défi de l'incessante parole vaine. Certes, on peut préférer le paradis à l'enfer, mais il s'agirait d'une autre histoire.

## *Debord au cinéma*

« La fonction du cinéma, écrivait Guy Debord il y a déjà longtemps, est de présenter une forme cohérente isolée, dramatique ou documentaire, comme remplacement d'une communication et d'une activité absentes. »
Effacer le cinéma de sa propre vie revient donc précisément à rentrer en communication avec soi. C'est un acte : on ne perçoit plus le réel comme toujours déjà filmé (ce qui est le but des propriétaires de la société), on neutralise la violence communicative imposée (celle qui se déchaîne, jour et nuit, dans l'appareillage technique), on reprend sa parole comme dimension présente.
Rares, très rares, sont les films qui, eux-mêmes, auront tenté de faire la critique directe de cette formidable aliénation industrielle par l'image. On peut citer tous les films de Debord ; quelques Godard (dont son récent autoportrait) ; *Méditerranée* de Pollet (à cause de sa leçon de montage) ; celui, enfin, que j'ai réalisé à partir de *La Porte de l'enfer* de Rodin.
Là, et là seulement, le spectacle dans son ensemble se trouve interpellé, renversé, combattu, pensé. « Le spectacle est l'affirmation de l'apparence et l'affirmation de toute vie humaine, comme simple apparence. » Ou encore : « Le

spectacle, comme organisation sociale présente de la paralysie de l'histoire et de la mémoire, est *la fausse conscience du temps*.»

Voilà ce qu'on peut lire (ou relire) dans ce livre magnifique qui vient de reparaître ces jours-ci, en même temps que son auteur choisissait de se donner la mort[1].

Le spectacle est de plus en plus tout-puissant? Cela va sans dire. «Les spécialistes du pouvoir du spectacle, pouvoir absolu à l'intérieur de son système du langage sans réponse, sont corrompus absolument par leur expérience du mépris et de la réussite du mépris; car ils retrouvent leur mépris confirmé par la connaissance de *l'homme méprisable* qu'est réellement le spectateur.» Où que l'on se tourne, on ne rencontre que cette crédulité spectatrice, ce «respect d'enfants pour les images». Le comportement de chaque individu en est infecté, ses sensations, sa mémoire, ses rêves. Banaliser, falsifier et égaliser l'espace; confisquer le temps au profit d'une représentation permanente d'un temps artificiel, voilà ce que le cinéma, et son cancer local, la télévision, *veulent*. «La réalité du temps a été remplacée par *la publicité du temps*.» Dans ces conditions, parler d'un «bon cinéma» ou d'une «bonne télévision» constitue, même si cela n'est pas faux, un mensonge supplémentaire. Il y aura de «bons CD-Rom» comme il y avait, autrefois, des livres moins mauvais que d'autres. Le marché du cinéma n'est qu'un des noms du cinéma du marché; son règne est obligatoire.

À propos de son film *La Société du spectacle*, Debord écrivait avec humour : «Les spécialistes du cinéma ont dit

---

[1]. Guy Debord, *Œuvres cinématographiques complètes (1952-1978)*, Gallimard, 1994.

qu'il y avait là une mauvaise politique révolutionnaire ; et les politiques de toutes les gauches illusionnistes ont dit que c'était du mauvais cinéma. Mais quand on est à la fois révolutionnaire et cinéaste, on démontre aisément que leur aigreur générale découle de cette évidence que le film en question est la critique exacte de la société qu'ils ne savent pas combattre ; et un premier exemple du cinéma qu'ils ne savent pas faire. »

On peut remplacer ici le mot *cinéma* par celui de *littérature* : le raisonnement restera le même. Les spécialistes de la littérature diront maintenant d'un livre révolutionnaire qu'il est de la mauvaise politique ; et les politiques de toutes les gauches illusionnistes (devenus, depuis vingt ans, super-illusionnistes en bloc) diront que c'est de la mauvaise littérature.

Pendant ce temps, personne ne semble avoir remarqué la musique qu'utilise Debord dans ses films : Delalande, Couperin, Michel Corrette. On rappellera, en passant, qu'il s'agit de musiciens français.

## *L'art extrême de Guy Debord*

Je reçois de temps en temps des lettres d'insultes, souvent anonymes, venant de pseudo-admirateurs de Guy Debord. Elles me traitent, pêle-mêle, de vipère lubrique, de hyène dactylographe, de maoïste, de papiste, de prostitué médiatique, de falsificateur professionnel, de pervers polymorphe, d'idiot, et j'en passe. Les plus policières n'omettent pas de me rappeler que Debord, par définition infaillible, m'aurait définitivement jugé en me traitant, un soir de mauvaise humeur, d'« insignifiant ». Toute l'eau de la mer ne saurait me laver de cette épithète, et pourtant, indifférent à ma propre insignifiance, je n'en continuerais pas moins ma sombre besogne de brouillage et d'asservissement. Ces lettres, faut-il le préciser, sont absolument dénuées d'humour. Leur style est appliqué, fautif, mélancolique. Elles sentent leur province profonde, leur dix-neuviémisme mal digéré, leur cléricalisme figé. On se demande ce que leurs auteurs lisent en dehors de Debord : visiblement pas grand-chose. La conclusion s'impose donc vite qu'ils n'arrivent pas à pénétrer leur auteur de prédilection. En quoi ils rejoignent la plupart des salariés du spectacle dont on peut juger qu'ils n'ont jamais réfléchi aux propositions les plus élémentaires de l'auteur de *Panégyrique*.

Les uns croient que Debord a fait uniquement de la « critique sociale », les autres qu'il s'agit d'un utopiste caractériel dont les « idées » auraient triomphé malgré lui dans la toute-puissance du marché. Les clichés ne demandent qu'à fonctionner, la machine s'emballe. Tout est prêt pour vérifier ce qu'on pourrait appeler le théorème de la lettre volée : ne pas voir ce qu'on a sous les yeux, là, en pleine lumière. Il y a même ceux qui pensent que Debord était un bon vivant hélas suicidé, plutôt alcoolique, et que ça va bien comme ça, vous n'allez pas en faire une histoire. Sa pensée ? Quelle pensée ? Debord n'était même pas un intellectuel fonctionnaire, et d'ailleurs, de plus en plus, on sait que les intellectuels sont des imposteurs. Son art ? Quel art ? Ces livres, ces photos, ces collages, ces films ? Vous voulez rire. Ce dernier volume posthume, par exemple, *Panégyrique* (tome second) : peut-on imaginer plus plat, plus *insignifiant* ?

Eh bien, voici précisément du grand art, dont la particularité sera toujours la froideur, la certitude de soi, le calme. Le théorème est railleur de sa nature, il n'est pas indécent. Mettez un stylo dans la main d'un moraliste qui soit un écrivain de premier ordre, il sera supérieur aux poètes. On vérifie une fois de plus cette loi ici. Vous croyez que ces photos sont mauvaises ? Mais non, elles sont voulues et méditées par quelqu'un qui a su, mieux que personne, ce qu'une situation veut dire. Il s'agit d'une date très précise, d'un moment qui tient compte de tout ce qui le porte et l'entoure, d'une façon entièrement nouvelle d'écrire l'histoire en s'y profilant comme absence ou présence mues par la passion de la liberté. Debord, à vingt-deux ans, en 1953, s'est amusé à tracer une inscription sur un mur de la rue de Seine : *Ne travaillez jamais* ! Il en publie la photographie, c'est du temps à l'état pur (quinze ans avant 68). C'est aussi un principe auquel il s'est tenu (bien qu'en un sens, plutôt chinois, on pourrait dire que personne n'a davantage travaillé que lui : «ne rien faire, mais que rien ne soit pas fait»). Des dates, des photos, des citations, des plans, des cartes : autant de *preuves* d'une vision vive et globale dans la mêlée hasardeuse de l'existence et, simultanément, en *surplomb*. Qui habitait dans cette rue-là, ce mois-là ? Quelle phrase était en train de s'écrire dans ce café ? Qui sont ces jeunes femmes, si belles, dont aucun magazine ne songerait à faire la publicité ? Ces amis au regard clair ? Où sont ces maisons d'Italie ? Il y a une géographie magique de Debord, dont on voit bien ce qu'elle doit au surréalisme dans sa période de découverte de la ville : mais rien d'obscur ni d'irrationnel, pas de spiritualisme ni d'hystérie, et, là, une citation de Shakespeare suffit : «L'homme, à certaines heures, est maître de son destin. Nos fautes ne sont pas dans nos étoiles, mais dans nos âmes prosternées.» L'art de la citation est un art extrême, très difficile, si l'on veut prouver une certaine continuité secrète et claire de l'histoire et du temps. Il y faut une appropriation de toute la batterie classique, son retournement ou son prolongement critique, et enfin une synthèse philosophique moderne de n'être nullement «moderniste». Le français, comme langue, est ici à son maximum d'éveil. Bien entendu, Debord n'est pas un «poète» ni un «artiste» : c'est pourquoi il est juste de parler de son art, de sa poésie, la plus grande liberté ne pouvant être que révolutionnaire. Le comprendre revient à se dire : «tiens, oui, il est possible de faire comme ça, mais aussi *autrement*». Debord est le contraire d'un saint, et on sait à quel point l'époque est friande de martyrs mis en scène : Guevara christique, pauvre algérienne transformée en Madone, mère Teresa et Lady Di en fusion spectrale. Rien de plus subtil que la note d'humour introduite par Debord pour la traduction de *Panégyrique*, rien de plus opposé à la soupe de populisme lourd mélangée d'eau de Vichy qui nous est servie ces temps-ci. Quelqu'un est allé jusqu'à dire que *Panégyrique* était «émouvant». Bien vu, le génie est émouvant. «Nous en sommes, écrit Novalis, au commencement de l'art d'écrire. Chaque vie a un thème, un titre, un éditeur, une préface, une introduction, un texte, des notes, etc. ou peut les avoir.» Vous dites «romantique»? Oui, et alors?

## *L'étrange vie de Guy Debord*

Peu importe ce qui va se dire, *pendant un certain temps*, de Guy Debord. Les discours à son sujet sont déjà nombreux, intéressés, contradictoires ; ce n'est qu'un début, les gloses et les biographies se succéderont, toute une époque agitée et confuse s'étonnera de plus en plus d'avoir méconnu qu'une autre façon d'exister parlait à travers cette voix étrange. On bavardera beaucoup sur son caractère, son enfance, ses aventures, le spectre de mai 68, sa structure sauvage et mélancolique, son goût de la boisson, sa culture, sa mégalomanie, ses amitiés, ses mépris, ses ruptures, son suicide. Comme d'habitude l'Histoire réelle sera plus ou moins évacuée de ces considérations. Mais patience : Debord est de mieux en mieux *publié* (certains ont raison de s'en inquiéter ou de s'en plaindre), ce qui ne veut pas dire encore *lu*. Pour le lire, à vrai dire, il faudrait d'abord savoir vivre d'une certaine façon. Comme lui ? Mais non, justement. Les expériences de liberté absolue sont rares, et pourtant multiples. Pour les apprécier, mieux vaut être aventurier, ou poète, que journaliste ou universitaire. « Un homme est défini à ce qu'il entend, pratiquement, par poésie ; donc ce dont il se contente sous ce nom (ici le mot de

Hegel : "À ce dont un esprit se satisfait, on mesure la grandeur de sa perte"). »

La *Correspondance*, qui commence à paraître, apporte un certain nombre d'éléments nouveaux. Le paradoxe, c'est que personne n'aura autant *travaillé* que l'auteur de l'inscription célèbre « Ne travaillez jamais ! ». Drôle de travail : l'organisation de la subversion est un plein temps de courrier, de voyages, de ruses, d'interventions, d'échanges. On est d'emblée dans l'avant-gardisme le plus extrême ayant tiré les leçons du passé (notamment du surréalisme). Ce qui frappe le plus dans ces lettres aux nouveaux complices ? Le mot *vite*. Il faut faire vite, démasquer le monde fabriqué de l'art, pousser les peintres à s'engager davantage, nouer des contacts internationaux, attirer les architectes, les urbanistes, les sociologues, les mettre en situation d'exception. Une insurrection des années vingt a été oubliée, réprimée, aussi bien par le capitalisme moderne que par le totalitarisme stalinien. Mais le feu couve encore sous la cendre, il suffit de reprendre l'initiative contre « les niaiseries du commerce artistique pseudo-expérimental », ou les « anciennes mondanités artistiques » (qui continuent de plus belle de nos jours, n'est-ce pas). Le trafic d'art, voilà l'ennemi, il faut l'attaquer dans son *angle* qui dévoile la société tout entière. Sombre période de la fin des années cinquante, avec, en France, la guerre d'Algérie : « Les espoirs de démocratie sont maintenant minces. Et le temps ne travaille pas pour nous. » Fascisme menaçant, gauche décomposée, surveillance policière, et cette note d'humour : « N'étant pas déclarée, l'Internationale situationniste ne peut être officiellement dissoute. » La gauche ou l'extrême-gauche de l'époque ? « Ces gens sont mécanistes à un point effarant. Aussi peu marxistes qu'il est possible : ouvriéristes.

Cela tourne même à la pensée religieuse : le prolétariat est leur Dieu caché. Ses voies sont impénétrables, et les intellectuels doivent s'humilier, et attendre. Alors comment admettraient-ils que le feu est à la maison ? »

Il y a une lucidité politique de Debord qui est la même chose que sa passion poétique (Lautréamont, Cravan). Rigueur et jeu : « Le problème est bien l'action commune d'individus libres, liés seulement par et pour cette liberté créatrice réelle. » Un groupe décidé, radical, pratiquant à la fois la dérive et l'organisation ouverte, peut transformer la vie. Plus tard, dans *In girum...*, Debord dira : « La formule pour renverser le monde, nous ne l'avons pas cherchée dans les livres, mais en errant. C'était une dérive à grandes journées, où rien ne ressemblait à la veille ; et qui ne s'arrêtait jamais. » On peut mesurer combien ce genre de pratique pouvait choquer aussi bien les pouvoirs établis que la langue de bois pseudo-révolutionnaire. « Poésie : oui, mais dans la vie. » Et voilà, inquiets de la même façon, les fabricants de poèmes ou d'art décoratif. Bref, le *système* tout entier est atteint, son mensonge de haut en bas et de bas en haut. C'est le même trucage qui va du travail aliéné à la représentation « culturelle ». Le plus grave : aucun populisme, aucun misérabilisme, une joie et une ironie permanentes, s'exprimant, avec beaucoup d'intelligence et d'art, dans le « détournement ». Non seulement la liberté, mais le *luxe* : « Je ne sais pas si nous sommes d'accord sur la notion de luxe que, pour ma part, je ne rejette pas simplement. Je crois qu'il faut contribuer à créer une conception révolutionnaire du luxe, ennemie à la fois du faux luxe ancien, et de l'absence de luxe (le confortable vide fonctionnaliste des maisons et de la vie). »

En août 1960, Debord fait le point (encore huit ans à attendre avant de se lancer à l'assaut du ciel) : « Quoique nous soyons très largement dans un état de semi-clandestinité — rencontrant encore une hostilité assez incroyable, mais très honorable à notre avis —, on peut dire que nos moyens ont considérablement augmenté [...] Nous sommes maintenant engagés dans l'organisation d'une longue lutte. "Il faut concevoir et faire une critique qui soit une vie." Tant de gens que nous avons vus faire beaucoup de bruit se sont rangés totalement, de la façon la plus ridicule, parfois la plus ignoble. Ni la liberté ni l'intelligence ne sont données une fois pour toutes. Et leurs simulacres sont naturellement bien plus fragiles, ils se décomposent avec la mode. »

Presque quarante ans que ces lignes ont été écrites. Ont-elles pour autant *vieilli* ?

Ceux qui ont assisté autrefois, dans les temps sombres, à la projection du film *In girum*... se souviennent surtout d'une voix passant à travers l'écran des images. Là était la force, là l'audace : la grande poésie. Quelqu'un tenait le coup dans la caverne à hypnose, et n'hésitait pas à parler de lui sur le même plan que Bossuet, l'Arioste, Li Po, Dante, Musil, Pascal, Omar Khayyam, Shakespeare, la Bible, Hegel. Il ne s'agissait pas de « citations », mais de *preuves*. Quelle invraisemblable prétention ! Le tour de force esthétique et moral de Debord, dans ses *Œuvres cinématographiques complètes*, un des plus beaux livres du XX$^e$ siècle, est d'avoir défié l'énorme industrie du sommeil. Drôlerie sinistre des jugements sur le public du cinéma et les « serviteurs surmenés du vide ». Désinvolture révoltante à l'égard de tous les assis : « Je me flatte de faire un film avec n'importe quoi ; et je trouve plaisant que s'en plaignent ceux qui ont laissé faire de toute leur vie n'importe quoi. » Panégyrique, déjà, de la « brigade légère », en guerre avec la terre entière. Méditation intense sur l'eau du temps et le feu du désir. Autobiographie impeccable, surtout : « Je suis exercé depuis longtemps à mener une existence obscure et insaisissable. » Ceux qu'une telle œuvre n'émeut pas ne sont pas doués pour l'émotion, voilà tout. Qu'ils parlent ensuite d'art ou de littérature n'a guère d'importance. Ce sont, au mieux, « des ignorants mystifiés qui se croient instruits », des « analphabètes modernisés », et autres fonctionnaires du Spectacle. Il ne s'agit pas non plus ici de « théorie », rien pour les colloques, les débats, les expositions, les thèses, les vernissages : « Aucune époque vivante n'est partie d'une théorie : c'était d'abord un jeu, un conflit, un voyage. » C'est parce qu'il était un grand poète métaphysique d'un enfer social sans poètes que Debord reste, aujourd'hui même, révolutionnaire : « Ceux qui, un jour, auront fait mieux donneront librement leurs commentaires, qui eux-mêmes ne passeront pas inaperçus. »

## *Mai 68, demain*

On aura tout vu, tout entendu, tout lu. En mai 98, le film *Mai 68* n'a pas cessé un instant, les acteurs ont joué leurs rôles, les archives ont déferlé, les témoignages ont afflué, tout est bien qui finit bien dans le meilleur des mondes possibles, puisque l'ordre devait être rétabli, comme chacun sait, à la fin du mois. Sur un point aussi sensible (qui a mis en cause sa substance même), le spectacle pouvait difficilement faire mieux. Il est tout-puissant, il organise le passé et ses perspectives, il ne peut pourtant pas cacher sa fatigue, on dirait même qu'il s'ennuie, qu'il n'arrive pas à se convaincre vraiment d'avoir un seul spectateur. Peu importe, d'ailleurs, puisqu'il s'agit simplement d'occuper la scène.

Un ancien ministre nous redit pour la centième fois que cette explosion absurde est venue d'un complot ourdi à Berlin. Un académicien parle « avec tristesse et mépris » de ces « utopies adolescentes sans aucun fondement philosophique », qui voulaient « changer la vie », expression, selon lui, vide de sens. Son discours mérite d'être entendu : « Célèbre-t-on une maladie ? Invite-t-on familles et amis à se réunir pour fêter les trente ans d'une méningite ? » Nous avions déjà le « sida mental », nous avons maintenant la méningite spirituelle. À quand le cancer généralisé, l'hémiplégie, la paralysie ? Je cite encore, c'est trop beau : « Nous n'en avons pas fini de souffrir dans toutes nos articulations des séquelles de cette infection-là. » Voilà, vous êtes intoxiqués sans le savoir, le virus vous guette, attention aux symptômes, sachez observer, prévenir, guérir. Un peu plus loin, sur la droite, voici le secrétaire général d'un parti extrémiste en pleine forme qui vous avertit à son tour : « Les pavés ont disparu, mais la subversion a fait son chemin, servie par les mêmes hommes, agissant avec le même cynisme, s'imposant avec la même arrogance. » Les mêmes hommes ? Mais oui, ils sont là, à l'œuvre, depuis les Lumières du XVIII$^e$ siècle, ils fomentent sans désemparer la Révolution française, la Commune de Paris, Mai 68. Peu importe leurs noms, ils changent sans cesse de masques. Appelons-les Voltaire, si vous voulez, mais en réalité il s'agit d'une légion microbienne. On s'en rend compte, en ouvrant les yeux, tous les jours.

La société, donc, *doit* avoir peur. Elle est minée, rongée, sapée dans ses fondements mêmes. De ce foyer infectieux peuvent venir des « revendications inconsidérées », par exemple « soyez réalistes, demandez l'impossible ». C'est là, nous dit un autre docteur, « une sorte de surréalisme politico-poétique à la mode *situ*. » Drôle de mot, ce *situ*, on se demande ce qu'il peut bien vouloir dire. Et surréalisme ? Chacun est censé savoir de quoi il s'agit, André Breton doit être un best-seller ces temps-ci. De toute façon, rien n'est plus grave que « l'individualisme tyrannique » sous lequel nous sommes maintenant obligés, paraît-il, de vivre. Mai 68, c'est, pêle-mêle, la débauche autorisée, la violence chronique, l'enseignement piétiné, la jeunesse déboussolée, le libéralisme sauvage, l'irresponsabilité illimitée, bref tout ce qu'il peut y avoir de dissolvant en ce monde. Attention, attention, et, comme le dit notre noble académicien péremptoire, formons un cordon sanitaire, *tirons un trait*.

Où sont donc ces malades qui nous contaminent ? On n'a pas à les chercher, ils sont là, rayonnants de santé. Cohn-Bendit apparaît sur toutes les chaînes de télévision en même temps, son sourire ne faiblit pas une seconde, il promeut l'Euro à tour de bras, il est Vert clair, il tient un ballon de football dans ses mains, il est déjà dans la mondialisation du Mundial qui va remplacer avantageusement, sur les écrans, les images sinistres, en noir et blanc, d'arbres coupés, de voitures brûlées, de barricades inconsidérées, de grenades lacrymogènes et de coups de matraques. Alain Krivine et Georges Séguy posent et discutent ensemble, c'est un événement dont l'ampleur ne nous échappe pas. Séguy, d'ailleurs, avec le sens de l'orientation qu'on lui connaît, déclare : « En mai 68, j'apercevais Cohn-Bendit extrêmement loin à ma gauche, alors qu'aujourd'hui je le trouve très loin sur ma droite. » Allons bon, la tête nous tourne. Mais enfin, on l'a compris, tout cela n'a aucune importance. Le spectacle a horreur du vide, et, comme l'a dit l'excellent auteur qui a su le définir une fois pour toutes, « il ne veut en venir à rien d'autre qu'à lui-même ». Il s'est agité, une fois de plus, pour le démontrer.

On se souvient, à propos des années 1940-44, en France, de la formule officielle cocasse : « Quatre années à rayer de notre Histoire. » On a vu la suite : cela fait des années, et tant mieux, qu'on ne parle que de ces années-là. Pour Mai 68, après trente ans d'incubation, tout se passe comme si le slogan avait enfin surgi de la direction des programmes : « Un mois à oublier d'urgence ». Comment y parvenir ? En saturant la fausse mémoire par la commémoration. Dans commémoration, il y a *mort*, et c'est là, naturellement, que le Niagara du bavardage s'impose. Le paradoxe, pourtant, est qu'on va *commencer* à peine à parler de Mai 68.

De quoi s'agit-il ? D'une surprise. Radicale, abrupte, pas divine du tout. On a bien essayé, ici ou là, par la suite, de la tirer vers Dieu, mais Dieu, comme d'habitude, était aux abonnés absents, et il a fallu se rabattre sur l'Esprit hégélien avant de revenir à la nuit de l'Absolu où toutes les vaches sont grises. L'explication marxiste, elle, s'est vue vexée sur un point capital : une étincelle, en haut, avait mis le feu en bas, et partout. De plus, l'origine de cette étincelle était impure : une histoire de sexualité entre étudiants, laissez-moi rire. À partir de là, les langues de bois fonctionnent, elles deviennent vite des épaves, le placard 40-42, avec ses échanges sournois de cadavres, se met à pourrir, et l'autre placard, celui de la guerre d'Algérie, se décompose sur place (il en sort quand même, à la longue, le braillard Le Pen). Le mythe gaulliste atteint, c'est Vichy refoulé qui se voit touché, nous en sortons à peine aujourd'hui, malgré tous les efforts, notamment mitterrandiens, pour colmater les fissures. Le mur de Berlin finit par s'effondrer ? Soixante-dix ans de mensonges staliniens *vus* par 68 partent en fumée. Trente ans après, donc, la droite française en arrive où elle en est, c'est-à-dire à un somnambulisme de complaisance pour un nouveau fascisme. Était-elle donc *déjà* cela en mai 68 ? Sans doute, et il n'y a pas de quoi se vanter. Quant à la gauche, devenue « plurielle », pourra-t-elle se multiplier ? On peut le penser, mais rien n'est sûr, tant est lourd son héritage dix-neuviémiste, aussi bien intellectuel qu'esthétique. Mai 68, oui, est bien ce feu intérieur poétique qui brûle où il veut quand il veut, et il est vain de vouloir le réduire ou le prédire. Son symbole pourrait être celui, célébré par Breton, de « la claire tour qui sur les flots domine ». Surréaliste, 68 ? Mais oui et à la stupeur générale. *Situ* ? Mais comment donc.

En réalité, le scandale a été d'abord, et reste, antisocial. Contrairement à ce qu'on a voulu faire croire, l'événement n'a pas été fusionnel, mais différentiel. C'était un principe d'individuation brusquement en acte. D'où l'atmosphère de liberté incroyable se dégageant de l'insurrection. Rien de plus choquant pour les clergés, quels qu'ils soient, syndicaux, politiques, médiatiques, universitaires. Soudain, les pions sociaux ne marchent plus au pas, ils en viendraient même, horreur, à ne plus travailler, ils semblent ne plus vouloir attendre demain pour chanter, ils ne reconnaissent plus leurs chefs ni leurs habitudes. C'est comme s'ils n'acceptaient plus de mourir, voyez-moi ça. Ils se mettent en état d'improvisation et d'interruption, tout converge vers une autre conception du *temps* (et c'est pourquoi la question du langage employé est si importante). On mélange désormais, au petit bonheur, les slogans et les inscriptions de Mai, les plus inventifs et les plus débiles, comme pour bien montrer qu'il s'agissait d'un peu tout et n'importe quoi. Les historiens arrivent ensuite, et les sociologues ; tout s'ordonne, les philosophes ajoutent leur brouillage, l'affaire est dans le sac. Or il n'y a jamais eu de « pensée 68 », alors qu'il n'est pas exagéré de dire que quelque chose est arrivé alors à la pensée. Quoi ? Un appel intime, un décloisonnement auxquels chacun, et chacune, a été tenu de répondre en termes *personnels*. Rien de mystique : de l'air. Les institutions n'ont pas été contentes ? On s'en doute. L'Histoire était devenue un « procès sans sujet » ? Eh bien, un nouveau sujet s'est mis à faire le procès de l'Histoire. On sait que, par la suite, il a paru préférable à l'autorité pour plus de sécurité, de décréter l'Histoire terminée. Certains le répètent encore.

Dans le monde renversé où nous sommes, il est devenu obligatoire de répéter que tout est social, et Mai 68 aura justement été le contraire. S'agissait-il alors d'un soulèvement millénariste à caractère religieux ? Encore moins. Alors, quoi ? Le spectacle, qui est « la reconstruction matérielle de l'illusion religieuse », nous tend ses deux réponses inlassablement ressassées. D'un côté, l'humanitarisme sociomaniaque qui permet à celui qui s'en déclare le représentant de prolonger la plainte des opprimés, de l'autre, tous les ersatz du marché spiritualiste. « La réalité du temps, écrit très bien Debord, a été remplacée par la *publicité* du temps. » Et encore : « Le spectacle, comme organisation sociale présente de la paralysie de l'histoire et de la mémoire... est la *fausse conscience du temps*. » En réalité, la grandeur de Mai 68, on ne le dira jamais assez, est d'avoir su anticiper sur sa récupération et son retournement ultérieurs. Ce que prouve ce passage de *La Véritable Scission*, écrit par Debord en 1972[1] :

« Partout, c'est la même prétention à l'authenticité dans un jeu dont les conditions mêmes, aggravées encore par la tricherie impuissante, interdisent absolument au départ la moindre authenticité. C'est la même facticité du dialogue, la même pseudo-culture, contemplée vite et de loin. C'est la même pseudo-libération des mœurs qui ne rencontre que la même dérobade du plaisir : sur la base de la même radi-

---

1. Rééditée en 1998 ; Internationale situationniste, *La Véritable Scission* (Fayard).

cale ignorance puérile mais dissimulée, s'enracine et s'institutionnalise, par exemple, la perpétuelle interaction tragicomique de la jobardise masculine et de la simulation féminine.»

Il est facile de vérifier, maintenant, cette facticité et cette simulation générales, accompagnées, cela va sans dire, d'une absence de plus en plus criante de goût. Dénonciateurs de Mai 68, ou partisans du même événement contemplé, sont, là, logés à la même enseigne (rejoints, d'ailleurs, par les vieux «pro-situs», ou les suiveurs, s'il en reste, du surréalisme). Le temps fait son œuvre de destruction, mais le feu ne se consume pas en lui-même. En revanche, la société planétaire de demain sera fondée sur l'existence du *cadre* :

«Le cadre est le consommateur par excellence, c'est-à-dire le *spectateur* par excellence... C'est pour lui que l'on change aujourd'hui le décor des villes, pour son travail et ses loisirs, depuis les buildings de bureaux jusqu'à la fade cuisine des restaurants où il parle haut pour faire entendre à ses voisins qu'il a éduqué sa voix sur les haut-parleurs des aéroports. Il arrive en retard, et en masse, à tout, voulant être unique et le premier. Bref, selon la révélatrice acception nouvelle d'un vieux mot argotique, le cadre est en même temps *le plouc.*»

Ajoutons à ce tableau sinistre «la vieille aliénation féminine, qui parle de libération avec la logique et les intonations de l'esclavage.» On s'y croirait.

«Le poète, disait Baudelaire avec son insolence irrecevable n'est d'aucun parti. Autrement, il serait un simple mortel». Mai 68, et c'est là, précisément, son côté révolutionnaire, n'a été, et ne pouvait être, d'aucun parti. De cela, semble-t-il, personne n'est encore revenu, et ceux qui l'ont dit se sont fait haïr. Logique.

On me reproche parfois de trop parler de Debord. La raison en est simple : les autres auteurs sont pour moi à côté du sujet. Question d'expérience personnelle entre le style et le temps. Question de bonheur, question d'enfance.

En 1924, le style était : « Tant va la croyance à la vie, à ce que la vie a de plus précaire, la vie *réelle* s'entend, qu'à la fin cette croyance se perd. L'homme, ce rêveur définitif... »

Et en 1930 : « Tout porte à croire qu'il existe un certain point de l'esprit d'où la vie et la mort, le réel et l'imaginaire, le passé et le futur, le communicable et l'incommunicable, le haut et le bas cessent d'être perçus contradictoirement [1]. »

C'était et ce sera cela, Mai 68 : une contradiction vivante.

---

1. André Breton, *Manifestes du surréalisme*.

## *Bukowski et la folie ordinaire*

Bukowski, lisez-le, est la révélation de l'Amérique folle et noire qu'est devenu le monde. Toujours plus de puissance et de richesse pour les riches ? Toujours plus de faiblesse et de misère pour les pauvres. L'information augmente sur fond de sermons humanitaires ? En réalité, ce qui croît, c'est l'ignorance, la séparation, le désespoir. Comme on fera éternellement de la mauvaise littérature avec de bons sentiments, nous ne manquons pas de discours et de faux romans lénifiants pour envelopper et évacuer ce constat gênant. La mort partout, sans cesse, comme de plus en plus rapprochée d'elle-même ? Oui. Et alors ? C'est tout ? Vous n'avez rien d'autre à dire ? Pas de promesses, de programme, de solution, d'appels vers un avenir meilleur ? Pas le moindre meeting ? Rien pour la volonté, la société, le désir de chef ? Non. Bukowski, c'est très répréhensible, a inventé la littérature *mauvaise*. C'est un sale esprit, un déserteur, une forte tête égoïste, un vieux dégueulasse, un primaire acharné, un type infréquentable toujours plein de whisky, de bière, de vodka, de visions lubriques. Il ne veut pas travailler, il est sans domicile fixe, il ne croit pas à l'amour, il traîne, il s'enfonce, il est capable de ne même pas se rendre compte qu'il est devenu célèbre et qu'on l'interroge sur un plateau de télévision. Il vous raconte des aventures minables, dans des lieux minables, avec des personnages, hommes et femmes, aussi minables que lui. Il semble ne percevoir que la dégradation des corps, des cadavres vivants en sursis. Ah, il ne se *penche* pas sur les exclus, lui, avec les mines compassées que prennent et prendront toujours les dames d'œuvre, les politiciens en campagne, les académiciens parlant du cœur, les poètes conviviaux, les évêques en mal de publicité. La littérature « mauvaise » a ses lois : démasquer la folie ordinaire, pointer la vérité désagréable en direct, forcer sur les détails scabreux qui révulsent l'hypocrisie générale, être lyrique avec ce qui n'a pas l'air de le mériter. Pas de naturalisme : la nature est un piège. Pas de populisme non plus, cette blague des nantis quand il travestissent la déchéance. L'expérience personnelle, point. Le plus étrange est que la vraie bonté ne puisse venir que de là. Toute autre prédication est obscène. Bukowski est une sorte de saint, on l'aura compris.

J'en parle au présent, comme on devrait le faire de tous les vrais écrivains disparus. Il paraît qu'il est mort à San Diego, Californie, le 9 mars 1994. Dans son dernier livre *Pulp*, peut-être le plus étonnant qu'il ait écrit, il se présente comme un détective privé à qui la mort, en personne, téléphone. La Grande Faucheuse a un problème. Quelqu'un lui a échappé. Un écrivain français, dont, pourtant, la date de décès est connue : 1961. Eh bien, non : Céline (car il s'agit de lui) est passé aux États-Unis. Il vit toujours. On l'a vu dans une librairie où il feuillette des livres sans les acheter. Bukowski enquête : oui, c'est ça, un type qui ressemble comme deux gouttes d'eau à Céline est bien là, en train de parcourir *La Montagne magique* de Thomas Mann. Il murmure un jugement désagréable. Le voilà maintenant lisant un peu de *Tandis que j'agonise*, de Faulkner : « Autrefois, me dit-il, la vie des écrivains était plus intéressante que leurs écrits. Aujourd'hui, ni leur vie ni leur œuvre n'offrent le moindre intérêt. » Un peu après, il jette un œil sur le *New Yorker* (toujours sans l'acheter) : bof, toujours pareil, personne ne sait plus écrire. Quant à la Mort, une grosse femme pleine d'allant (« quel sublime flash de chair fraîche ! »), elle avoue avoir « un blocage sur cette histoire ». « Je veux m'offrir le plus grand écrivain français. J'ai attendu assez longtemps. » Céline est-il réellement vivant ? Le détective, engagé par la Mort pour le coincer, va-t-il y parvenir tout en le regrettant sincèrement (en effet, le prochain client du néant, *c'est lui*) ? Le lecteur découvrira la suite tout seul. Bukowski a-t-il trop bu ? A-t-il des hallucinations ? Est-il raisonnable de rencontrer une extraterrestre et la mort *en personne* ? Et qu'est-ce que cette enquête sur le « moineau écarlate » ? Comment tout cela va-t-il finir ? « C'était une évidence. La moitié de la planète délirait. Les furieux et les crétins se partageaient le reste. » Ou encore : « J'étais prêt pour une paisible soirée en Enfer. À l'image de cette Terre qui part en poussière aussi sûrement qu'une poutre rongée par d'invisibles termites. » En détournant le roman policier et la littérature de gare, le vieux Buk, comme d'habitude, écrit le roman philosophique d'aujourd'hui, sans vanité mais avec une prétention énorme. Le livre est codé comme il faut : il échappera à la surveillance morbide de ceux qui bavardent sur la mort du roman, la décadence, l'absence d'idéal, la perte du sens du devoir ou l'engagement. Il excitera, en revanche, les amateurs de littérature et les esprits libres (il doit y en avoir encore quelques-uns). Excellent test, Bukowski : le clergé, quel qu'il soit, ne peut pas le lire. Mais qu'est-ce qu'un clergé peut vraiment lire désormais ? Rien. Ni Bukowski, ni Céline, ni Mallarmé. La mort atteint les corps visibles, mais pas les voix singulières puisqu'elles triomphent en même temps que la mort. Autant dire que le vacarme de la marchandise et son envers spiritualiste n'y comprennent rien. Bukowski ne croit ni à Dieu ni à Diable, mais il sait que le faux Diable déguisé en faux Dieu est très puritain : « À propos, si le mot *pute* vous gêne, je vous autorise à m'en suggérer un *politiquement correct.* » Un jugement sur la société ? Voici : « Prenez les stars de cinéma, on leur retape le visage avec la peau des fesses, car c'est bien la dernière chose à se flétrir. Du coup, ces stars finissent leur existence avec une tête de cul. »

Aux dernières nouvelles, on aurait aperçu Bukowski à Paris en train de renifler quelques romans récents dans une librairie du Quartier latin. Il haussait les épaules. Je vais enquêter. Peut-être me demandera-t-il de l'accompagner ici ou là. Au fond, il suffit de tenir ses phrases.

## *Ponge en abîme*

Trop de bruit, de bavardage, d'agitation inutile. Trop de mots pour peu de chose, masquant une activité de censure et d'usure. Trop d'approximations, de clichés, de creux, de relâchement, de mépris, de mauvaise poésie, de délires ou de bonnes paroles couvrant des crimes. Le monde humain se résume dans une énorme prétention de subjectivité molle. Ponge, comme un médecin horrifié part de là, c'est-à-dire d'un violent dégoût pour la littérature de son temps (celui d'après la guerre de 14). Logiquement, il sera compagnon de route des surréalistes, mais sa longue aventure, le plus souvent clandestine, n'appartient qu'à lui. L'expression qu'il répétait le plus souvent dans la conversation ? « Sortir du manège. »

Ça cause, ça cause, c'est tout ce que ça sait faire, et l'envie de se taire ou de se supprimer risque donc d'apparaître comme la seule issue. Mais non, il s'agirait alors du revers de la même médaille nihiliste. En réalité, il faut fonder une résistance radicale, une affirmation répétée et sans illusions. Le monde muet fait signe, il est scandaleusement négligé par tous les discours, la vie quotidienne du moindre objet ou animal est une source de connaissances inédites.

L'homme pérore, la nature suit son cours dans ses mille variétés musicales. Nous sommes sans cesse en retard par rapport à elle, à son inquiétante ou magnifique proximité. Il suffit de l'écouter, de la regarder mieux, de s'apprendre soi-même à son contact intime.

Je revois ma première lecture d'un texte de Ponge, dans une anthologie de la poésie française. Rien à voir avec les autres pages imprimées, une originalité immédiate, une sensation de relief magique. Voyez, là, tout de suite, un lézard : « Un chef-d'œuvre de la bijouterie préhistorique, d'un métal entre le bronze vert et le vif-argent, dont le ventre seul est fluide, se renfle comme la goutte de mercure. Chic ! Un reptile à pattes ! » Un lézard sort du mur, un lézard s'écrit sur la page : flash ! Une forme résonne dehors, un accord lui répond dedans. Même étonnement avec la pluie, l'escargot, l'abricot, le cheval, l'araignée, la crevette, le verre d'eau. Pourquoi les ignore-t-on à ce point, pourquoi nous considérons-nous sans cesse comme le centre des phénomènes ? Parce que nous parlons à plat. Sartre avait raison de dire qu'il fallait « lire Ponge avec attention, mot par mot, et puis le relire ». Et Picasso : « Ses mots sont comme des pions, de petites statues en trois dimensions. »

Il ne s'agit donc pas de descriptions, mais de sculptures passionnées. Ce monsieur impeccable, là, que je vais souvent visiter chez lui, à l'époque, n'est en rien un « poète », un « écrivain », et encore moins un philosophe universitaire. Nous n'allons pas, en parlant, échanger des idées, des opinions, des potins ou des états d'âme. Nous nous mettrons à travailler en nous amusant. Il sera question de tel passage de Démocrite ou de Lucrèce ; de tel air de Rameau ; du *Coup de dés* de Mallarmé ; des *Poésies* de

*Ponge en abîme*   581

Lautréamont ; des *Illuminations* de Rimbaud. La conversation est un art, souvenirs, anecdotes significatives, précisions historiques. Le Ponge qui m'intéresse le plus est celui de *La Rage de l'expression*, celui qui, dans la Résistance en 1940, trouve le moyen de s'intéresser en détail à un bois de pins ou à un ciel de Provence. Celui qui pense qu'un tableau de Chardin laisse apparaître toute la société de son temps uniquement par ce cadrage-là, cette figure-là. Celui avec qui on n'en finirait pas de méditer encore et encore sur Cézanne. Celui qui a écrit : « La véritable poésie n'a rien à voir avec ce qu'on trouve actuellement dans les collections poétiques. Elle est ce qui ne se donne pas pour poésie. Elle est dans les brouillons acharnés de quelques maniaques de la nouvelle étreinte. » Une discussion avec Ponge peut durer trois ou quatre heures. On laisse couler, on se tait, on reprend. « Aux choses mêmes » : leçon de phénoménologie. Mais en même temps : aux mots eux-mêmes. Toute la bibliothèque est désormais convocable, concentrée, sondée. Ponge est certainement le seul qui ait eu l'ambition de défendre à la fois la pensée des Lumières et celle qui a surgi de la modernité la plus aiguë. On ne l'écoute pas ? On le cantonne dans les marges de la société ? Peu importe. Avec une sobriété et une énergie d'alchimiste, il est à son fourneau, jour et nuit. Il est tout entier requis par un « poème bizarre, avec retournements en virevoltes aiguës, épingles à cheveux, glissades rapides sur l'aile, accélérations, reprises, nage de requin » (*Les Hirondelles*). Du même mouvement, il rêve de boucler une nouvelle Encyclopédie où science et poésie seraient réconciliées ; où Montaigne, Malherbe, La Fontaine, Pascal, Stendhal, Lautréamont, Rimbaud, ne seraient plus *séparés*. On peut aimer à la fois Voltaire et Claudel, ce dernier vu, sans révérence, comme « une grosse tortue marine plongeant, à l'autre extrémité de l'Asie, vers sa salade de champignons noirs, à la chinoise ».

C'est entendu : le monde est absurde, mais il fonctionne, et le langage aussi. L'impasse, c'est la manie sociale, et son rabaissement systématique de l'art (fascisme, stalinisme). En 1954 : « Dire un mot de ces salauds qui vous mettent en garde contre l'ambition ou contre le désir d'absolu et de grandeur, qui veulent vous réduire à leurs normes de concierges ou de vicieux de la littérature. » Et en 1941 : « Il s'agit de militer activement (modestement mais efficacement) pour les "lumières" et contre l'obscurantisme, cet obscurantisme qui risque à nouveau de nous submerger au $XX^e$ siècle du fait du retour à la barbarie voulu par la bourgeoisie comme le seul moyen de sauver ses privilèges. » La passion esthétique est une éthique, et, *tout naturellement*, une politique. Orgueil (extrême), et humilité (vraie) : le contraire de la vanité vide. Et c'est ainsi que, dans une histoire humaine en folie, nous ont été rendus le mimosa, le lilas, l'œillet, l'huître, la boue, et jusqu'au soleil lui-même.

Nous vivons trop dans la mort, le désir de mort, et Ponge, lui, veut passionnément inventer une nouvelle raison de vivre heureux *quand même*. Ce nouveau bonheur, cette « nouvelle étreinte » n'est plus une idée vague et fade, une fuite, un repli, mais un acte résolument sensuel. La poésie est devenue spectacle ? Mais non, la revoici vibrante, variée, armée, à la fois dramatique et critique. La poésie est révolutionnaire par définition, puisqu'elle ne transige pas avec la liberté physique. Ainsi, dès 1933, quand le totalitarisme infecte déjà l'Europe : « Je propose à chacun l'ouverture de trappes intérieures, un voyage dans l'épaisseur des choses, une invasion de qualités, une révolution ou une subversion comparable à celle qu'opère la charrue ou la pelle, lorsque, tout à coup et pour la première fois, sont mises au jour des millions de parcelles, de paillettes, de racines, de vers et de petites bêtes jusqu'alors enfouies. Ô ressources infinies de l'épaisseur des choses, *rendues* par les ressources infinies de l'épaisseur sémantique des mots ! »

Je revois le soir tomber, autrefois, rue Lhomond. On n'entend plus les cris d'enfants de l'école toute proche. Je viens d'attirer l'attention de Ponge sur ce fragment de Rimbaud : « la main d'un maître anime le clavecin des prés ». Ce jour-là, c'est juste ce qu'il fallait dire.

## *Un opéra baroque*

Le contresens à ne pas faire, à propos de Ponge, est de le prendre pour un poète «chosiste». En réalité, son œuvre se donne ouvertement comme métaphysique. On pourrait même dire qu'elle est tout entière une forme de réponse à Pascal. «Le silence de ces espaces infinis m'effraie.» Voyons.

*Le Soleil placé en abîme* est l'entreprise la plus ambitieuse et la plus «désespérée» de Ponge, son coup de dés, son pari. Il m'en a parlé plusieurs fois avec beaucoup d'émotion (chose très rare chez lui), comme s'il s'agissait d'une tentative folle. C'est à mon avis son chef-d'œuvre.

«Chacun sait de la Terre, et de nous par conséquent là-dessus, qu'elle tourne autour du Soleil selon une orbite elliptique dont il n'occupe qu'*un* des foyers. Se sera-t-on demandé *qui* occupe l'autre, l'on ne sera plus très éloigné de nous comprendre.»

Le Soleil, le plus évident des objets, est en même temps le plus mystérieux. Il s'agit d'une énigme en plein jour (si on peut dire). La Rochefoucauld (cité par Ponge) : «Le soleil ni la mort ne se peuvent regarder fixement.» En réalité, le plus brillant des objets du monde n'*est pas* un objet. Pour l'écrire, il faut donc inventer un autre mot, une autre notion : *l'objeu*. Ponge en donne la définition suivante : « Disparition de l'objet en abîme, fonctionnement verbal. »

« Le jour est la pulpe d'un fruit dont le soleil serait le noyau. Et nous, noyés dans cette pulpe comme ses imperfections, ses taches, ses *crapauds*, nous sommes asymétriques par rapport à son centre. Son rayonnement nous enrobe et nous franchit, va jouer beaucoup plus loin que nous. »

Le soleil provoque le ravissement le plus intense, et, en même temps, une angoisse de mort. Ponge n'oublie pas le mot de Goethe au moment de mourir : « Plus de lumière. » Il y a aussi le vers fameux d'agonie de Hugo : « Je vois un soleil noir d'où rayonne la nuit. »

Le soleil est donc à la fois un OUI et un NON catégoriques. Il est « la condition de tous les autres objets, la condition même du regard », mais il est aussi un « trou ». C'est l'abîme métaphysique.

Le soleil, donneur de vie, est aussi un tyran sadique. « Les corps et la vie même ne sont qu'une dégradation de l'énergie solaire, vouée à la contemplation et au regret de celle-ci, et — presqu'aussitôt — à la mort. » La condition humaine est sous cette loi absolue : « La vie commune avec une étoile... Nous nous réveillons chaque matin avec la même étoile dans notre lit. L'été, elle va et vient dans la maison avant notre réveil. Telle est notre aventure, assez fastidieuse. »

*Le Soleil placé en abîme* est un grand texte baroque, une sorte d'opéra flamboyant. L'audace est ici de reprendre la forme des poèmes cosmogoniques grecs, Parménide, Empédocle, avec des raccourcis rimbaldiens. « Lion, berger d'un troupeau de moutons », « le tollé nocturne ». Personnages : le feu, les étoiles, la nuit. Et puis le délire, autour de midi : « Ô Soleil, monstrueuse amie, putain rousse ! »

Il fallait faire mentir la résignation courante : « rien de nouveau sous le soleil ». Un acte héroïque, donc.

## *La Voie chinoise*

La Sagesse, en Occident, n'a pas bonne réputation. Elle paraît fade, plate, médiocre, inessentielle, sourdement réactionnaire, justifiant à l'avance toutes les demi-mesures, tous les compromis. Par définition, elle serait insensible au pathétique et au tragique de l'existence, tempérée par manque de tempérament, centriste, opportuniste, hypocrite, vicieuse, trompeuse. C'est le mol oreiller du doute de Montaigne si sévèrement critiqué par Pascal, la philosophie rabougrie du pauvre, la religion commode de celui qui se lave les mains des malheurs du monde — bref une inhibition, une résignation, une désertion.

La religion, la philosophie, voilà pour nous, en revanche, des affaires sérieuses. Grâce à elles et à leurs clergés successifs, la réalité a un sens, la vie une vérité, la société un but. La science a beau les bousculer de temps en temps, elles persistent, elles insistent. Il s'agit de lutte, de combat, l'Histoire doit se laisser déchiffrer comme cohérente quelles que soient les exterminations qu'elle entraîne. Rien n'a lieu ni ne peut avoir lieu pour rien. Vous avez tort, j'ai raison, et s'il m'est arrivé d'avoir tort, pardonnez-moi, mais j'ai eu raison quand même. Mes monstruosités m'ont échappé malgré moi, on m'a mal compris, je me repens, je continue, c'est mon devoir et ma pente. Le vrai triomphera du faux, le normal de l'anormal, la justice de l'injustice. La religion, c'est l'éternel retour (on en a les témoignages de façon cyclique). Quant à la philosophie, si elle en vient à s'épuiser dans le moralisme primaire (exemples à la pelle), on peut toujours en retrouver les traces dans la manie idéologique : je calcule, je juge, je pense, je m'estime supérieur à vous, donc je suis.

Un plaidoyer pour la Sagesse semble donc impossible, d'où son intérêt. Après *Le Détour et l'Accès* et *Traité de l'efficacité*, voici, de François Jullien, *Un sage est sans idée*. Un individu sans idée ? Quelle idée ! Mais nous sommes en Chine. Et ce livre qui, comme les précédents, fera date, sans bruit, comme tous les événements fondamentaux, nous montre admirablement l'*autre* de notre civilisation et de nos réflexes. Pour savoir où va la Chine en se conformant de plus en plus à notre économie, il est indispensable de savoir d'où elle vient. Et nous, d'où venons-nous et où allons-nous ? Tout le monde sait déjà que cette confrontation sera la grande question du XXI$^e$ siècle. Oui, la Chine est bien notre *autre*, ni religieux ni philosophique ; ni grec, ni biblique, ni indien. Ne pas vouloir en tenir compte serait de la violence pure. Bien entendu, la Chine actuelle doit adopter un système démocratique fondé sur les Droits de l'Homme. On le répète, on a raison, l'unification technique planétaire l'exige. Mais il ne s'ensuit pas que nous devions ignorer l'histoire de son fonctionnement symbolique, qu'elle est d'ailleurs en train d'oublier. Le paradoxe est là (et François Jullien est actuellement le seul à le penser à fond) : il nous revient, au-delà de la philosophie, d'interroger la mémoire chinoise pour nous éclairer nous-mêmes. La « crise asiatique », c'est nous.

Le Sage chinois est « sans idée », il ne *conçoit* pas, il *traverse*. Son action est une régulation, son « juste milieu » n'a rien d'une demi-mesure, c'est une façon d'être dédoublé aux extrêmes en s'inclinant vers aucun d'entre eux. Il ne s'arrête pas, ne se fixe pas, ne poursuit rien, ne prêche rien. Il s'engage et se retire, il peut être très rapide et très lent, il évolue selon les situations et les circonstances parce qu'il pense que tout est flux, transformation, procès. La « Voie » chinoise s'écoule et ne va nulle part. Elle était là, elle est là, elle sera là, sans cesse la même et jamais la même. Il faut correspondre à son immanence en étant comme elle. Le Sage n'est donc pas timoré, mais très attentif, sa réserve n'a rien d'une incapacité à la violence. Simplement, il ne fixe pas un horizon au regard, une essence à la vérité, son unité est celle d'un tissu commun à toutes choses. Le réel, pour lui, est immédiatement là, sous nos yeux, *mais nous ne le voyons pas*. Il faut le « réaliser » pour le ressentir, l'évidence est ce qu'il y a de plus négligé et de plus caché (facile à vérifier tous les jours : ça parle, ça parle, ça ne s'aperçoit de rien). Le Sage, donc, ne discourt pas, ne discute pas, il préfère procéder par allusions, par remarques. Ni relativiste ni sceptique, ses manifestations sporadiques (des entretiens) sont liées par un fil inapparent continu. On dirait que pour lui, dépourvu de *moi*, je est sans fin un autre, un autre qui se dépense, se déploie. Comme le dit François Jullien, il indique que « toute existence est à la fois tendue et transitoire ». Capter, laisser passer sans mystère, voilà son rythme. On comprend, dès lors, que la peinture et la poésie sont, en Chine, placées, en même temps que la pensée, dans un autre espace. On ne représente pas, on fait respirer, on actualise; le vide et le blanc sont des éléments actifs des tableaux, des quatrains. Pas de commentaires abusifs, il s'agit chaque fois d'embrasser une globalité passagère. L'esprit est concentré sur l'*ainsi*; il est ample, spacieux, paisible (le chinois *xian-xian*). En un sens, il n'y a rien à dire : «Les saisons suivent leurs cours, tous les existants prospèrent : quel besoin le ciel aurait-il de parler?» Le sage ne dialogue pas, il soliloque. «La philosophie est *exclusive*, comme l'y oblige la vérité, la sagesse est *compréhensive*.» Le sage reste ouvert, disponible, spontané, il dissout les contradictions, il agit comme une musique silencieuse. François Jullien écrit : «Je ne m'"obstine" dans aucune position; et, si je suis différent d'eux tous et n'entre dans aucune catégorie, c'est qu'il n'y a rien pour moi qui, par principe, soit possible ou ne soit pas possible à faire ou à ne pas faire, qui convienne ou ne convienne pas.»

Voilà, n'est-ce pas, qui est violemment irritant. Nous sommes, nous, dans la partialité obsessionnelle, la discussion inutile, le durcissement du point de vue, la volonté de volonté, la hantise de la perspective et du rendement; ou bien nous nous réfugions dans l'irrationnel, la mystique. Les sectes savent cela. Le Sage chinois, au contraire, n'aspire qu'à la détente, à la décontraction ordinaire, à la sérénité, au détachement. Il est abandonné et content, il «laisse là les convulsions», l'hystérie le trouve impassible. Il ne cherche pas, il trouve; il vit *au gré* dans la voie du ciel. Ça va? Ça va. «Chaque réalité résonne selon sa propre disposition.» Le réel est un avènement permanent, plus proche de Rimbaud que de Platon ou Hegel. Penser, peindre, poétiser ont le même *tao*, le vrai, l'irrécusable, pas celui de la propagande publicitaire bouddhiste ou orientaliste. En exergue à *Un sage est sans idée*, François Jullien cite une remarque de Wittgenstein de 1947 (la date est intéressante) : « La sagesse est grise. La vie, au contraire, et la religion sont pleines de couleurs. » On aimerait retourner la formule, au vu de ce qui, désormais, a cours : « La vie, la religion, la philosophie, la politique, la finance sont grises. La sagesse, elle, savoure les couleurs. »

François Jullien, *Un sage est sans idée, ou l'autre de la philosophie*, Éditions du Seuil.

## *Yi king*

On parle beaucoup, en surface, du Livre des changements chinois, le Yi king, et de ses hexagrammes magiques. On sait qu'il s'agit d'un des plus vieux recueils divinatoires de l'humanité, encore utilisé en Asie et un peu partout dans le monde. En revanche, il est rarement question de sa puissance poétique, du fait qu'il contient des milliers de poèmes virtuels si on sait l'écouter.

Vous pouvez toujours vous amuser à jeter six fois trois pièces de monnaie, selon le vieux code, et à voir ce qu'elles vous répondent. Si vous voulez plus de précisions, prenez des baguettes d'achillée. Vous entrez ainsi en contact avec les soixante-quatre figures qui sont comme un « dictionnaire des forces cachées ».

Bien entendu, vous êtes censé être au courant de ce que sont le tao, le yin, le yang et le reste. Non ? Essayez quand même.

La Chine part de l'écrit élémentaire. Un trait plein, un trait brisé. Trois traits pleins l'un sur l'autre, et c'est le ciel. Trois traits brisés, la terre. Je passe du trigramme à l'hexagramme pour bien réaliser mon ordinateur, j'obtiens toutes les combinaisons possibles avec soixante-quatre figures,

*Yi king*

faites alternativement de créativité et de réceptivité. Je traverse ainsi le tonnerre (l'éveilleur), le vent (la douceur pénétrante), l'eau (l'insondable danger), la lumière (ce qui s'attache), la montagne (l'immobile repos) et enfin le lac (le joyeux stimulant).

Peu importe que vous traduisiez le chinois *yi* par changements, mutations, transformations ou métamorphoses. L'essentiel est de comprendre que ce « livre » sans équivalent (qu'est-ce qu'un livre qui est le monde lui-même ?) vous donne automatiquement un renseignement sur votre propre position.

L'écriture élémentaire est en avance sur vous, vous avez besoin de reprendre contact avec elle. Où en êtes-vous ? Qu'est-ce qui s'annonce pour vous que vous pressentez sans le savoir, ni oser le penser ou le dire ? Quelle réponse ? Cela peut être la paix, le feu, la rencontre, la marche, la grâce, l'éclatement, la percée, la révolution. On imagine, par exemple, Mao, autrefois, tirant la réponse numéro 49, avec le commentaire suivant : « En période de bouleversements, les grands hommes se changent en tigres. Ils passent brusquement et radicalement d'un état à un autre. »

Cependant, vous pouvez tomber sur *liu*, la marche, avec la précision que voici : « Vous marchez sur la queue du tigre. Il s'agit d'une entreprise périlleuse. Mais si vous êtes prudent, vous réussirez. Défendez votre cause de tout votre cœur. » À chaque hexagramme correspond un idéogramme, lui-même très parlant. Ainsi *keou*, venir à la rencontre, qui combine le ciel et le vent, signifie-t-il la relation sexuelle : « Le souffle céleste s'étend sur le monde. Sous le ciel est le vent. Une force créatrice vous accompagne. »

Le numéro 23, *po*, l'éclatement, a comme idéogramme un couteau et le caractère signifiant sculpter : attention, vous devez vous défaire de vos contradictions et de vos habitudes. « Un cycle prend fin, il faut préparer le cycle à venir. La montagne repose sur la terre. Ouvrez-vous à des idées nouvelles. Faites face à vos obligations... Ici se meut la voie du ciel. » Vous pouvez aussi entrer, par le numéro 59, dans la dissolution : « Il faut disperser les nuages, faire fondre la glace, chasser les illusions et les craintes, dissiper les malentendus, éliminer les soupçons. Le brouillard doit se lever pour que le soleil brille. »

Il n'est pas mauvais non plus d'obtenir le numéro 53, *tsien*, le développement, dans la position suivante : « Les oies sauvages se dirigent vers la falaise. L'âme trouve un point d'appui. Cette relation s'installe dans le bonheur. On mange, on boit, c'est la fête, tout le monde se réjouit. » Enfin, soyez ferme : vous venez de tirer le 64, *wei tsi*, « avant l'accomplissement » : « L'heure du combat est arrivée. Il n'est plus temps de douter. Galvanisez vos forces. Partez à l'assaut du monde des démons. » Et aussi : « Vous êtes sur le point de traverser la rivière. Ne cherchez pas à diriger des gens ni à vous lancer dans une entreprise avec l'intention de mettre de l'ordre autour de vous. C'est le moment de traverser le fleuve de la vie avec un grand dessein. » Bonne chance.

## *Shitao, l'unique*

Shitao (1642-1707) est l'un des plus grands peintres chinois, «peintre» voulant dire ici, indissolublement, poète, mystique et penseur. On ne regarde pas seulement une de ses peintures : on la respire, on l'entend, on la développe en soi, on la lit, on l'habite, on la boit. Tous les sens sont convoqués dans un survol et une précision jaillissante de liberté. Shitao veut dire «vague de pierre», ce nom mêle déjà la montagne et l'eau. Il s'agit de faire sentir à la fois «l'universel écoulement» et «l'universel embrassement». Je suis le rocher et je suis le fleuve. Je suis le détail et l'immensité. «J'ai parcouru, dit-il, tous les monts fabuleux, et j'en ai fait l'esquisse.» Lente et constante méditation, foudroyante exécution : «Les pruniers ont fleuri en une nuit. Je réclame le pinceau, je dessine, et d'affilée je compose les neuf poèmes qui suivent.» Immobilité et rapidité : c'est la clef.

Ce moine solitaire accomplit la tradition, il l'ouvre. Il est aussi proche de nous, aujourd'hui, que Cézanne ou Picasso. François Cheng, qui lui consacre ce livre admirable, a raison d'écrire : «La tradition authentique contient en elle-même toutes les modernités possibles», et : «Celui qui loge au cœur des choses n'a besoin de rien d'autre que d'être là, sans plus. » Un tableau de Shitao est un choc de présence : une barque, une cabane perdue, une silhouette, une falaise, une branche fleurie, des bambous. Le paysage est esprit, l'esprit, à travers le souffle, est paysage. À la fin de sa vie, dans un endroit isolé, près d'une rivière, Shitao signe : « le disciple de la Grande Pureté ». François Cheng commente : « Son corps feint d'habiter ce monde, mais loge en vérité sur le papier, — ce papier qui attend de boire l'encre. » Il demeure dans l'ouvert, dans « l'Unique Trait de Pinceau ».

Puissance et délicatesse : un coup Yang, un coup Yin. Pour Shitao, le paysage exprime l'élan de l'univers, le ciel enlace l'espace. « Les montagnes et les fleuves me chargent de parler pour eux ; ils sont nés en moi et en eux. » La montagne Sainte-Victoire est un autoportrait de Cézanne à la chinoise. Le *Roc solitaire* de Shitao est son vrai corps posthumain. Tout vient du *trait* et y retourne, c'est lui qui dévoile l'infini des métamorphoses et son étrange allégresse. Le peintre est insaisissable comme le monde, mais il fait signe dans une vision instantanée qui n'en finit pas. Son poignet est « vide », il laisse paraître l'essentiel. Le tableau est une « illumination », ces jonquilles ont l'ampleur musicale d'une cathédrale, cette *Conversation au bord du vide* poursuit un enseignement muet. Le chinois écrit une telle extase *yan zai yi wai* : la résonance dépasse la parole. Et Shitao : « L'oiseau seul connaît le cœur du printemps. »

C'est clair : la Chine a tout à nous apprendre, et personne n'est plus actuel que ce disparu éclatant. Nous séparons immanence et transcendance, réalité et représentation ; nous *forçons* d'un côté ou de l'autre. Le peintre chinois, au contraire, qui est aussi l'homme de tous les jours, vit, peint et pense en poète :

« Le studio couvert de neige parfumée s'ouvre à la brume,
Sans soucis ni entraves, la vision de l'homme se libère... »

Il nous reste à surmonter nos écrans.

François Cheng, *Shitao*, Phébus, 1998.

## *La domination mystique*

Han Fei a vécu en Chine au IIIe siècle avant notre ère, de 280 à 233. On sait peu de chose de lui, mais *Le Tao du Prince*, qui réunit ses œuvres, est, nous dit Jean Levi, « un des textes les plus importants de l'histoire de la pensée politique chinoise et sans doute mondiale ». Il faut donc le placer à côté des classiques : la *République* de Platon, le *Léviathan* de Hobbes, *Le Prince* de Machiavel et *Le Contrat social* de Rousseau. Rien de moins, et peut-être plus, en tout cas *autrement*. Voici donc la première version intégrale en langue française de ce monument. C'est un grand chef-d'œuvre, il faut l'acquérir au plus vite, vous en avez pour longtemps à le lire et à le relire, comme si (à la différence des classiques précités) il venait d'être écrit. C'est très clair, très obscur, inspiré, fourmillant d'exemples et d'anecdotes, d'une vie et d'une crudité époustouflantes. Le livre tient dans votre poche, c'est une vaste compagnie de tous les instants. Son sous-titre dit l'essentiel : *La stratégie de la domination absolue*. L'empereur Qin Shihuang a appliqué ce programme à la lettre, et on l'a vu resurgir, tel un projet grandiose et fou, à la fin du règne de Mao. Les Chinois, faut-il le rappeler, n'ont jamais été russes. Ils viennent de beaucoup plus loin, et profond. Le mieux serait de s'en rendre enfin compte.

Le plus difficile, ici, est de comprendre comment une école très rigide peut avoir la même pensée que celle de la libération absolue. Entre les Légistes et les Taoïstes, il y a complicité de principes. La Loi poussée à son comble est la même chose que l'autonomie. Le Prince est tissé de la même étoffe que le Saint. Il gouverne dans l'impersonnalité achevée ; l'autre chevauche le vent. « Dans un monde où règne la paix absolue, la loi est comme la rosée du matin ; la simplicité primitive ne s'étant pas encore dissipée, il n'y a pas de ressentiment dans les âmes ni de récrimination sur les lèvres. » Le meilleur gouvernement tend ainsi vers une sorte d'âge d'or sans cesse oublié ou perdu, non pas par fatalité mais par erreur. Le Prince se trompe sans cesse, il n'est pas assez éclairé, maître de soi. Les ministres l'abusent et le trompent. Quant à ceux qui tentent malgré tout de l'instruire, ils risquent leur vie. Dans les *Dangers du discours*, Han Fei trace un impressionnant catalogue de martyrs de la vraie Loi. Prison, tortures, assassinats, découpages en morceaux, sont monnaie courante (et malgré sa haute sagesse il semble que Han Fei lui-même ait été obligé de se suicider). Idéal presque jamais réalisé, le gouvernement suprême, qui sait répartir justement les châtiments et les récompenses (rien d'autre à faire), est un vide directeur, un secret sans secret, une manipulation souveraine parce qu'invisible : « La législation atteint le degré suprême quand elle se montre capable de parvenir jusqu'à la *pensée* de l'acte ; elle est déjà moins parfaite quand elle s'emploie à réprimer les paroles ; et c'est le plus bas niveau du gouvernement quand seul l'acte est sanctionné. »

L'originalité de la pensée chinoise est de situer le Prince à un tel niveau qu'il devient inaccessible, ce qui permet de lui reprocher sans cesse de ne pas être à la hauteur. Il doit être comme le Tao : «calme, il s'étend sans espace ; mystérieux, nul ne sait où il loge». Bien entendu, il sera le plus souvent humain, trop humain. Il a des parents, des concubines, des favoris, des mignons, des penchants, des appétits, et sa vanité est sans limites. On lui rappelle sa fonction trans-humaine, mais le plus souvent sans succès. Pourtant, c'est très simple : «La Voie du Maître est de faire un joyau du retrait, de reconnaître les hommes capables sans s'occuper des affaires, de faire les bons choix sans dresser de plan.» Le Prince n'a qu'à se contenter d'être là. Où, exactement ? On ne sait pas. Il est partout et nulle part, il sait tout, il surveille et espionne tout, personne n'échappe à sa pénétration et à son regard. «Le Principe est dans l'invisible, l'Usage dans l'imprévisible.» Confucius le disait : «Le prince est comme un vase, le peuple comme de l'eau. Quand le vase est carré, l'eau est carrée ; quand le vase est rond, l'eau est ronde.» L'ennui, c'est que cette ambition sublime est en général réduite à néant parce que le vase fuit. La moindre distraction, la moindre préférence sont déjà fatales. Les Légistes sont ici d'accord avec Tchouang-tseu : «Choisir, c'est manquer l'universel, de même qu'enseigner c'est manquer la perfection.» La perfection est dans le non-vouloir et le non-agir, et la Loi s'applique d'elle-même. Loi au demeurant implacable comme le mouvement des saisons. Le prince, en effet, «fait coïncider noms et formes», responsabilité effrayante qui fait de lui une fonction de l'illimité. C'est pourquoi on ne doit jamais savoir ce qu'il pense ni ce qu'il envisage d'accomplir : «Un prince éclairé met tous ses soins à se montrer secret. S'il dévoile sa joie, sa bienveillance se partage ; s'il manifeste sa colère, son pouvoir se fractionne. Ne jamais communiquer ses propos, mais les entourer d'une barrière. Il est obscur, ne laisse rien voir. » Han Fei le répète : le prince doit « bannir toute opinion personnelle, ne se fier qu'à la loi universelle ». Dans ses *Charades extérieures* (et un peu partout dans sa *Forêt des anecdotes*) il est encore plus précis : « Le souverain montre-t-il sa pénétration qu'on s'en protège ; découvre-t-il sa bêtise qu'il est abusé ; révèle-t-il son savoir qu'il est trompé ; dévoile-t-il son ignorance qu'il est tenu à l'obscur. Se manifeste-t-il sans désirs qu'il est épié ; les montre-t-il qu'il est appâté. C'est pourquoi il est dit : "Rien en moi ne leur permet de me connaître : c'est seulement par le non-agir qu'on les contrôle." »

Le style de Han Fei est sans appel. Exemple : « Qui parle sans savoir est un sot, qui se tait bien qu'il sache est un traître. La sottise mérite la mort, la traîtrise aussi. » La joie étrange qu'on ressent en lisant les grands textes chinois vient de cette certitude de la forme. Comme dans les *Poésies* de Lautréamont, l'évidence supérieure est là. Au XVII$^e$ siècle, Fou Chan, dans un livre au titre paradoxal, *Les saints font le mal*, s'exprime en ces termes : « La Raison ne peut venir à bout de ceux qui ont la raison pour eux. La Raison est impuissante à donner la paix au monde. Il faut pour cela l'intervention de la déraison. » Et Han Fei, donc, vingt siècles plus tôt : « Le Grand Homme calque sa forme sur celle du ciel et de la terre, en sorte que tout est produit à foison ; il modèle ses sentiments sur les montagnes et les mers, et son pays est prospère. Le maître n'éprouvant ni rage ni haine, ses subordonnés ne connaissent pas le ressentiment. Gouvernants et gouvernés entretiennent des relations pleines de franchise et font du Tao leur demeure. Les profits s'accumulent et des exploits sont accomplis.

Son renom est chanté par ses contemporains et ses bienfaits se transmettent à la postérité ; tel est le gouvernement parfait. »

*Han-Fei-tse* ou *Le Tao du Prince*, présenté et traduit du chinois par Jean Levi, Points-Sagesses, Seuil.

# Un *paradis chinois*

Vous vous demandez souvent comment interrompre le bruit et la fureur de l'Histoire, le bavardage et l'agitation de l'actualité faisant semblant d'être de l'Histoire, les drames, les clichés, les calculs, les mensonges, les affaires, la violence. Bien entendu, vous pensez que c'est impossible, qu'il n'y a plus aucun espoir ni aucune issue. À cet instant, vous ouvrez les merveilleux livres de François Cheng, où se concentrent l'énergie et la beauté de la peinture chinoise. Vous tournez les pages. Vous entrez dans les pages. Vous retrouvez le monde vrai. Vous êtes saisis [1].

Voici la voie des fleurs et des oiseaux. Les fleurs sont des oiseaux à l'arrêt, les oiseaux sont des fleurs qui volent. Cela se passe au XII$^e$ siècle, sous la dynastie des Song, mais aussi maintenant, ici, tout de suite, si je laisse mon regard passer à travers la drogue sociale. Je touche l'écriture des phénomènes, je comprends que les caractères et la calligraphie montent de l'espace et du vide pour orchestrer en secret le moindre détail. Comme le dit François Cheng :

---

1. *D'où jaillit le chant, la voie des oiseaux des fleurs dans la tradition des Song* (Phébus).

« La vérité du monde visible, présente tout entière en chaque être, en chaque objet, est à la fois lumière et musique — rythme tendu vers la primordiale Harmonie. »

Il était une fois un empereur, Hui-zong, qui rêvait de faire de la politique une dépendance de la poésie. Cela peut nous paraître fou, à nous, lourds Occidentaux, qui baignons de plus en plus dans la publicité dérisoire ou sanglante. Un empereur, donc, un philosophe silencieux, favorisant l'art métaphysique suprême, c'est-à-dire l'ingéniosité, la libre imagination, la science des souffles vitaux. Qu'est-ce qu'un pinceau « librement inspiré »? Une peinture « sans os »? Que signifie « transmettre l'esprit »? Comment comprendre ce que les Chinois appellent *li*, le principe interne, la ligne de force? Le premier geste est de se mettre à l'écart, de se concentrer, de devenir intérieurement ce qu'on désire tracer. Il s'agit d'un acte magique : je gêne toujours la Nature, elle ne demanderait pourtant qu'à s'exprimer en passant par moi. Détachement et rapidité : je suis soudain ce bambou, je le capte. Attention : « un instant d'hésitation et la claire vision s'évanouit ». Peu importe que je signe ou non ce moment spatial (beaucoup de peintures sont anonymes). Mais, après tout, je peux être aussi empereur et signer, comme Hui-zong, ce vol de grues au-dessus du palais, une leçon d'architecture flottante. Victor Segalen a bien vu ce point : « Le monument chinois est mobile, et ses hordes de pavillons, ses cavaleries de toits fougueux, ses poteaux, ses roues de nuages et ses flammes. » Le Chinois est un nomade sur place, il habite un palais en plein ciel, avec toit volant. Un faisan doré parmi les fleurs d'automne, ou un faucon et des oies sauvages diront la même chose, autrement. Je médite sur la grâce? Voici l'orchidée. La rectitude? Le bambou. La pureté altière? Le prunus. La persévérance?

Le pin. Les dynasties passent, les peintres restent. Les arbres et les rochers de Cézanne sont plus réels que tous les événements de son temps. La peinture n'est pas une décoration, mais un centre de vie d'autant plus actif qu'il peut feindre l'insignifiance. Mille ans après, fraîcheur. «La vue ne doit pas cacher la vision.» François Cheng est particulièrement émouvant lorsqu'il écrit : «Il peut paraître abusif d'affirmer que la tradition héritée des maîtres des Song irrigue encore aujourd'hui le vaste champ de l'art chinois. Nous l'affirmons, pourtant, et nombreux auront été, en ce siècle, ceux qui nous permettent d'écrire cela sans broncher. L'histoire de l'art chinois moderne échappe encore en large part au regard occidental. On peut tenir pour assuré que cette histoire, enfin révélée au grand jour, sera riche en surprises.» Les folies révolutionnaires ou technologiques n'y changeront rien. En effet, «pour le regard qui sait voir, tout est musique, tout est chant». Derrière les ordinateurs, les oiseaux. Sous le béton, les fleurs. C'est parce qu'ils étaient fragiles, périssables, furtifs, que ces signes éclatants persistent. L'instant ébloui dure, le temps aliéné s'efface. C'est sans doute ce que veut dire un poète du VIII$^e$ siècle, Xuan-jue : «Qu'ils calomnient, qu'ils médisent, / qu'ils brûlent le ciel, peine perdue : / Je bois leurs cris comme de la rosée ! / Purifié, je fonds dans l'Impensable.» Et déjà Wang Ji (mort en 644) : «Si j'obéis à la nature, qu'aurai-je à craindre ?»

Le peintre est poète, il est métaphysicien, il est au-dessus des pouvoirs, il est discret, il préfère avoir l'air d'un bambou, d'un faucon, d'une pie, d'un saule. Il est comme la rose d'Angelus Silesius, «sans pourquoi». À la question «Pourquoi suis-je ici?», il répond «Je suis». Aucune prétention, aucune emphase, puisque la méditation est constamment tournée vers «l'unique trait de pinceau». Voyez cette huppe sur une tige de bambous, de Zhao Mengfu (1254-1322), exact contemporain de Dante. Vous êtes au paradis terrestre, dans ce que François Cheng a raison d'appeler une «musique hautement scandée». Les plumes et les feuillages échangent leurs formes, le dialogue a lieu de façon invisible, la séparation est conjurée. Il suffirait d'un trait, oui, d'un seul, mais qui signifierait tout. Un trait «bu par le silence». Les poèmes chinois ont la même simplicité, la même évidence. Exemple : le grand Wang Wei (701-761), sous les Tang. «Seul assis au milieu des bambous / Je joue du luth et chante à mesure ; / Ignoré de tous, au fond des bois, / La lune s'est approchée : clarté!» Le poète, le musicien, le peintre sont une seule force dévoilant la «secrète polyphonie du réel». Rien de scolaire, rien d'obligatoire, aucune proclamation. S'il le faut, pour échapper aux clergés locaux ou à la haine des intellectuels d'époque, on simulera la folie, comme Chu Ta (1626-1705), dont on peut longuement admirer des pommiers sauvages accrochés à des rochers. Ou encore comme l'immense Shitao (1642-1707), qui, avec une tête de chou, vous dit tout. De l'encre, de la soie, du papier : on congédie la pesante servilité humaine, et l'ensemble, comme la liberté, est d'une insolence irréprochable.

De même qu'il y a, dans la culture occidentale, un «complexe italien» (l'Italie ayant eu au moins deux siècles d'avance sur tous les autres pays, dont la France), de même il faudrait parler de plus en plus d'un «complexe chinois». Mais c'est au moment où la Chine s'occidentalise à outrance que nous avons, nous, une chance de comprendre ce qu'elle a dit et dira encore de profond et d'universel. C'est sans doute l'enjeu du siècle qui s'ouvre. Pour l'instant, regardons encore de l'intérieur cette encre et couleurs sur soie anonyme du XII$^e$-XIII$^e$ siècle, *Lotus épanoui*. Elle se trouve au musée du Palais, à Pékin. Cette fleur érotique vient de fleurir aujourd'hui. C'est un cœur absolu, centre d'or, pétales roses. Elle va bientôt perdre, en bas, à gauche, deux de ses ailes, car il s'agit aussi d'un grand oiseau migrateur. L'été est sur sa fin, il respire, il éclate, il chante. Avons-nous l'oreille qu'il faut pour entendre ? L'œil suffisamment touché pour voir ? Ce lotus paradisiaque, pourtant, va poursuivre son voyage immobile. Pour le quitter, écoutons le chant de Qing-zhao (vers 1084-1141) :

> *Le parfum des lotus rouges faiblit*
> *déjà la natte sent la fraîcheur d'automne.*
> *Ma robe de soie légèrement dégrafée*
> *je monte sur la barque d'orchidée.*
> *De quel nuage attendre un message ?*
> *Au passage des oies sauvages*
> *Seule la lune inonde le pavillon d'Ouest.*

## *Deux et deux font quatre*

Il n'y a, me semble-t-il, dans l'œuvre monumentale de Simon Leys rassemblée aujourd'hui sous le titre *Essais sur la Chine*, qu'une erreur, d'ailleurs secondaire et cocasse, celle qui met sur le même plan, à deux ou trois reprises, l'auteur de ces lignes et des personnages aussi considérables que Nixon, Kissinger ou Alain Peyrefitte. Je rougis de cette promotion injustifiée due à mon « maoïsme » de jeunesse, sur lequel je me suis expliqué cent fois en vain (mais il faudrait refaire chaque année son autocritique, on le sait). Trente ans ont passé, et la question reste fondamentale. Disons-le donc simplement : Leys avait raison, il continue d'avoir raison, c'est un analyste et un écrivain de premier ordre, ses livres et articles sont une montagne de vérités précises, on va d'ailleurs le louer pour mieux s'en débarrasser, ce qui n'est pas mon cas, curieux paradoxe.

L'ironie des temps veut qu'on rencontre partout, maintenant, des gens qui vous parlent d'emblée, avec beaucoup d'assurance, de « l'imposture maoïste ». On les pousse un peu, et on s'aperçoit qu'ils ne connaissent rien de la Chine, ni ancienne ni moderne. Mieux : ils ne veulent visiblement rien en savoir. Il y a plus d'un quart de siècle, cette attitude me semblait grotesque. J'ai donc fait quelques efforts pour attirer l'attention sur cette énorme question. Échec complet : rien ne passe, ça n'intéresse personne, ou presque. L'écriture chinoise, l'espace et le temps chinois, la pensée et la poésie chinoises que je ressens immédiatement de l'intérieur, restent, pour mes interlocuteurs, une décoration exotique. Cette insensibilité, cet aveuglement, sont pathologiques, et Leys, dans tous ses écrits, y revient constamment. Il y voit, lui, il sait lire. Il a donc été dans la position du déchiffreur immunisé contre la propagande totalitaire, interprète des lignes et des silences entre les lignes, observateur impassible du grand jeu de masques du communisme chinois. Ce dernier est toujours là, mais dans quel état : celui du cynisme policier technique, conforté par des démocraties affairistes malgré le massacre à ciel ouvert de Tiananmen en 1989.

La Chine sera-t-elle, un jour, vraiment démocratique ? Sans doute, mais quand ? Leys écrit : « Il ne fait aucun doute qu'à long terme les Chinois sauront finalement avaler, digérer et totalement transformer le communisme, peut-être en conserveront-ils le nom par une sorte de conservatisme purement formel et quelque peu ironique. » Le processus est en cours, mais il faut sans cesse y revenir, insister, et répéter, par exemple, le nom de Wei Jingsheng, dont Leys écrit justement : « Deng Xiaoping et ses comparses voudraient bien pouvoir maudire la révolution culturelle de façon globale et définitive car c'est elle qui a marqué la fin de leur univers politique. Mais, dans leur haine même, ils nous signalent involontairement une vérité : sans cette expérience préalable de la révolution culturelle, jamais le mouvement démocratique n'aurait pu se développer avec autant de vigueur et avec autant d'ampleur. D'ailleurs, Wei Jingsheng, qui devait s'illustrer comme l'un des porte-parole les plus courageux, les plus lucides et les plus éloquents du "printemps de Pékin", avait été, dix ans auparavant, un chef de gardes rouges : il ne s'agit pas là d'une coïncidence. »

La « Révolution culturelle », quel roman ! *Les Habits neufs du président Mao* ; *Ombres chinoises* ; *Images brisées* ; *La Forêt en feu* ; *L'Humeur, l'honneur, l'horreur* sont la description minutieuse de ce mouvement ahurissant et sanglant, chef-d'œuvre d'intrigues, de téléguidages et de manipulations en tout genre. La façon dont Mao s'y est pris pour reconquérir le pouvoir au milieu des années 60, les ruses et les finesses du jeu, l'ambition impériale de ce formidable acteur qu'il faut bien qualifier de stratège génial, le choc des slogans, l'organisation des désordres, le recours à l'anarchie provisoire, tout cela est, pour longtemps, une passionnante leçon d'histoire vécue en direct par Leys. La galerie des personnages, subtils ou odieux, leurs contorsions et leurs convulsions, leurs délires (l'ambition théâtrale de Jiang Jing, les louvoiements de renard de Zhou Enlai), disent la profondeur du poison totalitaire saisi par ses effets dévastateurs. La Chine a montré la Chose. Et la Chose, vérifiant la vision d'Orwell, est toujours plus viscérale qu'on ne le croit. Hitler et Staline, dans cette mise en scène, font presque figure d'amateurs ; ils n'ont pas su, en quelque sorte, diviser leur monstruosité pour mieux l'exposer. Mao se dresse contre le système, y met le feu, et, finalement, le renforce.

La démonstration est faite qu'il n'y a pas de solution interne au système, lequel, écrit Leys, « opère une sélection à rebours : il pénalise la décence, l'intelligence et la sincérité, en même temps qu'il récompense et promeut toutes les inclinations les plus basses : flagornerie, duplicité, paresse intellectuelle, opportunisme, lâcheté morale, délation, trahison ». Soudain, devant une telle phrase, on se frotte les yeux. N'évoque-t-elle pas, en grossissant simplement le phénomène, quelque chose qui a tendance à se produire partout et toujours ? Le « communisme » ne serait-il que la pente durcie de l'humain ? Autrement dit, du subjectivisme absolutisé ? Deux et deux font six, dit le tyran. Deux et deux font cinq, dit le tyran modéré. À l'individu héroïque qui rappellerait, à ses risques et périls, que deux et deux font quatre, des policiers disent : « Vous ne voudriez tout de même pas qu'on revienne à l'époque où deux et deux faisaient six ! » Ainsi va la pression hallucinée du mensonge.

« La vérité, écrit Leys, par sa nature même, est laide, sauvage et cruelle ; elle jette le trouble, elle fait peur, elle tue... » Propos de moraliste sans âge, de poète radical (toutes les interventions de Leys sur la littérature sont d'une grande justesse). Constatation nietzschéenne : la vérité, pour l'être humain, n'est supportable qu'à petites doses, et c'est ce que signifie la formule chinoise de la « malédiction de l'homme qui peut apercevoir des petits poissons au fond de l'océan ». Ne regardez pas si bas, dit la société, je suis si fragile ! Ne perturbez pas mes ordinateurs !

Avec une belle insolence, sur la couverture de ses *Essais sur la Chine*, Simon Leys a reproduit, en chinois, un poème de Lu Xun daté de 1933 :

*M'étant mêlé d'écrire, j'ai été puni de mon impudence ;*
*Rebelle aux modes, j'ai offensé la mentalité de mon époque.*
*Les calomnies accumulées peuvent bien avoir raison de ma*
    *carcasse ;*
*Tout inutile qu'elle soit, ma voix n'en survivra pas moins*
    *dans ces pages.*

Voilà le style de Leys : nerveux, caustique, émouvant, «voltairisé» quand il faut, il est sans cesse en relation avec une tradition vivante, et c'est pourquoi il est si moderne. On sent en lui une foi étrange, un recueillement physique capable de faire silence avant de parler. Érudit, jamais ennuyeux. Savant, capteur de détails. Son pessimisme rayonne d'espoir, sa violence n'est jamais mesquine. Il y a là une respiration impassible, ouverte à plus grand qu'elle.

Comme en calligraphie, donc, une musique visible. Quand on aime la Chine, on sait d'où elle vient.

## *Éloge de Wei Jingsheng*

Le 10 mai, dans l'après-midi, dans la chambre-bibliothèque d'un appartement parisien, il entre. C'est l'homme qui a écrit ceci :
« Il n'y a rien à faire qu'à attendre que le poison légué par l'Histoire se soit complètement dilué et que la vie se renouvelle. Mon erreur a consisté à tenter de traiter un patient en phase terminale : au bout du compte ce sera toujours l'échec. Dans un monde où règne l'ignorance, penser devient un crime. Rappelez-vous bien cela. Prenez exemple sur les sages des temps passés qui ont feint la folie et agi comme des insensés ! Car celui qui n'agit pas comme un insensé aujourd'hui finira par être un salaud comme les autres [1]. »

Il est assez grand, compact, et semble, malgré ses dix-huit ans de prison, en pleine forme. Il va parler tout le temps sa langue, et je sais déjà ce qu'il va dire puisqu'il le répète indéfiniment de ville en ville, de pays en pays, d'entretien en entretien. C'est une tête dure de la plus haute antiquité,

---

1. Wei Jingsheng, *Lettres de prison*, traduites du chinois et annotées par Marie Holzman, Plon, 1998.

un obstiné, un tenace, un homme moyen, et génial de l'être à ce point, une sorte de saint qui ne veut pas qu'on lui fasse le coup du saint. La lumière dans l'œil noir est celle de quelqu'un qui a beaucoup séjourné dans la mort vivante, représentant (dit-il) de milliers d'exécutés dont il est, après tout, le successeur historique. Un homme du peuple, parlant du peuple le plus nombreux de la planète, à la civilisation profonde et raffinée. Il a demandé publiquement la démocratie, il y a vingt ans, à Pékin. Arrêté en 1989, lors de la répression sanglante de Tiananmen, il était encore en prison. Il vit maintenant à New York. Résumé de toute cette période ? « On m'a fait perdre beaucoup de temps. » C'est bref et sans plainte. Puis il reprend. Les Chinois, on le sait, sont faits pour le silence ou le monologue. C'est très reposant ou très fatigant.

Il plaide pour la Démocratie avec la même intensité et la même ferveur (souvent ironique) que les gardes rouges d'autrefois pour la Révolution. Wei Jingsheng a été garde rouge, il connaît le vieux dragon maoïste, ses sinuosités, ses ruses, sa logique de duplicité. Il sait qui sont les collaborateurs les plus zélés à l'étranger du mensonge « communiste » (les guillemets s'imposent aujourd'hui puisqu'il s'agit, encore plus qu'autrefois, de simple technique cynique de pouvoir). Les collabos ? Hommes d'affaires, intellectuels ou universitaires qui dépendent de Pékin pour un visa, sinologues de carrière, journalistes, presse genre Murdoch (lequel n'a pas pour rien épousé une Chinoise). Il connaît le jeu diplomatique international (c'est le moment du bombardement US de l'ambassade chinoise, à Belgrade, et du surgissement de la secte Fa Lun Gong). Quatre-vingt-quinze pour cent des cadres du Parti communiste, dit-il, sont persuadés de la nécessité d'une évolution politique, mais ce sera probablement long, encore qu'un

## Éloge de Wei Jingsheng

effondrement rapide et chaotique ne soit pas exclu. À combien évalue-t-il les échecs du mouvement de la liberté ? Sourire : 99,99 %. Ça n'a pas l'air de le décourager une minute. Pudeur et fierté chinoise : on n'a encore rien vu. Il combat un régime, pas son pays. C'est un individu embarrassant, car on sent qu'il est né dans un grand tourbillon d'insolence. Dans ses lettres de prison, il s'adresse directement à Deng Xiaoping : « J'espère que vous n'allez pas mourir trop vite pour que nous puissions nous rencontrer un jour, prenez soin de vous. » Cela dit par quelqu'un qui est soumis, jour et nuit, à une surveillance malveillante et que la police essaye de faire craquer par tous les moyens : sous-alimentation, bruit incessant, mélange avec les droit commun, cellule à trois parois transparentes (pas une seconde d'intimité, caméras et regards).

En principe, dit-il, « personne ne supporte d'être constamment surveillé ». Lui, si. Mais pas d'attendrissement victimaire, ce sont des choses qui arrivent lorsqu'on dit la vérité concrète. Il écrit, par exemple, qu'il a passé dix-huit mois dans un hangar au sol de terre battue, « attenant à une petite fabrique de fausses antiquités qui appartenait à l'armée ». Le plus souvent, il était dans une mine de sel. Le pouvoir tue moins volontiers en direct, et préfère appliquer la destruction lente, avec réduction du sujet à une marchandise dans le secteur « Droits de l'Homme ». Très bien, les Droits de l'Homme, puisque, comme chacun sait, le siècle prochain sera celui de l'Éthique. Mais l'Éthique est une substance à modulations variables, selon les contrats financiers. Pendant qu'on en parle, ce qu'un corps ressent, là bas, quelque part, ce sont des migraines à n'en plus finir, des diarrhées, des vertiges, des troubles oculaires, la cohabitation avec ses propres gencives pourries. Sourire : « En pri-

son, j'avais beaucoup de temps, et pas de livres. Maintenant, j'ai beaucoup de livres, mais pas de temps. » C'est l'interview démocratique perpétuelle. Les Occidentaux écoutent-ils ? Entendent-ils ? Oui, sans doute, *des idées*. Mais le cri muet ? « Je n'ai jamais flatté personne, même quand j'étais amoureux. Je dois être un cas irrémédiablement incurable. C'est drôle. »
Il a eu une fiancée tibétaine. Discrétion. Tout de même : « Il serait souhaitable de proposer au Dalaï-Lama de retourner à Lhassa. Cela serait bien mieux que de le laisser au milieu des aventuriers qui l'entourent. »
Tout cela n'est qu'un début. Les grandes manœuvres planétaires commencent à peine. L'Amérique, l'Inde, le Japon, l'Europe, la Chine... Il faudra en reparler vers 2050 (c'est ce que je me disais, il y a vingt-cinq ans, dans les rues de Pékin).

Alors, la vie libre aux États-Unis ? Se promener, les voitures, la télévision, la vie ? Dernier sourire, la voix se fait presque intime pour une grande confidence : « J'aime pouvoir éteindre la lumière pour dormir... Ah oui, et puis avoir un oreiller, c'est bien. »

*Égoïste, n° 14.*

## *Le style de Dieu*

Oublions qu'Augustin est un saint, un évêque, un Père de l'Église ; ouvrons ses livres et lisons : la sensation de fraîcheur et d'urgence est immédiate, on dirait que l'encre est à peine sèche, bleue, là, sous nos yeux. Les *Confessions* ont été écrites à la fin du IV$^e$ siècle ? Nous entrons dans le III$^e$ millénaire ? Aucune importance, un jeune écrivain nous parle à l'oreille, son latin électrique emporte le français au-delà de lui-même, rien de plus normal puisqu'il est question du temps et de sa substance que nous croyons mesurer sans la voir.

Augustin est un musicien. D'abord, la puissance de l'interrogation, comme s'il appelait de toutes ses forces. Ensuite le récit, de sa naissance à la suspension du parcours. La méditation prend le relais, et enfin le chant poétique, comme une cascade de psaumes. Il suffit de sentir que Dieu est le langage en personne, qu'il enveloppe, façonne et soutient tout, y compris à notre insu. L'audace consiste à le tutoyer de mieux en mieux pour savoir dire je avec plénitude. Je est un autre. Je parlerai à cet autre. Je dois apprendre à le lire, à l'écouter, comme une langue étrangère qui est vraiment la mienne mais dont une force négative essaye de me détourner. Le bavardage est incessant, le faux savoir pullule. Dieu, lui, est «plus intérieur que l'intime de moi-même; plus haut que le plus haut de moi-même». Je dois d'abord devenir pour moi «une immense énigme». Qui suis-je? Que suis-je venu faire ici à travers ma naissance biologique? Ai-je été jeté dans une vie mourante ou dans une mort vivante? Où est la réponse? Où est l'enjeu?

Les *Confessions* traversent l'histoire de la métaphysique et de la littérature. Elles *trouent* littéralement seize siècles, comme un témoignage de recherche, de perte et d'ivresse. C'est la Bible vécue de l'intérieur comme une nécessité d'existence. On retrouve Augustin un peu partout, chez Dante, Pascal, Rousseau, Hegel, Rimbaud, Freud, Proust, Claudel, Artaud, Bataille, Husserl, Heidegger. On n'imagine pas que quelqu'un ait envisagé d'écrire ses Mémoires sans penser à lui (Chateaubriand, bien sûr, mais aussi, plus surprenant, Casanova). «Le temps ne chôme pas ni ne circule inactif à travers nos sens : il accomplit dans l'âme d'étonnantes opérations.» Il s'agit de sortir d'une «énorme fable» pour atteindre la dimension «où le Vrai a du goût». Tout se joue dans le *cœur* (mot augustinien par excellence). Le ciel, les astres, le soleil, la lune, le dehors en général, les discussions, les théories, les calculs doivent passer par le cœur. Dieu «masse et rééquilibre» le cœur. Augustin, à son époque (mais la nôtre est-elle si différente?), a à se dégager d'un flux continuel de superstitions et de préjugés, qui vont de l'astrologie à la dépression grave («tout me faisait horreur, tout, même la lumière»). La corruption et le mal l'empêchent, en réalité, de concevoir le néant, lequel serait une libération immédiate. Cependant, en retrait, quelqu'un veille, fait signe,

## Le style de Dieu

conduit, prépare. « La Sagesse, sans avoir besoin d'aucune lumière, illumine les intelligences dans le besoin et gouverne le monde jusqu'aux feuilles tourbillonnantes des arbres. » La question, sans cesse reprise, est de « revenir à soi ». Ici, une expérience : « J'ai un instant perdu conscience, ma folie s'est engourdie, et je me suis réveillé en toi, et je t'ai vu infini d'une manière différente, car cette vue ne procédait pas des sens charnels. »

Il est très étrange qu'Augustin fonde sa certitude sur la lecture. Elle est pour lui une activité décisive, et tout se passe comme si le Diable, dans son pouvoir mondain de jalousie et de mort, n'avait pour obsession que de la détourner et de l'empêcher. Lire, c'est se réveiller : « Je lisais et je brûlais. Je ne savais que faire face à ces sourds et à ces morts, dont j'avais fait partie, moi, le fléau, l'aboyeur amer et aveugle, dressé contre les Écritures ruisselantes de miel, du miel céleste, et resplendissantes de lumière, de ta lumière... » Mais lire, c'est surtout entrer en soi-même, apprendre à se considérer comme un monde de signes, de messages codés, de rébus. En somme, le Diable ne voudrait pas que je me déchiffre, alors que Dieu ne demande pas mieux. Découverte étonnante, mais qui explique sans doute les passions aussi bien cléricales qu'anticléricales. Tu ne liras pas *par toi-même*, voilà ce que les pouvoirs ont à dire à chacun. Détenir le sens, l'interprétation, le savoir, le sacré, est la vraie préoccupation des siècles. L'expérience intérieure directe dérange toujours la surveillance du spectacle des générations et des corruptions. Le Verbe, lui, « demeure en lui-même et jamais ne vieillit ». Mieux : il « renouvelle toutes choses », il a donc, dans son ancienneté vertigineuse, la priorité sur toute nouveauté. La preuve en est la célèbre méditation d'Augustin, ici extraordinairement novateur, sur «les vastes palais de la mémoire». Il existe d'une autre façon qu'il le croit; il est plus ample, plus diversifié, plus profond, qu'il se l'imagine. Bref, il s'aperçoit qu'il passe son temps à ignorer le temps, à se réduire en le réduisant, à accepter la fausse image que les autres ont de lui, alors qu'il est plein de «cachettes», de «cavernes», de «mystérieux replis sans nom», dont le sommeil l'oblige à reconnaître la persistance. «Je ne puis saisir tout ce que je suis. L'esprit serait-il donc trop étroit pour se posséder lui-même?»

On arrive donc à cette hypothèse énorme : Dieu est un écrivain sans cesse censuré, caviardé, mal lu, ou, pire, surinterprété, momifié, récité sans comprendre. C'est un écrivain de bonheur, de joie et de vérité, combattu par un ennemi «imitateur tortueux, qui veut faire de nous des serviteurs ténébreux et glacés». Augustin, au contraire, écrit par amour, il exulte en tremblant, rempli d'une «mystérieuse douceur». «Ce n'est pas pour rien que tu laissas écrire tant de pages secrètes et mystérieuses; forêts avec leurs cerfs, se reposant en elles, y retrouvant leurs forces, se promenant, paissant, s'y couchant, ruminant...» Dieu est l'écrivain du Temps lui-même : «Ton jour n'est pas là jour après jour, mais aujourd'hui.» Il n'arrête pas de créer, et en même temps il se repose. Il est un et trois. Augustin a cette formule fulgurante qui annonce son grand traité sur la Trinité : «En une simplicité qui est en même temps multiplicité, l'Infini trouve sa fin en lui-même.» Non sans humour, il ajoute : «Comprenne qui peut! Qu'il t'en demande la grâce!» Dieu écrit et se fait lire à travers les Anges qui, eux-mêmes, sont à la fois «lecture, élection, dilection». Dans l'une des expériences cruciales de sa vie, alors qu'il se trouvait dans un jardin, Augustin raconte qu'il a entendu une voix disant : « Prends, et lis ! » Un livre se trouvait là comme par hasard, ouvert sur une page de saint Paul. Le moment était venu pour lui de s'insérer à son tour dans le grand volume.

## *Immense Augustin*

Le 24 août 410 de notre ère se produit un événement incroyable : les Wisigoths d'Alaric prennent Rome et la pillent. La nouvelle se répand peu à peu à travers l'Empire. Depuis Bethléem, saint Jérôme écrit : « Horreur ! l'univers s'écroule ! » Et aussi : « Une rumeur terrifiante nous parvient d'Occident... Ma voix s'étrangle, les sanglots étouffent mes paroles tandis que je les dicte. Elle est donc prise, la Ville qui a pris l'univers... »
On comprend la stupeur et l'angoisse des contemporains. Rome était la « ville éternelle ». Pour imaginer le désastre aujourd'hui, il faudrait que nous imaginions, après Byzance, les États-Unis dévastés et New York rayé de la carte. Cependant, en Afrique, un futur saint reste plutôt froid devant cette catastrophe. Il a beaucoup de travail comme évêque, il médite, il veille, il écrit sans cesse, on se demande s'il lui arrive de dormir, sa prose circule déjà partout comme celle d'un des plus grands écrivains de tous les temps (Dante et Pascal en sont imprégnés, mais l'école laïque et républicaine ne nous en a jamais parlé, pas plus, d'ailleurs que de la Bible). Deux ans suffisent, la réponse se développe dès 412 : vingt-deux livres de *La Cité de Dieu* (1 091 pages en Pléiade). Du latin comme on n'en écrit plus

alors avec cette intensité et cette maîtrise rhétorique, du latin électrisé qui, là, en traduction, sous nos yeux, devient le français le plus moderne qui soit. Une langue transformée nouvelle affirme une religion nouvelle. Voici la conclusion de l'auteur, toute modeste : « Il me semble m'être acquitté, avec l'aide de Dieu, de cette œuvre immense. Que ceux pour qui elle est trop courte, ou trop longue, me pardonnent ! Que ceux qui la trouvent à leur mesure adressent félicitations et grâces non à moi, mais, avec moi, à Dieu ! Amen ! Amen ! »

Immense, en effet. Et toute fraîche (il n'y a qu'à la transposer de nos jours). Continuer à fonder une religion quand toutes les autres s'effondrent n'est pas une mince affaire. Il faut d'abord récapituler les événements antérieurs depuis que le monde est monde ; démontrer que ce qui a été tenu pour divin jusque-là ne l'était pas ; apporter des démonstrations et des preuves ; embrasser l'Histoire entière d'un regard détaillé ; exhiber les tâtonnements, les tendances, les erreurs ; confondre l'ignorance et les réticences. En somme : les dieux romains, bâtards des dieux grecs, n'ont pas protégé la Ville de sa perte (et il s'est déjà passé, dans une autre ville essentielle, Jérusalem, un phénomène semblable, une chute et un événement révolutionnaire, d'abord inaperçu). Les Cités des hommes peuvent être, dans le temps, glorieuses, puissantes, invincibles, mais elles sont secrètement minées par le négatif. On pourra y célébrer encore tous les cultes, les rites ou les sacrifices qu'on voudra, aucune ne tiendra le coup, elles disparaîtront comme le ciel et la terre. Une seule Cité, désormais, s'impose à la vision de l'esprit : celle de Dieu, la Jérusalem céleste. Il y a donc deux « cités » en marche, celle des hommes, celle de Dieu. Dans la première, les dieux sont d'abord bien ordonnés, et puis le temps passe, ils se relâchent, ils prennent de mauvaises habitudes narcissiques, ils se divisent dans la superstition et le minuscule. La corruption règne, les marchands du Temple s'installent, les mœurs s'amollissent, l'astrologie bat son plein. Cependant, «parmi nos ennemis les plus déclarés, se cachent des gens destinés à devenir des amis, ignorés de nous comme d'eux-mêmes. En ce monde, elles avancent ensemble, les deux cités, enchevêtrées l'une dans l'autre jusqu'à ce que le Jugement dernier les sépare».

La République romaine était belle dans ses débuts, mais elle a viré au pire. Les philosophes n'y peuvent rien, le monde se décompose, et la Mère des dieux révèle, de plus en plus, à travers les galles émasculés et les «déments châtrés», «tout ce qu'on voudra de cruel ou de honteux, ou de honteusement cruel, ou de cruellement honteux». La décadence exaspère l'action des démons, ennemis du genre humain et jaloux de sa possibilité de grâce. Chacun, à Rome, de jour comme de nuit, «peut s'amuser, boire, dégobiller et se lâcher sous lui». Diagnostic : «L'honneur se dissimule et le déshonneur s'exhibe. Ce qui se commet de mal rameute les spectateurs, ce qui se dit de bien trouve à peine une poignée d'auditeurs, comme si l'on devait rougir de l'honnête, et du malhonnête se faire gloire.» Éternelle histoire, à travers laquelle, cependant, Dieu, en quelque sorte, «avance». Il n'est pas passé par hasard par le peuple juif, et il a une façon bien à lui, par-dessus le bruit et la fureur, de parler à ceux qui savent l'entendre : «Oui, syllabe par syllabe, en suivant les moments successifs des temps, Dieu parle en empruntant la langue des hommes, lui qui par sa nature même parle un langage non pas corporel mais spirituel; nullement accessible aux sens, mais seulement à l'intelligence ; non pas temporel mais éternel : un langage qui ne connaît ni commencement ni fin. » Le plus étonnant, chez Augustin, oreille prodigieuse allant droit aux nombres et à la musique, c'est cette position de secrétaire du divin, de témoin de la création émerveillée de la nature, cette passion du bonheur que rien ne paraît pouvoir ébranler : « Vivre, comprendre, être heureux, c'est être. » Où veut-il en venir ? À la vie des anges : « éternité permanente, connaissance facile, félicité sans trouble ». Repos, et surtout, plus de travail. Dans la Cité de Dieu, on ne travaille jamais, c'est la moindre des choses.

Il y a deux Cités, il y a donc aussi deux sociétés, parmi les hommes comme parmi les anges. N'oublions pas le diable, ce porteur de mort. Que dirait le diable aujourd'hui ? Qu'il n'y a ni dieu ni diable, ou alors qu'il y a peut-être un dieu, mais uniquement humain, économique et social. Les mauvais anges sont « orgueilleux, trompeurs et envieux ». Autrement dit, les possédés sont légion, on en rencontre cent par jour, on peut les reconnaître à ceci qu'ils « deviennent tristes à cause de la vertu d'un autre ». Tout se passe, Augustin est là pour le rappeler, comme si les prophètes n'avaient rien dit, comme si la puissante poésie des Psaumes ne parlait plus à personne. Les démons ont opté pour la *déficience*. Une seconde mort les attend, plus terrible que la première, où ils brûleront sans être altérés et souffriront sans mourir. On n'a encore rien vu : malgré tant d'épreuves, de guerres, de massacres, de tortures, le plus dur et le plus violent reste à venir (mais non, c'est impossible, pense aussitôt le lecteur d'aujourd'hui). Augustin, lui, est formel : le Jugement dernier aura lieu après un déchaînement sans précédent dont nous ne connaissons ni le jour ni l'heure. Pour l'instant (nous sommes au ve siècle) une

Église persiste dans un siècle pervers, « en ces jours mauvais où, par son humiliation présente, elle achète sa grandeur future ». C'est l'Église catholique qui ne fait que commencer sa longue histoire, ses crises, ses errements, ses scissions hérétiques, ses hauts et ses bas ; une Église « destinée à se répandre chez tous les peuples et à parler toutes les langues ». Elle parle de mort vaincue, de résurrection des corps, de fleuve de paix pour les uns, de feu inextinguible et de ver rongeur pour les autres. « Il faut comprendre ici une certaine force divine capable de rappeler à la mémoire de chacun la totalité de ses actes, bons et mauvais, et de les lui faire saisir avec une rapidité merveilleuse par un regard de l'esprit, de manière que cette connaissance accuse ou excuse la conscience et qu'ainsi tous et chacun soient jugés en même temps. » Des foules sont là, les tombeaux s'ouvrent, l'eau et l'air rendent les cadavres perdus en eux, on est ou on n'est pas écrit dans le vrai Livre. Augustin ne se lasse pas de ces grandes visions, elles font courir sa plume, il s'exclame, il s'interroge, il vole vers la fin des temps alors qu'il va bientôt mourir dans une ville assiégée sans aucun secours. « Entre dans la joie de ton Seigneur », voilà ce qu'il espère seulement entendre. Isaïe est à ses côtés : « Vos os germeront comme l'herbe. » Il y a des miracles, mais la nature elle-même, arbres, oiseaux, couleurs, hier, est un vrai miracle : « Pour banal que soit devenu pour nous, à force de le voir, le miracle que la nature offre à nos yeux, il n'en dépasse pas moins, intelligemment regardé, les plus surprenants et les plus rares des autres miracles. Le miracle que constitue l'homme dépasse n'importe quel miracle fait par l'homme. »

Le corps humain est en réalité miraculeux, il est tissé de nombres et de musique. Il mérite la plus grande considération. Dieu est venu en lui, il retournera en Dieu, c'est tout simple. «Là, nous reposerons et nous verrons; nous verrons et nous aimerons; nous aimerons et nous louerons. C'est là ce qui sera à la fin, sans fin. Et quelle autre fin, pour nous, que de parvenir au royaume qui n'a pas de fin?»

## *L'écrivain, les femmes et la mort*

Le 2 juillet 1961 au matin, un coup de feu résonne dans le monde entier : Ernest Hemingway vient de se tuer à la carabine. Sa femme, Mary Welsh, essaiera de faire croire qu'il s'agit d'un accident. Mais non : Hemingway, épuisé, déprimé, amoindri par des séances d'électrochocs dans une clinique psychiatrique, ne pouvant plus faire ce qu'il aimait avant tout (écrire, chasser, faire l'amour), vient de *s'achever* comme une bête blessée. Ce taureau n'en pouvait plus : il se supprime lui-même. Geste de défi, de fierté.

Son dernier livre, celui qu'il ne parvenait pas à finir, est un des plus beaux : *Paris est une fête*. Les Français ne connaissent pas leur chance, les Vénitiens non plus. Paris et Venise ; les voilà les deux villes élues par cet Américain de Chicago amoureux de la beauté, et qui aura choisi de vivre sans cesse en mouvement, en Espagne, en Afrique, à Cuba, en mer, sur son yacht, le *Pilar*, vert et noir, long de treize mètres. Loin du « nord ». Hemingway, le sudiste, l'amateur de corridas (qu'il a comprises mieux que personne). Son père était comme lui, passionné de chasse et de pêche. Lui aussi s'est suicidé. La mère ? Passons vite : une étouffeuse. Hemingway a eu quatre femmes officielles : Hadley, Pauline, Martha, Mary. Elles sont là, entre les lignes, dans tous ses livres. Mais aussi des aventures multiples, Marlene Dietrich, par exemple, rencontrée sur l'*Île de France* pendant une traversée, en 1934, et avec laquelle il n'a jamais couché : « Nous avons été les victimes d'une passion mal synchronisée. » Et elle, à son sujet : « Cet homme dit des choses remarquables qui semblent convenir parfaitement aux problèmes de tous ordres. »

Un grand écrivain, quoi.

Sagesse de Hemingway : « Il y a des choses qui ne peuvent être apprises rapidement, et le temps, qui est notre seul bien, sert à payer cher leur acquisition. Ce sont les choses les plus simples, et, parce qu'il faut toute une vie humaine pour les connaître, le peu de neuf que chaque homme tire de l'existence lui est très coûteux, et c'est le seul héritage qu'il ait à léguer. »

La *simplicité* : rien de plus difficile, et c'est cette substance que Hemingway, en alchimiste patient, aura recherchée toute sa vie. On se trompe beaucoup sur ses apparences. La presse, les magazines, les reportages, la curiosité publicitaire en ont fait une sorte de monstre physique, bouffi, alcoolique, orgueilleux, posant pendant des safaris ou devant un espadon, un vantard, un macho, un mythomane (il est vrai qu'il inventait un peu, par exemple une nuit d'amour avec Mata Hari, impossible selon les dates). En réalité, comme tout écrivain digne de ce nom, Hemingway a vécu masqué, s'exposant souvent pour ne pas être vu, orchestrant son mythe tout en restant profondément solitaire, attentif, penché sur ses mots comme un artisan scrupuleux, essayant toujours d'en dire plus en en disant moins, ce qui fait de lui un merveilleux conteur (précision) et dialoguiste (puissance de l'allusion, du non-dit).

Il buvait trop ? Et alors ? Il jouait au « papa » ? Il en avait l'autorité et la force. On pardonne mal à un artiste d'être *aussi* un homme de grande aventure, comme s'il devait y avoir l'esprit d'un côté et le corps de l'autre. Le corps de Hemingway est d'ailleurs d'un grand intérêt : 1,80 m, 100 kilos, mais bon pied bon œil, tireur d'élite. Blessé plusieurs fois, première guerre, guerre d'Espagne, deuxième guerre, accidents en tout genre, presque bousillé, une fois, en avion. La boxe, les fusils, les bateaux, mais aussi (et surtout) la table de travail, les lectures incessantes, le travail des phrases. Une énergie considérable, donc, qui ne pouvait qu'engendrer des légendes et beaucoup de jalousies. Ce type veut *tout* avoir ? Eh oui. La gloire, les femmes, l'argent, les sensations fortes, le goût, l'amitié, l'ivresse, la lucidité. Et en plus, circonstance aggravante, il est du bon côté de l'Histoire : la République espagnole, la victoire des Alliés, l'occupation du Ritz à Paris, suprême dandysme. Et le cinéma : acteurs (Gary Cooper), actrices (Ingrid Bergman, Ava Gardner). Et le prix Nobel. Et malgré tout ce bruit, le génie du silence et de la musique. Ouvrez une nouvelle de Hemingway, par exemple « Collines comme des éléphants blancs » : un homme et une femme sur un quai de gare, la perspective d'un avortement (mais le mot n'est jamais prononcé), la chaleur, la conversation elliptique. On est pris. On *voit* la scène. Trois pages à lire : mieux que de s'ennuyer en regardant un film. Ou bien relisez *Les Neiges du Kilimandjaro*, son chef-d'œuvre (d'après lui-même). La mort monte, on la sent, mais vous garderez le souvenir d'une moustiquaire, d'une odeur, d'une couleur.

Aucun écrivain, sans doute, ne s'est approché si près de la fulguration de la mort. C'est un art spécial, un risque.

La mort *révolte* Hemingway. Il veut l'observer de près, sentir son souffle, lui imposer sa parole. Deux personnages essentiels : la grande nature, et la mort. « L'une des choses que j'ai le plus aimé dans ma vie, c'était de me réveiller très tôt le matin, avec le chant des oiseaux, les fenêtres ouvertes et le bruit des chevaux qui sautaient. » La grande nature est un don d'enfance, et Hemingway aime les enfants, il s'aime aussi *comme* enfant. Il est « papa » sans doute, mais en même temps le fils qui épie son père. Cette histoire de mort se passe beaucoup entre hommes (la guerre, les courses, la chasse), mais de l'autre côté, « au-delà du fleuve et sous les arbres », il y a les femmes et les enfants, tout un monde de signes furtifs et de délicatesse. Peu d'artistes aussi *nuancés* que Hemingway. Peu aussi qui savent, comme lui, admirer : Joyce, par exemple, au même titre que des toreros célèbres comme Dominguin, Ordoñez, mais aussi des inconnus, soldats ou pêcheurs, noirs, indiens, truands, ou simples gens de l'ombre. L'important est de garder la chance pour soi, et d'arriver à écrire au moins mille mots par jour. Tout peut être écrit : la peur, la maladie, l'angoisse, les poissons, les lions, la tendresse, la révélation, un jour, de Cézanne, le jardin du Luxembourg, l'amitié difficile avec Scott Fitzgerald, la Closerie des lilas, la chasse aux sous-marins allemands pendant la guerre, les tueurs, la charmante petite comtesse italienne Adriana Ivancich, à Venise, au Harry's Bar. Les femmes ? Voici : « Les femmes inflexibles sont les seules qui comptent. Il faut les prendre par la tendresse. Même quand vous en avez le moins envie, soyez tendre. » Et aussi : « La seule chose positive que je pense avoir jamais apprise sur les femmes, c'est que, quoi qu'il puisse leur arriver et qu'elles deviennent, on doit chercher à oublier tout cela pour ne se souvenir d'elles qu'en leurs plus beaux jours. » Ce qui n'empêche pas le jugement professionnel : « Pas assez de sexe, elles s'estiment négligées ; trop de sexe, vous êtes un obsédé. » Autre loi, à propos de la peur de la mort (il s'agit de Dos Passos, devenu moins courageux en Espagne après être devenu célèbre) : « La peur de la mort est en relation exacte avec l'accroissement des richesses. »

Hemingway gagnait sa vie en écrivant. Tant de mots, tant de dollars. Avec le temps, et l'absorption de doses massives d'alcool, il s'inquiète, il est de plus en plus dérangé. Il a beau dire non, ne pas répondre au téléphone, on le suit, on le harcèle, on force sa porte. Tout se passe comme si le journalisme, la télévision ou le cinéma avaient horreur qu'un écrivain continue à écrire. Voici « les hordes de la télé qui descendent du Nord ». Rien à faire : Hemingway est un monument, qu'il faut sans cesse interroger et photographier. Or « interrompre un homme en train d'écrire un livre est aussi honteux qu'interrompre un homme qui est dans un lit en train de faire l'amour ». Mais justement : l'irréalité sociale du bavardage vite périmé veut se venger de la réalité vraie de ce qui est écrit pour durer. Hemingway est un coureur de fond, il ne craint pas la bagarre, mais enfin le corps s'use, l'invention aussi. Picasso tiendra mieux le coup, les peintres ont des réserves supplémentaires. De toute façon, on n'imagine pas un Hemingway économe, confiné, prudent, rentier tranquille en pantoufles, jouant les célibataires ronchons ou les grands-pères légèrement gâteux. Ce n'est pas non plus un professeur, il enseigne la vie, pas les livres. Ici, un certain dédain intellectuel (ou plutôt petit-bourgeois) pour son œuvre splendide en dit long : conformisme, manque de générosité, frilosité, haine de ce qui se dit en face. L'honnêteté de Hemingway a quelque chose de la sainteté. Bien entendu, il aurait ri de ce mot, en commandant aussitôt, au Floridita de Cuba, un nouveau daiquiri, ou *Papa doble*.

## *Lumière de Faulkner*

Non, Faulkner n'est pas ce romancier régionaliste, prolixe et mal ponctué, confus, ambigu, puritain, sexiste et peut-être insuffisamment anti-raciste, qu'on nous présente à longueur de temps sur fond de figures folkloriques du Mississipi, couleur d'autrefois, quand se perpétuaient le souvenir pourri de l'esclavage, le martyre des Noirs, l'arrogance des Blancs. Non, Faulkner n'appartient pas au passé de malaise des États-Unis, guerre de Sécession mal digérée, nostalgie pseudo-aristocratique, culte de fantômes s'opposant au radieux avenir d'une démocratie planétaire. Non : Faulkner est un auteur brûlant, actuel, encore et toujours très en avance sur nous.

Qu'un écrivain, entre trente et quarante ans, ait pu écrire autant de chefs-d'œuvre (depuis *Le Bruit et la Fureur* jusqu'à *Absalon, Absalon!*) est déjà un problème. Qu'il ait pu le faire, en marge, comme si de rien n'était (rien : la société en plein bouleversement de son temps, la crise mondiale, le remplacement de la réalité par Hollywood, l'approche rapide d'une nouvelle catastrophe), relève du mystère pur. Sartre, dès 1938, voit très bien l'enjeu, le danger. Il trouve tout de suite Faulkner « déloyalement secret ». Il l'admire, mais il se méfie, il lui préfère Dos Passos, plus social, lui, plus humain, plus communicatif. Faulkner ? « On voudrait dire "trop de gestes", comme on disait "trop de notes" à Mozart. » Déjà, Faulkner est *trop*. Est-ce parce que Malraux, dans une formule restée célèbre à propos de *Sanctuaire*, a parlé de « l'introduction de la tragédie grecque dans le roman policier » (ce qui fait une violente commotion historique) ? Est-ce parce qu'Œdipe, entre autres, en sortirait bouleversé ? Oui, oui, quelque chose tremble, les fondations sont atteintes. Faulkner, nous prévient Sartre, décrit un monde en « trompe l'œil ». Cet obsédé, surgi d'on ne sait où, semble ne rien vouloir pour nous, pour demain. Est-ce qu'il nous ment ? « Que fait-il quand il est seul ? S'accommode-t-il du bavardage de sa conscience trop humaine ? Il faudrait le connaître. » Autrement dit : est-il vraiment *humain* ? Un auteur de cette puissance, en plein XX$^e$ siècle, appuyé avec aisance, comme s'il était chez lui, sur la Bible et Shakespeare, est-ce bien raisonnable ? Sartre commence à vouloir se guérir de son admirable *Nausée*. Va-t-il y parvenir ? Hélas, c'est probable.

Il faut dire que les romans de Faulkner ont de quoi inquiéter. Pas de narration en ordre, des points de vue multiples et enchevêtrés, un éclatement du temps et de la conscience classiques au profit d'un présent monumental et d'un passé tourbillonnant. « Rien n'advient, dit Sartre, l'histoire ne se déroule pas : on la découvre sous chaque mot, comme une présence encombrante et obscène, plus ou moins condensée selon les cas. » Eh oui, le « déroulement » a changé de sens et d'allure, on ne va surtout pas se conformer à la logique du cinéma. Elle *roule*, l'histoire, autour d'elle-même, en avant, en arrière, de nouveau en avant ; elle titube, elle plonge, elle s'égare, elle s'interroge. Le progrès n'est pas spécialement sa boussole. Le passé n'est pas une table rase mais une forêt. Il est en train d'arriver quelque chose de sans précédent au Temps. Sartre, immédiatement, sent bien que Faulkner est l'exact contemporain d'*Être et Temps* de Heidegger. Faulkner romancier métaphysique ? « Une technique romanesque renvoie toujours à la métaphysique du romancier... Or il saute aux yeux que la métaphysique de Faulkner est une métaphysique du temps. » Oui, à moins qu'il s'agisse ici, précisément, d'une explosion du temps contenu, jusque-là, par la métaphysique. C'est grave, très grave. « Les monologues de Faulkner, écrit encore Sartre, font penser à des voyages en avion remplis de trous d'air. » Attention, vertige. Ce qui arrive au temps est insolite, peut-être monstrueux, un ébranlement global (mais on pouvait s'en douter avec l'apparition de Proust, de Joyce, et voici déjà Céline). Que veulent-ils, tous ces écrivains ? « Mutiler » le temps, le « décapiter » ? Nous priver du futur d'un changement volontaire et conscient ? Empêcher les lendemains qui chantent ? L'être social en cours ? L'homme lui-même qu'il s'agit, comme d'habitude, d'éduquer, de rectifier, d'améliorer ? Sartre écrit : « Le passé pour l'expliquer, la tâche de l'historien n'est-elle pas d'abord d'en rechercher l'avenir ? » Mais si le passé n'était plus *soumis* à l'avenir ? Ah non, pas ça ! Trop de notes !

Les écrivains qu'on relit en se disant qu'on ne les a jamais assez lus, et le cœur battant, c'est rare. Faulkner est de ceux-là ; enchantement, envoûtement, contagion physique, paradis constant de détails. Vous ouvrez *Pylône*, vous arrivez sur un champ d'aviation où va avoir lieu la tragédie des pilotes acrobates et des parachutistes de compétition. Nous allons être pris au-delà des trous d'air. Tout de suite, vous êtes embarqué dans l'activité frénétique et publicitaire d'un aéroport, vous entendez distinctement le chaos des bruits, moteurs, voix, speakers, haut-parleurs. Et puis, après un long détour, voici les avions : « Silencieux, élancés, perfides, fluets, immobiles, avec leur taille de guêpes, leur légèreté de guêpes, ils semblaient stables sans pesanteur, comme faits de papier, dans le but unique de reposer sur les épaules des hommes en combinaisons qui les entouraient. » Voilà : *Pylône* (et c'est peut-être la raison pour laquelle il en est si peu question) est un roman sur l'expansion du règne de la Technique, rendement, vitesse, journalisme. Plus de temps « pour rien » : il faut des performances, des nouvelles sensationnelles, du drame, une motorisation générale des corps et de la pensée. Cette nouvelle tyrannie a ses contre-héros sacrifiés : les pilotes. Son témoin fantomatique, fasciné, jaloux, écœuré : le reporter. Ses victimes innocentes : le petit garçon qui ne sait même pas qui, des deux pilotes, est son père ; la femme libre (Laverne) promise, comme toujours, à la rancœur de la foule des spectateurs. Le monde est livré aux machines et à l'information. Faulkner a dit qu'il avait voulu, avec *Pylône*, écrire une « légende de la vitesse en soi ». C'était aussi un hommage funèbre à l'un de ses frères, tué dans un accident d'avion. Plus de soixante ans après, le livre est d'une grandeur poignante. C'est, si l'on veut, l'introduction de Shakespeare dans l'univers des courses et de la presse. Ou le contraire. Comme *Absalon, Absalon !* est l'intrusion de la nouvelle violence érotique dans la Bible. Ou le contraire. Tout est sans cesse semblable et différent sous le soleil.

Quelque chose est figé, pétrifié, mais parle : c'est une femme, Rosa Coldfield, une rose de glace dans la chaleur étouffante de l'été. Personne, mieux qu'une femme, ne peut représenter le temps déboussolé, bavard, mort, répétitif, effervescent et pourtant arrêté (Beckett s'en souviendra dans son splendide *Pas moi*). Ouvrez *Absalon, Absalon!* Vous êtes pris par la phrase florale et exubérante de Faulkner, sa poussée, sa percée, sa précision de son, de température, d'attention. La glycine, les moineaux, la poussière, l'obscurité de la pièce, le témoin hypnotisé (Quentin), et puis l'ancêtre parleuse : « Sa voix ne cessait pas, simplement, elle disparaissait. » Sartre avait bien défini le style de Hemingway, l'autre aventurier américain de la fin de la métaphysique : « Hemingway a un mode saccadé de narration qui fait sortir chaque phrase du néant par une sorte de spasme respiratoire. » Faulkner, lui, fait exactement le contraire : ses phrases, en forme de passes magnétiques de plus en plus profondes, sa méthode en vrille, font à chaque instant basculer une surabondance d'être dans le néant, il souffle sur nous la pleine lumière éblouissante du néant. Cette négativité fiévreuse, empressée, sortie, dirait-on, de la « rance odeur de Vieille chair féminine depuis longtemps embastillée dans sa virginité », éclaire une étrange loi dont les religions ne sont que des dérivations plus ou moins folles : « une accusation vivante, omniprésente et même transmissible contre le principe mâle tout entier ici-bas ». Les hommes obéissent à cette loi ? Mais oui, et c'est pourquoi ils s'égorgent. Misogynie de Faulkner ? Nullement. Au contraire. Les femmes sont les premières victimes de cette barbarie de base (même si « elles ont toujours préféré la mort à la paix »). Les religions ? Celle que Faulkner montre, dans sa dévastation psychique et physique est le christianisme dans sa crispation protestante : « La musique, comme toute musique protestante, garde toujours quelque chose de sévère et d'implacable, de prémédité et de froid. Les ondes sonores, avec moins de passion que d'immolation, demandent, implorent le refus de l'amour, le refus de la vie, les défendent aux autres, réclament la mort, comme si la mort était le plus grand des bienfaits. » Et encore : « Plaisir, extase, ils semblent incapables de supporter cela. Pour s'en évader, ils ne connaissent que la violence, l'ivresse, les batailles, la prière. » Et encore : « Dans ces conditions, pourquoi leur religion ne les pousserait-elle pas à se crucifier eux-mêmes et à se crucifier mutuellement ? »

Nous sommes ici dans *Lumière d'août*, sans doute le plus « réussi » des romans de Faulkner. C'est le pasteur Hightower qui parle, et il sait de quoi il parle. Il a sa phrase clé : « Maintenant, bientôt. » À la tombée de la nuit, les chevaux de la guerre de Sécession passent devant lui comme une vision. Christmas, lui, le Blanc-Noir devenu l'assassin de Joanna Burden, a aussi sa phrase clé : « Elle n'aurait pas dû se mettre à prier pour moi. » Faulkner se projette intensément dans ces deux personnages, et pour cause. La fuite de Christmas (ce Christ troublant la communauté puisqu'il est des deux côtés à la fois, ce qui lui vaudra la passion érotomane de la femme blanche négrophile, puis la castration des Blancs négrophobes) est une occasion rêvée de faire sentir ce qu'est le temps désenclavé, non compté, respiré de toutes parts : « Il lui semblait qu'un jour serait suivi d'un autre jour, plein de fuite et de hâte, sans nuit entre eux, sans intervalle pour se reposer, comme si le soleil, au lieu de se coucher, s'étant retourné dans le ciel, revenait en arrière sans avoir touché l'horizon. » Mais aussi : « Il lui semblait que, tandis qu'il restait là, assis, le jour doré le contemplait nonchalamment, comme un chat jaune couché et somnolent. » Faulkner *est* le pasteur chassé de son temple par les fidèles ; il *est* l'assassin, au fond innocent, qui, depuis l'enfance, est soupçonné d'en savoir trop long sur la sexualité refoulée des acteurs (Christmas, à l'âge de cinq ans, surprenant la diététicienne dans sa chambre en train de faire l'amour, il est caché dans un placard, il mange le «ver rose» du dentifrice : Christmas utilisé comme objet sexuel par la propriétaire blanche voulant, pour finir, le ramener à la société et à Dieu). Le pasteur voit «toutes les églises du monde... comme un rempart dressé contre la vérité et contre cette paix, ouverte au péché aussi bien qu'au pardon, qui est la vie de l'homme». Christmas, lui, répète : «Je ne voulais qu'une chose, la paix.» Mais il n'y a pas de paix, il n'y en a jamais eu, il n'y en aura jamais. Les faux prophètes n'arrêtent pas de broder à son sujet, de déclamer, de pérorer, de spéculer ? Faulkner, vrai visionnaire, n'a pas été un faux prophète : c'est pourquoi il reste lisible, comme on lit *Macbeth*, *Hamlet*, ou encore Isaïe, Ézéchiel, Jérémie. Révélation de *l'être-là* : «Il se tenait là, simplement, au milieu d'on ne sait quelle suprême distillation du jour impitoyable, éblouissant, quasi tropical, ne sachant plus s'il clignait des yeux ou non, au milieu d'une implacable infiltration que les murs mêmes ne pouvaient arrêter, et qui venait de l'atmosphère qui l'entourait, relents de poisson et de café, de sucre et de fruits, de chanvre et de marécage...» (il s'agit du reporter, dans *Pylône*). Les deux mots qui reviennent sans doute le plus souvent, dans ces récits actifs et méditatifs, sont «implacable» et «impondérable». L'implacable ouvre sur l'impondérable. Suspens, éclaircie, liberté vide perdue dans le temps, hymne. Ainsi des cavaliers sudistes, morts depuis longtemps, qui apparaissent au pasteur blessé dans *Lumière d'août* : «Ils tourbillonnent et disparaissent. La poussière s'élève, aspirée vers le ciel, s'efface dans la nuit qui maintenant est tout à fait venue. Et cependant, penché à la fenêtre, sa tête bandée énorme et sans volume au-dessus des taches jumelles de ses mains sur l'appui, il a l'impression de les entendre encore : les clairons sauvages, le cliquetis des sabres et le tonnerre expirant des sabots. » Ou encore, pour décrire le visage de Christmas mort, ce que ses tueurs seront obligés de voir toute leur vie : « Ce sera toujours là, rêveur, tranquille, constant, sans jamais pâlir, sans jamais rien offrir de menaçant, mais par soi-même serein, par soi-même triomphant. » Telle est l'étrange lumière de Faulkner traversant le siècle.

William Faulkner, *Œuvres romanesques*, tome II, édition établie par André Bleikasten et François Pitavy, Bibliothèque de la Pléiade, Gallimard, 1995.

## *Indomptable Faulkner*

Nous sommes en 1937, Faulkner a quarante ans. Il vient d'écrire et de publier quelques chefs-d'œuvre, *Sanctuaire*, *Tandis que j'agonise*, *Le Bruit et la Fureur*, *Lumière d'août*, *Pylône*, *Absalon, Absalon!* Il revient d'exil, c'est-à-dire de Hollywood, dans un état de crise et de dégoût aigu. Sa vie va mal : mariage raté, abandon de Meta Carpenter, son grand amour, doute sur lui-même, travail idiot pour le cinéma. Le jour du mariage de Meta, il boit tellement qu'on est obligé de l'hospitaliser pour une désintoxication. Il recommence à écrire, s'enivre dans une chambre d'hôtel à New York, tombe sur un tuyau bouillant de chauffage, se brûle au troisième degré. La greffe ne prend pas, il vit dans une souffrance de feu (il aura mal toute sa vie). Le titre du roman écrit dans les flammes ? *Si je t'oublie, Jérusalem*. L'éditeur change le titre en *Les Palmiers sauvages*, déséquilibrant ainsi la composition et le sens profond du récit. Il censure aussi, l'éditeur, les derniers mots très choquants du livre. Nous les lisons donc pour la première fois aujourd'hui, dans la remarquable édition, précisément annotée, de François Pitavy. La fin ? Non pas le pauvre et convenu : « Ah ! les femmes ! », mais « Women shit ». « Les femmes ! Font chier ! dit le grand forçat. » Difficile d'être plus clair. Bien entendu, ce n'est que l'opinion d'un des personnages, un jeune bagnard héroïquement demeuré, qui préfère le pénitencier à la vie courante.

*Si je t'oublie, Jérusalem* : ces mots sont tirés du Psaume 137. Les écrivains et les lecteurs français ne connaissant presque rien de la Bible (dont la poésie sublime irrigue toute l'œuvre de Faulkner), il faut donc leur préciser la situation. Les Hébreux sont en captivité au bord des fleuves de Babylone, ils ont suspendu leurs harpes aux peupliers d'alentour, leurs geôliers leur demandent de chanter, mais comment pourraient-ils le faire en terre étrangère, et pour les « ravisseurs de leur joie » ? Non, « si je t'oublie, Jérusalem, que ma droite se dessèche ». Que ma main, donc, continue à vivre dans le souvenir ou soit momifiée. Ici, écoutons ce que dit Faulkner lui-même, dans une lettre, de la genèse de son livre : « J'ai l'impression de l'avoir écrit comme assis devant un mur, le papier de l'autre côté du mur ; ma main avec la plume passait à travers pour écrire non seulement sur un papier invisible mais dans une obscurité totale, de sorte que je ne savais même plus si la plume écrivait encore. » Nous sommes prisonniers, nous écrivons à travers les murs, notre main n'oublie pas ce qu'elle doit inscrire dans l'invisible. Bref, nous sommes des réfractaires obstinés : « entre le chagrin et le néant, j'ai choisi le chagrin », fait dire Faulkner à l'autre héros de son roman qui finit aussi enfermé, comme l'auteur lui-même. En 1952, Faulkner écrira à sa jeune maîtresse Joan Williams qui, elle aussi, l'abandonne : « J'ai écrit *Les Palmiers sauvages* pour me défendre contre ce que je croyais être une peine de cœur. Et mon cœur ne s'est pas brisé ; peut-être qu'il ne se brisera pas non plus cette fois, peut-être qu'il tiendra encore un bout de temps puisque le cœur est fait d'une matière, d'une substance, d'une ce que tu voudras très résistante, très durable. » C'est un prix Nobel qui parle. Son cœur en a encore pour dix ans.

Techniquement, *Si je t'oublie...* est un tour de force. Deux parties alternées, sans rapport apparent l'une avec l'autre, art du contrepoint magistral. Le côté « palmiers sauvages » (histoire de Charlotte et de Harry), le côté « vieux père » (récit halluciné du forçat pendant la grande inondation du Mississippi en 1927). Il y a un abîme entre les deux plans romanesques ? Non : les éléments, comme toujours, chez Faulkner, sont plus forts et déterminants que les destinées humaines. Le vent noir ici, l'eau déchaînée là. Et le sang. Un avortement tragique, un accouchement en pleine nature hostile, au milieu de serpents. Une jeune femme « moderne » d'un côté ; une femme anonyme perdue dans une catastrophe de l'autre. Un médecin devenu clochard par passivité amoureuse ; un forçat rêvant de retrouver sa cellule. Ce qu'ils ont tous en commun ? Le refus instinctif, basique, de la comédie sociale et de la respectabilité. Charlotte Rittenmeyer, sans doute l'héroïne la plus extraordinaire de Faulkner, quitte immédiatement son mari et ses deux filles pour Harry qu'elle vient de rencontrer. Elle choisit le déclassement, la pauvreté et la mort en toute lucidité, avec une énergie concentrée dans son « regard jaune, intense, fixe ». Harry, subjugué par elle, ne voudra jamais oublier « son corps, les larges cuisses qui aimaient faire l'amour et faire des choses ». Charlotte est une sorcière venue de nulle part, elle sculpte des figurines bizarres et perverses, elle a un langage et un comportement d'homme, elle est très en avance sur son temps peureux, puritain, économe. Inoubliable Charlotte, indifférente à l'argent, au confort, à la sécurité, à tout. Par amour ? Oui, dit Harry, mais il n'y a plus d'amour : « Nous l'avons éliminé. Il nous a fallu longtemps, mais l'homme est plein de ressources et ses facultés d'invention sont infinies, et ainsi nous avons réussi à nous débarrasser enfin de l'amour tout comme nous nous sommes débarrassés du Christ. Nous avons la radio pour remplacer la voix de Dieu, et au lieu d'économiser notre monnaie émotionnelle pendant des mois et des années afin de mériter une occasion de la dépenser tout entière en amour, nous pouvons maintenant la faire durer et en faire des petites pièces pour nous exciter devant les kiosques à journaux à chaque coin de rue... » Si Jésus revenait, « il nous faudrait le crucifier bien vite », et si Vénus revenait, « ce serait sous les traits d'un pouilleux dans les pissotières du métro la main pleine de cartes postales obscènes ».

Voilà ce que Faulkner s'acharne à montrer : l'atrophie des sensations, la perte de la perception elle-même, la fausse mémoire abstraite, idéalisée, remplaçant la seule qui vaille, celle qui est enfouie dans le corps. Rosa Colfield le disait déjà dans *Absalon, Absalon!* : « Telle est la substance du souvenir — la sensation, la vue, l'odorat, les muscles avec lesquels nous voyons, nous entendons et sentons — pas l'intelligence, pas la pensée. » L'humanité *consomme* des corps, elle va vers une monstrueuse Babylone, une fille de Babel où les acteurs sociaux (comme on dit aujourd'hui) n'ont plus aucun rapport direct avec leurs sens. L'individu ne croit plus ce qu'il éprouve lui-même, mais ce qu'il voit dans des images, ce qu'il est poussé à imaginer comme rôles. Faulkner, en même temps qu'il reprend en sous-main *Don Quichotte*, polémique ainsi, sans le dire, avec Hollywood. Il ne faut pas s'y tromper : tous les feuilletons de sexe ou de violence sont là pour renforcer la respectabilité. Une des causes principales : « le talent qu'ont les femmes de s'adapter aux circonstances, leur faculté d'adapter l'illicite, même le crime, à un code bourgeois de respectabilité». Ce n'est pas pour rien que Charlotte refuse d'avoir un troisième enfant et se fait avorter par Harry, dont malheureusement, les mains tremblent. De même que la Nature apparaît, dans les cataclysmes, comme «une seule, unique, inerte, monstrueuse et consciente matrice», de même le sujet humain (homme et femme) est face à «la matrice envahissante immémoriale aveugle et réceptive, chaud, fluide et aveugle fondement, tombe-matrice ou matrice-tombe, ça revient au même». Faulkner insiste : le forçat et la femme anonyme enceinte sur le canot à la dérive, ont affaire à «une masse indépendante, impérieuse, menaçante, inerte et néanmoins vivante dont ils sont l'un et l'autre les victimes». Le corps humain vit au bord d'un précipice et se dépense sans compter pour ne pas le savoir. Quand Charlotte sera morte, Harry pourra vérifier une «disparition, un évanouissement total, pas la moindre trace au-dessus de la poussière insatiable». N'oublions pas que ces pages sont écrites à la veille de la Seconde Guerre mondiale (*Si je t'oublie, Jérusalem*). Les descriptions de la mine où travaille Harry, le trajet des forçats entassés, évoquent par anticipation la misère et la brutalité des camps. Loi, rendement, clichés, insensibilité, fantasmes, tel est le programme. Faulkner a cette formule terrible à propos du mari de Charlotte : «toujours le même visage qui avait éternellement raison et était damné éternellement». Raison, travail, respectabilité, désirs de mort : l'enfer.

Charlotte, la courageuse aventurière d'amour aux yeux jaunes, est morte. Le grand forçat, après son épopée dans l'eau furieuse au milieu des alligators, fume un cigare dans sa cellule. Harry aussi est en prison : « la brise marine se leva, légère, chargée de la senteur des marais et du jasmin sauvage, soufflant sous l'ouest agonisant et l'étoile brillante ; c'était la nuit ». Ce sont les captifs qui savent sentir et se souvenir. La révélation est pour eux : « c'était là, irrécusable et simple, serein ». Harry ne se suicidera pas, son auteur non plus. Dehors, à travers le mur, malgré le vent noir qui tord les palmiers sauvages, la main de Faulkner écrit.

## *La revanche de Scott Fitzgerald*

Si un écrivain, dans l'histoire de la littérature, a droit au titre de vaincu exemplaire, c'est bien, semble-t-il, Francis Scott Fitzgerald. Pour obtenir cette distinction et hanter, par la suite, les imaginations, il faut plusieurs conditions. D'abord un grand succès initial, avec toutes les cartes en main : talent, jeunesse, beauté physique, charme, femme idéale et excentrique, plébiscite d'une génération affirmant sa liberté, puissant pays en pleine expansion économique. Fitzgerald a eu tout cela comme personne. Ensuite : la destruction. Celle-ci, pour devenir mythique, doit coïncider avec une crise nationale et mondiale, une avant-guerre de plus en plus menaçante, et se présenter, sur le plan individuel, comme un processus d'usure long, dramatique, lucide. Conclusion : la morale et la mélancolie, ces deux sœurs, pourront y trouver leur justification. Tantôt : voilà ce qui arrive quand on est léger, heureux, riche, superficiel, mais finalement mal marié, dissipé et alcoolique. Tantôt : ah, les années vingt, quel paradis perdu, quel gâchis, quelle tragédie. Voilà, au fond, ce que chacun pense ou répète, et cela fait un demi-siècle qu'il en est ainsi.

La biographie très fouillée de Matthew Bruccoli vient déranger ce film composé de clichés. « Il n'y a jamais eu de bonne biographie d'un bon romancier », écrivait Fitzgerald. « C'est impossible. S'il a quelque valeur il est trop de gens à la fois. » Eh bien, il s'agit précisément ici d'une bonne biographie puisqu'elle permet d'envisager tous ces « gens » que Fitzgerald aura été, et ce n'est pas peu dire. Toute l'histoire du vingtième siècle finissant est à refaire, on s'en doute. Ce sera un travail considérable, « impossible », mais la meilleure approche consistera encore à s'aider de la vie des écrivains, des artistes. Ils ont moins menti que les autres, du moins *certains*. Les Américains, par exemple : Fitzgerald, Hemingway, Faulkner. Fitzgerald, là est la surprise, est probablement le moins menteur. Dès 1920, en plein triomphe de *L'Envers du paradis* (il a vingt-quatre ans), il écrit : « L'histoire de ma vie est celle du conflit entre un besoin irrésistible d'écrire et un concours de circonstances acharnées à m'en empêcher. » Il a observé, au plus près, ces circonstances. Il s'est laissé couler jusqu'à leur source jusque-là cachée. « Toute vie est bien entendu un processus de démolition. » Dites-nous comment et pourquoi, et, s'il vous plaît, pas d'attendrissement inutile. Quand Fitzgerald, en 1936, publiera *La Fêlure*, ce chef-d'œuvre, tout le monde sera gêné. *The Crack-up* : entendez aussi le mot qui fait peur, *krach*. La « banqueroute émotionnelle » suit celle de la Bourse et annonce l'ère du faux généralisé s'imposant à travers le cinéma. L'argent, l'alcool, la folie, le spectacle : tels sont les obstacles qui se dressent devant l'écrivain en voulant sa mort. L'auteur célèbre de *Gatsby le Magnifique* et de *Tendre est la nuit* va être obligé, comme tant d'autres, de travailler à des scénarios pour la plupart puritains et débiles. « Hollywood est un dépotoir. C'est une ville hideuse dont la laideur est soulignée par la splendeur insultante des jardins de ses riches habitants, une ville où fleurit la forme la plus avilie du cœur humain.» Ainsi, les années vingt, «la plus onéreuse orgie de l'histoire» ouvrent-elles sur une ère de massacres et de simplification des sensations, la même «chez les marchands de Hollywood et chez les idéalistes russes». De temps en temps, dans ses lettres, Fitzgerald signale qu'une phrase de lui est restée intacte dans un dialogue trafiqué devenu plus ou moins anonyme. Celle-ci, par exemple : «N'effacez pas le sommeil de vos yeux : c'est un sommeil magnifique.» Des dollars, une phrase survivante au milieu de banalités ? Asservissement du mot à l'image.

L'ennemi est extérieur, social ; mais aussi intérieur, intime. Les ivresses de Fitzgerald se saoulant méthodiquement au gin, ses bagarres, ses humiliations, sa ténacité, pourtant, son goût du travail bien fait, n'arrêtent pas de composer un roman vécu contradictoire. C'est le même homme qui provoque les autres et s'abaisse devant eux (Hemingway en profitera, non sans grossièreté, pour se situer sans cesse au-dessus de son rival), et qui, pourtant, pèse chaque syllabe, se fait lire la Bible pour garder la cadence, se replie sans cesse, le crayon à la main, vers la poésie, Shelley ou Keats. C'est le même qui, tuberculeux, se suicide lentement les yeux ouverts, mais n'en finit pas de donner des conseils à Scottie, sa fille, tout en lui confiant : «le travail de tout bon écrivain est de *nager sous l'eau* en retenant son souffle». C'est enfin l'incroyable histoire de son épopée avec Zelda qui, jusqu'ici, n'a pas été analysée comme elle le mérite. Rien de plus révélateur sur la guerre inlassable des sexes (ce qui n'exclut pas, bien au contraire, les moments idylliques ou de complicité profonde). Zelda était-elle folle ? Oui et non, *et tout est là*.

« Une chose étrange est que je ne sois jamais parvenu à convaincre Zelda que j'étais un écrivain de premier plan. Elle savait que j'écrivais bien, mais elle ne connaissait pas ma vraie valeur. Lorsque je fis des efforts pour devenir un écrivain sérieux, un "grand écrivain", elle ne le comprit pas et n'essaya pas de m'aider. » Zelda, dans son duel pathétique et intelligent avec Scott, aura tout essayé. Il boit ? Elle peut boire. Il regarde une autre femme ? Elle se jette dans un escalier ou sur un autre homme. Il travaille ? Elle sera danseuse étoile. Il publie des nouvelles ? Elle peindra. Il envisage un nouveau roman ? Elle en écrira un elle aussi. Scott : « Sa théorie est qu'une fille n'a qu'à se laisser aller... Elle a un certain don de raconter, mais rien d'essentiel à dire. » Bien entendu, Zelda ne peut pas supporter Hemingway (qui le lui rend bien) et scandalise Fitzgerald par son mépris pour Joyce. Pourquoi ne l'abandonne-t-il pas, cependant ? Il l'aime ? Oui, sans doute, mais l'essentiel n'est pas là : il est sur le terrain, il enregistre, il anticipe là sur un sujet en pleine mutation. Résultat : « Ayant pris les choses de front, il y a dans mes livres une empreinte que les gens peuvent lire les yeux fermés comme du braille. » On peut donc aller jusqu'à la folie pour empêcher l'écriture ? Une certaine écriture est à ce point dangereuse ? Drôle de loi.

Au moment de sa mort, en 1940, à quarante-quatre ans, Fitzgerald ne pouvait plus trouver un seul exemplaire de ses livres en librairie. Son éditeur, *Scribners*, a vendu, depuis, plus de douze millions d'exemplaires de ses romans et nouvelles. *Gatsby*, devenu un livre scolaire, se vend à trois cent mille exemplaires par an. Le mot de la fin appartient à John O'Hara : « Fitzgerald était un bien meilleur écrivain que nous tous. Cela tient aux mots, tout simplement. »

Matthew J. Bruccoli, *F. Scott Fitzgerald, Une certaine grandeur épique*, édition française établie par Henri Marcel, La Table Ronde.

## *Lucidité de Bellow*

Un prix Nobel de littérature peut-il devenir mal-pensant avec le temps ? La question semble absurde, tant la consécration suédoise mondiale garantit, en principe, une vertu définitive. Tel n'est pas, cependant, le cas de Saul Bellow. Il a eu son prix en 1976, il est né en 1915, il a donc aujourd'hui quatre-vingts ans, et il n'arrête pas, depuis une dizaine d'années, de dire des choses de plus en plus gênantes, comme s'il prenait plaisir à être politiquement incorrect. C'est étrange.

Prenons, par exemple, ce magnifique récit, enfin traduit : *En souvenir de moi*. Il se déroule à Chicago en 1933, l'année de la prise de pouvoir de Hitler en Allemagne. Bellow, adolescent, assiste à la mort de sa mère. Son père le bat s'il rentre en retard. Il fait froid, il neige. La ville est une « cité ennuyeuse, déprimée, sans fin, affreuse et pourrie ». Il lit beaucoup, car « lire efface le monde ». Il a, d'emblée, une perception métaphysique des événements, la Bible lui est familière. Il gagne un peu d'argent en étant livreur de fleurs, ce qui le conduit, ce jour-là, près du cercueil ouvert, d'une jeune fille. La mort, donc, et, au loin, en Europe, la barbarie montante. « À mon époque, mes parents n'hésitaient pas à parler des morts et des mourants. Ce qu'ils mentionnaient rarement, c'était le sexe. Aujourd'hui, c'est l'inverse.» Peut-être, désormais, ne s'agit-il plus vraiment *ni* de la mort *ni* du sexe ? Ce serait un événement.

Il va arriver à ce jeune garçon une dure leçon d'existence. Une prostituée l'emmène dans une chambre, lui dit de se déshabiller, prend ses vêtements, les jette par la fenêtre à un complice qui attend dehors, et s'en va. Il faudra que Louie, le narrateur, traverse la ville habillé en fille, puisqu'il n'a trouvé, en haut d'une armoire, qu'une robe pour se couvrir. Humiliation, réflexion : «Avec la crise mondiale, un métier ne servait plus à rien. On était donc libre de devenir quelqu'un d'extraordinaire.»

Bellow est, en effet, devenu quelqu'un d'extraordinaire, et il suffit de relire *Herzog*, ce roman de la folie lucide, pour s'en convaincre. Mais soyons attentifs à l'avertissement qui précède *En souvenir de moi*. Désormais, nous dit l'auteur, l'écrivain qui se respecte a le dos au mur. La société est une immense entreprise de «colonisation des consciences», la conscience est une marchandise, un continent en cours d'exploitation systématique. Dans ce décervelage organisé et intéressé, la marge de manœuvre critique est de plus en plus étroite. Il faut donc faire court, émotif, central, comme ont su le faire Kafka, Beckett, Borges. «Un écrivain comprend, ou a l'intuition, de ce que coûte l'effort souvent caché, secret, de remettre en ordre une conscience distraite.» Distraite, seulement ? Non : littéralement explosée. Pourquoi ? Depuis quand ? Jusqu'où ? C'est là que les mauvaises pensées de Bellow surgissent.

*Tout compte fait*, recueil d'interventions et d'entretiens, est un livre passionnant, qui s'ouvre, comme par hasard, sur une conférence en hommage à Mozart et à son «mystère radical ». En réalité, il va s'agir constamment d'une polémique avec les intellectuels pour défendre, par rapport à eux, les écrivains. Les écrivains jouent encore leur vie, dit Bellow, sur les forces qu'on entend sans cesse chez Haendel ou Mozart, alors que, sur ce sujet, les intellectuels n'ont rien, ou presque, à dire. « Le vingtième siècle a inversé le romantisme en substituant la haine à l'amour, et le nihilisme à la réalisation de soi. » Le paradoxe est que cette haine incessante se manifeste sous forme de bien-pensance. C'est un déluge incessant de bons sentiments, de prédications en faveur de la Vertu et du Bien. Il *faut* être « pour la justice et les opprimés, contre le racisme, le sexisme, le refus de l'homosexualité, contre la discrimination, contre l'impérialisme, le colonialisme et l'exploitation, contre le tabagisme, contre le harcèlement — pour toutes les choses bonnes, contre toutes les choses mauvaises ». En somme tout *doit* être pour le mieux, dans le meilleur des mondes possibles. Or, dit Bellow, « les gens bardés de références, d'insignes, de badges, me rappellent irrésistiblement ces généraux soviétiques cuirassés de larges placards de médailles et de rubans sur les photos officielles ».

Bref, on assiste, encore une fois, à la tentative de créer un homme (planétaire, à partir de l'Amérique) d'un « type nouveau » : « une créature multiraciale, un androgyne, affranchi de l'influence assujettissante de l'Éros ». Il s'agit, en fait, d'un « rejet de la pensée au profit d'une rêverie égalitaire ». Ce qui se cache ainsi, derrière cette manie de nous corriger, n'est autre qu'une nouvelle tyrannie voulant « nous contraindre à renaître sans couleur, sans race, châtrés, politiquement purifiés, l'esprit modelé et programmé à rejeter le "mal" et à affirmer le "bien" ».

Oh, oh, monsieur Bellow, êtes-vous toujours prix Nobel ?
En somme, le stalinisme, loin d'avoir disparu, aurait

atteint sa version diffuse, gazeuse, dans l'ensemble des représentations sociales. Il n'aurait été, sous sa forme dure, qu'une ruse de la Technique (permettant, d'ailleurs, autrefois, l'arrivée de Hitler au pouvoir). La hantise du Bien serait le masque le plus habile et le plus mensonger du Mal. Le féminisme mondial réuni, ces jours-ci, à Pékin en serait, par exemple, la version ironique.

Reprenons l'histoire du vingtième siècle, qui nous conduit au culte actuel d'une «culture de pacotille» et à la fonctionnarisation d'intellectuels en «pâte à modeler». Bellow se souvient : il a entendu parler de Lénine, de Trotski, puis de Staline quand il était enfant (en mangeant, bébé, sa «purée de pommes de terre»). Au lycée, on lui parle déjà de Freud. Tout ce que les Européens ont «découvert» avec tant de retard était familier à ce jeune Juif, fils d'immigrés russes aux États-Unis. Au point qu'en venant en France, en 1948, il s'est demandé si les intellectuels ne se moquaient pas de lui : «*Les Temps modernes* comprenaient moins bien le marxisme que moi quand j'étais lycéen.» Pourquoi cette indulgence, pour les crimes de Staline? Bellow se le demande encore. Voilà ce que c'est d'être un Américain réveillé. Il avait trente ans d'avance. Il les a toujours aujourd'hui.

Qu'est-ce qui compte, finalement? Avoir une «sensibilité aiguisée». Cela n'est possible que par un modelage intérieur, «si vous absorbez certains chefs-d'œuvre en vous-même comme si c'étaient autant d'hosties». Drôle de déclaration eucharistique. «Si vous ne donnez pas à la littérature un rôle décisif dans votre existence, vous n'avez qu'une apparence de culture. Elle n'a aucune réalité.» Les savants ne peuvent pas s'occuper de cette substance. Les intellectuels, eux, la falsifient dans leur grande comédie et leur utopie du «cœur». L'idéal, pour reprendre une vieille expression des Juifs d'Europe centrale, serait d'arriver à être «heureux comme Dieu en France». Pourquoi? Parce que, là : «Il ne serait pas dérangé par les prières, rites, bénédictions et demandes d'interprétations de délicates questions diététiques. Environné d'incroyants, Lui aussi pourrait se détendre le soir venu, tout comme des milliers de Parisiens dans leur café préféré. Peu de choses sont plus agréables, plus civilisées qu'une *terrasse* tranquille au crépuscule.»

## *Le corps américain*

C'est entendu : les corps américains nous ont libérés du cauchemar qu'a vécu l'Europe avec la Seconde Guerre mondiale, on ne le dira jamais assez, la vérité est là et nulle part ailleurs. Cette *victoire* doit être ressentie comme telle, et il est très étonnant que si peu de Français l'éprouvent en profondeur. Sont-ils à ce point embarrassés par l'Occupation nazie et la Collaboration cinquante ans après ? On le constate tous les jours. Sont-ils de même empêtrés dans la longue et ténébreuse affaire stalinienne ? Rien de plus facile à vérifier. Vichy et Moscou sont les deux foyers d'une ellipse qui définit la rumination française. Toute critique des États-Unis apparaît, dès lors, comme suspecte, gangrenée par des nostalgies nationalistes ou communistes, incapable d'avoir pris la mesure des délires et des massacres commis par les totalitarismes du vingtième siècle. Mais une autre impasse rend le jugement difficile : c'est l'américanophilie de commande portée par la marchandise spectaculaire et son déferlement accéléré. Si je dis du mal des États-Unis, j'ai l'air d'un provincial arrogant, sourdement fasciste ou antisémite, ou encore gauchiste arriéré ne digérant toujours pas l'effondrement du rêve révolutionnaire. Mais si j'en dis du bien, me voici presque aussitôt ramené au rôle de colonisé servile. Où sont la raison et la liberté dans tout cela ? Voyons.

J'observe tout à coup que le président des États-Unis, c'est-à-dire de la première puissance mondiale, se trouve ramené par une information obsédante à son organe sexuel. La nouvelle gonfle, court, se répand, elle s'écrit de mille façons peu vérifiables sur Internet, elle traverse les journaux et les télévisions, on est prié, toutes affaires cessantes, de fixer son attention sur ce point magique irreprésentable. La planète est sommée d'imaginer cet organe en exercice, de s'arrêter longuement sur les bouches de Paula Jones ou de Monica Lewinsky. Ont-elles, n'ont-elles pas, Hillary Clinton va-t-elle s'émouvoir, observera-t-on un fléchissement du dollar, le diable Saddam Hussein va-t-il en profiter pour déployer ses armes chimiques ? On arrête deux suspects porteurs de microbes dévastateurs. Pendant deux jours, on retient son souffle, on expérimente des masques à gaz. Mais non, le FBI s'était trompé, pas de danger. Là-dessus, l'Européen (et probablement surtout le Français) se pince, mais on lui demande de ne pas sourire, de ne pas ricaner puisqu'une grande leçon de démocratie est en train d'être administrée à la conscience universelle. Bientôt, d'ailleurs, on nous expliquera (remarquable maîtrise de soi d'Hillary) qu'il s'agissait d'un complot réactionnaire. Des journalistes s'excusent, la cote du Président remonte, la deuxième guerre du Golfe n'a pas lieu, tout se calme (pour l'instant, du moins). Du scandale virtuel, on repasse à la comédie musicale. Il faudrait, pour que les choses se corsent à nouveau, que Monica écrive un best-seller planétaire qui pourrait s'appeler *Mon stage à la Maison-Blanche*. On imagine sans peine le frisson d'une telle annonce à la Foire du livre de Francfort.

Redevenons sérieux. Pendant ce temps-là, comme on dit dans les films muets, Karla Tucker, trente-huit ans, condamnée à mort pour un double meurtre au piolet, est exécutée au Texas, après treize ans d'attente, par injection visant à l'arrêt cardiaque. Ici, le film inconsciemment sadien, devient horrible, puisque la peine de mort est maintenue dans trente-huit États sur cinquante-deux, et que plus de trois mille condamnés sont ainsi obligés de penser chaque jour à leur liquidation prochaine. Soixante et un pour cent d'Américains ne voient d'ailleurs pas d'inconvénients à ces mises en scène macabres (comme une majorité de Français il y a vingt ans). L'assassinat légal, de sang-froid, de Karla Tucker est d'autant plus spectaculaire que cette souriante jeune femme s'était convertie en prison, priait Dieu en public et assurait que Jésus lui-même viendrait la chercher après la piqûre mortelle. Où l'on voit que Freud, contrairement à ce qu'il croyait, n'a pas apporté la peste aux États-Unis mais un renforcement d'hystérie glaciale (comme s'obstine à l'illustrer avec humour et courage le cinéma de Woody Allen). Un crime officiel a lieu, mais tout se passe *comme si rien ne s'était passé.* Harold Pinter l'écrivait l'an dernier dans *The Guardian* : «Les crimes des États-Unis dans le monde ont été systématiques, continuels, cliniques, implacables et avérés, mais presque personne n'en parle.» N'est-il pas beau, ainsi, ces temps-ci, de voir le général Pinochet transformé en «sénateur à vie» en présence d'une armée impeccable?

D'un côté le sexe halluciné social, de l'autre la mort rédemptrice technique. Voilà une équation dont le vrai Dieu, ou du moins son pseudonyme en dollars, assure le fonctionnement. Le corps américain, c'est-à-dire générali-

## Le corps américain

sable, nous prévient que telle sera désormais la Loi. Où sont donc passés ces merveilleux corps d'écrivains, de peintres, de musiciens, d'acteurs et d'actrices qui ont fait des États-Unis, pendant tant d'années, le centre de la création libre ? Où sont Hemingway, Faulkner, Billie Holiday, Charlie Parker, Pollock, De Kooning, Warhol, Kerouac, Ginsberg, Burroughs, Bukowski ? Certes, ils nous ont prévenu : la violence a marqué leur vie, et l'alcool, et la drogue. En écrivant ces lignes, je pense à la solitude armée d'un des plus grands écrivains d'aujourd'hui, Philip Roth. Il faut un sacré système nerveux pour rester d'attaque dans un contexte où la psychose grandit de la sorte.

Psychose ? Mais oui. On ne se parle plus, on s'évalue ; on ne se rencontre pas, on se croise ; on ne jouit pas vraiment ensemble, on pense aux contrats. Le durcissement devient général. La sexualité est rentrée dans l'ordre du calcul voulu, comme cette jeune mariée américaine prévoyant déjà ce qu'elle pourra demander comme pension alimentaire pour elle et ses deux enfants après son divorce. La vie humaine, d'ailleurs fabricable, est mise à prix avant d'être vécue, et tant pis pour ceux qui ne sont pas du bon côté du flux biologique. Le désir est classé ou pénalisé avant d'apparaître. Soyez hétéro résigné ou gay intégré. Certes, le viol est un crime, et le harcèlement sexuel inadmissible (y compris entre personnes du même sexe, comme vient de l'affirmer opportunément la Cour Suprême des États-Unis), mais le soupçon permanent, l'inquisition politiquement correcte, le puritanisme pavlovien, sont les conséquences de plus en plus marquées de cette dérive. L'exaspération de la différence sexuelle montre bien qu'une croyance religieuse est ici en jeu. Les individus, tous virtuellement en état de péché originel, ne peuvent plus qu'envisager des rapports juridiques avant même de s'adresser la parole. Les intellectuels qui auraient tendance à penser (selon une mauvaise influence française) sont des imposteurs. Dieu, donc, se réalise définitivement dans la Technique. Le cinéma est un budget, l'art une décoration, la littérature un produit d'adaptation, la réalité une puissance de frappe publicitaire. Ainsi, la grande Amérique s'enfonce-t-elle de plus en plus dans son programme de décorporation globale. Un historien de l'avenir (probablement d'un lointain avenir) nous dira sans doute pourquoi et comment cela était fatal et nécessaire. Il reste à l'Europe, sauvée autrefois de la barbarie par les États-Unis, à prendre conscience, à travers la guerre plus ou moins larvée menée maintenant contre elle par son ancien allié, qu'il lui faut surmonter son passé noir et se souvenir qu'elle a *aussi* inventé l'art de vivre. Sinon, pourquoi vivre ? On n'en sait rien.

## *Monica*

Fin décembre, le *Guardian* de Londres publiait en couverture une photo pleine page du visage de Monica Lewinsky. Ronde, rose, la bouche entrouverte dévoilant les dents, les cheveux noirs légèrement ramenés par un coup de vent sur la lèvre supérieure, elle avait quelque chose d'une tigresse éblouie en pleine action. La légende du journal était : « This is the woman, this is the year. » Voici la femme, voici l'année ? Non : voici la bouche, voici la fin du vingtième siècle.

Maintenant que Clinton, ou plutôt Hillary, a gagné, quel peut être le destin de Monica ? Bon, elle va gagner beaucoup d'argent avec un livre, elle va grossir, tenter de se marier une fois, deux fois, cinq fois. Son destin est de devenir l'Américaine typique, bouffie, à la voix criarde, aux gestes saccadés, à l'arrogance fondée sur la supériorité du dollar. Le mieux qu'elle ait à faire, mais vite, est d'avoir un enfant, de préférence une fille, qui, elle-même, aura besoin de beaucoup d'énergie pour porter cette mère maudite. Pauvre Monica. Déjà son prénom fait des ravages, et une avocate américaine vient de fonder une association pour venir en aide psychologique à toutes les femmes s'appelant ainsi. « Quel est votre prénom ? Monica ? Ha, ha. » Et ça recommence.

Que s'est-il passé en réalité ? Du banal, du plat, du médiocre. Monica Lewinsky est surtout une petite-bourgeoise aisée provinciale. Elle se trouve devant l'homme le plus puissant du monde. Il est beau, détendu, souriant, à la fois bien et mal marié, il pourrait faire mieux, sa sexualité est exigeante et primaire, raison de plus pour essayer de se l'approprier en passant. Il est sympathique, Bill, un flirt poussé ne lui fait pas peur. Et c'est là que le film devient bizarre. La « relation sexuelle non appropriée » n'en est pas une pour la vision du monde puritaine. Autrement dit, une fellation est la même chose qu'une glace à la vanille ou un simple cocktail. Un sondage récent, qui laisse l'Européen incrédule, montre que près de 60 % des jeunes Américaines (notamment sur les campus d'université) pensent ainsi. La sexualité, c'est la pénétration et, éventuellement, la reproduction, rien d'autre. Tout le reste est nimbé d'inexistence, ce qui explique que l'on peut être à la fois fleur bleue ou rose, et disposée, par calcul, à se prêter à cette petite consommation. Mais voilà, roman-photo classique : Bill ne divorce pas, ne propose pas d'emploi stable, se dérobe, sauf par une petite tache précieuse sur une robe. Monica s'agite, se plaint. Elle trouve une copine compréhensive qui joue à la mère sauveuse et trouble, Linda Tripp. Eh hop, c'est parti.

Transformer Monica en star de procès planétaire montre bien l'état de la misère imaginaire des Américains les plus arriérés. Bêtise, sentimentalité, excitation adolescente, pleurnicheries, hystérie. Un procureur illuminé, des Républicains coincés en famille, des médias prêts à tout pour augmenter leur audience, font de cette jeune innocente une des plus sinistres fictions de tous les temps. Le public marche un peu, beaucoup, puis de moins en moins, et puis plus du tout. Il y a fort à parier que, désormais, la honte va être le sentiment le plus répandu, et une volonté d'oubli féroce. Ça suffit ! Parlez-nous d'autre chose ! Le Système entier s'est pris à son propre piège, l'énorme bulle informatique va se dégonfler peu à peu. Le plus étonnant, dans cette affaire délirante, est sans doute la résistance nerveuse des acteurs. À moins qu'ils aient tous cru jouer dans une comédie musicale, hypothèse la plus probable.

## *La femme brisée*

Il se passe de drôles de choses, à Paris, pendant l'été. En surface, un million de jeunes gens acclament un vieux pape fatigué et tenace, à la main tremblante. Dans un tunnel, la princesse de Galles et son riche amant musulman s'écrasent dans une voiture conduite par un chauffeur ivre. J'entends ou je lis des phrases sur la mort de Diana, des clichés du genre « le monde est en larmes », « elle est morte dans les bras de son dernier amour », « la princesse au grand cœur », « la mort réunit les puissants et les pauvres ». Je me dis alors que la mauvaise littérature est une substance increvable qu'on déverse à gros bouillons sur tous les cas *gênants*. Cette petite lady était gênante. Elle n'a pas fait ce qu'elle aurait dû, elle a endiablé le film dans lequel elle s'est trouvée prise, elle a changé de rôle en cours de tournage, elle a mélangé les genres, les époques, les contrats, les identités, les poses. Elle est bien dans la photo, mais le texte du roman est nul. En quoi, nous sommes bien dans le temps que nous vivons, surexposé, aphasique. Le spectacle, c'est le déferlement silencieux de la mort. Diana avait le choix entre une mort lente et royale et l'accélération de la destruction violente. Elle a foncé dans la gueule du loup.

La monarchie britannique vit-elle ainsi ses derniers moments ? Tout le monde le dit, ou a envie de le dire. Mais la suite du récit est parfaitement prévisible : Lady Di sera vite transformée en mère idéale et tragique, et commencera alors la légende du prince triste, celle de son fils, le futur roi William. Elle pourra ainsi régner à travers lui, mais comme une morte. Tout est déjà en place, je vois les images. Charles est un père lointain et faible, un fils attardé accroché à sa Camilla maternelle, ce sont désormais ses fils qui comptent, la restauration est en cours. Westminster ne dira rien d'autre. Avec une hypocrisie programmée, l'industrie spectaculaire prendra des airs consternés et présentera des excuses, elle jurera qu'on n'assistera plus jamais à de tels excès, et, bien entendu, elle continuera de plus belle. Diana sera disposée *en perspective*. La morale de cette histoire se dégagera très vite : être une femme libre expose à une punition sanglante, et peut-être que Dieu Lui-même y a mis la main. D'ailleurs, n'était-elle pas déjà enceinte de son très étrange fiancé égyptien ? Vous imaginez le futur roi d'une monarchie rénovée ayant un demi-frère aussi étrange. Allons, allons, voilà un mythe sacrificiel tombé du ciel. God save the king. La question principale est désormais : *qui* épousera William (c'est-à-dire, en somme, Diana dans l'au-delà). Toutes les jeunes Anglaises y pensent déjà.

La vie de Diana est un révélateur du système global où nous sommes pris. On sélectionne une jeune fille d'un bon milieu social, un peu gauche, niaise, aux grands yeux bleus. C'est encore le temps où le cinéma se raconte des histoires de rois, de reines, de princesses, avec cérémonies, carrosses, chevaux, enthousiasme populaire, mariages idylliques. Bon, c'est vrai, il y a des fissures dans les décors, mais enfin le dix-neuvième siècle est encore solide, la grande Victoria en a mis un coup pour longtemps. Cependant la technique suit son cours : les journaux ont changé, la télévision est là, on va pouvoir bientôt enregistrer les conversations téléphoniques à distance. La jeune Diana, promise à la pure et simple reproduction biologique, va découvrir, comme toutes les femmes de son temps, qu'une femme, désormais, a plusieurs vies à sa disposition. Le circuit jeune fille vierge-mariée-mère-placard paraît soudain archaïque. La godiche à qui on demande de faire la potiche se rebiffe. Ce n'est pas tellement que son mari la trompe avec une ancienne maîtresse qui l'ennuie, c'est l'ennui tout court. Il y a les corvées de charité, mais c'est le vieux style. Rien à voir avec le show nouveau qui est en train de se mettre en place : l'humanitaire international. Celui-ci est la nouvelle bonne conscience de la mise en publicité du monde. La reine, autrefois, pouvait assister à des contorsions de peuplades de son Empire, visiter la misère, se pencher sur les malades, mais la distance était là, infranchissable. Diana, peu à peu, étudie la situation. Elle se déprime, se replie, se suicide un peu, se découvre plus jolie que prévu, écoute ses amies en cours de recyclage moderne, tente deux ou trois aventures avec le mâle local, histoire de se sentir mieux, fraîche, désirable. Comme on s'en doute, ce n'est pas la bagatelle physique qui l'intéresse, mais le jeu, les sourires, la séduction, les glissements de pouvoir.

La sphère «people» entend parler de ses nouvelles dispositions. La sphère tourne vite. Dans son empire, le soleil ne se couche jamais. Le flash est sa lumière permanente. Ses légionnaires sont partout, c'est la maîtrise des airs et des mers. Une princesse est en cours d'évolution ? Bonne nouvelle. Diana est donc *approchée*. Elle sera bientôt en stage de formation. On l'imagine déjà quelque part entre

Madonna et Mère Teresa. Il faut qu'elle sorte, qu'elle s'habille, qu'elle distille des confidences, qu'elle ait une «histoire vraie». Elle va mettre un certain temps à améliorer son goût qui, il faut bien le dire, a d'abord été détestable. Tout récemment, elle y était : vente de ses robes au profit des démunis, et cap sur la nébuleuse Versace, autre vedette de l'été meurtrier. L'arrivée de la princesse de Galles à la cathédrale de Milan pour la cérémonie funèbre du couturier assassiné, voilà un plan parlant, pas du tout gratuit. Faut-il regretter celui où Diana, en hélicoptère, va consulter sa *voyante* ? Peut-être. Les déclarations de la voyante, pour l'instant, nous manquent. Mais attendons, cela finira bien par venir.

Diana, donc, se *modèle*. Et la métamorphose, peu à peu, a lieu : elle a du talent, un vrai, c'est une actrice *sincère*. Sa poignée de main au type qui a le sida est un scoop. Elle ferme les yeux avec intensité en prenant contre elle un petit garçon de couleur qui ouvre de grands yeux effrayés, mais voilà, il est aveugle, et d'ailleurs, depuis, il est mort. Plus le look de Diana s'améliore, plus elle est dégagée, sportive, élégante, gaie, affectueuse, plus ses rapprochements avec le malheur des autres, la faim, le désespoir, sont touchants. L'argent, un *bon* argent, commence à rentrer, quoi de plus naturel, elle *travaille*. De simple manipulée, elle devient manipulatrice, elle a son mot à dire, son service de presse n'arrête pas d'évaluer les demandes, elle est en train de fonder sa propre firme, son réseau mondial. Prenez ce brave Dodi Al-Fayed, par exemple : les magasins Harrods, le Ritz, un père décoré par Mitterrand, la hantise de la légitimation par la Couronne, voilà le compagnon parfait. Des bateaux, des avions, des voitures, des hôtels particuliers, des bijoux, des virements électroniques puissants, un exotisme un peu crispant mais de bon aloi, cela aussi va dans le *bon sens*. La princesse est formidable, quel courage, quelle allure, et, en plus, voyez, elle est progressiste, et même travailliste. C'est la princesse du peuple, version Capital radieux. J'ai l'air d'ironiser, mais je suis comme tout le monde : la montée de Diana, c'est l'Histoire elle-même, et tant pis si la firme royale n'a pu compter que sur cette dissidente pour la représenter. Tant pis, ou plutôt tant mieux : la monarchie sera sauvée par elle. Diana est une sorte de De Gaulle pour les Windsor. Elle sort, elle agite la révolte, elle explose, elle rentre. N'a-t-elle pas cessé d'être une bonne mère ? Voilà l'essentiel. Elle a voulu être heureuse ? Et alors ? Le bonheur est une idée neuve à Buckingham. Un bonheur, en plus, *historiquement juste* : ne pas oublier que le duc de Windsor et madame Simpson, vieux scandale, avaient quand même une fâcheuse tendance à serrer la main de Hitler.

Cela dit, le spectacle a ses lois, elles sont implacables. Diana, c'est probable, a dû penser qu'elle pouvait jouer ce jeu en toute innocence (une certaine plasticité hystérique a ce genre de naïveté). Or la sphère people n'aime pas les amateurs, les passants, les marginaux, ceux qui voudraient l'exploiter sans la servir avec fidélité, ceux qui s'imaginent que c'est *pour eux* que la machine fonctionne. Diana doit devenir une professionnelle. Soit, elle sait faire, et une couverture pour *Vanity Fair*, c'est encore un plaisir. Pourtant, d'où vient ce malaise, ce mauvais pressentiment, ce nouvel ennui, à l'horizon, quand tout semble aller si bien ? Diana ouvre un livre que lui a recommandé un ami français. Elle lit : « Toute la vie des sociétés dans lesquelles règnent les conditions modernes de production s'annonce comme une immense accumulation de *spectacles*. Tout ce qui était

directement vécu s'est éloigné dans une représentation. »
Elle ne comprend pas très bien. Elle poursuit : « Le spectacle n'est pas un ensemble d'images, mais un rapport social entre des personnes, médiatisé par des images. »
Non, vraiment, elle ne voit pas. L'image c'est bien la réalité elle-même, à quoi bon réfléchir là-dessus ? Elle bâille, elle fait la moue, elle bat des paupières, elle lève un instant vers le plafond du Ritz ses admirables yeux bleus. Elle lit encore un peu : « À mesure que la nécessité se trouve socialement rêvée, le rêve devient nécessaire. Le spectacle est le mauvais rêve de la société moderne enchaînée, qui n'exprime que son désir de dormir. Le spectacle est le gardien de ce sommeil. » Bon, elle ferme le volume, ce livre n'est pas pour elle, elle avait cru un instant qu'il lui parlerait de son *métier*. Car c'est un travail à plein temps, maintenant, sa vie. Le cache-cache avec les paparazzi est épuisant, excitant aussi, n'exagérons rien. Il faut bien que la pression soit entretenue, qu'il y ait des fuites, des courses, des disparitions, des réapparitions, du suspense. Elle est lancée dans un grand film, là, Diana. Une super-production, avec pyramides égyptiennes dans le fond, British Museum coupable d'avoir emporté autrefois des trésors, colonialisme surmonté, saut dans le troisième millénaire. Ce Dodi est un peu lourd, il avait l'habitude des modèles faciles, en voilà justement une qui essaye de tirer la couverture à elle en s'exhibant, bague au doigt, avec son avocate. Elle crie à la trahison, il lui avait promis le mariage, elle porte plainte. Quelle mauvaise actrice, les pleurs sont trop appuyés. Et ce pauvre Clinton avec son accusatrice sexuelle ! Ah, nous sommes bien exposés, nous autres, et pourtant nous faisons le bien au moins trois fois par jour. Dodi tiendra-t-il le coup ? Il le faut. Ça va être dur, mais c'est la guerre. D'ailleurs que faire d'autre ? Sur qui s'appuyer ? Il est spor-

tif, gentil, attentionné, respectueux, sensible aux migraines de sa camarade royale. Pourquoi ne veut-il pas rester au Ritz cette nuit ? Il semble tenir absolument à ce que les photographes tournent autour de son hôtel particulier. Il va donc falloir, encore une fois, entamer une course poursuite. Les gens de l'hôtel ont l'air de trouver ça amusant, et Paris est quand même une ville magnifique. Quoi ? Le pape vient de faire ici un gros succès ? Montrez-moi les photos. Ah oui, pas mal. Élizabeth, en tant que chef de l'Église d'Angleterre, doit en faire une jaunisse. Tant mieux. Pauvre femme. Quelle vie. Bon, Dodi est de plus en plus énervé, ce doit être ce coup de téléphone de son père. Il a trop bu. On va prendre un chauffeur de l'hôtel qui semble, lui aussi, avoir un sérieux coup dans l'aile. C'est bien comme ça qu'on dit en français ?

Diana reprend un moment son livre (puisqu'il n'y a décidément rien à voir à la télévision) : « La spécialisation des images du monde se retrouve, accomplie, dans le monde de l'image autonomisé, où le mensonger s'est menti à lui-même. Le spectacle en général, comme inversion concrète de la vie, est le mouvement autonome du non-vivant. » Elle relit la phrase, elle n'y comprend toujours rien, elle sent qu'elle a très sommeil. Une autre phrase scintille un moment : « Dans le monde *réellement renversé*, le vrai est un moment du faux. » Qu'est-ce que cela veut dire ? Ces Français boivent trop, ou bien ils écrivent des choses incompréhensibles. Heureusement qu'il y a Paris, où on aimerait se promener tranquille, mais non, pas un moment libre, le travail est là.

Elle pense trente secondes à son triste Charles, Diana. Et puis à ses fils, William, Harry. Oui, tout va être très difficile. Quelle aventure. Et peut-être dangereuse, après tout. Enfin, elle a l'opinion pour elle, et l'opinion est la reine du monde, n'est-ce pas. Voilà, il faut partir. Elle se regarde une dernière fois dans la glace. Parfaite, de plus en plus parfaite. Elle boucle son sac et elle jette le livre : elle sait qu'elle n'en aura pas besoin.

## Le Président et la Bible

Il y a, dans le livre de Franz-Olivier Giesbert, *Le Vieil Homme et la mort*[1], une page passionnante. Giesbert demande à Mitterrand s'il continue ses «incursions dans la Bible». Oui, lui répond le Président déjà très malade, mais il faut bien distinguer l'Ancien Testament du Nouveau, «ils n'ont rien à voir ensemble». Giesbert, qui doit connaître les arrière-pensées habituelles de son interlocuteur, lui fait alors remarquer que si certains parlent de la «violence» du Coran, «la violence de l'Ancien Testament est hallucinante».

Le Président approuve : *hallucinante*, oui, c'est le mot.

Et il enchaîne aussitôt : «Dans la Bible, il y a du sang à chaque page.» C'est un livre qui n'arrête pas de retentir de «cris de mort».

On a un léger sursaut en lisant ces propos, mais non, on ne rêve pas. Et on ne rêve pas non plus en apprenant que l'abbé Pierre, ce saint homme canonisé à l'avance, est lui aussi saisi par un retour de Bible, au point de discuter sérieusement avec son ami négationniste islamisé Garaudy, des crimes relatés dans le Livre de Josué.

1. Gallimard, 1996.

## Le Président et la Bible

Nous voici soudain devant une vieille connaissance : la vision familiale, pour enfants chrétiens provinciaux du dix-neuvième siècle, d'une Bible comme monument d'horreurs, récit implacable d'une Loi dont le doux Jésus lui-même a été victime. Le Président, d'ailleurs, insiste : dans la Bible, il n'y a que « guerres, pillages, massacres ». Suivez mon regard.

Étrange obsession, on en conviendra, plus spiritualiste que voltairienne. Mais, déjà, il n'y a pas si longtemps, dans ses entretiens avec Élie Wiesel (lequel, bizarrement, ne trouvait rien à répliquer), le Président s'était exprimé sur le même sujet. Cette fois, c'est le prophète Jérémie qui, allez savoir pourquoi, était l'objet de l'animosité présidentielle : « De tous les prophètes, Jérémie est celui pour lequel j'ai le plus d'antipathie. C'est un criard, un gueulard, un peu collaborateur, ambitieux[1]. » Le Président, là, n'y va pas de main morte. Pauvre Jérémie, le voilà même « collaborateur » (on s'attendait à tout, sauf à ça). Ce jugement à l'emporte-pièce est d'autant plus surprenant que le Président passait et passe encore, aux yeux des commentateurs, pour un humaniste distingué, un amateur raffiné de littérature, un collectionneur d'éditions rares, un écrivain-né et même, à ses heures, un poète. Le journal *Libération*, le lendemain de la mort du Président, n'hésitait pas à écrire que, durant sa vie, il n'y avait aucun écrivain important qu'il n'ait cité, sauf, peut-être, le marquis de Sade. Tiens, tiens, le problème est peut-être là. Sade et la Bible objets d'une même répulsion ? Ce serait un beau symptôme.

---

[1]. Odile Jacob, 1994.

Au début des années soixante, le Président a quarante-cinq ans. Il écrit un poème, *Antinea*[1]. Nous sommes alors en pleine guerre d'Algérie et, sur le plan intellectuel, au moment, par exemple, de la fondation de la revue d'avant-garde *Tel Quel* :

> *Ton visage voilà des siècles*
> *que je le touche de la main*
> *Étrange absence en toi de moi-même*
> *comme l'eau dans le désert à la grande chaleur*

... etc. Tout éditeur refuse, chaque mois, cent recueils de poèmes de ce genre, vaguement sentimentaux, fades, flous, issus de l'éternel romantisme adolescent attardé. Le Président, c'est clair, a eu une maturation difficile. Cela peut sans doute expliquer qu'à vingt-six ans le maréchal Pétain lui semblait avoir du charme, malgré le Surréalisme, la guerre d'Espagne ou le *Guernica* de Picasso. Dis-moi quel est ton rapport au langage et je te dirai ce que tu penses vraiment en Métaphysique comme en Politique. Mais oui, c'est une loi. Démontrable.

J'aime bien le Livre de Josué, moi, et surtout l'histoire extraordinaire de la prostituée Rahab facilitant la prise de Jéricho. Et j'aime aussi Jérémie qui est là, sur ma table, à côté d'Homère, de Shakespeare, de Sade. Question de rythme :

> *J'enivrerai les princes et les sages de Babel,*
> *ses gouverneurs, ses lieutenants, ses héros,*

---

1. Cité par Franz-Olivier Giesbert, *François Mitterrand, Une vie*, Le Seuil, 1996.

*et ils dormiront d'un sommeil éternel,*
*ils ne s'éveilleront plus —*
*oracle du roi*
*qui a pour nom Iahvé des armées* [1].

La grande littérature est proche de la vérité, en somme.

---

1. *Ancien Testament*, traduction d'Édouard Dhorme, la Pléiade, II, 1959.

## L'étrange campagne du Pape

Un ami jésuite me dit :
« Regardez cette campagne récente de Jean-Paul II en France, c'est un modèle de stratégie. D'abord, la mise en place du leurre : Clovis, le baptême de la France, "fille aînée de l'Église", à Reims. Nous sommes en 496. Du moins, on fait semblant. Tout le monde tombe dans le panneau, les historiens travaillent, contestent la date en question, on oblige les médias à se mobiliser là-dessus, à publier des cartes de l'époque, à s'interroger sur la personnalité de Clovis, sur sa femme Clotilde, sur la réalité de sa conversion, etc. Les éditeurs s'en mêlent. À partir de là, livres pour ou contre Clovis, mobilisation des libres-penseurs, intoxication facile, vraiment un travail d'enfant.

« Les foules populaires sont réceptives. Les médias moins. Le Pape est malade, on lui conseille de démissionner (comme si un pape pouvait démissionner ! mais non, voyons, son agonie en état de sainteté est exigée par le spectacle !), sa tumeur se développe, on va parler d'appendicite, bon. L'opinion est quand même très hostile, on en revient toujours aux questions d'avortement et de préservatifs, embryons et sida occupent tous les esprits dès qu'apparaît Rome. C'est fatal : après Clovis, les fantasmes sexuels. On doit donc s'attendre à une grande manifestation laïque. Les uns défileront à Valmy, comme s'ils étaient en 1792, les autres à Paris, pendant que les grandes manœuvres se dérouleront à Tours, Rennes et Reims. Tout se met en place avec une déconcertante facilité. On dirait du Clausewitz expliqué aux familles. À partir de là, les choses sont simples. On s'attend à voir un pape mourant ? Il est seulement très fatigué. On croit qu'il va embrasser Le Pen ? Il le récuse. Il devrait faire des discours moraux, musclés, sabre et goupillon, retour de l'ordre moral ? Rien de tel : de l'onction, de l'humilité, de l'amour. Il y a beaucoup de monde pour lui, assez peu, finalement, pour les contestataires. Bien entendu, nous avons pris nos précautions. Nos agents ont depuis longtemps infiltré les antipapistes les plus acharnés. Que convenait-il de leur faire faire ? Un maximum de *fautes de goût* : la photo du Pape avec le mot "haine" en surimpression ; l'apparition d'un faux pape ; des slogans choquants du genre "l'appendicite vaincra", ou, mieux encore, celui-ci, plus féministe : "pas ce soir, Jean-Paul, j'ai mes encycliques" ; des images de guillotine tranchant la tête du pauvre vieillard ; des jets de caoutchouc sur les passants au son de : "la capote, pas la calotte". Bref, le cirque. Avouez que ça a été merveilleusement orchestré. On a obtenu un résultat de carnaval, pendant que Sa Sainteté pouvait se payer le luxe de se prononcer en faveur des immigrés, et, surtout, de la trinité sacrée Liberté, Égalité, Fraternité. Un magnifique succès, par conséquent, pour notre nouveau département de la communication. Vous connaissez le jeune et dynamique directeur qui en a pris la charge : peu de gens savent qu'il est chinois. Il y a encore des progrès à faire, mais c'est un excellent début. L'essentiel était de déclencher un contre-feu par rapport aux grandes cérémonies ayant entouré la mort de Mitterrand. Le truc à Notre-Dame devait être poussé à bout. L'enterrement à Jarnac, les deux familles, la voilette de la clandestine, tout ça, nous laissaient sur notre faim. Il y avait eu, aussi, une tentative bizarre du côté de Vercingétorix, mont Beuvray, gauloiserie sournoise. On nous dit Vercingétorix ? Nous répondons Clovis. On nous prend Notre-Dame ? On riposte à Reims. On célèbre la Révolution française et les Droits de l'Homme ? Nous aussi. Avouez que la confusion est gentiment à son comble. Bien joué ! À votre santé ! Dans l'avion du retour vers Rome, le champagne coulait à flots. Sa Sainteté était gaie. Elle était surtout amusée par les performances d'Act Up et du réseau Voltaire. "Quelle dépense d'énergie !" a-t-elle dit, ravie. "Au fond, ils m'aiment !" J'en ai profité pour attirer son attention sur la manifestation de Valmy. "Ces chers Francs-Maçons !" a dit le Pape, "il faut leur envoyer des bonbons." J'ai alors rappelé à Sa Sainteté qu'un grand écrivain français était présent en 1792 à Valmy, un général artilleur du nom de Laclos. "Le merveilleux auteur des *Liaisons dangereuses* ?". "Lui-même." "Il faut que je le relise", a dit le Pape, "ces Français ont quelque chose de spécial. Voltaire, Laclos... Ah, les braves gens !" Après quoi, il s'est endormi. Voilà, c'était la campagne *Clovis*. »

Mon ami jésuite est marrant, je l'aime bien. C'est un Chinois plein d'esprit. Il y en a comme ça un certain nombre à la Compagnie. On n'a pas fini de rire [1].

*Cité du Vatican, 25 septembre 1996.*
*En exclusivité pour* Le Chroniqueur.

---

1. Cela n'a pas traîné : on « apprend » soudain que le ministre de la Défense nationale de la République française, dans l'année de l'attentat contre le pape et du coup d'État militaire en Pologne, était un agent de l'ex-KGB. Pour plus de renseignements, voir comme d'habitude, la fiction : *Le Secret*, Gallimard, janvier 1993 et Folio n° 2687. Le ministre en question ne faisait d'ailleurs nullement mystère de ses affinités métaphysiques.

# *L'événement Jésus*

Il faudrait pouvoir tout oublier, les églises, les controverses, les films, les images, les passions, les crimes, l'histoire millénaire, et, à la limite le christianisme lui-même, pour se mettre une bonne fois devant le cas individuel brut : « Dieu », le Dieu biblique s'entend, s'est-il un jour incarné dans un être humain de sexe masculin, devenant ainsi, par des voies plus que mystérieuses, le Père d'un Fils qui est le Même que lui ?

Un homme ? Oui. Qui est *aussi* dieu ? Oui encore. Ah non, il faut choisir : c'est l'un ou c'est l'autre. Vous voyez bien que vous proférez ici une absurdité monstrueuse. Justement.

Question subsidiaire, mais de la plus grande importance : à supposer que ce Fils extraordinaire soit passé, pour s'incarner, par une Vierge, prénommée Marie, comment comprendre qu'un tel Fils soit simultanément le Père de sa Mère ?

À partir de ces questions, tout le monde se prend la tête, personne n'écoute plus l'orateur. C'est d'ailleurs ce qui s'est passé *au début*. Vous me racontez une affaire scandaleuse, folle. L'histoire de Jésus-Christ est bien celle-là :

un conte à dormir debout, un mythe contradictoire, un roman fabriqué peu à peu par des générations de pauvres d'esprit et de théologiens s'obstinant à abuser de la crédulité populaire en lui fournissant son opium.

Et pourtant, ça marche. Jésus est la superstar du spectacle. On peut le mettre à toutes les sauces, des plus sublimes à la plus kitsch, des fresques de Michel-Ange aux bandes dessinées, de Hollywood à Jean-Sébastien Bach ou Mozart : il tient le coup, résiste à tout, avale tout. On le prêche, il rebondit. On le nie, il se multiplie.

Il n'est pas jusqu'à sa photographie supposée, dite «linceul de Turin», ou Saint Suaire, qui ne soit l'objet d'une controverse scientifique. Il habite les bibliothèques, les discothèques, les musées, les cinémathèques. Il a ses poètes de génie (Dante, par exemple), ses négateurs acharnés, ses cinglés, ses croisés, ses saints et ses saintes, ses martyrs, ses papes. Toujours imité, jamais égalé. Constamment réinterprété, jamais épuisé. Schismes, anathèmes, guerres, inquisitions, massacres : difficile d'imaginer un message d'amour et de paix ayant provoqué autant de bruit et de fureur. Suis-je catholique ? Orthodoxe ? Protestant aux mille variantes ? On ne sait plus. Suis-je par ailleurs Juif ? Musulman ? Ou tout bêtement païen matérialiste ? Athée ? Agnostique ? Bouddhiste ? Toutes les hypothèses sont permises, vous me permettrez de rester discret. En tout cas, une chose est sûre : qu'on le déplore ou non, ce type tient le calendrier universel. Toutes les opérations de Bourse sont datées, en ce moment même, d'après sa naissance. L'an 2000, c'est lui. Les agendas, c'est lui. Il y a d'autres calendriers, bien sûr, juif, arabe, maçonnique, et la République française, dans un premier temps, a bien essayé d'en créer un nouveau. Les noms de mois, surtout, étaient poétiques : Brumaire, Nivôse, Ventôse, Fructidor, Thermidor... Tout cela est très beau, mais impossible de déloger Jésus dans sa crèche. Tous les 24 décembre, à minuit, l'enfant divin vous salue, ainsi que Joseph, Marie, le bœuf, l'âne, les Rois Mages. Qui contrôle le coup du bébé dirige le Temps. Toutes les femmes le comprennent, ce sont elles qui favorisent la chose.

Quelqu'un me dit : « Je croirais volontiers en Dieu, mais je ne comprends rien à la Trinité. » Ou encore : « Jésus, oui, un type plutôt sympathique, mais la Vierge, là, je cale, je trouve ça plutôt glauque, assez dégoûtant. » Ou encore : « L'Incarnation, peut-être, et encore, mais la Résurrection, là, franchement, non. » Ou encore (c'est la version la plus comique) : « Mais enfin, pourquoi Dieu n'aurait-il pas engendré une *fille* ? » En effet, Il semble avoir eu un autre projet.

Le voilà donc incarné, ce corps double, mi-dieu, mi-homme, et pourtant complètement Dieu. Sur quoi, déluge de représentations, à commencer par un flot de jeunes Vierges-Mères tenant leur petit garçon divin dans leurs bras. Tous les artistes ont eu envie d'être cette merveille, la situation les inspire, ils vont rivaliser d'invention, en musique comme en peinture. Cette mère idéale, pourtant, héritera plus tard d'un cadavre, après la crucifixion de son fils. La scène la plus sensationnelle de ce destin tragique se trouve à Saint-Pierre de Rome, à droite, en entrant. Michel-Ange, là, est imbattable. Il a fallu d'ailleurs protéger sa sculpture, puisque à intervalles réguliers des cinglés venaient l'attaquer à coups de marteau. L'Histoire christique, de part en part, mobilise tous les fantasmes, toutes les hallucinations. Elle rend fou, elle imprègne les perversions, elle est l'horizon indépassable des ruminations sexuelles, engendrement d'un côté, passions mimétiques de l'autre. Ce

Jésus, au fond, n'était-il pas homosexuel ? Comme, peut-être, Dieu lui-même ? C'est une hypothèse récente, et cela expliquerait la beauté de *L'Évangile selon saint Matthieu* de Pasolini. Pourquoi se plaisait-il donc avec des prostituées ? On sait que la Bible raconte parfois, sur ce sujet, des choses étranges, mais tout de même, drôle de type, drôle de Dieu. Les apôtres sont de plus en plus troublés, ils ne comprennent pas grand-chose à ce roman subversif. Judas finit par une crise de jalousie mortelle, Pierre renie trois fois son Maître après son arrestation, Jean, le « disciple préféré », prépare déjà en douce son Évangile et son Apocalypse. Philippe, aigu, pose la question essentielle : « Montre-nous le Père, et cela suffit. » Réponse fulgurante du Fils : « Comment ? Tu me vois, et tu ne vois pas le Père ? » On peut difficilement être moins œdipien.

Le Père doit avoir ses raisons dans l'invisible. Il vient d'abattre sa carte maîtresse : un coup de force intrabiologique. Ce *corps*, celui de Jésus, vous allez donc forcément y penser beaucoup, vous demander s'il a vraiment existé, s'il ne s'agit pas d'une fable. La série des Jésus-ceci et des Jésus-cela commence. Aux dernières nouvelles, il marche un peu partout sur les ondes, c'est un humaniste sensible, un militant des Droits de l'Homme, un idéaliste. On l'a vu tourmenté par la chair, travesti, prêchant le capitalisme comme le socialisme. Du côté des pauvres, évidemment, mais très bien vu par des régimes nantis. Jésus est-il de droite ou de gauche ? De gauche, évidemment, cela saute aux yeux. Mais alors, pourquoi plaît-il tant à la droite ? Peut-être, parce que en lui deux natures *cohabitent* ? Chaque camp a ses raisons, elles sont justifiées, le feuilleton continue. Jésus dit qu'il vomit les tièdes, mais les tièdes l'adoptent. À la limite, on lui fait dire tout et son contraire. On l'invoque en allumant des bûchers, et le voilà soudain en apologiste de la tolérance. Son église principale, la catholique, se repent de tous ses péchés. Quel *stratège*, ce Jésus! Bébé, prophète, Messie crucifié, puis ressuscité, quel art! Pendant longtemps, la doctrine était de ne pas trop insister sur ses origines douteuses. Désormais, plus le moindre doute : Jésus était bien Juif. Une minorité juive a parié sur lui, à l'époque, et puis on a *oublié* d'où il venait. Juif, Jésus? Eh oui, c'est tout le problème. Pour savoir si le Nouveau Testament est bien digne de l'Ancien, il faudra, on s'en doute, attendre la fin des Temps. Ce n'est pas demain la veille. Quoi qu'il en soit, voilà Jésus centriste, c'est-à-dire central.

Reprenons : si vous basculez du côté de ce *corps*, vous irez jusqu'à le manger pour vous identifier de plus près à lui. C'est l'hostie consacrée, un morceau de pain transformé en vraie substance physique par des paroles. Bien entendu, mettre l'accent à ce point sur l'oralité provoque de violentes réactions de rejet (sans parler du fait que le prêtre du Christ, à ce moment-là, est censé boire son sang sous forme de vin dans un ciboire). Mais si vous tombez dans le refus exaspéré, vous serez obligé d'exorciser ce personnage gênant, de censurer son nom, de dire des messes noires, d'érotiser son aventure, ou, plus «scientifiquement», de vous consacrer à un travail inlassable pour prouver que son existence a été hautement improbable : analyse des textes, carbone 14, affairement en tout genre, rationalisme obstiné. Jésus est un aimant, on se demande qui il peut laisser indifférent. Les Chinois, peut-être (et encore : Les jésuites avaient des idées révolutionnaires à ce sujet). En tout cas, certainement pas un artiste : il voudra étudier le cas personnellement, éprouver si, oui ou non, il peut aller, sur ce terrain, au bout de ses sensations, de son imagination créatrice. La liste des noms, ici, est impressionnante, elle remplit des dictionnaires. Rien qu'en peinture, voici des centaines d'Annonciations, de Crucifixions, de Résurrections. Le pinceau fouille la lumière des anges, la chair torturée, la transfiguration sublimée, l'envol. L'Italie tout entière médite : architecture, fresques, orgues, violons. Jésus, en effet, change de style avec le temps. Il est roman, gothique, baroque, moderne, bientôt planétaire. La musique l'enchante, il a un faible, au paradis, pour Mozart, mais il ne craint pas le cinéma, les contresens à son sujet le font rire. Ce sont, dit-il, des preuves *a contrario*. Il feuillette de temps en temps des gros livres de théologie, saint Augustin, saint Thomas, saint Bonaventure, mais, soit dit entre nous, il préfère Pascal. Il trouve Claudel parfois inspiré, mais son amour va plutôt à Rimbaud, dont il ne se lasse pas de relire *Une saison en enfer* et les *Proses évangéliques*. Quand Jésus est vraiment sérieux, il écoute en même temps toutes les compositions de Bach : c'est son cinquième évangéliste, peut-être le meilleur. La crucifixion qui le touche le plus ? Celle de Picasso, un petit tableau, qui approche de très près la cruauté indicible de son histoire. Jésus, contrairement à ce qu'on croit, aime les œuvres fortes, et subit, sans rien dire, l'énorme kitsch dont ses pseudo-dévots l'ont recouvert à travers les âges. Le marbre lui convient, le plâtre l'ennuie. Il est particulièrement sensible au thème de la Résurrection, pas assez traité à son goût. Trop de crucifix le fatiguent. Un athée radical lui paraît plus sympathique qu'une punaise de sacristie. Enfin, ne jugeons pas, tout le monde doit avoir sa chance.

Jésus, pendant sa vie humaine, est très calme. Il chasse, parfois, les marchands du Temple (beau tableau du Greco), mais, la plupart du temps, il rassure, calme la tempête, parle d'amour, de pardon, de paix. Son corps, bien entendu, a des pouvoirs miraculeux. Il fait voir les aveugles, courir les paralytiques, sa salive guérit, son toucher métamorphose, le clergé de l'époque considère toutes ces acrobaties d'un très mauvais œil. Le comble : il ramène un mort récent à la vie. Les démons, préalablement envoyés dans des porcs à la noyade, souffrent de plus en plus. Un véritable enfer. Il ne faut quand même pas oublier que Dieu le Père a affaire à une révolte angélique permanente, à une insurrection de fond qui essaie, par tous les moyens, de le détrôner. C'est un ange déchu, Lucifer, Satan, qui mène la danse. Les mortels, là, sont entre deux feux. Ils se croient seuls, mais non, ça s'agite en eux entre le Bien et le Mal. Un des épisodes les plus mal connus de la vie de Jésus est sa tentation, dans le désert, par le Diable. Jésus s'attriste beaucoup, de nos jours, de voir les humains ne pas croire au Diable, quoiqu'il crève les yeux. Il voudrait qu'on lise davantage Shakespeare, Sade, Baudelaire, Dostoïevski, Nietzsche, Artaud. Vous serez sauvés, c'est entendu, encore faut-il que vous sachiez *de quoi*. La Mort n'est pas de la rigolade. Je sais bien, vous passez votre temps à accepter des crimes, des tortures, des massacres, vous protestez mollement ou du bout des lèvres, pourtant, à défaut d'héroïsme, un peu plus de décence vous conviendrait. D'accord pour Noël, d'accord pour Pâques, mais ce n'est pas une raison pour passer vite sur l'agonie, le dernier soupir, la mise au tombeau. Entre le possédé Hitler et le possédé Staline (auteur des fameuses formules : « à la fin, c'est toujours la mort qui gagne », et « le pape ? combien de divisions ? »), la voie du vingtième siècle a été étroite. Jésus, en ce temps-là, était particulièrement polonais, il a voulu que cela se sache à travers un pape. Il ne craint pas la grande politique, Jésus :

mais ce n'est jamais celle qu'on croit. Dieu n'est pas ce qu'on croit, et il lui est même arrivé de murmurer qu'il n'était pas chrétien, comme à Marx d'avouer qu'il n'était pas marxiste.

« La Mort est le Maître absolu » a dit un philosophe. Et saint Paul : « Mort, où est ta victoire ? » C'est le fond de la question. L'évidence condamne Jésus, il a l'air du plus fou des hommes. Croire en Dieu est en effet une folie. Le plus curieux est qu'elle peut rendre aussi particulièrement raisonnable. Dieu, en somme, est à double tranchant, et le Diable y veille. Il aime les fanatiques de Dieu, le Diable, les dévots, les intégristes de tout poil. Il compte beaucoup aussi sur les déprimés, les mélancoliques, les négatifs, et encore sur les agités, les allumés, les maniaques du profit, la grande mafia du trafic, la bêtise intelligente, l'orgueil, le calcul, l'indiscrétion, l'envie, bref, sur la confusion générale.

Cependant, lisons Rimbaud :
« Jésus entra aussitôt après l'heure de midi. Personne ne lavait ni ne descendait de bêtes. La lumière dans la piscine était jaune comme les dernières feuilles des vignes. Le divin maître se tenait contre une colonne : il regardait les fils du Péché ; le démon tirait sa langue en leur langue ; et riait ou niait.

« Le Paralytique se leva, qui était resté couché sur le flanc, et ce fut d'un pas singulièrement assuré qu'ils le virent franchir la galerie et disparaître dans la ville, les Damnés. »

## *Adieu, vingtième siècle*

Le 31 octobre 1871, période dramatique de l'histoire de France, Victor Hugo écrit une lettre ouverte aux rédacteurs du journal *Le Rappel* : « Le journal, comme l'écrivain, a deux fonctions, la fonction politique, la fonction littéraire. Les deux fonctions, au fond, n'en sont qu'une ; car sans littérature, pas de politique. On ne fait pas de révolutions avec du mauvais style. C'est parce qu'ils sont de grands écrivains que Juvénal assainit Rome et que Dante féconde Florence. »

Tout récemment, répondant à la question « pourquoi dites-vous que la littérature engagée est un des fléaux de la littérature du xx$^e$ siècle ? », le prix Nobel 2000, Gao Xingjian, déclare : « La littérature ne doit être au service ni d'un pouvoir ni d'un système de valeurs, et il y a toujours eu des écrivains, Dante pour n'en citer qu'un, qui se sont révoltés contre ça. C'est l'indépendance même de la littérature qui fait sa valeur. Le message le plus important que je veux transmettre dans mon discours de Stockholm, c'est que la littérature permet d'affirmer la volonté d'indépendance de l'individu. »

Étrange comme le nom de Dante vient naturellement sous la plume de Hugo vers la fin du xix$^e$ siècle, et dans les propos d'un Chinois exilé, naturalisé français et nobélisé, à la fin du xx$^e$. Un poète du début du xiv$^e$ siècle peut donc servir d'exemple au début du xxi$^e$ ? Dans un nouveau grand tournant du temps ? Si oui, pourquoi ? La leçon principale est que l'individu, et lui seul, est plus important que tous les pouvoirs et les entraînements collectifs. D'un côté l'enfer de masse, de l'autre le salut personnel.

On peut traiter le vingtième siècle par l'humour noir, en se souvenant de la prophétie d'Alfred Jarry. Voici venu le règne d'Ubu, l'absurdité péremptoire faite homme, le cynisme imperturbable gidouille et chandelle verte, avec, pour mot apocalyptique le fameux « merdre ! » qui ouvre l'emprise générale de la « phynance ».« Je tuerai tout le monde, je prendrai toute la phynance, et puis je m'en irai », dit Ubu. Son grand mérite, c'est la franchise. Le but du pouvoir n'est jamais que cette opération mégalomaniaque toute simple mais qui ne s'avoue jamais comme telle. Or le tragique est là : dans l'habillage noble et bavard de la volonté de puissance. En style d'enfer réalisé sur terre au nom du paradis, des foules entières de morts viennent témoigner en silence de la férocité de l'ombre. Les deux boucliers principaux du xx$^e$ surgissent : Hitler, Staline. Ils ont eu des tas d'imitateurs, leurs exploits sont connus, les cris des suppliciés ne sont pas près de s'éteindre. D'ailleurs tout avait commencé par un massacre inutile et inouï, la guerre de 14-18, lever de rideau sanglant sur ce qu'il faut bien appeler la démence sociocratique. Après quoi, nouveaux évangiles : lutte des classes, racisme, antisémitisme, lendemains qui chantent, camps de concentration et d'extermination, mensonge permanent, propagande incessante, rassemblements et encore rassemblements, déportations, dénonciations, arrestations, tortures. Ce qui se montre au grand jour c'est le mépris de la vie humaine, la haine de l'individu désormais conçu comme sans importance. L'art et la littérature sont muselés, censurés, adaptés, domestiqués. Ceux qui n'obéiront pas seront systématiquement insultés, traités de décadents, de vipères lubriques, d'hyènes dactylographes, de prostitués notoires, de bouffons. Un intellectuel ou un écrivain réfractaire disparaîtra sans laisser de traces. Tout le monde doit marcher au même pas, penser la même chose, adorer le Maître local, adhérer au parti unique, célébrer les idoles du jour. L'Europe s'effondre, mais c'est au Japon que s'élève le champignon vénéneux qui ponctue la désintégration du Vieux Monde : Hiroshima explose, et l'univers, effaré, découvre Auschwitz. Oui, l'enfer était bien sur terre, et presque personne ne voulait le savoir. Des témoins parlaient, pourtant, mais on ne les écoutait pas, ou on leur fermait la bouche. C'est cela, surtout, qu'il faut retenir : l'indifférence, la torpeur, l'absence pure et simple de sensibilité, le consentement, comme hypnotique, au mal.

L'enfer est bruyant, médiocre, stéréotypé, bestial. Il a fallu des années avant que le magnifique film de Claude Lanzmann, *Shoah*, impose son silence. Il a fallu des années avant qu'on puisse regarder en face la torture systématique pratiquée par l'armée française en Algérie. Le crime contre l'humanité se pratique encore tous les jours, mais il est possible de le nommer. Le vingtième siècle, c'est d'abord cela : la révélation noire d'un crime contre l'humanité elle-même, la mise en place d'une véritable culture de mort. Autre prophète qui aurait beaucoup étonné Hugo : Dostoïevski. Lisons *Les Possédés* : « Il établit l'espionnage. Chez lui, tous les membres de la société s'épient mutuellement et sont tenus de rapporter tout ce qu'ils apprennent. Chacun appartient à tous, et tous appartiennent à chacun. Tous les hommes sont esclaves et égaux dans l'esclavage ; dans les cas extrêmes on a recours à la calomnie et au meurtre ; mais le principal c'est que tous soient égaux. Avant tout, on abaisse le niveau de l'instruction, des sciences et des talents. Le niveau élevé n'est accessible qu'aux talents ; donc pas de talents. Les hommes de talent s'emparent toujours du pouvoir et deviennent des despotes. Ils ne peuvent pas faire autrement ; ils ont toujours fait plus de tort que de bien. Il faudra les bannir ou les mettre à mort. Cicéron aura la langue arrachée, Copernic aura les yeux crevés, Shakespeare sera lapidé. Les esclaves doivent être égaux. Sans despotisme, il n'y a jamais eu encore ni liberté ni égalité. Or l'égalité doit régner dans le troupeau. Voilà le chigaliovisme ! »

Tout cela est désormais loin de nous, dira-t-on, mais est-ce si sûr ? Le « chigaliovisme » a peut-être la vie plus dure que le totalitarisme connu, il est plus insidieux, plus coriace, c'est une tendance. « Pas de révolutions avec du mauvais style », disait Hugo. Mais on a vu le contraire, et Gao Xingjian a raison de redouter aussi bien la dictature du marché que celle de l'idéologie communiste. Le romantisme révolutionnaire de Mai 68 était, je peux en témoigner, une recherche de style. Bien entendu, il a fallu vite déchanter (la même aventure est arrivée au surréalisme). Il ne s'ensuit pas qu'il faille se résigner au spectacle social publicitaire. Au fond, le vingtième siècle pourrait se résumer ainsi : expériences de plus en plus poussées de la superfluité de la vie humaine débouchant sur le règne de la technique où être, désormais, c'est être remplaçable en fonction du budget. La littérature et la politique étaient donc solubles dans les affaires, ce qu'il fallait démontrer. La fin du vingtième est ainsi une époque de catastrophes pas du tout naturelles : pollution massive, nourriture infectée, sida, tripotages génétiques. Comme envers positif de ce déferlement, on aura raison de citer le pas de l'homme sur la Lune, le développement des moyens de communication, le boom d'Internet, les progrès de la médecine, le décryptage du génome humain, etc. La Technique n'est pas forcément mauvaise. Tout dépend de *qui est là*.

Hannah Arendt a écrit un très beau livre, *Men in dark times*, traduit en français par *Vies politiques*. Des hommes dans des temps sombres, cela est mieux. Il est question de Walter Benjamin, de Jean XXIII, de Brecht, de Heidegger, et on voit bien en quoi ils étaient décalés par rapport aux tragédies de leur temps. En réalité, il est trop souvent question des hommes politiques ou des intellectuels. On sait que le procès de ces derniers bat son plein : ils se sont toujours trompés, ils sont ridicules, d'ailleurs ils sont morts. Qui peut avoir intérêt à parler ainsi ? Quel nouveau « chigaliovisme » ? J'apprends ainsi, toutes les semaines, que je suis un « clown acrobate », un « bouffon contorsionniste », un « Milosevic des lettres », et autres amabilités du même genre. Tout se passe comme si je n'avais jamais écrit un seul livre. C'est votre faute, me répondra-t-on, on vous lit trop dans les journaux, on vous voit trop à la télévision. Or ce que j'ai à dire du vingtième siècle, et que je ne me lasse pas de répéter, c'est qu'il a été un grand siècle de création. Par principe, je ne citerai ici que des écrivains ou des artistes. Ce siècle d'horreur a donc été aussi celui de Proust, de Kafka, de Joyce, de Stravinski, de Picasso, de Faulkner, de Hemingway, de Virginia Woolf, de Céline, de Nabokov, de Borges, de Chaplin, de Hitchcock, de Louis Armstrong, de Charlie Parker, de Glenn Could, des surréalistes, des Beatles, d'Elisabeth Schwarzkopf, des situationnistes, d'Artaud, de Genet, de Bataille, de Giacometti, de Matisse, de Karajan, de Mizoguchi, de Billie Holiday, de tant d'autres. Un vrai paradis en plein enfer. J'ouvre la *Recherche du temps perdu*, et tout s'éclaire de l'intérieur, les perceptions justes affluent, je rêve, je ris, j'observe les petites passions ambiantes, j'apprends que la mémoire est un continent enfoui, qu'un détail de prononciation en dit plus long qu'une proclamation abstraite. J'ouvre *Le Procès*, et c'est l'annonce du monde qui vient, sa lenteur, sa complication poisseuse, son soupçon présageant le pire. «Dieu ne veut pas que j'écrive, dit Kafka, mais moi, je dois.» Et Joyce : «L'Histoire est un cauchemar dont j'essaie de m'éveiller.» Voici donc le merveilleux *Ulysse*, sa grande liberté ironique, le monologue inoubliable de Molly Bloom. Je veux entendre la musique du siècle ? *Le Sacre du printemps* me prévient qu'une force nouvelle est en train de triompher du wagnérisme antérieur, mais je peux aussi retrouver une gaieté farouchement enfantine en écoutant Louis Armstrong. Comment une voix comme celle d'Elisabeth Schwarzkopf a-t-elle été possible ? On n'en sait rien, mais Mozart, du haut du ciel, la remercie. C'est le vingtième siècle qui a découvert Mozart, c'est lui encore, dans les trente dernières années, qui nous aura restitué l'énorme phénomène «baroque» refoulé par le $XIX^e$. Et voici Vivaldi, Bach, Haendel, Haydn comme on ne les avait jamais entendus vraiment. Gloire aux musiciens et aux musiciennes, honneur d'un siècle sans honneur. Gloire à Harnoncourt, Gardiner, William Christie, Herreweghe, Hogwood, Clara Haskil, Martha Argerich, Cecilia Bartoli. Mais gloire aussi à Paul McCartney, dont je revoyais ces jours-ci, à Londres, le concert de 1990 : un garçon génial, voilà tout.

Je veux me moquer de Hitler ? Chaplin bondit sur scène. On ne s'est pas assez moqué de Staline, le film reste à faire.

Je peux revoir pour la trentième fois *La Mort aux trousses*, de Hitchcock, ce cinéaste jésuite anglais qui a dit, à juste titre, qu'il racontait les aventures d'un innocent dans un monde coupable. La société veut à tout prix vous faire endosser sa culpabilité ? Résistez. Résistez comme les personnages de Faulkner ou de Hemingway, comme ceux de Genet ou de Georges Bataille. Si vous ne voulez pas être un suicidé de la société, lisez Antonin Artaud. La société vous veut fou ? Vous êtes au contraire très raisonnable. Décollez sur place avec Thelonius Monk et Glenn Gould, personne ne pourra vous arrêter si vous parvenez à cet état tourbillonnaire et mystique. Surtout, apprenez à voir de tous les côtés à la fois, prenez Picasso comme guide, il vous dénude l'histoire du vingtième siècle comme personne, voyez *Guernica* ou *Songes et mensonges de Franco*. Picasso, le grand héros du vingtième siècle : personne ne l'a contrôlé, il a fait ce qu'il a voulu, il est passé à travers le miroir, aucune femme n'a de secret pour lui, il en voit toujours deux ou trois en une seule. Si Picasso vous fatigue, reposez-vous avec Matisse, mais n'oubliez pas d'enregistrer la leçon de détachement supérieur de Marcel Duchamp ou d'Andy Warhol. Le siècle s'est ouvert avec Picasso, dont Apollinaire disait en 1913 : « La grande révolution des arts qu'il a accomplie presque seul, c'est que le monde est sa nouvelle représentation. Énorme flamme. »

Décidément, je veux bien être un « bouffon acrobate » peint par Picasso. La profondeur d'Arlequin échappera toujours aux assassins comme aux imbéciles.

## L'architecture comme pensée

J'aime que Christian de Portzamparc parle, à propos d'architecture, d'«effet de présence», de «magnétisme», ou encore de «promesse d'une intériorité noire et incongrue». Ce sont des formules de poète ou de romancier. La construction des lieux et le rassemblement des mots participent de la même essence. Réapprendre, aujourd'hui, comment la ville se fait à partir du Temps, comment elle se module, musicalement, dans une méditation sur le Temps, tel est l'enjeu, et il est immense.

Les *Illuminations* de Rimbaud ne sont pas encore parvenues jusqu'à nous, elles sont en avance sur nous à cause de la liberté de vision qui les anime. Prêtons l'oreille à ce qu'elles annoncent des Villes : «Je suis un éphémère et point trop mécontent citoyen d'une métropole crue moderne parce que tout goût connu a été éludé dans les ameublements et l'extérieur des maisons aussi bien que dans le plan de la ville. Ici vous ne signaleriez les traces d'aucun monument de superstition.» Ou encore : «Ce sont des villes! C'est un peuple pour qui se sont montés ces Alleghanys et ces Libans de rêve!» Ou encore : «Le faubourg, aussi élégant qu'une belle rue de Paris, est favorisé d'un air de lumière.» Dans un poème, Rimbaud appelle Paris la «Cité sainte assise à l'occident». Et Portzamparc, pour définir Paris : «Paris est une légende.» La fin du vingtième siècle, le début du troisième millénaire devraient éclairer cela. Pas de hasard, donc, si Portzamparc parle d'un «âge trois» de la ville. Mais c'est aussi un «âge trois» du citoyen qui devrait, quoique «éphémère», ne pas se sentir «trop mécontent». Ce qui revient à poser, plus radicalement que jamais, et sans apporter de réponse à l'avance, la question : «Qu'est-ce que l'habitant ?»

Il s'agit donc, après avoir tracé, relié, fondé et, malheureusement, entassé, de *dégager*. La symétrie n'est plus obligatoire. Le plein et le vide peuvent se répartir autrement. La «clairière» reprend ses droits par rapport au «totem». L'îlot ouvert s'impose en douceur. On peut, dit Portzamparc, «faire grand et dilaté tout en gardant une dimension d'intimité». De façon très significative, il cite Eisenstein qui savait qu'une année peut être compressée en trois minutes et trois minutes se retrouver étirées sur trente minutes. Toujours le Temps. Il faut que le réel se remette à penser le Temps au lieu de l'abandonner au Spectacle. Pour cela, il est bon de partir d'une «émotion forte», celle du vide. L'extérieur et l'intérieur ne sont plus en contradiction, le parcours est réinventé, la foule anonyme est *relevée* par l'individu libre innombrable. Après l'engorgement de l'«âge deux», on ne revient pas en arrière, on prend de la distance, on surplombe, on respire. La profondeur des époques est traitée sans contrariétés. La vision devient globale puisqu'elle se sait être une logique de la modification. Le nom de Portzamparc est désormais associé à l'expression *Cité de la musique*. Qui dit mieux ?

Archipels, fragments ouverts, côtoiements, contextes, « poétique des contrastes ». La physique de la ville, y compris ses plans d'eau, ses jardins, ses toits, ses terrasses, retrouve « un sens de l'espace perdu en creux ». La pensée méditante précède les calculs. Comme le dit Heidegger : « Les espaces reçoivent leur être des lieux et non de l'"espace". » Et aussi : « Le bâtir, puisqu'il produit des choses comme lieux, est plus proche de l'être des espaces et de l'origine de l'"espace" que toute la géométrie et toutes les mathématiques. »

Rimbaud, on s'en souvient, était pressé de trouver « le lieu et la formule ». Qu'avons-nous à faire d'autre ? Rien.

## Le nouveau code amoureux

Nous vivons le grand désenchantement du sexe et de l'amour. On a tout vu, tout tenté, tout expérimenté, tout rêvé, joui, gémi, fantasmé, regretté, refait. Sous les sentiments : les désirs inconscients. Sous les corps observables ou consommables : la biologie. L'historien de l'avenir dira sans doute : dans les années quatre-vingt du deuxième millénaire, l'humanité est devenue consciente de ses embarras physiques, elle a maîtrisé sa propre reproduction, une épidémie sans précédent s'est propagée au même moment, les sexes ont été renvoyés comme jamais chacun de son côté, appelons ça la dépression des siècles, le Grand Pan est mort une deuxième fois, nous en sommes encore là.

Cette crise est d'autant plus intéressante à observer qu'elle a été précédée, comme toujours, d'une euphorie elle-même sans équivalent. Pendant une vingtaine d'années (les tranches 60 et 70), la « libération » a battu son plein, en tous sens. C'est la phase maniaque du mélange, des revendications, des échanges intensifs, de la prospérité érotique. La machine a vrombi. L'obscénité est devenue une donnée naturelle. La contre-société homosexuelle s'est montrée en plein jour, obtenant un statut légal. Jamais les femmes n'avaient tenu sur elles-mêmes des discours aussi précis, agressifs, révoltés. Tout semblait permis. La censure était enfoncée, ridiculisée. On n'aura jamais publié ou diffusé autant de représentations sexuelles. Et puis soudain le reflux. Réapparition des peurs et du conformisme. Doigt vengeur de Dieu, spectre de Jeanne d'Arc. Nous sommes juste au moment où le balancier s'inverse avec netteté. La pornographie fera de nouveau bientôt l'effet d'une énormité impensable. Amateurs, stockez vos collections ! Dragueurs, reconvertissez-vous avant d'avoir l'air de chimpanzés préhistoriques ! Les messageries roses s'enfoncent dans la nuit. Le paquebot du plaisir est pris dans les glaces. Sachez qu'aujourd'hui *seule l'indifférence est payante*.

    Les hommes et les femmes se retrouvent dans une situation qu'on peut juger, comme on veut, pathétique ou comique. Ils sont sans illusions les uns sur les autres, contraints de jouer un jeu qui ne leur va plus ou qui les fatigue à peine commencé. Lisez ce petit livre de lucidité : *Un couple*, d'Emmanuèle Bernheim [1]. La préoccupation des deux partenaires est de cacher à l'autre sa précipitation, son angoisse. Tout est permis, en principe, mais rien n'est possible. On s'épie. On s'observe à la dérobée. On calcule les vulnérabilités de l'autre. On fait l'amour parce que ça se fait, sans appétit. On pense à la procréation avec terreur. Bras de fer psychique, passes de magie noire. Qui va bouffer qui ? Les acteurs finissent malades et au lit. C'est la nausée tournée vers l'intérieur, opaque. Autre personnage de retour sur scène, accessoire qu'on aurait pu croire renvoyé à l'armurerie médiévale : le préservatif. Préservation et réserve : chacun pour soi, le sexe est redevenu maudit.

---

1. Gallimard.

C'est sans doute sa chance. De frontal, il redevient diagonal, clandestin, furtif. Plus pénétrant, si j'ose dire, avec moins de pénétrations. Si vous voulez en savoir plus, en détail, lisez *Femmes*, *Portrait du Joueur*, *Le Cœur Absolu*, *Les Folies Françaises*. J'ai un peu d'avance sur les événements, c'est tout. On a cru que j'écrivais des livres «faciles», là où, au contraire, je décrivais une dissolution, une mutation en essayant de donner les clés pour comprendre. «Vos livres ne sont pas particulièrement excitants», m'a-t-on souvent dit. Bien entendu. Et pour cause. Ce qu'ils mettent en scène est en effet le détachement par rapport à la croyance amoureuse ou physique, à la base religieuse des passions. Mon narrateur est toujours un athée sexuel complet. Il constate l'égarement, s'y prête, se dérobe, prend des notes. Il trahit le secret de l'illusion permanente. Et, surtout, il s'organise. Malheur, dans l'avenir immédiat, à celui qui ne s'organise pas. La plus stricte discipline est requise. *Femmes* était un état des lieux. *Portrait du Joueur* la description d'une liaison hyper-sophistiquée avec rituel (une des solutions de l'époque). *Le Cœur Absolu*, un ensemble de recommandations pour les nouveaux clandestins (formation de réseaux comme dans une société secrète). *Les Folies Françaises*, une apologie à peine masquée de l'inceste raisonné et discret entre père et fille. Dans tous ces livres, l'essentiel est la constitution d'un système nerveux résistant, mobile, pour survivre dans la fermeture et l'effondrement contemporains. L'idée est que chacun doit se considérer comme un agent secret de sa propre vie. Cloisonnements, étanchéités, réflexions sur l'espace favorable et le temps propice. Vous êtes guetté? Sachez voir avant d'être vu. Vous n'avez plus confiance en personne? Vous avez raison : la confiance a ses règles de fonctionnement. Vous voulez être aimé ? Commencez par vous aimer vous-même. Comment voulez-vous que quelqu'un vous aime si vous ne vous aimez pas ? « La conspiration des ego », titre un journal d'aujourd'hui. Oui, mais en retournant à la politique, cette vieillerie inoffensive. Ce n'est pas la politique qui va vous apprendre à méditer sur vos sensations. « Passer de Mao Tsé-toung à Fragonard est encore d'Ancien Régime », me reproche un essayiste qui vient de faire le constat du désastre de sa vie amoureuse. Eh, mais Fragonard est d'une extrême actualité, cher confrère ! Vous y auriez puisé, à temps, des enseignements d'ironie ! Un vaccin de charme ! Contrairement à ceux qui croient que la « Grande France » est celle des cathédrales et de la Révolution (discours de Malraux en 1948), le dix-huitième a de nouveau tout à nous dire. Les Droits de l'Homme eux-mêmes viennent directement d'une des expériences les plus libres de l'histoire de l'humanité. Allons, allons, relisez Casanova, Sade, Diderot, Voltaire ! Sans quoi ce sera Jeanne d'Arc ! Prophétie !

Ce qui revient : les affinités électives, les amitiés amoureuses, l'extension des préliminaires (jamais assez de préliminaires !), *la conversation*. L'amour est une ponctuation de la conversation. Qui aimez-vous écouter ? Avec qui aimez-vous parler ? Le reste s'ensuit. La conversation est un art perdu qui mesure à coup sûr un degré de civilisation et, à y bien réfléchir, on fait plutôt l'amour avec des voix qu'avec des volumes. Je suis d'accord avec Kundera quand il valorise le beau mot d'*excitation* contre le pathos romantique ou sentimental. J'écrirai peut-être un traité de l'excitabilité en temps de détresse. Vous faites de la prose sans le savoir ? Essayez qu'elle soit efficace. Cette femme vous paraissait insignifiante : soudain, une intonation... Cette autre vous semblait sublime : sa prononciation vous glace. En réalité, nous sortons d'une immense propagande désordonnée réservée à l'œil (pub et porno). Passons à l'oreille. Fermez la télévision, rouvrez la radio. Jeanne d'Arc entendait des voix : faites comme elle. Apprenez à discerner l'autoérotisme de vos partenaires, la façon dont ils fonctionnent *en votre absence*. Aimez-les comme ils s'aiment eux-mêmes : vous leur ferez plaisir. Entrez dans leurs pensées dissimulées, la signature physique en sera la conséquence légère. Allégez-vous, seule loi. Attention, je n'ai pas dit retour à la préciosité, bien au contraire. Non, non, le *feu* de la conversation. Débrouillez-vous. Mettez-y de l'enfance : ce sont les adultes, les pénibles sexes adultes qui nous ont menés à cette impasse d'hôpital mélancolique. Vous revoilà «pervers polymorphe», rien n'est obligatoire, vous pouvez même renoncer à conclure, pourquoi pas. Le terrorisme biologique (peur du virus, obsession du sperme et du sang, gynécologisme à toutes les sauces) s'appuie sur le poids lourd des substances : la parole, elle, est dérobée, inexpugnable, elle est en prise directe avec le désir. Le bon vieux Freud, en effet, a découvert l'Amérique : parlez, votre sexe suivra. On comprend qu'il ait été déprimé, Freud, par l'océan de misère qu'il a passé son temps à entendre. Mais un peu de cynisme, que diable. Triez, faites vos choix. Et soyez sérieux : quand vous sentez la névrose infranchissable, recommandez l'analyse. Les divans sont pleins. Que d'autres surgissent ! Que cent mille divans s'épanouissent ! Chacun son métier.

Je l'ai déjà dit dans mes romans, mais je me répète : surtout soyez bien mariés. Ce point est capital. Soyez fourmi et cigale. C'est possible. La loi imaginaire qui prétendait vous obliger à être soit d'un côté soit de l'autre ne tient plus. Cessez d'être jaloux (ou jalouses). Comme c'est laid ! Inutile ! Démodé ! Risible ! Tout va si mal que l'indulgence doit être générale. Pas de confidences ni de transparence. Famille ne veut pas forcément dire familiarité. Agissez comme bon vous semble en dehors de votre base de repli, ne racontez rien. Pas de temps perdu en psychologie. Femmes, aimez vos maris quoi qu'il arrive, maris aimez vos femmes et vos enfants sans vous occuper d'où souffle le vent. Maris, inutile de rendre votre femme folle en lui imposant la présence diffuse d'une autre femme : la bonne mathématique, c'est une femme, ou trois, ou cinq, ou dix, mais surtout *jamais deux*. Si vous vous laissez prendre au chiffre deux, enfer garanti, classique. Elles finiraient, même sans se connaître, par s'entendre sur votre dos, migraines d'un côté, montée des enchères de l'autre. Marquez bien que vous n'êtes plus sur le marché, que votre présence (en dehors des cadeaux d'usage) est gratuite. Ne mentez pas au départ. Si votre femme a un amant, silence. Votre calme finira par le lui rendre très relatif. Il s'agit avant tout d'éviter des tonnes de mauvaise littérature fabriquée avec de mauvais sentiments. L'heure est à la rigueur quasi militaire. La vie est courte, précaire. Pas de reproches, pas de scènes, n'encouragez pas l'amertume féminine, occupez-vous plutôt de l'infinie curiosité des jeunes filles en fleurs. Ce que veulent les femmes ? Qu'un homme tienne le coup. Ne vous plaignez jamais. Cachez-vous si vous êtes vulnérable. Ne craignez pas de les obliger à la liberté. Leur liberté, c'est la vôtre. Pour finir, comme tout le monde doit mourir, rien de grave. Moteur.

Décidément, toutes les fins de siècle se ressemblent. Pourtant, le troisième millénaire est là, extension des rapports, concurrences nouvelles. Soyez un bon amant européen, pour ne pas dire mondial. Changez de langue, voyagez, n'ayez pas peur. Le style français, bien compris, vous assure une avance confortable. Fin de siècle veut dire : frisson devant l'inconnu, immobilisme, retour religieux ou ésotérique, troubadourisme, androgynisme, rêves d'apocalypse, archaïsmes divers remontant à la surface, crevés, ventres en l'air. Ce n'est pas le moment de reculer, au contraire. Obstinez-vous, dégagez. Votre solitude augmente ? Parfait. Combinez ascèse et concentration de débauche. Vous n'allez pas renforcer les douanes quand les frontières s'ouvrent ? Faire du protectionnisme à contre-courant ? Je sais : les dangers sont là. À vous de les évaluer dans chaque cas. Je vous suppose déjà une solide expérience : il est amusant de la transmettre, les plaisirs du didactisme ne sont pas négligeables. Un peu de Socrate dans vos rouages. Votre flacon de ciguë si ça tourne mal. Vous ne «revenez» pas au dix-huitième, vous le connaissez par cœur, vous le portez en avant. L'Italie est là. L'Espagne arrive. La Chine demain. Cinquante vies n'y suffiraient pas. N'écoutez pas le préjugé biologique, les sermons sur «l'âge», etc. Votre détermination vous rajeunit chaque jour (Cf. le scénario *Don Juan de nouveau* dans *Les Folies Françaises*, petit catéchisme à apprendre par cœur). Bon, j'ai fait et je continuerai à faire ce que je peux pour vous. Un avion m'attend, bonne chance.

# *Les corps du futur*

Décidément, le film va à toute allure. Trente ans ? Vraiment ? D'où vient, cependant, cette impression de temps arrêté, fermé ? Qu'est devenue la réalité physique dans cet intervalle ? Comment percevons-nous son image de plus en plus éclatée ? Les corps, la sensation : tout semble à la fois autre et même. Autre : la technique, malgré la résistance des tabous antérieurs, a pris solidement possession du continent biologique. Même : le virus religieux, et la longue série pathologique qu'il engendre, remonte du fond des âges.

On aura vu, simultanément, la percée libératrice de la contraception et de l'avortement levant un interdit millénaire affectant les femmes, *et* la mise en disponibilité marchande des substances reproductives. On aura assisté, dans les pays développés, à la légitimation des minorités sexuelles, *et* à la propagation du Sida rediabolisant le sexe. D'un côté, le progrès ; de l'autre, la peur. Tout le monde le sent, presque personne n'ose le penser : la conception occidentale du sexuel, dernier refuge de la transcendance, a fait faillite.

L'avenir, dans ces conditions ? On peut déjà discerner ses traits. La *préservation* en sera l'axe, l'obsession

## Les corps du futur

majeure. Repli sur soi, la famille, le clan, le proche, l'ethnie. Nouvelle flambée du racisme, méfiance instinctive pour ce qui paraît différent, excessif. Tentative de pacification des désirs, qui donnera lieu, de plus en plus, à l'intervention chimique. La *chimie*, oui, voilà l'avenir (et non pas la psychanalyse, puisque le langage, de même que le sexe, sera inhibé et stéréotypé). Le corps humain est prévenu que le sang, le sperme, déjà dotés d'une antique charge magique, sont des réalités vivant d'une vie autonome particulièrement dangereuse. Mais ce corps a aussi appris qu'il doit éviter de trop se compromettre avec les mots, la pensée : une *altération* pourrait en résulter, une blessure, une fissure dans une identité narcissique très difficile à maintenir. Plus l'expropriation biologique se fera insistante, et plus les subjectivités devront faire d'efforts pour tenir debout. À chaque instant, au-delà de la fébrilité sociale, la dépression guette. Comme tout est devenu social (en-dehors de la société, pas de salut), et que le social lui-même n'est plus que Spectacle, il faut que l'individu corresponde à cette représentation permanente et, donc, qu'il s'économise le plus possible, qu'il laisse tomber les dépenses inutiles (et la sexualité, au fond, n'est rien d'autre). Bien entendu, on continuera d'enregistrer des violences inouïes : mais elles seront, toujours et partout, en voie de résorption, il s'agit d'un simple « retard », l'intégrisme est un spasme d'intégration. Hurlements islamiques, répression des femmes, assassinats, guerres locales : tout cela correspond logiquement aux embarras de l'ancien Dieu, celui qui était en concurrence avec la jouissance humaine. Le nouveau Dieu, Lui, plus activement nihiliste, n'a plus ce problème : le sexe, il y a de la représentation pour ça, l'humain n'a pas besoin de s'en servir. Vous dites que la représentation en question est élémentaire, brutale, publicitaire, de très mauvais goût ?

Sans doute, mais le nouveau Dieu, que voulez-vous, ne fait pas dans la dentelle. Jadis, Il prohibait le sexe avec fureur ; Il le visualise désormais sans relâche : changements d'habits, voilà tout. Ce qui compte, c'est la mise à distance, l'absence de contagion. Ne pas toucher, éviter l'angoisse, s'abstenir : le maître social le veut ainsi. Il y a eu trop de désordres. On vous donnera du cinéma et de la morale.

Ruses de la Technique : elle aura eu besoin, pour s'imposer, du nazisme et du stalinisme (formes dures) ; puis du libéralisme pornographique imagé (tout pour l'image, le moins possible pour la verbalisation) ; puis de la dramatisation pathétique (le Sida) ; puis, enfin, d'une déclaration généralisée de dé-sexualisation. Dé-sexualiser : vieux programme, vieux rêve. Nous avons à régler des questions mondiales de populations : là est le sérieux, pas dans la bagatelle. On se rendra de mieux en mieux compte, d'ailleurs, que pour dé-sexualiser il faut *illétriser* au maximum. On calcule, on ne pense pas. Le Verbe, autrefois, en se faisant chair, devait faire l'impasse sur le sexe. Le Sexe, en se faisant pure fonction marchande, devra se garder du verbe comme d'une infection. J'ai dit que la conception occidentale du sexuel était en faillite (quelle idée, aussi, d'avoir lié son sort au divin !). Dieu est mort ? Le sexe aussi. Le cadavre sacré fait semblant de s'agiter ? Idem pour le sexe. Dieu était amour ? Plus d'amour. Chacun pour soi, la mort pour tous : ainsi parle le nouvel Évangile démocratique, si on sait l'écouter au-delà de sa propagande.

Le vrai monstre du vingtième siècle ? Tiens, le voici : Mao. Son ex-médecin personnel nous en apprend de belles : « sur la fin, c'étaient trois, quatre ou cinq jeunes femmes qui évoluaient dans son lit ». Mao, en bon taoïste, avait sa *technique*, la sexualité étant comprise comme recherche d'immortalité. Ah, le maoïsme, la Chine ! Mais Mao n'était qu'un paysan monstrueux (plutôt cultivé, d'ailleurs), et ses nuits fauves, son défi à la Technique planétaire, se sont soldés, on le sait, par une catastrophe (moins éclatante que celle de la Russie, pourtant, et, de ce point de vue, Mao a gagné sa guerre). Pour finir, ce fou libidineux a demandé à être brûlé : pas question, on l'a embaumé. Lui aussi, d'ailleurs, sera liquéfié un jour. Dommage que nous n'ayons pas le récit, par lui-même, de ses expériences. Quel petit livre rouge ! Quel best-seller ! Mao prix Fémina ! Meilleures ventes que le Pape ! Tant pis.

J'ai essayé de décrire, dans différents romans, l'incroyable liberté physique qui aura été possible autour de cet événement préhistorique : 1968. J'ai décrit aussi (on peut relire *Femmes*) ce qui allait arriver par la suite. Nous y sommes. Demain ? Après-demain ? Rien ne va changer. Une humanité au bain-marie, des dévastations, des convulsions, beaucoup de bla-bla, presque plus de littérature. Avoir un corps à soi sera de plus en plus improbable. Mais des corps libres, comme toujours, existeront *quand même*. Certains se rencontreront malgré la surveillance en cours. Ce qu'ils se diront ne sera pas flatteur pour leur époque. On verra bien.

## Pour le pluralisme médiatique

Une des grandes obsessions de notre temps est de tout réduire à la sphère sociale de la communication. Ce défaut (le mot est faible) vient de loin : des grandes tentatives totalitaires du vingtième siècle. Qui tient la communication, tient le pouvoir ; qui tient le pouvoir tient l'instrumentalisation des esprits. C'est du moins ainsi que l'être humain se rêve dans sa domination ultime. La souveraineté de la Technique permet l'aggravation quotidienne de cette vision.

Le procès systématique fait aux « Médias » émane cependant de ceux qui regrettent de ne pas en être les maîtres. Autrement dit d'un clergé frustré dans ses prétentions. Vieille cléricature, « intellectuelle », en effet, qui a, en son temps, remplacé, non sans courage, et parfois génie, l'ancienne industrie religieuse (elle-même recyclée en spectacle plus ou moins régressif, selon les situations).

Il faut le répéter sans cesse : il n'y a pas de « bonne société », il n'y a que des conditions plus ou moins mauvaises d'existence. Au fond, Voltaire avait raison : l'illusion religieuse est indéracinable, il est donc préférable qu'elle s'exprime par une multitude de confessions. La presse, le journalisme, la radio, la télévision, l'extension d'Internet, l'irradiation constante des canaux de transmission, sont des réalités incontournables. Plus il y en aura, mieux ce sera. C'est la règle sévère de la démocratie, mais qui préférerait vivre sans elle ?

Le vrai problème, comme toujours, est celui du Temps. Mallarmé était l'exact contemporain de l'expansion de la grande presse, Joyce écrit *Finnegans Wake* dans le vacarme de l'avant-guerre : voilà deux œuvres « incompréhensibles » qui continuent à nous parler comme si elles nous précédaient. Les systèmes vieillissent, pas les œuvres. Les clergés s'effacent, pas les styles. Un style peut s'adapter à n'importe quelle situation pourvu qu'elle soit contradictoire, c'est-à-dire non mortifère. Un poète respire mieux au milieu de l'affaire Lewinsky que dans un camp de concentration : il a tout loisir de considérer avec ironie les torrents d'argent dépensés pour une comédie de la bêtise. Il est bon que la stupidité s'exprime le plus diversement et le plus constamment possible. Le déplorer, reviendrait à rejoindre l'éternel parti dévot, celui qui veut qu'*une* conception du monde triomphe de toutes les autres. Il faut imaginer Flaubert heureux d'assister au Monicagate, horrifié, mais heureux de constater le bien-fondé de sa lucidité. L'absurde, le chaos, l'atrocité présentés sur fond de publicité permettent de donner tout son sens à la comédie humaine. Son sens ? Elle n'*en a pas*, elle est obligée de l'*avouer*, et c'est une excellente nouvelle pour la liberté de penser.

Il n'y a pas de « pensée unique », mais dix mille façons différentes (au moins) de ne pas penser. C'est précisément ce que le gigantesque réseau de communication prouve. Jamais la pensée critique n'a donc eu autant de possibilités de s'exercer. Ne pas le constater, ou s'en plaindre, montre qu'on préfère un monde d'ordre, de raréfaction, de mise en perspective, bref de *croyance*. Il suffit de souligner le manque d'humour de la plupart de ces plaintes pour y discerner le vieil esprit clérical (et parfois, même, carrément policier).

La concurrence, tout est là. Le seul danger est celui de la concentration et du monopole. Posséder tous les journaux, toutes les radios, toutes les télévisions et l'ensemble de l'édition : cette ambition financière existe, certes. Mon avis est qu'elle échouera, comme celle de Big Brother. La colonisation des cerveaux est en marche ? Oui, mais les contrepoisons s'organisent dans l'ombre. Le discours apocalyptique n'est qu'une des formes de la tendance à la tyrannie. On peut agiter l'épouvantail de l'Apocalypse, pourquoi pas, afin de mieux entraîner une critique positive, mais on distinguera facilement un désir rageur de servitude d'un appel détaché à la liberté. Contrairement à sa réputation, Voltaire n'était nullement optimiste. Mais pas pessimiste non plus. La Justice peut se tromper un moment, mais elle existe. La Vérité aussi. Le Temps fait son œuvre, et un bon journaliste est celui qui fait avancer ce travail obstiné de la durée. Les excès sont même parfois nécessaires, puisque le mensonge est omniprésent par nature.

L'intellectuel « médiatique » (y compris l'intellectuel médiatique qui critique l'intellectuel « médiatique ») est une péripétie du réglage technique en cours depuis une vingtaine d'années. Tout cette agitation, qui va bientôt retomber, *refroidir*, laissera place à une nouvelle distribution des rôles. On sera enfin sorti de l'ère d'hystérie religieuse massificatrice, pour aborder une époque de pluralités, d'incertitudes, de visages sans cesse nouveaux, de surprises, de croisements, de confrontations, de singularités irréductibles. Le romanesque sera de retour, et il sera loisible à chacun (sauf asphyxie par la misère ou le trop d'argent) de s'inventer une vie créatrice et *intéressante*. Chacun pour soi, donc, et la communication pour tous.

## *La France moisie*

Elle était là, elle est toujours là, on la sent, peu à peu, remonter en surface : la France moisie est de retour. Elle vient de loin, elle n'a rien compris ni rien appris, son obstination résiste à toutes les leçons de l'Histoire, elle est assise une fois pour toutes dans ses préjugés viscéraux. Elle a son corps, ses mots de passe, ses habitudes, ses réflexes. Elle parle bas dans les salons, les ministères, les commissariats, les usines, à la campagne comme dans les bureaux. Elle a son catalogue de clichés qui finissent par sortir en plein jour, sa *voix* caractéristique. Des petites phrases arrivent, bien rancies, bien médiocres, des formules de rentier peureux se tenant au chaud d'un ressentiment formé. Il y a une bêtise française sans équivalent, laquelle, on le sait, fascinait Flaubert. L'intelligence, en France, est d'autant plus forte qu'elle est exceptionnelle.

La France moisie a toujours détesté, pêle-mêle, les Allemands, les Anglais, les Juifs, les Arabes, les étrangers en général, l'art moderne, les intellectuels coupeurs de cheveux en quatre, les femmes trop indépendantes ou qui pensent, les ouvriers non encadrés, et finalement, la liberté sous toutes ses formes. La France moisie, rappelez-vous, c'est la force tranquille des villages, la torpeur des provinces, la terre qui, elle, ne ment pas, le mariage conflictuel, mais nécessaire, du clocher et de l'école républicaine. C'est le national social ou le social national. Il y a eu la version familiale Vichy, la cellule Moscou-sur-Seine. On ne s'aime pas, mais on est ensemble. On est avare, soupçonneux, grincheux, mais, de temps en temps, la Marseillaise prend à la gorge, on agite le drapeau tricolore. On déteste son voisin comme soi-même, mais on le retrouve volontiers en masse pour des explosions unanimes sans lendemain. L'État ? Chacun est contre, tout en attendant qu'il vous assiste. L'argent ? Évidemment, pourvu que les choses se passent en silence, en coulisse. Un référendum sur l'Europe ? Vous n'y pensez pas : ce serait *non*, alors que le désir est *oui*. Faites vos affaires sans nous, parlons d'autre chose. Laissez-nous à notre bonne vieille routine endormie.

La France moisie a bien aimé le dix-neuvième siècle, sauf 1848 et la Commune de Paris. Cela fait longtemps que le vingtième lui fait horreur, boucherie de 14 et humiliation de 40. Elle a eu un bref espoir pendant quatre ans, mais supporte très difficilement qu'on lui rappelle l'abjection de la Collaboration. Pendant quatre-vingts ans, d'autre part, une de ses composantes importante et très influente a systématiquement menti sur l'est de l'Europe, ce qui a eu comme résultat de renforcer le sommeil hexagonal. New York ? Connais pas. Moscou ? Il paraît que c'est globalement positif, malgré quelques vipères lubriques. Oui, finalement, ce vingtième siècle a été très décevant, on a envie de l'oublier, d'en faire table rase. Pourquoi ne pas repartir des cathédrales, de Jeanne d'Arc, ou, à défaut, d'avant 1914, de Péguy ? À quoi bon les penseurs et les artistes qui ont tout compliqué comme à plaisir, Heidegger, Sartre, Joyce, Picasso, Stravinski, Genet, Giacometti, Céline ? La plupart se sont d'ailleurs honteusement trompés ou ont fait des œuvres incompréhensibles, tandis que nous, les moisis, sans bruit, nous avons toujours eu raison sur le fond, c'est-à-dire la nature humaine. Il y a eu trop de bizarreries, de désordres intimes, de singularités. Revenons au bon sens, à la morale élémentaire, à la société policée, à la charité bien ordonnée commençant par soi-même. Serrons les rangs, le pays est en danger.

Le danger, vous le connaissez : il rôde, il est insaisissable, imprévisible, ludique. Son nom de code est 68, autrement dit Cohn-Bendit. Résumé de sa personnalité, ces temps-ci : anarchiste mercantiliste, élite mondialisée, Allemand notoire, candidat des médias, trublion emmerdeur, Dany-la-pagaille. Il a du bagout, soit, mais c'est une sorte de sauvageon. Personne n'ose crier (comme dans la grande manifestation patriotique de l'époque anti-68) « Cohn-Bendit à Dachau ! », mais ce n'est pas l'envie qui en manque à certains, du côté de Vitrolles ou de Marignane. On se contentera, sur le terrain, de « pédé », « enculé », « bandit », dans la bonne tradition syndicale virile. « Anarchiste juif allemand », disait le soviétique Marchais. « Allemand qui revient tous les trente ans », s'exclame un ancien ministre gaulliste de l'Intérieur. Il n'est pas comme nous, il n'est pas de chez nous, et cela nous inquiète d'autant plus que le vingt et unième siècle se présente comme l'Apocalypse. Le moisi, en euros, ne vaut déjà plus un kopeck. Tout est foutu, c'est la fin de l'Histoire, on va nous piller, nous éliminer, nous pousser dans un asservissement effroyable. Et ce rouquin rouge devenu vert vient nous narguer depuis Berlin ? C'est un comble, la famille en tremble. Non, nous ne dia-

## La France moisie

loguons pas avec lui, ce serait lui faire trop d'honneur. Quand on est un penseur sérieux, responsable, un Bourdieu, par exemple, on rejette avec hauteur une telle proposition. Le bateleur sans diplômes n'aura droit qu'à quelques aboiements de chiens de garde. C'est tout ce qu'il mérite en tant que manipulateur médiatique et agent dissimulé des marchés financiers. Un entretien télévisé, autrefois, avec l'abbé Pierre soit. Avec Cohn-Bendit, non, cela ferait blasphème dans les sacristies et les salles feutrées du Collège de France. À la limite, on peut dîner avec lui si on porte le lourd poids du passé stalinien, ça fera diversion et moderne. Nous sommes pluriels, ne l'oublions pas.

L'actuel ministre de l'Intérieur est sympathique : il a frôlé la mort, il revient du royaume des ombres, c'est un « miraculé de la République », laquelle n'attendait pas cette onction d'un quasi-au-delà. Mais dans « ministre de l'Intérieur », il faut aujourd'hui entendre surtout *Intérieur*. C'est l'intériorité qui s'exprime, ses fantasmes, ses défenses, son vocabulaire spontané. Le ministre a des lectures. Il sait ce qu'est la « vidéosphère » de Régis Debray (où se déplace, avec une aisance impertinente, cet Ariel de Cohn-Bendit, qu'il prononce *Bindit*). Mais d'où vient, à propos des casseurs, le mot *sauvageon* ? De quel mauvais roman scout ? Soudain, c'est une vieille littérature qui s'exprime, une littérature qui n'aurait jamais enregistré l'existence de *La Nausée* ou d'*Ubu roi*. Qui veut faire cultivé prend des risques. On n'entend pas non plus Voltaire dans cette voix-là. Comme quoi on peut refuser du même geste les Lumières et les audaces créatrices du vingtième siècle. Ce n'est pas la souveraineté nationale que la France moisie a perdue, mais sa souveraineté spirituelle. Elle a baissé la tête, elle s'est renfrognée, elle se sent coupable et veut à peine en convenir, elle n'aime pas l'innocence, la gratuité, l'improvisation ou le don des langues. Un Européen d'origine allemande vient la tourmenter ? C'est, ici, un écrivain européen d'origine française qui s'en félicite.

*1999*

## *La guerre et les mots*

Un mot. Il est prononcé sans cesse sur tous les tons, on n'entend que lui dans les déclarations, les communiqués, les informations ; il occupe toutes les ondes, il vient se plaquer comme un coup de fouet sur des corps misérables en transit, et ce mot est *ethnique*. Purification ethnique, nettoyage ethnique, épuration ethnique, tout le monde semble s'être mis d'accord sur l'emploi de ce terme à répétition. Il traverse les villages incendiés, les colonnes de réfugiés, les vieillards, les femmes, les enfants, les trains, les autobus, l'épuisement des visages. Les Kosovars, voyez-vous, avant d'être un ensemble de personnes, sont une *ethnie*. C'est ainsi. Le lecteur, l'auditeur, le téléspectateur est transformé de cette façon en spectateur ethnologue. Les exactions, les viols, les meurtres sont filtrés par ce mot-écran qui colore des Européens comme vous et moi en Indiens d'Amazonie, en Hutus, en Tutsis. Cet enfant-là, cette femme-là, ce vieux-là ? Une ethnie. Technique dans le ciel, ethnique au sol. La plus grande sophistication militaire volante, dont l'horizon, ne l'oublions pas, est « zéro morts » (trois Américains prisonniers, quel drame), engendre ainsi, sur terre, des centaines de milliers de corps voués à l'anonymat. « Purification », « nettoyage », « épuration » : voilà, à n'en pas douter, ce que fait le criminel Milosevic. Mais nous employons ces mots comme s'ils n'étaient pas obscènes, descriptifs, seulement. Nous n'avons, bien entendu, rien à voir avec ces atrocités, juste une simple complaisance de vocabulaire, dont il n'y a pas besoin d'être freudien diplômé pour entendre la jouissance qui l'habite. La passion religieuse est féroce, et c'est elle qui se dissimule derrière ce matraquage verbal. Les Kosovars, les Albanais sont en effet musulmans, rien d'autre. Et l'Orthodoxie chrétienne, passée à la moulinette stalinienne, puis nationaliste, l'entend bien ainsi. Voilà pourquoi l'expression de « trêve pascale » a pris, ces temps-ci, une tonalité qui serait cocasse si elle n'était pas tragique. La poignée de main souriante entre l'ex-KGB Primakov et Milosevic était déjà digne d'Ubu, on croyait lire sur leurs lèvres le mot *phynance* et l'exclamation : « à la trappe ! ». Jarry, grand auteur clé de notre temps. Quant à monseigneur Tauran, l'envoyé du Vatican, c'est peu dire qu'il souriait, il était en extase. Ce n'est pas tous les jours qu'on rencontre un bon boucher blanc chrétien, à ne pas confondre avec une ethnie. Personnellement, je trouve que monseigneur Tauran devrait apprendre à mieux maîtriser son visage. Il est trop bien nourri à Rome, c'est clair.

On écoute un matin, tôt, la radio. Le vice-consul de France en Macédoine parle devant un camp de réfugiés. Un camp ? Même pas : cinquante mille personne entassées dans la boue, démunies de tout. Et soudain, enfin, une voix, la sienne. Les mots « honte », « scandale », « infâme ». Il désigne ainsi l'armée et la police macédoniennes empêchant les médecins et la nourriture d'arriver. Il crie presque, le vice-consul, il est hors de lui. L'interviewer lui fait remarquer que son intervention est loin du langage diplomatique (ah, les soucis de carrière). Il répond simplement qu'il est d'abord un homme. Le mot « homme », silence. Pas convaincu par le caractère « ethnique » des événements, notre vice-consul français ? Il faut croire. On aimerait entendre le mot *infâme* plus souvent. Oui, c'est cela : écrasons l'Infâme. Pour une fois, ce qu'Alain Finkielkraut, dans un texte récent, appelle « l'instance effrayante de déréalisation de l'Histoire » est suspendue. On entend le réel dans un cri passant à travers les chiffres, les concerts de rock serbes, la pénible exhibition d'une population soutenant son dictateur sur les ponts avec des cibles épinglées à la place du cœur (sacrés cœurs), les portraits de Clinton avec croix gammées, tout le kitsch retourné de l'insensibilité contemporaine. Voyez comme nous défions le Goliath technique tout en procédant au nettoyage ethnique : n'y a-t-il pas lieu d'être fiers ? On nous frappe de haut, nous agissons de près en pleine masse humaine, dans la grande tradition virile. Une autre idée de l'Homme que le vice-consul, en somme. Ce dernier, d'ailleurs, n'est-il pas trop émotif ? Délicat ? Décadent ? Proustien, pour tout dire ?

Relire Proust en ce moment ? Quelle incongruité, penseront certains. N'est-il pas un de ces auteurs mondains et futiles, éloigné des dures réalités d'aujourd'hui ? Un de ces « joueurs de flûte » de ces « subtils déliquescents » dont se moque cruellement Monsieur de Norpois dans la *Recherche du temps perdu* ? Écoutons Norpois, il tient le discours de toutes les chancelleries de la planète : « Dans un temps comme le nôtre où la complexité croissante de la vie laisse à peine le temps de lire, où la carte de l'Europe a subi des remaniements profonds et est à la veille d'en subir de plus grands encore peut-être, où tant de problèmes menaçants et nouveaux se posent partout, vous m'accorderez qu'on a le droit de demander à un écrivain d'être autre chose qu'un bel esprit qui nous fait oublier dans des discussions oiseuses et byzantines sur des mérites de pure forme, que nous pouvons être envahis d'un instant à l'autre par un double flot de Barbares, ceux du dehors et ceux du dedans... Il y a des tâches plus urgentes que d'agencer des mots d'une façon harmonieuse. Tout cela est bien mince, bien mièvre et bien peu viril.» En entendant ces mots «responsables», le narrateur de la *Recherche*, on le sait, désespère à jamais de devenir un véritable écrivain. Un Norpois d'aujourd'hui, la citation qui suit est exacte, écrira, par exemple, d'un écrivain actuel qu'il trouve surfait : «Il n'a jamais senti sur lui le mufle de la bête, l'haleine lourde et brûlante de l'animal collectif.» Ainsi fleurit, en temps de guerre, le style emphatique ou pseudo-héroïque, le cliché va-t-en guerre ou négationniste de la simple réalité humaine. Les bombes tombent, les corps subissent, les déportés n'en peuvent plus de sentir sur eux l'haleine excitée de l'animal policier, mais, après tout, ce ne sont peut-être là que des exagérations de mandarins intellectuels ? Voyez le frère de Milosevic, à Moscou, en train de faire des réserves sérieuses sur l'authenticité des flots de réfugiés. Il est propre, bien habillé, parfaitement orthodoxe ; il parle un très bon français ; il connaît les noms de la petite clique parisienne des désinformateurs professionnels : Glucksmann, Lévy, Finkielkraut, toujours les mêmes, suivez mon regard, il pourra bientôt ajouter Bruckner. Milosevic ? Il est injustement accusé, d'ailleurs nous avons heureusement en France des soutiens nombreux, et même des écrivains de premier plan, de vrais sympathisants serbes, à qui on ne fera pas prendre des Albanais pour des personnes chassées de leurs maisons par la force. Passion religieuse ? Mais oui, et on en a la confirmation presque trop folle quand on apprend que Peter

Handke déclare « quitter » l'Église catholique parce que le pape n'a pas suffisamment condamné les frappes de l'OTAN (on se demande comment l'Église pourra se relever d'une telle scission). Là-dessus, Primakov sourit : à combien évaluez-vous Milosevic et quatre cent mille Kosovars ? Combien êtes-vous prêt à payer pour nous éviter une humiliation supplémentaire ? Pouvez-vous calculer la somme ? Eh bien, c'est plus cher. Ici, plus besoin de mots, d'intellectuels, d'écrivains décadents, de vice-consuls trop sensibles. L'Infâme parle beaucoup, mais il est aussi, technique et ethnique, extraordinairement silencieux. On se souvient peut-être que le silence représente la mort dans les rêves.

## *Scientofolie*

On croit parfois rêver, mais non, on est bien réveillé, on entend et on lit de plus en plus des énormités qui n'ont l'air d'étonner personne. Ainsi, dans les plaidoiries récentes des avocats de l'Église de Scientologie, les propos suivants : attaquer cette puissante organisation internationale et financière, serait un retour à « l'Inquisition », la « répétition de la Shoah », la « continuation de la propagande noire contre les protestants et les francs-maçons ». Qui ose donc se conduire ainsi, dans les coulisses de la République ? Un lobby menaçant, sans doute, mélange d'intégrisme et d'hitlérisme. Les scientologues, ces braves gens qui ne demandent qu'à croire à leurs élucubrations inoffensives et vaguement électrochimiques, seraient les « métèques de la France judéo-chrétienne », l'objet d'un « procès politique intolérable », d'un déferlement de « propagande médiatique » menée au nom du « religieusement correct ». Vous n'aimez pas la Scientologie ? Eh bien, vous êtes un fanatique, un Pie XII complice d'Himmler, un Torquemada voulant couvrir le monde de nouveaux bûchers, un dragonneur, un jésuite de l'ombre, un vichyste larvé, un Staline en puissance, un totalitaire chinois opprimant le Dalaï-Lama ou les silencieux adeptes gymnastiques de la secte Fanlungong, bref, un dangereux obscurantiste. « Que dira l'Histoire de votre décision ? », demande, menaçant, un des avocats de la nouvelle Église à la présidente interloquée du tribunal, laquelle ne se doutait pas que l'Histoire elle-même la surveillait depuis le plafond. Voilà d'ailleurs un tableau qui mériterait d'être peint, dans le style très kitsch qu'affectionne la Scientologie dans sa publicité mondiale. Un peintre pompier ne ferait pas mieux. Mais, comme l'a dit quelqu'un, plus c'est gros, plus ça marche.

Écoutons encore l'avocat de l'Église, maître Le Borgne (on évitera, bien entendu, toute plaisanterie de mauvais goût sur son nom) : « Aujourd'hui, il règne un épouvantable critère de normalité. On s'est inventé la bonne conscience du rejet. C'est désormais au nom de la liberté que l'on rejette l'autre. Cet autre qui fait peur parce qu'il est nouveau, comme à l'époque où les Romains parlaient de secte à propos des chrétiens. »

Les féroces Romains, aujourd'hui, sont donc les « moralistes », les « politiques », les fidèles des « religions majoritaires ». Les voilà en campagne, en croisade, ils viennent jusque dans nos bras égorger nos fils et nos compagnes, ils crucifient et livrent aux lions les nouveaux martyrs. Après tout, c'est vrai, on lit ça aussi très souvent, le christianisme est une secte qui a réussi, il y a deux mille ans, à travers d'incroyables intrigues. Une secte juive, comme par hasard, et qui ferait mieux, au bout du compte, après ses erreurs innombrables, ses crimes, ses persécutions, ses censures, de se dissoudre, au lieu d'exprimer une « repentance » qui ne convainc personne. Rome, unique objet de nos ressentiments... C'est vrai, à la fin, pourquoi chercher noise aux « sectes », à l'esprit religieux en soi, dont les bons côtés (maîtrise de soi, lutte contre la drogue) peuvent être démontrés ? Parler d'escroquerie ? Mais rien n'est vraiment prouvé, les dossiers s'évaporent, les complicités de haut niveau ne se comptent plus. Même le fisc américain a été obligé de signer une trêve, c'est dire. Et s'il me plaît à moi d'être escroqué ? Pour mon bien ? Mon salut ? Ma santé ?

« Toute secte », écrit Voltaire dans son *Dictionnaire philosophique*, « en quelque genre que ce puisse être, est le ralliement du doute et de l'erreur [...] Il n'y a pas de secte en géométrie [...] Quand la vérité est évidente, il est impossible qu'il s'élève des partis et des factions. Jamais on n'a disputé s'il fait jour à midi. »

Heureux Voltaire ! Heureux temps où deux et deux faisaient quatre, et quatre et quatre huit ! Nous avons changé tout cela. Qu'il fasse jour à midi est devenu douteux, et le bon sens n'est pas la substance qui paraît la mieux partagée du monde. Qui suis-je ? Je ne sais pas trop. Que m'est-il permis d'espérer ? Pas grand-chose. Y a-t-il un progrès fatal ? Rien n'est moins sûr. Les lendemains déchantent, l'homme reste un loup pour l'homme, Dieu, comme d'habitude, est aux abonnés absents, Monsieur Godot ne prend même plus la peine de téléphoner à Beckett, l'histoire n'est que bruit, fureur, corruption, pas un centimètre de gagné depuis Shakespeare. Une reprise en main est donc nécessaire, et qui ne voit que la Scientologie (mot magique) est faite pour ce genre de situation ? Les « religions majoritaires » ont fait leur temps, il est urgent d'inventer un nouveau denier du culte. La psychanalyse ? Trop long, trop compliqué, et, pour être franc, désagréablement sexuel. La science pure et simple ? Peut-être, mais le scientifique lui-même doute, il a besoin d'un supplément personnel, il est un peu perdu dans ses électrons, ses galaxies, ses trous noirs, ses brebis clonées, ses expériences transgéniques. La philosophie d'autrefois ? Elle est bien chahutée, la pauvre. Les philosophes sont fatigués, mélancoliques, en repli. Ils parlent toujours, remarquez, mais ils doivent être désormais modestes, consensuels, un peu conservateurs, allez, puisque tout a tendance à s'effondrer et qu'ils ont tellement déliré. Non, ce qu'il faut c'est une nouvelle religion, moderne, physique, pratique. *Scienter* le religieux est la formule idéale. Action.

On croyait savoir que les «religions majoritaires» s'appuyaient sur des textes. La Bible, les Évangiles, le Coran (mais le bouddhisme lui-même est plein de textes sacrés). Pour l'amateur, en tout cas, beaucoup à lire. Le Talmud, si je m'y mets, va me prendre un certain temps. Saint Augustin ou Pascal, aussi. Les mystiques issus du Coran me tendent les bras. Et voici des poètes, des peintres, des musiciens, des sculpteurs ; une foule innombrable. Des saints, dont chacun demanderait une étude à part. Si je m'embarque dans *La Divine Comédie*, vous ne me verrez pas de sitôt. Tout cela est pesant par rapport à Rou Hubbard, n'est-ce pas ? Et qui aura encore le loisir, ou le courage (il en faut), de considérer sérieusement cette énorme archive ? Simplifions tout ça : pas besoin de lire, d'étudier, de comparer, de critiquer. Pas besoin non plus d'être cultivé, de savoir reconnaître une croûte d'un tableau de maître. Une messe de Mozart ? Pour quoi faire ? Et d'abord, c'est quoi exactement une *messe* ? Et une Ascension ? Une Assomption ? Une Pentecôte ? Une Résurrection ? Dire qu'on a pu *croire* à toutes ces fariboles ! Est-ce que les Romains, malgré tout, n'avaient pas un peu raison ? En tout cas, *il faut* une religion. La plus adaptée à la Société du Spectacle sera par conséquent celle qui recrutera son influence dans le Spectacle. Les meilleurs ou les meilleures scientologues seront cinéastes, acteurs, actrices, chanteuses, modèles, publicitaires, couturiers, décorateurs, avocats, journalistes. Un monde d'énergie *religieuse* se lève. La technologie suivra.

## *Intellectuels et écrivains*

L'histoire des rapports contrastés entre intellectuels et écrivains reste à faire. C'est une histoire passionnée, confuse, souvent souterraine, dont les enjeux sont en général sous-estimés, voire censurés. Rappelons simplement ce qui se passait, il y a trente ou quarante ans : Sartre écrit sur Genet et Flaubert ; Heidegger sur Hölderlin ; Derrida sur Artaud ; Foucault sur Bataille ; Lacan sur Joyce ; Deleuze sur Kafka ou Lewis Carroll. Partout des diagonales et des transversales de contamination, des franchissements de frontières. Même chose avec les artistes, Giacometti, Picasso, Bacon. La Société, qu'elle soit capitaliste ou totalitaire, voit alors d'un très mauvais œil cette propagation réciproque entre penseurs et poètes, philosophes et peintres, psychanalystes et romanciers, linguistes et artisans du verbe. Le foisonnement qui s'ensuit est révélateur : un décloisonnement s'opère, le cinéma s'en mêle, la musique enfouie se découvre (Stravinski, Berg, Webern), l'université et les vieux pouvoirs culturels sont mis en question, une explosion va se produire, et elle sera d'autant plus choquante que son déclenchement viendra «d'en haut», en contradiction avec les analyses sociales ossifiées. «D'où parlez-vous ?» Très bonne question, qu'on fera vite taire. Chacun, n'est-ce pas, doit retourner à sa place, les intellectuels à leur compétence ou à leur prédication morale, les écrivains ou les artistes à la promotion des valeurs. On a eu peur un moment. Retour à l'ordre. Ne circulez plus, on vous dira où vous êtes.

C'est le moment technique où l'espace public devient massivement médiatique. Finis les séminaires bondés, à entrée libre, où tel ou tel penseur invente un discours souvent appuyé sur la littérature et l'art. Finie la prétention, émise par certains, que la littérature, depuis toujours, pense autrement que la transmission routinière de l'enseignement. Qu'il y ait davantage de pensée dans l'œuvre d'Artaud ou de Joyce que dans un cours classique de métaphysique, a été ressenti comme un véritable danger, une terreur. Les intellectuels ont failli à leur mission, ils se sont laissé enchanter par de pernicieuses sirènes. Ils doivent revenir au réglage collectif, abandonner les aventures en dehors de leur discipline, plus de dérapages, plus d'embardées. Les écrivains, eux, sont priés de s'en tenir à leur cas individuel. Tout le monde ira à la télévision, soit, mais chacun de son côté, les idées à gauche, les imaginaires à droite. Pas de mélange, surtout, cela pourrait désorienter le spectateur, brouiller les cartes politiques, indisposer le marché. L'intellectuel doit redevenir un « ingénieur des âmes », et l'écrivain un symptôme passager promis au classement sociologique hâtif. On doit penser pour rassurer, écrire pour inquiéter un peu, mais sans conséquences. La Société n'a pas besoin de penseurs s'intéressant aux marginalités ou aux délires, ni d'écrivains qui se mettraient à réfléchir. Bref, les frontières sont rétablies, la Douane fonctionne. On a eu chaud : l'École Normale était en folie, le Collège de France un rendez-vous de types bizarres, la Sorbonne un vrai foutoir. Une petite revue trimestrielle, sans publicité, paralysait la création en France. Malheureusement, ce mouvement d'agitation a gagné les universités américaines, on se demande comment. Mais il est en régression, la normalisation progresse. Un intellectuel doit être utile, rassembleur, peu importe qu'il soit de gauche ou conservateur. Un écrivain, lui, doit être seul. S'il dépasse un peu la mesure, il aura intérêt à être absent ou aphasique, à défaut d'être mort. Tout contact entre intellectuels et écrivains ressemblerait à une reconstitution de ligue dissoute. L'intellectuel est fragile : trop d'expérience vécue pourrait le déstabiliser, l'énerver, l'entraîner dans des régions où il perdrait pied, le rendre semblable à un défroqué se jetant dans le sexe ou la drogue. L'écrivain, en revanche, est une denrée précieuse, une névrose singulière en voie de disparition : sa fonction est de nous émouvoir, de nous faire rêver, de préférence de façon mélancolique et souffrante. Encore une fois, évitons les mélanges. On a trop vu où ils conduisaient.

Que s'est-il passé entre André Breton et Lévi-Strauss, à New York, pendant la Seconde Guerre mondiale ? Une rencontre féconde, un éclairage nouveau. Comment se fait-il qu'un grand écrivain réfractaire comme Guy Debord ait dit davantage de choses vraies sur la société globale de notre temps que tous les intellectuels marxistes ? Pour quelle raison Freud s'intéressait-il à ce point à Sophocle, à Shakespeare, à Dostoïevski ? Pourquoi Sartre, remontant des manifestations de rue, s'enfermait-il dans son studio avec Flaubert ? Que cherchait Foucault, à ses débuts, en fréquentant de jeunes écrivains intéressés par son *Histoire de la folie* et son livre sur Raymond Roussel ? Et Derrida, voyant souvent les mêmes, au moment où Mallarmé surgissait à ses yeux ? Et Barthes ? Et Lacan ? Conversations, dîners, promenades, lectures, vies parallèles intenses... Personne n'était encore *installé*, les rôles n'étaient pas définis, l'Histoire avait besoin, semble-t-il, de cette effervescence. Désormais, il paraît que l'Histoire est close, qu'il n'y a plus d'idéologies, que la pensée, par conséquent, doit être prudente et modeste, alors que le bruit et la fureur sont partout, et que l'idéologie est la substance même de tous les discours. En réalité, bien sûr, tout continue, mais dans l'ombre, sans demander la permission de personne. Le clergé institutionnel ne demande qu'à s'aveugler, et ses relais médiatiques, par définition, sont sans cesse en retard (on les vexe beaucoup en le leur disant, car ne sont-ils pas tout-puissants ?). Des contacts se nouent, des amitiés se maintiennent, des questions qu'on n'attendait pas se posent en dehors de l'information et de la lecture des journaux. Qui pense quoi en ce moment ? Qui écrit quoi ? Le système de contrôle prétend le savoir et le prévoir, mais rien n'est moins sûr, *comme d'habitude*. Des intellectuels se mettent à lire des auteurs très modernes ou très classiques de la même façon. Des écrivains réfléchissent à leur condition, se moquent de leur image, utilisent les moyens techniques sans se lamenter, passent à travers le mensonge économique, sont très attentifs à l'immédiat et à la persistance de leurs désirs. Ils voyagent, n'ont pas d'embarras nationaux, trouvent que leur époque, dans sa difficulté, est peut-être la plus excitante de toutes. Plus on veut les contraindre, plus ils s'imaginent libres et découvrent que c'est possible. L'argent est roi ? L'argent n'est rien. L'édition est de plus en plus commerciale ? Plus elle nivelle, plus la singularité est recherchée. L'inhabituel, l'unique, voilà les nouveaux sujets de pensée. L'intellectuel, de son côté, est fatigué de la situation de ronronnement qu'on lui offre. Il se ressaisit, se décale, retrouve sa curiosité. Il sent que la mutation en cours, avec ses dévastations et sa misère, est un défi qui lui est personnellement adressé. Il recherche une nouvelle entente, comme l'écrivain une nouvelle écoute. On aura tout fait pour briser leur alliance : peine perdue.

## Les nouveaux bien-pensants

La société française est en mutation si rapide qu'elle engendre deux types de discours, l'un négatif mélancolique énervé, l'autre positif servile. Le vingt et unième siècle sera-t-il celui de la disparition d'une nation, d'un peuple, d'une tradition séculaire, d'un ensemble de valeurs fondamentales ? Oui, répètent les uns sur tous les tons, c'est terrible, angoissant, révoltant, accablant. Non, disent les autres, la France mondialisée sera dans la course d'une Europe réinventée, tout sera pour le mieux dans le meilleur marché financier possible. Entre ces deux sermons, le doute règne, la mémoire hésite, les ruminations peuvent changer d'un jour à l'autre, passant du gris-noir morose au rose furtif.

C'est cet état transitoire qu'il faut comprendre. Et quand éclate, par exemple, ce qu'il est convenu d'appeler « l'affaire Camus », le mieux est d'analyser les symptômes qu'elle déclenche. Quelque chose se trouble, se défend, titube, agit à l'aveugle, se contredit, proteste, accuse, en remet dans la confusion. Que faire ? Nier l'évidence ? L'habiller de considérations oiseuses ? Autrement dit : une opinion publique de vieil antisémitisme ranci est-elle rigoureusement condamnable ou pas ?

## Les nouveaux bien-pensants

Elle l'est, et il est plus qu'étrange qu'il faille le rappeler. Elle l'est d'une façon tout autre que dans les époques antérieures à la Deuxième Guerre mondiale et à la Shoah, et c'est pourquoi la datation historique précise est ici de la plus grande importance. Non, il ne s'agit pas de Hitler ou de Céline; non, l'antisémitisme n'est pas «sans âge» comme le voudraient certains («alors, vous voulez interdire *Le Marchand de Venise* de Shakespeare?»). Non, il n'y a pas là un regrettable détail à expurger, un dérapage verbal secondaire, un faux pas sans conséquences. Dénoncer nominalement des journalistes juifs parlant à la radio de service public, s'attrister que la culture «de souche» soit pour eux incompréhensible, qu'est-ce, sinon du vichysme pur? Pourquoi, dès lors, faire tant de bruit sur le phénomène Haider en Autriche et trouver aussitôt mille prétextes pour crier à la censure à Paris? Décidément, la France moisie est très convenable. Elle ne tient pas à se souvenir de ce qui hante encore ses murs mal repeints. Vous rêvez, nous dit-on, le pétainisme n'existe plus, Drumont, Maurras, *L'Action française* tout cela est dépassé, c'est vous qui avez besoin de les évoquer pour vous poser en protestataire artificiel, vous et ces intellectuels-flics de la France soi-disant pensante mais qui n'est en réalité que celle des maîtres de l'heure (quelle sera la prochaine heure?), celle de la pensée unique, dictatoriale, pseudo-subversion encouragée, poudre aux yeux morale sur fond de décomposition festive accélérée. Nous n'avons jamais été nazis, nous, comme l'épouvantable Céline, juste antisémites modérés d'État, comme grand-père et grand-mère, mais cela est loin, effacé, le Vel d'Hiv n'est plus notre spectre. Nous sommes réconciliés avec notre passé et les catholiques nous embêtent avec leur repentance, leur pape à Jérusalem, leur retour à la Bible, et autres comédies de ce genre. Cette affaire Camus, croyez-moi, est «indémerdable» (je cite ici un chroniqueur). Allons plus loin : ce gentil Camus, finalement, n'est pas plus antisémite que nos populations campagnardes (je cite toujours). Mieux : «En 1940 ou 1942 — puisque c'est la référence implicite dans les affaires de ce genre — quelque chose me dit que Camus n'aurait pas été du côté des persécuteurs.» Ce *quelque chose* est charmant. Mettez votre petit doigt dans l'oreille.

C'est clair, je ne comprends rien. Combattre le racisme et l'antisémitisme, aujourd'hui, c'est du «conformisme». Renaud Camus est simplement un «écrivain singulier et rare, à mille lieues de l'esprit franchouillard» (rien à voir, donc, avec l'immense Frédéric Dard que tout le pays pleure, et que j'entendais hier, à la télévision, dire qu'il se trouvait parfois très «travail, famille, patrie»). C'est vous, là, avec Lanzmann, Derrida, Vernant et autres sartriens ou lacaniens suspects qui nous faites peur, avec votre soif de politique absolue vouée à l'éradication du Mal. On vous connaît, tous : vous avez écrit sur Sade et Céline, vous êtes un provocateur. L'énorme Shoah de Lanzmann ? Oui, bon, ça va, mais on a bien le droit de faire d'autres films, le spectacle continue, il ne va tout de même pas accaparer le sujet à jamais. Tenez, on nous l'écrit d'Amérique : Camus, en réalité, est le successeur de Montaigne, de Saint-Simon, de Chateaubriand, de Voltaire, de Gide (à ce sujet, je dois dire, que Saint-Simon et Chateaubriand m'ont téléphoné pour s'étonner d'être comparés à Gide). Nous sommes pour la liberté d'expression, et vous ne nous effraierez pas avec vos sondages sur la progression des idées de l'extrême droite dans les esprits, ou en attirant l'attention sur un colloque récent vantant la «révolution culturelle ethnique identitaire ». Vous exagérez toujours. Vous nous parlez sans cesse des auteurs maudits pour mieux vous installer dans votre position confortable. Bon, c'est vrai, Céline, Sade, Genet, Artaud, Bataille, Debord, n'ont jamais prétendu renforcer l'école, la famille, la nation ; ils n'ont jamais été non plus été candidats à l'Académie française (alors que Renaud Camus, lui, l'est), mais qu'est-ce que cela prouve ? Nous sommes réconciliés, vous dis-je, et l'urgence, désormais, est précisément de défendre l'école, la famille, la nation. La survie de la culture et de la langue françaises l'exigent. Votre mémoire n'est pas la nôtre, elle est même dangereuse, alors que ce Camus veut le Bien, c'est évident. Il est excellent que l'homosexualité elle-même devienne officiellement académique. Le programme le marché financier l'implique : porno hard d'un côté, comportement impeccable de l'autre. Organisation du désordre et respectabilité. La mauvaise pensée est permise, et pourquoi pas, après tout, un antisémitisme de bon ton, très français, à peine chuchoté, quelques paragraphes dans un livre ? S'ils sont remarqués, on les supprimera dans une réédition. Ah oui, excusez-nous, nous avions mal lu le manuscrit. Mais quelle atmosphère insupportable de censure ! Rendez-vous au prochain virus intégré. Vous ne l'avez pas discerné ? Bravo, vous êtes un esprit libre.

Nous sommes donc pour la liberté d'expression si cette expression est la plus inaperçue et policée possible. Nous avons le droit de mal penser, nous dit-on, en laissant entendre que moins on pensera mieux cela vaudra. Or le Mal radical, c'est *justement* l'absence de pensée. Penser le Mal écarte du Mal. Ne pas le penser y conduit, dans une meurtrière banalité. Si Renaud Camus n'était pas avant tout *banal*, il n'en serait pas tellement question. Certes, nous dit-on encore, nous faisons des «réserves» sur cette malheureuse dénonciation de Juifs. Voilà qui est «peu sympathique». Mais attention, méfions-nous des anachronismes, Camus n'est pas Céline (encore lui). Je cite : «L'écriture de Céline a la vigueur teigneuse de l'amertume et du dégoût. On peut lui préférer des styles et des pensées moins colériques et atrabilaires.» Certes. Et voilà comment le droit de mal penser, sans penser à mal, devient peu à peu la bien-pensance nouvelle. Il serait temps de s'en apercevoir.

## *Sur Proust*

SOPHIE BERTHO : *J'ai le sentiment que dans Proust c'est le côté noir qui vous intéresse, la permanence toute-puissante de la cruauté, et non le côté lumineux des essences et des révélations.*

PHILIPPE SOLLERS : La lumière sans le noir est une fausse lumière. La lumière de Proust est trop souvent exploitée à des fins d'affadissement de sa révélation. Le moment capital pour moi, et je l'ai relue récemment, c'est la grande scène de la fin du *Temps retrouvé*. Indissociablement vont se mêler, à ce moment-là, les révélations les plus importantes sur le Temps et celles sur les destructions dans le temps. Au point qu'on pourrait simultanément comparer cette fin du *Temps retrouvé* au massacre des prétendants de l'*Odyssée*, quand le narrateur proustien va rentrer chez lui, non pas à Ithaque, mais dans la dimension énorme du vrai qu'il ne soupçonnait pas. Et en même temps, tout le monde y compris lui-même est frappé de sénescence et de décomposition dans le moment qui suit. C'est cette lumière sur fond noir qui est la vraie lumière et non pas les signaux lumineux qui, de temps en temps, tous très importants bien sûr, jalonnent la *Recherche*. Il faut aller au moment essentiel, c'est-à-dire à cette grande partie finale du *Temps retrouvé* qui, je trouve, n'a pas été assez analysée comme il le faudrait.

Regardez le cheminement. D'abord le narrateur se rend à une réception chez la princesse de Guermantes, puis il rencontre sur sa route le baron de Charlus, frappé d'une attaque, accompagné de Jupien ; et il nous décrit le châtiment en quelque sorte physique du baron de Charlus qui ne sait plus très bien comment saluer, qui se trompe dans son élocution et qui n'en est pourtant pas moins toujours aussi prisonnier de son vice sexuel, au point que Jupien qui bavarde un petit moment avec le narrateur, est obligé de lui courir après car il a déjà engagé une conversation avec l'un des jardiniers des Champs-Élysées. Voilà donc quelqu'un qui visiblement est frappé à mort, qui est en train de se décomposer, mais qui maintient malgré tout comme s'il était irresponsable, comme un enfant, son aberration sexuelle. Proust insiste beaucoup là-dessus. Vous savez que dans sa correspondance, Proust explique que le personnage de Charlus a beaucoup déplu aux homosexuels, notamment à Gide. Et le reproche à Proust de ce qu'on pourrait appeler l'église homosexuelle, c'est d'avoir peint l'homosexualité sous une forme dégradante.

Dans quelle situation le *narrateur* est-il ? Il a renoncé à écrire son livre, il sort d'une maison de santé et il a renoncé à son talent littéraire, il n'y arrivera jamais... Il a beau se demander s'il peut évoquer ce qui autrefois lui paraissait si poétique, peut-être ces lumières d'autrefois, ces lumières conscientes d'autrefois... Quand tout à coup se produit la série des révélations. Et vous allez voir qu'aucune de ces révélations n'est vraiment visuelle. Premièrement, c'est la dénivellation des pavés dans la cour : brusquement surgit le baptistère de Saint-Marc de Venise et, comme toujours avec Proust, nous entrons dans une série d'événements liturgiques. Deuxième révélation, si je ne me trompe pas, la vaisselle, le bruit, ou plutôt le son, comme ce tintement qu'il avait entendu un peu auparavant, en rentrant par le train ; brusquement ce tintement de couverts et c'est soudain tout l'espace de Balbec qui se met à vibrer. Troisième chose le goût, et enfin le livre.

S. B. : *Et aussi la serviette.*

Ph. S. : La serviette, pardon j'oubliais, la serviette dans la foulée du bruit. Le bruit qui pourrait être aussi bien une sonnerie d'élévation, à la messe, par exemple. Ensuite le linge qui évoque immédiatement le drap de l'autel. Tout ceci est décrit dans la liturgie catholique la plus stricte. Ensuite le livre qui est vraiment un livre de messe : *François le Champi* de George Sand dans la bibliothèque du prince de Guermantes, qui rappelle la lecture par sa mère de *François le Champi* lorsqu'il était enfant ; c'est ce volume-là, pas un autre, c'est ce volume ancien, original, une Bible en quelque sorte... Et à ce moment-là, la clé de la mécanique comparative de Proust c'est la description d'un rapport de forces entre espaces au pluriel et temps au pluriel. Il a même cette métaphore extraordinaire : c'est une « brusque immigration », et il dit que si cet espace ou ce temps ancien rentre par hémorragie dans le nouveau, c'est pour montrer justement qu'il n'y a ni espace ni temps, surtout pas de temps... que s'il ne rétablissait pas sa conscience, au fond il pourrait cesser d'exister. Ce qui débouche quand même sur des convictions immédiates et très profondes. Premièrement, que la mort n'a aucune importance. Ce qui n'est pas rien. Que la mort peut même être acceptée avec joie, qu'elle est tout à fait secondaire. Ensuite qu'il faut se presser d'écrire ça, ce qu'on a découvert, puisque ça c'est sûr.

C'est là qu'arrive l'objection, la plus grave dit Proust, et nous entrons alors dans le bal des vampires, des gens vieillis ; c'est extraordinairement important parce que le narrateur est tellement sûr de sa conviction intime — d'être au-delà de la sensation d'habiter ce corps-là — qu'il ne se rend pas compte qu'il a vieilli et ce sont les autres qui lui manifestent ce même étonnement qu'il a de les voir inconscients d'être changés en mécanique et en vieillesse ; et cette phrase merveilleuse dont je me souviens à l'instant que les femmes laides ne vieillissent pas, parce que la laideur est encore humaine, alors que les femmes belles sont devenues des monstres.

Donc vous avez là une série de meurtres en quelque sorte, y compris de résignation sacrificielle, tout à fait impressionnante et que Proust dit être le dernier obstacle à franchir.

S. B. : *L'illumination s'est faite dans le noir.*

Ph. S. : Voilà. On peut même dépasser cette terrible objection de la vieillesse, de la mort et du gâtisme généralisé et y voir aussi comme une théorie de l'Histoire. C'est-à-dire qu'au fond, tous les dix ans, tout est oublié, il n'y a plus que ce qui est actuel. Quelqu'un s'est déshonoré, dix ans après c'est complètement oublié. On prend les mêmes vieilles canailles et on les réélit, dit Proust. Il arrive donc toujours un moment où la mécanique refoulante ne fonctionne plus, ce milieu social qui était si protégé parce qu'il procédait par exclusion n'en a plus la force. Les ressorts sont brisés, à ce moment-là, le haut descend vers le bas et le bas remonte vers le haut. Tout le monde a oublié les choses les plus élémentaires, par exemple, une fable de La Fontaine ne dit rien aux gens lorsque Rachel la récite et c'est ici aussi qu'il y a l'épisode de la Berma abandonnée par ses enfants. La décomposition du passé ce n'est pas seulement la décomposition physiologique des corps, c'est une décomposition sociale.

S. B. : *Et historique.*

Ph. S. : Et historique. Et là vous savez que Proust est très pressé. La guerre de 14-18 tombe sur la page. L'intégration qu'il fait des données de la Première Guerre mondiale en achevant *À la recherche du temps perdu*, c'est un tour de force car il n'était pas parti pour ça. Et c'est là qu'il est très proche de nous. L'écrivain qui à mon avis a bien lu cette scène du *Temps retrouvé* et qui va en faire, après la Deuxième Guerre mondiale, un usage transposé admirable, c'est Céline dans *D'un château l'autre*. Prenez le début à tous égards éblouissant de ce roman où vous avez l'évocation de la traversée des enfers, avec Charon sur ce bateau qui s'appelle *La Publique*, sur la Seine, et ils sont tous là, les vieux pétainistes, ils essaient de s'accrocher : là aussi, il y a un massacre. Donc vous avez le vingtième siècle, du moins sa première moitié, bouclé par Proust et Céline, avec l'intervention de deux guerres, d'une façon tout à fait héroïque parce qu'il faut se presser de transformer complètement la vision en fonction des événements. Proust avait sans doute l'idée de la scène finale, mais elle a été tout à fait transformée par les événements historiques de la guerre. Vers la fin, Proust compare assez souvent — et cela m'a beaucoup intéressé parce que le roman que je viens de publier [1] porte aussi sur des questions militaires — le travail d'un écrivain à celui d'un général en campagne, à celui

---

1. *Le Secret*, Gallimard, 1993.

qui, par exemple, peut décider au milieu du champ de bataille qu'une diversion devient l'objet principal plutôt que le fond de l'engagement prévu. Vous savez qu'il est très souvent question de stratégies militaires avec Robert de Saint-Loup. Proust parle de ce qu'il est en train de faire lui-même à cause de l'explosion de la guerre. Et là, il y a aussi cette idée très importante que la guerre peut être encore une science médicale et que parfois on ne sait pas ce qu'une guerre, sur le plan purement stratégique, va développer comme maladie imprévisible, comme éruption, comme épidémie et c'est à l'horizon la révolution russe de 1917 avec l'arrivée à la fin de *À la recherche du temps perdu* des premiers émigrés.

J'ai eu la curiosité à partir de là de me demander ce qu'était devenu Proust, après la mort de Rivière, dans le paysage intellectuel français. Et je crois pouvoir vous dire ceci : les révélations de Proust sur l'existence du temps, l'arrivée à cette conviction par l'expérience sensible, et non par le concept, les considérations — qui reprennent évidemment aussi Saint-Simon de très loin — sur la physiologie, sur la sexualité, sur la société, l'illumination noire qui se déduit de tout ceci et qui nous amène à une prodigieuse vérité paradoxale — comme toujours chez Proust, il n'y a pas d'orthodoxie proustienne, il n'y a que des paradoxes créateurs —, et bien, tout cela devait être en quelque sorte refoulé par la suite, tellement c'est gênant. Et c'est pour cela qu'à la fin de ce siècle, ici et maintenant nous avons une chance de lire Proust peut-être pour la première fois autrement qu'universitairement.

S. B. : *Donc Proust aurait été occulté pendant des années ?*

Ph. S. : À partir de 1930, c'est comme si Proust n'existait plus. Il n'en est plus jamais question. Vous n'avez pas un mot, plus un mot dans la *NRF*, qui s'en désintéresse. Paulhan n'en parle jamais. Gide, cela va sans dire, Proust n'était pas sa tasse de thé... Par la suite, les grands meneurs de l'avant-guerre et de l'après-guerre n'en parlent pas davantage. Vous n'avez pas un mot chez Breton qui le déteste, pas un mot chez Aragon qui croit qu'il suffit de dire qu'Albertine était Albert pour résoudre le problème, stupidité manifeste ; pas un mot chez Malraux, pas un mot chez Sartre, pas un mot chez Camus, pas un mot non plus par la suite. Ce n'est que très tard avec Barthes, et j'en suis témoin puisque nous en parlions, qu'on recommence à se demander s'il ne faut pas reconsidérer l'univers proustien, et là nous sommes déjà pratiquement à la fin des années 70.

S. B. : *Au moment de* Tel Quel, *vous en parliez ?*

Ph. S. : J'en ai parlé à beaucoup d'occasions, de toute façon je commence comme ça dans mon premier livre *Une curieuse solitude*. Après je suis un autre parcours, oui j'en ai reparlé en maintes occasions mais un peu dans le désert. Le seul qui avait une attitude d'entière admiration pour Proust c'était Mauriac. Quand je le voyais, Mauriac n'arrêtait pas de me parler de Proust. On se voyait en somme pour parler en secret de Proust, pour moi c'était important de connaître quelqu'un qui avait dîné avec Proust, tard dans la nuit, Proust dans son lit, les taches d'encre sur les draps, poulet froid, champagne, tout ça. Et Mauriac considérait que son œuvre était elle-même abolie par celle de Proust, c'était des propos du genre : quand le soleil se lève, là tout disparaît.

**S. B.** : *Mais ce silence, pourquoi ?*

**Ph. S.** : *Parce que c'est un siècle de fanatisme, c'est un siècle d'oubli.* Et Proust au fond a surpris tout le monde. À part un soutien permanent de Rivière et de Gaston Gallimard, c'est très controversé, Proust. Et à peine débouche-t-il sur quelque chose qui est comme une plénitude de sa gloire qu'il est brutalement refoulé. Quand vous lisez Drieu la Rochelle qui fait un panorama de la littérature française dans son journal, le nom de Proust a disparu. Proust est trop complexe. En plus il démontre quelque chose de très important si on veut réfléchir aux problèmes de notre époque : c'est qu'on peut être en France et dans la culture française un juif pleinement intégré. Ce qui est extrêmement gênant pour tout le monde. Et en plus non seulement un juif pleinement intégré, mais un juif qui peut même avoir des regards sur la société qui peuvent passer — si l'on est dans la bien-pensance nouvelle — comme antisémites. Pour tout ce qui est en train d'arriver, Proust en est à un niveau d'élaboration beaucoup trop subtil, beaucoup trop intelligent, beaucoup trop pervers pour être accepté, même chose pour les considérations sur la sexualité qui innervent absolument tout le continent proustien. Il faudra attendre très longtemps pour que peut-être, et seulement maintenant, on se repose la question de ce que Proust a réellement voulu dire dans sa recherche de la signification de l'homosexualité, c'est une question si importante...

**S. B.** : *Dans votre* Théorie des Exceptions, *vous placez Gomorrhe, monde du « silence et de la dérobade » avant Sodome, Gomorrhe pour Proust est « supérieur » à Sodome.*

Ph. S. : Voilà, je pense que c'est ça le renversement. Cette partie essentielle de Proust me paraît avoir été mésinterprétée sous le coup d'une conviction étrange, idéologique qui consiste à dire que Proust a voulu transposer la sexualité masculine dans la sexualité féminine et qu'il a donc trahi le gidisme mais aussi le saphisme classique, comme le lui reprochait Nathalie Barney, par exemple. Tout ceci mériterait une étude très détaillée [1]. Je crois que ça gênera éternellement tout le monde. Comme le dit un jeune critique [2] qui commence à travailler là-dessus, notamment dans un texte qui s'appelle « Céline et Proust » paru dans *L'Infini*, il est probable qu'il n'y a pas d'écriture plus hétérosexuelle que celle de Proust. Ce qui a l'air d'un paradoxe. Pourquoi ? C'est vrai que tout ce qui relève de l'homosexualité masculine — qui a l'air de définir ce qui se passe de plus vérifiable dans l'organisation sociale — est toujours déconsidéré ou ironisé chez Proust. En revanche, ce qui formerait l'envers totalement improductif, totalement gratuit, non impliqué dans un échange, qui serait l'homosexualité féminine, est toujours donné comme le grand mystère, la chose dont on peut se demander à quoi elle correspond exactement; et donc cette *Recherche du temps perdu*, et *Le Temps retrouvé* lui-même, c'est aussi une recherche de la signification que ceci peut avoir. Proust ne se demande jamais la signification que peut avoir le trafic incessant entre hommes, où on apprend au fur et à mesure les coups de théâtre... que Robert de Saint-Loup lui-même, et le liftier, et Charlus, etc. Tout ceci forme une partie théâtrale, amusante et en même temps terrible de la *Recherche*.

---

1. Voir, depuis, le Proust de Julia Kristeva, *Le Temps sensible*, Gallimard, 1994.
2. Stéphane Zagdanski, « Céline et Proust », *L'Infini*, n° 40, novembre 1992, p. 96-123, repris dans *Le Sexe de Proust*, coll. « L'Infini », Gallimard, 1994.

En revanche, univers plus noir, plus dérobé, moins spécifiable, étrangement présent partout : qu'est-ce qu'elles peuvent faire ensemble ? Et rappelez-vous quand même que c'est une étrange question parce qu'il faut toute la *Recherche du temps perdu* pour y répondre et encore y est-il répondu de façon assez peu convaincante, puisqu'on ne sait pas très bien, même quand on paie deux petites blanchisseuses, ce que deux femmes peuvent faire ensemble ; Proust était quand même un habitué de bordel, rien n'aurait été plus facile à vérifier éventuellement. En réalité le soupçon porte sur le fait que rien n'est vérifiable dans cette affaire. Le simulacre est honni. Entre hommes, le simulacre est vite ponctué. Ça se ponctue. De femme à femme passe quelque chose qui est certes présent dans la scène de Montjouvain, l'histoire de la photographie du père, mais ça va beaucoup plus loin puisque Albertine peut à chaque instant être l'objet de sollicitations de la part de la boulangère. À n'importe quel moment pourrait avoir lieu quelque chose d'inexplicable et de ce point de vue l'enquête d'Aimé sur le passé d'Albertine, après la mort d'Albertine, est un des plus grands moments de *À la recherche du temps perdu*. C'est une avancée considérable de la connaissance humaine, une avancée considérable de la littérature. Il y a très peu d'exemples d'une avancée aussi bouleversante sur l'hypothèse que l'envers de la société est constitué par cette quasi-absence de société qui se produit, à chaque instant, dans une sorte d'intimité insurveillable.

Je crois qu'on n'a encore absolument pas compris que nous sommes dans un horizon où l'homosexualité masculine est survalorisée, où elle imprègne à chaque instant tous les jugements, y compris souvent le jugement féminin parce que celui-ci est très dépendant, souvent hystériquement, de l'homosexualité masculine. Proust a mis le doigt sur quelque chose de tout autre qui est une forme de gratuité extraordinaire qui l'inquiète, qui détermine la jalousie qui chez lui est le vrai organe sexuel, l'organe sexuel du narrateur. Proust a voulu en composant la *Recherche* mettre quasiment sur le même plan la révélation lumineuse de l'absence de temps par rapport à la version noire de l'homosexualité féminine comme secret de toutes les homosexualités. C'est d'une audace extraordinaire parce que ceci nous serait en quelque sorte toujours caché. De même qu'il nous serait caché — sauf dans le souvenir de la mémoire involontaire qui relève de l'absence de temps —, que le Temps n'existe pas, de même nous serait caché par des tas de discours, de parades visibles, cet invisible courant souterrain de l'homosexualité féminine. C'est donc une très grande nouveauté dans la connaissance.

S. B. : *L'homosexualité féminine désigne-t-elle alors un autre lieu qui serait d'un ordre disons métaphysique ou de savoir ?*

Ph. S. : Proust ne spécifie pas, mais qu'il ait fait de ce lieu son adversaire principal nous intéresse, je pense, dans la mesure où ce serait l'antimatière de la matière de la création littéraire, c'est ça qu'il veut dire. Ce serait donc un lieu où la littérature se ferait à chaque instant de ne pas se faire et pour qu'elle se fasse il faut traverser ce lieu ou avoir une connaissance de ce lieu. Donc c'est un lieu de vide en effet, de dissolution.

S. B. : *La préface à* Tendres Stocks *de Morand, de nombreux passages du* Contre Sainte-Beuve*, de la* Recherche *montrent combien Proust réfléchit intensément sur la ques-*

*tion du style. Est-ce que cette réflexion, est-ce que la pratique de Proust le rendent aussi contemporain ?*

Ph. S. : Ce qui m'amuse toujours dans le cas de Proust, c'est qu'au fond il ment pour sauver sa mère et sa grand-mère. Cette façon de se légitimer par rapport aux Français en se donnant comme mère et comme grand-mère des adeptes passionnées de Madame de Sévigné est émouvante. Tout démontre au contraire que la mère de Proust qui appelle Proust son petit crétin, son petit crétinos, avait finalement assez mauvais goût. D'abord elle admirait Sainte-Beuve, ça nous vaut le *Contre Sainte-Beuve*. Elle n'aimait pas Stendhal et il faut lui démontrer que Stendhal c'est bien. Et tout à l'avenant... Elle n'aime pas tellement Baudelaire, et Proust est bien décidé à lui montrer que les hiérarchies célestes c'est très important dans Baudelaire, surtout quand on sait qu'il y a un poème qui ouvre *Les Fleurs du Mal* qui s'appelle « Bénédiction » et qui est consacré aux crimes maternels. Vous pouvez trouver des traces de cette violente guerre entre Proust et sa mère, et des conséquences qu'elle a eues, tout grand écrivain étant peut-être en effet un matricide, c'est une question que je pose. Dans un livre que j'ai publié d'une amie psychanalyste, qui s'appelle *La Vocation de l'écrivain*[1] et qui comporte tout un chapitre sur Proust, on voit que la surveillance de Madame Proust quant à son petit crétinos, ça passe par la maladie, l'asthme et tout ça. C'est pourquoi une vision maternisée de Proust, autrement dit, homosexualisée à la masculine, est totalement erronée. Proust s'est donné comme objectif de gagner sur sa mère, c'est-à-dire sur rien d'autre que le préjugé de son temps. Le préjugé c'était Sainte-Beuve, le préjugé c'était

---

1. Catherine Millot, *La Vocation de l'écrivain*, Gallimard, 1991.

## Sur Proust

Renan, le préjugé c'était l'admiration de l'institution et, si j'ose dire, du Collège de France. C'était le respect de l'autorité plutôt que des francs-tireurs. Ce que Proust n'arrête pas de seriner pour sa propre cause de style va à l'encontre de tout ce qui était inculqué à l'époque. Il n'y aurait pas de Proust sans cette guerre. Pourquoi ? Proust, qu'est-ce qu'il a à dire ? qu'il est lui-même Baudelaire, qu'il est lui-même Racine, qu'il est lui-même Flaubert, ça va de soi. Et que si personne ne s'en aperçoit, c'est bien dommage, parce que c'est comme ça, un point c'est tout. Autrement dit un classique est toujours nouveau par définition mais personne ne se rend compte qu'il est déjà nouveau parce qu'il semble loin. Et le vrai créateur moderne est un classique que personne ne voit parce qu'il est trop près. Il faut s'arranger avec ce paradoxe, encore un ! C'est parce que le moderne est nouveau, et parce qu'il décoiffe tout le monde, et parce qu'il bouleverse la vision, qu'il est parfaitement classique. Ah allez donc expliquer ça... que pour être Titien il faut être Manet devant qui tout le monde se rassemble pour hurler de rire et cracher. Comment se fait-il — autre phrase proustienne — que la vérité d'hier soit le préjugé d'aujourd'hui ? etc. etc. Alors vous voyez, c'est aux antipodes de l'académisme classique institutionnalisé : on étudie les anciens, on essaie surtout que personne de vivant ne vienne perturber le jeu commémoratif. Et aux antipodes aussi du préjugé moderniste qui est : du passé faisons table rase, nous voici, c'est nous, dadaïsme, surréalisme et compagnie. C'est donc sur deux fronts que se mène cette violente histoire. Sur deux fronts, j'allais dire entre le préjugé maternel d'un côté et le brouhaha de la pseudo-innovation fraternelle de l'autre. On n'est tranquille nulle part. Ni à la maison ni dehors. Il faut se battre sur deux fronts.

Il y a là une accusation très directe, au fond, comme si

Proust disait qu'une complicité fondamentale réunit l'académisme et le modernisme et que le vrai moderne est déjà un classique en dépit de l'académie et des modernes. Ça vous fait beaucoup de monde à combattre à la fois. Deuxième proposition parfaitement paradoxale qui suit de la première, c'est éblouissant, on dirait même une hypothèse à la Borges tellement elle est fantastique : c'est qu'au fond, il n'y a jamais qu'un seul écrivain, à travers le temps, avec des styles contradictoires, même tout à fait opposés, mais que ce serait le même, sous des déguisements différents, tantôt Chateaubriand, tantôt Racine, tantôt Baudelaire, tantôt lui Proust, qui poursuivrait le même énorme travail. C'est tout de même assez vertigineux, non ? Il y aurait donc l'humanité d'un côté, concept vague, et puis un seul écrivain qui continuerait son travail (*rires*), en dépit, donc, de toute l'humanité.

Je crois que ce qu'il faut repérer surtout c'est l'insistance très subversive de Proust sur la religion du dix-neuvième siècle, religion instituée, laïcisée, Collège de France, temple du mauvais goût dit Proust, car Renan écrit mal, Sainte Beuve est un pécheur, il commet une sorte de péché spirituel : il ne peut pas imaginer l'autre, et on ne doit pas parler de littérature si on ne peut pas se mettre à la place de l'autre. Il faut rentrer dans la perspective du langage même du sujet et donc s'inscrire contre cette religion du xix$^e$ siècle encore très opérante partout. Nous vivons sous cette tradition, sous sa coupe, sous ses oublis. Rien ne bouge. Philippe Muray a écrit un livre capital qui s'appelle *Le Dix-Neuvième Siècle à travers les âges*[1]. C'est un livre qu'il faut absolument lire, car c'est le premier grand réqui-

---

1. Philippe Muray, *Le Dix-Neuvième Siècle à travers les âges*, coll. «L'Infini», Denoël, 1984.

sitoire sur la religiosité dix-neuviémiste et sa prétention à être définitive, on peut mettre le Panthéon là. Proust est très polémique avec ça. Alors pour attaquer cette religion-là, il se sert un peu de tout, y compris des cathédrales, y compris de Saint-Marc de Venise, tout est légitime dans ces cas-là, il faut faire revenir en effet Sévigné, Saint-Simon, parce qu'il s'agit d'attaquer un faux style. Car quelque chose de faux s'est produit, s'est installé au cœur du pouvoir.

Il y a je crois, chez Proust, la décision très fondamentale de ne pas obtempérer, de ne pas plier le genou devant ce faux-là. Ça s'appelle la question du style parce que c'est le style qui dévoile si c'est vrai ou si c'est faux. Là encore ce ne sont pas les concepts — pensez à la fameuse phrase sur Flaubert : son emploi de la grammaire a renouvelé davantage notre vision du monde que les catégories de Kant. Proust là aussi lutte contre la vérité limitée, c'est-à-dire contre tout le philosophisme, la Métaphysique elle-même dirait Heidegger, contre la vision du monde qui croit qu'on peut arriver à une vérité simplement par le concept. On va aller même encore plus loin, dire qu'on accordera toujours moins de place à l'intelligence — ce qui est évidemment un paradoxe énorme étant donné que personne n'a été plus intelligent que Proust — pour bien montrer que seul le style va dire où sont le vrai et le faux. Et je crois qu'il a raison, c'est-à-dire qu'il y a toujours de la vérité *en plus* de la vérité incontournable, scientifique. Et ça vaut pour n'importe quel moment historique social et ça vaut aussi pour n'importe quel individu. On va savoir si c'est vrai ou faux selon le style et pas uniquement selon ce qu'il dit. Et il peut même arriver que quelqu'un dise quelque chose qui paraît faux mais qui sera vrai à cause du style. Ce sont des paradoxes comme ceux-là que Proust avance, pas du tout acceptables pour la Métaphysique parce que qu'est-ce que la vraie vérité, eh bien, répond-il, elle est toujours singulière. Elle est toujours singulière, elle n'arrive qu'à un seul, mais cet un seul est innombrable à travers le temps puisqu'il n'y a toujours qu'un écrivain qui fait le même travail. Et il est toujours classique, bien que personne ne le reconnaisse comme tel au moment où il se produit, et ceci surtout depuis le dix-neuvième siècle ! Parce que avant, personne n'allait dire que Racine n'était pas classique. Il était classique a priori. Donc quelque chose s'est passé dont nous ne sommes pas sortis. Eh bien Proust est dans cette dimension de l'Histoire, je crois, quand il cherche son temps et qu'il le trouve, parce qu'il a quand même la bonne grâce de nous dire qu'il l'a trouvé, retrouvé...

S. B. : *Mais il nous dit l'avoir trouvé dans la littérature.*

Ph. S. : Ah non, la littérature vient comme urgence à témoigner.

S. B. : *Mais alors qu'est-ce que signifie une phrase comme celle-ci, « la vraie vie, c'est la littérature »?*

Ph. S. : Il n'y a pas autre chose à faire, tant qu'on est en vie, que de témoigner de quelque chose qui est au-delà de la vie et on ne peut le faire que par la littérature. La seule vie réellement vécue, c'est la littérature parce qu'elle va à chaque instant témoigner de quelque chose dont Proust vous dit expressément que ça se situe en dehors du temps et que ça rend la mort absolument sans importance. La mort tombe dans la vie. Et si nous voulons avoir un point de vue non nihiliste sur la littérature, nous allons avoir beaucoup de difficultés à transmettre les messages absolument triomphants d'un certain nombre d'écrivains dont on nous raconte toujours qu'ils ont échoué, qu'ils se sont essoufflés et qu'ils ne sont pas arrivés au but. L'œuvre de Proust est un immense message de triomphe, rien d'autre ! L'œuvre de Joyce aussi dont on dit toujours qu'il a sombré dans une impasse, alors qu'un hymne comme *Finnegans Wake*... c'est un hymne triomphal, c'est une victoire, c'est un communiqué de victoire au sens christique, c'est-à-dire qu'on a vaincu le monde. C'est vrai aussi de Céline qui termine dans un rire absolument triomphal et pourtant plein de tortuosité. Donc la vraie vie réellement vécue, c'est cet aspect de la vie qui par la littérature prend enfin une tonalité non nihiliste. Seulement l'église nihiliste est toute-puissante et tient les leviers de toute l'interprétation ; il est donc très peu question des victoires obtenues par les écrivains qui vivent leur vie comme littérature. C'est simplement la doxa nihiliste. Là encore, voir Nietzsche. Le temps perdu, l'éternel retour, le temps retrouvé, ça peut se penser ensemble. D'ailleurs, tout écrivain un peu intéressant ne s'intéresse qu'au Temps et à la façon d'en sortir... mais le temps se défend, le temps a ses fervents, le temps a son clergé. Le temps va faire semblant de continuer à être le temps qu'il faut. On peut même inventer du temps quand il y a des difficultés, des gadgets imprévisibles comme : si l'Histoire va mal, fin de l'Histoire. Mais jamais quelqu'un ne vient vous parler de la fin du temps. Ou de la fin des temps.

S. B. : *La question du Temps est au centre, dites-vous, de la littérature du xx*$^e$ *siècle. Vous, Sollers romancier, vous écrivez vos Mémoires « en direct », sans vous retirer dans « une chambre de liège*[1] *». C'est une allusion à Proust ; est-*

---

1. Cf. Philippe Sollers, *Le Rire de Rome, Entretiens avec Frans De Haes*, Gallimard, 1992, p. 200 et 72.

ce dire que, chez lui, il n'y a pas d'instantané, ou plutôt que l'instantané est autre ?

Ph. S. : Oui, parce qu'il y a carrément l'hypothèse de la nature angélique chez Proust, l'irruption de la nature angélique ; c'est dans une note, d'ailleurs écartée du manuscrit par l'éditeur, au moment justement des nappes de l'autel : les anges qui font hymne, les anges qui font peut-être comme les hélices d'avion mille tours à la minute, qui vrombissent quand survient l'union, le hors temps, par choc. Deux temps qui ont la même densité de réel : le temps qui resurgit n'est pas passé, le temps qui est présent n'est plus présent. On est dans une explosion du temps, il n'y a plus de temps. Encore une fois c'est une hémorragie, on franchit un barrage qui distingue le passé et le présent et brusquement quelque chose est là qui est toujours dans la révélation. Alors pour aller à ce que vous dites : un instantané de quelque chose comme un ange passe, oui, un ange. La dénivellation des pavés c'est instantané, le retour du bruit est instantané, tout ce qui passe par un déséquilibre inopiné est instantané.

Mais il faut aussi avoir des renseignements sur l'enfer pour aller au paradis. Il faut savoir ce que c'est, sinon on va dans les limbes comme les enfants non baptisés. Il faut avoir cette vision de l'enfer. Et là ce qui m'amuse toujours, c'est Madame Ritz dans ses Mémoires, vous savez, qui dit : « Je ne sais pas ce que Marcel Proust faisait toujours avec le maître d'hôtel, je ne vois pas très bien ce qu'ils pouvaient avoir à se dire. » C'est une remarque d'une naïveté ravissante. Bien entendu Proust voulait savoir ce qui se passait dans les coulisses, il y a la société et puis il y a ce qui se passe pendant ce temps-là, dans les boudoirs, dans les chambres. Il y a l'apparence et puis il y a toujours un envers, un envers de l'histoire contemporaine comme dit Balzac.

Remarquable personnage, y compris de *À la recherche du temps perdu*, bien négligé, et pour lequel je n'ai pas du tout la désinvolture qu'ont affichée beaucoup de romanciers dits « modernes ». Balzac est un immense écrivain dont il faut absolument réenseigner la lecture et qui comme tel savait, avait su s'organiser, avec sa police à lui, son réseau de renseignements à lui. Proust a été, a créé lui-même un remarquable réseau de renseignements.

Je veux dire par là que c'est quelqu'un qui s'est renseigné. Et ce qui me frappe c'est de voir aujourd'hui à quel point les écrivains sont en somme d'une timidité invraisemblable... Je ne sais pas s'ils sont contents comme ça, ils ont l'air retraités d'avance. Ils font de l'exotisme, évitent de se renseigner. Ils ont peur de savoir, ils n'en ont pas envie. On les flatte un peu, ils sont contents, ils se contentent de très peu de chose. Un écrivain qui ne se renseigne pas ne peut pas écrire. Balzac était renseigné, Proust aussi. Mais d'ailleurs une tyrannie bien organisée, douce, a tout intérêt à encourager des écrivains non informés, le plus possible émasculés et qui se tiennent tranquilles... (*rires*)

S. B. : *Vous aimez les écrivains chez qui la mondanité prend place : Saint-Simon, le Prince de Ligne, Proust, Morand ; plus récemment dans* La Fête à Venise [1] *vous citez des phrases du* Journal intime *de Warhol. La mondanité « aristocratique », comme elle se manifeste encore chez Proust, débouche-t-elle sur autre chose que la mondanité « moderne » à la Warhol ?*

Ph. S. : Le thème de la mondanité c'est en général celui de la vanité, au sens où on représente le visage et la tête de

---

1. *La Fête à Venise*, Gallimard, 1991.

mort qui l'accompagne, vanité au sens plastique. Il y a aussi l'idée chez Proust, profondément, que la perversion est aristocratique, ou si vous préférez que l'aristocratie n'est vraiment elle-même que lorsqu'elle arrive à la perversion et que la perversion n'est légitimée que par une position aristocratique. C'est pourquoi il suit avec tellement de minutie la dégradation de ce qui s'est présenté comme aristocratie et qui, petit à petit, finit par s'allier à ce qui remonte, du bas, sous la forme de Madame Verdurin devenue princesse de Guermantes. C'est, si j'ose dire, la comparaison sans cesse de la perversion avec la perversation. La perversion est indubitablement quelque chose que Proust valorise, sur quoi il fonde ses observations. Il n'y a aucune différence entre le salon Guermantes brillant du début, celui qu'il imagine si brillant, et le bordel de l'Acacia. C'est de la même essence. Et l'essence est aristocratique, Charlus est un personnage qui incarne ça au maximum, et c'est l'un des personnages les plus forts que le roman universel nous ait légués. En revanche, la perversation c'est justement le mélange. C'est la perversion non assumée qui sert à la rentabilité ou à la malversation, donc à la perversation. Les femmes de la *Recherche* sont le plus souvent dans la perversation, c'est-à-dire dans la revanche du bas sur le haut... Et c'est une thèse très originale parce qu'elle consiste à observer la société dans son évolution, dans ses conflits de classe, dans ses conflits d'intérêt à l'intérieur même des catégories de classe — à propos de l'affaire Dreyfus notamment —, à considérer cette société en gardant toujours l'appréciation sexuelle, en n'oubliant jamais cette donnée dans l'affaire, ce qui est prodigieux. Freud n'a pas lu Proust, mais il aurait dû en être ravi, car le fil qui court à travers toutes ces histoires, d'intérêt, d'argent, de préséance, est toujours aussi une question sexuelle.

Par contre, l'aristocratie déchue de Warhol n'est plus qu'une aristocratie parfaitement frigide dont il faut observer le simulacre privé de toute perversion réelle. Nous sommes en pleine perversation et Warhol est le dandy de la peinture de cette perversation. Il a été un réaliste froid, y compris sur lui-même. C'est mieux que des tas de mensonges, y compris de peintres dits « abstraits ». C'est brutal, ça dit la laideur d'une époque. C'est-à-dire exactement ce que méritent les États-Unis d'Amérique... On a les artistes qu'on mérite (*rires*). Les Anglais, eux, s'en sont mieux tirés : ils ont eu Francis Bacon. Une autre aventure, à propos du Temps et de la vérité comme figure.

# *La Défense de l'infini*

«*L'histoire moderne* a créé les yeux qui savent nous lire», lit-on dans la réimpression de l'*Internationale Situationniste*. Ceci est écrit en 1969, un an après des événements qui comptent encore dans les imaginations, et nous ne sommes pas en train de parler à un moment quelconque de l'histoire humaine. L'histoire, tout à coup, nous donne des yeux pour lire autrement. À ce moment-là, il faut être détaché de tout ce que les auteurs eux-mêmes ont pu construire comme apparences, surtout lorsque cette construction a eu une grande importance historique.

C'est le cas, unique dans l'histoire de la littérature du siècle, d'Aragon. Cas de coïncidence entre la constitution d'une légende littéraire personnelle et une action politique, *de pouvoir*. Un pouvoir de très grande envergure puisqu'il s'agit ni plus ni moins de l'histoire du mouvement communiste international. Cela pose un problème extrêmement intéressant, que nous avons depuis très peu de temps la possibilité de mieux traiter. Importance des dates : Picasso croyait qu'un jour naîtrait une science qui déterminerait pourquoi tel homme fait ceci à tel moment et pas à tel autre. C'est une science en cours de constitution qu'Aragon n'a

## La Défense de l'infini

pas su s'appliquer, puisque toutes ses tentatives d'explication, à partir de 1968, sont malaisées, empreintes de nostalgie, d'une grande attirance pour ses débuts, mais on ne sait pas très bien comment il arrange tout cela.

Je crois que c'est en 1958, à mon sujet, que, pour la première fois depuis les années 30, Aragon écrit le nom de Breton. Je vous situe ici le lieu d'où je vous parle aujourd'hui. L'histoire, qui nous donne les yeux pour lire, a subi des chocs considérables, ne serait-ce que par l'effondrement tout à fait imprévu de l'empire dit « soviétique ». La vie et la création d'Aragon de 1927, date d'adhésion au parti communiste français, mais surtout depuis 1930, où il s'engage dans une responsabilité écrasante, historique, qui va lui paraître de plus en plus douteuse, restent à interroger.

Je dis que le drame de *La Défense de l'infini*, l'histoire de son écriture et de sa quasi-destruction, sont questionnables aujourd'hui pour la première fois. Pour la première fois, nous sommes en train de nous demander ouvertement ce qui, dans l'énergie révolutionnaire des années 20-30, s'est ensuite arrêté. Le « retour au romanesque » d'Aragon, après sa période surréaliste, consiste en réalité dans un retour au XIX$^e$ siècle. L'écriture d'Aragon, malgré des effets d'une virtuosité qu'on ne conteste pas, marque un arrêt. Aragon reprend du côté du XIX$^e$ siècle, alors qu'en 1924, date du premier manifeste du surréalisme, de la plus grande proximité entre Aragon et Breton, et de ces textes extraordinaires de *La Défense de l'infini*, on est dans une aventure qui me paraît aujourd'hui beaucoup plus moderne.

Considérons que tout le monde ne sera pas d'accord : je vais, en poussant à bout s'il le faut ce que je sens comme souffrance d'Aragon, *avancer la défense d'un Aragon qui aura été pendant six ans révolutionnaire.*

À l'intérieur du surréalisme et même dans la littérature du XXe siècle, Aragon est celui qui a le plus de facilité d'écriture, le plus le sens de la provocation. Breton lui-même en était choqué parce que c'était le scandale pour le scandale, et puis surtout « Moscou la Gâteuse ». N'oubliez jamais que c'est Breton qui insiste sur la marxisation du surréalisme, ce qui va par la suite le conduire à de beaux hommages de fidélité à Trotski.

Aragon a une complexion spontanément, et fondamentalement, anarchiste. Il a de bonnes raisons pour cela. Il n'a pas n'importe quel père. Ce père, pas encore assez étudié, est quelqu'un qui s'est « occupé » de la Commune à Lyon, qui a été Préfet de police, qui porte le même prénom que le fils qu'il ne reconnaît pas, un prénom d'ailleurs marqué par les souvenirs monarchiques, et qui, ensuite, publie des livres, sur Gassendi notamment. C'est un policier, mais un policier de fond.

Aragon pousse le mouvement révolutionnaire qu'était le surréalisme dans le sens d'une liberté physique considérable. Il n'y a qu'à comparer : le plus expert sur le corps humain, ses possibilités de métamorphose, de jouissance, de dérive, d'invention dans le mouvement même, c'est Aragon. Dès *Le Paysan de Paris*, dans ce fameux fragment, *Passage de l'Opéra*, vous lisez une apologie du bordel qui est pour lui, dit-il, *la façon de pousser la porte de ma liberté*, notation qui ne pourra que gêner, non seulement le puritanisme ambiant, ce qui va de soi, mais aussi le puritanisme de ses camarades. Dans l'extraordinaire passage *du Sentiment de la nature aux Buttes-Chaumont*, une oreille attentive sent très bien que ces trois hommes Breton, Noll

*La Défense de l'infini* 763

et Aragon, dans ce parc enchanté, habité par le désir dans les buissons et sur les bancs, ne sont pas là pour rien. « Ils attendent de ces bosquets perdus sous les feux du risque une femme qui n'y soit pas tombée, une femme de propos délibéré, une femme ayant de la vie un sens si large, une femme vraiment si prête à tout qu'elle vaille enfin la peine de bouleverser l'univers. »

Dans *Le Libertinage*, ce petit livre à lui seul qui s'appelle *La Femme française* n'est pas sans faire penser, bien qu'il n'en parle jamais, à la Molly Bloom de Joyce à la fin d'*Ulysse*.

« Le fait est que j'aime rudement, homme ou femme, toucher un corps qu'un rêve d'amour possède déjà. En toutes ses parties une poussée se fait de la chair vers la paume. »

Cela montre une pénétration subtile de ce que pouvait être le caractère d'une femme libertine de cette époque, avec une compréhension de ses non-dits, de sa provocante liberté, qui ne peut qu'attirer l'attention sur une spécificité d'Aragon. Comparez avec Breton : il n'y a pas de personnage du type de *Nadja* dans l'œuvre d'Aragon, pas de fascination ou d'adoration pour l'énigme hystérique ou pour la médiumnité. Aragon ne semble pas le moins du monde doué pour le spiritualisme. Ses descriptions révèlent un don d'observation fort, aigu, une très grande insubordination physique. Nous en avons la preuve, énorme, dans ce fragment de *La Défense de l'infini* qui s'appelle *Le Con d'Irène*.

L'histoire de ce petit livre anonyme, publié en 1928, jamais revendiqué par l'auteur, renié parce que alors justement la politique et l'histoire empêchent qu'on puisse le prendre à son compte, nous paraît aujourd'hui, il faut bien le dire, comique. Ça ne l'était probablement pas à l'époque. Il faut attendre 1986 pour lire sous le nom de Louis Aragon la publication du *Con d'Irène*, et encore plus de dix ans pour cet énorme dossier. Je propose de penser l'histoire d'après le temps que mettent les textes à être lus. On tient, avec cette méthode, la vraie nervure du temps historique. Bien entendu, Aragon a laissé des traces, mais enfin le livre de 60 pages, anarchiste, d'Aragon, où il nous aurait dévoilé son calcul réel, nous manque, à supposer qu'il ait été capable de l'écrire.

*La Défense de l'infini* est, si on veut, un roman. C'est surtout une écriture de très grande liberté où la position du sujet qui parle atteint un point de liberté rare dans l'histoire de la littérature. Ce sont des sortes de Mémoires improvisés (*Le Paysan de Paris, Le Libertinage, La Défense de l'infini*, tout cela devrait faire en réalité, pour le lecteur attentif, un seul livre), qui ont d'autant plus d'intérêt que vous y voyez un Paris de l'époque comme on ne l'avait jamais lu nulle part. Ce qu'est la nuit, ce qu'est le bar du Zelli's, ce qu'est l'invention de la «dérive situationniste». Pensez à ce passage extraordinaire de jouissance par le regard, admirable définition du regard du narrateur, qui se trouve à la brasserie La Lorraine où une femme s'assoit en face de lui. Le regard joue un grand rôle dans cet imaginaire-là. Voyez cette scène du métro, plus que choquante mais qui n'a rien de pornographique. *Le Con d'Irène*, a-t-on dit, est un livre pornographique, mais ce n'en est pas un, cela va beaucoup plus loin; vers des choses que les gens n'arrivent visiblement pas à lire. Cette scène dans le métro, c'est un échange de regards. Songez que, sur *Le Con d'Irène*, je n'ai jamais lu de commentaire sur le personnage très important, cela aurait dû attirer l'attention, du vieillard paralytique qui assiste aux ébats de sa petite fille. C'est une situation extrême d'invention. Toutes ces positions sont des positions *physiques*, des positions de perception, des positions où l'expérience sexuelle est en jeu sous une forme très libre. Elles vont disparaître de l'œuvre à partir de 1930. Une pruderie, une nette pudibonderie même vont prendre la place de ce qui était une décision de liberté lucide et expérimentale. Voilà donc un corps, que je définis comme étant le plus doué, le plus en pointe sur le terrain, terrain des rues, terrain des lits, terrain de la liberté féminine, qui dans l'histoire va se priver de ses disponibilités, être expulsé de son corps ou mis à côté de son corps, de la complexité de son corps. Pendant très longtemps, jusqu'à une sorte de mise en scène finale qui va dans l'existence signaler cette espèce de déroute, il balise pour le chercheur que nous devrions être, l'endroit où le bateau démâté arrive. L'intérêt d'Aragon, s'il en a un, à moins qu'on veuille recommencer à le recouvrir, c'est celui-là.

L'explication qu'on nous donne de la destruction du manuscrit de *La Défense de l'infini* brûlé à Madrid en septembre 1927 est toujours psychobiographique. Nancy Cunard lui en fait voir de toutes les couleurs, ce sont des questions d'argent, des rapports de force entre une femme et lui, il est jaloux, il est incertain, il tente de se suicider à Venise en 1928... puis la Providence intervient (toutes ces interprétations sont d'ailleurs à forte connotation religieuse, bien entendu), Elsa Triolet le sauve, il y a des tensions à l'intérieur du mouvement surréaliste, il y a cette controverse politique : faut-il être communiste ou ne faut-il pas l'être, communiste au sens de l'époque. Et puis il y a quand même ce qui est très important, le voyage à La Mecque, c'est-à-dire à Moscou.

Le parti communiste français en 1927, à 7 ans du Congrès de Tours, Aragon l'a dit, c'était un petit parti ouvriériste, très antiintellectuel, rien à voir avec ce qu'il deviendra en

36 ou après la Deuxième Guerre mondiale. Aragon se trouve devant la question du pouvoir. Or, à Moscou, en 1930, le Pouvoir avec un grand P existe, il est non seulement énorme mais très apparent pour un œil exercé, et on peut dire sans exagérer du tout que la police la plus forte à cette époque-là est stalinienne, elle est en train de faire ses preuves non seulement à l'intérieur mais à l'extérieur. Il y a une influence dès ce moment-là qui peut être vérifiée pays par pays, en Angleterre, en France ou ailleurs, avec des cibles bien précises confiées à des professionnels qui n'ont rien à envier à l'expérience d'Andrieux. Tout cela s'explique assez facilement : le surréalisme va-t-il conduire à une subversion en terme de *pouvoir*? Visiblement non, et cela peut être considéré comme étant sa grandeur. Aragon, lui, à ce moment-là bascule du côté du pouvoir. Dans la question du pouvoir, le problème c'est qu'il vous prive automatiquement d'une certaine complexité de votre corps, donc de votre perception, et de votre liberté par définition. Les effets doivent être analysés au coup par coup : le réalisme, le réalisme socialiste, et tout ce que vous voudrez. Puis le résultat est là : ce qui est plus tardif dans la biographie et l'écriture d'Aragon vieillit beaucoup plus vite que ce qui est antérieur. Il ne faut pas trop s'étonner de ces choses-là si on a une conception du temps ou de l'histoire qui n'est pas linéaire. Les yeux de l'histoire nous permettant de lire, nous ouvrons *La Défense de l'infini* et nous sommes saisis par ce qui était ouvert à cette époque. C'est à travers ce qui a été soulevé en 1968 que, moi, je le ressens. Après, avec *Les Cloches de Bâle*, on voit qu'Aragon a eu beaucoup de difficultés, il s'en explique, c'est un livre qui a des morceaux de bravoure, on sent d'ailleurs dans un passage sur Bonnot le règlement de comptes qu'il peut avoir avec la police française, suivez mon regard, « il faut

mille hommes pour en abattre un ». On y lit des choses intéressantes, dans la problématique historique, sur Jaurès, sur Clara Zetkin, sur l'espionnage. Aragon à ce moment-là est rentré dans une conception policière de l'histoire, ce qui implique forcément qu'il va s'interdire de vivre vraiment son corps. L'affaire « Elsa » entre ici en scène.

Les ruptures à l'intérieur du surréalisme ou les situations par rapport à Breton lui-même me paraissent toutes pouvoir être interprétées de façon nouvelle, avec les yeux de l'histoire. On peut, c'est d'ailleurs ce qui se fait tout le temps, dire : « Aragon sentait que le surréalisme ne menait nulle part et il a fait l'œuvre qu'il a faite », mais c'est une interprétation en termes de pouvoir, qui ne permet pas de juger de la force subversive extraordinaire du *Paysan de Paris*, du *Con d'Irène*, de *La Défense de l'infini* elle-même, y compris *Jean-Foutre La Bite*, un texte très engagé politiquement sur le mode anarchiste. Là sont les chefs-d'œuvre d'Aragon. Ça me paraît absolument évident.

Je me demande si tout le monde n'a pas eu une sorte de complicité avec l'auteur lui-même pour essayer de cacher ça. De la part d'Aragon, c'est clair, puisqu'il ne se permet pas de reconnaître *Le Con d'Irène*, nous avons là un indice net mais de la part des surréalistes aussi. Comme c'est un traître, on fait comme si il n'avait rien écrit. Quant aux puritains, Dieu sait s'ils sont nombreux, et la raison pour laquelle Aragon est passé par Moscou c'est qu'évidemment le retour à l'ordre bourgeois pur et simple ne lui paraissait pas possible. La lettre à Jacques Doucet de 1927, où il lui fait part de sa détermination politique, lettre très lucide, très subversive, est encore anarchiste, bien qu'à un moment le bois commence à se mettre dans la langue.

Donc, si je suis anarchiste, libertaire, si j'ai une fidélité à

Breton exclusive je dis : « Aragon crapule stalinienne ou contre-révolutionnaire totalitaire, etc. », ce qui m'évite de lire *La Défense de l'infini, Le Libertinage* et *Le Paysan de Paris*. Si je suis en revanche lié à la grande mythologie stalinienne — qui va me poser quelques soucis sur le tard —, je vais vouloir garder l'image de l'Aragon de la légende, l'Aragon réaliste, l'Aragon sentimental, l'Aragon amour unique, l'Aragon troubadour, l'Aragon populaire de la Résistance, et je vais me méfier du *Libertinage*, du *Paysan de Paris* et de *La Défense de l'infini* avec l'aval de l'auteur lui-même. Si je suis tout simplement dans le consensus bourgeois classique, je dirai que ces premiers livres sont illisibles ou à lire sous le manteau, voilà des élucubrations, qui ne sont pas la prose habituelle des académiciens français ou du *Figaro*, c'est le moins qu'on puisse dire. Vous voyez : j'essaie de soulever un peu la dalle, et ce qui m'y pousse, je crois, c'est l'histoire elle-même.

Je me souviens d'avoir dit, peut-être moins fermement, tout cela à Aragon quand je l'ai vu à vingt-deux ans, pas longtemps d'ailleurs. Il m'a offert *Une vague de rêves* avec en dédicace : « à Philippe, de la part d'un de ses cadets, Louis ». Cet article fameux sur moi, *Un perpétuel printemps*, a été publié ensuite avec un autre, le *Discours à Saint-Denis*, parce qu'il fallait prendre des précautions, le premier article ayant paru un peu trop libre, dans un petit livre, *L'un ne va pas sans l'autre*. Là, la dédicace était : « À Philippe, l'autre, Louis ». « De la part d'un de ses cadets » : « l'autre » : il sentait très bien que la vérité vraie, pas le *mentir-vrai*, était là, et que le temps ferait son œuvre, à travers moi ou un autre, peu importe. Le destin c'est ce que l'histoire fait des hommes, et Aragon avait très bien senti que j'aimais Breton. La réédition des *Manifestes du sur-*

*réalisme* était en cours, et la dédicace de Breton à moi est la suivante : « À Ph. S., aimé des fées ».

*La Défense de l'infini* est un livre qu'on peut mettre dans une bibliothèque comme un très grand livre de l'histoire de la littérature française, toutes périodes confondues. C'est un livre d'un genre qui n'existait pas. C'est le premier livre qui pose la question : comment dire la jouissance féminine ? Lisez *La Femme française, L'Entrée des succubes* qui répond à l'*Entrée des médiums* (dédié à Breton), *Le Con d'Irène*. Il faut avoir l'audace d'imprimer : « Enfer que tes damnés se branlent, Irène a déchargé. » Ça a des accents sadiens, mais c'est autre chose, on est à une époque de liberté après une époque de répression intense. Il faut s'habituer à penser l'histoire autrement, par hauts et par bas physiques. La bonne boussole, c'est la liberté des sens. Le $XX^e$ siècle entre 1900 et 1914, est une époque de liberté incroyable, dans tous les domaines. *Les Demoiselles d'Avignon* révolutionnent la représentation, *Le Sacre du printemps* de Stravinski vient ponctuer ça. Puis vient la boucherie. Aragon et Breton sortent de cet enfer, et se demandent « qu'est-ce qui s'est passé ? ». Ils rencontrent Lautréamont et Rimbaud qui attendaient depuis cinquante ans qu'on s'occupe d'eux. Une liberté s'injecte dans une autre liberté. Les orages sont là, une autre période de l'histoire s'annonce, mais nous avons ces livres, ces gens en train de vivre. Nous pouvons les observer, voir comment ils se déplacent dans Paris, les corps qu'ils rencontrent, comment ils en usent.

Coup d'arrêt. Sans faire d'économisme plat, vient la crise de 29, la contre-révolution stalinienne, ce qui se passe en Allemagne, la Deuxième Guerre mondiale, massacres à haute dose. Il y a des corps qui respirent, qui sont libres, et lorsque la pulsion de mort prend le dessus comme par hasard la représentation se stéréotypise, les menaces abondent. Bloquer la représentation du corps, de ses expériences les plus complexes, la stéréotyper, entraîne dans la réalité, il s'agit presque d'une loi, que vous pouvez en tuer beaucoup, de corps, comme si de rien n'était. Prenez l'Algérie aujourd'hui, vous voyez ce qui reste de la jouissance féminine. Implacablement, «l'indice femme» nous révèle la région où cela se passe, ce n'est pas une idée de moi d'ailleurs, c'est du Marx pur sucre. Pour juger une époque, vous regardez là, c'est en somme ce que j'ai fait dans un certain nombre de livres, notamment dans *Femmes*, publié en 1983.

Aragon écrit *La Défense de l'infini* en trois ou quatre ans d'invention prodigieuse, de dépense d'énergie considérable. Cet Aragon-là, je suppose que le vieil Aragon devait le considérer comme étant en avance sur lui-même, puisqu'il se retrouve son cadet. Manet a cet âge-là quand il fait son scandale que personne n'attend, *L'Olympia* et *Le Déjeuner sur l'herbe*. Si on ne trouve pas aujourd'hui un type de trente ans capable de faire cela, on a des raisons d'être inquiet, l'histoire ne va pas bien. Pourquoi? Parce que le corps n'est pas là.

Il y aurait un énorme livre à écrire, *Du corps dans l'histoire*, ça nous permettrait d'aborder des époques très différentes, même, très lointaines au lieu d'avoir l'œil vissé au $XIX^e$, et au mauvais $XIX^e$. J'appellerais ça *Pour en finir avec les régressions du $XX^e$ siècle*, ou *Comment en venir à la vraie histoire du $XX^e$ siècle*, ou *Apologie du sentiment révolutionnaire au $XX^e$ siècle*. C'est pensable. Le siècle s'achève, et je soupçonne que personne n'a intérêt à faire l'histoire du $XX^e$ siècle dans sa partie créatrice fondamentale. Ce n'est

*La Défense de l'infini* 771

pas seulement un siècle de massacres et de régressions. Proust déjà, ferme le XIX$^e$, et voici les surréalistes, Aragon, Breton, Joyce, Bataille, Artaud, Picasso. La bonne perspective serait de dire : tiens, il y a un type qui s'appelle Aragon, mais quelle histoire bizarre, que fait-il là dans *Le Passage de l'Opéra*? Pourquoi personne n'avait-il pensé avant lui à décrire ainsi le petit commerce ? Qu'est-ce que ça veut dire, tout à coup, ce Paris qui resurgit dans sa force ? Paris ville mystérieuse, ville révolutionnaire, mais mystérieuse autrement, et qu'est-ce que c'est que la vie de bordel, qu'est-ce qu'elle apprend ? Et après, si je me déguise en puritain, tant pis. Du même point de vue, l'autre exemple du genre « expérience du corps dans l'histoire » avec malédiction à la clé, c'est Céline. L'œuvre qui surgit au détour de la crise c'est *Voyage au bout de la nuit*, avec des hymnes à la jouissance féminine très intéressants, le personnage de Molly ou celui de Sophie. Dans une époque qui a tendance à se remettre à l'heure de la pruderie, Céline par son diagnostic sur la misère pose, sur un certain nombre de figures féminines, un œil très critique. Évitons l'idéologisation des problèmes, avec Céline ça arrange tout le monde. J'essaie d'indiquer une autre façon de comprendre l'histoire du XX$^e$ siècle. Il y a un effort de détachement, de liberté, à faire pour dire ce qu'est l'essence de cette histoire, ça passe par des dossiers tous plus brûlants les uns que les autres : Heidegger, Céline, Aragon. Il faudrait pouvoir aborder tout cela sans préjugés, en suivant ce que nous dit le sismographe du langage lui-même. *La Défense de l'infini* est un dossier qui nous surprend, qui n'était pas prévu au programme, et peut-être qu'Aragon aurait été le premier surpris. Imaginons qu'on lui ait donné ce livre, il s'enferme deux jours avec, car il a peut-être oublié les fragments de Nancy Cunard, déchirés, recollés par elle, retrouvés au

Texas, c'est une aventure, c'est aussi intéressant qu'Aragon et Breton allant copier les *Poésies* de Lautréamont à la Bibliothèque nationale. Ce que je dis de lui l'étonnerait, mais il serait peut-être très content. Imaginons-le avec ce dossier bien établi, bien réel : « Vous avez bien écrit ça, pourquoi ? Vous pouvez bien dire que c'est vous qui avez écrit *Le Con d'Irène* ? » Pourquoi n'a-t-on jamais pu le lui demander et pourquoi n'a-t-il jamais répondu ?

Supposons la scène de fiction que je vous invente, une pièce de théâtre qui commence sous vos yeux.

Aragon est là :

« Bien, maintenant ce n'est plus la peine de vous cacher derrière votre petit doigt, vous avez bien écrit ça... Qu'est-ce que c'est ce personnage de paralytique ? À quelle expérience ça correspond chez vous à ce moment-là ? Dites nous, Aragon ! »

C'est le personnage pour qui cela aurait le plus de sens. Je ne vais pas demander à Artaud pourquoi il a écrit ce qu'il a écrit, c'est évident, il me dirait : « Moi, Monsieur, je suis sous la pression des événements, j'en ai marre d'avoir des électrochocs à Rodez, etc., il n'y a pas de pourquoi, ma prose est sans pourquoi. » En revanche, le dossier de *La Défense* est un énorme *pourquoi*. Céline ne va rien me dire non plus. « Il n'y a pas d'intention, je ne suis pas un homme à message, j'ai écrit ce que j'ai écrit, pas de problème, c'est clair, j'ai été antisémite, bon, oui, peut-être. » À Breton, je vais peut-être demander quelque chose qui m'intéresse chez lui aujourd'hui, c'est ce qu'il a voulu dire exactement en parlant du Vert Galant, de certaines allusions, de Paris secret, etc.

Mais pour Aragon... on pourrait jouer la chose comme ça :

*La Défense de l'infini*

— Mais dites-moi, mon vieux, vous n'allez pas encore me dire que ce n'est pas vous, c'est vous, on le sait.
— Est-ce qu'Elsa ne va pas nous entendre ?
— Non.
— Et le parti n'en prendra pas ombrage ?
— Mais non...
— Est-ce que les camarades soviétiques ne vont pas intervenir ?
— Non, ils sont dans la merde.
— Dans la merde c'est impossible, ils sont terribles, ils sont imbattables, ils vont nous faire encore un coup, est-ce qu'ils ne vont pas encore intervenir ?

L'implacabilité de l'histoire, c'est qu'à ce moment-là on peut très bien dire à quelqu'un : vous savez, ce que vous êtes devenu, ou ce que vous êtes, ne m'intéresse pas. Ce qui m'intéresse c'est ce que vous avez été dans ce que l'histoire elle-même, *avec les yeux qu'elle nous donne*, considère comme étant ce que vous avez atteint de plus important... Nous cherchons quelque chose comme une pointe d'absolu de liberté dans l'histoire, alors répondez. Les romans, les chansons, « est-ce ainsi que les hommes vivent », ce n'est pas cela qui nous intéresse, ce qui nous intéresse c'est cette pointe aimantée là où vous avez été au maximum de vos possibilités, en même temps que l'histoire l'exigeait de vous. Si un jour on pouvait dire ça de moi : l'histoire a créé des yeux qui permettent de vous lire, ça me suffirait amplement.

L'histoire est une substance très mystérieuse. Quand on dit que quelqu'un est « rattrapé par l'histoire », ça veut bien dire quelque chose, mais qu'est-ce qui nous rattrape comme ça ?

Cela me frappe dans l'histoire du XX$^e$ siècle. Proust, par exemple, meurt en 1922, c'est une œuvre absolument magnifique, c'est une sorte de triomphe, le siècle s'annonce alors comme un siècle de grandeur. Dès 1930, plus personne ne parle de Proust, même à la NRF, c'est comme s'il avait disparu. Il faut attendre les années 60-70 pour que ça resurgisse. De même, pourquoi faut-il attendre aussi longtemps pour qu'*Une Saison en Enfer* soit lue, et à mon avis pas lue, pourquoi faut-il attendre aussi longtemps pour que les *Poésies* de Lautréamont reviennent périodiquement hanter les imaginations ? Aragon s'en est rendu compte parce que c'est quand le livre de Pleynet est paru, en 67, qu'il a fait son *Lautréamont et nous*, en 67, et nous sommes en 97. Qu'est-ce qui se passe dans le temps, qu'est-ce qui se passe avec l'histoire en 28, en 68 ? En 1920, 1927, Aragon, en pleine forme, nous laisse supposer qu'une formidable insurrection de liberté est possible.

Maintenant, nous sommes au mois de juin 1997, autrement qu'au mois de février, et rien ne vous le laissait prévoir. Qu'est-ce que cela va donner ? Notons une chose tout de même, je vois ça dans des tas de réactions : c'est que, tout à coup, il y a des femmes, il y a quelque chose d'autre, de la vie. En avril 68, la France s'ennuyait et on ne savait pas qu'il allait y avoir Mai 68, c'est pour cela qu'il faut relire l'*Internationale Situationniste*. En 67, Debord publie *La Société du spectacle*. Il y a trente-six ans. Il y a un moment historique où certains se montrent capables d'écrire ce qui est imminent. C'est la coïncidence bizarre entre le temps historique et la possibilité de le dire. À ce moment-là le temps prend des dimensions énormes, et en une semaine on franchit vingt ans.

En 1928, c'était le cas. Enchaînez les discours, passez de 28 à 68. Eh bien, voilà Aragon sur le boulevard Saint-

Michel, et ça ne s'est pas très bien passé. « Mais enfin, mec, tu nous a laissés en 1928 et tu nous reviens quarante ans après ? » S'est-il rendu compte de ce qu'il avait fait pendant quarante ans ? En tout cas, ce qui a parlé, à ce moment-là, c'est sans doute l'Aragon de 1928. Aux dépens de l'auteur, bien sûr. Son texte occulté de l'époque a été publié ensuite. Qui était capable d'écrire *La Défense de l'infini* en 68 ? Eh bien, voilà qui n'est pas si mal... Reprenons donc, malgré toutes les régressions, en 28 et en 68.

## *Solitude de Bataille*

Les Temps modernes : *L'*intervention *de* Tel Quel *sur* Bataille *peut être envisagée sous deux aspects. Du point de vue de la critique le concernant, il revient à* Tel Quel *d'avoir ouvert la voie, d'avoir découvert Bataille à tous les sens du mot, d'avoir mesuré la portée de ses textes et de les avoir dégagés des deux lectures partiales ou des deux « dénégations », selon votre mot au colloque de Cerisy, de Breton et de Sartre. Par ailleurs, du point de vue de l'entreprise de* Tel Quel, *la lecture de Bataille aura accompagné ou favorisé un certain nombre d'avancées théoriques et pratiques. Pour tenir ensemble ses deux fils et pour prendre les choses à leur commencement, voici deux questions. La première : qu'en est-il de Bataille dans le paysage intellectuel français en 1960, au moment de la naissance de* Tel Quel ? *Et la seconde : à quels titres la référence à Bataille intervient-elle dès la création de la revue ?*

PHILIPPE SOLLERS : Bataille, en 1960, est quelqu'un de très isolé. Il se trouve dans une situation d'exil intérieur et c'est la raison pour laquelle, surtout de mon fait, car c'est vraiment une œuvre qui m'a profondément bouleversé très jeune — je me revois encore achetant *L'Expérience intérieure*, par hasard, et le texte sur Lascaux, et en avoir été vraiment atteint — c'est la raison pour laquelle on doit le solliciter très vite, dès le début : les «Conférences sur le non-savoir» paraissent au moment de sa mort. Bataille venait dans le bureau de *Tel Quel*, il s'asseyait, d'ailleurs pour ne pas dire grand-chose mais avec un effet de présence tout à fait singulier, que je n'ai rencontré chez personne d'autre. L'anecdote, qui dit beaucoup de choses, veut qu'un jour que j'étais au Pré-aux-Clercs avec Bataille, tout près du bureau de *Tel Quel*, Breton, que je connaissais (car on le sollicitait aussi, on voulait refaire tout ça, réinterroger tout ça), entre et s'assoit à une table. Je me lève et vais voir Breton qui me dit qu'il est entré dans le café car il suivait une très jolie femme puis me demande : «Est-ce que ça n'est pas Georges Bataille ?» Il va saluer Bataille, ils se serrent la main, avec l'idée de se revoir. Cela a eu une portée très émouvante pour moi, pour les années qui suivent. De ce jour-là, je me rappelle aussi une remarque très intéressante de Bataille, qui ne disait pas grand-chose mais quand ça sortait, très doucement, ça allait assez loin — une remarque qui pouvait passer pour être très feutrée, sur un ton en même temps ironique — c'est la suivante, et il faut imaginer le ton de sa voix : «Il est évident qu'on peut difficilement aller plus loin dans la sagesse que Blanchot.» Cette phrase marquait une sorte de distance.

Aujourd'hui, je ferais une correction, une rectification à ce qu'on a fait dans *Tel Quel* qui a été en effet une tentative de débordement, sur Bataille et sur Artaud en même temps, et qui culmine à Cerisy où les critiques ont été formulées pas seulement contre Sartre, ça allait pratiquement de soi, mais aussi contre Breton. Je dirais que ces critiques ont été excessives et qu'il faudrait reconsidérer *avec les dates* l'œuvre de Breton dans une perspective beaucoup moins énervée que celle de l'époque. La question avec Sartre a été celle de la poésie : c'est-à-dire Baudelaire, Mallarmé, Flaubert, Genet. Qu'est-ce que Sartre a à dire de la poésie : peu de choses, ou des choses sociologiquement justes mais inadéquates. Tandis que Breton, qu'a-t-il à dire sur la poésie ? Beaucoup de choses en tant qu'il se met en position de témoin et qu'il ne lâche pas le morceau sur cette question, avec une ténacité admirable. Ce qui fait que lorsque ont eu lieu, après 68, les cérémonies habituelles de réconciliation posthume entre Breton et Aragon, nous nous y sommes opposés, d'un point de vue bataillien, sur le corps, en essayant d'éviter ce piège. C'est une question de la plus haute importance : elle ne touche pas seulement l'utilisation et ce qu'on pense du langage, de la poésie, c'est aussi une question politique. J'aurais donc tendance aujourd'hui à réitérer une sorte d'adhésion profonde à l'action de Breton. Pour la raison suivante : je crois que l'histoire du stalinisme reste à faire, qu'elle n'est pas encore vraiment entamée et que, de ce point de vue, Breton, Bataille aussi mais d'une autre façon, est un témoin capital. Il faut relire *La Clé des champs,* par exemple, où, dans une solitude quasiment totale, Breton défend l'expérience surréaliste contre le réalisme socialiste, attaque *L'Homme révolté* de Camus par rapport à son interprétation qu'il juge superficielle de Lautréamont, dit qu'avec le *Baudelaire* de Sartre on est très en deçà du jeu, n'arrête pas d'attaquer Aragon, sa poétisation spectaculaire, fait dans un texte admirable — «Flagrant délit» — l'historique d'un moment extraordinairement important, c'est en 1949, où apparaît un faux Rimbaud, il est alors le premier à dire qu'il s'agit d'un faux et, avec beaucoup de courage, il tient cette position.

Sa position à l'égard de Bataille, comme je viens de l'indiquer par l'anecdote précédente, est une correction par lui-même de ce qu'il a dit en 1930 dans le *Second Manifeste*. Il y revient après la guerre : pour l'élaboration d'un mythe nouveau, dit-il, on doit attendre énormément de Bataille et la poignée de main que j'ai signalée était tout sauf superficielle. Donc j'associerai de nouveau ces deux noms pour éviter les falsifications dont ils sont l'objet. Et je dirai qu'on ne peut pas séparer ces deux vues, pas plus qu'Artaud. Par rapport à quoi les grandes vedettes de la pensée de l'action politique sont à reconsidérer de façon beaucoup plus critique qu'on ne l'a fait.

J'ai dit que Bataille était isolé parce qu'il était destitué socialement en quelque sorte : assez souffrant, et, à cause de sa non-institutionnalisation, surveillé de partout. Il ne s'occupait plus de sa revue *Critique* qui en somme était gérée par son beau-frère ; son nom était là très en évidence mais c'était devenu — et ça l'est devenu de plus en plus — une revue universitaire. Il était surveillé par le clan Lacan, pour des raisons qui sont très intéressantes à creuser, à savoir qu'on n'a pas une femme en transit comme ça avec un personnage de cette envergure et une fille... toute cette affaire n'a pas été vraiment analysée, et tout le monde s'en garde bien puisque désormais le conformisme est total. Avec Sartre ça n'allait pas non plus, bien sûr. Donc Bataille était très seul : pas d'institution — qu'est-ce que c'est bibliothécaire à Orléans ? C'est le moment où il y a une vente de tableaux, pour lui acheter un appartement à Paris, dans une indifférence quasi générale.

Des revues il y en a de deux sortes : celles qui émanent du corps social en tant qu'institution (voyez *Le Nouvel Observateur* de cette semaine et vous les avez toutes dans l'ordre : *Esprit*, *Commentaire*, le cas des *Temps modernes* est un peu différent mais il est là comme alibi et en otage

— Lanzmann est pris en otage — et puis celle de Pierre Nora, mon voisin), ce sont des revues qui ne partent pas de l'expérience personnelle jugée particulièrement intéressante d'un fondateur qui met sa vie, son existence, ses passions dans un mouvement de revue, ce sont des revues qui ont l'avantage d'être en quelque sorte le baromètre des idées, d'un désir certes, mais d'un désir commun, collectif qui peut être aussi bien syndical que politiquement tout à fait révérencieux, ce sont des revues, à la limite, d'expression du social. Et puis il y a les revues qui, fondées sur une subversion, sont en quelque sorte la négation de l'ordre social existant, comme les revues surréalistes, qui sont d'une très grande importance dans l'histoire du XX$^e$ siècle. Il y a donc deux sortes de revues : des revues de sécurité sociale et celles qui sont fondées sur la passion d'un individu. Bataille visiblement s'est vu dépossédé de ça : il n'était pas parti pour faire la revue *Critique* d'aujourd'hui. Il faut bien que quelqu'un se dévoue pour le dire, si ce n'est pas moi ce sera... personne puisque tout le monde respecte tout le monde. Mais moi je n'ai pas l'intention de me faire respecter et d'ailleurs ce serait inutile car je ne pourrais pas l'être. Les revues surréalistes étaient fondées sur la passion subversive de Breton et de ses amis et *L'Internationale Situationniste* était fondée sur un projet hautement révolutionnaire ; je crois qu'on peut relire ces numéros sans être déçu puisque ça correspond exactement au temps qu'il faut pour faire ce qu'il faut. *Tel Quel*, on peut en penser ce qu'on veut, mais ça correspond aussi à une intention très passionnelle de gens qui étaient tous des écrivains, sans statut social, sans statut institutionnel, et puis ensuite on voit. Sartre c'est pareil d'une certaine façon : c'est une revue de subversion due aux passions de son fondateur. Avec ça on a l'axe du XX$^e$ siècle en France.

*Parmi tous les noms et revues que vous venez de citer, quelle est la place particulière de Bataille ?*

Bataille n'a pas réussi à faire sa revue. Ce qu'il avait à proposer était irrecevable puisque ça aurait dû être ce qu'il a toujours fait : la dialectique entre une expérience existentielle tout à fait atypique et le savoir qui en rendrait compte malgré tout. Quand je dis que c'est Bataille qui m'intéresse au plus haut point c'est ça : qu'on puisse dialectiser l'expérience littéraire ou existentielle et le savoir de l'époque. Ce qu'on a fait à *Tel Quel*. Parce que finalement c'est nous qui sommes allés attirer l'attention et poser des questions aux savoirs de l'époque. Et en général c'est interprété à l'envers, comme si on avait été les porteurs de valises des gens qui firent carrière dans l'université par la suite, c'est-à-dire les grandes vedettes, Barthes, Foucault, Lacan, etc. Mais c'est le contraire qui s'est passé : c'est à *Tel Quel*, à l'énergie déployée par ces jeunes gens — il faut bien sûr l'effacer ensuite — que la plupart ont dû un appui constant pour ensuite atteindre la célébrité qu'ils méritaient par ailleurs d'avoir.

La dialectique de Bataille c'est ça : écrire *Histoire de l'œil, Madame Edwarda*, poursuivre ce qu'il appelle son « expérience intérieure », tout en ne voyant pas d'inconvénient à assister aux cours de Kojève ou à publier des textes de savoir — pas de contradiction. Pas de séparation : on vit pleinement, on écrit des poèmes, des œuvres de fiction et en même temps on peut dire qu'on pense et même très profondément, on peut mettre en question des philosophies, les histoires des historiens en cours. C'était ça son projet, même si je simplifie : la proposition d'une rationalité telle qu'elle n'avait jamais été conçue à ce point. Ce qui correspond d'une certaine façon à l'inspiration surréaliste, qu'il continue, qu'il radicalise. C'est pour ça qu'il y a moins de contradiction qu'on ne l'aura dit entre Breton et Bataille.

*Bataille lui-même en vient, dans les années quarante, à reconnaître l'importance du surréalisme et de Breton...*

Oui, mais tout cela a fait l'objet de deux types de récupération. Une récupération aragonienne, très tôt, qui se déchaîne en 68, et une récupération universitaire des plus massives, qui noie le poisson. Il faut essayer de désenclaver l'essentiel de cette expérience. Sur le fond, sur la forme elle-même, comme sur les conséquences politiques.

*Qu'y a-t-il au début des années soixante qui rend impossible la géographie que vous esquissez maintenant, avec cet axe Breton-Bataille ?*

C'est le monde de la séparation tel qu'il est organisé à l'époque de façon extrêmement violente. Prenez le texte de Debord sur la séparation. Vous avez un très puissant parti communiste, qui porte sa tradition stalinienne, et puis vous avez toutes les séquelles de la collaboration. C'est le monde de la séparation, de la culpabilité, c'est pareil. En 1940, 70 % des Français sont pétainistes, y compris Marguerite Duras, et 29 % sont staliniens — on arrive à 99 %. C'est ce que j'appelle dans mes livres, qu'on me reproche assez, l'axe Vichy-Moscou. Les conséquences sont là dans les années cinquante de façon hallucinante. Quand nous prenons la parole en 1960, le travail est presque artisanal, impossible. Il faut bien prendre en considération ces choses. *Tel Quel* en 1960 c'est rien : revue trimestrielle, sans publicité. Maintenant c'est comme si on avait fait régner la terreur dans ce pays... On aurait empêché la littérature de s'écrire... Très bien. Ce qui prouve qu'il faut commencer comme ça et qu'on a ainsi l'avenir avec soi. Mais 1960 ce n'est pas 1998. Breton lui-même est très isolé : il a plus d'indépendance sociale, il est plus protégé que Bataille, qui, lui, est totalement seul. Et Artaud est mort en 1948 : pas besoin d'épiloguer. C'est un monde qui sort d'une répression sauvage, dont les jeunes générations ne mesurent même pas la violence. Aujourd'hui on parle de tout : la technique du Spectacle est d'évacuer l'histoire de la culture. Donc quand je dis que si on parle d'Artaud, il faut considérer qu'il y a eu 40 000 morts de faim dans les hôpitaux psychiatriques, avec étude médicale sur ces gens — j'ai écrit ça dans mes livres, dans *La Fête à Venise* notamment, en parlant aussi de l'argent des cahiers d'Artaud —, personne ne m'écoute, personne ne veut en entendre parler. Entre 40 et 44, il y a eu 40 000 morts de faim dans les asiles psychiatriques français et par conséquent être Artaud, là, ce n'est pas être nulle part.

*Le Coupable* de Bataille est daté du début de la guerre, de fin 39. Quand vous lisez ça en situation, vous vous demandez ce qu'un type tout seul à la campagne pense de ce qui est en train d'arriver, ça n'est pas communicable. C'est un très grand livre. Méditer sur Nietzsche comme Bataille le fait en 39-40, c'est tout à fait extraordinaire. Autant que Heidegger méditant sur Nietzsche en 1934, après son fâcheux épisode rectoral. Ce sont des événements majeurs. Le *Sur Nietzsche* de Heidegger n'est toujours pas lu, par personne. C'est de cette histoire-là, qui est plus secrète, plus profonde que celle qu'on débite d'habitude, qu'il faut prendre la mesure.

*D'une certaine manière vous êtes en train de dire que, en dissociant aussi violemment Bataille de Breton, en jouant le premier contre le second, vous êtes tombé dans le piège des staliniens...*

Non. Piège stalinien : pas du tout. Mais agacement contre le surréalisme d'après-guerre, contre la régression. L'état des lieux n'était pas très enthousiasmant. Ce qui nous paraissait à l'époque urgentissime était de dire que les œuvres de Bataille et d'Artaud étaient capitales. De quoi s'agissait-il ? De faire l'histoire du XXe siècle en commençant — je dis ça dans *L'Écriture et l'Expérience des Limites* dans un texte intitulé «Écriture et révolution» — par tout ce qui a été déclaré marginal, tout ce qui a été écarté (et avec quelle violence : décadent, dégénéré, bourgeois, petit-bourgeois, etc., la ribambelle des insultes nazies, staliniennes, vichystes, j'ai tout ça à votre disposition si vous voulez). Tout ce qui a été rejeté était d'une importance centrale et il y a lieu de le redire aujourd'hui parce qu'on en est au même point. Ou alors revenons à Péguy. C'est d'*actualité* ce que je vous dis. Y compris pour Sartre lui-même : il est bon à jeter, il s'est toujours trompé, etc. J'ai simplement voulu moduler le fait qu'on a été trop sévère à l'égard de Breton. Mais ça n'est jamais allé jusqu'à interdire de le lire. Il y avait des enjeux. D'abord il fallait que la psychanalyse avançât. Ce n'était certainement pas chez Breton qu'on allait trouver un encouragement pour ce faire. Donc on s'intéresse à Lacan, assez vite, mais en en démarquant Bataille (ramener Bataille au président Schreber me paraissait nul), en critiquant la culture même de Lacan (pourquoi Gide ?) et en essayant, ce que j'ai fait pendant des années, de l'entraîner sur Joyce. Toujours la même question : comment se fait-il que des choses aussi importantes du xxᵉ siècle soient aussi marginalisées. Là nous sommes en plein dans une idéologie historique forte. C'étaient des «originaux». Quand je faisais l'apologie de Bataille, Sylvia me disait : «Ah? vous vous intéressez à Georges?» Des originaux... Des fous... Un jour je me trouve assis à côté de Laurence Bataille, morte depuis, je lui faisais part de mon admiration pour son père, elle me dit : «Ne parlons pas de ça, quand on écrit on devrait penser à sa progéniture.» Évidemment c'est préoccupant d'avoir un père comme Bataille, quelqu'un qui a écrit des obscénités, des récits obscènes. Vous n'allez pas faire l'impasse totale là-dessus, quand même? Alors il vaut mieux Balthus, Klossowski ou même Leiris, que Bataille. L'obscénité de Bataille et la profondeur de sa pensée vont de pair, et Blanchot n'a jamais écrit d'obscénités, que je sache. Pas plus qu'Emmanuel Lévinas. D'une certaine manière on peut dire qu'Artaud a écrit des obscénités. Qu'est-ce que ça veut dire «obscénités»? Je ne suis pas un amateur d'obscénités, j'essaie de voir ce qui peut passer à travers cette catastrophe du xxᵉ siècle au niveau *physique*, pour dire malgré tout quelque chose qui vient de l'épreuve du corps. Ça m'intéresse et je crois que j'ai raison de m'y intéresser parce que la tentative aura été d'éliminer le plus grand nombre de corps possibles dont certains particulièrement. Et pour cause : à cause de leurs liens à un texte fondamental. Donc c'est une façon de soutenir un peu de vérité, un peu de liberté, qui coûte cher.

Maintenant nous sommes à un moment tout à fait différent, d'amnésie. Il faut continuer avec d'autres moyens. Il y a des censures dures et des censures molles. Mais je ne dirais pas que Bataille aujourd'hui est connu. Détrompez-vous. Vous trouverez des thésards, ou des gens déjà âgés comme moi ou des jeunes très âgés qui se souviennent vaguement que Bataille a existé. Il ne faut pas rêver. Pour le vérifier, vous n'avez qu'à faire lire *Madame Edwarda* et vous verrez ce que les gens en pensent. Vous aurez la réponse.

*Quels sont les rapports entre* Tel Quel *et Denis Hollier, qui édite en 1970 les deux premiers volumes des* Œuvres complètes *de Georges Bataille chez Gallimard ?*

Denis Hollier était présent à Cerisy au colloque Artaud-Bataille et a fait une intervention remarquable. Mais je dirai que l'établissement des œuvres complètes de Bataille comme d'Artaud laisse fort à désirer pour plusieurs raisons. Je prends les douze tomes de Bataille, c'est une édition inutilisable. On peut se demander pourquoi. On est perdu. On aurait voulu rendre Bataille illisible qu'on ne lui aurait pas fait un tombeau plus massif. Le film de Labarthe insiste bien là-dessus, en montrant à la fin les livres posés par terre, entassés, et la tombe. Même chose avec Artaud comme par hasard. Au bout de vingt-six tomes vous ne savez plus à quoi vous avez affaire. Tout ne peut pas être décrété « œuvre complète ». Vous avez là tous les cahiers de Joyce, ça fait une dizaine de volumes à New York ; si je déclare que c'est l'œuvre complète, je noie le poisson. C'est une question que posait Lacan : pourquoi est-ce que Joyce a publié *Finnegans Wake* ? Et je lui disais chaque fois que c'est un acte capital qu'il l'ait publié *lui-même*. Très important. Tout cela est inconscient bien sûr, dit avec le sourire qui convient chez les gens qui font des œuvres complètes, mais ce n'est pas comme ça qu'il faut faire. Il faudrait rééditer Bataille en édition courante. C'est la même chose pour Breton. Bataille ? Mais oui ! Artaud ? Mais comment donc ! Sade ? En Pléiade, une merveilleuse idée, le troisième tome arrive enfin en 1998. Le problème n'est plus de savoir si ça peut être publié mais s'il y a quelqu'un pour le lire, si je peux, par exemple, comme j'aime dire d'une façon un peu provocante, aller en lire des passages au journal de 20 heures à la télévision. Les œuvres complètes de Bataille, c'est un travail très estimable mais ce n'est pas fait avec une bonne intention. Ce qui m'intéresse c'est de savoir si c'est disponible dans la tête, dans la lecture, s'il y a des gens que ça atteint. Or il y en a de moins en moins, quasiment plus, sauf encore une fois des universitaires, mais ceux-là peuvent avaler n'importe quoi, tout transformer en thèse universitaire. Ce n'est pas ça l'intérêt : l'intérêt est que ça soit actif. Il y aura enfin une Pléiade Bataille, j'ai beaucoup insisté là-dessus, mais il n'y a toujours pas de Pléiade Artaud. Vous avez en revanche une Pléiade Char, etc. Quand vous classez, vous jugez.

*Selon vous, comment se fait-il que Bataille ait influencé les gens qui ont fondé des revues ? Comment a-t-il fondé des groupes autour de sa figure, de son vivant et ensuite ?*

Il est fondateur tout seul et il n'arrive pas à fonder. C'est ça le cas de Bataille, il n'y a jamais eu de groupe autour de lui. Je dis que Breton tient mieux le coup car il a une activité collective de groupe ou de réseau. Il n'y a jamais eu de disciples de Bataille. Sauf son ami Maurice Blanchot qui peut ensuite écrire que dans une « communauté inavouable », si vous acceptez le concept, on serait réunis dans l'invisible. Mais ce qui frappe quand vous voyez l'édition des lettres de Georges Bataille, établie par Michel Surya, c'est que des lettres de Bataille à Blanchot ont disparu et qu'on y trouve, dans ce livre de correspondance de Georges Bataille, des lettres de Maurice Blanchot à Georges Bataille. C'est bizarre : s'introduire dans la correspondance d'un autre avec ses propres lettres. De ce livre biscornu, vous retirez l'impression que Bataille, à part quelques amis, est très à l'écart. Vous pouvez en tirer un mythe de l'amitié dans l'incommunicable, etc. C'est pourquoi je vous ai fait remarquer la petite réflexion, pas agressive, mais certainement avec un brin d'ironie, de Bataille à propos de Blanchot. Sur le plan politique, cela veut dire beaucoup de choses avant la guerre.

*Et dans* Tel Quel *sur le plan politique ?*

C'est un bordel considérable. L'objectif principal a d'abord consisté à couper court à toutes les résurgences d'extrême-droite. Cela a pris au moins trois ans. Après, il s'agissait de faire porter la subversion dans l'université, pas à Nanterre mais dans le discours lui-même. Ce qui n'était pas si mal vu : l'université explose et tous les gens qu'on défend vont bientôt faire de brillantes carrières universitaires. Mais à ce moment-là ils n'en sont pas là. Barthes n'est pas au Collège de France, Foucault non plus, Lacan est considéré comme un zozo qu'on met à la porte de l'École normale en 68, etc. Ensuite il y a 68, des scissions et on prend de front le Parti communiste français de façon extrêmement acharnée sous prétexte de maoïsme (on le prend de ce côté-là parce que tactiquement c'est le bon angle d'attaque). Et ça a porté ses fruits. Si ensuite la réputation de *Tel Quel* dans l'université peut être bonne, c'est parce que c'est récupérable par le biais de l'université française, et américaine, surtout à l'époque, mais ma réputation à moi est exécrable, je suis mort pour l'intelligentsia universitaire en 1968 et des poussières. C'est le prix à payer.

*Encore récemment, et peut-être continue-t-il, Jean-Louis Houdebine, ex-telquélien, faisait cours sur les livres de Philippe Sollers à Paris VII...*

Ça doit être le seul dans l'univers. Je ne vais pas, d'ailleurs je n'en ai pas l'intention, être considéré comme un intellectuel responsable et sérieux. Voir Bourdieu sur ce sujet, que j'ai bien l'intention de choquer jusqu'à la fin de ses jours. Pourquoi une telle virulence, une telle violence ? J'aurais été — il faut l'écrire, le penser puis l'écrire, en avoir une représentation — j'aurais été à la littérature ce que Mitterrand a été au socialisme... On est dans un délire. « Prostituée notoire... » C'est le style stalinien typique et puis on passe et on s'en moque. Pour en revenir à *Tel Quel*, il y a ensuite la polémique avec Sartre, qui n'a pas pris une ampleur extraordinaire, on s'est contenté de relever sa conception du langage. Maintenant il y aurait à revenir sur Sartre. *La Nausée* est un chef-d'œuvre : je dis ça tranquillement aujourd'hui. Qu'est-ce qui leur est arrivé à tous ? Pourquoi Sartre écrit-il ensuite contre *La Nausée* ? Pourquoi Aragon, etc. On connaît les réponses. Pendant ce temps-là Bataille écrivait. L'histoire officielle continuera à dire que c'étaient des marginalités. Moi, je ne crois pas.

*Vous avez parlé de Bataille-Breton, Bataille-Sartre, Bataille-Artaud, Bataille-Lacan, il y a un « couple » surprenant...*

Je vous ai parlé des *refoulements* à l'égard de Bataille, plus que des fondations qu'il aurait faites parce que ces fondations me paraissent être aussi interrogeables sous forme de refoulement et d'appropriation indue.

*Un auteur peut surprendre, parmi ceux que vous mobilisez en même temps que Bataille, c'est Francis Ponge, qui est aussi, avec Bataille, une grande référence de TXT...*

Je ne les ai jamais fait fonctionner ensemble. Mais d'une certaine manière, c'était la même chose. Ponge à l'époque était totalement isolé, il donnait des cours invraisemblables à l'Alliance française pour gagner sa vie. Et on faisait une enquête systématique sur la dévastation et ses suites. Ça commence à la toute fin des années cinquante, c'est encore très proche de l'effondrement et on essaie de voir ces gens-là. Pourquoi ? C'est une idée politique, bien sûr aussi. Ça ne nous choquait pas que Ponge ait été communiste et résistant en 36 et qu'il ne l'ait plus été en 45. Ce n'était pas un stalinien, c'est le moins qu'on puisse dire. Après il est devenu... ce qu'il a voulu.

Surtout, pour *Tel Quel*, il fallait essayer de faire comprendre que la Chine allait être extraordinairement là. C'est pour ça qu'on a eu un discours « maoïste », bon d'accord, mais aussi qu'on a énormément publié de textes sur la pensée et l'écriture chinoises. Et là c'est pareil : il n'y a pas aujourd'hui trois personnes avec qui je puisse parler de la Chine. Ce qui est quand même paradoxal. Parce que en 2040, d'après tous les économistes, la Chine sera la première puissance mondiale. Et tout le monde s'en fout. Tant pis.

Donc l'axe Vichy-Moscou reste encore très présent dans les esprits. La preuve c'est que cinquante ans après on est obligé de revenir sans cesse sur 40-42, et que chaque fois qu'on veut parler du stalinisme, c'est très compliqué — récemment encore je ne sais pas ce qui s'est passé rue

Saint-Benoît exactement avec Duras, Mascolo, Semprun, Antelme. L'histoire du XXe siècle reste à faire. Celle qui est faite c'est celle de ses aveuglements, de ses tragédies, de ses catastrophes, de ses coupables présumés. Mais l'histoire de la créativité au XXe siècle n'est pas faite et je ne suis pas sûr qu'elle intéresse qui que ce soit. Il y a très peu de gens avec qui je peux parler de Joyce, de Stravinski, de Picasso. Les gens vont défiler devant les tableaux mais si je leur demande de me dire ce qu'ils voient c'est une autre affaire. C'est une affaire très sensible. Et Bataille est venu penser et parler de son corps. Avec une présence énorme, très douce, presque ecclésiastique, très raffinée, et en même temps disant sur un ton très doux : « Au lycée, on m'appelait la brute. » Ce sont ces contradictions, ces divisions qui m'intéressent aussi.

*Et pourquoi tant de dédain à l'égard de l'université ? Il y a eu quelques très bons livres.*

C'est le contraire : les sentiments sont toujours réciproques. Et vous avez vu les livres venant des États-Unis ? C'est une bouillie. Je ne suis pas convaincu. Je crois que, comme on l'a fait et que ça se refera un jour, ce sont des gens intimement concernés, personnellement concernés, des gens qui seront eux-mêmes des écrivains ou des artistes qui accepteront de penser au lieu d'être des animateurs culturels — c'est ça leur nouveau poste —, qui s'occuperont de ça parce qu'ils en auront le plus grand besoin. Pas pour faire le énième livre *sur*. Parce que ça les concernera dans leur vie privée, concrète, le matin, le soir, dormir, boire, faire l'amour. C'est comme ça que ça m'a intéressé. Une expérience personnelle.

*Cette série de motifs — l'expérience personnelle, le concret, le sensible — occupe toute la pensée à partir de la Première Guerre, du surréalisme aux philosophies de l'existence, de Breton à Sartre et Gabriel Marcel...*

Là je ne vous suis plus du tout. Pour moi Sartre c'est *La Nausée*, le corps de Sartre tel qu'il apparaît dans *La Nausée*, tel qu'il a lu Céline... Tout ça se passe dans le sensible, pas le sensible abstrait, mais le sensible prouvé par le récit de son expérience personnelle, et un récit c'est bon littérairement ou non. *La Nausée* c'est bon littérairement. Tout le monde peut faire des récits de sa vie personnelle. C'est l'accord entre l'engagement dans un certain type de discours et l'expérience personnelle qui m'intéresse et pas les problèmes abstraits tels qu'ont pu les poser plus ou moins bien telle ou telle philosophie. Évidemment c'est une polémique avec la philosophie. La philosophie c'est : «je domine la situation et je parle sur», alors que ce qui m'intéresse c'est de parler du dedans et de contaminer le métalangage supposé, c'est-à-dire la réflexion elle-même. Ça c'est très bataillien. Il n'est pas le seul à l'avoir dit : voyez Kierkegaard, Pascal même. Ce sont des moments d'éruption. Ça consiste à faire de la métaphysique mais de façon plus intense. Il y a de la pensée chez Artaud et chez Bataille qui me paraît beaucoup plus intéressante, paradoxale, énigmatique, que celle des philosophes qui tartinent sur. Freud m'intéresse pour les mêmes raisons, alors que vous avez cinquante mille livres sur Freud qui me paraissent tous inutiles. Si je lis *Cinq Psychanalyses* en tenant compte de l'engagement personnel de Freud dans cette affaire, ça devient du plus grand intérêt. Mais Freud n'était pas freudien, Marx n'était pas marxiste, Bataille n'était pas bataillien. Ce qui est intéressant ce sont les moments dans

## Solitude de Bataille

l'expérience. À la limite on va vous expliquer que Debord était un très mauvais situationniste et que tout ça c'étaient des rencontres de bistrot, une façon de vivre, 68, la fête, etc. L'embêtant c'est que le type a pensé. Il n'a jamais passé sa thèse de troisième cycle comme Régis Debray, il n'a jamais fondé la médiologie, il n'a jamais eu la moindre reconnaissance universitaire et il y aura maintenant des études universitaires sur Debord parce que nous insistons sur Debord. Et pour les proches, c'est toujours embêtant ces vies à haut risque. Qu'est-ce qui s'est passé ? Il s'est mis à penser. Qu'est-ce qui l'a autorisé à penser ? Rien. Il s'est autorisé tout seul. Et ça donne *La Société du Spectacle* où l'enchaînement des concepts est tout de même fort rigoureux, malgré l'alcool. L'important ce sont les livres, les textes, les monuments. Et Bataille a fait une œuvre splendide. Mais jamais vous n'aurez eu de revue de Bataille à sa main, car c'est une œuvre absolument solitaire. Et il faut la laisser non dans son splendide isolement mais la faire irradier dans sa solitude qui touche tout le monde. Il n'y a pas de cordon sanitaire ou d'admiration particulière. Seulement il faut que les livres entrent dans la tête des gens. Il faut que ça les contamine.

*Comment vous situez-vous par rapport aux lectures de Bataille — celles de Maurice Blanchot et Jean-Luc Nancy notamment — qui mettent l'accent sur la question de la communauté ?*

Le truc de Blanchot ? La « communauté inavouable » ? Ça me paraît absolument irrecevable. Y compris du point de vue de Bataille lui-même. Parce qu'il faut se risquer dans ces cas-là, il faut des preuves. Quand je lis Bataille, je sais les risques qu'il prend en écrivant un certain nombre de choses. Sinon ça me paraît abstrait. J'ai envie de savoir ce qui arrive à la vie du type qui parle. C'est ce qui est grandiose chez Bataille. La «Discussion sur le péché», c'est invraisemblable : vous le voyez, il est entouré, tout le monde est là, ça finit dans une sorte de désorganisation. Tout le monde a son discours. Et de fil en aiguille, il les entraîne et on ne sait plus où on en est. C'est un morceau d'anthologie. Le sujet était magnifiquement choisi. Et vous entendez qu'il y a des gens qui parlent pour ne rien dire et que quelqu'un se tait de plus en plus pour dire quelque chose. C'est du grand art. Il y a une certaine façon de se taire en écrivant des livres, mais pas en bavardant sur le silence, bavardage pénible, ou sur la mort de la littérature. Et politiquement c'est considérable : il serait très difficile de dire à quelle tendance Bataille a appartenu. En 1960, Bataille n'avait pas signé, je crois, l'appel contre de Gaulle et je le réentends me dire avec un ton ironique : «Pour un général catholique, il est amusant.»

Dans ma propre biographie, il y a des choses que je répète et que personne n'écoute, qui sont comme si elles ne devaient pas être, c'est drôle à vérifier : si je parle de mon enfance à Bordeaux, alors que Papon allait être là, si je parle de l'anglophilie de ma famille, ça n'a pas existé — premier placard. Je peux le répéter indéfiniment. C'est donc qu'il doit y avoir quelque chose qui ne va pas. Si je veux raconter mon histoire dans les hôpitaux militaires, l'Algérie, comment j'ai été réformé, personne ne m'écoute non plus — deuxième placard. Pendant ce temps-là, Bataille et Breton écrivent des choses qui m'intéressent en fonction de cette expérience-là, sans quoi ça ne me passionnerait pas comme ça me passionne encore aujourd'hui. L'enfance est très importante. On la cache. Je répète que statistiquement le peuple français a un problème avec tout ça. D'où sa culpabilité, son malaise, son mal-être. Paris est une ville magnifique dans laquelle je suis heureux d'exister. Mais la plupart des gens sont déprimés, pas de ma faute. Il y a plein de gens qui considèrent que 40-45 n'a pas été une victoire, une immense victoire de l'humanité dans son ensemble. Très peu de gens pensent ça. Peut-être que ça se transmet dans les familles. Pendant ce temps-là... Antonin Artaud crève de faim, Georges Bataille écrit dans ses petits cahiers ces choses admirables de la plus grande portée de pensée et Breton, revenant des États-Unis, trouve qu'il faut se taper le coup du réalisme socialiste. Elle est bien bonne celle-là aussi. Après Travail-Famille-Patrie. Relisez « Du "réalisme socialiste" comme moyen d'extermination morale ». C'est un texte fabuleux. Tout ceci a eu lieu. Si on ne fait pas l'histoire comme ça, on ne la fait pas, on fait une autre histoire qui est complètement fausse.

*Les textes expressément politiques de Bataille tels que ceux de* La Critique sociale, *de* Contre-attaque *ou plus tard* La Souveraineté...

Essentiels. Le texte politique essentiel de Bataille est *Le Bleu du ciel*, dont vous connaissez les délais de publication. Il n'y a pas de livre qui soit plus prophétique, plus juste, plus au fond de la question, plus central sur l'hitlérisme, que celui-là. C'est probablement la raison pour laquelle si peu de gens le connaissent et pourquoi il a fallu si longtemps — vingt ans — pour le publier. Quand vous mettez les dates vous arrivez toujours à des conclusions historiques extrêmement importantes. C'est pour ça qu'il faut toujours manier les dates avec beaucoup de précision : 1940 ce n'est pas 41 ou 43. Car en 43 il y a des tas de gens qui se retrouvent au parti communiste alors qu'avant... C'est bizarre. Il y a le vent de l'histoire...

*Mais* Le Bleu du ciel *vous n'en parlez pas dans* Tel Quel. *À l'époque ce n'est pas l'aspect qui vous retient.*

À l'époque, non. L'urgence est là. Personne ne sait de quoi il s'agit : donc il faut dire que ça existe. Maintenant on peut *supposer* que ça existe. Et la vision est plus historique. On fait mieux l'histoire dans une période de régression que de montée. Entre 60 et 68 vous surfez sur une vague qui va être révolutionnaire. C'est tout à fait différent d'être dans une époque de normalisation — les années soixante-dix —, dans une époque de décervelage — les années quatre-vingt, quatorze ans de mitterrandisme —, étrange histoire, Bousquet by night — et ensuite dans une époque de mélancolie profonde, avec la peur de ce qui peut arriver à l'Europe et 15 % de Front national. Ce ne sont pas les mêmes époques. Je suis plus historien maintenant parce que je trouve qu'on approche quand même d'une autre phase et que ce que je redoute — non, je ne redoute rien, je constate — c'est cette volonté de ne pas faire l'histoire du XX$^e$ siècle.

*Et la contribution de Bataille à l'histoire du XX$^e$ siècle ?*

Éminente... Prodigieuse... Que d'avancées ! *La Part maudite, Le Bleu du ciel*... très importants. La façon radicale de s'opposer au fascisme, c'est Bataille. Pas en mots, pas en déclarations bien-pensantes et humanistes, pas avec des pansements. Non : au fond. Quant au réalisme socialiste, je ne le vois pas dans son œuvre. Il vaut mieux parler de Lascaux. L'histoire du XX$^e$ siècle, c'est un tel ébranlement du temps et de la vérité et un tel nouveau régime du mensonge qu'il est impossible de s'y inscrire si on n'est pas *personnellement* impliqué à cause de telle ou telle généalogie ou expérience personnelle forte. Le XX$^e$ siècle, c'est le siècle où des individus, qui passent pour bizarres, dans l'impasse, s'interrogent sur d'énormes quantités de temps. Pourquoi Joyce écrit-il *Ulysse* ? Pourquoi Pound écrit-il ses *Cantos* ? Pourquoi Bataille reprend-il l'histoire de l'humanité depuis la préhistoire ? Pourquoi Picasso va-t-il sortir des statues ibériques ? Pourquoi la représentation elle-même est-elle en train de se transformer à ce point-là ? Pourquoi la musique fait-elle ce qu'elle fait ? Pourquoi y a-t-il Stravinski ou le jazz ? Pourquoi y a-t-il ces livres-là de réinterrogation métaphysique ? Ça pose des questions sur le temps. Relisons *Être et Temps*, livre capital pour le XX$^e$ siècle. L'histoire du XX$^e$ siècle, c'est tout ça, une histoire extraordinairement riche. Mais ça dépend déjà de la façon dont vous faites l'histoire du XIX$^e$. Par une scolarité III$^e$ République ? Qui est important ? Lautréamont ? Rimbaud ? Baudelaire ? Les marginaux qui ont donné naissance au surréalisme et à *Tel Quel* ? Ou bien c'est George Sand, Eugène Sue, le naturalisme ? Réponse... Voyez comment on vous raconte 68 dans *Le Monde*, à la XIX$^e$, par un récit naturaliste. Le journal le dit lui-même : nous allons reprendre la grande tradition de 1848, celle des feuilletons. Nous sommes donc en 1848.

    Le grand problème est celui de la difficulté qu'il y a à se repérer dans le temps. Ça agite tout le monde, d'un côté comme de l'autre. Soit vous accueillez le fait qu'on puisse interroger le temps — la Bible, les Grecs, en langue originale c'est encore mieux — comme une énorme nouvelle libératoire, soit vous prenez ça comme une oppression, une destitution de votre pouvoir. Voyez le pauvre Claudel, qui est si mal vu et dont on publie le premier tome du *Poète et la Bible* : ça lui tombe sur la tête et il y travaille jour et nuit. Et son journal est passionnant. On en fait un pétainiste, ce qui est absolument ridicule. Bref, tout ça est à interroger. Si vous faites l'histoire du XIX$^e$ du point de vue scolaire III$^e$ République, vous ne faites pas l'histoire du bon XIX$^e$, donc vous ne pouvez pas faire celle du XX$^e$. Vous pouvez aussi vous intéresser à l'histoire du XVIII$^e$ siècle. À ce moment-là, il faut m'expliquer pourquoi Casanova qui a écrit l'histoire de sa vie en français doit attendre 1993, quasiment deux siècles, pour que la version originale soit publiée. Et Sade, n'en parlons pas. Pendant ce temps-là, il peut très bien y avoir un nouveau fascisme. C'est d'ailleurs ce qui se passe... À croire que c'est un désir, inconscient bien sûr, dit avec le sourire. C'est peut-être un désir profond. Il est évident que Bataille n'est pas l'écrivain que la droite va mettre en avant. En revanche, vous avez une recrudescence de Bernanos, Péguy, qui ne m'ont jamais vraiment intéressé. Ce que je dis est fondamentalement politique, même si ça choque. Il faut faire de la politique comme ça, si on veut faire l'histoire, désormais. Autrement on répétera des formules creuses et des clichés. « Soyons républicains » : qu'est-ce que ça veut dire ? Je sais ce que ça veut dire, merci, et alors ? Quel est le contenu ? Régis Debray va voir Julien Gracq, c'est un pèlerinage. Mais je doute qu'on puisse parler de Bataille, ou d'Artaud, ou de Rimbaud, ou de Lautréamont, ou de Joyce, ou de Stravinski, ou de Picasso. Tant pis. Même chose avec Bourdieu ou qui vous voulez. C'est du dix-neuviémisme continué, qui, par définition, moisit inconsciemment, et qui fleurit pauvrement sur cette démission. Donc il faut être gênant. Il faudrait. Au lieu de tartiner de la bien-pensance — état dans lequel nous sommes. Je crois qu'il y a quelque chose à attendre de Bataille dans ce sens-là.

*Les Temps modernes*, n° 602, 1998, propos recueillis par Cécile Moscovitz et Emmanuel Tibloux.

## Don Juan et Casanova

Où trouver Don Juan ? Dans les mille et trois adaptations littéraires, musicales, cinématographiques, dans les innombrables critiques que cette figure a inspirées ? Tout le monde écrit sur Don Juan depuis Molière et Mozart. Mais tout le monde n'est pas Molière et tout le monde n'est pas Mozart. Le *Dictionnaire de Don Juan*, récemment publié sous la direction de Pierre Brunel (1 025 pages !), montre que l'inventaire des visages de Don Juan est au moins aussi riche que le catalogue de ses conquêtes, aussi difficile à saisir pour le lecteur contemporain que le « grand seigneur méchant homme » l'était pour la cohorte de ses poursuivants.

Qui est donc Don Juan ? C'est quelqu'un dont le corps est si mobile, si vivant, si dépensier, si électrique que nul ne sait comment le faire tenir en place. C'est une force qu'on ne peut contenir. Il faudra donc que l'au-delà s'en mêle quelque jour mais bizarrement, par l'intermédiaire d'une statue qui bouge et qui revient du monde des morts, d'un mausolée ou d'un cimetière pour aller chercher Don Juan dans le monde des vivants et l'entraîner, nous dit-on, dans l'enfer. Pourquoi un tel châtiment ? Comment expliquer que dans l'imaginaire séculaire un corps masculin, vagabond, séducteur, consommateur de femmes à haute dose, en vienne à provoquer l'au-delà par le biais de cette statue qui est obligée de s'animer ? Pourquoi Don Juan est-il damné ? À la différence de Faust qui a signé un pacte avec Méphistophélès, Don Juan ne croit ni à Dieu ni à Diable. Rien ne peut l'entamer, ni l'effigie de pierre ni le spectre d'une femme voilée qui, chez Molière, « change de figure et représente le temps avec sa faux à la main ». Ni Dieu ni Diable. Qu'a donc fait Don Juan ? Que faisait-il du reste aux femmes rencontrées ?

« Rien de plus littéraire, affirme Valéry, que d'omettre l'essentiel. On a écrit nombre de Don Juan. On a écrit mille et trois fois sur Don Juan. Mais je ne sache pas que l'on ait jamais songé à se demander (ou à inventer) les causes possibles de tant d'heureux succès *in eroticis*. On ne parle jamais de l'expert et du praticien qu'il dut être dans une carrière qui exige des dons naturels, sans doute, mais aussi de l'intelligence, de l'art — et en somme, — du travail. Don Juan non seulement séduisait mais ne décevait point, et (ce qui est bien autre chose que de séduire) il laissait désespérées les femmes après soi. C'est là le point. »

Don Juan serait-il un héros du savoir-faire avec le corps, comme le suggère Valéry, ou un héros de la raison ? Il ponctue, comme par hasard, un certain nombre de nœuds historiques particulièrement importants marqués par un surgissement de la raison.

Mais de quelle raison s'agit-il ? D'une raison comptable ? « Je crois que deux et deux sont quatre, Sganarelle, et que quatre et quatre sont huit. » Au Don Juan de Mozart on associe le chiffre de mille et trois conquêtes, mille et trois nuits d'un séducteur — et, ce faisant, on l'islamise à tort. Car le catalogue du livret de Da Ponte établit une liste qui fait de Don Juan un épouseur cosmopolite : « *In Italia seicentoquaranta, in Almagna duecentotrentuna, cento in Francia, in Turchia novantuna, ma in Ispagna son già mille et tre.* » (En Italie six cent quarante, en Allemagne deux cent trente et une, cent en France, en Turquie quatre-vingt-onze, mais en Espagne elles sont déjà mille et trois.) Si l'on fait le compte exact des femmes séduites du catalogue en y ajoutant les héroïnes de l'opéra de Mozart, ce récit d'un triple fiasco (Elvire, Donna Anna et Zerline), on parvient au chiffre de deux mille soixante-neuf. Les Françaises, comme chacun sait, sont d'une espèce particulière. Ce « cent » tout rond est bien suspect. Le Paris de l'époque étant ce qu'il était, pouvait-on compter les amours ? Aux cent Françaises de la collection, viennent s'en ajouter d'autres — pourquoi pas mille neuf cent soixante-huit ? Arithmétique subversive.

Qui fait le compte ? Leporello, sous bénéfice d'inventaire. Sganarelle compte, lui aussi, il crie quand son maître se damne : « Mes gages ! Mes gages ! Mes gages ! » Quant à Don Juan, si on le considère d'un point de vue marxiste, il apparaît comme le héros de la valeur d'usage contre la valeur d'échange. Il se refuse à respecter les structures élémentaires de la parenté, à respecter le contrat qui ferait qu'en effet on échange des femmes entre hommes, entre familles — c'est pourtant comme ça que la société fonctionne. Il refuse la loi de tous les commandeurs. C'est le champion de la non-reconnaissance de dette. Et son refus s'inscrit à un moment particulièrement important du basculement du temps. Trente ans à peine séparent le *Discours de la méthode* de Descartes du *Dom Juan* de Molière. Les perspectives métaphysiques et la vision de l'au-delà sont profondément modifiées. On assistera bientôt à l'essor du capitalisme occidental dans une phase qui va être intensive. Lorsque Mozart aborde l'histoire de Don Giovanni à la fin du XVIII$^e$ siècle, les questions sont plus aiguës encore. La Révolution française est imminente. Et c'est dans ce contexte que se situe une rencontre trop longtemps passée sous silence : celle de Mozart et de Casanova. Elle a eu lieu à Prague, au moment où Mozart s'apprêtait à diriger lui-même la première représentation de son opéra, *Don Giovanni*, le 29 octobre 1787. Les feuillets autobiographiques de la main de Casanova relatifs à *Don Giovanni* ont été retrouvés en 1924 et publiés par Francis Mars en 1961 dans un texte fondamental, *Casanova et Don Giovanni*. Casanova venait de Dux, en Bohême, Dux, aujourd'hui Duchkov, qui, en tchèque, signifie le « village du fantôme ».

Cette rencontre à Prague entre Mozart et Casanova est, à mon sens, bouleversante. Or elle a été occultée. La question est donc de savoir comment tout un discours social s'est arrangé du mythe de Don Juan, ce qu'il a voulu y faire rentrer comme peurs, comme fantasmes, comme obsessions, comme attraits répulsifs. Pourquoi l'humanité élabore-t-elle des mythes qui sont ensuite revisités ? Faust a inspiré Goethe comme librettiste et Gounod comme musicien. Don Juan avant lui est au cœur de la rencontre entre Mozart, Da Ponte et Casanova. Entre la fin du XVIII$^e$ siècle et le XIX$^e$ siècle se joue une partie, une partie de revanche, de ressentiment, de refoulement. Et pourquoi ? Parce qu'il y aurait eu peut-être une Révolution. Et laquelle ? C'est la Révolution française, la seule d'ailleurs qui ait eu lieu, les autres étant de pures hallucinations négatives. Or comment se défendre d'une Révolution ? Voilà la question. À la fin de sa vie, Charles Baudelaire, qui a écrit sur Don Juan dans

*Les Fleurs du Mal* un poème admirable, songe à faire une préface pour *Les Liaisons dangereuses* de Laclos à la demande de son éditeur, et il note simplement : « La Révolution a été faite par des voluptueux. » Ce n'est pas ce qu'on enseigne. Mais qui sont ces voluptueux ? En quoi leur façon de vivre et de penser est-elle révolutionnaire ? Et, du reste, comment cerner l'idée même de Révolution ?

« La Révolution a été faite par des voluptueux », c'est-à-dire des professionnels, en quelque sorte, de la valeur d'usage dans une société où tout est monnayable et rentabilisé. Ce qui est mis à mal, c'est la valeur d'échange. Voilà ce que bouscule Don Juan, le voluptueux. Or, les lectures successives qui vont être faites de Don Juan révèlent et occultent à la fois l'importance dans ce mythe d'un surgissement du regard sur la mécanique sociale. S'agit-il d'un combat contre Dieu et le Diable ? À la fin du XVIII$^e$ siècle, Dieu et Diable ont du plomb dans l'aile. La question de l'athéisme n'est même plus au premier plan. Entre alors en scène la Femme comme alibi métaphysique. Dans la lecture de ce mythe où le comptage est si prégnant (il inspire le catalogue et la démarche dépensière de Don Juan), la relève métaphysique de Dieu et du Diable est assurée dès lors que la Femme se dresse sur le chemin du séducteur. La Femme et non les femmes, dont le catalogue nous rappelle qu'il n'y en a pas deux pareilles. Mais le scandale, c'est de le dire et de le décrire.

Don Juan va donc susciter des résistances métaphysiques. Ainsi Alfred Einstein, dans son grand livre sur Mozart, consacre-t-il un chapitre à « Mozart et l'éternel féminin ». L'éternel féminin, cette nébuleuse goethéenne qui nous attire vers le haut. On songe à Marguerite, blanche fleur sacrifiée du *Faust* de Gounod. C'est au XIX$^e$ siècle que triomphe en effet la femme rédemptrice, cette égérie qui remplace les anciennes déités, un tout petit peu délitées. Alors, « Mozart et l'éternel féminin », quelle question ! Ce que Mozart donne à entendre par le traitement musical, par la voix des cantatrices, c'est la bigarrure des femmes, leur infinie diversité. Elvire, l'amoureuse bafouée, exprime sur le mode lyrique la colère et le ressentiment, l'amertume qu'inspire l'abandon. Donna Anna, qui ne se remet pas d'avoir été bousculée en coulisse par un agresseur inconnu et d'avoir trouvé son père mort, est sous le coup d'une émotion que traduisent les récitatifs dramatiques. Zerline, jeune et jolie, est dans la légèreté, dans le jeu amoureux : « Je veux », « Je ne veux pas », « Je me marie. Mais avec qui ? » Zerline ne peut être fidèle. Elle badine. Ce sont ces voix de femmes et leurs accents inimitables que Mozart donne à entendre. Non pas des femmes s'assemblant pour hurler d'une seule voix sur une scène d'opéra avec les Walkyries ! Ça s'est vu, mais pas chez Mozart. Le même Alfred Einstein n'hésite pas à écrire à propos de Casanova : « Casanova eut un succès considérable auprès des femmes, mais, si profonde qu'elle soit parfois, sa connaissance de la femme est pourtant limitée. » On aimerait demander au professeur Einstein, fort sans doute de son expérience conjugale et de sa connaissance de la carte du Tendre, en quoi le savoir de Casanova reste approximatif. L'assurance et la bonne conscience du savant ne paraissent guère susceptibles d'autocritique.

Un autre discours, tout aussi stéréotypé, a voulu rendre compte du mythe de Don Juan. On en trouverait mille exemples du XIX$^e$ siècle à nos jours. C'est cette attitude romantico-négative, parfois teintée de psychanalyse, qui assimile la dépense de Don Juan à une quête désespérée. Si un homme cueille dix mille fleurs, c'est qu'il lui en manque une, la seule, l'unique, «l'absente de tout bouquet», selon le mot de Mallarmé. Dans cette interprétation pessimiste, insidieusement inquisitoriale, l'histoire véritable de Don Juan est toujours présentée comme l'inverse de ce qui s'y joue. Si Don Juan conquiert des femmes, c'est parce qu'il est homosexuel ou impuissant. S'il se dépense autant en opérant ce comptage extrêmement vulgaire, c'est parce qu'il manque sans cesse celle vers laquelle il va et qui est là *en moins* et qui détermine cette passion effervescente, c'est-à-dire, on l'aura deviné, sa mère. La mère absente est à Don Juan ce que la mélancolie est aux fêtes galantes de Watteau : un stéréotype si prégnant qu'il ne souffre aucun examen. Si les fêtes galantes sont nimbées d'une mélancolie diffuse, c'est qu'elles évoquent une société qui va finir, une société condamnée. Ainsi de grands spécialistes du XVIIIe siècle peuvent-ils affirmer doctement que *La Fête à Saint-Cloud* de Fragonard est un tableau d'une intense mélancolie. Or, cette fête est merveilleuse. Il n'y a rien à voir qu'une fête, encore que dans une fête il y ait beaucoup de choses à voir : les arbres, le feuillage, la torsion des balustrades, les mouvements des corps. C'est une diversité chatoyante, une «démocratie de détails», comme le dit admirablement Nabokov en parlant du roman. Mais l'esprit peu démocratique aura tendance, et c'est son rôle, à réunifier la scène et à la placer sous le signe de la mélancolie puisque l'escargot qui se trouve dans le buisson de gauche et qu'on ne voit pas est atteint d'une grave maladie pulmonaire, parce que le moineau qui est caché dans les arbres et que d'ailleurs on ne voit pas non plus est depuis peu neurasthénique.

Plutôt que d'évoquer la quête hypothétique de l'amour idéal, du giron maternel et de la Beauté absolue, on ferait mieux de revenir à ce que dit Leporello : « Vous, les femmes, vous savez ce qu'il fait. » Cela, c'est une nouvelle donne. Sommes-nous tenus de faire nôtre cette illusion du valet de Don Juan ? Leporello croit que les femmes savent ce que Don Juan fait. Quel est donc ce savoir ? Pourrait-il être dit ?

Serait-il susceptible d'engendrer une littérature concrète ? On l'attend. Qu'est-ce qu'il a fait, Don Juan ? Ce qu'il fait pourrait-il être décrit par les partenaires qu'il a, si l'on peut dire, entre les mains ? Supposons qu'il fasse des choses et qu'on ne sache pas ce qu'il a fait. De son passage subreptice rien ou presque ne serait écrit. Il y a un proverbe chinois qui dit : « Un homme ne laisse pas plus de traces dans une femme qu'un oiseau dans le ciel. » Voilà qui décale encore un peu la métaphysique. Don Juan serait passé par là comme le furet du bois, Mesdames, mais sans laisser aucune trace. Pour l'homme, ce passant planétaire, pour le mâle ou prétendu tel, il n'y aurait pas d'inscription. On parle encore, c'est vrai, d'empreintes génétiques, mais même celles-là sont en train de devenir fort douteuses, puisqu'on pourra bientôt reproduire l'être humain par des voies qui ne seront pas nécessairement l'action directe d'un homme. Le moment n'est-il pas venu, en cette fin de XXe siècle, de réexaminer ce mythe ?

Si le mythe de Don Juan pose au public et à l'histoire une question très embarrassante, celui de Casanova est, à bien des égards, plus dérangeant encore. Non seulement parce qu'il a réellement existé, mais parce que les trois mille pages écrites de sa main où il raconte sa vie constituent un document extraordinairement subversif. Au point que ce texte, rédigé en français, a d'abord été traduit en allemand, puis retraduit de l'allemand en français avant d'être publié dans une version expurgée sous la Restauration en 1826. Cette dernière est la seule version que Stendhal ait eue en mains. Comment donc se fait-il qu'un manuscrit écrit en français ait attendu aussi longtemps sa publication intégrale ? On l'a dissimulé le plus longtemps possible avant de tirer de l'*Histoire de ma vie* toute une imagerie dont le cinéma s'est inspiré. Sur nos écrans, Casanova est partout, il gigote ou se vautre dans des lits de hasard. Ainsi personne n'a le texte mais tout le monde a l'image. On nous proposera sous peu des vêtements Casanova, des cosmétiques Casanova, des restaurants Casanova. Tout le monde aujourd'hui connaît Casanova. On le connaît si bien que, si je demande officiellement que les restes de Casanova soient ramenés de Tchécoslovaquie pour être enterrés à Venise sur la place Saint-Marc, cela ne semble pas susciter le moindre enthousiasme. Pourtant quelle cérémonie ce serait ! Des funérailles solennelles en présence de tous les corps constitués — l'archevêché, la police, l'armée, les hommes politiques et les notables. En revanche, chaque année, on nous inflige à Venise, au moment du carnaval, une statue de Casanova, le plus souvent ridicule, devant laquelle se font photographier les modèles de mode. Pourquoi donc avoir fait quelque chose d'hallucinatoire d'un texte écrit et signé ? Comme l'a dit Lacan un jour, « ce qui est forclos du symbolique resurgit dans le réel ». Il aurait pu ajouter que ce qui est forclos du symbolique resurgit dans le réel sous forme de grimace épouvantable.

Lorsque Casanova commence à écrire l'*Histoire de ma vie* en 1789, il a déjà dépassé la soixantaine. Il va écrire dans son château de Dux en Bohême, jusqu'à treize heures par jour, ce manuscrit incroyable avant de mourir en 1798 — Mozart est mort en 1791, deux ans après la Révolution française. Le château de Dux est aujourd'hui une mairie où l'on vient de se marier en grande pompe. Le jour où je l'ai visité, on célébrait des noces, et le cortège a pu entrer dans le château — ça fait partie du rite. Or, il y a dans la bibliothèque une porte coulissante qui ouvre sur un réduit qu'éclaire une petite lampe rouge comme celle de la présence dans le Saint-Sacrement. On y voit, assis à sa table, une plume à la main, un Casanova de cire. Un Casanova enfermé dans un cagibi comme une statue du musée Grévin ! Voilà comment on a circonscrit la menace que constitue pour l'ordre établi un homme libre, même mort. Il n'avait pourtant provoqué ni tué aucun commandeur, Casanova ! Chacun connaît son mot fameux. « J'ai vécu en philosophe. Je meurs en chrétien. » Mais on l'a quand même pétrifié. C'était plus prudent.

Pour ce qui est du *Dom Juan* de Molière qui a été si longtemps censuré (si l'on excepte l'édition d'Amsterdam de 1683), on se condamne à ne pas comprendre la charge subversive de ce texte si l'on ne mesure pas la violence de la polémique sociale qui le traverse. Il faut relire à cet égard la longue tirade de Sganarelle sur la nécessité de la croyance. On ne peut pas vivre sans croire et, si l'on ne croit pas en Dieu ou au Diable, si l'on ne croit pas à l'au-delà, on doit croire à la Femme, par exemple — cela vaut pour aujourd'hui, au moment même où l'on assiste à une prise en main biologique de l'espèce humaine. Il faut croire, dit Sganarelle à son maître qui ne l'écoute guère, car il est déjà dans la phase suivante de son action. Ce n'est pas un idéologue, Don Juan. Il n'est pas là pour discuter de ce qu'il y a lieu de croire ou de ne pas croire. Il ne fait pas de débat, il ne fait pas de tribune libre, il n'a pas d'activité démocratique — c'est le moins qu'on puisse dire. Il finit donc par déclarer : « Je crois que deux et deux sont quatre, Sganarelle, et que quatre et quatre sont huit. » Et, à cet instant-là, Sganarelle se dit que c'est le blasphème même. Mais cette tautologie qu'énonce Don Juan est, à mon sens, aussi profonde que celle d'un Parménide affirmant que l'être est et que le non-être n'est pas. Formule toute simple en apparence sur laquelle les philosophes dissertent savamment depuis des siècles.

« Sachez, Monsieur », dit alors Sganarelle, désemparé par cette formule arithmétique. « Sachez, Monsieur. » Voilà comment un raisonnement fonctionne et se déploie, quand on perd pied, quand on se noie : « Sachez, Monsieur, que tant que va la cruche à l'eau qu'enfin elle se brise et que, comme dit fort bien un auteur que je ne connais pas, l'homme est en ce monde ainsi que l'oiseau sur la branche, la branche est attachée à l'arbre, qui s'attache à l'arbre suit de bons préceptes, les belles paroles se trouvent à la cour, à la cour sont les courtisans, les courtisans suivent la mode, la mode vient de la fantaisie, la fantaisie est une faculté de l'âme, l'âme est ce qui nous donne la vie, la vie finit par la mort, la mort nous fait penser au ciel, le ciel est au-dessus de la terre, la terre n'est pas la mer, la mer est sujette aux orages, les orages tourmentent les vaisseaux, les vaisseaux ont besoin d'un bon pilote, un bon pilote a de la prudence, la prudence n'est pas dans les jeunes gens, les jeunes gens doivent obéissance aux vieux, les vieux aiment les richesses, les richesses font les riches, les riches ne sont pas pauvres, les pauvres ont de la nécessité, nécessité n'a pas de loi, qui n'a pas de loi vit en bête brute et par conséquent vous serez damné à tous les diables. » À cette longue tirade qui prend la forme d'un conte en chaîne juxtaposant proverbes et stéréotypes pour aboutir au châtiment inéluctable, Don Juan répond simplement : « Oh ! le beau raisonnement ! » Et c'est bien de raison qu'il est question ici, non pas celle des rationalistes, celle de Monsieur Homais, mais celle qui connaîtra un ébranlement majeur à la fin du XIX<sup>e</sup> siècle, c'est le nouvel amour qu'évoque Arthur Rimbaud dans ce texte des *Illuminations* qui s'intitule « À une raison ». Il y a bien sûr la raison des gens de science et de calcul. Mais pour le poète-voyant la science même est trop lente :

> *Si j'ai du goût, ce n'est guère*
> *Que pour la terre et les pierres.*
> *Je déjeune toujours d'air,*
> *De roc, de charbons, de fer.*
>
> *Mes faims, tournez. Paissez, faims,*
>                  *Le pré des sons.*
>
> *Attirez le gai venin*
>                  *Des liserons.*

Cette faim-là que rien n'apaise, c'est celle de Don Juan et de Casanova.

Un grand écrivain religieux comme François Mauriac fut toute sa vie hanté par l'énigme de Don Juan. La découverte de Mozart, lorsqu'il entre dans le silence lié à sa perte de la voix, donne plus de relief encore à cette figure mythique. « Avant l'âge de cinquante ans, écrit-il, je ne connaissais pas Mozart. » Il faudrait écouter Mozart, relire Molière en songeant au pari de Pascal. Car la question que pose Don Juan est une question métaphysique. « La plupart des hommes, écrit Mauriac, font les braves contre Dieu, c'est qu'ils ne croient pas en Lui, ils se moquent d'un Dieu qui pour eux n'existe pas. Mais il en est d'une autre race, celle que Don Juan représente, qui touche à chaque instant le surnaturel et qui pourtant refuse de courber le front. » Spectre volant armé d'une faux, voix mystérieuse, statue qui bouge. L'autre monde frappe à la porte. «Non, non, il ne sera pas dit, quoi qu'il arrive, que je sois capable de me repentir.» «Scélérat, scélérat», tonne le Commandeur dans la scène finale de l'opéra de Mozart. «Vieil infatué», répond Don Juan avec son épée à la main. Ce Commandeur, père mort d'une fille séduite, ne s'inscrit pas dans un schéma œdipien classique, n'en déplaise à tous les analystes qui ont voulu soumettre Don Juan à l'œdipe. Vous désirez votre mère, vous voulez tuer votre père, tel est le sort commun auquel nul n'échappe. Il vous sera recommandé d'éviter toutes les femmes et de vénérer votre mère à distance. Le clergé fonctionne comme ça. On fait l'économie des femmes au profit d'une seule qui reste inaccessible. C'est un modèle possible. Et il a fait ses preuves. Il en est un autre où les hommes se débrouillent entre eux. Ce n'est pas gênant, s'ils ne touchent pas aux femmes.

«On n'a pas besoin de lumière, quand on est conduit par le Ciel», dit le Commandeur, sépulcral. «Donc repens-toi, repens-toi. — Non.» François Mauriac croit entendre dans cette voix du Commandeur ce que Pascal appelle une «voix sainte et terrible». Personne ne semble soupçonner que cette voix est la seule manière de sortir de cette affaire, sans quoi elle durerait éternellement. Il faut donc que l'au-delà se manifeste, mais sous la forme la plus farcesque qui soit. C'est du théâtre de marionnettes. C'est une figure pour les enfants, cette statue qui fait boum boum et qui crie. Pourquoi serait-ce la voix de Dieu? Pourquoi Dieu crierait-il? Pourquoi Dieu donnerait-il de la voix pour sommer le pécheur de se repentir sur ce ton comminatoire? Non. C'est une voix militaire, une voix qui donne des ordres, c'est la voix d'un *Commandeur*. «Repens-toi, repens-toi.» Ce n'est pas un raisonnement, c'est son envers. Soit les raisonnements sont absurdes, soit la demande de repentance est la violence même. C'est l'un ou c'est l'autre, les gens déraisonnent ou vous tuent. Ce n'est pas tout à fait ce qu'on peut attendre d'une démonstration transcendantale. Et pourtant, dans ces injonctions, Mauriac entend la voix de Dieu : « Dépendait-il de Don Juan d'avoir la révélation ? Don Juan serait-il devenu un autre que Don Juan ? Pouvons-nous être un autre que nous-même ? C'est à une question aussi simple que celle-là qu'un vieux chrétien donne aisément la réponse, mais à condition de ne pas songer à tel ou tel de ceux qu'il a le mieux connus. Comment imaginer que Jean Cocteau ou qu'André Gide eussent pu jouer un autre personnage que celui qu'ils ont incarné ? » On est surpris de constater que Mauriac associe le cas de Don Juan dans sa réflexion à Cocteau et à Gide. Il faut par ailleurs se souvenir que, si Mozart est proche d'abord d'un Beaumarchais, son *Don Juan* ouvre sur un autre univers. Cette musique, on l'entend déjà chez Laclos, on l'entendra bientôt sous une forme exacerbée, que l'on peut refuser, chez Sade. De tout cela la raison raisonnante ne sortira pas intacte, sauf si la censure l'emporte. On associe aujourd'hui cette censure au XIX$^e$ siècle, à ses procès datés — *Madame Bovary, Les Fleurs du Mal* — dont se rit notre époque prétendument libertaire. On rit et on a tort. Le jugement condamnant *Les Fleurs du Mal* a été cassé seulement en 1949. La censure a changé de forme. Comment s'exerce-t-elle aujourd'hui ? Peut-être par profusion — ce serait une manière de noyer le poisson. Au procès trop dangereux on préfère la multiplication des livres, une forêt de livres pour de rares lecteurs. Imaginons qu'un jour plus rien ne fasse trace. Imaginons que plus personne ne sache lire. Le meilleur des mondes, en somme. Il y aurait des livres partout et puis les gens au bout d'une page seraient déjà fatigués, à supposer qu'ils aient le temps d'ouvrir un livre. Ou alors ils seraient tellement occupés qu'ils ne sauraient même plus, le soir venu, ce qu'ils ont lu dans la journée. Ou ils ne se souviendraient pas d'avoir lu. Ils sauraient déchiffrer les signes mais n'en auraient nulle mémoire. Il y aurait des livres partout et personne pour les lire. C'est une possibilité. Est-ce un mirage ? Ce n'est pas sûr.

Dans *Les Folies Françaises*, je me suis attaché à récrire le mythe sous forme de synopsis d'opéra que j'ai appelé *Don Juan de nouveau*. « Qui est Don Juan ? Avant tout quelqu'un qui tient sa position de bout en bout avec une force d'affirmation nue, continue. De Molière à Mozart, ce oui résonne de manière rusée, désinvolte ; on entend le non de Don Juan au Commandeur [...], on se replie frileusement dans ce non pour ne pas entendre le oui. D'où vient-il ? De quoi est-il fait ? Comment est-il possible ? *Tartuffe* attaquait les dévots plus que la religion ; *Don Juan* attaque le raisonnement du ressentiment [...]. Louis XIV pouvait accepter la première pièce, mais pas la seconde, car la seconde met l'individu souverain au-dessus des convenances nées du refoulement permanent. L'affirmation de Don Juan rend fou. Écoutez le discours de Sganarelle, tissu de la banalité déchirée, panique du stéréotype moral, et la conclusion de son maître : "Oh ! le beau raisonnement." Le raisonnement humain, en tant que tel, est défié, dans sa logique domestique, comme il le sera plus tard dans *Poésies* de Lautréamont : "La mouche ne raisonne pas bien à présent, un homme bourdonne à ses oreilles." Au XVII$^e$ et au XVIII$^e$ siècle, la fin de Don Juan est inéluctable, la scène ne peut pas aller plus loin, la statue emporte un corps vivant dans les abîmes du feu, c'est une ascension christique à l'envers. Ici Baudelaire dans *Don Juan aux enfers* :

*Tout droit dans son armure un grand homme de pierre*
*Se tenait à la barre et coupait le flot noir.*
*Mais le calme héros, courbé sur sa rapière,*
*Regardait le sillage et ne daignait rien voir.* »

« Don Juan, écrit encore Baudelaire, est en possession d'un savoir que ne peuvent atteindre les autres personnages, ni le mendiant, ni le valet réclamant ses gages, ni les femmes offertes, ni son père, ni Charon, ni le Diable. »

La nouveauté, aujourd'hui, consisterait sans doute à faire entrer en scène la mère de Don Juan. Elle reste invisible dans le théâtre classique, et pour cause. Aujourd'hui on découvrirait qu'elle voulait, qu'elle eût préféré, qu'elle préférerait encore que son fils fût homosexuel, et lui non. Alors viendrait la grande scène opposant la mère et le fils comme dans l'*Ulysse* de James Joyce quand le héros, d'un coup de canne, abat le lustre et renvoie le spectre de sa mère aux enfers. Alors que Goya affirmait : « Le sommeil de la raison engendre les monstres », ne pourrait-on avancer que le rire de la raison *dévoile* les monstres ?

Don Juan, mythe européen, a traversé les cultures et les genres littéraires : d'abord espagnol dans sa forme première puis français dans le texte, italien dans le livret, autrichien en musique, russe par surprise — je songe à Nabokov, Tirso de Molina, Molière, Da Ponte, Casanova, Mozart, Sade puis Baudelaire puis Lautréamont puis Joyce puis Céline puis Nabokov encore, *Passant papillon*. Puis plus personne. Il n'y a plus personne, et le XX$^e$ siècle est en deuil. Résultat : nihilisme généralisé.

Don Juan n'a été qu'interprété. Il s'agit de le transformer. Il s'agit pour nous d'entendre enfin le grand air de la liberté.

## « Femmes »... « Le Secret »

RUTH MENAHEM : *Au cours d'une émission sur France-Culture à propos de Lacan* [1], *vous avez cité de lui quelques aphorismes fulgurants dont celui-ci :* « *On est hétérosexuel quand on aime les femmes, qu'on soit un homme ou une femme.* »
*Pourriez-vous expliciter ce que Lacan entendait par cette boutade ?*

PHILIPPE SOLLERS : Je crois que la formulation de Lacan est sérieuse ; mais est-ce que ça ne va pas dans le sens de la formule de Freud, à savoir que le refus de la féminité est fondamental pour les deux sexes ? Voilà une traduction logique, qui laisse d'ailleurs ouverte la question de savoir si quelqu'un arrive à aimer réellement les femmes dans sa vie.
Voyez-vous, la chose qui m'a frappé dans votre argument c'est l'arrivée de Platon. Tout le problème est de savoir si on peut sortir de la métaphysique ou pas. Est-ce que la psychanalyse elle-même y parvient ? Freud est obligé d'avoir recours à la mythologie platonicienne, bien

---

1. *Revue française de Psychanalyse*, 1994. Version corrigée ici.

qu'il s'en écarte par ailleurs beaucoup. Subsiste toujours le fantasme de la réunion originelle, de l'androgyne. On parle toujours d'androgyne et jamais de gynandre. La gynandre qu'est-ce que c'est ?

Le tribadisme : vous savez que c'est un mot qui est couramment employé par Sade. Je le trouve très approprié à ce qui peut « faire froncer l'œil de l'austère Platon », comme le dit avec humour Baudelaire, lequel n'est pas par hasard le poète de la question que vous soulevez : *Les Fleurs du Mal*, vous le savez, devaient d'abord s'appeler *Les Lesbiennes*. Est-ce que ça ferait froncer l'œil de l'austère Freud, et est-ce que l'œil de Lacan en serait un peu plus relevé ? Vous voyez combien de questions ça entraîne. D'autant plus que l'expression « froncer l'œil » est étrange. Les sourcils, soit, mais l'œil ? De quel œil s'agit-il ? « L'œil de bronze », dit Genet, et il est alors question de l'anus. « Froncé comme un œillet violet », écrivent Verlaine et Rimbaud dans le sonnet du trou du cul. Bien, mais en quoi la sexualité féminine dérange-t-elle cette arrière-scène ?

On est là dans un refoulement général. Ou on en parle par ouï-dire, ou on en a l'expérience physique.

Quand vous dites que les femmes homosexuelles insistent sur l'intensité du plaisir éprouvé, ça me paraît évident. Encore faut-il savoir comment elles en parlent. Je ne sais pas si on peut s'exprimer comme ça, très librement, mais voilà une donnée expérimentale qui, en général, effraie. Vous dites que la jouissance y perdrait sa dimension mortifère, ce qui peut être interrogé. C'est une habitude du discours psychanalytique d'opposer toujours plaisir et jouissance. Je me demande si cette distinction, cette séparation dans ce cadre-là, n'est pas déréglée.

De toute façon, c'est à partir de votre questionnement qu'on peut le mieux poser la dimension non démocratique du sexe. Je pense déraisonnable de faire comme si tout le monde avait la même approche de la question. Je vais donc m'avancer en disant ceci : il faudrait essayer d'arrêter de mentir et dire que très peu de gens finalement ont affaire à ce qui se passe dans l'expérience sexuelle ; ce serait d'ailleurs la même chose avec l'art, sans confondre les deux. Comme le dit Cézanne, l'art s'adresse à extrêmement peu d'individus. Le psychanalyste entend écouter tout le monde, mais je suis frappé par le très peu de gens que la sexualité intéresse vraiment et qui s'en servent à des fins de connaissance. On ne va plus pouvoir tenir ce discours généralisateur, « démocratique », comme si c'était la même chose pour tout le monde. Il y a beaucoup moins de gens doués pour le sexe qu'on ne l'imagine habituellement.

C'est pour cette raison que me paraît dommageable d'avoir affaire à une organisation sociale qui sera passée en un siècle et demi d'une diabolisation du sexe à son emphatisation permanente à des fins quasiment obligatoires, médicales et marchandes. La première position avait son absurdité, j'ai cité Baudelaire et il en a pâti, mais je me demande si la propagande hyperdémocratique, à savoir que le sexe est fait pour tout le monde, n'est pas encore plus génératrice de névroses ; on verra l'engrenage de cette assignation obligatoire : contrairement à ce qui se propagandise désormais tous les jours, je crois que la majorité des humains n'a rien à voir avec le sexe. Et il vaut mieux laisser tomber si ça n'intéresse pas, si on ne se sent pas doué pour. Tout le monde ne peut pas jouer du piano, tout le monde ne peut pas être écrivain, n'est-ce pas ? J'assume pleinement la responsabilité de ce propos monstrueux. C'est la raison pour laquelle les religions n'ont pas bougé parce qu'elles sont, là, construites sur quelque chose de fort solide qui est, allons-y calmement, que 90 % des humains sont en mauvais termes avec le sexe. La métaphysique tout entière se formalise autour de cette butée.

Ça pose quand même la question de cette histoire de féminité refusée par les deux sexes. Il est donc légitime d'introduire de nouveau la dimension de l'homosexualité féminine, qui n'est pas la même chose si on vient s'en plaindre ou si on ne s'en plaint pas.

J'aimerais dire quelque chose d'un peu chinois pour essayer de déplacer cette manie de la dualité, du deux qui devrait fusionner en un. Je crois que le jeu a toujours lieu à quatre : le féminin d'une femme ne sera jamais le féminin d'un homme et le masculin d'un homme ne sera jamais le masculin d'une femme. Si on prenait l'habitude de se rompre un peu à cette logique du quatre on s'y retrouverait mieux, plutôt que dans cette impasse de ladite bisexualité qui a tendance à me faire sourire à cause des jeux de miroir et des identifications narcissiques complètement en dehors de l'expérience de fond.

Aimer les femmes, qu'on soit un homme ou une femme, voudrait donc dire qu'on arrive à l'acceptation de la féminité, d'une double féminité. L'homosexualité féminine, pour autant que j'en suis informé, n'est pas forcément un amour des femmes ; elle peut se construire sur le modèle de l'homosexualité masculine et y être très attachée. Les écrivains sont des gens bizarres, j'ai cité Baudelaire, mais il faudrait parler longuement de Proust. Pourquoi Proust s'est-il mis dans cette curieuse situation, qui révulsait Gide, d'écrire *Sodome et Gomorrhe*, cette étrange histoire ? On aura beau prétendre qu'il a transformé en homosexualité féminine l'homosexualité masculine, ça ne marche pas. Le problème est de savoir qui peut vraiment *écrire* de quoi il est question dans ces affaires. Si les femmes pouvaient écrire à distance, et crûment, ce qu'il en est de leur relation avec une autre femme sur le plan de la tribadisation, cela se saurait. En général, on est toujours dans le domaine de l'amour courtois, de l'idéalisation éthérée.

C'est du troubadourisme. C'est comme si elles pouvaient très rarement parler de leur sexualité proprement dite. Est-ce que c'est naturel, culturel? Pourquoi ne pas commencer par le commencement? La sexualité, c'est quand même d'abord, la masturbation.

La psychanalyse me paraît révolutionnaire dans la mesure où elle n'accepte pas la démocratisation sexuelle. C'est pour cette raison que Freud m'enchante. Or, dans la vie courante, ce sur quoi on tombe c'est sur ce très fort tabou de la masturbation féminine. Ce tabou peut être levé dans l'expérience physique et alors on s'aperçoit qu'il y avait, à l'évidence, le désir d'une femme pour une femme. Un homme peut être l'occasion de cette révélation : c'est d'ailleurs ce qui peut lui arriver de mieux et de plus satisfaisant. Il a tout intérêt à se situer en ce point. À ce moment-là, il a avec une femme, et indubitablement, un rapport sexuel. Mais seulement à cette condition : le reste du temps, les deux partenaires échangent des malentendus plus ou moins conscients au sujet de l'homosexualité masculine.

J'ai un jeu. Je demande aux gens : si vous changiez de sexe, est-ce que vous aimeriez les femmes ou les hommes? Les hommes hésitent en général à répondre; les femmes répondent volontiers. C'est à peu près fifty-fifty. Les unes disent «les hommes» et imaginent se trouver en position d'homosexuel masculin, les autres disent «les femmes» et se retrouvent, croient-elles, en homme aimant les femmes.

Toute la *Recherche du temps perdu* est suspendue au fait que Proust se demande ce que deux femmes peuvent bien faire ensemble. Le moteur de la narration est la jalousie, et l'excitation survient immédiatement. Il me semble, à moi, que le tribadisme a un effet incomparablement satisfaisant. Une amie m'a dit : ce qu'il y a de bien avec une femme, c'est que ça ne s'arrête pas. Le versant négatif, c'est qu'il s'agit d'une activité pompante et possessionnelle, comme de la mort qui vivrait. Le frottement est sous censure, soit, et ce n'est pas moi qui ai inventé l'excision, l'affaire de la jouissance dite vaginale restant toujours un point d'interrogation. On peut être strictement sûr de ce qui se passe quant au clitoris, quant au reste, à bon entendeur salut. Là aussi, il me semble indispensable de ne plus mentir et de souligner l'énormité de la simulation dans ces émois. Très peu d'hommes en sont informés, c'est drôle. Tout cela est passionnément caché. La confusion la plus totale règne. J'appelle de mes vœux un moment historiquement pensable où on pourrait dire des choses qui n'ont jamais été dites, notamment sur la simulation. Ce qui n'est pas simulable, en revanche, c'est la jouissance clitoridienne. Que ce soit positif pour une femme, ce n'est pas douteux ; mais que ce soit aussi extrêmement inquiétant pour la surveillance métaphysique dont les femmes font l'objet, ce n'est pas douteux non plus. Les hommes, en général, sont inconscients du simulacre, ce qui veut dire qu'il y a des enjeux de pouvoir qui ne sont jamais analysés. Ils s'imaginent qu'il faut y aller, et y aller vite. La plupart des femmes s'en plaignent quand on les écoute, elles ne comprennent pas ce qui leur prend de s'agiter ainsi pour les pénétrer. Pourquoi la pénétration serait-elle obligatoire, je vous le demande ? L'extension des prestations de plaisir est évidemment beaucoup plus plastique. Un homme et une femme devraient savoir aller tous les deux « à quatre ». Très peu de femmes, d'ailleurs, arrivent à l'idée que le pénis a une intériorité, elles en ont une représentation élémentaire, mécanique, que les hommes eux-mêmes leur transmettent ou leur imposent.

Il faudrait comprendre qu'on est plus de deux quand on est deux, qu'on n'a pas à faire un, qu'on est tout seul tout en étant quatre, qu'on est alors absolument hors société, et qu'on peut passer par-dessus les rapports sadomasochistes, et en même temps au-delà de la rumination procréatrice. Voilà. Il faudrait arriver à cette gratuité qui fait qu'à ce moment-là, entre plaisir et jouissance, il n'y a pas de différence. C'est rare, mais parfaitement vérifiable. Cela peut se formuler dans l'acte et dans un certain type de rapport au langage. Je vous parle ici en écrivain.

R. M. : *Lacan a dit : « Nul ne peut dire : je jouis. »* Vous *avez écrit un texte intitulé : « Je sais pourquoi je jouis. »*

Ph. S. : Lacan, on peut le laisser tomber à partir d'un certain moment ; à cause d'un problème de style, d'un certain emberlificotage. Il y a chez lui, une discordance tout à fait significative entre l'oral et l'écrit. Est-ce la raison pour laquelle il gardait chez lui le fameux torse féminin nu de Courbet (bizarrement connu sous le titre de *L'Origine du monde*) en le cachant sous un autre tableau, selon la tradition dite des « tableaux à secrets » ? Peut-être. Il me semble qu'un poète, un peintre, un musicien est parfaitement en mesure de dire : « je jouis ». Ce qui signifie qu'un autre rapport à la mort que celui de la métaphysique est ici pensable. Comme vous le savez, Lacan ne s'est guère exprimé sur Baudelaire. Mais autant s'étonner que Freud n'ait pas pu quitter Goethe pour Hölderlin. Nous retombons là sur les rapports de la psychanalyse avec l'art, ou, pourquoi ne pas le dire, avec l'art de jouir. N'insistons pas.

La conjonction rebattue entre l'amour et la mort est une scie du XIX$^e$ siècle et du romantisme. C'est la propagande nihiliste. On n'est pas obligé de poser l'horizon romantique ou surréaliste où, comme par hasard, les choses sexuelles s'estompent, sont vite délayées dans l'hallucination, le spiritualisme ou la dépression. La conjonction forcée entre le sexe et la mort est un cliché. Éros et Éthos d'un côté et, de façon non symétrique, Pathos et Thanatos. Je pense que Freud est victime de la métaphysique platonicienne en ce point même, la lutte éternelle de deux «jumeaux». Éros allant de pair avec Thanatos est une fiction romantique. C'est un tort de symétriser ces deux figures. Ça n'a rien à voir. Peut-être s'habituerait-on à éprouver qu'Éros et Thanatos n'ont rien de commun, si l'on s'habituait à penser qu'il n'y a aucun rapport possible entre les sexes, sauf à passer à quatre. Thanatos nous prouve à tout instant sa force à 98 % et Éros à 2 %. Qu'on puisse imaginer que ça fasse balance m'étonne. Thanatos est partout, Pathos à chaque instant, mais Éros et Éthos sont rarissimes. Autrement dit, retour à Parménide : «L'Être est ; le non-être n'est pas.» Nous allons vers une tyrannie qui se sert de la faribole métaphysique et technique sexuelle pour s'implanter de plus en plus radicalement.

Quand j'ai écrit *Femmes* j'ai décrit le processus de retournement du féminisme... La répression au nom des femmes. Les femmes apparaissent et disparaissent dans le temps. Quand elles sont là, nous avons des périodes de civilisation. XVIIIe siècle, Belle Époque, elles sont là. Elles sont là dans les années 60, et tout à coup elles ne sont plus là. Bétail à reproduire, demandeuses de banque de sperme, trafic d'ovocytes ? Les femmes, ce que j'entends par là, sont peut-être en train de rentrer dans la clandestinité. Tiens, c'est curieux, les véritables écrivains aussi.

Merveilleux Éros, merveilleux langage, tous les deux en complicité pour qu'on sorte enfin de la captation des mères. Mais enfin, on n'est pas obligé de s'interdire les femmes, bien qu'une mère veuille s'y opposer, et dès le début, certainement. La répression du petit garçon peut commencer très tôt. Il y aurait lieu d'en faire un livre que je ne ferai pas puisque les bébés ne savent pas lire. La mère d'Hemingway, par exemple, était terrible, elle l'habillait en fille. Ça peut expliquer certaines compensations. Il y a lieu de séparer, de même, le plus possible les filles de leur mère. C'est un travail. La Bible est très explicite à ce sujet, et c'est mon livre de chevet. Pour les hommes, pareil. On voit tout du premier coup d'œil. Mais, dites-moi, le Père est tragiquement absent de notre conversation? Qu'est-ce qu'un Père qui, contrairement aux désirs des Fils, ne s'interdirait pas les femmes?

Les homosexualités féminine et masculine sont rigoureusement différentes. C'est un fait ignoré par la majorité des écrivains, sauf Proust. Voilà une réalité très peu enregistrée parce que ça se passe souvent comme si l'homosexualité féminine avait un idéal masculin. Les homosexualités sont des complicités sociales de marginalisation, ce qui ne veut pas dire qu'il s'agisse de la même chose. Si l'on va au fond des choses Sodome et Gomorrhe sont même de féroces ennemis. Le même terme, homosexualité, appliqué aux deux sexes est fâcheux. D'où l'intérêt de la formule de Lacan: elle déséquilibre un préjugé métaphysique.

D'ailleurs pourquoi continuer à employer ces mots, *Sodome, Gomorrhe*? Proust le fait (comme Vigny), mais c'est une référence biblique (*Genèse*, 18 et 19). La Bible ne nous dit *rien* de Gomorrhe. Dans son texte tardif (1921) sur Baudelaire, Proust veut que celui-ci ait été un «passeur» entre les deux régions, bien que son cas, dit-il, reste «profondément mystérieux». En effet, Baudelaire parle de Lesbos, et c'est tout autre chose. «Car Lesbos, entre tous, m'a choisi sur la terre / Pour chanter le secret de ses vierges

en fleurs / Et je fus dès l'enfance admis au noir mystère...»
Que veut dire ici «entre tous»? «secret»? «mystère»? Le
poème *condamné* évoque *Bénédiction* qui ouvre *Les Fleurs
du Mal*. Là, c'est la mère du poète qui se plaint d'avoir
accouché d'une punition; elle se trouve dans la position
d'une Vierge Marie inversée : «Puisque tu m'as choisie
entre toutes les femmes / pour être le dégoût de mon triste
mari...» Proust a besoin de croire que Baudelaire a
«choisi» de s'affecter à cette drôle de place. Mais Baudelaire est précis : c'est lui, dit-il, qui a été *choisi*. Entre tous.
Engendré par cette très particulière *entre toutes* (n'oublions
pas que le père de Baudelaire était un prêtre catholique
défroqué ayant épousé une femme beaucoup plus jeune que
lui). Silence de la Bible, «œil froncé» de Platon : il faut
donc aller voir du côté du secret et du noir mystère, génialement dévoilés par ce diable de Baudelaire radiographiant,
à la fois, le refoulé grec et celui du judaïsme transfusé par
le christianisme. À partir de là, une certaine vérité se fait
jour à travers l'imbroglio platonicien et la mécanique théologique; vérité qui conjugue «poétiquement» le secret de
Lesbos et le mystère de l'Incarnation. Vérité stupéfiante, et
sans doute irrecevable, dans la mesure où le langage qui la
porte est, c'est le moins qu'on puisse dire, exceptionnel.

De fait, en théologie, si vous comprenez le nœud trinitaire (mais qui en est capable?), vous obtenez ce quatrième
terme qui est justement une mère très particulière, ladite
Vierge Marie (cf. *La Pieta* de Michel-Ange dans *Le Secret*
et *L'Assomption* dans *Théorie des exceptions*) qui devient,
ô surprise, la fille de son fils. Qui sait si ça n'est pas cela
que cherchaient (ou redoutaient de trouver), comme tout le
monde, Freud et Lacan, à Rome? N'entre pas dans la Rome
catholique qui veut. Et n'entre pas non plus qui veut dans
la peinture. En 1905, Picasso peint *L'Étreinte*, un couple de

deux femmes enlacées, nues sur un lit, et en pleine action. Il le dédie, à l'intérieur même de la toile, « à mon cher ami Guillaume Apollinaire ». Manet, Courbet, Baudelaire, Rodin, Apollinaire, Picasso... Le plus curieux est qu'Aragon et Breton, eux, ont vu comiquement dans le même tableau, la représentation d'un homme et d'une femme. Cette erreur *historique* se passe de commentaires, n'est-ce pas ?

# *Le corps*

Question : *Votre corps, dites-vous, est une gêne pour les autres. On devrait s'intéresser plus au corps des écrivains, pourquoi ?*

Ph. S. : Je crois que c'est de ça qu'ils se servent avant tout pour écrire. Pas le corps photographiable, télévisable, enregistrable : le corps intérieur. Le corps dans ses centaines de particularités de mémoire. Avec son synchronisme particulier et ses expériences fondamentales. Il faut essayer, en lisant Proust, d'imaginer la façon dont il fonctionne de l'intérieur. Ce n'est pas un corps comme les autres. C'est un corps très particulier. Pas seulement cette histoire d'asthme. Pas seulement ses particularités sexuelles... Qu'est-ce que c'est que de se retrouver à la fin de sa vie dans un bordel d'hommes où il a amené le mobilier de ses parents, et d'y faire des rituels bizarres comme de piquer des rats avec des aiguilles à tricoter ? Ce qui surprenait beaucoup Gide, voir son *Journal*. Il est très étonné par les rituels érotiques de Proust, tableaux vivants dont il avait besoin pour vérifier un certain nombre d'hypothèses. La *Recherche du temps perdu* est incompréhensible si l'on ne sent pas que Proust se met dans un état d'exception physique. Gide, lui, croit aux ébats dans la nature, c'est un esprit simple, au fond.

Pour résister à ce qui nous arrive, une définition de plus en plus policière et sociobiologique, une biologisation de l'essence de l'homme comme dit Heidegger, il faut en revenir à cette histoire de corps. Même question évidente chez Kafka. Il faut lire *La Métamorphose, Le Château, Le Procès*... Tout Kafka, y compris ses incroyables mises en scènes par rapport à ces femmes qu'il dit vouloir épouser mais, comme par hasard, il n'y va jamais. Le circuit de la lettre devient quelque chose qui tient lieu de relation sexuelle. Les *Lettres à Milena* sont parmi les plus belles choses qu'on peut imaginer. Le corps de Molière m'intéresse tout autant. Celui de Céline n'en parlons pas, avec ses histoires de trépanation, ses bruits dans la tête qui reviennent dans ses derniers livres. Qu'est-ce que ça veut dire de dormir en entendant des trains qui se catapultent, dans un cerveau, avec des sonneries... Et Joyce, avec sa manie de chanter, ses histoires d'yeux, ses symptômes. Et pas seulement ses symptômes, mais la façon dont ils sont intégrés.

Il y a donc un CORPS qui n'est pas comme les autres. Une vue qui n'est pas comme les autres, une oreille, une respiration, une sexualité différentes. Elle est peut-être hétérosexuelle, homosexuelle, comme on dit lourdement, elle n'est pas réductible à un ensemble quel qu'il soit. C'est CELUI-LÀ qui nous fait part de son style. L'idée n'est pas creusée, c'est pourquoi j'insiste.

Question : *Quand vous montrez votre corps à la télévision, n'y a-t-il pas de risque de brouillage ?*

Mais non. Il s'agit d'une image en deux dimensions, pas du corps... Cela n'a donc rigoureusement aucune importance de paraître à la télévision. C'est pour moi d'abord une façon d'étudier sur le vif la croyance sociale aux images. Le fanatisme des deux dimensions et l'oubli de la troisième, sans parler de la quatrième. Ça prouve bien la crédulité des gens. Ils me voient sur un écran et ils croient que c'est moi. Moi, pas une seconde je ne crois que c'est moi. Donc, l'étude de l'état d'aliénation et de crédulité des gens par rapport à ça. Fabuleux ! « *Est-ce bien moi qui vous ai vu hier à la télévision ?...* »

Il s'agit ensuite d'étudier la façon dont ça se fabrique. Puissamment intéressant. Les coulisses. Le pouvoir est là. C'est l'enquête balzacienne de base. Je ne vais pas rester passif devant mon poste de télévision en croyant que la télévision existe. Ça fait partie du travail sociologique exigible d'un écrivain, comme de savoir voyager, prendre l'avion, voir des pays. C'est une activité normale. Elle m'est reprochée par des gens qui ont peur de leur époque, peur d'aller sur le terrain, peur de se renseigner. Et qui croient que leur image c'est eux.

Mais je m'intéresse surtout à la façon dont je vais PARLER, ou ne pas PARLER sur un plateau de télévision. La télévision ne m'intéresse pas fondamentalement.

Question : *Quelle partie de votre corps aimez-vous le plus ?*

Aucune... Le corps n'est pas un tout formé de parties. C'est une interdépendance continuelle. La meilleure définition est celle qu'on en a donné au Concile de Vienne : « *L'âme est la forme du corps.* »

Question : *Quel est le moment où votre corps vous intéresse le plus ?*

Sans cesse... Le sommeil. Être expert en sommeil. Le fait que je puisse m'endormir presque à volonté en trente secondes ou une minute n'importe où. C'est un don précieux. Le fait que l'on ait une certaine habitude de ses rêves en sachant les interpréter. Freud sur cette affaire... Le matériel diurne, les résidus infantiles... Comment on se met face à ça... Le corps peut marcher, nager... Et puis il y a la sexualité. Comment vous faites avec votre corps, de façon plus ou moins lente, rapide, avec ou sans la voix... Les rapports du corps à la musique, à l'architecture, à la peinture (la peinture *n'est pas* une image)... Et par rapport à ce qui est probablement fondamental, LA VOIX. L'art d'improviser, de penser en parlant... Choisir des gens avec lesquels on peut mener des conversations poussées. Ce que les Anglais appelaient, pour désigner l'adultère, des *conversations criminelles*. Sade m'intéresse par rapport à ces dimensions. Il y a des gens qui trouvent ça monotone. Moi, ça m'enchante comme Jean-Sébastien Bach m'enchante. C'est une découverte magnifique à chaque instant du corps. Tout le XVIII$^e$ siècle ne s'occupe que de ça. Diderot, Voltaire... Voltaire, magnifique exemple... Il fait croire pendant dix ans qu'il va mourir... De l'utilisation de la maladie comme stratégie...

Je prends l'exemple de Francis Bacon. Je veux écrire un livre sur lui. J'ai lu beaucoup de livres sur lui, des interprétations de sa peinture, qui en général ne parlent pas du sujet de ses tableaux. Tout à coup, je tombe sur un film à la télévision anglaise. Merveilleux. Tout simplement parce qu'il est traité avec amitié. On le laisse avoir son temps, donc son corps. Ça veut dire qu'on va le voir assez longuement, boire une bouteille de bordeaux et devenir ivre. On comprend alors pourquoi dans son atelier, il y a des photos d'animaux, de lions à tel moment, à tel autre. Il travaille sur la viande. Autres exemples, Picasso, Bataille, Artaud... Je n'idéalise pas les corps. Je prends au sérieux ce que les gens m'en disent. D'ailleurs on ne devrait jamais commencer une conversation avec qui que ce soit sans lui demander s'il souffre ou pas au moment où il parle. D'autre part, je prends très au sérieux leur façon de jouir, de s'empêcher de jouir, d'oublier qu'ils ont joui, d'avoir des ennuis avec ça. La souffrance ou le plaisir, c'est vraiment ce qu'on peut étudier de plus sérieux en ce monde.

Dans *Le Secret*, il y a d'une part la façon de décrire le corps-substance de marchandisation, ce qui va en même temps que l'image télévisée en deux dimensions. Ensuite, la reproduction artificielle et la substance vendable. Le don, les banques de sperme, les ovocytes en circulation, les greffes d'organes. Toute ma documentation est extrêmement précise : tant de roupies pour la cornée, pour le foie, la rate. Nous sommes dans la civilisation de la marchandisation systématique du corps. Jamais l'humanité n'avait mis le sperme sur le marché, cela change beaucoup de choses dans l'imaginaire humain, non ? Ce corps déserté de lui-même est désormais une marchandise comme une autre. Ce n'est pas l'esclavage du corps, l'exploitation d'une force de travail — le marxisme s'est produit autour de cette affaire — c'est le corps découpable.

De l'autre côté il est question de la mort. Qu'est devenue la mort ? Ou les rapports d'un adulte à un enfant, ce ne sont pas les mêmes dimensions, les mêmes propriétés de langage.

Et puis, la sexualité est en train de devenir une tarte à la crème. Contrairement au XIX$^e$ siècle, pour faire scandale, il faut dire aujourd'hui que le sexe n'est nullement obligatoire. La disjonction de l'acte sexuel et de la reproduction est un des événements les plus importants des siècles.

Question : *Il y a pourtant un précédent dans l'histoire...*

Ça, c'est vous qui le dites. En tous cas, si c'est bien du christique que vous parlez, la chose semble assez appropriée à ce qui se passe. Mais à l'envers. D'où le fait que le Pape en prend forcément plein la gueule, comme étant LE criminel n° 1 qui interdit aux Africains de se servir de préservatifs ou qui conseille aux femmes bosniaques de ne pas avorter. Ce n'est pas ce qu'il a dit, mais personne ne se préoccupe de ce qu'il dit vraiment : au cas où ces enfants naîtraient, il faudrait les accueillir... Un discours d'une fadeur totale. Je regardais l'autre jour Élisabeth Badinter qui recommandait que ces enfants ne soient pas laissés avec leur mère, parce que les enfants engendrés après un viol ne peuvent pas recevoir d'amour maternel... Ce qui *a priori* semble sensé. Mais au lieu de dire *enfant*, elle dit *garçon*... Et personne ne le relève. Autrement dit, les enfants qui vont naître de ces viols vont être automatiquement des garçons ! Cela m'a rappelé Marguerite Duras parlant de Christine Villemin, supposée à l'époque avoir jeté son petit garçon dans la Vologne — *sublime, forcément sublime* —, disant que ça ne pouvait être que le résultat logique du fait qu'elle avait ressenti le coït comme un viol... Il y a de quoi s'amuser non ? Tout cela est pour moi à ironiser d'urgence.

Question : *Sans jugement de votre part ?*

Non. Cela mérite le récit, mais les faits parlent d'eux-mêmes. Ce qui en revanche m'étonne c'est la manière qu'ont les gens de ne plus s'étonner de rien. Ils avalent chaque jour par dose homéopathique des atrocités, des énormités. Il n'y a guère que quand on leur sert tout d'un bloc qu'ils ont un petit sursaut. Regardez, les Français ne commencent à imaginer l'existence possible de la corruption ou de la mafia que si leur sang est en question. Là, ça leur fait un petit soubresaut. Comment ! Mon sang... Contaminé ! C'était de l'argent... Planqué en Amérique... Les Italiens qui voient trois meurtres par semaine sont plus difficiles à étonner. Le crime en tant que vitesse de croisière intégrée dans la marchandise d'une façon ouverte, filmée en direct quasiment, fait partie des éléments à traiter quand on s'intéresse à son époque.

Question : *Comment faites-vous pour encore désirer une femme après l'avoir étudiée de manière si ironique ?*

J'étudie son mode d'intoxication par la société et la manière dont elle y résiste. Si j'ai devant moi la pure réplique de la propagande sociale, je ne la désire pas... Sauf par humour... On peut aussi décider de désirer par humour. Je ne juge pas les individus, mais les systèmes qui les façonnent. *«L'âme est la forme du corps»*... Je pars du principe que tout le monde a une âme... Mais malheureusement, ce qui ressort, c'est que le système est désormais assez fort pour façonner pavloviennement les moindres réactions, les moindres désirs. On se trouve devant une surabondance de clichés... Alors, je préfère... Oui, les femmes intelligentes. Contrairement à la plupart des hommes elles ne me font pas peur. Elles m'exciteraient plutôt.

Question : *Comment se passe une scène de séduction de Sollers ? Avez-vous une bonne connaissance de l'effet que votre corps produit sur l'autre ?*

Il faudrait appeler ce chapitre «*selon*». En dehors du *selon*, il n'y a rien. *A priori*, plan, programme... Non. C'est toujours la même volonté sociale de classer. Il faut refuser absolument de se laisser définir sexuellement. Hétérosexuel, homosexuel... Je suis contre toute communauté sexuelle. On me suppose hétérosexuel, mais rien ne prouve à mes yeux que la pratique que j'ai corresponde à la moindre hétérosexualité connue. Sauf, pour reprendre le mot de mon vieil ami Lacan : « On est hétérosexuel quand on aime les femmes, qu'on soit un homme ou une femme. » Ce qui veut dire que presque personne ne l'est en définitive. Le jour où les femmes aimeront les femmes... Ça se saura ! C'est donc *selon* et ça se traite selon moi par le langage. Les rapports physiques et le langage sont à mon avis équivalents. Ce qui ne veut pas dire qu'on est obligé de passer aux rapports physiques.

Question : *La laideur, la marque de la maladie sont-ils des troubles ?*

Eh oui, bien sûr. Mais c'est selon...
La plupart des gens sont absolument indifférents au corps de l'autre. Ce qui veut tout simplement dire qu'ils sont indifférents à leur propre corps. Ils se passent de vous comme ils se passeraient à la limite d'eux-mêmes, de leur corps plein de potentialités inexplorées. Ils vivent au jour le jour, en deux dimensions.

Question : *On peut vivre sans son corps ?*

Oui, c'est même ça qui est promis à l'humanité. Par la déréalisation technique du corps. Vous prendrez de plus en plus l'habitude de voir des massacres à l'heure du dîner... Après quoi, le sport. L'incarnation, au sens où Dieu s'incarne, est un phénomène absolument révolutionnaire... La plupart des gens n'y croient pas. Pas plus qu'à la résurrection. Alors que s'il y a incarnation, il y a forcément résurrection. Dieu ne va pas rester mort toute sa vie si j'ose dire...

Question : *Les femmes, si elles ne croient pas à l'incarnation, raffolent du don de leur corps...*

Oui ? À supposer que nous soyons dans la construction d'une tyrannie nouvelle au moment où tout le monde parle de démocratie, cette tyrannie aura au moins eu cet instinct, pour concrétiser le règne de la marchandise, de faire fond sur l'intense besoin de reproduction... Où les femmes sont piégées à 120 %. De même pour le sexe obligatoire... C'est parce qu'un certain état de la marchandise implique qu'il y ait cette pression. Ce n'est pas par désir de faire jouir les humains, mais par désir de les rentabiliser à un moment ou à un autre. Ça passe par l'Argent, le Sexe, la Terreur, l'Hystérie, la Mort, l'Enfant.

Question : *Qui en tire profit ?*

L'économie politique. Et puis, ceux qui se trouvent à l'endroit où ça tombe.

Question : *Quel héritage peut-on transmettre à ces corps nouveaux, ces corps fabriqués ?*

Un certain art de la guerre. Les éléments pensés de la guerre défensive. Tout individu est désormais en guerre contre l'ensemble, quelqu'il soit, dans lequel il se trouve pris. Il ne peut compter rigoureusement que sur lui-même. C'est mieux qu'il le sache. Pour autant que l'individu ait envie d'être libre ou de survivre le moins mal possible. Il n'y a donc rien à proposer. Je me contente de voir l'individu. Je vois les échantillons que j'ai. Je suis sur le réel. Je n'impose mon système de perception à personne. Mais les thèses que je tire, j'essaie de les généraliser. Parce qu'il faut bien publier ses résultats.

Question : *Vous vous promenez nu dans ce laboratoire ?*

Je ne m'y *promène* pas nu, j'agis nu.

Question : *Sans danger ?*

De quel danger parlez-vous ?

Question : *Un exemple : vous vous trouvez nu dans une pièce en face de la femme que vous aimez. Vous sentez tout à coup que son regard se pose sur votre corps d'une manière terrifiante. Que faites-vous ? Vous vous rhabillez, vous vous cachez sous la couette, vous allez vers elle pour lui montrer que ce qu'elle a vu était faux ?*

C'est le type d'expérience qui aurait pu m'arriver avant que je fonde mon labo. Aujourd'hui, le moment où je suis nu n'est pas un moment où ça pourrait arriver.

Question : *Cela ne vous est jamais arrivé avant la création du laboratoire ?*

Pas vraiment. Instinctivement, on empêche ce genre de choses de se produire. J'ai plutôt tendance à étudier les échecs dans les réussites les plus grandes. On commence par agir et ensuite on parle. Tout de suite, au lit, nu, ensuite on parle. Ou on ne parle pas. On peut se quitter immédiatement. C'est ça la philosophie dans le boudoir. Il faut en réalité partir du fait que tout cela est fait pour ne pas marcher. Il faut se donner un jeu qui implique qu'on est conscient que ça va être des simulacres. Que la VÉRITÉ ne va pas éclater. On n'est pas l'inquisiteur de la pensée réelle de l'autre. Il n'y a pas de pensée réelle de l'autre. Tout est jeu. Il y a deux écoles. La grande tradition du libertinage français — c'est presque un pléonasme — et puis la tradition romantique qui pourrait donner lieu à des exemples pathétiques comme celui que vous évoquiez. Je veux réduire au maximum le pathétique de ces choses dites «physiques». Éros et Éthos, l'érotisme et l'éthique. Contre pathos et thanatos, le pathétique et la mort. L'amour et la mort, le sexe et la mort, ça ne me dit rien. En revanche, je vois que c'est extraordinairement récurrent dans la civilisation où nous sommes qui comme par hasard culmine dans les deux dimensions... Le spectacle et la mort sont la même chose. Le spectacle se nourrit de la mort. Voir les nouveaux martyrs érotisés après leur mort : *Sida by night all the time*. Tous les goûts sont dans la nature, ça me laisse froid. La mort ne m'érotise pas.

Question : *Le corps de Sollers fait-il l'objet de tentatives d'approche en public ? Un homme, une femme qui se jetterait sur vous ?*

Ah, ah. Pourquoi voulez-vous du grotesque ?

Question : *Hervé Guibert provoquait ces comportements...*

Guibert faisait la passion christique... Il guérissait les écrouelles. Guibert j'aime beaucoup, mais vous voyez bien qu'on ne joue pas le même tennis... Mon corps ne déclenche pas ça. Même plutôt une certaine répulsion.

Question : *Ça vous peine ?*

Non... Je détesterais être adoré physiquement. La relique vivante ne me convient pas...
En masse moyenne, il est probable que les femmes ont un maniement symbolique supérieur à celui des hommes... En théorie, dit-il, lui, l'auteur de *Théorie des Exceptions*... Élisabeth Badinter a raison, il est très difficile de devenir un homme... Et encore plus Jean-Sébastien Bach. Ou Mozart. En théorie l'homme se débrouille plutôt moins bien que les femmes. Mais, en exception, c'est peut-être pour certains la consolation d'être des insectes inutiles passant dans le biologique, n'ayant rien à y faire.

Question : *Est-ce difficile d'écrire sur elles ?*

Ce n'est pas difficile d'écrire sur les femmes, c'est l'enfance de l'art.

Question : *Vos livres sont-ils difficiles à lire par les femmes ?*

Ne croyez pas ça. Les hommes ont beaucoup plus de mal. Les femmes ont l'apparence d'avoir du mal. Les hommes sont beaucoup plus crédules que les femmes, notamment sur le côté sexuel des choses. Très peu d'hommes se doutent que les femmes peuvent simuler la jouissance sexuelle.

Lors de la sortie de *Femmes*, les hommes ont beaucoup plus coincé que les femmes. Je l'ai vu aux lettres d'insultes. Pour 10 de femmes, 800 d'hommes. Des jaloux, des excités. Pour *Le Secret* ça ne coince pas pour les mêmes raisons. Le Pape, ça coince. Ou bien l'attaque frontale de la marchandisation de la reproduction. Cette manière de montrer que la technique n'est pas en elle-même libératrice quoi qu'on en dise, mais empoisonnée par la rentabilité et le calcul. Ou la démonstration du devenir de la mafia universelle... Ce ne sont pas forcément des idées qui plaisent.

Le combat est moins sur les mœurs que sur l'analphabétisme. On est dans un monde où tout se vaut : Dante, Virgile, Homère, les confessions d'une femme de chambre noire, d'un chauffeur de taxi hispanique. C'est tordant.

Question : *Que se passerait-il si vous deveniez muet?*

Je continuerais à me parler intérieurement.

Question : *Comment séduiriez-vous?*

Je séduirais par l'intériorité qui surgirait de mon regard... À moins que vous me supposiez aussi aveugle ou paralytique... Vous voyez bien que le corps gêne...

Propos recueillis par Sophie Rostain et E. Picault, La Porte, n° 4, avril 1993.

## *Le jeu de Paulhan*

FRÉDÉRIC BADRÉ : *La correspondance de Francis Ponge avec Jean Paulhan permet au lecteur de suivre votre apparition dans le milieu littéraire, en 1957. Est-ce que la personnalité de Paulhan vous attirait particulièrement ?*

PHILIPPE SOLLERS : C'est à travers Ponge que je l'ai connu. Ponge lui avait montré un texte qui lui avait plu, et Paulhan trouvait que Joyaux était un nom de « grand écrivain ». Il semble que ce soit Arland qui n'en ait pas voulu.

D'emblée, il était clair que toute relation avec Paulhan était polémique, mais polémique en dentelles si vous voulez. Donc, c'était immédiatement le « jeu du chat et de la souris », c'est-à-dire un préalable ab-humaniste. Quelque chose qui était un doute porté sur toute communication transparente, comme si deux êtres humains ne pouvaient pas se parler selon un sens commun. Cette façon d'être, comme on le voit dans tout ce qu'il a écrit, venait de ses préoccupations par rapport au langage, mais c'était plus que cela cependant. Je connais des tas de gens qui se préoccupent du langage et qui n'ont pas dans l'ordre de la communication l'attitude que chaque énoncé est important. Or, Paulhan, c'est ça : il ne peut pas y avoir de temps mort, de temps fade, de temps non significatif, bref, il ne peut pas y avoir de cliché involontaire dans l'acte de parole. À la limite, cela donne ceci : nous sortions de chez lui, rue des Arènes, avec un ami, un jour de beau temps. L'ami dit qu'il fait beau, et Paulhan : « Ah bon, vous trouvez qu'il fait beau ? »

F. B. : *Paulhan avait un physique de colosse et une petite voix fluette. Cela déconcertait souvent qui le rencontrait pour la première fois. Quelle fut votre impression ?*

Ph. S. : L'effet était saisissant. La première fois que je l'ai vu, dans son bureau de la NRF, il m'a offert des calissons, des petits bonbons. Ce mot prononcé par lui, avec son accent du Midi, et cette petite voix, c'était très amusant. Immédiatement, ce qui ressortait de cette voix disjointe du corps, c'est l'art avec lequel Paulhan compensait cette inharmonie, pour, en bon stratège, transformer un handicap en puissance, c'est-à-dire en art d'enveloppement de ses interlocuteurs.

J'aime m'arrêter aux voix. Autant celle de Mauriac était une autre façon de compenser un handicap pour en faire une plus-value musicale, autant la voix de Sartre résonnait de façon métallique et impérative dans le style de la volonté de volonté, autant un grand virtuose de la voix que j'ai suivi avec beaucoup d'attention, parce que c'était un acte de création continue chez lui, c'est Lacan. Je mettrais Paulhan de ce côté. La compensation d'une inharmonie originaire, devenait, à la suite probablement de tas de méditations et de réflexions, une arme rhétorique supplémentaire dans son jeu. Je pense qu'il a beaucoup réfléchi à la façon dont sa voix pouvait résonner tout de suite comme une déstabilisation d'un adversaire constant (qui pouvait, aussi, être lui-même).

F. B. : À ce que vous dites, peut-être pouvons-nous ajouter une distinction établie par Jünger, qui n'est pas sans rapport. Jünger distingue en effet « l'homme du scrupule » de « l'homme du trombone », le premier ayant souci du détail plus que de l'ensemble, qui caractérise le second. Voici comment Jünger décrit l'homme du scrupule : « L'entendement montre un penchant aux hésitations, aux doutes et aux ratiocinations. Dans le langage prévalent les mots à double sens, les équivoques et les ambiguïtés. » Plus loin : « Ceci engendre une façon de contredire tout en pointes et en chinoiseries, qui trouble le cours des entreprises. » L'homme du trombone, en revanche, ne manipule que les grands ensembles, « les choses s'enflent et s'imprécisent, prennent un tour hagard et outré ; elles vacillent comme des girouettes au souffle des lubies et des opinions ». Si Jean-Paul Sartre me paraît bien correspondre à l'homme du trombone, Paulhan est un bel exemple d'homme du scrupule. Et cela se retrouve dans leurs voix respectives. La voix douce de Paulhan a-t-elle le son du scrupule ?

Ph. S. : Oui. Mais cette douceur supposée, ne vous y trompez pas, est une forme de violence. C'est drôle que vous me parliez de Jünger. Je ne sais pas si vous connaissez l'enregistrement, le seul qui existe, de Heidegger, par la télévision allemande, en 1969. Dans ce film paraît justement Jünger qui se met à parler dans un registre très aigu, extrêmement militaire, avec quelque chose de suranné dans l'énonciation. Alors que Heidegger, qui est assez contracté au début de l'entretien — un entretien magnifique qui a été publié dans le numéro spécial de *L'Herne* qui lui a été consacré, et qui se termine sur des questions de langage —, a une voix au contraire posée, douce, presque sourde. Il y a des gens qui s'entendent parler.

Avec Paulhan, c'était théâtralisé immédiatement, un jeu qui mettait l'interlocuteur à distance. Sa voix est là, à la fois pour compenser un handicap, mais aussi pour observer la façon dont l'autre réagit. À noter qu'il n'y a pas de « conversation » possible avec lui : il a l'air de changer de sujet en permanence. Il sort soudain une photo pour vous la montrer, passe du coq à l'âne, etc., mais son propos semble toujours une immédiate mise en résonance. Pas d'acte de parole qui ne soit mis en situation. Ce qui est curieux, quand même, parce que ça suppose, au-delà de la vigilance et du travail sur le langage, quelque chose d'autre qui est à n'en pas douter une dimension métaphysique. Ascèse mystique ou recherche fondamentale, avec cette particularité qu'elle porte sur la nature du langage. Le côté « négatif », ici, consiste à se mettre dans la position d'incarner le sujet supposé savoir, comme dirait l'autre, c'est-à-dire à se mettre dans une position de maîtrise, de gourou.

F. B. : *Vous le perceviez comme un gourou ?*

Ph. S. : Je pense qu'il se laissait affubler de cette position. Les gens, si on n'y prend pas garde, sont prêts à vous créditer de leurs fausses croyances. Il y avait ce jeu chez Paulhan.

F. B. : *D'où, peut-être, ces qualités qu'on lui donnait : pape de la N.R.F., ou éminence grise des lettres.*

Ph. S. : Pape implique une dogmatique. Le pape porte des dogmes et s'y tient au plus près, en position d'infaillibilité. Paulhan n'est pas dans une dogmatique, c'est le contraire d'un dogmatique. Éminence grise suppose qu'on ne se dévoile pas. Son don des langues — il faudrait voir s'il l'a vraiment eu — consistait à se mettre, je crois, devant chaque interlocuteur, et il y en a eu beaucoup, dans une position qui était celle d'attirer l'attention, de se dérober, de procéder par allusions, par énigmes, par devinettes, toutes choses que vous trouvez dans sa correspondance. Étant moi-même très joueur par nature, on s'est envoyé, comme ça, des petits billets. Si on veut jouer avec moi, je joue tout de suite, sans me demander ce que ça veut dire. Je joue. Le jeu est sans pourquoi.

F. B. : *C'est une attitude qui peut dérouter un débutant.*

Ph. S. : Je suis assez insolent de nature, et je procède plutôt par désinvolture. Je suis un débutant, certes, mais un drôle de débutant qui va vivre une vie curieuse. Je suis couvert de fleurs, à la limite ça m'embarrasse, je fais ce qu'il faut pour que ça ne m'embarrasse pas trop, et en même temps ça me donne une certaine aisance, c'est-à-dire que je n'attends pas qu'on me donne des leçons ou qu'on me dise comment progresser. Paulhan m'a proposé de faire des notes dans *La N.R.F.*, et je n'avais pas envie de faire de notes dans *La N.R.F.* Puis, ça a été la guerre, une guerre pas violente, mais comme j'ai fondé assez vite avec des amis, *Tel Quel*, c'était immédiatement une concurrence, etc.

Je suis allé travailler chez lui deux ou trois fois, car il avait un exemplaire très défraîchi d'*Orthodoxie* de Chesterton, introuvable ailleurs, et sur lequel je voulais des renseignements. Je l'ai lu chez lui pendant qu'il travaillait en écoutant la radio. Il y a eu entre nous, tout de suite, le chinois, le Tao. Je pense d'ailleurs que c'est ce qu'il a de plus intéressant, cette ouverture. Il me montrait une traduction qu'il avait du Tao-të-king. Un de mes projets, pendant longtemps, a été de refaire une traduction de Lao Tseu : de comprendre pourquoi le chinois était rebelle à tous les investissements métaphysiques occidentaux. Quand on dit l'« essence », le concret chinois est tout à fait différent, sexuel. L'intérêt pour le chinois ne courait pas les rues à l'époque. Paulhan m'a répondu par de la documentation. L'impression de compréhension qu'il y a eu entre Paulhan et moi est venue par des éclats de chinois. Tout le reste était secondaire.

F. B. : *Dans un texte consacré à Picasso, vous faites cette allusion à Paulhan : « Braque le patron, c'est toute la légende compensatoire de la pruderie N.R.F. »*

Ph. S. : Ah oui, je suis polémique. À la même époque, je vois Breton, qui me dit : « Vous vous rendez compte, comment ces gens-là s'expriment, "Braque le Patron !" » Il donnait, lui, à *patron* le sens que les prolétaires donnent à ce mot. C'était l'idéologie anarchiste de Breton. Il n'empêche que les goûts de Paulhan en peinture m'ont tout de suite parus trop étroits. Pour moi, c'était Picasso avant tout. Avec le temps, on s'aperçoit que Braque est important pour un moment d'une expérience menée avec Picasso, mais Picasso, cela va de soi, est très au-delà. Il y avait, chez Paulhan, des tableaux pas vraiment convaincants, Fautrier, des choses comme ça.

F. B. : *C'est qu'il se pose en découvreur. Braque, ce n'est pas lui qui le découvre, mais il contribue à la notoriété de Fautrier, de Dubuffet. De plus, Paulhan utilise la peinture pour avancer dans le mystère du langage, avec une nouvelle présentation du cliché, du lieu commun. Ces peintres modernes renouvellent selon Paulhan la vision du monde banal qui nous entoure et que nous ne savons plus voir autrement, précisément, que sous forme de clichés. C'est un goût qu'il avait, mais c'est aussi un outil intellectuel qu'il utilise. On pourrait même dire qu'il voit cette peinture comme il lit les poètes et les écrivains qu'il publie, de Jouhandeau à Cingria, de Michaux à Saint-John Perse, d'Audiberti à tous les surréalistes...*

Ph. S. : Oui, mais cela dépend de la façon dont vous temporalisez les œuvres sur lesquelles vous vous interrogez. Sa conception de l'Histoire ne semble pas avoir été très intéressante.

F. B. : *Il disait à ce propos : « Comment peut-on s'intéresser à ce qui aurait pu ne pas avoir lieu ? »*

Ph. S. : Ça a son bon côté à ce moment-là, parce qu'on était sursaturé d'historicisme. Mais ça a aussi un mauvais côté, parce que l'Histoire a tout de même son importance. Il y avait, chez Paulhan, je crois, une sainte horreur de ce qui est lourd, trop mis en thèse. Lui, il est en esquive. Il a souffert, comme beaucoup, des dictatures des systèmes philosophiques. Que ce soit Freud, Marx, Sartre, cela lui semblait sans doute dommageable non seulement pour le goût, mais aussi pour la légèreté et la vérité des choses telle qu'il l'entendait dans la légèreté.

F. B. : *Pourquoi le trouviez-vous drôle ?*

Ph. S. : Parce que est drôle quelqu'un qui, automatiquement, ne prend aucun énoncé au sérieux, au tragique, qui est constamment dans l'esquive. En défensive ? Non, c'est plutôt un jeu offensif. Au début des années soixante, quand Chessman, condamné à mort américain de droit commun, fut exécuté, cela provoqua un certain émoi chez les intellectuels. Je vois Paulhan ce jour-là, les journaux étaient pleins de pathétique. On en parle, et il me dit : « Ah, c'est dommage, il venait de s'abonner à *La N.R.F.* ». Dégonflage du pathos.

Jeu offensif qui forçait à répliquer. Je pense que, là, il y avait une sorte de perversité paulhanienne. Au fond, il a passé beaucoup de temps à se préoccuper des gens, ça demandait une sorte d'offensivité du même ordre, jouer du paradoxe... On s'est un peu amusé à cela.

F. B. : *Il considérait que la vérité est souvent paradoxale. Il cherche sans arrêt à détruire le lieu commun...*

Ph. S. : Ou alors que le lieu commun soit vécu comme tel. Ce n'est pas un terroriste. C'est quelqu'un qui pense que ne plus faire de rhétorique est une erreur.

J'étais loin d'être en accord avec lui. Par exemple, sur la poétique, je me rappelle d'une controverse assez vive à propos d'Ezra Pound. Nous étions, à *Tel Quel*, en train de publier des traductions d'Ezra Pound. Il y avait un blocage de Paulhan sur Pound. Par ailleurs, nous avions publié une étude pour critiquer sévèrement le système lancinant et liturgico-répétitif, pour tout dire emphatico-maniéré, de Saint-John Perse. Ça l'avait mis dans tout ses états. Pour moi, il ne fait aucun doute, quelle que soit la ruine que représente la poésie de Pound, que c'est sur le plan de l'expérience poétique beaucoup plus important et décisif que Perse.

Il m'est arrivé de me brouiller avec des amis en leur

disant qu'il n'est pas d'amitié au-delà de la preuve par le langage. Il faut aller jusqu'au bout dans ces cas-là. Il y a un côté humaniste de Paulhan, affectif, sentimental même, tendre et humainement très chaleureux... où la relation humaine est en quelque sorte préalable et très forte. On a tous des amitiés, on a tous des indulgences, la vie est faite de ça, nous sommes bien d'accord. Mais étant donné la position qu'il occupait qui était tout de même une position tout à fait stratégique, les choses que je me demandais parfois, c'était pourquoi mettre presque sur le même plan des choses visiblement excellentes et des choses dont on ne pouvait même pas dire qu'elles étaient mauvaises.

F. B. : *Parce que ça n'avait pas d'importance. Les gens jugeront.*

Ph. S. : Oui. Mais cette non-hiérarchisation revient à la question de l'Histoire. C'est un problème. Est-ce que l'Histoire existe et fait surgir dans des moments significatifs ça et pas autre chose... qui auraient pu ne pas avoir lieu, oui, je suis d'accord, une œuvre d'art n'est jamais attendue par l'Histoire, et en même temps, si on la considère comme n'ayant pas été souhaitée et pas du tout prévisible, il n'empêche qu'elle nous dit énormément de choses sur toute l'Histoire. C'est elle qui nous en dit *le plus* quant à l'Histoire. Nous ne sommes pas dans l'Éternité, n'est-ce pas. C'est une question centrale qui m'a semblé souvent un peu amateurisée par le fonctionnement métaphysique de Paulhan.

F. B. : *Il définissait son projet intellectuel comme un nouveau discours de la méthode, appliqué à la critique. En quelque sorte, il voulait réinventer Descartes à partir des questions qu'il se posait sur le langage.*

Ph. S. : La question est inscrite de plein droit dans l'histoire de la Métaphysique, et ici, on est obligé d'en passer par Heidegger et de savoir pourquoi, en effet, Descartes est le premier qui, avec le sujet de la représentation, dit : « je pense donc je me représente », et ensuite vous êtes bien obligé aussi de vous interroger sur les étapes suivantes, Kant, Leibniz, Hegel, Nietzsche.

F. B. : *Je ne pense pas que Paulhan soit un esprit conceptuel. Rappelez-vous Jünger : l'homme du scrupule... Mais comment abolir le sujet au point qu'on puisse envisager en entier la pensée, même avec cette part de la pensée qui permet de réfléchir et de pouvoir envisager la pensée. On se retrouve confronté à la tache aveugle des peintres, ce point au centre de toute vision qu'on ne peut voir cependant.*

Ph. S. : C'est une expérience personnelle. Il y a une épreuve néantisante chez Paulhan, on le voit très bien dans ses premiers écrits, il y a une expérience du négatif très forte. Mais pour déterminer si Paulhan a fait un pas en dehors du nihilisme, ça reste ambigu. Pour ça, il faudrait des textes majeurs. Chez lui, tout reste dans le cadre d'une recherche. Autrement dit : il a une expérience, il peine à la rationaliser.

Nous avons parlé de peinture, de poésie. Reste le roman. Les grandes réalisations romanesques du xx$^e$ siècle, c'est assez clair maintenant, sont Proust et Céline. Paulhan ne parle jamais de Proust, ce qui est quand même extraordinaire. Pour Céline, la correspondance montre que Paulhan a été merveilleux pour lui, et puis il y a cette rupture sèche : il est visiblement choqué par l'existence crue de Céline.

Est-ce que la dimension à proprement parler linguistique de Céline ne l'effraie pas ? Il y a dans l'aventure de Céline une reprise de toute la batterie de la langue. C'est un prodigieux styliste, avec des incursions, partout, de Villon à Saint-Simon en passant par la base la plus classique rendue effervescente. De ce point de vue, il y a un certain puritanisme (protestant) chez Paulhan, comme il y a eu, d'ailleurs, un puritanisme surréaliste.

**F. B.** : *Je crois que Paulhan voyait très bien le génie de Céline. Il a été choqué par les insultes de Céline à un moment donné. Après tout ce qu'il avait fait pour le sortir de son trou, il aurait peut-être apprécié plus de reconnaissance, ce qui était beaucoup demander à Céline... Paulhan était un homme de pouvoir et, en tant que tel, ne voulait pas qu'on dépasse une certaine mesure dans l'insulte. C'est une hypothèse. Quant à Proust, il faut rappeler qu'il a corrigé les épreuves du* Temps retrouvé, *ce qui vous dispense peut-être d'en parler trop ensuite... Et puis, Proust avait-il besoin que Paulhan le défende, même* post mortem *?*

**Ph. S.** : Je crois que oui. Son silence est incompréhensible. Ça pose une question, encore une fois, historique très large. Très vite, après la mort de Rivière, c'est comme si Proust n'avait pas existé. Dès les années trente, Proust est un auteur enfoui dans le passé, on a l'impression qu'il ne reviendra pas, et tout le monde est tourné vers l'avenir qui paraît urgent, décisif...

**F. B.** : *Ce sont les années de hautes eaux politiques.*

**Ph. S.** : Voilà. Et ce n'est qu'à partir des années soixante que Proust refait surface. Bizarrement, Proust ne nourrit pas la vie intérieure de Paulhan. La question de la mémoire involontaire aurait dû l'intéresser, pourtant, ainsi que l'expérience du temps retrouvé qui est à la fois une expérience de langage et une expérience métaphysique. Comment l'a-t-il lu ? Jusqu'où ? Gide ne voit pas l'ampleur de Proust, Valéry non plus, et pas non plus Claudel, ni Drieu... C'est incroyable. Mais non : c'est la question *énorme* du Temps. Être et Temps. Quand j'avais vingt ans, le seul qui me parlait de Proust était Mauriac qui était resté très fidèle à son souvenir. À ce moment-là, Mauriac avait l'air d'un passéiste, vous voyez. C'est très curieux.

F. B. : *À quel moment est-ce le plus paradoxal de lire Proust ?*

Ph. S. : Dans les années vingt, Proust est très important. Au moment où il meurt, il est très important chez Gallimard. Ce qui m'intrigue, c'est que son nom disparaisse ensuite, ou plutôt qu'on veuille à ce point l'oublier.

F. B. : *On s'intéresse plus à ceux qui se convertissent au catholicisme.*

Ph. S. : Et il y a aussi la question politique. Religion et politique. C'est extraordinaire que des gens aussi intelligents se soient posé des questions avec une étroitesse pareille. Leur Dieu est bizarre, vous ne trouvez pas ? C'est vraiment étonnant.

F. B. : *Cela dit, Paulhan écrit en 1935 un texte qui ne sera publié qu'après sa mort. Paulhan n'est-il pas proustien lorsqu'il écrit, par exemple :* « *Le ravissement — et cela dont il est le signe — ne se peuvent directement pour-*

*suivre, et le plus sûr moyen de les perdre est de les rechercher.* »

Ph. S. : On pourrait, en effet, trouver le même enchaînement de mots chez Proust. La mémoire involontaire... Toute la *Recherche du temps perdu* est tissée de ce genre de remarques. C'est le grand récit d'une découverte capitale quant à la véritable substance du Temps.

F. B. : *Ou encore, toujours extrait de ce* Traité du ravissement *:* « *Qu'il nous soit impossible, sinon dans l'enchantement ou l'extase, d'atteindre à l'événement littéraire.* »

Ph. S. : Oui, cela suppose qu'il y a un événement, une épiphanie, une théophanie (mais sans Dieu). Il faut rechercher dans ce qu'a écrit Paulhan les moments d'un tel ravissement, extase ou retournement. Dans *Le Clair et l'Obscur*, par exemple. Dans *Les Causes célèbres*, il y a cette phrase magnifique : « Comment parvenir à voir du premier coup les choses pour la seconde fois ? » Dans un texte de 1984 qui s'appelle « Proust et Gomorrhe », j'ai écrit : « Finalement, une seule chose est claire : un romancier est quelqu'un qui a vu, au moins deux fois, quelque chose qu'il ne devait pas voir, et qui en triomphe. C'est tout. » (*Théorie des Exceptions*, Folio, p. 79.) J'ai pensé à Paulhan. Je ne dis pas exactement la même chose, mais ce n'est pas sans penser à lui que j'ai dit ça. La question est de savoir pourquoi il n'a pas poursuivi des récits de ses expériences. Vous n'avez pas cette impression qu'il aurait pu dire des choses plus personnelles sur cette affaire de ravissement ? Il a défendu une position juste par rapport à toutes les lourdeurs qui voulaient nous empêcher d'y accéder, mais en parlant si peu de lui. Au fond, on sait peu de chose de sa vie. Trop peu, d'une certaine façon. Un carnet de route de Paulhan notant ses moments d'illuminations, j'aimerais bien avoir ça dans ma bibliothèque. Pour faire vivre Paulhan, il faut ramener cet angle de vision. Un angle « chinois », en somme.

F. B. : *Peut-être que sa correspondance, si elle est un jour entièrement publiée, serait ce livre. Certains le pensent. Cela dit, autre angle de vision, sa pratique de textes comme, par exemple, Nicolas de Cuse, ou l'Évangile de saint Thomas...*

Ph. S. : Je me demande si ce n'est pas lui qui m'a fait lire l'Évangile en question. À ce moment-là, j'avais un très grand intérêt pour les gnostiques, et c'est sans doute lui qui me l'a fait lire.

F. B. : *C'est aussi un grand lecteur de Chesterton.*

Ph. S. : On voit ce qui plaisait à Paulhan : le paradoxe. C'est parfois ce qui a l'air le plus conventionnel qui est le plus subversif, etc. Au total, Paulhan est très composite, c'est une mosaïque qu'il faut analyser comme telle. Il y a quelque chose de dix-neuviémiste non résolu chez lui, mais toujours un peu insolite. Par exemple, il avait lu mon petit roman, *Le Parc*, qui semblait lui avoir plu, et il m'avait dit : « C'est intéressant comme vous tournez autour de la Trinité. » Ça ne sautait pas aux yeux, mais c'était très juste.

F. B. : *Il a dû le voir parce que son fonctionnement intellectuel était, si je puis dire, trinitaire. À la fin de sa vie, il tenait à démontrer que le langage idéal représentait un monde où les contraires ne font qu'un : mot étant idée, idée mot, mot chose.*

Ph. S. : Voilà, voilà. Paulhan a fait de la linguistique sans le savoir, mais en allant vers son essence métaphysique. Il est vrai qu'on n'a pas besoin de tous ces mots savants qui ont été amenés par Saussure et inflationnés ensuite par le structuralisme. Il a dû se sentir extraordinairement seul dans les années trente. Le langage est devenu, après 68, une sorte de question de cours universitaire. Personne, dans la vie courante, n'a la vive conscience permanente qu'il y a un signe, un signifiant et un signifié. Or c'est une vérité bouleversante qui devrait être présente constamment à l'esprit, ce qui permettrait de ne pas se tromper idéologiquement. Paulhan a eu cette conscience.

F. B. : *Et il ne s'est pas souvent trompé idéologiquement. Vous avez raison, je crois, de faire cette liaison entre une réflexion sur le langage et une attitude idéologique et politique.*

Ph. S. : C'est essentiel. Toutes les polémiques qui ont traversé le XXe siècle reposent en réalité là-dessus. Dans ce domaine, Paulhan a pris position avec des textes tout à fait fameux — *Lettre aux directeurs de la Résistance*, par exemple — et des interventions très bien mises en situation. On voit bien que chaque fois, ses réponses ont été déterminées par des entreprises totalisantes ou totalitaires. Paulhan est à mon avis l'exemple très rare, totalement incongru, parce que ce n'est pas en général comme ça qu'il s'incarne, de l'homme de la IIIe République. Le fondement dix-neuviémiste est là.

F. B. : *Incongru est certainement le mot qui convient. Son approche politique est le résultat d'un mélange de* *socialisme, d'anarchisme et de monarchisme maurrassien, qui repose sur un patriotisme sans faille. Tout cela le mène à soutenir de Gaulle et la V$^e$ République, de Gaulle parce qu'il prône l'union de tous, et la V$^e$ République parce qu'elle émane de De Gaulle. Je vois dans son attitude, considérée dans son ensemble, beaucoup de cohérence. Dans le champ intellectuel, Paulhan est un point fixe autour duquel s'articulent la plupart des débats de son temps. Un point fixe qui évolue, mais reste fixe. Autour, des atomes qui s'éloignent et se rapprochent plus ou moins.*

Ph. S. : C'est juste. Mais cela le définit plus en tant qu'intellectuel qu'en tant qu'écrivain. Ce n'est pas tant un homme du dix-neuvième siècle qu'un provincial lucide par rapport au vingtième. Il est proche de tout ce qui se passe de fondamental dans le vingtième siècle, et il est retenu par quelque chose qui appartient au dix-neuvième. Ce que j'entends par freinage dix-neuviémiste c'est une trop grande considération pour le psychisme. Le grand intérêt du personnage est dans ce paradoxe. Mais laissons la politique et revenons à la poésie. Il maintient libre le rapport entre pensée et poésie : il écarte tout ce qui pourrait les enfermer, les circulariser, les réifier, les méconnaître, les corseter, les étouffer. Ce n'est pas rien, et c'est son grand mérite. Mais, en même temps, la question est de savoir comment fonder une pensée radicale par rapport à la poésie. Je pense que dans l'ordre de la pensée, il reste quand même en deçà, et, je le répète, dans la poésie, je conteste ses choix. Quand vous avez Lautréamont et Rimbaud, comment se contenter de Saint-John Perse ?

F. B. : *S'en contentait-il ? Et puis, Rimbaud, ce sont surtout les surréalistes qui en ont fait leur patron. Et que se passe-t-il ensuite ? Ils en font le porte-drapeau de leur engagement dans le communisme, panneau dans lequel Paulhan ne tombe pas, sans pour autant être le chantre d'une quelconque pensée réactionnaire, notons-le au passage.*

Ph. S. : Oui. Reste que la question de Rimbaud demeure, l'interprétation des surréalistes le montre d'ailleurs très bien. Plus généralement, tout grand texte reste à lire et tous les textes ne sont pas au même niveau, sans quoi Hölderlin serait un romantique parmi les autres, ou Cézanne un impressionniste parmi d'autres... Ce n'est pas le cas. Je ne dis pas cela seulement pour établir des hiérarchies, mais pour savoir à quelle profondeur on travaille. Paulhan a maintenu la question ouverte, indubitablement. Le défaut, la contrainte historique, ce que vous voulez, c'est de ne pas avoir eu l'énergie de pousser plus loin. La question est de savoir, par exemple, comment le Français se situe par rapport à lui-même. Cette question devient très vite politique (on le voit aujourd'hui). Paulhan est un rempart contre beaucoup de déviations : il laisse en même temps la porte ouverte.

F. B. : *Non seulement il défend le fait littéraire contre la politique, mais en plus il dirige une revue importante, dont il faut fabriquer les sommaires, maîtriser les réseaux, etc. En plus de cela, poursuivre cette traque du secret du langage tout en le préservant, car, n'est-ce pas, qui donne son secret le perd... Je lui trouve beaucoup de mérite, moi, vu d'ici. Et ce comportement trouve son fondement sur une réflexion à la fois très rigoureuse et très littéraire sur le langage.*

Ph. S. : Oui. Les contraintes de Paulhan sont socio-historiques. C'est vrai que, pour lui rendre justice, dans le

*Le jeu de Paulhan* 857

temps, il faut considérer que grande devait être sa solitude. En conclusion, je vous lis ceci, et qui touche un peu à Paulhan. C'est de Heidegger. « Le secret n'est pas une barrière située au-delà de la vérité. Car, pour laisser le secret être véritablement ce qu'il est, sauvegarde de l'être authentique dans le retrait, le secret doit être manifeste en tant que tel. Un secret qui n'est pas connu dans sa puissance de voilement n'est pas un secret. Plus la connaissance du voilement se situe haut, et plus le dire du voilement en tant que tel est véridique, plus sa puissance de retrait demeure intacte. » C'est dans le sens de ce que Paulhan a cherché, qui me semble là très bien dit. Mais voilà, Heidegger est Allemand, ce qu'il dit sur Hölderlin ou Nietzsche est en allemand [1]. La question est de savoir, depuis Rimbaud, depuis Sade même, ce qui se dit, et de quelle façon, en français. Ce qui m'intéresse, ainsi, ce sont les ébranlements, les surgissements, les moments de création intenses. Aujourd'hui, n'est-ce pas, il ne se dit plus grand-chose. Misère de la poésie, misère de la pensée, misère de l'Histoire. Comme si notre langue allait disparaître. Mais c'est précisément parce que le danger est très grand que peut surgir une réponse. Allons-nous sortir de presque vingt ans d'anesthésie lourde ? C'est en pensant au *résistant* Paulhan que je pose cette question.

*Paris, mai 1994-septembre 1995.*

[1]. Paulhan, on le sait, rejette violemment Heidegger, qu'il juge même, dans une de ses lettres, « répugnant ». Il a le tort, selon lui, de « réduire la métaphysique à l'ontologie », ce qui rend impossible toute position morale. Le malentendu est donc ici complet. Mais Paulhan a-t-il *lu* Heidegger ? Probablement pas, en quoi il n'est pas le seul. La position essentiellement mystique de Paulhan me semble bien exprimée dans sa formule : « Je n'ai pas le sens des dates, et j'ai horreur du temps. » Je dirai, moi, au contraire : « J'ai un sens très précis des dates, et j'adore le temps. » (Ph. S., 1996.) Il ne s'ensuit pas la même *histoire*.

## Sur Artaud

R. B. : *Philippe Sollers, votre œuvre témoigne d'une profonde affinité avec Antonin Artaud, à la pensée duquel vous êtes souvent revenu pendant votre création littéraire. Dans* Tel Quel, *dont vous étiez l'inspirateur, vous aviez déjà pris fait et cause pour Artaud, au début des années soixante. Vous avez publié ses poèmes à une époque où il n'y avait pas d'œuvres complètes. En 1991, vous avez fait paraître avec à-propos des extraits de la légendaire* Conférence au Vieux-Colombier, *dont la publication était bloquée par le conflit juridique entre Gallimard et les héritiers d'Artaud. Par ce geste, vous n'avez pas seulement empêché qu'un document littéraire de grande importance soit mis sous clef. Vous avez aussi dit, en face d'une société dégénérant de plus en plus en autocratie de l'arbitraire, que vous trouviez insupportable que l'on essaie de faire taire Artaud une fois de plus. Que pensez-vous de toute cette affaire Artaud, maintenant que le conflit s'est engagé dans une nouvelle phase ?*

PHILIPPE SOLLERS : Pour commencer, il faut savoir que les écrits d'Artaud sont d'abord considérés comme faisant partie de l'aventure surréaliste, dont il aurait été une sorte de héros-martyr. Artaud est difficile à aborder, compte tenu de l'extrême marginalité sociale qui a été la sienne et de la question psychiatrique qui a été soulevée à son sujet. Le temps passant, cette tentative d'intégration dans l'histoire surréaliste devient de plus en plus difficile ; et il devient de moins en moins évident qu'Artaud appartienne seulement à cette histoire. Par la suite, Artaud est considéré soit comme un objet de maladie mentale, soit comme un blasphémateur. Ce qui se passe à ce moment-là, c'est que les « amis » d'Artaud se substituent à une famille supposée *a priori* hostile et censurante pour publier régulièrement les textes inédits laissés par Artaud le matin de sa mort. À partir de là, le conflit entre ceux qui détiennent les manuscrits et la famille, qui mettra très longtemps pour s'estimer lésée, commence. Pendant toutes ces années, les volumes des œuvres complètes d'Artaud seront édités régulièrement, avec des difficultés au début dans tel ou tel cas. Nous en sommes donc, au moment où le conflit en question éclate, au 26e tome, dans lequel devait paraître la *Conférence au Vieux-Colombier*, texte capital dont on peut se demander pourquoi il a fallu attendre si longtemps pour qu'il soit publié par les responsables de l'édition des Œuvres Complètes. C'est pour cette raison que j'ai décidé de le publier sans attendre dans *L'Infini*, parce qu'il me semble que c'est un texte absolument essentiel pour comprendre dans quel contexte historique Artaud a été amené à parler, après la Deuxième Guerre mondiale. Nous sommes donc en 1948. La légende voulant qu'Artaud ait à peine parlé, mélangé ses papiers, et n'ait poussé que quelques cris qui ont impressionné tout le monde, il me semblait absolument nécessaire de montrer qu'il avait beaucoup travaillé à l'élaboration d'un texte pour raconter, à sa manière, l'exaction de la part de la société dont il avait été victime pendant toute sa vie. Ce qui est dit sous une forme déléguée dans son texte, par exemple, sur Van Gogh, il le dit là en première personne, en reprenant le thème d'un complot social qui l'aurait suivi et constamment agressé, avec comme but de le détruire. C'est donc un texte tout à fait fondamental si l'on veut déchiffrer ce qu'Artaud entend par crime social.

Le temps passant, Artaud a fait l'objet de plus en plus d'interprétations philosophiques. Un philosophe comme Derrida y trouve appui. Foucault l'avait déjà évoqué. Il est de plus en plus commenté, notamment dans les universités, et il se forme ainsi une sorte d'herméneutique à propos de lui. De surréaliste marginal et infréquentable, de blasphémateur psychiatrisé, il devient un objet d'études universitaires. Pendant de longues années, il recharge la pensée universitaire.

Enfin, il est très révélateur de la situation où nous sommes aujourd'hui historiquement que ce qui intéresse surtout dans le personnage d'Artaud, c'est la valeur qu'aura prise son œuvre, au sens matériel du mot. Si on lit le roman que j'ai publié en 1991, qui s'appelle *La Fête à Venise*, on a pendant un long passage l'explication de ce phénomène nouveau, à savoir que ce sont les manuscrits eux-mêmes qui ont une valeur marchande. Cela s'inscrit dans une nouvelle époque où peu importe le sens de ce qui aura été dit, écrit ou vécu à travers ce dit et cet écrit, mais où ce sont les traces matérielles sur du papier qui prennent de la valeur. De même, vous le savez, pour les dessins d'Artaud. Donc, pour que vous compreniez exactement le contexte, il faut simplement se rappeler le chiffre que j'avais signalé dans mon roman, chiffre qui m'avait intrigué, à savoir qu'un cahier d'Artaud — vous savez qu'il écrivait sur des cahiers — avait été assuré pour

400 000 francs, et que ce cahier a été volé à Beaubourg. On peut supposer que l'assurance a payé ! Maintenant que Paule Thévenin, qui possédait pratiquement la totalité des cahiers inédits, les a légués à la Bibliothèque nationale, nous pouvons avoir une estimation de leur valeur, parce que nous savons aujourd'hui que le nombre de ces cahiers est de 406. Donc, si vous multipliez 400 000 francs par 406, vous arrivez à 160 millions de francs, sauf erreur, c'est-à-dire 16 milliards de centimes, ce qui n'est pas rien. Par exemple, c'est l'équivalent de 16 % du capital de Gallimard. Cette sorte de montée des prix est indépendante de ce qu'Artaud dit ou ne dit pas, parce que je peux aussi bien vous parler des partitions de certaines symphonies de Mozart. Les chiffres cités à propos d'Artaud témoignent d'une situation historique totalement différente, mais c'est bien d'eux qu'il faut parler aujourd'hui, si l'on veut savoir ce qu'Artaud a vraiment anticipé, a vraiment dit.

Bon, nous sommes passés, voyez-vous, de cette espèce de légende surréaliste à une légende théâtrale, puis psychiatrique, puis philosophique, puis universitaire. Et enfin, on a tout ça mêlé. C'est une longue histoire qui va de 1920 à 1990 ou 91. Et pour déboucher sur quoi ? Sur un conflit dont le fondement est en réalité la valeur marchande que représente le dépôt, la trace matérielle des manuscrits. Et je crois que c'est ce qui a fait surtout que la famille s'est réveillée, à travers le neveu et la nièce, alors qu'elle avait laissé faire, comme si c'étaient des curiosités malsaines ou blasphématoires. Or maintenant, le conflit prend l'apparence d'une demande de vérification de la transcription des manuscrits, mais, c'est ce qu'on sent bien, il ne s'agit que de ce profit-là, de la plus-value qu'ont pris ces cahiers au cours des années. C'est comme si votre arrière-grand-mère avait eu des tableaux de Van Gogh qu'elle considérait comme des coloriages sans intérêt, et que brusquement vous aviez l'impression de vivre sur un puits de pétrole. Évidemment, cela fait une grande différence d'appréciation, mais toutes proportions gardées, c'est à peu près ce qui a eu lieu avec Artaud.

Pour moi, la question est de savoir si l'on s'intéresse à Artaud d'après les commentaires qui en ont été faits, d'après les légendes, d'après ce que l'on croit savoir, ou bien si l'on s'intéresse à ce qu'il a dit, c'est-à-dire réellement à la signification de son texte. Pour s'intéresser à la signification de son texte, il faut, à mon avis, être au courant de sa biographie. Or, je vous signale qu'à l'heure actuelle, une seule biographie établissant des faits — on peut discuter, mais enfin... — est parue en France. Elle est épuisée, d'ailleurs. Ce n'est pas l'œuvre d'un Français mais d'un Autrichien qui s'appelle Thomas Maeder. Je crois être le seul à l'avoir jamais mentionnée dans un écrit à propos d'Artaud, dans *La Fête à Venise*. J'y recopie un certain nombre de passages précis, par exemple, sur la question capitale de savoir ce qui se passait dans les hôpitaux français pendant l'occupation allemande au cours de la guerre, comme à Ville-Évrard où Artaud a aussi été interné. Je cite la biographie en racontant la façon dont 40 000 malades — on le sait maintenant — ont été poussés à la mort par destruction lente de leur corps, puisqu'on ne leur donnait rien à manger et qu'ils mangeaient l'herbe de la cour, et qu'ils buvaient leur urine. Il y a eu là quelque chose que personne n'aime savoir aujourd'hui, c'est-à-dire une vie absolument impossible. La biographie rapporte un certain nombre d'événements dans la vie d'Artaud qui sont de nouveau évoqués dans un numéro du *Nouvel Observateur* qui est paru en mai. Pour la première fois dans l'opinion française, on commence à évaluer quelle aurait pu être cette vraie vie d'Artaud ; notamment par rapport à sa famille. Si vous lisez la biographie, on voit en effet que sa mère venait lui apporter de la nourriture, qu'il lui écrivait, qu'il n'a jamais cessé de lui écrire, etc. Donc il y a une légende d'un Artaud coupé de tout contact social, une légende hyper-romantique qui ne correspond pas à la réalité de l'histoire et à la réalité tout simplement des faits. Être dans un des hôpitaux psychiatriques français pendant la guerre, la violence de cette situation, c'est un point absolument capital pour pouvoir interpréter correctement ce qui s'est passé pour Artaud. Chaque fois que j'ai voulu le soulever, j'ai eu l'impression que l'on trouvait cela de mauvais goût, un retour trivial à une basse réalité. Et pourtant, c'est vrai, Artaud a vécu là. C'est nécessaire pour comprendre ce qu'il dit après, notamment dans la *Conférence*, quand il veut reconstruire le récit de son existence. Il me semble qu'un texte de cette sorte est un texte fabuleux, et un tel texte peut aisément être considéré comme délirant ou mystiquement juste. Si on le trouve délirant — supposé délire — on n'y attache pas d'intérêt, alors que ce texte dit une vérité extrêmement précise sur la physiologie, le langage, l'histoire de la culture, retrouvée à partir d'une certaine disposition du corps à travers la drogue. C'est donc une ouverture historiale comme celle d'un *Gedichte* que contient ce texte. C'est une chose tout à fait différente d'un historicisme, c'est une très vaste ouverture dans les poèmes d'Artaud, n'est-ce pas ? Si vous trouvez que ce qu'il dit doit être pris au pied de la lettre, mystiquement, c'est-à-dire comme si c'était un texte sacré, comme si c'était le Popol-Vuh ou les Upanishad, à ce moment-là Artaud est quelqu'un qui n'est jamais né quelque part, qui n'a jamais traversé des événements historiques au sens banal du mot. Les formulations d'Artaud sont toujours ambivalentes, c'est-à-dire que je peux prendre ses dires, encore une fois, comme quelque chose de sacré, comme des révélations religieuses ou métaphysiques, ou je peux considérer que ce sont autant de victoires remportées par une affirmation singulière qui essaie de sortir du nihilisme social déchaîné.

Vous êtes donc constamment ballotté entre le refus rationaliste et positiviste de lire un Artaud considéré comme fou et psychotique, et une interprétation irrationaliste qui prend ses textes à la lettre. Les deux positions me paraissent erronées, elles ne permettent pas de lire ce qu'il dit. Alors voilà, ce que j'ai essayé de faire, tout le temps, c'est de comprendre ce que dit Artaud, parce que c'est à travers ce qu'il dit qu'il faut entendre l'histoire terrible du XX$^e$ siècle, et non pas en faisant de lui une sorte de Tibétain transitant entre Mars, Vénus, la Terre et la galaxie x plus 36 000 virgule 24. C'est pour cette raison que j'insiste beaucoup sur un certain nombre de situations ou d'évolutions, comme notamment l'état des hôpitaux psychiatriques français pendant la guerre, ou alors simplement le devenir marchandise de toutes choses, tableaux, manuscrits, etc., indépendamment de leur sens — ce qui est une chose actuellement tout à fait visible. Peu importe le sens, ce qui compte, c'est le support. Voilà. Et le conflit qui est en train d'avoir lieu est un conflit complètement dérisoire et qui détourne encore une fois de lire Artaud.

J'insiste sur le fait que la position que je critiquerai est celle qui considère tout ce qu'Artaud a dit ou écrit comme sacré. Ce qui n'est pas mon avis, bien entendu. Même si je trouve que tout ce qu'il a écrit, a vécu ou a dit est du plus grand intérêt. Donc, d'une part, je ne crois pas que ce soit raisonnable, ni même honnête, ni décent, de faire un film sur Artaud où un acteur joue son rôle. C'est un type de récupération classique. Je n'ai même pas vu ce film. Pour moi, il n'a *a priori* aucun intérêt. C'est même une violence faite à Artaud tout à fait évidente. Comme s'il avait voulu que sa vie soit enregistrée au cinéma ou au théâtre ! De plus, je mets en question, toujours sur le même mode critique, le fait de faire des œuvres complètes interminables qui dissimulent en réalité le sens des textes fondamentaux. C'est pour cela que j'ai publié, dans *L'Infini*, la *Conférence au Vieux-Colombier*. Il n'y en a pas 36 000 de textes fondamentaux d'Artaud, il y en a disons une vingtaine qui sont en revanche essentiels. Mais ces textes essentiels peuvent être cachés sous une dévotion où ils se perdent au milieu de tout ce qu'un auteur a écrit. Ce n'est pas Artaud en tout cas qui a choisi l'arrangement des textes tel qu'il existe dans les œuvres complètes. Donc, je pense que, de même qu'il ne faut pas méconnaître ce que dit Artaud, de même il ne faut pas prendre tout ce qu'il dit pour une parole d'évangile ou, encore une fois, pour un texte sacré venu du Tibet ou de l'Inde.

R. B. : *Artaud se voit soumis, et cela le préoccupe, à certaines manœuvres publiques, il se sent au sein d'un « immense cirque d'envoûtements ». Ce spectacle n'est pas, à son avis, l'abracadabra d'une minorité, mais a lieu en grand. À cause de tels dires, la conscience générale, qui est le mauvais juge de ses torturés lucides, l'accuse toujours de psychose... Délire de fou, comme le disent « les inspecteurs-usurpateurs de la santé publique », ou comble de la clairvoyance ?*

Ph. S. : Si vous replacez Artaud dans cette guerre directe de l'individu par rapport à la société pensée comme telle, vous êtes, à mon avis, dans une vérité d'Artaud. Ce qu'Artaud n'arrête pas de dire, en effet, c'est que la société est falsifiée, qu'elle est le monde du faux, du crime organisé. Cela pouvait peut-être paraître exorbitant, et même après coup, avant, je ne sais pas, 1933. Mais qu'est-ce que nous apprend l'histoire sinon que, de fait, la société nous apparaît de plus en plus comme un immense complot criminel ? Et qui veut le cacher, ou qui le dit ? Tout est là. Sade ne dit pas autre chose, mais Sade le dit d'une autre façon. Il anticipe beaucoup sur l'histoire en disant, en effet, que l'on peut imaginer une société des amis du crime. Ce n'est pas du tout ce qu'Artaud dit. Artaud n'a rien de sadien. Sade dit qu'un jour on peut très bien arriver à une société non pas des amis du crime mais des salariés ou des fonctionnaires du crime. Dans son temps, ce n'est pas envisageable encore, et pourtant c'est ce qui se réalise après dans l'histoire. Cela s'est vu au XXe siècle, avec le nazisme, avec le stalinisme, et cela se voit de plus en plus avec l'organisation planétaire de la technique. Ce que dit Artaud très tôt, ce qu'il n'arrête pas de dire, c'est que l'on peut très bien anticiper sur un envoûtement généralisé, une hypnose de masse qui serait parfaitement organisée et autorégulée. Et c'est ce que nous constatons de plus en plus, à savoir que nous vivons sous un règne de la technique où l'être humain devient de plus en plus passif et spectateur. Simplement, il fallait prendre tout à fait au sérieux *Pour en finir avec le jugement de Dieu*. Souvenez-vous du début — nous sommes en 1946 ou 47. Vous entendez la petite voix d'Artaud : « J'ai appris hierrr... », etc. Bon, vous connaissez Artaud, il fait son manège. Mais de quoi s'agit-il ? Qu'est-ce qu'il dit ? Quel est le sens de ce qu'il dit là ? Personne ne semble prêter attention au *sens*, c'est comme s'il proférait des élucubrations, qu'il poussait des cris pour rien, tandis qu'il fait un raisonnement en inventant une fable, comme il fait souvent, une fable qui dit beaucoup de choses. C'est que sa vie elle-même est une fable ou un mythe qu'il construit pour faire comprendre quelque chose. Et qu'est-ce qu'il dit alors ? Il dit que les Américains, d'après ce que l'on dit, après la Deuxième Guerre mondiale, font subir aux petits garçons, lorsqu'ils entrent à l'école, le test dit « du sperme », etc., et que ce sperme est stocké afin de faire un fonds pour reproduire des corps qui deviendront des soldats ! C'est très tôt pour une telle anticipation. Ce n'est qu'en 1951 que Heidegger — qui est, bien entendu, le penseur le plus important du XX$^e$ siècle — constate que, finalement, dans le dépassement de la métaphysique, le dirigisme littéraire sur le plan de la culture répondra logiquement au dirigisme sur le plan de la fécondation ou de la reproduction. Il s'agira de reproduire la matière première qu'est l'homme. Bon, vous avez tout le temps ça dans Artaud, c'est un thème constant, à savoir que ce qui est mis en avant comme sexualité est en réalité une prise sur les substances, sur les organes en tant que substance la plus intime. Voilà, il faut savoir le lire, c'est tout, et surtout écouter ce qu'il dit.

R. B. : *Parlons un peu de la philosophie, de la* « haute métaphysique » *qu'Artaud veut balancer. Il lui reproche d'être constipée de préjugés et d'ériger des murailles magiques occultes par lesquelles ne passera que ce qui a un rang dans sa nomenclature. Il se met à exorciser les nébulosités de la philosophie pour, comme il dit, une concrétisation de la réalité. Vous aussi, vous vous tenez à une certaine distance de la théorie dont vous connaissez bien les vices et les limites. À votre avis, du point de vue de la littérature, comment dégonfler la philosophie ?*

Ph. S. : La philosophie, c'est l'histoire de la métaphysique elle-même. Elle aboutit à l'achèvement de la métaphysique. Pour savoir de quoi il s'agit, il suffit de lire ou de relire, par exemple, ce que Heidegger a écrit sur Nietzsche. Tout est là, notamment dans les chapitres sur la détermination ontologique et historiale du nihilisme. Il est bien évident que personne ne peut répondre à votre question mieux que Heidegger ne l'a déjà fait. J'adhère parfaitement à ce qu'il dit : comme lui, je vois dans l'histoire de la métaphysique l'histoire du nihilisme même, nihilisme dont le déchaînement apparaît maintenant au grand jour. Heidegger a fini par dire qu'il ne voulait pas qu'on étudie sa philosophie comme un système ; il refusait même le mot de philosophie. La pensée, au sens où Heidegger emploie ce terme, c'est quelque chose d'autre que l'histoire de la philosophie. À mon avis, le fait qu'il mette l'accent sur Hölderlin ne vient pas du tout par hasard. Je comprends une telle insistance, puisqu'il s'agit de l'allemand et d'un moment absolument déterminant de la langue elle-même, comme par hasard lié à la question du mythe de la folie, qui surgit en 1806. Ce n'est pas non plus un hasard. C'est aussi énigmatique que Hölderlin composant chaque jour trois poèmes que l'on jette dans la corbeille à papier, et puis vient un visiteur, il en prend un et puis ce sont... eh bien voilà ! On ne sait pas combien de poèmes ont été perdus, d'ailleurs. Ces deux cas sont très proches, à mon avis. Artaud attend son Heidegger.

Je reviens à votre question : — penser en fonction de quelque chose de tout autre que la poésie mais qui est en même temps très lié, ce n'est plus de la philosophie. Aux yeux de Heidegger, une philosophie a par elle-même une puissance poétique, du moins si elle est argumentée. Elle a une puissance poétique, mais elle ne sera jamais de la poésie. La poésie a une puissance conceptuelle qui ne sera jamais non plus de la philosophie. Mais la chose la plus importante est de savoir quelle puissance conceptuelle il y a chez un poète, ce que l'on appelle encore un poète. Il y a une puissance conceptuelle formidable chez Artaud. Cela ne veut pas dire que nous devons prendre ses énoncés à la lettre, les recopier et les répéter. Il s'agit de voir comment il pense en poésie, comment se développe sa puissance conceptuelle, si je veux la penser, si je veux faire acte de penser, et non pas répéter : c'est des poèmes, c'est des poèmes, c'est des poèmes — ce qui n'a aucun sens. Ce n'est pas ainsi que nous dégonflerons la philosophie, comme vous dites.

Parler de la puissance conceptuelle d'Artaud me mène à son *Van Gogh*, qui est un texte autobiographique en quelque sorte. Les descriptions de l'acte de peindre dans ce texte anticipent parfaitement le moment où l'image va s'étendre comme seul modèle universel de prise en main du psychisme, ce qui me paraît éminemment d'actualité. Et qui a le plus à souffrir que l'image soit à ce point répandue ? C'est bien entendu la peinture, puisque la peinture fait semblant d'être une image mais n'est pas une image. La peinture, cela se fait, c'est un geste précis, et c'est pour cette raison — vous n'avez qu'à relire le *Van Gogh* — qu'Artaud insiste sur les pinceaux, sur la façon de vriller et le rapport réel que cela commande, que cela détermine. Il faut replacer cela dans l'histoire. De même que Hölderlin anticipe sur l'achèvement de la métaphysique de Nietzsche et que c'est seulement encore après que Heidegger va arriver à le penser, de la même façon on peut très bien dire que

Lautréamont ou Rimbaud se répercutent sur des puissances conceptuelles comme celles d'Artaud dans le geste même d'écrire. Cela reste encore à penser, mais pas sous une forme d'exploitation philosophiquement littéraire, mais à penser tout court, selon l'histoire où cela se produit. Parce que cela n'arrive pas dans n'importe quel contexte historique, il faut absolument insister là-dessus, que les choses déterminantes dans la vie d'Artaud se passent entre 36, 37, 38, 39, 40, 44 et 48. Ce sont des dates extrêmement précises, qu'on ne peut pas se permettre d'ignorer.

R. B. : *Contre le nivellement et le confectionnement de l'être social, vous affirmez un devenir clandestin. Votre dernier roman,* Le Secret, *le porte dans son titre même. L'esthétique de la clandestinité vise-t-elle à ce que l'on pourrait nommer une réindividualisation du destin ?*

Ph. S. : Si vous voulez. J'aime bien que vous employiez le mot destin, parce que c'est la chose dont l'être humain sera de plus en plus privé, d'avoir un destin. Tout cela est lié à la proclamation de la fin de l'histoire, proclamation qui ne peut émaner que d'une volonté tyrannique, lié à la proclamation de la fin des idéologies, proclamation qui ne peut émaner que d'une formidable puissance idéologique, et enfin à la proclamation de la fin du communisme, là où tout simplement on a assisté à l'effondrement du poumon de la contre-révolution stalinienne pour le règne planétaire de la technique. Toutes ces falsifications constantes et désormais propagandisées à hautes doses par l'hypnose publicitaire sont parfaitement dans la lignée de ce qu'Artaud décrivait *artisanalement*, si je puis dire, comme une industrie de l'hypnose. Sans parler de la fusion entre les États et la mafia planétaire. Tout cela est parfaitement évident. Il suffit d'évoquer la drogue, les armes, la nourriture, le marché parallèle de l'art, les faux, le pillage. Tout cela implique que la pensée est dans l'obligation d'être clandestine. Mais j'insisterai beaucoup sur le fait qu'elle ne doit pas se laisser marginaliser, c'est-à-dire qu'il ne faut pas que cette clandestinité, cette affirmation d'un destin dans le secret, prenne la forme d'une négation de la réalité ou d'une diabolisation de la technique. Là encore, je suivrai Heidegger disant qu'il n'écrit pas *contre* la technique. Ce qu'il s'agit de penser, c'est que l'essence de la technique n'a *rien* de technique.

Je crois qu'il y a une grande difficulté pour les écrivains et les intellectuels formés par cette falsification de l'histoire, c'est que — au moment où ils sont confrontés à un mode d'action qui ne correspond plus du tout à ce qu'ils avaient cru — ils sombrent très vite dans la dépression, la marginalisation et l'évacuation. Ils participent à leur propre élimination. Ou alors ils sont victimes d'une romantisation de leur position, à laquelle ils sont d'autant plus sujets qu'ils voient constamment l'histoire comme quelque chose qui aurait été posé comme but et non pas comme pensée. Si ce but brusquement se dérobe — c'est peu dire qu'il se dérobe, il est totalement absent de l'horizon — alors peu de systèmes nerveux survivent. Ce qui est parfaitement prévu par le programme.

R. B. : *C'est devenu un lieu commun philosophique et sociologique de dire que les moyens et les méthodes utilisés par la censure deviennent de plus en plus subtils. Mais si je pense, par exemple, au nouveau code pénal en France et aux actions policières qu'autorise cette loi, je me demande si les choses ne sont pas en train de prendre un tour plutôt grossier. — Vous savez bien que, dans quelques librairies, on a interdit le nouveau roman de Jacques Henric*, Adorations perpétuelles, *parce que sa jaquette porte un tableau de Courbet représentant une femme nue aux jambes écartées. Qu'en pensez-vous ?*

**Ph. S.** : Il y a effectivement eu quelques plaintes de la part des autorités, mais ils ont compris tout de suite qu'il ne fallait pas exagérer. On peut méditer là-dessus, mais la réflexion la plus juste que l'on puisse faire, c'est que ces réactions ont comme base le fait que l'on croie qu'un tableau est une image. Mais un tableau de Courbet n'est pas une photographie pornographique. Cela a été arrêté, c'est un événement archaïque. Les censures de ce type émanent du XIX$^e$ siècle et sont vouées pour ainsi dire à l'extinction. La vraie question est d'une ampleur tout autre.

Pour savoir ce que peut être éventuellement une censure aujourd'hui, il faut apprécier jusque dans son fond ce qu'est précisément la société du spectacle. Il suffit de comprendre le livre de Guy Debord. Mais c'est aussi très simple à préciser d'un trait. Si les grands groupes financiers investissent de plus en plus dans la communication, les journaux, la télévision, la radio, l'édition elle-même, la réponse à votre question est toute simple. Il s'agit de savoir quelle est l'hégémonie complète des moyens d'impression et de diffusion. C'est tout. À partir de là, une chose qui sera détectée comme ne pouvant pas entrer dans le système ne sera même pas censurée, elle n'existera pas, tout simplement. Cela se redouble du fait que l'on peut prévoir la disparition, l'extinction progressive du livre par l'ordinateur et le CD ROM. Bientôt il suffira d'un seul exemplaire imprimé pour avoir accès à la banque de diffusion. Ce ne sera plus la peine de vendre 10 000 ou 100 000 exemplaires de livres, il faudra simplement qu'une œuvre puisse être intégrée au système de diffusion; dans le disque multimédias, par exemple. Voilà les vrais problèmes d'aujourd'hui, et ce sont des problèmes de technologie. Vivre sur le fait qu'il y aurait encore des censures dans le style du XIX$^e$ siècle, c'est retarder la pensée qui doit penser dans la situation actuelle. C'est se faire une idée parfaitement passéiste des formes nouvelles de la censure qui sont des formes technologiques dures. Donc, peu importe de savoir si c'est bien ou mal, si c'est représenté comme ci ou comme ça. Il peut y voir du pornographique amélioré décidé d'une certaine façon, c'est une marchandise comme une autre. En revanche, la censure portera probablement et même automatiquement sur l'original, sur le fait que c'est original. Parce que finalement ce qui peut être reproduit est un original, un singulier, pas une reproduction. Comme je le dis dans *La Fête à Venise*, on peut très bien envisager le moment où les méthodes de reproduction seront tellement sophistiquées que l'on pourra remplacer tous les tableaux des musées par des reproductions. Qui s'en apercevra? — Les conservateurs, mais on peut aussi corrompre les conservateurs. Simplement, je reviens sur la masse monétaire que représentent désormais toutes les initiatives éventuelles, dans l'art et dans la littérature. C'est cela qui va devenir hors de prix.

R. B. : *Artaud, la religion et l'Église, c'est certainement un thème très vaste. Toute son existence semble être orientée systématiquement vers une sorte de piété irréligieuse. Sa pensée tourne constamment autour d'un rétablissement contre Dieu et son église, à qui il reproche d'avoir toujours voulu que les êtres soient malheureux afin de s'offrir le luxe de les sauver. Il me semble pourtant trop simple de dire qu'Artaud ne voulait rien avoir à faire avec la religion et l'Église. Ne faut-il pas tenir compte du fait — nous en avions déjà parlé — que, chaque fois que son médecin l'autorisait à une sortie accompagnée, il allait à la cathédrale de Rodez ? Vous êtes vous-même catholique, ancien élève des Jésuites, et vous affirmez que vous allez sur des voies au-delà de toute doctrine. Je serais extrêmement curieuse de connaître votre façon de lire Artaud concernant cette question...*

Ph. S. : Chacun sait que, parmi les élèves des Jésuites, on compte un certain nombre d'écrivains curieux, par exemple, Molière, Voltaire, Sade. Il est à mes yeux à peu près évident que le catholicisme est une formidable école éventuelle de transgression. Il est beaucoup plus difficile de sortir, par exemple, du moule universitaro-clérical protestant que des suggestions multiples de perversion qui sont à l'œuvre dans l'église catholique. C'est un vieux débat. Artaud est indubitablement, comme Joyce ou d'autres, un catholique, mais forcené. C'est la raison pour laquelle il n'en finit pas de taper sur cette affaire, sur la question de l'incarnation et de Jésus-Christ, et de dire que c'était lui, Artaud, qui était au Golgotha et qu'il ne faut pas confondre. Bon, tout le problème d'Artaud, c'est de revivre sans cesse la question impossible, falsifiée mais néanmoins toujours maintenue comme hypothèse et qui pourrait être la sienne, de l'incarnation. Il ne parle que de cela. Alors, il y a des imbéciles qui croient qu'il s'agit d'un rejet pur et simple, mais c'est au contraire un geste constant d'appropriation. C'est comme la métaphysique, on peut faire un pas au-delà si on l'a complètement intégrée, si on se l'est complètement appropriée. Pas si l'on dit : moi, le catholicisme, je crache dessus, cela n'a aucun intérêt, ou bien : la métaphysique, je suis au-delà de la métaphysique, je n'ai pas besoin d'étudier la métaphysique. C'est faux. La seule preuve que l'on peut faire un pas éventuellement en dehors présente des risques et des périls, parce qu'on ne sort pas comme ça de la métaphysique. Avec Artaud nous avons non seulement une des tentatives de sortir de la métaphysique, mais aussi de parler du dehors de la métaphysique. C'est aussi pour cette raison qu'elle est si importante pour lui. Pour Hölderlin, c'est pareil, pour Nietzsche aussi. Cela côtoie toujours cette question de la folie, de la frénésie antireligieuse, l'antéchrist de Nietzsche, ce n'est pas rien. Alors, je crois qu'Artaud fait partie intégrante de la décomposition massive de la métaphysique, qui donne ses résultats les plus bouleversants, probablement sur le versant catholique, parce que c'est la chose la plus structurelle, la plus anciennement et longuement structurelle. Donc, là aussi, il enregistre avec anticipation, avec fulguration, ce qui est en train de se produire.

Moi, cela me réjouit de voir le pape refuser, pour des raisons dogmatiques définitives, l'ordination des femmes. Il est évident que si l'on tient la position catholique, on ne peut pas l'accepter, ou alors on met la clé sous la porte et on dit : *C'est fini.* Mais pourquoi pas, d'ailleurs ? On pourrait très bien décider que la métaphysique, c'est fini, que le catholicisme, c'est fini, que tout le monde revient dans la nature. Ah oui! Mais c'est compliqué. Donc, en ce qui concerne Artaud, tous ses écrits sont pleins d'obsessions caractéristiques, ne serait-ce que la principale, à savoir que c'est lui, et pas ce nommé Jésus-Christ, qui a été crucifié au Golgotha. C'est très nettement ce qu'il dit, et d'ailleurs : *Je vais vous raconter toute ma vie en fonction de ce fait!* À savoir qu'on l'a suivi dans la rue à Marseille, qu'ensuite on a essayé de l'assassiner, etc. Il faut une prodigieuse vitalité nerveuse pour vivre ce scénario d'une façon parfaitement, j'allais dire, rationnelle, parce que même si le récit est interrompu par des glossolalies ou par des éructations, le fil du raisonnement tient sans cesse le coup, avec une écriture très ferme.

Heidegger était catholique, le saviez-vous ? Hölderlin ne l'était pas, et Nietzsche non plus. Hölderlin aurait dû devenir pasteur sous l'influence de sa mère. Tout cela est lié au phénomène révolutionnaire en France et à son amitié si étrange avec Hegel, qui lui-même n'était pas du tout catholique. En revanche, Georges Bataille était catholique.

R. B. : *Qu'y a-t-il entre vous et Heidegger ? Il semble beaucoup vous influencer ?*

Ph. S. : Non, personne ne m'influence vraiment, mais je trouve que tout ce que dit Heidegger est plein de sens. Tout le reste est assez bavard, lui non. Et sa réflexion sur l'essence de la technique, sur la métaphysique et sur Nietzsche, est vraiment fondée, cela me paraît évident, sur le nihilisme. Il y a un livre magnifique à faire ; je m'étonne même que personne ne l'ait fait, mais ce n'est pas mon boulot, ce serait de montrer combien Heidegger a été incompris, de montrer qu'aucun penseur d'envergure n'a compris Heidegger au XX$^e$ siècle. Il est très en avance. Ni Sartre, ni Merleau-Ponty, ni Husserl, ni Foucault, ni Deleuze, ni Derrida, ni Lacan, ni Althusser, aucun d'entre eux ne l'a compris. On pourrait montrer, pour chacun d'entre eux, les points qu'ils n'ont pas compris.

R. B. : *Dans* Être et Temps, *Heidegger dit que les autres ont confisqué l'être, le Dasein s'est dispersé dans le « On », à la dictature duquel il est soumis. On vit donc dans l'impropriété dont on fait partie soi-même. D'où le souci per-*

manent d'une distance, d'une différence par rapport aux autres... Est-ce aussi votre attitude ?

Ph. S. : Cette situation dans laquelle nous nous trouvons, cette dictature du « On », ramène Heidegger au nihilisme, car le néant n'est plus pensable, donc l'être non plus, et c'est cela, le nihilisme. Qu'est-ce que le nihilisme, sinon le moment où le néant n'est plus pris au sérieux, n'est plus pensé ? Artaud est quelqu'un qui est tout le temps dans cette effraction du néant, non ? Comme tout le monde, cet auteur a son nihilisme, mais un nihilisme hautement révélateur des profondeurs de la crise de l'achèvement de la métaphysique. C'est pour cette raison qu'Artaud est un auteur si important.

R. B. : *Artaud est convaincu que « la société mange les corps ». C'est donc son corps qu'il ne cesse de revendiquer, sur le plan d'histoire de la pensée, bien entendu. Vous avez vous-même assigné une importance éminente à la restitution du corps. Qu'entendez-vous par là. Quel est le corps auquel vous faites référence ?*

Ph. S. : J'insiste systématiquement sur le fait, qui est d'ailleurs tout à fait présent, que le corps humain n'a rien à voir avec un corps animal. Ce qui est déjà une chose qui n'est presque plus comprise par personne. Ce corps n'a rien à voir avec un corps animal qui, lui, périt et ne meurt pas, en quelque sorte. On peut comprendre ce qu'est le corps humain lorsqu'on réfléchit à cette différence entre le fait de périr et de mourir. Le corps humain implique un rapport à la mort et au néant. Deuxièmement, il faut voir, à la limite, que l'histoire se passe à travers le corps, qu'elle ne passe pas par les idées, mais à travers le corps. C'est pour cette raison que la littérature, l'écriture, est une chose si importante et en apprend si long sur l'histoire. Si l'on veut connaître l'histoire d'une époque, il faut lire les écrivains de cette époque. Marcel Proust vous en dit plus long sur l'histoire de son temps que les historiens, Balzac aussi, et Artaud exactement de la même façon. Et ce corps dont Artaud parle se rapporte au son de la langue. Tout se passe entre le corps et le langage. C'est d'ailleurs pour cela que l'histoire de l'incarnation — pour revenir à ce sujet — préoccupe automatiquement tous les écrivains. Qu'est-ce que c'est que d'avoir un corps et un langage ? Un corps de langue, un corps qui passe directement dans le dit, dans le dire ? C'est là qu'est le problème : l'animal n'a pas un tel corps, un tel rapport à la langue. En revanche, la société nous présente un programme de plus en plus aphasique de destruction systématique du langage et de retour au corps purement animal. Je n'en veux pour preuve que les nouvelles procédures techniques de marchandisation des organes et des substances, notamment des substances reproductives. Car, de plus en plus, on pourra fabriquer de l'humain sans passer du tout — ce qui est une mutation sans précédent — par le contact sexuel. Je n'arrête pas d'insister là-dessus, non pas pour diaboliser la technique — parce que tout ce que la technique peut faire, elle le fera — mais pour mettre l'accent sur ce que peut être une pensée juste par rapport à cet état de choses qui est tout à fait extraordinaire. C'est ce que dit Artaud au début de *Pour en finir avec le jugement de Dieu*. Il sait qu'on va fabriquer de l'être humain, il le sait. Et plus on vous fait de la naissance artificielle et technique, plus la mort comme par hasard s'irréalise. Au point qu'il y ait un million de morts dans une guerre Iran/Iraq, 250 000 dans le Golfe, avec la télévision une guerre en direct, ou que vous ayez 500 000 morts au Rwanda, il ne reste qu'à dire : « Aux suivants ! ». Vous savez très bien que la mort est privée de plus en plus de sa nervure, de son être même qui est à interroger au niveau A de la néantisation. Une humanité artificiellement reproduite est une humanité esclave. C'est la servitude volontaire. Elle ne consiste qu'en des bêtes de labeur, comme dirait Heidegger, qui sont amenées à leur néantisation par leur propre volonté dite « libre ». Et cette néantisation sera artificielle, en plus. Voilà donc ce que cela signifie que d'être privé de corps, c'est le moins qu'on puisse dire.

R. B. : *Je voudrais revenir à la sexualité — sujet souvent évoqué dans vos romans. Vous avez énoncé la thèse provocante que la sexualité ne soit pas obligatoire, c'est-à-dire que, de nos jours, on pourrait y renoncer puisqu'elle est tout à fait tombée dans le stéréotype marchand. Artaud insiste même sur le fait qu'il est nécessaire d'y renoncer, parce que, à son avis, le coït dégrade la conscience et mène à la prostitution de la pensée et à la promiscuité générale des choses. Qu'adviendra-t-il de la sexualité dans ces circonstances ?*

Ph. S. : Si je lis dans Artaud que je dois renoncer à la sexualité — très bien ! Mais c'est comme avec la métaphysique ou la religion. Ou bien je sais de quoi il est question dans la sexualité et je peux éventuellement me dire que j'y renonce, ou bien je ne le sais pas. Si j'y renonce sans savoir de quoi il s'agit, qu'est-ce que cela veut dire ? Ce qui est démonstratif, ce qui est plus gênant encore, ce serait de dire qu'utiliser la sexualité ou non n'a aucune importance. On peut le faire, comme on peut ne pas le faire, ce n'est pas un problème, c'est ce que j'ai toujours dit. Et c'est beaucoup plus troublant. Parce que la croyance est qu'il ne faut pas, ou alors qu'il faut. Si c'est : tantôt il faut, tantôt il ne faut pas, c'est un blasphème extraordinaire, c'est une preuve d'athéisme sexuel. Oui, parce que l'athéisme sexuel est la seule forme d'athéisme prouvable.

R. B. : *L'affaire Artaud attire ces derniers temps une énorme attention, pas seulement à cause du conflit des droits d'auteur. La question que l'on a souvent posée est de savoir si l'on ne risque pas le plus profond obscurcissement d'une pensée en l'attirant dans la lumière de la pollution publique. Comment donc éviter de faire du bruit en parlant d'Artaud ? Quelle serait, à votre avis, une manière de parler de lui qui convienne à l'homme ?*

Ph. S. : Le problème qui se pose à propos d'Artaud est toujours le même, un certain nombre de gens se donnent l'autorisation d'y justifier leurs névroses, leurs psychoses, leurs refoulements, leurs inhibitions. Les gens devraient trouver chez lui la justification de parler de la falsification sociale et de l'utilisation que la société peut faire des névroses, des psychoses, des inhibitions et de la sexualité détournée marchande. Vous avez le choix entre les deux ! Ou bien vous voulez avoir des mimétismes ou des croyances en Artaud tout à fait fausses, se falsifiant elles-mêmes ?

Tout ce que je peux dire pour répondre à votre question, c'est qu'avant de parler d'Artaud, il faut le lire. Et pour le lire, il faut prouver qu'on sait lire, autrement dit qu'on ne lit pas que lui, qu'on peut tout lire. C'est exigible absolument. Artaud fait montre d'une immense érudition, a lu des tonnes de textes. C'était un très grand lecteur, mais un lecteur dans la vie aussi. Il suffit de faire la preuve qu'on sait le lire. Savez-vous qu'Artaud s'amusait à s'entraîner pour le théâtre. Une chose m'a beaucoup frappé : quand il faisait répéter les acteurs, il leur demandait de chanter le texte sur des mélodies tout à fait inadéquates, par exemple, des vers de Racine ou de Shakespeare sur un air populaire comme le *Pont d'Avignon*. Vous voyez, Artaud n'est jamais sans humour, même quand il est dans un état d'effervescence frénétique. Il n'est pas toujours sérieux et pathétique, il est même souvent très drôle, comme Joyce et Proust l'étaient aussi. Mais le plus important, c'est que par ce biais, Artaud enseignait à ses comédiens une technique physique d'appréciation du langage. On est avec Artaud, j'allais dire, décent, correct, si l'on se plie à cette extraordinaire discipline du langage. Tout le reste est du bavardage, de la publicité, de la psychologie, du roman-feuilleton, ou du commentaire universitaire passager, pour passer un cursus, un examen. Il suffit d'être pleinement impliqué dans cette question du langage pour être rapidement en contact direct avec Artaud. Cela ne veut pas dire — encore une fois — que l'on ne va lire que lui. Il faut être capable de lire avec la même attention et le même sang-froid physique la Bible ou le Marquis de Sade, Artaud et saint Augustin. Alors seulement on sait vraiment lire.

*Berlin, 1994.*

## *La révolution allemande*

J'ai fait un rêve.
C'était en 1789. Il y avait une fête à Marseille. On donnait au théâtre *Le Bourgeois gentilhomme*, avec du Gazon, le fameux acteur de Paris. Dans une loge : Mirabeau. La salle se lève et l'acclame. On lui tend une couronne, une actrice lit un poème en son honneur. On l'appelle, de partout, *le gentilhomme bourgeois*. Mirabeau répond avec grâce. Ensuite, nous sommes sur la route d'Aix. Il y a beaucoup de jeunes gens à cheval, le peuple crie : *vive le Roi, vive Mirabeau*. Les cavaliers, sur deux lignes, portent chacun une torche à la main. Mirabeau arrive à son hôtel : les balcons sont ornés de guirlandes et de lauriers. Il se montre pour remercier la foule. La nuit tombe, les jeunes gens parcourent la ville en donnant des sérénades. Je me mêle à eux. Une jeune femme s'approche de moi, me glisse un billet. Je lis : « Depuis que j'ai votre livre, vous m'avez suivie partout, nous nous sommes suivis partout. Samedi soir dans le lit d'un autre, je vous ai mis de côté, le lit était trop grand, trop petit, il n'a pas compris. Dimanche, vous vous êtes retrouvé au milieu de ma famille, invisible mais perceptible. Lundi, dans l'autobus, vous avez laissé une main caresser ma cuisse, m'empêchant de réagir. Je veux vous

## La révolution allemande

finir, vous vider de tout, vous me contraignez à vous pomper, à vous aspirer. Vous vous amusiez du gonflement significatif du pantalon, et de cette main (entre nous, assez adroite), je n'ai pas vu son visage, je n'ai senti que vous. Lundi soir, enfin seule, seuls, dans mon lit. Mardi, pluie, un bouquet de lys au milieu de roses pas vraiment roses. J'ai envie de me montrer avec vous, de vous fouiller et de me laisser fouiller par vous en public. Nous nous sommes quittés hier soir, tard... Pas tout à fait[1]. »

Je cherche cette jeune femme brune à l'air vif : elle a disparu. N'importe : 89 sera une grande année.

Mon rêve continue et, soudain, nous sommes en 93, à Paris. Tout a changé, les visages sont tendus, les propos incompréhensibles. Mirabeau est mort depuis deux ans, l'Autrichienne vient d'être exécutée, mais c'est comme si tout le monde était devenu prussien. On ne parle plus directement le français, mais du français traduit de l'allemand. Un certain Berstelman dirige ou contrôle tous les journaux et toutes les librairies du pays. Plus personne n'est autorisé à citer en version originale Molière ou Voltaire. Je rencontre un ami qui me dit : « Comment, vous ne savez pas que vous êtes proscrit ? Lisez l'*Officiel Zeitung* d'aujourd'hui : Laclos y est dénoncé, à cause de ses *Liaisons vaseuses*. On vient d'ailleurs de l'arrêter, il paraît qu'il est à Picpus, avec Sade. Si j'étais vous, je prendrais le premier avion. » — « Mais pour où ? », dis-je. Il éclate de rire : « En effet, c'est désormais *partout l'Allemagne !* Luther, Calvin, Rousseau, Robespierre, Napoléon, Staline, Hitler, le cardinal Lustiger et Mahomet se sont alliés ! Ils ont gagné ! » Il disparaît à son tour. Certes, je me souviens dans mon rêve, absurde comme tous les rêves, que la France a été sérieu-

---

1. Lettre de lectrice anonyme.

sement saignée au moins trois fois par la Germanie de toujours, mais de là à penser qu'une contre-révolution anti-Lumières aussi vaste et aussi profonde a pu s'opérer en si peu de temps, il y a un abîme que j'hésite mentalement à franchir. Et pourtant, il faut se rendre à l'évidence : Paris est occupé, truqué ; sa mémoire est vide.

89-93 : voilà donc l'intervalle pendant lequel la France a basculé dans le Deutsch-Prinzip. La répétition élargie et définitive du phénomène était réservée à la fin du vingtième siècle. L'Europe sous direction allemande est déjà là. Voyons les forces en présence : l'extrême droite est allemande, la droite est allemande, les socialistes sont allemands, les communistes sont allemands. Les Russes sont spontanément allemands, les pays arabes aussi. Les États-Unis, cela va sans dire. Les Japonais, plus que jamais. Le monde entier est une immense entreprise allemande. Israël est allemand. L'Afrique est une possession allemande. L'Iran est caricaturalement allemand. Le Vatican est de plus en plus dirigé par des Polonais allemands. Les deux Allemagnes ? Jamais deux sans trois ? Trois, c'est la planète. L'Angleterre, l'Espagne, l'Italie sont en cours d'allemand accéléré. Ne parlons même pas du Brésil, du Chili, du Mexique, de la Finlande ou des Philippines.

Nos intérêts sont allemands, nos amis aussi. Toutes les femmes, ou presque, sont devenues allemandes : plus la moindre gratuité, un mark est un mark. L'Allemagne est la gamme qui plane au-dessus de tout. Dieu — *yawohl!* — s'est déclaré allemand. Que dit son clergé ? Tout et le contraire de tout : envahissement du terrain d'abord. Notre état d'esprit est allemand. Nos rêves, la façon de les interpréter, ont lieu en allemand. Les philosophes, par définition, sont allemands. Les poètes, idem. Le mot dollar vient du mot *Thaler*. L'Allemagne est le *devenir même*.

Jacques Rivière, ancien directeur de *La Nouvelle Revue Française* (on se souvient de l'ordre impératif d'Hitler en 1940 : « Occuper la Banque de France et la NRF ! »), écrivait dans son livre *L'Allemand* (Gallimard, 1919) : « Mon livre n'est rien de plus que la grande détestation que mon esprit fait de l'Allemagne. Je ne m'en prends pas à ses crimes, mais à sa façon de penser et de sentir ; je la répudie bien exactement : je dis : "Voilà tout ce que je ne suis pas, tout ce dont je ne veux pas." » Et encore : « Dans l'ordre social qu'inaugureraient les Allemands, sans doute une inflexible discipline matérielle régnerait qu'il serait fou de songer à enfreindre... Mais sous cette enveloppe rigide, on serait en pleine barbarie et en pleine anarchie. Les esprits verraient s'effacer en eux les distinctions patientes, toutes les précisions et toutes les nuances que les âges leur ont apprises... Une inconsistance générale se déclarerait autour d'eux. Jamais ils n'auraient été plus libres. Toutes les conceptions leur seraient permises. Mais une fois réalisées, elles porteraient toutes la tare de leur facilité. Je vois très bien ce qui arriverait, par exemple, dans l'ordre esthétique. Au lieu de ce passage étroit et vertigineux, de cette crête qu'il ne faut pas manquer, de cette gorge de la nécessité qui conduisent à l'œuvre d'art authentique, on aurait un vaste terrain où l'on pourrait faire des expériences, construire de front toute une ribambelle d'édifices. Avec le sentiment de l'excellence, auraient disparu celui de la nécessité, celui-là même de la direction. Tout s'entrecroiserait, tout se confondrait, tout redescendrait peu à peu, d'abord dans le domaine spirituel, et forcément ensuite dans le domaine matériel, à cet état d'indistinction, d'homogénéité et de chaos, d'où l'effort et d'où surtout le discernement des grands génies nous ont à la longue tirés. Nous retomberions à une barbarie de nébuleuse.» (1919.)

Eh bien, nous y sommes. Français, inutile de faire un effort, vous êtes perdus. Pas de lutte pour la vie, pas de compétition (ruses allemandes), restez calmes. Soumettez-vous ou démettez-vous. La soumission est simple : vous êtes le colonisé, vous parlez l'anglais traduit de l'allemand, vous êtes astreint au service de la marchandise obligatoire. Pour la démission, deux voies possibles : ou bien la marginalisation et le suicide ; ou bien la voie épicurienne des dieux, l'*intervalle*. Devenez le produit qu'on veut s'arracher, mais qui n'est pas à vendre, la pièce inouïe qui manquera toujours à la collection. Vous apparaissez de temps en temps, de biais, de loin, comme le véritable étalon du *produce of France*. Vous n'êtes pas à vendre, soit, mais on peut quand même vous acheter sous forme de copie, d'imitation, d'ersatz. Votre jouissance est un équivalent aurifère, une eucharistie imaginaire, une sorte d'idéal casher. Vos *copies*, donc, sont dans les musées, sur les écrans, dans les appartements des milliardaires allemands déguisés en Américains, en Japonais, en Australiens, en Panaméens. Les *commentaires* que vous inspirez sont étudiés dans toutes les universités allemandes, de Stockholm à San Francisco, de Vancouver à Pékin. Vous êtes le dieu grec sans prix, la substance absolue. Faut-il incarner parfois votre présence réelle ? Très vite, sans vous attarder : on vous tuerait. Vous faites signe, vous remontez dans l'Olympe. Depuis ce poste d'observation, vous contemplez, au-dessous de vous, la célébration massive et confuse du bicentenaire de la révolution allemande. Vous pouvez, à la rigueur, hocher la tête. «C'est comme ça», aurait dit Hegel.

## *Le saut de l'histoire*

L'histoire continue de plus belle. Ceux qui nous racontent qu'elle est finie ou qu'elle n'a jamais existé ont de bonnes raisons pour le faire, sentant de plus en plus profondément leur inexistence historique. Non seulement l'histoire continue mais elle vient de faire un saut qualitatif qui ruine le fait qu'on la pensait confortablement comme une ligne. En vingt ans, je me sens rajeunir de plus en plus dans l'art de me servir de la nouvelle substance historique qui est celle des intervalles, des interstices, des parenthèses, des bulles qui se dégagent de partout si l'on sait manier le décalage horaire. J'ai dit une fois que lorsque j'écrivais j'avionnais. Dans l'avion qui me transportait, il y a quelques jours, vers New York, j'avais emporté des lettres de Céline et des poèmes de Góngora, pendant qu'à côté de moi, à cause de violentes turbulences, deux jeunes filles, un peu trop grosses, vomissaient dans leur sac à papier. Je passais alternativement des *Solitudes* de Góngora (auteur qu'il est urgent de relire, bien qu'il se soit produit après 1492, mais nous n'avons aucune raison de nous laisser terroriser par les dates que les tenants de la fin de l'histoire veulent absolument primordiales, dans leur souci maniaque de commémoration) à Céline. À Céline, conscient que ce qui parle français doit désormais être affublé du terme *french*. Et je lisais, par exemple, ceci, dans un de ses manuscrits de *Féerie pour une autre fois* : « French vermine souilleur de home et respects, french polisson la braguette ». C'était rafraîchissant. Je lisais aussi des choses de ce genre : « Je ne crois pas à la misère, je crois à toujours plus de vice » ; ou encore : « Mais le diable est maître des cartes, je vous le dis faites beaucoup de signes de croix, dites beaucoup d'ave avant d'en écrire plus long, moi, vous savez, avec le prince des ténèbres on s'évite » ; ou encore ceci, du 25 juillet 1949. « Je suis un artisan maniaque, mes frégates ont le monde entier contre elles, elles doivent sortir impeccables des jetées. »

De plus en plus *french*, je me faisais cette réflexion qu'au moment où les Français sont persuadés d'avoir disparu dans un trou noir, moi je me sentais de mieux en mieux dans cette peau-là, et par conséquent, s'il n'en reste qu'un, ça ne me dérange pas du tout d'être celui-là. Au point que saisi — toujours dans les turbulences — d'un mouvement violemment mégalomaniaque, je me suis surpris à me formuler l'énormité suivante : si quelqu'un a gagné la Guerre du Golfe, c'est moi.

J'allais à New York pour rencontrer une actrice pour laquelle j'ai la plus grande admiration et qui est Glenn Close. Après l'avoir vue jouer la marquise de Merteuil dans *Les Liaisons dangereuses* de Laclos, j'avais tout de suite repéré qu'aucune actrice française, hélas, n'aurait été capable de pénétrer physiquement et mentalement ce rôle d'une façon aussi subtile, nette, éblouissante. J'avais donc le désir de rencontrer cette femme exceptionnelle, et c'est ainsi que quelques instants après avoir débarqué, ayant eu juste le temps de changer de chemise et de mettre une cravate, avec dans ma poche, les lettres de Céline que j'étais assez content de ramener de cette façon à New York, je me retrouvai dans un théâtre de Broadway, pour la voir jouer une pièce sans grand intérêt, sauf ce qu'elle en faisait, elle. Tous les ingrédients de la culture américaine la plus banale étaient réunis dans cette pièce, je veux dire une atmosphère de névropathie intense, de psychopathie non moins caractéristique, où il était question d'ordures, de viol, de bourreaux et de victimes, de Chili et de pleurs, bref, tout le malheur du monde, toute l'angoisse qui pèse sur la destinée humaine se représentaient devant moi. Les partenaires masculins de Glenn Close étaient dans leur rôle d'hommes châtrés automatiques, et elle, qui m'avait d'ailleurs gentiment placé au troisième rang pour que je puisse l'observer de près, jouant avec un revolver sur la scène et se faisant pour elle-même sa pièce. Après quoi, nous sommes allés ensemble boire du champagne et discuter de l'avenir de la civilisation. Je raconterai ça ailleurs.

Quoi qu'il en soit, je parlais donc avec une très grande professionnelle du spectacle, du théâtre, du cinéma, mais surtout d'elle-même, en tant que spectacle, et je parlais comme si de rien n'était, en cette fin d'après-midi dans New York, de Laclos et de Sade. Tout allait donc pour le mieux. À la suite de quoi, je me suis retrouvé dans un appartement très luxueux, et dans le décalage horaire dont les correspondants téléphoniques où qu'ils se trouvent n'ont pas forcément présente à l'esprit l'importance — en effet, quand il fait nuit et que vous parlez à quelqu'un pour qui il fait jour, ou quand il fait jour et que vous parlez à quelqu'un qui est en train de s'endormir, vous mesurez alors les limites psychophysiologiques, climatiques, des individus à qui vous vous adressez et qui sont dans un autre espace, dans un autre temps ; de même qu'il est toujours intéressant de voir dans les avions la signalisation de votre position dans le ciel, la température extérieure, la vitesse à laquelle vous volez, et de réfléchir à la relativité de votre présence sur ce globule qu'on appelle la terre mais qui n'a pas plus de réalité que le poème ou la correspondance que vous êtes en train de lire. Je me trouve donc dans un appartement luxueux où il y avait deux Rembrandt dans un des salons, quatre Picasso dans le couloir (j'avais toujours mon Céline dans la poche, mon petit bout de Meudon, en somme...) et je constate qu'il n'y a là pas la moindre trace d'art américain, d'art «moderne», et de toute la faribole qui nous a été servie et resservie pendant si longtemps. Je me contente ainsi, chaque fois que je sors de ma chambre et que je vais écrire quelques petites notes sur Céline dans le bureau d'à-côté, de vivre avec ces Rembrandt, ces Picasso, en me disant que mon dieu tout va très bien, d'autant plus que nous allons ensuite déjeuner avec mon éditrice américaine (une très jolie femme, brune, aux yeux bleus) qui vient de se passionner, chez Scribner's, pour *La Fête à Venise*, qui a lu *Femmes* paru aux États Unis, et qui me parle du livre d'une façon très détaillée. Je suis, par exemple, très étonné d'apprendre, dans ce restaurant italien où elle m'a convié, qu'elle a vu, elle, le Courbet intitulé *L'Origine du monde* lorsqu'il a été présenté à Brooklyn, et qu'elle a retrouvé dans mon livre. Et puis voilà que cette jeune femme, vive, énergique, très féministe, qui va manifester dans deux jours à Washington pour le droit à l'avortement (et que pourtant *Femmes* n'a pas choquée, au contraire), se met à me parler de Watteau. Je constate donc qu'au milieu du chaos américain, fait d'un retour massif de puritanisme, d'un démagogisme frénétique sur les campus où le mouvement *Politically correct* règne en maître, les conservateurs et les démagogues locaux s'entendant comme larrons en foire pour faire tourner le même engrenage de stupidité débile, je constate que tout cela n'a aucune importance sur la marche des discours un peu éveillés qui se situent comme magiquement dans les intervalles de cette pseudo-réalité du spectacle, et on parle donc tranquillement de Watteau. À la suite de quoi, la nuit, voulant retrouver mes années de jeunesse dans New York, je prends un taxi et vais écouter de la musique de jazz au *Sweet Basil* et je vois là des gens extrêmement attentifs, silencieux, écoutant une improvisation magnifique d'un trompettiste et d'un bassiste. S'il y a une chose qui tient le coup, me dis-je (en ayant toujours mon Céline dans la poche), c'est bien cette musique de jazz...

Avant mon voyage à New York, je venais d'avionner pour l'Allemagne. J'étais à Düsseldorf où je devais, dans le cadre d'une rétrospective Rodin à la Kunsthalle, présenter le film que j'avais fait sur *La Porte de l'enfer*. J'avais déjà remarqué dans les programmes, en me rendant dans cette ville totalement artificielle puisque rasée et entièrement reconstruite (je rappelle que c'était la ville de Heine), qu'à l'occasion de cette exposition il était prévu six interventions, quatre sur Camille Claudel, une sur le photographe américain Mapplethorpe, et une seule sur Rodin, la mienne.
Je visite l'exposition, magnifique, et je remarque que la conservatrice, voulant sans doute équilibrer les choses, a en effet présenté des photos de Mapplethorpe, photos fort intéressantes, à pourcentage homosexuel complet, et qui me paraissent tout à coup vieillir à vue d'œil, comme si leur force de transgression, qui émeut encore paraît-il les cinglés puritains d'Amérique, devenaient déjà des documents

d'époque, quelque chose de kitsch. À gauche, donc, il y avait Mapplethorpe, et sur la droite on trouvait Camille Claudel, représentée par quelques sculptures (pas suffisamment si l'on en croit les lettres de protestation reçues par la conservatrice). Inutile de vous dire que le film avec Adjani et Depardieu provoquait un enthousiasme féminin considérable ; on se battait à l'entrée. On ne s'est pas battu à l'entrée de mon film mais... j'y reviendrai. Tout à coup, je suis saisi par cette vision, un peu comme aux chiottes, qu'à gauche c'était pour *men only*, qu'à droite c'était pour *ladies only*, et qu'au milieu (dieu sait de quel sexe alors il se trouve être !) il y avait Rodin. J'entre à gauche pour voir *men* ; étant audacieux j'entre aussi à droite pour voir *women, ladies*, et puis quand même j'entre dans Rodin, qui évidemment s'élève soudain avec une force particulière au-dessus de ce qu'il faut bien appeler le choix qu'on est obligé de faire quand on va aux toilettes. Là, je vois pour la énième fois des sculptures de Rodin et comme on ne peut pas s'en lasser, je m'arrête, par exemple, devant cette extraordinaire représentation du Christ avec la Madeleine qui renouvelle entièrement la scène, puis je me dirige vers un des grands Balzac en bronze, ce Balzac en érection qui se branle de façon très énergique, et je vois groupées autour de cette sculpture une masse impressionnante d'Allemandes de tous âges, en train d'écouter une jeune femme, assez jolie, leur parlant de l'œuvre en question. Je me fais traduire ses propos ; elle rappelait la carrière littéraire de Balzac, évoquait *Eugénie Grandet, Le Père Goriot, Les Illusions perdues*... Il était intéressant, pendant ce temps-là, d'observer les regards qui allaient de haut en bas de ce Balzac en érection dans les trois dimensions et en train de se tordre le poignet sur sa bite extrêmement manifeste. Je continuais à me faire traduire par une amie ce qui se disait là en deutsch et la brave jeune femme finit par dire que dans cette sculpture de Rodin il fallait voir l'hommage que Rodin a rendu à la fécondité *littéraire* de Balzac. Tout ceci me paraît du meilleur goût, et puis j'aperçois soudain, dans un coin, sous une rotonde, les dessins érotiques de Rodin que j'ai eu la bonne idée de publier, il y a quelques années. Mais, surprise, au milieu de ces dessins érotiques de Rodin sous rotonde, le « décorateur » du musée (tous les musées ont maintenant leur « décorateur ») avait placé, bien en évidence, la sculpture qui s'appelle *Le Cri*. Un visage de femme déformé par une souffrance inextinguible... Une Camille Claudel très douloureuse, au centre, hurlante, portant plainte pour l'éternité. Je m'approche et je vois, ô stupeur !, que le sol autour de cette sculpture, elle-même au centre des dessins érotiques, était couvert de pièces de monnaie. J'enregistre donc la naissance d'un culte spontané local. Le sol était couvert de marks. Je vois les femmes, largement majoritaires (80 % du public de toutes les expositions), tourner autour des dessins érotiques avec des airs entendus, en se chuchotant rapidement des choses, puis se précipiter vers cette tête et, là, sortir leur porte-monnaie pour jeter des marks. Je me fais donc traduire ce qui se passe. Elles disaient toutes à peu près la même chose en jetant leur pièce de monnaie : *Pauvre femme ! Comme elle a dû souffrir !*

Après la projection de mon film, la discussion est inévitablement venue sur deux sujets. L'érotisme, bien sûr (« ah ! ah ! »), et la question m'a alors été posée de savoir si j'étais d'accord avec la présentation de cette Tête tenant tête aux dessins érotiques. Était-ce bien l'idée de Rodin ? En somme, l'érotisme n'est-il pas toujours angoissant, culpabilisateur ?, ne mène-t-il pas à une torture ?, ne s'agit-il pas toujours d'une chose épouvantable, d'une violence faite à l'autre ?, etc., etc. Comme c'est justement le propos de *La Porte de l'enfer* de mettre ensemble Éros et Thanatos, avec un penchant tout à fait visible pour Éros, je me suis permis de dire que, moi, j'aurais mis, au centre de ces dessins érotiques, Balzac, ce qui me semblait une meilleure interprétation de Rodin. J'aurais mis la Tête aussi, mais ailleurs, par exemple, pour signifier l'extase orgasmique de la Marie-Madeleine se pressant de toute une nécrophilie triomphante et jouissante, contre le corps d'un Christ très bizarre qui n'a pas l'air de se plaindre de ce qui lui arrive.

Ainsi, j'ai pu vérifier qu'en Allemagne, Rodin gardait toute sa force d'intervention. Laclos, Courbet, Watteau à New York, Rodin à Düsseldorf..., tout va pour le mieux ! Force d'intervention ? Oui, les questions rituelles sont donc arrivées très vite : angoisse de l'érotisme, est-ce que Rodin n'annonce pas Egon Schiele ? Autrement dit : est-ce que tout cela se passait à Vienne ? Comme d'habitude, je réponds calmement que non, que c'était bien à Paris que ça avait lieu, qu'il y avait là Rodin, ensuite Picasso, Matisse, Stravinski, James Joyce, Marcel Proust, Louis-Ferdinand Céline... Depuis le temps que je le répète (ça doit bien faire trois siècles) ! Je peux d'ailleurs me répéter indéfiniment, d'abord parce que c'est vrai, ensuite parce que c'est amusant de voir à quel point c'est difficile à accepter pour d'autres.

À partir de là, comme j'avais placé Rodin sous l'invocation de Parménide, en faisant un petit croche-pied à Heiddeger en passant pour dire, d'une façon également très simple, que s'il y avait des Grecs, ce n'étaient pas les Allemands mais les Français (m'appuyant là-dessus sur le diagnostic radical de Nietzsche — Nietzsche parlant de Voltaire dans *Humain trop humain* ou dans *Ecce Homo*,

*Le saut de l'histoire* 895

affirmant qu'il n'y a pas plus grec que lui), j'ai vu venir, parce qu'il y avait dans la salle des philosophes, les questions sur cette affaire Parménide, Heidegger... : a-t-on le droit, de reprendre Parménide, *à la française*, comme Grec fondamental[1] ? interrogation intéressante qui m'a permis une constatation toute simple : alors qu'il est tout à fait normal, en Allemagne, de parler de Heidegger, en revanche il s'est trouvé un Allemand qui, à cause de sa francophilie fanatique, est quasiment interdit de séjour dans le discours, et c'est Nietzsche. Comme si Nietzsche portait sur ses épaules tout le poids de la Deuxième Guerre mondiale et de la culpabilité qu'elle a entraînée. C'est étrange, plus je voulais parler de Nietzsche et plus c'était impossible. On pouvait parler de Heidegger et d'Egon Schiele, mais pas de Rodin et de Nietzsche. Nietzsche aurait d'ailleurs très bien pu voir les sculptures de Rodin s'il était venu à Paris, ils sont strictement contemporains. Il y a deux Allemands qui ont vu l'émergence du phénomène et sa profondeur, et visiblement ils n'ont pas la cote chez eux. Je veux parler de Rilke et de Nietzsche, deux personnages tout de même très considérables. J'ai, une fois, de plus vérifié sur place que cette question *française* a tout l'avenir devant elle puisqu'elle a pour elle le passé.

Une parenthèse à propos de Heidegger : je recommande vivement la lecture de ce petit livre qui s'appelle *Séjours*, qui est le récit de son voyage en Grèce, en 1966. Livre qu'il a offert à sa femme avec la dédicace suivante, à la *Mütter*, à la mère..., et qui a été publié avec deux aquarelles de

---

1. Nietzsche : « La nature du Français est beaucoup plus parente de la grecque que la nature de l'Allemand. Voltaire fut le dernier grand écrivain qui, dans le maniement de la langue de la prose, eut l'oreille d'un Grec, la conscience artiste d'un Grec, la simplicité et l'agrément d'un Grec. »

madame Elfride Heidegger, œuvres rappelant le talent d'aquarelliste d'Adolf Hitler, qu'on a pu apprécier lors de l'exposition Vienne. C'est un petit ouvrage extrêmement intéressant. On y trouve une sorte de vision mystique lorsqu'il arrive à Délos où il écrit qu'*un grand commencement se mit à parler soudain de toutes parts...* On est en plein dans le fantasme heideggerien. Une chose vous amusera beaucoup, c'est lorsqu'il raconte son départ en bateau de Venise qui lui paraît une ville détestable. Il a le sentiment que c'est une ville pour *esthètes superficiels, pour écrivains en mal d'inspiration* (cela m'est évidemment allé droit au cœur). Je ne pense pas qu'il ait eu la moindre idée d'entrer dans une église ni de visiter le moindre Tiepolo ou le moindre Titien. Là, vous saisissez le philosophisme sur le vif, à savoir qu'il y aurait une origine, qu'elle est perdue et que tout ce qui s'est passé entre-temps est absolument négligeable, ce qui fait qu'il ne peut pas y avoir eu («Rome, unique objet de mon ressentiment») ce splendide et lumineux développement des formes et du langage... Toujours la même chose : le langage authentique ne peut être que la poésie et jamais le récit, jamais la prose (on ne voit pas Heidegger lisant Céline), et on ne saurait prendre en considération l'histoire occidentale soumise à une dégradation continue. Il est étrange de voir Heidegger en Grèce trouvant qu'un petit monastère orthodoxe est finalement plus proche de la source grecque que ne le sera jamais l'Église romaine. J'ai un ami grec dont j'ai publié un livre sur Gombrowicz qui étudie en ce moment le fanatisme orthodoxe et sa haine renouvelée pour Rome, et tout ceci, voyez-vous, fait partie d'une histoire des religions qui, elle, contrairement à ce que pensent les fonctionnaires, de la fin de l'Histoire, est en plein mouvement et en pleine évolution. Si l'Histoire existe, elle existe bien là, aussi, ou d'abord.

Cela dit, pour revenir à Rodin à Düsseldorf, les Allemands m'ont semblé très attentifs à ce que je leur mettais sous les yeux. Dérangés, interloqués, incrédules, sceptiques, mais bousculés par l'évidence. En revanche, ceux qui n'étaient pas contents du tout, c'étaient les Français. Plus j'en rencontre en Allemagne, à New York, en Italie, n'importe où, plus je me rends compte que ce qui les choque par-dessus tout c'est qu'on parle en français de la France, au point que cela devient un symptôme psychiatrique. Alors que les autres, Américains, Allemands, Italiens, Espagnols..., sont tout prêts à vous accorder qu'en effet Watteau, Rodin, Picasso, ce n'est pas rien. Ces Français diplomatiques, certains d'entre eux étant philosophes, liés au personnel philosophique français salarié, notamment à ceux qui ont publié récemment un ouvrage intitulé *Pourquoi nous ne sommes pas nietzschéens* (ils auraient pu l'appeler *Pourquoi nous ne voulons pas être français* puisque Nietzsche n'aspirait qu'à une seule chose, c'est à être à leur place), me font par conséquent savoir, par la bouche de l'un d'entre eux, qu'ils sont très germanophiles. Voulez-vous ranimer la querelle franco-allemande ? me demande ce monsieur. Mais, lui, dis-je, je ne veux pas « rallumer la querelle franco-allemande » : je trouve simplement étrange, si nous sommes tous enfin réconciliés dans une social-démocratie planétaire, que la réconciliation se fasse par une abolition du passé et que nous ne puissions pas analyser l'histoire qui nous unit. La connaissance, dis-je, avancera par la discussion, la confrontation, parlons... Non, il ne faut parler de rien ! Je suis très germanophile ! me répond, le monsieur. C'est tout à fait votre droit, lui dis-je, mais ce n'est pas mon cas ; je suis pour ma part assez attentif à ce qu'a écrit Nietzsche sur l'Allemagne luthérienne, Luther, ce «moine fatal»; Kant cette «araignée funeste»... Mais enfin, s'indigne mon interlocuteur, vous vous réclamez des Lumières, or l'aboutissement des Lumières, c'est Kant ! Mais non, dis-je doucement, les *Lumièèères françèèèses* ne devaient pas nécessairement aboutir à Kant ! Il n'y a pas de passerelle obligatoire entre Voltaire et Kant ! Et il me répond : c'est ce qu'on a toujours enseigné ! Et je lui dis : eh bien ! on a eu tort !

Au moment où les Allemands allaient devenir inquiets devant des évidences historiques, plastiques, physiques, sensibles, les Français, eux, s'en défendaient. Avouez que c'est comique. Après tout, nul n'est prophète en son pays, c'est pourquoi je me suis dit qu'au fond tout cela était normal et que cette inhibition des Français à se concevoir, non pas comme le centre de l'univers, grands dieux ! mais comme inscrits à la jointure de ce qui peut se dire sur le réel, prouvait qu'en effet la question est bien là, qu'elle les effraie, qu'elle les tourmente. S'ils n'en veulent pas, il est logique qu'ils laissent les autres se servir. Avec ces autres-là, moi je suis.

*Réponses à des questions de Jacques Henric.*

# À *travers le vingtième siècle*

Le vingtième siècle s'achève, et, au fond, personne ne s'y attendait, tout le monde a l'air pris de court. Le tournant du XXI$^e$ est *trop*, on ne sait pas comment le négocier, la confusion s'accroît, il ne reste plus qu'à se livrer à une énorme fête planétaire en jetant l'argent à travers les écrans. En attendant ce haut moment spectaculaire et pseudo-féerique (pas pour tout le monde : il vaut mieux, par exemple, ne pas être Tchétchène ces temps-ci), voyons un peu ce qu'annonce le rétroviseur pour un avenir opaque.

Deux guerres mondiales, des massacres sans précédents, le béton totalitaire, l'Europe dévastée et difficilement reconstruite, des vieux démons à peine exorcisés qui ne demandent qu'à resurgir, des conflits inter-ethniques tenaces, des crises religieuses, la suprématie mondiale des États-Unis et des marchés financiers, l'effondrement de la Russie, la disparition du franc bientôt remplacé par l'euro, l'explosion de nouvelles techniques de communication et de génétique, — quel fouillis ! Le négatif ? Il est énorme. Le positif ? On le ressent toujours avec retard, mais il est là, il avance, la vie continue, les mutations ont lieu. Sommes-nous à la mesure *humaine* de ce qui fonctionne ? Pas sûr. Et pourtant.

Cet homme blanc qui ressemble à un bébé emmailloté, à une momie blafarde ou à une chrysalide empêtrée, c'est le premier visiteur de la Lune. Pour la première fois, la Terre est observable globalement comme une petite planète en couleurs. Bientôt, le continent de la communication va être révolutionné par la conquête de l'espace et des satellites. Cette percée spatiale est une contraction du Temps. Tout est de plus en plus lointain, et tout se rapproche. La vitesse change de sens. Les foules se massaient autrefois dehors pour écouter des dictateurs ou des prophètes : elles sont isolées, désormais, de plus en plus reliées par la télévision ou Internet. Un des rares survivants mythiques de l'ancien théâtre (qu'on a d'ailleurs tenté d'assassiner) est un pape. Ce n'est pas la moindre surprise de la course effrénée vers le virtuel permanent. Il n'arrête pas, celui-là, il est partout, il bénit, il parle toutes les langues, il transporte sa messe avec lui. Il vieillit en direct, tremble, se voûte, il a fait de sa fonction une des plus puissantes télévisions du temps, avec CNN et *Moneyline*. Tuer un homme (Kennedy) ou un pape (Jean-Paul II), qu'est-ce que ça veut dire ? Rien, et beaucoup de choses. Les États-Unis sont hantés, depuis 1963, par ce traumatisme (au fait : qui est *réellement* l'assassin ?). Le coup de revolver de 1981, sur la place Saint-Pierre, est un autre avertissement solennel : huit ans plus tard, le mur de Berlin tombe, l'Union soviétique, qui avait l'air increvable, se dissout. « Je suis un Berlinois », avait dit Kennedy. « La Pologne vous dit : n'ayez pas peur », avait lancé ce pape. On a vu la suite.

Mais la suite reste problématique, et il est impossible de la résumer en blanc et noir. Pourtant, beaucoup s'y emploient, prêchant l'avenir radieux d'un côté, celui de la marchandise, ou au contraire déclamant sur les catastrophes en cours, dans une perspective d'apocalypse. Difficile de garder la tête froide dans ces conditions. La tête froide, cependant, est celle de la réflexion historique. Oui, le monstre totalitaire a été vaincu, mais il y a l'immense problème de la Chine, avec cette petite silhouette blanche d'étudiant arrêtant un char lors du massacre de Tiananmen, en 1989. Là encore, contradiction. Évolution vers la démocratie à travers l'organisation mondiale du commerce ? Ou renforcement interne de la répression, comme nous l'affirment les dissidents chinois ? Qui vivra verra. Le décor est en tout cas planté, et on peut prophétiser, sans risque de se tromper, que le vingt et unième siècle sera celui de l'affrontement USA-Chine. L'Europe, au milieu, en sera où ? Elle semble émerger d'un long film fantastique, elle est fragile, elle se cherche, on est presque surpris de visiter un Berlin *normal* après tant de vociférations et de drames. Pour ce qui est de la Chine, la mort de Mao, en 1976, a été accompagnée, on s'en souvient, par les fléaux naturels qui, en Chine, signalent mythologiquement, les grands changements de règne. Le cadavre vite embaumé du dernier empereur a eu droit aux tremblements de terre, aux inondations. Mais ce qu'on a appelé le « maoïsme » en France, dans la foulée des événements de 68 (et de la guerre du Vietnam), était bien entendu sans commune mesure avec la tragédie chinoise. Le « gauchisme », à Paris, a été en priorité lancé à la fois contre une droite archaïque (ne l'est-elle pas encore aujourd'hui ?), et contre le corset de fer soviétique relayé alors par le parti communiste français. Trente ans, déjà. Mais trente ans qui « passent » difficilement dans l'opinion française, et on l'a bien vu au moment du « retour » de Daniel Cohn-Bendit.

En réalité, il y a trois « placards » mal liquidés de la politique française : la période 1940-44 ; la guerre d'Algérie ; l'explosion de 1968. Dans le premier placard, le spectre de Vichy et de la collaboration avec les nazis. Ambiguïtés de Mitterrand (l'affaire Bousquet), procès Papon : les vieilles ombres ont envahi la scène. Il a donc fallu cinquante ans avant qu'un Président de la République française ose dire que les « quatre années à rayer de notre histoire » devaient être lues avec la conscience d'une responsabilité d'État. Le régime fasciste, la rafle du Vel d'Hiv, la déportation et le meurtre des Juifs ne tombaient pas du ciel à l'occasion d'une défaite et de l'invasion d'une armée étrangère. Parallèlement, les interminables complicités avec le stalinisme n'ont pas été le fruit du hasard ni une aberration : les polémiques acharnées autour du *Livre noir du communisme* l'ont prouvé. Là encore, malaise français : Vichy, Moscou, feuilles qui n'en finissent pas d'être mortes.

Il m'a ainsi suffi de rassembler en quelques traits les lignes noires de l'histoire nationale (dans un article publié par *Le Monde,* « La France moisie ») pour soulever un tollé. Que n'avais-je pas dit ? N'étais-je pas un mauvais Français ? Une phrase, surtout, semble avoir fait scandale. Je me définissais comme « écrivain européen d'origine française ». Blasphème ! Trépignements dans les sacristies ! Eh bien, je maintiens ma formule. Elle n'est pas « antifrançaise », au contraire. Elle revendique simplement un projet historique, celui des Lumières. Paris redevenant la capitale de l'Europe, après en avoir été empêchée pendant un siècle de terreur nationaliste ou pseudo-internationaliste. Qui ne voit que les années à venir s'agiteront encore autour de cette question ? La France veut conserver son identité ?

Très bien, mais laquelle ? Elle ne veut pas être dominée par les États-Unis ? Pourquoi pas, mais alors en avant, pas en arrière, place au futur et non pas au repli hexagonal nostalgique. Qui, par exemple, voudrait revenir *avant* 68 ? Être ramené à un pays bouclé, à l'information jugulée, conformisme et pétrification des mœurs, en complète dysharmonie avec les progrès techniques et les nouveaux désirs ?

C'est la raison pour laquelle il me semble qu'il faut défendre l'*esprit* de 68, et non pas ses excès, ses slogans, ses redites, sa langue de bois étouffante. Libéral-libertaire ? Mais oui, plutôt que national-républicain. Pendant quinze ans, sous l'ère Mitterrand, la modernisation de la France s'est poursuivie dans une sorte d'anesthésie générale. On revenait de loin. Mitterrand, lui, voulait avant tout l'Europe. La monnaie européenne a été décidée, elle est irréversible. Mais comme on n'a pas expliqué grand-chose aux populations livrées à une américanisation massive de la culture, les voilà désorientées, craintives. Et nos familles ? Notre emploi ? Notre nourriture ? Nos habitudes ? Dans quel continent inconnu sommes-nous jetés ? Qu'ai-je de commun avec un Allemand, un Anglais, un Italien, un Espagnol ? Cette dernière question est la plus essentielle, mais l'enseignement républicain, là-dessus, serait entièrement à revoir.

La fin de Mitterrand, sa maladie cachée, sa fille illégitime peu à peu dévoilée, ses funérailles mi-laïques mi-religieuses, ses cachotteries, son courage physique, sa corruption retorse, tout cela a tenu un pays dans une sorte de somnambulisme fasciné. Il était à chaque instant présent, ce monarque, mais sa nébuleuse paraît déjà bien lointaine. Heureusement, il y a eu le sport, le football, le rugby, pour ressouder la cohésion hexagonale. Sur le plan politique, en revanche, c'est plutôt le chaos. Le Front National a éclaté? Tant mieux. Mais voici maintenant le Rassemblement pour la France, dont le moins qu'on puisse dire est qu'il n'est guère rassurant. Le RPR se «démocratise»? Le parti présidentiel donne surtout l'image, depuis longtemps, d'une rivalité de personnes plus ou moins dociles aux consignes de l'Élysée. La «gauche plurielle»? Pourquoi pas? Mais voici un ministre de l'Intérieur qui ne cache pas ses sympathies pour le courant nationaliste, un parti communiste repeint qui ne parvient pas (comme en Italie) à oublier sa faucille rouillée et son marteau sans maître, pendant que les Verts rament vers un oxygène meilleur. Reste Jospin, et son réformisme prudent, portant comme une carapace, la mosaïque contradictoire de ses partenaires. Arrivera-t-il à avancer? Possible. Mais que de préjugés à vaincre, que de vieux comptes à régler.

Sacré vingtième siècle, adieu. Nombreux sont ceux, meurtris ou déçus, qui voudraient tout simplement t'*oublier*. Les fascistes ne sont pas contents de toi, on les comprend sans peine. Les communistes non plus, ce n'est pas la peine d'insister. Les bourgeois libéraux hésitent. Leurs valeurs ont-elles triomphé? N'arrivons-nous pas à une décomposition finale? Ne faudrait-il pas repartir d'avant 1914, avec famille, école, travail, nation? La parti anglo-saxon, en France, a toujours été faible, et il en est encore à relire Tocqueville et Raymond Aron, comme si le terrain réel ne s'était pas considérablement déplacé dans les vingt dernières années. Qui aurait dit en effet que l'épouvantail soviétique (si commode pour ses adversaires) se liquéfierait avec une telle facilité dans un devenir mafieux général? Il faut un estomac monétaire d'acier pour tenir à bout de bras ces marionnettes sinistres qui ont nom Eltsine ou Poutine. Mais qui a prévu l'intégrisme islamique, la guerre du Golfe, les charniers au cœur de l'Europe en Bosnie et au Kosovo, l'assassinat de Rabin, la montée en puissance économique chinoise ? Le séduisant Bill Clinton n'était-il pas, récemment, au bord de la démission pour attouchements juvéniles et irresponsables sur la personne d'une stagiaire reconvertie, depuis, dans la vente des sacs et des rouges à lèvres ? Tout va vite, tout se recompose d'un mois à l'autre, le vingt et unième siècle sera une explosante-fixe, accélération forcenée et peut-être aussi, nouvelle lenteur. Qui attendait ce Beatle de Tony Blair, mauvaise conscience anglaise (et pour cause) du socialisme ? Troisième voie, troisième gauche, et fin de la Troisième République prolongée jusqu'à nous ? Nouvelle démocratie, en tout cas, dont toutes les rigidités *physiques* ont bien raison de se plaindre. « L'erreur est la légende douloureuse », a dit quelqu'un, autrefois. Il n'a pas été entendu, la propagande de la légende douloureuse continue, mais, dirait-on, dans le vide. L'Histoire est une ruse dont le bruit, la fureur et les crédulités recommencées masquent les voies. Et Dieu dans tout ça ? Son silence atteint de tels sommets que le Dalaï-Lama en vient à rêver de le représenter enfin sur terre. Comme l'être humain a un besoin irrépressible d'opium, les sectes et la charlatanerie ne manqueront pas de pulluler. Peu importe, la Raison reconnaîtra les siens.

Raison du plus fort ? Sans doute, mais pas seulement. Le vingtième siècle, voilà la mauvaise nouvelle pour les fanatiques de la mélancolie en cours, a *aussi* été un très grand siècle de création antimorbide. Son roman reste à faire. Il suffit de citer certains noms : Proust, Kafka, Joyce, Picasso, Stravinski, Heidegger, Céline, Nabokov. Et bien d'autres :

Hemingway, Faulkner, Matisse, Webern, Bataille, Artaud, Breton. Et encore d'autres : Borges, Pollock, De Kooning, Warhol, Genet, Debord. Et encore d'autres : Chaplin, Hitchcock, Welles, Armstrong, Charlie Parker, Thelonius Monk. Pour finir, celui-ci, concentré sur son piano comme un athlète souple, méditant Bach : un Canadien de génie, Glenn Gould. Bach, et la musique baroque, grande redécouverte de notre temps (Cecilia Bartoli dans Vivaldi). Qu'est-ce que je veux dire ? Qu'une renaissance n'est pas impossible ? Que le dix-huitième siècle et Mozart, ne sont pas derrière mais *devant* nous ? Oui, en somme, musique et silence : les *Variations Goldberg*, une fois de plus, par Gould, au piano.

## *Les années 1960-1970*

Je vais avoir 24 ans à la fin de 1960, et malgré le succès d'un premier roman, *Une curieuse solitude*, loué par Mauriac et Aragon, l'avenir est loin d'être drôle. C'est la guerre d'Algérie. *Guerre*? Il faudra trente ans pour que ce terme soit reconnu officiellement. À l'époque, on parle des «événements» ou du «maintien de l'ordre». Je vais passer trois mois dans les hôpitaux militaires, à Paris d'abord, puis dans l'Est. Pas question, pour moi, d'aller avec le contingent de ma génération pratiquer la répression coloniale. Je serai donc, à l'usure (et après une intervention de Malraux), «réformé n° 2, sans pension, pour terrain schizoïde aigu». Cela demande un certain savoir-faire, un art de simulation et de dissimulation concentré. Quand je remercierai Malraux de son aide, il me répondra : «C'est moi, monsieur, qui vous remercie d'avoir pu, au moins une fois, rendre l'univers moins bête.» Du style dans le bruit et la fureur, pourquoi pas ?

Mes meilleurs amis ont été tués, blessés ou gravement traumatisés par cette sale histoire, un des spectres du placard français. Après l'Indochine, donc, l'Algérie. De Gaulle est déjà là, «je vous ai compris», mais il va mettre un certain temps à imposer la paix.

Dans les hôpitaux militaires, on voit des choses. Je lis beaucoup en cachette, je ne réponds pas aux questions des psychiatres, je me tais de plus en plus, je joue l'autiste, je finis par ne plus m'alimenter, je serais allé jusqu'à l'ouverture des veines (lame de rasoir dans la poche de mon pyjama). La neige tombe dehors, les salles sont bondées de fantômes plus ou moins estropiés rapatriés d'Alger. Dans les rues, plus tard, un type hurlant, habillé en parachutiste, parade. Il s'appelle Le Pen. Les barricades d'Alger ? On y répondra en 68 à Paris. Sartre et Mauriac se battent, et sont plastiqués, c'est bien. Arrêter Sartre ? Allons, allons, on n'arrête pas Voltaire. Le Général a des lettres, il aura sa Pléiade un jour.

L'Histoire est intéressante à observer tous les trente ans. Les *sixties* sont le début d'une nouvelle ère. On sent bien ce qui est nouveau, veut vivre, expérimenter, s'affirmer, et ce qui pousse en arrière, veut conserver, boucler, enfermer. L'espoir vient alors des États-Unis. C'est la campagne de Kennedy pour une «nouvelle frontière». Voilà le premier président catholique américain, la jeunesse, le charme, et, bien entendu, Jackie et Marilyn. Tiens, c'est curieux, les Beatles aussi sont des catholiques anglais. Le poststalinisme encore stalinien n'en revient pas : le monde commence à ne plus être bipolaire, il y a un poids de plus dans la balance à l'Ouest, Cuba n'aura pas ses fusées, l'Empire totalitaire sera bientôt obligé de construire, à Berlin, son mur de la honte. «Je suis un Berlinois», dira Kennedy. Cependant, on continue à se battre par peuples interposés, l'Indochine est devenue le Vietnam, on va voir ce que le *napalm* signifie. Ici, nous tenons la clé négative de toute la période : l'espoir Kennedy est vite brisé, *Apocalypse now*

*Les années 1960-1970* 909

se profile, le gauchisme mondial répétera sans arrêt le nom de son grand martyr (Guevara) et de son héros résistant (Hô Chi Minh). Dans la foulée des bombardements et des massacres, un tigre qu'on est allé chatouiller de trop près depuis la guerre de Corée, va brusquement rentrer en convulsion : la Chine.

Avec le recul, on s'aperçoit de l'importance de l'assassinat de Kennedy, en 1963, à Dallas (au fait : *qui* l'a réellement tué ?) et de la mort du grand pape qu'aura été Jean XXIII. Kennedy, par-delà la guerre, c'est déjà la conquête de l'espace et l'événement inouï que sera le premier pas sur la Lune en 1969. Jean XXIII, à travers le concile Vatican II, c'est déjà l'offensive de Jean-Paul II venant, à travers la Pologne, « signer » l'effondrement de l'Empire soviétique (qui a été moins rapide que les USA dans le cosmos et la guerre des étoiles). Mais, pour l'instant, nous sommes cloués au sol du côté de Saigon et de Hanoi. C'est aussi le moment où Mao, avec sa Révolution culturelle aussi soudaine que dévastatrice, vient perturber le jeu américano-russe. Les Chinois ont décidé de rappeler à la planète qu'ils n'étaient pas une colonie occidentale créée à Yalta par Roosevelt et Staline. Ils ont leur propre opium, il est idéologique. Le débordement se fait par l'ultragauche, ce qui stupéfie les « nouveaux tsars » du Kremlin. Beaucoup de crimes, renversement des alliances. Nixon, six ans plus tard, sera à Pékin.

Le « communisme » n'est plus qu'un mot vide de sens (mais pas de réalité répressive), et cependant la Chine, malgré ses violations flagrantes des droits de l'homme, rentre en force dans l'organisation du commerce mondial. Le XXI$^e$ siècle commence donc dans les années 60, puisqu'il n'y a pas besoin d'être prophète pour comprendre qu'il sera de plus en plus « chinois ».

La Chine, la Lune : voilà probablement l'essentiel. Un énorme marché potentiel d'une part, une révolution dans les communications par satellites.

Regardons encore une fois ces images : des foules imprévisibles partout. En Chine, d'abord, puis en Amérique, par exemple, à Woodstock. Dans l'illusion « révolutionnaire », mais aussi dans la musique et la drogue, sur fond pacifiste. « Faites l'amour, pas la guerre. » Une mutation *physique* a lieu, qui répond à la toute-puissance de la technique. Le corps a ses raisons que l'économie politique ne connaît pas. Il se fait opaque, exhibitionniste, il répond à la violence par la violence, il bouge, il chante, il danse, il plane, il hallucine, il revendique même sa laideur. Il suffit de contempler les *sixties*, de Richard Avedon, pour se rendre compte du décalage. Grands brûlés du Vietnam, Malcolm X, Warhol, Manson... On dirait que le Diable lui-même veut indiquer qu'il mène le bal. Après tout, Dieu reconnaîtra les siens, c'est-à-dire les artistes. Nus provocants, homosexualité affichée, tatouages, orientalisme : l'*underground* vous parle, pendant que la surface, là-bas, est à feu et à sang. Étrange rencontre : les portraits lunaires de Mao par Warhol, bleus, mauves, jaunes, rouges, mis *sur le même plan* que ceux de Marilyn ou de Liz Taylor. Les mythes sont devenus flottants, sans jugements de valeur, autre perception du temps, de l'espace. Spectacle généralisé qui attend son théoricien. Il va venir, et ce sera *La Société du spectacle* de Guy Debord, livre publié juste avant l'embrasement de mai 68.

De Kooning, Warhol, Francis Bacon : tels sont les peintres d'une insurrection sans précédent (sauf Picasso) du

## Les années 1960-1970

corps humain. Et puis la musique, la poésie, la vie comme dérive ou situation expérimentale. Voilà, sans doute, ce qui fait dire à Bob Dylan parlant de ces années-là : « Tout ça a été détruit. Je n'en connais pas la raison. Certains pensent que ça existe encore. J'espère que c'est le cas, je l'espère bien. Je sais, dans ma tête, que je continue à faire partie d'une société secrète. »

1968 est une société secrète. Beaucoup la haïssent, et on les comprend. Ils rêvent toujours d'un vieux monde qui a craqué à ce moment-là. Qui aurait pu prévoir, par exemple, il y a trente ans, que le petit rouquin célèbre, défiant, le sourire aux lèvres, un massif CRS, reviendrait en France pour représenter les Verts aux élections européennes ? Mais oui, c'est bien lui, Cohn-Bendit, dont Bernard Frank à l'époque, pour rire (un peu jaune), disait « qu'il avait un nom de machine à laver ». L'Histoire a des ruses que les historiens tentent de déchiffrer après-coup. Autre exemple : la guerre des Six-Jours, Jérusalem délivrée, coup d'audace. Mais il y a aussi la tragédie du Biafra, annonçant d'autres charniers en Afrique. Les Russes occupent la Tchécoslovaquie ? Le visiteur de Prague, aujourd'hui, a de la peine à imaginer des tanks dans une ville rendue à ses vives couleurs baroques. Quant au mur de Berlin, il a disparu dans une capitale unifiée toute neuve. Il n'est pas jusqu'au cosmonaute sur la Lune qui n'apparaisse comme un homme préhistorique : nous explorons Mars, les trous noirs, de nouvelles planètes dans la galaxie.

Les années 60 n'ont pas encore vraiment la télévision. Les intellectuels célèbres la remplacent. Sartre, bien sûr, mais aussi, bientôt, la nouvelle vague « structuraliste », avec Lévi-Strauss, Lacan, Barthes, Foucault, Althusser. Il y aura Derrida, il y aura Deleuze. On parle beaucoup, à l'époque, d'une petite revue de terrorisme intellectuel, *Tel Quel*, dans laquelle s'agite un certain Sollers. Le «nouveau roman», lui aussi, va désespérer le milieu littéraire. Beckett, Claude Simon, Robbe-Grillet, Sarraute, Duras sont déjà des vedettes. Les espoirs s'appellent Le Clézio, Modiano. L'Internationale Situationniste fait trembler le stalinisme local.

Malgré tout, dans les années 60, la France est encore dans un passé lourd. Son économie progresse, pas de chômage, c'est le moment de l'explosion. Mai 68 a été une révolution bien réelle, dans les mœurs, l'information, la culture ; une révolution d'autant plus surprenante qu'elle est partie de là où on ne l'attendait pas : l'Université. Après quoi les femmes, surtout, ne sont plus les mêmes. Mais les hommes non plus. Les surréalistes, longtemps oubliés, ont soudain surgi en inscriptions sur les murs d'un Paris en fête. On a osé, à la Sorbonne, glisser un papier sous les yeux de Sartre : «Sartre, sois bref.» De Gaulle va bientôt mourir de chagrin. Un politicien habile le guette depuis 1965. Le voici, il monte, il attend son heure, il arrivera et régnera quinze ans : Mitterrand. En réalité, la France se modernise. Elle n'a pas fini de le faire, et ses vieux démons de repli nationaliste l'habitent toujours. Pour ceux qui se sont jetés, en 68, dans le *mouvement*, les années 70 vont être des années de plomb, de retour à l'ordre. Les années 60 respirent mieux à la fin des années 90 : elles avaient beaucoup de temps devant elles.

On aura donc fini par prononcer, dans ces années-là, des phrases qu'on n'est pas prêt d'oublier : «Il est interdit d'interdire.» Et : «Soyez réalistes, demandez l'impossible.»

Comme tout ce qui est libre, les années 60 *reviendront*.

## *La vulgarité*

JACQUES SOJCHER : *Philippe Sollers, est-ce que l'on pourrait, après* Portrait du Joueur, *tenter le portrait du vulgaire ? C'est quoi au fait pour toi être vulgaire ?*

PHILIPPE SOLLERS : Par rapport au fait qu'on a une possibilité organique de jouissance sexuelle, croire y toucher sans cesse ou en parler sans arrêt, y faire allusion sans jamais s'y trouver, c'est ça la vulgarité. Elle nous est administrée désormais à très haute dose. C'est comme si ça se connaissait en sexe, alors que, comme le disait Céline, dans une de ses lettres à la *NRF* : « Tout le monde se branle à l'extérieur. »

*Si je comprends bien, c'est être à côté ?*

Cela même. Être à l'extérieur de quelque chose dont on prétend connaître l'intérieur, sans y avoir jamais eu accès. Quand Proust veut nous faire sentir la vulgarité, il y arrive très vite. Le snob, par exemple, au sens où Proust l'analyse, c'est la vulgarité immédiate de quelqu'un qui croit s'y connaître et qui en fait trop, à côté.

*Est-ce qu'on pourrait dire que la vulgarité est une forme particulière d'illusion ?*

C'est une sorte d'asservissement qui consiste à vouloir, comme esclave, parler à la place du maître. Là aussi elle nous est administrée à très haute dose. C'est se croire, alors qu'on est esclave, dans le secret, dans le coup. C'est faire comme si on était dans le coup.

*C'est faire comme si...*

Exemple massif de vulgarité : passer sa vie à écrire sur Sade et ne pas trouver répréhensible que le descendant de la famille Sade ait créé une marque de champagne Sade. Voilà une vulgarité prodigieuse. Une famille aristocratique tombe dans le mercantilisme et se met d'accord avec des gens qui représentent une idéologie surréaliste, une conviction « sans-culotte ».

*La vulgarité n'est-elle pas parfois aujourd'hui le snobisme du pauvre, du simple d'esprit ?*

Non, sûrement pas. La vulgarité est bourgeoise. Elle est ensuite intériorisée par la petite bourgeoisie, la *middle class* planétaire, un degré très au-dessous... Un pauvre, un simple d'esprit, quelqu'un qu'on appellerait sinistrement du peuple n'est jamais vulgaire.

*L'intellectuel lui non plus n'est jamais vulgaire ?*

Les effets de vulgarité qui me semblent les plus conséquents, les plus cohérents sont très souvent le fait d'intellectuels. Un exemple de cette vulgarité : $X$ et $Y$ se mettent

## La vulgarité

ensemble et publient un livre — ils sont philosophes, paraît-il — qui s'appelle *Pourquoi nous ne sommes pas nietzschéens*. Voilà un merveilleux comble de vulgarité... l'ignorance qui feint la science.

*C'est donc une question de style ? Un manque de « classe » ?*

Le goût est le *nec plus ultra* de l'intelligence, dit Lautréamont... La vulgarité, c'est le contraire du goût. Entendons-nous bien, c'est vulgaire, mais au sens moderne, pas au sens de *De vulgari eloquentia* de Dante, c'est-à-dire de l'italien au lieu du latin. Au sens de cette sécrétion particulière, qui me paraît sortie de partout, comme engendrée par la marchandise invivable qui nous est servie jour et nuit sur la planète tout entière — immense festival de vulgarité. Mais le phénomène est marchand, bien entendu.

*La vulgarité n'a-t-elle pas parfois un sens positif ? Elle serait signe de santé, de pétulance. Un signe aussi d'ambivalence, d'ambiguïté — nous serions alors du côté de la sophistication, de l'artifice. Ainsi un homme peut aimer une femme un peu vulgaire...*

La vulgarité est glaçante, à mon avis. C'est un élément antiérotique définitif. Donc aimer la vulgarité, c'est aimer la répression de son propre désir, si l'on définit toujours bien la vulgarité comme quelque chose qui est tout le temps à côté. On assiste à ce moment-là à la dépréciation de son propre désir. C'est une position masochiste *(rire satanique, coupure d'enregistrement pour cause de téléphone puis de maladresse technique du questionneur).*

*D'autres exemples de vulgarité te viennent-ils à l'esprit ?*

L'autocritique, la culpabilité. La haine de soi est très vulgaire. La sensiblerie est vulgaire, l'étalage des sentiments...

*La séduction n'est pas vulgaire ?*

Elle est vulgaire et n'est pas vulgaire. La simulation de la séduction peut être extrêmement vulgaire.

*La politique est vulgaire ?*

Pas au sens aristotélicien. Aristote n'est jamais vulgaire.

*La rhétorique ? La démagogie ?*

La démagogie oui, pas la rhétorique. La rhétorique, c'est un jeu.

*Est-ce qu'il y a des philosophes vulgaires ?*

De plus en plus *(rire)*, surtout quand ils se prennent pour des écrivains *(rire)*.

*Mais, au XIX$^e$ siècle et avant, est-ce qu'il y avait des philosophes vulgaires ?*

Oui, énormément. Il y a eu une tripotée de philosophes français qui sont le comble de la vulgarité.

*Schopenhauer n'est pas vulgaire.*

Non, ce n'est pas vraiment le mot qui me vient à l'esprit pour parler de Schopenhauer. Hegel non plus. Marx jamais.

*Heidegger non plus ?*

Non.

*Y a-t-il des artistes vulgaires ?*

Oh... de plus en plus *(rire)*.

*Et comment les reconnaît-on ?*

Au fait qu'ils veulent absolument passer pour des artistes. Par exemple, on me propose de plus en plus souvent d'être un grand écrivain. Au sens où, si je suis un grand écrivain, je reconnaîtrais implicitement que j'ai eu tort en politique. À quoi je réponds tout de suite : je n'ai rien à faire d'être un grand écrivain. C'est extrêmement vulgaire et j'ai eu certainement toujours raison en politique.

*C'est une certitude ?*

C'est un fait. L'infaillibilité n'est pas un dogme vulgaire *(rire)*, pas plus que le Saint-Siège d'ailleurs, dans son essence. *L'Osservatore romano* n'est pas un journal vulgaire, c'est le moins qu'on puisse dire, alors que des journaux vulgaires nous en trouvons au kiosque à côté, ils en sont submergés.

*Est-ce que la vulgarité varie d'une culture à l'autre ? Est-ce qu'on peut la détecter... chez les Africains, par exemple ?*

Oh sûrement, oui... Quand je dis que c'est l'esclave qui veut parler à la place du maître, c'est universel. C'est chinois, c'est africain... Chez les Esquimaux, c'est sûrement pareil...

*Comment se fait-il, selon toi, que tellement d'auteurs de ce volume sur la vulgarité n'affrontent jamais directement le sujet, mais parlent d'autre chose ?*

Le sujet fait peur. Pour que ça ne fasse pas peur, il faut avoir dans sa proximité, dans sa fréquentation intime, des partenaires non vulgaires, or ils sont très rares aujourd'hui... Donc je comprends que tout le monde se dérobe, parce qu'il faut avoir l'expérience de la non-vulgarité chez l'autre pour savoir de quoi on parle.

*Tu ne fréquentes jamais des gens vulgaires ?*

Heu... dans le travail, je suis obligé d'en voir beaucoup... dans la vie, non.

*Tu les détectes immédiatement ?*

Oui, parce que c'est l'antibaise.

*C'est antiérotique ?*

C'est la niaiserie sexuelle... pire que l'inesthétique.

*Revue de l'Université de Bruxelles*, 1991.

## *La pudeur*

Il y a deux sortes de pudeur : l'ignorante et l'informée. La première « remet à plus tard » de savoir quelque chose d'interdit. Elle est enfantine, elle se trouble, elle rougit, elle se défile, elle évite. C'est trop, ou trop tôt. Bonne chance dans le temps, mais il s'agit d'une boussole sûre.

La deuxième *sait* et se protège. Pas de plaisir véritable sans pudeur profonde. Elle a deux ennemis, cette pudeur-là : le puritanisme sous sa forme prude ou pudibonde, et la violence pornographique (puritaine, elle aussi) qui veut empêcher la musique de la volupté.

Tous les voluptueux sont pudiques, même s'ils (ou elles) se livrent clandestinement aux pires impudicités. L'obscénité, elle, est dans la tête de ceux qui les jugent. C'est une question de représentation intime. L'imagination du procureur Pinard, au dix-neuvième siècle, avait peu de chose à voir avec la réalité de *Madame Bovary* ou des *Fleurs du Mal*. Flaubert, Baudelaire, Proust, Nabokov étaient, bien entendu, de grands pudiques. Vivant Denon, dans ce chef-d'œuvre qu'est *Point de lendemain*, insiste beaucoup sur la « décence » de la libertine Mme de T... Sade lui-même n'arrête pas de parler d'un mystérieux « principe de délicatesse » (et Dieu sait !). Rimbaud était beaucoup plus pudique que Verlaine ou Gide ; Sartre manquait de la pudeur de Genet, etc. La pudeur est une réserve d'ombre, un savoir-faire dans l'obscurité. Les partisans de l'authenticité, de la vérité à tout prix, de la transparence, de la « peau sur la table », du blanc ou du noir, n'en ont aucune idée, ou plutôt ils la sentent et la haïssent. Rien de plus dangereux, par les temps qui courent, que la pudeur informée. « Malheur à moi », disait Nietzsche, « je suis nuancé. »

Rien de plus antitotalitaire que la pudeur. Elle réussit ce prodige d'être à la fois révolutionnaire et aristocratique.

# *Le trou de la Vierge*

Le moment me paraît venu de tenir sur le corps humain un discours *ad hoc* : les phénomènes qui vont se produire à propos de la représentation du corps vont connaître des perturbations nouvelles.

Il m'a semblé que pour aller droit à l'endroit d'où le corps humain sort et s'abîme, il fallait tout simplement se préoccuper de ce qui ne peut se voir que par malentendu, situé très exactement au niveau de l'organe féminin. C'est un fait d'expérience analytique qu'à la place en question fonctionne automatiquement, même si c'est présenté avec le maximum de crudité, un blanc ou un fétiche, c'est-à-dire un effet d'aveuglement ou un effet de remplacement. Il se trouve donc que l'être humain, lorsqu'il veut considérer l'endroit d'où il vient, comme corps, est obligé de s'aveugler ou bien d'introduire un supplément auquel il s'identifie, mais qui relève d'une hallucination dont il n'a même pas conscience.

Le tableau de Courbet auquel vous faites allusion a eu l'audace de représenter du tronc. C'est une invention par rapport aux troncs d'église ; c'est une forme sans tête et sans jambes, donc sans pieds, où vous pouvez reconnaître ce qui du corps féminin commence au-dessus des seins et s'arrête au milieu des cuisses. Les faits qui se situent ici [Sollers présente à la caméra le tableau de Courbet reproduit en couverture du n° 59 d'*Art Press*], avec la fente suggérée, doivent produire sur le spectateur un effet calculé maximal, puisqu'il ne s'agira jamais de quelqu'un ou quelqu'une.

Un événement en peinture est toujours et à coup sûr un événement sur la représentation du corps féminin. Quand Manet peint l'*Olympia*, tout le monde comprend que quelque chose bascule dans la représentation, et par conséquent dans toutes les chaumières. C'est, comme le dit très bien Bataille d'une formule définitive, la représentation même de la destruction de l'Olympe. Il n'y a pas le moindre rapport entre une Vénus de Titien et la présentation brutale, frontale, pâle et comptable que fait Manet du tiroir-caisse de la représentation des corps féminins. C'est une grande date dans cette affaire.

Ce tableau de Courbet constitue un zoom particulièrement efficace et du même ordre. Au $XX^e$ siècle, les deux seuls peintres qui se sont montrés capables de suggérer, de tordre, de présentifier cette évolution de la présentation de l'origine du corps humain, sont Matisse et Picasso. Ils sont d'ailleurs, et pour cette raison même, les plus grands. Je pense que c'est Picasso qui va le plus loin, qui se laisse le moins engluer dans une attitude révérencieuse par rapport à cette origine qui n'est pas celle du monde — qu'on appelle le tableau de Courbet *L'Origine du monde*, c'est évidemment la traduction du fantasme : le monde se passe très bien de nous, j'allais dire « Dieu merci » ou « Grâce à Dieu ». En revanche, que nous soyons chus dans ce monde, autrement dit pondus pas n'importe comment, c'est ce qui fait ruminer les humains. Donc il se produit là, au

XX$^e$ siècle, chez Matisse et chez Picasso, et chez eux seuls pratiquement, un acte violent, Picasso déformant pour la première fois l'image féminine.

Il est inutile, à mon avis, de se préoccuper de peinture si l'on ne voit pas que les mutations, les fractures, se passent automatiquement, plastiquement sur cette question de la représentation de l'origine des corps. Origine est d'ailleurs un mot qui ne convient pas, sauf à l'écrire avec un y, puisque toute la question est de savoir si le corps grandi que vous êtes, que je suis, est le même que celui qui est passé par ce défilé, cette fente, après avoir été concocté à l'intérieur.

Je disais qu'il n'y a pas de rapport entre une Vénus du Titien, l'*Olympia* de Manet, ce tableau de Courbet et un Picasso, et chaque fois vous enregistrez comme une nouveauté de cadrage dans l'évaluation du corps humain. Eh bien, je dirais que, de la même façon, la mythologie de la non-Vénus — essentielle pour la culture occidentale —, c'est-à-dire celle qui est à l'autre pôle de cette affaire de femme nue, celle qui n'est jamais nue mais qui est appelée à s'élever dans les nues et qui est la Vierge Marie, est très précisément l'envers de la même question. C'est pour cela que toucher à Vénus, c'est toucher à son envers, et qu'il n'est pas question de produire un événement sur Vénus qui n'ait sa correspondance, son antithèse dans l'idée qui est sortie logiquement de la théologie, à savoir qu'il en fallait une qui ne représente pas une fois de plus une cause de reproduction indéfinie.

Les représentations d'Aphrodite, par exemple, la Diane d'Éphèse aussi, sont, conformément aux préoccupations de toutes les religions, des représentations minimales d'un lieu de fécondité, de transit pour la reproduction des corps. Une Aphrodite est une déesse qui porte sur son bras un enfant, pas un enfant Jésus, un enfant un peu décalé, principe de la reproduction indéfinie, et de l'autre main qui tend un masque, une sorte de Silène, de Socrate un peu grimaçant. Aphrodite est là, tenant des deux mains l'énigme : l'énigme de vous bébé, et puis de vous vieillard en train de considérer tout cela comme une affaire qui vous dépasse de loin, en tant que vous avez un corps et non un nom. Aphrodite n'est pas là pour assurer la réglementation des noms, mais bien des corps.

Dans l'hypothèse dite « Vierge Marie », la perspective est complètement différente. Ce qui est dit là, c'est qu'il y en aurait donc une, une fois seulement, qui aurait engendré un corps, et un seulement, qui, au lieu d'être dans le flux, échapperait à la mort, ressusciterait, et donc ferait son ascension. Logiquement, il s'ensuit qu'à cette ascension du corps, sorti par des voies tout à fait spécifiques du cadrage, correspond une assomption de sa cause.

Il paraît donc très difficile à l'être humain de considérer du trou à la place de l'endroit d'où sortent les corps, j'ai dit blanc ou fétiche. Finalement, ce tableau de Courbet est fait pour qu'automatiquement et inconsciemment se substitue à ce qui vous est présenté quelque chose qui soit non représenté, et qui est l'organe masculin.

Je propose donc de penser à un trouage venu du dedans. Parce que la Vierge Marie n'est pas du tout une pucelle, l'appeler Vierge porte à la difficulté ou à l'ambiguïté puisqu'en un sens elle est bien « effractée » de l'intérieur par un corps qui passe à travers elle. Ce qui est décrit dans cette logique, c'est que l'organe masculin n'y pénètre pas, mais qu'il en sort un corps quand même. Que l'organe masculin n'y pénètre pas ne veut pas dire qu'il ne pourrait pas y pénétrer, mais, élaboration d'un mythe conséquent, tout simplement que le fait qu'il y pénètre ou pas n'a rigoureusement aucune conséquence ; c'est comme s'il n'y pénétrait jamais. N'importe quelle femme un peu au courant d'elle-même sait très bien qu'aucun homme ne l'a jamais pénétrée. Il n'y a que les hommes qui s'imaginent entrer dans quelque chose.

Par contre, il doit être démontrable que cette idée d'un trou qui viendrait de l'intérieur, impliquant un corps qui ne soit pas du tout comme les autres, cette idée grandiose que seule la théologie a obstinément creusée, cette idée transforme absolument toute la conception des corps. Tous les corps sont en impasse, en échec par rapport à ce corps-là, posé mathématiquement comme possible. Il fallait non seulement en avoir l'idée, mais en décrire l'opération comme cela. Voilà pourquoi, m'intéressant non seulement à Vénus mais à toutes les assomptions de la peinture, il m'a semblé nécessaire d'introduire un trou aux deux extrémités de cette fantasmagorie de la représentation du corps féminin. C'est-à-dire de le libérer de son engluement dans la représentation masculine. Je vais donc droit dans la libération des femmes.

Ce qui fait vraiment événement en peinture est lié à une spéculation sur la représentation du corps féminin, et par conséquent sur la racine de la production même des corps. Il s'ensuit une conséquence tout à fait dramatique, c'est que si cette thèse est vraie, et elle est vraie, tout le mensonge, toute l'illusion, toutes les impostures de la représentation des humains entre eux sont liées à la même chose. Le moment dans le temps où cette représentation vacille, c'est d'avoir la chance comme dans un lapsus, dans un mot d'esprit, de saisir comment la vérité qui ne se laisse pas enfermer dans la répétition de la naissance et de la mort, comment la vérité qui ne peut s'établir qu'en écart avec le flot du mensonge, comment la vérité a une chance, mais une chance très rapide, très incertaine, de venir boursoufler ou perturber le mensonge.

Cinéma, cinéma, cinéma ! Il faut toujours mettre de la star ou de la représentation en point de fuite de femmes bien entendu. Le cinéma, ça ne fait que mettre en mouvement des effets de tableau, des effets de peinture. De ce point de vue, je ne suis pas sûr du tout que la Cinémathèque fasse faire un pas de plus dans la découverte d'une vérité.

[Sollers feuillette un livre sur Picasso. Il montre la *Femme se peignant*, juin 1940, Royan[1].]

Regardez ce tableau. Il date de 1940 et l'on entend résonner ce qui est en train de se passer. C'est comme *Guernica* dont j'ai dit qu'il ne s'agissait pas du tout de Guernica ni de la guerre d'Espagne, mais d'une scène de ménage. La grandeur d'un peintre, c'est de savoir réduire un tableau sur le plan privé avec l'allusion sexuelle qui convient, à toute l'histoire d'un moment donné. Ce tableau, c'est vraiment l'année 1940. Il n'y en a pas de meilleur pour désigner ce qui est en train de se passer.

Picasso est un peintre prophétique. Dès 1938, il pense que les choses en sont là : voici [dit-il en montrant la *Femme assise avec chapeau* (10 septembre 1938, Mougins)] certains des plus beaux portraits de femme que l'on ait jamais peints. Femme ? Oui, c'en est une telle que la liberté qui s'exprime dans cette toile, la liberté de Picasso, permet de la concevoir par rapport à un déluge qu'il faut bien admettre comme épouvantable de conformisme. Qu'est-ce que la vérité sortant d'une femme ? C'est celle qui vient sanctionner l'épouvantable croûte de confor-

---

1. Le lecteur se reportera au texte « De la virilité considérée comme un des beaux-arts » et sous-titré « Picasso » dans *Théorie des Exceptions*, Gallimard, Folio, 1986.

misme qui ne manque jamais de se refaire sur ce point. Le mensonge reprend sans cesse sa longue vitesse de croisière, et précisément sur ce point focal où il y a très très peu de chances que quelqu'un dise quoi que ce soit de vrai, ou représente quoi que ce soit de vrai sur la question des questions, c'est-à-dire celle qui fait qu'il est là en train de parler.

Est-ce que ma voix, en ce moment, sort de mon corps ? Ça a l'air évident. Est-ce que le langage vient du corps ? Ça a encore l'air évident. L'humanité croit spontanément qu'il y a une sorte de soupe biologique en cours qui, dans un deuxième temps, le temps de faire la soupe en elle-même, le temps que la soupe se représente à elle-même, se met à parler. Puis les bulles de la soupe claquent, et la soupe continue. Les bulles, c'est simplement ce qui se sera exprimé le temps de vivre, d'exister.

Supposons donc un renversement, à savoir que ce n'est pas ma voix qui sort de mon corps ou qui vient de mon corps, qui est contenue par mon corps, mais le contraire, que mon corps soit dans ma voix. C'est rigoureusement irreprésentable. À jamais, l'enregistrement en témoigne, j'aurai l'air de faire sortir ma voix de mon corps. La damnation, c'est ça. Mais on peut quand même introduire un doute par cette idée qu'il y aurait donc un corps qui serait passé par la voix directement à la matrice pour ensuite se représenter en tant que corps — un corps comme vous et moi —, mourir, ressusciter, et puis s'en aller. Scénario tout à fait absurde, et qui fera dire à tout le monde aujourd'hui : « Voilà une façon de dénier le sexe ! Le sexe, donc la mort, c'est commode ! Toute cette construction est faite pour éviter la pollution sexuelle. »

Supposons en revanche que ce soit le contraire, c'est-à-dire qu'il y ait du vrai dans cette idée que le maximum de sexe soit représenté par la voix, et qu'au fond la misère sexuelle dans laquelle on nous contraint de vivre soit tout simplement liée au peu de voix, au très peu de voix du sexe, non pas en volume, mais au très peu de pensée sortant de la voix. Cette idée est très soutenable, d'autant qu'avec le petit truc trouvé par Freud, il est devenu palpable qu'en faisant parler les corps humains d'une certaine façon, c'est-à-dire en les écoutant aussi d'une certaine façon, on pouvait, bizarrerie, traiter de leur misère sexuelle. Pas seulement de leur façon de douter de l'endroit d'où ils viennent, de leur mère, de leur père, et de tout ce dont ils rêvent à faux autour de cela, mais carrément en les prenant à l'endroit même où ils ne jouissent pas. Où ils ne savent pas comment jouir. Où ils ont peur de jouir ; où ils ont honte de jouir. Où ils jouissent peu. Où ils sont déjà morts avant de jouir ; où ils jouissent de leur mort. On entend cela sur tous les divans. Dans le fait même qu'ils découvrent petit à petit qu'ils ne savent pas ce qu'ils disent, mais qu'ils le disent quand même, etc., etc.

J'essaie donc de prendre cette affaire de corps, de sexe qui en est distinct et de voix, à l'endroit où ça se noue, où ça produit des boursouflures, des ratés, des symptômes.

Honnêtement, il me semble qu'on n'a pas vraiment accès à la découverte analytique si l'on a de la pudeur quant à cette histoire de Vierge Marie. En attaquant son trouage, j'ai découvert une volonté laïque, spontanée, de sauver à tout prix la Vierge Marie. C'est étrange : sauver à tout prix la Vierge Marie revient à sauver son envers, c'est-à-dire Vénus, et Vénus n'a pas de trou. Mon geste de lumière a pourtant choqué tous les obscurantistes de notre temps qui ont intérêt à garder une image idéale de la femme. N'importe laquelle, Vierge Marie comprise.

Mais de même, en disant que la Vierge Marie n'était qu'un trou, j'aurais dû satisfaire tous ceux qui ne voient en

*Le trou de la Vierge* 929

elle que la pire des impostures, la pire des idéalisations servant l'opium du peuple et l'obscurantisme. Or, je me suis vu, moi, accusé de vouloir les faire renaître et reconsister. Je propose du trou, donc la liberté, et je me vois stigmatisé comme si je voulais mythologiser la question. Ça veut faire consister cette image idéale de la femme. Ça, quoi ? L'imposture, le mensonge, sur quoi ? Pas seulement sur la vérité sexuelle et la manipulation de la reproduction des corps, mais surtout sur la dimension symbolique des énoncés. Il n'y a pas à s'y tromper : tout dévot, laïque bien sûr aujourd'hui, de la consistance de l'image féminine, est quelqu'un qui n'a aucun accès spontané à l'art. Musique, peinture, littérature : surdité, aveuglement, blocage. Poésie : ça ne répond pas ; rythme verbal : ça laisse froid ; mélodie, harmonie, contrepoint, construction, fugue : rien. Peinture, structure, couleur, le cubisme de Picasso, verticalité, axe, enveloppement, présentation de la sphère à plat, quatrième dimension réintroduite dans la troisième : rien. C'est ça la frigidité, rien d'autre. Elle ne se passe pas au niveau des petits organes qui se tripotent, parce que là on peut toujours s'imaginer qu'on jouit-jouit. En revanche, c'est précisément sur cette question de dimension symbolique que le sexe se joue dans toute sa rigueur. Nous vivons en France en ce moment au fin fond de la province archaïque. La représentation télévisée qu'on nous donne en ce moment de Mozart est accablante et prouve bien que tout va si mal que l'idée de représenter la réalité de Mozart, c'est-à-dire sa réalité libertine fondamentale, ne peut pas venir à l'idée d'un Français — on pouvait s'en douter — et que nous tombons là au degré zéro du tympan.

Voici, par exemple, des assomptions de Picasso. Les temps ont changé depuis Titien. Je précise tout de même que Titien a peint l'assomption et la Vénus qui nous intéressent. Je ne dis pas tout à fait n'importe quoi.

Les *Violons préparés* sont des assomptions de Picasso; il ne les appelle pas comme ça, bien entendu. Il n'y a que les gens qui veulent faire croire à l'histoire du cubisme, ça c'est comme tous les «ismes», qui font comme s'il avait changé de sujet ou comme s'il avait fait de la figuration par rapport à la non-figuration. Mais enfin Braque est tout à fait incapable de dessiner quoi que ce soit, encore moins une femme. Vous n'avez pas une femme de Braque. Vous avez de vagues oiseaux très lourds, mais pas une femme. Je pourrais vous en montrer par contre deux ou trois à peu près convaincantes de Matisse qui n'était pas cubiste. Les «ismes» sont commodes parce qu'ils permettent de faire des groupes, des collectivités. Ils sont faits pour se rassembler autour de l'opacité de l'isthme en question, c'est-à-dire du problème de la fente mal saisie. C'est pourquoi le surréalisme, du côté de l'imagination féminine, est aussi peu convaincant. C'est à se rouler par terre de rire la plupart du temps.

Voici encore deux assomptions. Une immaculée conception, si vous voulez, et une assomption de Picasso parfaitement convaincantes. [Sollers montre tour à tour les tableaux *Mandoline et clarinette*, 1913, et *Violon*, 1915.] Je suis absolument sûr que si l'on éprouve de la pudeur négative à l'égard de la Vierge Marie, on est absolument incapable de voir ça. On n'aura pas plus d'intérêt pour les dessous de la Vierge Marie que pour cela. On pourrait aussi bien comprendre n'importe quel Vélasquez, et nous pourrions parler ici des problèmes très particuliers, manqués d'ailleurs par Lacan, qui consistent à se demander où est exactement la fente de l'Infante dans *Les Ménines*. C'est la même chose très exactement que cette annoncia-

## Le trou de la Vierge

tion (*Grande Baigneuse*, 1921-1922). Picasso a donc traité exactement la question. Lui, et quasiment lui seul au XX$^e$ siècle, pour ce qui est de cette intervention sur la possibilité de s'y reconnaître par rapport à l'endroit d'où il vient lui-même comme corps. Son obstination est remarquable. Des *Demoiselles d'Avignon* avec un renouvellement complet de la perspective en question en passant par lui-même (*Autoportrait*, 1907).

Je pense que Picasso ne s'est absolument pas préoccupé de théologie pour faire ces tableaux, mais qu'ils sont incompréhensibles sans l'hypothèse du verbal. Vous savez que Picasso se signale à notre attention par de bizarres écrits sans ponctuation qu'il donne comme étant des poèmes. Quand il ne peignait pas, il écrivait ainsi des espèces de poèmes furieux, très criards par les noms de couleur qu'il employait, sans ponctuation. Il cherchait une adéquation au verbal le plus condensé. Je crois que ce qu'on a trop oublié — c'est la raison pour laquelle toutes les images que j'ai montrées devraient être des images pieuses, et distribuées dans les écoles —, c'est que cette transformation de l'espace représenté était lié à une mutation verbale. *Finnegans Wake* de Joyce, qui sort ces jours-ci en français et qui comporte sur la théologie des spéculations aussi enchevêtrées que remarquablement claires, ne sera pas plus efficace que ces *Violons préparés* de Picasso qui devraient pourtant être des signes de reconnaissance de notre civilisation. Je n'ai jamais vu accroché dans les bureaux, dans les secrétariats ou ailleurs, dans les gares, *Les Demoiselles d'Avignon* ou ces *Violons préparés* de Picasso. Mais que d'impressionnistes, que de Braque! Il faudrait que le régime éclairé sous lequel nous vivons se préoccupe de la question; ce sera plus important que de célébrer Gambetta.

Joyce et Picasso sont donc absolument contemporains de ce point de vue du corps qui ne donne pas naissance à la voix. Mon corps n'est pour rien d'essentiel dans ce que je vous dis, mais ma résistance nerveuse, ma fureur physique, la santé de mes cellules, mon obstination musculaire, l'allégement de ma circulation viennent de ma voix. Je le sens, je le dis. Un fou, c'est quelqu'un qui en a la perception sans certitude. Ou, cela revient au même, avec une trop grande certitude. Lisez les Mémoires du président Schreber et vous verrez qu'il aurait bien voulu devenir LA femme réengendrant l'humanité. Ce qu'on appelle la folie n'arrête pas de parler de ce dont je parle, mais d'en parler sous la forme de la souffrance. D'où un méli-mélo, une confusion générale entre psychose et mystique parce qu'on n'étudie pas assez la psychiatrie. Il faut relire Kraepelin et les admirables descriptions qu'il faisait de ses malades. Il y a là un vocabulaire merveilleux — comme dans les descriptions de Charcot qui vont tellement impressionner Freud — où l'on saisit bien que tout ce que j'ai dit jusqu'à maintenant sous une forme raisonnable affecte au maximum ces corps de la vérité que sont les psychotiques. Par conséquent, de quoi un conformiste a-t-il peur exactement quand il est confronté à ces hautes élaborations esthético-théologiques ? DE DEVENIR FOU. C'est ce qui le fait reculer les lèvres pincées devant ce qui s'ouvre à lui comme abîme de la folie qui l'habite. C'est-à-dire de l'enfer qui l'habite. Car qu'est-ce qu'un/qu'une conformiste ? De l'enfer inconscient. C'est quelqu'un/quelqu'une qui n'ose pas s'avouer que son désir, c'est l'enfer. C'est pour cela qu'un/qu'une conformiste fonctionne dans la malveillance permanente, la calomnie généralisée sans se rendre compte qu'elles sont la cause de sa jouissance. Inconscient, le/la conformiste est tout simplement un corps qui ne sait pas, et n'a probablement

## Le trou de la Vierge 933

aucune chance de savoir que son mouvement n'est rien d'autre que de la nécrophilie vivante, un attachement à une sorte de spectralité. C'est un corps du sigle, non du nom. L'époque dans laquelle nous sommes manifeste cela avec beaucoup de violence. Il y a les gens du sigle et les gens du nom. Il y a les gens de l'attachement à l'image de plus en plus délavée d'Aphrodite, et les gens du nom. C'est un événement dans l'histoire humaine qu'il y ait d'un côté ceux qui s'accrochent au nom, et de l'autre, l'immense majorité, ceux qui y résistent par tous les moyens. Transposition immédiate à l'histoire contemporaine : cette lutte à mort entre le sigle et le nom se passe tous les jours. Si mon nom était légion, si j'étais un légionnaire du sigle, je ne pourrais pas vérifier concrètement que ma voix transforme mon physique. La seule façon de le vérifier expérimentalement est donc d'être de plus en plus singulier par rapport au nom. Tout ce que je dis est très concret. Il s'agit d'une histoire de peau, et c'est la seule chose qui m'intéresse. Le psychique me fatigue, m'ennuie. En revanche, le physique est le langage même du langage. Je ne me déplace plus que par des affinités physiques. Physique, physique, tout physique, tout ça c'est de la physique. Toutes nos erreurs de morale, disait déjà l'autre, sont des erreurs de physique. Physique, physique. Verbal, physique, physique. Tout physique.

Réponse vidéo à une question de Jacques Henric à propos de *L'Origine du monde* de Courbet, en 1983. Transcription de France David.

## *Le retard érotique*

ROGER BORDERIE : *Dans une enquête effectuée par les éditions Zulma auprès d'une soixantaine d'écrivains (Qu'est-ce que la littérature érotique ?), vous répondiez : « La littérature érotique, ou qui se prétend telle, est une charlatanerie comme une autre. Idem pour la littérature dite de "science-fiction" ou "policière", sans parler de la "prolétarienne" de jadis. Chaque fois qu'on ajoute un adjectif au terme de littérature (ou d'art) on avoue par là qu'on veut en réduire le sens et la liberté. » C'est vrai. Cependant, on constate qu'il y a toute une partie de la bibliothèque, un petit continent dans l'univers des livres, où l'on trouve des écrits dont le commun dénominateur est d'être consacrés uniquement à la description de scènes sexuelles, qu'il s'agisse de chefs-d'œuvre tels que les livres de Sade, ou au contraire de productions industrielles et vulgaires. Ce que je vous propose, c'est que nous nous promenions dans cette partie de la bibliothèque en examinant ce qu'elle représente et quel peut être son avenir...*

PHILIPPE SOLLERS : S'agissant de la forme écrite, il y a effectivement dans la bibliothèque un continent tout à fait identifiable dont les éléments ont été rassemblés dès l'An-

*Le retard érotique* 935

tiquité grecque et latine, sans oublier bien entendu le Japon et surtout la Chine. Après quoi il y a eu une longue éclipse et il faudra attendre la Renaissance pour retrouver quelque chose d'équivalent dont l'âge d'or sera bien évidemment le XVIIIe siècle français. Or nous constatons aujourd'hui une exténuation de cette forme verbale, écrite, une perte de l'énergie jusque-là dépensée dans le langage écrit et parlé. Cette exténuation est un phénomène relativement récent que je daterai d'une vingtaine ou d'une trentaine d'années.

Par exemple, j'ouvre au hasard la revue que vous venez de m'apporter [le numéro 5 du *Magasin érotique*] : immédiatement mon œil est attiré par les photographies et les dessins. Je me demande si le texte qui se trouve en regard des illustrations présente le même caractère d'immédiateté, d'irréductibilité que ces images imposent. Je fais l'expérience qui consiste à ouvrir le livre au hasard et à lire : « Elle ressentit l'effet d'une secousse électrique. Quoi, tandis qu'elle se privait de ses plaisirs, cette compagne, qui lui devait sa science du bien et du mal, se faufilait et s'adressait aux grandes ! Elle ne pouvait douter. L'entente se révélait, et déjà ancienne. La grande écartait les cuisses, se couchait sur les reins, pesait des mains sur la tête d'Alexandra, et murmurait : "Encore un petit peu, je sens que ça vient, précipite, précipite..." » Etc., etc.

J'arrête là ma lecture — qui n'a rien de polémique — et je constate que ce texte appartient au domaine de la non-visualisation et que la visualisation qui est proposée en regard le tue. Cela s'inscrit dans une tentative désormais quasiment industrielle de tuer l'écrit par rapport à l'image, que celle-ci soit ou non érotique. Je crois que nous sommes vraiment à un tournant de la civilisation et que le texte écrit avec le projet d'exercer une fascination, un entraînement au désir, tend à disparaître au profit de l'image désormais totalement envahissante. Il est très important de se demander à quoi correspond cet envahissement par l'image. Il faut tenter d'analyser en quoi il vise à faire exister un texte qui ne soit pas à la hauteur de cette violence de l'image et de son immédiateté. Car la démarche n'est pas fortuite : il s'agit d'obtenir un effet. C'est une rhétorique. Ce qui est intéressant c'est de voir comment la pseudo-permissivité des images implique un refoulement d'un genre tout à fait nouveau et particulier.

Je regardais l'autre soir un film sur Canal +, excellente chaîne pour ce genre de divertissement nocturne. C'était un film dans le genre « scandinave », une succession de travaux pratiques pornographiques. Je n'ai pas regardé bien longtemps parce que c'est naturellement très vite ennuyeux, mais ce que j'ai eu le temps de voir de remarquable c'est que toutes les positions, tous les organes mis en évidence l'étaient dans un cadre idyllique, assez écologique. Il y avait de la verdure, tout baignait dans la chlorophylle. Les postures étaient parfois assez excentriques. Mais ce qui était frappant, c'était d'une part un sentiment de travail pénible effectué par les acteurs conviés à ce genre de performances, et d'autre part l'incroyable indigence des dialogues, des passages verbalisés. À voir un document comme celui-là, qui est l'aboutissement provisoire d'un processus, je suis amené à penser que depuis une quarantaine d'années on a complètement changé de régime quant au mode de refoulement et à celui de la représentation des choses liées à la physique du sexe exhibé. Désormais, ne peut plus fonctionner dans ce domaine que l'idée d'un travail rédempteur. Et c'est là le fruit d'une idéologie probablement beaucoup plus susceptible d'implanter un refoulement indélébile que la transgression supposée d'autrefois. Autrement dit (en faisant large) : on est passé d'une fin d'un

XIX$^e$ siècle pudibond, puritain, soupçonneux où *Les Fleurs du Mal* et *Madame Bovary* étaient des livres scandaleux et sulfureux parce que le sexe y était présent sous une forme attentatoire aux bonnes mœurs, à la religion, à la famille, à cette présentification des actes sexuels proposés sous une forme stéréotypée qui est celle de la marchandise.

Par conséquent, je crois que s'interroger sur ce qu'est la littérature érotique aujourd'hui c'est s'interroger, d'une façon beaucoup plus générale, sur la toute-puissance de l'image et la portion congrue qui est réservée à l'écrit. Comme chacun le sait, l'audimat analyse les émissions en termes de parts de marché et, si l'on passe un film pornographique à la télévision, je suppose que ce n'est pas un acte « gratuit ». Donc c'est une marchandise. Et je crois que le fait de pénaliser le discours écrit, verbal, est le résultat d'une intention tout à fait délibérée. Il faut que le texte soit stupide, primaire, élémentaire et que la verbalisation soit soumise à une sorte d'aphasie. Il faut que l'écrit soit réduit au rôle de simple faire-valoir de l'image. C'est pourquoi j'avais un jour proposé d'inverser cette stratégie et, soit de lire à la télévision un texte très austère et hautement philosophique (comme l'*Éthique* de Spinoza ou la *Phénoménologie de l'Esprit* de Hegel) en accompagnant cette lecture d'images pornographiques soigneusement choisies, soit, au contraire, de diffuser des images « innocentes » et de les accompagner d'une lecture intensive de textes de Sade ou de Bataille. Bien entendu, personne ne voudra jamais se livrer à cette expérience (qui pourtant serait des plus passionnantes) parce que l'ironie est moins admise que jamais. Dans le même ordre d'idées, j'avais suggéré, quand Sade a été publié dans la Bibliothèque de la Pléiade — sur papier *bible* —, devenant ainsi un classique, reconnu comme tel et par conséquent rendu inoffensif, d'aller en lire des passages au journal de 20 heures. Cette proposition m'a valu aussitôt des insultes, comme si je disais n'importe quoi.

*Il est probable que si vous aviez proposé d'aller lire des fragments de l'*Éthique *de Spinoza au journal de 20 heures, cela aurait déchaîné les mêmes insultes...*

Non, parce que ça aurait pu passer pour une proposition, certes maladroite, mais visant à conforter l'idée du bien. La censure n'aurait pas été du même ordre. On aurait admis que je veuille lire du Spinoza au citoyen français pour son bien. Tandis que ma proposition consistait à utiliser une littérature dite érotique dans le cadre d'une opposition aux apparences. Et par conséquent dans une opposition à la société puisque la société et l'apparence ça tend de plus en plus à devenir exactement la même chose.

C'est l'idée de Guy Debord. Qu'est-ce que la société du spectacle ? C'est une société dans laquelle tout ce qui est bon apparaît et dans laquelle tout ce qui apparaît est bon. Y compris la pornographie. C'est cela qui déroute ceux qui vivraient encore subjectivement dans un monde ancien où l'apparaître de l'acte sexuel — mimé ou même réalisé — constituait quelque chose de surprenant. Ça exproprie en quelque sorte tous ceux pour qui la représentation de l'acte sexuel constitue à chaque fois une stupeur, exhibe un problème qu'ils n'ont pas réglé avec eux-mêmes. On en revient à cette vieille histoire de scène primitive dont finalement on les dépossède. Une société qui s'empare ainsi de ce choc émotionnel du spectateur va très loin dans sa domination. Car, au lieu de se poser des questions sur ce qu'il aurait pu apercevoir accidentellement ou en regardant par le trou de la serrure, et de suivre son propre film du désir lié à une activité verbale (avec l'aide éventuelle de la psychanalyse

## Le retard érotique

pour ceux qui n'y parviennent pas par leurs propres moyens), il sera arraisonné par l'idée que le trouble fondamental qui l'habite est au fond un problème infantile qui peut être réglé techniquement par ce qu'on lui montre. Ce spectateur est pris au piège d'une mise en scène qui n'est plus celle de sa propre vie telle qu'il pourrait tenter de la formuler. C'est un spectacle où tout a été calculé pour que celui qui le regarde n'ait plus de questions à se poser. On va tout lui expliquer. Il était angoissé, maintenant il va savoir. Il va apprendre un tas de choses, y compris la signification de la fameuse représentation, qui a pu l'étonner — et à juste titre parce que c'est toujours très impressionnant d'assister à quelque chose qu'on ne comprend pas. Un enfant qui surprenait des adultes en train de se livrer à ces pénibles contorsions, autrefois, ne comprenait pas ce qu'ils étaient en train de faire puisque la théorie infantile du coït est toujours liée à une scène d'agression. Eh bien, on va lui proposer de comprendre qu'il ne s'agit pas du tout de transgression et qu'il n'y a rien de plus naturel, que tout cela est normal. La censure a donc changé de nature. Elle n'est plus inscrite dans une loi qui interdit mais dans une loi qui désormais prescrit.

Un historien futur pourra se demander pourquoi cette prescription a été quasiment contemporaine — paradoxe apparent — d'une épidémie telle qu'elle aura associé à l'idée de sexe l'idée de maladie mortelle. On nous montre à la télévision des scènes de terreur et de pathos organisé à propos du sida, le tout empreint d'une convivialité pleurante, émue, bouleversée, sur les confessions de tel ou tel malade. (Par exemple, cette jeune femme qui n'aura eu qu'un seul rapport sexuel avec un homme rencontré au hasard et qui depuis s'achemine vers la mort; et on verra une salle entière de la nomenklatura médiatique — toujours elle — montrer qu'elle éprouve des sentiments indubitables de grande émotion, de grande compassion.) Mais si l'on suit le programme toute la nuit on en viendra ensuite aux excès pornographiques suédois, réalisés peut-être sans même le port du préservatif, alors que durant toute la journée on a rappelé aux personnes qui viendraient à se livrer aux mêmes agitations qu'elles doivent absolument utiliser une protection. Ainsi, on a bien ce double mouvement : prescrire là où la loi interdisait ; interdire tout en prescrivant. Curieux manège !

Dans ces conditions l'érotisme va devenir un monde impossible à vivre, dans lequel le spectateur (ou la spectatrice) sera assailli par cette terreur qui est celle de la mort qui se transmet par la transfusion mécanique du sang ou par le rapport amoureux. On n'en est pas encore à la transmission mécanique de la mort à la suite de négligences concernant des stocks de sperme, mais ça ne devrait pas tarder à se faire, c'est en cours...

Il s'agit là d'un nouveau mode d'organisation sociale qu'on peut qualifier de planétaire — car ce serait exactement la même chose si nous étions au Japon, aux États-Unis, en Suède, en Espagne ou ailleurs. Vous allez peut-être me dire que cela ne pourrait pas encore se passer à Téhéran ou en Algérie, etc. Mais il faudrait croire alors que le resurgissement des intégrismes, des obscurantismes religieux va à l'encontre de cette technique d'assujettissement du spectacle. Or ce n'est certainement pas le cas. Il est beaucoup plus vraisemblable que ça va dans le même sens. Qu'il ne s'agit que de moyens différents pour arraisonner le spectateur, ou le terroriser, selon les régions et les régimes. C'est pourquoi il faut décidément repenser ces vieux concepts de censure, de transgression, de liberté, qui nous ont été légués par les siècles précédents et qui sont à mon avis en train de changer profondément de nature. Or il y a un retard certain de la réflexion sur ce qui est en train de se mettre en place techniquement.

*Mais cet écrasement des mots par l'image qui est particulièrement visible à propos de l'érotisme est valable pour tout discours.*

En effet. Je pense que l'essentiel est là, dans l'écrasement des mots sous le poids des images. J'étais en train de lire une biographie de Scott Fitzgerald. C'est très intéressant. Il est mort en 1940, il était obligé pour gagner sa vie de faire scénario sur scénario et parfois anonymement. C'est tout à fait extraordinaire de voir comment ces fictions étaient arrangées par Hollywood. Et les Américains se sont rendu compte beaucoup plus tôt que nous de ce qui était en train d'arriver, à savoir l'asservissement du mot à l'image.

Peu après la guerre, on a assisté à la formation de cloisonnements d'activités sexuelles jusque-là marginalisées et tout à coup légitimées. Par exemple, l'homosexualité. C'est la première fois que les sociétés légitiment cette pratique. Et comme par hasard elle est légitimée au moment même où elle est censée avoir été à l'origine d'une catastrophe biologique. Car tout ça marche ensemble. Il y a légitimation au moment où ça perd son sens de non-apparence sociale. Il n'y a pas seulement cinquante ans, s'affirmer homosexuel n'était pas spécialement bien vu. Mais dès lors que c'est légitimé, c'est en même temps pris en charge par la société, et les individus se trouvent très énergiquement expropriés de leur propre désir. Tout désir érotique est en réalité un désir de littérature. Ce qui s'exprime à travers le désir érotique, c'est que quelque chose doit se dire, et se dit de façon le plus souvent confuse, en tout cas en y mettant du corps, du fantasme. Mais si on examine ce qu'il en est de ce désir, on voit qu'il tend toujours vers au moins un peu de récit, vers un minimum d'élaboration intime, interne, et qui a trait au langage. Il est très important que les gens parlent à travers leurs gestes physiques, existent à travers un certain nombre de mots. C'est assez dire que la technique de prise en main des individus passera donc par l'interposition de l'image qui aboutit au langage le plus restreint possible. Il n'est pas question de laisser les gens se dire des choses bizarres. Dans les romans que j'écris je fais exactement le contraire. On y parle de façon de plus en plus élaborée et les scènes sexuelles ne sont là que pour susciter ce langage.

Évidemment, si l'acte sexuel apprenait quelque chose aux gens pendant qu'ils s'y livrent, ça se saurait depuis longtemps. Dans de bonnes périodes il y a en ville chaque jour des milliers de coïts et l'on ne voit pas que ça débouche sur la moindre connaissance. En revanche, le fait d'introduire la parole dans cette affaire comme l'ont fait nombre d'écrivains — à commencer par le plus obstiné d'entre eux : Sade —, ça a quand même eu des conséquences étranges. Donc un certain système de contrôle, j'allais dire : presque génétique, s'est donné les moyens d'empêcher plus que jamais ce discours en le rendant impossible dès son origine.

À partir de là la question est de savoir s'il y aura des systèmes nerveux assez forts pour se dégager de cette emprise. Sur quoi ou sur qui pourront-ils compter ? Certainement pas sur grand-chose ni personne d'autre que sur eux-mêmes, comme d'habitude. L'abolition de plus en plus intensive de la lecture n'est pas autre chose que l'abolition de la formation de l'érotisme.

C'est pour cela que je ne voulais pas parler de « littérature érotique ». Parce que la littérature est toujours par définition érotique et que l'érotisme sans littérature n'existe pas. L'érotisme correspond toujours à un désir de littérature, plus ou moins bien formulé. La phrase célèbre « La pornographie, c'est l'érotisme des autres » ne va pas au fond des choses et le fond des choses c'est que l'érotisme est toujours un désir d'aller plus loin dans l'accès au langage. Il n'y a pas d'exception à cette règle. Mais il y a aujourd'hui un clergé qui a profondément changé de nature, un clergé de la technique, qui sait désormais prévoir, anticiper et prévenir ce désir de littérature et se prémunir contre les possibilités de l'érotisme. D'où le fait qu'on va découper dans le spectacle — y compris dans les livres — de véritables casiers de stéréotypie dans lesquels on pourra ranger tout ça.

De toute façon, j'ai toujours été partisan d'aller voir chez les écrivains comment ils traitent la question. Certains la traitent par l'absence relative du thème érotique proprement dit (ce qui charge alors tout le contexte) ; d'autres l'abordent de front, à leurs risques et périls car ils peuvent alors se répéter d'une façon qui fait apparaître leurs limites. On peut aussi apprécier (mais on en a très rarement l'occasion) la considérable variété des situations et des contextes que l'écrivain sait inventer.

Les peintres sont peut-être moins menacés parce que la peinture utilise l'espace visuel sans pour autant être une image. La littérature est la première victime du stéréotype de l'image. Ce que chacun est amené à se représenter sous le coup d'une excitation verbale est rigoureusement privé. Ce n'est jamais la même chose pour deux personnes différentes. L'idée qu'on pourrait ensembliser les sexualités est une idée profondément tyrannique. C'est pour ça qu'ensembliser des marginalités en les désignant par une activité sexuelle donnée, par exemple l'homosexualité, suppose qu'on sait d'avance ce qu'est l'hétérosexualité. D'ailleurs ce n'est fait que pour ça : la prétendue hétérosexualité se trouve ensemblisée dès lors qu'on la prend comme une référence normative.

Il faut décidément considérer les écrivains de ce point de vue. Regardez Proust, il est très bizarre. Pas forcément à cause de ses débordements. Mais il est insidieux. Claude Simon, qui est un écrivain fort intéressant, lorsqu'il montre un coït c'est presque toujours le même. C'est une pénétration vue sous un certain angle et qui ressemble à un va-et-vient un petit peu ahanant. Et ça c'est très précis en art, très révélateur. Francis Bacon aussi est surprenant, beaucoup plus que Matisse. Mais ça ne veut pas dire que c'est parce qu'il est homosexuel. Ça veut dire tout simplement que c'est un peintre qui s'occupe de la charge de violence et de désir qu'il y a dans sa propre peinture. Ce n'est pas parce qu'on a telle ou telle sexualité qu'on devient tel ou tel artiste. Et c'est pourtant ce qu'on voudrait nous faire croire. Chaque sexualité — d'ailleurs présentée sous une forme stéréotypée à laquelle l'artiste devrait s'identifier — entraînerait tel type de création. Mais chacun doit trouver son érotisme et le langage de cet érotisme. C'est la même chose que d'avoir une âme pour peu que ce mot ait encore un sens. Quelqu'un d'érotique, c'est quelqu'un qui a une âme.

Voilà comment je vois la chose et je crois que de plus en plus on observera cette déperdition verbale et de l'énergie écrite. Il y aura une grande difficulté pour les individus à continuer d'avoir ces « conversations criminelles », comme disaient les Anglais à propos de l'adultère sous le règne de la reine Victoria. Ce qui va devenir de plus en plus interdit et choquant ce ne sera pas la proposition sexuelle stéréotypée parce que celle-ci est au contraire prescrite par la loi du marché, mais tout ce qui pourrait rentrer dans une discordance avec l'acte qu'on est en train de commettre et qui apparaîtrait comme une perturbation du sens social de cet acte. La perturbation intervient toujours par rapport à une apparence qui se donne comme loi. Quelle perturbation puis-je faire intervenir dans un film pornographique scandinave pour le rendre vraiment érotique ? Voilà la question.

Dans *Paradis*, j'ai utilisé de très nombreux textes pornographiques, mais pour les monter, les décaler, les accélérer, les mettre dans le vide. C'est un blasphème. Ou bien, dans *Portrait du Joueur*, je me suis arrangé pour que les propositions d'actes sexuels proviennent de propositions verbales. C'est-à-dire que c'est à partir d'un certain nombre de règles que tel acte sexuel sera réalisé ou non. Ça paraît inhumain. Parce qu'il est naturel que lorsque deux corps en bonne santé, jeunes de préférence, se rencontrent dans la chlorophylle, ils sautent l'un sur l'autre pour la plus grande gloire de cet animal merveilleux qu'est l'être humain, qui d'ailleurs dans ces conditions parle peu. Il rejoint une animalité confortable. Chez l'être humain l'enjeu même de l'affaire érotique, c'est qu'il parle. C'est ce qui le distingue des animaux, pas forcément dans ses activités sexuelles où il a pour habitude de grogner, de haleter, d'employer un certain nombre de mots quand même assez limités, ce dont les femmes se plaignent d'ailleurs. Et je les entends d'autant mieux que c'est précisément à méconnaître leur désir à elles que s'emploie la mise en spectacle du sexe. Elles sont toujours passivisées dans cette affaire. Elles aimeraient bien parler. Mais si les hommes grognent moins et que les femmes se mettent à parler, la société est en danger — par définition — car cela crée des liens clandestins, des signes de reconnaissance entre individus qui ont alors recours à des pratiques qui ne peuvent plus être socialisées ni collectivisées. C'est un peu comme la masturbation si elle est prise au sérieux par celui qui la pratique et qu'elle n'est plus seulement un geste usuel équivalant à la prise d'un somnifère. Il y a toujours élaboration de fantasme, verbalisation interne, c'est tout un petit cinéma que le cinéma et le spectacle ont pour fonction d'exproprier.

Dans *Le Cœur Absolu* qui est un livre qui a été très mal jugé, le scandale vient de la prolifération de scènes courtes, prolifération qui aurait été très bien acceptée s'il s'était agi de scènes homosexuelles mais qui est très mal supportée dès lors que je montre un homme avec des femmes. J'établis un catalogue («le Carnet rouge») et ça pose la question du temps qu'impliquent le nombre et la variété des situations. Ce n'est pas le même acte si ce sont des relations entre femmes ou des relations entre hommes parce que ces dernières sont beaucoup plus calculables, mesurables. Multiplier les circonstances c'est une façon de se constituer un temps spécifique. Car l'érotisme (et ce désir de littérature qu'il est), c'est un certain rapport au temps. Ce qui est mis en question c'est l'intensité du rapport au temps et cette intensité se mesure par la parole. Et c'est à ce stade de la parole qu'il faut innover. Il n'y a pas de raison de répéter le XVIII$^e$ siècle, ni même Sade, ni Bataille, ni d'autres. Il n'y a plus de raison désormais d'écrire par rapport à un obstacle qu'on renverserait par un surcroît de violence, ou de crime, ou de blasphème. Bataille déclare : «C'est en crachant sur ses propres limites que le plus misérable jouit. » Ce n'est pas faux. Mais enfin nous sommes là dans la rhétorique de la limite, de la révolte, de la subversion — qui aujourd'hui sont elles-mêmes prévues au programme du spectacle. Ce n'est plus de notre temps. Il y a

*Le retard érotique* 947

des choses nouvelles à dire qu'on peut explorer à l'aide de ce nouveau rapport au temps, très subtil, très caché, qu'introduit l'érotisme. Et comme par hasard c'est par la littérature qu'on va en apprendre le plus. Parce qu'il faut que ça se formule, que cela soit dit, que cela s'écrive. Donc l'interdit majeur va porter maintenant sur la formulation possible d'un nouveau rapport de l'être humain au temps. Il ne faut pas qu'il découvre cet accès au temps. Je ne parle pas du tout d'une sorte d'âge d'or ni d'une éternité mystique auxquels l'homme pourrait accéder. Je parle d'un rapport très singulier, qui anime forcément tout individu — homme ou femme — requis par l'érotisme au sujet du temps. Ce sont en somme des spécialistes — malgré eux parfois — du temps. Ce sont aussi des techniciens du double langage, c'est-à-dire que tout ce qui est social et qui apparaît comme bon ne va pas leur sembler forcément merveilleux. Ils vont donc prendre la société pour ce qu'elle est, c'est-à-dire un mensonge permanent. Et comment faire pour vivre dans ces interstices sans y disparaître complètement ? Là encore, je crois que les femmes ont les meilleures dispositions dans ce domaine. Mais elles sont prises en main par la cléricature qui est supposée s'occuper d'elles, cléricature qui va du médecin et de la suggestion gynécologique jusqu'au clergé féministe qui est censé représenter leurs intérêts. C'est une grande question qui est désormais ouverte à ce sujet. On peut relire *Femmes* et on y trouvera beaucoup d'indications concernant les revendications libertaires des femmes et le retournement dont ces revendications ont fait l'objet. Il y a eu une répression dont les femmes ont été en quelque sorte coresponsables (de même que le prolétariat a souvent travaillé à sa propre répression). Mais laissons de côté les phénomènes qui nous paraissent extravagants, comme l'Islam, le tchador, laissons la religion de côté, pour une fois, et supposons que ce n'est pas de ça qu'il s'agit (parce que ce qui fait aussi partie de la propagande du spectacle, c'est d'attirer l'attention sur ces résidus fanatiques qui risqueraient de nous entraîner en arrière par rapport à un merveilleux futur, démocratique et technique). On va voir comment le continent « femme » va être lui aussi arraisonné. Pas seulement ce corps dont on connaît les faiblesses, son doute de soi, ces soins de beauté, ces dépenses continuelles qu'il faut faire pour se replaire ne serait-ce qu'un instant dans un miroir. On sait très bien implanter durablement cette espèce de consommation frénétique de réassurance d'image, précisément. Mais ce n'est pas seulement ça. Ça c'est presque encore le bon vieux temps, la toilette, la couture. Non, ce qu'on va faire va consister à les compromettre plus matriciellement si je puis dire, en les accrochant à une merveille qui est le désir d'enfant, interminable — et là on touche à quelque chose qui est tout à fait important. Elles auront donc des enfants à soixante-dix ans, elles accoucheront d'enfants de leurs filles, et ainsi de suite. On ne peut pas dire que tout ça va dans le sens de l'émergence érotique des femmes. Vous me direz : elles n'ont jamais été prévues au programme de l'éroticité. Si, et c'est précisément quand il y a une prolifération de la littérature érotique qu'on trouve le plus de femmes émancipées, comme par hasard. C'est vrai dans l'Antiquité, c'est vrai au XVIII$^e$ siècle et c'est vrai encore au cours de quelques périodes un peu fastes du XX$^e$. C'était très vrai en 1968 qui a été un très grand mouvement de possibilités de libération à ce sujet. D'ailleurs, tous les romans que j'écris viennent de ce qui a été une vraie révolution et non pas seulement, comme on l'a dit, une révolution avortée. C'est d'ailleurs parce qu'elle a été une vraie révolution qu'il faut la cacher à tout prix. Cette histoire de rapport au temps, ce basculement en dehors du romantisme disons, dont on trouve des traces au XVIIIe siècle, précisément. Dans ces livres la scène sexuelle est ce qui vient en premier plan mais, si on lit bien *Point de lendemain* de Vivant Denon, on sent que ce rapport au temps est tout à fait capital dans l'économie du récit et dans l'économie de la jouissance et que (voir *Les Liaisons dangereuses*) il y a des femmes qui ne sont pas n'importe lesquelles, je veux dire que si les auteurs de ces livres les ont rencontrées c'est qu'elles devaient exister. En tout cas elles ont existé pour eux et c'est déjà beaucoup !

Aujourd'hui le continent féminin subit une pression comme jamais sauf peut-être si l'on revient à ce moment où la civilisation occidentale était dominée par la religion. Mais c'est pareil. L'histoire de la dévote qu'il serait intéressant de séduire en racontant cette performance à une amie libertine : on ne peut plus écrire ça. En revanche, vous devez, si vous êtes un écrivain de ce temps-ci — parce qu'un écrivain qui n'est pas de son temps ça veut dire qu'il n'est pas propriétaire de son temps à lui —, vous devez vous opposer à votre époque. C'est ça un écrivain : quelqu'un qui définit un autre temps que celui qui a cours. *À la recherche du temps perdu*, c'est ça. Il faut que l'auteur s'oppose ou dénonce quelque chose qui se trame dans les coulisses du temps. Je vais donc vous demander sur quel terrain vous allez opérer aujourd'hui : où est la dévotion ? où est la crédulité ? où est l'obscurantisme ? Si vous voulez absolument vous opposer à la dévotion d'autrefois, vous allez vous tromper. Vous ne ferez pas un acte de libertinage. Vous ferez un acte de commémoration de l'érotisme. Un musée de l'érotisme peut très bien s'intégrer au spectacle. Au contraire, il faut introduire cette nouvelle dimension du temps dans la société d'aujourd'hui et c'est ce que je crois faire dans mes romans.

Le Magasin érotique *est évidemment, au sens où vous l'entendez, une revue de commémoration, pour la plus grande part de son contenu, mais nous avons quelques projets destinés à l'affronter à notre époque !*

Il le faudrait ! Il faudrait que ça devienne dangereux. Attention, je ne vous suggère pas d'aller opérer devant un commissariat de police. Dangereux, ça ne veut pas dire exhibitionniste. Mais la littérature et l'érotisme tel que je l'ai défini comme un désir de littérature doivent avoir des effets sociaux contagieux. Ils doivent tendre à la désagrégation du mensonge social qui se manifeste notamment par des commémorations de l'érotisme, par la mise en bêtise verbale au profit de l'image pornographique et par la réduction de la littérature à des genres stéréotypés.

Par exemple, je publie ce livre qui s'intitule *La Guerre du Goût*. Ce que je vais vous raconter n'est qu'une anecdote mais elle peint, comme dit Saint-Simon, bien des choses... Dans ce livre, j'écris sur Titien, Sade, Joyce, Genet ; il n'y a qu'à voir la table des matières, c'est un travail de sept ans. Je suis invité à la télévision dans une émission littéraire. Dans quel contexte ? Dans celui de la littérature érotique. Je me retrouve assis aux côtés de Jean-Jacques Pauvert, d'Alina Reyes... Je n'y vois aucun inconvénient, ce sont des gens tout à fait estimables, que je connais bien, que je soutiens quand il le faut. Mais ma présence ici a quelque chose d'étrange. On m'a convié à une commémoration, précisément. La littérature érotique. Bon. Voilà : interview de Dominique Aury qui raconte qu'elle a attendu la mort de ses parents pour reconnaître la paternité d'*Histoire d'O*, Pauvert évoque ses cinquante années d'édition... on règle tout ça, c'est parfait, c'est charmant. Mais quoi! la guerre est finie, non? On fait de l'érotisme, bon d'accord...

Je n'ai pas eu le temps de parler, il n'a pratiquement pas été question de mon livre. Si j'avais eu le temps de parler, j'aurais dit tout ce que je viens de vous dire, mais je l'aurais dit à la télévision, ce qui aurait été plus gênant. Parce que j'aurais parlé de la télévision et de son rôle dans cette affaire. Ce qui précisément n'est pas permis à la télévision. Pourquoi, dans le cadre d'une émission sur la littérature érotique, mettre ce livre qui comporte en effet quelques déclarations virulentes sur l'érotisme puisqu'il y est question de Sade, de Laclos, mais aussi de beaucoup d'autres choses? Or l'érotisme est indissociable de toutes les autres activités de l'existence. C'en est la poésie.

Tout à l'heure j'ai employé le mot âme. Il y a un très grand livre sur Sade, c'est celui de Gilbert Lely, dont je peux dire qu'il fut mon ami. Et ce livre est magnifique, précisément parce qu'il montre la vastitude du sujet.

*C'est que Lely est un écrivain, au plein sens du terme.*

Oui, justement, c'est à ce niveau-là que tout se joue. Et c'est cela qui est menacé. Et dans ce processus menaçant, la télévision n'intervient qu'assez tardivement. Elle n'est que la manifestation de la puissance de toute une société réglée par le spectacle. Là il faut quand même essayer de préciser les dates.

Le premier à l'avoir montré, en 1967, vient de se tuer, c'est Guy Debord. La télévision n'est qu'un instrument. Il faut aller au fond des choses et savoir ce que c'est qu'une société planétaire dans laquelle tout, peu à peu, se fait image. Et puis intervient, à un moment donné, un réglage technique particulièrement virulent qui s'appelle la télévision. Ce n'est pas par hasard, je suppose, que Debord, avant de disparaître, a fait un film pour la télévision. Il passe sur Canal + le 9 janvier, et je suppose que le lendemain il y aura un film pornographique, et ainsi de suite... C'est la grande innovation du spectacle : rendre étanche la séparation entre les sujets. Éviter toute contamination. Enfermer l'écrivain ou l'artiste dans un rôle. Tiens ! Vous, c'est l'érotisme ! Très bien ! Asseyez-vous là... Immédiatement la vraie réaction érotique serait de sortir pour faire autre chose avec quelqu'un qui ne se prétend pas érotique !

*Si la télévision n'intervient qu'assez tardivement dans ce processus dont vous parlez, on ne peut plus faire remonter ses origines à une vingtaine ou une trentaine d'années, mais plutôt à près d'un demi-siècle...*

C'est qu'avant d'atteindre ses dimensions planétaires, ce processus s'est d'abord précisé aux États-Unis. Je reviens à cette biographie de Fitzgerald. À la lire, on comprend très bien à quoi ont été confrontés les écrivains américains, beaucoup plus tôt que dans ces vieux pays comme la France. Ils ont été confrontés à une violence très précoce et très particulière. Ce n'est pas seulement l'histoire de la folie (de Zelda). Mais c'est Hollywood. Et si vous mettez l'argent, l'alcool (ou la drogue), la folie qui menace et peut être employée comme une arme contre celui qui écrit (sa propre folie ou la folie de l'autre à son endroit) et que vous ajoutez à tout cela l'irréalisation de tout par le cinéma où règne précisément l'asservissement systématique des écrivains, eh bien, les dates se précisent : ça commence à se mettre en place dans les années trente. Vous voyez très bien se dessiner à cette époque une société différente. On parle aujourd'hui du cinéma américain comme d'un produit culturel despotique. Mais voyez déjà Fitzgerald : il note qu'il veut faire un scénario qui s'appelle «Infidélité». Mais il ne peut pas, car plus on s'approche de la guerre et plus il est interdit de parler d'infidélité conjugale, ou alors il faut que ça finisse bien. Voyez l'exemple de *Liaison fatale*, avec cette fille que j'adore et qui s'appelle Glenn Close. Dans le scénario original elle se suicidait et puis le couple rentrait chez lui, rassuré. Mais ça n'a pas suffi, il a fallu qu'elle meure abattue à coups de revolver et plutôt dix fois qu'une ! Ça c'est une démarche qui était déjà présente dans les années 1935-1940. Ça vient de là. J'ai dit trente ans pour donner la date à laquelle on a atteint le point de non-retour de puissance de ce système.

Et maintenant c'est parfaitement verrouillé. Depuis trente ans on ne peut pas dire qu'on croule sous la littérature érotique. La dernière affaire, en gros, c'est Guyotat. Je veux dire : le livre sulfureux, celui qui fait la 17$^e$ chambre... Nous sommes alors dans les années soixante-dix. Depuis, il y a peut-être eu des petites choses, mais sans grand intérêt, je ne donnerai pas d'exemples : il ne faut jamais dire de mal des écrivains !

Aujourd'hui il y a visiblement une crise intériorisée, confuse, terrifiée, muette, provoquée par la toute-puissance de cette machine à remplacer les mots par des images. Or les images, même les plus violentes, sont toujours pieuses. C'est un fait.

*Le Magasin érotique*, 1994.

## *L'athéisme existe-t-il ?*

*Les religions sont le produit du doute.*

Lautréamont

OLIVIER RENAULT : *Je constate la chose suivante : il existe un silence certain sur l'athéisme. On voit, toutes les semaines, tous les jours, des magazines, des journaux, des émissions de télé qui se préoccupent au plus haut point des phénomènes religieux : sectes, intégrismes divers, spiritualités diffuses en tout genre, occultismes, problèmes de la foi aujourd'hui, etc. Bref, tout ce grand bazar du* désir effréné de croire. *Que peut-on, à votre avis, entendre dans ce silence ?*

PHILIPPE SOLLERS : Il est fort possible que le bavardage, car c'est de cela qu'il s'agit, à propos du religieux, de la croyance, de la spiritualité, etc., soit un *effet* de l'athéisme. Ce silence pourrait vouloir dire qu'il n'a rien à dire. C'est une hypothèse... que je crois fondée. L'athéisme se trouva fort dépourvu, quand son aphasie fut venue. L'athée se tait. Mais il se tait parce que, en quelque sorte, il aurait été l'ob-

## L'athéisme existe-t-il ?

jet d'une lésion profonde. À supposer qu'il existe, l'athée. Supposons-le existant. D'abord, il faudrait qu'il le prouve. Et que, par exemple, il soit placé devant l'hypothèse du « a » privatif,... comment la négation opère en lui, de quoi s'agit-il... À part la crise, « sadienne », que vous évoquez beaucoup plus loin, sur laquelle on peut discuter, je ne pense pas que l'on ait jamais vu, y compris d'ailleurs chez Freud, de *preuves* d'athéisme convaincantes. Sartre disait que c'était un très long travail. Mais enfin comme ses dernières confidences portaient sur le fait qu'après tout les hommes avaient la même mère et que comme ça ils étaient tous frères, on ne voit pas très bien en quoi l'athéisme aurait été poussé par lui jusqu'au bout. Bref, *de l'athée*, à supposer qu'il existe, il n'y a jamais eu de preuve vraiment convaincante. Supposons-le donc existant : ce serait donc cet humanoïde qui serait atteint d'une profonde lésion. Il n'aurait rien à dire. Il ne pourrait pas parler. À sa place, la nature ayant horreur du vide, et l'information aussi, le bavardage se développerait dans toutes les directions. Ce qui ne veut pas dire du tout que le bavardage croit à ce qu'il diffuse. Ça peut être un effet, comme je crois que ça l'est d'ailleurs, de la décomposition du théisme antérieur. Cette décomposition laisse place à un déraisonnement par la marchandise du phénomène dit religieux. Donc, contrairement à ceux qui parlent de retour du religieux, ou de renflouement de la machine religieuse, je crois qu'au contraire nous assistons à sa décomposition de plus en plus accélérée, avec évidemment des effets sanglants dans certaines régions. C'est ce que vous avez sous les yeux. Phénomènes sanglants, phénomènes d'utilisation, d'*usure* des sujets qui peuvent les amener à transiter par le suicide collectif, ou autre, vers un Sirius d'opérette. C'est de *l'impossibilité* de l'athéisme que vient la décomposition du religieux comme tel. Par conséquent, il y a lieu de penser que la question se pose autrement qu'entre théisme et athéisme, et qu'il faut se décaler par rapport à ce couple, dont au moins l'un des deux n'a jamais fait entendre que des approximations. Si vous préférez, l'athéisme ce serait un silence pur et simple. Car c'est dans le dire lui-même que l'hypothèse dite Dieu se maintient. Cette phrase n'est pas de moi, mais de Lacan. Lequel vous met Dieu dans l'inconscient. Que serait la position qui ne serait ni théisme, ni athéisme, et encore moins indifférentisme ? Ça, c'est une proposition de Heidegger. Le silence sur l'athéisme est le silence de l'athéisme lui-même. Le silence dans les rêves, à supposer que nous soyons dans une grande spectacularisation des rêves, le silence représente la mort. Quelque chose est mort, la même chose bavarde sur l'autre scène. Votre question, donc, est celle de « Dieu est mort ». Je vous renvoie par conséquent à la relecture attentive, dans *Chemins qui ne mènent nulle part*, de Heidegger, du « Mot de Nietzsche "Dieu est mort" ». Texte qu'on peut travailler, et retravailler, pour essayer d'avancer un petit peu en dehors des catégories de la métaphysique, en essayant d'interroger ce que le nihilisme propose à partir de là. J'y reviendrai.

CHRISTIANE LEMIRE : *Je suis sensible à vos propos récurrents sur la misère sexuelle. Vous affirmez, par exemple, que les religions « sont construites sur quelque chose de fort solide qui est [...] que 90 % des humains sont en mauvais termes avec le sexe » et que la « métaphysique tout entière se formalise autour de cette butée ». En quoi le véritable athéisme est-il nécessairement une connaissance approfondie du sexe, une expérience physique dans le temps et dans quelle mesure serait-il accordé à la phrase, simple, belle et énigmatique de Rimbaud qui clôt* Une saison en enfer : « — *et il me sera loisible de posséder la vérité dans une âme et dans un corps* » ? En résumé, quelles sont les rapports entre athéisme, sexualité et liberté dans le temps ?

Ph. S. : « Dans une âme et un corps » ou « Dans une âme et dans un corps » ?

C. L. : « *Dans une âme et un corps* », oui...

Ph. S. : Oui... Attention... Le mot principal de la phrase est « loisible »... Très joli mot français. Peu employé...

O. R. : *À part les « loisirs » aujourd'hui...*

C. L. : *Disposer de son temps...*

(Vérification de la phrase de Rimbaud.)

Ph. S. : C'est ça ?

C. L. : *Oui, tout à fait.*

Ph. S. : Bon là, on reviendra tout à l'heure à ce que j'annonçais dans la fin de ma première réponse, qui va être le fil conducteur de ce que je vous répondrai aujourd'hui. Bien entendu, il ne vous a pas échappé que la question sexuelle pouvait répondre de 99,9 % des implications dites religieuses telles qu'elles ont été vécues à travers le temps. Je maintiens cette statistique — de même que j'ai tendance de plus en plus à insister beaucoup sur les dates, avec beaucoup de précision, *Le Cœur Absolu* en est un exemple (les dates privées, les dates de l'Histoire, la façon de dater me paraît extrêmement importante), de même je maintiens qu'un point de vue statistique est nécessaire sur ces questions. Alors, s'agissant des dates, l'exemple que j'aime beaucoup c'est celui que je cite dans mon *Picasso*. Picasso avait la manie de dater de façon très précise ses tableaux, parfois dans la même journée, pourquoi pas l'heure aussi à laquelle il a été peint, et cela a provoqué chez son secrétaire Sabartès une assimilation avec ses histoires de femmes. Picasso avait quand même une façon de naviguer beaucoup à travers les corps féminins, et pas seulement les modèles, comme vous le savez, et puis de dater ses tableaux parce qu'il prétendait qu'un jour une science viendrait où on ferait l'analyse de ce que vraiment ça veut dire de changer de figuration, de représentation plusieurs fois dans la journée ou la nuit, en mettant son corps de la partie, bien entendu, et pas seulement le sien. Les tableaux étaient les *horloges* d'un temps nouveau. Sabartès a donc eu une réaction d'énervement en disant finalement ce qui importe ce sont les tableaux, et non les femmes ou les dates. Mais moi je suis de l'avis de Picasso. Je crois que c'est important. Ne serait-ce d'ailleurs que pour établir un repérage de la différence sexuelle, puisque la façon de dater chez un homme ou chez une femme n'a rigoureusement rien à voir. Ou très peu de choses à voir. Pour des raisons que je ne vais pas avoir la grossièreté de vous établir plus avant. C'est donc avec le temps qu'on est immédiatement en rapport, et quand on parle de sexualité, il faut parler du temps. Et ne pas faire comme si c'était une fonction stable. Stable elle l'est, mais pas comme on se la représente d'habitude. Alors deuxième point, c'est la statistique. Je maintiens que, en effet, oui, 90 % — c'est même optimiste — des humains sont en mauvais termes avec le sexe, en précisant que sur ces 90 % on pourra mettre disons... pour des raisons qui sont évaluables, mais enfin disons 7 ou 8 % d'hommes et 2 % de femmes. À peu près... Ce qui déjà fait que la question ne doit pas être ensemblisée. Que la religion se soit occupée de ça, ce n'est pas la peine de le démontrer, c'est lié à une certaine histoire très longue, de la reproduction biologique en tant qu'il faut la faire transiter par du symbolique. Mais enfin nous ne sommes plus dans la même tranche du Temps. Je crois être le seul à insister beaucoup, dans mes livres, sur l'époque dans laquelle nous sommes

*L'athéisme existe-t-il ?*

entrés depuis déjà longtemps, qui est une biologisation de l'espèce humaine. Vous me demandez si «le véritable athéisme est une connaissance approfondie du sexe» : on pourrait l'espérer ! Mais tout dépend de ce que vous entendez par «connaissance approfondie du sexe»... L'«expérience physique dans le temps», dites-vous très justement... Encore une fois, ça va dépendre du langage qui s'y profile. Tout le monde a affaire, paraît-il, à la sexualité. Si ça produisait un effet de connaissance, ça se saurait. Ce sont plutôt des effets d'oubli, de censure, de contre-investissement, de honte, etc. On est passé, en à peine un siècle, de l'idée que le sexe serait une proposition du diable, au fait que ce serait la panacée démocratique universelle. Ce déplacement devrait attirer notre attention. La connaissance, il faut la prouver par un dire. Je passe mon temps à raconter des situations, à mettre en scène des personnages, qui ont une grande distance par rapport à la croyance sexuelle. Nous avons de mauvais rapports avec la langue car nous avons de mauvais rapports avec l'être, dit Heidegger. Et nous avons de mauvais rapports avec le sexe car nous avons de mauvais rapports avec le discours. Ce dont la psychanalyse tout entière est sortie. Il fallait le constater un jour ou l'autre. Donc, c'est un athée de la sexualité qu'il faudrait rencontrer pour lui poser la question. Vous ne le trouverez pas dans l'espace religieux, par définition, mais vous ne le trouverez pas non plus dans ce qui se représentera comme athéisme courant. Au contraire, vous pourrez vérifier à chaque instant, que ce qui subsiste de non-athée chez un athée, c'est précisément qu'il croit à la toute-puissance du sexe, ou de ce qui tourne autour. Ce qui est fâcheux, puisque, là, on peut vérifier que tout athée qu'il se dise, l'athée, c'est en fait quelqu'un qui est prisonnier de la subjectivité absolue, achèvement de la métaphysique. Il s'agit simplement de proclamations subjectives. Comme telles, elles sont bourrées de psychologie, quelle que soit la pratique sexuelle, et je dirai même, puisque vous faites allusion à Rimbaud, que c'est ce qu'il y a de plus difficile à comprendre chez Rimbaud. À savoir non pas qu'il se serait « opéré vivant de la poésie », comme dit Mallarmé, de façon très intéressée à le dire, mais qu'il se serait très certainement opéré, si on peut dire, de la subjectivité. Ce qui entraîne le fait qu'on peut comprendre à ce moment-là assez clairement la raison pour laquelle il n'éprouve plus le besoin de communiquer autrement que par des banalités d'usage. Mais ce qui ne veut dire nullement que la poésie, et la pensée qui s'ensuit, ne reste pas parfaitement vivante en lui jusqu'à la fin, et c'est pour cela que, quant à moi, je prends très au sérieux le témoignage d'Isabelle Rimbaud, c'est-à-dire la façon qu'il avait de parler sous morphine. Rimbaud, comme Ducasse au fond, et cela n'a pas lieu par hasard à un moment précis, continue à éblouir, au sens vraiment de l'aveuglement, tout le monde. Par cette désubjectivation. Et par conséquent, par ce détachement de l'investissement sexuel. Ce qui ne veut pas dire qu'il faut se précipiter sur Dieu (Claudel). Ce qui ne veut pas dire non plus qu'il faut en faire un révolutionnaire social (les surréalistes). Et là, je crains que l'impasse ne dure très longtemps, tout simplement parce qu'on ne veut pas lire. Rimbaud était très désirable. Il le reste encore. Rien n'est plus blasphématoire que le désirable qui se moque de l'être. Tout en sachant de quoi il retourne. C'est anthropologiquement déstabilisant. Et ça choque toutes les subjectivités qui, ayant horreur du vide, remplissent automatiquement cette place de leurs projections et identifications. Autrement dit, puisque l'expérience, en l'occurrence, a été surtout homosexuelle, il y a lieu de dire que rien n'est plus difficile que de lever le poids métaphysique de ce qui constitue, comme telle, l'homosexualité dans l'histoire de l'être humain. Quels que soient les déguisements dont ladite homosexualité s'habille. Le fond de la question est là. Ou alors, il faut *paradire*, prouver, qu'on a fait un pas en dehors de la subjectivité qui, comme telle, est encore une fois, homosexuelle. Prenez votre bougie et cherchez. Et dites-moi si vous trouvez.

10 % dis-je, mais c'est beaucoup trop dire ! Enfin, c'est pour faire image, hein, voilà. Encore une fois ce n'est pas un propos polémique, c'est une définition stricte...

O. R. : *Georges Bataille commence sa* Somme athéologique *par une « critique de la servitude dogmatique », dans laquelle il pose, ce qui me semble assez nouveau, que « L'Expérience intérieure répond à la nécessité où je suis — l'existence humaine avec moi — de mettre tout en cause (en question) sans repos admissible. Cette nécessité jouait malgré les croyances religieuses, mais elle a des conséquences d'autant plus entières qu'on n'a pas ces croyances ». (Dans son cas, il pourrait dire « qu'on n'a plus ces croyances ».) À votre avis, est-ce que seul un athée peut devenir « roi et pape de soi-même », selon cette formule du* Cœur Absolu, *c'est-à-dire souverain ?*

Ph. S. : Alors, d'abord, « roi et pape de soi-même » il faut référer ça à Dante...

O. R. : *C'est Dante, le feu purgatif...*

Ph. S. : Bien sûr. Mais prenons la question de la souveraineté au sens bataillien. Là encore, si *de l'athée* (rires) il y a, il faudrait que se produise en lui un dépassement de l'esprit de vengeance. Lequel est, comme dit Nietzsche, un ressentiment de la volonté contre le temps et son « il était ».

Nier Dieu serait probant, si on ne sentait pas que l'objet nié l'est par ressentiment ou vengeance. Il faudrait donc que ledit athée soit parvenu à une pleine et entière appropriation de toute la «théicité», si je puis dire. Sans quoi, à chaque instant, on pourra constater qu'il y a une fuite dans le système et qui ne tient qu'à une position de subjectivation. Faites entrer un athée et qu'il réponde calmement, en termes d'appropriation et de dépassement, par conséquent, de la métaphysique dans son ensemble, y compris de la théologie. À cette condition, on pourrait formuler enfin la question de l'athéisme, mais le mot lui-même ne conviendrait plus. Ce serait une de ces vieilleries de l'Histoire, une de ces fausses fenêtres par rapport à une autre fausse fenêtre, petite fenêtre par rapport à une grande fenêtre. C'est-à-dire la position de la réitération d'une négation, qui n'empêche pas, c'est le moins qu'on puisse dire, les différents théismes de prospérer. Et le plus souvent, on pourrait même dire de l'athée que c'est une grande supériorité de n'avoir rien fait, mais qu'il ne faut pas en abuser. S'agissant de Bataille, «mettre tout en cause et en question, et sans repos», bien... Là, je relèverai le mot «cause» parce qu'il faudrait que nous imaginions quelqu'un qui pourrait se passer de toute causalité pour être vraiment *libre*. L'être de l'étant, il a tenu, il tient toujours. Il y a même des gens qui sont commis à cette rigueur de l'être de l'étant, et qui comme tels, ont probablement dû supporter au long de l'Histoire une persécution particulière, c'est le peuple du Livre. Parce qu'il y tient, à son être de l'étant. Et il ne s'agit pas de venir essayer — on a vu les résultats — d'éradiquer ce que ça donne sur le plan de la transmission biologique. Parce que vous pouvez avoir des états subjectifs tant que vous voulez, ça n'empêchera pas le flot humain de se reproduire, au-delà de vous... On peut être dupe de la position athée. Il y a eu des régimes pour ça. Alors « roi et pape de soi-même » c'est un terme dantesque, mais vous voyez le travail, si je peux dire. Aujourd'hui même, je disais à quelqu'un que, après tout, pour l'imagination il vaut mieux essayer de se repérer dans ces grandes histoires théologiques, pour des questions d'entraînement. Par exemple, à votre avis, qui va en enfer, qui va au purgatoire... au paradis (c'est encore plus difficile), est-ce que les morts ne se mordent pas les doigts... Il faut voir tout ça, en situation, nous avons perdu le concret de ces choses. Quand Dieu tenait le coup, si j'ose dire, avant sa mort — dont nous allons parler —, sa mort, hein, pas sa déclaration d'inexistence, c'est autre chose, parce que la mort est très importante dans cette affaire, comme *tout* le prouve, donc à la limite, oui, si vous arrivez à vous familiariser, à vous entraîner — j'ai passé des années sur tout ça, alors je peux en parler un petit peu — vous pouvez mettre en cause toute cause, sans pour autant vous raconter, ce qu'en général la subjectivité fait, qu'ayant détrôné le suprasensible, elle se met à rabaisser le sensible par la même occasion et à tourner assez vite à l'insensé. Nous en sommes à nous raccrocher à la causalité physico-chimique et à nous livrer avec enthousiasme aux techniques de reproduction. Nous ne sommes qu'au début spectaculaire, c'est le cas de le dire, de l'insensible et de l'insensé. Ce qui n'est pas ce que vous semblez souhaiter par le terme d'athéisme. Ce que vous *semblez*, dans votre question. La question se pose de savoir si la cause-alitée, de divine supposée qu'elle était, car c'est bien commode quand même (en plus vous ne mourez pas pour rien ce qui est déjà une garantie remarquable), ne s'est pas en quelque sorte portée au biologique en tant que tel. Question. À ce moment, ce que nous avons vécu au XX$^e$ siècle pourrait être considéré — c'est la raison pour laquelle on préfère s'y accrocher en tant qu'horreur plutôt que de le penser — comme une ruse de la technique. C'est tout. Le surmontement de la cause impliquerait — là encore le terme athée ne conviendrait plus — que quelqu'un, pour laisser ça dans le vague, ne se vive plus ni comme sujet ni comme objet, en ait fini avec... Ce qui, bien entendu, ne pourrait se marquer que dans sa façon de dire. C'est la seule trace vérifiable que nous aurions de cette position comme dépassement de la métaphysique. Je recadre : théisme, athéisme, tout ça c'est l'histoire de la métaphysique, rien d'autre. Ça parle, ça parle, ça parle, parce que ces termes se décomposent. Et le terme qui voulait mettre Dieu en question se décompose avec lui. Il fallait quand même s'y attendre.

C. L. : *L'athéisme, en tant que vecteur de contestation, d'illustration du « non serviam », de destruction des illusions quant au social, au groupe et à l'espèce me semble très positif. Toutefois, l'athéisme peut, chez certains, prendre la forme d'un nihilisme aplanissant. Par contraste, les stratifications symboliques présentes dans le catholicisme ne sont-elles pas plus riches de sens ? Pensons seulement à la complexité du dogme trinitaire, qui propose dans l'orientation du sens un dynamisme incessant, physique et physiologique, un marquage sexuel, concret mais assompté dans le langage. À quelles conditions un athéisme pourrait-il atteindre cette richesse symbolique ?*

Ph. S. : Dans l'histoire de la métaphysique et du domaine religieux, etc., après avoir quand même étudié la question, il s'ensuit, j'allais dire au laboratoire (rires), que s'il devait y avoir une structure qui intégrerait la position athée, ce ne pourrait être que la position catholique.

*L'athéisme existe-t-il ?* 965

O. R. : *Vous dites quelque part que c'est celle qui est la moins policière dans la surveillance de l'exception.*

Ph. S. : Ah, il y a des histoires, oui, plein... Il y en aurait pour des heures... Pour que votre athée tienne le coup, il lui faut une singularité complète, mais il faut aussi que cette singularité soit universelle, sans quoi elle ne serait la preuve de rien. Je viens de définir le catholicisme. Et l'histoire de l'Incarnation, là, joue un rôle déterminant puisque vous êtes conduits à formuler quelque chose de trinitaire. De plus, n'oubliez pas ce quatrième terme féminin sans quoi les trois autres ne tiennent pas le coup.

C. L. : *Oui, on a subjectivité et homosexualité d'une part, et puis d'un autre côté Père, Fils, Saint-Esprit...*

Ph. S. : C'est là où c'est travaillé au maximum.

C. L. : *Voilà, c'est ça.*

Ph. S. : Tout ça me semble absolument évident, mais c'est très loin de l'être pour qui que ce soit. Si je formule ça, immédiatement les remous commencent. Alors qu'on ne fait en ce point que rendre justice à une histoire monumentale. Je ne suis pas quelqu'un qui rabaisse les monuments. Il y en a plein, il n'y a pas que le catholicisme. Mais enfin, il se trouve que celui-là serait en quelque sorte l'objet du ressentiment. Donc de l'esprit de vengeance, donc de la mobilisation constante, prouvable, de la subjectivité. Que ce soit la raison pour laquelle c'est la vraie religion, comme dit Pascal, c'est probable, parce que l'expérience le prouve avec qui vous voudrez, dans n'importe quelle condition, mais pas sans écouter très attentivement ce qui se dit — on ne va pas discuter des supériorités supposées de telle ou telle religion. À écouter attentivement, vous arrivez toujours au même résultat. C'est pour ça que Dante, encore lui, est bien inspiré de faire dire à saint Bernard au chant XXXIII du *Paradis* qu'on va arriver au terme fixe...

(pourvu qu'on en ait un, c'est déjà pas mal, il en faudrait plein, mais enfin...) «au terme fixe d'un éternel dessein». Pourquoi ? Parce que vous allez automatiquement avec l'être humain, dans sa reproduction et sa rumination incessantes, faire l'expérience que l'inceste ça le travaille de telle façon qu'il ne peut pas échapper à cette mise en question de sa représentation. Qu'est-ce que c'est qu'être la fille de son fils ? Vous remarquerez par exemple qu'Œdipe, dans Sophocle, va terminer son parcours avec sa fille et sa sœur. C'est pas pour rien que c'est construit comme ça. Mais la fille de son fils, c'est plus étrange. On ne peut pas aller beaucoup plus loin : bien que cela paraisse totalement absurde, on peut y amener tous les discours — si on a le doigté pour ça — presque forcément. Ça ne veut pas dire que ça ne soit pas encore de la métaphysique, puisqu'il s'agira, simplement, de passage anthropomorphe dans la condition dite «être humain». De l'humain, on n'est pas obligé de se préoccuper à chaque instant. C'est un bon coup d'arrêt *fixe* à la rumination incessante de l'humain sur lui-même. Voilà. C'est prouvable. Dans tous les cas, surtout lorsqu'ils sont animés d'une passion particulière à ce sujet, prenez Artaud, prenez Bataille, prenez-les tous, et prenez aussi n'importe qui, c'est de ça que ça parle. C'est drôle, hein ? Il s'ensuit un certain effet comique que, je pense, Joyce a été le plus apte à repérer. Je le suivrais assez volontiers dans cette énorme révélation *très simple* d'*Ulysse* à *Finnegans Wake*. Joyce était-il athée ? Bien, pas que je sache ! La question lui aurait paru sans objet parce qu'il n'y avait pas de sujet non plus pour la poser. Le sujet qui se pose cette question a un embarras spécifique avec sa subjectivité. C'est tout. C'est tout ce qu'on peut en dire. Ça dépend évidemment, dans des formes *très* différentes, des individus. Et encore une fois, ce n'est pas la même chose

## L'athéisme existe-t-il ?

s'il s'agit d'un homme, ou d'une femme. Je m'excuse d'insister beaucoup là-dessus, parce que, la plupart du temps, ce n'est pas considéré. Ou alors, il y a des clivages tels qui font qu'on ne pourrait pas parler parce qu'on serait seulement un homme ou seulement une femme ; mais on peut très bien ! Contrairement à ce que croit la nouvelle religion. On peut très bien.

O. R. : *Compte tenu du fait que, selon Freud, une société se fonde sur un crime commis en commun, que toute société constitue ce que Sade appelait déjà une « Société des Amis du Crime » ; compte également tenu de l'échec des sociétés communistes athées (dont le retour du refoulé religieux a atteint des sommets de barbarie), est-il alors envisageable qu'une société puisse se constituer sur des bases athées ? Est-ce même souhaitable ? La position d'un athée singulier ne serait-elle pas d'être toujours dans l'opposition au sein d'une société fatalement religieuse ?*

Ph. S. : Oui, le crime commis en commun... Là, le christianisme est fondé. Et par Sade aussi. Qu'il y ait une société possible au titre de l'athéisme, je ne le pense pas, et voilà que Sade le démontre, n'est-ce pas, admirablement, il n'y a pas à y revenir. Je vous renvoie à *Sade dans le Temps* et à *Sade contre l'Être Suprême*, en ce qui me concerne. Livre d'ailleurs très fort occulté, dans la mesure où j'y dis un certain nombre de choses que je crois, en effet, en dehors des questions habituellement envisagées. L'Être Suprême, ce n'est pas l'Être, au sens où on pourrait l'interroger à partir de l'achèvement de la métaphysique après Nietzsche. Bon, laissons ça.

O. R. : *Société des Amis du Crime, Société du Cœur Absolu... Cette dernière serait-elle une sorte d'utopie de*

« micro »-société heureuse, qui ne dit pas, d'ailleurs, si elle est athée ou pas ?

Ph. S. : Sûrement pas. Au contraire une des épreuves consiste à... Non, non. Dans l'opposition, pas forcément non plus, vous comprenez, ça dépend...

O. R. : *En même temps, quand on pense à ce que disait Voltaire sur les athées qui n'en étaient pas, alors que l'accusation d'athéisme suffit pour détruire des corps, à certains moments de l'histoire, on peut penser à Vanini, à d'autres...*

Ph. S. : Bien sûr. L'athéisme était mal vu par Robespierre parce qu'il était aristocratique. À partir du moment où vous n'avez pas cette très curieuse construction sadienne entre l'aristocratie et le criminel de grand chemin — il a fait ça parce que c'était les deux termes les plus éloignés —, vous avez, en quelque sorte, un athéisme de confort, dont la principale caractéristique est de s'habituer sans cesse au crime impersonnel. C'est-à-dire à le conforter par tous les moyens. Mettez donc les noms que vous voulez au cours de l'histoire ! Ce que j'appelle l'athéisme de confort, pour ne pas l'appeler bourgeois, pourrait être en effet une base planétaire sur laquelle germerait telle ou telle coutume locale, telle religion. Je ne sais pas, moi, Baptiste, Unitarien, Épiscopalien, Mormon, Quaker, Adventiste du Septième Jour...

O. R. : *Et non pas Adventiste du Septième Ciel !*

Ph. S. : ... Voilà, c'est ça... Il y a toujours un délire local, vous pouvez l'observer à chaque instant dans la société américaine qui commet des crimes de sang-froid pour agrémenter le Spectacle. Je pense à l'exécution de Mme Tucker. C'est sûrement religieux. Mais d'une drôle de façon. Vous avez la mise en scène d'un rituel sadien, sans en avoir, bien entendu, les substrats subjectifs. Ce qui est quand même

*L'athéisme existe-t-il ?* 969

intéressant ! Puisque l'expérience prouve que — toujours pour en revenir aux statistiques, c'est pour ça que 90 % n'est pas mal — puisque l'expérience prouve que seules 10 % des personnes entraînées dans une expérience qui consiste à donner des chocs électriques à un condamné jusqu'à la mort, seules 10 % ont des problèmes, pour des raisons diverses qui ne sont d'ailleurs pas les mêmes. 90 % ne trouvent aucun inconvénient, en fonction d'un bon embrigadement local, on va leur dire que c'est pour le progrès de la science, que c'est pour la nation, ceci ou cela ; c'est le même chiffre que les rares défections qui se sont produites dans l'armée allemande lorsqu'il s'est agi de tuer les juifs de sang-froid en Pologne. Seuls 10 % des militaires ont eu quelques problèmes : soit décharger en l'air — si j'ose dire —, soit être un peu dégoûtés par la cervelle qui leur rejaillissait sur l'uniforme, soit être pris de coliques, soit ils avaient des scrupules religieux, soit autre chose encore, mais vous ne pourriez pas avec ces 10 % faire une communauté. Parce qu'ils ne s'entendraient pas. Le seul moment où ils ont une petite hésitation, c'est quand même que ça les dérange — probablement par névrose. Je suis loin de faire l'éloge des 10 % ! Je marque simplement qu'il y a une hésitation quant à la vie ou à la mort, n'est-ce pas, en somme... petite hésitation. Y a-t-il un athée dans les 10 %, peut-être... Il peut aussi y avoir un croyant ! Vos voyez comme tout cela est relatif.

C. L. : *Oui, c'est relatif.*

Ph. S. : Il peut y avoir un libertin notoire, un sadien épouvantable qui trouve qu'on ne fait pas les massacres dans les formes ! (Rires.) Qu'ils sont trop froids, trop mécaniques. Voilà. Donc plutôt que l'opposition qui se manifeste, je préférerais... la clandestinité. Quelqu'un qui se met dans une position athée officielle me paraît soupçonnable de jouer un rôle de provocation policière.

C. L. : *Il faudrait revenir sur cette question du silence, parce qu'il y a un passage dans* Studio *où il est dit qu'il faudrait savoir se taire et nous reprendrions confiance...*

Ph. S. : Oui, oui... Mais il y a différentes façons de se taire.

C. L. : *Voilà, c'est ça! On pourrait parler un peu de cela.*

Ph. S. : Il y a une façon de se taire qui *dit*, justement. C'est pour cela que je suis là en train de plaider pour la *situation*. Je pense qu'il n'y a de positions qu'en situation. Car ces choses sont si trompeuses, si variables, si utilisables, si instrumentalisables, qu'après tout, on ne peut pas savoir, d'emblée, à qui se fier.

O. R. : *Il faut pratiquer une casuistique permanente?*

Ph. S. : Il faut être attentif aux effets d'hystérie qui sont eux aussi permanents. Dès que ça a tendance à fusionner, quel que soit le prétexte, le slogan, il y a lieu de se méfier, de s'éclipser. On ne s'oppose pas à la quasi-totalité des humains. On émet dans le code que l'on veut, ou on n'émet pas sa différence radicale par rapport à ce qui peut être aussi bien athée que non athée. Encore une fois, l'athéisme proclamé peut être une manipulation, ça s'est vu. C'est pour ça qu'il faut prendre ses distances. « Si l'athéisme a besoin de martyrs, mon sang est prêt », Sade dit ça, mais dans une situation *très* précise. Une drôle de déclaration, d'ailleurs. C'est un motif d'excitation. Un athée qui s'excite n'est plus un athée. C'est quelqu'un qui a besoin de s'exciter comme ça. Point. Pourquoi pas?

C. L. : *Si ça l'amuse...* (Rires.)

Ph. S. : Il y a eu une grande période de ce genre, voilà. Mais elle est loin de nous, et elle était évidemment plus raffinée que ce qui s'est vu après. C'est à peu près le moment où le Dieu antérieur arrive à saturation. Où on va voir se produire, se disséminer de façon impressionnante l'achèvement de la métaphysique. Alors c'est la Révolution française si vous voulez et puis ses imitations multiples sur le mode du cliché de plus en plus automatique. Voilà.

C. L. : *Sade dit que « le romancier est l'homme de la nature, elle l'a créé pour être son peintre ; s'il ne devient pas l'amant de sa mère dès que celle-ci l'a mis au monde, qu'il n'écrive jamais ». Posséder sa mère comme on posséderait la vérité, au lieu d'être possédé par elle, ne serait-il pas le geste fondamental*, dans une âme et un[1] corps, *d'un athée ?*

Ph. S. : Tout à l'heure, vous avez eu besoin de ce deuxième « dans », hein ?
C. L. : *Oui, ça doit me poser problème !...* (Rires.)
Ph. S. : Vous avez une « dent », vous avez un « dans » contre Rimbaud... (Rires.)
C. L. : *Oui... je ne crois pas...* (ton très amusé)[2]. (Suite de la question :) *Autrement dit, la maternité est-elle une question inconsciente qui appelle depuis le fond des âges d'éventuels peintres ?*
Ph. S. : Ah, ben ouais, ben ouais...
C. L. : *Il y a un truc, là.*
Ph. S. : Ben ouais, y a un truc, là. (Rires.) Il y a un truc.

---

1. Dans la lecture de sa question, Christiane Lemire omet volontairement le deuxième « dans » qui se trouve écrit, par lapsus, comme au début de l'entretien. Philippe Sollers ayant les questions écrites sous les yeux, cela donne lieu à la plaisanterie qui suit.
2. S'agit-il vraiment d'avoir une « dent » contre Rimbaud, ou d'essayer de comprendre *de l'intérieur* ? (C.L.)
Réponse de Ph. S. : Il s'agit simplement de comprendre que l'âme et le corps ne font qu'*un*. Donc : « dans une âme et un corps ». Une et un = un. Pas deux.

Bon. Eh bien écoutez, ça... Il faut voir d'abord l'humour de Sade, car devenir l'amant de sa mère dès que celle-ci l'a mis au monde, c'est quand même pas à la portée...
C. L. : (Rires.) *Du premier venu...*
Ph. S. :... de tous les *bé-bés!*
O. R. : *Et « le bébé n'est pas la bébée*[1]*»!*
Ph. S. : Ce qui est encore plus fort c'est que votre mère devienne votre fille. Il ne suffit pas d'être là comme son amant. Il faut en quelque sorte, donc, la réenfanter. Nous parlons bien entendu dans un monde virtuel mais qui nous permet de réfléchir. Qui nous permet de réfléchir à la question de l'arraisonnement des femmes par la technique biologique telle qu'elle se dessine désormais, planétairement. C'est bien clair. J'espère. J'ai mis exprès l'accent dans *Studio* sur deux histoires de mères, et puis des questions de sœurs, à propos de Rimbaud et de Hölderlin. Pas par hasard, parce que je crois avoir donné des preuves assez convaincantes que le désir maternel, dans sa rigueur, est nécrophile. Ça ne se dit pas. Alors il faut bien que quelqu'un se dévoue. Ce n'est pas forcément visible, mais enfin dans les deux cas que j'ai cités, surtout celui de Rimbaud, l'histoire du caveau, ça me paraît quand même éclatant. Il faut donc savoir distinguer, là, dans le transit humain entre mère et sœur, par exemple. Si vous arrivez à faire passer votre sœur, en tant qu'homme, du côté de l'impulsion matricide, vous avez gagné. Eschyle, *Oreste*, Rimbaud, Picasso, Bacon, Joyce. Vous voyez donc à quel point, compte tenu de la réintroduction d'un matriarcat de substitution à des fins de consistance métaphysique-biologique, ces propos sont inqualifiables. Ce qui redonne à toute l'aventure symbolique humaine sa grandeur! Car ce sera de plus en plus inter-

---

1. *Paradis.*

dit de penser le quart du dixième du millième de ce que je suis en train de vous dire. Et c'est pour ça que c'est si intéressant. Il est assez fréquent qu'une femme vous dise qu'elle est complètement athée, autrement dit que tout ça ne lui fait pas l'ombre d'un problème, ce qui en général veut dire qu'elle est accrochée à cette histoire de maternité. C'est très simple à vérifier. Sa mère ou, sa maternité à elle. Pourquoi pas ? Je ne suis pas en train de vous dire qu'il faut que l'humanité cesse de se reproduire. Enfin, il faudrait peut-être un petit peu en penser quelque chose. Au cas où on pourrait être plus à l'aise avec ce poids, car c'en est un. Le préjugé courant, qu'on peut même qualifier de *fanatique*, consiste à seriner que c'est votre mère qui vous a mis au monde. Et que sans quoi vous ne seriez pas là. Ce qui est très curieux parce que c'est d'une telle évidence que l'on doit se demander pourquoi il faut que ce soit répété tout le temps.

C. L. : *Les mères elles-mêmes, d'ailleurs, ne se privent pas de le répéter.*

Ph. S. : « On me dit que je suis le fils de l'homme et de la femme, dit Lautréamont, ça m'étonne, je croyais être davantage. » Il pourrait aussi se faire qu'après tout, sous toutes les dénégations, Dieu soit une femme. Entendons-nous : les cultes maternels ont duré beaucoup plus longtemps que tous les cultes religieux connus ! C'est en termes de millénaires ! J'ai écrit là-dessus dans *Femmes Mythologies*. Ça ne demande qu'à se refaire, sous contrôle, maintenant. Alors si je dis que mon dire n'est pas une langue maternelle, loin de là, et si j'ajoute qu'après tout je ne me crois pas tenu de croire que ma fabrication biologique soit essentielle à mon être, bien, je vais être brûlé, n'est-ce pas ? C'est la même chose que lorsque j'ai essayé de dire que le corps sort de la voix et la voix ne sort pas du corps, c'est improuvable. Je ne peux pas vous prouver que c'est ainsi. Et je ne pourrai pas prouver non plus que j'ai *inclus* ma mère. «Inclus» me paraît supérieur à «posséder». Plus mathématique. Logique. Autrement dit... — il y a dans *Le Secret* quelque chose autour de ça. Alors il est évidemment d'expérience courante que... — c'est pour ça que je parlais d'homosexualité métaphysique, on a affaire à un pléonasme — que si on pousse les humains dans cette affaire, on va les retrouver affectés de leurs mères de telle façon que leur semblable sera leur grand problème. Autrement dit, toutes les autres femmes sont interdites. D'une façon ou d'une autre. Ou bien sont construites sur le schème de l'interdiction. Donc il n'y a pas de femmes. Des femmes, y en aurait-il? (Rires.) C'est comme l'athée! (Rires.) On les appelle à se manifester! Mais alors là se passe quelque chose d'important à mon avis, c'est qu'une femme n'en est une que de temps en temps. Alors qu'un homme, la plupart du temps hélas! est quand même plus constant dans sa corporation. Une femme est assez rarement une femme. Ça peut lui arriver. Elle peut d'ailleurs l'oublier du jour au lendemain, comme l'expérience le prouve. S'y tenir, difficile. C'est très difficile. Raison pour laquelle il faudrait distinguer entre la petite fille, la jeune fille, la femme éventuelle, la mère, la sœur. Il faut regarder ça de très près. Et voir comment on pourrait parler *juste* à propos de ces différents *états* qui n'ont pas grand-chose à voir les uns avec les autres. C'est drôle, mais c'est comme ça. Quoi qu'il en soit, je suis assez porté à dire, donc, ce blasphème de la nécrophilie en ce qui concerne la maternité. Ça a l'air d'une énormité, mais... c'est vérifiable. Enfin, vous savez comment j'ai commencé *Femmes*[1], je me suis

---

1. «Le monde appartient aux femmes.
C'est-à-dire à la mort.
Là-dessus tout le monde ment.»

demandé est-ce que je mets ça sur la porte d'entrée, « Vous qui entrez perdez toute illusion » ? Je me suis beaucoup tâté avant d'y aller carrément. Proposition finalement biblique si on la comprend comme il faut, mais enfin, bon. Vous voyez qu'à propos de tout ça on voit se reposer le problème de la mort, qui est de plus en plus confondue avec le *mourir*, ce qui n'a rien à voir. Le mourir se prête au religieux, à la panthéonisation, qui n'est pas du tout athée, « allez y voir vous-même si vous ne voulez pas me croire ». « Aux grands hommes, la patrie reconnaissante... », « aux petites femmes la matrie rancunière », etc. L'inclusion de sa mère chez un artiste, puisque vous parlez de peintre, me paraît quand même la moindre des choses. Qu'il fasse de la musique, de la peinture, qu'il « poétise », c'est depuis cette inclusion à n'en pas douter, *à n'en pas douter*, que cela fait sens. « On pourrait parler du côté puéril de la maternité », dit Baudelaire à sa mère, vous vous rappelez ça. Alors là, vous pouvez republier intégralement *Bénédiction* : « Sa mère épouvantée et pleine de blasphèmes » parce qu'attention ! la question va se poser sur le fait qu'une mère sait d'emblée que Sade est dans son berceau. On peut supposer que Sade n'est pas tout à fait Sade lorsqu'il est dans son berceau, pas encore, quoique tout entier on s'en doute, oui, mais une mère à proprement parler *le sait*, et à partir de là...

C. L. : *Elle le sait ?*

Ph. S. : Oui. Oui, oui. Le sait. Comme pour le poète, « Sa mère épouvantée et pleine de blasphèmes » !

C. L. : *Oui.*

Ph. S. : Eh oui ! Et vous vous rappelez, les anges sont là pour surveiller un petit peu si ça va bien ou pas. Baudelaire est très subtil, dans cette affaire. Un des plus subtils. Il y en a d'autres.

O. R. : *Puisque l'on parle de blasphème... En ce qui concerne l'affaire Rushdie, on pourrait affirmer que, d'une certaine manière, il s'est agi de la part des imams, de transformer l'ironie d'un texte en blasphème. Ce « symptôme » ne serait-il pas, au fond, celui de toutes nos sociétés contemporaines ?*

Ph. S. : Oui, mais à ce moment-là, il ne faut pas parler seulement des imams. Les imams, c'est nous. Alors vous avez la censure dure, et vous avez la censure molle. La censure dure, ça consiste à faire du spectacle, dans un certain angle du jeu, puisque c'est de ça qu'il s'agit, avec le pauvre Rushdie, ou alors la censure molle ça consiste à faire comme si rien n'avait été dit. C'est plutôt notre façon de faire, que je sache. Encore faut-il que l'ironie ne soit pas de la dérision. Je crois que la décomposition de l'Islam à laquelle nous assistons — pas du tout à son retour, ni à son renforcement —, sa décomposition problématique devait forcément conduire à doter Rushdie d'une nocivité qu'il n'avait pas. Condamné à mort, ça n'est pas la même mort que pour qui vous voulez autrefois. Il y a eu des tas de condamnés à mort, El Hallâj, etc. Mourir en disant « je suis la vérité », ou « je suis Dieu », parce qu'après tout, ça a décoiffé ! (Rires.) Ce n'est pas la même chose, parce que là on a affaire à des systèmes qui tiennent, et qui donc n'hésitent pas à... répondre. Du tac au tac. Penser ce que dire implique. C'est la mise à mort. Tandis que, là, vous avez une condamnation à mort, bien sûr, mais enfin dans un contexte hyper-spectaculaire qui est aussi étrange que si vous croyez vraiment, par exemple, que Clinton et Saddam Hussein ne sont pas plus ou moins complices. N'allez pas me dire que le film n'est pas susceptible d'un soupçon ! Donc voilà. Je crois que ce n'est pas de blasphèmes qu'on

*L'athéisme existe-t-il ?*

pourra tirer une preuve d'un sursaut de religion. Je ne crois pas que l'affaire Rushdie soit la preuve de... Ça, c'est la façon dont on vous la présente. Ce que je crois moi, au contraire, c'est que les *Poésies* de Lautréamont sont là, que je vous ouvre tout ça, et qu'il n'y a plus personne pour savoir les lire. La pensée, désormais, déclenche une véritable angoisse. Il s'agit de maintenir le bavardage à tout prix devant l'angoisse qui surgit devant la pensée possible. Ce que Heidegger appelle d'un très beau terme, qu'il faudrait creuser pour notre question, *l'angoisse de l'angoisse*. C'est très précisément ce qu'il énonce à propos du mot de Nietzsche « Dieu est mort », par rapport à ce qu'il appelle les « voyous publics » qui veulent maintenir le bavardage... Ils sont incroyants non pas parce qu'ils ne croient pas en Dieu, mais parce qu'ils n'ont pas le sursaut de questionner, de se demander ce qu'il faut penser à propos du fait que Dieu serait mort, ce qui va plus loin que le fait de dire, « oh, Dieu, ça n'existe pas » (de toute façon ça n'a jamais été un problème d'existence). Dit comme ça, l'angoisse de l'angoisse, c'est très parlant. Pour aller dans le sens de votre question, je dirais que « l'athée » ne pourrait l'être que dans la preuve faite qu'il ne fonctionne pas dans l'angoisse de l'angoisse.

O. R. : *Et si Dieu est mort, il est mort pour tout le monde...*

Ph. S. : Il s'agit d'abord du Dieu chrétien, bien entendu, puisque le christianisme est quand même la religion qui a dit que Dieu était mort. Or s'il est Dieu, il ne va pas rester mort. À moins qu'il ne lui soit arrivé quelque chose, mais enfin, la présentification de la mort de Dieu, c'est le fond du problème. Qu'est-ce qui peut désormais *répondre*, demande Heidegger : « ce ne sont pas les perspectives politiques, ni les perspectives économiques, ni les perspectives sociologiques, techniques ou scientifiques, pas même les perspectives religieuses ou métaphysiques ». Il ne s'agit pas d'un « sens ultime et très caché, mais de quelque chose de proche : à savoir le plus proche, que nous outrepassons constamment parce qu'il n'est précisément que le plus proche. Par un tel passer-outre, nous accomplissons constamment, sans y prêter attention, le meurtre de l'être de l'étant ». Alors là je crois que c'est bien posé. C'était pour enchaîner avec votre « toute société est fondée sur un crime commis en commun », ce n'est pas *seulement* le social, c'est *vous-même*, à chaque instant. Vous pouvez vous en apercevoir, de temps en temps. Sous forme d'abîme ! Si vous vous tenez à l'inverse du chercheur de cause, cachée, ultime, dans le proche qui surgit du rien. Rien. L'athéisme sans *rien*, sans *le* rien, on ne sait pas ce que c'est. J'y vois une dissimulation du fait que, comme toute croyance quelle qu'elle soit, on veut se débarrasser du plus proche. C'est-à-dire du sens. Voilà peut-être pourquoi dans les livres que j'essaie de faire, cette *proximité*, je crois, est tout le temps rappelée avec beaucoup d'insistance.

C. L. : *L'histoire de l'humanité, son « cauchemar » comme dit Joyce, et plus récemment pour nous un XX$^e$ siècle très meurtrier ; le fait qu'un certain nombre de choses aient été écrites mais jamais prises en compte ou très peu ; la lecture de plus en plus menacée ; tout cela amène-t-il à penser qu'il existe un principe diabolique au cœur même du développement aveugle de l'espèce ? Si oui, comment le nommer ? Le Diable existe-t-il pour l'athée ? Son antidote, produit d'une* felix culpa *toujours fragile, imprévue et rare, ne serait-il pas à chercher aujourd'hui du côté de la transmission, de la mise en texte des sensations, mémoire de la* *jouissance d'un temps éveillé (celui de l'écriture), libre (libéré de la métaphysique) et en expansion ?*

Ph. S. : Le diable... Ça me fait penser que le pauvre Monseigneur Gaillot, avec qui j'étais à la télévision l'autre jour, vient d'être accusé de plagiat parce qu'il a recopié des trucs dans un livre paru, sur le satanisme, le diable, etc. Il n'avait pas grand-chose à dire parce qu'il a dû profiter de documentalistes, mais, à part, je lui ai demandé s'il croyait à l'existence du diable (il est évêque) : il m'a dit que non. Donc il ne me voyait pas (rires). Plus sérieusement, je lui demandais exactement s'il pensait que le diable était une présence personnelle, enfin donc une question théologique — parce qu'après tout, moi, je parle le langage des indigènes (rires). Il a dit que non. Le diable, c'est un terme qui n'a de sens que par rapport à son contraire, toujours la même chose. Alors, si vous posez Dieu de façon conséquente, dans les coordonnées qui sont les siennes, bien entendu, vous devez poser le Diable. Il y a des gens qui posent Dieu et qui ne posent pas les conséquences... il faut être sérieux. Vous n'êtes pas obligés ! Mais si vous posez Dieu, vous posez inévitablement le Diable, et alors si vous l'opposez à Dieu, en bonne théologie, je vous réponds sur le terrain purement théologique, vous êtes amené, ce que probablement les théologiens ne sont plus capables de penser, de le poser comme quelque chose qui n'a rien d'humain. Et dont, *pourtant*, la présence prendra une forme tout à fait personnelle. Donc vous êtes amené à vous raconter l'histoire des anges et patati et patata, c'est évident. Puis enfin l'expression « Prince de ce monde », je ne l'invente pas. C'est pour ça que ce vieux truc peut garder toute sa consistance si on y travaille. Et si vous commencez à travailler, eh bien bonne chance. Il y a des choses très remarquables à faire surgir de ce fond. Lacan avait l'habitude de dire que seuls les théologiens étaient athées, comme vous savez, c'est facile à comprendre si vous êtes familiarisé avec la machine en tant que telle, son fonctionnement, à la limite vous pouvez poser les termes comme si vous n'étiez pas là. De l'extérieur, autrement dit. Imaginez quelqu'un qui verrait la *Divine Comédie* de Dante de l'extérieur... à ce moment-là c'est un fonctionnement... Il pourrait penser, de façon sadienne, que les élus du Paradis jouissent de la souffrance des damnés. Il faut oser penser des choses comme ça. Eh bien, le Diable pourrait être en effet ce qui fait jouir Dieu. Je n'avance pas ça au hasard, parce que l'expérience prouve que le diabolique en tant que tel, si vous le prenez vraiment dans sa nervure, est très puritain. Et je vous assure, je ne dis pas ça pour plaisanter. J'ai écrit ça dans *Carnet de nuit*, je crois, « Quand deux individus se désirent vraiment, le démon souffre ». Je parle là d'une jouissance consciente, très. Et ça lui fait mal, au démon. Alors que l'objection divine, à ce sujet, ne me paraît pas du tout évidente. Donc, s'il y a « un principe diabolique au cœur même du développement aveugle de l'espèce » ? : Eh oui ! Puisqu'il est rarissime que ça jouisse sans demander son reste. Mais la part du diable (dans ce sens-là, très précis, parce que, quand même, c'est de ça qu'il s'agit), c'est d'empêcher ou de détourner la jouissance. D'y veiller à tout bout de champ.

C. L. : *L'accès à la jouissance.*

Ph. S. : Oui, l'accès à la jouissance. Barrer la route à la jouissance. Voilà. Autrement dit, de lui substituer tout le temps le calcul. Le diable n'est jamais gratuit. C'est Dieu ou l'Argent, en somme. L'économie politique, en tant que la mort se mouvant elle-même, c'est du non-être comme insurrection par rapport à l'être. Les cours de Heidegger sur

Schelling sont admirables sur le démoniaque, c'est *très* important. Vous avez Freud, bien sûr, mais, là, sur Schelling, c'est ce qu'on a fait de mieux sur le fait que si c'était possible, l'insurrection du fond serait une subversion totale de l'Être. Donc le diable... je vous ai décrit ça à l'instant sous forme anthropomorphique quant à la jouissance sexuelle, mais il faut aller plus loin et comprendre qu'il s'agit d'un principe d'insurrection. Qu'on peut voir très bien à l'œuvre dans l'insurrection de l'histoire mondiale dans ses formes les plus terribles, coupées, précisément, de tout accès à la jouissance. À ce moment-là vous pouvez aller très loin dans les découpages en morceaux de vos semblables et autres plaisanteries de ce genre, ou expérimentations... Il y a cet accent, dans le grand phénomène hystérique. Vous avez cette impression très forte : la voix décalée, le ça parle d'où ça n'est pas, enfin tous ces traits qui sont le b-a ba de la psychiatrie fondamentale. Comme si la mort voulait vivre. Vous voyez ? Le diabolique en tant que tel est toujours plus frappant sous sa forme humaine chez les femmes que chez les hommes. Classique. Je ne vais pas vous refaire la sorcière, et tout ça. Il ne s'agit que de la forme que ça prend, plus ou moins flagrante. Vous avez aussi le mot fameux, « Je suis l'esprit qui toujours nie ». Une forme de négation vous accompagne... Toute détermination étant une négation, si vous reproduisez cette détermination que vous appelez « humaine », ça va être forcément une négation. Eh bien la négation, là, est à l'œuvre de telle façon que vous pouvez la voir s'affirmer sous une forme qui peut prendre n'importe quelle dimension. Vous entendez parler la négation elle-même : Hitler, ou votre voisine !

C. L. : *Ces insurrections, fondamentalement, ce sont des insurrections contre l'Être, la poésie, l'essence...*

Ph. S. : Bien sûr, bien sûr... Contre la jouissance consciente de soi.

C. L. : *Voilà, c'est ça. Contre quelque chose d'ouvert et de rare...*

Ph. S. : Ou encore contre la *pensée*. Commencez à penser, et, en effet, du fait même que vous serez en position de pouvoir soutenir une épreuve de néantification, si vous posez le néant, le Diable n'est pas content. C'est comme si vous subtilisiez, ou anesthésiiez, sa puissance de négation. Le Diable ne supporte pas le néant. Puisque c'est la même chose que l'Être. Le non-être n'est pas le néant. Et le Diable, c'est du non-être qui voudrait être.

C. L. : *Voilà. Être et néant, c'est la même chose...*

Ph. S. : Je le dis vite, mais enfin le néant vous fait signe. Le rien fait signe vers l'Être. Si vous ne saisissez pas ça, vous êtes perdu dans la métaphysique tout entière. Qui n'est que nihilisme à cause de ça.

C. L. : *C'est ce que dit Heidegger...*

Ph. S. : Je ne peux pas le dire mieux. C'est d'ailleurs expérimentalement prouvable, sur le plan même de la création. Voilà. That's it ! C'était la séance du 24 février... (rires).

Propos recueillis par
Christiane Lemire et Olivier Renault,
le 24 février 1998, pour la revue *Le Trait*.

# *Le roman comme conversation*

*Le Cœur Absolu*[1] est un roman que j'ai pensé, plus que tous les autres, en termes de composition stricte, afin de faire sentir comment pouvait se poser, à travers une narration, le problème du temps. On peut prendre ça par la *Genèse*, si vous voulez, car qu'est-ce que la Genèse sinon une proposition d'une échelle du temps, et la transition, la transaction, entre un temps divin et un temps humain, le temps humain revenant au temps divin mais ne pouvant s'y intégrer et provoquant une catastrophe. L'intention, bien entendu, est de proposer une réintégration du hors-temps, du non-temps. Plus que sur la *Genèse*, le cheminement de la narration est calqué sur l'*Odyssée*. La scène finale du *Cœur Absolu*, c'est le retour chez soi, après un certain nombre d'aventures. Le narrateur rentre chez lui, c'est tout ce qu'il a à faire. L'idée du livre, c'est de tenter de réintégrer toute la *Genèse* dans le bonheur d'exister à la fois dans le temps et hors du temps. Le livre couvre une année. Pour faire sentir le temps, l'être et le temps, la question était pour moi de savoir si le levier d'une journée, la journée d'Ulysse par exemple traitée par Joyce, pouvait être repris, ou bien

---

1. Gallimard, janvier 1987.

s'il fallait, en sept parties, esquisser une année qui en quelque sorte n'en finirait plus. Tout l'effort, dans ce livre, a porté sur un point qui doit se situer vers la sixième partie, où, bien que l'action ne dure qu'un peu plus d'une semaine, le lecteur doit avoir l'impression que cette grande semaine n'en finit pas, que la succession des jours et des nuits devient soudain interminable. Pour atteindre ce point, c'était une question de vitesse, il fallait démarrer brusquement, passer par des sortes de ralentissements concentriques, arriver à ce point pour le quitter avec désinvolture et refermer enfin la question du *Cœur Absolu*. *Le Cœur Absolu*, c'est ça : un temps qui rejoindrait le non-temps.

Puisqu'on s'interroge sur le nihilisme, on peut dire qu'il est une certaine récitation bloquée du temps. Je trouve spectaculaire que cette question du temps se soit reposée avec virulence à la fin du XIX$^e$ siècle et pendant tout le XX$^e$ siècle. Que fait Nietzsche, sinon essayer de tracer, dans l'Éternel Retour, une autre physiologie du temps ? Comment se fait-il que Proust se soit avisé qu'il pouvait y avoir un temps retrouvable dans la perte même du temps ? Comment expliquer que Joyce et Céline aient été d'aussi grands techniciens du temps ? Ou encore, comment se fait-il que la question du temps ait pu prendre la forme hyperphilosophique qu'on lui connaît à travers *Être et Temps*, ce livre fantôme de Heidegger qui arrive enfin jusqu'à nous ? Pourquoi a-t-elle pris, cette question, une autre forme, celle de *L'Être et du Néant*, et comment comprendre que, pour le XX$^e$ siècle, elle ait pu se dire plutôt en allemand ? Si je veux parler du temps comme par exemple saint Augustin, ou la Bible, en parle, je ne suis pas forcément obligé de transcrire cela en allemand, d'avoir recours à la philosophie allemande. Autrement dit, cela revient à poser la question de savoir s'il y a au XXe siècle un grand romancier allemand... Vous allez me répondre tout de suite en ne citant qu'un seul nom parce que vous en trouverez difficilement un autre : Kafka. Kafka, dont la germanité n'est pas ce qui saute d'abord aux yeux... La raillerie antinihiliste de Kafka s'adresse en priorité à cette confiscation philosophique du temps par l'Allemagne. En revanche, des récits qui s'occupent de bouleverser la conception que nous avons du temps, vous les avez immédiatement en français et en anglais. Le nihilisme contemporain, déchaîné, ce serait l'impossibilité de reconnaître ce que nous disent ces expériences du temps.

À quelle condition le temps serait-il retrouvé, vaincu, à quelles conditions un sujet humain serait-il libre dans le temps, déciderait-il de son temps ? Qu'est-ce qui l'empêche de se moduler librement dans le temps ? Qu'est-ce qui l'empêche *au fond*, c'est-à-dire compte non tenu de tous les alibis qu'il se trouve aussitôt pour se dire qu'il n'a pas le temps d'être l'être du temps ? Je crois qu'une fois tous les alibis épuisés, on en revient toujours à la question sexuelle, si du moins on a l'énergie de penser que c'est d'un détournement de sexe, que la chute dans le temps provient.

Est-ce que la jalousie mène le monde ? Est-ce que la pulsion de mort, nous dit un autre grand technicien du temps, cet autre Allemand qui n'est pas très allemand non plus et qui s'appelle Freud, est-ce que la pulsion de mort mène le monde ? Freud nous dit des choses très importantes sur le nihilisme, par exemple que lorsqu'on en arrive à une culture générale du surmoi, cette culture devient celle de la pulsion de mort. Le surmoi est implacable, il est féroce, c'est à lui qu'on doit s'adresser si on veut savoir pourquoi le moi en prend sans fin plein la gueule et n'a pas le temps même d'imaginer qu'il pourrait être dans les marques de son temps.

Alors, comment, romanesquement, traiter cette affaire ? D'abord, un truc tout simple. Proust, un de nos explorateurs dont la francité n'est pas, elle non plus, tout à fait évidente (nous allons arriver bientôt à un critère du sujet déplacé qui sait mieux être au fond de la question du temps dans une langue que tous les sujets de cette langue, comme par hasard...). Proust, donc, qu'a-t-il dit de très simple ? Qu'il arrivait au temps retrouvé à partir du moment où idéalement il avait surmonté l'aiguillon de la jalousie. Comment est-ce mis en scène ? Il s'agit d'un narrateur qui n'arrête pas de s'inquiéter de ce qu'une femme qu'il aime (peu importe que c'en soit une vraiment dans la réalité) pourrait faire avec une autre femme. Voilà le moteur de la *Recherche du temps perdu*. Supposons donc un narrateur, celui du *Cœur Absolu*, qui s'entendrait parfaitement bien avec deux femmes qui s'entendent très bien entre elles. Est-ce impossible, du point de vue de la culture de la pulsion de mort ou du surmoi ? Est-il impossible que deux femmes s'entendent très bien avec un homme ? Il faut et il suffit que ceci puisse avoir lieu pour que la question soit réglée. Il n'y a qu'à poser la question à n'importe qui, dans son expérience individuelle. Oui ou non, est-ce faisable ? Je suis sûr, entendez-moi bien, que tout individu, mâle ou femelle, a de ce point de vue des ruminations quotidiennes qui, quel que soit le blabla qu'il ou elle tient, par ailleurs, sont des ruminations très concrètes touchant à sa vie de tous les jours et à l'occupation de son temps. Le narrateur du *Cœur Absolu* semble, lui, avoir résolu ce problème. Il a donc affaire à deux personnages féminins, l'une comédienne, l'autre philosophe, qui sont très amies. C'est l'histoire d'une partie d'un noyau qui est conçu comme une société secrète dite *le cœur absolu*, laquelle a pour mission de tenter une expérience sur le temps. À partir de là, je dirai que toute position nihiliste commence à refuser de lire, car le moteur n'est plus ce qui peut arriver de dramatique aux personnages, mais uniquement une technique qu'ils ont mise en œuvre pour qu'aucune trace ni d'envie ni de jalousie, sauf très légères pour montrer qu'elles sont sans cesse surmontées, ne se manifeste. Le cœur absolu, société secrète de plaisir et de connaissance, apporte un certain nombre de précisions techniques sur la façon d'utiliser le temps, de le mesurer. Qu'est-ce qu'une journée, un mois, une année...? D'où la nécessité de posséder un certain nombre de repères codés toujours liés à une expérience sexuelle concrète. À ce propos, je pense qu'une des parties les plus travaillées du livre c'est celle qui concerne le carnet rouge, carnet qui est mis en scène comme une batterie codée du temps. On pourrait penser que c'est un catalogue, une mesure du temps en fonction d'actes avec des femmes. Là, la question de la disjonction sexuelle est très importante parce que la réitération de ces actes dans un espace de disjonction permet de parler d'un certain temps qui n'est pas celui du rapport du même au même. Proust, par exemple, a été très conscient que pour poser la question du temps, il fallait qu'il translate le sexe de ses personnages. Je vous suggère de faire l'expérience suivante, sous forme de jeu : demander à n'importe quel homme ou femme que vous rencontrez, « voilà, vous changez de sexe, d'après vous, vous aimez les hommes ou les femmes ? ». Je pratique ce jeu depuis quelque temps et je fais les remarques suivantes : les femmes répondent beaucoup plus spontanément que les hommes à cette question et elles se divisent tout de suite en deux catégories, celles qui disent « les femmes » et celles qui disent « les hommes »... les femmes qui vous disent « les hommes » se retrouvent imaginairement dans le jeu en position d'hommes qui aiment les hommes, celles qui répondent les femmes se trouvent en position d'hommes qui aimeraient les femmes. Les hommes, eux, se dérobent, ils répondent avec réticence ou en mettant en question la question..., comme s'il y avait quelque chose, là, à ne pas trop dire.

Quelle forme, littéraire, romanesque, donner à cette dépense sans compter du temps ? Je pense que c'est un art rhétorique probablement perdu de vue qui est celui de la *conversation*. J'ai été frappé en lisant un texte dans une nouvelle revue qui vient de paraître et qui s'appelle *Jérusalem* : Claude Vigée raconte sa première rencontre avec Buber, au début des années 60, en Israël. Vigée arrive d'Amérique et il s'apprête à parler à Buber soit en anglais, soit en allemand, soit en hébreu. Buber tient à lui parler absolument en français. Pourquoi ? Eh bien, répond Buber qui est métaphysicien du dialogue, parce que le français est la langue de la conversation. Cette remarque m'a paru très intéressante car il y a longtemps que je me demandais pourquoi j'avais de plus en plus tendance à adopter dans le roman la forme de la conversation, au point d'en faire même l'incitation à écrire.

Même *Paradis*, c'est de la conversation. Et je me suis dit : mais Proust c'est aussi de la conversation, Céline c'est de l'autoconversation continuelle ; quant à Joyce, ce n'est que ça, ça parle de partout... De la conversation que les nihilistes prennent pour de l'écume ou du bavardage.

Il y a une belle expression anglaise qui est perdue maintenant : quand on voulait faire un constat d'adultère, on disait (c'était le terme juridique) que l'homme et la femme avaient eu une « conversation criminelle ». En dehors du fait qu'on est ainsi tenté, par la métaphore, de censurer l'acte sexuel lui-même, on en dit tout de même plus long que la censure, à savoir que ce qui se dit est peut-être beaucoup plus pénal, pour ne pas dire pénien, que ce qui se fait. En gros, ce qui travaille plutôt les gens, c'est ce qui se dit dans l'affaire sexuelle, à travers ce qui se fait. À croire que la jalousie porterait beaucoup plus sur la conversation intime que sur l'acte lui-même, et on pourrait dire qu'un des critères du nihilisme, ce serait l'accent mis sur la fascination de l'acte plutôt que sur le dire de l'acte.

C'est en tout cas la manifestation d'un très grand embarras, cette littérarisation de l'acte sexuel, par rapport à ce qui se fait réellement. Ce qui se fait réellement, c'est probablement des choses qui ne devraient pas se dire et qui se disent justement à cette occasion. Je ne parle pas seulement des obscénités, bien sûr, mais de la façon de mélanger ces obscénités avec une conversation courante.

La conversation, qui inclut le dialogue, tient dans *Le Cœur Absolu* une place considérable. Au point qu'au moment de la fabrication du roman, je me suis rendu compte des problèmes techniques que cela posait. Qui parle ?, qui répond ?, est-ce une citation ?, qui cite quoi ?... On est là dans l'ordre de la composition musicale. La conversation, n'importe quel dictionnaire vous le dit, c'est tout de même la pierre de touche d'une société très évoluée. Il peut se trouver qu'un écrivain se retrouve tout seul dans une société peu évoluée ; ça s'est vu, ça se reverra.

En gros, la conversation nous vient des Grecs, c'est ce qu'on appelle l'atticisme. Le dialogue platonicien n'est lui-même qu'une dérivation ordonnée de l'esprit de conversation. Ensuite ça passe par l'Italie et ça culmine en France, par l'Hôtel de Rambouillet notamment. À partir de quoi il semblerait bien que la langue française soit devenue la langue de la conversation universelle, le point le plus délié que puisse atteindre le langage humain. Je dirai que l'inflation métaphysique, qui est une des formes du nihilisme, passe par une disparition du français et de l'art de la conversation. La conversation, c'est le *tout dire*, c'est-à-dire le recours au maximum de registres et d'ambiguïté dans ces registres. Un roman qui, d'emblée, ne serait pas un grand ensemble de conversations, ce n'est pas, à mon avis, tout à fait la peine de l'écrire. Mieux vaudrait alors, au lieu d'écrire un tel roman monocorde, se livrer à la mise au point philosophique qui s'impose, philosophique ou psychanalytique. Un roman de conversations, en revanche, ça veut dire que *tout* peut être écrit de façon détachée, tout et bien entendu l'affaire sexuelle en priorité qui ne va plus être cette sorte de non-dit prégnant soit exagéré soit refoulé qui bride, brime le récit, l'empêche de se détacher de lui-même pour faire jouer le dire. Il n'y a pas d'indicible, pas de tabous, pas de terreur, il n'y a pas de pétrification, pas de dépression, il n'y a pas d'hallucinations, pas de rituels, pas de situations magiques : tout peut être dit, absolument tout, et avec détachement. C'est honteux, ça, pour le nihilisme, que tout soit adaptable à la conversation. Pourquoi ? Parce que ça a l'air de nier j'allais dire la négation elle-même d'où sort le serpent de mer toujours recommencé dit de l'*authenticité* humaine.

Il n'y a pas un con (la connerie, là, est quelque chose qui dépasse de loin les individus), il n'y a pas un nihiliste foncier que vous ne voyiez à un moment ou à un autre s'arrêter devant cette considération de la conversation éternelle et infinie, qui ne sursaute devant cette hypothèse et ne sente son foie se présentifier d'un coup. La transformation du sexe en vésicule biliaire est une des choses les plus curieuses à observer là où la parole coince. Il en ressort «l'authenticité» comme dernier refuge du nihilisme. C'est ce que j'appelle la *hotte antique*.

La hotte antique, c'est quoi ? C'est la croyance indéfinie au Père Noël. Le Père Noël ne parle pas ; il apporte des cadeaux. La parole n'est pas forcément un cadeau, mais c'est un grand cadeau que d'avoir la parole. Un cadeau tellement impressionnant que, tout enfant, je préférais avoir de la parole que des cadeaux ; c'est pour cela que toutes les privations de dessert, les mises au piquet me sont toujours apparues comme très peu de chose puisque j'avais l'usage de la parole. C'est aussi la raison pour laquelle les gens ont bien du mal à lire un roman. Déjà qu'ils ne lisent presque rien... Leur aphasie se reporte à tout leur environnement. «Les limites de mon langage sont les limites de mon propre monde.» Eh oui ! Et chaque fois qu'on a l'impression que ces limites sont mises en question, qu'est-ce qui arrive ? Un coup de foie. Foie, avec un *e*, mais ça pourrait être *foi*, sans *e*. En tout cas, que la foi vienne du foie, en passant par la hotte antique, tout ça remet le Père Noël dans le coup. Le ton un peu bouffon est là pour faire sentir qu'en dehors de cette couleur de bouffonnerie il ne faut pas espérer saisir la nervure romanesque des choses. Que Kafka éclatât de rire dans ses plaisanteries narratives qu'on s'obstine à qualifier de sinistres, que Proust vous fasse tordre quand il se donne le plaisir intégral de mettre les gens en conversation, que vous entendiez crépiter le rire de Joyce dans la moindre de ses chansons («le duc de Joyeux chante»...), et je passe sur Céline..., cela me paraît évident. Au commencement était la bouffonnerie de croire que quelque chose pouvait avoir du sens sans être, d'une façon ou d'une autre, bouffonnerie pure. Au commencement était le verbe sur fond de bouffon. Certes, la bouffonnerie ne suffit pas ; il ne faut pas s'y noyer. Il n'y a pas que de la débilité dans ces aventures, il y a aussi tout ce qui peut se traiter dans l'ordre du sublime. Prenez Mozart : l'un n'est pas contradictoire avec l'autre dans la mesure où il y a, chez Mozart, une incroyable lucidité sur les rôles sexuels de ses personnages d'opéra aussi bien que de ses instruments qui sont d'ailleurs en train de faire quoi... ? de la conversation.

Le nihilisme, c'est la croyance qu'il y a de l'authentique et que de cet antique on est l'hôte à jamais. Même Freud, même lui, a sa hotte antique... En tout cas, voilà, pour moi, ce que pourrait devenir aujourd'hui le roman, européen, planétaire, régionaliste, local, galactique ; appelez-le comme vous voulez : quelque chose qui prendrait de vitesse la mécanique somnambulisation de l'être sans qualité, perdu dans un continent sur lequel se serait abattue une loi de l'anticonversation. Le tragique, d'ailleurs, n'est rien d'autre : *ça* (ça, c'est-à-dire le surmoi de la hotte antique) voudrait empêcher les *moi* de parler. L'émoi..., avec le *l'* si vous voulez...

C'est aussi pour cette raison que *Le Cœur Absolu* est un livre politique, très politique, comme tous les romans que j'écris. Il a commencé à s'écrire par l'émotion très violente qui m'est venue de l'assassinat du Père Popieluszko en Pologne. Ce crime, le procès, le simulacre de procès qui a suivi notamment le symptôme qui a affecté l'un des meurtriers lors de sa déposition, un bégaiement très caractéristique, m'ont tout de suite alerté. Sans parler de cet épisode au cours duquel on a vu tout un tribunal éclater de rire, y compris la famille de la victime, lorsque l'avocat d'un des assassins a dit qu'il considérait celui-ci comme plutôt innocent puisqu'il n'avait jamais trompé sa femme. Petit symptôme que ce tribunal qui éclate de rire. Peut-être, mais il en dit tout de même très long. À l'envers, si on parle de la vie et de la mort, et de la façon de la donner, un des thèmes de bouffonnerie actuelle présente dans les romans que j'écris, ce sera le fait qu'un infanticide, par exemple, soit romantiquement emphatisable comme preuve ultime de liberté humaine vécue dans son fondement authentique. Les deux crimes, d'ailleurs sont à rapprocher. Donc, dès les premières pages du *Cœur Absolu*, j'ai ressenti comme une sorte de devoir de romancier d'avoir à redéfinir les dimensions de l'enfer. Il m'est apparu que l'infernal dantesque avait changé, depuis quelque temps, de coordonnées.

Si c'est le cas, le paradisiaque (ou l'érotique) a aussi connu un bouleversement. J'ai donc décidé de me raconter tout cela à moi-même. Je me suis dit que j'allais me faire ce cadeau : j'ai écrit ce livre *Le Cœur Absolu* comme une sorte d'Âge d'or. Et je ne regrette pas de l'avoir fait parce que, comme ça, je vais pouvoir en écrire un autre.

*Note* : Je n'ai pas le temps de développer ici pourquoi la conversation peut traverser tous les espaces de langage et se trouve donc être le système nerveux romanesque par excellence. Cela ira de la réflexion la plus triviale à ce que la tradition, en peinture, entend par *sacra conversazione* (représentation mystique qui, en réalité, réverbère la conversation infinie qu'est la disposition trinitaire). Puisque *Le Cœur Absolu* est, en un sens, dédié à Laurence Sterne, restons donc dans la frivolité apparente : « Avez-vous lu les Deux Éloges ? — Ah ! mon Dieu ! le petit Cossé est mort, c'est une désolation ! — M. de Clermont qui vient de perdre sa femme ! — Hé bien ! Madame, et M. Cham-

bonneau qui doit reprendre la sienne; mais c'est affreux!
— À propos, on dit qu'on vient de nommer deux dames à Mme Élisabeth. Si je le sais! — Bon! ne voilà-t-il pas que je viens de me faire écrire chez Mme de Boucherolles! — Soupez-vous par hasard chez Mme de la Beynière?» Telle était, d'après Walpole, la sténographie de la conversation du monde quintessencié de Paris, le 9 septembre 1775, à midi moins le quart.

Propos recueillis par Jacques Henric.

## *Naissance, Mort*

Nervure[1] : *Comment justifiez-vous le titre de votre roman* Le Secret[2] *?*

Philippe Sollers : C'est un livre où il est question de l'extrême perturbation que la Technique entraîne dans les représentations habituelles de la naissance et de la mort. Au cœur de ce livre il y a en effet une tentative d'assassinat réelle contre le Pape, que j'ai prise comme thème, presque policier, mais il y a aussi une expérience du narrateur confronté à la mort de sa mère. Après coup, en relisant un texte de Heidegger, *La Chose*, qui se trouve dans son livre *Essais et conférences*, j'ai trouvé ceci qui me paraît pouvoir dire, dans le domaine de la pensée, à quoi correspond ce roman : « Les mortels sont les hommes, on les appelle mortels, parce qu'ils peuvent mourir. Mourir signifie : être capable de la mort en tant que la mort. Seul l'homme meurt. L'animal périt. La mort comme mort, il ne l'a ni devant lui, ni derrière lui. La mort est l'Arche du Rien, à savoir de ce qui, à tous égards, n'est jamais un simple étant, mais qui

---

1. Journal de psychiatrie.
2. Gallimard, 1993.

néanmoins est, au point de constituer le secret de l'être lui-même. La mort, en tant qu'Arche du Rien — (vous voyez, là, que Heidegger invente une métaphore qui s'oppose à l'Arche de Noé où les corps d'animaux sont embarqués dans un Déluge, de façon qu'ils puissent se réaccoupler et se reproduire) —, abrite en elle l'être même de l'être. En tant qu'Arche du Rien, la mort est l'abri de l'être. Aux mortels nous donnons le nom de mortels non pas parce que leur vie terrestre prend fin, mais parce qu'ils peuvent la mort en tant que la mort. C'est en tant que mortels que les mortels sont ce qu'ils sont, trouvant leur être dans l'abri de l'être. Ils sont le rapport qui s'accomplit, à l'être en tant qu'être. »

Heidegger continue, comme il le fait chaque fois, par dire que la métaphysique, au contraire — (la métaphysique en tant qu'essence du nihilisme, oh combien contemporain, depuis toujours mais enfin de plus en plus contemporain) —, se représente l'homme comme animal, être vivant. Tout cela me paraît devoir intéresser la psychiatrie : « [...] comme être vivant. Même quand la ratio pénètre et gouverne l'*animalitas*, la condition humaine demeure déterminée à partir de la vie et de ses expériences. Les êtres vivants raisonnables doivent d'abord devenir des mortels. » Donc voici le secret : comment je crois qu'à travers un roman on peut le redéployer dans l'histoire contemporaine ou plus exactement dans son envers « historial ». La société dans laquelle nous vivons a comme caractéristique, à mes yeux, d'être de plus en plus apparemment transparente, apparemment étalée dans toutes ses dimensions ; exhibée à chaque instant, comme un spectacle permanent de toute chose, et en même temps de plus en plus secrète. Vous pouvez ressentir, presque à chaque moment que, ce que l'on vous montre ou ce que l'on vous dit, de façon incessante, très insistante, vous échappe, que vous n'en savez ni les tenants ni les aboutissants, ni où se prennent ni comment se prennent les décisions. En même temps qu'un discours tout-puissant, planétaire, d'apologie, de réitération, de la démocratie et des Droits de l'homme, vous percevez, du moins c'est ce que je veux faire sentir, qu'il en va peut-être tout autrement, et que nous assisterions à la naissance très énergique d'une grande Tyrannie, ou si vous préférez d'une Oligarchie, qui se réserve à chaque instant dans le secret, un secret qui n'a rien à voir avec celui que je viens de citer à travers Heidegger. Il serait plutôt sa parodie, sa confiscation, d'où une impression que vous pouvez avoir de plus en plus, à savoir que vous n'arriverez jamais à pénétrer complètement la vérité, la vérité «vraie» d'un certain nombre d'événements, probablement déterminants, de ce que nous appelons notre époque. Par exemple, cet attentat contre le Pape sur lequel vous n'avez aucune précision ultime, au point même que les versions en présence se chevauchent, s'entrecroisent, entrent les unes dans les autres et que vous aboutissez à quelque chose qui ne peut pas être clairement élucidé. Pour un autre assassinat, celui de Kennedy, vous avez le même halo. Je prends l'exemple d'un assassinat parce qu'il me semble que le fait de donner la mort à un individu, d'une façon médiatique, spectaculaire (alors qu'évidemment il y a des tas d'assassinats à chaque instant, sur fond de l'Italie telle qu'elle explose, telle qu'elle se décompose), révèle le processus d'irréalisation de la mort. Il y a une façon de ne plus pouvoir vivre la mort, de ne plus «pouvoir la mort»; une confiscation de la mort, qui me paraît être logiquement du même ordre.

Les historiens du futur parleront de cette possibilité nouvelle de la Technique de reproduire les corps en l'absence de toute sexualité. C'est la raison pour laquelle dans un livre comme *Le Secret*, vous lisez qu'on appelle même les enfants qui naissent de cette opération technique, «les enfants du secret». Je m'intéresse beaucoup à cette perturbation technique, qui a l'air d'enchanter tout le monde et particulièrement le clergé intellectuel, puisqu'on reproche sans cesse au Pape d'en retarder l'application planétaire (rire). J'insiste beaucoup sur ce devenir inéluctable de la Technique qui me paraît devoir se généraliser. Tout ce que la Technique peut faire, elle le fera.

N. : *Au-delà du secret d'un attentat non élucidé, il y a le secret de la rencontre d'un Pape et de son tueur (p. 25), puis le secret de la note perdue qui cache le secret de son rédacteur et ainsi de suite... Comme si un secret cachait un autre secret. Le secret serait-il incontournable, inhérent à la nature humaine ? S'agit-il d'une composante de l'être humain ?*

Ph. S. : Mais comment définissez-vous l'être humain ? D'une façon métaphysique en tant qu'animal vivant, rationnel, politique, ou bien en tant qu'il a cette possibilité tout à fait extérieure au monde naturel de «pouvoir la mort», ce qui suppose qu'il a sur sa naissance même comme une possibilité de la surmonter, de ne pas en être le prisonnier animal, biologique ? Prison dont Freud nous donne un certain nombre de coordonnées puisqu'il est venu dire que l'être humain tel qu'il est défini dans la métaphysique n'a pas accès à cette possibilité, qu'il est très surpris de vivre sous la dépendance de la pulsion de mort. Je pense que la percée de Freud va être elle-même de plus en plus voilée par la naissance artificielle, infligée par la Technique. J'insiste dans le livre là-dessus : si je suis défini comme animal vivant, comme devant mon existence à la Technique, je suis évidemment dans une position extraordinairement cernée, sans issue imaginaire. Cela va renforcer ce qui à mon avis se profile à l'horizon : une promotion adaptative de la psychose. L'autre versant, vous le connaissez, cela se laisse lire, cela se laisse palper, n'est autre que la dépression. Dépression, Psychose, Illettrisme, vont être de plus en plus les nervures où vous allez sentir cette avancée supplémentaire du nihilisme propulsé par la Technique. Vous voyez que, là, l'être humain (que Heidegger a, à mon avis, parfaitement raison d'appeler plutôt « le mortel » pour bien le distinguer de l'animal, le mortel qui fait l'expérience du secret de l'être lui-même) a toute chance d'être de plus en plus empêché d'avoir le moindre rapport à l'Être. C'est pour cela que je parle de l'apparition d'une possibilité tyrannique virulente. C'est pour cela aussi que tout ce qui concerne le rapport à la mort dans ce livre est pris sur un certain ton.

J'ai relu ce texte de Heidegger après avoir écrit *Le Secret*. En réalité, si j'ai réussi à faire sentir, par l'art du roman, ce qu'est cette « Arche du Rien », cet abri, cette affirmation de la pensée jusque dans la mort, dans cet accès du « pouvoir-la-mort », d'affirmation en quelque sorte, le livre méritait de s'appeler ainsi.

N. : *Reprenant la phrase d'un « excellent auteur » (que vous ne nommez pas), vous écrivez : « Le secret généralisé se tient derrière le spectacle comme le complément décisif de ce qu'il montre et, si l'on descend au fond des choses, comme sa plus importante opération. » Cela pourrait être une belle métaphore pour l'inconscient ?*

Ph. S. : Je peux nommer cet auteur, c'est Debord[1]. Je conseille comme complément de lecture à mon roman de

---

1. Debord tient beaucoup à ne pas être compris et à avoir mauvaise réputation. Je ne vais pas dans ce sens essentiellement nihiliste, mais peu importe.

lire les *Commentaires sur la société du spectacle* qui ont été réédités récemment et qui donnent, à mon avis, l'analyse la plus percutante des procédures nouvelles de la société à l'ère de la Technique, c'est-à-dire la mise au secret des informations les plus importantes. Je vous donne un exemple, massif : prenez une carte de la Terre, où l'on vous a indiqué les lieux de drogue (cultures, laboratoires, routes de trafic). Vous superposez cette carte à celle du trafic d'armes : elles coïncident exactement. Puis vous superposez ces deux cartes, qui coïncident déjà, avec celle des lieux qui sont, en ce moment, l'objet de guerres interethniques ou locales (Kurdes, Turcs, ex-Yougoslavie, Proche-Orient, Nicaragua) : ces trois cartes n'en font qu'une. Si je veux souligner et interpréter cette simple constatation, qui est accessible à tout le monde, dans les grands médias d'informations, je pense que cela sera refusé. Par contre, il me sera facile de traiter ces problèmes comme s'ils étaient séparés, puisque cette séparation justifiera le fait qu'il y ait tant de conversations diplomatiques, des conférences à Genève ou ailleurs. Mais je ne pourrai pas dire, comme dans le conte d'Andersen, « le roi est nu ».

Pour l'analyse de la généralisation de la mafia comme phénomène nouveau, je conseille de lire le livre de Debord. Toute personne qui connaît l'Italie (j'y vais deux fois par an depuis trente ans), ou qui est simplement attentive aux signes des temps, devrait comprendre très vite de quoi je parle. Par exemple, vous ne savez toujours pas pourquoi, et vous ne le saurez pas, une voiture piégée a explosé aux Offices ou à Saint-Jean-de-Latran. Vous voyez, on reste dans mon sujet. Surtout à propos de Saint-Jean-de-Latran.

N. : *En fin de compte, le secret généralisé peut être une métaphore ?*

Ph. S. : Vous voulez dire une métaphore de l'inconscient ? Le fait que l'inconscient donnerait accès à l'autre définition du secret ? L'inconscient travaille, il se signale par un certain nombre d'incitations à se poser la question de savoir si je suis un simple animal ou bien si quelque chose me parle à mon insu. Mais je fais intervenir la mort parce que, en principe, nous sommes tous hégéliens, nous pensons qu'il y a une dialectique entre le maître et l'esclave. Le maître est maître parce qu'il maîtrise la mort. L'esclave attend que le maître meure. Or maintenant, c'est comme s'il n'y avait plus de dialectique, comme si le maître avait rompu unilatéralement ses rapports avec l'esclave. Le négatif n'est plus dialectique. L'inconscient ignorait la mort ; le spectacle, lui, l'escamote, ou, plus exactement, la déborde.

Ce déchaînement devrait nous alerter sur la prédominance, désormais, de la psychose. La drogue n'est pas là pour dire autre chose. Là, il faut se décaler par rapport au temps où Freud opère, temps qui, historiquement, n'est plus du tout le nôtre. La névrose, au moment où Freud la cerne, ou bien le cas Schreber qu'il analyse par écrit, n'ont plus grand-chose à voir avec les données de cette économie mondiale. Car cette économie, elle, est simultanément ouverte et cachée. Ainsi vous ne *suivez pas* vraiment les événements économiques de la drogue. Tout cela intéresse quand même la chimie de la maladie mentale, comme on dit. Qu'est-ce qu'on fait avec la chimie ? C'est un débat entre les psychiatres et les psychanalystes. Normalisation, marchandisation, spéculation : on reste en pleine Métaphysique.

N. : « *J'aime écrire, tracer les lettres et les mots* », dites-vous dans le roman, avant d'ajouter que c'est « *la seule façon de laisser filer, de devenir silencieusement et à chaque instant le secret du monde».* Le « secret » serait le moteur du travail de l'écriture ?

Ph. S. : C'est de moi que Lacan a dit un jour, j'ai eu ce privilège bizarre : « Il est illisible comme moi. » Maintenant, ce qui me frappe à la relecture de Lacan, je l'ai déjà dit mais je crois qu'il faut le répéter, c'est une certaine discordance chez lui très sensible entre le parler et l'écrit. C'est son symptôme. Indubitablement, Freud est un homme de l'écrit. Lacan est un homme de la parole qui, quand il écrit, a un certain nombre d'embarras, disons les choses.

Vous posez une question très profonde. Je crois qu'il faut pouvoir être lu avec une parfaite clarté et qu'en même temps cela soit indéfiniment questionnable. Je me sépare là d'une tradition herméneutique qui consiste à déchiffrer le sens d'un texte. Nous entrons dans une phase des sociétés, où l'acte banal de la lecture va être radicalement atteint. De plus en plus, l'illettrisme va être une chose patente. Cela aussi entre dans le programme d'une tyrannie. Chose patente chez « les nouvelles générations » éduquées par le Spectacle.

N. : *À quel point «faire l'amour» et «écrire» appartiennent-ils au même mouvement ?*

Ph. S. : À mes yeux, c'est la même chose. Il y a des rapports étroits, mais pas de recouvrement, entre secret et jouissance, langage et jouissance. J'ai écrit un jour un texte qui s'appelle « Je sais pourquoi je jouis ». Je pense que les écrivains, au cours du temps, font une expérience très particulière de ce savoir, jamais la même et pourtant la même.

N. : *Ce « Je sais pourquoi je jouis » est une provocation un peu comparable à la première phrase de votre ouvrage : « J'ai atteint mon désir »* ?

Ph. S. : Oui, c'est un blasphème par rapport à l'idéologie publicitaire qui vous somme de participer à la redéfinition de vos désirs, lesquels ne seraient jamais les bons. C'est pour cela que le secret est aussi, dans une partie réservée du livre, l'apologie systématique d'un certain art de vivre.

Pourquoi les écrivains sont-ils ces bizarres êtres d'un certain savoir sur la jouissance ? Je crois que c'est parce qu'ils ont un rapport excentré au temps, ou si vous préférez, à la mémoire. Ils sont enclins à faire de la mémoire non pas la réminiscence, la remémoration, la commémoration ou le souvenir, mais une expérience plus profonde. Je prendrai encore Heidegger parce que, d'après moi, c'est le seul — au-delà du platonisme — qui pense correctement cette chose, à savoir que c'est l'Être lui-même qui se remémore. Nous nous souvenons, oui, mais, en fait, c'est l'Être qui se remémore. Raison pour laquelle on l'oublie, ce fameux être, on l'oublie tout le temps, comme le logos, le langage. Vous vous en servez constamment et vous l'oubliez. Je crois que l'écrivain est à la jointure de cette expérience. Regardez Proust, par exemple. Il ne compte que sur un seul type de révélation, la mémoire involontaire. Cela se présente d'ailleurs pour lui comme l'expérience d'un secret. Comment se fait-il qu'un souvenir surgisse d'une façon totalement involontaire ? Je trébuche sur les pavés de l'hôtel de Guermantes et tout à coup je me retrouve exactement dans la position où j'étais devant le baptistère de Saint-Marc. Comment se fait-il que ce surgissement, ce bond, avec une lutte entre deux temps, l'un présent, l'autre passé, s'annulant l'un l'autre, comment se fait-il que ce déséquilibre me donne un sentiment de plénitude, d'immortalité ? Proust nous fait toucher, à travers une expérience très concrète (il s'agit d'entendre un bruit, d'avoir un goût dans la bouche, de trébucher), son «pouvoir-la-mort» à lui. La sensation d'immortalité surgit d'une annulation du temps : le temps retrouvé. Vous trouvez ce hors-temps à tout instant dans l'expérience littéraire, enfin celle qui consiste. Je pense qu'elle a toujours été scandaleuse ou suspecte de ce point de vue, et qu'elle le sera encore plus maintenant. D'où la clandestinité. Mon roman est un roman clandestin, où l'individu peut avoir plusieurs identités comme le doit un agent secret, ou plutôt un «agent du secret» puisqu'il travaille finalement pour lui seul. Un tel individu est bien forcé d'emprunter des identités différentes, de pratiquer le cloisonnement.

N. : *À la manière du Candide de Voltaire, le monde vu par Clément est celui, écrivez-vous, d'un «planétaire A.S.T.H.M.E.» : Argent, Sexe, Terreur, Hystérie, Mort, Enfant. Cet «A.S.T.H.M.E.» rassemble les ingrédients de la psychiatrie. Le monde est fou ?*

Ph. S. : Mais oui. Pour cette raison on voit que, tout à coup, Voltaire prend une autre dimension. Dieu sait ce qu'on a fait de Voltaire !
*Candide* est un récit pour vous faire sentir que le monde est fou. Cela a une fraîcheur considérable. Vous pouvez maintenant le relire comme s'il s'agissait de Kafka. Ce petit livre a soudain une autre évidence. Le monde est un chaos d'absurdités et d'horreurs, dit Voltaire, «j'en ai des preu-

ves ». Je me demande comment s'est profilée au XIXᵉ siècle la thèse d'un Voltaire optimiste (rire).

*Candide ou l'Optimisme*, présenté comme traduit de l'allemand, est un livre terrible et en même temps il a l'air de ne pas y toucher.

Ce n'est pas un cri de désespoir, c'est tout le contraire. C'est pour ça que je pense que l'ironie est nécessaire. Le monde est fou, je crois qu'il n'y a pas lieu d'en douter beaucoup, mais pour le faire sentir, c'est l'ironie qui doit intervenir. L'ironie est un art qui va être lui-même de plus en plus suspect. De beaux textes de Kundera à ce sujet montraient que l'ironie ne sera plus comprise. Debord insiste aussi là-dessus. Bientôt il faudra mettre des points d'ironie dans la marge pour dire : attention, ici ironie ! Vous voyez où nous en sommes.

La société se signale, il me semble, par une spéculation sur la folie. La collectivité est profondément intéressée, dans sa nouvelle économie politique, telle que j'ai essayé de la définir trop rapidement, par une certaine promotion de la folie. Marchandise, sentimentalisme, délire, pathos. À ce moment-là, ce qui vous paraît soudain le plus subversif, c'est le détachement ironique du *Candide* de Voltaire[1].

N. : *Le thème de la filiation tient une place importante dans votre roman. Les inséminés du futur, dites-vous, « exigent un vrai roman familial ». Va-t-on vers une nouvelle sémiologie, une nouvelle névrose ou psychose, une nouvelle répartition nosologique ? En bref, où est le père ?*

---

1. Cela doit s'entendre en fonction de l'analyse de Heidegger, *Le Nihilisme européen* (*Nietzsche*, II, Gallimard, 1971) : « C'est à l'époque de la parfaite absence de sens que s'accomplit l'essence des Temps Modernes. » Soit à l'époque de ce que Heidegger appelle la « Machination ».

Ph. S. : J'ai lu récemment un livre qui s'intitule *Rimbaud et son père*. On s'aperçoit depuis quelque temps que Rimbaud a eu un père... Ce qui m'intéresse, moi, c'est le temps qu'il a fallu pour se poser cette question (rire). Et, croyez-moi, le père de Rimbaud n'est pas du tout n'importe qui. Je vais vous dire comment m'est venue mon interrogation à ce sujet, c'est un moment de l'étonnement... Je lisais une chronologie de la vie de Rimbaud : le mariage de ses parents, son père... et je vois que dans la chronologie manque la date de la mort du père. Vous savez que toutes les interprétations sont absolument prisonnières d'une vision tournée vers la mère. Comme nous entrons de plein fouet techniquement dans cette question de l'évacuation d'une nouvelle façon du père, c'est un symptôme anticipateur de plus. Qu'en est-il du père ? C'est la question qu'on devrait poser à chaque instant. Comme l'a dit Lacan, c'est la voie royale. Parlez-moi de votre père. Je ne veux pas dire que la mère n'est pas importante, mais enfin, en général, l'ensemble très signifiant passe par là, et pas par hasard. Et puis Dieu n'est pas rien dans tout ça, il faut bien qu'il consiste, oui ou non, en tant que père ? En tant que garantie de l'étant ? Oui ? Non ? Être ? Néant ? Non-Être ? L'inséminé du futur cherchera où est son père. Cela aura-t-il même un sens de poser la question ? Et si mon père c'est la Technique ? Que sera une humanité qui sera persuadée que son père est Technique ? Avec un grand T à la place de Dieu ?

J'ai une amie psychanalyste à qui je faisais remarquer que l'expression « Au nom du Père, du Fils et du Saint-Esprit » était une formule de conjuration : on dit au nom du père pour éviter la mère, au nom du fils pour éviter la fille, et quel serait le troisième terme ? Elle me répond, et j'ai trouvé ça très juste : le corps médical. Vous obtenez : au nom de la mère, de la fille et du corps médical. Ce sera la trinité de la Technique.

N. : *Lorsqu'il s'agit des mères, deux registres opposés apparaissent dans votre ouvrage. C'est d'abord ce passage très intense, très émouvant, où avec la plus grande délicatesse, vous parlez de « mother » : cette mère qui meurt. Mais ce sont aussi les mères « gardiennes et spécialistes de la torture légale ». Quant à la société, vous la définissez comme étant une « entreprise de jouissance secrète maternelle garantie ».*

Ph. S. : Je parle de l'impossibilité de communiquer entre les sexes, je crois que la formule dans le livre c'est : « Il n'y a pas de conciliation, ni de réconciliation. » L'accord, s'il s'agit d'un accord, se fait sur le « pouvoir-la-mort ». D'une façon bizarre, parce qu'il est assez curieux qu'un fils tire cela, si j'ose dire, de sa mère. « Si je suis là avec un corps à mourir, ce n'est quand même pas sans qu'elle s'en soit mêlée. » Il me semble que l'on va, là, à l'extrême limite de ce qu'il est possible de se dire. Les mères, en général, sont biologiquement déléguées au contrôle. Appelez cela matriarcat si vous voulez, ça ne me choquera pas outre mesure. J'ai passé mon temps dans *Femmes*, et dans d'autres livres, à me moquer systématiquement, à ironiser cette pente. Je décris l'industrialisation des substances reproductives, le phénomène des mères porteuses, le marché de l'adoption, etc. Dans ce dernier cas, les prix sont désormais connus, un petit garçon aujourd'hui coûte 60 000 F, une fille 40 000 F. Je vous vends les deux pour 80 000 F ? C'est un bien social. Cela a toujours été un bien social, mais, là, on vit une mutation fondamentale : l'affichage du prix.

N. : « *Cette religion porte malheur* », *écrivez-vous à propos du catholicisme. Est-ce un paradoxe supplémentaire dans votre roman, au regard de votre position antinihiliste ?*

Ph. S. : Je reproduis un discours qui me paraît très agité. Le pape fait son travail. Il n'est pas là pour tenir le discours de ceux qui le nient. Cela produit une effervescence tout à fait intéressante. Le pape dit énormément de choses mais si vous lisez la façon dont elles sont répercutées par l'information, vous avez l'impression d'avoir affaire à un maniaque de l'antiavortement. Ce n'est pas une réaction raisonnable, mais c'est précisément parce qu'elle n'est pas raisonnable qu'elle est intéressante. Donc, je mime ce discours d'agitation, j'en donne de multiples exemples ironiques. D'un autre côté, j'essaie de marquer, avec une tonalité cette fois-ci autre, lyrique, ce qui agite tellement les animaux de la Technique. Comme par hasard, ce sont toujours ces vieux trucs sexuels. La Bible, à ce sujet, fait beaucoup délirer. Je ne vous apprends rien ? (Rire.)

Le problème, c'est que la Bible peut aussi faire délirer, dans un sens ou dans l'autre, l'histoire, l'historicité elle-même. On l'a vu. Pas seulement des individus mais aussi des masses. Ça s'est vu, ça se reverra.

N. : *Pour revenir à Lacan, j'ai noté dans votre roman un certain nombre de ressemblances avec le « style Lacan » : par exemple la note volée qui pourrait bien s'appeler la lettre volée, l'A.S.T.H.M.E. qui ressemble à la S.A.M.C.D.A. dans* Télévision *; les multiples références littéraires et artistiques (*La Pietà...*), ce que vous dites sur le regard, etc., influence lacanienne ?*

Ph. S. : J'ai été un participant attentif du séminaire de Lacan pendant longtemps, à partir des années 1964-1965. Il se passait là quelque chose. Hélas, les gens qui ne l'auront pas connu et qui ne l'auront pas entendu parler ne sauront pas vraiment ce que ça pouvait être. Le corps de Lacan parlant était un art. J'ai proposé souvent à des gens de le filmer, cela n'a jamais eu lieu, c'est étrange. Il n'y a que cette bricole qui s'appelle *Télévision*, mais qui est tellement la lecture d'un texte écrit que c'est tout différent.

Je l'ai connu, on a bavardé souvent ensemble. Le moment le plus aigu c'est quand on a travaillé sur celui-là, vous voyez tous ces manuscrits (Joyce). C'était une sorte de cheminement parlé très passionnant. Lacan a évolué dans son style d'intervention. Au début, lorsqu'il écrit sur Gide et Jean Delay, on est loin de Joyce ! Je ne peux pas nier qu'il y ait eu là des effets de contamination. Je revendique d'une certaine façon le fait d'avoir entraîné Lacan dans la forêt vierge Joyce (rire). Il y a un point, chez Lacan, qui m'a toujours intéressé : les références à la Théologie. Ce n'est pas fréquent que quelqu'un essaie de comprendre la Trinité ou les choses de ce genre. Et puis, le rapport à Heidegger. Lacan s'est débattu avec ces deux dimensions. Il me semble malgré tout qu'il est resté très en deçà.

N. : *Une autre partie du secret, dites-vous : on peut être et avoir été. Puis vous revendiquez la faute « je suis été ».*

Ph. S. : Je trouve que c'est beau en français. Le français a là une chance qui est qu'on peut confondre la saison (au sens rimbaldien) et l'être, et dire : « Je suis été. » La langue se prête à cette singulière expérience du temps, vous ne vivez pas votre passé comme passé. Proust, ici, est formel, il met tout le paquet pour vous dire ça, c'est bel et bien un présent hors-temps, un présent-passé-présent, cela déclenche chez lui une bizarre certitude. Il y a peu de gens qui ont des certitudes sur le Temps. «Là où c'était, je dois advenir... » Oui, mais la brusque révélation que vous «êtes été», que vous êtes là où vous étiez, est d'une autre essence : «Je suis été. » Heidegger dit encore : «Tout tient au fait que nous devenons "instants", passons à l'état "d'instance" dans cette éclaircie produite par l'Être, éclaircie que nous ne saurions avoir jamais faite ni conçue. »

N. : *Critiqué, aimé ou détesté, vous ne laissez jamais indifférent. Paradoxe, éclectisme, ironie, aisance... ont pu faire dire qu'il existe chez Sollers un «panthéisme de l'écriture »?*

Ph. S. : Je pense que, dans mon cas, ce que déclenchent les livres, j'en ai l'expérience, courante, ancienne, répétitive, je n'y peux rien, c'est comme cela, a un rapport avec le corps. Les livres font un corps en plus. Et, donc : amour ou haine. Pas de neutralité. Le coup n'est pas neutre. Je crois qu'il suffit de présenter le langage comme une expérience physique pour provoquer ces effets. Ils ne sont pas du tout du même ordre que ceux de la médiatisation, et je ne suis pas en train de vous dire que je plais ou que je déplais par mon apparence ou par ma mine. Il se trouve qu'il y a quand même cet effet-là qui passe. Est-ce évitable ? Il faudrait être mort pour le dire. Mais je le dis.

Il y a du malentendu. Je peux évidemment constater que quelqu'un qui dit m'aimer me hait et que quelqu'un qui me hait m'aime. Un acte d'amour est aussi un acte de haine qui se donne le temps de se retourner. En réalité, je ne laisse pas indifférent parce qu'il y a cette tonalité de mise en cause de la Métaphysique, les gens le sentent. Il y a peut-être en moi quelque chose qui, même à mon insu, conteste radicalement la Métaphysique et qui, par conséquent, peut être perçu comme un corps à part.

Les écrivains suscitent des choses bizarres, vous savez. Je ne suis pas le premier. Chacun fait son tour à sa façon, mais enfin, en général, ils suscitent des passions, même morts. On les veut morts parce qu'ils ne sont pas vivants comme il faut.

*Octobre 1993.*

## *Le style en corps*

*Que vous évoque le titre « Les logiques du corps », choisi par la revue* Che Vuoi*?.*

Je remarque que vous avez mis « corps » au singulier et « logiques » au pluriel, ce qui pose tout de suite la question de savoir pourquoi vous n'avez pas mis « corps » au pluriel, comme s'il n'y avait qu'un seul corps. Ensuite le mot « logiques », dans son effet de logification, permet, ou pas, de faire entendre ce qu'il en serait des rapports entre corps et *logos*. Est-ce que le corps est réductible à la logique ou bien est-ce qu'à travers la représentation que nous en avons nous vivons un moment très singulier qui serait que nous serions obligés de redéfinir les rapports du corps au langage ? Qu'est-ce qui, du corps, demande à être pensé ou parlé au-delà de la représentation que nous nous en faisons ? Qu'est-ce qui nous permettrait d'échapper, ne fût-ce qu'un court temps, à la programmation de la reproduction des corps telle qu'elle est saisie désormais par la technique ? *Ai-je* un corps, ou bien *suis-je* ce corps ? Jusqu'où ?

Toutes ces questions surgissent avec votre titre. De quel corps s'agit-il d'abord, humain, je suppose, n'est-ce pas ? Ensuite, bien sûr, masculin ou féminin : ce n'est pas le même. Ensuite dans le temps : est-ce que c'est le même corps de la naissance à la mort ? Qu'appelle-t-on être en vie ? Qu'est-ce que le rapport à la mort, aujourd'hui ? Autant de questions dont je crains que le terme « logiques » ne les atténue, ne les canalise trop vite dans son effervescence historique et politique. On pourrait déplacer la question d'un petit mouvement vers une question qui serait : corps et étant. Qu'est-ce qu'un corps dans l'étant ? Comment est-ce que je m'y retrouve ? La psychanalyse s'y sentirait évidemment à l'aise, puisque c'est de cela qu'elle s'occupe — je suppose —, de ce curieux embarras du corps comme étant, y compris la question de l'inscription et de la mémoire.

Il est question du vouloir dans *Che Vuoi ?* Le vouloir, dans l'interpellation lacanienne, est lié au désir... mais qu'est-ce que la volonté vient faire là ? Je vous prends tout de suite la formule de Nietzsche que fait ressortir Heidegger dans *Was ist Denken ?* C'est la formule suivante, qui me paraît illuminante : Nietzsche définit ce qu'il appelle l'esprit de vengeance, comme le ressentiment de la volonté contre le temps et son « il était ». Dans le vouloir (sous-entendu : volonté de puissance au sens nietzschéen) est inscrite la possibilité de cet esprit de vengeance en tant que ressentiment de la volonté par rapport au temps et à son « il était » : là où c'était. C'est vérifiable au jour le jour, et vous avez ainsi à vous poser la question *pour chaque corps*, quel qu'il soit, de la façon dont il se comporte par rapport au négatif. Tant qu'on se fait du corps une représentation d'où « sortirait » du langage, on reste dans cette prise de la volonté et on se coupe de ce qui pourrait s'appeler les jouissances des corps. C'est la raison pour laquelle je m'intéresse beaucoup à la peinture. J'ai écrit des livres sur Francis Bacon et sur Picasso pour cette raison même que ça vient déranger ceux qui ne pensent le corps que d'une façon extrêmement restreinte ; raison pour laquelle l'image publicitaire, télévisée, cinématographique, en miroir, optique, bloque de façon très intéressée ce qui ne fait apparaître le corps que lorsqu'il est *dit*. La peinture *n'est pas une image*, c'est une chose qui est *essentiellement verbale*. J'ai essayé de montrer ça en parlant de Cézanne peignant en direction de Rimbaud, de Bacon peignant dans le sillage d'Eschyle et de Picasso se souvenant de Nietzsche, certainement. La peinture dit quelque chose que personne ne semble voir et c'est une très bonne façon de savoir comment quelqu'un se situe dans le temps que de lui poser la question de sa vision de la peinture. Vous pouvez vérifier cela à chaque instant avec n'importe qui : les réponses sont extrêmement misérables. Cette misère est donc celle aussi des corps par rapport à eux-mêmes. La peinture permet de s'en assurer. Cette misère, bien entendu, est indéfiniment exploitable en termes économiques et politiques. Toute tyrannie, spontanément, le sait.

*Femmes est écrit, me semble-t-il, dans une filiation sadienne et avant l'épidémie du virus du sida. Cette épidémie vous paraît-elle avoir une incidence sur la possibilité d'écrire ainsi ?* Femmes *serait-il le dernier livre daté d'avant le sida ?*

Est-ce que *Femmes* est écrit « avant » l'épidémie ou *juste au moment* où elle va être reconnue comme telle ? Je peux vous montrer, dans *Femmes*, des passages qui anticipent sur cette affaire. Il ne faut d'ailleurs pas s'obséder trop là-dessus dans la mesure où c'est un épisode (certes très important) d'une dévastation générale dans l'expropriation des corps. C'est un livre qui ne me paraît pas avoir pris une ride, si je puis dire... Vous pouvez inscrire, et il le faut, le sida dans cet horizon, mais il y a bien d'autres phénomènes qu'il faut inscrire en même temps. Un historien de l'avenir dira peut-être : « Tiens, comme c'est curieux, vers la fin du XX$^e$ siècle, en même temps que pour la première fois dans son histoire l'humanité avait les moyens de se reproduire sans passer par l'acte sexuel, une épidémie spécifique se développait par la même occasion, dans le même temps. » Le sida est peut-être un arbre énorme et vénéneux qui cache la forêt, c'est-à-dire une mutation. Des épidémies il y en a eu pas mal dans l'histoire, la peste, la syphilis. Le problème n'est pas la maladie en elle-même mais ce qu'elle produit dans les représentations sexuelles. C'est toujours, paraît-il, la faute à jouir. Je prends le pari que *Femmes* sera le premier livre *d'après* le sida !

*Dans votre livre* Sade contre l'Être Suprême, *vous écrivez : « Pour la première fois, la jouissance comme telle est circonscrite, approfondie, observée, chiffrée, notée, raisonnée. »*
*Pour vous, Sade signe une première fois quant à la jouissance et à son déchiffrement. Pouvez-vous reprendre ce point ? En quoi n'y a-t-il pas là de précédent ? En quoi cela a-t-il à voir avec le discours de la science ?*

Qu'il n'y ait pas de précédent à Sade, je crois que quand même ça vous saute à la figure quand vous le lisez. Que cela ait un rapport direct avec la Grande Révolution, qui est française, est évident, en insistant sur son aspect terroriste et religieux. La Grande Révolution, disent les Allemands, comme ils disaient de la France, la Grande Nation... Il y a entre 1789-1793 et 1814, allez, disons au moins trois effets de cette Grande Révolution. Vous savez ce que disait

Nietzsche : « le corps à travers l'histoire », ce veut dire aussi le corps à travers votre histoire individuelle. Qu'est-ce que c'est le corps *à travers* l'histoire ? Qu'est-ce que c'est que mon corps en tant que navigation dans l'histoire ? Il y a donc eu au moins trois effets majeurs, pensés, écrits de la Révolution : Sade, Hegel — *Phénoménologie de l'esprit* — et, dans un coin mais peut-être encore plus au cœur, Hölderlin.

On peut dire que, dans l'histoire de la métaphysique, Sade surgit non pas en face de Kant et non pas sans humour comme je me suis permis de le dire à l'encontre de Lacan, mais dans la question de l'histoire de la métaphysique telle qu'elle subit ce choc révolutionnaire. Révolution voulant dire transformation des rapports entre tout et tout. Si vous voulez tout de suite le confronter au discours de la science, ce sera presque une abstraction que vous allez opérer. J'ai toujours été frappé, et c'est ça que j'ai écrit dans *Sade dans le temps*, par le fait que les commentateurs de Sade lui répondaient en termes d'abstraction. Cela se voit dans les textes, à savoir que *les mots ne sont pas là*... Les mots de Sade ont disparu. Son imaginaire verbal s'est évaporé. On en fait l'économie pour le ramener à un point de vue qui, en effet, est toujours plus ou moins néokantien, ce qui est un réflexe de survie métaphysique entamé par l'écriture de Sade. Les mots qu'il emploie, la prodigieuse invention romanesque dont il est l'auteur anticipent sur la façon dont la technique va arraisonner le corps humain dans l'époque qui va suivre jusqu'à nous... jusqu'aux hormones de croissance, aux greffes, aux fécondations in-vitro, tout ce que vous voulez. Ça devrait sauter aux yeux de quelqu'un d'un peu réveillé, qui ne serait pas dans l'hypnose ou le farfouillage de plus en plus vain et cloné du corps humain. C'est pour cela que Sade est toujours là en tant qu'incontournable dans notre bibliothèque, sauf qu'après lui avoir répondu en termes d'abstraction, en termes d'interdit, en termes faussement poétiques, en surréalité, maintenant l'opération porte sur l'inhibition directe à la lecture. On fait semblant que Sade est lu, mais c'est faux. J'ai proposé, devant cette imposture (qui consiste à dire : après tout Sade pourquoi pas, parmi d'autres), d'aller en lire des passages à la télévision, au journal de 20 heures. Je vous assure que cela ne serait pas possible. Ce n'est donc pas le discours de la science seulement qui est en cause. Lui suit son cours d'asservissement à la technique... C'est la *représentation* que nous sommes capables de nous en faire. Ce qui m'étonne constamment c'est que personne ne soit étonné. Il est stupéfiant que personne ne soit stupéfait. La stupéfaction que vous pouvez vous donner très facilement, en lisant n'importe quelle page de Sade au hasard, correspond à la stupéfaction que vous n'avez pas, et que vous devriez avoir, à chaque instant, dans les nouvelles que l'on vous diffuse de ce à quoi vous êtes promis ou promise en tant que corps.

*En quoi l'œuvre sadienne en tant qu'elle est écriture peut-elle ouvrir à une exigence érotique ?*
*En quoi une œuvre en tant qu'elle est une œuvre ouvre à un rapport érotique ?*

Une œuvre digne de ce nom porte toujours la marque d'une exigence érotique. Dans une classification des œuvres, je crois qu'on peut les hiérarchiser par rapport à leur exigence érotique. Il en va de même des individus. La difficulté consiste à casser les représentations dites « érotiques », parce qu'il y a encore des gens qui croient que Sade est à mettre dans le même enfer que n'importe quel gadget pornographique. Mais si je vous dis que l'effet érotique de Pascal et celui de Sade sont strictement équivalents dans ma logique, je ne suis pas sûr que vous m'entendiez. C'est la même difficulté en peinture, quand vous dites que c'est le même pinceau (celui du Titien) qui a peint une Assomption de la Vierge ou bien une Vénus à la fourrure. Moi ça me paraît simple, mais je constate que ça ne l'est pas pour tout le monde. Le psychisme humain, en tant qu'il est relié puissamment à un intérêt social déterminant, ne considère pas que c'est du même ordre. Georges Bataille a dit des choses fondamentales là-dessus. Le vrai corps de Sade n'est pas celui qu'on enterre quelque part; le corps de Rimbaud n'est pas non plus celui que sa mère, dans une lettre célèbre et peu lue, installe dans son caveau de famille. Qu'est-ce que ce corps qui fait œuvre, qui se transforme en œuvre? Et qui reste donc indéfiniment érotique? Eh bien je crois que c'est cela qui hante les imaginations, c'est-à-dire l'érotisme en tant qu'affirmation non biologique.

*Qu'est-ce que le corps du pape aujourd'hui ?*

Le corps du pape? Il joue son rôle. Voilà une bizarrerie dans l'histoire : il y a un corps qui est *tenu* de répéter, à chaque instant, que le corps n'est pas seulement de la génétique ou de la biologie, du reproductible, et que ce n'est même pas du cadavre définitif. Ce corps-là s'emploie à nous répéter ça. Le corps du pape, je vais vous dire à quoi ça sert dans la réactivité de la représentation, c'est qu'immédiatement l'investissement sexuel est énorme. Vous dites *pape* et c'est pavlovien, ce sera préservatif, contraception, avortement, etc. Moi ça m'amuse beaucoup. Pendant ce temps-là, comme on dit dans les films muets, il se passe énormément de choses dont il n'est jamais question, y compris financières et diplomatiques, du plus grand intérêt. C'est le côté, si vous voulez, par où la théologie conséquente persiste à dire quelque chose. Personnellement, je crois que vouloir s'en débarrasser comme si c'était de l'élucubration, consiste à ravaler l'histoire. Ce n'est pas ma position.

J'ai choisi, moi, de ne jamais dire «pacte germano-soviétique», je dis «pacte nazi-stal». C'est plus éclairant. *Nazi-stal* veut dire quelque chose de très précis, à un moment donné, dont le pape, par exemple, n'aurait pas dû réchapper.

Le pacte nazi-stal avait deux objectifs très précis, c'était de supprimer tout de suite, là, dans l'urgence, deux esprits nationaux. Le premier c'est l'Espagne avec tout ce que cela comporte de questionnements possibles à travers les langues, et le deuxième c'est la Pologne et cela a bien eu lieu ; massacre de masses. Le corps du pape resurgit de cette affaire en tant que polonais indubitablement, je ne crois pas que ça soit par hasard, que ce corps-là ait été élu pape polonais. Le premier non italien depuis quatre siècles et demi.

*Dans votre livre sur Francis Bacon vous évoquez le commentaire du pape Innocent X devant son portrait peint par Vélasquez : « trop vrai ». À quelle vérité ce « trop vrai » renverrait-il, selon vous ?*

On est dans ce qu'on pourrait appeler les rencontres au sommet, le maximum de pouvoir venant de l'intemporel vers le temporel et le maximum de vérité dans la représentation. C'est la rencontre entre un pape et un peintre. Il se trouve que cette rencontre a eu lieu dans ce tableau fabuleux qui inspire Bacon. Lacan a voulu donner une leçon à Foucault sur ce qu'il n'avait pas vu dans *Les Ménines*. Moi je crois que la meilleure approche est plutôt dans le geste de Bacon à propos du tableau de Vélasquez représentant Innocent X.

«Trop vrai», cela veut dire que le moment historique est saisi par le peintre ou par l'écrivain. Dans le même ordre d'idées, vous avez le fait que Sade ne se prive pas de faire intervenir le pape de l'époque dans une orgie fameuse, à Saint-Pierre de Rome dans *Juliette*. «Trop vrai», c'est quand ça effraye, quand la vérité est arrivée à toute se dire dans le temps, c'est-à-dire indéfiniment.

Tout peut se dire en peinture, en musique, en poésie... Sinon ce serait le règne de la *Pas-toute* et ça nous renverrait au matriarcat, règne dont la question se repose périodiquement mais d'une façon très violente en ce moment par des tas d'effets. Notamment cet effet majeur qui est l'irréalisation programmée de la mort, c'est-à-dire un effet très sensible d'un remplacement de la mort par une fantasmagorie du mourir. C'est très visible dans la mise en scène des derniers jours de l'ex-président de la République, ou dans le fait que vous reprenez sans cesse la ritournelle du Panthéon. Ce sont des avancées plus ou moins visibles du nihilisme. Ce qu'il faut bien appeler le nihilisme. Mais chaque fois vous avez comme un relayage que j'appellerai matriarcal pour aller vite, tout en vous indiquant que quand j'ai commencé *Femmes* je me suis demandé si la proposition en quelque sorte biblique qui commence le livre[1], j'allais la laisser ou pas. Est-ce que ça n'était pas *trop vrai*? Moi ça me semblait une évidence mais, bizarrement, ça a gêné plus les hommes que les femmes. De fait, ça se comprend.

---

1. «Le monde appartient aux femmes. C'est-à-dire à la mort. Là-dessus, tout le monde ment.»

*Pourriez-vous revenir sur votre expression « l'adulte pédophile mondial » qui a maintenant des convictions solides (la famille universelle, la science, le progrès, etc.), page 13 in* Sade dans le temps *?*

Oui, ça s'enchaîne avec ce qui vient d'être dit. Là-dessus, il y aurait beaucoup de développements à faire, y compris le fait que ce soit devenu une question obsédante dans l'actualité. « Familles, je vous hais », disait Gide, cette haine étant évidemment un amour très profond. L'adulte pédophile mondial, comment voulez-vous que je ne vous le présente pas avec son prix Nobel !... Le plus drôle est que j'ai été pour beaucoup dans le fait de faire évoluer Lacan de Gide vers Joyce. Longue marche ! Pourquoi l'adulte est-il désormais pédophile mondial ? D'abord parce que nous sommes dans une histoire désormais planétaire et qui porte sur la passion de la fabrication du miracle enfantin. Comme quoi le christianisme n'est pas la vraie religion pour rien (Pascal). C'est repris par Lacan, mais il faut aller plus loin. C'est bien là que quelque chose se dit comme passion. Ce n'est pas une ponctuation animale, encore qu'il pourrait se faire qu'on soit en vie juste pour périr. Les animaux périssent, l'être humain meurt. L'adulte mondial est pédophile, sans le savoir bien entendu, en tout bien tout honneur, c'est-à-dire *à la Gide*. Il faut relire toutes ces aventures pour voir à quel point, d'ailleurs, la complicité que Gide a trouvée auprès des femmes de son entourage passe l'imagination puisqu'elles préparaient quasiment les bonbons hameçons pour la promenade du jour ! Il a donc eu son prix Nobel pour son travail en faveur de l'émancipation des esprits.

Pendant ce temps-là, beaucoup de questions à mon avis plus fondamentales attendront. Je peux vous parler de Sade, de Hölderlin, de Hegel ou de Nietzsche, ou de Heidegger, on pourrait prendre Rimbaud ou tout ce que vous voudrez, ou Dante, ou le pape, les théologiens, ou saint Thomas, saint Augustin, sans parler d'Aristote, de Platon, de Parménide, d'Héraclite, comme vous voulez... Mais ce serait en pure perte.

L'adulte est en général un enfant très malhabile dans ses prestations sexuelles. Il y a des adultes qui ne peuvent pas se pardonner de ne pas être restés des enfants.

C'est tout, cela ne va pas plus loin. Il y en a quelques-uns qui arrivent jusqu'au pubertaire. Pour la cohésion du lien social ce n'est pas négligeable. L'adulte, c'est comme s'il n'était jamais adulte sur ce plan-là. À se détacher de cette subjectivité qui l'accroche à ce que l'on appelle la sexualité, qui n'est rien d'autre qu'un problème subjectif, on pourrait avancer vers l'Être. Mais n'en demandons pas trop.

*Dans une émission avec Alain Touraine, vous avez évoqué une double impasse actuelle avec d'un côté le nationalisme frontal et de l'autre une générosité ambiante (cf. le discours sur les droits de l'homme).*

*Est-ce que cette double impasse vous paraît révélatrice des logiques du corps actuelle ?*

*Et peut-on risquer un parallèle avec d'un côté l'horreur pédophilique, de l'autre la pureté angélique des enfants, révélée de façon si manifeste avec l'affaire Dutroux et le soulèvement moral qu'elle a provoqué à travers entre autres la marche blanche ?*

*Quel discours peut-il être soutenu au $xx^e$ siècle entre prédication vertueuse et apologie de la transgression ?*

La question implique que vous avez en effet non pas le choix entre Notre-Dame et le Panthéon, mais entre régres-

*Le style en corps*

sion et nationalisme. Il y a une belle phrase de De Gaulle disant que le patriotisme c'est préférer son peuple, faire tout en fonction du fait qu'on se croit porté par un peuple, alors que le nationalisme c'est de faire tout en fonction de la haine que l'on a pour les autres. Ce qui est plutôt intelligent. Ça se pose en 1940 pour ce qui est des Français. Il y avait peu de monde à Londres en 1940. Vous êtes allée à Londres à Carlton's Garden lire le discours du 18 juin ? C'est du français gravé dans la pierre. Les Français ont un problème avec cette époque entre 40 et 42, l'ex-président de la République, je ne vous le présente pas..., enfin tout cela fait l'histoire, puis si vous descendez dans le corps français, en fait il va vous parler en priorité de cela, dans sa généalogie, il est habité par une dévastation historique particulière qui repose comme par hasard sur des données très précises, très faciles à vérifier. C'est tout à fait visible dans ce que l'on peut appeler les demi-siècles, c'est-à-dire les gens qui ont été conçus du côté des années 1950. Ils sont dans un double placard parental, pacte nazi-stal, axe Vichy-Moscou, ils s'agitent en échangeant des secrets ou, même pas, des aphasies. C'est très révélateur.

Je crois que l'on est dans ce temps-là. Il y a une sorte d'engrenage : plus je vous fais abstrait mondialiste, plus je vous fais villageois archaïque. Et puis cela va marcher comme ça, chacun se confortant dans sa répulsion de l'autre. C'est bien comme cela que l'on aborde des questions aussi importantes que celle de l'Europe.

Le « soulèvement moral » ? Je m'absente !... Voyez-vous, dans l'horreur, il y a aussi de la fascination et de l'appétit. J'ai vu des visages de mère, en gros plan, qui n'étaient pas du tout en train de dire ce qu'elles disaient, mais autre chose. Ça me rappelle la formidable symptomatologie de Marguerite Duras dans l'affaire Villemin. Nous entrons dans des tourbillons hystériques. Souvenez-vous : « Elle y était » ! Duras est très intéressante pour faire sortir les choses. Lacan, bizarrement, était ravi par le ravissement de Lol V. Stein, mais je ne l'ai pas suivi dans ce troubadourisme. J'ai plutôt essayé de le familiariser avec Joyce, qui est d'une tout autre dimension. Parce que, dans tout cela, le manque au père est tout de même, je dois dire, très consistant. Où ça qu'il est passé, ce notre père supposé ? Alors il y a le pape qui doit, de temps en temps, vous dire qu'il faudrait aller voir de ce côté-là.

*Puisque la boucherie est l'espoir impossible de se défaire du trou... Je voudrais que vous nous parliez de cette proximité ou contiguïté chez Francis Bacon de la viande et des crucifixions. En quoi pour vous est-elle éclairante de ce siècle ? Et sans doute de toute actualité ?*

Bizarrement, avant et après la Seconde Guerre mondiale, un certain nombre de peintres, Picasso, Bacon, De Kooning, ont fait des crucifixions. Pas du tout comme vous les avez dans les églises, encore que si vous les regardez de plus près, celles qui sont dans les églises vous disent beaucoup de choses. Les peintres que j'aime ou les écrivains, les poètes, c'est pareil, se sentent appelés à faire quelque chose avec cette dimension du corps, et puis ils sont obstinés là-dessus. Ce n'est bien vu à aucune époque. Les gens en général sont appelés à faire de la décoration, à faire décor, à faire tapisserie comme on disait dans les bals. C'est triste à dire, mais c'est comme cela, la plupart des humains font tapisserie, ne savent pas inviter à danser, ne dansent pas. J'essaie, moi, d'écrire des livres qui dansent. Mais il y a ce fond de passion au sens christique, oui, pourquoi pas, puisque, comme l'a dit une fois Artaud : « La vie c'est toujours la mort de quelqu'un. »

*Quels liens faites-vous entre un style et une érotique du corps ?*

Dans *Studio*, mon dernier roman, je développe cette question, notamment par rapport à Hölderlin et Rimbaud. *Une saison en enfer* est un texte qui, à mon avis, n'a jamais été vraiment lu. Il s'agit de se situer en un point métaphysique où l'on sent arriver le texte de partout. C'est un texte admirable. Le style et l'érotique du corps sont une seule et même chose. *Une saison en enfer* se termine par la phrase suivante : « Et il me sera loisible de posséder la vérité dans une âme et un corps. » Qu'est-ce que ça veut dire : posséder la vérité dans une âme et un corps ? « Loisible », quel mot ! Et puis « posséder » ? Ah, *posséder la vérité* ! Comment ne pas se faire posséder ? C'est l'expérience de Dostoïevski : dans les souterrains, vous avez affaire à des possédés. Vous les laissez se demander pourquoi ils le sont. C'est à eux de trouver la réponse. J'aime ce mot-là, même argotiquement : être possédé ou non. Un style, on n'arrive pas à le posséder du dehors. Hölderlin dit, par exemple, que le poète est un demi-dieu. Sa position est très difficile, parce que d'un côté il a affaire à la jalousie rituelle des dieux qui peuvent le rendre fou. Mais il a aussi à se défendre des mortels qui sont par rapport à lui (pour autant que ce verbe est fait de chair) dans une avidité particulière, provoquant des désirs passionnels qui peuvent aller jusqu'à la mise à mort. Alors, entre devenir fou et se faire crucifier par désir, par appropriation désirante, la voie est assez étroite, n'est-ce pas ? Le verbe fait chair est l'objet d'un violent investissement érotique, qui peut déboucher assez facilement sur le meurtre. Comme dit un libertin chez Sade : il ne faut pas que je vous désire trop, autrement vous allez y passer. Il dit cela à Juliette. Je ne vais pas vous regarder trop parce que, sinon, cela ira jusqu'au bout, je vous tuerai. Sade effraie parce qu'il dévoile, au fond, que tout corps veut la mort de l'autre. Peut-il y avoir un Éros, indépendant de la pulsion de mort, un Éros qui ne serait pas le «jumeau» de Thanatos ? Mais oui : c'est cela, *le style*. C'est un don, une grâce, une musique qui, au fond, n'ont rien d'humain. D'où la jalousie qu'il provoque. C'est ainsi.

## *Le temps où nous sommes*

JACQUES HENRIC : *J'ai remarqué, à la lecture de vos deux livres qui paraissent ces jours-ci, votre* Sade *et votre* Picasso, *que le mot* révolutionnaire *revient souvent. Vous parlez de « héros révolutionnaire », de « subversion révolutionnaire », de « projet révolutionnaire »... Peut-on encore parler, aujourd'hui, d'écrivain, d'artiste* révolutionnaire, *et si oui, qu'entendez-vous, vous, par là ?*

PHILIPPE SOLLERS : L'actualité facilite la réponse puisque vous avez noté comme moi que ce mot était désormais repris par la tendance fasciste montante. C'est tout à fait explicitement que le Front national, par la voix de son président, dont je me demande d'ailleurs s'il n'est pas devenu le président occulte de la République française, parle de révolution. Puisque tout le monde ne s'occupe que du Front national et qu'il vient de décréter que son objectif était désormais révolutionnaire, comme ont fait tous les fascismes de tous les temps, on peut se poser la question de savoir si tout le monde ne participe pas désormais à ce complot. C'est du moins la révolution qu'on nous annonce, de laquelle on a l'air de se prémunir tout en la servant, ce qui est tout à fait dans la logique de la fin de ce siècle. Si le mot révolution revient du côté fasciste, c'est probablement qu'il a dû sombrer dans son symétrique contradictoire, et que par conséquent personne, à part moi, n'ose plus employer ce mot autrement que dans cette perspective fasciste. Nous revoilà donc, par une ruse habituelle de l'histoire, replacés dans les conditions explicites du discours (pas de la réalité) du début du XX$^e$ siècle. Être vraiment révolutionnaire aujourd'hui, ce serait à mon avis tenir compte de cette falsification de l'histoire et s'occuper, plus que jamais, non seulement de l'histoire mais du temps. Car, si révolution régressive il y a, il faut en connaître les buts, et si tout le monde participe à cette révolution régressive, il faut en connaître les intérêts, qui ne sont ni plus ni moins, d'après moi, que d'effacer au maximum l'histoire du XX$^e$ siècle, de la faire rentrer de force dans une résignation mécanique, et d'édifier là-dessus, quoi ? un chaos, qui, comme tous les chaos, analphabète ou illettriste, ne peut amener qu'une prise de pouvoir tyrannique à travers l'amnésie programmée des citoyens.

Que pourrait être une perspective révolutionnaire qui le serait d'une façon non régressive et non fasciste ; qui ne collaborerait pas au fait qu'on croit se prémunir du fascisme en ne parlant que de lui, autrement dit en en ayant peur et en montrant par là même qu'on n'a plus rien à dire, par un effondrement des possibilités mêmes de formulation, de verbalisation ? Cette perspective n'a rien de commun avec ce qui a cru pouvoir se parer de ce nom et qui a manifesté son impuissance ou sa catastrophe. Pour reprendre ce mot, dans son sens subversif, il faut donc être tout à fait à la racine des choses quant à ceux qui l'ont employé, et, si l'on fait un bilan, en ne craignant pas de remonter jusqu'à la source, c'est-à-dire la Révolution française. J'ai écrit un certain nombre de textes, dans le désert, sur cette question, l'un qui s'appelle *Pour célébrer la vraie Révolution Française*, l'autre qui est ce *Sade contre l'Être Suprême*, que j'ai jugé utile de republier, aggravé par un texte liminaire : *Sade dans le temps*, où je m'intéresse à des questions très précises de datation. Être révolutionnaire aujourd'hui, cela veut dire avoir un sens aigu des dates, et parfois de façon extrêmement minutieuse, infime. Ce peut être une question de mois, de semaines, de jours. Nous avons désormais quelque chose de nouveau à dire sur le *temps*. Et si nous avons quelque chose d'*autre* à dire sur le temps, il s'ensuit que l'histoire, loin d'être finie, s'ouvre au contraire de façon infinie, et que nous pouvons la considérer, la vivre ou la revivre au présent telle qu'elle n'a jamais été envisagée. L'obstination que mettent, ces temps-ci, les fonctionnaires de la pensée à crier haro sur Heidegger devrait nous alerter immédiatement sur le fait que la question se pose en effet bien là, à savoir : qu'en est-il de l'*être* et du *temps*, du *temps* de l'être ?

Pour comprendre cette perte de conscience dans la datation, qui aura, qui a déjà, comme conséquence l'émergence d'un projet de type fasciste, appelé par cette incohérence de la vision du temps, par cette volonté de vouloir sauver une identité dans cette espèce de délire qui menace à chaque instant les individus dans leur cohérence subjective, regardons ce qui se présente à nous. Pourquoi voulez-vous qu'on aille se préoccuper de façon polémique ou dévote du baptême de Clovis en 496 ? Mais peut-être n'était-ce qu'en 498 ou 499 ? Là-dessus débats d'historiens, nouvelles cartes où je me souviens que ma ville de Bordeaux, si j'avais été en ce temps-là vivant, m'aurait vu naître chez les Wisigoths. Et puis je vois, par la même occasion, puisqu'un pape se déplace (pape, mon Dieu ! question dans le temps...), que des braves gens se mettent à défiler en commémoration de la bataille de Valmy (moi j'aime bien Valmy, où se trouvait mon ami Laclos en 1792, je me serais même volontiers déplacé à Jemmapes, aussi ; Clovis, Jemmapes, Valmy...), je vois que cette émergence d'un temps farfelu, le temps étant d'ailleurs toujours lié à la religiosité, d'où qu'elle vienne (ça fait religion, le temps, ça fait religion parfois de façon matraquante), je vois, comme par hasard, que ça gêne, que ça coince au maximum du côté sexuel. Je vois qu'à faire fonctionner du pape, du 496, du Valmy, on s'affole. Qu'est-ce que je vais faire si je suis pris dans la subjectivité de la représentation sexuelle ? Je vais sortir dans la rue, pour y faire quoi ? Jeter des préservatifs à la tête des passants ? Cela place tout de même l'acte surréaliste à son niveau le plus bas. Ce n'est quand même pas en balançant des caoutchoucs dans la gueule de mon voisin que je vais régler le problème.

Prenons d'abord un symptôme, dans *Le Monde*. J'y lis un entretien du spécialiste des questions papales, qui a beaucoup de travail en ce moment parce qu'il faut à chaque instant accompagner ce vieillard malade, dont tout le monde souhaite qu'il démissionne, comme si on pouvait démissionner quand on est pape, comme si un pape pouvait, puisqu'il doit mourir un jour, ne pas mourir comme un saint, enfin, soyons sérieux, l'agonie d'un pape sert sa cause, voyons les choses comme elles sont, un pape n'est pas un homme politique, ou pas seulement... Donc, je vois, dans cet entretien du journaliste du *Monde* avec Mgr Defois, que ce dernier explique que Clovis, en ne se convertissant pas au catholicisme, aurait pu devenir arien. Et, là je me frotte les yeux, je vois écrit *aryen*... Comme l'instance de la lettre dans l'inconscient se propulse parfois sous forme de typographie immédiate, comme nous sommes attentifs au temps et à ses minuties, nous sommes aussi attentifs aux détails de la typographie et de la lettre dans son parcours, car c'est la même chose d'être dans le langage d'une certaine façon et dans le temps d'une certaine façon, je me dis que arien..., disciple d'Arius, s'écrit *a-r-i-e-n*, il n'y a aucun doute là-dessus. J'ai failli envoyer une lettre de rectification, mais je me suis abstenu, les catastrophes s'accumulant on ne va pas rester sur une question de faute d'orthographe, et pourtant!... c'est désormais là qu'il faudrait réfléchir à ce qui est en train de se passer. Mais à qui voulez-vous expliquer aujourd'hui les questions trinitaires qui séparent l'arianisme du catholicisme... Et pourtant, ces petites discussions qui ont porté, comme vous le savez, sur un iota (doit-on dire de substance *semblable* ou de *même* substance ? *per filium* ou *filioque*...), ce sont des querelles qui ont surgi d'une lettre de rien du tout mais qui ont fait trembler l'histoire. Est-ce que tout cela est poussiéreux ? La preuve que non.

Mon second exemple sera pris dans le magazine dans lequel vous avez la gentillesse de me laisser parler, démocratiquement, *Art press*. J'y ai lu avec beaucoup d'intérêt l'entretien avec Paul Virilio où il dit justement que nous aurions besoin d'une nouvelle économie politique du temps. Pas un hasard si toute pensée quelque peu éveillée vient tourner autour de cette question. «D'une certaine façon, déclare Virilio, il n'y a pas eu de XX$^e$ siècle, mais une prolongation du XIX$^e$. Si notre époque a été impitoyable, a dit Camus, c'est parce qu'elle a reproduit et qu'elle n'a pas innové. Nous avons répété sans créer autre chose que de grandes catastrophes.» Je vois bien que le point de vue est social, mais je le regrette, car, si l'on dit que le XX$^e$ siècle n'a fait que répéter le XIX$^e$ dans l'ordre de la création du discours et des questions qui sont posées par le langage, on commet une erreur, une très grave erreur. Pas d'innovations ? Alors ne parlons plus ni de Picasso, ni de Joyce, ni de tout ce qui a été lié à la critique de la représentation... Ailleurs, Virilio dit qu'il s'intéresse beaucoup aux dessins de Rodin et qu'un jour il souhaite écrire quelque chose là-dessus, mais ajoute-t-il, pas nécessairement sur la dimension érotique des dessins... Il dit aussi que le temps a été déconstruit par Robbe-Grillet et Butor..., alors il faut lui envoyer d'urgence, et ce serait gentil de le faire pour moi, la cassette vidéo de *Paradis*, et puis le film sur Rodin, le livre sur les dessins érotiques de Rodin... Et comme il y a forcément du symptôme typographique là où les choses ne sont pas tout à fait pensées à fond, je vais vous le livrer, il est là, dans votre revue. Je lis : « *Là où croît le danger croît aussi ce qui sauve*, disait Rilke. » Oui, mais l'embêtant, c'est que ce vers n'est pas de Rilke, mais de Hölderlin ! C'est le poème que répète, et c'est presque comme une manie chez lui, Heidegger, dans tous ses textes sur Hölderlin. Voyez où mène le fait d'avoir décidé que tout intérêt pour Heidegger est suspect : on se trouve obligé de le citer indirectement sans le nommer, donc avec une erreur, bien sûr.

La question du temps et de la représentation... Si Picasso est si intéressant, c'est justement à cause de sa façon de dater, façon si curieuse que le seul à s'y intéresser est Brassaï qui en demande la raison à Sabartès, lequel lui répond : oh, c'est une manie du patron, il date comme ça, mais qui ça peut intéresser qu'il fasse un truc à dix heures ou à onze heures du soir ?... Et les femmes ? interroge Brassaï. Les femmes, aucune importance, répond Sabartès, les femmes passent, les tableaux restent... Mais non, c'est très important, au contraire, les femmes, les dates ! Les femmes sont des dates. Et toute date est peut-être d'une substance féminine à déchiffrer.

Je dirai, pour conclure, qu'être révolutionnaire aujourd'hui, ce n'est pas donc du tout aller dans le sens de je ne sais quelle proposition de catéchisme visant à transformer la réalité, ou même à vouloir être moderne, ou postmoderne, ou post-postmoderne. Être réactionnaire, en revanche, consiste tout simplement à refuser cette question nouvelle, bouleversante, sur le temps.

*Comment voyez-vous, avec la distance des années, votre « engagement maoïste » qu'on vous reproche encore ces temps-ci ?*

Il faut distinguer entre l'engagement en période de mouvement, et l'engagement en période de régression. Ce sont, encore une fois, des façons de procéder qui doivent différer selon le temps dont on s'occupe. Le « maoïsme » (avec guillemets) a été une façon, typiquement française, de se faire libre avec le temps, dans un contexte donné. J'ai entendu des gens s'étonner qu'à l'intérieur du maoïsme aient pu se glisser un certain nombre de revendications qui jusque-là n'avaient pu s'exprimer, celles par exemple des homosexuels, des femmes, des détenus, voire même des questions posées, nouvelles, sur le langage, sur l'inconscient... Rien de surprenant, pourtant ! C'était le moment où il fallait absolument que tout cela sorte. Si on le regrette, cela veut dire qu'on était ou qu'on se serait engagé de façon réactionnaire à ce moment-là. C'est ce que dit Machiavel : en période de mouvement, regretter le passé est réactionnaire ; en revanche, en période de régression ou de stagnation, ce qui est notre cas aujourd'hui, rappeler tout le feuilletage effervescent du passé est un acte subversif.

Debord dit cela autrement : l'honnête esclave d'aujourd'hui veut absolument être moderne. Il ne se rend pas compte, l'esclave, que c'est son esclavage qui le lui propose. Ce n'est jamais assez « moderne » pour l'esclavage actuel. Il y a un moment de subversion positif, si nous sommes à l'époque de Dada ou du Surréalisme, quand il faut s'emparer du moment présent, il y a une confusion considérable sur cette affaire parce que la *doxa* implique toujours qu'il y aurait eu linéairement des révolutions, qu'elles auraient été avortées, et qu'il faudrait recommencer de la même façon. Mais à chaque fois, c'est une création unique. Si ce n'est pas le cas, alors vous aurez, par la force, c'est-à-dire par la réduction du discours (en ne rencontrant que des inhibitions, des peurs et des aphasies), le rétablissement d'un ordre, rétablissement « révolutionnaire » de type fasciste. Pour combattre ce dernier, il ne convient pas de s'abriter derrière des protections humanistes qui ne tiennent pas le coup, ce qui veut dire qu'on souhaite être pris en main par le maître, puisque en tant qu'esclave moderne, on ne sait plus où on en est. Lisons Heidegger : « La destination historique consiste toujours à transformer l'héritage "national" en mission, tel est le "libre usage du national". » C'est de Hölderlin, pas de Rilke ! « Et d'autres termes : créer l'espace de jeu au sein duquel le national peut librement s'achever en histoire. Le national pris pour lui-même n'est rien, ou bien n'est que quelque chose se trouvant là-devant, pas de l'histoire. » Alors, prenez Valmy, Jemmapes, Clovis..., ce n'est pas de l'histoire, c'est de la commémoration, du spectacle. Je continue : « Mais le national (l'héritage) est la condition nécessaire, bien que non suffisante, du *Dasein* historique, c'est-à-dire du libre usage du national. Mais voilà qui est "ce qu'il y a de plus difficile". » Espace de jeu, libre usage du national. Si vous ne le faites pas, ou si vous n'en proposez pas les conditions, symboliques, mais aussi politiques, sociales (tout ce que vous voudrez : chômage, sans-papiers, coups de hache dans les églises, Clovis *by night*...), si vous ne préparez pas ce *libre jeu* du national, autrement dit si vous êtes l'honnête esclave moderne manipulé de part en part par les marchés financiers planétaires, ou bien celui qui rêve à un retour au biniou ou à son petit lopin ancestral, rituel et folklorique, ce qui d'ailleurs revient au même, alors vous préparez l'avènement d'une réaction de type «révolutionnaire» fasciste. Il est révolutionnaire d'écouter cette proposition de Heidegger, lequel, d'ailleurs, s'est trouvé révolutionnaire, car il l'est, malheureusement embarqué dans cette histoire de nazisme dont on est encore loin d'avoir sondé la profondeur, et dont on ne sondera la profondeur, je le répète, et j'y tiens, qu'en *lisant* Heidegger, et notamment sur la biologisation accélérée de l'espèce humaine. Sur le «libre usage du national» d'un point de vue français ? Voir *La Guerre du Goût*.

*Que pensez-vous de ce sempiternel procès fait à nouveau aujourd'hui aux intellectuels ?*

Je dirai simplement que décréter d'une part qu'on va désormais s'opposer à la montée fasciste s'annonçant explicitement dans une phase «révolutionnaire» d'insurrection, et faire du même geste le procès systématique, continu, récurrent, de tout ce qui a pu être révolutionnaire, au sens où je l'entends, donc notamment autour de ce qui s'est passé en 68, me paraît probant du délire rampant actuel. Le souvenir de 68 ne peut désormais être perçu que sous sa forme d'anecdote trotsko-anarchiste dont les résidus, presque souhaités, se manifesteraient sous forme d'antipapisme primaire par jets de préservatifs ou protestations anti-antiavortement et anti-sida. Que d'anti ! Je n'ai rien contre l'*anti*, mais si, en effet, ce qui s'est passé en 68 ne représentait, à l'intérieur même de la pensée, du discours et de l'action, que cette espèce de vieil abcès négatif dix-neuviémiste, à quoi aurait servi ce bouleversement ? Pareillement, on peut, à juste titre, et voilà de l'engagement, se poser des questions sur le contenu des livres et sur leur forme. De quoi parlent-ils ? Est-il question de l'histoire ? Quel point de vue y est développé ? Quelles questions sont abordées ? Regardons ce qui paraît et discutons-en calmement. Ce n'est pas parce qu'on publie des livres qu'on est justifié de les avoir écrits. À la limite, cette maladie qui consiste à attendre toujours que des livres paraissent est porté à tel point sur le plan de la marchandise spectaculaire qu'on peut se demander quels désirs s'expriment là. J'ai pas mal travaillé, ces temps-ci, sur Hölderlin et Rimbaud. Rouvrir ces dossiers, en termes historiques, l'un qui se déroule comme par hasard au moment de la Révolution française, l'autre comme par hasard au moment de la Commune de Paris (ce qui ne veut pas dire qu'il faut réduire Hölderlin à la Révolution française, ni Rimbaud à la Commune de Paris), on se rend compte à quel point les choses ont été recouvertes par des interprétations qui ne tiennent pas debout. La cessation de publication de Rimbaud, par exemple, fait beaucoup délirer. Je me mets d'ailleurs exprès dans un mauvais cas symétrique, puisque je m'entends reprocher, par la marchandise et le spectacle, de *trop publier*. Il y a dans ce *trop* un reproche de la marchandise elle-même, qui se voit en quelque sorte niée par mon genre de *trop*. L'inquiétude que j'entends dans ce « encore ! comment, encore un *Bacon* ! encore un *Picasso* ! encore un *Sade* ! » (rires) — comme si j'encombrais les librairies à moi tout seul ; j'entends dans ce *trop* qu'il pourrait être un trou dans le paysage. Mon *trop* est un trot qui tourne au galop. Me faire marcher au pas est difficile. C'est toujours *Paradis*, quoi. Je vais prendre un autre exemple de faux rapport au temps. Prenons Malraux. Malraux entre, ces jours-ci, dans l'éternité pompeuse du Panthéon, ce qui prouve bien que le souhait formulé par Lautréamont reste encore à venir, à savoir qu'il faut aller voir ce qui se passe sur la coupole, où on devine de loin un squelette, des fleurs séchées... Il faut y aller voir soi-même, monter, et pas entrer ou descendre... Qu'on soit avec un supposé Clovis, virtuel, à Reims, ou au Panthéon avec Malraux, je trouve que ça ne fait pas grand sens par rapport au temps. Ça fait sens par rapport à un petit temps, organisé en perspective selon que vous croyez à tel ou tel calendrier. Très important, j'y reviens, le calendrier, puisqu'une révolution, c'est ça : on date autrement. Si vous vous interrogez sur la raison pour laquelle Hölderlin, dans sa tour, met des dates parfaitement fantaisistes, apparemment, sur les poèmes qu'il écrit à la demande, cela a un certain rapport, n'en doutez pas, avec le fait que son passeport, lorsqu'il revient de Bordeaux, tamponné à Strasbourg, porte la date de prairial an X. Je me suis un peu occupé de cette affaire avec notre ami Vivant Denon, et je rappelle que lorsque Hölderlin parle de sa vue des antiques, ça n'a pu être qu'en visitant le Louvre nouveau, avec une date nouvelle, et des Grecs comme on ne les avait en effet jamais vus... Donc, quand Malraux, *Musée imaginaire* aidant, passe dans le virtuel du Panthéon, il est intéressant de regarder comment Malraux a regardé Picasso, Picasso à qui on pourra toujours reprocher d'avoir fait semblant d'être membre du parti communiste, par exemple. Encore une fois : Picasso *datait*. Son acte dans la représentation, c'était cet acte-là à tel moment et pas à un autre. Ce qui veut dire qu'on n'accroche pas les choses pour faire décoration dans une durée stable et mortuaire, mais qu'on se maintient dans une datation très rigoureuse dont il faut prévoir les enchaînements, les répercussions vivantes, et que c'est une façon d'être, et non pas une manie d'artiste. Une façon d'être avec un corps qui se comporte comme ça, en direct. Quand Malraux regarde Picasso, et notamment sa période finale sur laquelle j'aimerais insister, voilà qu'il compare ça à l'art des steppes. Il n'y a pas une seule fois où Malraux, dans *La Tête d'obsidienne*, évoque l'aspect sexuel de la question. D'autres que Malraux ont cru devoir parler d'érotisme sénile, d'impuissance, de vieillard libidineux. D'un côté pas un mot, et on est dans le spiritualisme le plus conséquent, c'est comme quand Blanchot parle de Sade, il ne cite jamais un mot obscène, tout doit rester implicite, abstrait ; de l'autre, on est dans l'adhésion ou la répulsion automatique qui fait que vous croyez que c'est de la pornographie ou de l'impuissance. Mais ce n'est ni ça, ni ça, ni ça. C'est un certain rapport au temps, un temps pas du tout panthéonisable, absolument pas religieux, et c'est *celui-là* qu'on veut en somme nous interdire parce que nous commençons nous-mêmes par le refuser en nous. Qui a peur de Sade et de Picasso ? En réalité, tout le monde. Pourquoi, au fond ? Parce qu'ils dérèglent profondément et avec *rigueur* la représentation métaphysique. Le spectateur a peur, il fait appel à un régisseur, bref, les grenouilles du spectacle réclament un roi, par culpabilité, sans doute, de lui avoir jadis, un peu à la va-vite, coupé la tête. Mais il n'y a pas de roi, et il n'y aura pas non plus de « révolution » autre que celle des marchés mondiaux et de l'économie virtuelle : trouver son temps dans cet éclatement du temps, voilà l'aventure, et c'est celle que j'essaie de vivre, de penser et de raconter. Que cette aventure soit *révolutionnaire*, c'est-à-dire violemment opposée, avec calme, aux « révolutions » d'apparences ou néofascistes me semble évident. Que mes amis en doutent est normal. L'Adversaire, lui, ne s'y trompe pas une minute.

*Réponses à des questions de Jacques Henric,*
*décembre 1996.*

## *Heidegger en passant*

Avant toute chose je ferai une observation : le *Nietzsche* de Heidegger n'a toujours pas été lu. C'est un livre fondamental sur lequel je reviens sans cesse. Et, le reprenant, je m'aperçois que son traducteur français — Pierre Klossowski — a réussi le prodige de traduire un texte dont visiblement il n'applique rien dans ses propres écrits. Voilà une première indication sur la difficulté de penser quelque chose qui l'a été de manière essentielle dans une autre langue. Il est difficile de penser dans sa propre langue, celle que l'on parle et dans laquelle on rêve, ce qui vient d'ailleurs. Je veux dire de le penser comme non traduit, et pas simplement dans une langue de traduction. Du coup, il apparaît évident que tout ce qui s'est conçu d'important dans la pensée française au cours des cinquantes dernières années fait l'impasse sur les deux volumes du *Nietzsche* où pourtant s'élabore la plus profonde méditation autour du nihilisme que ce siècle ait produite. Ni Sartre ni Lacan ni Foucault ni Deleuze ni Derrida ni Blanchot n'ont pris la peine de méditer à fond ces deux volumes : ça se démontrerait facilement au tableau noir. On pourrait repérer chez chacun la place qu'occupe la question du nihilisme, et comment les uns et les autres reculent devant l'obstacle. Il est naturel, dans ces conditions, que personne n'ait pris la mesure de Martin Heidegger. Un travail décisif, qui a plus de soixante ans, reste lettre morte pour nos penseurs. C'est embêtant. Comment faire ? Revenir un peu sérieusement sur le *Nietzsche* ? On pourrait y rester des mois, voire des années. Voilà une difficulté dans laquelle nous n'allons pas tomber. Rappelons seulement quelques points essentiels. Par exemple que la censure dont Heidegger fait l'objet n'a pas pour cause, contrairement à ce que martèle la propagande, son engagement nazi de 1933 à 1934, mais bien plutôt la façon dont il traite la question du nihilisme, y compris dans sa forme biologisante et raciste. Si le nazisme est un événement capital de l'histoire, seule la pensée de Heidegger permet d'en saisir les enjeux véritables. La seule critique de l'achèvement du nihilisme, c'est-à-dire de la métaphysique elle-même, comme domination mondiale de la Technique, comme mise en place du conditionnement biologique de l'être humain, cette critique nous la lui devons. Là-dessus le mensonge est presque total.

Alors qu'est-ce, pris globalement, que le nihilisme ? C'est l'histoire de la Métaphysique qui, en s'achevant, continue de plus belle. Rien d'autre. « Peut-être, écrit Heidegger, l'essence du nihilisme réside-t-elle dans le fait qu'on *ne* prend *pas* au sérieux la question concernant le néant. » Le nihilisme signifie alors ceci : « l'essentiel non penser à l'essence du néant ». Ces propositions englobent la totalité de la métaphysique, de Platon à Nietzsche. À partir d'elles, il est possible d'évaluer tous les discours tenus, sur n'importe quel sujet. Attention, lorsque Heidegger parle de « néant » il vise l'être lui-même, et non la pure nullité ou le simplement négligeable. Hegel le remarquait déjà : « Ceux qui entendent persister dans l'idée de la différence entre l'être et le néant feraient bien de se mettre en demeure d'indiquer en quoi celle-ci consiste. » À partir d'un tel constat, la question peut servir de test pour repérer ce qui tient le coup et ce qui s'effrite. Avec elle on sait si une position radicale est fondée, et jusqu'à quel point.

Heidegger le note avec rigueur : « Sans la manifestation originelle du néant il n'y aurait ni être personnel ni liberté. » La question du néant est donc aussi celle de la liberté. On peut se demander par la négative où en sont les crises et les difficultés de l'être qui n'arrive pas à être personnel et quelles sont les différentes démissions par rapport à la liberté, quand bien même elles auraient des dehors avantageux. Heidegger dit encore : « L'être voile et se voile. L'apparence dissimule et brille. Le néant ferme. » Comment faire l'expérience, très peu danaïdienne, de ce qui est fermé ? Quel serait l'accent et la tournure d'un discours qui, quel qu'il soit, laisserait entendre le dévoilement, le voilement, la dissimulation, la brillance et la fermeture ? L'impossibilité actuelle de produire un tel discours — que manifeste évidemment la production littéraire — renvoie à une situation historique qui lèse tout être personnel et toute liberté.

La fermeture du néant n'est pas un enfermement. Fermé n'est pas enfermé. C'est même le contraire. C'est en fermant qu'on s'échappe. C'est la raison pour laquelle j'ai mis en exergue à mon livre sur Casanova cette phrase de Rimbaud : « J'ai eu raison dans tous mes dédains : puisque je m'évade ! » Heidegger fait, en allemand, l'expérience « historiale » d'une fermeture qui libère. Sommes-nous capables de la faire en français ? Celui qui écrit dans cette langue intervient dans un contexte actuel européen qui a l'extrême avantage de faire apparaître le français pour ce qu'il est, C'EST-À-DIRE UNE POSSIBILITÉ. Nous sommes dans ce tournant du temps, et il nous incombe d'être contemporains, de cette émergence de la langue comme possibilité. Cette émergence s'impose dans le cadre d'un nouveau rapport de forces planétaire qui voit apparaître simultanément la Chine et l'Europe. Heidegger a toujours présenté son travail philosophique comme la préparation d'un dialogue de fond entre l'Europe et l'Asie. Il pensait d'ailleurs moins à la Chine qu'au Japon, de même que la plupart des penseurs de son époque. Heidegger, comme Kojève, voit le Japon mieux que la Chine. C'est parce qu'au début de ce siècle la tragédie du nihilisme européen tombe en même temps que l'arrivée sur la scène mondiale de l'Empire japonais. Aujourd'hui la renaissance possible de l'Europe a, ou devrait avoir, pour interlocuteur privilégié la Chine. Vous m'accorderez, de ce point de vue, une certaine suite dans les idées.

La grandeur de Heidegger c'est de penser l'exacerbation du nihilisme européen. C'est cela, encore une fois, qui le rend insupportable à tous les clergés. La plupart des penseurs restent à côté de cette affaire : ils ne cessent de la recouvrir, de l'obturer. La métaphysique n'a jamais pu envisager la question du néant, et à un moment de l'histoire cet aveuglement donne le nihilisme. Il ne s'agit pourtant ni de démolir la métaphysique ni de la renier. Vouloir de telles choses ne serait que prétention puérile. Il faut prendre Nietzsche et travailler à partir de lui, à condition de remonter jusqu'à Aristote. On ne dépasse la métaphysique que si on est capable de l'envisager dans son ensemble, de réaliser son appropriation.

Il arrive à Heidegger de dire des choses comme celles-ci : la désolation, la dévastation sont pires que l'anéantissement. Pour échapper à la perpétuelle sensation d'enfermement, à l'intarissable bavardage apocalyptique, au mourir mis à la place de la mort, eh bien peut-être qu'une bonne néantisation constitue le remède. Seule la néantisation permet de rompre avec la publicité en cours. La pesanteur nihiliste touche même les meilleurs et on distingue ceux-ci à leur capacité d'exprimer le fond de décomposition qui les soutient. Il s'agit pour eux de dire PERSONNELLEMENT qu'ils ne disposent plus de leur être personnel et pas davantage de leur liberté. Le néant, ici, se manifeste à retardement et toujours en fonction d'une négation préalable. Vous savez comme moi qu'une autre dimension est possible. Malheureusement il suffit d'interroger le premier venu pour constater qu'aujourd'hui le néant passe essentiellement par le négatif dépressif. On vérifie ainsi, en approfondissant cette négation, à quel point personne ne prend au sérieux le néant.

On a tort, lorsqu'on aborde les questions qui nous intéressent, de se cantonner à l'histoire (entendue dans une acception historiciste). Il faudrait pouvoir exprimer ce que Heidegger appelle une dimension «HISTORIALE». Cela signifie être capable de penser et d'envisager simultanément et d'une manière vivante tout ce qui s'est dit et pensé dans la langue que l'on parle. Vous savez aussi bien que moi que c'est la question explosive des *Poésies* de Lautréamont. Pour ma part, je n'ai pas eu d'autre objectif que de réactiver cette affaire en écrivant *Paradis, Studio* ou *La Guerre du Goût*. Si vous attrapez ce registre, ce que je vous souhaite, vous allez avoir la révélation qu'en français il ne s'est pas passé grand-chose depuis 1870 et 1873 — depuis Lautréamont et Rimbaud.

Comment aborder Hölderlin de l'intérieur (ce que fait Heidegger) en recourant, pour la France, à Rimbaud? Cette tentative permet de ne pas s'empêtrer dans une langue de traduction. Sauf erreur, nous sommes actuellement en 1999 : la dimension «historiale» du français est tellement à disposition que plus personne ne peut rien en faire, qu'aucun écrivain ne semble capable de s'en saisir. Mais ce qui ne peut pas être pensé par les sujets ne s'en pense pas moins, de soi-même. Tant pis si c'est dans des conditions catastrophiques. Soyons hégéliens quelques minutes. Il n'est pas nécessaire que quiconque se rende compte de ce qui est en train de se produire pour que cela se produise. Or que se passe-t-il ? Quel processus est en cours ? Un pas de plus, mais radical, a lieu dans l'achèvement du nihilisme européen. À partir de là, deux possibilités : soit on a la dépression profonde, avec toutes les métastases de la subjectivité humaine désormais en défaut par rapport à cette subjectivité absolue qu'est aujourd'hui la société ; soit on a, toujours en réaction à cet achèvement logique, un optimisme béat, qui n'est lui-même que l'envers euphorique du marasme dépressif. Ces deux modes de nihilisme s'étalent tous les jours sous nos yeux. Il est pathétique et cocasse d'enregistrer la plainte des Français devant la dévastation. En considérant le nihilisme passif dans lequel tout le monde semble embourbé, je vous dirai très calmement que je vote scissionniste.

Il est pathétique et cocasse d'enregistrer la plainte du Français devant la généralisation du nihilisme. Il vit dans la terreur d'expier sa propre incapacité de penser le néant. Il met la mort à la place du maître absolu, et dans ces conditions toute possibilité d'historialité est immédiatement rabattue sur sa petite subjectivité moisie. Si je relie Marguerite Duras à des dates précises, et à ce que signifient ces dates dans l'approche du Français, on me rétorque aussitôt que j'effectue ce rapprochement par ressentiment, ou par dépit amoureux. Il ne sert plus à rien de produire une démonstration puisque la police cléricale la reverse illico dans le pur symptôme subjectif, qu'il soit psychologique, sexuel, sociologique, ou politique. Cela est quasiment quotidien (voir Debray)[1]. Être capable de disposer les dates dans un certain ordre démonstratif engendre des effets que l'on s'empresse très vite de maquiller en expression de votre subjectivité. Le nihilisme s'oppose à tout destin. Il ne tolère pas le moindre savoir à ce sujet. D'ailleurs le mot « destin » tombe immédiatement sous le sarcasme des nihilistes. Si vous vous présentez, et c'est un peu votre genre, comme ayant un destin, cette touche destinale vous assure la haine de tous. Pour peu que vous prouviez que cette prétention se justifie de quelque manière, cette haine prend facilement une coloration criminelle.

Seul le destin permet d'entretenir un autre rapport avec le temps. Le dieu même est temps, va jusqu'à soutenir Heidegger. Cela signifie, sur le plan personnel, que vous avez à disposition tous les âges de votre existence, de la petite enfance à celui que vous êtes en train de vivre. Nous ne sommes pas là dans le chemin qui conduit de la naissance à la mort : nous ouvrons une autre dimension du temps, qui échappe aux familles — c'est-à-dire aux caveaux. Qui dit

---

1. Pour la très petite histoire, voici comment me décrit le médiologue scout ressentimental : « hâbleur », « lapin agile », « polisson à sarbacane », « ludion du bocal », « arbitre des élégances », « maître de ballet », « pile Mazda », « infatigable jouvenceau », « danseur du système », « poujadiste à l'envers », « wagnérien comme Rebatet » (!), « auteur de livres en série qui ne sont plus des livres », « de plus en plus médiocre à l'écrit », « éditorialiste labélisé », « conseiller régnant », et enfin cette perle : « Les Sollers n'ont jamais senti sur eux le mufle de la bête, l'haleine lourde et brûlante de l'animal collectif. » J'allais oublier « danseur de cotillon » et « faiseur de pointes ». Il est vrai que le même trouve Fragonard « parfumé » et hallucine carrément Watteau en peintre et graveur de scènes de guerre (ici, le divan s'impose).
Dans le même registre, à peine plus stalinoïde ou serbe, un stipendié du coup de menton me conseille fermement la Trappe (comme Rancé) ou le coup de carabine final (comme Hemingway). Bref, on n'a pas à se plaindre : ça chauffe à la caserne.

«famille», cela se laisse de plus en plus sentir, dit également société. Les gens se persuadent facilement que toutes les motivations sont subjectives, donc conditionnables par la société conçue comme famille intégrale. Dites-moi un peu ce que l'on attend dans les familles ? Eh bien, on attend que tout le monde meure. Rien d'autre. C'est pour cela que la haine et l'amour y sont rigoureusement inséparables. Il ne faut donc pas vous étonner si, comme vous le dites gentiment, le cordon ombilical parle à la place des écrivains. C'est fatal.

Nous entrons dans l'ère planétaire du nihilisme, qui se caractérise par l'évaluation systématique, par le règne meurtrier sans appel de la valeur. Avec sa formulation de «transvaluation des valeurs» au profit de la «volonté de puissance», Nietzsche demeure dans la métaphysique. Il est même le dernier grand métaphysicien, celui qui, avec Hegel, achève la métaphysique occidentale. Un discours qui se présenterait naïvement comme antimétaphysique, et qui demeurerait insuffisant vis-à-vis de l'histoire de la métaphysique, resterait nul et non avenu. Ce serait l'une des ruses les plus grossières du nihilisme contemporain, à laquelle se laisse prendre un certain nietzschéisme. À cet égard, permettez-moi de remarquer que l'étoile des philosophes pâlit. En effet, LA CHOSE n'a plus besoin d'eux. On les reverse donc, avec d'autres, au salariat de la bien-pensance. Admirez, dans ce secteur, le mouvement pavlovien à l'endroit de Heidegger. Lisez en diagonale la presse à prétention intellectuelle et vous verrez, vring ! vring ! l'agression permanente contre celui qui dénoue le nœud du nihilisme. Qu'il soit l'objet d'une exclusion aussi obsessionnelle montre que l'enjeu est brûlant. Les gens qui font semblant de vous comprendre sont parfois moins avertis que ceux qui vous agressent : il est légitime d'attendre de ses ennemis une compréhension qu'il est rare de trouver parmi ses alliés. Un ostracisme violent est TOUJOURS très bon signe. Vous commencez à peine à en faire l'expérience. Ce que je fais comme écrivain a un rapport avec la répétition. Mais la répétition ne signifie pas réitération uniforme du toujours identique. Au contraire, elle ramène «ce qui en retrait s'abrite dans l'ancien». Il y aurait une scène à faire en montrant Sartre recevant avec stupeur cette lettre de 1945 où Heidegger évoque comment «la richesse insondable de l'être s'abrite dans le néant essentiel». Qu'est-ce que c'est que ça? Le néant essentiel, à condition d'en faire l'épreuve, nous introduit, et lui seul, «dans la richesse insondable de l'être». Et vous savez ce qui se passe? Je crois que c'est assez bien montré dans *Paradis*. C'est l'effroi! Voilà la réaction la plus courante devant ce bizarre cadeau offert par le néant essentiel. Le sujet recule avec horreur. «Oh non! dit-il. Je n'en suis pas digne... C'est TROP pour moi! je ne m'aime pas à ce point! je ne le mérite pas!» Pauvre sujet! Comme s'il était question ici d'évaluer ce que vaut tel ou tel! Enfin quoi! Lorsqu'on vous propose la richesse insondable de l'être raisonner encore en termes de valeurs me semble à la fois mesquin et grotesque. Le sujet a déjà du mal à s'imaginer qu'il jouit; quant à étendre cette jouissance à l'être même et à son insondabilité il en éprouve un violent vertige. C'est vraiment trop pour lui! Sa représentation le lui interdit, et il y tient, à sa représentation: d'ailleurs il ne fait aucune différence entre elle et ce qu'il est. Sans elle, il deviendrait fou. Il y en a à qui cela arrive: on aurait tort de le mettre en doute. Alors, hein, cette histoire du néant, permettez qu'il s'en garde, le sujet, comme de la peste. On lui propose, en somme, une jouissance à laquelle il pense ne pas avoir droit. La richesse insondable de l'être, Messieurs, ne fait pas partie des droits de l'Homme. C'est ainsi que le sujet humain va rester tristement « un canard aux lèvres de vermouth », préférant de beaucoup l'estime que lui donne son empêchement à la perte des repères subjectifs que lui procurerait sa jouissance. Admettons pour rire qu'il ait lu Hegel, Nietzsche et même, allez, Heidegger, il préférera quand même son esclavage. Il y tient, oh oui, et cela non tant en vertu d'un défaut de nature que pour cette simple raison : la représentation qui le définit ne peut pas supporter cette jouissance incalculable. Autrement dit, si on pouvait réembrayer sur la fin du XIX$^e$ siècle, cela l'arrangerait. Il y a le « naturalisme », bien sûr, increvable et toujours réacclimaté par la marchandise. Mais il n'y a pas que cela. On peut raffiner. Remettre en circuit, par exemple, l'idéologie du père de Lautréamont (contre le fils, bien sûr), ce positivisme tant décrié mais au fond si utile. Ah, Auguste Comte ! L'époque est mûre pour ce retour des vieux décors. Elle ne demande qu'à le plébisciter.

Pas question, donc, de se débarrasser du cadavre du roman familial : vous n'êtes pas sans savoir que les esclaves tiennent à leurs photographies. Pas moyen de quitter le terrain vermineux du réalisme naturaliste, pas moyen non plus d'aller plus loin qu'une rumination historiciste stérile. Pourtant, vous avez au XX$^e$ siècle beaucoup de cartes qui vous permettraient de reposer à neuf les questions de la métaphysique. La carte Picasso... la carte Joyce... Il y en a d'autres... Malgré ces atouts, on constate chez les contemporains une surdité militante à l'endroit de la grande poésie. De ce point de vue, la peinture *est* poésie, n'est même *que* poésie. Sans Eschyle, pas de Bacon. Sans Rimbaud, pas de Cézanne. Sans Góngora et sans Apollinaire, pas de Picasso. J'ai beau rapprocher ces noms, je rencontre peu d'effets : on ne veut pas voir, on ne veut pas comprendre.

Lire *Finnegans Wake*, regarder Picasso, écouter Stravinski, cela revient toujours à faire une expérience poétique. Il faut donc que la propagande ne cesse de prétendre que l'art du XX$^e$ siècle n'a pas eu lieu. La propagande ne nous recommande qu'une chose : accepter notre disparition et même la hâter par un suicide biotechnique. J'observe avec curiosité ceux qui refusent obstinément d'appliquer la phrase de Lautréamont selon laquelle « l'homme ne doit pas créer le malheur dans ses livres ». Personnellement, je trouve cette formule très raisonnable et je m'efforce de la suivre. Ce qui me vaut d'ailleurs l'exécrable réputation que vous savez.

Différents états permettent de faire l'expérience du néant. On a beaucoup mis en valeur — c'est le cas de le dire — l'ennui, l'angoisse. On a peu insisté sur la joie. Mais quant à l'effet sur la perception des étants cela revient à peu près au même : il y a des questions de tempérament qui viennent de l'animal humain mais, entre nous, cela n'a pas beaucoup d'intérêt. L'art sort les hommes de leur corps, en les arrachant à la représentation qu'ils s'en font ; il l'a toujours fait et continue de le faire en ne cessant pas d'être. Que par hypothèse il n'y ait personne pour voir un Picasso n'a aucune importance. Le tableau est là, et il opère. En un sens, il n'y a plus besoin de peintres, ni même d'écrivains. En revanche, pour qu'il y ait de la musique il faut encore des musiciens : personne ne peut faire semblant de jouer d'un instrument, alors que l'on peut — du moins, en apparence — simuler un goût pour la littérature ou pour l'art. Combien de prétendus écrivains n'ont pas la plus minime idée de ce qu'est la littérature ? En fait, presque tous... Je serais tenté par un éloge dithyrambique de LA pianiste : sans elle, le concert n'a pas lieu. Au fond, la musique fait entendre ce qu'il en est du négatif placé où il doit l'être ; la littérature aussi, lorsqu'elle atteint ce que vous appelez la zone du risque. C'est rare, et de plus en plus.

L'être personnel, dans sa liberté, exprime ce qu'il veut : l'angoisse, l'ennui, la répulsion, la joie la plus extrême, peu importe ; ce qui compte c'est le négatif en lui-même et non pas l'évaluation rabaissante qu'en fait le clergé nihiliste. Celui-ci se renouvelle mais il conserve sa note de fond rédemptionniste : il accorde une VALEUR à la souffrance, c'est comme ça. Il ne peut s'empêcher de comptabiliser le manque. Chaque sujet est par lui évalué en fonction d'un au-delà, qui n'est pas nécessairement chrétien, qui l'est même rarement de nos jours. Le clergé a un problème avec l'être personnel en liberté : sa présence implique, Messieurs, c'est très grave, qu'une personne n'en vaut pas une autre, à moins de n'être plus ni libre ni personnelle. On retrouve ici la célèbre phrase qui achève *Les Mots* de Sartre : « Tout un homme, fait de tous les hommes et qui les vaut tous et que vaut n'importe qui. » Remarquez comment Sartre insiste sur la *valeur* et comment il la résorbe dans le n'importe qui. Or personne n'est n'importe qui. Et sûrement pas l'être personnel. Combien peu nombreux sont ceux qui misent sur la souveraine légèreté du néant. Combien rares ceux qui restent capables de faire ce pari. En général, cela finit par une crise d'identité. D'où un notable vieillissement. Restez donc jeunes : pensez le néant. « Oh que le néant est beaucoup ! » s'est écrié un jour l'incroyable Baltasar Gracián. Il savait ce qu'il voulait dire.

*Propos recueillis par Yannick Haenel<br>
et François Meyronnis.*

## *Journal de guerre*

Il y a douze ans paraissait un livre de moi intitulé *Le Cœur Absolu*, qui portait en exergue la phrase suivante, de Laurence Sterne : « De chaque lettre tracée ici, j'apprends avec quelle rapidité ma vie suit ma plume. » Il s'agissait de marquer qu'une fois de plus, dans un livre traitant du temps, la rapidité de l'écriture précédait l'existence. Dans un journal, il s'agit de faire une autre expérience avec le temps. C'est une forme définissable comme *au jour le jour* et *à la nuit la nuit* qui doit, d'une façon nouvelle, donner la possibilité de s'y reconnaître dans l'histoire. Le temps, noté d'une certaine façon, ouvrirait à une compréhension, comme jamais, de l'histoire. Pas l'histoire au sens historiciste, mais dans le sens que lui donne Heidegger, à savoir l'*historial*. C'est-à-dire une très grande dimension opposée à l'aplatissement historiciste. C'est cette urgence-là qui me tient. Ce temps, qui passe par l'instant, se retrouve en position de pouvoir comprendre d'énormes quantités de temps. Il s'agit d'être *instant*. L'impossibilité d'être instant coupe de toute compréhension, désormais, de ce qu'on aura appelé l'histoire. Ça a l'air d'un paradoxe, mais c'est ainsi. Toutes les angoisses, les inhibitions, les ruminations réalistes, les retours de XIX$^e$ siècle, l'impossibilité de se détacher d'une moisissure du temps viennent de cette coupure d'avec l'instant. De l'instance de la lettre aussi. « De chaque lettre tracée ici, j'apprends avec quelle rapidité ma vie suit ma plume »... La vie qui ne suit plus à la lettre l'instantanéité de la « plume » se vit désormais comme mort vivante, comme dégradation, comme dévastation, comme désolation. Ce n'est qu'un épisode, qui va durer longtemps, de l'achèvement de la Métaphysique, liée à la souveraineté de la Technique, dont on peut dire qu'elle est entrée dans sa phase pratique fondamentale, en effet, au cours des années soixante-dix. Qu'on le veuille ou non, l'humanoïde présent se vit entre la dictature de la génétique et celle des marchés financiers. Il perd, il est voué à perdre toute assurance d'une proximité ou d'une familiarité qu'il aurait eue autrefois avec un monde. Ce n'est pas par hasard si l'année qui vient de s'écouler a été celle de l'ADN du président des États-Unis, à travers son sperme. Ce n'est pas un hasard non plus s'il a fallu qu'un comédien soit exhumé, en vue d'une recherche de paternité, pour qu'on prenne conscience que le corps en transit n'était plus déterminable par ses empreintes digitales mais bel et bien par ses empreintes génétiques. L'expérimentation est en cours, le clonage est pour demain, la technique s'empare du continent reproductif, et il ne faut donc pas s'étonner que le malentendu millénaire entre les hommes et les femmes, qui a produit tant de chefs-d'œuvre mais aussi tant de bavardages, se trouve quelque peu dépourvu quand cette bise est venue... Ça coupe entre les sexes, ça coupe du sexe, ce qui veut dire que tous ceux qui se seront imaginé que le sexe était comme qui dirait naturel (ou un simple problème d'âge ou de génération) vont se trouver dans l'embarras le plus extrême. La sexualité a toujours été, contrairement à ce qu'on croit, une question spirituelle, et non pas organique. Malheur à ceux qui ont cru qu'il s'agissait uniquement d'organisme.

J'ai été frappé, en relisant récemment non seulement *Le Deuxième Sexe*, de Simone de Beauvoir, mais la correspondance entre elle et Sartre, ses Mémoires, et aussi ce livre extraordinaire que sont les *Lettres à Nelson Algren*, son amant américain, par plusieurs choses. D'abord, le fait qu'on cite toujours « On ne naît pas femme, on le devient » comme étant la formule maîtresse du *Deuxième Sexe*, appelle un léger commentaire. Simone de Beauvoir, lorsqu'elle écrit ce livre extrêmement important pour l'époque (1949 ; elle a donc quarante ans, énorme travail, c'est une grande travailleuse, d'où son surnom, Castor), avait comme idée de l'appeler *L'Autre Sexe*, puis c'est au cours d'une conversation qu'elle a décidé avec Sartre et Bost, de l'intituler *Le Deuxième*. Pourquoi ? Parce que, dit-elle, on parle du « Troisième » sexe à propos des homosexuels, et entre les deux — et ce mot est charmant de naïveté — il y aurait ce qu'on appelle les femmes. Je signale que c'est une curieuse façon de les classer que de les mettre dans cette position. Cela veut dire, aussi d'après elle, et c'est encore plus étonnant, qu'il y aurait de la femme entre l'homme et le castrat. Vous entendez immédiatement que là se profile une hypothèse que beaucoup de mâles passent leur temps à cogiter malgré eux, à savoir qu'une femme serait un homme châtré. Bien entendu, il n'en est rien, mais ça a fait couler beaucoup d'encre. Freud a pourtant avancé un certain nombre de choses dont il serait bizarre que nous ne tenions plus compte. Deuxième sexe... D'abord, on ne sait pas grand-chose du premier. Il est supposé connu... Beauvoir a raison de commencer par dresser un inventaire minutieux de toute la littérature masculine portant sur la féminité : Montherlant, Lawrence, Breton, Claudel..., et de remarquer, chose trop peu notée, que lorsqu'on arrive à Stendhal c'est plus frais, c'est plus naturel, c'est comme s'il avait rencontré des femmes réelles. Dans cette même foulée, toujours en 1949, elle se met à dire que, après tout, le XVIII$^e$ siècle était plus égalitaire. Un jugement historique, qu'elle soumet d'ailleurs à son amant américain, un amant très physique, lequel lui avait révélé — c'est elle qui le dit — une possibilité d'orgasme bien supérieur à ce qu'elle avait jamais connu jusqu'alors, Sartre, ajoute-t-elle avec crudité, étant davantage un caresseur qu'un coïteur, et étant peu vaillant au lit. Sartre, dit-elle, est un homme chaleureux, vivant, sauf au lit. Et d'ailleurs, dans *La Cérémonie des adieux*, quand elle interroge Sartre avec beaucoup de franchise — et c'est cette franchise, cette humilité, ce récit d'expériences concrètes, cette phénoménologie qui aujourd'hui nous manquent, c'est-à-dire la faculté d'aller aux choses mêmes, de dire exactement ce qui se passe au lieu de parler en général —, Sartre lui confirme qu'il a toujours été plutôt un masturbateur de femmes qu'un coïteur. À cet amant américain, donc, qui aurait eu le corps, il manquerait, d'après Beauvoir, Française courageuse, un peu d'esprit. Elle l'appelle souvent « Mon crocodile », « Ma bête », (elle serait une « grenouille » — elle joue avec ces mots), ou « Mon mari bien-aimé », mais elle le traite aussi de provincial. Provincial américain. C'est un diagnostic. Cinquante ans après, on peut l'entendre d'une certaine façon. Un provincial qui devrait faire du français, pour lire un peu. Stendhal, par exemple. Elle lui demande si Stendhal est lisible là-bas, ou est-ce un auteur trop français ? *Too French ? Too French* pas parce qu'il est trop français mais parce qu'il aurait rencontré égalitairement des femmes, d'ailleurs pas de façon foudroyante, puisqu'il était lui-même embarrassé par son physique. En revanche, celui d'où Stendhal a tout tiré n'est autre que, rappelez-moi son nom... Casanova. Comme vous vous en souvenez sans doute, dans son journal, Stendhal, qui n'a que la version expurgée de Laforgue à se mettre sous la dent, en français, en 1826, laisse traîner de temps en temps ce livre lorsqu'il rencontre une femme pour voir si ça va lui faire de l'effet, en général, non, elle le lui rend sans un mot. Mais qu'est-ce qui nous intéresse, là, au moment où Beauvoir, dans la foulée du supposé *Deuxième Sexe*, écrit à son amant américain ? C'est qu'elle lui écrit, en quoi elle est très différente de Françoise Giroud par exemple : «Connaissez-vous Casanova ? Voilà un type qui savait baiser, du moins l'affirme-t-il dans ses *Mémoires*, et il ne méprisait pas les femmes pour cela. » Autrement dit, chéri, vous devriez vous intéresser un peu au xviii$^e$ siècle, et lire Sade. Ça c'est un peu pour embêter Sartre, qui est à fond dans Genet ; elle lui dit qu'à côté de Sade, Genet fait un peu enfant de chœur. Je résume : cette formule de Beauvoir à Algren est sublime, d'après moi, puisqu'elle joue avec le fait qu'il serait en effet son «mari bien-aimé» dont elle portera l'anneau jusqu'à sa mort, y compris jusqu'à l'incinération — après tout, les femmes ont le droit de s'amuser avec tous ces rôles —, et qu'elle lui déclare : «Je vous aimerai dans le vice comme dans la vertu.» Autrement dit, si je ne suis pas là, vous pouvez vous amuser un peu avec des femmes, on pourra en parler peut-être, ce n'est pas grave. Même, vous seriez un petit peu malin pour pimenter notre prochaine rencontre, de près ou de loin, débrouillez-vous, c'est une question de style, ça ne me gênerait pas outre mesure. Tout cela est envisageable.

Mais la Technique ne l'entend pas du tout de cette oreille. Depuis trente ans, le continent dit femmes est en cours d'arraisonnement biologique. Avant, c'était le clergé qui s'occupait de ça. Au XIX$^e$, on a le système bourgeois des héritages, faut que les choses tiennent le coup, et puis tout ça s'est effondré, et se crée une disjonction explicite entre l'acte sexuel et la reproduction, avec évidemment des conséquences palpables. Nous entrons dans le XXI$^e$ siècle par deux couloirs parallèles, qui ne sont pas forcément des couloirs de la mort, sauf pour ceux qui s'imaginent que leur ancien tunnel se voit par là même détruit : le couloir génétique et le couloir monétaire.

Dans trois ans, vous n'avez plus de franc. Le féminin de franc, c'est franche, pas France. On a là, appelons les choses par leur nom, une expropriation. Laquelle conduit la plupart des êtres vivants à penser que c'est l'apocalypse. Évidemment, il n'y a pas d'apocalypse. Les Chinois ne sont pas en Champagne, ils n'arriveront jamais à Cognac, mais c'est en effet la fin d'un monde, la fin d'un monde historique. Et la fin d'un monde historique, cela suppose que quelque chose ait été menti. Forcément, puisque sans mensonge il n'y a pas de monde. Et alors, le menti, on peut en faire la mantique. Vous connaissez mon clou que j'enfonce : j'appelle ça, pour les Français, l'axe Vichy-Moscou. En additionnant bien, ça faisait 90,95 % des gens. Aujourd'hui, tout ça ne marche plus, d'où un certain nombre de désarrois et de trépignements. On voit soudain surgir des gens pour qui le XX$^e$ siècle aurait été une abomination pure et simple dont il y aurait lieu de se débarrasser. On efface tout et on recommence. Les penseurs eux-mêmes auraient passé leur temps à se tromper. Ce serait même dangereux de penser puisque, tous comptes faits, prenons l'exemple de Heidegger, on ne va retenir que l'épisode malheureux de 1933-1934 ; Sartre, on va l'envoyer aux oubliettes parce qu'on ne veut pas savoir ce qu'il allait faire dans tous ces pays d'imposture ; *La Nausée*, on ne veut pas savoir ce que c'est, pourtant ça date de 1938, etc. Non ! trop d'erreurs ! Si on repartait de plus haut, je ne sais pas, des cathédrales peut-être, de Jeanne d'Arc, ou alors d'avant 1914, de Péguy, on pourrait faire l'économie du xx$^e$ siècle. Vous voyez tout de suite ce qu'est cette idéologie — car pour le coup, c'en est une, et très active, comme quoi il y en a toujours — qui consiste à se débarrasser, c'est plus commode, de toutes les énormes créations qu'il y a eu au xx$^e$ siècle, parce qu'il y en a eu ! et de très importantes ! qu'elles s'appellent Joyce, Stravinski, Picasso, Céline... On n'en veut pas, nous ! on avait mis nos espoirs dans le fait qu'on allait faire un ensemble, d'une façon cohérente, admissible pour notre proximité... C'est pas comme ça, alors, tirons l'échelle !

Dans cette espèce de table rase en cours, faut pas s'étonner que ceux qui tiennent le coup, dans les périodes de passage, dans les aires de transit dangereux où il faut quand même être un petit peu au courant pour franchir les frontières, ce sont toujours les mêmes, les Juifs. Ils sont accrochés à une expérience millénaire, et puis il y a un texte qui les tient, et qu'il n'est pas question de foutre en l'air, qui s'appelle la Bible. Le Français de Vichy-Moscou dont je parle, la Bible, il n'a jamais rien eu à en faire. Elle lui a été imposée, plus ou moins, il ne l'a jamais ouverte, donc ce n'est pas ça qui va lui être d'un très grand secours, surtout après avoir perdu le contact avec ce qu'on appelait autrefois les Humanités. Je ne vous parle pas du grec, qui est naufragé corps et biens, malgré les efforts de gens comme Detienne, que le Collège de France se garde bien d'élire puisque les dieux grecs, le couteau à la main, lorsqu'il s'agit d'Apollon, viendraient déranger le style néoclassique de l'endroit. Donc Detienne, il n'entre pas au Collège de

France. D'ailleurs, au Collège de France on a fait le vide, il ne reste qu'un maestro, logiquement tombé là où il faut, c'est-à-dire dans la sociologie, qui seule a l'air d'être la petite pensée qui nous conviendrait dans l'ordre du calcul des choses de proximité. La sociologie (même Péguy le remarquait déjà) prend évidemment la place de la pensée, aidée en cela par la servilité des philosophes qui ont visiblement, eux aussi, la même analyse, à savoir qu'il y a lieu de se tenir tranquilles, de prêcher le consensus, la bien-pensance, et l'oubli de tout ce qui aurait pu les déranger au XX$^e$ siècle, à commencer par le premier d'entre eux, qu'il ne faut même pas appeler philosophe, le monstre Heidegger, qui est tellement en avance sur eux qu'il peut encore attendre deux ou trois siècles, comme lui-même le leur a dit. Mais eux sont pressés, ils fournissent de la pensouillerie locale, morale provinciale.

Cette haine, rampante, constante, elle vient du fait que l'axe Vichy-Moscou n'est toujours pas analysé. Sur Vichy, on a un peu avancé. Mais sur le stalinisme, non. Voilà ma conviction. Ça reste bloqué, opaque, refoulé. Je cite dans mon Journal le manuel du Goulag. Il faudrait faire un séminaire par semaine sur ce qui se passait réellement là-bas. Je cite le cas du type qui explique comment il fallait exécuter les condamnés, comment en même temps qu'il leur tirait une balle dans la nuque il devait leur donner un coup de pied au derrière pour que la cervelle ne vienne pas gicler sur sa vareuse, parce que le soir bobonne aurait trouvé que d'avoir à nettoyer de la cervelle tous les jours... C'est un exemple parmi des milliers d'autres. Je cite aussi, abondamment, le devenir psychiatrique à travers les expériences concentrationnaires, lesquelles d'ailleurs sont toujours en cours, en Chine notamment, mais qui, dans l'ex-Union soviétique, avaient atteint un point !... Je cite enfin, peut-être pas assez, et on me reprochera encore d'être trop narcissique alors que je me demande bien où tous ces faits sont mis les uns à côté des autres de façon j'espère éclairante, le devenir comme par hasard brutalement mafieux de toutes ces histoires. Au point qu'on pourrait dire que l'ortolan est tombé tout rôti dans l'assiette. Vous avez ces histoires de mausolée, et comment, de Lénine aux mafieux qui ont l'argent pour se payer ça, on travaille au spectacle criminel de l'immortalité.

Les avant-gardes, disiez-vous... Oui, leur aristocratie individualisée, leur dandysme, leur humour noir, leur virulence de déstabilisation, mais encore faut-il des gens qui en soient capables. Bien entendu, si j'étais tyran au service de la Technique, préposé aux deux couloirs, celui de la génétique intégrale et celui du marché financier, je veillerais à ce que ne se produisent pas d'individus qui pourraient jouir de leur corps comme s'ils en étaient détachés. Je les assignerais à leur salivation animale, à leurs passions, à leurs désirs, à leurs petites passions et petits désirs, parce qu'entretemps tout ça se racornit. Sur les femmes, je ferais agir, évidemment, le miroitement d'une sorte de projectionnisme immaculé, qui n'aurait pas besoin de passer par l'acte sexuel, parce que, qu'on le veuille ou non, cette fantasmagorie a toujours été à l'horizon de ces choses. Pour avoir accès à la vérité dans ce domaine, il faut évidemment avoir une pensée. L'érotisme pensé est fort loin de nos habitudes. On vient de publier le troisième tome de Sade, le plus beau, *La Philosophie dans le boudoir* et *Juliette ou les Prospérités du vice*, je n'ai pas vu que cela ait fait un tabac. Avec Casanova, j'ai fait ce que j'ai pu, mais sans illusions. Je savais que, convainquant à l'avance tout le monde d'ignorance crasse, je n'avais rien à attendre dans ce domaine. Il faut pourtant s'obstiner, puisque la question, loin d'être érotique ou pornographique, au sens du marché, est une question philosophique, c'est-à-dire une question de pensée. Bien entendu, la thèse réactionnaire est que, comme il y a eu trop de liberté, on en a pâti. Il y aurait eu une tyrannie du plaisir, une tyrannie de la libération. Pris de peur devant les dégâts produits dans l'école, la famille, l'amour, et autres sornettes, il a fallu trouver les responsables. Ils sont tout trouvés ; c'est Voltaire, c'est Rousseau, c'est vous, c'est moi, c'est Sade, c'est Bataille... C'est parce qu'il y a eu cette peur épouvantable, disons de Mai 68 si vous voulez, que la société de surveillance a bel et bien fait tous ses efforts pour dégrader les lieux où pouvait apparaître une lucidité ou une conscience de soi : l'école, l'université... On peut organiser l'illettrisme, on peut organiser la peur sur fond de sida ou de sang contaminé, on peut instrumentaliser le renfrognement général. Je ne sais plus ce que j'ai le droit de faire et même si je peux bouger le petit doigt. Quant à penser, je ne vous le recommande pas, ça peut produire des erreurs, c'est prouvé. Tout ça ressort dans ce qui s'imprime et se publie, parfois avec du talent, le plus souvent de façon mécanique et alimentant une idéologie petite-bourgeoise à hurler, au point qu'on aurait envie que se manifeste on ne sait quel Jarry pour arriver sur la scène et dire merdre.

Je ne crois pas, pour ma part, avoir jamais préconisé un « retour à ». Le *Casanova* est un livre sur aujourd'hui. Je l'écrivais pendant l'affaire Lewinsky-Clinton. Là, ce n'est plus l'axe Vichy-Moscou, mais New York-Moscou. Le procès Clinton est évidemment un procès stalinien typique, auquel résiste une population qui pour la première fois montrerait une sorte de désir européen. Au point qu'on aurait là une courbure de l'espace. L'ère de la vieille Europe des nations, puis l'ère américano-soviétique, car indubitablement il s'agissait d'une accointance, laissent place à un inconnu qui fait peur, ou qui ravit ceux qui sont amateurs d'inconnu, comme moi : l'Europe, et puis cet inconnu, là-bas, qui fait déjà signe au loin, sous forme de crise maîtrisée mais annonciatrice, la Chine.

Qu'attendre d'un artiste qui serait aujourd'hui dans un temps ouvert, non pas par cogitation, mais parce que l'y porterait le fait d'être *instant* ? Si je m'exprime en termes de cogitation, personne ne sentira ce que je dis. En revanche, quelqu'un qui sent profondément l'instant va être attentif à l'ouverture temporelle. C'est donc que ça se joue dans la sensation, et pas ailleurs, et dans la sensation pensée. L'idée selon laquelle la sensation appartiendrait dans ses différentes nuances à l'être humain en général est une blague que la moindre, je dis bien la moindre, approche de l'art permet de mettre en question.

Et nous revoilà avec cette question d'art. De l'art, ben y en a plus ! Y en a beaucoup, je veux dire, oh, y en a, y en a... De toutes parts nous en sommes pressés, sauf que l'artiste, lui, il n'est pas là. Des artistes, j'en vois de temps en temps. «Salut, les artistes ! Tant pis si je me trompe», comme a dit quelqu'un... Je vois ce qu'ils font, ils sont animateurs culturels, décorateurs, entrepreneurs de spectacle, mais je ne les vois pas être instants. Du coup, je ne les vois pas non plus dans l'histoire. Qu'est-ce qu'un artiste ? C'est quelqu'un qui, à ses risques et périls, fait un pari sur le temps. Plus personne n'ose parier sur le temps : y a pas d'avenir, le passé fout le camp, et le présent me tourmente. Le pari sur le temps est du même ordre que le pari pascalien. Reste à le repenser. Évidemment, vous n'avez pas Dieu, mais ce n'est pas une catastrophe. Dieu, c'est le temps, disons. Le temps en soi. Le pari sur le temps, l'être humain semble penser qu'il n'en est plus digne. On a réussi à lui faire croire, dans une culture de mort systématique, qu'il n'était pas digne du temps. Si le maître l'a dit, ayant d'ailleurs rompu unilatéralement ses relations avec l'esclave, donc sans dialectique, alors je n'ai pas grand-chose à attendre du temps, puisque le temps continue à s'écouler et ça ne me fera pas arriver, même cloné, à la place du maître. Du temps où il y avait de la dialectique, le maître, il maîtrisait la mort, donc l'épreuve la plus importante de ce qui se faufile dans le temps, et puis l'esclave attendait qu'il meure, ainsi chacun était à sa place. Seulement voilà, ça ne marche plus, alors je ne suis pas digne du temps. En n'étant pas digne du temps — encore une fois, je ne parle pas de Dieu, qui survit à sa mort déjà bien ancienne, au point que de temps en temps des gens descendent dans la rue en brandissant le Coran, ou même la Bible, mon préféré, vous le savez, étant le pape, qui essaie de calmer le jeu en disant : allez, je vous fais de Dieu un remarquable linguiste qui peut vous dire bonjour en cinquante-huit langues à la fois, réfléchissez à ce que ça veut dire, puis revenez me voir... —, pas digne du temps, j'm'en vas vous dire ce que ça signifie de plus précis, c'est : pas digne de la poésie. Voilà.

Qu'est-ce que j'essaie de faire dans tout ce que j'écris ? C'est de raconter comment depuis le lieu de l'instant, le lieu de l'instant au moment où l'instant a lieu, comment la dépossession de la poésie peut se vivre. Je raconte l'impossible de la poésie. Bataille a commencé de parler de l'impossible dans ce livre fameux où les tragiques grecs s'agitent dans le fond. L'impossible, c'est le réel, en somme. La poésie, c'est le réel. Il avait commencé par un autre titre : *Haine de la poésie*. Haine, au sens d'un amour plus profond que la poésie des poètes, qui survit on ne sait pas pourquoi ni comment. Voilà ce que j'appelle, comme vous le savez, le roman. Il y a un moyen de raconter cette interdiction de la poésie. J'ai donné quelques pistes, notamment à propos de Rimbaud et de Hölderlin, qui me semblent d'une actualité brûlante, comme s'il ne s'était rien passé depuis. Et en effet, on peut très bien argumenter qu'il ne s'est rien passé depuis 1873, au moment où paraît *Une saison en enfer*, titre comme par hasard ouvert sur une autre conception du temps.

En Suisse, là, récemment, il faisait très beau. La Suisse est une sorte de hors-Europe, de hors-monde. Il y a des coffres, ils sont partout. Vous allez à la fondation Beyeler, près de Bâle, et vous vous demandez, en tout cas moi je me suis demandé, si vos choix sont les bons. Est-ce que la fulguration de l'expérience appelée art se ramène à une ligne de fond ? Eh bien, c'est oui. C'est oui parce que Cézanne vous prend à la gorge par le fait que Mme Cézanne, dans son fauteuil jaune, a un regard qui ne peut être que celui de Cézanne se voyant à travers elle. Les Picasso sont tous plus extraordinaires les uns que les autres, notamment une étude pour *Les Demoiselles d'Avignon* de 1908 qui a l'air d'être faite hier. Giacometti se préoccupe, dans son instant, uniquement de savoir si les dimensions vont durer plus que le corps qui les installe. Bacon dialogue, à cinquante ans de distance, avec Picasso, dans la *Seringue hypodermique*... Bon. Par ailleurs, les musées devant être ce qu'ils sont, il y a bien d'autres œuvres, inutiles. Max Ernst, Klee, Sam Francis... Les Américains sont là aussi, bien sûr. Ils ont fait un effort particulier dans le temps pour agrandir les dimensions. On n'en pouvait plus. L'ennuyeux, c'est que le corps ne s'y formule pas. C'est splendide comme ouverture de l'espace, splendide en architecture colorée, mais dès que vous redescendez à l'humanoïde, contrairement aux Chinois, c'est nul. Comme déjà le devinait Beauvoir, avec son Nelson, c'est embarrassé. L'Amérique sans les Américains, sauf exceptions, et la plupart d'origine européenne, comme De Kooning, c'est génial ; au sol, c'est tout kitsch. Tout puritain. Tout con. Voir l'affaire Clinton. Et les tableaux qui sont là, qu'ils soient de Newman, et même du merveilleux Rothko, et même de Pollock, je vais vous dire ce qui leur arrive, en Suisse, par beau temps, avec quelques vaches au loin : ils meurent. Le Picasso de 1908, en revanche, vous saute au cerveau comme une bête sauvage, admirable, en plein dans le vif de la couleur. Le corps est vécu autrement. Mais alors, n'est-ce pas ce qui est en train de nous saisir, puisqu'en effet il y aurait évacuation des corps ? On aurait de plus en plus de mal à savoir ce qui en est un. Un pas de plus, et la perspective christique s'annonce, après tout. Il n'y en a peut-être qu'un, de corps, et il faudrait vite s'en débarrasser. Les écrivains qu'on aime bien, les artistes aussi, là où ils font saillie, c'est le cas de le dire, c'est avec cette histoire de corps. Il y a beaucoup d'aventures, mais dans chaque situation on peut quand même repérer que c'est bien de cela qu'il s'agit, de ce corps-là, pas de l'homme, pas de la femme. Évidemment, ça ne fait à chaque fois qu'un. Un qui est peut-être le même sous différentes identités. On peut aussi essayer de raconter ça. C'est plus intéressant que de raconter le vécu, comme tout y invite, d'un atome social ayant ses difficultés d'aujourd'hui. Entendons-nous, ou bien on croit que c'est de la vie des gens qu'il s'agit d'abord — et à ce moment-là vive la sociologie et vive le roman naturaliste-réaliste —, ou bien on cherche de façon plus passionnante à faire exister cette mêmeté différente. Le même mais différent chaque fois qu'il y aurait un corps, pas comme les autres, bizarre, grand, petit, malade, pas malade, extrêmement performant sexuellement ou pas du tout. C'est ça que j'essaie de faire depuis longtemps, à savoir insister sur l'instant, le lieu, la situation où il y a eu ce corps-là. Kafka à Prague, ou Joyce à Trieste, à Zurich... La Suisse n'est pas un mauvais endroit pour regarder ce qui se passe. C'est un lieu de tri. Du tri, il y en a. C'est à ça que nous résistons. Je ne parle pas de sélection. Il y a du tri, auquel tout le monde collabore en connaissance de cause, tout en faisant semblant que ce soit inconscient. Qui veut la servitude l'obtient. Et puis on raconte que ce n'est pas sa faute. « Tous mes malheurs, dit Casanova, dans une formule que je trouve stricte, ont toujours été de ma faute. » Eh bien, si les gens sont malheureux, c'est leur faute. Voilà ce qui va apparaître de plus en plus comme inéluctable. Ce que je dis va sembler élitiste, épouvantable, pas démocratique (comme Cézanne disant que l'art s'adresse à un nombre extrêmement restreint d'individus), on me reproche déjà ma formule : l'athéisme et le libertinage ne sont pas à mettre entre toutes les mains, les expériences ayant été faites. Je n'ai jamais été le moins du monde embarqué dans l'idée qu'il fallait proclamer la liberté sexuelle ou esthétique pour tous, pas du tout. C'est très difficile, comme dit Spinoza. Tout ce qui est précieux est difficile autant que rare. C'est à rappeler de temps en temps. Pour ça, comme vous le savez, on risque, de la part des clergés, l'excommunication majeure. Eh bien, risquons-la.

*Réponses à des questions de Jacques Henric,*
*janvier 1999.*

## *Éloge de la richesse*

La formule que vous employez « tout reprendre », suppose que l'on ait une vision du tout. Mais qui serait en position, où que ce soit, de prendre appui sur un tout ? Rien n'est tout. Nous revoilà confrontés au Néant. Examinons maintenant le verbe « reprendre » : il suppose que l'on sache à partir d'où. De zéro ? Mais alors où est le zéro ?

Le mot « reprendre » revêt plusieurs significations. Celle-ci, par exemple : On aurait dévié du chemin, on se serait mépris, et il faudrait en effet « tout reprendre », c'est-à-dire revenir sur l'erreur. Il s'agirait donc à la fois d'une correction et d'un nouveau commencement. Comme ce nouveau commencement ne peut s'entendre comme une simple répétition, nous voilà devant un problème. Vous avez pensé, évidemment, à la formule palindromique de Guy Debord : *In girum imus nocte et consumimur igni*, et ce n'est pas par hasard si la formule latine évoque cette image : un groupe tournant en rond jusqu'à la fin des temps dans un cercle infernal où il serait consumé par le feu. On reconnaît bien sûr une allusion à *La Divine Comédie* de Dante. Mais rien ne nous oblige à nous croire au cinéma, même s'il s'agit en apparence d'un film, et rien ne nous oblige non plus à nous adresser à un public sous la forme spectaculaire. Le texte de Debord commence par cette phrase : « Je ne ferai, dans ce film, aucune concession au public. » Seulement, dès que l'on énonce ce principe, voilà posées ces deux instances : le film, le public. Est-ce que cela ne suffit pas à nous inscrire à l'intérieur du système fermé de la représentation, même si on le conteste par ailleurs ?

« Tout reprendre ». Par cette formule j'imagine que les scissionnistes que vous êtes ne veulent pas dire qu'il faudrait recommencer depuis le début pour en arriver à ce résultat peu satisfaisant : tourner en rond dans la nuit et se laisser consumer par le feu. Et pas davantage les scissionnistes ne voudraient se rendre maîtres de la moindre totalité, puisque rien n'étant tout, il s'agirait d'un fantasme. Pourtant votre énoncé porte sur le commencement. Or est-ce qu'il y a du commencement ? La question est d'autant plus embarrassante qu'elle oblige à se demander s'il y a une fin. Car c'est toujours dans la visée d'une fin que l'on pose un commencement. Mais y a-t-il une fin ? Si oui, ce serait celle de la métaphysique, et il y a lieu de croire qu'elle va durer très longtemps. Comme personne ne semble en mesure de la penser, disons que rien ne presse. Aucun doute : les faux bruits vont proliférer. On va soutenir que la fin de la métaphysique est surmontée. Ou bien, dans la vision apocalyptique, qu'elle est imminente. Peu d'individus essaieront de comprendre vraiment cette fin qui semble ne jamais finir. Dans un sens, cette fin interminable constitue un scandale. Alors on s'énerve. On a tort. L'énervement conduit les hommes à monter en chaire. Beaucoup d'intellectuels, employés à cela à leur insu (ou pas tout à fait), prononcent des sermons apocalyptiques dans ce qui dorénavant tient lieu d'église. On voit surgir des prédicateurs négatifs qui annoncent de mauvaises nouvelles, qui prédisent par exemple que l'homme du XXI$^e$ siècle sera une femme, enfin toutes les idioties habituelles de la prédication cléricale. Ça permet, comme toujours, de renforcer le pouvoir existant en se donnant les gants du contraire : le pessimisme le plus noir, avec ses promesses de dévastations irrémédiables, ne sert qu'à terroriser les consommateurs. Pendant ce temps, les affaires continuent. Sa Majesté les marchés financiers encourage donc la propagande catastrophique. Maintenant je n'ai pas besoin de vous dire que la dévastation elle-même n'en est qu'à ses débuts ; nous ne sommes qu'au premier moment du nihilisme achevé. Bien entendu, qui reste prisonnier de la métaphysique a peu de chances de penser ce qui s'annonce interminablement comme sa fin.

Faut-il retrouver quelque chose d'originel, et qui aurait été perdu ? Un âge d'or que viendrait mettre à mal je ne sais quelle déperdition de l'Occident ? Eh bien, ce genre d'opium peut se vendre comme le reste. Tout catastrophisme repose sur une erreur de base. Il faut avoir à l'esprit cette maxime très simple : une erreur sur la fin en implique une sur le commencement. Qui ne pense pas la fin, en un mot, n'a pas commencé à penser. C'est ce qu'on voit partout, il suffit d'ouvrir les livres, les journaux, d'écouter la radio, la télévision : ça ne pense pas *encore*.

« Tout reprendre », donc. Mais le tout se dérobe à la prise. Et il n'y a rien à apprendre. Sauf à vouloir recirculariser une histoire qui s'essouffle. La recircularisation de la métaphysique ne manquera pas d'apparaître comme souhaitable à quelques esprits forts. La misère est telle qu'une proposition de ce genre pourrait avoir pendant quelque temps, oh pas longtemps, son intérêt. On recyclerait la métaphysique, on l'habillerait de nouveaux habits, plus «révolutionnaires», plus messiano-hystériques. Pourquoi pas? Le millénarisme, teinté ou non de christianisme, reviendrait nous hanter. Puis on retournerait au rationalisme des temps modernes; tiens, on redécouvrirait Descartes, que tout le monde a oublié. Ou, plus près de nous, Auguste Comte. Ou Sartre. Cela ferait son effet. Mais nous retrouverions bien vite une autre époque : la nôtre. L'époque planétaire, celle de la fin de la métaphysique. Bref, toute cette recircularisation convulsive finirait, d'un anneau à l'autre, dans la même impasse. Et devant la même impossibilité à penser cette impasse. Surtout, on oublierait au passage l'essentiel : je veux dire *la présence*. Si vous voulez un commencement abrupt, très abrupt, il faut que cela surgisse. Or le surgissement ne se décide pas. Il est de l'ordre d'une arrivée subite. Il advient dans une certaine dimension de la détresse. L'instant ouvre à cette dimension, qui peut prendre aussi bien l'aspect de la douleur que celui de la joie. Je vous propose mon programme, celui que je m'efforce de mettre en pratique. Ne rien reprendre. Laisser le Tout à la métaphysique. Se détourner. De quoi? De cette histoire achevée, précisément. Vers quoi? Vers le libre usage. Heidegger parle quelque part, en citant Hölderlin, du «libre usage du national». Il y voit, et c'est vrai, ce qu'il y a de plus difficile. Le national ne sert le plus souvent qu'à embarrasser la névrose, c'est-à-dire qu'il ne sert à rien. L'international n'en est d'ailleurs qu'un avatar à peine moins pénible. Voici une mission que pourraient se donner les scissionnistes : réaliser «le libre usage du national», ce qui signifie le contraire du nationalisme et même de toute postulation vers la souveraineté entendue dans un sens étroitement politique. Mais sans pour autant qu'on puisse rabattre cet étrange déploiement sur une forme quelconque de mondialisation. D'ailleurs, le mot même de « mondialisation » relève du faux-semblant. Avec l'ère nouvelle dans laquelle nous entrons, il n'y a plus de « monde » : ce qui s'ouvre devant nos pas c'est une absence de « monde ». Dans cette ère planétaire, le « monde » est ce qui disparaît. Il ne reste plus que la terre, astre errant au milieu des constellations.

La seule tâche acceptable pour une tête un peu libre, je la résumerai en une phrase : se *détourner* de la métaphysique. Cela ne suppose aucune ignorance, bien au contraire. Dans le détour, ce qui vous arrive devient un surgissement, et ce surgissement prend la forme d'un destin. L'avantage du détour, c'est qu'il fait venir à la lumière *le plus proche*, c'est-à-dire ce qu'on a toujours dédaigné. Mais il le fait venir sous une forme sauvage, comme la plus bouleversante des expériences poétiques. On ne va pas plus loin, c'est le grand mystère, que dans sa proximité même. Rien de plus méprisé, de plus méconnu que cette proximité. Le plus proche n'est pas représentable. On ne peut donc pas le circulariser. On n'a à faire avec lui à aucune répétition, à aucun retour du même. Mais à un saut. Heidegger parle de « l'acte de plus en plus initial du saut qui ne connaît ni répétition ni retour ». Remarquez à ce propos que ce saut comme acte ne se confond avec aucun commencement. S'il est « de plus en plus initial », il échappe en effet à la catégorie métaphysique de l'origine à laquelle l'absence de pensée le réduirait spontanément. « Nous serions — dit encore Heidegger — dans l'unicité à chaque fois singulière de la plénitude inépuisable de la temporalité elle-même. » Ainsi peut-il définir la poésie comme étant « ce qui a lieu au fond de l'être comme tel » et rappeler dans le même mouvement que «nos mauvais rapports avec la langue ne sont que les mauvais rapports que nous entretenons avec l'Être». Vérifier la pertinence de cette proposition est facile. Il suffit d'entrer dans n'importe quelle librairie et de voir ce qui se consomme.

Ce que je cherche à cerner c'est un autre âge du temps que celui de la métaphysique. Celle-ci revient à chaque instant sous tous les déguisements possibles, tantôt ébahie, tantôt renfrognée. Mais reprenons Heidegger : «L'Être comme destin est l'inquiétant : ce qui est trop grand et qui pour toute computation mesquine ne peut qu'être qu'importun.» Chaque humain appelé dans cette dimension mesure très vite, vous en ferez l'expérience, à quel point il est importun. Non seulement vous le sentirez mais, croyez-moi, on vous le fera sentir. Être importun : trop grand parce que inquiétant. Oh, bien sûr : ce n'est pas vous qui êtes trop grand. Mais quelque chose se manifeste qui vous rend, peut-être à votre insu, importun. C'est comme si vous interrompiez une séance d'hypnose, ou comme si vous aviez réveillé un somnambule. Alors autant aller droit à un problème qui attend encore d'être éclairé : je veux parler du Mal. Le Mal est une chose essentiellement spirituelle. L'Esprit s'illusionne lorsqu'il croit pouvoir s'en débrouiller; car il en participe. «Seul ce qui est spirituel inspire de la terreur», note Heidegger dans son admirable *Schelling*. Le Bien, le Mal, voilà qui demande non pas d'être recyclé sous les formes anciennes de la métaphysique mais repris comme mise en question de ce qui se donne pour spirituel. Or c'est cela qui sert de fondement à la terreur qui règne sur la société, et d'autant plus qu'il y a déchaînement de la Technique et donc démultiplication des effets de cette terreur. Mal. Esprit. Être. Temps. Langage. À partir de là on reprend tout mais sans que la reprise soit reconnaissable ; car elle a lieu en dehors de la métaphysique. Inutile de vous spécifier qu'une telle reprise, si jamais elle intervient, apparaîtrait à tous comme terriblement importune. À tous. Car vous proposeriez là rien de moins qu'un espace libre pour le jeu du Temps. Il y a fort à parier que la réponse ne tarderait pas sous la forme d'un durcissement de la volonté de volonté. Et, vous le savez, celle-ci ne vise à rien d'autre qu'à la réalisation fanatique de la nullité. Plutôt vouloir le rien que ne rien vouloir : telle est sa loi sous-jacente.

Prenons encore une fois Heidegger : « Toujours et partout l'Être parle à travers tout langage. » Si l'on considère avec sérieux cet énoncé, nous voilà devant quelque chose de très importun. Car si l'être humain parle, il n'a pas l'air de le savoir ; comme s'il ne comprenait pas ce qu'il fait lorsqu'il parle, alors que cette activité le définit. Essayer un peu d'interrompre le on-dit de l'espèce pour révéler que l'Être parle à travers le langage, et tout le monde assimilera votre intervention à un manque élémentaire de civilité. Pourtant que « l'Être parle à travers tout langage », moi cela me laisse envisager une richesse énorme, une richesse à vrai dire incommensurable, abyssale. Toujours Heidegger : « La richesse abyssale de l'Être s'abrite dans le néant essentiel. » Enfin, encore faut-il faire du néant essentiel l'expérience qui convient : celle qui ouvre sur la richesse abyssale. Et là on arrive à ce constat curieux, sur lequel on devrait réfléchir : il semble bien que les humanoïdes de la métaphysique ne soient pas à la mesure de cette richesse, trop grande, importune, scandaleuse même. Non qu'ils n'embrassent pas, les pauvres, des flux immenses et convertibles de richesses, mais il ne leur vient jamais aucune pensée qui soit à la hauteur de cette profusion luxueuse. À quoi sert la prédication cléricale sinon à entraver tout effort de lucidité sur ce qu'est profondément la richesse ? Elle met l'accent — avec quelle insistance ! — sur la misère qui nous menace, qui demain peut-être va nous étreindre, nous faire dévaler la pente du malheur. L'important reste qu'il n'y ait aucune pensée de la richesse. Deux ou trois petits mots sur la richesse — tiens, de Rimbaud : « Les fenêtres et les terrasses à présent pleines d'éclairages, de boissons et de brises riches. » Ou, mieux encore : « Les richesses jaillissant à chaque démarche ! Solde de diamants sans contrôle ! » Ces exclamations, tirées des *Illuminations* de Rimbaud, montrent les richesses ahurissantes que cet aventurier a déployées à chaque page, à chaque phrase. « Je suis mille fois le plus riche », dit-il, tellement riche qu'il va falloir s'occuper de gagner un peu d'argent. Voilà peut-être la solution de ce mystère qui n'en est pas un : le départ de Rimbaud. Comme il le dit de la nouvelle raison, dans le temps et l'espace : « Arrivée de toujours, qui t'en iras partout. »

Les erreurs sur le langage n'arrêtent pas. Elles interviennent à chaque instant. Il y a eu des gens pour s'en occuper : par exemple, Freud. Mais prenons une de ces erreurs, puisqu'elle vous intéresse. Je veux parler des sophistes, et plus particulièrement de Gorgias. Or qu'est-ce qu'un sophisme, Messieurs ? Eh bien, un « gémissement poétique » — comme dit Ducasse. Tout sophisme — quelle que soit la bonne humeur de son représentant — est assurément un gémissement poétique. À tous les sophismes préférons, avec Rimbaud, l'arrivée de toujours qui s'en ira partout : à savoir la proposition d'un espace libre pour le jeu du temps. Maintenant quelque chose comme la littérature subsiste-t-il ? Elle existe, en un sens, à l'exception de tout, comme dirait Mallarmé. Car le révérend Mallarmé a besoin du tout, lui. Riche, il l'est — il n'y a qu'à le lire. Mais sort-il, comme Rimbaud, de la métaphysique ? Évidemment non. Du reste il devient « prince des poètes », existence à laquelle Rimbaud préfère une vie de chien, suprêmement riche.

La question sur la littérature, posée par Mallarmé, est légitime. En époque métaphysique tout repose sur des antinomies : le Bien, le Mal ; la paix, la guerre ; le national, l'international ; et de même l'opposition de la bonne et de la mauvaise littérature. Dans cette perspective la bonne sera dite préférable à la mauvaise, ce qu'un métaphysicien moral se chargera de démontrer de manière irréfutable. Il établira sans peine qu'il y a beaucoup de mauvaise littérature, et très peu, vraiment très peu, de bonne ; avant d'en tirer cette conclusion sympathique qu'il faut défendre la meilleure contre la marchandise littéraire. Mais supposons maintenant, oh, en passant, qu'il n'y ait plus que la mauvaise. Supposons qu'il n'y ait plus un gramme de bonne : même plus une enveloppe à retourner, comme la fameuse lettre de Poe. Non, plus rien. Du coup le partage entre bonne et mauvaise littérature s'écroule. Alors cette activité étrange est-elle finie, dépassée ? Non, car il y a la masse énorme, toute-puissante, de la mauvaise littérature. Même ceux qui prétendent en finir avec elle, mettons les philosophes, les ultra-nihilistes de l'avant-garde, même ceux-là continuent d'en faire à leur insu comme Monsieur Jourdain de la prose. Nous assistons aujourd'hui au triomphe universel de la mauvaise littérature. Elle envahit tout, elle submerge tout, et quand elle semble bonne elle devient encore pire. La bonne monnaie ne chasse jamais la mauvaise ; c'est le contraire qui arrive. Dans le secteur littéraire comme dans tous les secteurs, les possibilités humaines sont dépassées par ce déferlement de fausse monnaie : la critique échoue pathétiquement dans ses contre-attaques. L'envahissement de la mauvaise littérature obéit à un programme informatique. Alors, bien sûr : il reste le repli sur la bibliothèque. Il y en a d'excellentes. Seulement cela n'implique pas qu'il y ait encore quelqu'un pour savoir lire, ce qui serait au fond la même chose que commencer à penser réellement. Et pourtant : que de richesses abyssales dans les livres ! Elles sortent, ces richesses, de la bibliothèque et l'on dirait qu'elles vous sont personnellement destinées. Tous les morts viennent vous parler, et même parfois ils acceptent de dialoguer avec vous ; Machiavel, à la fin de sa vie, s'était résigné à ce genre de soirée. Même si on pourrait lui reprocher, à celui-là, de ne pas avoir assez lu Dante, et surtout le *Paradis* : ce poème où il s'agit d'aller très vite en pleine lumière, tout en étant ardemment changé en feu. Cette dernière métaphore convient admirablement pour un jubilé, celui de 1300, mais pourquoi pas aussi celui de l'an 2000... Jubilé renvoie à jubilation, celle que donne la perception d'une énorme, d'une vraiment fabuleuse richesse. Que seul procure le plus proche, découvert dans l'instant comme un trésor.

Si les choses doivent reprendre, ce serait là : seul le plus proche permet de nouer un nouveau rapport de la pensée avec la langue. Se détourner de la métaphysique procurerait à celui qui en ferait l'expérience les richesses les plus extraordinaires, vis-à-vis desquelles l'argent ne compte plus. À supposer qu'il y ait tout à calculer, vous imaginez un peu les sommes ! Pour avoir une idée de ces richesses inouïes, il faut mener la vie qui convient, et ne pas oublier cet aphorisme fulgurant de Céline : « Je ne crois pas à la misère, mais à de plus en plus de vice. » Traduisons : ce *vice* n'est rien d'autre que la forme extrême du nihilisme. La vie d'aujourd'hui, qui ressemble davantage à une survie, tend à l'exhibition de la misère. Cette misère n'est pas matérielle : elle est essentiellement spirituelle. Le Mal — en tant que spirituel — veut que les hommes se sentent misérables et comme l'intervention de cette puissance les terrorise, eh bien ils ont le réflexe de filer doux. L'existence courante, dans tous les secteurs, en fournit la démonstration.

Rien n'est plus convoité, halluciné que la richesse : personne n'a le droit de dire le contraire. Et surtout pas un philosophe. Mais rien non plus n'est plus haï. Ce n'est pas seulement du Capital que je parle ni des individus qui l'instrumentalisent — ou le brûlent ; mais ceux qui manipulent l'argent sont fondamentalement aimés. On fait semblant de les haïr mais au fond on les aime. On les envie, c'est tout. Ce que la métaphysique ne tolère pas c'est le fait qu'il y ait — qu'il continue d'y avoir, malgré le barrage de la mauvaise littérature — du destin, c'est-à-dire une *passion fixe*. Là, la haine ne connaît plus de bornes. Que cela s'énonce clairement ou pas, chacun vous trouve terriblement importun. Votre richesse — en fait ce n'est pas la vôtre, elle ne vous appartient pas — fait de vous une menace pour la société. Une menace qui ne se pardonne pas puisqu'elle paraît non humaine.

*Propos recueillis par Yannick Haenel
et François Meyronnis.*

## *Roman d'amour*

Je pars de la conviction que tout est fait, désormais, pour évacuer au maximum l'histoire et imposer une amnésie généralisée. Paradoxalement, il s'ensuit un violent désir d'histoire. *Passion fixe*[1] manifeste ce désir. Je sortais de *Studio*, qui était déjà une tentative pour ressaisir les fondements de la poésie, et je me suis retrouvé dans la nécessité de poursuivre cette enquête, qui n'est possible que sous la forme du roman et de l'expérience vécue, en repartant en direction de l'histoire. Violent désir d'histoire veut dire qu'à partir d'une expérience précise, tout à coup, une fois franchi quelque chose comme la mort, l'histoire se présente comme un don venant absolument de partout. Cela est présenté, dès le début du récit, comme de nouveau la tentation du suicide, que je reprends dans *Passion fixe* d'une autre façon que dans *Portrait du Joueur* où le narrateur se demandait dans un contexte tout à fait luxueux, en smoking, s'il n'allait pas en finir. Car, après tout, c'est bien la question : pourquoi ne pas en finir ? Tous ceux qui n'en finissent pas d'exploiter le fini, tout en s'en plaignant, seraient plus décents s'ils en finissaient vraiment. Comme le dit excel-

---

1. Éd. Gallimard, 2000.

lemment Heidegger : « Le mauvais infini, c'est ce côté sans fin du fini, alors que la bonne infinité (*Aufhebung*) consiste à quitter le fini. À liquider le fini. » Si cette question n'est pas posée par quelqu'un qui se met devant la question du langage, du récit, de la pensée, je crois que ça ne vaut même pas la peine de commencer un livre. Dans presque tous les romans que j'écris, arrive la chose suivante : on part d'une situation de coinçage, de blocage, de sans issue, pour peu à peu, au fur et à mesure que l'histoire du narrateur se déploie, construire des situations positives. Plus rien n'est vivable, tout est fermé, il s'agit de savoir si l'on s'évade ou non de cette prison, de ce tournage en rond des phénomènes. Bref, d'où vient le secours ? Dans *Passion fixe*, on peut entendre, en effet, que le but, une fois de plus, est d'en sortir, du fini. C'est ce que j'appelle les années sombres. On est dans ce moment, après 68, où la répression et la régression s'organisent. C'est au lendemain d'une explosion des désirs, des libertés, de la mise sens dessus dessous de la société, que le narrateur se trouve. Et ce n'est pas un hasard s'il est étudiant et vit dans une chambre minable, louée par un bonhomme qui appartient au Front unifié social, le FUS, et s'il a envie d'en finir. Et puis, il se trouve qu'une expérience étrange le saisit, dans son lit. Il n'a pourtant pas pris de substances hallucinogènes, or l'espace s'ouvre. C'est comme s'il y avait soudain une étrange clairière. Expérience très affirmative, qui fait que renonçant à se tirer un coup de revolver dans la tête, il va jeter l'arme dans la Seine, du côté du Pont-Neuf, en éprouvant une extase devant la ville, le fleuve, les immeubles, mais aussi une décomposition alerte de son propre corps dont il ne ressent plus l'unité.

À partir de là, des événements vont se produire. Il rencontre dans une soirée, qui pourrait être d'aujourd'hui, avec son flot d'intérêts, de faux désirs, de retournements des identités, une femme, qui l'enlève, et dont nous apprendrons plus tard qu'elle est avocate, Dora Weiss (le nom est important). C'est un personnage très positif puisque, se trouvant au cœur de la loi, elle a comme métier de se présenter en défense — le métier d'avocate étant celui où, je crois, on a le maximum de renseignements sur la société, pas seulement locale mais planétaire. Commence alors une histoire qu'on peut appeler d'amour, qui peut paraître au début une simple affaire sexuelle, mais qui se transforme en passion. Passion et fixe. Ce n'est pas un oxymoron. En considérant les deux termes comme contradictoires, on adopte le point de vue de la métaphysique courante : la passion ça va et ça vient et ça ne peut, de toute façon, que s'achever vite, en violence, en désillusion, en ressentiment. On peut immédiatement décliner à l'ordinateur tout ce que le terme passion entraîne de négatif. Si vous le gardez, le mot, en positif, c'est curieux : on vous répétera à chaque instant que c'est impossible. Dire que c'est possible, entre un homme et une femme, c'est déjà postuler quelque chose d'extraordinairement blasphématoire. Il faut bien avoir présent à l'esprit, quand Freud dit que l'amour entre un homme et une femme est la chose la plus asociale qui puisse exister, que ce n'est pas sans raison. Aussitôt se crée là une contre-société, un intervalle de liberté ressenti par le corps social, même sans renseignements précis, comme une monstruosité. Est-ce à dire que la société tout entière, malgré ses dénégations, est construite homosexuellement sur le modèle masculin ? Bien sûr. Et j'ajoute à ceci que le deuxième personnage féminin, qui va venir redoubler cette étrangeté, est musicienne, Clara, pianiste internationale, ces deux femmes n'éprouvant manifestement l'une à l'égard de l'autre aucune négativité. C'est intéressant romanesquement : qu'est-ce que ça peut être la situation d'un homme qui n'est pas dérangé par l'idée que des femmes puissent aimer des femmes ? Cela ne signifie pas qu'il faut appliquer à ce genre de situations le terme de lesbiennes, même si c'est le premier titre auquel pense Baudelaire pour *Les Fleurs du Mal* — Baudelaire qui intriguait beaucoup Proust de ce point de vue. On va là droit au sujet : vous aimez les hommes ou les femmes ? demandez-vous à une femme ; elle vous répond : les hommes ; vous lui dites alors : on n'a pas les mêmes goûts. Ou alors vous rappelez la formule fameuse de Lacan : on est hétérosexuel quand on aime les femmes, qu'on soit un homme ou une femme. Formule qui, chaque fois que je la répète, produit toujours un frisson dans l'atmosphère, comme si c'était difficile à comprendre. Pourquoi serait-ce difficile à comprendre sinon parce que toute la métaphysique occidentale a construit la chose comme ça ?

Il y a donc ces deux femmes, l'une qui va être en contact avec le fond de l'information transactionnelle, c'est-à-dire avec ce qu'il en est de l'argent. Ce n'est que vers la fin du roman que le narrateur, qui rédige des petites notes pour un éditeur scientifique, grâce à un livre qu'il écrit sous pseudonyme (ouvrage de vulgarisation sur la génétique), gagnera beaucoup d'argent et pourra éventuellement faire un geste qui rembourse une dette qui n'est d'ailleurs jamais interprétée comme une dette. L'autre femme, elle, est musicienne, ce qui permet d'amener la musique au premier plan (Glenn Gould, avec Bach notamment). Plus je vais, plus mon admiration pour les musiciens ou les musiciennes augmente, pour la simple raison que c'est une des seules pratiques désormais où l'on ne peut pas tricher. On peut faire semblant d'être écrivain, peintre, sculpteur, cinéaste ; on peut faire semblant d'être animateur culturel (ce à quoi se réduit l'essentiel de l'art aujourd'hui) ; en revanche, si vous êtes seul avec un piano sur une scène, vous ne pouvez pas faire semblant d'être pianiste. Sur le simple plan physiologique, c'est-à-dire la présence à soi qui implique un calcul du temps musical, le fait d'être pianiste, violoniste, chanteur, chanteuse, violoncelliste, trompettiste ou guitariste, le corps qui est impliqué dans cette affaire a droit à la plus grande considération.

Un autre personnage est pris dans la même tourmente que le narrateur : il s'appelle François et il n'est pas difficile de reconnaître en lui certains traits de Debord. C'est un stratège qui se trouve dans la même période de liquidation et qui doit préserver, lui aussi, ce qui a été vécu. C'est donc dans une stratégie défensive que tous ces personnages s'engagent. Si l'avocate trouve dans le narrateur ce qui lui convient, c'est qu'il a déjà l'expérience du négatif intégral, comme on le voit au début. La musicienne, elle protège ses doigts, ses bras, ses épaules. François, en hommage à Villon, protège aussi sa vision subversive du monde.

Quand je disais « besoin d'histoire », c'est le besoin d'histoire surgi des trente dernières années. J'étais l'autre jour dans un restaurant où deux femmes de cette époque étaient en train de discuter. On voyait bien qu'elles avaient vécu l'une et l'autre un certain nombre de choses dans ce vieux temps-là. Elles parlaient de leurs enfants, de leurs cuisines, de leur ameublement, de leur divorce, de leurs amants évidemment décevants. À un moment donné, l'une dit à l'autre : « Tu sais, le café où on allait autrefois, ils l'ont repeint. » L'autre lui répond : « C'était quand ? Vers 70-72 ? Ça fait vingt ans, quoi ! — Eh non ! lui dit l'autre, ça ne fait pas vingt ans, mais trente ans ! » Dialogue révélateur parce qu'on voit là qu'il y a dix ans qui manquent, on ne sait pas où ils sont passés. Il y a, dans le fait de ne pas pouvoir subjectivement se mettre dans la situation de dire l'histoire de ces trente dernières années, quelque chose qui est extraordinairement intéressant à regarder au microscope. Pourquoi ce temps qui manque, qui a passé sans qu'on s'en rende compte, produisant des corps épaissis ? Où en est-on avec le temps, demande Cravan à Gide, qui lui répond platement : il est six heures.

Il ne s'agit pas, pour les personnages de *Passion fixe*, d'une recherche du temps perdu, ils ont une conscience suraiguë du temps, et ils ne l'ont pas acquise n'importe comment. Une avocate a un sens dramatique de ce qui se déploie dans le temps comme procès, c'est le mot. Une musicienne ne peut pas être en retard d'une seconde sur la note qu'elle va jouer, la touche qu'elle va enfoncer. Un révolutionnaire se reconnaît à cela qu'il sait prendre son temps et ne pas le dépenser en pure perte puisque se pose à lui la question de la guerre. Quant au narrateur, il est en quelque sorte le secrétaire de cette affaire.

Comment va se manifester ce besoin d'histoire enfouie, cette résistance au discours selon lequel l'histoire serait finie et où il n'y aurait plus d'idéologie (alors qu'il n'y a que ça) ? Il se trouve que l'avocate en question, veuve d'un cardiologue connu, qui a été mêlé au surréalisme, possède une bibliothèque de livres rares qui, pour le narrateur curieux, va se mettre à vivre. Il prend un volume au hasard, et c'est Cyrano de Bergerac, *Histoire comique des États et Empires de la Lune et du Soleil*. Puis il s'endort. Se produit alors ce que j'appelle, en détournant légèrement Nerval, l'épanchement des livres dans la vie réelle, un phénomène qui commence peu à peu à faire sens, vérité, actualité, à partir de l'archive. C'est le projet de Bergerac. Bien entendu, il ne s'agit pas d'aller dans la lune, c'est déjà fait, quant au soleil, il n'y a rien d'inconnu à y chercher. Pour l'époque, au contraire, c'est ce qu'il fallait dire si on voulait faire état d'une transformation intérieure, d'un voyage en soi. Un autre livre, tiré de la bibliothèque, va jouer également, à côté d'ouvrages alchimiques, un rôle important : le *Yi king* chinois. Livre qui indique une façon dont sont disposés d'une façon combinatoire l'espace et le temps et qui, si vous êtes superstitieux, vous renseigne sur l'état où vous vous trouvez, et si vous ne l'êtes pas, ce qui est mon cas, attire votre attention sur un fonctionnement élémentaire d'un monde, y compris vous-même, qui est toujours en transformation, en mutation. Cette pensée nous vient de Chine, mais tout se tient parce que, en chinois, le fait qu'il y aurait une séparation radicale entre les sexes est incompréhensible. On n'est jamais deux, on est quatre. Quand vous êtes avec une femme, vous êtes quatre, c'est d'ailleurs le seul moment où vous l'êtes puisque, étant donné que son masculin ne sera pas le vôtre, et son féminin pas le vôtre non plus, vous pouvez avoir une série complète de ce qui peut vous arriver, et qui ne vous arrivera pas si vous vous retrouvez avec quelqu'un du même sexe. Là, vous arriveriez à deux ou trois, mais vous ne serez jamais à quatre. Voilà qui est difficile à comprendre pour un esprit occidental, mais cela me paraît à moi l'évidence même. Les passions amoureuses sont décrites négativement parce que précisément on croit être toujours deux qui devraient faire un, et chacun se retrouve le bec dans l'eau, dans son unicité supposée, avec l'autre qui a une autre idée de l'unicité.

    La Chine arrive comme une autre ouverture de l'espace et du temps. Vous êtes aujourd'hui dans l'année du Dragon, et remarquez que le dragon n'est aucun des animaux existants. Ne négligez pourtant pas l'information principale qui est que le sperme du dragon répandu sur la terre se vitrifie sous forme de jade. Importance du jade pour qui n'est pas spermophobe (cas le plus fréquent), ou trop spermophile. Ça me rappelle qu'une fille américaine, à l'époque de *Femmes*, avait dit qu'il fallait se méfier beaucoup de moi parce que je n'étais pas du tout un phallocrate mais un véritable spermocrate. Ce qui a l'avantage de mettre l'accent sur le fait que la substance reproductible sera désormais utilisée comme marchandise. « Être, aujourd'hui — je cite, sans me lasser, Heidegger — c'est être remplaçable. » C'est tout. Alors, avec toutes ces données, toujours en situation, dialogues, rencontres, expérimentations de corps, le narrateur va se donner la possibilité de savoir où en sont à tout moment les marchés financiers que j'écris d'une certaine façon, afin d'en faire une satire amusante. C'est l'expression qu'on entend le plus souvent en un seul jour, à la radio, à la télé, en français, en anglais... Il faut bien savoir que l'état des marchés financiers, c'est tout ce qu'il y a lieu de connaître aujourd'hui, sur cette planète (massacres compris, Kosovo, Tchétchènes, etc.). C'est un énorme film de digestion universelle. Et ce qui semble s'y opposer est prévu par la digestion elle-même. Spectacle... ce n'est pas moi qui l'ai dit, mais on est bien obligé, à moins d'avoir des intérêts dans cette affaire, dans le montage même du film, de s'en tenir radicalement à cette position si l'on veut dire quelque chose d'à peu près vrai. C'est en effet la société du spectacle en tant qu'elle n'est bien entendu pas seulement ce qui se voit à la télévision, comme le croient les naïfs, mais la circulation rapide et la digestion générale, numérique, du fini par lui-même.

Le livre a cette coloration corrosive mais son ton fondamental est celui d'un certain détachement — ce que je recommande pour se faire entendre sur fond de silence. Il ne s'agit donc pas d'un énervement par rapport à ce processus qui ne serait que le désir d'en rajouter au processus lui-même, comme ça se voit si souvent, ni de collaborer par une négativité protestataire à ce qui est prévu comme rôle dans le film *Les Marchés financiers*.

Filmer le film, ça demande une certaine documentation, d'avoir voyagé. Les personnages se déplacent beaucoup. L'un est très informé, l'autre déchiffre cette information, et la musique est là, qui, comme dit Mozart quelque part, aide à traverser la sombre nuit de la mort. Filmer le film, ça veut dire qu'on va, par exemple, utiliser de temps en temps tel livre en considérant que c'est plus que de la littérature : de l'anticipation prophétique. Ainsi *Le Festin nu* de William Burroughs. Par quelques prélèvements, on peut y saisir à quel point, publié il y a un demi-siècle, il est audible seulement aujourd'hui. Vous vous souvenez qu'à la fin de ce chef-d'œuvre, un des plus grands du XX$^e$ siècle, les Chinois apparaissent. De même la situation proustienne est transformée dans *Passion fixe* : il n'apparaît pas la moindre trace de ce qui pourrait être le moteur du désir, à savoir la jalousie. Il faut savoir d'où ça jalouse. Il ne s'agit pas seulement du sexuel, mais d'un organe virtuel qui va beaucoup plus loin que le sexe lui-même. Enfin, au contraire du *Rigodon* de Céline, où les Chinois arrivent vers Cognac puis s'arrêtent en Champagne, les aventuriers de *Passion fixe* ont la démarche inverse. C'est vers la Chine que le narrateur tourne ses regards, pour voir ce qui va avoir lieu là, plus tard, au XXI$^e$ siècle. C'est de la prévision, pas de l'utopie. Les choses sont extrêmement concrètes : où en seront Shanghai en 2050, le continent asiatique, la diaspora chinoise ? Ce voyage vers la Chine est en réalité un voyage intérieur puisque, à la limite, on pourra dire que cette position de translation devient plus chinoise que les Chinois eux-mêmes. Plus ils s'occidentaliseront et plus on deviendra — pas beaucoup de monde, hélas — chinois. Ce qui ne veut pas dire que la culture chinoise est complètement coupée d'elle-même, mais en tout cas, c'est une passion fixe chez moi. Comme quoi mon existence doit avoir sa logique.

En filmant le film, on peut aussi le découper, prélever ce qui se fait dans la littérature de notre temps, accumuler les fragments, j'aime bien cet exercice, les ciseaux me servent beaucoup, pas dans n'importe quel but, pour suivre un raisonnement, un raisonnement qui trouve d'ailleurs sa source dans les *Poésies* de Lautréamont (c'est dit explicitement par le personnage de François). Où est le programme ? Vous le lisez, et vous voyez annoncé, à la fin du XIX$^e$ siècle, ce qui nous arrive aujourd'hui et pour les temps qui viennent. Vous tombez sur un grand bloc de négativité organique. Il faut donc produire un effet de compression pour montrer à quel point, du morbide à l'embarras sexuel, en passant par les gémissements, les diarrhées, les effets d'anthropophagie, que sais-je, la misère sexuelle s'exprime. Ce n'est pas un jugement, c'est une photographie. Bien entendu, je n'invente rien, tout ce que je cite est vrai, pris à la source et constitue même un hommage. Ce n'est pas du tout dépréciatif. Où en est le négatif ? Eh bien, voilà, il en est là. C'est ce que j'appelle filmer le film.

En même temps, le roman, qui est aux antipodes de tout réalisme et de tout naturalisme, a pour fonction de montrer le fait de vivre poétiquement. Poétiquement veut dire avoir un accès au plus simple, au plus proche. Comment rester indemne. C'est ce que dit Heiddeger quand il parle de la surabondance et de la surmesure du présent : « En même temps que l'indemne, dans l'éclaircie de l'être, apparaît le malfaisant. Le malfaisant ne consiste pas dans la pure malice de l'agir humain, elle repose dans la malignité de la fureur. L'être lui-même est le lieu du combat. En lui se cache la provenance essentielle du néantisé. Ce qui néantise s'éclaircit comme ce qui a en lui le *ne-pas*. On peut l'aborder dans le "non". Le *ne-pas* ne provient aucunement du dire non de la négation.» Nous allons tenter de raconter comment tout le monde, le monde des marchés financiers, se trompe sur la négation. Voilà : «Seul l'Être accorde à l'indemne son lever dans la grâce, et à la fureur son élan vers la ruine.» Il s'agit donc de montrer la ruine et la participation, volontaire, du ruiné à sa propre ruine.

Pendant ce temps-là, comme on dit dans les films muets, il se passe un grand nombre de choses toutes simples. «Le surprenant, dans cette pensée de l'Être, dit encore Heidegger, c'est ce qu'elle a de simple, et c'est cela justement qui nous éloigne d'elle.» C'est très simple, seulement la conséquence de cette situation dans le simple engendre la fureur. Ce n'est pas psychologique, mais en deçà ou au-delà de l'humain.

Des choses toutes simples, mais en même temps grandioses, qui ont trait au fait d'habiter en poésie. Pas pour faire des poèmes, pas pour se prétendre poète, ça aussi c'est prévu comme misère aggravée, comme servitude acceptée du Système. Misère de la poésie... En même temps misère qui vous signale que quelque chose d'incalculable, qui dépasse les comptes bancaires de la planète entière en train de tourner sur elle-même, est en jeu. Il n'y aurait pas une telle misère, si ce n'était pas pour voiler une richesse énorme. Il suffit d'ouvrir les *Illuminations* de Rimbaud qui s'exprime là-dessus en fermant la boutique, car, pour lui, il n'y a pas à en faire plus. C'est dans *Solde* que ça s'exprime. Le terrible est que le misérable s'entend avec sa misère, il suffit d'insister un peu pour l'entendre, tout en s'en plaignant, la désirer. C'est la raison pour laquelle il y a un signe à l'intérieur du livre vers André Breton. On peut penser ce qu'on veut de ce passant considérable, il n'empêche que reprendre une aventure du côté du Pont-Neuf, avec *La Clé des champs*, n'est pas inutile. De même que Debord ne peut pas ne pas se présenter. Avec eux, on est dans une autre histoire que celle qu'on nous raconte. Mon histoire, elle, est romanesquement fondée sur des corps qui se sont organisés dans la clandestinité, en se cachant en plein jour. Pas la peine d'aller se faire cerner par je ne sais quelle anorexie ou exhibition de sa limite, fût-elle géographiquement dans les bois (il y a des satellites partout). Il vaut mieux savoir que tout est vu, la police, c'est toujours la même chose, c'est la lettre volée d'Edgar Poe. Il est possible de retourner l'enveloppe et de la mettre bien en évidence. On peut même écrire *Passion fixe* sur l'enveloppe.

Le roman est ainsi un film du film, un plaidoyer (il y en a un), un concert, et aussi une façon d'agir, étrange, puisqu'en somme il suffit de penser pour qu'une action ait lieu. On ne gesticule pas dans l'opinion ou les idées, on se met en route, un pas après l'autre, en se demandant pourquoi on ne pense pas encore. Il est important de comprendre pourquoi, dans *Was heisst Denken ?*, Heidegger commence par commenter la formule de Nietzsche sur l'esprit de vengeance. Ce qui me plaît chez Heidegger, c'est à quel point c'est bien composé (je dirai que ce roman-ci me semble d'ailleurs bien composé). Où avez-vous de la composition désormais, terme musical ? Le mal ne compose pas, comme a dit quelqu'un. Eh oui : bruit, bavardage, fureur, mais pas de musique. L'esprit de vengeance, donc. C'est « le ressentiment de la volonté contre le temps et son *il était* ». Pourquoi ça ne pense pas ? Parce que l'esprit de vengeance est là d'emblée et qu'au lieu de penser, il rumine. L'être du ressentiment, la vengeance, l'accusation, l'inquisition, tout ça n'arrête pas. Le fini se consume, mais de l'autre côté du fleuve et sous les arbres on est au contraire, comme par miracle, dans l'amour musical du Temps.

*Réponse à des questions de Jacques Henric,
mars 2000.*

NOTE

Certains textes ont donné lieu à des éditions accompagnées de reproductions de tableaux. Ainsi pour Cézanne, Francis Bacon (Gallimard) et Picasso (Éditions Cercle d'Art). Il en va de même pour *Femmes et femmes*, accompagné de photographies d'Erich Lessing (Imprimerie Nationale), et pour *L'Œil de Proust* consacré aux dessins de Marcel Proust (Stock). Le texte sur Twombly figure dans un des catalogues de son œuvre. Un assez grand nombre de textes ont été périodiquement publiés dans *Le Monde* et *Le Monde des Livres*. Cependant, rien n'a jamais été écrit ou parlé sans penser à un livre qui, par définition, n'aurait pas de fin.

# Table

| | |
|---|---|
| Avertissement | 9 |
| Le paradis de Cézanne | 15 |
| Les passions de Francis Bacon | 69 |
| Picasso, le héros | 130 |
| L'œil de Proust | 180 |
| L'autre Venise | 221 |
| L'aventure jésuite | 252 |
| Femmes et femmes | 266 |
| Le corps amoureux | 286 |
| Les femmes de Cézanne | 300 |
| Emma B. | 307 |
| La sorcière | 314 |
| Les épiphanies de Twombly | 322 |
| Une sagesse électrique | 333 |
| L'écriture au combat | 337 |
| Naissance de Céline | 348 |
| Le temps de Pascal | 354 |
| Génie de Rimbaud | 359 |
| La lecture et sa voix | 365 |
| Bordeaux 2936 | 370 |
| Shakespeare en direct | 373 |
| Le diable à Florence | 380 |
| Hölderlin et Œdipe | 387 |
| La poésie invisible | 391 |

| | |
|---|---|
| Violent Apollon | 396 |
| Toujours Nietzsche | 400 |
| Le drame de Mallarmé | 406 |
| Le fantôme de Mallarmé | 412 |
| Comment méconnaître les génies | 415 |
| Le secret de Mme de La Fayette | 420 |
| Philosophie de La Fontaine | 423 |
| Sévigné, à la lettre | 428 |
| L'œil de La Bruyère | 434 |
| Liberté du roman | 439 |
| Les petites femmes de Paris | 444 |
| Littérature et politique | 449 |
| Gilet rouge | 456 |
| Balzac et son double | 459 |
| La force italienne | 461 |
| L'amour selon Mallarmé | 466 |
| Le dur destin de Verlaine | 471 |
| Le triomphe d'Ubu | 476 |
| L'affaire Artaud | 482 |
| Bataille | 488 |
| Le pessimisme de Freud | 490 |
| Photos | 494 |
| Le meilleur ami de Picasso | 497 |
| Céline bouc émissaire | 501 |
| La société de Bataille | 506 |
| Aragon secret | 511 |
| Le dossier Aragon | 515 |
| Connaissance de Claudel | 520 |
| Révélation de Sartre | 526 |
| Politique de Mauriac | 530 |
| Portrait d'un rebelle | 536 |
| Sartre et Beauvoir | 542 |
| Duras, médium | 549 |
| Debord au cinéma | 555 |
| L'art extrême de Guy Debord | 558 |
| L'étrange vie de Guy Debord | 562 |

| | |
|---|---:|
| Mai 68, demain | 567 |
| Bukowski et la folie ordinaire | 575 |
| Ponge en abîme | 579 |
| Un opéra baroque | 584 |
| La Voie chinoise | 587 |
| Yi king | 592 |
| Shitao, l'unique | 595 |
| La domination mystique | 598 |
| Un paradis chinois | 603 |
| Deux et deux font quatre | 608 |
| Éloge de Wei Jingsheng | 613 |
| Le style de Dieu | 617 |
| Immense Augustin | 622 |
| L'écrivain, les femmes et la mort | 628 |
| Lumière de Faulkner | 634 |
| Indomptable Faulkner | 642 |
| La revanche de Scott Fitzgerald | 648 |
| Lucidité de Bellow | 653 |
| Le corps américain | 658 |
| Monica | 663 |
| La femme brisée | 666 |
| Le Président et la Bible | 674 |
| L'étrange campagne du Pape | 678 |
| L'événement Jésus | 681 |
| Adieu, vingtième siècle | 689 |
| L'architecture comme pensée | 696 |
| Le nouveau code amoureux | 699 |
| Les corps du futur | 706 |
| Pour le pluralisme médiatique | 710 |
| La France moisie | 714 |
| La guerre et les mots | 719 |
| Scientofolie | 724 |
| Intellectuels et écrivains | 729 |
| Les nouveaux bien-pensants | 734 |
| Sur Proust | 739 |
| La Défense de l'infini | 760 |

| | |
|---|---|
| Solitude de Bataille | 776 |
| Don Juan et Casanova | 800 |
| « Femmes »... « Le Secret » | 816 |
| Le corps | 827 |
| Le jeu de Paulhan | 840 |
| Sur Artaud | 858 |
| La révolution allemande | 882 |
| Le saut de l'histoire | 887 |
| À travers le vingtième siècle | 899 |
| Les années 1960-1970 | 907 |
| La vulgarité | 913 |
| La pudeur | 919 |
| Le trou de la Vierge | 921 |
| Le retard érotique | 934 |
| L'athéisme existe-t-il ? | 954 |
| Le roman comme conversation | 983 |
| Naissance, Mort | 995 |
| Le style en corps | 1012 |
| Le temps où nous sommes | 1027 |
| Heidegger en passant | 1040 |
| Journal de guerre | 1052 |
| Éloge de la richesse | 1067 |
| Roman d'amour | 1078 |
| *Note* | 1091 |

*Œuvres de Philippe Sollers (suite)*

*Aux Éditions Stock*

L'ŒIL DE PROUST, Les dessins de Marcel Proust

*Aux Éditions Mille et Une Nuits*

UN AMOUR AMÉRICAIN, nouvelle

*Aux Éditions de la Différence*

DE KOONING, VITE

*Aux Éditions 1900*

PHOTOS LICENCIEUSES DE LA BELLE ÉPOQUE

*Aux Éditions du Seuil*

*Romans*

UNE CURIEUSE SOLITUDE (Points-romans n° 185)
LE PARC (Points-romans n° 28)
DRAME (L'Imaginaire-Gallimard n° 227)
NOMBRES
LOIS
H
PARADIS (Points-romans n° 690)

*Essais*

L'INTERMÉDIAIRE
LOGIQUES
L'ÉCRITURE ET L'EXPÉRIENCE DES LIMITES (Points n° 24)
SUR LE MATÉRIALISME
L'ANNÉE DU TIGRE (Points n° 705)

*Aux Éditions Grasset*, collection *Figures (1981)*,
*et aux Éditions Denoël*, collection *Médiations*

VISION À NEW YORK, entretiens (Folio, n° 3133)

*Préfaces à*
Paul Morand, NEW YORK, *GF Flammarion*
Madame de Sévigné, LETTRES, *Éd. Scala*
FEMMES, MYTHOLOGIES, en collaboration avec Erich Lessing, *Imprimerie Nationale*

*Composition Bussière*
*et impression Bussière Camedan Imprimeries*
*à Saint-Amand (Cher), le 26 mars 2001.*
*Dépôt légal : mars 2001.*
*Numéro d'imprimeur : 10292-010275/4.*
ISBN 2-07-076976-3./Imprimé en France.

97414